Meier/Deinert
Handbuch Betreuungsrecht

Handbuch Betreuungsrecht

von

Sybille M. Meier

Rechtsanwältin,
Fachanwältin für Sozialrecht,
Fachanwältin für Medizinrecht

und

Horst Deinert

Dipl. Sozialarbeiter (FH),
Dipl. Verwaltungswirt (FH),
Verwaltungswissenschaftler (VWA)

2., vollständig überarbeitete Auflage

C.F. Müller

Bibliografische Information der Deutschen Nationalbibliothek
Die Deutsche Nationalbibliothek verzeichnet diese Publikation in der Deutschen National-
bibliografie; detaillierte bibliografische Daten sind im Internet über <http://dnb.d-nb.de>
abrufbar.

ISBN 978-3-8114-5202-2

E-Mail: kundenservice@cfmueller.de

Telefon: +49 89/2183-7923
Telefax: +49 89/2183-7620

© 2016 C.F. Müller GmbH, Waldhofer Straße 100, 69123 Heidelberg

www.cfmueller.de

Satz: TypoScript GmbH, München
Druck: Westermann Druck, Zwickau

Vorwort zur 2. Auflage

In Ansehung der demographischen Veränderungen in unserer Gesellschaft gewinnt das Betreuungsrecht zunehmend an Bedeutung. Nach der Erhebung des Bundesjustizamtes haben mehr als 1,3 Millionen Menschen einen rechtlichen Betreuer; das entspricht mehr als einem Prozent unserer Bevölkerung. Das bewährte Handbuch Betreuungsrecht erscheint nunmehr in zweiter Auflage und berücksichtigt die erhebliche zwischenzeitlich ergangene Rechtsprechung und die Gesetzgebung des Bundes. Dies betrifft insbesondere das 2. und das 3. Betreuungsrechtsänderungsgesetz (sog. Patientenverfügungsgesetz) sowie die Änderungen des Betreuungs- und Unterbringungsverfahrens durch das FGG-Reformgesetz und das Gesetz zur Stärkung der Funktionen der Betreuungsbehörden.

Das Buch vermittelt dem beruflich im Betreuungswesen Tätigen einen fundierten Überblick über die wesentlichen Zweifelsfragen des Betreuungsrechts. Der Aufbau folgt systematisch dem Ablauf eines Betreuungsverfahrens. Es wird zunächst das gerichtliche Verfahren bis zur Betreuerbestellung unter Berücksichtigung der Neuerungen des Gesetzes über das Verfahren in Familiensachen (FamFG) dargestellt. Im Weiteren werden die Aufgabenkreise erläutert im Hinblick auf die Pflichten und Haftung des Betreuers und in einem letzten Abschnitt die Vergütung und der Aufwendungsersatz des Betreuers. Das Buch orientiert sich, soweit im Einzelfall nichts anderes vermerkt ist, an der herrschenden Rechtsprechungsmeinung insbesondere der Bundesgerichte.

Die einzelnen Kapitel als auch das Gesamtwerk sind mit verschiedenen Anhängen versehen, die es dem Leser ermöglichen, sich einen schnellen Überblick zu verschaffen. Zusätzlich zu den Anhängen gibt es praktische Checklisten und optisch hervorgehobene „Hinweise". Außerdem sollen diverse Muster und Formulare für Anträge aller Art den Betreuer in die Lage versetzen, juristisch und sachlich korrekt sowohl mit dem Betreuungsgericht als auch mit den anderen Adressaten, wie Rententrägern, Jobcentern, Versicherungen, Banken etc. zu korrespondieren. Am Ende des Buches findet sich eine ausführliche Klärung wichtiger betreuungsrechtlicher Begriffe sowie eine Liste der genehmigungspflichtigen Betreuungsgeschäfte.

Als Mitautor konnte für die 2. Auflage Herr Horst Deinert aus Duisburg gewonnen werden. Er ist als langjähriger Behördenbetreuer und als Fortbildungsreferent und Fachbuchautor zum Betreuungsrecht ebenfalls ein langjähriger Experte.

Berlin, Duisburg, Juli 2016

Sybille Meier, Rechtsanwältin
Fachanwältin für Medizin- und Sozialrecht
Berufsbetreuerin

Horst Deinert
Dipl.-Sozialarbeiter
Dipl.-Verwaltungswirt

Inhaltsübersicht

A. Die materiellen und verfahrensrechtlichen Vorschriften des Betreuungsrechts und der Unterbringung

B. Das gerichtliche Verfahren bis zur Bestellung eines Betreuers

Inhaltsverzeichnis

C. Die Pflichten des Betreuers

D. Berufsrecht für Betreuer/innen

Anhang 1

Anhang 2

Abkürzungsverzeichnis

a.A.	Anderer Ansicht
AG	Amtsgericht (auch Ausführungsgesetz)
AG BtG	Ausführungsgesetz zum Betreuungsrecht
ALG	Arbeitslosengeld (1 oder 2)
AMG	Arzneimittelgesetz
AnwBl.	Anwaltsblatt (Zs)
AO	Abgabenordnung
AOK	Allgemeine Ortskrankenkasse
ArbGG	Arbeitsgerichtsgesetz
Art	Artikel
AWMF	Arbeitsgemeinschaft der Wissenschaftlichen Medizinischen Fachgesellschaften e.V.
Az.	Aktenzeichen
BÄK	Bundesärztekammer
BAFin	Bundesanstalt für Finanzdienstleistungsaufsicht
BauR	Baurecht (Zs)
BayObLG	Bayerisches Oberstes Landesgericht
BB	Betrifft: Betreuung (Hrsg.: BGT e.V.); auch Betriebs-Berater (Zs)
BdB	Bundesverband der Berufsbetreuer/innen e.V.
BeckRS	Beck Rechtsprechung (Onlinedienst)
BerHG	Beratungshilfegesetz
BetrG	Betreuungsgericht
BeurkG	Beurkundungsgesetz
BezG	Bezirksgericht
BFH	Bundesfinanzhof
BFHE	Entscheidungssammlung des Bundesfinanzhofes
BfJ	Bundesamt für Justiz
BGB	Bürgerliches Gesetzbuch
BGBl	Bundesgesetzblatt
BGH	Bundesgerichtshof
BGHZ	Entscheidungssammlung des BGH in Zivilsachen
BGT	Betreuungsgerichtstag e.V. (vormals VGT)
BGW	Berufsgenossenschaft Gesundheitsdienst und Wohlfahrtspflege
BL-AG	Bund-Länder-Arbeitsgruppe Betreuungsrecht
BM	Bundesministerium
BMG	Bundesmeldegesetz
BNotK	Bundesnotarkammer
BNotO	Bundesnotarordnung
BpersAG	Bundespersonalausweisgesetz
BRAGO	Bundesrechtsanwaltsgebührenordnung (jetzt RVG)
BRAK	Bundesrechtsanwaltskammer
BRAO	Bundesrechtsanwaltsordnung
BR-Drs.	Bundesratsdrucksache
BReg	Bundesregierung
BSG	Bundessozialgericht
BStBl.	Bundessteuerblatt
BtÄndG	Betreuungsrechtsänderungsgesetz (1.–3.)
BtBG	Betreuungsbehördengesetz
BtG	Betreuungsgesetz
BT-Drs.	Bundestagsdrucksache

BtMan	Betreuungsmanagement (Zs)
BtPrax	Betreuungsrechtliche Praxis (Zs)
BtR	Betreuungsrecht
BUKO-QS	Bundeskonferenz zur Qualitätssicherung im Gesundheits- und Pflegewesen e.V.
BVerfG	Bundesverfassungsgericht
BVerfGE	Entscheidungssammlung des Bundesverfassungsgerichts
BVerwG	Bundesverwaltungsgericht
BVerwGE	Entscheidungssammlung des Bundesverwaltungsgerichts
BVG	Bundesversorgungsgesetz
BVormVG	Berufsvormündervergütungsgesetz (jetzt VBVG)
BVR	Bundesverband der Deutschen Volksbanken und Raiffeisenbanken
BWahlG	Bundeswahlgesetz
DÄBl.	Deutsches Ärzteblatt (Zs)
DB	Der Betrieb (Zs)
DEGAM	Deutsche Gesellschaft für Allgemeinmedizin und Familienmedizin
DGVZ	Deutsche Gerichtsvollzieherzeitung
DRV	Deutsche Rentenversicherung (Bund/Land/Knappschaft-Bahn-See)
DStR	Deutsches Steuerrecht (Zs)
EAEG	Einlagensicherungs- und Anlegerentschädigungsgesetz
EFG	Entscheidungen der Finanzgerichte (Zs)
EGMR	Europäischer Gerichtshof für Menschenrechte
EKG	Elektrokardiogramm
EKT	Elektrokrampftherapie
EStG	Einkommensteuergesetz
EU	Europäische Union
EuGH	Europäischer Gerichtshof (EU)
FamFG	Gesetz über das Verfahren in Familiensachen und der freiwilligen Gerichtsbarkeit
FamRB	Familienrechtsberater (Zs)
FamRZ	Zeitschrift für das gesamte Familienrecht
FF	Forum Familienrecht (Zs)
FG	Finanzgericht
FGG	Gesetz über die freiwillige Gerichtsbarkeit (jetzt FamFG)
FGO	Finanzgerichtsordnung
FGPrax	Praxis der freiwilligen Gerichtsbarkeit (Zs)
FM	Finanzministerium
FPR	Familie, Partnerschaft, Recht (Zs)
FuR	Familie und Recht (Zs)
GBl.	Gesetzblatt
GBO	Grundbuchordnung
GewO	Gewerbeordnung
GEZ	Gebühreneinzugszentrale (jetzt Beitragsservice)
GG	Grundgesetz
GKV	Gesetzliche Krankenversicherung
GNotKG	Gerichts- und Notarkostengesetz
GVBl	Gesetz- und Verordnungsblatt
GVG	Gerichtsverfassungsgesetz
GwG	Geldwäschegesetz
GzVeN	Gesetz zur Verhütung erbkranken Nachwuchses

HFEG	Hessisches Freiheitsentziehungsgesetz
HIV	Humane Immundefizienz-Virus
hM	herrschende Meinung
HK-BUR	Heidelberger Kommentar zum Betreuungs- und Unterbringungsrecht
IBAN	International Bank Account Number (Internat. Kontonummer)
ICD	International Code of Diseases (Internat. Krankheitenschlüssel)
InsO	Insolvenzordnung
IQ	Intelligenzquotient
JurBüro	Das juristische Büro (Zs)
JurionRS	Jurion-Online-Rechtsprechung
JVEG	Justizvergütungs- und Entschädigungsgesetz
KastrG	Kastrationsgesetz
KG	Kammergericht (Berlin)
KV	Kassenärztliche Vereinigung bzw. Kommunalverband
LAG	Landesarbeitsgemeinschaft
LG	Landgericht
Ls	Leitsatz
LSG	Landessozialgericht
MBl.	Ministerialblatt
MDK	Medizinischer Dienst der Krankenkassen
MDR	Monatszeitschrift für deutsches Recht
MK	Münchener Kommentar zum BGB
MRVG	Maßregelvollzugsgesetz (des Bundeslandes)
MuSchG	Mutterschutzgesetz
NJW	Neue Juristische Wochenschrift (Zs)
NJW-RR	NJW-Rechtsprechungsreport (Zs)
NJWE-FER	NJW-Eildienst Familien- und Erbrecht (Zs)
NV	Nichtveranlagungsbescheinigung
NVwZ	Neue Zeitschrift für Verwaltungsrecht
NZA	Neue Zeitschrift für Arbeitsrecht
NZBau	Neue Zeitschrift für Baurecht
NZM	Neue Zeitschrift für Mietrecht
NZS	Neue Zeitschrift für Sozialrecht
OBG	Ordnungsbehördengesetz (des Landes)
OEG	Opferentschädigungsgesetz
OLG	Oberlandesgericht
OLGR	Oberlandesgericht-Report (Zs)
OVG	Oberverwaltungsgericht
PAG	Polizeiaufgabengesetz (des Landes)
PEG	Perkutane endoskopische Gastrostomie (Magensonde)
PflR	Pflegerecht (Zs)
PKH	Prozesskostenhilfe
PStG	Personenstandsgesetz
PsychKG	Psychisch-Kranken-Gesetz (des Bundeslandes)

R&P	Recht und Psychiatrie (Zs)
RdErl	Runderlass
RdLH	Rechtsdienst der Lebenshilfe (Zs)
Rn	Randnummer
Rpfleger	Der deutsche Rechtspfleger (Zs)
RPflStud	Rechtspfleger-Studienhefte (Zs)
RPflG	Rechtspflegergesetz
Rspr.	Rechtsprechung
RVG	Rechtsanwaltsvergütungsgesetz
Schufa	Schutzgemeinschaft für allgemeine Kreditsicherung
SG	Sozialgericht
SGB	Sozialgesetzbuch
SGG	Sozialgerichtsgesetz
SHT	Sozialhilfeträger
StGB	Strafgesetzbuch
StPO	Strafprozessordnung
StVollzG	Strafvollzugsgesetz
TPG	Transplantationsgesetz
TSG	Transsexuellengesetz
TVöD	Tarifvertrag für den öffentlichen Dienst
UBG	Unterbringungsgesetz (des Bundeslandes)
Urt	Urteil
UStG	Umsatzsteuergesetz
VBG	Verwaltungs-Berufsgenossenschaft
VBVG	Vormünder- und Betreuervergütungsgesetz
VdK	Verband der Kriegsbeschädigten (Sozialverband Deutschlands)
VersR	Versicherungsrecht (Zs)
VGT	Vormundschaftsgerichtstag (jetzt BGT)
VIF	Vereinigung Integrations-Förderung i.V.
VKH	Verfahrenskostenhilfe
Vorb	Vorbemerkung
VormG	Vormundschaftsgericht (jetzt BetrG)
VRegV	Vorsorgeregisterverordnung
VV	Verwaltungsvorschrift
VWA	Verwaltungs- und Wirtschaftsakademie
VwGO	Verwaltungsgerichtsordnung
VwVfG	Verwaltungsverfahrensgesetz (Bund oder Länder)
VwZG	Verwaltungszustellungsgesetz
WBVG	Wohn- und Betreuungsvertragsgesetz
WHO	Weltgesundheitsorganisation
ZKJ	Zeitschrift für Kinder- und Jugendhilfe
ZPO	Zivilprozessordnung
Zs	Zeitschrift

Literaturauswahl

Aufgenommen wurden die für die Bearbeitung verwendete Literatur sowie weitere themenbezogene Fachbücher. Fachzeitschriftenbeiträge sind innerhalb des Textes in den Fußnoten genannt.

I. Gesetzestexte zum Betreuungsrecht

Bauer, Axel/Deinert, Horst HK-BUR Gesetzessammlung zum Betreuungsrecht, 8. Auflage 2016

Es gibt mehrere Gesetzessammlungen zum Betreuungs- und Unterbringungsrecht auf dem Markt. Wir empfehlen als besonders zu diesem Lehrbuch geeignet die aktuelle Ausgabe der genannten Gesetzessammlung von *Bauer/Deinert*. Sie enthält neben allen maßgeblichen bundesrechtlichen Bestimmungen mehrere Hundert redaktionelle Fußnoten mit ergänzenden Hinweisen, Verweisen und Parallelbestimmungen sowie aktuellen Geldbeträgen.

II. Kommentare

Bassenge, Peter/Roth, Herbert Kommentar zum FamFG, 12. Auflage, 2009

Bauer, Axel/Klie, Thomas/Lütgens, Kay (Hrsg.) Heidelberger Kommentar zum Betreuungs- und Unterbringungsrecht (Loseblattsammlung), 1994/2016 (zitiert: HK-BUR/*Bearbeiter*)

Bienwald, Werner/Sonnenfeld, Susanne/Harm, Uwe/Bienwald, Christa Betreuungsrecht, 6. Auflage 2016 (zitiert: Bienwald/*Bearbeiter*)

Bork, Reinhard/Jacoby, Florian/Schwab, Dieter FamFG – Kommentar, 2. Auflage 2013

Damrau, Jürgen/Zimmermann, Walter Betreuungsgesetz – Kommentar zum BtG, 4. Auflage 2011 (zitiert: *Damrau/Zimmermann*)

Dodegge, Georg/Roth, Andreas Systematischer Praxiskommentar Betreuungsrecht, 4. Auflage 2014 (zitiert: BtKomm/*Bearbeiter*)

Erman, Walter/Westermann, Harm Bürgerliches Gesetzbuch, Handkommentar, 13. Auflage 2011 (zitiert: Erman/*Bearbeiter*)

Fröschle, Tobias (Hrsg.) Praxiskommentar Betreuungs- und Unterbringungsverfahren; 3. Auflage 2015 (zitiert: Fröschle/*Bearbeiter*)

Jürgens, Andreas (Hrsg.) Betreuungsrecht (Kurzkommentar), 5. Auflage 2014 (zitiert: Jürgens/*Bearbeiter*)

Jurgeleit, Andreas (Hrsg.) Betreuungsrecht. Handkommentar; – 3. Auflage 2013 (zitiert: Jurgeleit/*Bearbeiter* BtR)

Knittel, Bernhard Betreuungsgesetz (Loseblattsammlung), 1992–2016

Münchener Kommentar zum BGB – Kommentar, (zitiert: MK-BGB/*Bearbeiter*) – 7. Auflage 2015 ff.

Palandt Bürgerliches Gesetzbuch – Kommentar, 70. Auflage 2011 – 75. Auflage 2016 (zitiert: Palandt/*Bearbeiter*)

Schellhorn, Walter/Jirasek, Hans/Seipp, Paul Bundessozialhilfegesetz, Kommentar, 15. Auflage 1997

Staudinger BGB, 13. Bearb. 2012-2013 ff. (zitiert: Staudinger/*Bearbeiter*)

Thomas, Werner/Putzo, Hans Zivilprozessordnung, fortgeführt von Reichold, Klaus/Hüßtege, Rainer/Seiler, Christian, 36. Auflage 2015/37. Auflage 2016 (zitiert: Thomas/Putzo/*Bearbeiter*)

III. Weitere Fachbücher

1. Betreuungsrecht allgemein

Böhm, Horst/Marburger, Horst/Spanl, Reinhold Betreuungsrecht – Betreuungspraxis, Ausgabe 2015

Jurgeleit, Andreas (Hrsg.) FamFG – Freiwillige Gerichtsbarkeit, 2010 (zitiert: Jurgeleit/*Bearbeiter* Freiwillige Gerichtsbarkeit)

Jürgens/Lesting/Loers/Marschner Betreuungsrecht kompakt, 8. Auflage 2016

Schmidt, Gerd/Bayerlein, Rainer/Mattern, Christoph/Ostermann, Jochen Betreuungspraxis und psychiatrische Grundlagen, 2. Auflage 2011 (zitiert: *Schmidt u.a.*)

Thar, Jürgen/Raack, Wolfgang Leitfaden Betreuungsrecht, 6. Auflage 2014

Zimmermann, Walter Betreuungsrecht von A–Z, 5. Auflage 2014

2. Verfahrensrecht/Verfahrenspflegschaft

Bienwald, Werner Verfahrenspflegschaftsrecht, 2002
Deinert, Horst/Walther, Guy Handbuch der Betreuungsbehörde, 4. Auflage 2015
Firsching, Karl/Dodegge, Georg Familienrecht, 2. Halbband Betreuungssachen, 8. Auflage 2015

3. Gesundheitssorge/Patientenverfügung

Bauer, Axel/Klie, Thomas Patientenverfügungen/Vorsorgevollmachten – richtig beraten?, 2. Auflage 2005
Dörner, Klaus/Plog, Ursula/Teller, Christine/Wendt, Frank Irren ist menschlich, 23. Auflage 2015
Hoffmann, Birgit Personensorge, 2. Auflage 2013
Kierig, Franz/Behlau, Wolfgang Der Wille des Patienten entscheidet, 2011
Nedopil, Norbert/Müller Jürgen L. Forensische Psychiatrie, 4. Auflage 2012
Putz, Wolfgang /Steldinger, Beate Patientenrechte am Ende des Lebens, 5. Auflage 2014
Zimmer, Maximilian Ratgeber Demenzerkrankungen, 2009
Zimmermann, Walter Vorsorgevollmacht, Betreuungsverfügung, Patientenverfügung, 2. Auflage 2010

4. Aufenthaltsbestimmung/Unterbringung

Bohnert, Cornelia Unterbringungsrecht, 2000
Hoffmann, Birgit/Klie, Thomas Freiheitsentziehende Maßnahmen, 2. Auflage 2012

5. Vermögenssorge/Wohnungsangelegenheiten

Gottwald, Uwe Zwangsvollstreckung, 7. Auflage 2015
Jochum, Günter/Pohl, Kay-Thomas Nachlasspflegschaft, 5. Auflage 2014
Lütgens, Kay/Brosey, Dagmar Zivil- und Zivilprozessrecht, 2. Auflage 2007
Meier, Sybille/Neumann, Alexandra Handbuch Vermögenssorge und Wohnungsangelegenheiten, 3. Auflage 2016
Platz, Siegfried Bankgeschäfte mit Betreuten, 3. Auflage 2010
Roth, Wolfgang Erbrecht und Betreuungsfall, 2. Auflage 2016
Schmidt, Aufgabenkreis Vermögenssorge, 2. Auflage 2002 (zitiert: *Schmidt* Vermögenssorge)
Spanl, Reinhard Vermögensverwaltung durch Vormund und Betreuer, 2. Auflage 2009
Zimmermann, Walter Erbrecht und Betreuung; 2012
Zimmermann, Walter Rechtsfragen bei einem Todesfall, 7. Auflage 2015

6. Betreuervergütung/Berufsrecht

Deinert, Horst/Lütgens, Kay Die Vergütung des Betreuers, 6. Auflage 2012
Deinert, Horst/Lütgens, Kay/Meier, Sybille Die Haftung des Betreuers, 2. Auflage 2007
Zimmermann, Walter Anwaltsvergütung außerhalb des RVG, 2007

A.
Die materiellen und verfahrensrechtlichen Vorschriften des Betreuungsrechts und der Unterbringung

I. Das Betreuungsgesetz

Das Betreuungsgesetz trat vor mehr als 23 Jahren am 1.1.1992 in Kraft und gilt bis heute als **1** eine der wichtigsten und tiefgreifendsten Reformen unseres Rechtssystems im letzten Jahrhundert.[1] Es handelte sich um ein sog. „Artikelgesetz", das rund 300 Paragraphen in ca. 50 Gesetzen änderte, wobei Schwerpunkte das BGB und das Verfahrensrecht im damaligen FGG darstellten. Die gesetzlichen Bestimmungen zum Entmündigungs-, Vormundschafts- und Gebrechlichkeitspflegschaftsrecht waren im Wesentlichen ab dem Inkrafttreten des BGB am 1.1.1900 unverändert geblieben. Lediglich die „Rauschgiftsucht" war in den 70er Jahren in den alten Bundesländern als Entmündigungsgrund hinzugekommen. In der DDR waren in den 60er und 70er Jahren die Bestimmungen aus dem BGB in eigene Gesetze (Familiengesetzbuch, Zivilgesetzbuch) verlagert worden, ohne dass sich Inhaltliches geändert hätte. Insbesondere durch die im Jahre 1975 veröffentlichte Psychiatrie-Enquete (BT-Drs. 7/4200) rückte die Notwendigkeit und Dringlichkeit einer Reform der Entmündigung, der Vormundschaft über Volljährige und der Gebrechlichkeitspflegschaft verstärkt in das öffentliche Bewusstsein. Das Hauptanliegen des Reformgesetzgebers bestand darin, die Rechtsstellung und das Wohl der Betroffenen durch das Gesetzesvorhaben entscheidend zu verbessern. Vom federführenden Bundesministerium für Justiz wurde das Betreuungsgesetz als die „Jahrhundertreform" bezeichnet.

Das Betreuungsrecht verfolgt die nachstehenden Zielvorstellungen: **2**
- Verwirklichung und Achtung des Selbstbestimmungsrechts der Betroffenen,
- persönliche Betreuung an Stelle anonymer Verwaltung,
- Förderung der Integration psychisch erkrankter, geistig oder seelisch behinderter Menschen in die Gesellschaft,
- Beschränkung der Maßnahmen staatlicher Fürsorge auf das im Einzelfall erforderliche Maß,
- Grundsatz des Vorrangs privater Vorsorge vor öffentlicher Fürsorge,
- Stärkung der Personensorge durch Regelungen über Heilbehandlungen, Unterbringung, unterbringungsähnliche Maßnahmen und Wohnungsauflösung.

Das materielle Vormundschaftsrecht befindet sich seither in den §§ 1773–1895 des BGB und regelt **3** die allgemeine Fürsorge für die Person und das Vermögen einer minderjährigen Person; diese tritt somit subsidiär an die Stelle der fehlenden Fürsorge der Familie in allen Angelegenheiten.

Das materielle Betreuungsrecht ist in den §§ 1896–1908i BGB niedergelegt und regelt die Fürsorge **4** sorge für einen Volljährigen, der auf Grund einer psychischen Krankheit, geistigen, seelischen oder körperlichen Behinderung seine Angelegenheiten in einzelnen Teilgebieten oder aber auf allen Gebieten der Personen- und Vermögenssorge nicht allein regeln kann und deshalb der Unterstützung eines Betreuers bedarf.

---

1 *Diekmann* 20 Jahre BtR – Rückblick und Ausblick BtPrax 2011, 5.

5 Das Verfahrensrecht wurde im Rahmen der Reform des Rechts der Vormundschaft und Pflegschaft für Volljährige durch ein einheitliches Verfahren der freiwilligen Gerichtsbarkeit (FGG) ersetzt. Dort wurden die von den Vormundschaftsgerichten zu beachtenden Verfahrensvorschriften in Betreuungs- und Unterbringungssachen niedergelegt, wie z.B. das Recht auf persönliche Anhörung des Betroffenen durch den Richter, die Bestellung eines Verfahrenspfleger, das Einholung von Sachverständigengutachten und die Regelungen zu den Rechtsmitteln. Außerdem wurden in einem neuen Gesetz, dem BtBG die Aufgaben der Betreuungsbehörden normiert. In diesem Zusammenhang ist insbesondere auf § 8 S. 1 und 2 BtBG zu verweisen. Die Betreuungsbehörden sind im Rahmen des anhängigen Betreuungsverfahrens verpflichtet, das Gericht bei der Sachverhaltsaufklärung zu unterstützen.

6 ▶ **Hinweis:** § 1908i Abs. 1 BGB verweist auf eine große Anzahl von Vorschriften aus dem Bereich des Vormundschaftsrechts für Minderjährige und erklärt diese für das Betreuungsrecht für anwendbar. Dies ist weitgehend unbekannt, ob zwar dort auf zentrale Normen verwiesen wird, die für die praktische Führung einer Betreuung, insbesondere im Aufgabenkreis der Vermögenssorge von großer Bedeutung sind, beispielsweise wie Geldanlagen des Betreuten vorzunehmen sind etc. ◀

II. Das 1. Betreuungsrechtsänderungsgesetz 1999

7 Am 1.1.1999 trat mit dem 1. Betreuungsrechtsänderungsgesetz (BtÄndG) die Reform der Reform in Kraft. Vor allem die Bundesländer wurden aktiv, um das Betreuungsrechtsänderungsgesetz auf den Weg zu bringen. Grund bildete der Umstand, dass die Ausgaben für Betreuungskosten nach einer unvollständigen Statistik der Bundesländer um ein Vielfaches nach 1992 gewachsen waren. So gab beispielsweise das Land Baden-Württemberg 1992 652.000 DM an Betreuungskosten aus, im Jahre 1995 waren es bereits über 7.000 000 DM. In Thüringen wuchs der Ausgabenbetrag im Jahr 1992 von 6.000 DM auf 4.022.000 DM im Jahre 1995. Auch die Landeszuschüsse für die Betreuungsvereine mussten von 9.099.000 DM im Jahre 1992 auf 23.945.000 DM 1995 angehoben werden.

8 Streitigkeiten über die Höhe der zu bewilligenden Vergütungen bildeten ab 1992 den Schwerpunkt der gerichtlichen Tätigkeit im Betreuungsrecht. Das 1. Betreuungsrechtsänderungsgesetz verfolgte nach dem Willen des Gesetzgebers u.a. folgende Reformziele:

1. im materiellen Betreuungsrecht Verbesserung des Schutzes des Betroffenen bei Erteilung einer Vorsorgevollmacht und damit Stärkung dieses Rechtsinstituts als Alternative zur Betreuung,[2]
2. Betonung des Prinzips der rechtlichen Vertretung des Betroffenen in den gerichtlich zugewiesenen Aufgabenkreisen,
3. Vorrang der ehrenamtlich geführten Betreuung vor einer Berufsbetreuung,
4. Präzisierung der Vorschriften über die Vergütung, um so die Probleme, die es in der Vergangenheit mit dem Vergütungsrecht gab, zu lösen,[3]
5. Beteiligung des Betroffenen an den Betreuungskosten im Falle der Mittellosigkeit durch Rückgriffsmöglichkeit der Staatskasse,
6. Heranziehung unterhaltspflichtiger Familienangehöriger zur Zahlung von Betreuungskosten.

---

2 Gesetzentwurf der BReg. zum 1. BtÄnd, BT-Drs. 960/96, A. Zielsetzung.
3 Entwurf des BM für Justiz v. 25.3.1996, S. 19.

Ein wesentliches Ziel des 1. Betreuungsrechtsänderungsgesetzes war es, den einem Betreuer im   9
Falle einer Liquidation aus der Staatskasse zu bewilligenden Stundensatz verbindlich nach der
Art seiner Ausbildung in einer dreistufigen Skala zu typisieren.[4] Zudem sollte auf Grund einer
standardisierten Vergütungsfestsetzung die Notwendigkeit entfallen, die Schwierigkeit der einzelnen Betreuung nachzuweisen.

Ansonsten ließ die stärkere Betonung der rechtlichen Betreuung durch das 1. Betreuungs-   10
rechtsänderungsgesetz den Grundsatz der persönlichen Betreuung unberührt. Der Betreuer
muss die Angelegenheiten des Betreuten so besorgen, wie es dessen Wohl entspricht. Der
Betreuer hat insbesondere den Wünschen des Betreuten zu entsprechen und wichtige Angelegenheiten vor der Erledigung mit dem Betreuten zu besprechen, § 1901 Abs. 2 und 3 BGB.

Bei Mittellosigkeit des Betreuten richtete sich der Vergütungsanspruch gegen die Staatskasse,   11
§ 1836a BGB a.F., wobei die Höhe der Vergütungssätze in einem eigenständigen, nur zwei
Paragrafen umfassenden Gesetz geregelt war, dem Gesetz über die Vergütung von Berufsvormündern (Berufsvormündervergütungsgesetz – BVormVG).

Bis zu dem Inkrafttreten des Betreuungsrechtsänderungsgesetzes belief sich der Vergütungs-   12
rahmen zwischen 25,00 DM und 125 DM, bei einem Mittelwert von 75,00 DM. Das 1. Betreuungsrechtsänderungsgesetz reduzierte diesen Vergütungsrahmen um circa 37 % und legte eine
Spanne zwischen 35,00 DM bis 60,00 DM fest, was einem Mittelwert von 47,50 DM entsprach.

Die Reform führte u.a. zu einer Verschlechterung der Vergütung für Berufsbetreuer und bein-   13
haltete weiterhin auch in verfahrensrechtlicher Hinsicht einen Abbau von Rechten der Betroffenen. So kann beispielsweise nach der Neufassung des § 67 FGG (jetzt § 276 FamFG), wenn
Gegenstand des Verfahrens die Bestellung eines Betreuers zur Besorgung aller Angelegenheiten
des Betroffenen oder die Erweiterung des Aufgabenkreises hierauf ist, von der Bestellung eines
Verfahrenspflegers abgesehen werden, wenn „ein Interesse des Betroffenen" hieran „offensichtlich nicht besteht." Begründet wurde diese Neuregelung damit, die Bestellung eines Verfahrenspflegers in derartigen Fällen habe in der Vergangenheit ohnehin nur formalen Charakter
gehabt und im Übrigen könne die Betreuungsbehörde zu der Frage der Betreuerauswahl Stellung nehmen.[5] Diese Regelung ist verfassungsrechtlich höchst bedenklich mit Hinblick auf
Art. 103 Abs. 1 GG, dem Grundsatz des rechtlichen Gehörs.[6] Im Falle einer nicht verfassungskonformen Auslegung ist die Gefahr zu thematisieren, dass der Betroffene zu einem bloßen
Verfahrensgegenstand verkommt – ein Ergebnis, das der Reformgesetzgeber gerade vermeiden
wollte. § 67 Abs. 1 S. 3 FGG (jetzt § 276 Abs. 2 FamFG) ist demgemäß eng auszulegen dahingehend, dass niemals von einem Desinteresse des Betroffenen an einer Verfahrenspflegerbestellung auszugehen ist. Wird beispielsweise eine Betreuung mit allen Angelegenheiten angeordnet, verliert die betroffene Person ihr aktives und passives Wahlrecht, vgl. §§ 13 Nr. 2, 15 Abs. 2
Nr. 1 BWahlG. Wieso der Verlust eines so wesentlichen bürgerlichen Rechtes im offensichli-
chen Desinteresse eines Betroffenen liegen soll, ist nicht nachvollziehbar und wird im Jahre
2014 unter den Vorzeichen der vor einigen Jahren in Kraft getretenen UN-Behindertenrechtskonvention wieder in Politik und Gesellschaft diskutiert.[7]

---

4   *BayObLG* BtPrax 2000, 32 f.
5   BR-Drs. 960/96, 36.
6   HK-BUR/*Bauer* § 276 FamFG Rn. 65 ff.
7   *Meier* Die Voraussetzungen der rechtlichen Betreuung – das gerichtliche Verfahren, FPR 2004, 659.

14   Bei der richterlichen Genehmigung gefährlicher Heilbehandlungen nach § 1904 BGB ist durch das Gericht ein Sachverständigengutachten einzuholen. § 69 Abs. 2 Bst. d FGG a.F. sah zwingend vor, dass Sachverständiger und ausführender Arzt nicht personengleich sein dürfen. Das Betreuungsrechtsänderungsgesetz hat diese Mussregelung in eine Sollregelung umgewandelt (jetzt § 298 Abs. 4 S. 2 FamFG). Diese Gesetzesänderung ließ die Regelung zum Schutze des Betroffenen zu einer Farce verkommen. Ein größerer Interessenkonflikt bei der Erstellung eines Gutachtens ist kaum denkbar. Der behandelnde und die lebensgefährliche Maßnahme befürwortende Arzt soll im gleichen Atemzug neutral und sachlich hierüber ein Sachverständigengutachten erstellen! Eine greifbare Interessenkollision liegt auf der offenen Hand.

15   Trotz erheblicher Bedenken verschiedener Berufsverbände und Vereinigungen von Betroffenen trat das Gesetz am 1.1.1999 in Kraft. Leider waren die Gesetzesänderungen ausschließlich dem Ziel verschrieben, Einsparungen in den Justizhaushalten bei gleichzeitiger Verminderung des Arbeitsaufwandes der Gerichte zu erreichen. Die Reformbemühungen waren mitnichten daran orientiert, das Wohl der Betroffenen zu verbessern. In der Fachwelt war man sich unisono über die Notwendigkeit weiterer Reformbemühungen einig.

III.   Das 2. Betreuungsrechtsänderungsgesetz 2005

16   Im Juni 2001 beschloss die 72. Konferenz der Justizministerinnen und Justizminister eine Bund-Länder-Arbeitsgruppe „Betreuungsrecht" einzusetzen mit dem Auftrag, Vorschläge zur Änderung des Betreuungsrechts zu erarbeiten, die dazu beitragen, „fehlgeleitete Ressourcen im Interesse der eigentlichen Betreuungsarbeit zu bündeln und die Eingriffe in das Selbstbestimmungsrecht der Betroffenen auf das Notwendige zu beschränken."[8] Die Arbeitsgruppe präsentierte ein Jahr später, im Juni 2002, einen Zwischenbericht und legte im Juni 2003 einen Abschlussbericht vor, der einhellig durch die Konferenz der Justizministerinnen und -minister gebilligt wurde. Die Arbeitsgruppe unterbreitete u.a. Vorschläge und Handlungsempfehlungen zu folgenden Punkten:

- Stärkung der Vorsorgevollmacht,
- Pauschalierung der Vergütung und des Aufwendungsersatzes,
- Einführung einer gesetzlichen Vertretungsmacht von Angehörigen,
- Stärkung des Rehabilitationsprinzips,
- Stärkung der Aufsicht im Betreuungsrecht,
- Übertragung richterlicher Aufgaben auf den Rechtspfleger,
- Änderungen des Verfahrensrechts.

17   Auf der Grundlage des Abschlussberichtes der Arbeitsgruppe[9] beschloss der Bundesrat am 19.12.2003 den Entwurf eines 2. Gesetzes zur Änderung des Betreuungsrechts.[10] Dort wird ausgeführt, die an das am 1.1.1992 in Kraft getretene Betreuungsgesetz geknüpften Erwartungen hätten sich nicht erfüllt. Folgende Kritikpunkte wurden formuliert:

- Überproportionaler Anstieg von Betreuungszahlen,
- Zentrierung auf justizielle Verfahren,
- Explosionsartiger Anstieg von Kosten.

---

8   BT-Drs. 15/2494, 12.
9   BB, Band 6, BL-AG BtR, Abschlussbericht 2003.
10   Gesetz vom 21.4.2005, BGBl. I, 1073.

Der Entwurf des Bundesrates wurde vom Deutschen Bundestag nach erster Lesung am **18** 4.3.2004 u.a. dem Rechtsausschuss überwiesen. Dort fanden am 26.5. und 16.6.2004 Sachverständigenanhörungen statt. Der Bundestag diskutierte in seiner Sitzung vom 18.2.2005 in zweiter und dritter Lesung den vom Bundesrat eingebrachten Gesetzentwurf und die Beschlussempfehlungen des Rechtsausschusses. Der Gesetzesentwurf wurde dann in der Fassung der Empfehlung des Rechtsausschusses angenommen. Am 18.3.2005 passierte das Gesetz den Bundesrat und trat am 1.7.2005 in Kraft.

Vorab war (seit 2004) durch die Errichtung eines zentralen Vorsorgeregisters bei der Bundesnotar- **19** kammer in den §§ 78 ff. BNotO die Rechtsgrundlage für eine zentrale Registrierung solcher Vollmachten geschaffen worden (Ende 2015 werden dort rund 3 Mio. Vollmachten registriert sein).

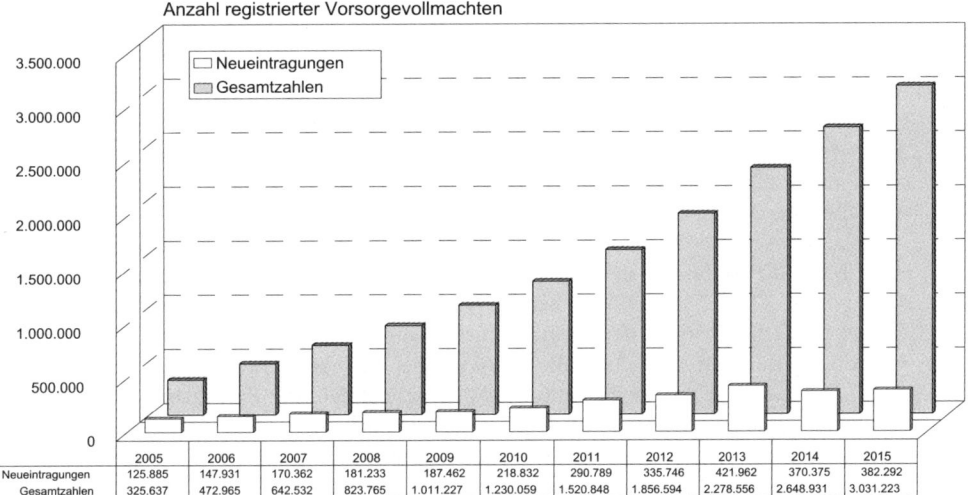

Anzahl registrierter Vorsorgevollmachten

	2005	2006	2007	2008	2009	2010	2011	2012	2013	2014	2015
Neueintragungen	125.885	147.931	170.362	181.233	187.462	218.832	290.789	335.746	421.962	370.375	382.292
Gesamtzahlen	325.637	472.965	642.532	823.765	1.011.227	1.230.059	1.520.848	1.856.594	2.278.556	2.648.931	3.031.223

Quelle: Zentrales Vorsorgeregister der Bundesnotarkammer; Grafik: *Deinert*

Durch das 2. BtÄndG wurden die nachstehenden Änderungen herbeigeführt: **20**

1. Stärkung der Vorsorgevollmacht durch
   a) Neufassung des § 4 BtBG. Der Betreuungsbehörde oblag zunächst nur die Beratung und Unterstützung der Betreuer. Nunmehr ist der Behörde als Pflichtaufgabe auch die Beratung und Unterstützung der Bevollmächtigten zugewiesen.
   b) Beglaubigungskompetenz der Betreuungsbehörde, § 6 Abs. 2 BtBG. Um Bürgern, die aus Kostengründen einen Gang zum Notar scheuen, entgegenzukommen, wurde die Betreuungsbehörde autorisiert, Unterschriften oder Handzeichen auf Vorsorgevollmachten und Betreuungsverfügungen zu beglaubigen. Dies gilt allerdings nicht für Unterschriften oder Handzeichen ohne einen Text.
   c) Beratung von Bevollmächtigten durch Betreuungsvereine als Pflichtaufgabe, § 1908f Abs. 1 Nr. 2 BGB.
   d) Beratung im Einzelfall von Personen bei der Errichtung einer Vorsorgevollmacht durch Betreuungsvereine als freiwillige Aufgabe, § 1908f Abs. 4 BGB.
   e) Änderung des Melderechtsrahmengesetzes. Durch Landesrecht kann die Befugnis von Bevollmächtigten bestimmt werden zur Vertretung von melde- und auskunftspflichtigen Personen. Die Bevollmächtigung muss allerdings in der Form einer öffentlichen Vollmacht oder durch eine von der Betreuungsbehörde beglaubigten Vollmacht nachgewiesen sein.

f) Neufassung des § 51 ZPO. Damit wird einem Vorsorgebevollmächtigten die Möglichkeit eröffnet, seinen Vollmachtgeber gerichtlich zu vertreten.

g) Neuregelung des § 1901a S. 2 BGB. Einführung einer Unterrichtungspflicht gegenüber dem Vormundschaftsgericht bezüglich aller Schriftstücke, in denen der Betroffene eine andere Person mit der Wahrnehmung seiner Angelegenheiten bevollmächtigte. Die Unterrichtungspflicht trifft den Besitzer der Dokumente.

21 2. Verfahrensrecht

a) Erleichterung der Abgabemöglichkeit an ein anderes Betreuungsgericht, § 65a FGG (jetzt § 273 FamFG).

b) Abgabemöglichkeit von Unterbringungsmaßnahmen nach Anhörung des gesetzlichen Vertreters und des Betroffenen an das Gericht des Vollzugs, § 70 Abs. 3 FGG (jetzt § 314 FamFG).

c) Verbot des Einsatzes von Proberichtern in Betreuungssachen im ersten Jahr ihrer Ernennung, § 65 Abs. 6 FGG (jetzt § 23c Abs. 1 GVG).

d) Öffnungsklausel, § 19 RPflG. Die Landesregierungen werden ermächtigt, weitere Aufgaben in Betreuungssachen, insbesondere die Auswahl und die Bestellung des Betreuers, in die Zuständigkeit der Rechtspfleger zu legen (von Bayern und Rheinland-Pfalz inzwischen umgesetzt). In der Richterzuständigkeit verbleiben müssen Grundentscheidung über die Anordnung der Betreuung einschließlich der Festsetzung und Erweiterung des Aufgabenkreises und die Aufhebung der Betreuung, ebenso wie der Verlängerung. Ferner unterliegen die Maßnahmen der freiheitsentziehenden Unterbringung mit Hinblick auf Art. 104 Abs. 2 GG sowie Aufgaben nach §§ 1903–1905 BGB dem Richtervorbehalt. Damit wird das Prinzip der Einheitsentscheidung zur Disposition gestellt, d.h., die Anordnung der Betreuung und die Auswahl des Betreuers erfolgen in **einer** Entscheidung. Der Gesetzgeber des Betreuungsrechts bezeichnete die Einführung der Einheitsentscheidung als ein Kernpunkt der Reform des „alten" Vormundschaftsrechts.[11] Das Auseinanderfallen des Ausspruchs der Entmündigung oder der Anordnung einer Pflegschaft durch den Richter und die Auswahl des Vormunds oder Pflegers durch den Rechtspfleger wurde seinerzeit als ein wesentlicher Mangel des Entmündigungs- und Gebrechlichkeitspflegschaftsrechts gebrandmarkt.

e) Vorrang der Bestellung eines ehrenamtlichen Verfahrenspflegers, § 67 Abs. 1 Nr. 2 S. 5 FGG (jetzt § 276 Abs. 3 FamFG), der auch bei Unterbringungsmaßnahmen gilt, § 70b Abs. 1 FGG (jetzt § 317 Abs. 3 FamFG). Gerade diese Neuregelung begegnet massiven Bedenken. Das Amt des Verfahrenspflegers bedarf großer Kenntnisse sowohl im Verfahrensrecht als auch im materiellen Recht, um die Interessen des Betroffenen in dem anhängigen Betreuungs- bzw. Unterbringungsverfahren zu wahren und nicht zu einem bloßen Feigenblatt zu verkommen. Eigentlich ist der Einsatz eines Ehrenamtlers nur bei einfach gelagerten Betreuungsfällen, bei denen das Erfordernis einer juristischen Qualifikation keine Rolle spielt, möglich. Die Verfahrenspflegschaft dient in erster Linie der verfassungsrechtlich gebotenen Sicherung des rechtlichen Gehörs des Betroffenen. Der regelmäßig in seiner geistigen und körperlichen Leistungsfähigkeit stark eingeschränkte und hilfsbedürftige Betroffene soll – damit das Gefühl der Ausgeliefertheit gegenüber Richtern und Ärzten kompensiert wird – durch einen qualifizierten Vertreter gegen den drohenden Eingriff in seine persönliche Freiheit vertreten werden.[12]

---

11 BT-Drs. 11/4528, 91.
12 *Klüsener* Die Anwaltsbeiordnung im Unterbringungsverfahren, FamRZ 1994, 487 f.

f) Heranziehung eines ärztlichen Gutachtens des Medizinischen Dienstes der Krankenversicherung, das zur Beurteilung des Pflegebedarfs im Rahmen der Pflegeversicherung, § 18 SGB XI, eingeholt wurde. Hält das Gericht das MDK-Gutachten für geeignet, eine weitere vollständige oder teilweise Begutachtung im Betreuungsverfahren zu ersetzen, ist vorab obligat die Einwilligung des Betroffenen bzw. des Verfahrenspflegers einzuholen, § 68b Abs. 1a S. 5 und 6 FGG (jetzt § 282 FamFG). Die Neuregelung führte zu einer Anpassung von § 94 SGB XI und § 76 Abs. 2 Nr. 3 SGB X.

g) Verlängerung der Überprüfungsfrist von fünf auf sieben Jahre, § 69 Abs. 1 Nr. 5 FGG (jetzt § 295 Abs. 2 FamFG).

h) Keine Betreuerbestellung gegen den freien Willen des Betroffenen, § 1896 Abs. 1a BGB. Diese vermeintliche Stärkung des Selbstbestimmungsgrundsatzes kann zugleich als verdeckte Wiedereinführung der Prüfung der Geschäftsfähigkeit verstanden werden, zumal der Begriff des freien Willens in § 104 Nr. 2 BGB und in der obigen Bestimmung durch Rechtsprechung und Literatur als deckungsgleich angesehen wird.[13]

3. Aufsicht und Eignung

22

a) Prüfung der Eignung bei der **erstmaligen Bestellung** eines Berufsbetreuers durch die Betreuungsbehörde, § 1897 Abs. 7 BGB. Der Bewerber soll von der Betreuungsbehörde aufgefordert werden, ein Führungszeugnis und eine Auskunft aus dem Schuldnerverzeichnis vorzulegen. Hier wird etwas festgeschrieben, was ohnehin schon Praxis der Betreuungsbehörden in den zurückliegenden Jahren war. Ferner hat die avisierte Betreuungsperson sich über Zahl und Umfang der von ihr geführten Betreuungen zu erklären. Diese Regelung korrespondiert mit § 10 VBVG. Danach ist jeder Berufsbetreuer verpflichtet, der Betreuungsbehörde seines Wohnsitzes

– die Zahl der von ihm im Kalenderjahr geführten Betreuungen aufgeschlüsselt nach Heimbewohnern und Nichtheimbewohnern und

– die insgesamt aus Betreuungen erzielten Einkünfte mitzuteilen.

b) Nichtbestellung mehrerer Berufsbetreuer, § 1899 Abs. 1 BGB. Ausnahmen: Sterilisation, § 1905 BGB sowie in den Fällen des § 1792 BGB (u.a. große Vermögensverwaltung, Interessenkollision).

c) Entlassung des Betreuers bei vorsätzlicher Falschabrechnung, § 1908b Abs. 1 BGB. Wird eine Entlassung des Betreuers hierauf gestützt, ist über die Neuregelung des § 69g Abs. 1 FGG (jetzt § 58 FamFG) die Beschwerdemöglichkeit eröffnet.

d) Anordnung zur Erstellung eines Betreuungsplans in geeigneten Fällen, § 1901 Abs. 4 S. 2 BGB.

4. Vergütungsrecht

23

Die Vergütung der beruflichen Betreuer wurde pauschalisiert. Hierbei ging der Gesetzgeber von drei Prämissen aus:

• Die Betreuung eines in einem Heim lebenden Betroffenen ist einfacher;
• die Betreuung eines vermögenden Betreuten ist aufwändiger;
• bei einer bestehenden Betreuung nimmt der Zeitaufwand ab.

Dementsprechend verfuhr der Gesetzgeber bei der Bemessung der Pauschalen: Der dem Betreuer zu ersetzende Zeitaufwand ist abhängig davon, ob der Betreute ein Heimbewohner/ Nichtheimbewohner bzw. mittellos/vermögend ist und weiterhin variiert die Vergütungshöhe nach der Dauer der Betreuung. Die Einzelheiten wurden in dem neu geschaffenen Vormün-

24

---

13 *Seitz* Erforderlichkeit der Betreuung und freier Wille der Betroffenen, BB 2007 (Nr. 9), 117; *BGH* FamRZ 11, 630; *BGH* Beschl. v. 26.2.2014, XII ZB 577/13, Rn. 13.

der- und Betreuervergütungsgesetz (VBVG) geregelt. Die Vergütungsstufen bzgl. der Qualifikation der Betreuer blieben erhalten.

25 Zu den Regelungen im Einzelnen:

- § 1 VBVG: Feststellung der Berufsmäßigkeit und Vergütungsbewilligung bei Vormündern (und Betreuern);
- § 2 VBVG: Erlöschen der Ansprüche 15 Monate nach Entstehung;
- § 3 VBVG: Stundensätze bei Führen von Verfahrenspflegschaften, Ergänzungsbetreuungen, Vormundschaften (zwischen 19,50 und 33,50 €/Std zzgl. Umsatzsteuer)
- § 4 VBVG: Stundensätze bei der beruflichen Führung von Betreuungen (§ 1897 Abs. 6 BGB; zwischen 27,00 und 44,00 €/Std incl. damaliger Umsatzsteuer und Aufwendungsersatz);
- § 5 VBVG: Stundenansätze, differenziert danach, ob die betreute Person Heimbewohner/Nichtheimbewohner bzw. mittellos/vermögend ist (zwischen 2 und 8,5 Stunden monatlich);
- § 6 VBVG: Vergütung des Zweitbetreuers bei Sterilisation und des Verhinderungsbetreuers (§ 1899 BGB);
- § 7 VBVG: Vergütung von Vereinsbetreuern (§ 1897 Abs. 2 BGB);
- § 8 VBVG: Vergütung von Behördenbetreuern (§ 1897 Abs. 2 BGB);
- § 9 VBVG: Abrechnungszeitraum für die Betreuungsvergütung (quartalsweise);
- § 10 VBVG: Jährliche Mitteilungspflicht der Berufsbetreuer an Betreuungsbehörde;
- § 11 VBVG: Umschulung und Fortbildung von Berufsvormündern und Betreuern.

Zur Betreuervergütung hat sich seit Inkrafttreten des 2. BtÄndG eine intensive und inzwischen gefestigte Rechtsprechung, in den letzten Jahre, auch durch den BGH, ergeben. Es wird auf die Ausführungen im Kapitel III, Ziff. 10 (Rn. 1888) verwiesen.

IV. Das 3. Betreuungsrechtsänderungsgesetz 2009

26 Am 1.9.2009 trat nach jahrelanger kontroverser Diskussion das inoffiziell auch als „Patientenverfügungsgesetz" bezeichnete 3. Betreuungsrechtsänderungsgesetz in Kraft.[14] Der sog. „Stünker-Entwurf" konkurrierte mit zwei weiteren Entwürfen und konnte letztlich in einer von Fraktionszwängen freigegebenen Entscheidung des Bundestags die meisten Stimmen auf sich vereinen. Betreuern und Bevollmächtigten wird gesetzlich die Durchsetzung des mutmaßlichen oder schriftlich in einer Patientenverfügung niedergelegten Patientenwillens auferlegt.[15]

27 Das 3. Betreuungsrechtsänderungsgesetz hatte folgende Ziele:

- Verankerung des Rechtsinstituts der Patientenverfügung im Betreuungsrecht und Einführung der Schriftform als Wirksamkeitsvoraussetzung (§ 1901a BGB);
- Regelung der Aufgaben des Betreuers oder Bevollmächtigten beim Umgang mit einer Patientenverfügung und dem Procedere der Feststellung des Patientenwillens;
- Klarstellung der Beachtlichkeit des Willens des Betroffenen unabhängig von Art und Stadium der Erkrankung;
- Unwirksamkeit der Festlegungen in einer Patientenverfügung, die auf eine verbotene Tötung auf Verlangen gerichtet sind;

---

14 Drittes Gesetz zur Änderung des BtR v. 29.7.2009, BGBl. I, 2286.
15 *Bühler/Stolz* Das neue Gesetz zu Patientenverfügungen in der Praxis, BtPrax 2009, 261; *Laube* Die Patientenverfügung – Betrachtungen aus der betreuungsgerichtlichen Praxis, FPR 2010, 255.

- riskante Heilbehandlungsmaßnahmen oder schwerwiegende Entscheidungen eines Betreuers oder Bevollmächtigten über die Einwilligung, Nichteinwilligung oder den Widerruf der Einwilligung in ärztliche Maßnahmen bedürfen bei Zweifeln über den Patientenwillen der Genehmigung des Betreuungsgerichts (§ 1904 Abs. 4 BGB);
- Sicherstellung des Schutzes des Betroffenen durch verfahrensrechtliche Regelungen (§ 298 FamFG).

V. Das FGG-Reformgesetz 2009

Zeitgleich mit dem 3. BtÄndG trat auch eine umfassende Reform des Verfahrensrechtes in Kraft. Das noch aus dem 19. Jahrhundert stammende FGG wurde durch das Gesetz über die Angelegenheiten in Familiensachen und der freiwilligen Gerichtsbarkeit (FamFG) ersetzt. Das Betreuungs- und Unterbringungsverfahren stand zwar nicht im Mittelpunkt des Gesetzgebungsverfahrens, brachte jedoch auch hierzu einige Neuerungen.[16] **28**

Unter anderem wurde das bisherige Vormundschaftsgericht aufgelöst. Seine Zuständigkeiten wurden auf das Familiengericht und das neu geschaffene Betreuungsgericht verteilt. Letzteres ist für Betreuungsverfahren, Unterbringungsverfahren und sonstige Freiheitsentziehungsmaßnahmen sowie für Pflegschaften für Volljährige zuständig. **29**

Des Weiteren wurde die Stellung der Verfahrensbeteiligten neu definiert.[17] Während Bevollmächtigter und Betreuungsbehörden in ihren Rechten besser dastehen als zuvor, sind die Beteiligungs- und Beschwerderechte von Angehörigen der Betroffenen eingeschränkt worden.[18] Die Qualifikationen von Sachverständigen und die Inhalte der Gutachten in Betreuungsverfahren werden konkretisiert (§ 280 FamFG). **30**

Zudem wurde das Rechtsmittelsystem neu strukturiert.[19] Den Beteiligten wird durch die Rechtsbeschwerde erstmals in Angelegenheiten der freiwilligen Gerichtsbarkeit der unmittelbare Zugang zum Bundesgerichtshof eröffnet (§§ 70 ff. FamFG); die Oberlandesgerichte fielen als Rechtsmittelinstanz weg (§ 133 GVG). **31**

Die Beschwerde gegen gerichtliche Entscheidungen ist seit dem 1.9.2009 generell befristet (in der Regel auf einen Monat, in einigen Fällen auf 2 Wochen). Erstmals wurden Rechtsmittelbelehrungen vorgeschrieben. In Genehmigungsverfahren wurde das bisherige, vom Bundesverfassungsgericht eingeführte Vorbescheidsverfahren ersetzt durch eine Rechtskraftlösung, Hiernach sind Genehmigungsbeschlüsse nicht sofort wirksam, sondern erst mit deren Rechtskraft. **32**

---

16 *Diekmann* Neue Verfahrensvorschriften in Betreuungssachen nach dem FamFG, BtPrax 2009, 149.
17 *Fröschle* Beteiligte und Beteiligung am Betreuungs- und Unterbringungsverfahren nach dem FamFG, BtPrax 2009, 155.
18 *Deinert* FamFG und Betreuungsbehörde, BtMan 2009, 74.
19 *Sonnenfeld* Rechtsmittel in Betreuungs- und Unterbringungsverfahren, BtPrax 2009, 167; *Schael* Die Statthaftigkeit von Beschwerde und sofortiger Beschwerde nach dem neuen FamFG, FPR 2009, 11.

VI. Das Vormundschaftsrechtsänderungsgesetz 2011

33 Das Gesetz zur Änderung des Vormundschafts- und Betreuungsrechtes, das in seinen wesentlichen Teilen mit der Veröffentlichung im Juli 2011 in Kraft trat,[20] erfolgte nach einigen öffentlichkeitswirksamen Skandalen im Bereich des Vormundschaftsrechtes (z.B. Fall „Kevin" in Bremen). Es sollte sichergestellt werden, dass Vormünder, aber auch andere gesetzliche Vertreter, die ihnen anvertrauten Personen regelmäßig persönlich besuchen und dass Fallzahlen, vor allem bei Amtsvormundschaften nicht einen solchen Kontakt unmöglich machen. Lediglich für das Vormundschaftsrecht selbst wurde bestimmt, dass grundsätzlich ein monatlicher Besuchskontakt stattzufinden hat (§ 1793 BGB) und dass Mitarbeiter der Amtsvormundschaft maximal für 50 Mündel zuständig sein dürfen (§ 55 SGB VIII).[21]

34 Auch für das Betreuungsrecht gilt die erweiterte Jahresberichtspflicht (§ 1840 Abs. 1 BGB), die nun auch die persönlichen Kontakte beschreiben soll sowie die (ein Jahr später in Kraft getretene) Überwachungspflicht des Betreuungsgerichtes (§ 1837 Abs. 2 BGB). Mangelnde persönliche Betreuungsführung wird in § 1908b Abs. 1 BGB nun ausdrücklich als Entlassungsgrund aufgeführt.[22]

VII. Das ZPO-Rechtsmittelreformgesetz 2013

35 Das Gesetz zur Einführung einer Rechtsbehelfsbelehrung im Zivilprozess und zur Änderung anderer Vorschriften[23] trat am 1.1.2013 in Kraft und änderte auch einige Bestimmungen aus dem Betreuungs- und Unterbringungsverfahren. Neben einigen Detailänderungen, wie der Fristanpassung der Sprungrechtsbeschwerde bei verkürzter Beschwerdefrist wurden vor allem die Vor- und Zuführungsvorschriften, die der Betreuungsbehörde die Gewaltanwendung und den Wohnungszutritt ermöglichen, vereinheitlicht und beim Letzteren neu gefasst.

36 Die Ergänzungen der Vorschrift sind auf die Entscheidung des Bundesverfassungsgerichts zum früheren § 68b Abs. 3 S. 1 FGG a.F. zurückzuführen, die die Vorführung zur Untersuchung regelte. In dieser Entscheidung[24] führt das Bundesverfassungsgericht aus, die Bestimmung, nach der das Gericht unanfechtbar anordnen konnte, dass der Betroffene zur Vorbereitung eines Gutachtens untersucht und durch die zuständige Behörde zu einer Untersuchung vorgeführt wird, stelle keine ausreichende Rechtsgrundlage für das gewaltsame Öffnen und Betreten der Wohnung zum Zwecke der Vorführung zu einer Begutachtung im Betreuungsverfahren dar. Seit 1.1.2013 kann grundsätzlich eine Vorführung mit Wohnungszutritt erst nach erfolgter Anhörung angeordnet werden. Allerdings ist den Betreuungsbehörden eine eigene Entscheidungskompetenz zur Wohnungsöffnung im Falle der Gefahr im Verzug eingeräumt worden (§§ 278 Abs. 7, 283 Abs. 3, 319 Abs. 7, 326 Abs. 3 FamFG).

---

20 Gesetz v. 29.6.2011, BGBl. I, 1306.
21 *Harm* Die erweiterte Aufsicht des Familiengerichts über Vormünder und Pfleger, RPfl.Stud.hefte 2013, 57.
22 *Michel* Der persönliche Kontakt zum Betreuten, BtPrax 2012, 150.
23 Gesetz v. 5.12.2012, BGBl. I, 2418.
24 *BVerfG* Beschl. v. 21.8.2009, 1 BvR 2104/06, FamRZ 2009, 1814.

VIII. Das Patientenrechtegesetz und das Gesetz zur betreuungsrechtlichen Zwangsbehandlung 2013

Am 26.2.2013 traten zwei weitere betreuungsrechtlich relevante Gesetze in Kraft, das Patientenrechtsgesetz[25], mit dem der Behandlungsvertrag (§§ 630a ff. BGB) als eigene Vertragsform in das BGB eingefügt wurde und das Gesetz zur Regelung der betreuungsrechtlichen Einwilligung in eine ärztliche Zwangsmaßnahme[26]. Das erste genannte Gesetz enthält auch die unmittelbare Verbindlichkeit von Patientenverfügungen gegenüber Ärzten (§ 630d BGB), das zweite Gesetz wurde erforderlich, nachdem der Bundesgerichtshof seine bisherige Rechtsauffassung zur ärztlichen Zwangsbehandlung geändert und die bisherigen Regeln in § 1906 BGB und §§ 312 ff. FamFG als nicht ausreichend bezeichnet hatte.[27]

37

IX. Das 2. Kostenrechtsmodernisierungsgesetz 2013

Das am 1.8.2013 in Kraft getretene 2. Kostenrechtsmodernisierungsgesetz[28] enthielt ebenfalls Änderungen, die im Betreuungsrecht relevant sind. In diesem Gesetz sind für Betreuer wie für Betreute vor allem zwei Regelungen von Interesse: zunächst die pauschalierte Aufwandsentschädigung für ehrenamtliche Betreuer (sowie Vormünder und Pfleger) nach § 1835a BGB. Sie betrug seit dem 1.7.2004 jährlich 323 € und steigt mit Inkrafttreten des Gesetzes auf 399 €. Die Steigerung kommt dadurch zustande, dass die Berechnungsgrundlage für die Pauschale sich an dem Höchstbetrag der Zeugenentschädigung nach § 22 JVEG orientiert; dieser steigt im Rahmen des o.g. Gesetzes von 17,00 auf 21,00 €. Damit ergibt die Multiplikation mit 19 die neue Summe.

38

Eine weitere Auswirkung ist die Änderung der Gerichtskosten für vermögende Betreute, bislang geregelt in der Kostenordnung ab § 92. Mit dem 2. Kostenrechtsmodernisierungsgesetz wird die Rechtsgrundlage ausgewechselt, ab 1.8.2013 finden sich die Gerichtskosten in Betreuungssachen im Gerichts- und Notarkostengesetz (GNotKG). Die konkreten Kosten stehen im Kostenverzeichnis zu diesem Gesetz (Anlage 1 zu § 3 Abs. 2, Hauptabschnitt 1). Gleich bleiben der Vermögensfreibetrag von 25.000 € (bislang § 92 KostO, jetzt Vorbem. 1.1. zu Anlage 1 zum GNotKG sowie der an die Betreuervergütung in § 1836c BGB angelehnte (niedrigere) Freibetrag von grundsätzlich 2.600 € bei der Erstattung der Verfahrenspflegerhonorare, bisher § 93a KostO, jetzt Anlage 3 zum GNotKG, Nr. 32105).

39

Wird der Vermögensfreibetrag überschritten, steigen die Gerichtsgebühren allerdings erheblich:

- Die Jahres-Mindestgebühr steigt von 50,00 € auf 200 €;
- die Jahres-Höchstgebühr bei reiner Personensorge steigt von 200 € auf 300 €;

40

---

25   Gesetz v. 20.2.2013, BGBl. I, 277; dazu *Meier* Patientenrechtegesetz – Zu den den sozialrechtlichen Änderungen, BtPrax 2013, 132; *Olzen/Lilius-Karakaya* Patientenrechtegesetz und rechtliche Betreuung, BtPrax 2013, 127.

26   Gesetz v. 18.2.2013, BGBl. I, 266; dazu *Dodegge* Ärztliche Zwangsmaßnahmen und Betreuungsrecht, NJW 2013, 1265; *Moll-Vogel* Gesetzliche Neuregelung der Zwangsbehandlung, FamRB 2013, 157; *Thar* Die Einwilligung des Betreuers in die Zwangsbehandlung, BtPrax 2013, 91; *Zimmermann* Praxisprobleme der ärztlichen Zwangsbehandlung bei Betreuten, NJW 2014, 2479.

27   *BGH* Beschl. v. 20.6.2012, XII ZB 99/12, BGHZ 193, 337 = BtPrax 2012, 156 und XII ZB 130/12, BtPrax 2012, 218 (Ls).

28   Gesetz v. 29.7.2013, BGBl. I, 2586.

- im Übrigen verdoppeln sich die Jahresgebühren, d.h. pro angefangene 5.000 €, um die das Vermögen den Freibetrag von 25.000 € übersteigt, werden 10,00 € statt 5,00 € fällig.

Eine Person mit 1. Mio. € Vermögen zahlt seit 1.8.2013 (neben sonstigen Auslagen des Gerichtes) 1.950 € statt bisher 975 € Gerichtsgebühren. Unterbringungsverfahren bleiben gebührenfrei.[29]

41 Da auch die Anwaltshonorare angehoben wurden, steigt auf indirektem Wege bei dem einen oder anderen Betreuten die Kostenbelastung auch dadurch, dass sein (anwaltlicher) Betreuer für berufliche Dienste Aufwendungsersatz (§ 1835 Abs. 3 BGB) in Höhe der neuen Gebühren (neben der Pauschalvergütung nach § 4 Abs. 2 VBVG) geltend macht. Betroffen hiervon sind Betreute, die nicht mittellos i.S.d. § 1836d BGB sind.

X. Das Gesetz zur Stärkung der Funktionen der Betreuungsbehörde 2014

42 Mit dem Gesetz zur Stärkung der Funktionen der Betreuungsbehörde, das am 1.7.2014 in Kraft trat, beabsichtigt der Gesetzgeber, den Betreuungsbehörden (§ 1 BtBG) eine stärkere Rolle im Betreuungsverfahren im Sinne einer Filterfunktion einzuräumen. Neben erweiterten Beratungs- und Unterstützungspflichten (§ 4 BtBG), die „überflüssige" Betreuungen im Vorfeld vermeiden helfen sollen, wird eine Anhörung der Betreuungsbehörde bei Betreuerbestellungen (sowie bei separaten Anordnungen von Einwilligungsvorbehalten und bei Betreuerwechseln) obligatorisch (§§ 279 Abs. 2, 296 FamFG, § 8 BtBG). Die Anforderungen an eine Sachverhaltsaufklärung der Betreuungsbehörde im Verfahren zur Bestellung eines Betreuers wurden gesetzlich geregelt und sollten nicht, wie bis dahin üblich, ausschließlich regionalen Gegebenheiten überlassen bleiben. Inwieweit die Betreuungsbehörde die für diese Mehrarbeit verbundene notwendige Personalausstattung erhalten wird, ist im Gesetz nicht geklärt.

XI. Die Ländergesetze zur Unterbringung psychisch kranker und süchtiger Menschen

43 Die materiellen Voraussetzungen für eine öffentlich-rechtliche Unterbringung sind in den nach 1949 sukzessive erlassenen Unterbringungsgesetzen der einzelnen Bundesländer geregelt. Ab dem 1.1.1992 wurde im Zuge der Reform des Betreuungsrechtes das Verfahrensrecht aus den Unterbringungsgesetzen der Bundesländer ausgegliedert. Seitdem ist sowohl für die zivilrechtliche als auch für die öffentlich-rechtliche Unterbringung bundeseinheitlich das Verfahren in den §§ 70 ff. FGG (seit 2009 in §§ 312 ff. FamFG) geregelt.

44 Zur Unterscheidung einer öffentlich-rechtlichen Unterbringung zu einer zivilrechtlichen sei an dieser Stelle kurz das Nachstehende ausgeführt: Eine zivilrechtliche Unterbringung (§ 1906 BGB) kann nur dann angeordnet werde, wenn sie zum „Wohl des Betreuten" erforderlich ist.

---

29 *Zimmermann* Die Gerichtskosten in Betreuungs- und Nachlasssachen im neuen GNotKG, FamRZ 2013, 1264; *Schneider* Änderung der Gerichtskostenerhebung bei einstweiligen Anordnungen in Betreuungssachen, FamRB 2015, 78.

Demgegenüber kann eine Unterbringung nach öffentlichem Recht durchgeführt werden, wenn   **45**
der Betroffene eine gegenwärtige Gefahr für Leib und Leben Anderer darstellt. Sofern zu
Gunsten des Betroffenen noch keine Betreuung besteht, kommt ferner eine Unterbringung
nach öffentlichem Recht in Betracht, wenn eine Selbstgefährdung vorliegt. Die Unterbringung
nach öffentlichem Recht hat dann den Charakter einer Krisenintervention. Das gilt auch bei
einer bereits vorliegenden Betreuerbestellung, weil der Betreuer kein eigenständiges Durchset-
zungsrecht einer zwangsweisen Zuführung zu einer Unterbringung hat und die Betreuungsbehörde bei ihrer Unterstützung ausnahmslos eine vorherige gerichtliche Gestattung benötigt
(§ 326 Abs. 2 FamFG).

Ergibt sich im Rahmen einer Unterbringung nach öffentlichem Recht die medizinische Not-   **46**
wendigkeit zur längerfristigen Behandlung der betroffenen Person, ist eine vorläufige Betreuerbestellung mit den Aufgabenkreisen „Aufenthaltsbestimmungsrecht" und „Gesundheitssorge" bei dem zuständigen Betreuungsgericht anzuregen mit dem Ziel, eine Unterbringung
nach zivilrechtlichen Grundsätzen herbeizuführen.

> **Beispiel:**   Die 18-jährige, 1,64 m große Friederike L. ist auf 39 kg abgemagert. Sie verwei-   **47**
> gert jegliche Nahrungsaufnahme mit dem Hinweis, sie sei „zu dick". Die besorgte Mutter
> kontaktiert den Sozialpsychiatrischen Dienst, der eine Einweisung der Friederike L. auf eine
> geschlossene psychiatrische Station im Wege einer vorläufigen behördlichen Unterbringung
> nach § 26 PsychKG Berlin veranlasst. Das Gericht beschließt im Folgenden die Unterbrin-
> gung der Betroffenen für die gesetzliche Höchstdauer von zwei Monaten, § 22 Abs. 2
> PsychKG Berlin. Es zeichnet sich jedoch ziemlich schnell ab, dass Friederike L. einer Lang-
> zeittherapie in einer geschlossenen Einrichtung bedarf. Vorliegend wurde demgemäß eine
> Betreuung mit dem Aufgabenkreis „Zustimmung zu Heilbehandlungsmaßnahmen" und
> „Aufenthaltsbestimmungsrecht" installiert, um die erforderliche längerfristige Behandlung
> der Betroffenen rechtlich gegen ihren Willen durchsetzen zu können.

In den letzten Jahren erfolgten zahlreiche Änderungen im Bereich des Psychisch-Kranken-   **48**
Rechtes in einzelnen Bundesländern, zum Teil infolge der 2009 erfolgten Änderung des Unterbringungsverfahrens durch das FamFG, zum Teil in der Folge mehrerer BVerfG-Entscheidun-
gen[30] zur Zulässigkeit von Zwangsbehandlungen. Zuletzt wurden die Gesetze in Baden-Württemberg[31], Hamburg[32], Rheinland-Pfalz[33] und Thüringen[34] in Bezug auf die Zwangsbehandlung während einer öffentlich-rechtlichen Unterbringung reformiert und weitgehend den
betreuungsrechtlichen Regelungen angenähert. Weitere Bundesländer planen aktuell Gesetzesänderungen, darunter Hessen und NRW.[35] Alle Gesetze sind in Papierform abgedruckt in den
Loseblattkommentaren zum Betreuungsrecht (HK-BUR sowie *Knittel*) und online zu finden
unter: http://www.bundesanzeiger-verlag.de/betreuung/wiki/PsychKG#Landesgesetze.

---

30 Zuletzt *BVerfG* Beschl. v. 15.12.2011, 2 BvR 2362/11, BtPrax 2012, 61 und *BVerfG* Urt. v. 20.2.2013, 2 BvR
    228/12, BGBl. I, 488 = BtPrax 2013, 61 = FamRZ 2013, 767 = Rpfleger 2013, 325.
31 Zunächst Gesetz v. 2.7.2013 (GBl. Baden-Württemberg, 157), seit Ende 2014 PsychKHG v. 25.11.2014, GBl.
    2014, 534.
32 Gesetz v. 1.10.2013 (HmbGVBl., 425, 427).
33 Gesetz v. 27.5.2014 (GVBl., 69).
34 Gesetz v. 8.8.2014 (GVBl., 545, 559).
35 *Schmidt-Recla* Auf den Trümmern der Unterbringungsgesetze der Länder und im Niemandsland zwischen
    Einsichts- und Einwilligungsfähigkeit, MedR 2013, 567.

XII. Die strafrechtliche Unterbringung

49 Die Unterbringung in einem psychiatrischen Krankenhaus nach § 63 StGB kann unter folgenden Voraussetzungen angeordnet werden:

- Begehen einer rechtswidrigen Tat im Zustand der Schuldunfähigkeit, § 20 StGB, oder erheblich verminderter Schuldfähigkeit, § 21 StGB,
- Prognose weiterer erheblicher rechtswidriger Taten (was teilweise schon bei Serienstraftaten oder einer Vielfalt krimineller Verhaltensweisen bejaht wird,[36]
- Gefährlichkeit des Täters für die Allgemeinheit,
- Verhältnismäßigkeit im Hinblick auf die Bedeutung der begangenen Tat, der zu erwartenden Taten sowie dem Grad der von dem Täter ausgehenden Gefährlichkeit, § 62 StGB.

Aktuell sind Konkretisierungen dieser Maßnahmen durch den Bundesgesetzgeber in Vorbereitung.

Der Vollzug der strafrechtlichen Unterbringung wird in Maßregelvollzugsbestimmungen der Bundesländer geregelt. Zum Teil gibt es dazu eigene Maßregelvollzugsgesetze, z.T. Kapitel in den vorgenannten Psychisch-Kranken- oder Unterbringungsgesetzen. Zu finden sind diese unter http://forensik.de/gesetze.html sowie http://de.wikipedia.org/wiki/Maßregelvollzug.[37]

50 Von strafrechtlichen Unterbringungen sind zum Teil auch Betreute betroffen. Ein etwaiges Aufenthaltsbestimmungsrecht des Betreuers wird dann durch die strafrechtlich angeordnete Freiheitsentziehung überlagert.[38] Der Betreuer ist dann insbesondere im Bereich der Gesundheitssorge weiter beteiligt, auch bei Zwangsbehandlungen (siehe dazu weiter unten).

---

36 *Fischer* StGB, 63. Aufl., § 63 Rn. 8; vgl. zuletzt *BGH* Urt. v. 15.3.2016 1 StR 526/15, JurionRS 2016, 13338.
37 Vgl. auch *Kammeier* Maßregelvollzugsrecht. Kommentar. 3. Aufl. 2010; *Volckart/Grünebaum* Maßregelvollzug. Das Recht des Vollzuges der Unterbringung, 7. Aufl. 2009.
38 Zum Thema *Böhm* Zwangsbehandlungen bei strafrechtlichen Unterbringungen, BtPrax 2009, 218; *Henking/Mittag* Die Zwangsbehandlung in der öffentlich-rechtlichen Unterbringung – Vorschlag einer Neuregelung, JR 2013, 341; *Stolz/Steinert* Psychiatrische Patientenverfügungen und öffentlich-rechtliche Unterbringung, BtPrax 2014, 12.

B.
Das gerichtliche Verfahren bis zur Bestellung eines Betreuers

I. Beginn des Betreuungsverfahrens

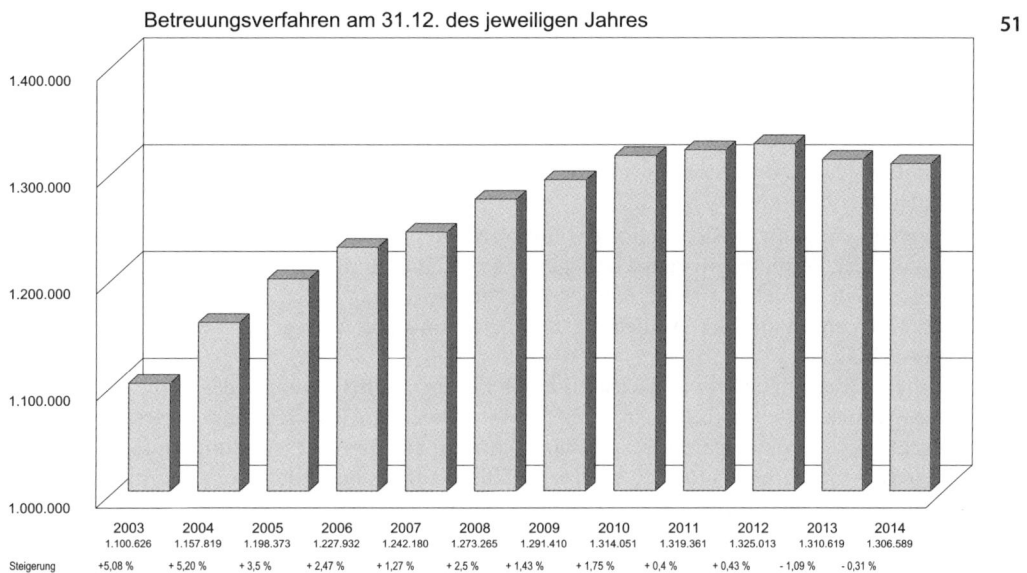

Betreuungsverfahren am 31.12. des jeweiligen Jahres   51

	2003	2004	2005	2006	2007	2008	2009	2010	2011	2012	2013	2014
	1.100.626	1.157.819	1.198.373	1.227.932	1.242.180	1.273.265	1.291.410	1.314.051	1.319.361	1.325.013	1.310.619	1.306.589
Steigerung	+5,08 %	+ 5,20 %	+ 3,5 %	+ 2,47 %	+ 1,27 %	+ 2,5 %	+ 1,43 %	+ 1,75 %	+ 0,4 %	+ 0,43 %	- 1,09 %	- 0,31 %

Quelle: Bundesamt für Justiz Justizstatistik GÜ 2 der Amtsgerichte 2003–2014, erg. Mitteilung der JM Baden-Württemberg; Auswertung: *Deinert*

1. Auf Antrag des Betroffenen

Das Betreuungsverfahren beginnt nach § 1896 Abs. 1 S. 1 BGB mit einem Antrag des Betroffe-   52
nen oder von Amts wegen. Der vom Betroffenen selbst gestellte Antrag ist nicht im formellen Sinn zu verstehen. Ausreichend ist vielmehr jede Willensäußerung gegenüber dem Betreuungsgericht, der in etwa entnommen werden kann, der Betroffene wünsche sich eine Betreuerbestellung.[1] Der Antrag kann schriftlich gestellt werden oder zu Protokoll der Geschäftsstelle erfolgen, § 25 FamFG. Nach §§ 10 Abs. 1, 25 Abs. 2 FamFG können bei jedem Amtsgericht in Deutschland Anträge auf Betreuungseinleitung gestellt werden. Wird ein unzuständiges Gericht angerufen, leitet dies als Ausfluss der Rechtsschutzgarantie (Art. 19 Abs. 4 GG) den Antrag an das zuständige Gericht weiter.

Die Antragstellung setzt keine Geschäftsfähigkeit des Betroffenen voraus, § 1896 Abs. 1 S. 2   53
BGB. Der Betroffene kann seinen Antrag auch jederzeit formfrei zurücknehmen.[2] Diese Regelungen entsprechen § 275 FamFG, der die Verfahrensfähigkeit des Betroffenen unabhängig von

---

1 Jurgeleit/*Jurgeleit* BtR, § 1896 BGB Rn. 7.
2 *BayObLG* FamRZ 2001, 1245; FamRZ 2003, 1871.

seiner Geschäftsfähigkeit postuliert. Bei einer Betreuung auf eigenen Antrag hin steht Angehörigen kein Beschwerderecht zu (§ 303 Abs. 2 FamFG).[3]

54 Nach § 23 Abs. 1 S. 2 und 3 FamFG soll der Antragsteller zur Unterstützung des Gerichts die zur Begründung seines Antrages dienenden Tatsachen und Beweismittel sowie mögliche Beteiligte bezeichnen.[4] In Bezug genommene Urkunden sollen aus demselben Grunde in Urschrift oder als Kopie beigefügt werden. Der Antrag soll, aber muss nicht von dem Betroffenen unterzeichnet werden, § 23 Abs. 1 S. 4 FamFG.

55 Das Gericht hat somit Zweifeln an der Ernsthaftigkeit oder Authentizität im Rahmen der Amtsermittlung (§ 26 FamFG) nachzugehen. Es kann sich hierbei der Unterstützung der örtlichen Betreuungsbehörde (§ 3 BtBG i.V.m. dem Landesausführungsgesetz zum BtR) bedienen und dieses um entsprechende Sachverhaltsaufklärung bitten (§ 8 BtBG).

2. Betreuerbestellung von Amts wegen

56 Die Antragstellung durch den Betroffenen selbst wirkt sich sowohl verfahrensrechtlich als auch materiell-rechtlich aus:[5]

- Absehen von dem an sich obligaten Einholen eines Sachverständigengutachtens und Beurteilung der Betreuungsvoraussetzungen anhand eines ärztlichen Zeugnisses, das auch von dritter Seite vorgelegt werden kann, § 281 FamFG,
- Erleichterungen bei der Aufhebung der Betreuung auf Antrag des Betroffenen, § 1908d Abs. 2 BGB,
- zieht der Betroffene sein zunächst erklärtes Einverständnis im Laufe des Betreuungsverfahrens zurück, ist dies vom Betreuungsgericht – auch im Rahmen eines Beschwerde- bzw. Rechtsbeschwerdeverfahrens – zu berücksichtigen. Die Betreuerbestellung muss – sofern die materiell-rechtliche Prüfung sowie das Verfahren auf die Besonderheiten des Antragsverfahrens ausgerichtet waren – im Beschwerdeverfahren bei Antragsrücknahme durch den Betroffenen aufgehoben werden.[6]

57 War also das Verfahren auf die Besonderheiten eines Antragsverfahrens zugeschnitten, siehe Rn. 67, muss die Betreuerbestellung bei einer Antragsrücknahme durch den Betroffenen – auch im Beschwerdeverfahren – aufgehoben werden.[7]

58 ▶ **Hinweis:** Ist zweifelhaft, ob der Betroffene dauerhaft eine Betreuerbestellung wünscht, sollten die verfahrensrechtlichen Bestimmungen eingehalten werden, die bei einer Betreuerbestellung von Amts wegen zu beachten sind bzw. ist parallel eine Betreuerbestellung von Amts wegen zu prüfen.[8] ◀

59 Demgegenüber kann eine Betreuerbestellung bei lediglich körperbehinderten Betroffenen nur auf ihren Antrag hin erfolgen.[9] Die Einrichtung einer Betreuung von Amts wegen bei einer (rein) körperlich behinderten Person gegen deren Willen, so genannte Zwangsbetreuung, scheidet aus. Nimmt also eine körperbehinderte Person ihren Antrag auf Betreuerbestellung im Rahmen eines laufenden Betreuungsverfahrens zurück, tritt automatisch dessen Beendigung ein, § 1896 Abs. 1 S. 2 BGB.

---

3 Jurgeleit/*Jurgeleit* BtR, § 1896 BGB Rn. 7.
4 BT-Drs. 16/6308, 185.
5 *BayObLG* FamRZ 2003, 1871, 1872.
6 *BayObLG* FamRZ 2001, 1245.
7 *BayObLG* FamRZ 2001, 1245; FamRZ 2003, 1871, 1872.
8 *BayObLG* FamRZ 2003, 1871.
9 HK-BUR/*Bauer/Deinert* § 1896 BGB Rn. 102.

Ein Antrag des Betroffenen ist grundsätzlich nicht Voraussetzung für die Einleitung eines **60** Betreuungsverfahrens. Das Betreuungsgericht hat allen Hinweisen nachzugehen, die auf einen Betreuungsbedarf deuten. Dementsprechend kann jedermann – Angehörige, Freunde, Nachbarn, Ärzte oder soziale Dienste – bei dem nächstgelegenen Betreuungsgericht eine Betreuung zu Gunsten einer Person anregen. Die Rechtsantragsstellen der Amtsgerichte sind verpflichtet, entsprechende Anträge, von wem auch immer, aufzunehmen. Anregungsbefugt ist also jeder, der wahrnimmt, dass beispielsweise sein Nachbar, Freund, Bekannter oder Angehöriger nicht mehr in Lage ist, in einzelnen Bereichen sein Leben selbst, d.h. ohne fremde Hilfe, zu meistern.

Selbstverständlich kann man sich auch schriftlich an das zuständige Betreuungsgericht oder **61** die örtlich zuständige Betreuungsbehörde (meist beim Landkreis bzw. der kreisfreien Stadt) wenden, um dort einen Betreuungsbedarf anzuzeigen. Häufig ist die Betreuungsbehörde nach § 7 BtBG die beim Gericht anregende Stelle für ein Betreuungsverfahren.

Auch in konkreten Verwaltungsverfahren kann sich eine Handlungsunfähigkeit des Betreffenden **62** ergeben, was eine Anregung zur Bestellung eines gesetzlichen Vertreters für das Verwaltungsverfahren zur Folge hat (§ 81 AO im Steuerrecht, § 15 i.V.m. § 71 Abs. 3 SGB X im Sozialverwaltungsverfahren, § 16 VwVfG bzw. landesrechtliche Parallelbestimmung in sonstigen Verwaltungsverfahren). Meist wird aus einer solchen Anregung jedoch eine umfassendere Betreuungsanordnung, weil über das Verfahren hinaus weiterer Betreuungsbedarf vermutet wird. Gleiches gilt für Mitteilungen anderer Gerichte (§ 22a FamFG) über Betreuungsbedürftigkeit oder Prozessunfähigkeit (§ 9 FamFG, §§ 56, 57 ZPO, § 58 FGO, § 71 SGG, § 62 VwGO).

┌ Muster: Betreuungsanregung ──────────────────────────────────┐ **63**

Amtsgericht (…)
– Abt. Betreuungen –

Sehr geehrte Damen und Herren,

wir unterstützen Frau Charlotte P., wohnhaft (…), als Pflegedienst bereits seit drei Jahren im Rahmen der Haushaltsführung.

In letzter Zeit mussten wir zunehmend Verwirrtheitszustände bei Frau P. feststellen. Frau P. holt regelmäßig am Anfang des Monats 1.000,00 € als Haushaltsgeld bei der Sparkasse ab. Manchmal beschwert sie sich schon nach einem Tag darüber, kein Geld mehr zu haben. Sie behauptet dann, fremde Personen, die angeblich in ihrer Wohnung ein- und ausgingen, hätten ihr das Geld gestohlen. Mehrfach halfen wir Frau P. schon bei der Suche nach ihrem Geld und fanden es dann beispielsweise im Küchenschrank in einer Tasse versteckt oder aber unter einem Sofakissen im Wohnzimmer. Frau P. hatte das Geld offensichtlich dort deponiert, aber dann den Aufbewahrungsort vergessen. Wir haben den Eindruck, dass Frau P. zwischenzeitlich den Überblick über ihre finanziellen Angelegenheiten verloren hat. Hinzu tritt, dass der Bruder von Frau P., Herr K., diese vor einer Woche besuchte, mit Frau P. zur Bank ging und sie vermutlich zu einer größeren Barabhebung zu seinen Gunsten veranlasste.

Weiterhin ist uns aufgefallen, dass Frau P. ganz blass ist. Unserer Meinung nach deutet das auf eine behandlungsbedürftige Blutarmut hin. Wenn wir Frau P. fragen, ob wir einen Arzt zum Hausbesuch bestellen sollen, lehnt sie dieses brüsk ab mit dem Bemerken, sie sei kerngesund und jeder Arzt, der sich bei ihr blicken lasse, „fliegt achtkantig raus", so wortwörtlich.

Wir bitten Sie zu prüfen, ob für Frau P. ein Betreuer zu bestellen ist.

Mit freundlichen Grüßen
(Pflegedienst)

└──┘

64   Das Gericht wird von Amts wegen auf Grund eigener Sachkenntnis oder aber auf Grund einer Anregung eines Dritten tätig. Das Gericht wird wie folgt auf die Betreuungsanregung z.B. des Pflegedienstes reagieren:

Muster: Antwort des Gerichts auf eine Betreuungsanregung

Pflegedienst (…)

Sehr geehrte Damen und Herren,

in der einzuleitenden Betreuungssache

Charlotte P., geboren am (…),

bestätigt das Gericht den Eingang Ihrer Anregung auf Anordnung einer Betreuung.

Sie erhalten zu gegebener Zeit weitere Nachricht.

Da der von Ihnen geschilderte Sachverhalt keine ausreichende Entscheidungsgrundlage bietet, wurde – wie telefonisch kurz erörtert – die örtliche Betreuungsbehörde (…) um Sachverhaltsaufklärung bei einem Hausbesuch gebeten.

Hochachtungsvoll
(Richterin am Amtsgericht)

Beglaubigt
(Justizangestellte)

---

65   Ferner wird das Betreuungsgericht die betroffene Person von dem Vorliegen einer Betreuungsanregung unterrichten

66   **Beispiel:**   Der 86-jährige Hans F. ist geistig fit, leidet jedoch an einem körperlichen Gebrechen, so dass ihm zunehmend Behördengänge usw. schwerfallen. Er wendet sich daher an das für ihn zuständige Amtsgericht und bittet um die Anordnung einer Betreuung.

67

Unterschied Betreuerbestellung auf Antrag/von Amts wegen	
Auf Antrag des Betroffenen, §§ 23, 25 FamFG	**Von Amts wegen (auf Anregung Dritter)**
Verfahrenseinleitung durch einen selbst gestellten Antrag (Formfreiheit, Geschäftsfähigkeit wird nicht benötigt, § 275 FamFG)	Anregung des Verfahrens, § 24 FamFG; bei Ablehnung der Einleitung: Unterrichtung des Anregenden, § 24 Abs. 2 FamFG
	Ggf. Bestellung eines Verfahrenspflegers, § 276 FamFG
Ärztliches Zeugnis, § 281 FamFG	Einholen eines psychiatrischen Sachverständigengutachtens, § 280 FamFG
Anhörung des Betroffenen, § 278 FamFG	Anhörung des Betroffenen, § 278 FamFG
Anhörung der Betreuungsbehörde und anderer Vertrauenspersonen, § 279 FamFG (Sozialberichterstattung, § 8 BtBG)	Anhörung der Betreuungsbehörde und anderer Vertrauenspersonen, § 279 FamFG (Sozialberichterstattung, § 8 BtBG)
Endentscheidung (Betreuerbestellung)	Endentscheidung (Betreuerbestellung oder Verfahrenseinstellung)

II. Zuständigkeit

Die **örtliche Zuständigkeit** des Betreuungsgerichts ist in § 272 FamFG geregelt. Das Gesetz   **68**
stellt eine Rangfolge auf. Danach ist ausschließlich zuständig

1. das Gericht, bei dem die Betreuung anhängig ist, wenn bereits ein Betreuer bestellt ist,
2. das Gericht, in dessen Bezirk der Betroffene seinen gewöhnlichen Aufenthalt (= Lebensmittepunkt) hat,
3. das Gericht, in dessen Bezirk das Bedürfnis der Fürsorge hervortritt (meist tatsächlicher Aufenthaltsort),
4. das Amtsgericht Schöneberg in Berlin, wenn der Betroffene Deutscher ist.

Für einstweilige Anordnungen nach § 300 FamFG oder vorläufige Maßregeln nach §§ 1908i, 1846 BGB ist auch das Gericht zuständig, in dessen Bezirk das Bedürfnis der Fürsorge hervortritt,[10] das ist üblicherweise der Ort des tatsächlichen Aufenthaltes.

Hierzu im Einzelnen: **69**

Wurde bereits eine Betreuerbestellung durch Beschluss erlassen, ist das Gericht örtlich zuständig, bei dem das Betreuungsverfahren bereits anhängig ist. Auf die Wirksamkeit des Beschlusses kommt es nicht an.

Gibt es noch keinen Beschluss zur Betreuerbestellung, ist das Gericht, in dem die betroffene   **70**
Person, gleich welcher Staatsangehörigkeit, ihren gewöhnlichen Aufenthalt hat, örtlich zuständig zur Bearbeitung einer Betreuungsanregung, § 272 Abs. 1 Nr. 1 FamFG. Unerheblich ist, ob der Betroffene dort polizeilich gemeldet ist.[11] Dies ist allenfalls von Belang für die Frage, ob ein Verstoß gegen die einschlägigen Meldevorschriften vorliegt. Der gewöhnliche Aufenthalt einer Person bestimmt sich nach seinem familiären Lebensmittelpunkt, eine Legaldefinition findet sich in § 30 Abs. 3 SGB I.[12] Maßgebend sind die tatsächlichen Verhältnisse.[13]

Vorübergehende, auch längerfristige Unterbrechungen des Aufenthalts, beruhend auf Krankheit, Urlaub, Studium oder Gefängnishaft, bewirken eine Aufhebung des gewöhnlichen Aufenthalts nur dann, wenn eine Rückkehr weitestgehend ausgeschlossen ist.[14] Die Zuständigkeit bestimmt sich nach dem Zeitpunkt, in dem das Betreuungsgericht von einem betreuungsrechtliche Maßnahmen erforderlich machenden Lebenssachverhalt Kenntnis erhält.   **71**

> **Beispiel:**   Der aus Kassel stammende Franz K. wohnt bereits seit drei Jahren in Berlin   **72**
> Charlottenburg bei Christina Sch., seiner Lebensgefährtin, ohne dort polizeilich gemeldet
> zu sein. Nachdem Franz K. einen Schlaganfall erlitt, wurde er in das nächstgelegene Krankenhaus verbracht. Der Sozialdienst des Krankenhauses regt bei dem zuständigen Amtsgericht Charlottenburg eine Betreuung zu Gunsten von Herrn K. an.

Ist zu Gunsten des Betroffenen – etwa wegen Obdachlosigkeit oder Äußerungsunfähigkeit –   **73**
ein gewöhnlicher Aufenthalt nicht zu ermitteln, so ist das Gericht nach § 272 Abs. 1 Nr. 3
FamFG zuständig, in dessen Bezirk das Fürsorgebedürfnis entsteht, also meist das Gericht am
tatsächlichen Aufenthaltsort.

---

10 *OLG Hamm* NJW-RR 2007, 157.
11 *OLG Karlsruhe* BtPrax 1995, 184.
12 *BGH* FamRZ 2001, 412.
13 *BGH* FamRZ 1993, 798, 800.
14 *BayObLG* FamRZ 1997, 1363; *OLG Stuttgart* BtPrax 1997, 161; FamRZ 1997, 438; *BayObLG* BtPrax 1996,
 195; BtPrax 2003, 132 zur strafgerichtlich angeordneten Unterbringung.

74 Der anordnende Betreuungsrichter hat im Regelfall das primär zuständige Gericht von den angeordneten Betreuungsmaßnahmen in Kenntnis zu setzen, § 272 Abs. 2 S. 2 FamFG, Kap XV/1 Abs. 1 Nr. 1–3 MiZi. Fällt das Fürsorgebedürfnis später weg, übersendet das Fürsorgegericht die Betreuungsakte an das zuständige Betreuungsgericht.[15] Diese Vorschrift betrifft Deutsche und Ausländer gleichermaßen. Der Inhalt der betreuungsgerichtlichen Entscheidung richtet sich gem. Art. 24 Abs. 3 EGBGB nach deutschem Recht. Ist ein dem deutschen Betreuungsverfahren vergleichbares Verfahren bereits im Ausland anhängig, kann das Betreuungsgericht von einer Betreuerbestellung absehen, sofern dieses dem Betroffenen durch ein vergleichbares Rechtsinstitut einen adäquaten Schutz gewährt. Es gelten die allgemeinen Vorschriften; das ausländische Recht ist von Amts wegen zu berücksichtigen.[16]

75 Beispiel: Der obdachlose Alexander S. leidet an einer dialysepflichtigen Niereninsuffizienz. Er wird in das nächstgelegene Krankenhaus im Bezirk Berlin/Kreuzberg eingewiesen. Zuständig für die Anordnung einer Eilbetreuung ist das Amtsgericht Tempelhof-Kreuzberg.

76 Nach § 272 Abs. 1 Nr. 4 FamFG ist das Amtsgericht Schöneberg in Berlin zuständig für im Ausland lebende Deutsche, die dort ihren gewöhnlichen Aufenthalt haben.

77 Beispiel: Birgit B. lebt seit circa 15 Jahren nach dem Tod ihres Ehemannes auf Mallorca. Eines Morgens wird sie von ihrer Bekannten bewusstlos in ihrem Haus aufgefunden. Sie wird in das nächstgelegene Provinzkrankenhaus verbracht und liegt dort mehrere Wochen im Koma, bevor sie wieder aufwacht. Ihr in Berlin wohnender Sohn Stefan B. entschließt sich, seine Mutter wegen der in Deutschland besseren Behandlungsmöglichkeiten in eine hiesige Klinik zu verbringen. Er muss, um die Überführung seiner Mutter bewerkstelligen zu können, einen Antrag bei dem Amtsgericht Schöneberg auf Installierung einer Eilbetreuung stellen.

78 Wird ein Betreuungsverfahren wegen einer Änderung des gewöhnlichen Aufenthalts des Betreuten nach §§ 4 S. 1, 273 S. 1 FamFG an ein anderes Amtsgericht abgegeben, ist die Abgabeentscheidung nicht selbstständig anfechtbar.[17]

79 §§ 49, 50 FamFG regeln die so genannte **Eilzuständigkeit**. Danach kann das Amtsgericht, in dessen Bezirk ein Fürsorgebedürfnis für eine Eilmaßnahme besteht, sowohl im Wege einer einstweiligen Anordnung eine vorläufige Betreuung einrichten, §§ 300 ff. FamFG, als auch selbst eine einstweilige Maßnahme, §§ 1908i, 1846 BGB, treffen. Der anordnende (Eil-)Betreuungsrichter setzt das primär zuständige Gericht von den angeordneten Betreuungsmaßnahmen in Kenntnis, § 272 Abs. 2 S. 2 FamFG, XXX, Kap XV/1 Abs. 1 Nr. 1-3 MiZi.

80 Beispiel: Bei einem Sportunfall im Urlaub wird ein Volljähriger schwer verletzt. Er ist bewusstlos und wird in der Intensivstation des nahegelegenen Krankenhauses behandelt. Das dort zuständige Amtsgericht ordnet eine Eilbetreuung mit den Aufgabenkreisen „Aufenthaltsbestimmung zu Zwecken der Heilbehandlung" und „Zustimmung zu Heilbehandlungsmaßnahmen" an.

81 Sobald die einstweilige Anordnung erlassen wurde, wird das Verfahren an das eigentlich zuständige Gericht abgegeben, § 50 Abs. 2 S. 2 FamFG. Es ist das Gericht zuständig, in dessen

---

15 *OLG Hamm* NJW-RR 2007, 157.
16 Jurgeleit/*Bucic* Freiwillige Gerichtsbarkeit, S. 664.
17 *BGH* MDR 2011, 254 = FamRZ 2011, 282.

Bezirk der Betroffene seinen gewöhnlichen Aufenthalt hat bzw. das Bedürfnis nach Fürsorge auftritt.

Sachlich zuständig ist das Amtsgericht, § 23a Abs. 1 Nr. 2, Abs. 2 Nr. 1 GVG. Bei den Amtsgerichten werden Abteilungen für Betreuungssachen errichtet, § 23c Abs. 1 GVG, die als „Betreuungsgericht (BetrG)" bezeichnet werden. Eine Ausnahme gilt für das württembergische Rechtsgebiet bis 2017 aufgrund des Landesrechts: Dort ist das (staatliche) Notariat grundsätzlich zuständig (§ 36 LFGG Baden-Württemberg; ausnahmsweise Zuständigkeit des Amtsgerichtes dort § 37 LFGG). **82**

Hinblicklich der **funktionellen Zuständigkeit** innerhalb des Amtsgerichtes gilt das Nachstehende: **83**

1. Proberichter

Nach § 23c Abs. 2 GVG darf ein Proberichter im ersten Jahr nach seiner Ernennung nicht in Betreuungssachen tätig sein. Richter greifen in Betreuungssachen tief und nachhaltig in die Lebensführung von Betroffenen ein. Von daher etabliert die Vorschrift ein Mindestmaß an richterlicher Erfahrung.[18] **84**

2. Verteilung von Aufgaben zwischen Richter und Rechtspfleger

Die Zuständigkeitsverteilung bestimmt sich nach § 3 Nr. 2a, § 15, § 19 Abs. 1 S. 1 Nr. 1 RPflG. Nach § 3 Nr. 2a RPflG ist grundsätzlich der Rechtspfleger zuständig, soweit nicht eine Aufgabe gem. § 15 RPflG dem Richter vorbehalten ist. Von diesem Vorbehalt kann der Landesgesetzgeber wiederum Ausnahmen machen und Aufgaben dem Rechtspfleger übertragen, § 19 Abs. 1 Nr. 1 RPflG. Letzteres ist bislang in Bayern und Rheinland-Pfalz geschehen (Stand Mitte 2016). Siehe dazu weiter unten. **85**

Folgende Aufgaben sind von dem Richter zu erledigen: **86**

- Bestellung eines Betreuers, § 1896 Abs. 1 BGB, eines besonderen Betreuers für die Sterilisation, § 1899 Abs. 2 BGB, eines Ergänzungsbetreuers, § 1796 BGB oder mehrerer Betreuer, § 1899 Abs. 4 BGB, die vorsorgliche Bestellung eines Betreuers für einen Minderjährigen, § 1908a BGB sowie kraft Sachzusammenhang die Bestellung eines Gegenbetreuers, §§ 1908i, 1792 BGB sowie die Entscheidung über die Auswahl eines Vereins- oder Behördenmitarbeiters, § 1900 BGB, § 291 FamFG,
- Bestellung eines Betreuers für Angehörige fremder Staaten, Art. 24 Abs. 1 S. 2, Abs. 3 EGBGB einschließlich eines Kontrollbetreuers nach § 1896 Abs. 3 BGB,
- Betreuungsanordnungen aufgrund dienstrechtlicher Bestimmungen (für Beamte oder Richter),
- Bestimmung der Aufgabenkreise, § 1896 Abs. 2 S. 1 BGB,
- Entlassung des Betreuers mit Ausnahme des Kontrollbetreuers und des Betreuers nach §§ 1888, 1908b Abs. 1, 2 und 5 BGB sowie die danach erforderliche Neubestellung im Falle des Todes oder der Entlassung eines Betreuers, § 1908c BGB, § 296 FamFG,
- Aufhebung, Erweiterung, Einschränkung oder Verlängerung einer Betreuung, § 1908d BGB, §§ 293–295 FamFG,
- Feststellung der berufsmäßigen Betreuungsführung, §§ 1836 Abs. 1 S. 2 BGB, § 1 VBVG,
- Entziehung der Vertretungsmacht, §§ 1908i, 1796 BGB,

---

18 BL-AG Abschlussbericht 2003, S. 183 f.

- Anordnung und Aufhebung eines Einwilligungsvorbehaltes, § 1903 BGB, §§ 293, 294 FamFG,
- Erweiterung und Einschränkung des Kreises der einwilligungsbedürftigen Erklärungen, §§ 1908d Abs. 4, Abs. 3 BGB, § 294 FamFG, Genehmigung der Einwilligung des Betreuers in risikoreiche ärztliche Maßnahmen, sowie in den Abbruch einer lebenserhaltenden oder -verlängernden ärztlicher Behandlung, § 1904 BGB, § 298 FamFG,
- Sterilisation, § 1905 BGB, § 297 FamFG und Kastration, § 6 KastrG,
- Herausgabe oder Regelung des Umgangs des Betreuten, §§ 1908i, 1632 Abs. 1–3 BGB,
- Meinungsverschiedenheiten zwischen mehreren Betreuern, §§ 1908i, 1797 Abs. 1 S. 2, 1798 BGB,
- Verhängung von Zwangsgeld z.B. wegen Nichtabgabe einer Betreuungsverfügung, § 1901c BGB,
- Maßnahmen nach dem Ausführungsgesetz zum Haager Erwachsenenschutzübereinkommen[19].

87 So obliegt nach dem BGB dem Richter die Anordnung der Betreuung, die Bestimmung der Aufgabenkreise und Entscheidungen über freiheitsbeschränkende Maßnahmen, § 1906 BGB. Von dem Richtervorbehalt des § 15 RPflG kann der Landesgesetzgeber nach Maßgabe des § 19 Abs. 1 S. 1 Nr. 1 RPflG Ausnahmen zulassen und damit die Zuständigkeit der Rechtspfleger erweitern, soweit nicht Maßnahmen nach §§ 1903, 1906, 1908d BGB und Zwangsvorführungen (§§ 278 Abs. 5, 283 FamFG) betroffen sind.

88 Grundsätzlich ist für Verfahrenshandlungen einschließlich von Zwangsgeldfestsetzungen der gerichtliche Entscheider zuständig, in dessen Zuständigkeit die eigentliche Sachentscheidung fällt,[20] mit Ausnahme der Zwangshaft (§ 4 Abs. 2 Nr. 2 RPflG), der Verhängung von Zwangsgeld nach §§ 35, 285 FamFG gegen den Besitzer einer Betreuungsverfügung (§ 1901c BGB), der Anordnung von Zwangsvorführungen nach § 278 Abs. 5 und § 283 FamFG und der Entscheidung über die Abgabe und Übernahme des Verfahrens nach § 273 FamFG, § 19 Abs. 1 S. 1 Nr. 1 RPflG.

89 Zusammenfassend ist der Richter für alle Maßnahmen zuständig, die grundrechtssensibel sind. Dem Rechtspfleger obliegt im Wesentlichen die Aufsichtsführung über die Amtstätigkeit des Betreuers und deren Beratung, §§ 1908i, 1837 Abs. 1 und 2 BGB. Anfangs hatte zunächst Bayern von der Landesöffnungsklausel Gebrauch gemacht. Nach der Verordnung zur Aufhebung von Richtervorbehalten (vom 15.3.2006, BayGVBl., 170) ist in Bayern der Rechtspfleger auch für die Bestellung von Ergänzungsbetreuern (§ 1899 Abs. 4 BGB) und die Ersatzbestellung von Betreuern nach dem Tod des bisherigen Betreuers (§ 1908c BGB) zuständig. In Rheinland-Pfalz ist durch Verordnung vom 15.5.2008 mit Wirkung vom 1.1.1999 in fast vollem Umfang von der Öffnungsklausel Gebrauch gemacht worden, ausgenommen ist nur die erstmalige Betreuerbestellung zu Beginn der Betreuung. Diese verbleibt beim Richter. Insgesamt gilt aber auch weiterhin, dass ein Geschäft, das eigentlich der Rechtspflegerzuständigkeit unterliegt, stets auch wirksam durch den Richter vorgenommen werden kann (§ 8 Abs. 1 RPflG).

90 In Württemberg gelten (noch bis 2017) landesrechtliche Besonderheiten gem. Art. 147 EGBGB, 36 LFGG BW. Danach ist der Bezirksnotar neben dem Richter für betreuungsrechtliche Entscheidungen zuständig, es sei denn es ist eine dem Amtsgericht vorbehaltene Aufgabe betroffen, § 37 LFGG BW. Hiernach bleiben dem Amtsgericht vorbehalten: freiheitsentziehende Maßnahmen (§§ 1846, 1906 BGB), Vorführungen nach § 278 Abs. 5 FamFG, alle Entscheidungen in Unterbringungssachen (§§ 312 ff. FamFG) und in Bezug auf Einwilligungsvorbehalte (§ 1903

---

19 Abgedruckt z.B. in der HK-BUR-Gesetzessammlung.
20 BT-Drs. 11/4528, 165.

BGB), Genehmigungsentscheidungen in Bezug auf Vaterschaften (§ 1596 Abs. 1 S. 3 BGB), medizinische Behandlungen (§ 1904 BGB), Sterilisationen (§ 1905 BGB) und Kastrationen (§ 6 KastrG) sowie Betreuungsanordnungen aufgrund dienstrechtlicher Bestimmungen.

III. Die Verfahrensbeteiligung

Im Rahmen der Reform des FGG durch das Gesetz über das Verfahren in Familiensachen und der freiwilligen Gerichtsbarkeit (FamFG) zum 1.9.2009 wurden die an einem Betreuungs- (und Unterbringungs-)verfahren Beteiligten erstmals im Detail definiert. An der Verfahrensbeteiligung machen sich seit dem 1.9.2009 Anhörungs-, Akteneinsichts- und Beschwerderechte fest. Wer Beteiligter ist, bestimmt grundsätzlich § 7 FamFG. Dort ist der Beteiligtenbegriff gesetzlich definiert. Die vorbezeichnete Regelung wird für das Betreuungsverfahren durch § 274 FamFG (und für das Unterbringungsverfahren durch § 315 FamFG) ergänzt. Das Gesetz unterscheidet sogenannte „Mussbeteiligte" und „Kannbeteiligte". **91**

Muss-Beteiligte, §§ 7, 274 FamFG	Kann-Beteiligte, § 274 Abs. 4 Nr. 1 FamFG
Betroffener, § 274 Abs. 1 Nr. 1 FamFG	Nicht dauernd getrennt lebender Ehegatte, Lebenspartner (i.S.d. Lebenspartnerschaftsgesetzes; nicht: Lebensgefährten)
Betreuer, soweit sein Aufgabenkreis betroffen ist, § 274 Abs. 1 Nr. 2 FamFG	Eltern, Großeltern, Pflegeeltern (§ 33 SGB VIII)
Bevollmächtigter i.S.d. § 1896 Abs. 2 S. 2 BGB, soweit sein Aufgabenkreis betroffen ist, § 274 Abs. 1 Nr. 3 FamFG	Abkömmlinge (also Kinder und Kindeskinder; auch adoptierte Personen)
Verfahrenspfleger, § 274 Abs. 2 FamFG	Geschwister, Vertrauenspersonen
Betreuungsbehörde, § 274 Abs. 3 FamFG 1. auf eigenen Antrag in Verfahren über Betreuerbestellung oder Anordnung eines Einwilligungsvorbehalts, 2. Umfang, Inhalt oder Bestand von Entscheidungen der vorbezeichneten Art	

92

Betreuer/Bevollmächtigte sind nur dann „Mussbeteiligte", sofern ihr Aufgabenkreis betroffen ist, § 274 Abs. 1 Nr. 2 und 3 FamFG. Ein bestellter Verfahrenspfleger erhält mit seiner Hinzuziehung alle Beteiligtenrechte, § 274 Abs. 2 FamFG. **93**

Der Antragsteller ist im Amtsverfahren stets Beteiligter, § 7 Abs. 1 FamFG. Als „Mussbeteiligte" nach § 7 Abs. 2 FamFG hinzuzuziehen sind

- Nr. 1: Diejenigen, deren Recht durch das Verfahren unmittelbar betroffen wird;
- Nr. 2: Diejenigen, die aufgrund des FamFG von Amts wegen oder eines anderen Gesetzes oder auf Antrag zu beteiligen sind.

Nach § 7 Abs. 2 FamFG müssen Personen, deren Rechte verletzt sein können, stets am Verfahren beteiligt werden. Die Möglichkeit einer Rechtsverletzung ist ausreichend. Davon abzugrenzen ist eine lediglich potentielle Gefährdung ideeller, sozialer und wirtschaftlicher Interessen. **94**

95 ▶ **Hinweis:** Das Gericht **kann** von Amts wegen oder auf Antrag weitere Personen als Beteiligte hinzuziehen, soweit dies im FamFG oder in einem anderen Gesetz vorgesehen ist, § 7 Abs. 3 FamFG. Das Gericht entscheidet durch Beschluss über die Hinzuziehung bzw. deren Ablehnung. ◀

96 Sofern bereits ein Betreuer bestellt ist, das betrifft also nicht das Betreuungsverfahren zur Erstbestellung, sondern nur Folgeverfahren, ist der Betreuer Beteiligter (Abs. 1 Nr. 2). Seltsamerweise findet sich darin die nachstehende Einschränkung, die nicht recht verständlich ist und in der Parallelvorschrift des Unterbringungsverfahrens (§ 315 FamFG) nicht vorhanden ist. Die Beteiligung kann auch konkludent, z.B. durch Übersendung von Schriftsätzen und Ladung erfolgen.[21] Die Beteiligtenstellung wird jeweils nur für ein konkretes und nicht für alle zukünftigen Verfahren erlangt.[22]

97 **Beispiel:** Neffe N wird in dem anhängigen Betreuungsverfahren beteiligt. Nach erfolgter Betreuerbestellung des B wird dieser jedoch nicht automatisch beteiligt im Antragsverfahren auf Erweiterung der Befugnisse des Betreuers auf den Aufgabenkreis der Aufenthaltsbestimmung.

98 Beteiligt ist der Betreuer nämlich nur dann, wenn sein Aufgabenkreis betroffen ist. Insbesondere bei der Bestellung mehrerer Betreuer (§ 1899 BGB) kann diese eingeschränkte Beteiligtenstellung bedeuten, dass einer der Betreuer keine Kenntnis eines laufenden Betreuungsverfahrens, z.B. zur Erweiterung von Aufgabenkreisen, erhält. Das ist kontraproduktiv. Die Einschränkung sollte daher restriktiv behandelt werden. Eine verfassungskonforme Auslegung der § 274 Abs. 1 Nr. 2 und 3 FamFG ist insbesondere im Lichte des Beschlusses des BVerfG vom 6.11.2008[23] geboten, der zu dem Begriff der materiell Beteiligten im Nachlassverfahren Stellung nahm und hierzu ausführte:

99 *Art. 103 Abs. 1 GG ist auch im Verfahren der freiwilligen Gerichtsbarkeit zu beachten. Das gilt unabhängig davon, ob die Anhörung im Gesetz vorgesehen ist – auch für Verfahren, die vom Untersuchungsgrundsatz (§ 12 FGG, jetzt § 26 FamFG) beherrscht werden. Auf eine förmliche Beteiligtenstellung kommt es nicht an. Der Anspruch auf rechtliches Gehör steht vielmehr jedem zu, demgegenüber die gerichtliche Entscheidung materiell-rechtlich wirkt und der deshalb von dem Verfahren rechtlich unmittelbar betroffen wird.*

100 Unter Art. 103 Abs. 1 GG fällt nicht nur der formell am Verfahren Beteiligte und damit bereits Hinzugezogene. Erfasst ist demgegenüber auch der materiell Betroffene. Wenn das Gericht weiß, dass eine bislang nicht bekannte Person in in ihren subjektiven Rechten betroffen ist, besteht eine Pflicht, Nachforschungen anzustellen.[24] Der Bevollmächtigte i.S.d. § 1896 Abs. 2 S. 2 BGB ist erstmals im Gesetz als formeller Mussbeteiligter genannt; es gilt die gleiche Einschränkung, wie beim Betreuer (Abs. 1 Nr. 3).

101 Die Betreuungsbehörde ist auf ihren Antrag zwingend als Beteiligte hinzuzuziehen (§ 274 Abs. 3 FamFG). Dies gilt für Verfahren über:

- Nr. 1: Die Bestellung eines Betreuers oder die Anordnung eines Einwilligungsvorbehalts,
- Nr. 2: Umfang, Inhalt oder Bestand der in Nr. 1 genannten Art.

---

21 *BGH* NJW 2014, 1885.
22 *LG Freiburg* BtPrax 2013, 260.
23 *BVerfG* FamRZ 2009, 106 = NJW 2009, 138.
24 *Kemper/Schreiber* Familienverfahrensrecht, 3. Aufl. 2015, § 7 FamFG Rn. 21.

Damit die Behörde entscheiden kann, ob sie einen Beteiligtenantrag stellt, muss sie von jedem Verfahren informiert werden. Die Stellung der Behörde ist (in Zusammenhang mit der Mitteilungspflicht des Gerichtes nach § 7 Abs. 4 FamFG) somit deutlich gestärkt worden. Es wird auch nicht danach unterschieden, ob das Betreuungsverfahren auf Antrag des Betroffenen oder von Amts wegen eingeleitet wurde.

Die Stellung der Angehörigen ist dagegen gegenüber dem früheren FGG eingeschränkt worden. Zum einen ist der Angehörigenbegriff in Abs. 4 Nr. 1 beschränkt, er betrifft nur noch nicht dauernd getrennt lebende Ehegatten und (eingetragenen) Lebenspartner, Eltern (incl. Pflege- und Großeltern), Kinder und Kindeskinder, Geschwister sowie eine Vertrauensperson des Betroffenen. Sie sind zwar genau wie die Betreuungsbehörde vom Beginn eines Betreuungsverfahrens zu verständigen und auf ihr Antragsrecht hinzuweisen (§ 7 Abs. 4 FamFG). Das Gericht entscheidet aber, ob es der Beteiligung zustimmt. Diese erfolgt nur, wenn die Beteiligung des Angehörigen im Interesse des Betroffenen liegt. Eigeninteressen der Angehörigen, z.B. bezüglich einer künftigen Erbschaft oder wegen Unterhaltsansprüchen, sollen keine Rolle mehr spielen. Eine Beteiligung kann jedoch auch stillschweigend durch das Gericht erfolgen, etwa durch das Übersenden von Schriftstücken oder die Ladung zu Terminen.[25] **102**

Gegen die Ablehnung der Verfahrensbeteiligung kann binnen einer Notfrist von zwei Wochen sofortige Beschwerde eingelegt werden (§ 7 Abs. 5 FamFG i.V.m. §§ 569 Abs. 1 ff. ZPO). Letztlich ist als Kann-Vorschrift die Beteiligung des Bezirksrevisors als Vertreters der Staatskasse möglich, soweit deren Interesse durch den Ausgang des Verfahrens betroffen sein kann (Abs. 4 Nr. 2). Dies betrifft in der Praxis hauptsächlich Verfahren auf Festsetzung der Betreuervergütung sowie den Staatsregress nach § 1836e BGB. Das Unterbringungsverfahren kennt stattdessen als Kann-Regelung noch die Beteiligung des Einrichtungsleiters, in der der Betroffene lebt (§ 315 Abs. 4 Nr. 3 FamFG). **103**

Diejenigen, die als von dem Betreuungsgericht als Beteiligte hinzugezogen wurden, sind – soweit gerichtsseits bekannt – von der Einleitung des Verfahrens zu benachrichtigen und über ihr Antragsrecht zu belehren, § 7 Abs. 4 FamFG. Die erstinstanzliche Hinzuziehung eines Beteiligten wirkt im Beschwerdeverfahren fort.[26] Verfahrenskostenhilfe (§§ 76 ff. FamFG, analog zur PKH) kann nur der bedürftige Beteiligte erhalten, der in eigenen Rechten betroffen ist. Für eine rein fremdnützige Verfahrensbeteiligung ist die Gewährung von Verfahrenskostenhilfe hingegen nicht möglich.[27] **104**

Entsprechend Art. 36 und 37 des Wiener Übereinkommens über konsularische Beziehungen vom 24.4.1963 (BGBl. II 1969, 1585 sowie 1971, 1285) muss die konsularische Vertretung des Heimatstaates informiert werden, wenn für einen Ausländer ein Betreuungsverfahren eingeleitet wird und/oder eine Unterbringung erfolgt. Der Konsul wird dadurch allerdings nicht Verfahrensbeteiligter nach dem FamFG.

---

25 *BGH* BtPrax 2014, 174.
26 *BGH* BtPrax 2012, 174 (Ls) = FamRZ 2012, 1049 = FGPrax 2012, 182.
27 *BGH* BtPrax 2015, 24.

IV. Der Amtsermittlungsgrundsatz

1. Amtsermittlungspflicht

105 Das Gericht hat im Rahmen eines anhängigen Betreuungsverfahrens von Amts wegen alle entscheidungserheblichen Tatsachen von sich aus zu ermitteln. Dies beruht auf dem in § 26 FamFG niedergelegten Amtsermittlungsgrundsatz (Untersuchungsgrundsatz, Inquisitionsmaxime). Dort heißt es wörtlich:

„Das Gericht hat von Amts wegen die zur Feststellung der entscheidungserheblichen Tatsachen erforderlichen Ermittlungen durchzuführen."

106 Es ist in das pflichtgemäße Ermessen des Gerichts gestellt, ob es formlose oder förmliche Ermittlungen zur Aufklärung des Sachverhalts betreibt, §§ 29 und 30 FamFG. Der Umfang der Ermittlungen ist durch das Gesetz bestimmt insofern, als § 26 FamFG von „erforderlichen" Ermittlungen ausgeht. Das Gericht muss die **objektive** Wahrheit erforschen und ist nicht an die von den Beteiligten vorgetragenen Tatsachen gebunden. Insofern besteht ein entscheidender Unterschied zwischen einem Verfahren der freiwilligen Gerichtsbarkeit und einem Zivilprozess, der den Regeln der Zivilprozessordnung (ZPO) und dem Grundsatz der **formellen** Wahrheit unterliegt.

107 **Beispiel:** Rechtsanwalt R klagt vier Jahre nach Mandatsende vor dem Amtsgericht seine Honorarrechnung gegen Mandant M ein. Dieser rügt Schlechtleistung und erhebt andere Einwendungen, vergisst allerdings, sich auf den relevanten Einwand der Verjährung zu berufen. Hierauf darf der Richter, der sich sonst dem Vorwurf der Befangenheit aussetzen würde, den M nicht hinweisen. M verliert den Prozess wegen des Nichterhebens des Einwandes der Verjährung.

108 Die Sachlage bestimmt also letzten Endes im Amtsermittlungsverfahren die vom Gericht durchzuführenden Ermittlungen, die in seinem pflichtgemäßen Ermessen stehen. Eine förmliche Beweisaufnahme hat nach § 30 Abs. 2 FamFG insbesondere dort stattzufinden, wo ein Beteiligter die Richtigkeit von Tatsachenfeststellungen ausdrücklich bestreitet. Das Sachverständigengutachten im Betreuungsverfahren stellt stets eine förmliche Beweisaufnahme dar (§ 280 Abs. 1 FamFG).

109 Dementsprechend liegt ein Verstoß gegen den Amtsermittlungsgrundsatz vor bei Anordnung einer Betreuung durch das Gericht aufgrund eines Sachverständigengutachtens, das sich lediglich auf Angaben Dritter zu einem angeblich vermüllten Haushalt einer Betroffenen stützt, der Sachverständige jedoch davon Abstand nahm, sich selbst ein Bild von dessen Beschaffenheit zu machen.[28] Der BGH führte hierzu aus:

110 *Zu den für die Bestellung eines Betreuers erforderlichen Ermittlungen gehört nach § 280 FamFG die Einholung eines Sachverständigengutachtens. Diesem Gutachten muss wiederum mit hinreichender Sicherheit zu entnehmen sein, dass die Voraussetzungen für die Anordnung einer Betreuung nach § 1896 BGB vorliegen; eine Verdachtsdiagnose genügt nicht[29]. Im Übrigen muss sich der Tatrichter davon überzeugen, dass der Sachverständige im Rahmen seiner Begutachtung von einer zutreffenden Tatsachengrundlage ausgegangen ist.*

---

28 *BGH* FamRZ 2011, 285 = FGPrax 2011, 77 = Rpfleger 2011, 321.
29 *OLG Köln* FamRZ 2009, 2116; *BGH* BtPrax 2015, 25; *BGH* FamRZ 2013, 285, 287.

Die Ermittlungen sind abgeschlossen, wenn der Sachverhalt so vollständig aufgeklärt ist, dass 111
von einer weiteren Beweisaufnahme ein sachdienliches, die Entscheidung beeinflussendes
Ergebnis nicht mehr erwartet werden kann. Die Beteiligten im Rahmen des FamFG-Verfah-
rens sind gehalten, an der Aufklärung des Sachverhaltes mitzuwirken, insbesondere wenn es
um Vorgänge aus dem höchstpersönlichen Lebensbereich geht, § 27 FamFG. Das Gericht ist
gesetzlich verpflichtet, angebotenen Beweisen nachzugehen. Die Zurückweisung von Beweis-
mitteln darf nicht zu einer unzulässigen Vorwegnahme der Beweiswürdigung führen.

Sinn und Zweck des Amtsermittlungsgrundsatzes ist eine umfassende Aufklärung des Sachver- 112
haltes. Ferner gilt das Verbot von Überraschungsentscheidungen.[30] Das Gericht hat die Pflicht,
die tatsächlichen Grundlagen der Entscheidung vollständig zu erfassen.[31]

Im Bereich des Betreuungsrechtes hat das Gericht von Amts wegen zu eruieren, ob überhaupt 113
die Anordnung einer Betreuung sowie der einzelnen Aufgabenkreise erforderlich ist. Der
Erforderlichkeitsgrundsatz ist Ausdruck des Verhältnismäßigkeitsgrundsatzes und genießt
somit Verfassungsrang.[32] Werden notwendige, ergänzende oder vorbereitende Ermittlungen
einschließlich erforderlicher Beweisaufnahmen durch das erkennende Gericht unterlassen,
liegt hierin ein Verfahrensverstoß nach §§ 26 ff. FamFG. Eine unzureichende Sachverhaltsermittlung ist eine Gesetzesverletzung.[33]

Wie ernst es dem BVerfG mit der Sachverhaltsermittlung ist, zeigen wiederholte Entscheidun- 114
gen aus dem Bereich des Betreuungs- und Unterbringungsverfahrens. Die Rechtsgrundsätze
sind vorbehaltlos auf das Betreuungsverfahren anwendbar. Für diesen Bereich betonte das
Bundesverfassungsgericht in einer jüngeren Entscheidung, wie stark eine Betreuerbestellung
das Grundrecht einer Person auf freie Entfaltung der Persönlichkeit, Art. 2 Abs. 1 GG, beeinträchtigt.[34] Das BVerfG statuierte wörtlich:[35]

Die Freiheit der Person ist unverletzlich, Art. 2 Abs. 2 Satz 2 GG. In diese Freiheit darf gem. Art. 2 Abs. 2 115
Satz 3 GG nur auf Grund eines förmlichen Gesetzes eingegriffen werden. Diese Freiheitsgarantie des
Art. 2 Abs. 2 GG hat besonderes Gewicht. Die Freiheit des Einzelnen darf nur in einem mit wesentlichen
formellen Garantien ausgestatteten Verfahren entzogen werden.

(...) Die Freiheit der Person ist ein so hohes Rechtsgut, dass sie nur aus besonders wichtigem Grund
angetastet werden darf. Die Einschränkung dieser Freiheit ist daher stets der strengen Prüfung am
Grundsatz der Verhältnismäßigkeit zu unterziehen (...).

(...) Die freiheitsichernde Funktion des Art. 2 Abs. 2 Satz 2 GG setzt auch Maßstäbe für die Aufklärung
des Sachverhaltes und damit für eine hinreichende tatsächliche Grundlage der richterlichen Entschei-
dung. Es ist unverzichtbare Voraussetzung rechtsstaatlichen Verfahrens, dass Entscheidungen, den Ent-
zug der persönlichen Freiheit betreffend, auf zureichender richterlicher Sachaufklärung beruhen und
eine in tatsächlicher Hinsicht genügende Grundlage haben, die der Bedeutung der Freiheitsgarantie
entspricht.

Insbesondere eine Betreuerbestellung gegen den freien Willen des Betroffenen stellt sich als ein
massiver Eingriff in dessen Würde dar, der zu unterlassen oder zu beseitigen ist.[36]

---

30 *BayObLG* FamRZ 1995, 1441, 1442.
31 *BVerfG* FamRZ 2016, 26, 28.
32 BT-Drs. 11/4528, 120 f.
33 *BGH* FamRZ 1982, 471, 473.
34 *BVerfG* FamRZ 2002, 312 f.
35 *BVerfG* BtPrax 1998, 144 f.
36 BT-Drs. 15/2494, 28.

116 Aus dem Vorstehenden folgt, dass es in jedem anhängigen Betreuungsverfahren – soweit der Betroffene nicht selbst einen Antrag auf Betreuerbestellung ausbrachte – geboten ist, einen Sozialbericht nach § 8 Abs. 1 BtBG einzuholen. Nur so wird es im Zweifel möglich sein, Feststellungen darüber zu treffen, ob anderweitige Hilfen i.S.d. § 1896 Abs. 2 S. 2 BGB zu Gunsten des Betroffenen aktiviert werden können. Entscheidend ist, dass das Gericht das soziale Umfeld sowie die individuellen Lebensbedingungen des Betroffenen erforscht. Dies kann auch im Wege des Einholens eines Gutachtens erfolgen, das über die sozialen Gesichtspunkte Aufschluss gibt.[37] Die gesamte Situation des Betroffenen ist zu berücksichtigen. Dies gilt auch in Verfahren, in denen der Betroffene mehrere Vorsorgevollmachten ausstellte und Streit darüber besteht, welche der Vollmachten wirksam ist.[38]

117 Unterbleibt das Einholen eines Sozialberichtes und/oder eines Gutachtens über die sozialen „Gesichtspunkte", so stellt sich dies als ein gravierender Mangel der gebotenen Sachverhaltsaufklärung nach § 26 FamFG dar.[39] Ferner ist unter Angabe des Aktenzeichens des Betreuungsverfahrens ein automatisierter, elektronischer oder schriftlicher, bei besonderer Dringlichkeit auch fernmündlicher Abruf nach § 78d BNotO i.V.m. § 6 VRegV des zentralen Vorsorgeregisters der Bundesnotarkammer vorzunehmen. Liegen Hinweise auf eine Betreuungsverfügung oder Vorsorgevollmacht vor, muss das Betreuungsgericht dem nachgehen und nach § 1901c S. 3 BGB, § 285 FamFG die Vorlage entsprechender Schriftstücke verlangen.[40]

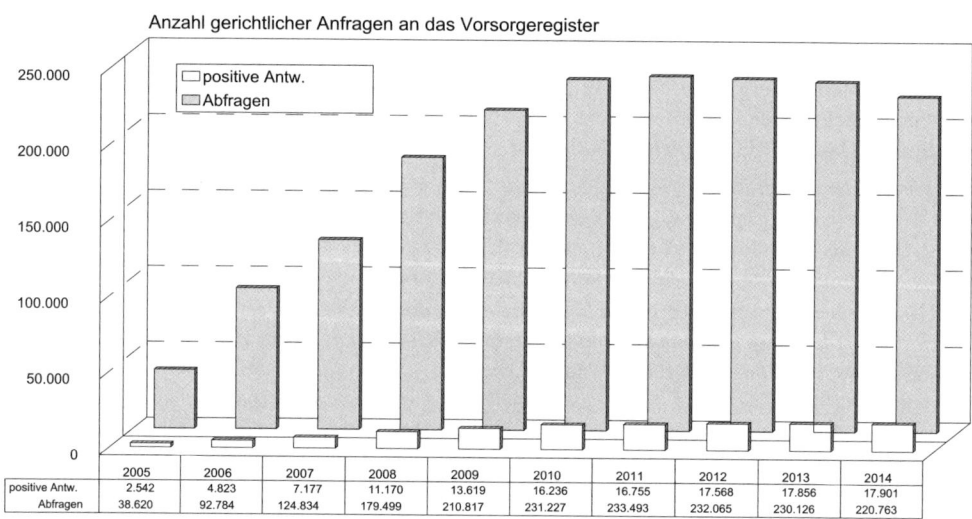

Anzahl gerichtlicher Anfragen an das Vorsorgeregister

	2005	2006	2007	2008	2009	2010	2011	2012	2013	2014
positive Antw.	2.542	4.823	7.177	11.170	13.619	16.236	16.755	17.568	17.856	17.901
Abfragen	38.620	92.784	124.834	179.499	210.817	231.227	233.493	232.065	230.126	220.763

Quelle: Zentrales Vorsorgeregister der Bundesnotarkammer; Auswertung und Gestaltung: *Deinert*

2. Grundsatz des rechtlichen Gehörs nach Art. 103 Abs. 1 GG

118 Im Rahmen der Amtsermittlung ist die Anhörung der Beteiligten eine wesentliche richterliche Erkenntnisquelle. Insbesondere dem Betroffenen ist rechtliches Gehör nach Art. 103 Abs. 1 GG

---

37 BT-Drs. 11/4528, 174.
38 *BayObLG* FamRZ 2004, 402.
39 HK-BUR/*Bauer/Deinert* § 1896 BGB Rn. 180; *Rink* Kritische Anmerkungen zum Verfahren in Betreuungs- und Unterbringungssachen, R&P 1991, 148 f.
40 Jurgeleit/*Bucic* Freiwillige Gerichtsbarkeit, S. 669.

zu gewähren. Das vorbezeichnete Grundrecht dient in erster Linie dem Zweck, die Würde der Person, Art. 1 Abs. 1 GG, des von einem gerichtlichen Verfahren Betroffenen zu wahren, damit verhindert wird, dass hinter dem Rücken oder über den Kopf eines Betroffenen hinweg im Wege eines kurzen Prozesses von staatlicher Seite etwas verfügt wird. Das BVerfG folgerte aus Art. 103 Abs. 1 GG die Verpflichtung des Gerichtes, bei einer Entscheidung nur solche Tatsachen und Beweisergebnisse zu verwerten, zu denen die Beteiligten vorher Stellung nehmen konnten.[41]

Hieraus folgt: **119**

- Kenntnisgabe des Verfahrensstoffs an den Betroffenen/die Beteiligten,
- Möglichkeit der Stellungnahme des Betroffenen/der Beteiligten zu den Tatsachen und Beweisergebnissen,
- Kenntnisnahme und Berücksichtigung des Vorbringens der Beteiligten durch das Gericht
- Verbot von Überraschungsentscheidungen,
- Die Entscheidung ist erst erlassen, wenn der Urkundsbeamte die Postbeförderung veranlasste; alle vorher eingehende Schriftsätze sind zu berücksichtigen.[42]

Jeder Beteiligte hat das Recht zu einer Stellungnahme, wobei in der Regel eine schriftliche **120** Äußerung als ausreichend angesehen wird. Insoweit steht es in dem pflichtgemäßen Ermessen des Gerichtes, ob es den Sachverhalt persönlich/mündlich mit den Beteiligten erörtert. Das Gericht muss den Beteiligten auch eine angemessene Frist zur Stellungnahme einräumen und diese dann auch abwarten. Ergeht vorher ohne Verschulden des Gerichts, etwa infolge eines Vorlagefehlers der Geschäftsstelle, eine verfahrensabschließende Entscheidung ist diese bereits wegen des Nichtablaufens der Frist verfahrensfehlerhaft.

Im Bereich des Betreuungsrechts heißt dies u.a., dass dem Betroffenen die Person des Sachver- **121** ständigen vor der Anordnung einer Beweisaufnahme bekanntzugeben ist, damit ihm Gelegenheit zur Äußerung und ggf. Ablehnung gegeben wird. Bereits vor Beauftragung eines Gutachters zur Prüfung einer möglichen Betreuungsbedürftigkeit ist dem Betroffenen Gelegenheit zur Stellungnahme oder einer persönlichen Anhörung einzuräumen.[43] Ferner muss dem Betroffenen das Sachverständigengutachten vollständig, rechtzeitig und schriftlich vor der Anhörung übermittelt werden, damit er sich hierzu adäquat äußern kann.[44] Dasselbe gilt für eine Stellungnahme der Betreuungsbehörde[45] bzw. für einen Aktenvermerk über ein Telefonat mit dem Sachverständigen.[46] Beharrt der Betroffene oder sein Vertreter darauf, dass der Sachverständige in dem Anhörungsgespräch persönlich zur Erläuterung seines Sachverständigengutachtens anwesend ist, so ist diesem Antrag zu entsprechen. Das *Bundesverfassungsgericht* entschied, das Recht auf Gehör gebiete, auch in dem Verfahren der freiwilligen Gerichtsbarkeit, einen Sachverständigen persönlich anzuhören, um einem Beteiligten auf Antrag Gelegenheit zu geben, Einwendungen gegen das Gutachten vorzubringen oder aber Ergänzungsfragen zu stellen.[47]

---

41 *BVerfG* NJW 1982, 1759; NJW 1893, 2762; erneut *BVerfG* BtPrax 2010, 173 = FamRZ 2010, 1145.
42 *BGH* NJW 1997, 2524; *BayObLG* BtPrax 2002, 121.
43 *BVerfG* Urt. v. 12.1.2011, 1 BvR 2539/10, NJW 2011, 1275.
44 *BayObLG* FamRZ 1995, 695; *BGH* NJW 2014, 1596.
45 *BayObLG* FamRZ 1994, 1602.
46 *BayObLG* FamRZ 1994, 318, 319.
47 *BVerfG* FamRZ 1992, 1043.

122 Zu der Verpflichtung eines Gerichtes, den Sachvortrag der Beteiligten zur Kenntnis zu nehmen, sei es gestattet, aus einer Entscheidung des *BVerfG* wie folgt wörtlich zu zitieren.[48]

Das Gebot des rechtlichen Gehörs verpflichtet die Gerichte, die Ausführungen der Prozessbeteiligten zur Kenntnis zu nehmen und bei ihrer Entscheidung in Erwägung zu ziehen. Daraus folgt allerdings nicht, dass sie auch verpflichtet wären, jedes Vorbringen der Beteiligten in den Entscheidungsgründen ausdrücklich zu bescheiden. Lediglich die wesentlichen, der Rechtsverfolgung oder Rechtsverteidigung dienenden Tatsachenbehauptungen müssen in den Gründen verarbeitet werden. Geht ein Gericht auf den wesentlichen Kern des Tatsachenvortrages einer Partei zu einer Frage, die für das Verfahren von zentraler Bedeutung ist, in den Entscheidungsgründen nicht ein, so lässt sich auf die Nichtberücksichtigung des Vortrages schließen, sofern er nicht nach dem Rechtsstandpunkt des Gerichts unerheblich oder offensichtlich unsubstantiiert war.

(...) Sowohl das Amtsgericht als auch das Oberlandesgericht haben sich für die zuerst genannte Auffassung entschieden, ohne dies näher zu begründen. Sie haben sich darauf beschränkt, auf Gutachten und Ergänzungsgutachten des gerichtlich bestellten Sachverständigen zu verweisen und diese sich, weil ‚überzeugend' (so das Amtsgericht), zu eigen gemacht. Warum die Gerichte zu dieser Entscheidung gelangt sind, ist den Entscheidungsgründen ihrer Urteile, auch unter Zuhilfenahme der genannten Gutachten, nicht zu entnehmen (...).

(...) die unkritische Übernahme des (...) Gutachten des gerichtlichen Sachverständigen legt die Annahme nahe, dass Amtsgericht und Oberlandesgericht den gegenteiligen Standpunkt des Beschwerdeführers nicht zur Kenntnis genommen, ihn jedenfalls nicht in Erwägung gezogen haben.

123 Hieraus folgt, dass Sachverständigengutachten durch die Gerichte nicht kritiklos übernommen werden dürfen, sondern dass der Richter aufgerufen ist, sich eine eigene Überzeugung zu bilden. Stützt das Gericht die Betreuerbestellung auf das eingeholte Sachverständigengutachten, reicht eine diesbezügliche pauschale Bezugnahme in den Entscheidungsgründen nicht aus. Es ist vielmehr aufzuzeigen, warum das Gericht sich den Ausführungen des Sachverständigen anschließt.[49]

3. Haftung

124 Jeder Amtsträger hat die Amtspflicht, die Rechtsprechung zu beachten. Amtspflichten ergeben sich darüber hinaus aus dem Gesetz, Rechtsverordnungen, Satzungen etc.

Ein Verstoß gegen den Grundsatz des rechtlichen Gehörs stellt sich als ein wesentlicher Verfahrensmangel und damit als Amtspflichtverletzung dar, unabhängig davon, ob das Gericht hierfür ein Verschulden trifft oder nicht. Dieser Verfahrensmangel kann allerdings in der Beschwerdeinstanz geheilt werden durch Nachholung der versäumten Verfahrenshandlung. Amtspflichtwidrig handelt der Richter, der ungenügend die Voraussetzungen einer Betreuerbestellung bzw. einer Unterbringung ermittelt. Dasselbe gilt für einen Rechtspfleger, der z.B. im **Rahmen einer Wohnungsauflösung (§ 1907 Abs. 1 BGB)** mangelhaft den Sachverhalt aufklärt.[50] Auf die Ausführungen zur gerichtlichen Haftung nach § 839 BGB/Art. 34 GG wird ergänzend verwiesen.

---

48 *BVerfG* FamRZ 1997, 151/152.
49 *BGH* FamRZ 2012, 1796.
50 *OLG Frankfurt/Main* FamRZ 2006, 1875; *Meier* Zur gerichtlichen Haftung in Betreuungssachen, BtPrax 2005 S. 131.

4. Rechtsprechung

1. BVerfG – 3. Kammer des 1. Senats, Beschl. v. 2.8.2001:[51] 125

*Die gerichtliche Bestellung eines Betreuers (§§ 1896 BGB) stellt für den unter Betreuung Gestellten einen solchen gewichtigen Grundrechtseingriff dar. Der Betreute wird in seiner **Entscheidungsfreiheit** aus Art. 2 I GG ganz oder teilweise in den vom Gericht bestimmten Angelegenheiten **eingeschränkt**. An seiner Stelle und für ihn entscheidet in den vom Gericht angeordneten Aufgabenkreisen der Betreuer, der den Wünschen des Betreuten nur insoweit zu entsprechen hat, als dies dessen Wohl nicht entgegensteht (§ 1901 II und III BGB). Auch in höchstpersönlichen Angelegenheiten kann es deshalb zu Entscheidungen gegen den ausdrücklichen Willen des Betreuten kommen.*

2. BVerfG – 1. Kammer des 1. Senats, Beschl. vom 24.4.1992:[52] 126

Das Recht auf Gehör gebietet auch in Verfahren der freiwilligen Gerichtsbarkeit, einen Sachverständigen persönlich anzuhören, um einem Beteiligten auf Antrag Gelegenheit zu geben, Einwendungen gegen das Gutachten vorzubringen und Ergänzungsfragen zu stellen.

Das Gebot des rechtlichen Gehörs als Prozessgrundrecht, das auch in einem dem Untersuchungsgrundsatz unterliegenden Verfahren der freiwilligen Gerichtsbarkeit gilt,[53] *soll sicherstellen, dass die Entscheidung frei von Verfahrensfehlern ergeht, welche ihren Grund in unterlassener Kenntnisnahme oder Nichtberücksichtigung des Sachvortrags der Parteien haben.*[54] *Es verpflichtet die Gerichte, erhebliche Beweisanträge zu berücksichtigen.*[55]

V. Die Unterrichtung des Betroffenen

Nach § 278 Abs. 2 S. 1 i.V.m. § 28 FamFG ist das Betreuungsgericht verpflichtet, den Betroffe- 127
nen über den möglichen Gang des Verfahrens zu unterrichten. Die Unterrichtung verfolgt den Zweck, dem Betroffenen den Verfahrensablauf verständlich zu machen, damit er im Stande ist, alle Gesichtspunkte vorzutragen, die für die Regelung seiner Probleme entscheidungserheblich sein könnten.[56]

Für die Unterrichtung ist weder eine Form noch ein Zeitpunkt vorgeschrieben. Sie kann im 128
Zweifel formlos/mündlich im Rahmen der ersten Anhörung oder aber schriftlich, vorzugsweise am Anfang des Verfahrens, erfolgen. Die zuletzt bezeichnete Verfahrensweise dürfte am meisten im Interesse des Betroffenen liegen, damit dieser zum frühestmöglichen Zeitpunkt weiß, dass sich etwas gegen ihn „zusammenbraut". Auf die Art und Weise hat der Betroffene die Möglichkeit, alle Gesichtspunkte, die für die beabsichtigte Entscheidung maßgeblich sein können, vorzutragen.[57] In jedem Fall ist der Richter aufgerufen, den Besonderheiten des Einzelfalles Rechnung zu tragen. Weiterhin soll der Richter im Rahmen der Unterrichtung den Betroffenen in geeigneten Fällen auf die Möglichkeit der Vorsorgevollmachtserteilung aufmerksam machen, § 278 Abs. 2 S. 2 FamFG. Parallel dazu soll seit 1.7.2014 auch die örtliche Betreuungsbehörde auf die Möglichkeit einer Bevollmächtigung hinweisen (§ 4 Abs. 2 BtBG) und dazu auch die öffentliche Beglaubigung der Unterschrift oder des Handzeichens anbieten (§ 6 Abs. 2 BtBG).

---

51 *BVerfG* Beschl. v. 2.8.2001, Az. 1 BvR 618/93, FamRZ 2002, 312, 313.
52 *BVerfG* Beschl. v. 24.4.1992, Az. 1 BvR 1721/91, FamRZ 1992, 1043.
53 Vgl. BVerfGE 19, 49, 51; 75, 201, 215.
54 Vgl. BVerfGE 60, 250, 252; 70, 215, 218.
55 Vgl. BVerfGE 60, 247, 249; 60, 250, 252.
56 BT-Drs. 11/4528, 172.
57 Jurgeleit/*Bucic* Freiwillige Gerichtsbarkeit, S. 669.

129 Der Hinweis auf die Möglichkeit der Etablierung einer Vorsorgevollmacht richtet sich an den geschäftsfähigen Betroffenen, der seine Angelegenheiten nach Maßgabe des § 1896 Abs. 2 BGB durch einen Bevollmächtigten besorgen lassen kann. Von einer eingehenden Beratung oder Erstellung der Vollmacht sollte das Gericht jedoch aus haftungsrechtlichen Gründen Abstand nehmen und den Betroffenen auf anderweitige fachkundige Hilfe (Notar, Rechtsanwalt, Betreuungsverein, Betreuungsbehörde) verweisen.

130 Teilweise wird verlangt, das gerichtliche Anschreiben müsse den Betroffenen darüber aufklären, dass er zum einen verlangen kann, eine Vertrauensperson bei der Anhörung hinzuzuziehen, § 279 Abs. 3 FamFG, § 170 Abs. 1 S. 3 GVG, und dass zum anderen weiterhin einer Anhörung in seiner üblichen Umgebung widersprochen werden kann, § 278 Abs. 1 S. 3 FamFG. Dem ist jedoch nicht so. Eine derartige Belehrungspflicht ist weder gesetzlich vorgeschrieben noch ergibt sie sich aus einer gerichtlichen Fürsorgeverpflichtung. Ein Unterbleiben der Unterrichtung kann nicht mit Rechtsmitteln angegriffen werden. Der Reformgesetzgeber wollte es gerade dem Fingerspitzengefühl des tätigen Richters überlassen, wie im Einzelnen die gebotene Unterrichtung des Betroffenen vonstatten geht.[58]

131 Eine Unterrichtung des Betroffenen durch das Gericht sieht etwa wie folgt aus:

> **Muster: Unterrichtung des Betroffenen über Betreuungsanregung durch das Betreuungsgericht**
>
> Sehr geehrte Frau/sehr geehrter Herr,
>
> Auf Grund Ihres Antrags vom (...)/einer Anregung prüft das Betreuungsgericht, ob Ihnen ein Betreuer zur Seite gestellt werden soll, der Sie bei der Regelung der nachstehenden Angelegenheiten unterstützt:
>
> (...)
>
> Das Gericht wird im Weiteren die Betreuungsbehörde (...) einschalten und um Abgabe eines Sozialberichts bitten. Man wird sich von dort aus mit Ihnen zwecks Terminsvereinbarung in Verbindung setzen.
>
> Ferner hat das Gericht Herrn Dr. Frieder R., Facharzt für Neurologie und Psychiatrie, beauftragt, ein Sachverständigengutachten zur Erforderlichkeit einer Betreuungsanordnung zu erstellen. Der Sachverständige wird mit Ihnen von sich aus Kontakt aufnehmen.
>
> Teilen Sie bitte dem Gericht ggf. unverzüglich Einwände gegen die Person des Sachverständigen mit.
>
> Nach Vorliegen des Sozialberichtes und des Sachverständigengutachtens, die Ihnen ebenso zugestellt werden, wird das Gericht Sie in Ihrer Wohnung persönlich anhören, es sei denn, dass Sie hiergegen Widerspruch erheben. Bei der Anhörung kann auch eine Person Ihres Vertrauens zugegen sein.
>
> Teilen Sie bitte mit, ob Sie bereits eine Vorsorgevollmacht, Patientenverfügung oder Betreuungsverfügung verfassten und wer dieses Dokument in Händen hält.
>
> Mit freundlichen Grüßen
> (Richterin am Amtsgericht)

---

58 BT-Drs. 11/4528, 172.

VI. Der Sozialbericht der Betreuungsbehörde

Der Gesetzgeber legte in den Gesetzesmotiven zum BtG nieder, dass ein Gutachten über die "sozialen Gesichtspunkte" des Betroffenen einzuholen ist.[59] Es kann sich demgemäß als ein schwerer Mangel der nach § 26 FamFG vom Gericht zu veranlassenden umfassenden Sachverhaltsaufklärung darstellen, wenn das Einholen eines so genannten Sozialberichts, § 279 Abs. 2 FamFG, § 8 S. 2 BtBG, unterbleibt.[60] Nach der vorbezeichneten Vorschrift ist die Betreuungsbehörde verpflichtet, das Gericht bei der Sachverhaltsfeststellung zu unterstützen. Voraussetzung ist allerdings ein konkreter Ermittlungsauftrag des Betreuungsgerichtes.[61] Die Behörde ist nur im Rahmen der vom Betreuungsgericht festgestellten Aufklärungsbedürftigkeit zu Ermittlungen befugt. Die Betreuungsbehörde darf allenfalls in dem kaum denkbaren Fall des greifbar sachfremden gerichtlichen Nachsuchens eine Tätigkeit verweigern.[62] Bei seinen Anfragen sind also vom Betreuungsgericht konkrete Angaben darüber vorzunehmen, zu welchem Sachverhalt eine Unterstützung bzw. Stellungnahme der Behörde erwartet wird.

132

Der anzufertigende Sozialbericht soll Aufschluss über die Lebensverhältnisse und das soziale Umfeld des Betroffenen geben.

133

Der Sozialbericht soll sich nach dem Willen des Gesetzgebers insbesondere auf folgende Kriterien beziehen:
1. persönliche, gesundheitliche soziale Situation des Betroffenen,
2. Erforderlichkeit der Betreuung einschließlich geeigneter anderer Hilfen (§ 1896 Abs. 2 BGB),
3. Betreuerauswahl unter Berücksichtigung des Vorrangs der Ehrenamtlichkeit (§ 1897 BGB) und
4. diesbezügliche Sichtweise des Betroffenen.

Auf diesem Wege erhält das Gerichts beispielsweise Kenntnis von einer bereits existierenden Vollmacht oder aber einer Patientenverfügung des Betroffenen zu Gunsten eines Dritten, was gegebenenfalls die Erforderlichkeit der Betreuungsanordnung entfallen lässt. Ferner wird hierdurch dem Sachverständigen das zeitraubende Erheben einer Sozialanamnese erspart. Dem Arzt sollte vor der Erstellung seines Sachverständigengutachtens bereits der Sozialbericht vorliegen, § 280 Abs. 2 S. 2 FamFG.[63] Allein dieses Vorgehen stellt eine interdisziplinäre Beurteilung der Betreuungsbedürftigkeit sicher.

Zwar ist im Gegensatz zur persönlichen Anhörung des Betroffenen durch das Gericht nach § 278 FamFG und der Vorlage eines Sachverständigengutachtens nach § 280 FamFG ein Bericht der Betreuungsbehörde nicht zwingend erforderlich für eine Betreuerbestellung.[64] Die Relevanz der Einbeziehung der Betreuungsbehörde in das anhängige Betreuungsverfahren unterstreicht jedoch auch der Abschlussbericht der Bund-Länder-Arbeitsgruppe "Betreuungsrecht" in ihrem Abschlussbericht aus dem Jahre 2003. Dort war vorgeschlagen worden, die Betreuungsbehörde regelhaft um Stellungnahmen zu ersuchen und sogar im Zuge einer Strukturreform als "Eingangsinstanz" zu nutzen.[65] Mit dem am 1.7.2014 in Kraft getretenen Gesetz

134

---

59 BT-Drs. 11/4528, 174.
60 HK-BUR/*Bauer* § 279 FamFG.
61 Jurgeleit/*Kania/Langholf/Schmidt* BtR, § 8 BtBG Rn. 4.
62 *LG Hamburg* FamRZ 1997, 118 f.
63 HK-BUR/*Bauer/Deinert* § 1896 BGB, Rn. 18; *Rink* Kritische Anmerkungen zum Verfahren in Betreuungs- und Unterbringungssachen, R&P 1991, 148 f.
64 So zutreffend *Deinert/Walter* S. 116.
65 BL-AG, Abschlussbericht zum 2. BtÄndG, S. 173.

zur Stärkung der Funktionen der Betreuungsbehörde ist nun die obligatorische Stellungnahme der Betreuungsbehörde (§ 279 Abs. 2 FamFG i.V.m. § 8 Abs. 1 BtBG) in das Betreuungsrecht aufgenommen worden.

135 In der Tat bietet eine frühe Einschaltung der Betreuungsbehörde den Vorteil, dass deren besonders sozialpädagogisch geschulte Mitarbeiter im Vorfeld eines gerichtlichen Anhörungstermins die Angelegenheit mit dem Betroffenen erörtern und diesen gezielt auf das weitere Verfahren vorbereiten können. Zudem können aufgrund der Verzahnung der Betreuungsbehörde mit Sozialleistungsträgern, karitativen Einrichtungen und Beratungsstellen die Möglichkeiten alternativer Hilfen eruiert werden (§ 4 Abs. 2 BtBG). Der Hinweis auf andere Hilfen seitens der Betreuungsbehörde an den Betroffenen im Rahmen eines Beratungsangebots und die Vermittlung insbesondere an Sozialleistungsträger sollen aus der Sicht der Justizministerien „überflüssigen" Betreuungen vermeiden helfen. Inwieweit tatsächlich oft komplexer und beeinträchtigter Personen überfordernder Mitwirkungserfordernisse insbesondere im Sozial- und Steuerrecht diese Hinweise wirklich betreuungsvermeidend wirken können, sei an dieser Stelle skeptisch betrachtet. Dies gilt insbesondere für die bisweilen massiven Mitwirkungspflichten (§§ 60 ff SGB I, ergänzt um spezielle Pflichten im SGB II und III).

136 Auch sieht die im Rahmen des „Stärkungsgesetzes" erfolgte Neufassung des § 280 FamFG vor, dass die Stellungnahme der Betreuungsbehörde dem Sachverständigen vorgelegt wird, damit er deren Inhalt mit zur Grundlage seines Gutachtens nehmen kann. Im Regelfall wird anzunehmen sein, dass die Bitte um Sachverhaltsaufklärung an die Behörde und die Beauftragung eines Sachverständigen gleichzeitig erfolgt. Der Gesetzgeber geht also offenbar von der Vorstellung aus, dass die behördliche Stellungnahme zeitlich vor der Vorlage des Gutachtens erfolgt, sonst hätte ihre Weitergabe an den Gutachter wenig Sinn.

137 ┌─ **Muster: Sozialbericht** ──────────────────────────────

Abteilung Betreuungsbehörde
– Geschäftszeichen (…) –

Sozialbericht

bei der Betreuungseinleitung

1. Anregende Stelle: Betreuungsbehörde, K., Sozialarbeiter

2. Personalien der zu betreuenden Person:

Familienname: St.
Vorname: Egon
Geburtsdatum: (…)
Anschrift: (…)
Telefon: (…)
Ehefrau: Bärbel St., geb. (…)

3. Soziale Situation des Betroffenen:

Die Eheleute St. wurden uns im März 2012 von Nachbarn als hilfsbedürftige Personen gemeldet.

Von einer auf dem gleichen Aufgang wohnenden Nachbarin (Frau H., Tel. (…)) erhalten die Eheleute wohl schon seit Jahren sehr liebevoll wirkende, dabei auch fachkundige Hilfen.

Durch den durch uns eingeschalteten Hausarzt (Dr. med. Andreas H., Adresse etc.) wurde die Sozialstation B. als Hauspflegedienst eingesetzt.

Die Eheleute sind finanziell gut abgesichert, da sie aus ihrer früheren Tätigkeit bei der Post eine gute Rente (s. Anlagen) beziehen. Laut Kontostand vom 13.4.2015 verfügen die Eheleute allein auf ihrem

Girokonto über ein Vermögen von 110.397,80 €. Daneben sollen noch Sparbücher existieren, auf denen eine größere Summe hinterlegt ist.

4. Zur praktischen Lebensbewältigung

Die Eheleute sind nicht mehr in der Lage, ihre Behördenangelegenheiten und ihre Vermögensangelegenheiten zu regeln. Eingehende Post wird von den Eheleuten in der Regel weggeworfen, da offenbar auch die Fähigkeit fehlt, den Sinngehalt der Schriftstücke zu verstehen. Herr St. kann sich wahrscheinlich infolge einer Altersabbauerscheinung verbal nur noch unter Mithilfe seiner Ehefrau artikulieren, auch unter Mithilfe der Ehefrau ist man im Gespräch auf Mutmaßungen angewiesen. Die Ehefrau hat eine nur sehr lückenhafte zeitliche Orientierung und ist sehr vergesslich.

5. Die Betroffenen verfügen über folgende Hilfen durch:

Nachbarin: Frau H., gleiche Anschrift
Sozialstation B, Anschrift.
Hausarzt: Dr. med. Andreas H., Anschrift.

Es wurde bis dato keine Vorsorgevollmacht oder Patientenverfügung erteilt.

6. Zum möglichen Aufgabenkreis einer Betreuung:

Durch eine Betreuung sollten die Behörden- und die Vermögensangelegenheiten geregelt werden, und zwar in einer Art und Weise, die es den Eheleuten weiterhin möglich macht, einkaufen zu gehen und – wie sie es gern tun – in den umliegenden Restaurants essen zu gehen. Als regelungsbedürftig ist wahrscheinlich auch der Bereich der Abrechnung mit der Postbeamtenkasse und die Abgabe der Steuererklärungen anzusehen.

Für den Bereich „Entgegennahme von Postangelegenheiten" müsste ebenfalls eine Regelung gefunden werden. Bislang werden wichtige Schreiben an die Nachbarin, Frau H., adressiert.

7. Zu einer möglichen Betreuerbestellung:

Die Eheleute St. sind auf Nachfrage mit einer Betreuerbestellung einverstanden. Es ist jedoch fraglich, inwieweit beide den Sinngehalt der Frage verstanden haben; außerdem wirken beide suggestibel.

Aus der Sicht unserer Beratungsstelle käme die Nachbarin Frau H. in Frage. Diese befürchtet jedoch aus nachvollziehbaren Gründen, dass sich möglicherweise das bislang gute nachbarschaftliche Miteinander durch eine Betreuerbestellung verschlechtern könnte. Auch ist Frau H. berufstätig und arbeitet bei der Post, wo die Eheleute ihre Bankkonten haben.

8. Hinweise für das gerichtliche Verfahren:

Eine Terminvereinbarung sollte auch mit der Nachbarin, Frau H., telefonisch abgesprochen werden, damit diese die Eheleute an den Termin erinnern kann.

Die Eheleute sind wahrscheinlich nicht der Lage, das Amtsgericht zu finden, weshalb der Anhörungstermin in der Wohnung der Betroffenen stattfinden müsste.

(Sozialarbeiter)

VII. Das Sachverständigengutachten

1. Einleitung

Nach § 280 FamFG ist das Betreuungsgericht verpflichtet, im Rahmen seiner Ermittlungen ein **138** Sachverständigengutachten einzuholen. Das Sachverständigengutachten ist das Kernstück des Betreuungsverfahrens. Unter Umständen kann es erforderlich sein, mehrere Gutachten zu beauftragen. Nach dem Wortlaut der Vorschrift ist ein Gutachten zur „Notwendigkeit der Betreuung" einzuholen. Nach der auf Vorschlag des Bundestagsrechtsausschusses im Rahmen des FGG-Reformgesetzes zum 1.9.2009 ergänzten Vorschrift, § 280 Abs. 3 FamFG, hat sich das Gutachten auf folgende Bereiche zu strecken:

- Diagnose des Krankheitsbildes und seiner Entwicklung (Anamnese),
- durchgeführte Untersuchungen und zugrunde gelegte wissenschaftliche Erkenntnisse (insbesondere ICD-Code der WHO),
- Darstellung des körperlichen und psychiatrischen Zustandes des Betroffenen,
- (vorgeschlagene) Aufgabenkreise einer etwaigen Betreuung und
- voraussichtliche Dauer der Betreuungsmaßnahmen.
- Nicht in § 280 FamFG, sondern in § 1896 Abs. 1a BGB erwähnt, sollte das Gutachten auch Aussagen zur freien Willensbestimmung vor allem in Bezug auf eine etwaige Betreuerbestellung, beinhalten.

Das Sachverständigengutachten muss so gefasst sein, dass das Gericht es auf seine wissenschaftliche Begründung, seine innere Logik und seine Schlüssigkeit hin überprüfen kann.[66]

139 Die Gutachten sind verfahrensentscheidend. Nach einer Statistik schließen sich Richter in 95 % der Fälle kritiklos dem Votum des Gutachters an.[67] Es ist daher für einen im Betreuungsrecht auf Seiten eines Betroffenen z.B. als Verfahrenspfleger tätigen Anwalt notwendig, medizinische Gutachten überprüfen und auswerten zu können. Anhaltspunkte hierzu werden u.a. in den nachstehenden Ausführungen gegeben.

140 Sofern kein Gutachten aus dem Bereich der gesetzlichen Pflegeversicherung nach § 282 FamFG i.V.m. § 18 SGB XI mit Einwilligung des Betroffenen oder seines Verfahrenspflegers ausnahmsweise als Ersatz für ein eigenes Sachverständigengutachten eingesetzt werden darf, ist in folgenden Angelegenheiten zwingend ein Sachverständigengutachten in Auftrag zu geben:

- Betreuerbestellung, § 1896 Abs. 1 BGB, § 280 Abs. 1 FamFG (außer auf eigenen Antrag des Betroffenen oder bei der Bestellung eines Kontrollbetreuers nach § 1896 Abs. 3 BGB, § 281 FamFG);
- Anordnung eines Einwilligungsvorbehaltes, § 1903 BGB, § 280 Abs. 1 FamFG;
- nicht unwesentliche Aufgabenkreiserweiterung, § 293 FamFG (außer, die Verfahrenshandlungen liegen noch keine sechs Monate zurück);
- Bestellung eines weiteren Betreuers unter Erweiterung des Aufgabenkreises der Betreuung, § 293 Abs. 3 FamFG;
- bei einem Dissens zwischen Betreuer und Arzt bezüglich der Auslegung des Patientenwillens bei der Vornahme einer risikoreichen Untersuchung, Heilbehandlungsmaßnahme bzw. ärztlichem Eingriff;
- oder im Falle einer lebensbeendenden Maßnahme (§§ 1901a, 1901b, 1904 Abs. 1-3 BGB, § 298 FamFG)[68];
- Sterilisation, § 1905 BGB, § 297 FamFG;
- Kastration, §§ 5, 6 KastrG;
- erstmalige Ablehnung der Aufhebung der Betreuung bzw. Einschränkung des Aufgabenkreises, § 294 Abs. 2 FamFG[69], wenn bei Betreuerbestellung auf ein Gutachten verzichtet wurde.

---

66 *BGH* BtPrax 2012, 25 = FamRZ 2012, 104 m. Anm. *Fröschle* FamRZ 2012, 88 = FGPrax 2012, 17 im Anschluss an *BGH* FamRZ 2011, 637.
67 *Ehlers* Medizinische Gutachten im Prozess, 3. Aufl. 2005, Rn. 11.
68 *BGH* FGPrax, 2003, 161 und BtMan 2005, 161.
69 *OLG Hamm* FamRZ 2001, 255; *BayObLG* FamRZ 2001, 1100; FamRZ 1994, 402.

Details zum Gutachten im Rahmen der Pflegeversicherung finden sich in den Richtlinien des GKV-Spitzenverbandes zur Begutachtung der Pflegebedürftigkeit.[70]

2. Qualifikation des Sachverständigen

Das Gesetz macht seit 1.9.2009 erstmals Vorgaben bezüglich der Qualifikation des Sachständigen. Die Auswahl des Sachverständigen trifft das Gericht nach pflichtgemäßem Ermessen. Es ist stets eine natürliche Person, kein Institut zu bestellen. Eine formelle Qualifikation schreibt das Gesetz in § 280 FamFG und im Unterbringungsverfahren nach § 321 FamFG vor. Der Sachverständige im Betreuungsverfahren **soll** Arzt für Psychiatrie oder Arzt mit Erfahrung auf dem Gebiet der Psychiatrie (§ 280 Abs. 1 S. 2 FamFG) sein. Ergibt sich seine Qualifikation nicht ohne Weiteres aus der Fachbezeichnung des Arztes, ist diese vom Gericht zu prüfen und in seiner Entscheidung darzulegen.[71]   **141**

Vor dem 1.9.2009, als es nur im Unterbringungs-, nicht aber im Betreuungsverfahren eine Qualifikationsregelung gab, hatte das *Bayerische Oberste Landesgericht* in einer vielbeachteten Entscheidung bereits Standards für die gerichtliche Gutachtenpraxis, die für den gesamten deutschen Rechtsraum Geltung beanspruchen, entwickelt.[72] Der Leitsatz der Entscheidung lautet wie folgt: **142**

Die Sachkunde zur Erstellung von Gutachten über die Voraussetzung einer Betreuung ist bei Ärzten des höheren öffentlichen Gesundheitsdienstes der Staatlichen Gesundheitsämter in Bayern vom Tatrichter darzulegen.

Das *Gericht* stellte fest: Mit der Erstellung eines Sachverständigengutachtens sind regelmäßig nur Nervenärzte, öffentlich bestellte Amtsärzte mit psychiatrischer Vorbildung, auf dem Gebiet der Psychiatrie kundige Klinikärzte und die in Bayern bestellten LG-Ärzte zu beauftragen.[73] Zumindest muss der Sachverständige ein in der Psychiatrie erfahrener Arzt sein.[74] Auf Grund der Spezifika der Ausbildung ist eine Sachkunde auf dem Gebiet der Psychiatrie bei Ärzten des höheren öffentlichen Gesundheitsdienstes nicht per se gegeben. Von ihnen wird lediglich zur Erlangung ihres Amtes der Nachweis einer dreimonatigen Tätigkeit als Arzt in einem Gesundheitsamt, bei einem LG-Arzt oder in einem psychiatrischen Krankenhaus verlangt. Auf diesem Hintergrund zweifelte das *Bayerische Oberste Landesgericht* zu Recht die erforderliche Sachkunde dieser Ärzte zur Erstellung eines Betreuungsgutachtens an.   **143**

Will ein Betreuungsrichter gleichwohl das Gutachten eines derartigen Arztes einer Betreuungsanordnung zu Grunde legen, ist dessen Sachkunde im Einzelfall im Beschluss darzulegen.[75] Es entspricht einer weit verbreiteten Praxis, sowohl in Betreuungs- als auch in Unterbringungssachen Berufsanfängern, wie zum Beispiel Assistenzärzten, jungen Stationsärzten, bisweilen sogar Ärzten im Praktikum die Erstellung eines Gutachtens zu überlassen. Das Gutachten eines Assistenzarztes einer psychiatrischen Klinik reicht in der Regel nicht aus. Ein Assistenzarzt befindet sich noch in Ausbildung und verfügt gerade nicht über die erforderliche Fach-   **144**

---

70 S. http://www.mdk.de/media/pdf/BRi_Pflege_090608.pdf.
71 *BGH* FamRZ 2011, 637 Rn. 17; FamRZ 2010, 1726 Rn. 13 m.w.N.; BtPrax 2012, 160 = FamRZ 2012, 1207 m. Anm. *Fröschle* S. 1209.
72 *BayObLG* FamRZ 1997, 1565 ff.
73 *BayObLG* FamRZ 1997, 1565, 1566.
74 *BGH* BtPrax 2010, 291 (Ls) = FamRZ 2010, 1726 = FGPrax 2010, 317 (Ls).
75 *OLG Zweibrücken* FamRZ 2005, 1196.

arztqualifikation.[76] Zu den Begutachtungsstandards zählt es, die psychische Krankheit, körperliche, geistige oder seelische Behinderung des Betroffenen konkret fachpsychiatrisch zu bezeichnen. Ferner sind sachverständigenseits die Auswirkungen der Erkrankung auf die kognitiven und voluntativen Fähigkeiten des Betroffenen darzulegen.[77] Wie es im Medizin- und Arzthaftungsrecht dem State of the Art entspricht, müssen auch im Betreuungsrecht die Gutachten dem Facharztstandard entsprechen.

145 Die anwaltliche Überprüfung der Betreuungsanordnung auf Verfahrensfehler hat stets die Sachkunde des Sachverständigen einzubeziehen. Man sollte sich also nicht scheuen, danach zu fragen, welche Ausbildung und Berufserfahrung der Sachverständige hat.

146 Hinblicklich der Qualifikation eines Sachverständigen in Betreuungs- und Unterbringungssachen lassen sich folgende Grundsätze aufstellen: Bei psychischen Krankheiten und geistigen/seelischen Behinderungen ist grundsätzlich ein Facharzt für Psychiatrie oder ein Facharzt für Neurologie (bis 2003 gab es noch den Facharzt für Neurologie **und** Psychiatrie) zu beauftragen. Das Gutachten eines Assistenzarztes in einer psychiatrischen Klinik reicht in der Regel nicht aus, wenn nicht festgestellt wird, dass er aufgrund eines fortgeschrittenen Ausbildungsstandes die im Einzelfall erforderliche Sachkunde besitzt. Etwas anderes gilt, wenn der stellvertretende Abteilungsarzt des Krankenhauses das Gutachten abzeichnet.[78] Zumindest muss der Sachverständige ein in der Psychiatrie erfahrener Arzt sein. Wird ein Gutachter beauftragt, dessen Sachkunde sich nicht ohne weiteres aus seiner Berufsbezeichnung oder aus der Art seiner Berufstätigkeit ergibt, ist seine Sachkunde – wie oben ausgeführt – in der Entscheidung nachvollziehbar darzulegen.[79]

147 Eine gerichtliche Entscheidung ist daraufhin zu überprüfen, ob Ausführungen zur Sachkunde des begutachtenden Arztes, der nicht Facharzt für Neurologie und Psychiatrie ist, getätigt wurden. Ergibt sich die Sachkunde des Gutachters nicht bereits aus der Facharztbezeichnung, so hat das Gericht die erforderliche Qualifikation des Sachverständigen in seiner Entscheidung näher zu begründen.[80] Fehlen hierzu Ausführungen in dem Beschluss, darf das Gutachten in dem Verfahren nicht verwertet werden. Es hat als nicht vorhanden zu gelten.[81]

148 Diese muss das Gericht vornehmen, wenn der Sachverständige beispielsweise die Berufsbezeichnung „praktischer Arzt" führt oder die Funktion eines Assistenzarztes im Krankenhaus hat. Insbesondere im letzteren Fall ist zu überprüfen, ob ein Abteilungsarzt das Gutachten abzeichnete. Im Falle einer Gegenzeichnung ist davon auszugehen, dass der Abteilungsarzt beurteilen kann, ob ein Assistenzarzt die nötige Sachkunde zur Erstellung des Gutachtens besaß. Ansonsten muss sich aus der gerichtlichen Entscheidung ergeben, warum der beauftragte Sachverständige auf dem Fachgebiet der Psychiatrie über die erforderliche Erfahrung verfügt.

149 Bei gerichtsbekannten, irreversiblen Krankheiten kann es sinnvoll sein, einen Psychologen, Pädagogen oder Pflegesachverständigen mit der Untersuchung des Ausprägungsgrades der Krankheit zu beauftragen und deren Auswirkung auf die Fähigkeit des Betroffenen zur eigenständigen Wahrnehmung seiner Angelegenheiten.[82]

---

76 *BayObLG* BtPrax 1993, 30.
77 *BayObLG* BtPrax 2002, 37 („Altersstarrsinn").
78 *BayObLG*, BtPrax 1993, 30.
79 *BayObLG* FamRZ 1997, 901.
80 *BGH* FamRZ 2011, 637; FamRZ 2012, 1207; FamRZ 2013, 1800; FamRZ 2015, 44, 45.
81 *BGH* FamRZ 2010, 1726; *Bienwald* Wer ist sachverständig im Sinne des § 280 FamFG?, FamRZ 2015, 723 ff.
82 BT-Drs. 11/4528, 174.

Ein Problem der gerichtlichen Gutachteneinholung ist der Zeit- und Kostendruck[83] sowie die **150**
Beauftragung so genannter „Hofgutachter". Bestimmte Sachverständige werden immer und
immer wieder mit Gutachten betraut. Die Gutachten werden teilweise mit Hilfe von Textbau-
steinen aufgeplustert und in Serie erstellt. Im Rahmen einer anwaltlichen Vertretung eines
Betroffenen sollte über die Ärztekammer ein Sachverständiger erfragt und zur Begutachtung
dem Betreuungsgericht vorgeschlagen werden. Im Zivilprozess handelt es sich hierbei um ein
gängiges Verfahren. Die Parteien werden vielfach, beispielsweise im Arzthaftungsprozess vor
gerichtlicher Beauftragung eines Sachverständigen gebeten, diesbezüglich Vorschläge zu unterbreiten. Hiervon sollte durch den beauftragten Anwalt zwingend Gebrauch gemacht werden in
Ansehung der Relevanz des Sachverständigengutachtens für den Ausgang des Betreuungsverfahrens.

3. Bekanntgabe der Person des Sachverständigen/Prüfung der Befangenheit

Auf Grund des Umstandes, dass eine Betreuungsanordnung einen tiefgreifenden Einschnitt in **151**
die Freiheitsrechte des Betroffenen darstellen kann, ordnet § 280 Abs. 1 i.V.m. § 30 FamFG eine
förmliche Beweiserhebung an und erklärt die Vorschriften der Zivilprozessordnung für entsprechend anwendbar. (auch in anderen Verfahrensordnungen anzuwenden: § 82 FGO, § 118
SGG, § 98 VwGO).

Dies hat u.a. die nachstehenden Konsequenzen: **152**

- Die Auswahl des Sachverständigen obliegt dem Gericht, § 404 Abs. 1 S. 1 ZPO;
- ein Betroffener kann einen Sachverständigen aus denselben Gründen ablehnen wie einen
  Richter, § 406 Abs. 1 S. 1 ZPO;
- der Sachverständige ist mit Hinblick auf § 411 ZPO zu einer schriftlichen Begutachtung verpflichtet und kann auch zu einer weiteren, neuen Begutachtung verpflichtet werden, § 412
  ZPO;
- der Sachverständige kann zum Erscheinen im Anhörungstermin verpflichtet werden, um
  vor Ort den Verfahrensbeteiligten das Gutachten zu erläutern, § 411 Abs. 3 ZPO. Stellt eine
  Partei einen Antrag auf Ladung des Sachverständigen zum Zwecke der Erläuterung des Gutachtens, so muss das Gericht dem entsprechen.

Wie oben ausgeführt, kann nach § 30 FamFG i.V.m. § 406 ZPO ein Sachverständiger aus den- **153**
selben Gründen, die zur Ablehnung eines Richters berechtigen, abgelehnt werden.[84]

Ein Sachverständiger kann abgelehnt werden, wenn Tatsachen vorliegen, die ein auch nur sub- **154**
jektives Misstrauen der Partei in die Unparteilichkeit des Sachverständigen vernünftigerweise
rechtfertigen Positiv formuliert heißt das: es liegt eine zur Ablehnung berechtigende Befangenheit dann vor, wenn vom Standpunkt der ablehnenden Partei aus genügend objektive Gründe
vorhanden sind, die in den Augen einer verständigen Partei geeignet sind, Zweifel an der
Unparteilichkeit des Sachverständigen zu erregen.[85] Auf das Vorliegen einer tatsächlichen Parteilichkeit kommt es nicht an. Entscheidend ist, dass die Partei Tatsachen vorträgt, die geeignet
sind, den „Eindruck" der Parteilichkeit zu wecken. Allerdings ist eine „objektivierende" For-
mel anzuwenden: Nach dem Beurteilungsmaßstab eines vernünftigen Menschen muss ein
Misstrauen gegen die Unparteilichkeit des Sachverständigen gerechtfertigt „erscheinen".[86]

---

83 *Cording/Nedopil* Psychiatrische Begutachtung im Zivilrecht, 2014.
84 *OLG München* Beschl. v. 6.2.2012, 31 Wx 31/12.
85 *BGH* MDR 1988, 316; MDR 2013, 739 = NJW-RR 2013, 851; *OLG Saarbrücken* GesR 2005, 207 m.w.N.
86 *Ehlers* Medizinische Gutachten im Prozess, 3. Aufl. 2005, Rn. 26.

155 Folgende Gründe sind insbesondere geeignet, Zweifel an der Unparteilichkeit des Sachverständigen/Richters zu rechtfertigen:[87]

- Vorherige Behandlung des Betroffenen,[88]
- Verstoß gegen gerichtliche Weisungen und Überschreitung der Befugnisse,
- Abweichung vom Beweisbeschluss,[89]
- Nichtzulassen eines fachlichen Beraters des Betroffenen bei der Exploration,[90]
- unsachliche Reaktion auf angekündigte Kritik[91] oder auf ein vorgelegtes Privatgutachten,[92]
- unbesonnene Erklärungen über den Verfahrensausgang,
- unbedachte Sympathie-/Antipathieäußerungen,
- auffällige Mimik oder Gestik gegenüber einer Partei,
- Unterstellungen und Mutmaßungen,
- Äußerungen zu Rechtsfragen,[93]
- Äußerungen zu Fragen, die außerhalb der Beweisthemen liegen.

156 Keine Befangenheit des Sachverständigen lag vor bei

- scharfer Reaktion, die durch massive Kritik an Leistung und Person des Gutachters provoziert wurde,[94]
- Zuziehung desselben Sachverständigen in Berufungs- wie Vorinstanz,[95]
- Unterlassen des Beiziehens von Krankenakten,[96]
- Vorabinformation der zuständigen Behörden über besondere Gefahrensituationen[97].

157 Der Sachverständige hat sich strikt an die Beantwortung der gerichtlich vorgegebenen Beweisthemen halten. Stellungnahmen zu Rechtsfragen fallen nicht in die Kompetenz eines Sachverständigen und haben zu unterbleiben. Der Sachverständige ist Gehilfe des Gerichtes. Es ist nicht seine Aufgabe, juristischen Problemen nachzugehen.

158 Deshalb ist es in einem Betreuungsverfahren unerlässlich, vor einer Begutachtung die Person des Sachverständigen der betroffenen Person bekannt zu machen, um ihr die Möglichkeit zu geben, nach Maßgabe der § 30 FamFG, § 406 ZPO den Sachverständigen abzulehnen.[98] Erfolgt eine Ablehnung des Sachverständigen durch den Betroffenen, ist diesem in der Regel rechtliches Gehör zu gewähren.[99]

159 Verursachte der Sachverständige grob fahrlässig oder vorsätzlich die Unverwertbarkeit seines Gutachtens entfällt sein Entschädigungsanspruch nach § 9 JVEG.[100] Grobe Fahrlässigkeit setzt über die bei einfacher „leichter" Fahrlässigkeit i.S.d. § 276 Abs. 2 BGB maßgebende objektive Sorgfaltspflichtverletzung hinaus auch subjektiv zurechenbares schweres Verschulden voraus.

---

87 Im Einzelnen: *Völker* Die Ablehnung des Sachverständigen im ZPO-/FGG-/FamFG-Verfahren, FPR 2008, 287.
88 Thomas/Putzo/*Reichold* § 406 ZPO Rn. 2.
89 *OLG Celle* NJW-RR 2003, 135.
90 *OLG Düsseldorf* MDR 1979, 409.
91 *OLG Zweibrücken* NJW 1998, 912.
92 *OLG Oldenburg* NJW-RR 2000, 1166; *OLG Zweibrücken* VersR 1998, 1438.
93 *BGH* NJW 1984, 355.
94 *OLG Düsseldorf* NJW–RR 1997, 1353.
95 *BGH* MDR 1961, 397.
96 Thomas/Putzo/*Reichold* § 406 ZPO Rn. 3.
97 *OLG Hamm* Beschl. v. 30.1.2012, I-9 WF 56/11.
98 *KG* FamRZ 1995, S. 1379/1381.
99 *OLG Karlsruhe* NJW 1984, 1413.
100 *OLG Frankfurt/Main* Beschl. v. 6.5.2004, 25 W 27/04, S. 4; *OLG Hamm* FamRZ 1994, 974; *OLG München* MDR 1998, 1123.

▶ **Hinweis:** Für die anwaltliche Überprüfung von Verfahrensfehlern im Rahmen einer 160
Betreuungsanordnung ist also stets im Rahmen einer Akteneinsicht abzuklären, ob der
Betroffene von dem Gericht über die Person des Sachverständigen unterrichtet worden
ist. ◀

Ist der Ablehnungsgrund zum Zeitpunkt der Ernennung des Gutachters noch nicht bekannt, 161
kann eine Partei den Sachverständigen auch später noch ablehnen. Die Ablehnung muss dann
jedoch unverzüglich nach Kenntnis des Ablehnungsgrundes, spätestens nach Ablauf einer
angemessenen Frist erfolgen. Erfolgt sie dann nicht, ist die Ablehnung wegen Verfristung
unzulässig, § 406 Abs. 2 ZPO.[101] Ergibt sich der Grund zur Ablehnung des Sachverständigen
wegen Besorgnis der Befangenheit aus dem Inhalt des schriftlichen Gutachtens, läuft im allgemeinen die Frist zur Ablehnung nach § 411 Abs. 4 ZPO ab, wenn sich die Partei zur Begründung des Antrags mit dem Inhalt des Gutachtens auseinandersetzen muss.[102]

▶ **Hinweis:** Der Begründung eines Befangenheitsantrages gegen einen Sachverständigen sind 162
enge Grenzen gesetzt. Die Begründung eines Befangenheitsantrages ist schwierig und die
Regelungen werden durch die Gerichte restriktiv gehandhabt. Im Rahmen einer anwaltlichen Vertretung ist von daher die Weichenstellung bei der Auswahl des Sachverständigen
vorzunehmen. Es ist offensiv ein geeigneter Sachverständiger vorzuschlagen. Es ist im Interesse des Mandanten, mit einem renommierten Neurologen oder Psychiater Kontakt aufzunehmen, um dessen Bereitschaft zu eruieren, ein Sachverständigengutachten zu erstellen. ◀

4. Vorbereitung eines Sachverständigengutachtens

Der Gesetzestext des § 280 Abs. 1 FamFG macht eine Betreuerbestellung abhängig von der 163
„Einholung" eines Gutachtens. Wortlaut und Sinn der Vorschrift erzwingen eine Veranlassung
der Gutachtenerstattung durch das Gericht.[103] Das Erfordernis einer förmlichen Beweiserhebung hat zur Konsequenz, dass das Gericht *vor* der Beauftragung eines Sachverständigen einen
Beweisbeschluss erlassen muss, der die nach Lage des Einzelfalls erforderlichen Vorgaben für
die Begutachtung enthält.[104] Das Gericht ist gehalten, die Tatsachen zu bezeichnen, auf deren
Feststellung es für die Beurteilung der Notwendigkeit der Betreuerbestellung ankommt. Dem
Sachverständigen sind Fragen zur Betreuungsbedürftigkeit des Betroffenen zu stellen. Dies
kann etwa wie folgt aussehen:

┌ **Muster: Fragen des Betreuungsgerichtes an den Sachverständigen zur Betreuungs-** ┐ 164
  bedürftigkeit

Gesundheitsamt (...)
Sozialpsychiatrischer Dienst

Sehr geehrte Dame, sehr geehrter Herr,

das Gericht hat zu prüfen, ob und ggf. inwieweit für

Herrn Felix P., geb. (...),
wohnhaft (...),

zur Besorgung seiner Angelegenheiten die Betreuerbestellung zu verlängern ist.

---

101 *OLG Thüringen* Urt. v. 28.9.2004 – 4 W 449/04, BauR 2004, 1996.
102 *BGH* JurBüro 2005, 443 = NJW 2005, 1041.
103 *KG* FamRZ 1995, 1379, 1381; FGPrax 2006, 260.
104 *KG* FamRZ 1995, 1379, 1381.

Der Betreute ist von Ihnen bereits am 24.4.2012 begutachtet worden.

Ich bitte daher, den Betroffenen zu untersuchen und ein Gutachten zu folgenden Fragen zu erstatten:

1. Liegt bei dem Betroffenen eine
   a) psychische Krankheit, geistige oder seelische Behinderung vor?
   b) körperliche Behinderung vor?
2. Welche konkreten Angelegenheiten kann der Betroffene deshalb ggf. nicht selbst besorgen, z.B. im Bereich
   a) der Sorge für die Gesundheit,
   b) der Wohnungsangelegenheiten,
   c) der Altersversorgung,
   d) der Aufenthaltsbestimmung,
   e) der Vermögensangelegenheiten, der Renten-, Heim- Gerichtsangelegenheiten?
3. Welche Behandlungs- und Rehabilitationsmöglichkeiten bestehen?
4. Wie lange werden die Krankheit oder Behinderung und das daraus folgende Unvermögen zur Besorgung der bezeichneten Angelegenheiten voraussichtlich fortbestehen (Dauer der Betreuung)?
5. Welche anderen Hilfsmöglichkeiten würden eine Betreuung ganz oder teilweise entbehrlich machen?
6. Ist es möglich, sich mit dem Betroffenen zu verständigen?
7. Sind von einer persönlichen Anhörung des Betroffenen durch das Gericht erhebliche Nachteile für seine Gesundheit zu besorgen? Kann diese Besorgnis ggf. durch Ihre Anwesenheit oder durch die Anwesenheit des Hausarztes oder anderer Personen ausgeräumt werden?
8. Ist es zur Vermeidung erheblicher Nachteile für die Gesundheit des Betroffenen erforderlich, bei der Bekanntmachung der Entscheidungsgründe an ihn besondere Umstände zu beachten oder von der Bekanntmachung der Gründe ganz abzusehen? Kann diese Besorgnis ggfs. durch die Anwesenheit Dritter, des Sachverständigen, naher Angehöriger oder einer Vertrauensperson ausgeräumt werden?
9. Ist der Betroffene in der Lage, im Hinblick auf die Ablehnung der Betreuung einen freien Willen zu bilden?
10. Die Begutachtung hat sich nicht nur in der bloßen Beantwortung der Fragen zu erschöpfen, sondern soll auch auf alle im Zusammenhang mit den gestellten Fragen stehenden Umstände eingehen.

Sollten Sie noch Rückfragen haben, stehe ich Ihnen zur Verfügung.

Mit freundlichen Grüßen
(Richterin am Amtsgericht)

Beglaubigt
(Justizangestellte)

165   Dem Sachverständigen ist – soweit bereits vorhanden – der Sozialbericht der Betreuungsbehörde zusammen mit dem Beweisbeschluss zu übersenden, § 280 Abs. 2 S. 2 FamFG.

Daher ist die Praxis einiger Betreuungsgerichte, ärztliche Stellungnahmen des Sozialpsychiatrischen Dienstes, die dieser auf Veranlassung von Dritten (Nachbarn/Freunden) erstellte und unaufgefordert zu den Akten reichte, zur Grundlage einer Betreuerbestellung zu machen, verfahrensfehlerhaft.[105]

---

105 *KG* FamRZ 1995, 1379, 1381; FGPrax 2006, 260; *BGH* BtPrax 2010, 278 Rn. 10.

> **Beispiel:** Veronika M. bemerkt seit Monaten, dass ihre langjährige Freundin Nicole T. sich immer merkwürdiger benimmt. Nicole T. erzählt ihr des Öfteren, ihre Wohnung sei „elektrisch verstrahlt" und werde vom Bundesnachrichtendienst abgehört. Veronika M. bittet den Sozialpsychiatrischen Dienst um Hilfe, der bei Frau T. einen Hausbesuch durchführt. Im Weiteren wendet sich der für den Sozialpsychiatrischen Dienst tätige Facharzt in einem Schreiben an das örtlich zuständige Betreuungsgericht und berichtet von der mit Frau T. durchgeführten Exploration. Nach Auffassung des Arztes leidet Frau T. an einer halluzinatorischen Psychose. Daraufhin ordnet der zuständige Betreuungsrichter nach erfolgter Anhörung von Frau T. eine Betreuung mit den Aufgabenkreisen „Aufenthaltsbestimmung und Unterbringung zum Zwecke der Heilbehandlung" an.

166

Nicole T. könnte in unserem Beispielfall erfolgreich Rechtsmittel gegen die angeordnete Betreuung einlegen. Das Schreiben des Arztes an den Betreuungsrichter trägt lediglich den Charakter einer *Betreuungsanregung* und vermag auf keinen Fall die Begutachtung durch einen Facharzt für Neurologie und Psychiatrie nach vorgängigem gerichtlichen Beweisbeschluss zu ersetzen. Entgegen dem klaren Wortlaut des § 280 Abs. 1 FamFG wurden derartige ärztliche Stellungnahmen nicht von dem Gericht „eingeholt" und können somit nicht als Gutachten im Sinne dieser Vorschrift verwertet werden.

167

▶ **Hinweis:** Die anwaltliche Überprüfung von Verfahrensfehlern muss sich bei der Einsichtnahme in die Verfahrensakten auf die Kontrolle erstrecken, ob ein gerichtlicher Beweisbeschluss vorliegt. ◀

168

Wird ein Gutachten zu der Frage der Notwendigkeit der Anordnung eines Einwilligungsvorbehalts angefordert, ist gerichtsseits zu fragen, ob die Befürchtung besteht, der Betroffene werde sich oder sein Vermögen erheblich durch Willenserklärungen gefährden.[106]

169

5. Inhalt des Sachverständigengutachtens

Das Sachverständigengutachten hat sich an den vorgegebenen Fragen des Gerichts zu orientieren. Es soll dem Betreuungsrichter eine in den jeweiligen Einzelheiten nachvollziehbare und überprüfbare Entscheidungsgrundlage schaffen. Das Gutachten muss nach § 280 Abs. 3 FamFG insbesondere

170

- Art und Ausmaß der Krankheit oder Behinderung im einzelnen anhand der Vorgeschichte (Anamnese), der durchgeführten Untersuchungen (Diagnose) und sonstigen Erkenntnisse darstellen und wissenschaftlich begründen;
- die Aufgabenkreise, bei denen der Betroffene auf Hilfe eines Betreuers angewiesen ist, unter Berücksichtigung der gesamten sozialen Situation des Betroffenen eingrenzen;
- eine Prognose über die Dauer der Betreuungsbedürftigkeit enthalten und
- Vorschläge unterbreiten, wie die Hilfsbedürftigkeit des Betroffenen gebessert oder gemildert werden kann.[107]

Ferner sind die Anknüpfungstatsachen, die durchgeführten Tests, Befragungen, Untersuchungen und Forschungsergebnisse darzustellen. Angaben von Auskunftspersonen sind offenzulegen.

---

106 *BayOblG* FamRZ 1995, 116; 143.
107 *OLG Düsseldorf* BtPrax 1993, 175.

Der BGH[108] präzisierte die Anforderungen an den Inhalt eines Sachverständigengutachtens wie folgt:

Zu Recht weist die Rechtsbeschwerde darauf hin, dass das Gutachten den formalen Anforderungen des § 280 III FamFG nicht genügt. Nach dieser Vorschrift hat sich das Gutachten auf das Krankheitsbild einschließlich der Krankheitsentwicklung (Nr. 1), die durchgeführten Untersuchungen und die diesen zugrunde gelegten Forschungserkenntnisse (Nr. 2), den körperlichen und psychiatrischen Zustand des Betroffenen (Nr. 3), den Umfang des Aufgabenkreises (Nr. 4) und die voraussichtliche Dauer der Maßnahme (Nr. 5) zu erstrecken. Diese Anforderungen an den Inhalt des Sachverständigengutachtens sollen gewährleisten, dass das Gericht seiner Pflicht, das Gutachten auf seine wissenschaftliche Begründung, seine innere Logik und seine Schlüssigkeit hin zu überprüfen, nachkommen. Das Gutachten muss daher Art und Ausmaß der Erkrankung im Einzelnen anhand der Vorgeschichte, der durchgeführten Untersuchungen und der sonstigen Erkenntnisse darstellen und wissenschaftlich begründen[109]. Nur dann ist das Gericht in der Lage, das Gutachten zu überprüfen und sich eine eigene Meinung von der Richtigkeit der vom Sachverständigen gezogenen Schlussfolgerungen zu bilden.

6. Vorgehen des Sachverständigen

171 Der Sachverständige ist verpflichtet, den Betroffenen über das Nichtbestehen der ärztlichen Schweigepflicht aufzuklären. Es liegt kein Behandlungsvertrag nach §§ 630a ff. BGB vor. Der Sachverständige kann Auskunftspersonen anhören, aber keine Zeugen vernehmen. Die Untersuchung und Befragung ist zeitnah vor der Gutachtenerstellung vorzunehmen.[110] Ansonsten ist der Grundsatz der Unmittelbarkeit nicht mehr gewahrt. Teilweise wird sogar vertreten, der zeitliche Abstand zwischen Untersuchung und Gutachtenerstattung solle allenfalls zwei bis drei Wochen betragen. Für die letztere Auffassung spricht der zu wahrende Grundrechtsschutz des Betroffenen. Bereits in den Gesetzesmotiven wird die Notwendigkeit einer zeitnahen Begutachtung nach der stattgehabten Untersuchung und Befragung des Betroffenen betont.[111] Eine Begutachtung nach Aktenlage, auf Grund lediglich telefonischer Befragung bzw. nach Inaugenscheinnahme des Betroffenen am Fenster genügt nicht.[112]

172 Der Gutachter ist ferner zu einer persönlichen Gutachtenerstellung verpflichtet. Eine Delegation von Tätigkeiten im Rahmen der Gutachtenerstellung ist nur in begrenztem Rahmen möglich. Nimmt der Sachverständige ein Gutachten prägende und zum unverzichtbaren Kern selbst zu erbringende Zentralaufgaben nicht selbst wahr, ist die Grenze der erlaubten Mitarbeit anderer sachkundiger Personen mit der Folge der Unverwertbarkeit des Gutachtens überschritten.[113] In jedem Fall ist der Sachverständige verpflichtet, den Betroffenen persönlich zu untersuchen und zu befragen.[114] Gibt der Gutachter lediglich seinen Eindruck aufgrund eines Gespräches wieder, das er in völlig anderem Zusammenhang mit dem Betroffenen z.B. bei dessen Besuch im Gesundheitsamt führte, liegt keine ordnungsgemäße Begutachtung vor.[115]

---

108 *BGH* BtPrax 2011, 129 = FamRZ 2011, 637 = FGPrax 2011, 156= MDR 2011, 429= NJW-RR 2011, 649.
109 *BGH* FamRZ 2010, 1726 Rn. 21 m.w.N.
110 *OLG Köln* FamRZ 2006, 1875 bezeichnet einen Zeitraum von mehr als 3 Monaten nicht mehr als zeitnah; *OLG Brandenburg* FamRZ 2001, 40; *KG* FamRZ 1995, 1379, 1381; *BayObLG* FamRZ 1999, 1595.
111 BT-Drs. 11/4528, 174.
112 *OLG Hamm* BtPrax 1999, 238; *OLG Köln* FamRZ 1999, 873; *OLG Köln* FamRZ 2001, 310; *OLG Brandenburg* BtPrax 2000, 224; *BGH* BtPrax 2014, 274 = FamRZ 2014, 1917 = FGPrax 2014, 252.
113 *BSG* Beschl. v. 15.7.2004, B 9V 24/03 B; NZS 2005, 444; Beschl. v. 30.1.2006, B2 U 358/05B, Praxis Report extra 2006, 161; *BVerwG* NJW 1984, 2645.
114 *OLG Brandenburg* FamRZ 2000, 40; FamRZ 2001, 40.
115 *OLG Köln* FamRZ 1999, 87.

Der Sachverständige muss den Umfang der Mithilfe anderer Ärzte sowie deren Qualifikation kenntlich zu machen und deren Mithilfe durch das Gericht genehmigen lassen.[116] Der Sachverständige muss sein Gutachten zeitnah erstatten.

7. Aufbau eines Sachverständigengutachtens

Es gibt keine gesetzlichen Vorschriften für den Aufbau eines Sachverständigengutachtens, die **173** wesentlichen Mindestinhalte ergeben sich aber seit dem 1.9.2009 aus § 280 Abs. 3 FamFG. In jedem Fall muss das Gutachten objektiv und ausgewogen, von der Fachkunde seines Verfassers getragen sowie in sich schlüssig und verständlich abgefasst sein. In der Praxis[117] bewährte es sich, nach folgendem Schema zu verfahren:

1. Auftrag (Auftraggeber, Auftragsdatum, Aktenzeichen)
   a) Prüfung der Unbefangenheit und Kompetenz
   b) Wiedergabe der Beweisfragen
   c) Kennzeichnung des Sachverhaltes (Anknüpfungstatsachen)
2. Grundlagen der Begutachtung
   a) Gerichtsakten, Krankenunterlagen (mit Röntgenbildner, technischen Aufzeichnungen, Laborbefunden, etc.)
   b) Durchgeführte Untersuchungen, Tests
   c) Sonstige Erkenntnisquellen
   d) Angaben des Betroffenen
   e) Biographie und soziale Anamnese (bei Fehlen eines Sozialberichts)
   f) Angaben von Bezugspersonen des Betroffenen
3. Sachverhalt
   a) Beschreibung von Krankengeschichte und Behandlungsverlauf
   b) Psychischer Befund
   c) Labor, EEG, CT bzw. andere Bildgebung
   d) Testpsychologischer Befund
4. Beurteilung
   a) Zusammenfassung von Aktenlage, Exploration und Befund
   b) Antwort auf die Beweisfragen in gestraffter Form
   c) Diagnostische Einordnung (nach ICD – 10)
   d) Zuordnung zu juristischen Kriterien (Geschäftsfähigkeit nach § 104 Nr. 2 BGB, freie Willensbildungsfähigkeit nach § 1896 Abs. 1a BGB, Einwilligungsfähigkeit nach § 1901a BGB bei Gutachten zu §§ 1904 oder 1905 BGB, natürlicher Wille bei Gutachten nach § 1906 Abs. 3 BGB)[118]. Es sind die Tatsachen darzulegen, die gegen die Fähigkeit zur freien Willensbildung sprechen.[119] Pauschal wertende Äußerungen sind unzureichend,[120] ebenso Feststellungen zu Beeinträchtigungen, die noch im Bereich der Altersnorm liegen. Angaben Dritter sind kenntlich zu machen.
   e) Rehabilitationsmöglichkeiten

---

116 *BSG* Beschl. v. 15.7.2004, B 9 V 24/03 B, S. 3; NZS 2005, 444 = JurionRS 2004, 17334.
117 AWMF-Leitlinie Nr. 015/026; *Hoffmann-Richter* Die psychiatrische Begutachtung, 2005, S. 101.
118 *BGH* BtPrax 2014, 276 = FamRZ 2014, 1626 = FGPrax 2014, 251.
119 BT-Drs. 15/2494, 28.
120 BT-Drs. 15/2494, 28.

5. Unterschrift
  a) Übernahme der vollen Verantwortung für das Gutachten
  b) Namentliche Bezeichnung von Hilfspersonen unter Angaben von Art und Umfang der Mitarbeit.[121]

8. Pflicht des Gerichts zur Überprüfung des Sachverständigengutachtens

174 Einem Betreuungsrichter obliegt es, vorhandene ärztliche Stellungnahmen verantwortlich auf ihre wissenschaftliche Fundierung, Logik und Schlüssigkeit zu überprüfen.[122] Das Ergebnis eines Sachverständigengutachtens darf vom Gericht nicht einfach übernommen werden; der Richter ist vielmehr zu einer kritischen Würdigung verpflichtet.[123]

175 § 280 Abs. 3 FamFG gibt eine Richtlinie für den Inhalt eines Gutachtens in Betreuungssachen, falls nach Auffassung des Sachverständigen die Bestellung eines Betreuers in Betracht kommt:[124] In diesem Falle hat sich das Gutachten auf den Umfang der Aufgabenkreise und die voraussichtliche Dauer der Betreuungsbedürftigkeit zu erstrecken. Damit soll erreicht werden, dass der Aufgabenkreis des Betreuers den Bedürfnissen des Betroffenen entspricht und eine unnötige zeitliche Ausdehnung der Betreuung vermieden wird.

176 Die Prognose über die Dauer der Betreuung muss die gesamte Situation des Betroffenen, die weitere Entwicklung seines Zustandes und auch erforderliche Rehabilitationsmaßnahmen berücksichtigen. In jedem Falle muss der Sachverständige in seinem Gutachten darlegen, von welchen Anknüpfungstatsachen er ausgeht, welche Befragungen und Untersuchungen vorgenommen, welche Tests und Forschungsergebnisse angewandt und welche Befunde erhoben wurden. Der Krankheitsverlauf mit bisheriger Therapie und die Diagnose sind zu bezeichnen. Nur dann ist das Gericht in der Lage, das Gutachten zu überprüfen und sich das erforderliche eigene Bild von der Richtigkeit der vom Sachverständigen gezogenen Schlüsse zu machen. Auf die obigen Ausführungen zum Inhalt eines Sachverständigengutachtens wird verwiesen.

177 **Beispiel:** Bruno G. erleidet einen Schlaganfall und kann sich auf Grund einer Beeinträchtigung des Sprachzentrums nicht verständigen. Das dem Gericht vorzulegende Gutachten muss sich in einem solchen Fall unbedingt mit der Frage der Rehabilitation des Betroffenen auseinandersetzen.

178 ▶ **Hinweis:** Für die Überprüfung von Verfahrensfehlern im Rahmen einer Betreuungsanordnung heißt dies, dass ein Verstoß gegen § 280 FamFG als Verfahrensfehler zu qualifizieren ist, der das Beschwerdegericht in aller Regel zur Aufhebung der angegriffenen Entscheidung nötigt. ◀

179 Der renommierte Psychiater Nedopil[125] stellt folgende Anforderungen an die praktische Durchführung eines Gutachtenauftrags:
  • Nur ein erfahrener Neurologe und Psychiater ist in der Lage, umfangreiche Unterlagen durchzusehen, ohne sich in Details zu verlieren;

---

121 *OLG Brandenburg* FamRZ 2001, 40; BtPrax 2000, 224.
122 *BayObLG* BtPrax 1994, 59; *KG* FamRZ 1995, aaO, 1379, 1381; *BayObLG* BtPrax 2002, 121; BtPrax 2001, 166; FamRZ 2001, 1403; *OLG Brandenburg* FamRZ 2001, 38; *BGH* BtPrax 2011, 129 = FamRZ 2011, 637 = FGPrax 2011, 156 = IBRRS 79204 = MDR 2011, 429= NJW-RR 2011, 649.
123 *BayObLG* FamRZ 1994, 720; FamRZ, 1403, 1404; BtPrax 2002, 121.
124 *BayObLG* BtPrax 1993, 208, 209; 1994, 59 sowie NJW 1992, 2100, 2101.
125 *Nedopil/Müller* S. 406 ff.

- besonders wichtig ist die Information des Sachverständigen über die so genannten Anknüpfungstatsachen. Hierbei handelt es sich um Informationen, die von Gerichten, Nachbarn oder irgendwelchen Dritten zugetragen wurden und in den Akten ihren Niederschlag finden. Von diesen Anknüpfungstatsachen hat der Gutachter auch bei seinen Darlegungen auszugehen. Insbesondere ist darauf zu achten, dass einseitige Parteiaussagen nicht als bewiesene Tatsachen aufgeführt werden;
- eine sorgfältige gutachterliche Untersuchung bedarf einer gewissen Zeit. Eine sorgfältige Beurteilung eines zuvor unbekannten Menschen kann kaum im Rahmen einer ein- oder zweistündigen Untersuchung gelingen.[126]

▶ **Hinweis:** Im Rahmen der Überprüfung der Betreuungsanordnung auf Verfahrensfehler ist stets in den Verfahrensakten auch die Kostennote des Gutachters zu überprüfen. ◀ **180**

Die Gutachter sind gehalten, nach Maßgabe des § 9 JVEG unter Bezifferung ihres Zeitaufwandes abzurechnen. Auf diesem Wege kann ersehen werden, wie lange der Betroffene exploriert wurde. Meist wird nach Honorargruppe M 2 ein Stundenhonorar von 75,00 € abzurechnen sein. Der Sachverständige hat den Probanden über seine Rechte und über die Aufgaben des Gutachters aufzuklären. Es ist darauf hinzuweisen, dass die ärztliche Schweigepflicht *nicht* besteht.[127] **181**

▶ **Hinweis:** Man sollte überprüfen, ob sich in dem Gutachten ein dementsprechender Hinweis befindet. ◀ **182**

Zusammenfassend hat ein Richter also folgendes bei einem Gutachten zu überprüfen: **183**
- Ordnungsgemäße Fertigung und rechtliche Verwertbarkeit,
- Schlüssigkeit unter logischer und wissenschaftstheoretischer Perspektive,
- Erstellung unter Beachtung der Regeln der psychiatrischen Wissenschaft.

Die Kontrolldichte nimmt entsprechend den drei genannten Stufen jeweils ab.

Weist ein Gutachten Mängel auf oder vermag es nicht zu überzeugen, muss das Gericht dem Sachverständigen seine Bedenken mitteilen und ggf. auf eine Ergänzung des Gutachtens hinwirken.[128] Ferner kann eine mündliche Erläuterung des Gutachtens angezeigt sein, um Unklarheiten abzuklären. Sollten sich die sachlichen Informationen des Gutachtens als unbrauchbar erweisen, ist das Gericht zur Beauftragung eines weiteren Sachverständigen verpflichtet (§ 412 Abs. 1 ZPO).[129] Widerspricht das neue Gutachten den Feststellungen des ursprünglichen Gutachtens, kann die Einholung eines Obergutachtens angezeigt sein.[130] Führt dieses Vorgehen zu unverhältnismäßigen Belastungen des Betroffenen, kann hiervon abgesehen werden.[131] **184**

Aus alledem ergibt sich, dass der Richter von einem Sachverständigengutachten abweichen kann, wenn er von dessen Richtigkeit nicht überzeugt ist. Ergeben sich beispielsweise aus dem Gutachten genügend Anknüpfungstatsachen für eine abweichende Bewertung der Frage der freien Willensbestimmung, ist das Gericht nicht an einer abweichenden Bewertung gehindert.[132] Allerdings berechtigt die dem Amtsrichter obliegende sorgfältige und kritische Über- **185**

---

126 *Nedopil/Müller* S. 410.
127 *Nedopil/Müller* S. 411; Jurgeleit/*Bucic* Freiwillige Gerichtsbarkeit, S. 675.
128 *OLG Köln OLG* Report 2005, 680
129 *BGH* NJW 1989, 2948, 2949.
130 *BayObLG* BtPrax 2002, 121
131 *LG München I* FamRZ 2007, 2008.
132 *BGH* FamRZ 2016, 452 Rn. 9.

prüfung des Sachverständigengutachtens im Umkehrschluss nicht, die Äußerungen des Sachverständigen einfach sang- und klanglos beiseite zu schieben. Sofern das Gericht einem Gutachten nicht zu folgen beabsichtigt, muss es seine abweichende Überzeugung ausreichend begründen und hierbei erkennen lassen, dass die eigene Beurteilung nicht von mangelnder Sachkunde beeinflusst ist.[133] Der BGH führte hierzu in der obengenannten Entscheidung das Nachstehende aus:

Das Gericht ist zwar nicht gehindert, eine vom Ergebnis des Gutachtens abweichende Bewertung auch zur Frage der freien Willensbestimmung vorzunehmen, wenn sich aus dem Gutachten genügend Anknüpfungstatsachen für eine abweichende Bewertung ergeben (vgl. OLG München FGPrax 2007, 267, 268). Will der Tatrichter allerdings einem Sachverständigengutachten nicht folgen, muss er eine von dem eingeholten Sachverständigengutachten abweichende Beurteilung in seiner Entscheidung sachkundig und ausführlich begründen."

186 Zusammenfassend lässt sich also sagen, dass die sorgfältige und kritische Würdigung des Sachverständigengutachtens ein Kernstück richterlicher Tätigkeit im Rahmen eines anhängigen Betreuungsverfahrens ist.

9. Bekanntgabe des Sachverständigengutachtens

187 Sachverständigengutachten sind der betroffenen Person vor der richterlichen Anhörung kostenfrei, vollständig, schriftlich und rechtzeitig zugänglich zu machen.[134] Dies folgt bereits aus Art. 103 Abs. 1 GG.[135] Die Übersendung des Gutachtens an den Verfahrenspfleger allein genügt nicht.[136] Ein rechtsstaatliches Verfahren verlangt, dass keine wesentlichen Entscheidungen hinter dem Rücken der betroffenen Person gefällt werden. Der Zweck der vorherigen Bekanntgabe des Sachverständigengutachtens an den Betroffenen besteht darin, diesen vor gerichtlichen Überraschungsentscheidungen zu schützen.

188 **Beispiel:** Die für Doris Z. zuständige Amtsrichterin führt im Rahmen eines anhängigen Betreuungsverfahrens im Krankenhaus einen Anhörungstermin durch. Bei dieser Gelegenheit erläutert sie Frau Z. im Groben den Inhalt des bereits seit längerem vorliegenden Sachverständigengutachtens, welches Frau Z. nicht übersandt wurde. Die Vorgehensweise der Amtsrichterin ist verfahrensfehlerhaft. Eine mündliche Bekanntgabe des wesentlichen Inhalts des Gutachtens oder aber eine Zusammenfassung reicht nicht.

189 Von einer Bekanntgabe des Sachverständigengutachtens kann nur dann abgesehen werden, wenn zu befürchten steht, es könne hierdurch zu einer Gesundheitsgefährdung des Betroffenen kommen oder wenn dieser nach dem unmittelbaren Eindruck des Gerichtes offensichtlich nicht in der Lage ist, seinen Willen kundzutun, § 288 Abs. 2 FamFG.[137] In einem solchen Fall ist dann jedoch stets erforderlich, einen Verfahrenspfleger zu Gunsten des Betroffenen zu bestellen, worauf im Weiteren noch einzugehen sein wird.[138]

---

133 *BayObLG* FamRZ 1994, 720, 721; *OLG München* FamRZ 2009, 2033.
134 *BGH* FamRZ 2014, 1916.
135 BVerfGE 62, 392, 393; *BayObLG* FamRZ 1994, 1059, 1060; *OLG München* BtPrax 2005, 231.
136 *OLG Düsseldorf* BtPrax 1996, 188.
137 *BGH* FamRZ 2013, 1725 Rn. 11 m.w.N.
138 *BGH* BtPrax 2010, 278, FGPrax 2011, 232 = NJW 2011, 2577 = MDR 2011, 917 = FamRZ 2011, 1289

Checkliste: Überprüfung eines Sachverständigengutachtens ─────────── 190

Für die Überprüfung eines Sachverständigengutachtens empfiehlt sich folgende Checkliste:

1. Hat der ernannte Sachverständige verantwortlich unterzeichnet?
2. Sind alle Fragen aus der Beweisanordnung beantwortet worden? – Soweit keine ausdrückliche Beantwortung erfolgt ist: Ist dies aus der Beantwortung der anderen Beweisfragen begründet?
3. Sind die persönlichen Daten des Betroffenen richtig wiedergegeben?
4. Wurde die soziale und gesundheitliche Anamnese richtig und vollständig erhoben?
5. Berücksichtigt die gesundheitliche Anamnese die relevanten Angaben des Betroffenen/seines sozialen Umfelds, seines Hausarztes, behandelnder Ärzte und Krankenhäuser?
6. Ist der wesentliche Akteninhalt richtig erfasst?
7. Ist die herrschende medizinische Lehrmeinung mitgeteilt und vom Sachverständigen bei der Beantwortung der Beweisfragen zu Grunde gelegt worden? Wird eine verbindliche klinische Diagnose angegeben?
8. Sind die danach notwendigen Untersuchungen durchgeführt worden? Wurden Untersuchungsmethoden unbegründet ausgelassen, wie z.B. körperliche und neurologische Untersuchungen? Wurde auf Untersuchungsmethoden verzichtet, die eigentlich angebracht waren, wie z.B. psychologische Testung bei Minderbegabung, bildgebende Verfahren bei Demenz (z.B. Uhrentest, Dem-Tec-Test, MMST-test?[139]
9. Sind die Antworten des Sachverständigen schlüssig (aus Befunden und herrschender Lehrmeinung) hergeleitet worden? Ist der psychische Befund oberflächlich und schematisch geschildert? Wurden diagnostische Begriffe wie z.B. Neurose, Persönlichkeitsstörung etc. zutreffend angewandt? Wurden Befunde/Zeugenaussagen erörtert, die nicht ins Bild passen? Wurde Widersprüchen nachgegangen? Wurden angezeigte therapeutische, respektive prognostische Überlegungen angestellt? Wurden differentialdiagnostische Schwierigkeiten übersehen?
10. Hat der Sachverständige seine Fachgebietsgrenzen überschritten? Liegt ausreichendes Wissen über den gesetzlichen Hintergrund der Fragestellung vor? Liegen Subsumtionsfehler bei der Anwendung juristischer Krankheitsbegriffe vor?

Ohnehin kann nicht genug betont werden, dass das anwaltliche Vorgehen bei einer bereits vorhandenen negativen Begutachtung des eigenen Mandanten von hoher Sorgfalt geprägt sein muss. Die Gutachten sind in der Regel verfahrensentscheidend, und gelingt es nicht, das Gericht von Fehlern in der Begutachtung durch eine qualitativ gute Argumentation zu überzeugen, so wird es unausweichlich zu einer Betreuungsanordnung kommen. 191

Checkliste: Einholen eines Sachverständigengutachtens ─────────── 192

1. Welche Qualifikation hat der Sachverständige? Wies der Sachverständige auf seine fehlende Schweigepflicht hin vor der Begutachtung?
2. Wurde die Person des Sachverständigen dem Betroffenen zuvor bekanntgegeben?
3. Liegen Ablehnungsgründe bezüglich des Sachverständigen vor?
4. Wurde zur Gutachtenvorbereitung ein richterlicher Beweisbeschluss erlassen?
5. Wurde das Sachverständigengutachten dem Betroffenen vollständig, schriftlich und rechtzeitig übermittelt?
6. Wurde das Gutachten durch den Richter sorgfältig und kritisch geprüft?
7. Weist das Gutachten Mängel auf, siehe vorstehende Checkliste?
8. Falls kein Psychiater mit der Gutachtenerstellung beauftragt wurde: Erläuterte das Gericht dessen Sachkunde im Beschluss?

---

139 *Nedopil/Müller* S. 426.

193 Es kann für einen Anwalt sinnvoll sein, dem Mandanten anzuempfehlen, ein Privatgutachten auf zunächst eigene Kosten einzuholen. In Sozialgerichtsverfahren und in Arzthaftungssachen handelt es sich hierbei um ein übliches Vorgehen, vgl. § 109 SGG. Der Inhalt des Privatgutachtens sollte von einer kritischen Auseinandersetzung mit den Vorbefunden und dem Gerichtsgutachten mit den Mitteln der medizinischen Wissenschaft geprägt sein. Dem Privatgutachter ist zur Vorbereitung seines Gutachtens das Gerichtsgutachten zur Verfügung zu stellen. Das BSG und der BGH qualifizieren Privatgutachten als von besonderer Sachkunde getragenes Parteivorbringen.[140] Das Gericht ist von Amts wegen verpflichtet, Widersprüche zwischen dem Privatgutachten und dem Gerichtsgutachten aufzuklären.[141] Der Anwalt sollte dem Privatgutachter in einem Anschreiben die abweichenden Auffassungen des Mandanten beschreiben. Die Vergütung des Privatgutachters erfolgt nach § 631 BGB, nicht nach dem JVEG. Trug das Privatgutachten zur Klärung des Sachverhalts bei, ist ein Kostenantrag zu stellen. Bei Beeinflussung der Entscheidung tritt Erstattungspflicht ein.[142]

194 Der Anwalt ist verpflichtet, die Einwendungen gegen das Sachverständigengutachten zeitnah zu formulieren, § 411 Abs. 4 ZPO. Bei Unklarheiten, Ungereimtheiten im Gutachten ist ein Antrag auf Ladung des Sachverständigen zur Erläuterung seines Gutachten zu stellen, §§ 397 Abs. 2, 402, 411 Abs. 3 ZPO. Die frühere Rechtsprechung dahingehend, der Antragsteller müsse sachdienliche Fragestellungen ankündigen, andernfalls das Gericht die Ladung des Sachverständigen ablehnen könne, ist verfassungsrechtlich nicht haltbar und verstößt gegen das Recht auf rechtliches Gehör, Art. 103 GG.[143] Das Gericht kann allenfalls wegen Verfahrensverschleppung bzw. Rechtsmissbrauch einen Ladungsantrag des Sachverständigen ablehnen. Die verfassungsrechtlichen Hürden hierfür sind freilich hoch.

195 Im Termin, in dem der Sachverständige sein Gutachten erläutert, ist seitens des Anwalts auf Folgendes zu achten:

- Wie gut ist der Sachverständige auf den Termin vorbereitet? Hat der Sachverständige Unterlagen dabei, anhand deren die Erläuterung erfolgt?
- Sind die Erläuterungen verständlich oder flüchtet sich der Sachverständige in ein „Fachchinesisch"?
- Wie reagiert der Sachverständige auf Vorhalte? Verärgerte, ungehaltene Reaktionen deuten auf fehlende Souveränität des Sachverständigen hin.
- Achtet der Sachverständige auf eine präzise Protokollierung seiner Aussagen durch den Richter?

196 Vorgehen nach der Sachverständigenanhörung:

- Antrag auf schriftsätzliche Stellungnahme zur Beweisaufnahme
- Antrag auf Unverwertbarkeit von Gutachten, bei denen der Akteninhalt dem Sachverständigen nicht bekannt war.

---

140 *BGH* NJW-RR 2003, 69; *OLG Köln* VersR 2005, 679.
141 *BGH* VersR 1994, 480, 482; VersR 1996, 647, 648; *BGH* MDR 2004, 699 = VersR 2004, 1579.
142 *Ullrich* Der gerichtliche Sachverständige, 12. Aufl. 2007, Rn. 1043; *OLG Brandenburg* VersR 2006, 287; *OLG Rostock* VersR 2005, 855.
143 *BGH* NJW-RR 2001, 1431 = MDR 2001, 1130, Ls b); MDR 2004, 699 = VersR 2004, 1579; FamRZ 2005, 1564 (Ls); VersR 2006, 242; NJW-RR 2006, 1503 = NZBau 2006, 650.

10. Vorlage eines ärztlichen Zeugnisses

Die Vorlage eines ärztlichen Zeugnisses (anstelle eines Sachverständigengutachtens) reicht aus bei:

- der Betreuerbestellung auf eigenen Antrag des Betroffenen, wenn dieser auf ein Sachverständigengutachten verzichtet hat (§ 281 Abs. 1 Nr. 1 FamFG),
- der Bestellung eines Kontrollbetreuers zur Überwachung eines Bevollmächtigten (§ 281 Abs. 1 Nr. 2 FamFG i.V.m. § 1896 Abs. 3 BGB),
- der Bestellung eines vorläufigen Betreuers aufgrund einer einstweiligen Anordnung, (§ 300 Abs. 1 Nr. 2 FamFG),
- der Verlängerung einer Betreuerbestellung, sofern sich der Betreuungsbedarf, erkennbar am Aufgabenkreis, nicht wesentlich geändert hat (§ 295 Abs. 1 FamFG),
- der Genehmigung einer unterbringungsähnlichen Maßnahme, z.B. einer Fixierung oder eines Bettgitters (§ 321 Abs. 2 FamFG i.V.m. § 1906 Abs. 4 BGB),
- der Genehmigung einer vorläufigen Unterbringung im Rahmen einer einstweiligen Anordnung (§ 331 Nr. 2 FamFG).

197

Der Betroffene kann das ärztliche Zeugnis selbst beschaffen und einen Arzt seiner Wahl damit beauftragen. Bittet das Gericht einen bereits bestellten Betreuer oder einen Bevollmächtigten schriftlich um die Beschaffung eines ärztlichen Zeugnisses, mit dessen Hilfe beurteilt werden soll, ob eine Einrichtung oder Fortsetzung der Betreuung erforderlich ist, so ist die Vergütung für das Zeugnis von der Gerichtskasse zu tragen. Eine solche Bitte des Gerichts kann als Auftrag an den Betreuer bzw. Bevollmächtigten angesehen werden.[144]

198

Jede Begutachtung beinhaltet regelhaft eine Belastung des Betroffenen. Eine Begutachtung ist daher überflüssig bei einer Betreuerbestellung, die lediglich einen geringfügigen Eingriff in die Freiheitsrechte eines Betroffenen darstellt, wie z.B. Antragstellung zur Realisierung von Grundsicherungsleistungen nach dem SGB XII, Geltendmachen von Renten- oder Unterhaltsansprüchen etc.[145] Gemäß § 294 Abs. 2 FamFG ist die Begutachtung zwingend nachzuholen, wenn der Betreute einen Antrag auf Aufhebung der Betreuung oder Einschränkung des Aufgabenkreises stellt und dieser Antrag erstmalig abgelehnt werden soll.

199

Ein ärztliches Zeugnis unterscheidet sich wie folgt von einem Sachverständigengutachten:

- Die subjektiven und objektiven Voraussetzungen der Betreuerbestellung (psychische Erkrankung, körperliche, geistige oder seelische Behinderung sowie Fürsorgebedürfnis) nebst Anknüpfungstatsachen können verkürzt, müssen aber gleichwohl vollständig[146] und nachvollziehbar aufgeführt werden. Ferner kann auf die Darstellung wissenschaftlicher Methoden verzichtet werden;
- geringere Anforderungen an die Qualifikation des ausstellenden Arztes;
- vorgängige Untersuchung nicht obligat. Dies gilt für eine laufende Behandlung. Ansonsten ist der Beweiswert zweifelhaft.

200

Eine ärztliche Stellungnahme ohne zeitnahe persönliche Untersuchung oder Befragung des Betroffenen nur aufgrund eines telefonischen Gespräches mit diesem zur Vereinbarung eines Untersuchungstermins abgibt, genügt nicht den gesetzlichen Anforderungen an ein ärztliches Attest.[147] Mit

---

144 *OLG Brandenburg* FamRZ 2011, 400.
145 Jurgeleit/*Bucic* Freiwillige Gerichtsbarkeit, S. 676.
146 *OLG Hamm* FamRZ 2000, 495; BT-Drs. 11/4528, 174.
147 *OLG Frankfurt/Main* BtPrax 2005, 76 (Ls) = FamRZ 2005, 303 = FGPrax 2005, 23.

dem Amtsermittlungsgrundsatz ist es nicht zu vereinbaren, wenn das Betreuungsgericht dem Betroffenen auferlegt, ärztliche Atteste vorzulegen.[148]

11. Verwertung eines Gutachtens des Medizinischen Dienstes der Krankenkassen (MDK)

201 Nach § 282 FamFG kann das Gericht in einer weiteren Konstellation von einer Einholung eines Gutachtens absehen.[149] Voraussetzung dafür ist eine vorherige Begutachtung des Betroffenen durch den Medizinischen Dienst der Krankenkasse im Rahmen der Feststellung des zu gewährenden Hilfebedarfs nach dem SGB XI – Pflegeversicherung. Erlangt das Betreuungsgericht Kenntnis von einem solchen Gutachten, kann dieses bei der Pflegekasse unter zwingender Angabe des Zwecks angefordert werden, § 282 Abs. 2 S. 2 FamFG. Bei einem Rückgriff auf Gutachten, die für die Pflegeversicherung erstellt wurden, ist jedoch Zurückhaltung angezeigt. Es wird sich lediglich bei einfach gelagerten Fällen bzw. irreversiblen Krankheitsbildern eine Verwendung anbieten. Eine Heranziehung von MDK-Gutachten bei schubförmig verlaufenden bzw. Veränderungen unterliegenden Erkrankungen ist abzulehnen.

202 Weiterhin ist das Nachstehende zu bedenken: Den Gutachten des MDK liegt regelmäßig eine andere Fragestellung und Zielsetzung zugrunde. Es wird die Fähigkeit des Versicherten zur Erledigung tatsächlicher Verrichtungen überprüft. Inwieweit der Versicherte überfordert ist, rechtliche Angelegenheiten wahrzunehmen, steht weniger im Vordergrund der Begutachtung. Gleichwohl kann im Einzelfall das MDK-Gutachten in Kombination mit Auskunftsmitteln (Sozialbericht der Behörde, Äußerungen von Angehörigen) ein umfassendes Bild der entscheidungserheblichen Umstände abgeben. Das BetrG entscheidet darüber, ob das Gutachten des MDK ausreicht. Mit Hinblick auf die Qualifikation des Gutachters ist auf § 18 Abs. 7 SGB XI hinzuweisen. Danach erledigt der MDK seine Aufgaben im Rahmen der Pflegeversicherung. Die Begutachtung der Pflegebedürftigkeit erfolgt von Ärzten in enger Zusammenarbeit mit Pflegefachkräften. Die Pflegebedürftigkeitsrichtlinien konkretisieren in Ziffer 5.5 die Berufsqualifikation des Gutachters. Ärzte, Pflegefachkräfte und andere Fachkräfte sind dort gleichrangig aufgeführt. In der Praxis wird die Begutachtung der Pflegebedürftigkeit überwiegend von Pflegefachkräften durchgeführt.[150] Demgegenüber verlangt § 282 Abs. 1 FamFG die Verwendung eines bestehenden **ärztlichen** Gutachtens des MDK.

203 Das MDK-Gutachten muss zudem aktuell sein. Analog § 293 Abs. 2 Nr. 1 FamFG ist ein Gutachten, das älter als sechs Monate ist, nicht mehr als zeitnah zu betrachten. Die Gutachtenanforderung durch das BetrG darf nur zum Zwecke der Vermeidung einer weiteren Gutachteneinholung erfolgen. § 94 Abs. 2 S. 2 SGB XI verpflichtet die Pflegekasse auf Ersuchen des BetrG zur Übermittlung des Gutachtens und der dazu erstellten Befunde als Abschrift oder elektronischen Datensatz. Die datenschutzrechtliche Befugnis resultiert aus § 76 Abs. 2 Nr. 3 SGB X. Bei fehlender Eignung der übermittelten Daten sind diese unverzüglich zu vernichten bzw. zu löschen, § 282 Abs. 3 S. 2 FamFG. Hält das BetrG das MDK-Gutachten für geeignet, eine vollständige oder teilweise Begutachtung zu ersetzen, ist vor der Verwertung obligat die Einwilligung des Betroffenen einzuholen bzw. im Falle von dessen Einwilligungsunfähigkeit ein Verfahrenspfleger zu bestellen, § 282 Abs. 3 S. 1 FamFG.

---

148 *BGH* NJW 2011, 1289 = FGPrax 2011, 118 = FamRZ 2011, 556 = BtPrax 2011, 130 = FuR 2011, 326 = MDR 2011, 428 = RdLH 2011, 90.
149 BT-Drs. 15/2494, 42 wegen der ähnlichen Voraussetzungen zur Feststellung der Pflege- und Betreuungsbedürftigkeit.
150 *Brucker* Vereinfacht das MDK-Gutachten das Verfahren?, BtMan 2006, 195, 198.

Der Betroffenen muss in der Lage sein, die Bedeutung und die Folge der Verwertung des Gut- **204** achten intellektuell zu erfassen – ansonsten ist seine Einwilligung unwirksam. Das Erfordernis der Einwilligung des Betroffenen schützt den Betroffenen vor der gegen seinen Willen erfol- genden Verwendung von Daten, die der ärztlichen Schweigepflicht unterliegen. Aus der nicht erteilten eindeutigen Einwilligung des Betroffenen folgt die Unverwertbarkeit des Gutachtens. Zwar ließ sich der Betroffene im Rahmen der Feststellung der Pflegebedürftigkeit begutachten. Hieraus kann jedoch noch lange nicht auf eine konkludente Einwilligung zur Weitergabe der Daten an das BetrG geschlossen werden.[151] Fehlt die erforderliche Einwilligung des Betroffenen bzw. des Verfahrenspflegers, sind die übermittelten Daten unverzüglich, also ohne schuldhaftes Zögern, § 122 Abs. 1 BGB, zu vernichten bzw. zu löschen, § 282 Abs. 3 S. 2 FamFG. Der Betrof- fene muss in der Lage sein, die Bedeutung und die Folge der Verwertung des MDK-Gutach- tens intellektuell zu erfassen, andernfalls seine Einwilligung unwirksam ist.

Checkliste **205**

Das Gericht kann auf eine Begutachtung verzichten bei Vorliegen folgender Voraussetzungen:

- Vorliegen eines bestehenden **ärztlichen** Gutachtens des MDK
- Zeitnähe des MDK-Gutachtens, § 293 Abs. 2 Nr. 1 FamFG
- persönliche Untersuchung durch den Gutachter im Wohnbereich, § 18 Abs. 2 SGB XI[152]
- Eignung des Gutachtens zur Verwertung, § 282 Abs. 3 S. 1 FamFG
- Einwilligung des Betroffenen oder Verfahrenspflegers, § 282 Abs. 3 FamFG.

---

12. Erzwingung der Untersuchung des Betroffenen

Nach § 283 FamFG kann das Gericht die Untersuchung des Betroffenen im Wege der Vorfüh- **206** rung durch die zuständige Betreuungsbehörde anordnen. Dieser kann dabei durch Beschluss die Gewaltanwendung unter Hinzuziehung der Polizei als Vollzugsbehörde im Wege der Amts- hilfe sowie der Wohnungszutritt (Art. 13 GG) gestattet werden. Dies wird dann erforderlich, wenn der Betroffene sich in seiner Wohnung einigelt und Aufforderungen, sich einer Begut- achtung zu unterziehen, ignoriert und weiterhin nicht von der Begutachtung nach §§ 281, 282 FamFG abgesehen werden kann. Vor Erlass eines derartigen Gewaltbeschlusses ist der Betrof- fene entweder persönlich oder schriftlich anzuhören.[153] Seit der Neufassung des § 278 Abs. 5–7 FamFG zum 1.1.2013 kann auch eine separate zwangsweise Vorführung zur richterlichen Anhörung erfolgen. Wegen der Schwere des Grundrechtseingriffs wird empfohlen, die richter- liche Anhörung und die Vorführung zum Sachverständigen miteinander zu kombinieren.

Muster: Ermächtigungsbeschluss des Betreuungsgerichtes zur Vorführung des **207**
　　　　Betroffenen zwecks Begutachtung

Beschluss

In der Betreuungssache betreffend
Frau Agnes B.,
geb. (…), wohnhaft (…)

1. Zur Verfahrenspflegerin wird gem. § 276 FamFG Frau Rechtsanwältin Corinna P., (…)-Straße, (…), bestellt.

---

151 BT-Drs. 15/2494, 49.
152 Vgl. im Einzelnen Richtlinien der Spitzenverbände der Pflegekassen zur Begutachtung von Pflegebedürftig- keit nach SGB XI, C 2.3.; *Brucker* Vereinfacht das MDK-Gutachten das Verfahren?, BtMan 2006, 195, 203.
153 *BVerfG* Beschl. v. 12.1.2011, 1 BvR 2538/10 Rn. 27; NJW 2011, 1275; NJW 2010, 3360, 3361.

2. Gemäß § 283 Abs. 1 FamFG wird angeordnet, dass die Betroffene zur Erstattung des mit Verfügung vom (...) angeordneten Gutachtens durch einen Arzt des Sozialpsychiatrischen Dienstes (...) zu untersuchen ist.

Die Vorführung zur Untersuchung durch die zuständige Betreuungsbehörde wird angeordnet.

3. Zum Zwecke der Vorführung darf die genannte Behörde die oben bezeichnete Wohnung der Betroffenen öffnen, diese betreten und Widerstand der Betroffenen – ggf. unter Zuhilfenahme der Polizeivollzugsbeamten – mit Gewalt brechen § 283 Abs. 2 und 3 FamFG).

(Richterin am Amtsgericht)

Ausgefertigt
(Justizangestellter)

208   Der gerichtliche Beschluss ist unanfechtbar, auch in dem vorbezeichneten Fall, der die Vorführung des Betroffenen unter Zuhilfenahme von Polizeibeamten und nach gewaltsamer Öffnung der Wohnung vorsieht.[154] Es handelt sich bei diesen Anordnungen um unselbstständige Modalitäten zum Vollzug der Vorführungsanordnung, die nach herrschender Meinung nicht anfechtbar sind.[155] Verlangt die gerichtliche Anordnung von dem Betroffenen ein bestimmtes Verhalten bzw. wird in erheblicher Weise in seine Rechte eingegriffen, ist ausnahmsweise einmal eine Beschwerdemöglichkeit gegeben.[156] Dagegen ist die Anordnung, der Betroffene müsse ohne rechtlichen Beistand zur Untersuchung erscheinen, anfechtbar.[157]

209   Die zwangsweise Vorführung muss dem Grundsatz der Verhältnismäßigkeit genügen. Die Vorführung des Betroffenen muss unumgänglich sein. Eine Alternative zur Vorführung stellt beispielsweise die Befragung des Betroffenen durch den Gutachter im Rahmen einer Anhörung dar.[158]

13. Unterbringung zur Begutachtung

210   Ist eine Vorführung zur Untersuchung des Betroffenen nicht durchführbar, besteht für den Richter nach Art. 104 GG, § 5 RPflG die Möglichkeit, den Betroffenen gem. § 284 FamFG zum Zwecke der Vorbereitung des Gutachtens geschlossen unterzubringen. Folgende Voraussetzungen müssen gegeben sein:

- Vorherige Anhörung eines qualifizierten Sachverständigen (s.o.). Der Sachverständige soll zumindest einen persönlichen Eindruck Eindruck von dem Betroffenen haben;
- Bestellung eines Verfahrenspflegers, § 276 FamFG;
- vorherige Androhung der Unterbringung gegenüber dem Betroffenen;
- persönliche Anhörung des Betroffenen zum Ergebnis der Sachverständigenanhörung;
- Prüfung der Erforderlichkeit der Unterbringung. Das BetrG muss prüfen, ob die Vorlage eines ärztlichen Attests ausreicht.

211   Die Unterbringung darf nicht länger als sechs Wochen dauern, § 284 Abs. 2 S. 1 FamFG. Der Betroffene ist nicht verpflichtet, im Rahmen von Untersuchungsmaßnahmen zu kooperie-

---

154 *OLG Hamm* FamRZ 1997, 440; *KG* FamRZ 1997, 442; BtPrax 1996, 195; *OLG Hamm* BtPrax 1996, 195.
155 *BayObLG* FamRZ 1994, S. 1190; *BGH* FamRZ 2008, 7 174, 775; *BVerfG* Beschl. v. 12.1.2011, 1 BvR 2538/10 Rn. 22.
156 *BayObLG* FGPrax 2001, 78.
157 *OLG Zweibrücken* BtPrax 2000, 109.
158 *Dodegge/Roth* A Rn. 158.

ren.[159] Zwangsbehandlungen sind ausnahmslos unzulässig.[160] Der Betroffene kann sich in Schweigen hüllen und braucht an der Exploration nicht mitzuwirken. Die Unterbringung kann durch mehrere Anordnungen bis auf insgesamt drei Monate verlängert werden, § 284 Abs. 2 S. 2 FamFG. Die Anordnung zur Unterbringung rechtfertigt nicht per se die zwangsweise Vorführung. Für Letztere ist eine Ermächtigung der Betreuungsbehörde nach § 283 FamFG erforderlich. Im Unterbringungsgenehmigungsverfahren sind die vorgenannten Bestimmungen nach § 322 FamFG ebenfalls anzuwenden.

14. Rechtsmittel

Der Betroffene kann wegen Verfahrensfehlern (z.B. Verstoß gegen den Amtsermittlungsgrundsatz) das Rechtsmittel der Beschwerde einlegen.[161] Erledigte sich die Unterbringung durch Zeitablauf, ist die Beschwerde auf die Feststellung der Rechtswidrigkeit umzustellen.[162] Werden dem Betroffenen durch Beschluss Mitwirkungspflichten auferlegt bzw. der Sachverständige ermächtigt, invasive Eingriffe vorzunehmen, besteht eine Beschwerdeberechtigung des Betroffenen gem. § 59 FamFG. **212**

Die Auswahl eines Sachverständigen, die Formulierung eines Beweisbeschlusses oder die Anordnung einer Begutachtung legt dem Betroffenen jedoch keine Handlungspflichten auf. Insoweit liegen unanfechtbare Zwischenverfügungen vor.[163] Der Betroffene ist nicht verpflichtet, sich zum Zwecke der Begutachtung untersuchen zu lassen.[164] Das Gutachten zur Betreuungsbedürftigkeit ist dem Betroffenen grundsätzlich vollständig, schriftlich und rechtzeitig vor der persönlichen Anhörung mitzuteilen.[165] Hiervon darf nur abgewichen werden für den Fall einer ernsthaft möglichen Gesundheitsschädigung des Betroffenen. In einem solchen Fall ist dem Betroffenen zur Wahrung seiner Rechte ein Verfahrenspfleger zu bestellen. Bei Nichtbeachtung der Verfahrensrechte des Betroffenen besteht die Möglichkeit der Beschwerde.

VIII. Der Verfahrenspfleger

1. Stellung und Aufgaben des Verfahrenspflegers im anhängigen Betreuungsverfahren

Nach § 276 FamFG ist dem Betroffenen im Rahmen des anhängigen Betreuungsverfahrens ein Verfahrenspfleger zu bestellen, soweit dies zur Wahrnehmung seiner Interessen erforderlich ist. Die § 297 Abs. 4 und § 298 Abs. 3 FamFG treffen weitere Regelungen für Genehmigungen nach § 1904 oder § 1905 BGB und § 317 FamFG für Unterbringungsverfahren. Seit 26.2.2013 ist für Genehmigungen stationärer ärztlicher Zwangsmaßnahmen ebenfalls stets eine Verfahrenspflegerbestellung nötig, § 312 S. 3 FamFG. 2014 wurden 137.114 mal Verfahrenspfleger in Betreuungs- und Unterbringungsverfahren bestellt (davon 88.414 mal Anwälte, 49.257 mal andere Personen).[166] Das heißt, dass zu rund 2/3 Anwälte als Verfahrenspfleger bestellt werden. **213**

---

159 *BayObLG* FGPrax 2001, 78.
160 Umkehrschluss aus *BGH* BtPrax 2006, 145; *OLG Brandenburg* FamRZ 1997, 1019.
161 *OLG Hamm* FamRZ 2000, 494.
162 *BayObLG* FamRZ 2001, 1559; 2002, 419; 2003, 60; *KG* FamRZ 2001, 172; 2002, 338.
163 *BayObLG* FamRZ 2001, 707; 2003, 189; 2005, 390; *OLG München* BtPrax 2006, 150; *OLG Köln* FamRZ 2001, 311; *OLG Zweibrücken* BtPrax 2000, 224; a.A. *KG* FG Prax 2002, 63; FamRZ 2001, 311.
164 *BGH* FamRZ 2008, 774, 775.
165 *OLG München* BtPrax 2005, 231.
166 *BfJ* Sondererhebung Verfahren nach dem BtG; vgl. auch Jahresübersichten bei *Deinert* zuletzt BtPrax 2016, 9.

214 Im Folgenden wird kurz auf die Vorgeschichte des § 276 FamFG (vor dem 1.9.2009 § 67 FGG) eingegangen. Wichtige Zielsetzung des Reformgesetzgebers des BtG war es, die Rechtsstellung der Betroffenen im Betreuungsverfahren zu verbessern und modernen, grundgesetzlichen Anforderungen anzupassen. Dem Betroffenen sollte nach dem Willen des Reformgesetzgebers ein faires Verfahren garantiert werden, um ihn nicht, wie nach altem Recht, zum bloßen Verfahrensobjekt zu machen.[167]

215 Im Gegensatz zum Betreuer unterliegt der Verfahrenspfleger nicht dem Willensvorrang des Betroffenen und der Wunschbefolgungspflicht, § 1901 Abs. 3 BGB. Gleichwohl ist es eine vorrangige Aufgabe des Verfahrenspflegers, dem Gericht die Anliegen und den Willen des Betroffenen zu hintertragen. Der Verfahrenspfleger ist als „Sprachrohr" des Betroffenen aufgerufen, dessen Anspruch auf rechtliches Gehör, Art. 103 Abs. 1 GG, in dem anhängigen Betreuungsverfahren zu realisieren.

216 Der Verfahrenspfleger ist in jeder Hinsicht unabhängig:[168] Er unterliegt weder der Aufsicht des Gerichtes noch ist er an die Weisungen des Betroffenen gebunden. Der Verfahrenspfleger hat die objektiven *und* subjektiven Interessen des Betroffenen zu vertreten.[169] Darin liegt der entscheidende Unterschied der Tätigkeit eines Verfahrenspflegers im Vergleich mit der eines Rechtsanwaltes.

217 Rechtsanwälte sind nach § 3 BRAO (Bundesrechtsanwaltsordnung) die berufenen und unabhängigen Berater und Vertreter von Bürgern in allen Rechtsangelegenheiten. Zwischen dem Rechtsanwalt und seinem Mandanten kommt ein Geschäftsbesorgungsvertrag zustande, §§ 611, 627 Abs. 1, 675 BGB. Dies gilt im Betreuungs- und Unterbringungsverfahren auch bei einem geschäftsunfähigen Klienten, §§ 275, 316 FamFG).[170]

218 Danach ist der Rechtsanwalt verpflichtet, die Weisungen seines Auftraggebers umzusetzen. Bei der Wahrnehmung eines anwaltlichen Mandats ist es also in erster Linie geboten, die subjektiven Interessen eines Mandanten außergerichtlich und gerichtlich im besten Licht zu präsentieren. Dies hat, um eine optimale Interessenvertretung sicher zu stellen, die Konsequenz, dass für das Anliegen des Mandanten weniger günstige Fakten unter den Tisch fallen, ganz davon abgesehen, dass der Mandant durch die genaue Auftragsgestaltung und Vorgaben die Führung des Mandats beeinflusst. Von diesen Beschränkungen ist der Verfahrenspfleger entlastet und kann im objektiven Interesse des Betroffenen ein Votum abgeben. Gleichwohl sind die Anliegen und Wünsche des Betroffenen dem Gericht zu übermitteln.

219 **Beispiel:** Rechtsanwältin Rose Sch. wird von dem zuständigen Amtsgericht für Kerstin C., die an einer Demenz leidet, zur Verfahrenspflegerin bestellt. Frau C., eine pensionierte Studienrätin, ist der Auffassung, das ganze Verfahren sei ein „Witz", sie sei sehr wohl noch in der Lage, ihre finanziellen und sonstigen Angelegenheiten zu regeln. Im Übrigen brauche sie niemanden, denn ihre langjährige Nachbarin Inge K. helfe ihr bei allem. In ihrer gegenüber dem Amtsgericht abzugebenden Stellungnahme wird Rechtsanwältin Sch. einerseits mit Beispielen – im Gegensatz etwa zu einem anwaltlichen Mandat – ausführen, welche Handicaps bei der Betroffenen existieren und inwiefern sie der Unterstützung durch einen Betreuer bedarf. Andererseits wird sie bei Gericht anregen, Frau K. zur Betreuerin zu bestellen.

---

167 BT-Drs. 11/4528, 171.
168 BT-Drs. 11/4528, 171.
169 BT-Drs. 11/4528, 171.
170 *BGH* FGPrax 2014, 23; *OLG Koblenz* NJW 2014, 1251.

Folgende Aufgabenstellungen sind von dem Verfahrenspfleger wahrzunehmen:[171] **220**

- Einsicht in die Betreuungsakten (§ 13 Abs. 1 i.V.m. § 274 Abs. 2 FamFG);
- Kontaktaufnahme zu dem Betroffenen;
- eruieren des sozialen Umfeldes des Betroffenen (gibt es anderweitige Hilfen i.S.d. § 1896 Abs. 2 BGB?);
- ermitteln/überprüfen von vorgelegten Vorsorgevollmachten/Patientenverfügungen (Missbrauchskontrolle: Bestand Geschäfts-/Einwilligungsfähigkeit zum Zeitpunkt der Abfassung der Vorsorgevollmacht/Patientenverfügung? Wurde die Vorsorgevollmacht/Patientenverfügung zwischenzeitlich wirksam widerrufen? Ist der Bevollmächtigte geeignet zur Wahrnehmung der übertragenen Angelegenheiten? Besteht eine Kongruenz zwischen dem aktuellen Willen des Betreuten/Vollmachtgebers und dem schriftlich dokumentierten? Trifft die Patientenverfügung überhaupt auf die aktuelle Lebens- und Behandlungssituation zu? Enthält die Patientenverfügung eine Entscheidung über die anstehende medizinische Maßnahme?);[172]
- Teilnahme bei der Anhörung/dem Schlussgespräch;
- Ermittlungstätigkeit: Einholen von Informationen über die persönlichen/wirtschaftlichen Verhältnisse des Betroffenen;
- Übermittlung der Wünsche des Betroffenen an das Gericht;
- Kontaktaufnahme zu dem von dem Betroffenen gewünschten Betreuer, Eignungsprüfung;
- überprüfen des (verfahrensentscheidenden) Sachverständigengutachtens;
- überwachen der Einhaltung der Verfahrensrechte des Betroffenen;
- überprüfen der materiell-rechtlichen Betreuungsvoraussetzungen;
- anregen weiterer Ermittlungen/Beweiserhebungen;
- anstellen eigener Ermittlungen zu Gunsten des Betroffenen des Betroffenen;[173]
- einlegen und Begründen von Rechtsmitteln einschl. Verfassungsbeschwerden;[174]
- legt der Verfahrenspfleger eine Beschwerde ein, ist diese zu begründen. Es muss sich aus dem Zusammenhang des Vortrags ergeben, dass das Rechtsmittel dem objektiven Interesse des Betroffenen dient.[175]

Im Umkehrschluss heißt dies für die Betreuungsgerichte, dass immer dann, wenn ein Betroffe- **221** ner außer Stande ist, die oben skizzierten Aufgaben selbst verantwortlich wahrzunehmen, ihm zur Wahrung der „Waffengleichheit" in einem anhängigen Betreuungsverfahren ein Verfahrenspfleger zwingend beizuordnen ist. Ansonsten würde der Betroffene schutzlos der Allmacht von Richtern und Ärzten überantwortet werden! Die Bestellung hat so frühzeitig zu erfolgen, dass der Verfahrenspfleger noch Einfluss auf die Entscheidung nehmen kann.[176]

Der Verfahrenspfleger ist in dem anhängigen Betreuungsverfahren Verfahrensbeteiligter (§ 274 **222** Abs. 2 FamFG), allerdings nicht der gesetzliche Vertreter des Betroffenen. In materiell-rechtlichen Fragen sind seine Interessen von ihm selbst oder von seinem Betreuer wahrzunehmen. So hat Verfahrenspfleger keine Verjährungseinrede bez. Regressansprüchen der Staatskasse gem. § 1836e BGB einzulegen.[177]

---

171 Jurgeleit/*Meier* BtR, § 276 FamFG Rn. 13.
172 BT-Drs. 16/8442 und 16/13314, 4.
173 *Pohl* Verfahrenspflegschaft, Teil 1, BtPrax 1992, 19, 25.
174 *BVerfG* Beschl. v 22.5.2013, 1 BvR 372/13, FamRZ 2013, 1279 = Rpfleger 2013, 517.
175 *LG Rostock* Beschl. v. 16.5.2003, 2 T 189/03, JurionRS 2003, 39669.
176 *BGH* FamRZ 2011, 805 = NJW 2011, 2365 = MDR 2011, 488.
177 *BGH* FamRZ 2012, 1798 = NJW 2012, 3509 = FGPrax 2012, 258 = BtPrax 2012, 252.

223 Das Gericht ist auch nicht gehindert, einem bereits anwaltlich vertretenen Betroffenen einen Verfahrenspfleger beizuordnen. Dies wird allerdings nur dann in Betracht zu ziehen sein, wenn auf Seiten des Gerichts der Eindruck besteht, dass der Betroffene nicht optimal vertreten ist.[178]

224 **Beispiel:** Der an Schizophrenie leidende Bernd E. hat in einem anhängigen Betreuungsverfahren Peter T., einen mit einer Betroffeneninitiative zusammenarbeitenden Rechtsanwalt, mit seiner Interessenwahrnehmung beauftragt. Rechtsanwalt T. tut im Weiteren alles, um das Verfahren zu blockieren und schreckt auch nicht davor zurück, untaugliche Rechtsmittel einzulegen zu dem Zweck, Zeit zu schinden. Das Gericht bestellt daraufhin Rechtsanwältin Sabine F. zur Verfahrenspflegerin für Herrn E.

2. Voraussetzungen für die Bestellung eines Verfahrenspflegers

225 Zu Gunsten des Betroffenen ist ein Verfahrenspfleger zu bestellen, wenn von einer persönlichen Anhörung abgesehen werden soll, weil ansonsten gesundheitliche Nachteile zu befürchten sind bzw. der Betroffene außer Stande ist, seinen Willen kundzutun;[179] Gegenstand des Verfahrens die Bestellung eines Betreuers für alle Angelegenheiten ist oder eine diesbezügliche Erweiterung der Aufgabenkreise ansteht.[180] Ausnahmsweise kann bei der Anordnung einer Betreuung für alle Angelegenheiten **bzw.** Erweiterung hierauf von einer Verfahrenspflegerbestellung abgesehen werden, wenn aufgrund eines möglichen Fehlverhaltens des Betreuers im Aufgabenkreis der Vermögenssorge dessen Entlassung notwendig ist.[181]

- Anordnung des Aufgabenkreises der Post- und Fernmeldekontrolle;[182]
- vorläufige Betreuerbestellung, §§ 300 ff. FamFG;[183]
- Verfahren über die Genehmigung in eine Einwilligung des Betreuers in die Sterilisation des Betroffenen, § 1905 BGB, § 297 FamFG;
- Entscheidungen nach § 1904 Abs. 1 und 2 BGB (§ 298 Abs. 3 FamFG);
- Absehen von der Bekanntgabe der Entscheidungsgründe, § 288 Abs. 1 FamFG;
- Nichtübersendung des im Verfahren auf Betreuerbestellung eingeholten Sachverständigengutachtens;[184]
- in Unterbringungssachen einschl. ärztlicher Zwangsmaßnahmen, §§ 312 S. 3, 318 FamFG.

226 Die Bestellung eines Verfahrenspflegers ist im Verfahren auf Aufhebung der Betreuung grundsätzlich nur geboten, wenn tatsächliche Ermittlungen anzustellen sind. Das setzt wiederum greifbare Anhaltspunkte für eine Veränderung der tatsächlichen Umstände voraus, die der Betreuerbestellung zugrunde lagen. Bei unveränderter Sachlage hätte die Bestellung eines Verfahrenspflegers lediglich einen rein formalen Charakter[185] Ohnehin ist dem Betroffenen bei allen für ihn „wichtigen" Entscheidungen ein Verfahrenspfleger durch das Gericht zur Seite zu stellen.[186]

---

178 *Pohl* Verfahrenspflegschaft, Teil 1, BtPrax 1992, 19, 21.
179 *BGH* MDR 2011, 1132 = BtPrax 2011, 211 = FamRZ 2011, 1577.
180 *BGH* BtPrax 2010, 280 = FamRZ 2010, 1648 = FGPrax 2010, 287 = RdLH 2010, 167 = NJW-RR 2011, 2.
181 *BayObLG* BtPrax 1994, 108 = FamRZ 1994, 780.
182 Vgl. dazu *Deinert/Lütgens* Betreuung und Postverkehr, BtPrax 2009, 212.
183 *KG* Urt. v. 28.11.1995, 9 U 6728/94 BtMan 2005, 100 bewertet unterbliebene Verfahrenspflegerbestellung als amtspflichtwidrig und schadensersatzbegründend i.S.d. § 839 BGB, Art. 34 GG.
184 *BayObLG* BtPrax 1993, 208; *BGH* BtPrax 2010, 280 = FamRZ 2010, 1648 = FGPrax 2010, 287 = RdLH 2010, 167 = NJW-RR 2011, 2; *BGH* BtPrax 2010, 278 Rn. 9, BtPrax 2010, 278 = RdLH 2010, 174; erneut *BGH* FGPrax 2011, 232 = NJW 2011, 2577.
185 *BGH* MDR 2011, 1132 = BtPrax 2011, 211 = FamRZ 2011, 1577.
186 Jurgeleit/*Meier* BtR, § 276 FamFG Rn. 7.

Der Grundsatz eines fairen Verfahrens gebietet es, dem Betroffenen bei einer Anordnung der **227** Aufgabenkreise Heilbehandlung, Aufenthaltsbestimmung (zum Zwecke der Heimverschaffung), Wohnungsangelegenheiten (Wohnungsaufgabe und Haushaltsauflösung) und einem Einwilligungsvorbehalt einen Verfahrenspfleger zu bestellen. Insbesondere bei Genehmigungsverfahren zur Wohnraumkündigung nach § 1907 BGB ist regelmäßig ein Verfahrenspfleger zu bestellen und ein Sachverständigengutachten einzuholen zu den Auswirkungen des Wohnungsverlustes für den Betroffenen, zum Krankheitsverlauf und den verbliebenen Möglichkeiten selbstständiger Lebensführung.[187] Die vorstehend skizzierten Betreuungsmaßnahmen greifen in gravierender Weise in die Freiheitsrechte des Betroffenen ein und weisen ihm – wie beispielsweise im Falle des Einwilligungsvorbehalts – die Rechtsstellung eines minderjährigen Kindes zu.[188]

Das Betreuungsverfahren hat alle Angelegenheiten zum Gegenstand, sobald das Verfahren **228** darauf gerichtet ist, sämtliche Aufgabenkreise anzuordnen, respektive hierauf zu erweitern bis auf diejenigen der Post- und Fernmeldekontrolle sowie der Sterilisation oder Sterbehilfe. Die Bestellung eines Verfahrenspflegers für den Betroffenen ist regelmäßig schon dann geboten, wenn der Verfahrensgegenstand die Anordnung einer Betreuung in allen Angelegenheiten als möglich erscheinen lässt.[189] Das gilt grundsätzlich auch dann, wenn die beabsichtigte Entscheidung dem natürlichen Willen des Betroffenen entspricht.[190]

Ob es auch dann, wenn keiner der in § 276 Abs. 1 S. 2 FamFG genannten Regelfälle vorliegt, **229** eines Verfahrenspflegers bedarf, hängt vom Grad der Krankheit oder Behinderung des Betroffenen sowie von der Bedeutung des jeweiligen Verfahrensgegenstands ab.[191] Das Gericht hat hierzu eine Einzelfallbeurteilung vorzunehmen, ohne dass ihm insoweit ein Ermessen eröffnet ist. Je weniger der Betroffene in der Lage ist, seine Interessen selbst wahrzunehmen, je eindeutiger erkennbar ist, dass die geplanten Betreuungsmaßnahmen gegen seinen natürlichen Willen erfolgen und je schwerer und nachhaltiger der beabsichtigte Eingriff in die Rechte des Betroffenen ist, umso dringender erforderlich ist die Bestellung des Verfahrenspflegers.[192]

In anderen Betreuungssachen (§ 271 Nr. 3 FamFG) sollte eine Verfahrenspflegerbestellung **230** erfolgen, wenn hier eine Anhörung aus den vorgenannten Gründen nicht erfolgen soll (z.B. sonstige betreuungsgerichtliche Genehmigungen, § 299 FamFG oder Verfahren zur Festsetzung einer Betreuervergütung (§§ 168, 292 FamFG) aus dem Vermögen des Betroffenen.

Von der vorbezeichneten Regel formuliert § 276 Abs. 2 FamFG die Ausnahme, dass nämlich **231** eine Verfahrenspflegerbestellung unterbleiben könne, wenn, so wortwörtlich, „ein Interesse des Betroffenen (...) offensichtlich nicht besteht." Diese Ausnahmeregelung ist verfassungsrechtlich mit Hinblick auf Art. 103 Abs. 1 GG, dem Grundsatz des rechtlichen Gehörs, außerordentlich bedenklich. Schlimmstenfalls eröffnet diese Vorschrift dem Betreuungsgericht die Möglichkeit, ein Betreuungsverfahren ohne jegliche Kontrolle von außen durchzuführen und damit den Betroffenen zu einem bloßen Verfahrensobjekt zu machen.

Die Ausnahmeregel gilt nicht für Verfahrenspflegerbestellungen nach anderen Bestimmungen **232** als § 276 FamFG, z.B. für Sterilisationsverfahren (§ 297 FamFG), für lebensbeendende Maßnahmen nach § 1904 BGB (§ 298 FamFG), für ärztliche Zwangsmaßnahmen (§ 312 S. 3 FamFG) und für Unterbringungssachen (§ 318 FamFG).

---

187 *OLG Oldenburg* NJW-RR 2003, 587.
188 Jurgeleit/*Meier* BtR, § 276 FamFG Rn. 7.
189 *BGH* BtPrax 2014, 75 = FGPrax 2014, 115 = NJW 2014, 1596.
190 *BGH* FamRZ 2013, 1648= FF 2013, 424.
191 *BGH* BtPrax 2014, 32.
192 *BGH* BtPrax 2014, 79 = FGPrax 2014, 65 = NJW 2014, 787.

233   **Beispiel:**   Richter Rainer D., der seit Jahren eine Versetzung zum Verwaltungsgericht anstrebt, erhält von dem Sozialdienst des Krankenhauses die Anregung, für den im Wachkoma befindlichen Patienten Ralf G. eine allumfassende Betreuung einzuleiten. Richter D. will die Akte schnell vom Tisch haben und ordnet sofort eine dementsprechende Betreuung an. Er ist der Meinung, eine persönliche Anhörung des Herrn G., der seinen Willen nicht kundtun könne, sei mit Hinblick auf § 276 Abs. 2 FamFG entbehrlich; die Beteiligung von Angehörigen nach § 274 Abs. 4 FamFG nicht obligat und im Übrigen ein Sachverständigengutachten in Ansehung des auf der Hand liegenden Krankheitsbildes entbehrlich.

234   Die Regelung des § 276 Abs. 2 FamFG ist demgemäß verfassungskonform dahingehend auszulegen, dass niemals von einem Desinteresse des Betroffenen an einer Verfahrenspflegerbestellung auszugehen ist. Für den Fall, dass eine Betreuung mit allen Aufgabenkreisen angeordnet wird, verliert der Betroffene sein aktives und passives Wahlrecht.[193] Es wird unterstellt, dass dies nie im Interesse der Betroffenen ist.

235   Allein aus der Perspektive des Betroffenen und nicht aus der des Betreuers oder des Gerichtes ist zu beurteilen, ob ein Verfahrenspfleger i.S.d. § 276 Abs. 1 FamFG zu bestellen ist. Es lässt sich somit der Grundsatz formulieren, dass, je weniger der Betroffene in der Lage ist, seine Interessen selbst wahrzunehmen, je eindeutiger erkennbar ist, dass die geplanten Betreuungsmaßnahmen gegen seinen natürlichen Willen erfolgen und je schwerer und nachhaltiger der beabsichtigte Eingriff in die Rechte des Betroffenen ist, umso dringender die Bestellung eines Pflegers für das Verfahren erforderlich ist. Insbesondere regelmäßig indiziert ist die Bestellung eines Verfahrenspflegers bereits dann, wenn Gegenstand des Verfahrens ein Aufgabenkreis ist, der das Aufenthaltsbestimmungsrecht, die Heilbehandlung oder die Wohnungsangelegenheiten umfasst. Es handelt sich hierbei um die in § 293 Abs. 2 S. 2 FamFG genannten „wichtigen Entscheidungen" des Betreuungsgerichtes.[194]

236   Daher stellt die Neuregelung des § 276 Abs. 2 FamFG, die inhaltlich zum 1.1.1999 durch das 1. BtÄndG erfolgte, einen echten Rückschritt im Vergleich zu dem vorherigen Rechtszustand dar, in dem in all diesen Fällen eine Verfahrenspflegerbestellung zwingend war.

237   Dem Betroffenen ist zu seinem Schutz möglichst frühzeitig ein Verfahrenspfleger zu bestellen. Der Bestellungsakt ist formfrei und wird dem Verfahrenspfleger in der Regel mit normaler Post zugestellt.[195] Im Übrigen gilt § 15 Abs. 3 FamFG. Die (fern-)mündliche Bekanntmachung und ein Vermerk in der Akte genügen. Die Bestellung kann auch konkludent durch Ladung oder Anhörung – z.B. des erstinstanzlich bestellten Verfahrenspflegers zu einem Anhörungstermin in der Beschwerdeinstanz – erfolgen.[196] Das Gericht muss ferner wegen der zu zahlenden Vergütung aussprechen, ob die Verfahrenspflegschaft ehrenamtlich oder berufsmäßig geführt wird (§ 277 Abs. 2 FamFG).

238   Wird von einer Verfahrenspflegerbestellung Abstand genommen, ist dieser Schritt individuell und nicht nur formularmäßig zu begründen, § 276 Abs. 2 S. 2 FamFG, andernfalls verkommt dieses wichtige Verfahrensrecht des Betroffenen zur bloßen Makulatur. Eine ermessensfehlerhafte Nichtbestellung begründet die weitere Beschwerde.

---

193   § 309 Abs. 2 FamFG, § 13 BWG, § 6a EurWG sowie Parallelbestimmungen in den Landes- und Kommunalwahlgesetzen der Länder.
194   BT-Drs. 11/4528, 171; Jurgeleit/*Meier* BtR, § 276 FamFG Rn. 7.
195   BT-Drs. 11/4528, 171.
196   HK-BUR/*Bauer* § 276 FamFG Rn. 32 unter Verweis auf eine Entscheidung des *OLG Frankfurt/Main* Beschl. v. 8.12.1994, 20 W 573/94.

Die **Auswahl** des Verfahrenspflegers steht im pflichtgemäßen Ermessen des Gerichts.[197] Vor der Bestellung eines Verfahrenspflegers ist dem Betroffenen rechtliches Gehör, Art. 103 Abs. 1 GG, zu gewähren. Wünsche des Betroffenen zur Person des Verfahrenspflegers – die nicht bindend sind – sollten nach Möglichkeit berücksichtigt werden. Im Rahmen der (ausreichenden) schriftlichen Anhörung ist der Betroffene auf die Möglichkeit, einen Anwalt zu beauftragen, hinzuweisen. Nicht geeignet zur Wahrnehmung der Aufgaben eines Verfahrenspflegers sind in jedem Fall – entgegen einer langläufigen gerichtlichen Praxis – wegen einer Vermengung der Rollen die Betreuungsbehörden **bzw.** deren Mitarbeiter.

Die abstrakte Gefahr einer Interessenkollision steht einer Verfahrenspflegerbestellung entgegen.[198] Das Gesetz sieht in § 276 Abs. 4 FamFG die Aufhebung einer Verfahrenspflegerbestellung vor, wenn der Betroffene von einem Rechtsanwalt oder einem anderen **geeigneten** Verfahrensbevollmächtigten vertreten wird. Daraus ist der Schluss gezogen worden, eine Eignung zur Führung von Verfahrenspflegschaften sei nur bei Vorliegen besonderer Rechtskunde gegeben.[199] Demgegenüber verweist § 276 Abs. 3 FamFG hinsichtlich der von dem Gericht vorzunehmenden Auswahl des Verfahrenspflegers auf § 1897 Abs. 6 S. 1 BGB und betont damit den Vorrang des Ehrenamtes.   **239**

Ob es einer beruflichen Qualifikation des Verfahrenspflegers bedarf, hängt vom jeweiligen Einzelfall ab. Grundsätzlich ist eine juristische Berufsqualifikation jedoch nicht erforderlich.[200] Nach Sinn und Zweck des Amtes – dem Betroffenen konstruktiv rechtliches Gehör zu gewähren – ist jedoch die gerichtliche Beauftragung einer hierzu unfähigen Person keine ordnungsgemäße Rechtsausübung.[201] Das Amt eines Verfahrenspflegers erfordert neben vertieften juristischen Kenntnissen des materiellen Rechts und Verfahrensrechtes auch medizinisches Wissen und die Fähigkeit, medizinische Sachverständigengutachten zu verstehen und kritisch zu würdigen.[202] Zudem ist Menschenkenntnis erforderlich, um einen Betreuungssachverhalt zutreffend bewerten zu können. Mit Hinblick auf die vorstehend genannten erforderlichen Eignungsvoraussetzungen ist von daher in jedem Einzelfall kritisch zu prüfen, ob dieser zur Übertragung an einen ehrenamtlichen Verfahrenspfleger taugt, § 276 Abs. 3 FamFG[203].   **240**

Zuständig für die Bestellung eines Verfahrenspflegers ist das über das entsprechende Betreuungsverfahren zur Entscheidung berufene Gericht. Funktionell zuständig ist der Richter dementsprechend bei Verfahren, die dem Richtervorbehalt unterliegen, § 15 RPflG. Prinzipiell trifft der Funktionsträger, dessen sachliche Zuständigkeit in dem Hauptsacheverfahren besteht, auch die verfahrensrechtlichen Nebenentscheidungen.[204]   **241**

Beauftragt der Betroffene selbst im Laufe des Verfahrens einen Rechtsanwalt mit seiner Interessenwahrnehmung, ist eine bereits erfolgte Verfahrenspflegerbestellung aufzuheben **bzw.** kann diese – falls noch nicht geschehen – unterbleiben, § 276 Abs. 4 FamFG. Stellt der Rechtsanwalt des Betroffenen einen Antrag auf Gewährung von Verfahrenskostenhilfe (§§ 76 ff. FamFG), ist bei Vorliegen folgender Voraussetzungen eine Beiordnung vorzunehmen: **242**

---

197   BT-Drs. 11/4528, 17, 171; *BVerfG* FamRZ 2000, 1280, 1281.
198   *LG Braunschweig* Beschl. v. 27.7.2004, 8 T 645/04; *LG Stuttgart* BWNotZ 1996, 1.
199   *OLG Celle* BtPrax 1994, 175.
200   BR-Drs. 865/03, 95.
201   *LG München I* FamRZ 1995, 1440, 1441.
202   So zutreffend *Grell* Qualifikation des Verfahrenspflegers, Rpfleger 1993, 321, 322.
203   Jurgeleit/*Meier* BtR, § 276 FamFG Rn. 9.
204   BT-Drs. 11/4528, 165.

- Mittellosigkeit des Betroffenen;
- Drohen schwerwiegender Eingriffe in die Lebensstellung des Betroffenen (umfassende Betreuung, Wohnungsauflösung, Einwilligungsvorbehalt);
- Unvermögen des Betroffenen, seine Rechte selbst in der gebotenen Form wahrzunehmen.[205]

243 Die neuere Rechtsprechung des BVerfG etikettiert das Versagen von Prozesskostenhilfe/Verfahrenskostenhilfe in ergebnisoffenen Verfahren, in denen eine Beweisaufnahme durchzuführen ist, als verfassungswidrig.[206] In Betreuungsverfahren ist das in einem förmlichen Beweisverfahren einzuholende Sachverständigengutachten, dessen Ergebnis im Sinne der Entscheidungen des Bundesverfassungsgerichts vom Gericht nicht vorhersehbar ist, verfahrensentscheidend.[207]

Vor der Bewilligung der Verfahrenskostenhilfe kann das Gericht den übrigen Beteiligten Gelegenheit zur Stellungnahme geben (§ 77 Abs. 1 FamFG).

244 Das Gericht beteiligt den Verfahrenspfleger wie folgt an dem Verfahren:[208]
- Gewährung von Akteneinsicht (§ 13 Abs. 1 ggf. mit Abs. 4 FamFG);
- Übermittlung des vollständigen Sachverständigengutachtens nach § 280 FamFG;[209]
- Übermittlung der Stellungnahme der Betreuungsstelle nach §§ 279 Abs. 2 FamFG, § 8 Abs. 1 BtBG;[210]
- Gewährung rechtlichen Gehörs, Art. 103 Abs. 1 GG;
- Ladung und Ermöglichung der Teilnahme an der Anhörung (§ 279 Abs. 3 FamFG, § 170 Abs. 1 GVG). Einem Antrag des Verfahrenspflegers auf Terminsverlegung im Verhinderungsfall ist zu entsprechen;
- Übersendung von Unterlagen.

Der Verfahrenspfleger muss vollständig am Verfahren beteiligt werden; andernfalls ist bei einem verständigungsunfähigen Betroffenen das rechtliche Gehör nicht gewahrt.[211]

245 ┌─ **Muster: Beschluss über die Bestellung eines Verfahrenspflegers** ─────────

Beschluss

In dem anhängigen Betreuungsverfahren für
Herrn Hendrik K., geboren am (...),
wohnhaft (...),

    Betroffener,

wird Frau Rechtsanwältin Gesine R., (...) Berlin,

zur Pflegerin für das Verfahren betreffend die Unterbringung bestellt.

Gründe:

Zur Wahrnehmung der Interessen des Betroffenen ist es erforderlich, ihm eine Pflegerin für das Verfahren zu bestellen, weil der Betroffene nach dem unmittelbaren Eindruck des Gerichtes offensichtlich nicht in der Lage ist, seine Interessen selbst wahrzunehmen.

---

205 *LG Berlin* BtPrax 2002, 175, 176.
206 *BVerfG* NJW-RR 2002, 1069; NJW 2008, 1060.
207 Jurgeleit/*Meier* BtR, § 276 FamFG Rn. 11.
208 Jurgeleit/*Meier* BtR, § 276 FamFG Rn. 12.
209 BT-Drs. 13/7158, 171; *Damrau/Zimmermann* § 280 FamFG Rn 38.
210 *LG München I* FamRZ 1995, 1440, 1441.
211 *LG München I* FamRZ 1995, 1440, 1441.

> Die Verfahrenspflegschaft wird berufsmäßig geführt.
>
> (Richterin am Amtsgericht)
>
> Ausgefertigt
> (Justizangestellte)

Die Bestellung eines Verfahrenspflegers ist eine unanfechtbare Zwischenverfügung, § 276 **246**
Abs. 6 FamFG. Insoweit erfolgte eine gesetzliche Klarstellung der zuvor bestehenden oberge-
richtlichen Rechtsprechung.[212] Die Verfahrenspflegerbestellung endet unter Einbeziehung von
Rechtsmitteln mit dem rechtskräftigen Verfahrensabschluss (§ 276 Abs. 5 FamFG). Unter Verfahren ist jede einzelne Betreuungssache zu verstehen, die mit einer Endentscheidung endet.
Das heißt, dass nach einer rechtskräftigen Betreuerbestellung weitere Betreuungssachen
(Unterbringungssachen ohnehin), wie z.B. eine wesentliche Erweiterung des Aufgabenkreises,
ein nachträglicher Einwilligungsvorbehalt, ein Betreuerwechsel, neue Verfahren darstellen, für
die erforderlichenfalls erneut eine Verfahrenspflegerbestellung erfolgen muss.

3. Pflichten des Verfahrenspflegers

Der Verfahrenspfleger ist verpflichtet, mit Angehörigen, dem Hausarzt, dem Vermieter, Behör- **247**
den, der Heimleitung etc. und natürlich dem Betroffenen selbst Kontakt aufzunehmen, um zu
ermitteln, in welchem Umfang eine Betreuung anzuordnen ist. Ob die persönliche Rücksprache mit einem laut ärztlichem Gutachten verständigungsunfähigen Betroffenen zu einer sachgerechten Aufgabenwahrnehmung gehört, ist umstritten.[213] Eine pflichtgemäße Erfüllung des
Amtes macht ein persönliches Aufsuchen des Betroffenen in aller Regel erforderlich; es sind
kaum Fälle denkbar, in denen dieses verzichtbar wäre. Eine sachgerechte Interessenvertretung
ist nur dann gewährleistet, wenn der Verfahrenspfleger sich einen eigenen Eindruck von dem
Betroffenen und seinen Handicaps verschafft, jedes andere Vorgehen würde auf eine Stellungnahme nach Aktenlage hinauslaufen. Wurde im Rahmen einer Unterbringung ein Verfahrenspfleger bestellt, ist zu ermitteln, welche Vorfälle genau die Annahme einer Fremd- oder Selbstgefährdung des Betroffenen rechtfertigen könnten.[214] Dies folgt aus der Aufgabenstellung des
Verfahrenspflegers, der allumfassend die Interessen des Betroffenen in dem anhängigen
Betreuungs- bzw. Unterbringungsverfahren wahrzunehmen hat. Nur wenn der Verfahrenspfleger an den Vermieter des Betroffenen herantritt, um beispielsweise herauszufinden, ob dieser
wegen Mietrückständen fristlos kündigen will, ist es ihm möglich, in dem Bericht, den er an
das Betreuungsgericht abgibt, darauf hinzuweisen, dass es erforderlich ist, den Aufgabenkreis
„Wohnungsangelegenheiten" anzuordnen. Der Verfahrenspfleger kann in dem anhängigen
Verfahren sämtliche Verfahrensrechte, die dem Betroffenen als Person zustehen, ausüben. Dies
folgt aus der Stellung des Verfahrenspflegers als gesetzlicher Vertreter des Betroffenen.

Der Verfahrenspfleger ist u.a. zu folgenden Verfahrenshandlungen im Interesse des Betroffe- **248**
nen berechtigt und verpflichtet:

• Ermittlungen zu den persönlichen Verhältnissen des Betroffenen und seines sozialen
  Umfelds,
• Kontrolle der Einhaltung von Verfahrensgarantien durch Verfahrensbeobachtung,

---

212 *BGH* BtPrax 2003, 266.
213 A.A. *BayObLG* BtE Nr. 8 zu § 67 FGG.
214 *Pohl* BtPrax 1992, S. 19/23.

- Stellen von Beweisanträgen,
- Abgabe von Anregungen,
- Ablehnung eines Richters,
- Abgabe einer Stellungnahme zu den subjektiven und objektiven Betreuungsvoraussetzungen und der Person des Betreuers,
- Stellungnahme zur Erforderlichkeit der Unterbringungsmaßnahme,
- Teilnahme an der richterlichen Anhörung des Betroffenen,
- Einlegung und Begründung eines Rechtsmittels, §§ 303 Abs. 3, 335 Abs. 2 FamFG.

249 Auf Grund seiner Stellung im Verfahren ist der Verfahrenspfleger nicht gehindert, dem Gericht nachteilige Tatsachen über den Betroffenen mitzuteilen.

Ein Bericht in einer Verfahrenspflegschaftssache an das Betreuungsgericht sollte zweckmäßigerweise wie folgt gegliedert sein:
- Bericht über Unterredungen mit Angehörigen, Ärzten, Freunden, Nachbarn und Bekannten des Betroffenen und dem Betroffenen persönlich
- Auseinandersetzung mit dem ärztlichen Gutachten
- Rechtliche Würdigung
- Ergebnis

250 ┌─ **Muster: Bericht eines Verfahrenspflegers** ────────────────────────────

Amtsgericht

In dem Betreuungsverfahren

……

Az.: ….

nehme ich in meiner Eigenschaft als Verfahrenspflegerin zu der angeordneten Unterbringung wie folgt Stellung:

I. Sachverhalt

Die Betroffene wurde mehrfach von Nachbarn und der Polizei als hilflose Person aufgegriffen und nach Hause gebracht. Der Unterbringung in einer geschlossenen Einrichtung lagen folgende Vorkommnisse zu Grunde:
- 26.5.2015: Die Betroffene steht nachts am geöffneten Schlafzimmerfenster im ersten Stock ihres Hauses und schreit längere Zeit um Hilfe. Die Betroffene argwöhnt, in einem Museum eingeschlossen zu sein und Hilfe zu benötigen. Dies bezeugten mir gegenüber die Nachbarn …
- 6.2.2016: Die Betroffene irrt nachts um 22 Uhr barfuß und lediglich mit einem Hemd bekleidet durch die Straße. Glücklicherweise führt der Nachbar XY gerade seinen Hund aus und bringt die inzwischen völlig ausgekühlte Betroffene zurück in ihr Haus.
- 18.2.2016: Die Betroffene wird in leicht bekleideten Zustand 150 m von ihrer Haustür entfernt vom Nachbarn AB in verwirrtem, orientierungslosem Zustand vor dem Grundstück mit der Hausnummer 78 vorgefunden.
- 24.2.2016: Die Betroffene irrt hilflos in der Hermannstraße umher, wird von der Polizei aufgegriffen und nach Hause gebracht.

Glücklicherweise konnte bis dato durch ein gut funktionierendes nachbarschaftliches Netz Schlimmeres verhindert werden. Ich tätigte persönliche Rücksprachen mit den vorbezeichneten Nachbarn, die mir glaubhaft die vorstehenden Ereignisse schilderten.

II. Rechtslage

Das planlose Herumirren eines Betroffenen ohne Beachtung des Straßenverkehrs und ohne notwendige Kleidung stellt sich nach der Rechtsprechung (*OLG München* OLGReport 2006, 73; *OLG Frankfurt/Main* FamRZ 1994, 992) als eine erhebliche Selbstgefährdung i.S.d. §§ 1906 Abs. 1 Nr. 1 dar (*Jurgeleit/Kieß* Betreuungsrecht, 3. Auflage, § 1906 BGB, Rn. 19).

In Ansehung der geschilderten selbstgefährdenden Verhaltensweisen der Betroffenen ist deren weiterer Verbleib in ihrer Häuslichkeit nicht länger vertretbar. Das Leben und die körperliche Unversehrtheit der Betroffenen bedürfen des Schutzes vor eigengefährdendem Verhalten. Das gerichtsseits eingeholte Gutachten des psychiatrischen Sachverständigen bekräftigt dies in beeindruckender Form. Es wird die Diagnose einer fortgeschrittenen Demenz mit Weglauftendenz, am ehesten vom Alzheimer-Typ, beschrieben.

Nach alledem ist die von dem Betreuer initiierte geschlossene Unterbringung in einem speziell für Demenzkranke ausgerichteten Wohnprojekt zu befürworten.

Unterschrift Verfahrenspflegerin

Dem folgenden Bericht liegt eine Verfahrenspflegerbestellung II. Instanz zu Grunde. Das Amtsgericht hatte eine Betreuerbestellung vorgenommen mit den Aufgabenkreisen Vermögenssorge, Wohnungsangelegenheiten, Aufenthaltsbestimmung, Postangelegenheiten sowie Vertretung vor Behörden und Gerichten. Zudem wurde im Aufgabenkreis der Vermögenssorge ein Einwilligungsvorbehalt angeordnet. Ferner hatte die Betroffene kurz vor der Betreuerbestellung eine notarielle Vorsorgevollmacht an Herrn B. erteilt. Dieser hatte wegen umfangreicher Renovierungs- und Instandsetzungsarbeiten an dem Wohn- und Mietshaus der Betreuten zahlreiche Aufträge an Bauhandwerker erteilt. Herr B veranlasste den Ausgleich von Handwerkerrechnungen vom Konto der Betroffenen. Die Wirksamkeit der Vorsorgevollmacht war fraglich. **251**

IX. Die Anhörung des Betroffenen

Nach § 278 FamFG ist die vorherige Anhörung des Betroffenen durch das Gericht in folgenden Situationen obligat: **252**

- Bestellung eines Betreuers oder Anordnung eines Einwilligungsvorbehaltes, § 278 FamFG,
- Erweiterung um oder auf einen nicht unerheblichen Aufgabenkreis, § 293 Abs. 1, 2 FamFG,
- Verlängerung der Betreuerbestellung oder des Einwilligungsvorbehaltes, § 295 Abs. 1 S. 1 FamFG,
- Bestellung eines weiteren Betreuers unter Erweiterung des Aufgabenkreises der Betreuung, § 293 Abs. 3 FamFG,
- der nicht unwesentlichen Erweiterung des Kreises der einwilligungsbedürftigen Willenserklärungen, § 293 Abs. 1 FamFG,
- Genehmigung einer Sterilisation, § 297 Abs. 3 FamFG oder einer Kastration, § 6 KastrG,
- Genehmigung einer gefährlichen Untersuchung, Heilbehandlung oder ärztlichen Eingriffs, § 298 Abs. 1 FamFG,
- Weitere Genehmigungen im Rahmen des § 299 FamFG (Soll-Regelung bei Genehmigungen nach §§ 1821–1823, 1825 BGB, Muss-Regelung bei Genehmigungen nach § 1907 Abs. 1 BGB – Wohnungsaufgabe).

Das Gericht hat den Betroffenen grundsätzlich persönlich anzuhören, §§ 34 Abs. 1 Nr. 2, 278 Abs. 1 S. 1 FamFG. Eine fernmündliche oder schriftliche Anhörung ist ebenso wenig wie die **253**

Anhörung eines Verfahrensbevollmächtigten ausreichend; der Betreuungsrichter ist zur Verschaffung eines persönlichen Eindrucks verpflichtet, § 278 Abs. 1 S. 2 FamFG.

254 Demgegenüber besteht keine Verpflichtung zur Anhörung des Betroffenen bei der Bestellung eines Gegenbetreuers nach §§ 1792, 1908i Abs. 1 BGB.[215] Einer erneuten Anhörung des Betroffenen bedarf es auch dann grundsätzlich nicht, wenn zunächst nur eine sog. Kontrollbetreuung angeordnet wurde und diese innerhalb von sechs Monaten erweitert worden ist.[216]

255 Das Ziel der Vorschrift liegt zum einen in einer Stärkung des Kontakts zwischen dem Betroffenen und dem Gericht, um auf diesem Wege zu einer Optimierung bei der Aufklärung aller entscheidungserheblichen Umstände zu gelangen.[217] Die Anhörung in der vertrauten Umgebung des Betroffenen (Wohnung, Pflegeheim, Betreutes Wohnen, Strafanstalt usw.) dient also dazu, dem Gericht verwertbare Erkenntnisse von der Persönlichkeit des Betroffenen, seinen Lebensverhältnissen und seinem sozialen Umfeld zu vermitteln; seine sozialen Kontakte und anderweitige Hilfen können so bei der Bestimmung der Aufgabenkreise und der Betreuerauswahl besser berücksichtigt werden.

256 Zum anderen wird durch die Vorschrift das Verfassungsgebot des rechtlichen Gehörs konkretisiert, Art. 103 Abs. 1 GG, und sichergestellt, dass das Gericht den für seine Entscheidung unmittelbaren Eindruck von dem Betroffenen erhält. Funktionell zuständig zur Vornahme der Anhörung ist der für die Sachentscheidung zuständige Richter. Bei einem Dezernatswechsel ist – zur Vermeidung von Belastungen für den Betroffenen – eine erneute Anhörung durch den Nachfolger entbehrlich bei einer ausreichenden Protokollierung. Nicht ausreichend ist demgegenüber eine mündliche oder sonstige informelle Schilderung. In einem anhängigen Verfahren zur Anordnung einer Kontrollbetreuung, § 1896 Abs. 3 BGB, besteht Rechtspflegerzuständigkeit. Ebenso dort, wo Landesrecht Richtervorbehalte nach § 19 RPflG aufgehoben hat. Die Anhörung in Betreuungssachen hat eine Doppelfunktion: Sie dient der Gewährung rechtlichen Gehörs und der Sachverhaltsaufklärung.[218]

257 Nach § 278 Abs. 3 FamFG dürfen Verfahrenshandlungen im Inland **ausnahmsweise** durch den ersuchten Richter im Wege der Rechtshilfe erfolgen. Die persönliche Anhörung des Betroffenen ist eine wichtige Erkenntnisquelle für den Richter. Insofern ist von der Möglichkeit, einen ersuchten Richter mit der Anhörung zu beauftragen, äußerst zurückhaltend Gebrauch zu machen. Lediglich offensichtlich eindeutige Fälle, die von **vorneherein** – so die gesetzliche Formulierung – die Annahme rechtfertigen, der Betreuungsrichter komme auch ohne einen eigenen Eindruck vom Betroffenen aus, rechtfertigen eine Abstandnahme. Die Vorschrift hat absoluten Ausnahmecharakter. Zu denken ist an äußerungsunfähige Betroffene bzw. solche, die sich bewusstlos in einer weit entfernten Einrichtung befinden. Besteht keine originäre Zuständigkeit, ist zur Sicherstellung der Anhörung an eine Abgabe des Verfahrens zu denken.

258 In Verfahren betreffend die Einwilligung des Betreuers in eine Sterilisation sind Verfahrenshandlungen eines ersuchten Richters nicht zulässig, § 297 Abs. 4 FamFG. Befindet sich der Betroffene nicht nur vorübergehend im Ausland, gelten die Einschränkungen des § 278 Abs. 3 FamFG nicht. Die Verfahrenshandlung wird dann durch den ersuchten Richter im Wege der internationalen Rechtshilfe durchgeführt.

---

215 *BayObLG* BtPrax 2002, 129.
216 *BGH* FGPrax 2013, 213 = NJW 2013, 3372.
217 BT-Drs. 11/4528, 172.
218 *BGH* Beschl. v. 26.11.2014, XII ZB 405/14, BtPrax 2015, 71.

Die Anhörung hat zeitlich vor Erlass der avisierten betreuungsrechtlichen Maßnahme zu erfolgen. Die Anhörung ist nicht öffentlich. Der zukünftige Betreuer muss bei der Anhörung nicht zugegen sein. Etwas anderes gilt nur bei einem dementsprechenden Verlangen des Betroffenen.[219] Zu Beginn der Anhörung ist der Betroffene durch das Gericht über seine Rechte zu belehren. Die diesbezügliche Aufklärung des Betroffenen umfasst folgende Punkte:

- Das Verlangen nach einer Milieuanhörung;
- Widerspruch gegen die Anwesenheit weiterer Personen (§ 170 Abs. 1 S. 2 GVG);
- Beauftragung eines Verfahrensbevollmächtigten (§ 10 FamFG);
- Hinzuziehung einer Vertrauensperson (§ 274 Abs. 4 FamFG);
- Rechtsmitteleinlegung (§§ 58 ff. FamFG, § 11 RPflG).

259

Die Anhörung befasst sich mit folgenden Themen:

- Augenscheinseinnahme des Betroffenen und seiner Umgebung;
- kommt die Bestellung eines Verfahrenspflegers in Betracht, ist mit dem Betroffenen zu klären, ob er sich lieber durch einen eigenen Rechtsanwalt oder eine andere geeignete Person vertreten lassen will. Falls ja, unterbleibt die Bestellung eines Verfahrenspflegers, § 276 Abs. 4 FamFG;
- Vorschläge des Betroffenen zur Person eines Betreuers (§ 1897 Abs. 4 BGB) und mögliche Interessenkollisionen
- Erforderlichkeit einer Betreuung (§ 1896 Abs. 1 BGB).

260

Das Gericht kann bei seiner Entscheidung nur solche Tatsachen und Beweismittel zu Grunde legen, zu denen sich der Betroffene und sein Verfahrenspfleger vorher äußern konnten. Ein bestellter Verfahrenspfleger ist zum Anhörungstermin ebenfalls zu laden.[220]

261

Zur Gewährleistung des Rechts auf rechtliches Gehör (Art. 103 Abs. 1 GG) sind daher dem Betroffenen und seinem Verfahrenspfleger die schriftlichen Ermittlungsergebnisse (Sachverständigengutachten, eingeholte ärztliche Zeugnis, Sozialbericht usw.) in vollem Umfang vorab zur Verfügung zu stellen.[221] Eine sinngemäße zusammenfassende Darstellung der Ermittlungsergebnisse genügt regelmäßig nicht.[222]

262

Das Gericht soll ferner in der Regel vor einer abschließenden Entscheidung mit dem Betroffenen das Gutachten des Sachverständigen oder das ärztliche Zeugnis, den etwaigen Umfang des Aufgabenkreises und die Frage, welche Person als Betreuer in Betracht kommt, mündlich erörtern.[223] Soll in einem Betreuungsverfahren eine Entscheidung, die die Rechte des Betroffenen beeinträchtigt, auf Ausführungen eines Sachverständigen gestützt werden, die dieser im Termin zur Anhörung in Abwesenheit des Betroffenen gemacht hat, so ist dem Betroffenen zuvor Gelegenheit zur Stellungnahme zu geben.[224]

263

Ferner hat das Gericht, sofern dies nicht schon vorher geschehen ist, den Betroffenen über den möglichen Ablauf des Verfahrens zu unterrichten und ihn in geeigneten Fällen – d.h. wenn Geschäftsfähigkeit vorliegt – auf die Möglichkeit der Errichtung einer Vollmacht und ihrer

264

---

219 *BayObLG* BtPrax 2003, 183.
220 *BGH* FamRZ 2012, 619 = FGPrax 2012, 131 = MDR 2012, 466 = NJW 2012, 1582.
221 *BayObLG* FamRZ 1986, 1043: Unverwertbarkeit eines Gutachtens nach § 1846 BGB, wenn ein Betroffener vorab keine Gelegenheit zur Stellungnahme erhielt; *BayObLG* BtPrax 1993, 208; *OLG München* BtPrax 2005, 231.
222 *OLG München* BtPrax 2006, 35.
223 BT-Drs., 11/4528, 90.
224 *BGH* MDR 2011, 1040 = RdLH 2011, 142.

Registrierung beim zentralen Vorsorgeregister (§§ 78 ff. BNotO, § 1 VRegV) hinzuweisen, § 278 Abs. 2 S. 2 FamFG. Diese Vorschrift fand auf Initiative des Bundesrates 1999 Eingang in das 1. BtÄndG und verfolgt das Ziel, das Instrument der Vorsorgevollmacht zu stärken. Nach dem Erforderlichkeitsgrundsatz ist eine Betreuerbestellung entbehrlich, wenn die Angelegenheiten des Betroffenen durch einen Bevollmächtigten ebenso gut wie durch einen Betreuer besorgt werden können, § 1896 Abs. 2 S. 2 BGB.

265 Allerdings ist es seitens des Gerichtes aus haftungsrechtlichen Gründen nicht zu empfehlen, den Betroffenen eingehend über das Erstellen einer Vollmacht zu beraten. Es besteht zu Gunsten der Betroffenen die Möglichkeit, sich von Betreuungsbehörden, § 4 Abs. 2 BtBG, Betreuungsvereinen, § 1908f Abs. 4 BGB bzw. Rechtsanwälten oder Notaren diesbezüglich beraten zu lassen. Wird gleichwohl eine Auskunft erteilt, muss sie klar, vollständig und richtig sein, andernfalls im Schadensfall eine Amtshaftung in Betracht kommt.[225] Sofern der Betroffene bereits in der Vergangenheit eine Bankvollmacht oder Vorsorgevollmacht erteilte, hat das Gericht zu ermitteln, ob dies seinerzeit in einem geschäftsfähigen Zustand erfolgte.

266 **Beispiel:** Der Nachbarin Gisela K. des vermögenden, älteren Samuel L. fällt auf, dass dieser immer vergesslicher wird. Sie bewegt ihn, zu ihren Gunsten eine Generalvollmacht auszustellen. Zeitgleich beantragt der bei Herrn L. tätige Pflegedienst bei dem zuständigen Betreuungsgericht, einen Betreuer zu bestellen.

267 In einem solchen Fall wird das Gericht durch geeignete Ermittlungen zu erforschen haben, ob der Betroffene zum Zeitpunkt der Errichtung der Vollmacht geschäftsfähig war. Die Vollmacht verliert nicht durch einen späteren Eintritt der Geschäftsunfähigkeit ihre Gültigkeit, § 672 BGB. Das heißt, die spätere Geschäftsunfähigkeit lässt eine einmal wirksam erteilte Vollmacht nicht unwirksam werden, § 168 S. 1 BGB.

268 Der Betroffene hat also auch noch während des laufenden Betreuungsverfahrens die Möglichkeit, eine Betreuung ganz oder teilweise durch Erteilen einer Vollmacht an einen Vertrauten zu vermeiden. Voraussetzung ist allerdings das Vorliegen von Geschäftsfähigkeit (§ 104 BGB) zum Zeitpunkt der Errichtung der Vollmacht.

269 Im Verfahren zur Aufhebung einer bestehenden Betreuung (§ 1908d BGB) ist demgegenüber weder die persönliche Anhörung des Betroffenen noch die Einholung eines Sachverständigengutachtens obligatorisch (§ 294 Abs. 1 FamFG). Ob solche Verfahrenshandlungen im Einzelfall geboten sind, richtet sich vielmehr nach den Grundsätzen der Amtsermittlung (§ 26 FamFG).[226]

270 Für das Beschwerdeverfahren vor dem Landgericht gilt: Ist der Amtsrichter trotz eines gegenläufigen Sachverständigengutachtens aufgrund des persönlichen Eindrucks des Betroffenen zu der Überzeugung gelangt, dass dieser einen freien Willen i.S.d. § 1896 Abs. 1a BGB bilden könne, und hat er deshalb die Einrichtung einer Betreuung abgelehnt, darf das Beschwerdegericht die Betreuung grundsätzlich nicht ohne Anhörung des Betroffenen anordnen.[227]

271 Die Pflicht zur persönlichen Anhörung des Betroffenen besteht grundsätzlich auch im Beschwerdeverfahren. Allerdings kann das Beschwerdegericht von der persönlichen Anhörung absehen, wenn diese bereits im ersten Rechtszug vorgenommen worden ist und von einer

---

225 *Zimmermann* Richter- und Rechtspflegerhaftung im BtR, BtPrax 2008, 185.
226 *BGH* NJW 2011, 1289 = FGPrax 2011, 118 = FamRZ 2011, 556 = BtPrax 2011, 130 = MDR 2011, 428.
227 *BGH* MDR 2011, 1039 = FamRZ 2011, 1577 = BtPrax 2011, 208.

erneuten Anhörung keine neuen Erkenntnisse zu erwarten sind.[228] Wurde der Verfahrensbevollmächtigte des Betroffenen zum Anhörungstermin vor dem Amtsgericht weder geladen noch hiervon benachrichtigt, leidet die Anhörung an einem Verfahrensfehler, der eine erneute Anhörung – ggf. durch das Beschwerdegericht – erforderlich macht.[229]

Sieht das Beschwerdegericht von einer persönlichen Anhörung ab, muss es die Gründe dafür **272** in der Beschwerdeentscheidung nachvollziehbar darlegen. Von einer erneuten Anhörung im Beschwerdeverfahren sind in der Regel neue Erkenntnisse zu erwarten, wenn der Betroffene an seinem in der amtsgerichtlichen Anhörung erklärten Einverständnis mit einer Betreuung im Beschwerdeverfahren nicht mehr festhält oder wenn er im Beschwerdeverfahren erstmals den Wunsch äußert, ihm einen bestimmten Betreuer zu bestellen.[230]

1. Widerspruch des Betroffenen

Das Gericht ist gehalten, die Anhörung in der vertrauten Umgebung des Betroffenen durchzu- **273** führen, es sei denn, dass dieser dem widerspricht, § 278 Abs. 1 S. 3 FamFG. Die diesbezügliche Möglichkeit des Betroffenen dient der Wahrung seiner Intimsphäre.[231] Der Betroffene ist nicht verpflichtet, seinen Widerspruch zu begründen. Es ist nicht erforderlich, dass der Betroffene explizit das Wort „Widerspruch" benutzt.

Beispiel: Marlene T. wird zur Verfahrenspflegerin für Agnes G. eingesetzt. Zwecks Erörte- **274** rung der Angelegenheit begibt sich Frau T. nach vorheriger schriftlicher Ankündigung zur Wohnungstür von Agnes G. und bittet um Einlass. Die Betroffene fängt daraufhin hinter der Tür stehend zu schreien an. Kreischend bedeutet sie der Verfahrenspflegerin, sie werde keinem die Wohnungstür öffnen.

In einem solchem Fall ist sowohl einem Verfahrenspfleger als auch dem Gericht eine Sachauf- **275** klärung in der üblichen Umgebung des Betroffenen nicht möglich. Das Gericht muss versuchen, ohne diese Erkenntnisquelle auszukommen. So ist es in dem Beispielsfall nicht möglich herauszufinden, in welchem Pflegezustand sich die Wohnung befindet und ob die Erforderlichkeit zur Anordnung des Aufgabenkreises „Wohnungsangelegenheiten" besteht. Der Betroffene hat es auf die vorskizzierte Art und Weise in der Hand zu vereiteln, dass ein Betreuungsbedarf festgestellt wird. Die Erhebung des Widerspruchs seitens des Betroffenen ist an keine Frist gebunden.

Beispiel: Der Betroffene Georg G. lässt die Amtsrichterin Ines W. in seine Wohnung, die **276** erheblich vermüllt ist. Als die Amtsrichterin Ines W. stirnrunzelnd den Zustand der Wohnung beobachtet, besteht Georg G. darauf, dass sie die Wohnung verlässt. Herr G. ist Hausrechtsinhaber, und die Amtsrichterin ist deshalb verpflichtet, seiner Aufforderung Folge zu leisten.

Die Entscheidung, eine Milieuanhörung durchzuführen, steht zwar im pflichtgemäßen Ermes- **277** sen des Gerichts. Widerspricht der Betroffene nicht einer Anhörung in seinen Räumlichkeiten und nimmt das Gericht im Rahmen seiner Ermessensausübung hiervon Abstand, sind die

228 *BGH* NJW-RR 2012, 833 = FGPrax 2012, 163.
229 *BGH* FamRZ 2012, 104 = BtPrax 2012, 25 = FGPrax 2012, 17.
230 *BGH* FGPrax 2011, 120 = NJW-RR 2011, 723 = BtPrax 2011, 124.
231 BT-Drs. 11/4528, 172; *BGH* NJW 2013, 691 = FGPrax 2013, 26 = NJ 2013, 160.

Gründe hierfür in den Entscheidungsgründen darzulegen.[232] Andernfalls ist ein Verstoß gegen den Amtsermittlungsgrundsatz zu thematisieren. Der Regelfall ist jedoch die Milieuanhörung. Hierfür steht der Gesetzeswortlaut, der postuliert, das Gericht „soll" sich in der üblichen Umgebung des Betroffenen einen „unmittelbaren" Eindruck verschaffen.

2. Form der Anhörung

278 Die Anhörung des Betroffenen erfolgt in nichtöffentlicher Sitzung, § 170 Abs. 1 S. 1 GVG. Der Betroffene und der Verfahrenspfleger sind rechtzeitig zu laden (§ 32 Abs. 2 FamFG). Zur Ladungsfrist trifft das FamFG keine ausdrückliche Regelung, die Bestimmungen aus der ZPO können aber als angemessen betrachtet werden. Sie sollen in Anwaltsprozessen mindestens eine Woche betragen, in anderen mindestens drei Tage (§ 217 ZPO).

Der Grundsatz der Nichtöffentlichkeit ist eine Schutzvorschrift zu Gunsten des Betroffenen. Dieser ist daher befugt, die Beteiligung einer Person seines Vertrauens zu verlangen, § 170 Abs. 1 S. 3 GVG, § 274 Abs. 4 FamFG. Die Vertrauensperson kann auch als Beistand, § 12 FamFG, teilnehmen. Das Gericht muss die Vertrauensperson nicht laden. Anderen Personen sowie der Öffentlichkeit allgemein kann, sofern der Betroffene ihrer Anwesenheit nicht widerspricht, die Teilnahme an der Anhörung gestattet werden, § 170 Abs. 1 S. 2 GVG. In Frage kommt vor allem der Mitarbeiter der Betreuungsbehörde.

279 **Beispiel:**   Der Verfahrenspfleger der Frau Ingrid K., Rechtsanwalt Thomas O., bittet darum, dass Stationsreferendar Benjamin N. an der Anhörung partizipieren kann.

280 Die Entscheidung des Gerichts, sonstige Personen nicht zuzulassen, ist unanfechtbar. Demgegenüber kann der Betroffene mit dem Rechtsmittel der Beschwerde gegen die Nichtzulassung einer Person seines Vertrauens vorgehen. Bei der Durchführung der Anhörung ist auf die Art, den Grad der Erkrankung bzw. die Behinderung des Betroffenen Rücksicht zu nehmen und die Kommunikation entsprechend anzupassen.[233]

281 Das Betreuungsgericht kann den nach § 280 FamFG beauftragten Sachverständigen an der Anhörung teilnehmen lassen.[234] Es muss den Sachverständigen zur Anhörung laden, sofern dies der Betroffene oder der Verfahrenspfleger beantragte zwecks Erläuterung seines Gutachtens, analog §§ 398, 402 ZPO.

282 Es ist in das Ermessen des Gerichts gestellt, ob es im Rahmen der Anhörung des Betroffenen einen Sachverständigen, der nicht notwendig identisch sein muss mit demjenigen, der nach § 280 FamFG das Gutachten erstattete, hinzuzieht. Die Anwesenheit eines Sachverständigen ist nicht mehr in das Belieben des Gerichts gestellt, wenn nur auf diesem Wege eine Kommunikation mit dem Betroffenen, der hierzu noch im Stande ist, ermöglicht wird.

283 **Beispiel:**   Der gehörlose Jens H. ist der Gebärdensprache mächtig. Bei der Anhörung ist zwingend ein Sachverständiger durch das Gericht zuzuziehen, der in der Lage ist, die Wünsche von Herrn H. zu verstehen und zu artikulieren.

---

232 *OLG Düsseldorf* FamRZ 1996, 1373.
233 Jurgeleit/*Bucic* BtR, § 278 FamFG Rn. 12.
234 BT-Drs. 16/6308, 267.

In einem solchen oder ähnlichen Fall tritt auf Seiten des Gerichts eine Ermessensreduzierung 284
auf Null ein, d.h., jede andere Entscheidung als die, einen Sachverständigen bei der Anhörung
hinzuzuziehen, wäre verfahrensfehlerhaft und ein Verstoß gegen das Gebot zur umfassenden
Aufklärung des Sachverhalts, § 26 FamFG. Allein auf diese Art und Weise wird der gesetzgeberische Auftrag realisiert, dass falsche Weichenstellungen zu Lasten des Betroffenen vermieden
werden, die allein aus dem Umstand resultieren, dass das Gericht nicht in der Lage ist, die verbale oder nonverbale Kommunikation des Betroffenen zu verstehen.

3. Unterbleiben der Anhörung

§ 34 Abs. 2 i.V.m. § 278 Abs. 4 FamFG bestimmt, dass die persönliche Anhörung des Betroffe- 285
nen nur dann unterbleiben kann, sofern nach dem ärztlichen Gutachten hierdurch erhebliche
Nachteile für dessen Gesundheit zu befürchten sind oder dieser nach dem unmittelbaren Eindruck des Gerichts offensichtlich nicht in der Lage ist, seinen Willen kundzutun.

Zu den Voraussetzungen im Einzelnen: Die gesundheitlichen Nachteile, die bei dem Betroffe- 286
nen eintreten können, müssen „erheblich" sein, d.h. es muss die Gefahr einer ernstlichen
Beeinträchtigung des Gesundheitszustands bestehen.[235] Ein vorübergehender Zustand ohne
weitere Folgen genügt nicht. Auf die Anhörung kann nicht verzichtet werden, wenn den
gesundheitlichen Nachteilen durch gezielte Maßnahmen, wie etwa einer effektiven Medikation, begegnet werden kann.

Zur Feststellung der Gesundheitsgefährdung ist ein ärztliches Gutachten erforderlich. Dieses 287
ist von dem Sachverständigen nach vorheriger Untersuchung des Betroffenen schriftlich zu
erstellen. In dem Gutachten soll der Sachverständige für das Gericht nachvollziehbar darlegen,
welcher Gesundheitsschaden genau und aus welchem Grund bei dem Betroffenen zu erwarten
ist. Die pauschale ärztliche Behauptung, die Anhörung wirke sich für den Betroffenen gesund-
heitsgefährdend aus, reicht nicht aus. Im Übrigen ist es Sache des Gerichts zu entscheiden, ob
es die dargestellten Gründe für stichhaltig erachtet oder nicht.

Sieht das Gericht wegen des vorliegenden ärztlichen Gutachtens von der Anhörung des Betrof- 288
fenen ab, so ist zwingend ein Verfahrenspfleger zu bestellen.[236] Das Gericht hat in seinem
abschließenden Beschluss über die Betreuerbestellung die Gründe für die nicht erfolgte persönliche Anhörung des Betroffenen darzulegen.[237]

Beispiel: Beate K., die Tochter des vermögenden Siegfried D., der gerne Geld für Frauen 289
ausgibt, hält ihren Vater für verschwendungssüchtig und beantragt eine Betreuung. Das von
dem Gericht eingeholte Sachverständigengutachten kommt zu dem Schluss, dass Siegfried
D. krankheitsbedingt den Überblick über seine finanziellen Verhältnisse verloren hat. Beate
K. will selbst Betreuerin werden, diesen Umstand allerdings ihrem Vater verschweigen. Um
eine persönliche Anhörung zu vereiteln, legt sie ein dezidiertes Gutachten des mit ihr
befreundeten Neurologen Dr. Bruno N. vor, aus dem sich ergibt, dass hierdurch erhebliche
gesundheitliche Gefahren für Herrn D. entstünden. Richter Ole E. erlässt daraufhin ohne
weitere Anhörung von Siegfried D. eine Endentscheidung. Als er den Beschluss über die
Betreuerbestellung von seiner Haushälterin vorgelesen bekommt, legt der Betroffene über
Rechtsanwalt Klaus P. hiergegen das Rechtsmittel der einfachen Beschwerde ein.

---

235 *OLG Karlsruhe* FamRZ 1999, 670.
236 *OLG München* BtPrax 2005, 231; BtPrax 2006, 35.
237 *OLG Hamm* OLGReport 1999, 378.

290 Im vorliegenden Fall wird das Beschwerdegericht prüfen, ob die Gründe, die das erstinstanzliche Gericht bewogen, von einer Anhörung abzusehen, tragfähig sind. Das Beschwerdegericht wird die Anhörung des B selbst nachholen. Sollte das Beschwerdegericht wider Erwarten nicht dementsprechend verfahren und sich sogar dazu versteigen, die erstinstanzliche Entscheidung zu bestätigen, wird der von Rechtsanwalt P. im Wege der Rechtsbeschwerde (§ 70 FamFG, § 133 GVG) mit Hilfe eines dort zugelassenen Anwaltes (§ 10 Abs. 4 FamFG) eingeschaltete BGH in dem Unterbleiben der Anhörung einen Gesetzesverstoß nach § 26 FamFG sehen und die Angelegenheit zur Entscheidung an das Landgericht zurückverweisen. Das Unterbleiben der persönlichen Anhörung ist ein schwerwiegender Verfahrensmangel, der zu einer Bemakelung des Betreuungsverfahrens führt.[238] Ferner kann nicht ausgeschlossen werden, dass das Gericht zu einer anderen Entscheidung gekommen wäre, unterstellt, es hätte den Betroffenen angehört.[239] Diese **Kausalitätsvermutung** führt zu einer Umkehr der Beweislast in einem etwaigen späteren Amtshaftungsprozess nach § 839 BGB, Art. 34 GG.

291 **Beispiel:** Die vermögende Betroffene erteilt im Jahre 2012 im geschäftsfähigen Zustand eine Vorsorgevollmacht an ihren jüngeren Bruder M. Im August 2014 nutzt R den mittlerweile geschäftsunfähigen Zustand der dementen Betroffenen aus und veranlasst eine notarielle Beurkundung einer zweiten Vorsorgevollmacht zu seinen Gunsten. R widerruft die Vollmacht des M und initiiert vor dem zuständigen Betreuungsgericht ein Vollmachtsklärungsverfahren[240]. Gibt es zwei Vorsorgevollmachten und besteht Streit darüber, welche wirksam ist, besteht die Möglichkeit, das Betreuungsgerichts zur Klärung anzurufen. Amtsrichterin A geht aufgrund des Gutachtens einer Ärztin, die keine Fachärztin für Psychiatrie ist, von Geschäftsfähigkeit der Betroffenen zum Zeitpunkt der Niederschrift der Vorsorgevollmacht zugunsten des R aus. Die Amtsrichterin verzichtet auf eine Anhörung der Betroffenen. R verkauft mittels der Vollmacht ein Mietshaus der Betroffenen, vereinnahmt den Kaufpreis in Höhe von 3,4 Mio € und taucht im Weiteren unter. Vorliegend bestehen zugunsten der Betroffenen Amtshaftungsansprüche wegen unterbliebener Anhörung. Hätte vorliegend die Amtsrichterin eine Anhörung durchgeführt, so wäre es ihr möglich gewesen, die Aussagen der Ärztin in dem Sachverständigengutachten anhand des persönlichen Eindrucks zu überprüfen. Das Gericht wäre dann zu einer anderen Entscheidung gekommen (Kausalitätsvermutung). Die Wirksamkeit der Vollmacht des R wäre nicht bestätigt worden und dieser hätte nicht bei der Betroffenen einen Vermögensschaden herbeiführen können.

292 Eine Anhörung wegen Verständigungsunfähigkeit des Betroffenen scheidet aus, wenn das Gericht auf Grund eines eigenen Eindrucks feststellt, dass der Betroffene nicht mehr artikulationsfähig ist.

293 **Beispiel:** Im Rahmen der richterlichen Anhörung beantwortet die 96-jährige Gertrud G. die an sie gerichtete Frage, ob ihr das Essen im Pflegeheim schmecke, mit einem stereotypen Knurren, der einzigen Äußerung, zu der sie fähig ist.

---

238 *BGH* BtPrax 2014, 137, 138.
239 *BGH* BtPrax 2015, 71, 72.
240 *BayObLG* Beschl. v. 14.8.2003, 3 ZBR 149/03, FamRZ 2004, 402.

Nicht ausreichend ist demgegenüber, dass der Betroffene außer Stande ist, zusammenhängende Sätze zu bilden, adäquat auf Fragen zu antworten oder aber geschäftsunfähig ist.[241] Steht der Betroffene unter starkem medikamentösen Einfluss, der dazu führt, dass mit ihm ein sinnvolles Gespräch nicht möglich ist, so muss der Richter darauf hinwirken, dass die Medikamente temporär abgesetzt werden, damit die Anhörung stattfinden kann.

294

Es handelt sich im Übrigen um einen Numerus clausus der Ausnahmetatbestände, d.h. andere, möglicherweise ebenso schwer wiegende Hindernisse sind nicht ausreichend. Liegen die oben genannten Voraussetzungen vor, kann ausschließlich auf die Anhörung verzichtet werden.[242]

295

Sieht das Gericht auf Grund des einen oder anderen Ausnahmetatbestandes von der persönlichen Anhörung des Betroffenen ab, so muss es sich zuvor zwingend einen unmittelbaren Eindruck von dem Betroffenen verschaffen. Nur so ist das Gericht in der Lage, seiner Kontrollfunktion gegenüber Gutachtern und Zeugen nachzukommen.[243]

Beispiel: Das S.-Pflegeheim beantragt für Benno B., einen Schlaganfallpatienten, der sich nicht mehr artikulieren kann, eine Betreuung bei dem zuständigen Amtsgericht. Richter Nikolai A. hält es in Ansehung des Krankheitsbildes von Herrn B. für überflüssig, eine persönliche Anhörung durchzuführen. Das Vorgehen von Richter A. ist in jedem Falle verfahrensfehlerhaft.

296

Das Gericht darf unter den Voraussetzungen des § 34 Abs. 3 S. 1 FamFG ausnahmsweise dann von der Anhörung des Betroffenen bzw. von der Verschaffung eines persönlichen Eindrucks absehen, wenn eine Vorführung des Betroffenen (§ 278 Abs. 5 FamFG) unverhältnismäßig ist und das Gericht zuvor sämtliche nicht mit Zwang verbundene Versuche einschließlich des Versuchs einer Anhörung in der gewöhnlichen Umgebung – unternommen hat, um den Betroffenen zu befragen oder sich von ihm einen persönlichen Eindruck zu verschaffen. Eine Betreuung kann in diesen Fällen nur dann angeordnet werden, wenn das Gericht nach Ausschöpfung aller verfügbaren Erkenntnismöglichkeiten auch ohne Anhörung und ohne persönlichen Eindruck von dem Betroffenen vom Vorliegen der Betreuungsvoraussetzungen überzeugt ist.[244] Wird von einer Anhörung des Betroffenen aus einem der genannten Gründen abgesehen, so ist zur Wahrnehmung seiner Interessen die Bestellung eines Verfahrenspflegers obligat.

297

4. Zwangsweise Vorführung des Betroffenen

Die Relevanz der Verfahrenshandlungen des § 278 FamFG – persönliche Anhörung und unmittelbarer Eindruck – wird dadurch unterstrichen, dass das Gericht im Weigerungsfall den Betroffenen zwangsweise vorführen lassen kann (§ 278 Abs. 5–7 FamFG). Die Vorführung wird nicht durch den Gerichtsvollzieher bewerkstelligt, sondern durch die Betreuungsbehörde, bei der man einen sachgerechten Umgang mit psychisch kranken oder behinderten Menschen in einer so diffizilen Situation voraussetzt.[245]

298

---

241 So aber *Damrau/Zimmermann* § 278 FamFG Rn 64, die verkennen, dass auch oft „normale" Menschen Schwierigkeiten haben, adäquat auf an sie gestellte Fragen zu antworten bzw. in vollständigen Sätzen zu reden.
242 BT-Drs. 11/4528, 172.
243 BT-Drs. 11/4528, 172.
244 *BGH* BtPrax 2014, 226 = FamRZ 2014, 1543 m. Anm. *Fröschle*.
245 BT-Drs. 11/4528, 173.

299 ┌─ Muster: Ermächtigungsbeschluss zum zwangsweisen Türöffnen ────────────

Beschluss

In dem Betreuungsverfahren betreffend
Agnes B., geboren am (...) in (...), wohnhaft (...),
Verfahrenspflegerin: Rechtsanwältin Suse W., (...)-Straße, (...)
wird der Termin zur Anhörung der Betroffenen anberaumt auf den
(...), (...) Uhr, Zimmer (...),
(...)-Straße, (...).

Das persönliche Erscheinen der Betroffenen wird angeordnet. Weiter wird die zwangsweise Vorführung der Betroffenen zum Termin durch die Betreuungsbehörde (...) angeordnet, § 278 Abs. 5 FamFG. Die Betreuungsbehörde wird ermächtigt, zur Vorführung Gewalt anzuwenden und sich der Vollzugshilfe der Polizei zu bedienen (§ 278 Abs. 6 FamFG). Der Betreuungsbehörde wird das Öffnen von Wohnungstüren, das Betreten und Durchsuchung der Wohnung gestattet (§ 278 Abs. 7 FamFG).

Dieser Beschluss gilt als Ladung zum Termin.

(Richterin am Amtsgericht)
Ausgefertigt
(Justizangestellte)

300 Ein derartiger Beschluss wird von dem Gericht allerdings erst dann erlassen, wenn sämtliche Ermittlungen zur Erforderlichkeit der Betreuerbestellung ausgeschöpft sind. Das folgt aus dem Grundsatz der Verhältnismäßigkeit. Es müssen alle Möglichkeiten ausgeschöpft sein – z.B. durch Einwirkung über Dritte oder den Betreuer –, um den Betroffenen zu bewegen, an der Anhörung teilzunehmen.

Das Gericht konnte die Betreuungsbehörde nach früherer Rechtslage nicht ermächtigen, die Wohnung des Betroffenen gegen dessen Willen zu betreten oder zu öffnen.[246] Zum 1.1.2013 ist die Rechtsgrundlage dazu durch Ergänzung des § 278 FamFG erfolgt.

301 Die gerichtliche Vorführungsanordnung ist hinreichend bestimmt zu fassen und zu begründen. Die Vorführungsanordnung ist als eine verfahrensleitende Zwischenentscheidung zu qualifizieren. Trotz des mit der Vorführung verbundenen gravierenden Eingriffs besteht nach § 58 Abs. 1 FamFG und im Umkehrschluss zu § 284 Abs. 3 S. 2 FamFG keine Anfechtungsmöglichkeit. Nach § 58 Abs. 1 FamFG können nur Endentscheidungen mit der Beschwerde angefochten werden, wobei im Rahmen der Prüfung durch das Beschwerdegericht auch die zuvor ergangenen Zwischenentscheidungen einbezogen werden, § 58 Abs. 2 FamFG. Die Anordnung der Unterbringung zur Begutachtung kann allerdings nach § 284 Abs. 3 FamFG i.V.m. den §§ 567–572 ZPO mit der Rechtsmittel der sofortigen Beschwerde binnen 2 Wochen angefochten werden.

302 Die Durchführung der Vorführung ist ggfs. ohne den Einsatz körperlichen Zwangs nicht denkbar. Der Beschluss wird daher zweckmäßigerweise eine Ermächtigung der Betreuungsbehörde zum Einsatz einfacher körperlicher Gewalt aussprechen, Die Mitarbeiter der Betreuungsbehörde sind jedoch nicht berechtigt, selbst körperliche Gewalt anzuwenden.

---

246 *BayObLG* Rpfleger 1999, 445; BtPrax 2001, 251; FamRZ 2002, 348; *LG Frankfurt/Main* BtPrax 1994, 216; FamRZ 1996, 375; a.A., die allerdings überholt sein dürfte: *LG Berlin* FamRZ 1996, 821; *KG* BtPrax 1996, 195; FamRZ 1997, 442.

Rechtsgrundlage für die Anwendung von Gewalt und unmittelbaren Zwang (Anlegung von **303** Handfesseln etc.) sind die landesrechtlichen Vorschriften über die Anwendung unmittelbaren Zwangs. Die Bundesländer haben entsprechende Regelungen in ihren Polizeigesetzen getroffen. Eine gerichtliche Entscheidung, die eine Befugnis zur Gewaltanwendung zugunsten der Betreuungsbehörde ausspricht, ist keine hinreichende Ermächtigungsgrundlage. Die Anwendung unmittelbaren Zwangs ist in den jeweiligen Landesgesetzen regelhaft den Polizeibehörden vorbehalten (Landespolizeirecht). Die Polizeigesetze legen auch abschließend den zur Ausübung von Zwang berechtigten Personenkreis fest. Die Mitarbeiter von Betreuungsbehörden sind in den Polizei- und Verwaltungsvollstreckungsgesetzen der Länder nicht benannt.

Die Ausübung unmittelbaren Zwangs ist in der Regel vielmehr insbesondere Hilfsbeamten **304** zugewiesen, wie z.B. Mitarbeitern von Ordnungsbehörden, die insbes. für die öffentlich-rechtliche Unterbringung nach den jeweiligen Unterbringungsgesetzen der Länder (PsychKG, UBG) zuständig sind. Die Betreuungsbehörde wird also bei gegebener Notwendigkeit, Zwang auszuüben, die Polizeibehörden um Unterstützung im Rahmen der Vollzugshilfe angehen.[247] Die Vollzugshilfeersuchen sind grundsätzlich schriftlich zu stellen. Der Grund für das Ersuchen ist dazulegen unter Benennung der Rechtsgrundlage. Hieraus folgt: die Betreuungsbehörde ist gehalten, zunächst selbst einen Versuch zu unternehmen, die Vorführung ohne Gewaltanwendung zu bewerkstelligen.[248] Es ist anzuraten, der Polizeibehörde den richterlichen Beschluss vorzulegen.

Die Vorführung zur Anhörung bedarf zwingend der vorherigen Androhung.[249] Sofern der **305** Betreuungsbehörde nicht bereits im Beschluss die Befugnis zur Wohnungsöffnung und zum Betreten und Durchsuchen der Wohnung des Betroffenen erteilt wurde, kann diese selbst die Entscheidung seit 1.1.2013 nur bei Gefahr im Verzug treffen (§ 278 Abs. 7 FamFG). Die Gefahr im Verzug muss mit Tatsachen begründet werden, die auf den Einzelfall bezogen sind. Reine Spekulationen, hypothetische Erwägungen oder lediglich auf Alltagserfahrung gestützte, fallunabhängige Vermutungen reichen nicht aus.[250]

5. Rechtliches Gehör

Aus Art. 103 GG ergibt sich die Verpflichtung des Gerichts, seiner Entscheidung nur solche **306** Tatsachen und Beweisergebnisse zum Nachteil des Betroffenen zu Grunde zu legen, zu denen er zuvor Gelegenheit hatte, sich zu äußern.

Beispiel: Jürgen R., der Nachbar von Herbert G., ruft bei dem zuständigen Betreuungs- **307** richter an und erzählt diesem, dass Herbert G. nahezu täglich mit anderen „Saufkumpanen" erhebliche Mengen Alkohol zu sich nehme und manchmal als hilflose Person im Treppenhaus aufgefunden werde. Im Übrigen rieche es streng aus der Wohnung.

Will der Richter dieses Telefonat in irgendeiner Form seiner Entscheidungsfindung zu Grunde **308** legen, so hat er entweder den dementsprechenden Vermerk dem Betroffenen zuzuleiten oder aber diesen im Rahmen des Schlussgesprächs hierüber in Kenntnis zu setzen. Es handelt sich hierbei um ein Verfahrensprinzip, mit dem es teilweise in der betreuungsgerichtlichen Praxis nicht so genau genommen wird.

---

247 *Deinert/Walther* S. 146.
248 *Deinert/Walther* S. 147.
249 *BayObLG* FamRZ 1997, 1568.
250 BVerfGE 103, 142 = NJW 2001, 1121 = NStZ 2001, 382 = Rpfleger 2001, 264.

X. Die Anhörung der Betreuungsbehörde, Angehöriger und Vertrauenspersonen

309 Nach § 279 Abs. 2 FamFG ist das Betreuungsgericht verpflichtet, vor Bestellung eines Betreuers oder Anordnung eines Einwilligungsvorbehaltes der zuständigen Behörde Gelegenheit zur Äußerung zu geben.[251]

310 Seit 1.7.2014 betrifft diese Pflicht jedes Betreuungsverfahren im engeren Sinne (Bestellung eines Betreuers bzw. Anordnung eines Einwilligungsvorbehaltes), zuvor erfolgte dieses nur auf Antrag des Betroffenen oder wenn der Richter es im Einzelfall für notwendig hielt. Mit der obligatorischen Gelegenheit zur Stellungnahme durch die Betreuungsbehörde ist die bisherige Regelung durch neue Gesetzesverweise nur noch in den §§ 294 Abs. 1 und 295 Abs. 1 FamFG enthalten und somit bei Aufhebungen von Betreuungen oder Einwilligungsvorbehalten, Einschränkungen von Aufgabenkreisen und Betreuungsverlängerungen gegeben.

311 Im Hinblick auf die besondere Sachkunde der Betreuungsbehörde wird deren Anhörung auch in diesen Fällen stets sachdienlich sein. In die Fachkompetenz der Behörde fällt primär die Feststellung der tatsächlichen Lebensumstände des Betroffenen und seines sozialen Umfeldes. Die Vorschrift des § 8 BtBG, der seit 1.7.2014 auch ausdrücklich auf die Gelegenheit zur Stellungnahme nach § 279 Abs. 2 FamFG verweist, legt die allgemeine Verpflichtung der Betreuungsbehörde zur Unterstützung des Gerichts in einem anhängigen Betreuungsverfahren nieder. Durch den Bericht oder entsprechende Hinweise der Betreuungsbehörde erfährt das Gericht beispielsweise, ob es Vertrauenspersonen des Betroffenen gibt, die dieser eventuell mit Vollmachten zur Regelung seiner Angelegenheiten ausgestattet hat usw. Sofern das Gericht nicht nach § 280 FamFG ein Gutachten einholt, das über die „sozialen Gerichtspunkte"[252] Auskunft erteilt, ist in jedem Fall von der Betreuungsbehörde ein so genannter Sozialbericht nach § 8 Abs. 1 S. 2 BtBG abzufordern. Jede andere Vorgehensweise wäre als Verstoß gegen den Amtsermittlungsgrundsatz, § 26 FamFG, und damit als Gesetzesverletzung, zu qualifizieren. Die gerichtliche Verpflichtung zur Einholung eines Sozialberichtes resultiert im Übrigen auch aus den Anforderungen an eine umfassende Sachverhaltsermittlung, die nach der neueren Rechtsprechung des Bundesverfassungsgerichts in allen Verfahren, die freiheitsentziehenden Charakter besitzen, anzuwenden ist. Das *BVerfG* statuierte:

312 *Die freiheitssichernde Funktion des Art. 2 Abs. 2 Satz 2 GG setzt auch Maßstäbe für die Aufklärung des Sachverhaltes und damit für eine hinreichende tatsächliche Grundlage der richterlichen Entscheidungen. Es ist unverzichtbare Voraussetzung rechtsstaatlichen Verfahrens, dass Entscheidungen, die den Entzug der persönlichen Freiheit betreffen, auf zureichender richterlicher Sachaufklärung beruhen und eine in tatsächlicher Hinsicht genügende Grundlage haben, die der Bedeutung der Freiheitsgarantie entspricht. (...)*[253]

313 Die Form der Äußerung der Behörde ist nicht vorgegeben. Binnen einer angemessenen Frist, die nicht unter zwei Wochen liegen sollte, kann die Behörde entweder in schriftlicher oder mündlicher Form Stellung beziehen.[254]

314 Das Gericht verlangt gegebenenfalls keinen Sozialbericht von der Betreuungsbehörde, wenn der Betreuungsanregung – beispielsweise durch ein Heim oder Krankenhaus – bereits ein ausführlicher Bericht des Sozialdienstes beigefügt ist. Das Gericht begrenzt sein Unterstützungser-

---

251 BT-Drs. 11/4528, 173.
252 BT-Drs. 11/4528, 174.
253 *BVerfG* BtPrax 1998, 144 f.
254 Details bei *Deinert/Walther* Handbuch Betreuungsbehörde, 4. Aufl. 2014.

suchen an die Behörde nach § 8 S. 3 BtBG in einem solchen Fall auf den Vorschlag eines geeigneten Betreuers.

Die Beteiligungsrechte der Angehörigen des Betroffenen sind durch das FamFG seit 1.9.2009 **315** verschlechtert worden. Während zuvor die Gelegenheit zur Stellungnahme obligatorisch war, ist eine verpflichtende Anhörung nach § 279 Abs. 1 FamFG nur noch dann gegeben, wenn der Angehörige einen Antrag auf Hinzuziehung als Verfahrensbeteiligter gestellt und diesem vom Gericht entsprochen wurde, § 274 Abs. 4, 7 Abs. 5 FamFG. Die in der Bestimmung genannten Angehörigen sind der nicht dauernd getrennt lebende Ehegatte oder eingetragene Lebenspartner, die Eltern, Pflegeeltern, Großeltern, Abkömmlinge und Geschwister des Betroffenen und eine Person seines Vertrauens. Sie sind gem. § 7 Abs. 4 FamFG auf ihr Antragsrecht hinzuweisen. Fraglich ist, wieweit die Amtsermittlungspflicht geht, um die Adresse solcher Angehörigen ausfindig zu machen, insbesondere, wenn der Betroffene keine Angaben machen will oder kann.

▶ **Hinweis:** Angehörige des Betroffenen müssen, wenn sie nicht von Amts wegen zu dem **316** Verfahren hinzugezogen werden, § 274 Abs. 4 Nr. 1 FamFG, durch das Stellen eines Antrages nach § 7 Abs. 4 FamFG vorgreiflich auf eine Verfahrensbeteiligung hinwirken. Die Beteiligung kann aber auch konkludent, zum Beispiel durch Übersendung von Schriftstücken und Ladung erfolgen.[255] ◀

Die Hinzuziehung der genannten Personen als Verfahrensbeteiligte liegt im Ermessen des **317** Betreuungsrichters. Er soll hiernach berücksichtigen, ob die Hinzuziehung im Interesse des Betroffenen liegt. Gegen den Beschluss, durch den eine Hinzuziehung abgelehnt wird, ist die sofortige Beschwerde binnen 14 Tagen möglich (§ 7 Abs. 5 FamFG, §§ 567 ff. ZPO). Die Beteiligtenstellung kann jeweils nur für ein konkretes, nicht für alle zukünftig anhängig werdenden Verfahren erlangt werden.[256]

Beispiel: Der Bruder der Betroffenen wurde in dem anhängigen Betreuungsverfahren **318** wegen Bestellung eines Betreuers zugunsten seiner Schwester beteiligt. Es wurde ein familienfremder Betreuer bestellt. Nach einem Jahr erhebt der Bruder schwere Vorwürfe gegen die Amtsführung des Betreuers. Im Rahmen des betreuungsgerichtlichen Aufsichtsverfahrens nach §§ 1908i, 1837 Abs. 2 BGB ist der Bruder nicht beteiligt und dementsprechend nicht beschwerdeberechtigt. Dies ergibt sich aus § 274 Abs. 4 FamFG, in dem die Beteiligung naher Verwandter beschränkt ist auf Verfahren über die Bestellung eines Betreuers, der Anordnung eines Einwilligungsvorbehaltes.

Die Anhörung des vorbezeichneten Personenkreises muss jedoch unterbleiben, wenn der **319** Betroffene mit erheblichen Gründen widerspricht. Damit der Betroffene der beabsichtigten Anhörung entgegentreten kann, ist er seitens des Gerichtes von der beabsichtigten Anhörung zu unterrichten. Das Gericht darf also nicht hinter dem Rücken des Betroffenen Angehörigen Gelegenheit zur Äußerung einräumen. Das Betreuungsgericht muss im Falle der Ausübung des Widerspruchsrechtes durch den Betroffenen dessen schutzwürdige Belange (z.B. Wahrung seiner Intimsphäre) mit den Interessen Beteiligten abwägen.[257]

Nach § 279 Abs. 3 FamFG kann der Betroffene verlangen, dass eine Vertrauensperson Gelegen- **320** heit zur Äußerung erhält. Das Gericht muss diesem Begehren allerdings nur dann entspre-

---

255 *BGH* NJW 2014, 1885.
256 *KG* ZEV 2014, 163.
257 BT-Drs. 11/4528, 174.

chen, wenn hierdurch keine Verfahrensverzögerung eintritt. Auf diese Weise soll verhindert werden, dass der Betroffene ein an sich entscheidungsreifes Verfahren beispielsweise durch das Benennen schwer erreichbarer Personen zeitlich in die Länge ziehen kann.[258]

XI. Die Gewährung von Akteneinsicht

1. Grundsatz

321   In dem so genannten Volkszählungsurteil[259] statuierte das *BVerfG* das Grundrecht auf informationelle Selbstbestimmung, resultierend aus dem Recht auf freie Entfaltung der Persönlichkeit, Art. 2 Abs. 1 GG und dem Recht auf Menschenwürde, Art. 1 Abs. 1 GG. Der Stellenwert des Datenschutzes kann nach Aussage unseres höchsten Gerichtes nicht hoch genug veranschlagt werden.

322   Der wesentliche Inhalt des informationellen Selbstbestimmungsrechts besteht darin, dass ausschließlich der Einzelne über die Verwendung und Preisgabe seiner Daten bestimmen kann. Einschränkungen dieses Persönlichkeitsschutzes sind nur statthaft im überwiegenden Interesse des Allgemeinwohls. Eingriffe in das Recht auf informationelle Selbstbestimmung, die nur unter strikter Beachtung des Erforderlichkeitsgrundsatzes zulässig sind, bedürfen danach einer präzisen, bereichsspezifischen und normklaren gesetzlichen Grundlage.[260] Das *BVerfG* hatte dem Gesetzgeber im Rahmen einer Übergangsfrist aufgegeben, für alle Bereiche der öffentlichen Verwaltung „bereichsspezifische Datenschutzgesetze" zu schaffen.[261] Dem Gesetzgeber des Betreuungsrechts ist vorzuwerfen, dass lediglich in absolut unzureichender Form dieser Problembereich geregelt wurde. Dies mag das nachstehende Beispiel verdeutlichen:

323   **Beispiel:**   Der vermögende Burkhard K. und seine Tochter Lena L. hatten jahrelang keinen Kontakt. Als Frau L. bemerkt, dass der dement werdende Burkhard K. sein Geld wahllos an Frauen verschenkt, beantragt sie eine Betreuung. Rechtsanwältin Julia B. wird zur Betreuerin eingesetzt. Frau L. unterschlägt einen an Herrn K. gerichteten Brief des Betreuungsgerichtes, aus dem hervorgeht, dass Rechtsanwältin B. für das erste Jahr der Führung der Betreuung eine Vergütung in Höhe von 13.000 € bewilligt wurde, u.a. wegen Tätigkeiten, die nach dem RVG zu vergüten waren. Die sich in finanziellen Schwierigkeiten befindliche Lena L. beschließt daraufhin, selbst die Führung der Betreuung zu übernehmen und beantragt über den Rechtsanwalt Robert N. Akteneinsicht.

324   Es ist gängige verfassungsrechtlich höchst bedenkliche Praxis der Betreuungsgerichte, in derartigen Fällen ohne weiteres Akteneinsicht nach § 13 FamFG zu genehmigen. Die Bestimmung hat folgende Voraussetzungen:

Gehört der Antragsteller zu den Verfahrensbeteiligten nach § 274 BGB, dann hat er nach § 13 Abs. 1 FamFG grundsätzlich das Einsichtsrecht. Dies gilt insbesondere für den Betreuer. Für diesen ist es am Anfang der Betreuerbestellung zur Wahrnehmung seiner Aufgaben in jeglichem Aufgabenkreis unabdingbar, Akteneinsicht zu nehmen, insbesondere in das Sachverständigengutachten und den Sozialbericht.

---

258 BT-Drs. 11/4528, 174.
259 BVerfGE NJW 1984, 419 ff.
260 BVerfGE NJW 1984, 419, 422.
261 *Schimke* Datenschutz und Betreuungsrecht, BtPrax 1993, S. 74 f.

> **Beispiel:** Der psychotisch kranke Betreute neigt zu selbstschädigenden Geschäftsab-   **325**
> schlüssen. In dem eingeholten Sachverständigengutachten bejaht der Gutachter den Aus-
> schluss der freien Willensbestimmung. Nach der Rechtsprechung des Bundesgerichtshof[262]
> sind die Begriffe „freier Wille"(§ 1896 Abs. 1a BGB) und „freie Willensbestimmung" i.S.d.
> § 104 Nr. 2 BGB deckungsgleich. Aufgrund dieser Information weiß der Betreuer durch
> Einsichtnahme in das Sachverständigengutachten, dass der Betreute geschäftsunfähig ist
> und damit nicht wirksam Bankgeschäfte vornehmen kann.

Liegt keine Beteiligtenstellung vor, ist eine Einsichtnahme in die Betreuungsakten an folgende   **326**
Voraussetzungen geknüpft:

- Vorliegen eines berechtigten Interesses seitens des Antragstellers;
- Glaubhaftmachung des Interesses;
- Fehlen von Gründen, die trotz der vorstehenden Voraussetzungen der Gewährung entge-
  genstehen.

Ein berechtigtes Interesse kann nach herrschender Rechtsprechung von jedermann geltend   **327**
gemacht werden und auch tatsächlicher oder wirtschaftlicher Art sein.[263] Es soll insbesondere
dann gegeben sein, wenn ein künftiges Verhalten vom Akteninhalt beeinflusst sein kann.

> **Beispiel:** Das Kreditinstitut K. hat eine Forderung gegen den Betroffenen Bernhard P. in   **328**
> Höhe von 10.000 € aus einem rechtskräftigen Urteil. K. beantragt Akteneinsicht um zu
> ermitteln, ob eine Zwangsvollstreckung gegen Herrn P. erfolgversprechend ist. Dem K. ist
> Akteneinsicht zu verweigern. K. kann sich nach erfolgter Betreuerbestellung an den
> Betreuer wenden. Ein berechtigtes Interesse ist zu verneinen trotz eines Interesses wirt-
> schaftlicher Art.

Ferner wurde bis dato relativ salopp entschieden, dass beispielsweise das Grundrecht einer   **329**
Tochter auf rechtliches Gehör nach Art. 103 Abs. 1 GG vorrangig zu beachten und höher zu
gewichten ist als etwa das Grundrecht des Betroffenen auf informationelle Selbstbestimmung,
obwohl dieser der Einsichtnahme in seine Betreuungsakte dezidiert widersprochen hatte.[264] Es
ergibt sich, dass es im Betreuungsrecht erforderlich ist, § 13 FamFG verfassungskonform im
Lichte des informationellen Selbstbestimmungsrechts auszulegen.[265] Das *Bundesverfassungsge-*
richt statuierte, dass dessen Grundrecht auf informationelle Selbstbestimmung tangiert ist,
„der nicht mit hinreichender Sicherheit überschauen kann, welche ihn betreffenden Informationen
in bestimmten Bereichen seiner sozialen Umwelt bekannt sind und wer das Wissen möglicher
Kommunikationspartner nicht einigermaßen abzuschätzen vermag (...)"

Die Beachtung der vorstehend zitierten Grundsätze des Bundesverfassungsgerichtes erfordert   **330**
es, Akteneinsichtsbegehren wie folgt zu behandeln:

- Selbst die Stellung als Beteiligter verschafft kein automatisches Recht auf Akteneinsicht;
- Berechtigte müssen zwingend ein berechtigtes Interesse glaubhaft machen und nur hierauf
  bezogen kann – wenn überhaupt – Akteneinsicht gewährt werden;

---

262 *BGH* BtPrax 2014, 131.
263 *LG München I* BtPrax 1997, 245 f.
264 *LG München I* BtPrax 1997, 245 f.; *BayObLG* BtPrax 1998, 78 f.
265 *Schimke* Datenschutz und Betreuungsrecht, BtPrax 1993, 77; *Pardey* Informationelles Selbstbestimmungs-
     recht und Akteneinsicht – Zum Erfordernis verfassungskonformer Eingrenzung der Akteneinsichtsrechte
     in FGG-Verfahren, NJW 1989, 1650.

- der Betroffene muss über das Gesuch zur Akteneinsicht obligat unterrichtet werden mit dem Ziel zu eruieren, ob Einverständnis besteht. Kann er sich weder verständigen noch seinen Willen kundtun, ist ihm zur Wahrung seiner Interessen ein Verfahrenspfleger zu bestellen;
- im Falle einer Zustimmungsverweigerung durch den Betroffenen ist im Rahmen der vom Gericht zu treffenden Ermessensentscheidung sein Geheimhaltungsrecht abzuwägen gegen das Interesse des Antragstellers. Ein Eingriff in das informationelle Selbstbestimmungsrecht des Betroffenen bedarf einer höherrangigen verfassungsrechtlichen Legitimation.

331 Nach der hier vertretenen Sicht ist es nicht statthaft, dem zukünftigen Betreuer schon **vor** Übernahme der Betreuung Einsicht in die Verfahrensakten zu gewähren, damit dieser abschätzen kann, was auf ihn zukommt. Der avisierte Betreuer kann als sonstige Person an der Anhörung teilnehmen (wenn der Betroffene nicht widerspricht) oder aber ein persönliches Gespräch mit dem Betroffenen im Vorfeld führen, um herauszufinden, ob zwischen dem Betroffenen und ihm „die Chemie stimmt".[266] Soweit die Betreuungsbehörde gem. § 8 Abs. 2 BtBG zur Benennung eines geeigneten Betreuers aufgefordert wird, empfiehlt es sich, der von der Behörde avisierten Person ein anonymisiertes Personenprofil des Betroffenen zu unterbreiten und besondere situationsbezogene Anforderungen, insbes. bei Berufsbetreuern zu erörtern.

2. Rechtsprechungsbeispiele zur Akteneinsicht

332 Dem Betroffenen bzw. einem nichtanwaltlichen Verfahrensbevollmächtigten ist zur Wahrung des rechtlichen Gehörs grundsätzlich Einsicht in die Betreuungsakten auf der Geschäftsstelle und die Fertigung von Kopien zu gestatten. Die Nichterhebung von Auslagen für Ablichtungen wird dabei insbesondere dann in Betracht kommen, wenn der Einsichtsberechtigte geltend macht, dass er aus sachlichen Gründen benötigte Schriftstücke noch nicht erhalten habe oder aus nachvollziehbaren Gründen über diese nicht (mehr) verfüge.

333 Der schriftlichen Anforderung von zu kopierenden Aktenbestandteilen muss nur entsprochen werden, wenn geltend gemacht werden kann, dass ein Aufsuchen der Geschäftsstelle zum Zweck des eigenhändigen Kopierens unzumutbar ist oder die angeforderten Schriftstücke zuvor unter Verstoß gegen das rechtliche Gehör nicht von Amts wegen übermittelt wurden.[267]

334 Über die Gewährung der in einem Betreuungsverfahren beantragten Akteneinsicht ist nach pflichtgemäßem Ermessen unter Abwägung der widerstreitenden Interessen der Beteiligten zu entscheiden. Dabei ist auf Seiten des Betroffenen insbesondere dessen informationelles Selbstbestimmungsrecht zu beachten, das als Ausfluss des allgemeinen Persönlichkeitsrechtes durch Art. 1 Abs. 1, Art. 2 Abs. 1 GG geschützt ist.

335 Die Ablehnung der Akteneinsicht durch den geschäftsfähigen Betroffenen führt grundsätzlich dazu, dass selbst einem beschwerdeberechtigten nahen Angehörigen die zum Zwecke der Begründung der Beschwerde beantragte Akteneinsicht zu verweigern ist.[268]

---

266 *Schimke* Datenschutz und Betreuungsrecht, BtPrax 1993, S. 74, 78.
267 *OLG München* FamRZ 2006, 1621 = Rpfleger 2006, 603.
268 *LG Saarbrücken* FamRZ 2009, 1000.

XII. Die Verfahrensfähigkeit des Betroffenen

§ 275 FamFG stellt fest (abweichend von § 9 FamFG), dass der Betroffene in allen Verfahren, die die Betreuung betreffen, uneingeschränkt verfahrensfähig ist. Es heißt dort wortwörtlich: „In Betreuungssachen ist der Betroffene ohne Rücksicht auf seine Geschäftsfähigkeit verfahrensfähig" Die Fähigkeit zur Bildung eines natürlichen Willens ist nicht Voraussetzung für die Verfahrensfähigkeit.[269] Es ist jedoch zu klären, ob der Betroffene überhaupt eine mündliche, schriftliche oder konkludente Verfahrenserklärung abgab.

336

Die Verfahrensfähigkeit ist die Fähigkeit des Betroffenen, in einem Verfahren als Beteiligter zu agieren und entspricht der Prozessfähigkeit im Zivilprozess, § 52 ZPO. Die Gewährleistung der vollen Verfahrensfähigkeit in Betreuungs- und Unterbringungsverfahren (Parallelvorschrift für Unterbringungsverfahren in § 316 FamFG) seit 1992 durch den Reformgesetzgeber des BtG stellte sich als ein Kernstück des seinerzeit neuen Verfahrensrechts dar. Damit wurden die verfahrensrechtlichen Voraussetzungen dafür geschaffen, dass der Betroffene nicht zu einem bloßen Objekt von Verfahrenshandlungen und das Betreuungsverfahren insgesamt zu einem Entmündigungsverfahren alter Couleur verkommt.

337

Der Betroffene ist durch diese Vorschrift in die Lage versetzt, seinen Willen nach besten Kräften selbst zu vertreten, ohne auf andere, insbesondere gesetzliche Vertreter, angewiesen zu sein.[270] Der Betroffene kann in allen Instanzen alle aus seiner Sicht gebotenen Angriffs- und Verteidigungsmittel ergreifen.[271] Dementsprechend kann der Betroffene Prozessvollmacht[272] erteilen, Richter und Sachverständige ablehnen, Verfahrenskostenhilfe beantragen, Wiedereinsetzung in den vorigen Stand begehren etc. § 275 FamFG hat allerdings auch zur Konsequenz, dass der Betroffene ggf. nachteilige Rechtshandlungen vornimmt, wie beispielsweise die Erklärung einer Antragsrücknahme oder eines Rechtsmittelverzichts. Hiergegen wurde teilweise im Gesetzgebungsverfahren zum BtG Kritik angebracht, mit dem Argument, dass damit der Charakter der Schutzvorschrift untergraben werden würde.

338

Besteht auf Seiten des Gerichts der Eindruck, dass der Betroffene seine Interessen nicht ausreichend im anhängigen Betreuungsverfahren wahrnehmen kann, so ist ihm von Amts wegen ein Verfahrenspfleger nach § 276 FamFG zu bestellen. Hiervon wird jedoch in keiner Weise die Verfahrensfähigkeit des Betroffenen tangiert. Andererseits ist der Verfahrenspfleger in seiner Eigenschaft als objektiver Vertreter der Interessen des Betroffenen nicht an dessen Weisungen gebunden, so dass unterschiedliche Anregungen oder sich widersprechende Verfahrenshandlungen der Verfahrensbeteiligten möglich sind.

339

Das Gericht ist aufgerufen, die Verfahrensäußerungen beider Beteiligter gleichermaßen zu berücksichtigen. Im Rahmen der dem Gericht obliegenden Amtsermittlung nach § 26 FamFG ist es ohnehin gehalten, die nach Lage der Dinge geeignet erscheinenden Beweise zu erheben und die für eine Entscheidungsfindung objektiv erforderlichen Tatsachen zu eruieren. Die voneinander abweichenden Äußerungen der Beteiligten sind auf diesem Hintergrund unschädlich. Allerdings ist es in jedem Fall Aufgabe des Verfahrenspflegers zu vereiteln, dass personell überlastete Gerichte in scheinbar „klaren Fällen" den so genannten kurzen Prozess machen.

340

---

269 *BGH* FGPrax 2014, 23 = NJW 2014, 215.
270 BT-Drs. 11/4528, 89.
271 BT-Drs. 11/4528, 170.
272 *OLG Koblenz* NJW 2014, 1251 = ZEV 2014, 315.

341   **Beispiel:** Die vermögende Betreute B findet ihren Betreuer „scheußlich" und beauftragt Rechtsanwältin R., ein Entlassungsgesuch bei dem zuständigen Betreuungsgericht einzureichen. Rechtsanwältin R. trifft mit der Betreuten eine Honorarvereinbarung, die einen Stundensatz von 200 € ausweist. Unter Vorlage einer der Kopie der Honorarvereinbarung schreibt Rechtsanwältin R. den Betreuer an und fordert diesen zur Zahlung eines Kostenvorschuss in Höhe von fünf Stunden à 200 €, mithin 1.000 € zuzüglich Auslagen und Mehrwertsteuer auf. Zu Recht?

342   Das Erteilen einer wirksamen Verfahrensvollmacht zählt, wie oben bereits ausgeführt, u.a. zu den Verfahrenshandlungen, die der Betroffene vornehmen kann. Zur Realisierung des Schutzzweckes des § 275 FamFG ist im Falle eines nach § 104 Nr. 2 BGB geschäftsunfähigen Betroffenen von einer Teilgeschäftsfähigkeit nach §§ 112, 113 BGB auszugehen mit der Konsequenz, dass sowohl der mit dem Rechtsanwalt geschlossene Geschäftsbesorgungsvertrag (§ 675 BGB) als auch die Prozessvollmacht als wirksam anzusehen sind. Überzogenen Honorarvereinbarungen kann im Einzelfall mit § 138 BGB begegnet werden.[273]

XIII. Die Voraussetzungen für eine Betreuerbestellung

343   § 286 FamFG legt den Inhalt einer Entscheidung, die eine gerichtliche Betreuerbestellung beinhaltet, fest. Hierzu im Einzelnen:

1.   Die sogenannte Einheitsentscheidung

344   Nach § 1896 Abs. 1 S. 1 BGB bestellt das Betreuungsgericht für einen Volljährigen einen Betreuer, wenn dieser auf Grund einer körperlichen, geistigen oder seelischen Behinderung seine Angelegenheiten ganz oder teilweise nicht besorgen kann.

345   Der BtG-Reformgesetzgeber hat in den Gesetzesmotiven die so genannte Einheitsentscheidung als ein Kernstück der seinerzeitigen Reform bezeichnet.[274] Er charakterisierte es als einen wesentlichen Mangel des Rechtszustandes vor 1992, dass vorher die Anordnung der Pflegschaft respektive der Entmündigung und die Auswahl des Pflegers oder Vormundes auseinander fielen. Früher war in einem gerichtlichen Verfahren über die Einleitung einer Pflegschaft/Entmündigung durch den Richter darüber zu befinden, ob eine Person infolge von „Geisteskrankheit, Geistesschwäche, Trunksucht, Rauschgiftsucht oder Verschwendung" oder durch geistige oder körperliche Gebrechen daran gehindert ist, ihre Angelegenheiten zu besorgen. Im Anschluss daran, sozusagen in einem separaten Verfahren, wurde die Auswahl und Verpflichtung des Vormundes/Gebrechlichkeitspflegers durch den Rechtspfleger vorgenommen.

346   Seit 1992 wird in einem einheitlichen Verfahren über die Notwendigkeit der Betreuung, den Aufgabenkreis des Betreuers und die Bestellung eines bestimmten Betreuers entschieden. Der Reformgesetzgeber entschied, dass die Entscheidung, welche Person zum Betreuer für ihn zu

---

273 HK-BUR/*Bauer-Walther* § 275 FamFG Rn. 7.
274 BT-Drs. 11/4528, 91.

bestellen ist, aus der Sicht der betroffenen Person von zentraler Bedeutung ist und nicht in einem isolierten nachgehenden Verfahren getroffen werden kann.[275]

Diese gesetzliche Neuerung hat – so gut gemeint sie war – ihre Haken und Ösen. Zum einen erscheint problematisch, dass im Rahmen der richterlichen Anhörung eine Erörterung mit dem Betroffenen stattfinden muss, ob überhaupt eine Betreuung anzuordnen ist und ferner, zusammenhängend damit, wer als Betreuer auszuwählen ist.　347

Weiteres Konfliktpotential besteht darin, dass es innerhalb der Aufgabenteilung der Gerichte dem Rechtspfleger obliegt, die Aufsicht über die Betreuer auszuüben, die u.a. darin besteht, deren Vermögensverzeichnisse und Abrechnungen zu überprüfen sowie die Mehrzahl der betreuungsgerichtlichen Genehmigungen auszusprechen. Der Rechtspfleger ist also unter Umständen „zähneknirschend" gehalten, mit einem aus seiner Sicht ungeeigneten Betreuer zusammenzuarbeiten. Die Intention des Reformgesetzgebers, die Rechte des Betreuten durch die so genannte Einheitsentscheidung zu verbessern, lässt sich daher nur realisieren, wenn es zu einer guten Zusammenarbeit zwischen Richtern und Rechtspflegern bei der Betreuerauswahl kommt. Andernfalls besteht die Gefahr, dass Konflikte die aus unterschiedlichen Ansichten des Richters und des Rechtspflegers über die Eignung eines Betreuers resultieren, auf dem Rücken des Betreuten ausgetragen werden.　348

2.　Die Voraussetzungen der Betreuerbestellung

§ 1896 Abs. 1 S. 1 BGB bezeichnet im Einzelnen die Voraussetzungen einer Betreuerbestellung für einen Volljährigen. Volljährig ist, wer das 18. Lebensjahr vollendet hat, § 2 BGB. Nach § 1908 BGB darf die Betreuung bereits für einen 17jährigen angeordnet werden, wirksam wird sie jedoch erst mit Vollendung des 18. Lebensjahres.　349

Die Betreuerbestellung ist zulässig, wenn　350

- die betroffene Person an einer psychischen Krankheit, einer körperlichen, geistigen oder seelischen Behinderung leidet (sogenannte subjektive oder medizinische Betreuungsvoraussetzungen) und
- auf Grund dessen ihre eigenen Angelegenheiten ganz oder teilweise nicht besorgen kann und
- deshalb eine Betreuung erforderlich ist (sogenannte objektive Betreuungsvoraussetzungen).

Der Reformgesetzgeber hat in erster Linie die subjektiven Voraussetzungen der Betreuerbestellung neu definiert. Zu Recht wird in den Gesetzesmotiven betont, dass die früheren Begriffe „Geisteskrankheit" und „Geistesschwäche" von den in den medizinischen Wissenschaften verwandten abwichen und ungeeignet waren, die zu beurteilenden Sachverhalte in ihrer juristischen Ausprägung wiederzugeben.[276] Zudem wollte der Gesetzgeber mit der Neuformulierung des Gesetzestatbestandes weniger abwertende und medizinisch anerkannte Begriffe verwenden und Termini (Mündel, Pflegling etc.) vermeiden, die von den Betroffenen teilweise als diskriminierend empfunden wurden.　351

275　BT-Drs. 11/4528, 91.
276　BT-Drs. 11/4528, 115.

a) Die subjektiven Voraussetzungen der Betreuerbestellung

aa) Psychische Krankheit

352 Als psychische Krankheit sind anzusehen:[277]

1. Endogene, d.h. von innen kommende Psychosen. Es sind drei Ausprägungsformen bekannt:[278]

   a) Schizophrene Psychose, auch in der Form der paranoid-halluzinatorischen: Symptome dieser schweren Erkrankung sind Denk- und Antriebsstörungen, Halluzinationen, psychomotorische-, Affekt- und Ich-Erlebnis-Störungen. Die Beziehung zur Realität ist durch Wahnerlebnisse gestört.

   b) Affektive Psychose (Manie und manisch-depressive Erkrankungen): Der Betreuungsbedarf resultiert u.a. aus der fehlenden Einsicht in die Notwendigkeit einer stationären Behandlung, insbesondere im Falle einer Suizidgefahr.[279] Aus depressiven oder manischen Gefühlen heraus werden Schenkungen oder Geschäftsabschlüsse mit erheblichem Volumen vollzogen, vor denen es den Betreuten, erforderlichenfalls durch die Anordnung eines Einwilligungsvorbehalts, zu schützen gilt.[280]

   c) Schizoaffektive Psychose (spezielle Form der Psychose, bei der sich Symptome der schizophrenen und der affektiven Psychose mischen).

2. Seelische Störungen als Folge von Krankheiten oder Verletzungen des Gehirns, von Anfallsleiden oder von anderen Krankheiten oder körperlichen Beeinträchtigungen (von außen hervorgerufene exogene Psychosen): Hierunter fallen u.a. Schädel-Hirn-Verletzungen, Vergiftungen und ihre Folgen (z.B. Korsakoff-Syndrom), entzündliche und infektiöse Hirnerkrankungen (z.B. HIV-Infektion), Durchblutungsstörungen des Gehirns und Hirnabbauprozesse, wobei die Demenz vom Alzheimer-Typ die bekannteste sein dürfte.[281] All diese Erkrankungen können dazu führen, dass entweder in allen Bereichen, wie etwa bei dem so genannten apallischen Syndrom („Wachkoma") oder aber in Teilbereichen eine Betreuerbestellung indiziert ist. (z.B. können Herzrhythmusstörungen zu Hirnleistungsstörungen führen mit der Folge, dass eine Betreuerbestellung erforderlich wird, um eine Schrittmacherimplantation in die Wege zu leiten.).[282]

3. Abhängigkeitserkrankungen (Spielsucht, Alkohol-, Medikamenten- und Drogenabhängigkeit): Suchterkrankungen sind gekennzeichnet durch ein unwiderstehliches Verlangen nach weiterer Einnahme der betreffenden Droge (psychische Abhängigkeit) und Toleranzsteigerung sowie Entzugserscheinungen bei Absetzen der psychotropen Substanz. Laut Definition der Weltgesundheitsorganisation handelt es sich um einen Zustand periodischer oder chronischer schädlicher Intoxikation durch wiederholten Gebrauch von Drogen.[283]

353 Der Alkoholismus wird nach der von der WHO vorgeschlagenen Typologie in folgende Formen eingeteilt:[284]

1. Alpha-Alkoholismus: psychische Abhängigkeit, familiäre und soziale Komplikationen
2. Beta-Alkoholismus: Gelegenheits- bzw. Verführungstrinker

---

277 BT-Drs. 11/4528, 116.
278 Pschyrembel, Klinisches Wörterbuch, S. 1264.
279 HK-BUR/*Bauer/Deinert* § 1896 BGB, Rn. 57.
280 HK-BUR/*Bauer/Deinert* § 1896 BGB, Rn. 59.
281 HK-BUR/*Bauer/Deinert* § 1896 BGB, Rn. 63.
282 HK-BUR/*Bauer/Deinert* § 1896 BGB, Rn. 69.
283 *Payk* Checkliste Psychiatrie und Psychotherapie, 6. Aufl. 2013, S. 249.
284 *Tölle* Psychiatrie, 17. Aufl. 2014, S. 148.

3. Gamma-Alkoholismus: Toleranzsteigerung, Stoffwechselstörungen, Kontrollverlust, Abstinenzsymptome; Alkoholismus im engeren Sinne
4. Delta-Alkoholismus: Gewohnheitstrinken mit Aufrechterhaltung eines konstanten Alkoholspiegels
5. Epsilon-Alkoholismus: periodisch auftretende Trinkexzesse in Abständen von einigen Monaten.

Bei dieser Einteilung handelt es sich nur bei dem Gamma- und Delta-Alkoholismus um **354** Krankheiten i.S.d. Betreuungsrechts.[285] Gleichwohl rechtfertigt das Vorliegen einer Alkohol- oder Abhängigkeitserkrankung noch nicht per se die Bestellung eines Betreuers. Wie bereits an anderer Stelle betont, steht es dem Staat nicht an, seine Bürger zu „erziehen", und es liegt letztlich in der Freiheit des Einzelnen (Art. 1 Abs. 1 und 2 GG), sich durch übermäßigen Alkoholkonsum zu Grunde zu richten. Alkoholismus ist für sich gesehen keine psychische Krankheit bzw. geistige oder seelische Behinderung i.S.v. § 1906 Abs. 1 Nr. 1 BGB; ebenso wenig vermag die bloße Rückfallgefahr eine Anordnung der zivilrechtlichen Unterbringung zu rechtfertigen. Etwas anderes gilt, wenn der Alkoholismus entweder im ursächlichen Zusammenhang mit einem geistigen Gebrechen steht, insbesondere einer psychischen Erkrankung, oder ein auf den Alkoholmissbrauch zurückzuführender Zustand eingetreten ist, der das Ausmaß eines geistigen Gebrechens erreicht hat.[286] Voraussetzung einer Betreuungsanordnung im Bereich der Abhängigkeitserkrankungen ist neben einer strikten Erforderlichkeitsprüfung, dass diese Folge einer anderen psychischen Krankheit ist oder der durch die Sucht verursachte Persönlichkeitsabbau bereits den Wert einer psychischen Krankheit erreicht hat.[287]

Die Zurückhaltung bei der Anordnung einer Betreuung wegen Alkoholismus kommt auch in der neueren Rechtsprechung des Bundesverfassungsgerichtes zum Tragen.[288]

Die vom Gesetzgeber gewollte und von Verfassung wegen gebotene Rücksicht auf die Selbstbestimmung des Betroffene liefe ins Leere, wenn – wie vom LG angenommen – ein mangelnder freie Wille des zu Betreuenden allein mit dem von ihm nicht steuerbaren Genuss von Alkohol begründet werden könnte. Denn eine Alkoholabhängigkeit ist regelmäßig gerade dadurch gekennzeichnet, dass der daran Leidende seinen Alkoholkonsum nicht steuern kann sofern Alkoholismus überhaupt als psychische Erkrankung oder körperliche, geistige oder seelische Behinderung i.S.d. §§ 1896 I BGB angesehen werden kann (vergleiche BT-Drs. 15/2494, 17; BayObLG MedR 1994, 33 = FamRZ 1993, 1489), vermag dies allein – soll der auch verfassungsgerichtlich fundierte Schutzzweck des § 1896 I Buchstabe a BGB nicht leerlaufen – nicht ohne Weiteres auch die Unbeachtlichkeit eines der Betreuung entgegenstehenden Willens bedeuten.

Ähnliche Erwägungen gelten für die Spielsucht. In schweren Fällen können psychische Defekte und Persönlichkeitsstörungen auftreten, die eine ähnliche Schwere und Struktur die stoffgebundene Suchterkrankungen aufweisen. Kommt es aufgrund dessen zu hirnorganischen Beeinträchtigungen, sind die medizinischen Voraussetzungen für eine Betreuerbestellung erfüllt.[289]

Neurosen, Konfliktreaktionen und Persönlichkeitsstörungen (Psychopathien): *Neurosen* (z.B. **355** Zwangs-, Konversions-, Angstneurosen) sind Krankheiten mit bestimmten seelischen Symptomen (z.B. Hemmung, Verstimmung, Angst, Zwang, Entfremdung) oder körperlichen Störungen, die sich insbesondere in funktionellen Organbeschwerden auswirken können. Sie können

---

285 *BayObLG* NJW 1990, 774.
286 *BGH* BtPrax 2011, 259 = FGPrax 2011, 317 = FamRZ 2011, 1725.
287 *BayObLG* BtPrax 1993, 208/209.
288 *BVerfG* BtPrax 2015, 61 = NJW 2015, 1666, 1667.
289 *BGH* NJW 2013, 1462.

sich in störenden Verhaltensweisen und Eigenschaften der Persönlichkeit äußern.[290] Die Realität kann in der Regel angemessen verarbeitet werden, Beeinträchtigungen der Willensbildung und Steuerungsfähigkeit sind nicht eruierbar.[291] Gegen den Willen des Betroffenen kann eine Betreuerbestellung schwerlich in Betracht gezogen werden. Dies gilt jedoch nicht ausnahmslos, wie das nachstehende Beispiel aus eigener Praxis als Verfahrenspflegerin zeigt:

356   **Beispiel:**   Die 46 Jahre alte Betroffene lebt im Haushalt ihrer Eltern und ist an den Rollstuhl gefesselt. Infolge einer durch den Sachverständigen diagnostizierten Konversionsneurose (hysterische Neurose) kann sie nicht laufen, obwohl kein organischer Befund vorliegt („Es geht nimmer! Ich komme nicht mehr auf die Beine."). Hintergrund ihrer Beschwerden ist der Umstand, dass sie ihren Wunsch, sich von den Eltern abzunabeln, nicht realisieren kann. In einem solchen Fall rechtfertigt sich eine Betreuerbestellung auch im Hinblick auf den Erforderlichkeitsgrundsatz, um beispielsweise der Betroffenen Beistand bei Heilbehandlungsfragen und Aufenthaltsbestimmungsangelegenheiten zu gewähren. *Konfliktreaktionen* stellen eine situationsbezogene Antwort auf Lebensveränderungen in der Familie oder im Beruf dar. Ursachen, wie der Tod eines nahen Menschen, Arbeitslosigkeit oder aber eine soziale Niederlage sind in Betracht zu ziehen.[292] Die dadurch hervorgerufene Krise kann zu einem präsuizidalen Zustand führen, hervorgerufen durch sozialen Rückzug und die Flucht in eine Fantasiewelt, in der der eigene geplante Tod gedanklich durchgespielt wird.[293] Interventionsbedarf im Wege des Betreuungsrechts besteht im Stadium akuter psychiatrischer Behandlungsbedürftigkeit nach einem Suizidversuch bzw. drohender Suizidalität. Der Betreuungsbedarf ist – von chronischen Verläufen abgesehen – lediglich temporär; in der Regel dauert eine Krisenbewältigung und Neuorientierung sechs bis zwölf Monate.[294]

357   Als psychosomatische Erkrankung ist ferner die Anorexia nervosa (Magersucht) als betreuungsrechtlich relevant aufzuführen. Es handelt sich um eine schwere Störung des Essverhaltens mit der Konsequenz einer lebensbedrohlichen Abmagerung. Hervorgerufen durch Eiweißdefizite kann es infolge der Mangelernährung zu einer Hirnatrophie kommen, die wiederum zu einem lebenslangen organischen Psychosyndrom führen kann. Bei insuffizienter Behandlung ist ein ungünstiger Verlauf bis hin zum Tod wegen Unterernährung möglich. Die betroffene Person ist im Bereich der Heilbehandlungsmaßnahmen nicht geschäfts- und einwilligungsfähig. Darüber hinaus wird es in der Regel erforderlich sein, das Aufenthaltsbestimmungsrecht anzuordnen, um beispielsweise notwendige längerfristige stationäre Therapien gegen den Willen des Betroffenen durchzusetzen. Gleiches ist für die so genannte Fress-Brech-Sucht (Bulimie) in Erwägung zu ziehen. Diese ist davon geprägt, dass die betroffene Person Heißhungerattacken bekommt, in deren Rahmen enorme Kalorienmengen aufgenommen werden, gefolgt von selbst herbeigeführtem Erbrechen. Als psychische Auffälligkeiten sind Schuld- und Schamgefühle, gepaart mit Selbstverachtung, die bis zur Suizidalität führen kann, sowie Depressivität zu bezeichnen.[295] In Phasen der Suizidneigung kann eine Betreuung mit den Aufgabenkreisen „Heilbehandlung" und „Aufenthaltsbestimmung" indiziert sein.[296]

---

290   *Tölle* Psychiatrie, 17. Aufl. 2014, S. 40.
291   HK-BUR/*Bauer/Deinert* § 1896 BGB Rn. 89.
292   *Schmidt u.a.* S. 464.
293   *Schmidt u.a.* S. 465.
294   *Schmidt u.a.* S. 464 f.
295   *Payk* Checkliste Psychiatrie und Psychotherapie, 6. Aufl. 2013, S. 228.
296   Ablehnend demgegenüber HK-BUR/*Bauer/Deinert* § 1896 BGB Rn. 91.

Unter *abnormen Persönlichkeitsstörungen* versteht man Verhaltensweisen, die durch starke 358 Ausprägung bestimmter Merkmale so akzentuiert sind, dass sich hierdurch ernsthafte Leidenszustände und/oder Konflikte ergeben.[297] Es werden folgende klinische Bilder unterschieden:

- paranoide
- fanatische
- querulatorische
- schizoide
- erregbare
- zwanghafte
- dissoziale Persönlichkeitsstörung.[298]

Gerade bei den vorbezeichneten abnormen Persönlichkeitsstörungen wird deutlich, wie 359 schwierig es im Einzelfall ist, lediglich abweichendes, hinzunehmendes Verhalten von der psychischen Krankheit abzugrenzen. Letztlich besteht ein fließender Übergang vom normalen, „gesunden" zu krankem Verhalten. Bei einer Persönlichkeitsstörung ist eine Betreuungseinleitung nur dann gerechtfertigt, wenn diese Krankheitswert angenommen hat, es sich also um schwerste Auffälligkeiten und Störungen handelt.[299] Die Abgrenzung wird besonders dadurch erschwert, dass in unserer pluralistischen Gesellschaft sich die unterschiedlichsten Lebensstile entwickeln, die einem ständigen sozialen Wandel unterzogen sind. Bei Neurosen, Psychopathien und Konfliktreaktionen ist also stets durch eine sorgfältige Begutachtung herauszufinden, inwieweit Störungen der Wahrnehmung, der Auffassung, der Orientierung, des Denkens und des Affekts vorhanden sind und ob dem nicht durch eine Inanspruchnahme sozialer Dienste abgeholfen werden kann.[300] Es ist also das Erforderlichkeitsprinzip strikt zu beachten.[301] Nach dem OLG Köln genügt auch der dringende Verdacht auf eine psychische Krankheit nicht.[302] Erforderlich sei vielmehr, dass der Betroffene in der Wahrnehmung seines Selbstbestimmungsrechts erheblich beeinträchtigt und zu eigenverantwortlichen Entscheidungen nicht mehr in der Lage ist.[303]

bb) Körperliche und geistige Behinderung

Eine körperliche oder geistige Behinderung kann die Bestellung eines Betreuers rechtfertigen, 360 § 1896 Abs. 1 BGB.

cc) Körperliche Behinderung

Eine körperliche Behinderung kann in Blindheit, Gehörlosigkeit oder einem sonstigen körper- 361 lichen Gebrechen bestehen. Im Falle einer körperlichen Behinderung kommt nur dann eine Betreuungsanordnung in Betracht, wenn der Betroffene sie selbst beantragt, § 1896 Abs. 1 S. 3 BGB.

> **Beispiel:** Der an einer schweren spastischen Lähmung leidende Rollstuhlfahrer Wolf H., 362 der keinen geistigen Einschränkungen unterliegt, beantragt bei dem zuständigen Amtsgericht die Bestellung eines Betreuers mit dem Aufgabenkreis „Vertretung vor Behörden".

---

297 *Tölle* S. 105.
298 HK-BUR/*Bauer/Deinert* § 1896 BGB Rn. 92.
299 *Jürgens u.a.* Rn. 46.
300 HK-BUR/*Bauer/Deinert* § 1896 BGB Rn. 92.
301 *Jürgens u.a.* Rn. 46.
302 *OLG Köln* FamRZ 2006, 505 (Ls).
303 *OLG Köln* FamRZ 2006, 288 (Ls).

363   Körperlich erkrankte Menschen könnten an sich einen Bevollmächtigten mit der Regelung ihrer Angelegenheiten beauftragen, was eine Betreuerbestellung nach dem Erforderlichkeitsgrundsatz entfallen ließe. Der Gesetzentwurf betont in diesem Zusammenhang, dass ein körperbehinderter Mensch seine von ihm getroffenen Entscheidungen unter Zuhilfenahme von Bevollmächtigten, sozialen Diensten, Krankenpflegern etc. umsetzen könne.[304] Anerkannt wird jedoch durch den Reformgesetzgeber, dass in Fällen schwerster körperlicher Behinderungen es für den Betroffenen schwierig werden könnte, seinen Bevollmächtigten zu kontrollieren, weswegen die Installation eines Kontrollbetreuers in Betracht zu ziehen wäre, § 1896 Abs. 3 BGB. Gleichwohl darf nicht übersehen werden, dass eine große Anzahl Körperbehinderter in finanziell engen Verhältnissen lebt, sich keinen privat zu bezahlenden Bevollmächtigten leisten kann und somit auf eine Betreuungsanordnung als einen Akt staatlicher Wohlfahrt angewiesen ist.

364   Stellt ein Körperbehinderter einen Antrag auf Anordnung einer Betreuung, enthält das Gesetz keine klare Aussage dazu, ab welchem Grad der Behinderung er einen **Anspruch** auf Bestellung eines Betreuers hat. Auch im Falle eines Körperbehinderten ist nach § 281 FamFG zumindest ein ärztliches Zeugnis vorzulegen, so dass es im Zweifel von der Auffassung des Arztes/Sachverständigen abhängen wird, ob der attestierte Schweregrad der Beeinträchtigung ausreicht, um eine Betreuerbestellung zu rechtfertigen.

365   Andererseits ist zu thematisieren, ob es einem vermögenden Körperbehinderten ermöglicht werden sollte, einer ggf. für ihn „teuren" Bevollmächtigung zu entfliehen durch eine Betreuungsanordnung. Mittlerweile häufen sich in Berlin Fälle, die dem nachstehend geschilderten Beispiel ähnlich sind.

366   **Beispiel:**   Die vermögende, geizige Renate M., die bisher von Diplom-Sozialpädagogin Sylvia T. betreut wird, bekommt vom Betreuungsgericht deren Vergütungsantrag im Wege der Anhörung zugeleitet. Frau M. ist empört über die „halsabschneiderischen" Machenschaften der Frau T. und verlangt umgehend, von der Betreuungsbehörde oder Ehrenamtler „kostenlos" betreut zu werden. Ihrem Antrag wird entsprochen.

367   Unseres Erachtens sollte es einem vermögenden Körperbehinderten nicht gestattet werden, sich einer aus seiner Sicht „teuren" Betreuung/Bevollmächtigung zu entledigen. Insbesondere das 1. BtÄndG stellte klar, dass es sich bei Betreuungskosten nicht um eine staatliche Sozialleistung handelt, sondern dass primär der Betroffene im Rahmen seiner finanziellen Möglichkeiten hierfür aufzukommen hat.[305] Das oben aufgeführte, real in Berlin stattgehabte Beispiel zeigt einen Missbrauch auf.

368   Andererseits sollten vermögenslosen Körperbehinderten keine allzu hohen Hürden für die Inanspruchnahme einer Betreuung aufgebaut werden. Hierfür lässt sich bereits das Argument ins Feld führen, dass es vielen Körperbehinderten nicht möglich sein wird, einen vertrauenswürdigen Dritten zu finden, der ihre Angelegenheiten wahrnimmt. Verwiese man mit der Striktheit, wie in den Gesetzesmotiven[306] formuliert, Körperbehinderte auf die Nachrangigkeit einer Betreuung, so bestünde die Gefahr, dass diese in ihrer Not, jemanden finden zu müssen, der ihre Angelegenheiten regelt, in falsche Hände geraten. Der Schaden in einem solchen Fall wäre für unser Sozialsystem möglicherweise ungleich größer, als wenn man von vornherein eine Betreuung antragsgemäß errichten würde.

---

304 BT-Drs. 11/4528, 116.
305 BR-Drs. 960/96, 13.
306 BT-Drs. 11/4528, 116.

Sofern also der geschäftsfähige, vermögenslose Betroffene keine geeignete Vertrauensperson 369
findet, die er mit der Wahrnehmung seiner Interessen im Rechtsverkehr bevollmächtigen
möchte, so kann das Betreuungsgericht eine Betreuerbestellung mit dem Hinweis auf den
Subsidiaritätsgrundsatz nicht ablehnen, denn dieser dient ausschließlich dem Schutz des
Betroffenen und kann nicht gegen ihn verwandt werden.[307]

Aus dem Umstand, dass ein Körperbehinderter seinen Willen kundtun kann, einmal abgesehen 370
von dem in den Gesetzesmotiven thematisierten Fall, dass ein Mensch ab dem dritten Halswirbel
an gelähmt und daher artikulationsunfähig war trotz voller geistiger Orientierung,[308] ergibt sich
zwangsläufig, dass in Fragen des Aufenthaltsbestimmungsrechts, der Heilbehandlung, der Sterilisation und des Öffnens und Anhaltens der Post keine Betreuung angeordnet werden kann,
ebenso wenig ein Einwilligungsvorbehalt. Des Weiteren ist die einmal angeordnete Betreuung zu
Gunsten des Betroffenen auf seinen Antrag hin sofort aufzuheben.

dd) Geistige Behinderung

Als geistige Behinderung werden angeborene oder frühkindlich erworbene Intelligenzdefekte 371
verschiedener Schweregrade angesehen. Es werden medizinisch leichte geistige Behinderungen
(IQ 50–69), mittelgradige geistige Behinderungen (IQ 35–49), schwere geistige Behinderungen
(IQ 20–34) und schwerste geistige Behinderungen (IQ unter 20) unterschieden.[309] Im schul-
und sozialrechtlichen Bereich wird von einer geistigen Behinderung bei einem IQ von unter
65 und darüber bis 69 von einer Lernbehinderung ausgegangen.[310] Im Rahmen der Begutachtung der Betroffenen ist zu dem Ausprägungsgrad der geistigen Behinderung des Betroffenen
Stellung zu nehmen, und zu der Frage, inwieweit dadurch seine Fähigkeiten, seine Angelegenheiten zu besorgen, beeinträchtigt sind.[311] Analphabetismus als solcher ist kein Betreuungs-
grund.[312]

ee) Seelische Behinderung

In den Gesetzesmotiven werden seelische Behinderungen als bleibende psychische Beeinträch- 372
tigungen angesehen, die Folge von psychischen Krankheiten sind.[313]

ff) Altersbedingte Abbauerscheinungen

Alter und altersbedingte Abbauerscheinungen sieht das Gesetz nicht als subjektive Vorausset- 373
zung einer Betreuerbestellung vor. Auf Grund des Umstandes, dass etwa 70–75 % der Betroffenen über 60 Jahre alt sind und ihre Hilfsbedürftigkeit Folge des Alterungsprozesses ist, stellt
sich in der Praxis die Frage, wie die vom Gesetz definierten subjektiven Voraussetzungen der
Betreuung anzuwenden sind. Das Alter und der damit einhergehende Abbau der körperlichen
und geistigen Leistungsfähigkeit stellen sich nicht als Krankheit, insbesondere nicht als psychische Krankheit i.S.d. § 1896 BGB dar.

Eher selten sind die Betroffenen ausschließlich körperlich beeinträchtigt. Auf Antrag des 374
Betroffenen kann dann ein Betreuer bestellt werden. Meistenteils treten sowohl körperliche als

---

307 *BGH* BtPrax 2016, 37 = FamRZ 2015, 2049.
308 BT-Drs. 11/4528, 116.
309 *Schmidt u.a.* S. 448 f.
310 HK-BUR/*Bauer/Deinert* § 1896 BGB Rn. 95.
311 HK-BUR/*Bauer/Deinert* § 1896 BGB Rn. 97.
312 *LG Kleve* BtPrax 2013, 166 = FamRZ 2013, 1835.
313 BT-Drs. 11/4528, 116.

auch psychische Beeinträchtigungen auf. Vor allem klagen ältere Menschen über Störungen des Erinnerungsvermögens, in erster Linie des Kurzzeitgedächtnisses. Trotzdem kommen viele alte Menschen, teilweise unterstützt durch Pflegedienste, gut im Alltag mit diesen Beeinträchtigungen zurecht und bedürfen keiner Betreuung. Nehmen die Handicaps allerdings zu, kann die soziale Handlungsfähigkeit beeinträchtigt oder sogar ganz aufgehoben sein.

375 Als gesetzlicher Grund für eine Betreuerbestellung könnte eine seelische Behinderung herangezogen werden, was allerdings nicht passt, wenn man wie der Reformgesetzgeber diese als Folge einer psychischen Krankheit definiert.[314] Die Annahme einer geistigen Behinderung scheidet aus, weil dieser Begriff nur die angeborenen und frühkindlich erworbenen Intelligenzdefizite umfassen soll, nicht aber altersbedingte Störungen der Geistestätigkeit. Zusammenfassend ist festzustellen, dass der häufigste Grund für eine Betreuerbestellung, der Altersabbau, schwerlich unter die Tatbestandsmerkmale des § 1896 Abs. 1 BGB subsumiert werden kann, es sei denn, dass im Einzelfall tatsächlich eine Erkrankung, wie etwa die Demenz vom Alzheimer-Typ, hinzutritt.

376 Aus alledem wird deutlich, dass die subjektiven Voraussetzungen, die qua Gesetz eine Betreuungsanordnung rechtfertigen sollen, zumindest für den größten Personenkreis, den der alten Menschen, nicht passen. Hier sind die gesetzlichen Tatbestände zu eng gefasst. In anderen Bereichen, nämlich bei Neurosen, Psychopathien und Konfliktreaktionen, hat es der Gesetzgeber versäumt, deutlich zu machen, ab welchem Grad der Abweichung vom „normalen" Verhalten eine Betreuung indiziert ist.[315] So klingen zwar die neuen Formulierungen des § 1896 BGB freundlicher und schmeichelhafter als die alten Begriffe „Trunksucht", „Geistesschwäche", „Verschwendungssucht" usw., gleichwohl vermag dies nicht über das Fehlen einer präzisen Grenzziehung hinwegzutäuschen.

b) Die objektiven Voraussetzungen der Betreuerbestellung

aa) Fürsorgebedürfnis

377 Für einen Betroffenen ist ein Betreuer nur dann zu bestellen, wenn dieser auf Grund einer der vorstehend beschriebenen individuellen Dispositionen seine „Angelegenheiten ganz oder teilweise nicht besorgen kann", § 1896 Abs. 1 BGB. Das Unvermögen zur Besorgung der eigenen Angelegenheiten beschreibt die objektiven Voraussetzungen für eine Betreuerbestellung im Gegensatz zu den subjektiven, in der Person/der Psyche des Betroffenen liegenden Voraussetzungen. Objektive und die vorstehend beschriebenen subjektiven Voraussetzungen müssen kumulativ vorliegen, um eine Betreuerbestellung zu rechtfertigen. Das heißt konkret, dass bei einem psychisch schwer erkrankten Menschen, der aber seine Angelegenheiten noch besorgen kann, eine Betreuungsanordnung nicht in Betracht kommt. Andererseits rechtfertigt die Unfähigkeit, seine Angelegenheiten zu besorgen, ohne das Vorliegen der subjektiven Voraussetzungen der Betreuerbestellung nicht die Bestellung eines Betreuers.[316]

378 **Beispiel:** Hildegard Sp. lebt ständig über ihre finanziellen Verhältnisse. Infolgedessen droht ihr wegen Nichtzahlung des Mietzinses eine Räumungsklage. Ferner ist Frau Sp. vollkommen überschuldet. Da aber keine Krankheit oder Behinderung i.S.d. § 1896 Abs. 1 BGB vorliegt, ist von einer Betreuerbestellung abzusehen.

---

314 BT-Drs. 11/4528, 116.
315 *Schwab* FamRZ 1992, S. 493.
316 *OLG München* FamRZ 2008, 1476 = FGPrax 2008, 110 = NJW-RR 2009, 8.

Welche Angelegenheiten im Einzelfall regelungsbedürftig sind, hängt von den konkreten 379
Umständen des Einzelfalls ab. Insoweit ist auf die konkrete Lebenssituation des Betroffenen
abzustellen.[317]

> **Beispiel:** Rechtsanwalt Till S. ist Gesellschafter einer größeren Rechtsanwaltssozietät K. 380
> und Partner. Bei einer Fahrt zu einem Gerichtstermin erleidet er einen Schlaganfall mit der
> Folge des Verlusts seines Sprachvermögens. Er wird trotz eingeleiteter Rehabilitationsver-
> fahren dauerhaft erwerbsunfähig. Zu Gunsten des Herrn S. ist ein Betreuer zu bestellen,
> u.a. mit dem Aufgabenkreis „Vertretung des Betroffenen bei der Auseinandersetzung des
> Gesellschaftsvermögens der Rechtsanwaltssozietät K. und Partner."

Was also zu den Angelegenheiten eines Betroffenen gehört, bemisst sich nach dessen Lebens- 381
stellung und -gestaltung und seinem biographischen Hintergrund.

> **Beispiel:** Die an einer chronischen Schizophrenie erkrankte Birgit C. lebt seit längerem 382
> schon von der Sozialhilfe und kommt gut mit ihrem Einkommen aus. Auf Grund des
> Umstandes, dass sie wahllos Müll sammelt und in ihrer Wohnung deponiert, erhebt der
> Vermieter Räumungsklage. Vorliegend ist zu Gunsten der Betroffenen eine Betreuung mit
> dem Aufgabenkreis „Wohnungsangelegenheiten" einzurichten.

Es kommt mit Hinblick auf das verfassungsmäßig garantierte Selbstbestimmungsrecht, Art. 2 383
Abs. 1 GG, nicht darauf an, ob ein zu beurteilendes Verhalten aus objektiver Sicht „vernünftig"
ist oder nicht.[318]

> **Beispiel:** Die 35 Jahre alte Evelyn L. erleidet einen schweren Unfall. Zur Rettung ihres 384
> Lebens schlagen die Ärzte eine Bluttransfusion vor, die jedoch von der Betroffenen, die
> „Zeugin Jehovas" ist, abgelehnt wird. Es besteht juristisch keine Handhabe, Frau L. zu einer
> Bluttransfusion zu zwingen. Dies folgt aus der verfassungsrechtlich garantierten Glaubens-
> und Gewissensfreiheit, Art. 4 GG[319].

Das Unvermögen des Betroffenen, seine Angelegenheiten zu regeln, kann in rechtlicher und/ 385
oder tatsächlicher Hinsicht bestehen.

bb) Tatsächliches Unvermögen des Betroffenen

Der Betroffene kann infolge einer intellektuellen Schwäche, die bewirkt, dass er Inhalt, Bedeu- 386
tung und Tragweite rechtsgeschäftlicher Erklärungen nicht abschätzen kann, an der Erledigung seiner eigenen Angelegenheiten gehindert sein. Der Betroffene ist ferner nicht oder nicht
mehr in der Lage, sich fremde Hilfe zu organisieren.[320]

cc) Rechtliches Unvermögen des Betroffenen

Ein geschäftsunfähiger Betroffener ist rechtlich daran gehindert, seine Angelegenheiten zu 387
regeln.[321] Nach § 105 Abs. 1 BGB ist die Willenserklärung eines Geschäftsunfähigen nichtig.
Psychische Krankheiten können die Geschäftsfähigkeit aufheben, wenn durch sie eine freie

---

317 *BGH* BtPrax 2011, 210.
318 HK-BUR/*Bauer/Deinert* § 1896 BGB Rn. 117.
319 *BVerfG* FamRZ 2002, 312.
320 *Bienwald/Bienwald W.* § 1896 BGB Rn. 63.
321 HK-BUR/*Bauer/Deinert* § 1896 BGB Rn. 127.

Willensbildung nicht mehr gewährleistet ist und der Betroffene z.B. die Bedeutung einer von ihm abgegebenen Willenserklärung nicht erkennen kann. Der Betroffene ist, wie es juristisch formuliert wird, außer Stande, sich „von vernünftigen Erwägungen leiten zu lassen. Die Geschäftsfähigkeit kann für einzelne oder nur für bestimmte Geschäfte (partielle Geschäftsfähigkeit) aufgehoben sein[322] z.B., wenn ein Betroffener im Eifersuchtswahn die Scheidung begehrt.[323]

388   Das Gesetz definiert die Geschäftsfähigkeit in § 104 Nr. 2 BGB wie folgt:

Geschäftsunfähig ist,

1. wer nicht das siebente Lebensjahr vollendet hat;

2. wer sich in einem die freie Willensbestimmung ausschließenden Zustande krankhafter Störung der Geistestätigkeit befindet, sofern nicht der Zustand seiner Natur nach ein vorübergehender ist.

389   Wer also geschäftsunfähig ist, kann nicht mehr am Rechtsverkehr teilnehmen und keine Rechtsgeschäfte wirksam abschließen. Seit 2002 hat der Gesetzgeber durch die Einräumung der Möglichkeit der Alltagsgeschäfte in § 105a BGB der Rechtswirklichkeit Rechnung getragen und solche kleineren Bargeschäfte als wirksam angesehen. Mit dem Wohn- und Betreuungsvertragsgesetz (WBVG) können seit 1.1.2010 auch Heim- und andere Betreuungsverträge, die durch Geschäftsunfähige getroffen wurden, nachträglich durch einen Betreuer genehmigt werden und sind dann von Anfang an wirksam. Im Arbeitsvertragsrecht ist für solche Verträge mit Geschäftsunfähigen die Rechtsfigur des faktischen Arbeitsverhältnisses geschaffen worden.[324]

390   Das Unvermögen, die eigenen Angelegenheiten zu besorgen, kann auch darin begründet sein, dass der Betroffene nicht mehr wirksam in ärztliche Heilbehandlungsmaßnahmen einwilligen kann (§ 630d Abs. 1 S. 2 BGB). Einwilligungsfähigkeit ist das Vermögen, eine willentliche Erklärung, dass in bestimmter Art und Weise eine medizinische Behandlung durchgeführt werden soll, abzugeben. Einwilligungsfähigkeit und Geschäftsfähigkeit sind allerdings nicht identisch. Die Anforderungen an die Einwilligungsfähigkeit sind geringer als die an die Geschäftsfähigkeit. Einwilligungsfähig ist, wer Art, Bedeutung und Tragweite einer ärztlichen Maßnahme nach entsprechender Aufklärung erfassen und seinen Willen danach bestimmen kann.

391   Der möglicherweise geschäftsunfähige Betroffene kann demgemäß für bestimmte, leicht nachvollziehbare Eingriffe in seine körperliche Integrität einwilligungsfähig sein, für andere, schwer nachvollziehbare Maßnahmen jedoch nicht.

392   Nach dem Rechtszustand vor 1992 konnte eine Gebrechlichkeitspflegschaft nur bei Geschäftsunfähigkeit des Betroffenen ohne dessen Einwilligung eingeleitet werden. Die Entmündigung im Falle der Trunksucht, Rauschgiftsucht, Geistesschwäche und Verschwendungssucht konnte gegen den Willen einer geschäftsfähigen Person angeordnet werden mit der Konsequenz, dass die Geschäftsfähigkeit mit konstitutiver Wirkung beseitigt wurde. Diesem für einen Betroffenen ungünstigen Modell ist der Reformgesetzgeber gefolgt, indem er – gutgemeint – statuierte, dass eine Betreuung sowohl für geschäftsfähige als auch geschäftsunfähige Betroffene errichtet werden kann, es also auf die Frage der Geschäftsfähigkeit letztlich nicht ankommt. Der Hintergedanke war dabei, geschäftsunfähige Bürger nicht gegenüber geschäftsfähigen zu diskriminieren.

---

322 *BayObLG* NJW 1992, 2100.
323 *Nedopil/Müller* S. 66.
324 Vgl. *Deinert* Arbeitsrecht und Betreuung, BtPrax 2010, 22.

Der Reformgesetzgeber entschied 1992 ganz klar, dass es für die Bestellung eines Betreuers weder auf die Zustimmung noch auf die Geschäftsfähigkeit des Betroffenen ankommt.[325] Voraussetzung für eine Betreuerbestellung war bis zum Inkrafttreten des 2. BtÄndG am 1.7.2005 lediglich, dass jemand krankheits- bzw. behinderungsbedingt außer Stande ist, seine Angelegenheiten zu besorgen. Diese Entscheidung musste umso schwerer wiegen, als der Gesetzgeber es unterließ, wie oben dargestellt, den Grad der Behinderung genau zu bezeichnen, der eine Betreuerbestellung rechtfertigen sollte. **393**

Allerdings kam es in der betreuungsgerichtlichen Praxis bereits vor 2005 im Falle eines geschäftsfähigen Betroffenen selten zur Bestellung eines Betreuers. **394**

Das Gericht stellt bei der Einholung des Sachverständigengutachtens an den Gutachter die Frage, ob der Betroffene in der Lage ist, einen freien Willen zu bilden. Wegen der im Kern gegebenen Deckungsgleichheit des Begriffs der freien Willensbestimmung in § 1896 Abs. 1a BGB mit dem des § 104 Nr. 2 BGB wird damit (konkludent) die Frage nach der Geschäftsfähigkeit beantwortet.[326]

> **Beispiel:** Der 86-jährige Konstantin P. ist Eigentümer eines Mietshauses in Berlin und Inhaber eines Depotkontos mit einem Guthaben von 2.500 000 €. Notwendige Reparaturmaßnahmen an seinem verfallenden Haus lehnt der unter krankhaftem Geiz leidende Konstantin P. ab. Er ernährt sich aus Suppenküchen und von weggeworfenen Lebensmitteln seiner Mieter, die er aus dem Müll kramt. Die Mieter des Hauses klagen u.a. über Ungeziefer (Ratten und Mäuse), fehlende Treppenhausbeleuchtung (Herr P. ist der Meinung, seine Mieter sollten abends eine Taschenlampe benutzen.), von Schwamm befallene, einsturzgefährdete Decken usw. Der Sachverständige stellt bei Herrn P. nachvollziehbar bei vorliegender Geschäftsfähigkeit eine Persönlichkeitsstörung fest. Das Gericht lehnt daraufhin zu Recht eine Betreuerbestellung ab. **395**

Insbesondere das *BayObLG* stellte mehrfach fest, die Bestellung eines Betreuers gegen den Willen des Betroffenen, erfordere die zusätzliche Feststellung, dass dieser auf Grund einer psychischen Krankheit oder geistigen oder seelischen Behinderung „seinen Willen nicht frei bestimmen kann.“[327] **396**

Das *BayObLG* formulierte die zusätzliche Voraussetzung mit Hinblick auf Art. 2 Abs. 1 GG, dem Recht der freien Entfaltung der Persönlichkeit. Im Umkehrschluss bedarf es keiner besonderen Feststellung, dass der Betroffene seinen Willen nicht frei bestimmen kann, wenn dieser bereits nach der begründeten Ansicht des Sachverständigen geschäftsunfähig ist.[328] **397**

Nicht jede festgestellte psychische Erkrankung, geistige oder seelische Behinderung rechtfertigt per se eine Betreuerbestellung. Entscheidend ist vielmehr die positive Feststellung, dass die bei dem Betroffenen vorliegenden Handicaps einen solchen Grad erreicht haben, dass seine Fähigkeiten zur Wahrnehmung seines Selbstbestimmungsrechtes ausgeschlossen oder derart beeinträchtigt sind, dass er zu eigenverantwortlichen Entscheidungen im Rahmen der einzurichtenden Aufgabenkreise nicht mehr in der Lage ist.[329] **398**

---

325 BT-Drs. 11/4528, 60 f.
326 *BGH* FamRZ 2014, 647 Rn. 6.
327 *BayObLG* BtPrax 1994, 59/61, seitdem st. Rspr.; zust. *OLG Frankfurt/Main* BtPrax 1997, 123.
328 *BayObLG* BtPrax 1995, 26 f.
329 *OLG Hamm* BtPrax 1995, S. 70, 72.

399   Die Rechtsprechung des *BayObLG* liegt in einer Linie mit der die Gerichte bindenden Rechtsprechung des *BGH* der in einer Entscheidung aus dem Jahre 1996 sich dahingehend einließ, dass ein Ausschluss der freien Willensbestimmung i.S.d. § 104 Nr. 2 BGB vorliege, wenn der Betroffene nicht im Stande ist, seinen Willen frei und unbeeinflusst von der vorliegenden Geistesstörung zu bilden und nach zutreffend gewonnenen Einsichten zu handeln.[330]

dd)   Keine Betreuerbestellung bei freier Willensbildung

400   Im Rahmen des 2. BtÄndG wurde – anknüpfend an die vorbezeichnete Rechtsprechung des Bayerischen Obersten Landesgerichts – zum 1.7.2005 in § 1896 ein neuer Abs. 1a eingefügt, der die vorgenannten gerichtlichen Ausführungen in Gesetzesform brachte. Hiernach darf gegen den freien Willen des Betroffenen ein Betreuer nicht bestellt werden. Die Begrifflichkeit des freien Willens im Sinne dieser Bestimmung ist die gleiche wie in § 104 Nr. 2 BGB[331], was von der Konsequenz bedeutet, dass spätestens seit dem 1.7.2005 der Betreuungsrichter bei Verneinung des freien Willens, also der Anordnung einer „Zwangsbetreuung" von zumindest partieller Geschäftsunfähigkeit des Betreuten (auf dem Gebiet der angeordneten Aufgabenkreise) ausgeht, was einerseits einen Einwilligungsvorbehalt überflüssig macht, jedoch anders als die Entmündigung nach dem vor 1992 geltenden Recht im sonstigen Rechtsverkehr nicht konstituierend wirkt. Man darf jedoch davon ausgehen, dass sich im Auseinandersetzungsfall um von Betreuten in einer solchen Situation abgeschlossenen Vertragsverhältnissen Gerichte meist an der Einschätzung des in dieser Hinsicht als besonders sachkundig geltenden Betreuungsrichter orientieren dürften.

Wie bereits dargelegt, ist in jedem das Sachverständigengutachten vorbereitenden gerichtlichen Beweisbeschluss der zu bestellende Sachverständige zu befragen, ob der Betroffene noch in der Lage ist, im Hinblick auf die Ablehnung einer Betreuung einen freien Willen zu bilden. Verneint der Sachverständige in seinem Betreuungsgutachten diese Frage, ist aufgrund der Deckungsgleichheit der Begriffe der freien Willensbildung in § 1896 Abs. 1a BGB und demjenigen in § 104 Nr. 2 BGB von Geschäftsunfähigkeit des Betreuten auszugehen. Dies hat Auswirkungen für die Führung von Bankgeschäften des Betreuten selbst im Aufgabenkreis der Vermögenssorge, wie noch aufzuzeigen sein wird.

ee)   Kausalität zwischen Krankheit/Behinderung und Unvermögen

401   Die Unfähigkeit zur Besorgung der Angelegenheiten der betroffenen Person ist nur dann geeignet, die Einleitung einer Betreuung zu rechtfertigen, wenn das Unvermögen seine Ursache in der psychischen Krankheit oder Behinderung hat (s. Gesetzeswortlaut: „auf Grund"). Ein Betreuer darf also nicht bestellt werden, wenn die betroffene Person auch ohne die psychische Erkrankung oder Behinderung mit der Regelung einer bestimmten Angelegenheit überfordert wäre und die Hilfe Dritter in Anspruch nehmen müsste, z.B. in einer komplizierten Steuerangelegenheit. In einem solchen Fall wäre die Bestellung eines Betreuers nur dann in Betracht zu ziehen, wenn die Beauftragung eines Steuerberaters durch die betroffene Person selbst nicht mehr möglich wäre.

---

330 *BGH* NJW 1996, 918 f.; BtPrax 2015, 258.
331 *BGH* FamRZ 2014, 647 Rn. 6; *BGH* BtPrax 2014, 131.

ff) Erforderlichkeit der Betreuerbestellung

In § 1896 Abs. 2 S. 1 BGB hebt der Gesetzgeber ausdrücklich hervor, dass eine Betreuung nur 402 angeordnet werden darf, wenn und soweit sie erforderlich ist. Der Erforderlichkeitsgrundsatz ist somit Maßstab für die Frage, ob überhaupt eine Betreuung eingerichtet wird und, wenn ja, mit welchen Aufgabenkreisen. Das gesamte Betreuungsrecht ist von dem Erforderlichkeitsgrundsatz durchzogen, der sogar mit Verfassungsrang ausgestattet ist, soweit es um Eingriffe in die Freiheitssphäre des Betroffenen geht[332] (z.B. bei der Anordnung eines Einwilligungsvorbehalts, der Genehmigung der Unterbringung eines Betreuten, der Erweiterung der Aufgabenkreise des Betreuers usw.). Dieser aus dem Rechtsstaatsprinzip, Art. 20 GG, abgeleitete Grundsatz erfordert für die Betreuerbestellung die konkrete Feststellung, dass diese notwendig ist, weil der Betroffene die Hilfe benötigt und weniger einschneidende Maßnahmen nicht in Betracht kommen.[333]

Die Erforderlichkeit einer Betreuerbestellung muss zudem aus dem kumulativen Vorliegen der 403 Voraussetzungen der subjektiven und objektiven Betreuungsbedürftigkeit resultieren. Beide Elemente müssen zusammenkommen und bestimmen die Erforderlichkeit der Betreuerbestellung. Ist der Betroffene allerdings nicht betreuungsfähig, ist eine Betreuung nicht erforderlich.[334] Der BGH[335] führte hierzu aus:

Die Erforderlichkeit einer Betreuung kann im Einzelfall fehlen, wenn der Betroffene jeden Kontakt mit seinem Betreuer verweigert und der Betreuer dadurch handlungsunfähig ist, also eine „Unbetreubarkeit" vorliegt. Bei der Annahme einer solchen Unbetreubarkeit ist jedoch Zurückhaltung geboten.[336]

gg) Bevorratung einer Betreuung

Der Erforderlichkeitsgrundsatz verlangt zum Zeitpunkt der Betreuerbestellung die konkrete 404 Feststellung, dass diese notwendig ist mit Hinblick darauf, dass der Betroffene auf entsprechende Hilfe angewiesen ist und weniger einschneidende Maßnahmen nicht in Betracht kommen. Keinesfalls zulässig ist die Bestellung eines Betreuers, um irgendwann einem irgendwie gearteten Notfall zuvorzukommen.[337] Die Anordnung von Aufgabenkreisen oder einer Betreuung auf „Vorrat" ist grundsätzlich nicht statthaft.[338] Ob ein konkreter Handlungsbedarf besteht, ist stets im Einzelfall unter Würdigung der individuellen Verhältnisse des Betroffenen zu entscheiden. Eine Vermögensbetreuung kann beispielsweise im Sinne von § 1896 Abs. 2 BGB erforderlich sein, wenn der Bedarf, das Notwendige zu veranlassen, jederzeit auftreten kann.

> **Beispiel:** Die infolge einer frühkindlichen Erkrankung in ihrer Intelligenz erheblich 405 geminderte Klara Sch. verfügt über ein größeres Vermögen. Im Alltagsleben kommt Frau Sch., die einer Tätigkeit in einem Krankenhaus als „Mädchen für alles nachgeht", gut zurecht, was nicht zuletzt auch auf der fürsorglichen Überwachung durch die Stationsschwester beruht. Die Anlage des Vermögens bedarf jedoch der ständigen Überwachung und Kontrolle.

---

332 BT-Drs. 11/4528, 120.
333 *Bienwald/Bienwald W.* § 1896 BGB Rn. 85.
334 *LG Bielefeld* BtPrax 2013, 123 = BeckRS 2013, 13443.
335 *BGH* BtPrax 2015, 62 = FamRZ 2015, 650.
336 *BGH* XII ZB 460/13, FamRZ 2014, 466, Rn. 11.
337 *Knittel* BtR, § 1896 BGB Rn. 18.
338 *BayObLG* BtPrax 1995, 64 f.

406 Im Gesundheitsbereich setzt die Anordnung einer Betreuung gegen den Willen eines Betroffenen eine schwere Erkrankung voraus.[339]

407 **Beispiel:** Für die unter einem Vermüllungssyndrom leidende Flora E. wird zwecks Vermeidung einer Räumungsklage durch den Vermieter eine Betreuung mit den Aufgabenkreisen „Wohnungsangelegenheiten" und „Vermögen" angeordnet. In der Anhörung fällt auf, dass die jugendliche Betroffene teilweise nur noch schwarze Zahnstummel hat, ihr Gebiss also dringend sanierungsbedürftig ist. Die Betroffene lehnt jedoch insoweit strikt eine Betreuung ab.

408 Ein Betreuer kann jedoch bestellt werden – auch ohne akuten Handlungsbedarf (!) – wenn auf Grund einer psychischen Erkrankung regelmäßig nervenärztliche Behandlung erforderlich ist und durch diese der Eintritt von Krankheitsschüben entweder gemildert oder verhindert werden kann.[340]

409 Mit Hinblick auf den Erforderlichkeitsgrundsatz ist der Aufgabenkreis wie folgt zu formulieren:

„Wahrnehmung der Rechte des Betreuten bei der Heilbehandlung im nervenärztlichen Bereich und Aufenthaltsbestimmung zum Zwecke der auf den nervenärztlichen Bereich beschränkten Heilbehandlung."[341] Liegen nach den Feststellungen des Sachverständigen die Voraussetzungen einer Unterbringung vor bzw. ist eine solche in naher Zukunft wegen einer notwendigen nervenärztlichen Behandlung zu erwarten, ist es gerechtfertigt, einen Betreuer mit diesen Aufgabenkreisen zu bestellen, denn die Erforderlichkeit einer Betreuung ist vorausschauend zu handhaben, anderenfalls der Betreuer nur auf die teilweise mit Zeitverzögerungen verbundenen Verfahrensweisen nach §§ 300 ff. FamFG oder § 1846 BGB beschränkt wäre.[342]

hh) Fehlende Kooperation zwischen Betreutem und Betreuer

410 Unter dem Aspekt des Erforderlichkeitsgrundsatzes ist die Aufrechterhaltung bzw. erstmalige Installierung einer Betreuung als Verstoß gegen das Selbstbestimmungsrecht des Betroffenen, Art. 2 GG, anzusehen, wenn die Bestellung eines Betreuers keinen Erfolg verspricht.[343] Dies entschied das *BayObLG* in einem Fall, in dem eine Betroffene seit 1968 an einer Psychose aus dem schizophrenen Formenkreis litt und immer wieder in psychotischen Schüben, hervorgerufen durch das eigenmächtige Absetzen von Medikamenten, mit hochaggressivem und geistig verwirrtem Verhalten in ein psychiatrisches Krankenhaus eingeliefert werden musste. Der Betroffenen wurde gegen ihren Willen ein Betreuer bestellt mit den Aufgabenkreisen Gesundheitssorge, Aufenthaltsbestimmungsrecht, Durchsetzung von Rentenansprüchen und Sozialleistungen. Ein vertrauensvoller Kontakt zwischen der Betreuten und ihrem Betreuer scheiterte aus in der Person der Betroffenen liegenden Gründen, die eine Betreuung als belastend und erniedrigend empfand sowie aus einer übersteigerten religiösen Einstellung heraus die Inanspruchnahme von Sozial- und Rentenleistungen ablehnte.

411 Das *BayObLG* vertrat die Auffassung, dass stets konkret gefragt werden müsse, was sich an der Lage des Betroffenen durch die Installierung einer Betreuung ändere. Insoweit ist also ein Vergleich anzustellen zwischen der Situation des Betroffenen vor der Betreuerbestellung und

---

339 *BayObLG* BtPrax 1995, 64 f.
340 *BayObLG* BtE, Bd. 1 Nr. 6 zu § 1896 BGB = BtPrax 1993, 171.
341 *LG Berlin* Beschl. v. 27.11.1995, Az. 87 T 377/95, S. 2 (unveröff.).
342 *LG Berlin* Beschl. v. 27.11.1995, Az. 87 T 377/95, S. 11.
343 *BayObLG* BtPrax 1994, S. 209/210.

danach. Bleibt alles beim Alten, weil der Betroffene jegliche Zusammenarbeit mit dem Betreuer ablehnt, so ist diesem die Möglichkeit genommen, den Krankheitsverlauf positiv zu beeinflussen, da zumal der Betreuer keine Möglichkeit hat, ambulant eine zwangsweise Verabreichung von Medikamenten durchzusetzen. Aus diesem Grunde hob das *BayObLG* die angeordnete Betreuung in den Aufgabenkreisen „Heilbehandlung" und „Aufenthaltsbestimmung" auf. Selbst für den angeordneten Aufgabenkreis „Stellen eines Rentenantrags" warf das Gericht die Frage auf, ob der Betroffenen diese Versicherungsleistung gegen ihren Willen aufgedrängt werden könne. Die Einschränkung ihres Selbstbestimmungsrechts erfordere seitens des Vordergerichts die konkrete Feststellung, dass sie als Rentenempfängerin in Bezug auf Krankenversicherung und ärztliche Versorgung besser gestellt wäre als als Sozialhilfeempfängerin.

Diese zuletzt bezeichnete Auffassung ist äußerst fragwürdig. Aus dem Sachverhalt ergab sich, **412** dass die Betroffene selbst in symptomarmen Intervallen an Wahnideen leidet, mithin von einer unbeeinflussten, freien Willensbestimmung zu keinem Zeitpunkt die Rede sein kann. Wollte man in diesem Punkte das Selbstbestimmungsrecht der Betroffenen respektieren und eine zwangsweise Durchsetzung ihrer Rentenansprüche unterlassen, so liefe dies auf das Sanktionieren einer ungerechtfertigten Inanspruchnahme von Sozialhilfe und damit der Allgemeinheit hinaus, die nach ihrer Konzeption subsidiär nur dann in sozialen Notlagen zum Tragen kommen soll, wenn andere soziale Sicherungssysteme nicht zu Gunsten des Betroffenen aktiviert werden können.

Demgegenüber zuzustimmen ist dem *BayObLG* dahingehend, dass es keinen Sinn ergibt, die **413** Aufgabenkreise „Heilbehandlung" und „Aufenthaltsbestimmung" aufrechtzuerhalten wegen fehlender Kooperation der Betroffenen mit ihrem Betreuer. Dieser hat infolge der ablehnenden Haltung der Betroffenen keine Möglichkeit, in positiver Form auf sie einzuwirken. Eine Aufrechterhaltung der Betreuung ohne Zweckerreichung widerspricht dem Erforderlichkeitsgrundsatz.[344]

3. Der Vorrang der Bevollmächtigung

Nach § 1896 Abs. 2 S. 2, 1. Alt. BGB ist die Errichtung einer Betreuung nicht erforderlich, **414** wenn die Angelegenheiten des Betroffenen ebenso gut durch einen Bevollmächtigten besorgt werden können.[345]

Voraussetzung ist, dass der Betroffene in geschäftsfähigem Zustand entweder vor einem **415** Betreuungsverfahren oder im Rahmen eines laufenden Betreuungsverfahrens, vgl. § 278 Abs. 2 FamFG, einen Dritten mit der Regelung seiner Angelegenheiten beauftragt hat. Das Erteilen einer Vollmacht ist Ausdruck des Selbstbestimmungsrechts des Betroffenen und ein Akt der Privatautonomie. Der Betroffene verfügt zu einem Zeitpunkt, zu dem er hierzu noch geistig in der Lage ist, was er als Fürsorge im Falle von Krankheit und Gebrechlichkeit wünscht.

Das 1. BtÄndG hat seit 1999 die Handlungsmöglichkeiten eines Bevollmächtigten auf alle **416** Angelegenheiten der Personensorge erweitert: Es hat eine Stellvertretung des geschäftsunfähigen Betroffenen im Bereich der Aufenthaltsbestimmung, Gesundheitssorge, bei freiheitsentziehender Unterbringung und unterbringungsähnlichen Maßnahmen nach § 1906 Abs. 1 und 4 BGB ergänzend für zulässig erklärt. Der Bevollmächtigte bedarf jedoch ebenso wie der

---

344 *AG Frankfurt/Main* Beschl. v. 29.2.2012, 49 XVII HOF 399/12, JurionRS 2012, 42164.
345 *Zimmermann* Die Formulierung der Vorsorgevollmacht, NJW 2014, 1573.

Betreuer in folgenden Tätigkeitsbereichen einer betreuungsgerichtlichen Genehmigung (vgl. §§ 1906 Abs. 5, 1904 Abs. 5 BGB):

- Der freiheitsentziehenden Unterbringung, § 1906 Abs. 1 und 5 BGB;
- der unterbringungsähnlichen Maßnahmen, § 1906 Abs. 4 und 5 BGB;
- der stationären ärztlichen Zwangsmaßnahme, § 1906 Abs. 3 BGB (neu seit 26.2.2013);
- der gefährlichen Heilbehandlung und der Beendigung oder Nichteinleitung lebenserhaltender Maßnahmen, § 1904 Abs. 5 BGB (im Dissensfall mit dem behandelnden Arzt).

417   Die Vollmacht kann grundsätzlich formfrei erteilt werden, §§ 167, 168 BGB. Freilich ist dies insoweit graue Theorie, als der Rechtsverkehr üblicherweise nur schriftlich erteilte Vollmachten beachtet. So gehen beispielsweise die in den Broschüren der Justizministerien abgedruckten Kontovollmachtsformulare zutreffend davon aus, dass Banken diese nur bei einer Unterzeichnung in den Bankräumlichkeiten unter Anwesenheit eines entsprechend legitimierten Bankmitarbeiters anerkannt werden.

418   ▶ **Hinweis:**   Nach der neueren Rechtsprechung sind jedoch Banken verpflichtet, Vorsorgevollmachten, die zur Vertretung in Vermögensangelegenheiten legitimieren, zu akzeptieren.[346] Dies gilt jedenfalls bei Übereinstimmung der Unterschrift unter der Vorsorgevollmacht mit der bei der Bank hinterlegten Vergleichsunterschrift. Notariell beurkundete oder beglaubigte Vorsorgevollmachten sowie durch die Betreuungsbehörde beglaubigte Vorsorgevollmachten sind ohnehin zu akzeptieren. ◀

419   Ferner wird bei großem Vermögen und insbesondere bei zu verwaltendem Grundbesitz empfohlen, die Vollmacht notariell beurkunden zu lassen. Dies hat im Zweifel später auch einen höheren Beweiswert, wenn es etwa um die Frage geht, ob der Betroffene bei Abgabe der Vollmachtserklärung geschäftsfähig war. Ein Notar ist qua Gesetz verpflichtet, § 11 BeurkG, sich von der Geschäftsfähigkeit des Vollmachtgebers zu überzeugen. Eine vom Betroffenen erteilte Vorsorgevollmacht hindert die Bestellung eines Betreuers nur, wenn gegen die Wirksamkeit der Vollmachtserteilung keine Bedenken bestehen.[347]

420   Ferner ist eine notarielle Beurkundung der Vollmacht angebracht, sofern Grundstücksgeschäfte (Veräußerung und Verwaltung von Liegenschaften) zu erledigen sind. Zumindest ist eine öffentliche Unterschriftsbeglaubigung (auch durch die Betreuungsbehörde nach § 6 Abs. 2 BtBG) angebracht, weil sich der Bevollmächtigte beim Antrag auf Änderung des Grundbuches nach § 29 GBO durch eine öffentlich beglaubigte Vollmacht legitimieren muss.

421   Das Betreuungsgericht wiederum ist im Rahmen der Amtsermittlung gehalten, folgenden Fragen nachzugehen:

1. War der Vollmachtgeber zum Zeitpunkt der Erteilung der Vollmacht geschäftsfähig? Bei Zweifeln hieran ist von Amts wegen ein Sachverständigengutachten einzuholen.[348] Zudem ist die Einvernahme von Zeugen zu empfehlen, z.B. des die Vollmacht beurkundenden Notars.
2. Wurde die Vollmacht zwischenzeitlich wirksam widerrufen oder seitens des Bevollmächtigten gekündigt (§ 671 BGB i.V.m. § 168 BGB)?[349]

---

346   *LG Detmold* Urt. v. 14.1.2015 – 10 S 110/14, BtPrax 2015, 120 = FamRZ 2015, 1522.
347   *BGH* FamRZ 2011, 285 = FGPrax 2011, 77 = MDR 2011, 164 = NJW 2011, 925 = Rpfleger 2011, 321; *BGH* FamRZ 2011, 964 = FGPrax 2011, 179 = MDR 2011, 788 = NJW 2011, 2135 = Rpfleger 2011, 498; a.A. Jurgeleit/*Jurgeleit* BtR, § 1896 BGB Rn. 71.
348   HK-BUR/*Bauer/Deinert* § 1896 BGB Rn. 183.
349   *BGH* BtPrax 2011, 84 = FamRZ 2011, 285 = FGPrax 2011, 77 =NJW 2011, 925.

3. Deckt die erteilte Vollmacht sämtliche zu regelnden Angelegenheiten des Betroffenen ab und erfüllt sie dazu etwa nötige Formvorschriften, z.B. die Schriftform, § 126 BGB i.V.m. §§ 1904, 1906 BGB, § 51 Abs. 3 ZPO oder die öffentliche Beglaubigung, § 29 GBO?[350]

4. Ist der Bevollmächtigte geeignet, die Angelegenheiten des Vollmachtgebers in dessen Interesse wahrzunehmen;[351] erhebliche Zweifel an der Redlichkeit eines Bevollmächtigten können diesen als ungeeignet erscheinen lassen?[352]

Insbesondere die Reichweite von Vollmachten wirft in der Praxis immer wieder Probleme auf. 422
Dies resultiert aus dem Umstand, dass teilweise vorgefertigte Formulare unkritisch übernommen werden, ohne dass eine Anpassung an die persönlichen Verhältnisse und Gegebenheiten des Vollmachtgebers stattfindet.

Beispiel:[353] Der Betroffene hatte bei einem renommierten Notar eine Generalvollmacht 423
zu Gunsten seines Sohnes Michael G. beurkunden lassen, in der stand: „Hiermit ernenne ich, der Erschienene, meinen Sohn Michael G. zu meinem Bevollmächtigten und erteile ihm Vollmacht, mich in allen Angelegenheiten gegenüber juristischen und natürlichen Personen, gegenüber Gerichten, Behörden und Banken zu vertreten. Die Vertretungsbefugnis soll sich ohne jede Ausnahme auf alle Rechtsgeschäfte und Rechtshandlungen erstrecken, welche von mir und mir gegenüber vorgenommen werden können, soweit die Gesetze eine Vertretung zulassen (...)" In dem anhängigen Betreuungsverfahren erbrachte das Sachverständigengutachten – zutreffend – einen Vertretungsbedarf des Betroffenen in den Aufgabenkreisen Vermögenssorge, Gesundheitssorge, Aufenthaltsbestimmung und Wohnungsangelegenheiten. Auf Grund der globalen Formulierung in der Vollmacht des Betroffenen erkannte das Gericht die Bevollmächtigung des Herrn G. lediglich für die Vermögenssorge an, für alle übrigen Angelegenheiten wurde ein Betreuer eingesetzt, ein Ergebnis, das nach den glaubhaften Ausführungen des Herrn G. so von dem Betroffenen, der alle Angelegenheiten durch seinen Sohn erledigt wissen wollte, nicht gewünscht war.

4. Befugnisse des Bevollmächtigten in den sogenannten höchstpersönlichen Angelegenheiten

Voraussetzung für das Tätigwerden eines Bevollmächtigten in höchstpersönlichen Angelegen- 424
heiten, d.h. dem Bereich der Gesundheitssorge, der freiheitsentziehenden Unterbringung und den unterbringungsähnlichen Maßnahmen sowie der ärztlichen Zwangsmaßnahme, ist zunächst, dass der Vollmachtgeber außer Stande ist, seine eigenen Angelegenheiten selbst wahrzunehmen. Auf die Geschäftsfähigkeit kommt es nicht an, denn auch ein Geschäftsunfähiger kann unter Umständen im natürlichen Sinne einsichts- und willensfähig sein. Erst wenn der Vollmachtgeber nicht mehr einwilligungsfähig ist, kann der Vollmachtnehmer in den höchstpersönlichen Angelegenheiten anstelle des Vollmachtgebers tätig werden. Zu den Aufgabenkreisen im Einzelnen:

---

350 Betreuerbestellung zur Grundstücksveräußerung bei privatschriftlicher Vorsorgevollmacht *BGH* JurionRS 2016, 12247 = NJW 2016, 1516.
351 *BGH* FGPrax 2012, 109 und *BGH* FGPrax 2013, 260.
352 *BGH* BtPrax 2011, 173 = FamRZ 2011, 964.
353 Nach *LG Berlin* zu Az. 87 T 141/97.

a) Einwilligung in und Verweigerung von ärztliche(n) Heilbehandlungsmaßnahmen

425 Ein Tätigwerden eines Bevollmächtigten in diesem Bereich setzt zunächst voraus, dass die von dem Vollmachtgeber erteilte Vollmacht dezidiert die Befugnis zu einer Vertretung in Heilbehandlungsfragen beinhaltet, eine sog. „Generalvollmacht" reicht gerade nicht aus. Erforderlich ist, dass der Vollmachtstext im Einzelnen angibt, inwieweit der Bevollmächtigte befugt ist, von den von der Schweigepflicht entbundenen Ärzten über den Gesundheitszustand und die notwendige oder aber zu unterlassende Heilbehandlung Auskunft zu erhalten bzw. Entscheidungen zu treffen.

426 Ferner ist in die Vollmacht explizit aufzunehmen, dass der Bevollmächtigte legitimiert ist, in eine Untersuchung des Gesundheitszustandes und eine Heilbehandlung des Betroffenen oder einen ärztlichen Eingriff einzuwilligen oder aber eine solche zu verweigern.[354] Mit Hinblick auf § 1901a Abs. 3 und § 1904 Abs. 5 BGB ist es darüber hinaus erforderlich, klarzustellen, dass diese Befugnis auch dann gilt, wenn die begründete Gefahr besteht, dass der Betroffene auf Grund der Maßnahmen stirbt oder einen schweren oder länger dauernden gesundheitlichen Schaden erleidet. Erst recht einer gesonderten Klarstellung bedarf der Umstand, dass der Vollmachtnehmer auch das Recht hat, über die Anwendung neuer, noch nicht zugelassener Medikamente nach § 41 Abs. 3 Arzneimittelgesetz oder Behandlungsmethoden bei dem Betroffenen zu entscheiden.[355] Ein Verweis auf eine separate Patientenverfügung nach § 1901a Abs. 1 BGB ist angebracht, um den Bevollmächtigten auf die dort genannten Verhaltensweisen zu verpflichten.

b) Befugnis zur Unterbringung und zu unterbringungsähnlichen Maßnahmen

427 Hinsichtlich der Aufenthaltsbestimmung ist ausdrücklich anzugeben, dass der Bevollmächtigte legitimiert ist, den Aufenthalt des Betroffenen im Falle der Entscheidungsunfähigkeit zu bestimmen und zwar auch in dem Fall, wenn eine vorübergehende oder dauerhafte Freiheitsentziehung durch geschlossene Türen, aber auch durch Bettgitter, Bauchgurt oder andere mechanische Vorrichtungen, durch stark sedierende Medikamente oder in anderer Weise stattfindet.[356]

428 Teilweise wurde früher verlangt, dass die Befugnis des Dritten, den Vollmachtgeber beispielsweise in einem psychiatrischen Krankenhaus unterzubringen, in einer vorgefertigten notariellen Urkunde durch eine besondere handschriftliche Ergänzung hervorgehoben werden muss, um zu verdeutlichen, dass der Vollmachtgeber sich im Zeitpunkt der Abgabe der Willenserklärung bewusst war, in welch weitreichender Form er Rechte an einen Dritten delegiert.[357] Diese Rechtsprechung ist mittlerweile überholt.

429 Keinesfalls ausreichend ist es also, wenn in der Vollmacht ohne jede weitere Detaillierung steht, der Bevollmächtigte sei berechtigt, die „Aufenthaltsbestimmung" und die „Gesundheitsvorsorge" auszuüben. Eine derartige Vollmacht ist in Ansehung der weitreichenden Bedeutung und Folgen, die eine Übertragung höchstpersönlicher Rechte auf einen Dritten impliziert, nicht hinreichend spezifiziert, um eine betreuungsgerichtliche Intervention zu vermeiden. Derart globale Formulierungen widersprechen dem Bestimmtheitsgrundsatz. Dies gilt auch, wenn angesichts der eindeutigen Gesetzeslage seit Februar 2013 kein Hinweis auf eine ärztliche Zwangsmaßnahme i.S.d. § 1906 Abs. 3 BGB in der Vollmachtsurkunde enthalten ist.

---

354 *Palandt/Götz* BGB, 75. Aufl. 2016, § 1904 BGB Rn. 26.
355 *LG Hamburg* BtPrax 1999, 243, 244.
356 *LG Hamburg* BtPrax 1999, 243, 244.
357 *AG Frankfurt/Main* BtPrax 1999, 246.

Es muss vielmehr für das Betreuungsgericht unmissverständlich nachvollziehbar sein, dass der **430** Betroffene bewusst und gewollt gerade im höchstpersönlichen Bereich eine Bevollmächtigung erteilen wollte.[358] So ist es essentiell, dass der Vollmachtgeber in dem Bereich der freiheitsbeschränkenden Maßnahmen nach § 1906 Abs. 4 BGB zumindest den Gesetzeswortlaut in der Vollmachtsurkunde wiederholt, um damit zu verdeutlichen, dass er sich über die Tragweite und Konsequenzen einer derartigen Bevollmächtigung im Klaren ist.[359] Es muss für den Betreuungsrichter erkennbar sein, dass der Betroffene gerade in diesem Punkte eine Ersetzung staatlicher Fürsorge und Betreuung erstrebte durch die eigenverantwortliche Übertragung seines Schicksals in private Hände.

Inzwischen hat die Anzahl der von Bevollmächtigten gestellten Genehmigungsanträge nach § 1906 BGB erheblich zugenommen. Im Jahre 2014 wurden 26 % aller Anträge auf Unterbringungsgenehmigung nach Abs. 1 und sogar 34 % aller Anträge auf Genehmigung unterbringungsähnlicher Maßnahmen (§ 1906 Abs. 4 BGB) durch Bevollmächtigte gestellt.[360] Allerdings hat sich im Bereich der unterbringungsähnlichen Maßnahmen insgesamt ein Rückgang der Genehmigungszahlen um rund 25.000 (von 85.132 im Jahre 2012 auf 60.4387 im Jahre 2014) ergeben, der im Wesentlichen auf pflegerische Maßnahmen zur Vermeidung von Bettgittern u.Ä. zurückzuführen ist („Werdenfelser Weg").

c) Befugnis zur Einwilligung in bzw. Verweigerung von lebensverlängernde(n) Maßnahmen

Was für den Bereich der Aufenthaltsbestimmung, der Unterbringung und der unterbringungs- **431** ähnlichen Maßnahmen gilt, muss erst recht Geltung beanspruchen, wenn Dritte damit beauftragt werden, in Gesundheitsfragen an Stelle des Betroffenen tätig zu werden, um etwa u.a. auch in lebensverkürzende bzw. in den Abbruch lebensverlängernder Maßnahmen (§ 1904 Abs. 2 BGB) einzuwilligen. Insbesondere auf diesem höchst sensiblen Gebiet wird deutlich, dass die auf dem Markt in vielfacher Form zirkulierenden Formulare oft nicht geeignet sind, betreuungsgerichtliche Verfahren abzuwenden.[361] Eine derartige Wirkung werden nur Erklärungen entfalten, die erkennen lassen, dass der Betroffene sich umfassend mit dem abzufassenden Text – nach entsprechender Aufklärung über die Implikationen – auseinandergesetzt hat. Die Vollmacht muss transparent machen, warum der Betroffene auf Grund seiner Biographie und Lebensumstände, seiner weltanschaulichen und religiösen Auffassungen keine lebensverlängernden Maßnahmen wünscht. Je deutlicher der Betroffene in der Vollmachtsurkunde seine individuellen Anschauungen zum Ausdruck bringt und seine getroffenen Entscheidungen begründet, umso größer ist die Überzeugungskraft im Rahmen des betreuungsgerichtlichen Verfahrens.

d) Regelmäßige Bestätigung des Vollmachtstextes

Darüber hinaus ist es anzuraten, nicht aber verpflichtend, dass der Betroffene in regelmäßigen **432** Abständen – empfohlen werden Zeiträume von einem Jahr – durch eine erneute Unterschriftsleistung unter die Vollmachtsurkunde bekräftigt, dass seine Erklärung nach wie vor seinem Willen entspricht.

---

358 So bereits *OLG Stuttgart* BtPrax 1994, 99, 100.
359 *Zimmermann* Die Formulierung der Vorsorgevollmacht, NJW 2014, 1575.
360 BMfJ Sondererhebung Verfahren nach dem BtG 2013, vgl. *Deinert* BtPrax 2016, 9/11.
361 *Knieper* Inhalt und Auswirkungen der Sterbehilfeentscheidung, BtPrax 1998, 160 f.

433 Grundsätzlich sollte seitens eines Betroffenen, gerade weil er sein Schicksal im Falle der Hilflosigkeit in fremde Hände legt, eine Vollmacht nur bei Vorliegen folgender Voraussetzungen erteilt werden:

1. Zwischen dem Betroffenen und dem Bevollmächtigten besteht bereits ein langjähriges gegenseitiges Vertrauensverhältnis.
2. Der Bevollmächtigte kennt gerade bei Bevollmächtigungen im höchstpersönlichen Bereich die Wertvorstellungen und Wünsche des Betroffenen.
3. Der Bevollmächtigte ist sowohl auf Grund seiner Persönlichkeitsstruktur und seines Durchsetzungsvermögens als auch von den zeitlichen Möglichkeiten her in der Lage, die Wünsche und Vorstellungen des Betroffenen gegenüber dem Betreuungsgericht, den Versicherungsträgern, Ärzten und sonstigen Institutionen adäquat zu vertreten.

434 Eine Vollmacht zur Vermeidung einer Betreuung könnte etwa wie folgt lauten:

┌─ **Muster: Altersvorsorgevollmacht** ─────────────────────────

Altersvorsorgevollmacht

Ich, Max K., wohnhaft in (...), geboren am (...) in (...) bin im Vollbesitz meiner geistigen Kräfte. Mein langjähriger Hausarzt Dr. Gerd M., geschäftsansässig in (...), kann bezeugen, dass ich zum Zeitpunkt der Abfassung dieser Verfügung bei klarem Verstand bin. Herr Dr. M. wird von der Schweigepflicht entbunden, soweit einmal Aussagen zu meinen derzeitigen Gesundheitszustand erforderlich sein sollten.

Für den Fall, dass ich auf Grund einer geistigen oder seelischen Behinderung respektive Krankheit nicht mehr in der Lage sein sollte, meine eigenen Angelegenheiten ganz oder teilweise zu besorgen, ordne ich das Nachstehende an:

Meistenteils wird empfohlen, eine unbedingte Vollmacht zu etablieren, d.h., die Möglichkeit der Nutzung der Vollmacht durch den Bevollmächtigten nicht an die Bedingung des Eintritts und Nachweises einer geistigen oder seelischen Erkrankung oder Behinderung zu knüpfen.

1. Hierdurch erteile ich meiner Ehefrau Gisela K., geb. am (...), wohnhaft in (...) Generalvollmacht.

Sollte es meiner Frau infolge eigener körperlicher und geistiger Gebrechen nicht möglich sein, meine Rechte als Bevollmächtigte auszuüben, so bevollmächtige ich ersatzweise meine in (...) lebende Stieftochter Bärbel W., geb. am(...) in (...).

Die Bestimmung eines Ersatzbevollmächtigten ist ratsam für den Fall, dass der ursprünglich Bevollmächtigte die Rechte und Pflichten aus der Vollmacht nicht wahrnehmen kann. Es kann dann auf den Ersatzbevollmächtigten zurückgegriffen werden. Der Umfang der Vollmacht kann individuell festgelegt werden. Im Folgenden wird von dem Wunsch des Vollmachtgebers ausgegangen, in allen Angelegenheiten vertreten zu werden. Die Vollmacht kann jedoch beispielsweise auf eine Vertretung isoliert in Vermögensangelegenheiten beschränkt werden.

Meine Bevollmächtigte ist legitimiert, mich in sämtlichen Vermögensangelegenheiten sowie Behördenangelegenheiten und in jeder denkbaren Weise gegenüber Behörden, Versicherungen, Leistungsträgern, Gerichten, insbesondere dem Betreuungsgericht sowie gegenüber Dritten zu vertreten, wo auch immer das Gesetz eine Stellvertretung ermöglicht. Die Vollmacht umfasst auch eine Bevollmächtigung in höchstpersönlichen Angelegenheiten, auch in den Bereichen, in denen eine Stellvertretung eine gerichtliche Genehmigung erfordert.

Meine Bevollmächtigte soll mich erforderlichenfalls umfassend in allen notwendig zu erledigenden Angelegenheiten vertreten. Meine Bevollmächtigte nimmt diesen Auftrag an und verpflichtet sich zu einer sorgfältigen und gewissenhaften Besorgung meiner Angelegenheiten.

Anordnung, dass die Vollmacht nicht durch den Tod erlischt, damit der Bevollmächtigte die Beerdigung und die Nachlassabwicklung veranlassen kann

2. Die Vollmacht soll durch meinen Tod nicht erlöschen.

Meine Bevollmächtigte ist von den Beschränkungen des § 181 BGB befreit. Sie kann erforderlichenfalls Untervollmacht erteilen. Meiner Bevollmächtigten bringe ich vollstes Vertrauen entgegen, wir sind seit 38 Jahren glücklich verheiratet und ich weiß, dass meine Frau nie etwas veranlassen würde, was mir schadet. Ein ebenso großes Vertrauen bringe ich meiner Stieftochter, meiner Ersatzbevollmächtigten, entgegen, die ich seit ihrem 12. Lebensjahr kenne und mit der mich eine tiefe Zuneigung verbindet.

3. Ziel dieser Vorsorgevollmacht ist, die Betreuungsgerichtliche Bestellung eines Betreuers für jedweden Aufgabenkreis zu verhindern. Ich möchte auf keinen Fall einem staatlichen Verfahren in diesem Bereich ausgesetzt werden.

4. Diese Vollmacht umfasst u.a. folgende Rechte:

Sofern Sie eine Vertretung durch den Bevollmächtigten in Heilbehandlungsangelegenheiten und im Rahmen behandlungsbegrenzender Maßnahmen wünschen, müssen Sie dieses explizit in die Vollmacht aufnehmen. Ferner ist wichtig, dass Sie Ihre persönlichen Wertvorstellungen religiöse Überzeugung bzw. Ihre Einstellung zum Erleiden von Schmerzen darstellen, damit Ihre Vorabverweigerung von Behandlungsmaßnahmen für das Betreuungsgericht nachvollziehbar wird.

- Die Vorsorgevollmacht umfasst das Recht, Auskünfte von jedem Arzt über meinen Gesundheitszustand und vorgesehene Heilbehandlungsmaßnahmen einzuholen. Insoweit befreie ich jeden Arzt von der ihm obliegenden Schweigepflicht. Mein Bevollmächtigter ist berechtigt, Einsicht in meine Patientenunterlagen zu nehmen.

- Mein Bevollmächtigter ist berechtigt, in eine Untersuchung meines Gesundheitszustandes, eine Heilbehandlungsmaßnahme oder einen ärztlichen Eingriff einzuwilligen oder aber diesen abzulehnen, und zwar selbst dann, wenn dadurch die begründete Gefahr besteht, dass ich durch die Zustimmung bzw. die Verweigerung derselben sterbe oder einen schweren oder länger dauernden gesundheitlichen Schaden erleide. Ferner umfasst die Vollmacht das Recht, über die Anwendung neuer, noch nicht zugelassener Medikamente und Behandlungsmethoden zu entscheiden. Des Weiteren erkläre ich, dass ich im Falle irreversibler Bewusstlosigkeit, wahrscheinlicher schwerer, irreparabler Dauerschädigung des Gehirns oder des dauernden Ausfalls lebenswichtiger Funktionen meines Körpers oder bei ungünstiger Prognose meiner Erkrankung mit einer Intensivtherapie oder Reanimation nicht einverstanden bin. Für den Fall, dass durch eine solche ärztliche Maßnahme nicht mehr erreicht werden kann als eine Verlängerung des Sterbevorgangs oder eine Verlängerung des Leidens, verweigere ich hiermit ausdrücklich die Zustimmung zu ärztlichen Eingriffen, besonders, wenn sie mit erheblichen Schmerzen verbunden sind. Meine Bevollmächtigte ist beauftragt, diesen meinen Willen gegenüber den Ärzten durchzusetzen.

Sollten Diagnose und Prognose von mindestens zwei Fachärzten ungeachtet der Möglichkeit einer Fehldiagnose ergeben, dass meine Krankheit zum Tode führt und mir aller Voraussicht nach große Beschwerden bereiten wird, so wünsche ich keine weiteren diagnostischen Maßnahmen und keine Verlängerung meines Lebens mit den Mitteln der Intensivtherapie. Sollte ich eine Gehirnverletzung oder eine Gehirnerkrankung haben, durch die meine geistigen Funktionen schwerwiegend und irreparabel geschädigt worden sind, so ist meine Bevollmächtigte ermächtigt, eine Einstellung der Therapie zu veranlassen, sobald durch mindestens zwei Fachärzte festgestellt worden ist, dass ich künftig nicht mehr in der Lage sein werde, ein menschenwürdiges Leben zu führen. Ich lehne es ab, ein Anhängsel medizinischer Apparate zu sein, die mein Leben künstlich verlängern. Ich bin der festen Überzeugung, dass das medizinisch Machbare nicht in jedem Fall das menschlich Sinnvolle ist.

Im Sterbeprozess wünsche ich eine palliativ-medizinische Basispflege und Sterbebegleitung insofern, dass eine Schmerztherapie stattfindet und akuten Beschwerden, wie etwa Schmerzen, Atemnot, unstillbarem Brechreiz, Erstickungsangst oder ähnlich schwerwiegenden Angstzuständen entgegengetreten wird. Mit der Verabreichung von Medikamenten, die ärztlicherseits unbeabsichtigt eine

Lebensverkürzung implizieren, bin ich einverstanden. Aktive lebenserhaltende Maßnahmen, wie künstliche Ernährung, Sauerstoffzufuhr, Bluttransfusionen, Dialyse, künstliche Beatmung lehne ich ab.

Ist im Rahmen meines Sterbeprozesses mein Durstgefühl sicher erloschen, so ist auf eine künstliche Flüssigkeitszufuhr zu verzichten, damit mein natürlicher Tod eintreten kann. Insbesondere geht es mir darum, dass ich kein schwerer Pflegefall werde. Für mich wäre ein Leben nicht mehr lebenswert, wenn ich umfassend auf fremde Hilfe angewiesen wäre, d.h. wenn ich außer Stande wäre, alleine zur Toilette zu gehen, zu essen, mich zu waschen und mich allein anzuziehen. Ich war bis zum Beginn meines Ruhestandes im Jahr 2005 ein selbstständiger Geschäftsmann und habe eigenverantwortlich mit meiner Frau ein Einzelhandelsgeschäft geführt. Allein die Vorstellung, wie ein Kind gewickelt zu werden, versetzt mich in Panik und Schrecken. Ferner war ich nie religiös gebunden; auch in meinem Bekannten- und Freundeskreis bin ich als Querdenker bekannt. Ich habe mich über die holländische gesetzliche Regelung zur Sterbehilfe ausgiebig informiert und begrüße diese als eine Möglichkeit, selbstbestimmt und in Würde den Zeitpunkt seines Todes festzulegen. Im Bereich der risikoreichen und lebensverkürzenden ärztlichen Maßnahmen unterliegt meine Bevollmächtigte im Falle der Uneinigkeit mit dem zuständigen Arzt einer betreuungsgerichtlichen Genehmigung nach §§ 1904 Abs. 3 BGB.

Für den Fall, dass Ihr Bevollmächtigter legitimiert sein soll, Sie in Fragen der Aufenthaltsbestimmung zu vertreten, empfiehlt sich die Aufnahme der nachfolgenden Passage in die Vollmacht:

• Meine Bevollmächtigte ist berechtigt, meinen Aufenthalt zu bestimmen. Meine Bevollmächtigte ist befugt, meinen Haushalt aufzulösen, sofern das Urteil von mindestens einem unabhängigen Facharzt ergibt, dass ein Aufenthalt in meinen häuslichen Verhältnissen nicht mehr zu verantworten wäre. Meine Bevollmächtigte ist legitimiert, mein Inventar zu veräußern und mich in einem Hospiz, Alters- oder Pflegeheim, einem Krankenhaus oder einer sonstigen geschlossenen Einrichtung unterzubringen.

Sofern Ihr Bevollmächtigter befugt sein soll, unterbringungsähnliche Maßnahmen, respektive eine freiheitsentziehende Unterbringung für Sie zu initiieren, ist die Aufnahme des nachstehenden Textes zwingend:

Des Weiteren ist meine Bevollmächtigte im Unterbringungsfall berechtigt, einem Entzug meiner Freiheit durch sedierende Medikamente, mechanische Vorrichtungen, wie Bettgitter, Bauchgurte oder durch andere Maßnahmen zuzustimmen.

Das heißt, dass meine Bevollmächtigte darüber entscheiden kann, dass ich zu meinem Schutz fixiert oder sediert werde, sei es, damit ich nicht von einem Stuhl oder aus dem Bett falle oder aber ich wegen meines geistig verwirrten Zustandes daran gehindert werde, unkontrolliert das Heim zu verlassen. Zu meinem Schutz willige ich bereits jetzt in die vorbezeichneten Maßnahmen ein und beauftrage meine Bevollmächtige, im Bedarfsfall die entsprechenden betreuungsgerichtlichen Genehmigungen einzuholen. Freiheitsentziehende Maßnahmen sollen das letzte Mittel der Wahl sein. Es sind zur Vermeidung unterbringungsähnlicher Maßnahmen vorher alle technischen und sonstigen Möglichkeiten (Sturzprotektorenhose, rutschfeste Socken usw.) auszuschöpfen.

• Die Vollmacht umfasst das Recht, eine Unterbringung nach § 1906 Abs. 1 BGB durchzuführen, die zu meinem Wohl erforderlich ist, weil auf Grund einer psychischen Krankheit oder geistigen bzw. seelischen Behinderung die Gefahr einer Selbsttötung besteht bzw. die Gefahr, dass ich mir erheblichen gesundheitlichen Schaden zufüge, oder weil eine Untersuchung meines Gesundheitszustandes, eine Heilbehandlung oder ein ärztlicher Eingriff notwendig ist, der ohne die Unterbringung nicht durchgeführt werden kann und ich auf Grund einer psychischen Krankheit oder geistigen oder seelischen Behinderung die Notwendigkeit der Unterbringung nicht erkennen bzw. nicht nach dieser Einsicht zu handeln vermag. Dies Befugnis zur Unterbringung zu Heilbehandlungszwecken beinhaltet auch die Durchführung von notwendigen ärztlichen Zwangsmaßnahmen. Meine Bevollmächtigte ist beauftragt, die entsprechenden betreuungsgerichtlichen Genehmigungen einzuholen.

Entscheidungsbefugnis über Organentnahmen

Meine Bevollmächtigte kann auch darüber entscheiden, ob nach meinem Hirntod Organe (Niere, Leber, Herz, Lunge, Bauchspeicheldrüse oder Hornhaut) entnommen werden können.

Einer freiwilligen Sektion zu medizinischen Zwecken über die Umstände meines Todes stimme ich zu.

Anordnung für den Fall, dass das Betreuungsgericht die Anordnung einer Kontrollbetreuung für erforderlich halten sollte

5. Sollte wider Erwarten entgegen meinem Willen durch das Betreuungsgericht eine Betreuung oder Kontrollbetreuung angeordnet werden, so sind diese Festlegungen auch von einem Betreuer respektive Kontrollbetreuer zu beachten.

Sollte es zu der Anordnung einer Kontrollbetreuung kommen, soll mein langjähriger Rechtsanwalt, Herr Paul S. aus der Sozietät K. und Kollegen, geschäftsansässig in ....., dieses Amt übernehmen.

Geltungsbereich der Vollmacht

Im Außenverhältnis gilt diese Vollmacht uneingeschränkt. Im Innenverhältnis ist die Bevollmächtigte gehalten, die Vollmacht möglichst nur nach meiner Weisung und unter Berücksichtigung meiner Wünsche, § 1901 BGB, auszuüben.

Widerrufsmöglichkeit

Diese Vollmacht ist jederzeit frei widerruflich. Sie erlischt weder durch meine Geschäftsunfähigkeit noch durch meinen Tod.

Entschädigungsregelung
Wird zwischen Vollmachtgeber und dem Bevollmächtigten ein so genannter Geschäftsbesorgungsvertrag, § 675 BGB, geschlossen, ist eine Vergütungsregelung aufzunehmen. Diese könnte wie folgt lauten:

Meine Bevollmächtigte erhält für ihre Tätigkeit jährlich 2 % meines Vermögens pauschal.

Alternative: Meine Bevollmächtigte erhält für ihre Tätigkeit € (...) pro Stunde.

Wird keine Regelung betreffend die Vergütung des Bevollmächtigten getroffen, gilt dessen Tätigkeit als Auftrag, § 662 BGB. In diesem Fall könnte der Bevollmächtigte den Ersatz seiner Aufwendungen, wie z.B. Fahrtkosten, Porto usw. (vgl. § 670 BGB) beanspruchen. Feste Vergütungsrichtlinien für Bevollmächtigte gibt es nicht. Es gilt der Grundsatz der Vertragsfreiheit, d.h. die Vergütung ist zwischen den Parteien frei vereinbar.

Berlin, den
Unterschrift Vollmachtgeber
Unterschrift Bevollmächtigte
Unterschrift Ersatzbevollmächtigte
Unterschrift Zeuge (nicht obligat)
Unterschrift Hausarzt
(nicht obligat)

Nach einem Jahr:

Diese Vollmacht entspricht nach wie vor meinem Willen/
Mittlerweile habe ich mich wie folgt umentschlossen:

Unterschrift Vollmachtgeber

435

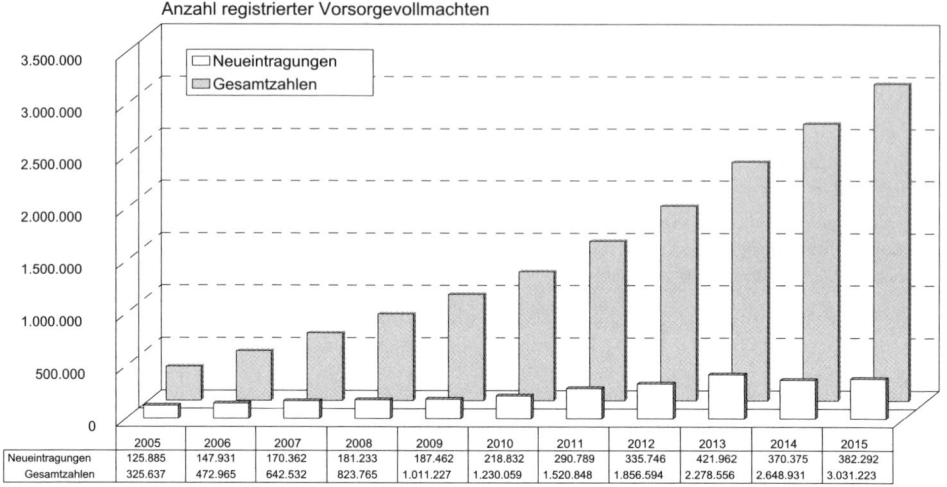

Registrierungsmöglichkeiten

Anzahl registrierter Vorsorgevollmachten

	2005	2006	2007	2008	2009	2010	2011	2012	2013	2014	2015
Neueintragungen	125.885	147.931	170.362	181.233	187.462	218.832	290.789	335.746	421.962	370.375	382.292
Gesamtzahlen	325.637	472.965	642.532	823.765	1.011.227	1.230.059	1.520.848	1.856.594	2.278.556	2.648.931	3.031.223

Quelle: Zentrales Vorsorgeregister der Bundesnotarkammer; Grafik: *Deinert*

436 Seit 2003 besteht die Möglichkeit, Vorsorgevollmachten (und damit verbunden Patientenverfügungen sowie Betreuungsverfügungen) beim zentralen Register der Bundesnotarkammer registrieren zu lassen. Die Rechtsgrundlage dazu stellen die §§ 78a, d und e der Bundesnotarordnung und die dazu ergangene Vorsorgeregisterverordnung und die Gebührensatzung der Bundesnotarkammer dar. Der eine Vollmacht beurkundende Notar soll gem. § 20a BeurkG darauf hinweisen. Zum 1.1.2016 waren beim Vorsorgeregister rund 3 Mio. Vollmachten registriert. Jedes Jahr kommen bis zu 400.000 weitere hinzu. Die Registrierung der Vollmacht, d.h. ihres wesentlichen Inhaltes und der Daten des Bevollmächtigten kostet rund 18,00 €, Vordrucke dazu gibt es bei Notaren, Betreuungsbehörden und -vereinen sowie auf der Internetseite des Vorsorgeregisters (www.vorsorgeregister.de). Es ist für Notare und Anwälte auch möglich, sich dort als institutioneller Nutzer anzumelden und die Daten online zu übermitteln, wobei die Registriergebühren dann etwas sinken. Details dazu enthalten die Vorsorgeregisterverordnung und die Vorsorgeregistergebührenordnung der Bundesnotarkammer, beide auf der Internetseite ersichtlich sowie abgedruckt in der HK-BUR-Gesetzessammlung.

437 Gerichte können beim Vorsorgeregister abfragen, ob dort eine Vollmacht registriert ist (§ 78d BNotO). Obwohl es im FamFG nicht als obligatorisch vorgeschrieben wurde, wird inzwischen in rund 75 % aller Betreuungsverfahren dort nachgefragt (rund 220.000 Mal). Die Zahl der positiven Meldungen (2014: 17.901) und die dadurch verhinderten Betreuungsanordnungen (2014: 11.831) sind allerdings bislang eher geringfügig.[362] Betreuungsbehörden und andere Personen erhalten derzeit keine Auskunft aus dem Register. Da das Register den betroffenen Personen Bestätigungskarten (ähnlich den bekannten Organspenderausweisen) zukommen lässt, kann es sein, dass bei einer hilflosen Person eine solche Karte aufgefunden wird. Sie sollte dem Betreuungsgericht zur Kenntnis gegeben werden.

---

362 Quelle: BNotK Statistik des Vorsorgeregisters sowie *BfJ* Sondererhebung Verfahren nach dem BtG 2014.

e) Beschränkung der Vollmacht auf Teilbereiche

Eine Vorsorgevollmacht, wie sie das Muster vorsieht, soll im Betreuungsfall eine Betreuung vermeiden.[363] Selbstverständlich kann der Vollmachtgeber auch die Bevollmächtigung auf einzelne Aufgabenkreise, wie beispielsweise eine Stellvertretung nur in Heilbehandlungsangelegenheiten, beschränken. In einem solchen Fall entfiele dann für das Betreuungsgericht die Erforderlichkeit der Anordnung einer Betreuung für den Aufgabenkreis der Heilbehandlung, weil der Betreute insoweit bereits durch einen Bevollmächtigten vertreten werden kann. **438**

Muster: Gesundheitsvollmacht ——————————————————————— **439**

Ich, Max K, geb. am (…), wohnhaft in (…), bin im Vollbesitz meiner geistigen Kräfte. Meinen langjährigen Hausarzt, Herrn Dr. Torsten L., geschäftsansässig in (…), den ich rein vorsorglich von seiner ärztlichen Schweigepflicht befreie, kann dieses bezeugen.

Für den Fall, dass ich einmal nicht mehr in der Lage sein sollte, mich selbst im Heilbehandlungsbereich zu vertreten, bevollmächtige ich hierdurch

Vor- und Zuname Bevollmächtigter:

Geborene:

Geburtsdatum:

Straße Nr.:

Postleitzahl/Wohnort:

mich in allen medizinischen Angelegenheiten gegenüber behandelnden Ärzten und dem Pflegepersonal zu vertreten. Ich entbinde alle mich behandelnden Ärzte und Pflegepersonen von der Schweigepflicht. Weiterhin ist mein Bevollmächtigter berechtigt, meine Patientenunterlagen einzusehen. Dies betrifft auch Dokumentationen von Pflegeheimen oder Pflegediensten.

Die Vollmacht könnte auch erweitert werden auf die Befugnis zur freiheitsentziehenden Unterbringung zum Zwecke der Heilbehandlung und Durchsetzung ärztlicher Zwangsmaßnahmen.

Ort, Datum und Unterschrift des Vollmachtgebers

Ort, Datum und Unterschrift des Vollmachtnehmers

▶ **Hinweis:** Ergänzend können weitere Kompetenzen des Bevollmächtigten, etwa im Bereich der lebensverkürzenden Maßnahmen, aufgenommen werden. Die Übertragung der Stellvertretung in Heilbehandlungsfragen auf einen Dritten dürfte nicht ausreichen, um derart weitreichende Befugnisse mit zu regeln. ◀ **440**

Besteht jedoch darüber hinaus Vertretungsbedarf in anderen Aufgabenkreisen, z.B. in Vermögens- oder Behördenangelegenheiten, so hat das Betreuungsgericht dem Betroffenen insoweit einen Betreuer zu bestellen. Bei der Auswahl des Betreuers muss das Gericht berücksichtigen, dass der Betroffene bereits eine Bevollmächtigung in Heilbehandlungsbelangen vorgenommen hatte und dadurch zum Ausdruck gebracht hatte, dass die Person des Bevollmächtigten sein Vertrauen genießt. Dieser wäre – so keine entgegenstehenden Anhaltspunkte eruierbar sind – als erstes zu befragen, ob er bereit ist, den Betroffenen auch in den gerichtlich anzuordnenden Aufgabenkreisen zu vertreten. **441**

---

363 *LG Traunstein* Beschl. v. 6.3.2006, 4 T 629/06; *OLG Brandenburg* FamRZ 2008, 303 (Ls).

f) Ausübung von Zwangsmaßnahmen durch den Bevollmächtigen

442 Ferner kann es trotz einer bestehenden Vollmacht, die einen Bevollmächtigten legitimiert, eine Unterbringung des Vollmachtgebers nach § 1906 BGB durchzuführen, erforderlich sein, eine Betreuung mit diesem Aufgabenkreis anzuordnen. Eine derartige Notwendigkeit könnte sich aus dem praktischen Bedürfnis ergeben, dass der Vollmachtgeber wegen fehlender Krankheitseinsicht – der am häufigsten anzutreffende Fall bei psychisch kranken Menschen – sich weigert, der Anordnung des Bevollmächtigten freiwillig Folge zu leisten. Seit 1.9.2009 kann auch der Bevollmächtigte auf Beschluss des Betreuungsgerichtes sich der Unterstützung der Betreuungsbehörde bedienen, § 326 FamFG. Aus dem Umstand, dass der Gesetzgeber im Zuge des 1. BtÄndG 1999 in § 1906 Abs. 5 BGB niederlegte, dass ein Bevollmächtigter, der Maßnahmen nach § 1904 Abs. 5 BGB an seinem Vollmachtgeber gestatten will, eine betreuungsgerichtliche Genehmigung einholen muss, wird deutlich, dass erhebliche Eingriffe in die Freiheitssphäre eines Betroffenen trotz dessen Vorausgenehmigung in einer Vorsorgevollmacht einer gerichtlichen Kontrolle zugeführt werden sollen. Der Gesetzgeber wollte also durch die Verpflichtung zur Einholung betreuungsgerichtlicher Genehmigungen im Bereich der freiheitsbeschränkenden Maßnahmen, § 1906 Abs. 1 und 4 BGB, und den gefährlichen Heilbehandlungen, § 1904 Abs. 5 BGB, durch den Bevollmächtigten zeigen, dass gerade in grundrechtssensiblen Bereichen ein privates Agieren ohne staatliche Kontrolle unerlaubt ist.

g) Inkrafttreten der Vollmacht

443 Zweifelhaft kann in der Praxis sein, ab welchem Zeitpunkt sie Gültigkeit beansprucht.

444 **Beispiel:** Die 84 Jahre alte, in Berlin wohnende Corinna J. erteilt ihrer Nichte Gabriele N. in Hamburg eine Vorsorgevollmacht. Eines Tages ruft der langjährige Hausarzt von Frau J. Frau N. an und teilt mit, Frau J. sei zunehmend vergesslicher geworden, und seines Erachtens bestehe Geschäftsunfähigkeit. Als Gabriele N. ihre Tante besucht, bemerkt sie die Verwahrlosung des Äußeren und der Wohnung der Frau J. Hierauf von ihrer Nichte angesprochen, bestreitet Frau J. jeglichen Handlungsbedarf: Sie fühle sich pudelwohl, und sie sei geistig topfit. Im Übrigen werde sie die geeigneten Konsequenzen – Vollmachtswiderruf – ziehen, wenn Gabriele N. ihr in den Rücken fällt.

445 ▶ **Hinweis:** Um derart unerquickliche Querelen zwischen Vollmachtgeber und Vollmachtnehmer zu vermeiden, empfiehlt es sich, in dem Fall einer notariell erteilten Vollmacht den Notar, der mit der Abfassung der Vorsorgevollmacht befasst war, zu beauftragen, die Vollmachtsurkunde nur dann an den Bevollmächtigten auszuhändigen, wenn er selbst nach einer Anhörung des Betroffenen sowie zwei Fachärzte für Neurologie und Psychiatrie unabhängig voneinander in einem Gutachten zu dem Schluss gekommen sind, dass Geschäftsunfähigkeit gegeben ist.[364] ◀

446 Auf diese Art und Weise ist der Vollmachtgeber vor einer missbräuchlichen Verwendung der erteilten Vollmacht hinreichend geschützt. Teilweise wird wegen der Gefahr ärztlicher Gefälligkeitsgutachten sogar ein einzuholendes amtsärztliches Gutachten gefordert.[365] Folgende Klauseln in der Vollmachtsurkunde könnten dies sicherstellen:

447 ▶ **Hinweis:** „Diese Vollmacht tritt erst in Kraft, wenn der Bevollmächtigte die Vollmachtsurkunde oder eine Ausfertigung der notariell beurkundeten Vollmacht besitzt. ◀

---

364 MK-BGB/*Schwab* § 1896 BGB Rn 55.
365 HK-BUR/*Bauer/Deinert* § 1896 BGB Rn. 185.

Der Notar wird angewiesen, eine Ausfertigung dieser Urkunde nur nach Vorlage einer ärztlichen Bescheinigung über meine Geschäftsunfähigkeit, die von mindestens zwei Fachärzten für Neurologie und Psychiatrie erteilt wurde, und nach eigenem persönlichen Augenschein meiner Person auszustellen." Bei einer lediglich privatschriftlich abgefassten Vorsorgevollmacht besteht die vorskizzierte Möglichkeit allerdings nicht. Daher sehen die Empfehlungen der Justizministerien des Bundes und der Länder inzwischen vor, eine Vorsorgevollmacht nicht mit einer diesbezüglichen Einschränkung zu versehen und Verfügungsbeschränkungen lediglich im Innenverhältnis zwischen Vollmachtgeber und Vollmachtnehmer, dem sog. Grundverhältnis (meist Auftrag nach §§ 662 ff. BGB) zu klären, was erneut verdeutlicht, wie groß das Vertrauensverhältnis zwischen den beteiligten Personen sein sollte.

448

Checkliste: Vorrang der Bevollmächtigung vor Betreuung

449

- Geschäftsfähigkeit auf Seiten des Vollmachtsgebers zum Zeitpunkt der Errichtung der Vorsorgevollmacht
- Kein Widerruf der Vollmacht durch Vollmachtgeber
- Eignung des Bevollmächtigten zur Besorgung der Angelegenheiten („ebenso gut")
- Bereitschaft und Fähigkeit des Bevollmächtigten zur Wahrnehmung der Aufgaben (keine eigene körperliche oder geistige Gebrechlichkeit)
- Abdeckung aller Aufgabenkreise, für die ein Fürsorgebedürfnis besteht
- Im Falle der Unvollständigkeit der Vollmacht: Ist der Betroffene noch zu einer ergänzenden Bevollmächtigung in der Lage, § 278 Abs. 2 FamFG
- Einhaltung der Formvorschriften, z.B. § 29 GBO (öffentliche Beglaubigung bei Grundstücksgeschäften)
- Bedarf für die Einsetzung eines Kontrollbetreuers, § 1896 Abs. 3 BGB oder Nichterforderlichkeit, weil der Betroffene noch selbst zu einer Überwachung in der Lage ist bzw. er in der Vollmacht bereits einen Kontrollbetreuer vorgeschlagen hat
- Ersatzbevollmächtigung.

---

5. Vorrang anderer Hilfen

§ 1896 Abs. 2 S. 2 Alt. 2 BGB bestätigt nochmals den Grundsatz des Nachrangs der Betreuung. Eine tatsächliche Betreuungsbedürftigkeit des Betroffenen erfordert nicht die Einrichtung einer Betreuung, wenn seine Angelegenheiten auch durch andere Hilfen ebenso gut besorgt werden können. Neben Hilfen durch Familienangehörige, Bekannte, Freunde oder Nachbarn ist auch an diejenigen zu denken, die durch Pflegeverbände, soziale Dienste[366] oder die öffentliche Hand angeboten werden.[367]

450

Allerdings gilt der Vorrang anderweitiger Hilfen nur, wenn hierdurch die Angelegenheiten des Betroffenen *ebenso gut* erledigt werden wie durch einen Betreuer. Es ist also ein Qualitätsvergleich zwischen staatlicher und privater Hilfe zu ziehen. Die Möglichkeiten, den Betroffenen durch anderweitige Hilfen zu unterstützen, dürften vornehmlich im Bereich tatsächlicher Maßnahmen liegen.

451

Beispiel: Die geschäftsfähige, aber gehunfähige Antje K. erteilt ihrer langjährigen Freundin Mechthild G. eine Bankvollmacht und bittet diese, ihr monatlich 600 € Wirtschaftsgeld vom Konto abzuholen, was diese auch jeweils erledigt.

452

---

366 Zum Vorrang des betreuten Wohnens *LSG NRW* Urt. V. 22.12.2014, L 20 SO 236/13.
367 BT-Drs. 11/4528, 121.

453   Teilweise haben die Betroffenen Schwierigkeiten, ihren Zahlungsverkehr zu organisieren. Bei einem Großteil derartiger Fälle reicht es aus, wenn der Betroffene, ggf. durch einen sozialen Dienst, darin unterstützt wird, Daueraufträge bzw. Einzugsermächtigungen für alle wiederkehrenden Leistungen einzurichten. Allein die Furcht, dass beispielsweise ein Vermieter die ihm erteilte Einzugsermächtigung missbrauchen könnte, vermag eine Betreuerbestellung nicht zu rechtfertigen. Dies wäre allenfalls anders zu betrachten, wenn der Vermieter in der Vergangenheit durch unberechtigte respektive überhöhte Forderungen sich profiliert hätte.

454   Probleme mit dem Zahlungsverkehr treten insbesondere bei alten Menschen auf, speziell bei Witwen, wenn deren vorverstorbener Ehemann auf Grund einer entsprechenden Arbeitsteilung stets alle finanziellen Angelegenheiten erledigte. Diese sind häufig überfordert, die Zahlung der periodisch anfallenden Kosten zunächst selbst zu bewerkstelligen.

455   Gleichwohl ist zu bedenken, dass der Großteil des zuvor bezeichneten Personenkreises nur relativ wenig Zahlungsverkehr zu bewältigen hat. Es sind in der Regel maximal zwei Renten auf einem Girokonto zu vereinnahmen und regelmäßig nicht mehr als vier bis fünf Gläubiger zu bedienen. Daher bedarf es in diesen Fällen zumeist keiner Betreuung.

456   Hat die betroffene Person beispielsweise Probleme mit der Haushaltsführung respektive der Reinigung der Wohnung, so ist es völlig ausreichend, ihr den Kontakt zu einem Hauspflegedienst zu vermitteln. Freilich setzt dies voraus, dass die betroffene Person noch geschäftsfähig ist und einen entsprechenden Vertrag selbst abschließen kann.

457   Der Fall eintretender Sozialhilfebedürftigkeit macht es ebenso wenig erforderlich, für einen Betroffenen eine Betreuerbestellung vorzunehmen.[368] Gemäß § 18 SGB XII setzt die Sozialhilfegewährung ein, sobald dem Träger der Sozialhilfe eine Bedürfnislage bekannt wird. Im Gegensatz zu sonstigen Leistungen aus anderen sozialen Sicherungssystemen ist das Bereitstellen von Leistungen nicht von einer Antragstellung abhängig. Der Träger der Sozialhilfe ist zudem qua Gesetz, § 11 SGB XII, §§ 13–15 SGB I, verpflichtet, dem Hilfsbedürftigen sowohl bei der Ermittlung seines Bedarfs als auch bei der Antragstellung behilflich zu sein. § 18 SGB XII ist Ausdruck des Sozialstaatsprinzips. Der Bundesgerichtshof formulierte dies in einer frühen Entscheidung[369] wie folgt:

Im sozialen Rechtsstaat gehört es zu den Amtspflichten der mit der Betreuung der sozial schwachen Volkskreise befassten Beamten, diesen zur Erlangung und Wahrung der ihnen vom Gesetz zugedachten Rechte und Vorteile nach Kräften beizustehen (. . .). Demnach gehört es zu den Amtspflichten solcher Beamter, die von ihnen zu betreuenden Personen über die nach den bestehenden Bestimmungen gegebenen Möglichkeiten, ihre Rechtsstellung zu verbessern oder zu sichern, zu belehren und zur Stellung entsprechender Anträge anzuregen.

458   So reicht es vollkommen aus, wenn der Betroffene bei der Antragstellung entweder durch Angehörige oder aber den Sozialdienst eines Heimes oder Krankenhauses bei der Beibringung von Unterlagen respektive dem Ausfüllen von Formularen unterstützt wird.

459   Es ist allerdings zu erwähnen, dass die vorgenannten Annahmen angesichts des Personalmangels und z.T. schlechter Ausbildung der Mitarbeiter von Sozialleistungsbehörden eher Wunschvorstellungen als Realität darstellen. Im Übrigen gelten sie nicht für die Grundsicherung im Alter und bei Erwerbsminderung (4. Buch des SGB XII) sowie für Arbeitslosengeld 2 („Hartz IV"), denn für diese Leistungen ist eine formale Antragstellung so wie für praktisch

---

368 *LG Duisburg* BtPrax 2004, 156.
369 *BGH* DÖV 1957, 868 = NJW 1957, 1873.

alle anderen Sozialleistungen erforderlich. Außerdem erfordern die Mitwirkungspflichten im Sozialleistungsbereich (§§ 60 ff. SGB I) oft einen gesetzlichen Vertreter, der seinerseits die Möglichkeiten hat, bei dritten Stellen Auskünfte und Belege zu beschaffen (und die für „normale" Bürger bisweilen unverständliche Behördensprache in Formularen und Bescheiden zu verstehen und adäquat darauf zu reagieren).

Nach dem Betreuungsbehördenstärkungsgesetz soll die Betreuungsbehörde betroffenen Personen Beratungsangebote und Informationen unterbreiten darüber, durch welche Hilfen eine Betreuung vermieden werden kann. Kommen sozialrechtliche Hilfen und Assistenzen in Betracht, soll die Betreuungsbehörde den Betroffenen nach § 4 Abs. 2 BtBG beraten und in Zusammenarbeit mit den zuständigen Sozialleistungsträgern auf andere Hilfen, bei denen keine Betreuerbestellung erforderlich ist, hinwirken.[370] Die Betreuungsbehörde hat insoweit eine Durchführungsverantwortung, aber keine Ausführungsverantwortung.

> **Beispiel:** Der obdachlose Betroffene wird bei der Betreuungsbehörde vorstellig. Diese empfiehlt dem Betroffenen, bei dem Sozialhilfeträger Hilfen zur Überwindung besonderer sozialer Schwierigkeiten zu beantragen, §§ 67 ff. SGB XII. **460**

6. Betreuung im Drittinteresse

Grundsätzlich kann nur dann ein Betreuer bestellt werden, wenn der Betroffene mit der Regelung *seiner* Angelegenheiten überfordert ist. Voraussetzung auf Seiten des Betroffenen ist also stets ein aus seiner Sicht gegebenes Fürsorgebedürfnis. Dies hat zur Konsequenz, dass eine Betreuerbestellung im Interesse eines Dritten zur Besorgung von *dessen* Angelegenheiten in der Regel nicht in Betracht zu ziehen ist. Eine Ausnahme ist aber dann anzuerkennen, wenn sie für den Dritten das einzige Mittel darstellt, seine Rechte gerichtlich oder außergerichtlich geltend zu machen. **461**

> **Beispiel:** Der 57-jährige manisch-depressive Ben R. hat in seiner Mietwohnung alles kurz und klein geschlagen. Nachts poltert er gegen Heizungsrohre und trampelt durch die Wohnung, so dass Mitmieter bei dem Eigentümer Erwin N. Beschwerden ausbringen. Erwin N. wird bei dem Versuch, Ben R. mündlich abzumahnen, von diesem die Treppe herunter gestoßen und als „miese alte Drecksau" beschimpft. Als Erwin N. eine fristlose, verhaltensbedingte Kündigung des Mietverhältnisses ankündigt, erwidert Ben R. höhnisch, er könne ihn mal, er habe einen „Jagdschein". **462**

Herr N. ist in einer misslichen Lage: Die fristlose Kündigung des Mietverhältnisse setzt voraus, dass Herr R. zum Zeitpunkt des Zugangs der Kündigungserklärung geschäftsfähig ist, was jedoch stark in Frage steht. In dem Gesetz, § 131 Abs. 1 BGB, heißt es wörtlich: „Wird die Willenserklärung einem Geschäftsunfähigen gegenüber abgegeben, so wird sie nicht wirksam, bevor sie dem gesetzlichen Vertreter zugeht". **463**

Das heißt im Klartext, dass die gegenüber einem Geschäftsunfähigen abgegebene Kündigung des Mietverhältnisses rechtlich unwirksam ist. Erwin N. läuft in unserem Beispielsfall Gefahr, dass die gegenüber Herrn R. selbst erklärte Kündigung des Mietverhältnisses unwirksam ist. Weiterhin steckt Herr N. deswegen in der Klemme, weil er die fristlose Kündigung binnen einer Frist von zwei Wochen aussprechen muss, da ansonsten der wichtige Grund verwirkt ist. **464**

---

370 BT-Drs. 17/13419, 8.

Für Herrn N. besteht also die Gefahr eines Rechtsverlusts. Ihm ist zu folgendem Vorgehen zu raten:

465 1. Ausspruch der fristlosen Kündigung gegenüber Herrn R. binnen der Zwei-Wochen-Frist für den Fall der vorliegenden Geschäftsfähigkeit
2. Antrag bei dem örtlich zuständigen Betreuungsgericht auf Installierung einer Betreuung mit dem Aufgabenkreis „Wohnungsangelegenheiten"
3. Nach Ausspruch der fristlosen Kündigung, s. Ziffer 1, Erheben einer Räumungsklage vor dem zuständigen Amtsgericht, verbunden mit dem Antrag, Herrn R. nach § 57 ZPO einen Prozesspfleger zu bestellen. In § 57 ZPO heißt es wörtlich: „Soll eine nicht prozessfähige Partei verklagt werden, so hat ihr der Vorsitzende des Prozessgerichts, falls mit dem Verzuge Gefahr verbunden ist, auf Antrag bis zum Eintritt des gesetzlichen Vertreters einen besonderen Vertreter zu bestellen."

466 ▶ **Hinweis:** Die Kündigung eines Miet- oder Arbeitsverhältnisses gegenüber einem Geschäftsunfähigen ist rechtlich irrelevant (§ 131 BGB), es sei denn, sie wird gegenüber dem Betreuer, allerdings nur im Rahmen der ihm zugewiesenen Aufgabenkreise, erklärt. ◀

467 So bleibt es etwa bei der Unwirksamkeit der durch den Vermieter erklärten Kündigung des Wohnraummietverhältnisses gegenüber dem Betreuer, wenn dieser zwar den Aufgabenkreis „Vermögen" innehat, nicht jedoch denjenigen der „Wohnungsangelegenheiten". Der Betreuer vertritt den Betreuten ausschließlich im Rahmen der ihm zugewiesenen Aufgabenkreise, § 1902 BGB.

468 In diesem Zusammenhang ist § 131 Abs. 2 BGB zu beachten. Dort heißt es:

Das Gleiche (s. o. Abs. 1) gilt, wenn die Willenserklärung einer in der Geschäftsfähigkeit beschränkten Person gegenüber abgegeben wird (…).

Das wiederum bedeutet, dass Willenserklärungen im Rahmen eines Aufgabenkreises, für den auch ein Einwilligungsvorbehalt angeordnet wurde, erst wirksam sind, wenn sie dem Betreuer zugehen.[371]

469 **Beispiel:** Zu Gunsten von Patrick E. wurde ein Betreuer bestellt mit den Aufgabenkreisen „Vermögenssorge" und „Wohnungsangelegenheiten" installiert. Als Betreuer wurde Ludwig H. eingesetzt. Für beide Aufgabenkreise wurde ein Einwilligungsvorbehalt angeordnet. Anton L., der Arbeitgeber von Patrick E., kündigt diesen mündlich wegen wiederholten unpünktlichen Erscheinens auf der Baustelle. Ludwig H. erfährt hiervon erst vier Wochen später. An sich wäre hier bereits die Klagefrist des § 4 KSchG verpasst, die gebietet, dass die mangelnde soziale Rechtfertigung einer Kündigung durch Klageerhebung binnen drei Wochen ab Zugang beim zuständigen Arbeitsgericht geltend zu machen ist. Vorliegend kommt Patrick E. jedoch der Einwilligungsvorbehalt zugute: Weil Anton L. nicht gegenüber dem Betreuer Ludwig H. die Kündigungserklärung ausgesprochen hat, ist sie nach § 131 Abs. 2 BGB nicht wirksam.

470 ▶ **Hinweis:** Steht eine Kündigung des Wohn- oder Arbeitsverhältnisses des Betreuten ins Haus, kann möglicherweise durch die betreuerseitige Anregung zur Anordnung eines Einwilligungsvorbehaltes eine Kündigung des Vermieters/des Arbeitgebers, die dem Betreuten direkt zugeht, gerichtlich „gekippt" werden. ◀

---

371 HK-BUR/*Bauer* § 131 Rn. 2.

Gleiches gilt für einen arbeitsrechtlichen Aufhebungsvertrag, den der Betreute selbst abgeschlossen hat ohne vorherige Genehmigung/Unterrichtung des Betreuers.[372]   **471**

Auf Grund der vorstehend skizzierten Probleme, die bei der Zustellung von Willenserklärungen bei einem Geschäftsunfähigen, respektive partiell Geschäftsunfähigen entstehen können, der Teilnehmer am Rechtsverkehr ist, wurde allgemein das Bedürfnis anerkannt, das Rechtsinstitut einer Betreuung im Drittinteresse zuzulassen. Durch die gerichtliche Betreuerbestellung soll der Dritte in die Lage versetzt werden, seine Ansprüche und Rechte rechtswirksam und fristwahrend gerichtlich und außergerichtlich geltend zu machen.[373]   **472**

Die Betreuerbestellung im Drittinteresse ist allerdings einer strikten Erforderlichkeitsprüfung zu unterziehen. Zusammenfassend müssen folgende Voraussetzungen vorliegen: **473**
- Der Betroffene ist geschäftsunfähig oder zumindest partiell geschäftsunfähig.
- Die Betreuerbestellung ist das *einzige* Mittel, dem Dritten die Ausübung seiner Rechte zu ermöglichen.

Der im Drittinteresse bestellte Betreuer ist ausschließlich, wie jeder andere Betreuer auch, dem Wohl und den Wünschen seines Betreuten, § 1901 BGB, verpflichtet. Keinesfalls ist ein auf diesem Wege bestellter Betreuer gehalten, die Interessen des Dritten höher zu gewichten als diejenigen seines Betreuten. Daher obliegt es dem Betreuer beispielsweise in einem Mietprozess, alle prozessual möglichen Angriffs- und Verteidigungsmittel zu Gunsten seines Betreuten einzusetzen.[374]

XIV. Die Kontrollbetreuung

1. Voraussetzungen

Der Vollmachtgeber wird zunächst selbst die ordnungsgemäße Ausübung der Vollmacht überwachen, so dass für das Gericht kein Interventionsbedarf besteht. Erst wenn der Vollmachtgeber hierzu nicht mehr in der Lage ist, könnte Bedarf für die Errichtung einer Überwachungsbetreuung, respektive die Bestellung eines Vollmachtbetreuers nach § 1896 Abs. 3 BGB bestehen. Eine so genannte Kontrollbetreuung hat folgende Voraussetzungen:[375]   **474**
- Vorliegen einer wirksamen Vollmacht[376];
- Unvermögen des Vollmachtgebers zur Überwachung des Bevollmächtigten aus den in § 1896 Abs. 1 BGB genannten Gründen[377];
- fehlender freier Wille nach § 1896 Abs. 1a BGB[378];
- konkreter Überwachungsbedarf, dem nicht anderweitig abgeholfen werden kann.

Beispiel: Der sehr vermögende Erwin B. erteilte seinem Sohn Dieter C. in einer notariellen Urkunde Generalvollmacht, ihn in sämtlichen Vermögensangelegenheiten und vor Behörden und Gerichten zu vertreten. Auf Grund einer Kleinhirnblutung, die einen Zusammenbruch des Herrn B. bewirkt, wird dieser geschäftsunfähig. Das Amtsgericht ord-   **475**

---

372 Vgl. Beisp. bei *Deinert* Arbeitsrecht und Betreuung, BtPrax 2010, 22.
373 HK-BUR/*Bauer/Deinert* § 1896 BGB Rn. 148.
374 HK-BUR/*Bauer/Deinert* § 1896 BGB Rn. 153.
375 *Kurze* Die Kontrollbetreuung, NJW 2007, 2220.
376 *BGH* FGPrax 2012, 112.
377 *BGH* FGPrax 2011, 178.
378 *BGH* FGPrax 2016, 85.

> nete trotz bestehender Generalvollmacht eine Betreuung u.a. mit dem Aufgabenkreis Ver-
> mögensangelegenheiten an. Das Landgericht Berlin hob die Betreuung mit dem Aufgaben-
> kreis Vermögensangelegenheiten auf und ordnete statt dessen eine Kontrollbetreuung an.
> Der Aufgabenkreis des Vollmachtbetreuers lautet: „Geltendmachung von Rechten des
> Betroffenen gegenüber dem aus der Generalvollmacht vom (...), Ur.-Nr. (...) des Notars
> Götz K., Berlin, bevollmächtigten Dieter C. hinsichtlich Vermögensangelegenheiten und
> Vertretung vor Behörden und Gerichten.

476 Der Reformgesetzgeber legte in den Gesetzesmotiven nieder, dass das bloße Unvermögen des Vollmachtgebers, seinen Bevollmächtigten zu überwachen, noch nicht die Errichtung einer Kontrollbetreuung rechtfertigt.[379] Hinzutreten muss ein konkreter Überwachungsbedarf,[380] dem anderweitig nicht abgeholfen werden kann. Mittlerweile hat sich in Rechtsprechung und Literatur ein Bild herauskristallisiert, wann ein konkreter Überwachungsbedarf gegeben ist. Notwendig ist der konkrete, d.h. durch hinreichende tatsächliche Anhaltspunkte untermauerte Verdacht, dass mit der Vollmacht dem Betreuungsbedarf nicht Genüge getan wird.[381] Ein derartiges Bedürfnis kann u.a. bei Vorliegen folgender Umstände erwachsen:

477 • Umfang und Schwierigkeit der zu besorgenden Geschäfte,[382]
• Umfang des zu verwaltenden Vermögens,[383]
• Zweifel an der Redlichkeit und Tauglichkeit des Bevollmächtigten,[384]
• vorangegangenes missbräuchliches Verhalten des Bevollmächtigten.[385]

Es rechtfertigt Bedenken gegen die Redlichkeit der Bevollmächtigten, wenn diese den Betroffenen gegen seinen Willen zu einer Testierung zu ihren Gunsten bestimmt haben.[386]

478 Die Erforderlichkeit einer Kontrollbetreuung ist jedoch zu verneinen, wenn mehrere Bevollmächtigte bestellt sind, die sich gegenseitig kontrollieren,[387] respektive, wenn Familienangehörige oder Bekannte des Vollmachtgebers die Tätigkeit des Bevollmächtigten überprüfen.[388]

2. Aufgaben des Kontrollbetreuers

479 Der Kontrollbetreuer ist in seiner Eigenschaft als gesetzlicher Vertreter des Vollmachtgebers berechtigt und verpflichtet, die Tätigkeit des Bevollmächtigten zu überwachen und ihm gegenüber dessen Rechte geltend zu machen. Hierzu zählen – je nach Lage der Dinge – im Einzelnen:
• Verlangen nach Auskunft und Rechenschaft, § 666 BGB,[389]
• Entscheidung über das Abweichen vom Auftrag, § 665 S. 2 BGB,
• Erheben von Ersatzansprüchen, § 276 BGB,

---

379 BT-Drs. 11/4528, 123; *BGH* FGPrax 2011, 178; *OLG Köln* BtMan 2007, 155 (Ls) = NotBZ 2008, 38.
380 *LG München I* FamRZ 1998, S. 923.
381 *BGH* FamRZ 2014, 1693 Rn. 11; BtPrax 2015, 235 = FamRZ 2015, 2163.
382 HK-BUR/*Bauer/Deinert* § 1896 BGB Rn. 257.
383 *LG Berlin* Beschl. v. 16.1.1998, 87 T 141/97, 7.
384 *OLG Köln* BtPrax 2009, 306 = FGPrax 2009, 220; *BGH* BtPrax 2011, 173 = FamRZ 2011, 964; BtPrax 2012, 116 = FamRZ 2012, 868; BtPrax 2014, 129 = FamRZ 2014, 738.
385 MK-BGB/*Schwab* § 1896 BGB Rn 241.
386 *BGH* FGPrax 2016, 85.
387 MK-BGB/*Schwab* § 1896 BGB Rn 241, vgl. auch das Modell des Vereins „VorsorgeAnwalt" e.V.
388 HK-BUR/*Bauer/Deinert* § 1896 BGB Rn. 257.
389 *LG Wiesbaden* FamRZ 1994, 778.

- Herausverlangen des zur Auftragsausführung Erhaltenen, § 667 BGB,[390]
- Geltendmachung des durch die Geschäftsführung Erhaltenen,
- Entgegennahme der Kündigung des Bevollmächtigten (§§ 671, 168 BGB),
- Widerruf der Vollmacht, §§ 671 i.V.m. 168 BGB[391] – nach der neuesten Rechtsprechung des BGH erfordert der Vollmachtswiderruf einen ausdrücklich genannten Aufgabenkreis Vollmachtswiderruf.[392]

Stellt sich durch die Überwachungstätigkeit des Kontrollbetreuers heraus, dass der Bevoll- 480
mächtigte zum Nachteil des Betroffenen dessen Angelegenheiten besorgt, ist dieser bei noch vorhandener Geschäftsfähigkeit darüber zu unterrichten. Der Vollmachtgeber kann in einem solchen Fall selbst entscheiden, wie er hierauf reagiert, sei es, dass er die Vollmacht widerruft oder anderweitige Maßnahmen ergreift.[393] In jedem Fall ist jedoch der Bevollmächtigte durch den Kontrollbetreuer abzumahnen. Bei einem geschäftsunfähigen Betroffenen wird der Kontrollbetreuer das Betreuungsgericht informieren, damit dieses, insbesondere wenn mehrfache Pflichtenverstöße in bedeutenden Angelegenheiten vorliegen, einen Betreuer bestellt, der dann u.a. auch zum Vollmachtswiderruf im Rahmen seines Aufgabenkreises legitimiert wäre.

Obwohl die Aufgabenkreisbeschreibung in § 1896 Abs. 3 BGB auch das Recht des Vollmachts- 481
widerrufes beinhalten müsste, geht der BGH in seiner neuen Rechtsprechung (s.o.) davon aus, dass dieses Recht wegen des Eingriffs in die Souveränität des Betreuten nicht in der üblichen Formulierung „Wahrnehmung von Rechtes des Betreuten gegenüber dem Bevollmächtigten" nicht enthalten ist, sondern ausdrücklich benannt werden muss (was bedeutet, dass dem Gericht bereits massive gegen die Eignung des Bevollmächtigten sprechende Gründe bekannt sind). Nur dann stehen auch bezüglich des Widerrufs dem Kontrollbetreuer die gleichen Rechte zu wie dem Vollmachtgeber. Bei dem Widerruf einer Vollmacht im Falle eines geschäftsunfähigen Betroffenen handelt es sich um eine einschneidende Maßnahme, die wohl bedacht sein will auf dem Hintergrund, dass dieser dann keine Vollmacht mehr errichten kann und damit endgültig einer staatlichen Betreuung anheim fällt, was er gerade vermeiden wollte.[394] Der Widerruf einer erteilten Vollmacht wird im Regelfall nicht dem Wunsch des Betroffenen entsprechen und stellt sich daher als das letzte Mittel der Wahl dar. Wurde dem Betreuer u.a. der Aufgabenkreis „Widerruf von Vollmachten" übertragen und widerruft er hierauf eine Vorsorgevollmacht, ist der Bevollmächtigte nach neuester Rechtsprechung im Namen des Betroffenen befugt, Rechtsmittel gegen die Betreuerbestellung zu erheben.[395] Es besteht allerdings keine Beschwerdebefugnis im eigenen Namen.[396]

Sofern ein Kontrollbetreuer noch kein ausdrückliches Widerrufsrecht in seinem Aufgabenkreis 482
hat, jedoch Unregelmäßigkeiten bei der Vollmachtstätigkeit entdeckt hat, ist folgende Anfrage an das Betreuungsgericht empfohlen:

---

390 *OLG Saarbrücken* BtPrax, 2014, 45 = FamRZ, 2014, 243 = NJW-RR, 2013, 1476; *LG Mainz* Urt. v. 8.3.2012, 1 O 20/11.
391 *KG* FamRZ 2007, 1041 = FGPrax 2007, 118 sowie *KG* FGPrax 2009, 110 = NJW 2009, 1425.
392 *BGH* BtPrax 2015, 241 = FamRZ 2015, 702 = JZ 2015, 568 = MDR 2015, 1072.
393 HK-BUR/*Bauer/Deinert* § 1896 BGB Rn. 260.
394 *BVerfG* BtPrax 2009, 27 = FamRZ 2008, 2260.
395 *BGH* BtPrax 2015, 241 = FamRZ 2015, 702 = JZ 2015, 568 = MDR 2015, 1072; *Nedden-Boeger* FamRZ 2014, 1589, 1596; anders noch *KG* FGPrax 2009, 110 = NJW 2009, 1425.
396 *BGH* BtPrax 2015, 21 = FamRZ 2015, 249.

483 ┌─ **Muster: Bericht des Kontrollbetreuers** ──────────────────────

Amtsgericht (...)
– Abt. Betreuungen –

Eilt! Bitte sofort vorlegen!

In der Betreuungssache
Erwin B.
– Az (...) –

habe ich die Tätigkeit des Bevollmächtigten Dieter C. einer eingehenden Kontrolle unterzogen. Meine Recherchen ergaben das Nachstehende:

Der Bevollmächtigte ist der Sohn des Betroffenen, wie dem erkennenden Gericht bekannt ist. Der Betroffene befindet sich zurzeit wieder in einem psychotischen Schub. Am (...) suchte der Bevollmächtigte in Begleitung seines Sohnes (...) aus erster Ehe Dirk L. den Notar Götz K. auf und legte dort die notariell beurkundete Generalvollmacht des Betroffenen vom (...) zu Ur.-Nr. (...) vor. Im Anschluss wurde ein notarieller Schenkungsvertrag beurkundet, der vorsieht, dass zwei Mehrfamilienhäuser aus dem Eigentum des Betroffenen an seinen Sohn, den Bevollmächtigten, und dessen Sohn je zur Hälfte übertragen werden. Es handelt sich hierbei um folgende Mietobjekte:

1. Mietwohngrundstück, Alemannenstraße 45, 14556 Berlin, verzeichnet im Grundbuch des Amtsgerichts Neukölln, Flur 144, Grundbuchblatt 139;
2. Villengrundstück, Hegelweg 27, 10 958 Berlin, verzeichnet im Grundbuch des Amtsgerichts Lichterfelde, Flur 267, Grundbuchblatt 47

Der Bevollmächtigte, auf seine Transaktionen angesprochen, ließ sich dahingehend ein, es habe dem ausdrücklichen Wunsche seines Vaters entsprochen, ihm und seinem Sohn aus erster Ehe die vorbezeichneten Zuwendungen zukommen zu lassen. Mein Betreuter erklärte demgegenüber auf diesen Vorhalt, dass er den Dirk L. „nicht riechen" könne und im Übrigen von all dem nichts wisse.

Meines Erachtens hat der Bevollmächtigte in grober Form seinen Verpflichtungen aus dem Auftragsverhältnis zuwider gehandelt. Die Erweiterung des hiesigen Aufgabenkreises um das Recht des Vollmachtswiderrufes wird daher angeregt. Nach einem solchen wäre die Installierung einer Betreuung mit dem Aufgabenkreis „Vermögensangelegenheiten" aus diesseitiger Sicht zu Gunsten des Betroffenen angezeigt.

(Kontrollbetreuer)

└──

3. Pflichten des Kontrollbetreuers

484 Der Kontrollbetreuer ist nach §§ 1839, 1908i Abs. 1 S. 1 BGB verpflichtet, dem Betreuungsgericht jederzeit Auskunft über die Überwachungsbetreuung und die persönlichen Verhältnisse des Betroffenen zu erteilen. Nach herrschender Meinung obliegt es dem Kontrollbetreuer gem. §§ 1799, 1908i Abs. 1 S. 1 BGB, dem Betreuungsgericht die Abrechnung nebst Belegen des Bevollmächtigten zur Einsichtnahme zu übermitteln.[397] Unseres Erachtens ist die Annahme einer derartigen Verpflichtung systemwidrig. Es ist nachgerade die primäre Aufgabe des Kontrollbetreuers, an Stelle des Betreuungsgerichts die Abrechnungsunterlagen des Bevollmächtigten einer Überprüfung zu unterziehen. Es handelt sich um den Kernbereich der Aufgabenstellung eines Vollmachtbetreuers. Der Kontrollbetreuer teilt das Ergebnis seiner Prüftätigkeit dem Betreuungsgericht mit. Es ist kein Grund ersichtlich, wieso das Betreuungsgericht als „Oberinstanz" nochmals die Abrechnungsunterlagen des Bevollmächtigten überprüfen sollte. Aus diesem Grund obliegt dem Kontrollbetreuer, der eine Überwachungsverpflichtung und

---

397 HK-BUR/*Bauer* § 1896 BGB Rn. 265.

keine Vermögensverwaltungsverpflichtung innehat, keine Rechnungslegung, d.h. geordnete Zusammenstellung der Einnahmen und Ausgaben des Vollmachtgebers im Sinne der §§ 1840 Abs. 2, 1841 Abs. 1 BGB. Dies ist vielmehr die Aufgabe des Bevollmächtigten.

4. Besonderheiten

Für die Bestellung eines Kontrollbetreuers gelten die allgemeinen Verfahrensvorschriften.   **485** Abweichend hiervon ist der Rechtspfleger für die Betreuerbestellung zuständig. Ferner bedarf es nicht der Einholung eines Sachverständigengutachtens nach Maßgabe des § 281 FamFG. Die Vorlage eines ärztlichen Zeugnisses zum Nachweis der subjektiven Betreuungsvoraussetzungen ist ausreichend. Ist der Kontrollbetreuer ein Berufsbetreuer, steht ihm die übliche Pauschalvergütung nach §§ 4, 5 VBVG zu (siehe unten).

XV. Die Auswahl des Betreuers

1. Betreuerarten

§ 1897 BGB zeigt auf, wie das Betreuungsgericht bei der Auswahl eines Betreuers vorzugehen   **486** hat. Es werden im Einzelnen die positiven wie negativen Kriterien der Betreuerauswahl genannt.

Es gibt folgende Betreuertypen:

- Der ehrenamtliche Einzelbetreuer, der in der Hierarchie der Betreuer am höchsten angesiedelt ist; insbesondere das 1. BtÄndG betonte mehrfach den Vorrang der ehrenamtlichen Betreuung vor einer berufsmäßigen;
- Der private Einzelbetreuer in der Form eines professionellen Berufsbetreuers; nach § 1 i.V.m. § 4 VBVG ist derjenige in der Regel als Berufsbetreuer anzusehen, der mehr als 10 Betreuungen (einschließlich Vormundschaften und Pflegschaften) führt (oder in absehbarer Zeit führen wird);
- der Vereinsbetreuer, d.h. der Mitarbeiter eines nach § 1908f BGB anerkannten Betreuungsvereins, der als Einzelperson zum Betreuer bestellt wurde, § 1897 Abs. 2 S. 1 BGB;
- der Behördenbetreuer, d.h. der Mitarbeiter der Betreuungsbehörde, der als Einzelperson bestellt wurde, § 1897 Abs. 2 S. 2 BGB;
- der anerkannte Betreuungsverein als Betreuer, §§ 1900 Abs. 1–3, 1908f BGB;
- die Betreuungsbehörde als Betreuer, § 1900 Abs. 4 BGB.

Bei der Auswahl des Betreuers kommt es zunächst einmal auf den Willen des Betroffenen,   **487** § 1897 Abs. 4 BGB, und dessen Wohl an. Gleichwohl ist dieser Willensvorrang nur dann zu beachten, wenn der Betreute eine natürliche Person vorschlägt. Äußert der Betreute keinen Willen oder ist dieser nicht bindend, bildet das „Wohl des Betroffenen" die entscheidende Richtschnur für eine Betreuerbestellung. Insoweit kommt der Eignung der in Betracht kommenden Person, die Angelegenheiten des Betreuten zu besorgen und ihn in dem erforderlichen Umfang persönlich zu betreuen, entscheidende Bedeutung zu.

Innerhalb des Spektrums der Eignung ist auch auf die verwandtschaftlichen und sonstigen   **488** persönlichen Bindungen des Betreuten, insbesondere zu Eltern, Kindern und zum Ehegatten oder Lebenspartner, Rücksicht zu nehmen, § 1897 Abs. 5 BGB. Dabei ist auf die Gefahr von Interessenkonflikten zu achten, § 1897 Abs. 5 BGB. Hervorgehoben wurde in § 1897 Abs. 3 BGB ein besonderer Fall eines Interessengegensatzes, nämlich, dass ein Anstellungsverhältnis/

ein Abhängigkeitsverhältnis zu einer Anstalt, einem Heim oder sonstigen Einrichtungen besteht, in der der Betreute untergebracht ist. In diesem Fall ist eine Betreuerbestellung ausgeschlossen.[398]

489 Es besteht somit eine klare Hierarchie unter den Betreuertypen: Vorrangig zu bestellen ist ein ehrenamtlicher Betreuer, lässt sich ein solcher nicht finden, ist ein professioneller Einzelbetreuer zu bestellen, der auch beim Betreuungsverein oder der Betreuungsbehörde beschäftigt sein kann und erst wenn sich keine natürliche Person und auch kein Betreuungsverein findet, darf die Betreuungsbehörde zum Betreuer bestellt werden.[399] Der Gesetzgeber wollte damit die aktenmäßige Verwaltung von „Fällen" weitestgehend in den Hintergrund drängen. Eine Fallzahlhöchstgrenze (wie bei Vormundschaften in § 1793 BGB) wurde im Betreuungsrecht seitens des Gesetzgebers aber nicht festgelegt. Laut Justizstatistik waren bei den Erstbestellungen zum Betreuer zuletzt über 40 % aller Betreuungen als berufliche Betreuungen (einschl. der nach § 1900 BGB) übertragen.

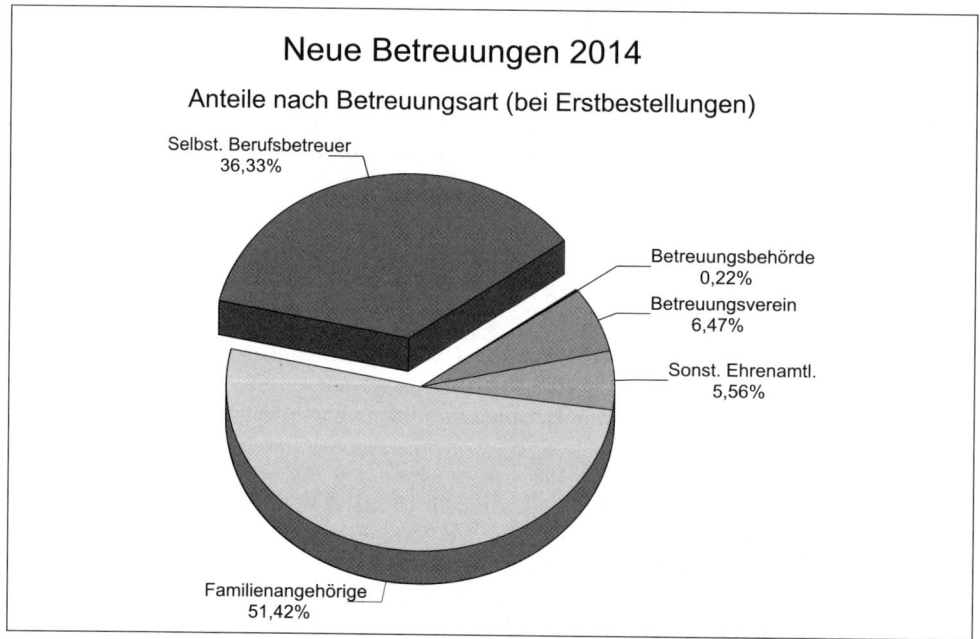

Quelle: Bundesamt für Justiz Sondererhebungen Verfahren nach dem BtG 2014, Grafik und Auswertung: *Deinert*; die Spalten Verein und Behörde fassen die Bestellungen nach §§ 1897 Abs. 2 und 1900 BGB jeweils zusammen.

2. Auswahlkriterien

490 Die entscheidenden Auswahlkriterien im Rahmen einer Betreuerbestellung sind der Wille und das Wohl des Betroffenen.[400] Der Vorschlag des Betroffenen, eine bestimmte Person zu seinem

---

398 Ausnahme enge familiäre Beziehung (z.B. Mutter-Kind-Verhältnis): *BVerfG* FamRZ 2006, 1509 = BtPrax 2006, 228 = NJW-RR 2006, 1009.

399 *BayObLG* BtPrax 1993, 143.

400 MK-BGB/*Schwab* § 1897 BGB Rn. 20.

Betreuer zu bestellen, begründet unabhängig von seiner Geschäftsfähigkeit einen Vorrang, diese Person vor allen anderen in Betracht kommenden zu bestellen.[401] Das Vorschlagsrecht des Betroffenen bezieht sich nur auf natürliche Personen. Der Wunsch einen Verein zu bestellen, ist nicht verbindlich, er kann den Vorrang der Betreuung durch eine natürliche Person nicht beseitigen.[402]

Grundsätzlich hat das Gericht dem Vorschlag des Betroffenen zu entsprechen.[403] Der Vorschlag **491** einer natürlichen Person durch den Betroffenen begründet den Vorrang des Vorgeschlagenen vor allen anderen als Betreuer in Betracht kommenden Personen[404] auch vor dem möglicherweise am besten Geeigneten.[405]

Diese Bindung entfällt, wenn die Bestellung des Vorgeschlagenen dem Wohl des Betroffenen **492** zuwiderläuft, § 1897 Abs. 4 S. 1 BGB[406]. Die Klärung der Frage, ob das der Fall ist, erfordert eine umfassende Abwägung aller Umstände des Einzelfalls. Zunächst ist in diesem Zusammenhang zu ermitteln, ob der Vorschlag dem ureigenen Willen des Betroffenen entspricht oder aber auf den Einfluss eines Dritten zurückgeht, der damit ein erhebliches wirtschaftliches Interesse verfolgt.[407]

Der „Wunsch des Betroffenen" kann ihm mit mehr oder weniger Nachdruck beispielsweise **493** „aus dem Kreis der Familie" nahegelegt worden sein. Es ist also im Einzelfall zu prüfen, ob der Vorschlag des Betroffenen wirklich frei und unbeeinflusst von materiellen Interessen Dritter zu Stande kam. Um jedoch dem im Betreuungsrecht im Vordergrund stehenden Willen des Betroffenen ausreichende Geltung zu verschaffen, setzt die Nichtberücksichtigung seines Vorschlages voraus, dass das Ergebnis der Abwägung deutlich gegen die Bestellung der vorgeschlagenen Person spricht. Es muss die konkrete Gefahr bestehen, dass der Vorgeschlagene die Betreuung des Betroffenen nicht zu dessen Wohl führen kann oder will. Kleinere Nachteile, respektive die Gefahr lediglich geringer Interessenkonflikte rechtfertigen es nicht, einen Vorschlag des Betroffenen zu übergehen. Die befürchteten Konflikte müssen vielmehr so beschaffen sein, dass der Vorgeschlagene ungeeignet im Sinne des § 1897 Abs. 1 BGB erscheint, weil seine Bestellung dem Wohl des Betroffenen zuwiderläuft.

Geringere Interessenkonflikte lassen sich insbesondere bei bestehenden verwandtschaftlichen **494** und persönlichen Beziehungen selten ausschließen, so dass es nicht sinnvoll wäre, einen solchen Personenkreis, der oft in besonderer Weise zu einer persönlichen Betreuung geeignet ist, von der Betreuung selbst gegen den Willen des Betroffenen fernzuhalten.[408]

Es müssen also ausreichende Tatsachenfeststellungen dazu getroffen werden, dass die in **495** Betracht kommenden Interessenkonflikte unter Abwägung aller für und gegen die Bestellung sprechende Gesichtspunkte so schwerwiegend sind, dass der Vorgeschlagene im Sinne des § 1897 Abs. 1 und Abs. 4 S. 1 BGB als ungeeignet anzusehen ist.[409]

---

401 *BayObLG* BtPrax 1993, 171; FamRZ 1996, 1374; *OLG Düsseldorf* FamRZ 1996, 1373; *KG* FamRZ 1995, 1442/1443.
402 *BayObLG* FamRZ 1999, 52.
403 MK-BGB/*Schwab* § 1897 Rn. 21.
404 *BayObLGZ* 1996, 136.
405 *BayObLG* BtPrax 2001, 218 (Ls).
406 *BGH* BtPrax 2011, 34 = MDR 2011, 44 = FGPrax 2011, 22 = NJW-RR 2011, 289 = FamRZ 2011, 100.
407 *OLG Düsseldorf* FamRZ 1995, S. 1234/1235.
408 BT-Drs. 11/4528, 128.
409 *KG* FamRZ 1995, 1442 f.; *OLG Schleswig* FamRZ 2005, 1860 (Ls) = FGPrax 2005, 262.

Der negative Betreuervorschlag eines Betroffenen hat nicht die gleiche Bindungswirkung für das Gericht wie ein positiv geäußerter Vorschlag.[410] Dem Gericht kommt deshalb bei einem nur negativen Betreuervorschlag hinsichtlich der Person des Betreuers ein Auswahlermessen zu. Dieses ist, wie bei anderen betreuungsrechtlichen Entscheidungen auch, in erster Linie gem. § 1901 Abs. 3 BGB am Willen und Wohl des Betroffenen auszurichten. Innerhalb eines bestimmten und im Einzelfall möglichen Betreuertyps ist der Wunsch des Betroffenen gem. § 1897 Abs. 4 S. 1 BGB maßgeblich, weil insoweit die gesetzliche Rangfolge nicht beeinflusst wird.[411]

496 Ferner ist der Vorschlag des Betroffenen auch dann bindend, wenn er beispielsweise in einer Betreuungsverfügung niedergelegt wurde.

3. Betreuungsverfügung

497 Bei einer Betreuungsverfügung handelt es sich um eine Willenserklärung, in der eine Person für den Fall einer Betreuungsanordnung Personen bezeichnet, die von ihr als Betreuer gewünscht werden. Das Betreuungsgericht hat den in einer Betreuungsverfügung niedergelegten Wunsch des Betreuten vorrangig zu beachten; gleichwohl ist es von Amts wegen zu einer Prüfung verpflichtet, ob die vorgeschlagene Person geeignet ist, die Betreuung zu führen. In einer Betreuungsverfügung können daneben Wünsche zu anderen Angelegenheiten, die nicht mehr selbstständig geregelt werden können, niedergelegt werden, die, soweit zumutbar, vom Betreuer beachtet werden müssen.

498 Bezüglich medizinischer Behandlung sind der Handlungsfreiheit des Betreuers insofern Grenzen gesetzt als bei Maßnahmen mit möglichen schwerwiegenden Folgen, wozu auch der Behandlungsabbruch zählt, das Betreuungsgericht eine Genehmigung erteilen muss nach § 1904 Abs. 3 BGB. Zur Sicherheit sollte eine Betreuungsverfügung stets auch von Zeugen unterzeichnet werden. Im Krankheitsfall sollte ein schnelles Auffinden der Betreuungsverfügung gewährleistet sein. Am besten ist es, man verwahrt sie in den persönlichen Unterlagen oder überreicht sie einer Person des Vertrauens. Man muss in jedem Fall dafür Sorge tragen, dass, für den Fall einer Betreuungseinrichtung, die Verfügung so schnell wie möglich aufgefunden wird. Betreuungsverfügungen können seit einiger Zeit auch unabhängig von Vorsorgevollmachten im zentralen Vorsorgeregister der Bundesnotarkammer registriert werden (§ 9 VRegV).

499 ┌─ Muster: Betreuungsverfügung ─────────────────────────────────────

Für den Fall, dass für meine Person eine Betreuung eingerichtet wird, möchte ich, dass Frau Barbara A., wohnhaft (...), zur Betreuerin bestellt wird. Sollte Frau Barbara A. an der Ausübung des Amtes gehindert sein, soll ersatzweise mein Bruder, Herr Andreas W., wohnhaft (...), zum Betreuer bestellt werden.

Ich habe (...) eine Patientenverfügung verfasst, aus dem hervorgeht, was ich im Falle von medizinischen Behandlungen wünsche respektive ablehne. Ich möchte, dass mein Betreuer meinen Willen konsequent beachtet und im Umgang mit den Ärzten umsetzt. Die Patientenverfügung vom (...) liegt dieser Betreuungsverfügung an.

Sollte ich ein Pflegefall werden, möchte ich so lange wie möglich und zumutbar zu Hause versorgt werden.

---

410 *KG* FamRZ 2007, 81 (Ls) = FGPrax 2006, 258.
411 *KG* FamRZ 2007, 81 (Ls) = FGPrax 2006, 258; *BayObLG* FamRZ 2004, 1600.

Meine Schwester Brunhilde L. lebt in sehr bescheidenen Verhältnissen. Sie besucht mich jedes Jahr mindestens einmal, worüber ich mich sehr freue. Dies soll weiter so bleiben. Bei ihren Besuchen bei mir ist meine Schwester großzügig mit Bargeld auszustatten. Falls meine Wohnung nicht mehr existiert, sollen ihr die Hotelkosten ersetzt werden.

Wenn ich in ein Seniorenheim übersiedeln muss, möchte ich, dass ich ein Zimmer im Alten Stift zum Franziskus, Am Weiher 36, 18485 Berlin, erhalte. Sollte ich dort nicht aufgenommen werden, möchte ich in das Sankt Marien Hospiz, Am kühlen Grund 2, 14348 Berlin ziehen. Ich möchte unbedingt ein Einzelzimmer haben.

Name:
Geburtsdatum:
Wohnort:
Ort, Datum:
Unterschrift:

Meine Nachbarin, Frau Sabine P., bestätigt, dass ich die vorliegende Verfügung im Vollbesitz meiner geistigen Kräfte verfasst habe.

Name:
Geburtsdaten:
Wohnorte:
Ort, Datum:
Unterschrift der Zeugen

Eine Betreuungsverfügung ist dann zu empfehlen, wenn der Erklärende nicht – wie bei einer Vorsorgevollmacht – sein Schicksal komplett in private Hände legen will, sondern auf eine betreuungsgerichtliche/staatliche Kontrolle des Betreuers Wert legt. **500**

Freilich kann der Betroffene im anhängigen Betreuungsverfahren hiervon Abstand nehmen, indem er dem Gericht zu erkennen gibt, dass er an seinem Vorschlag nicht länger festhalten möchte. Der Richter hat im Rahmen der persönlichen Anhörung den Betroffenen auf die vorhandene Betreuungsverfügung anzusprechen, die im Übrigen nicht schriftlich abgefasst sein muss, sondern auch in einer bewiesenen mündlichen Äußerung bestehen kann.[412] **501**

Der Betreuer muss zur Führung des Amtes geeignet sein. Dies setzt in erster Linie Tauglichkeit für die Führung des Amtes voraus. Eine Ursache für die Nichteignung einer Person kann in ihren persönlichen Verhältnissen liegen, wenn die Gefahr besteht, dass sie nur unzulänglich und unter Gefährdung der Interessen des Betreuten ihre Aufgaben bewältigt respektive den nötigen Einsatz vermissen lässt.[413] Bei der erstmaligen Bestellung eines beruflichen Betreuers soll die Betreuungsbehörde dessen Seriosität auch durch Vorlage einer Auskunft aus dem Bundeszentralregister (Führungszeugnis) und aus dem Schuldnerverzeichnis (Abgabe der Vermögensauskunft) prüfen. Bei ehrenamtlich zu bestellenden Personen ist seitens des Gesetzgebers eine gleichartige Prüfung nicht vorgesehen. **502**

Ergibt die gerichtliche Prüfung, dass die von dem Betreuten vorgeschlagene Person nicht für alle Aufgabenkreise geeignet ist, so ist zu überprüfen, ob sie wenigstens für einen Teil der Aufgabenkreise bestellt werden kann.[414] **503**

---

412 MK-BGB/*Schwab* § 1897 Rn. 22.
413 *BayObLG* FamRZ 1997, 1360; FamRZ 1996, 509 f.
414 *BayObLG* FamRZ 1996, 1374 f.

504 So wurde beispielsweise ein naher Familienangehöriger der Betroffenen nicht zum Betreuer für den Aufgabenkreis Gesundheitsfürsorge und Entscheidung über ärztliche Untersuchungen und Operationen bestellt, weil er im Rahmen des anhängigen Betreuungsverfahrens zum Ausdruck brachte, dass er den Wunsch der Betroffenen nach lebensbeendenden Maßnahmen respektieren werde. Eine derartige Bewertung menschlichen Lebens, selbst wenn sie im Einklang mit dem Willen des Betroffenen stehe, diene nicht dessen Wohl.[415] In der neueren Rechtsprechung hat sich allerdings durchgesetzt, dass auch die Durchsetzung des Wunsches des Betreuten, nicht länger lebensverlängernd versorgt zu werden, nicht als Nichteignung als Betreuer zu werten ist.[416]

505 Schlägt der Betroffene keine konkrete Person vor, hat das Betreuungsgericht im Rahmen seines Auswahlermessens nach § 1897 Abs. 5 BGB auf die verwandtschaftlichen und sonstigen persönlichen Bindungen des Betroffenen, insbesondere auf die Bindung zu Eltern, Kindern und zu Ehegatten oder Lebenspartnern sowie auf die Gefahr von Interessenkonflikten Rücksicht zu nehmen.[417]

Mit Hinblick auf Art. 6 Abs. 1 GG gilt jedoch eine bevorzugte Berücksichtigung von Familienangehörigen. Diese genießen Vorrang bei der Betreuerauswahl.[418] Tatsächlich wurden bundesweit auch 2014 noch zu mehr als der Hälfte Familienangehörige als Betreuer bei den Erstbestellungen ausgewählt.[419]

Gleichwohl ist zu berücksichtigen, dass keine Personen bestellt werden dürfen, die in Erfüllung des Betreueramtes objektiv in einen Widerstreit zwischen eigenen Interessen und denen ihrer Angehörigen einerseits und denen des Betroffenen andererseits zu geraten drohen.[420] Dies betrifft auch anwaltliche Berufsbetreuer, die bereits anderweitig in Angelegenheiten des Betreuten tätig waren, weil hier ein Tätigkeitsverbot des § 45 BRAO vorliegt.[421] Eine Bestellung solcher Personen würde (auch) dem Wohl des Betroffenen widersprechen. Eine solche Konstellation kann insbesondere gegeben sein, wenn in einer Familie erhebliche Konflikte bestehen und der Betroffene gerade unter diesen Spannungen zwischen den Angehörigen leidet. Dann ist die Bestellung eines familienfremden Berufsbetreuers indiziert.[422]

506 Einen absoluten Ausschlussgrund für die Betreuerbestellung bildet der Umstand, dass der vorgeschlagene oder avisierte Betreuer zu einer Anstalt, einem Heim oder einer sonstigen Einrichtung, in der der Betreute untergebracht ist, in einem Abhängigkeitsverhältnis oder einer anderen engen Beziehung steht. Das BayObLG nahm eine restriktive Auslegung des § 1897 Abs. 3 BGB vor und schließt die Bestellung eines vom Betroffenen vorgeschlagenen Betreuers schon dann aus, wenn in der Einrichtung ein naher Angehöriger des Vorgeschlagenen beschäftigt ist.[423]

---

415 *AG Garmisch-Partenkirchen* FamRZ 2000, 319 f.
416 *OLG Frankfurt/Main* BtMan 2007, 104 (Ls) = BtPrax 2007, 91 = FamRZ 2007, 584 (Ls) = NJW 2006, 3436; *OLG München* BtPrax 2007, 79 = NJW 2007, 3506 = FGPrax 2007, 84.
417 *KG* FamRZ 2000, 1442/1443.
418 *OLG Köln* FamRZ 2000, 188.
419 Quelle: *BfJ* Sondererhebung Verfahren nach dem BtG 2014; die Angaben Verein und Behörde enthalten jeweils die Bestellungen nach § 1897 Abs. 2 und 1900 BGB; vgl. *Deinert* BtPrax 2016, 9.
420 MK-BGB/*Schwab* § 1897 Rn. 32.
421 *BGH* FamRZ 2014, 466; *Fiala/Müller* Rpfleger 2004, 458.
422 *OLG Köln* FamRZ 2000, 188, 189.
423 *BayObLG* FamRZ 1999, 50 ff.; Ausnahme enge familiäre Beziehung: *BVerfG* FamRZ 2006, 1509 = BtPrax 2006, 228 = NJW-RR 2006, 1009.

Die Vorschrift stellt sich als ein absoluter Ausschlussgrund dar, die dem Gericht keinen Ermessensspielraum belässt. Zweck der Vorschrift ist es, schwerwiegende Interessengegensätze zwischen Einrichtungen und Betroffenen zu berücksichtigen. In diesem Sinne kann es ausnahmsweise einmal statthaft sein, wenn der in der Einrichtung beschäftigte bisherige Betreuer weiter sein Amt ausübt, sofern der Aufenthalt des Betroffenen nur ein vorübergehender, d.h. auf maximal sechs Monate beschränkt ist und die Einrichtung gerichtsbekannt vorbildlich geführt wird.[424]

507

Nicht zum Betreuer bestellt werden darf, wer berechtigterweise die Übernahme des Amtes ablehnt, § 1898 Abs. 1 BGB und davon Gebrauch macht.[425] Die Ablehnungsgründe für eine Vormundbestellung (§ 1786 BGB) sind aber nicht schematisch anzuwenden. Obwohl in § 1908i BGB nicht darauf verwiesen wird, können sie aber Anhaltspunkte für eine berechtigte Ablehnung darstellen. Haftungsrechtliche Entscheidungen wegen ungerechtfertigter Ablehnung der Betreuungsübernahme sind bislang nicht bekannt geworden.

508

Der Ablehnungsgrund der fehlenden beamtenrechtlichen Genehmigung (§ 1784 BGB i.V.m. dem jeweils geltenden Beamtengesetz) ist auch bei Betreuerbestellungen zu beachten.[426] Bei Nichtbeachtung durch das Gericht ist der Betreuer nach § 1888 BGB baldmöglichst wieder zu entlassen. Jedenfalls bei Bundesbeamten zählt jedoch die ehrenamtliche Führung einer Betreuung nicht mehr als Nebentätigkeit und ist daher auch nicht genehmigungspflichtig (§ 97 Abs. 4 BBG), auch die meisten Landesbeamtengesetze verzichten inzwischen in gleichem Maße auf eine vorherige Genehmigung. Auf Tarifbeschäftigte im öffentlichen Dienst ist die Bestimmung spätestens seit der tarifrechtlichen Neuregelung 2005 nicht mehr anzuwenden.

509

Es ist auch möglich, mehrere Betreuer für einen Betreuten zu bestellen (§ 1899 Abs. 1 BGB). Hiernach können parallel mehrere ehrenamtliche Betreuer oder ein ehrenamtlicher oder ein beruflicher Betreuer, nicht mehr aber seit 1.7.2005 mehrere berufliche Betreuer, die zu vergüten sind, bestellt werden.[427] In all diesen Konstellationen ist es möglich, dass mehrere Betreuer den gleichen oder unterschiedliche Aufgabenkreise übertragen bekommen. Gerade wenn mehrere Betreuer sich einen Aufgabenkreis „teilen", z.B. beide Elternteile, kann es zu Entscheidungskonflikten kommen (§ 1899 Abs. 3 BGB). In einem solchen Dissensfall kann das Gericht im Vorfeld (§ 1797 Abs. 1 BGB) oder beim Eintreten des Konfliktes (§ 1798 BGB) die Entscheidung auf einen der beiden übertragen oder selbst entscheiden (§ 1846 BGB).

510

Ein weiterer Betreuer kann auch für den Verhinderungsfall bestellt werden. Dabei kann es sich um eine Verhinderung rechtlicher Art oder tatsächlicher Art handeln (§ 1899 Abs. 4 BGB, § 6 VBVG). Im ersteren Falle liegt häufig ein Insichgeschäft (§§ 181, 1795 BGB) oder eine Interessenkollision (§ 1796 BGB) vor, im zweiten Falle eine meist längerfristige Erkrankung oder ein anderweitig bedingter Ausfall des Betreuers. Bei einer rechtlichen Verhinderung hat der Verhinderungsbetreuer abweichend zur üblichen Pauschalvergütungsregelung einen Vergütungsanspruch nach Zeitaufwand (§§ 3, 6 S. 1 VBVG), sofern er als beruflicher Betreuer bestellt ist. Das gleiche gilt für den stets separat zu bestellenden Betreuer zur Einwilligung in eine Sterilisation (§ 1899 Abs. 2 BGB).

511

---

424 *AG Kleve* BtPrax 1999, 39.
425 BT-Drs. 11/4528, 127.
426 *Deinert* DAVorm 1995, 1031; HK-BUR/*Deinert* § 1784 BGB.
427 Sind mehrere Berufsbetreuer bereits bestellt, stellt die gesetzliche Neuregelung einen wichtigen Entlassungsgrund dar: *OLG München* BtPrax 2006, 34 sowie BtPrax 2006, 109 = FamRZ 2006, 890 (Ls).

512 Bei größerer Vermögensverwaltung soll zudem ein Gegenbetreuer bestellt werden (§§ 1792, 1908i BGB). Dieser hat (neben dem Gericht) den Betreuer zu beaufsichtigen und bei Vermögensverzeichnis, Rechnungslegung und einigen Fragen der Geldanlage zu entscheiden (§§ 1802, 1841, 1891, 1809 ff. BGB).

XVI. Der Aufgabenkreis

1. Erforderlichkeit und Aufgabenkreis

513 Nach § 1896 Abs. 2 S. 1 BGB darf ein Betreuer nur für Aufgabenkreise bestellt werden, in denen die Betreuung erforderlich ist. Bereits der Wortlaut des Gesetzes weist darauf hin, dass zwischen dem bestehenden Fürsorgebedürfnis, also dem Bereich der Angelegenheiten, die der Betroffene nicht mehr besorgen kann einerseits und dem vom Betreuungsgericht anzuordnenden Aufgabenkreis des zukünftigen Betreuers andererseits ein innerer Zusammenhang besteht. Gelangt also das Gericht zu der Auffassung, dass die subjektiven und objektiven Voraussetzungen für die Einleitung einer Betreuung vorliegen und die Betreuung auch hinsichtlich bestimmter Angelegenheiten, die der Betreute nicht mehr selbst besorgen kann, erforderlich ist, hat es zugleich mit der Bestellung des Betreuers den Aufgabenkreis zu bestimmen.

2. Bestimmung des Aufgabenkreises

514 In § 1896 Abs. 2 S. 1 BGB hebt der Gesetzgeber den Erforderlichkeitsgrundsatz im Hinblick auf den anzuordnenden Aufgabenkreis des Betreuers hervor. Es ist auf die konkrete und gegenwärtige Lebenssituation des Betroffenen abzustellen.[428] Anhand der Lebenssituation des Betroffenen ist auf das Genaueste zu eruieren, welche Aufgaben überhaupt anfallen können und welche genau der Betreute nicht mehr selbst erledigen kann. Ein Betreuer darf nur bezüglich der Aufgaben bestellt werden, für die aktuell zur Zeit der Betreuerbestellung ein Betreuungsbedarf besteht.[429]

515 Durch eine strikte Erforderlichkeitsprüfung hinblicklich der anzuordnenden Aufgabenkreise wollte der Gesetzgeber erreichen, dass die frühere Praxis des Pflegschaftsrechtes beendet wird, in der es üblich war, routinemäßig weitgefasste Wirkungskreise anzuordnen, wie etwa die Vermögensangelegenheiten, das Aufenthaltsbestimmungsrecht und die Zustimmung zur Heilbehandlung. Dies hatte zur Folge, dass in der Kombination der vorstehend genannten Wirkungskreise die Gebrechlichkeitspflegschaft in Konsequenz einer Vormundschaft nahe kam, bei der der Wirkungskreis des Vormundes qua Gesetz die gesamte Vermögens- und Personensorge umfasste. Nunmehr sollten die Aufgabenkreise also flexibel auf die Bedürfnisse und die Lebenssituation des Betroffenen zugeschnitten werden.

516 Das setzt allerdings voraus, dass das Gericht im Rahmen des Betreuungsverfahrens die wirtschaftlichen und persönlichen Verhältnisse des Betroffenen vor der Betreuerbestellung, ggf. mit Hilfe der Betreuungsbehörde (§ 279 Abs. 2 FamFG, § 8 Abs. 1 BtBG) äußerst gründlich ermittelt.[430] Nur so kann seitens des Betreuungsrichters konkret festgestellt werden, welche Angelegenheiten für den Betroffenen überhaupt zu besorgen sind, wie sie in der Vergangen-

---

428 *BGH* BtPrax 2014, 279 = FamRZ 2014, 16974 Rn. 10; BtPrax 2011, 210 = FamRZ 2011, 1391.
429 *Jürgens u.a.* Rn. 83.
430 *BGH* FamRZ 2011, 1390 = FGPrax 2011, 288 = MDR 2011, 1041 = NJW-RR 2011, 1506.

heit besorgt wurden, ob er sich der Hilfe Dritter bediente, ob es Vermögensgegenstände gibt, die durch den Zugriff Dritter gefährdet sind usw. Eine gründliche Ermittlung der persönlichen Verhältnisse des Betroffenen und seines sozialen Umfeldes ist Voraussetzung dafür, dass der Betreuungsrichter beispielsweise im Bereich der Vermögenssorge in differenzierter Form zu einer Fassung der Aufgabenkreise kommt. Diese könnten etwa wie folgt lauten:

- Geltendmachung, Entgegennahme und Einteilung von Sozialleistungen (z.B. Renten, Krankengeld, Arbeitslosengeld 1 und 2, Sozialhilfe einschl. Grundsicherung im Alter und bei Erwerbsminderung); **517**
- Geltendmachung/Entgegennahme/Einteilung von Arbeitslohn;
- Geltendmachung von Forderungen gegen/Prüfung von Rechnungen/Abwehr von Ansprüchen von oder gegenüber Behörden/Banken/Krankenkasse/Versicherungsunternehmen/Versorgungsunternehmen;
- Vertretung gegenüber Gläubigern, Schuldentilgung;
- Prüfung und Regelung von Unterhaltspflichten;
- Verwaltung/Verwertung von Grundvermögen und beweglichen Sachen;
- Vermögenssorge mit Ausnahme von der Entgegennahme und Verwaltung der Rente.[431]

Ein Aufgabenkreis wie z.B. „Vertretung gegenüber Gläubigern" oder „Schuldentilgung" ist allerdings nur dann sinnvoll, wenn auch sichergestellt ist, dass vom Betreuer ausgehandelte Tilgungspläne eingehalten und die vereinbarten Raten gezahlt werden. Eine entscheidende Rolle dürfte insoweit die Persönlichkeit des Betreuten und seine Zuverlässigkeit dabei spielen, ob diese Aufgabe ohne Zugriff des Betreuers auf seine Einkünfte und Vermögen erfüllt werden kann. Ein Betreuer, der lediglich in der Lage ist, Tilgungspläne zu entwerfen, die sein Betreuter dann nicht einhält, ist gegenüber den Gläubigern von vornherein diskreditiert und kann in dem ihm zugewiesenen beschränkten Aufgabenkreis zu keiner Vereinbarung mit Dritten gelangen. Gleiches gilt für den Aufgabenkreis „Wohnungsangelegenheiten". Im Interesse einer klaren Definition der Aufgabenkreise könnte dieser auch unterteilt werden in **518**

- Abwehr einer Wohnungskündigung, **519**
- Vertretung bei Kündigungs- und Räumungsverfahren,[432]
- Regelung von Miet- und Wohnungsangelegenheiten,
- Auflösung des Mietverhältnisses,
- Aufgabe der Wohnung und Auflösung des Haushalts, Entmüllung[433],
- Beschaffung einer Wohnung und Regelung der Kosten/Mietvertragsabschluss.[434]

Wurde einem Betreuer der Aufgabenkreis „Abwehr einer Wohnungskündigung" übertragen, wobei diese durch unpünktliche Zahlung oder Zahlungsrückstände des Betreuten zu Stande kam, so hat eine Beschränkung des Aufgabenkreises nur dann Sinn, wenn sie für den Betreuer praktikabel ist. Deshalb ist seitens des Gerichtes vor Ausspruch eines Aufgabenkreises zu überlegen, wie konkret dieser zu fassen ist. Letztlich spricht jedoch alles dafür, die Aufgabenkreise möglichst eng zu fassen, um unnötige Kränkungen des Betroffenen zu vermeiden.[435] Viele Betroffene empfinden nach wie vor eine Betreuung als Bevormundung, so dass es gilt, ihre Selbstständigkeit so weit wie möglich zu erhalten und diese nicht ohne Not einzuschränken. **520**

---

431 *Jürgens u.a.* Rn. 88.
432 *LG Frankfurt/Main* Beschl. vom. 23.6.1992, 2/9 T 427/92; WuM 1993, 60–61.
433 *BayObLG* NJW-RR 2001, 1513 = FamRZ 2002, 348 = NJW-RR 2001, 1513; *OLG Oldenburg* FamRZ 2004, 1320 = FPR 2004, 264 = R&P 2003, 161.
434 *Jürgens u.a.* Rn. 89.
435 *Jürgens u.a.* Rn. 96.

521 Der Betreuer kann, sofern ihm ein bestimmter Aufgabenkreis übertragen wurde, zunächst einmal tätig werden. Stellt er im Rahmen seiner Arbeiten fest, dass der Aufgabenkreis zu weit oder zu eng gefasst ist, obliegt es ihm, dem Betreuungsgericht nach § 1901 Abs. 5 BGB hierüber Mitteilung zu machen. Merkt der Betreuer, dass der Aufgabenkreis zu Lasten des Betroffenen zu weit gefasst wurde, kann er in dessen Namen Beschwerde einlegen (§ 303 Abs. 4 FamFG).

3. Bestimmtheit des Aufgabenkreises

522 Die Fassung des Aufgabenkreises sollte das Gericht so konkret wie möglich vornehmen. Bereits in der Vergangenheit war es selbst bei sehr weiten Wirkungskreisen, wie etwa den „Vermögensangelegenheiten" umstritten, ob bestimmte Angelegenheiten davon umfasst sind. So stellt sich beispielsweise bei dem Aufgabenkreis der Vermögensangelegenheiten die Frage, ob die Geltendmachung von Sozialhilfeansprüchen dazu gehört oder ob es sich um eine persönliche Angelegenheit handelt, die deshalb zusätzlich vom Gericht als Aufgabenkreis angeordnet werden müsste.[436] Ferner entspricht es der herrschenden Meinung, dass die Geltendmachung von Unterhaltsansprüchen und die Aufsichtspflicht dem Bereich der Personensorge unterliegen.[437]

523 Ähnlich verhält es sich bei den Wohnungsangelegenheiten. Der Abschluss eines Mietvertrages und dessen Kündigung betreffen sowohl das Vermögen als auch in besonderer Weise die persönlichen Verhältnisse des Betreuten. In einem solchen Fall sollte das Betreuungsgericht bei der Anordnung des Aufgabenkreises von vornherein klarstellen, ob nach seiner Auffassung die Vermögensangelegenheiten auch die Wohnungsangelegenheiten umfassen. Aus der Sicht des Betreuers kann es nicht dahingestellt bleiben, ob ein Aufgabenkreis eine Tätigkeit umfasst oder nicht. Dies ergibt sich zum einen aus § 1902 BGB, in dem es heißt, dass der Betreuer in seinem Aufgabenkreis den Betreuten gerichtlich und außergerichtlich vertritt. Handelt der Betreuer außerhalb des ihm durch das Gericht zugewiesenen Aufgabenkreises, hat er keine Handlungsbefugnis als gesetzlicher Vertreter.

524 Die häufig von Gerichten gewählte Formulierung „Vertretung gegenüber Ämtern und Behörden", z.T. ergänzt um „Institutionen" oder „Versicherungen" und sogar „Gerichten" ist als besonders problematisch anzusehen. Zunächst wird darin lediglich die gerichtliche und außergerichtliche Vertretungsbefugnis in § 1902 BGB wiederholt.[438] Bezweckt ist oft wohl eine Klarstellung in Bezug auf die Geltendmachung von Sozialleistungsansprüchen, wie oben beschrieben. Mehr als eine solche Verdeutlichung scheint die Rechtsprechung nicht zu akzeptieren. So entschied das OLG Schleswig: Aufwendungsersatz für eine Strafverteidigung kann der anwaltliche Berufsbetreuer grundsätzlich nur verlangen, wenn sich der Aufgabenkreis ausdrücklich hierauf erstreckt. Der Aufgabenkreis „Vertretung gegenüber Behörden" und anderen Institutionen reiche nicht aus.[439]

525 Für die Veranlassung einer Unterbringung nach § 1906 BGB erwartet der BGH sowohl die Aufgabenkreise Aufenthaltsbestimmung als auch Gesundheitssorge.[440] Für Ehescheidungen[441], Vater-

---

436 *LG Köln* FamRZ 1998, S. 909; *OVG NRW* FamRZ 2001, 312 = NJW 2001, 91 = RdLH 2001, 90 = ZfS 2001, 11.
437 MK-BGB/*Schwab* § 1896 BGB Rn 115; *OLG Zweibrücken* FamRZ 2000, 1324 = NJW-RR 2001, 151 (m. Anm. *Hellmann* RdLH 2001, 90); für Aufsichtspflicht *LG Bielefeld* BtPrax 1999,111 = NJW 1998, 2682.
438 So jetzt auch der *BGH* Beschl. v. 21.1.2015, XII ZB 324/14, BeckRS 2015, 03111 = JurionRS 2015, 10924.
439 *OLG Schleswig* BtPrax 2007, 268 (Ls) = MDR 2007, 1263 = FamRZ 2008, 187 (Ls) = FGPrax 2007, 231 = NJW-RR 2008, 91; *OLG Hamburg* Beschl. v. 17.6.2013, 2 Ws 23-25/13.
440 *BGH* FGPrax 2013, 283 = NJW 2013, 3781.
441 *BGHZ* 149, 140 = FamRZ 2002, 316 = NJW 2002, 671 = NJW-RR 2002, 577 (Ls) = MDR 2002, 395.

schaftsfeststellungen, Schwangerschaftsabbrüche[442] und Entscheidungen über das Umgangsrecht (§ 1632 Abs. 3 BGB)[443] ist stets ein eigener speziell formulierter Aufgabenkreis notwendig.

Zudem sind auch haftungsrechtliche Konsequenzen zu thematisieren: Nach der Rechtspre- **526** chung läuft der Betreuer, der außerhalb des ihm zugewiesenen gesetzlichen Aufgabenkreises handelt, Gefahr, dass ihm Schadensersatzansprüche wegen Überschreitung seines Aufgaben- kreises auferlegt werden[444] oder eine Eigenhaftung als Vertreter ohne Vertretungsmacht (§ 179 BGB) gegeben ist.[445] Für die Tätigkeiten, die außerhalb eines Aufgabenkreises geleistet werden, gibt es nach gefestigter Rechtsprechung ohnehin keine Vergütung; dies kann aufgrund der Ver- gütungspauschalierung seit 1.7.2005 nur noch Aufwendungsersatzansprüche wegen berufli- cher Dienste betreffen (§ 4 Abs. 2 VBVG i.V.m. § 1835 Abs. 3 BGB). Aus alledem ergibt sich, dass es für einen Betreuer nicht dahinstehen kann, ob er als gesetzlicher Vertreter des Betroffe- nen zur Regelung bestimmter Angelegenheiten vom Gericht eingesetzt wurde oder nicht. Es empfiehlt sich daher in Zweifelsfällen eine schriftliche Anfrage an das Betreuungsgericht, ver- bunden mit einem Antrag auf etwaige Aufgabenkreiserweiterung.

Hinblicklich der Abgrenzung der Vermögenssorge zu anderen Aufgabenkreisen vgl. bspw. Rn. 856. **527**

XVII. Der Einwilligungsvorbehalt

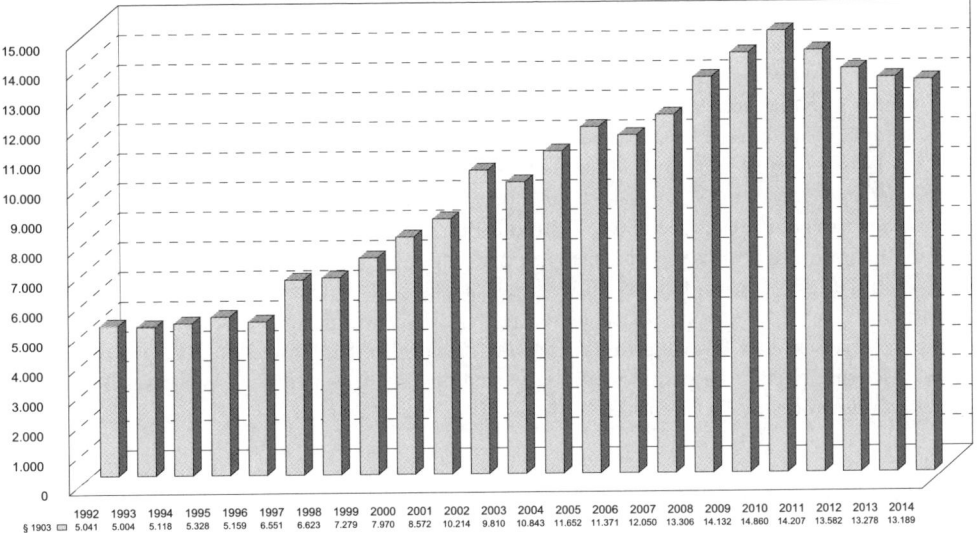

Anordnung von Einwilligungsvorbehalten **528**

§ 1903	1992	1993	1994	1995	1996	1997	1998	1999	2000	2001	2002	2003	2004	2005	2006	2007	2008	2009	2010	2011	2012	2013	2014
	5.041	5.004	5.118	5.328	5.159	6.551	6.623	7.279	7.970	8.572	10.214	9.810	10.843	11.652	11.371	12.050	13.306	14.132	14.860	14.207	13.582	13.278	13.189

Quelle: BfJ Sondererhebung Verfahren nach dem Betreuungsgesetz 1992–2014; (Zahlen 2000–2007 ohne Hamburg); Grafik: *Deinert*

---

442 *OLG Frankfurt/Main* NJW 2008, 3790 = FamRZ 2009, 368.
443 BayObLGR 2003, 9 (Ls) = BtPrax 2003, 38 = FamRZ 2003, 402.
444 *OLG Hamm* FamRZ 2001, 861 (m. Anm. *Bienwald* S. 863) = RdLH 2001,180; m. Anm. *Beck* BtPrax 2001, 195.
445 *AG Detmold* BtPrax 2011, 137 (Kosten der Wohnungsentrümpelung ohne Aufgabenkreis Wohnungsangele- genheiten).

1. Zweck der Regelung

529 Durch die Anordnung einer Betreuung ist die Teilnahme des Betroffenen am Geschäftsverkehr nicht ausgeschlossen. Dieser kann, ohne dass er Rücksprache mit dem Betreuer halten muss, Verträge abschließen, Kündigungen aussprechen usw.

530 **Beispiel:** Der an einer dissozialen Persönlichkeitsstörung leidenden Ernestine B. wird das Sorgerecht für ihre Tochter abgesprochen. Frau B. hatte selbst eine Betreuung beim Amtsgericht beantragt mit den Aufgabenkreisen Wohnungsangelegenheiten und Vermögen, weil sie in der Vergangenheit Probleme mit der pünktlichen Entrichtung des Mietzinses hatte. Nach dem Weggang der Tochter gerät Frau B. in eine depressive Konfliktreaktion. Überstürzt kündigt sie ohne Rücksprache mit der Betreuerin die Wohnung, weil sie dort alles an ihr Zusammenleben mit der Tochter erinnert. Die Wohnungsbaugesellschaft akzeptiert die Kündigung. Die Betreuerin, die Frau B. vor Obdachlosigkeit schützen will, beantragt bei dem zuständigen Betreuungsgericht einen Einwilligungsvorbehalt, um die von der Betroffenen ausgesprochene Kündigung rückgängig machen zu können.

531 Mit Hilfe des Einwilligungsvorbehaltes können die Folgen der Teilnahme des Betroffenen am Rechtsverkehr storniert werden. Der Zweck der Vorschrift liegt darin zu vereiteln, dass die betroffene Person sich selbst durch Willenserklärungen schädigt.

532 Ferner dient die Anordnung eines Einwilligungsvorbehaltes der Klarheit im Rechtsverkehr. Durch § 1903 BGB wird weiterhin die Beweislage des Betroffenen in einem zivilrechtlichen Verfahren, in dem Geschäftsunfähigkeit fingiert wird, verbessert.

533 **Beispiel:** Die im Vermögensbereich partiell geschäftsunfähige Gerda M. erhält eine große Erbschaft. Obwohl sie schnell seekrank wird, lässt sie sich in einem Reisebüro eine Luxuskreuzfahrt in Höhe von 15.000 € „aufschwatzen". Wie jede prozessual beweisbelastete Partei in einem Zivilverfahren wäre Gerda M. gehalten, durch ein Sachverständigengutachten – dessen Ergebnis offen ist – ihre fehlende Geschäftsfähigkeit zum Zeitpunkt des Vertragsabschlusses nachzuweisen. Wäre jedoch zu ihren Gunsten seitens des Betreuungsgerichtes ein Einwilligungsvorbehalt angeordnet, hätte die Betroffene keine wirksame Willenserklärung ohne Zustimmung des Betreuers abgeben oder empfangen können. Zu Gunsten des Betroffenen entfällt die Notwendigkeit, seine fehlende Geschäftsfähigkeit unter Beweis zu stellen. Es ist im Gegenteil Sache des Geschäftspartners, die Einwilligung des Betreuers darzulegen und zu beweisen. Der Einwilligungsvorbehalt schützt also den Geschäftsunfähigen davor, in Beweisschwierigkeiten zu geraten und deswegen an für ihn nachteilige Willenserklärungen rechtlich gebunden zu bleiben.[446]

2. Voraussetzungen

534 Nach § 1903 BGB ordnet das Betreuungsgericht einen Einwilligungsvorbehalt an, wenn dies zur Abwendung einer erheblichen Gefahr für die Person oder das Vermögen des Betroffenen erforderlich ist. Gefahren für Dritte rechtfertigen einen Einwilligungsvorbehalt nicht.

---

446 BT-Drs. 11/4528, 137.

> **Beispiel:** Bei Egon E., einem verheirateten Angestellten in gehobener Position, bricht eine
> manisch-depressive Erkrankung aus. Bei der Bank, bei der Herr E. seit Jahrzehnten ein
> Konto unterhält, löst dieser einen Sparbrief auf und kauft sich hiervon einen Porsche für
> 60.000 €. Diesen fährt er innerhalb kürzester Zeit schrottreif. Die Ehefrau von Egon E.
> fordert von der Bank zu Recht das Guthaben aus dem Sparbrief zurück wegen Geschäfts-
> unfähigkeit ihres Ehemannes zum Zeitpunkt der Vertragsaufhebung. Die Bank ist zur
> Zurückzahlung verpflichtet, denn der gute Glaube in die Geschäftsfähigkeit eines Kunden
> ist rechtlich nicht geschützt.

535

Erforderlich für die Anordnung eines Einwilligungsvorbehaltes ist vielmehr, dass der Betroffene sich selbst durch unvernünftige Willenserklärungen schädigt.[447] Der Hauptanwendungsbereich des Einwilligungsvorbehalts liegt im Bereich der Vermögenssorge. Trotz vorliegender
Vorsorgevollmacht bedarf es der Einrichtung einer Betreuung, wenn die Anordnung eines Einwilligungsvorbehalts erforderlich ist.[448] Ordnet der Betreuungsrichter für sämtliche dem
Betreuer übertragenen Aufgabenkreise einen Einwilligungsvorbehalt an, so muss er für jeden
Aufgabenkreis darzulegen, warum der Einwilligungsvorbehalt erforderlich ist.[449] 2014 wurden
insgesamt 13.1898 Einwilligungsvorbehalte angeordnet, das betraf 6 % aller Erstbestellungen
von Betreuern.[450]

536

Die Beantwortung der Frage, wann eine erhebliche Gefahr einer Vermögensschädigung
besteht, kann nur an Hand der Umstände des Einzelfalles geklärt werden. Schließt ein Betroffener einmalig ein für ihn ungünstiges Rechtsgeschäft ab, welches proportional zur Höhe seines Vermögens nicht sonderlich ins Gewicht fällt, so rechtfertigt dies nicht unbedingt die
Anordnung eines Einwilligungsvorbehaltes im Gegensatz etwa zu dem Fall eines Sozialhilfe-
empfängers, der beispielsweise einen Mobilfunkvertrag abschließt in der Absicht, hierüber seinen gesamten Telefonverkehr abzuwickeln und der sich bereits in der Vergangenheit durch
unbedachte Geschäftsabschlüsse finanziell in Schwierigkeiten brachte.

537

Erhebt ein Betroffener massenhaft von vornherein aussichtslose Klagen, kann die Anordnung
eines Einwilligungsvorbehalts für „Behördenangelegenheiten und gerichtliche Auseinandersetzungen" in Betracht kommen. Ein solcher Einwilligungsvorbehalt kann geeignet sein, eine
erhebliche Gefährdung des Vermögens eines Betroffenen abzuwenden, weil dessen Verfahrenshandlungen von vornherein unwirksam sind und gerichtliche Gebühren nicht entstehen oder
erhoben werden, weil Anträge eines Prozessunfähigen keine Haftung begründen.[451]

538

Im Grundsatz ist zu beachten, dass der Einwilligungsvorbehalt hinblicklich seiner Auswirkungen einer früheren Entmündigung (wegen Verschwendungssucht) gleichkommt, weswegen der
davon ausgehende Eingriff in die Belange des Betroffenen strengen Voraussetzungen unterliegt.[452] Insbesondere die aus dem Einwilligungsvorbehalt resultierende Befugnis des Betreuers
zum Widerruf der Willenserklärungen des Betreuten degradiert ihn zu einem Niemand im
Geschäftsverkehr. Hypothetische Gefahren oder geringfügige Vermögensschädigungen sind
daher nicht ausreichend, um einen Einwilligungsvorbehalt zu rechtfertigen, es muss konkreter
Regelungsbedarf bestehen.

539

---

447 *LG Regensburg* FamRZ 1992, 476 f.
448 *BGH* FamRB 2011, 314 = NJW-RR 2011, 1507 = FGPrax 2011, 290 = FamRZ 2011, 1574.
449 *BayObLG* FamRZ 2003, 476 = NJW-RR 2003, 871.
450 *BfJ* Sondererhebung Verfahren nach dem BtG; vgl. HK-BUR/*Deinert* § 1903 BGB Rn. 88 (Rechtstatsachen);
     Deinert BtPrax 2016, 9.
451 *KG* BtPrax 2007, 84 = FamRZ 2007, 1127 (Ls) = FGPrax 2007, 220.
452 *LG Köln* BtPrax 1992, 109 f.

540 Ein Einwilligungsvorbehalt kann im Bereich des Aufenthaltsbestimmungsrechts angeordnet werden, um zu verhindern, dass der Betreute ohne Rücksprache mit dem Betreuer einen Heimplatz kündigt.[453] Er kann allerdings nur die Teilbereiche betreffen, in denen rechtsgeschäftliche Erklärungen abzugeben sind. Ansonsten kann in Fällen, in denen der Betreute der Aufenthaltsbestimmung des Betreuers keine Folge leistet, eine stärkere Entscheidungsmacht des Betreuers nicht über § 1903 BGB durchgesetzt werden.[454]

541 Zum Teil wird erst im Rahmen der Betreuertätigkeit klar, dass ohne einen Einwilligungsvorbehalt der Betreute gefährdet bleibt. In solchen Fällen kann der Betreuer selbst die Anordnung eines Einwilligungsvorbehaltes beim Betreuungsgericht beantragen (§ 1901 Abs. 5 BGB). In solchen Fällen wird ein neues gerichtliches Verfahren notwendig. Es haben erneut Anhörungen stattzufinden, es ist erneut ein Sachverständigengutachten und eine Stellungnahme der Betreuungsbehörde erforderlich, wenn seit der letzten Begutachtung mehr als 6 Monate verstrichen sind (§ 293 FamFG). Für die Rechtswirksamkeit (auch des später angeordneten) Einwilligungsvorbehaltes gilt ebenfalls § 287 Abs. 1 oder 2 FamFG.

3. Kein Einwilligungsvorbehalt darf erfolgen …

a) bei Eheschließungen und Begründung von Lebenspartnerschaften

542 In der Zeit vor Inkrafttreten des Betreuungsrechtes waren entmündigte Menschen nicht berechtigt, die Ehe zu schließen, wenn sie wegen Geisteskrankheit entmündigt waren. Eheunmündigkeit wurde dies genannt. Die anderen Entmündigungsgründe (Geistesschwäche, Trunk- und Rauschgiftsucht sowie Verschwendung) führten zur sogenannten beschränkten Ehemündigkeit, d.h. nur mit Zustimmung des Vormundes bestand die Möglichkeit der Eheschließung.

543 1992 sollte Schluss mit dieser Beschränkung der persönlichen Entfaltungsfreiheit sein. Das Betreuungsgesetz änderte auch das Ehegesetz; abgestellt wurde ab diesem Zeitpunkt nur noch auf die Geschäftsfähigkeit; speziell bezogen auf diese Frage seither inoffiziell als Ehegeschäftsfähigkeit (seit 1998 in § 1304 BGB) bezeichnet. Einwilligungsvorbehalte durften sich ausdrücklich nicht auf die Eheschließung beziehen.

544 Für die Eheschließung (und seit 1.8.2001 auch für die Eingehung einer eingetragenen gleichgeschlechtlichen Lebenspartnerschaft) ist aufgrund des § 1903 Abs. 2 BGB ausdrücklich kein Einwilligungsvorbehalt zulässig, daher können Betreute grundsätzlich ohne Zustimmung des Betreuers diesen Lebensbund eingehen. Allerdings wird nach § 1304 BGB auch weiterhin Geschäftsfähigkeit des betroffenen Menschen vorausgesetzt. Die Geschäftsfähigkeit ist anlässlich der Eheschließung bzw. Begründung der Lebenspartnerschaft durch den Standesbeamten zu prüfen. In Zweifelsfällen kann eine gerichtliche Entscheidung dazu erforderlich werden (§ 45 PStG).

b) bei Verfügungen von Todes wegen

545 Ebenfalls schließt § 1903 Abs. 2 BGB einen Einwilligungsvorbehalt für Verfügungen von Todes wegen aus. Hierbei geht es um Testamente und Erbverträge, soweit der Betreute der Erblasser ist. Auch hier ist Geschäftsfähigkeit erforderlich, die hier Testierfähigkeit genannt wird (§ 2229 Abs. 4 BGB). Soweit ein Testament notariell beurkundet werden soll (oder ein Erbvertrag, bei

---

453 *BayObLG* FamRZ 1993, 852 f.
454 *LG Hildesheim* BtPrax 1996, 230.

dem diese Form stets nötig ist), hat der beurkundende Notar auch die Geschäftsfähigkeit zu überprüfen (§ 17 BeurkG).

c) bei Erklärungen nach dem 4. und 5. Buch des BGB

Für bestimmte familien- und erbrechtliche Erklärungen ist ebenfalls kein Einwilligungsvorbe-   **546**
halt zulässig. Hier geht es um Erklärungen in Bezug auf Gütergemeinschaften (§§ 1511–1516 BGB), um Vaterschaftsanfechtungen (§ 1600a BGB), um Adoptionseinwilligungen (§§ 1750, 1760, 1762 BGB), Erklärungen im Rahmen von Erbverträgen (§§ 2282, 2290, 2292 BGB) und Erbverzichte (§ 2347 BGB).

4. Wirkung des Einwilligungsvorbehalts

a) Allgemeine Auswirkungen

Ein angeordneter Einwilligungsvorbehalt bewirkt, dass das von dem Betreuten persönlich vor-   **547**
genommene Rechtsgeschäft schwebend unwirksam ist und von der Genehmigung des Betreuers abhängt, § 108 Abs. 1 BGB. Unter Genehmigung versteht man eine nachträgliche Zustimmung, § 184 BGB, im Gegensatz zu einer Einwilligung, § 183 BGB, die als vorherige Zustimmung definiert ist. Schließt der Betroffene also ein Rechtsgeschäft ab, in das der Betreuer
vorab einwilligte, ist dieses von Anfang an wirksam. Spricht der Betreuer nachträglich eine
Genehmigung aus, wird der Vertrag rückwirkend von Anfang an wirksam, § 184 BGB.[455] Eine
spätere Aufhebung des Einwilligungsvorbehaltes lässt getätigte Rechtsgeschäfte des Betreuers
unberührt, § 306 FamFG. Der Betreuer braucht für seine Einwilligungen in Rechtshandlungen
des Betreuten die gleichen betreuungsgerichtlichen Genehmigungen, die er bei eigenem Handeln benötigte. Hier ist insbesondere an die Regelungen in den §§ 1810–1825, 1908 und 1907
BGB zu denken und auf die Wirksamkeit der gerichtlichen Genehmigung zu achten (§§ 40, 63
FamFG).

Verweigert der Betreuer die Genehmigung, wird der Vertrag rückwirkend endgültig unwirk-   **548**
sam. Der Betroffene ist damit den beschränkt geschäftsfähigen Kindern im Alter von 7–18 Jahren gleichgestellt; § 1903 Abs. 1 S. 2 BGB verweist auf die Regelungen der beschränkten
Geschäftsfähigkeit, §§ 108–113 BGB.

> **Beispiel:**   Nach dem sogenannten Taschengeldparagraf kann der unter Einwilligungsvor-   **549**
> behalt im Bereich der Vermögenssorge stehende Betroffene Rechtsgeschäfte, die aus eigenen
> Mitteln bewirkt werden, ohne Zustimmung seines Betreuers abschließen, § 110 BGB.
>
> Schließt der Betreute einen Ratenzahlungsvertrag betreffend eines Smartphones und wäre
> in der Lage, die monatlichen Raten aus eigenen Mitteln zu zahlen, so handelt es sich nicht
> mehr um ein Geschäft des täglichen Lebens nach § 105a BGB. Es handelt sich vielmehr um
> einen der Zustimmung des Betreuers unterliegenden Vertrages, auch und gerade mit Hin-
> blick auf die Laufzeit von 24 Monaten.[456]

Transaktionen in diesem Rahmen sind ggf. nach den Regeln der ungerechtfertigten Bereiche-   **550**
rung (§ 812 BGB), insbesondere auch mit der Ausnahme der Entreicherung (§ 818 Abs. 3
BGB) aufzulösen.

---

455 HK-BUR/*Bauer/Walther* § 108 Rn. 6.
456 *LG Trier* Urt. v. 27.11.2003, 3 S 89/03, JurionRS 2003, 40702.

551 Der Betreuer kann seine Genehmigung gegenüber dem Vertragspartner oder aber – bis auf den Fall des § 108 Abs. 2 BGB – gegenüber dem Betreuten abgeben. Die Genehmigung (des Betreuers) ist grundsätzlich formfrei und an keine Frist gebunden, es sei denn, der Vertragspartner des Betreuten fordert den Betreuer hierzu auf, vgl. § 108 Abs. 2 BGB, dann beträgt die Äußerungsfrist zwei Wochen. Eine notwendigerweise dazu einzuholende gerichtliche Genehmigung lässt die Frist während des gerichtlichen Verfahrens nicht ablaufen (§ 205 BGB). Bis zur Genehmigung durch den Betreuer besitzt der Vertragspartner des Betroffenen ein Widerrufsrecht nach § 109 Abs. 1 BGB. Auf die Art und Weise kann der Vertragspartner einen von ihm als misslich empfundenen Schwebezustand beenden. Der Widerruf, der gegenüber dem Betreuer erklärt werden muss, ist in dem Fall ausgeschlossen, dass der Vertragspartner von dem Einwilligungsvorbehalt wusste, respektive der fehlenden Einwilligung des Betreuers.

552 **Beispiel:** Zu Gunsten des vermögenslosen Hubert H. wurde eine Betreuung mit dem Aufgabenkreis Vermögenssorge angeordnet. Gleichzeitig wurde ein Einwilligungsvorbehalt ausgesprochen. Herr H. bezieht eine Erwerbsunfähigkeitsrente in Höhe von 800 €. Als er im Mietshaus von Manuela B. eine schön geschnittene Zwei-Zimmer-Wohnung besichtigt, schließt er einen Mietvertrag hierüber ab, ohne sich darüber im Klaren zu sein, dass er sich eine monatliche Miete in Höhe von 600 € kalt nicht leisten kann. Als Manuela B. von der Betreuung und dem Einwilligungsvorbehalt erfährt, fordert sie den Betreuer auf, binnen zwei Wochen mitzuteilen, ob er den Mietvertrag genehmigt. Für den Fall, dass der Betreuer in einem solchen Fall keine Erklärung abgibt, verhält es sich so, dass eine Verweigerung der Genehmigung gesetzlich fingiert wird, vgl. § 108 Abs. 2 S. 2 BGB.

b) Zustimmungsfreie Rechtsgeschäfte

aa) Erlangen eines rechtlichen Vorteils

553 Der Betroffene kann eigenständig Rechtsgeschäfte vornehmen, soweit er hierdurch lediglich einen rechtlichen Vorteil erlangt, § 1903 Abs. 3 S. 1 BGB. Bei der Bewertung ist nicht der wirtschaftliche Erfolg entscheidend, sondern allein die rechtliche Wirkung. Daher kann ein scheinbar vorteilhaftes Rechtsgeschäft wegen der damit einhergehenden Verpflichtungen für den Betroffenen sich juristisch als nicht ausschließlich vorteilhaft erweisen. Entscheidend ist, dass der Betroffene vor rechtlichen Nachteilen geschützt wird.

554 **Beispiel:** Heinrich A. besitzt gegenüber Reiner M. einen Anspruch auf Auszahlung einer Darlehnssumme in Höhe von 20.000 €. Herr M., der von der zu Gunsten von Herrn A. eingerichteten Betreuung und dem Einwilligungsvorbehalt nichts weiß, erstattet Herrn A. die Summe in bar zurück. Vorliegend erfüllt Reiner M. eine an sich fällige Leistung. Die Erfüllung gegenüber Heinrich A. ist jedoch rechtlich nicht ausschließlich vorteilhaft, denn dieser verliert damit gleichzeitig seinen Rückzahlungsanspruch der Darlehnsschuld gegenüber Reiner M. Herrn A. fehlt die Zuständigkeit für die Annahme der Leistung eines Gläubigers. Herr M. kann also die Darlehnssumme entweder nur an den Betreuer zurückerstatten oder aber mit dessen Einwilligung an Herrn A. selbst. Hat Reiner M. zwischenzeitlich das Geld ausgegeben und erfährt der Betreuer von der Transaktion, kann die Darlehnssumme von Reiner M. erneut heraus verlangt werden.

555 Gleiches gilt, wenn dem Betreuten Gegenstände, wie beispielsweise ein Auto, geschenkt werden. In einem solchem Fall ist durch den Betreuer genau zu prüfen, ob nicht etwa durch die hieraus erwachsenden laufenden Verpflichtungen, wie etwa Unterhalt, Steuern etc. dem Betreuten ein Nachteil entsteht. So wird beispielsweise im Minderjährigenrecht stets auf das Genaueste durch das Betreuungsgericht geprüft, ob die schenkweise Übertragung einer Eigentumswohnung oder eines Grundstücks ausschließlich einen rechtlichen Vorteil bringt. Dies kann zweifelhaft sein, wenn auf der Immobilie hohe Belastungen ruhen, aber auch unter dem Aspekt der laufend zu bedienenden Leistungen, wie etwa öffentliche Abgaben (Grundsteuer), Versicherungsprämien (Feuerversicherung usw.), Bewirtschaftungs- und Instandhaltungskosten.

Die Abtretung einer Forderung an den Betreuten ist demgegenüber stets als rechtlicher Vorteil zu qualifizieren.[457]   556

> **Beispiel:** Die Eltern des volljährigen, unter Betreuung stehenden Bernd H. übertragen   557
> diesem eine Forderung gegen Hannelore C. auf Zurückzahlung einer fälligen Darlehnsfor-
> derung in Höhe von 30.000 €.

bb) Alltagsgeschäfte

Nach § 1903 Abs. 3 S. 2 BGB braucht der Betreute dann nicht die Einwilligung seines Betreuers   558
einzuholen, wenn er ein Rechtsgeschäft abschließt, das zu den so genannten geringfügigen Angelegenheiten des täglichen Lebens zählt. Der Regierungsentwurf zum BtG zählte hierzu die alltäglichen Bargeschäfte über geringwertige Gegenstände, wie der Kauf von Lebensmitteln, wenn diese nach Art und Menge das übliche Maß nicht übersteigen. Entscheidend ist, ob die Verkehrsauffassung das Rechtsgeschäft zu den Alltagsgeschäften zählt.[458] Ferner ist die Frage, ob ein geringfügiges Rechtsgeschäft vorliegt, nach den finanziellen Verhältnissen des Betreuten zu beurteilen.[459] Die Befugnis zu diesen Geschäften kann im Einzelfall durch das BetrG ausgeschlossen werden. Für Alltagsgeschäfte Geschäftsunfähiger ist in § 105a BGB seit 2002 eine vergleichbare Regelung getroffen worden.

> **Beispiel:** Der über ein großes Vermögen verfügende Dr. Martin S. bezieht monatliche   559
> Einkünfte in Höhe von insgesamt 3.300 €. Die Betreuerin stellt ihm allmonatlich einen
> Betrag von 1.500 € als Wirtschaftsgeld zur Verfügung.

cc) Taschengeldparagraf

Nach §§ 1903 Abs. 1 S. 2, 110 BGB ist ein Vertrag, den der Betroffene ohne Zustimmung des   560
Betreuers abschließt, von Anfang an wirksam, wenn die vertragsmäßige Leistung mit Mitteln bewirkt wird, die ihm zur freien Verfügung belassen wurden. Die Einwilligung liegt in der Überlassung der Mittel „zur freien Verfügung." Entscheidend ist, dass der Betroffene die vertragsgemäße Gegenleistung gerade mit diesen Mitteln *bewirkt hat*. Erst hierdurch wird der Vertrag wirksam.

> **Beispiel:** Der Betreute Hannes B. erhält ein wöchentliches Haushaltsgeld von 100 € von   561
> seinem Betreuer. Hiervon hat er sich solange 20,00 € zurückgelegt, bis er sich endlich seinen
> sehnlichsten Wunsch, den Kauf eines Motorrollers, erfüllen konnte. Hannes B. bezahlt den
> Motorroller in bar und nimmt ihn gleich mit. In diesem Fall ist der zwischen Hannes B.
> und dem Verkäufer des Motorrollers geschlossene Vertrag von Anfang an wirksam. Anders
> wäre die Rechtslage zu beurteilen, wenn Hannes B. einen Ratenkaufvertrag über den
> Motorroller abgeschlossen hätte, selbst wenn es ihm möglich wäre, die Raten jeweils pro-

---

457 HK-BUR/*Bauer/Walther* § 108 Rn. 10.
458 BT-Drs. 11/4528, 139.
459 *Damrau/Zimmermann* § 1903 Rn. 35.

blemlos von dem ihm zugeteilten Haushaltsgeld abzuzweigen. Dieser wäre erst dann wirksam, wenn Hannes B. die letzte Rate aus den ihm überlassenen Mitteln bezahlt oder aber der Betreuer den Ratenzahlungsvertrag genehmigt hätte.

562 Teilweise wird im Gegensatz zu der hier vertretenen Meinung ausgeführt, dass der Betreute in dem Fall, dass er einen Kreditvertrag abschließt oder etwa „anschreiben" lässt, nicht der Einwilligung seines Betreuers bedürfe.[460]

563 Wie bereits oben ausgeführt, soll der Einwilligungsvorbehalt den Betreuten vor für ihn rechtlich nachteiligen Geschäften bewahren. Mit diesem Schutzzweck nicht vereinbar ist es, wenn der Betreute an längerfristig verpflichtende Verträge gebunden ist, schon allein deshalb, weil sonst die Gefahr besteht, dass eventuell die Ratenzahlungsvereinbarung nicht eingehalten wird und auf Grund einer vertraglichen Verfallklausel dann die gesamte Restsumme auf einen Schlag fällig wird.

c) Dienst- oder Arbeitsverhältnisse

564 Nach § 113 BGB benötigt der Betreute bei der Eingehung oder Aufhebung eines Dienst- oder Arbeitsvertrages oder bezüglich der Erfüllung von Verpflichtungen hieraus dann keiner Zustimmung seines Betreuers, wenn er vorab hierzu ermächtigt wurde. Die Ermächtigung erstreckt sich auf den gesamten Bereich der Vertragsabwicklung, also auch auf die Annahme des Entgeltes und damit verbunden der Errichtung eines Girokontos.[461] Die vom Betreuten ausgehandelten Vertragsbedingungen sind nur dann von § 113 BGB umfasst, wenn sie sich im Rahmen des Verkehrsüblichen halten.[462] Seit 1.1.2015 ist hier insbesondere an die Einhaltung des gesetzlichen Mindestlohnes (z.Zt. 8,50 €/Std.) zu denken.

565 Aufhebungsverträge, die im Rahmen einer Schwangerschaft zur Umgehung des absoluten Kündigungsschutzes des § 9 MuSchG abgeschlossen werden, sind allerdings nicht durch die Ermächtigung abgedeckt.[463]

566 Die herrschende Meinung, die sich für weitgehende Freiheiten des Betreuten in diesem Bereich ausspricht, verkennt unseres Erachtens die mittlerweile sehr rauen Sitten, die in der gewerblichen und sonstigen Wirtschaft Einzug gehalten haben. Die sozialversicherungsrechtlichen Konsequenzen der durch einen Arbeitnehmer selbst herbeigeführten Vertragsaufhebung sind zwischenzeitlich derart drastisch, dass es vom Betreuer unverantwortlich wäre, dem Betreuten hier freie Hand durch eine Ermächtigung zu erteilen, jedenfalls, wenn die Auflösung eines Arbeitsverhältnisses zur Debatte steht. Nach § 144 SGB III hat die Agentur für Arbeit im Falle einer selbstverschuldeten Arbeitsplatzaufgabe die Befugnis, eine dreimonatige Sperrzeit bezüglich der Zahlung des Arbeitslosengeldes 1 zu verhängen.

567 Nach der sozialgerichtlichen Rechtsprechung hat der Arbeitslose immer dann seine Arbeitslosigkeit selbstverschuldet herbeigeführt, wenn er einen Aufhebungsvertrag abschließt, respektive eine rechtsunwirksame arbeitgeberseitige Kündigung akzeptiert, ohne juristische Schritte einzuleiten und er keine konkrete Aussicht auf einen Anschlussarbeitsplatz hat. Im Anschluss daran kann als weitere Sanktion das Ruhen des Arbeitslosengeldanspruchs für einen weiteren Zeitraum von drei Monaten angeordnet werden, wobei der Arbeitslose während dieser Zeit

---

460 *Damrau/Zimmermann* § 1903 Rn. 36.
461 HK-BUR/*Bauer/Walther* § 1903 Rn. 6.
462 HK-BUR/*Bauer/Walther* § 1903 Rn. 5.
463 HK-BUR/*Bauer/Walther* § 1903 Rn. 7.

nicht rentenversichert ist (§ 3 S. 1 Nr. 3 SGB VI), und der Betreuer (bei freiwilliger Krankenversicherung bzw. bei privat Versicherten) für die Übernahme der zwischenzeitlich fälligen Krankenversicherungsbeiträge Sorge zu tragen hätte.

Ferner ist die Agentur für Arbeit bei einer selbstverschuldeten Arbeitsplatzaufgabe eines   568
Arbeitnehmers berechtigt, die Dauer des Bezugszeitraumes des Arbeitslosengeldes 1 um ein Viertel zu kürzen. Das heißt im Klartext: Gesetzt den Fall, der Betreute hätte an sich einen Anspruch auf Zahlung von Arbeitslosengeld für ein Jahr, so könnte zunächst für drei Monate das Arbeitslosengeld gesperrt, die folgenden drei Monate das Ruhen des Anspruchs festgelegt und „zu guter Letzt" noch die Bezugsdauer um drei Monate gekürzt werden! Von dem Anspruch auf Zahlung des Arbeitslosengeldes 1 für ein Jahr bliebe dann noch ein solcher auf Zahlung für drei Monate übrig.

▶ **Hinweis:** Die sozialversicherungsrechtlichen Konsequenzen der Beendigung eines Arbeits-   569
verhältnisses sind durch eine Vielzahl von Dienstanweisungen, die die Bundesagentur für Arbeit erließ, so kompliziert geworden, dass es nicht opportun ist, dem Betreuten auf diesem Sektor freie Hand zu lassen. ◀

Die Ermächtigung durch den Betreuer sollte im Falle eines Einwilligungsvorbehalts auf den   570
Abschluss eines Dienst- oder Arbeitsverhältnisses beschränkt, keinesfalls jedoch auf eine Beendigung desselben erstreckt werden.

Beispiel: Die Sekretärin Brigitte S. ist bereits seit 18 Jahren im städtischen Krankenhaus   571
Sch. tätig. Das Arbeitsverhältnis regelt sich nach dem Tarifvertrag für den öffentlichen Dienst (TVöD). Wegen einer manisch-depressiven Erkrankung wird bei Frau S. eine Betreuung mit Einwilligungsvorbehalt angeordnet. Der Betreuer hat eine Ermächtigung im Sinne des § 113 BGB ausgesprochen. Eines Tages beschließt Frau S. aus freien Stücken, ihren Arbeitsplatz zu kündigen, um nach Augsburg zu ziehen. Wegen bereits längerer Fehlzeiten der Frau S. unternimmt der Arbeitgeber nichts, um Frau S. an ihrem Tun zu hindern. Frau S. war auf Grund der Ermächtigung befugt, die hier in Rede stehende Kündigung ihres Arbeitsverhältnisses auszusprechen. Sie war mit Hinblick auf die Regelung des § 34 Abs. 2 TVöD tariflich unkündbar. Sie hätte durch den Arbeitgeber praktisch nicht gekündigt werden können, wenn man einmal von dem schwierig zu handhabenden Kündigungskonstrukt der außerordentlichen Kündigung aus wichtigem Grund (§ 626 BGB) absieht. Keinesfalls wäre es dem Arbeitgeber leichtgefallen, Frau S. auf die Schnelle loszuwerden. Wegen ihrer Eigenkündigung bringt die Agentur für Arbeit die ihr zu Gebote stehenden Instrumentarien zur Anwendung. Auf Grund der harten Haltung, die die Agentur für Arbeit einnimmt, muss Frau S. in einem sozialgerichtlichen Verfahren darlegen, dass sie ihrerseits für die Arbeitsplatzaufgabe einen „wichtigen Grund" i.S.d. § 144 Abs. 1 SGB III hatte.

Von der Regelung des § 113 BGB werden betreuungsgerichtlich einzuholende Genehmigungen   572
nicht berührt (§ 1822 Nr. 7 BGB)[464].

5. Wirksamwerden von Willenserklärungen

§ 131 Abs. 1 BGB bestimmt, dass eine Willenserklärung, die gegenüber einer geschäftsunfähi-   573
gen Person abgegeben wird, erst dann wirksam wird, wenn sie seinem gesetzlichen Vertreter

---

464 Vgl. Weiteres bei *Deinert* Arbeitsrecht und Betreuung, BtPrax 2010, 22.

zugeht. Nach § 131 Abs. 2 BGB gilt das Gleiche für eine beschränkt geschäftsfähige Person. Ausgenommen sind Willenserklärungen, die ausschließlich einen rechtlichen Vorteil für die betroffene Person haben oder wenn der gesetzliche Vertreter seine Einwilligung erteilte.

574 **Beispiel:** Der an einer vaskulären Demenz erkrankte, geschäftsunfähige Kurt M. ist hoch verschuldet. Er wird Adressat einer Zahlungsaufforderung mit Fristsetzung der Firma K. Die Fristsetzung beginnt erst in dem Augenblick zu laufen, als der Betreuer von Herrn M. das Schreiben erhält.

6. Hemmung der Verjährung

575 Durch § 210 BGB wird sichergestellt, dass die Verjährung von Ansprüchen des Betreuten so lange gehemmt ist, wie dieser selbst infolge von beschränkter Geschäftsfähigkeit bzw. Geschäftsunfähigkeit außer Stande ist, sie selbst zu realisieren und ein Betreuer (mit passendem Aufgabenkreis) noch nicht bestellt ist, der für eine Verjährungsunterbrechung (z.B. nach §§ 203, 204 BGB) Sorge tragen könnte.

576 **Beispiel:** Der geschäftsunfähige Betroffene hat aus Werkvertrag eine Forderung gegen den Besteller B. Nach vier Jahren erfolgt zugunsten des B eine Betreuerbestellung am 30.5.2015. „Normalerweise" verjährt eine Forderung aus Werkvertrag nach drei Jahren, § 195 BGB. Nach Betreuerbestellung tritt nicht vor Ablauf von sechs Monaten Verjährung ein, § 210 Abs. 1 BGB. Der Betreuer muss die Forderung gegen B bis spätestens zum 29.11.2015 verjährungsunterbrechend klageweise oder durch Mahnbescheid sichern.

577 ┌─ **Checkliste: Einwilligungsvorbehalt** ──────────────────────

Wegen des gravierenden Einschnitts in die Rechte eines Betreuten für den Fall der Anordnung eines Einwilligungsvorbehalts ist die Einhaltung folgender Verfahrensgarantien wesentlich:

1. Sachliche und örtliche Zuständigkeit, § 271, 272 FamFG,
2. Verfahrensfähigkeit des Betroffenen, § 275 FamFG,
3. Bestellung eines Verfahrenspflegers, § 276 FamFG,
4. Anhörung des Betroffenen, § 278 FamFG,
5. Einholen eines Sachverständigengutachtens, § 280 FamFG,
6. Anhörung der Behörde, der Angehörigen und nahestehender Personen, § 279 FamFG,
7. Aufführen der einwilligungsbedürftigen Rechtsgeschäfte im Beschluss, § 286 Abs. 2 FamFG,
8. Befristung auf maximal sieben Jahre (§ 295 Abs. 2 FamFG),
9. Bekanntmachung der Entscheidung nach § 287 Abs. 1 oder 2 FamFG,
10. Mitteilung der Anordnung des Einwilligungsvorbehalts an die Meldebehörde nach Maßgabe des § 309 Abs. 2 FamFG,
11. Bezeichnung der einwilligungsbedürftigen Rechtsgeschäfte im Betreuerausweis (§ 290 Nr. 4 FamFG).

XVIII. Die Post- und Telekommunikationskontrolle

1. Allgemeines

578 Das Grundgesetz schützt das Post- und Fernmeldegeheimnis in Art. 10 GG. Der Betroffene ist durch die Bestellung eines Betreuers nicht gehindert, soziale Kontakte zu unterhalten; er kann ungehindert Briefe schreiben, telefonieren, aber auch angerufen und angeschrieben werden.

Selbst wenn ein Betreuer den Aufgabenkreis „persönliche Angelegenheiten des Betreuten" oder „alle Angelegenheiten des Betreuten" hat, ist die Entscheidung über den Femmeldeverkehr des Betroffenen und über die Entgegennahme, das Öffnen und das Anhalten seiner Post nicht davon erfasst (§ 1896 Abs. 4 BGB).[465]

Das Betreuungsrecht schränkt die Befugnisse des Betreuers unabhängig von den angeordneten **579** Aufgabenkreisen, insofern gem. § 1896 Abs. 4 BGB ein, indem die Entgegennahme, das Anhalten und Öffnen der Post (und Entscheidung über den Fernmeldeverkehr) von einer ausdrücklichen gerichtlichen Anordnung abhängig gemacht wird. Dies ist insbesondere bei Übernahme des Betreueramtes problematisch, denn später werden sich die meisten privaten Stellen, Gerichte und Behörden von sich aus unmittelbar an den Betreuer wenden, da der § 131 BGB bzw. der § 6 VwZG sowie § 170 ZPO es nahelegen, direkten Schriftverkehr mit dem gesetzlichen Vertreter zu führen.

Diese Befugnis des Betreuers muss explizit angeordnet werden, denn damit wird in das Post- **580** geheimnis, Art. 10 GG, und das allgemeine Persönlichkeitsrecht, Art. 2 Abs. 1 GG, des Betreuten eingegriffen.[466] Die Zuweisung dieses Aufgabenkreises durch die Gerichte setzt eine genaue Beachtung des mit Verfassungsrang ausgestatteten Erforderlichkeitsgrundsatzes und des Verhältnismäßigkeitsprinzips voraus. Die Anordnung setzt voraus, dass sie notwendig ist zum Wohl des Betreuten und, würde sie unterbleiben, Rechtsgüter des Betroffenen gefährdet wären.[467] Der Anordnung dieser Gestattung bedarf es nicht, wenn der Betreuer sich an Dritte wendet und diesen eine telefonische oder persönliche Kontaktaufnahme zu dem Betreuten untersagt. Hierbei handelt es sich um eine Maßnahme, die dem Umgangsbestimmungsrecht zuzuordnen ist.

Der Betreuer darf also nicht Post des Betreuten mittels eines Nachsendeantrages an sich **581** weiterleiten, wenn ihm nicht der Aufgabenkreis „Entgegennahme der Post des Betreuten" zugewiesen wurde (oder außerhalb dessen der Betreute ausdrücklich zugestimmt hat). Die Korrespondenz im Rahmen der Erledigung der Betreuungsgeschäfte ist vom Geschäftsverkehr ohnehin an den Betreuer zu adressieren. Der Betreuer ist zu Beginn der Betreuung – auch haftungsrechtlich verpflichtet – sämtliche Versicherungsträger, Banken und Versorgungseinrichtungen anzuschreiben, um sie über das Bestehen der Betreuung zu unterrichten. Dabei ist betreuerseits darauf hinzuweisen, dass sämtlicher zukünftiger Schriftverkehr in der Betreuungssache mit ihm zu führen ist.

Von daher werden die vorbezeichneten Institutionen im Weiteren ausschließlich Korrespon- **582** denz mit dem Betreuer führen, was im Hinblick auf § 1896 Abs. 4 BGB unproblematisch ist, denn formal betrachtet wird damit eben nicht die Post des Betreuten angehalten. Behörden sind nach § 6 VwZG ohnehin verpflichtet, direkt an den Betreuer zuzustellen und nach den Verfahrensvorschriften für Behörden (§ 11 Abs. 3 SGB X, § 12 Abs. 3 VwVfG, § 79 Abs. 3 AO jeweils i.V.m. § 53 ZPO) gilt dies auch für andere Bekanntmachungen, soweit der Betreute geschäftsunfähig ist, unter Einwilligungsvorbehalt steht oder der Betreuer das Verwaltungsverfahren an sich gezogen hat.[468]

---

465 Siehe zur Vertiefung *Deinert/Lütgens* Betreuung und Postverkehr, BtPrax 2009, 212; *Kretschmer* Deutsche Post AG und Zustellungen an den Betroffenen, BtPrax 1998, 99.

466 *Jürgens u.a.* Rn. 242; *Deinert/Lütgens* Betreuung und Postverkehr, BtPrax 2009, 212.

467 *BayObLG* FamRZ 1997, S. 244/245; *OLG München* FamRZ 2008, 89 = RdLH 2008, 36.

468 *FG Niedersachsen* BtPrax 2003, 230 = FamRZ 2003, 1511; *BFH* FamRZ 2007, 1650; *SG Chemnitz* FamRZ 2014, 1733 = BtPrax 2015, 33 m. Anm. *Deinert*.

583 Gerichtliche Zustellungen (außer in Strafsachen und Ordnungswidrigkeiten) erfolgen gem. § 170 ZPO ebenfalls an den Betreuer (soweit das Gericht Kenntnis von der Betreuung besitzt). Private Institutionen, wie Banken und private Versicherungen werden nach § 131 BGB tunlichst wichtigen Schriftverkehr ebenfalls direkt mit dem Betreuer führen. Der Betreuer sollte allerdings wegen der ihm qua Gesetz auferlegten Besprechungspflicht den Betreuten hiervon unterrichten und ihn fragen, ob er z.B. Doppel von Bankauszügen zugesandt bekommen will.

584 Leider ist es ein beklagenswürdiger, im Alltag häufig zu beobachtender Missstand, dass Dritte sich über das Verbot, die Post des Betreuten zu öffnen oder in Empfang zu nehmen, hinwegsetzen. In vielen Einrichtungen werden sogar gerichtliche Schriftstücke, die Mitteilungen über das laufende Betreuungsverfahren beinhalten, nicht dem Betreuten ausgehändigt, sondern an den Betreuer weitergeleitet oder ihm im Rahmen eines Besuches gebündelt übergeben. Teilweise braucht man nur die Schublade eines Nachttisches in einem Krankenheim zu öffnen und diese erweist sich als eine Deponie für nicht geöffnete Briefe.

585 **Beispiel:** Die Tochter des unter Betreuung stehenden, vermögenden und dementen Thilo H. sieht, wie diesem durch den Postboten ein Schreiben des Betreuungsgerichtes ausgehändigt wird. Nachdem Herr H. es auf den Küchentisch legte und dort vergessen hat, ergreift sie das Schreiben und nimmt es mit nach Hause. Hierbei wird sie von einer Pflegekraft beobachtet, die den Vorgang der Betreuerin schildert.

586 In all diesen Fällen ist zu fragen, wie man als Betreuer reagieren soll. Zunächst einmal gilt es festzuhalten, dass es Aufgabe des Betreuers ist, dafür Sorge zu tragen, dass der Betreute für ihn bestimmte Post bekommt. Insoweit ist es vonnöten, mit der Heimleitung Rücksprache zu nehmen und darauf hinzuwirken, dass dort der Umgang mit Post geändert wird. Weiterhin sollte gemeinsam mit dem Betreuten wichtige Post sondiert werden und, sollte sie für die Erledigung von Aufgaben des Betreuers von Relevanz sein, dieser um Überlassung gebeten werden.

587 Für den Fall, dass der Betreute sich weigert, Schriftstücke zu übergeben, bleibt seitens des Betreuers nichts anderes zu tun, als sich die Absender der Briefe aufzuschreiben, Kundennummern, Geschäftszeichen usw. zu notieren. Erforderlichenfalls ist das Betreuungsgericht zu informieren und um eine Aufgabenkreiserweiterung anzugehen, insbesondere dann, wenn nicht ausgeschlossen werden kann, dass der Betroffene beispielsweise im Aufgabenkreis Vermögensangelegenheiten noch selbst in erheblichem Umfang Adressat von Mahnungen, Rechnungen etc. ist. Ferner ist im Beispielsfall bei dem Verhalten der Tochter auch an das Erstatten einer Strafanzeige zu denken, denn das Einstecken des Briefes ist als strafbewehrte Urkundenunterdrückung und Verletzung des Briefgeheimnisses, § 202 StGB, zu qualifizieren.

588 Keine Genehmigung erfordert die Eintragung des Betreuten in die sog. Robinsonliste. Dies ist eine Adressdatei des Dt. Direktmarketing-Verbandes, die verhindert, dass man unerwünschte Direktwerbung erhält. Hierdurch wird der Anreiz bei willensschwachen Betreuten, unnötige Bestellungen vorzunehmen, deutlich vermindert. Die Anschrift lautet: DDV Robinsonliste, Postfach 1454, 33244 Gütersloh.[469]

589 Für den Telefonverkehr gilt, dass der Betreuer in keiner Weise legitimiert ist, ohne Einverständnis des Betroffenen Eingriffe vorzunehmen. Hierzu rechnen:

---

469 S. https://www.ichhabediewahl.de/?id=122&cid=43.

- Abhören des Telefons des Betreuten;
- Unterbindung des Telefonverkehrs zu bestimmten anderen Teilnehmern;
- Blockierung bestimmter Rufnummern (z.B. 0190/0900-Vorwahlen sowie Auslandsnummern);
- Kündigung des Telefonanschlusses oder des Mobilfunkvertrages.

Insbesondere das Abmelden des Anschlusses stellt sich als der faktisch gravierendste Eingriff dar. Verträge mit Telefonanbietern, die der **geschäftsunfähige** Betreute hinter dem Rücken des Betreuers mit dem Aufgabenkreis der Vermögenssorge abschloss, sind allerdings mit Hinblick auf § 105 BGB nichtig.

Probleme entstehen jedoch immer dann, wenn der Betreuer mit dem Aufgabenkreis Vermögenssorge feststellen muss, dass der hochverschuldete Betreute entweder seinen ganzen Telefonverkehr über ein Mobiltelefon abwickelt oder aber teure Auslandsgespräche führt, sprich, Monat für Monat eine Telefonrechnung produziert, die er sich finanziell nicht leisten kann.

590

Ist der Betreute geschäftsfähig, kann der Betreuer nur im Einverständnis mit dem Betreuten den Anschluss kündigen kann. Sind mit dem Betreuten keine verbindlichen Absprachen möglich, weder über eine Reduzierung der Gebühren noch über eine Abmeldung, ist dringend anzuraten, sich möglichst frühzeitig an das Betreuungsgericht unter Schilderung des Sachverhalts zu wenden, damit dort geprüft werden kann, ob eine Erweiterung des Aufgabenkreises vorzunehmen ist.

Unabhängig von der nach § 1896 Abs. 4 BGB denkbaren Befugnis der Telefonkontrolle bleibt der Schriftverkehr des Betreuers mit dem Telekommunikationsunternehmen. Hier kann es z.B. darum gehen, dass ein (nach Ansicht des Betreuers) gem. § 104 Nr. 2 BGB geschäftsunfähiger Betreuter einen Mobilfunkvertrag geschlossen hat oder ein Betreuer im Rahmen seines Einwilligungsvorbehaltes dazu die Einwilligung verweigert hat. In einem solchen Falle (sowie im Falle der Sittenwidrigkeit nach § 138 BGB, bei der insbesondere unbedarfte Betreute Lockangebote oft als Schenkung missverstehen) kann der Vertrag nichtig sein. Hier sind keine Kündigungsfristen einzuhalten, allerdings ist das Glaubhaftmachen der Unwirksamkeit des Vertrags Pflicht des Betreuers. Telefon und Zubehör sind in der Folge im Rahmen des § 812 BGB zurückzugeben und Gesprächsgebühren sind zu ersetzen, es sei denn, der Betreute ist i.S.d. § 818 Abs. 3 BGB entreichert.

591

Beispiel: Der mittellose, geschäftsunfähige Betreute erhält Grundsicherungsleistungen nach dem SGB XII. Er führt stundenlange Telefonate mit sogenannten 0190-er Nummern. Die Betreute wird Adressat von Rechnungen über mehrere Tausend €. In allen diesen Fällen reicht es in der Regel aus, sich betreuerseits mit den Mobilfunkunternehmen in Verbindung zu setzen und auf die fehlende Geschäftsfähigkeit des Betreuten hinzuweisen. Der Vertrag ist wegen fehlender Geschäftsfähigkeit nicht wirksam zustande gekommen, § 105 BGB.

592

Eine völlig anders zu beurteilende Situation ist gegeben, wenn der Betroffene das Telefon überhaupt nicht mehr nutzen will.

593

Beispiel: Der demente Gustav T. ist aus seiner Wohnung dauerhaft in ein Pflegeheim gezogen.

594

Vorliegend ist der Betreuer im Rahmen der Wohnungs- und Hausratsauflösung legitimiert, das Telefon in der alten Wohnung von Herrn T. abzumelden. In diesem Fall liegt auf Seiten des Betreuers kein Eingriff in den Telefonverkehr vor.

595 ▶ **Hinweis:** Der Betreuer mit dem Aufgabenkreis Vermögenssorge darf also den Telefonanschluss des Betreuten ohne vorherige Aufgabenkreiserweiterung auf den Bereich „Post- und Telefonkontrolle" kündigen, wenn

- der Betroffene hiermit explizit einverstanden ist,
- der Betroffene keinen Nutzungswillen mehr hat. ◀

2. Voraussetzungen der Anordnung der Post- und Telefonkontrolle

596 Die Befugnis zur Post- und/oder Telefonkontrolle wie auch die Entscheidung über den Fernmeldeverkehr dürfen dem Betreuer nur eingeräumt werden, wenn dieser ihm übertragene Aufgaben ansonsten nicht in der gebotenen Weise erfüllen könnte und hierdurch wesentliche Rechtsgüter des Betreuten erheblich gefährdet oder beeinträchtigt würden.[470]

597 Bei der eingehenden Post kommen z.B. Schreiben von bestimmten Verwandten in Betracht, die beim Betroffenen zu schweren Erregungen führen; ferner Fälle, in denen der Betroffene wegen seiner Verwirrtheit eingehende Post (z.B. Steuerbescheide, Rentenmitteilungen, Bankpost) unauffindbar verlegt, so dass dem Betreuer eine ordnungsgemäße Führung der Betreuung erschwert wird.

598 Bei der ausgehenden Post sind Fälle denkbar, in denen der (geschäftsunfähige) Betreute laufend unsinnige Bestellungen tätigt; sie sind zwar nichtig (§ 104 Nr. 2 BGB), ihre Rückabwicklung belastet aber unnötig den Betreuer und den Rechtsverkehr.

599 Der Betreuer muss ggf. dem Betreuungsgericht plausibel machen, dass das Betreueramt nur wirksam erfüllt werden kann, wenn ihm die entsprechenden Kontrollbefugnisse zustehen. Dies kann z.B. der Fall sein, wenn der Betreute hilflos in einer Pflegeeinrichtung oder einem Krankenhaus liegt oder wenn er infolge einer psychischen Erkrankung sich durch Briefe aller Art bedroht fühlt oder jedwede Post ungeöffnet vernichtet und hierdurch evtl. erheblichen finanziellen Schaden zu erleiden droht.

600 Zuständig für die Gestattung nach § 1896 Abs. 4 BGB ist der Richter (§ 15 Abs. 1 Nr. 1 RPflG). Im Falle einer nachträglichen Erweiterung einer Betreuung um die Post- oder Telefonkontrolle ist Folgendes zu beachten: nach der Vorgabe des § 293 Abs. 2 Nr. 2 FamFG handelt es sich dabei immer um eine wesentliche Erweiterung, die nach Ablauf von sechs Monaten nach vorherigen Verfahrenshandlungen immer eine neue Anhörung und ein neues Sachverständigengutachten erfordert.

3. Umfang der Befugnisse des Betreuers bei der Post- und Telefonkontrolle

601 Nach dem Gesetzestext können dem Betreuer uneingeschränkte Kontrollbefugnisse eingeräumt werden. Der Richter kann in seinem Beschluss die Kontrollbefugnisse beschränken, z.B. auf eingehende Post einer bestimmten Person. Auch ohne eine solche Einschränkung im richterlichen Beschluss liegt es in der Natur der Sache, dass der Schriftwechsel des Betroffenen mit bestimmten Absendern und Empfängern nicht kontrolliert oder angehalten werden darf:

- mit dem Betreuungsgericht;
- mit dem Verfahrenspfleger;
- mit dem beauftragten Rechtsanwalt (analog zu § 148 StPO, § 29 StVollzG);
- mit den Volksvertretungen in Bund und Ländern (insbes. Petitionsausschüsse);

---

470 *BayObLG* FamRZ 2001, 871 = NJWE-FER 2001, 179.

- mit der europäischen Kommission für Menschenrechte;
- bei Ausländern mit der konsularischen Vertretung des Heimatlandes.

Beim Fernmeldeverkehr geht es insbesondere darum, ob die betreute Person einen Telefonanschluss bekommt oder ihn behalten darf. Es gilt sinngemäß das gleiche wie beim Postverkehr. Beim Telefonverkehr kann es z.B. auch darum gehen, bestimmte Nummernbereiche, die immense Kosten verursachen können, zu sperren (0190er-Nummern oder Auslandsvorwahl). Um übermäßige Kosten zu vermeiden, kann auf Mobilfunk-Angebote ohne Grundgebühren (sog. Prepaid-Karten) eingegangen werden. Demnächst soll es auch für Telefonanschlüsse im Festnetz möglich sein, ein bestimmtes Telefonbudget zu wählen, über das hinaus innerhalb einer Abrechnungsperiode keine weiteren ausgehenden Gespräche mehr möglich sind. **602**

4. Durchführung der Kontrolle

Das Gesetz regelt nicht, wie die Überwachung ausgeführt wird. Dass der Betroffene Briefe absendet, lässt sich kaum verhindern. Die frühere Bestimmung für die Bundespost (§ 45 Abs. 6 Postordnung), die ein Anhalten der Post gestattete, ist bereits 1991 ersatzlos aufgehoben worden. Die allgemeinen Geschäftsbedingungen der Deutschen Post AG kennen keine vergleichbare Regelung. Für den eingehenden Postverkehr ist das Anhalten der Post ausschließlich über einen (kostenpflichtigen) Postnachsendeantrag möglich. Dessen Kosten liegen zwischen 20 und 35 € (für 6–24 Monate). Bei Betreuten, die in Einrichtungen leben, kann der Betreuer mit dem Beschluss nach § 1896 Abs. 4 BGB verlangen, dass Post an ihn ausgehändigt wird. **603**

Diejenige eingehende Post, die der Betreuer nicht an den Betroffenen weiterleiten sondern anhalten will, sendet er an den Absender zurück. Ist das nicht durchführbar (z.B. weil die Anschrift des Absenders nicht klar ist oder wegen des Portoaufwandes), nimmt er sie zur Habe des Betroffenen, weil sie zum Vermögen des Betroffenen gehört. Der Betreuer darf diese Post nur vernichten, wenn er einen entsprechenden Aufgabenkreis hat. Die ausgehende Post, also die Briefe des Betroffenen, nimmt der Betreuer zur Habe des Betroffenen, wenn er sie nicht weiterleitet. **604**

Eine Mitteilung von der Postöffnung oder vom Anhalten an den Betroffenen ist nicht vorgesehen. Da die Betreuung persönlich ausgerichtet sein soll (§ 1901 BGB), darf unseres Erachtens die Mitteilung nur unterbleiben, wenn sie gesundheitsschädlich wäre oder der Zweck der Maßnahme durch die Mitteilung gefährdet würde. **605**

Der Aufgabenkreis der Postkontrolle verpflichtet den Betreuer im übrigen nicht, stets die Post des Betreuten vor der Aushändigung an ihn zu kontrollieren. Eingriffe sind auch im Rahmen der Aufgabenkreise nur soweit zulässig, wie sie zum Wohl des Betreuten erforderlich sind. Wenn von der Aushändigung der Post an den Betreuten keine Gefahren für dessen Wohl ausgehen, weil weder eine Gesundheitsbeeinträchtigung wegen Aufregung oder Verwirrung noch ein Verlust wichtiger Sendungen zu befürchten sei, begegnet es keinen Bedenken, wenn der Betreuer die Post erst sichtet, nachdem sie dem Betreuten (im Heim) ausgehändigt wurde. Hierin ist keine (unzulässige) Delegation der Postkontrolle auf das Heim zu sehen. Allerdings ist zu prüfen, ob in solchen Fällen die Postkontrolle überhaupt dem Erforderlichkeitsgrundsatz entspricht.[471] **606**

Im Betreuungs- (und Unterbringungs)verfahren gilt darüber hinaus: Ist nach § 41 Abs. 1 S. 2 FamFG ein anfechtbarer Beschluss zuzustellen, weil er dem erklärten Willen des Adressaten **607**

---

471 *OLG München* FamRZ 2008, 89 = RdLH 2008, 36.

nicht entspricht, so wird die Beschwerdefrist für den Betroffenen in einer Betreuungssache nur durch Zustellung an ihn selbst in Lauf gesetzt.[472]

XIX. Die einstweilige Anordnung

608 In den §§ 300 und 301 FamFG ist geregelt, unter welchen Voraussetzungen eine einstweilige Anordnung im Betreuungsrecht erlassen werden kann. Ein derartiges Vorgehen ist dann indiziert, wenn ein unabweisliches Bedürfnis für ein unverzügliches Einschreiten besteht und durch das Abwarten der an sich üblichen Verfahrenshandlungen Gefahren drohen, denen dringend sofort begegnet werden muss.

609 Hierbei wird zwischen einer „gewöhnlichen" einstweiligen Anordnung (§ 300 FamFG) und einer „eiligen" einstweiligen Anordnung (§ 301 FamFG) unterschieden.

1. Voraussetzungen einer einstweiligen Anordnung

610 Folgende Voraussetzungen müssen kumulativ vorliegen, um den Erlass einer einstweiligen Anordnung zu rechtfertigen:
- Dringende Gründe rechtfertigen die Annahme des Vorliegens der Voraussetzungen einer Betreuerbestellung, respektive der Anordnung eines Einwilligungsvorbehalts;
- ein Aufschub der Betreuerbestellung oder der Anordnung eines Einwilligungsvorbehalts stellt sich als Gefahr für den Betroffenen dar;[473]
- ein ärztliches Zeugnis liegt vor;
- ein Verfahrenspfleger wird erforderlichenfalls bestellt;
- persönliche Anhörung des Betroffenen (auch durch den ersuchten Richter im Wege der Rechtshilfe).

Die Sozialberichterstattung durch die Betreuungsbehörde (§ 279 Abs. 2 FamFG) wird bei der einstweiligen Anordnung nicht verbindlich vorgeschrieben.

611 Das Gericht wird von Amts wegen tätig, wenn auf Grund der bisherigen Ermittlungen erhebliche Wahrscheinlichkeit dafür besteht, dass der Betroffene wegen einer körperlichen, geistigen oder seelischen Behinderung seine Angelegenheiten ganz oder teilweise nicht besorgen (§ 1896 Abs. 1 S. 1 BGB) und insoweit auch seinen Willen nicht frei bestimmen kann.[474]

612 Folgende Regelungen können auf Grund des § 300 FamFG getroffen werden:
- Bestellung eines vorläufigen Betreuers;
- Anordnung eines vorläufigen Einwilligungsvorbehalts;
- Entlassung eines Betreuers.

613 Ein ärztliches Zeugnis über den Zustand des Betroffenen muss vorliegen. Dieses darf sich nicht darin erschöpfen, lediglich den Zustand des Betroffenen zu beschreiben, der Arzt hat sich vielmehr zu der Erforderlichkeit einer Betreuerbestellung, respektive der Anordnung eines Einwilligungsvorbehalts zu äußern. Ein Fünfzeilen-Attest auf einem Rezeptblock genügt nicht. Der Arzt muss allerdings den Betroffenen nicht vor Abfassung seines Zeugnisses persönlich

---

472 *BGH* FGPrax 2011, 206 = NJW-RR 2011, 1011 = FamRZ 2011, 1049.
473 *BayObLG* FamRZ 1997, 1288 ff.
474 *BayObLG* FamRZ 1997, 1288 ff.

untersucht oder befragt haben, im Einzelfall kann ein nach Aktenlage erstelltes Zeugnis ausreichen. Ein auf diesem Weg erstelltes Zeugnis bietet mehr Anlass zu Zweifeln, weshalb das Gericht im Rahmen der Amtsermittlung, § 26 FamFG, auf eine Untersuchung des Betroffenen vor Abgabe des ärztlichen Zeugnisses hinwirken sollte.[475]

Das Gesetz stellt keine Anforderungen an die Qualifikation eines Ausstellers eines ärztlichen Zeugnisses. Mit Hinblick auf § 26 FamFG hat der Arzt dieselben Voraussetzungen wie der Sachverständige im Rahmen des § 280 Abs. 1 S. 2 FamFG zu erfüllen.

614

Dem Betroffenen ist nach Maßgabe des § 276 FamFG ein Verfahrenspfleger zur Seite zu stellen. Gerade weil im Rahmen einer einstweiligen Anordnung aus der Natur der Sache folgend die Rechte des Betroffenen im Gegensatz zu einem Hauptsacheverfahren eingeschränkt sind, ist nach unserer Ansicht stets eine Verfahrenspflegerbestellung i.S.d. § 276 FamFG erforderlich. Der Betroffene muss ferner vor Erlass der einstweiligen Anordnung persönlich angehört werden. Auf Grund der entsprechenden Anwendung des § 34 Abs. 2 FamFG kann die persönliche Anhörung unterbleiben, wenn hiervon erhebliche Nachteile für die Gesundheit des Betroffenen zu erwarten sind oder dieser offensichtlich nicht in der Lage ist, seinen Willen kundzutun.

615

2.   Voraussetzungen einer eiligen einstweiligen Anordnung

Bei „Gefahr im Verzuge" ist unter weiterer Einschränkung der Verfahrensgarantien der Erlass einer eiligen einstweiligen Anordnung möglich. Das gegenüber einem normalen Verfahren bereits abgekürzte Verfahren wird nach § 301 FamFG noch einmal verkürzt. Folgende Voraussetzungen müssen vorliegen:

616

- Dringende Gründe und Gefahr nach Abs. 1 S. 1 (s. Rn. 610);
- ärztliches Zeugnis;
- Gefahr im Verzug.

Gefahr im Verzug besteht, wenn die Anordnung so dringend ist, dass eine vorherige Anhörung nicht möglich ist. Die Anhörung des Betroffenen, ebenso wie die Bestellung eines Verfahrenspflegers, sind allerdings unverzüglich nachzuholen. Aus dem Gebot des rechtlichen Gehörs, Art. 103 GG, folgt, dass die eilige einstweilige Anordnung auf wenige Ausnahmefälle zu beschränken ist, um mit Verfassungsrang ausgestattete Rechtsgüter des Betroffenen (z.B. Leib und Leben) zu schützen.

617

3.   Dauer der einstweiligen Anordnung

Nach § 302 FamFG darf die Dauer der einstweiligen Anordnung maximal sechs Monate betragen. Der Gesetzgeber sah den Zeitraum von sechs Monaten im Allgemeinen als ausreichend an, um die erforderlichen Ermittlungen im Rahmen eines Hauptsacheverfahrens anstellen zu können. In Ausnahmefällen kann die einstweilige Anordnung durch weitere (mehrere) einstweilige Anordnungen verlängert werden, allerdings nur nach Anhörung eines Sachverständigen, damit die Erkenntnisgrundlage bei längerer Dauer der einstweiligen Maßnahme verstärkt wird.[476] Bei jeder Verlängerung sind dieselben Verfahrensschritte einzuhalten wie bei der erstmaligen einstweiligen Anordnung. Die Verlängerungsanordnung kann auch als eilige einstweilige Anordnung ergehen.

618

---

475 MK-BGB/*Schwab* § 1896 BGB Rn. 129; vgl. auch *Kretz* Einstweilige Anordnungen in betreuungs- und zivilrechtliche Unterbringungssachen nach dem FamFG; BtPrax 2009, 160.

476 BT-Drs. 11/4528, 178.

619 ▶ **Hinweis:** Es ist zu beachten, dass die einstweilige Anordnung nach Ablauf von sechs Monaten automatisch abläuft,[477] es sei denn, sie wird (auf maximal 1 Jahr) verlängert. Nach dem „Auslaufen" der einstweiligen Anordnung, also ohne einen ausdrücklichen Aufhebungsbeschluss enden die Vertretungsbefugnis und ebenso ein etwaiger Vergütungsanspruch.[478] ◀

620 **Beispiel:** Am 3.4.2015 wird eine Betreuerbestellung im Wege der einstweiligen Anordnung ausgesprochen. Diese verliert ihre Wirksamkeit mit Ablauf des 3.10.2015. Alle Tätigkeiten, die ein Betreuer danach noch erledigt, weil etwa das Gericht eine Verlängerung der einstweiligen Anordnung oder aber eine endgültige Betreuerbestellung in Aussicht stellte, bleiben unvergütet![479] Der Betreuer handelt auch nicht mehr als gesetzlicher Vertreter des Betroffenen, § 1902 BGB, ed droht Eigenhaftung als Vertreter ohne Vertretungsmacht, § 179 BGB.

XX. Die Aufsicht des Betreuungsgerichts

621 Gemäß §§ 1908i, 1837 Abs. 2 BGB führt das Betreuungsgericht über die gesamte Tätigkeit des Betreuers die Aufsicht und ist legitimiert, Pflichtwidrigkeiten mit geeigneten Verboten und Geboten entgegenzutreten. Um die Befolgung seiner Anordnungen durchzusetzen, kann das Betreuungsgericht Zwangsgelder (bis zu 25.000 €) verhängen, §§ 1908i, 1837 Abs. 3 BGB, § 35 FamFG.

1. Grundsatz der selbstständigen Amtsführung

622 Da mit der Übertragung einer Betreuung amtliche Pflichten ausgelöst werden, besteht eine Aufsichtspflicht durch das Betreuungsgericht.[480] Aufsichtsmittel sind Gebote, Verbote, Zwangsmittel, Entlassung und – von nicht zu unterschätzender praktischer Relevanz – die Möglichkeit der Verweigerung erforderlicher betreuungsgerichtlicher Genehmigungen. Gleichwohl darf dieses Instrumentarium nicht darüber hinwegtäuschen, dass Betreuer keine weisungsgebundenen Handlanger des Betreuungsgerichts sind, sondern dass der Grundsatz der Selbstständigkeit der Amtsführung gilt.

623 Der Betreuer in seiner Eigenschaft als gesetzlicher Vertreter des Betreuten und nicht das Betreuungsgericht entscheidet im Rahmen der ihm übertragenen Aufgabenkreise autonom, was zu Gunsten des Betroffenen zu veranlassen ist. Sofern allerdings durch ein pflichtwidriges Agieren des Betreuers persönliche oder wirtschaftliche Belange des Betreuten beeinträchtigt werden, ist ein betreuungsgerichtliches Einschreiten statthaft und notwendig. Eine Pflichtwidrigkeit liegt beispielsweise dann vor, wenn der Betreuer gegen konkret formulierte gesetzliche Bestimmungen verstößt, z.B. seinen Auskunfts- Berichts- und Rechnungslegungspflichten nicht nachkommt (§§ 1839, 1840[481]), bei der Geldanlage für den Betreuten Geld, das zum lau-

---

477 *BayObLG* BtPrax 1994, 98.
478 *OLG Braunschweig* FamRZ 2006, 290; *OLG Hamm* NJW-RR 2006, 1299; *LG Koblenz* FamRZ 2005, 1580; FamRZ 2005, 1928; FamRZ 2005, 2017; *LG Hildesheim* FamRZ 2006, 291.
479 *OLG Braunschweig* FamRZ 2006, 290; *OLG Hamm* NJW-RR 2006, 1299; *LG Koblenz* FamRZ 2005, 1580; FamRZ 2005, 1928; FamRZ 2005, 2017; *LG Hildesheim* FamRZ 2006, 291.
480 *Damrau/Zimmermann* vor § 1773, Rn. 4, zahlreiche Bsp. bei HK-BUR/*Bauer/Deinert* § 1837 BGB.
481 Vgl. *OLG Hamm* Rpfleger 1966, 17; *BayObLG* BtPrax 1994, 35 = FamRZ 1994, 323.

fenden Lebensunterhalt nicht benötigt wird, nicht entsprechend § 1807 anlegt und auch keine Genehmigung zur andersartigen Geldanlage nach § 1811 beantragt, Schenkungen unter Verstoß der §§ 1804, 1908 vornimmt, Auflagen des Erblassers oder Schenkers (§ 1803) oder die Bestimmungen über die Hinterlegung von Wertpapieren (§§ 1814, 1818) und Sperrung von Konten (§§ 1809, 1815, 1816) missachtet oder Gelder des Betreuten mit eigenem vermischt (§ 1805[482]).

Es ist nicht Aufgabe des Gerichtes, sich in Zweckmäßigkeitsfragen an die Stelle des Betreuers zu setzen[483] oder ihm in diesem Bereich bindende Anordnungen zu erteilen.[484]   **624**

Derartige Zweckmäßigkeitsfragen sind z.B. die Höhe des dem Betreuten zustehenden Taschengeldes (s. aber oben zur Aufnötigung eines sparsamen Lebenszuschnitts Rn. 623), die Wahl der Bank, bei der das Betreutenvermögen angelegt wird, das Pflegeheim, in dem der Betreute untergebracht werden soll, die Frage, ob und welche Gläubiger befriedigt werden oder nicht.[485]

Aufsichtsmaßnahmen sind somit nur zulässig, wenn der Betreuer den Ermessensspielraum eindeutig überschreitet oder missbraucht, sich z.B. zum Nachteil des Betreuten von unsachlichen Erwägungen leiten lässt.[486] Anordnungen des Gerichtes sind hier sogar dann unzulässig, wenn der Betreuer selbst um eine bindende Weisung gebeten hat.[487]   **625**

Ein Mehr an staatlicher Gängelung ist nicht opportun, anderenfalls würde sich wohl schwerlich jemand bereit finden, ein derartiges Amt anzutreten. Aus dem Selbstständigkeitsprinzip folgt, dass das Betreuungsgericht nicht an Stelle des Betreuers handeln kann; es kann lediglich den Betreuer auffordern, etwas zu tun oder zu lassen. Das Betreuungsgericht kann also in Fragen, die allein der Entscheidung des Betreuers unterliegen, keine bindenden Anweisungen erteilten.[488]

> **Beispiel:** Das Betreuungsgericht weist die Deutsche Rentenversicherung (DRV) zu Unrecht an, eine Halbwaisenrente direkt auf das Sparkonto des Betreuten zur Auszahlung zu bringen.[489]   **626**

Die gesetzliche Aufgabenstellung des Betreuungsgerichts wird durch folgende Verpflichtungen des Betreuers erleichtert: **627**

- Inventarisierung des Vermögens des Betreuten und der regelmäßigen Einnahmen und Ausgaben, §§ 1908i, 1802 BGB;
- Erstellung eines Betreuungsplanes durch einen Berufsbetreuer (§ 1901 Abs. 4 BGB, § 4 Abs. 3 BtBG);

---

482 S. *LG Krefeld* Rpfleger 2001, 302.
483 *BayObLGZ* 33, 329/332 = FamRZ 1992, 108/109; *LG Köln* NJW 1993, 206 = FamRZ 1993, 110/111; *BayObLG* Rpfleger 1999, 445; *Damrau/Zimmermann* § 1837 Rn. 10.
484 *BayObLGZ* 33, 366; *BGHZ* 17, 108/166; *BGH* NJW 1968, 353; *OLG Karlsruhe* NJW-RR 2000, 1313 = FGPrax 2000, 145; Staudinger/*Engler* 13. Bearb. 2013, § 1837 Rn. 22 m.w.N.
485 *OLG Schleswig* FamRZ 1996, 1368, *LG Köln* BtPrax 1992, 112 = NJW 1993, 206 = BtE 1992/93, 51 = FamRZ 1993, 110 m. Anm. *Evers* FamRZ 1993, 854; *BayObLGZ* 33, 366.
486 *OLG Bremen* OLGZ 1966, 455; *OLG Hamm* JMBl. NW 1956, 221; *LG Berlin* Rpfleger 1976, 98; *BayObLG* FGPrax 1999, 225; *Damrau/Zimmermann* § 1833 Rn. 9; MK-BGB/*Wagenitz* § 1837 Rn. 18.
487 *BayObLGZ* 1951, 440/447; *LG Berlin* JR 1963, 346.
488 *BayObLG* FamRZ 1999, S. 1460.
489 *Damrau/Zimmermann* § 1837, Rn. 4.

- jährliche Rechnungslegung und -prüfung, §§ 1908i, 1840–1843 BGB (Ausnahme befreite Betreuer nach §§ 1908i Abs. 2, 1854 Abs. 2, 1857a BGB);
- jährliche und auf Wunsch des Gerichtes jederzeitige Auskunftserteilung über die persönlichen Verhältnisse des Betreuten und die persönlichen Kontakte des Betreuers zum Betreuten, §§ 1908i, 1837 Abs. 2, 1839, 1840 Abs. 1 BGB.

2. Gegenstand der Aufsicht

628 Die Aufsicht des Betreuungsgerichts umfasst die gesamte Tätigkeit des Betreuers bei der Ausübung der Personen- und Vermögenssorge.[490] Das Betreuungsgericht hat insbesondere zu überwachen, dass der Betreuer den ihm qua Gesetz oder durch besondere Anordnungen auferlegten Verpflichtungen nachkommt. Hierzu zählen u.a. im Einzelnen:

- Verpflichtung zur verzinslichen und mündelsicheren Geldanlage, §§ 1908i, 1806 ff. BGB;
- Verfügungsbeschränkungen über Forderungen und Wertpapiere, §§ 1908i, 1809, 1812, 1813 BGB;
- Hinterlegung von Inhaberpapieren, §§ 1908i, 1814 ff. BGB;
- Genehmigungspflichtige Grundstücksgeschäfte, §§ 1908i, 1821 BGB;
- Beachtung des Trennungsgebots bez. des Betreutenvermögens, §§ 1908i, 1805 BGB.

3. Beginn und Ende der Aufsichtstätigkeit

629 Die Aufsicht des Betreuungsgerichts setzt ein mit der Bestellung des Betreuers und endet mit der Beendigung der Betreuung. Über §§ 1908i, 1837 Abs. 2 BGB kann das Betreuungsgericht nach der Amtsbeendigung noch folgende Handlungen des Betreuers durchsetzen:

- Einreichen einer formellen Schlussrechnung, §§ 1908i, 1892 BGB;[491]
- Rückgabe des Betreuerausweises, §§ 1908i, 1893 Abs. 2 BGB.[492]

630 Weitere Maßnahmen gegen den Betreuer sind nicht statthaft. Für die häufige Praxis, vom Betreuer nach der Amtsbeendigung noch die Vorlage einer Sterbeurkunde zu verlangen, gibt es keine gesetzliche Grundlage. Wenn der Betreuer sich also nach dem Tod des Betreuten noch um die Beschaffung und Vorlage einer Sterbeurkunde bemüht, so geschieht dies aus reiner Kulanz. Ebenfalls ist die Durchführung der Bestattung des verstorbenen Betreuten nicht mehr Aufgabe des Betreuers.[493] Hierum haben sich die nach den Landesbestattungsgesetzen verpflichteten Personen (nächste Familienangehörige) zu kümmern. Wenn diese nicht für die Bestattung sorgen, nimmt die örtliche Ordnungsbehörde dies im Rahmen einer Ersatzvornahme vor und erhebt die entstehenden Kosten von den Bestattungspflichtigen.

631 ▶ Hinweis: Im Interesse einer guten Zusammenarbeit mit dem Betreuungsgericht empfiehlt sich eine unaufgeforderte Vorlage der Sterbeurkunde des Betreuten. Sie kann evtl. in einfacher Kopie vom beauftragten Bestattungsunternehmen besorgt werden. Bereitet die Beschaffung einer Sterbeurkunde jedoch Schwierigkeiten, was teilweise bei fehlender Zusammenarbeit von Angehörigen der Fall ist, so braucht man dem Betreuungsgericht insofern nicht – und im Zweifel unvergütet – die Arbeit abzunehmen. Die Einholung einer Sterbeurkunde ist eigentlich die Aufgabe des Betreuungsgerichts. ◀

---

490 MK-BGB/*Wagenitz* § 1837 Rn. 8.

491 *OLG Jena* Rpfleger 2001, 75/76 = FamRZ 2001, 579/581 = FGPrax 2001, 69; *BayObLG* BayObLGR 2001, 11 = BtPrax 2001, 39 = FamRZ 2001, 934 =NJWE-FER 2001, 99 = Rpfleger 2001, 74; *LG Münster* Rpfleger 2002, 265.

492 *Damrau/Zimmermann* § 1837, Rn. 7 und MK-BGB/*Wagenitz* § 1837 Rn. 11.

493 Vgl. HK-BUR/*Deinert* § 1698b BGB; *Deinert* Betreuung und Bestattung, FS Bienwald, 2006, S. 33; *VG Leipzig* FamRZ 2007, 1686.

Ebenso wenig kann das Betreuungsgericht bei Betreuungsende die Vorlage einer Entlastungs- **632** erklärung durch den Erben des Betreuten verlangen. Ohnehin kann der Betreuer keinen Erben oder aber im Falle der Aufhebung der Betreuung den Betreuten selbst zwingen, eine derartige Erklärung zu seinen Gunsten abzugeben. Einen Anspruch auf Entlastung haben weder der Betreuer noch das Betreuungsgericht.[494] Es handelt sich dabei um einen negativen **Anerkennungsvertrag** nach § 397 BGB, der nach §§ 1908i, 1812 BGB betreuungsgerichtlich zu genehmigen ist.[495] Strittig ist dabei allerdings die Reichweite. Selbst wenn eine Entlastungserklärung unterschrieben wird, vertreten wir mit Teilen der Rechtsprechung die Auffassung, dass davon unerkannte Ansprüche, insbesondere Schadensersatzansprüche nach §§ 1908i, 1833 BGB nicht erfasst werden.[496]

▶ **Hinweis:** Verlangt das Betreuungsgericht die Vorlage einer Entlastungserklärung, ist betreu- **633** erseits auf das Genehmigungserfordernis nach §§ 1812, 1908i BGB hinzuweisen. Es handelt sich um einen Forderungsverzicht. Das Betreuungsgericht wird dann bereits aus haftungsrechtlichen Gründen nicht länger auf der Vorlage einer Entlastungserklärung bestehen. ◀

Ferner kann das Betreuungsgericht den Betreuer nicht zu weiteren Auskunftserteilungen **634** anhalten.

> **Beispiel:** Das Amtsgericht fragt den Betreuer, der bereits den Nachlass des Betreuten in Form eines Sparbuches zur Hinterlegung brachte, ob der Verstorbene Erben hat und wer die Bestattung veranlasste. Zu derartigen Auskunftserteilungen ist der Betreuer de jure nicht verpflichtet, das Betreuungsgericht kann sie im Zwangswege nicht durchsetzen.

4. Pflichtwidrigkeit

Ein Einschreiten des Betreuungsgerichts ist im Falle eines pflichtwidrigen Verhaltens (Tun **635** oder Unterlassen) des Betreuers indiziert. Es gibt folgende Pflichtwidrigkeitstatbestände:

- Verstoß gegen gesetzliche Vorschriften;
- Verstoß gegen gerichtliche Anordnungen;
- Vernachlässigung, respektive Verletzung von persönlichen oder wirtschaftlichen Interessen des Betreuten.[497]

Dem Betreuer steht bei der Ausübung seines Amtes ein weiter Ermessensspielraum zu. **636** Solange der Betreuer das ihm eingeräumte Ermessen nicht überschreitet, nicht missbraucht oder den Gebrauch unterlässt, handelt er nicht pflichtwidrig.[498]

> **Beispiel:** Der Betreuer entscheidet sich dafür, den dementen und wegen Neigung zum **637** Weglaufen stark unfallgefährdeten Betreuten Jochen Sch. in einem Seniorenwohnheim unterzubringen, wo ein unbemerktes Entweichen aus dem Haus durch ein Türtrickschloss unmöglich ist. Das Betreuungsgericht will die unterbringungsähnliche Maßnahme nach § 1906 Abs. 4 BGB nicht betreuungsgerichtlich genehmigen, weil es die Ansicht vertritt,

---

494 Palandt/Götz § 1892 Rn. 4; *LG Stuttgart* DAVorm 1974, 670; *KG* J 51, 42; *OLG Rostock* OLGE 1, 313; *OLG Naumburg* OLGE 21, 295; *OLG Darmstadt* OLGE 21, 191; *Damrau/Zimmermann* § 1892 Rn. 8; Jürgens/*v. Crailsheim* § 1892 BGB Rn. 7; *AG Neukölln* BtPrax 1992, 77.

495 *OLG Köln* FamRZ 1996, 249; *Gleißner* Rpfleger 1986, 462.

496 *LG München I* FamRZ 2009, 2117; *OLG Saarbrücken* BtPrax 2014, 45; *LG Neuruppin* 3 O 470/10; *OLG Karlsruhe* FamRZ 2004, 1601.

497 MK-BGB/*Wagenitz* § 1837 Rn. 13.

498 *BayObLG* FamRZ 1999, 1457/1459.

Jochen Sch. hätte bei einer Verstärkung der Pflegeeinsätze in seiner Wohnung verbleiben können. Mit dem gleichen Argument wird die Genehmigung nach § 1907 BGB zur Auflösung des Hausstandes und Kündigung des Mietverhältnisses verweigert. Vorliegend hat der Betreuer ermessensfehlerfrei eine vertretbare Entscheidung getroffen. Das Betreuungsgericht ist nicht befugt, dem Betreuer seine Auffassung, wie ein dementer Betreuter unterzubringen ist, zu oktroyieren.[499]

638 Zusammenfassend kann ein Zuwiderhandeln gegen die Verpflichtung, für das Vermögen und die Person des Betreuten zu sorgen, nur dann angenommen werden, wenn der Betreuer den Rahmen dessen, was ein vernünftiger Mensch für zweckmäßig oder vertretbar halten kann, verletzt.[500]

639 Aus der Rechtsprechung zur Pflichtwidrigkeit werden folgende Beispiele genannt:[501]
- Betreiben der Entlassung eines psychisch kranken und fremdgefährdenden Betreuten aus der geschlossenen Unterbringung;
- Verweigerung von Mitteln für eine Kurmaßnahme;
- leichtsinniges Bestreiten einer berechtigten Gläubigerforderung;
- Verstoß gegen Vermögensanlagepflichten (§§ 1806–1811 BGB);
- Ablehnung einer berechtigt erscheinenden Strafverteidigerbestellung trotz Vermögen;
- fehlende Trennung von eigenem Vermögen vom Betreutenvermögen;[502]
- Erheben ungerechtfertigter Auslagenersatzansprüche gegen das Vermögen des Betreuten;
- Führen eines offensichtlich aussichtslosen Prozesses;
- Verletzung der Verpflichtung zur mündelsicheren Geldanlage;
- Treffen einer Entscheidung aus starrköpfigen Motiven;
- verschwenderische Festsetzung von Unterhalts- und Erziehungskosten;
- Verweigerung von finanziellen Mitteln für das Stellen eines Betreuungsaufhebungsantrags[503].

640 Insbesondere die zuletzt bezeichnete Pflichtwidrigkeit konnte die Verfasserin des Öfteren in ihrer eigenen Prozesspraxis beobachten. Die Grundkonstellation ist stets die gleiche: Ein unter Betreuung stehender Mandant beauftragt einen Rechtsanwalt, bei dem zuständigen Betreuungsgericht die Aufhebung der Betreuung zu erwirken. Man beantragt bei dem zuständigen Gericht Akteneinsicht, fertigt eine Beschwerdeschrift und übersendet dem in Vermögensangelegenheiten zuständigen Betreuer eine anwaltliche Kostenrechnung. Der Ausgleich der Rechnung wird oft mit häufig mit der rechtlich irrelevanten der Begründung, man habe bei dem zuständigen Betreuungsgericht Rechtsrat eingeholt und sei zu einer Zahlung nicht verpflichtet, abgelehnt.

641 ▶ **Hinweis:** In § 275 FamFG heißt es wortwörtlich, dass in Verfahren, die die Betreuung betreffen, der Betroffene ohne Rücksicht auf seine Geschäftsfähigkeit verfahrensfähig ist (Gleiches nach § 316 FamFG im Unterbringungsverfahren). Dies bedeutet im Klartext, dass hinsichtlich einer anwaltlichen Beauftragung zur Stellung eines Aufhebungsantrags die Geschäftsfähigkeit des Betroffenen als Annex fingiert wird. Zu den Verfahrenshandlungen,

---

499 S. auch *LG Köln* FamRZ 1993, 110.
500 *Damrau/Zimmermann* § 1837 Rn. 9.
501 MK-BGB/*Wagenitz* § 1837 Rn. 13 ff.
502 *LG Krefeld* Rpfleger 2001, 302; *LG Münster* BtPrax 2012, 219 (Ls).
503 *Damrau/Zimmermann* § 1837, Rn. 13.

die der Betroffene vornehmen kann, gehört auch die Erteilung einer Prozessvollmacht.[504] Unabhängig von der Geschäftsfähigkeit ist von einer Wirksamkeit des Anwaltsvertrags auszugehen.[505] ◄

Wer nach dem Gesetz wirksam einen Rechtsanwalt bestellen kann, dem darf auch nicht die **642** Bezahlung der dementsprechenden Honorarrechnung versagt werden. Faktisch würde dann nämlich das Recht des Betroffenen nach § 276 FamFG leerlaufen: Kein Rechtsanwalt wird ohne Befriedigung seiner Kostennote tätig werden. Der Betreuer hätte es somit in der Hand, § 276 FamFG auszuhebeln, und der Betroffene sähe sich im Aufhebungsverfahren schutzlos der Allmacht von Richtern und Ärzten ausgesetzt. Dem Betroffenen würde zudem ein wichtiges Recht genommen werden, sich nämlich – wie jeder andere Bürger gegenüber Gerichten auch – anwaltlicher Hilfe zur Durchsetzung seiner Interessen zu bedienen. Gemäß § 3 Abs. 1 BRAO sind Rechtsanwälte die legitimen Interessenvertreter von Bürgern gegenüber Gerichten.

Zusammenfassend lässt sich somit konstatieren, dass der Verstoß gegen wichtige Interessen des Betreuten die Eingriffsbefugnisse des Betreuungsgerichts auslöst.[506]

5. Schaden

Voraussetzung für eine betreuungsgerichtliche Intervention ist nicht, dass das „Kind schon in **643** den Brunnen" gefallen und ein Schaden, respektive eine erhebliche Gefährdung entstanden ist. Ausreichend und erforderlich ist lediglich, dass das Verhalten des Betreuers das Wohl des Betreuten beeinträchtigt.[507] Aus dem oben Dargestellten ergibt sich, dass das Betreuungsgericht nicht selbst zur Abwendung der Gefahr tätig werden darf. Es hat vielmehr dem Betreuer die nach Lage der Dinge erforderlichen Gebote oder Verbote zu erteilen, die geeignet sind, die Interessen des Betreuten durchzusetzen. Es gilt der Verhältnismäßigkeitsgrundsatz, d.h. es ist im Hinblick auf die Zweckerreichung das mildeste Mittel zu wählen. Eine Entlassung ist nur dann gerechtfertigt, wenn Anweisungen des Betreuungsgerichtes nachhaltig missachtet werden.

6. Folgen fehlender Aufsicht

Fehlende bzw. unzureichende Aufsicht des Betreuungsgerichts kann zu Gunsten des Betreuten **644** einen Staatshaftungsanspruch nach Art. 34 GG, § 839 BGB begründen.[508] Das gleiche gilt, wenn ungeeignete Ge- oder Verbote erlassen wurden oder das Gericht notwendige Maßnahmen versäumte.[509]

7. Anordnung von Zwangsgeld

Wenn der Betreuer die vom Betreuungsgericht erteilten Anordnungen missachtet, so kann **645** dieses als Beugemittel zur Beachtung seiner Gebote oder Verbote zunächst ein Zwangsgeld androhen und dann festsetzen. Formelle Voraussetzung der Anordnung von Zwangsgeld ist zwar nicht mehr die vorgängige Androhung, § 35 FamFG, sie sollte aber regelmäßig erfolgen. Das Zwangsgeld muss sich auf die Missachtung eines bestimmten Gebots oder Verbots bezie-

---

504 *OLG Koblenz* FamRZ 2014, 1483.
505 *BGH* BtPrax 2014, 37 = FamRZ 2014, 110 = FGPrax 2014, 23.
506 MK-BGB/*Wagenitz* § 1837 Rn 26.
507 MK-BGB/*Wagenitz* § 1837 Rn 14.
508 *Zimmermann* Richter- und Rechtspflegerhaftung im BtR, BtPrax 2008, 185.
509 MK-BGB/*Wagenitz* § 1837 Rn 20.

hen und einen bestimmten Geldbetrag betragen, wobei die Höchstsumme 25.000 € beträgt. Eine Zwangsgeldfestsetzung wegen mehrfacher Zuwiderhandlung zur Erzwingung derselben Verpflichtung kann unbegrenzt wiederholt werden.[510]

646 Das nachhaltige Ignorieren einer angemahnten Handlung durch den Betreuer wird die Frage seiner Eignung aufwerfen; das Betreuungsgericht ist nicht gehindert, im Rahmen der Ausübung seines Ermessens von der Realisierung des Zwangsmittels Abstand zu nehmen und stattdessen die Entlassung des Betreuers auszusprechen. Hat der Betreuer die vom Betreuungsgericht angemahnte Anordnung nach Erlass des Zwangsgeldbeschlusses erledigt, so ist dieses auf Antrag hin aufzuheben. Das Gleiche gilt, wenn die Befolgung der Anordnung nicht mehr möglich ist oder aus sonstigen Gründen gegenstandslos geworden ist.[511] Lediglich gegen Behördenbetreuer (§ 1908g BGB) und einen Betreuungsverein oder die Betreuungsbehörde als Betreuer/in (§ 1900 Abs. 1, 4 BGB) ist eine Zwangsgeldfestsetzung nicht statthaft (§ 1837 Abs. 3 S. 2 BGB i.V.m. § 1908i Abs. 1 BGB), persönlich bestellte Vereinsbetreuer (§ 1897 Abs. 2 BGB) sind vom Verbot der Zwangsgeldfestsetzung nicht ausgeschlossen.

a) Verfahren

647 Für die Aufsicht und die Festsetzung des Zwangsgeldes ist der Rechtspfleger zuständig, §§ 3 Nr. 2b und 5 Abs. 1 RPflG.

b) Rechtsmittel

648 Der Betreuer ist nach § 58 FamFG beschwerdeberechtigt. Der Betreuer kann gegen die Anordnungen selbst vorgehen.[512] Die Beschwerdefrist beträgt nach § 63 FamFG 1 Monat. Eine Androhung des Zwangsgeldes ist seit der FGG-Reform 2009 nicht mehr zwingend erforderlich, erfolgt sie dennoch, ist hiergegen kein Rechtsmittel gegeben.[513]

XXI. Die Entlassung des Betreuers

649 Nach § 1908b BGB kann das Betreuungsgericht aus den nachstehenden Gründen einen Betreuer aus seinem Amt entlassen:

- Wegfall der Eignung, § 1908b Abs. 1 S. 1 1. Alt. BGB;
- Vorliegen eines wichtigen Grundes, § 1908b Abs. 1 S. 2 Alt. 2 BGB (hierzu zählen auch falsche Abrechnungen sowie unzureichende persönliche Kontakte mit dem Betreuten, allerdings auch beharrliche Verletzung der Berichts- und Rechnungslegungspflichten[514]);
- Ersetzen eines Berufsbetreuers durch einen ehrenamtlichen Betreuer, § 1908b Abs. 1 S. 2 BGB (hier ist auch der Bezirksrevisor antragsberechtigt);
- betreuerseitige Unzumutbarkeit der Amtsfortführung, § 1908b Abs. 2 BGB;
- Vorschlag einer gleich geeigneten Person durch den Betreuten, § 1908b Abs. 3 BGB;
- Ersetzen eines Vereins- oder Behördenbetreuers durch einen anderen Betreuer (auf Antrag des Vereins/der Betreuungsbehörde), § 1908b Abs. 4 BGB;

---

510 *Damrau/Zimmermann* § 1837 Rn. 18.
511 MK-BGB/*Wagenitz* § 1837 Rn. 23.
512 *Damrau/Zimmermann* § 1837 Rn. 27.
513 *BGH* FamRZ 2012, 1204 = FGPrax 2012, 183 = FuR 2012, 475 (Ls) = MDR 2012, 931 = NJW-RR 2012, 1156.
514 *OLG Schleswig* FamRZ 2006, 577 (Ls) = FGPrax 2006, 74: *BayObLG* FamRZ 2005, 751.

- Ersetzen eines Vereins/einer Behörde (§ 1900 BGB) durch eine natürliche Person, § 1908b Abs. 5 BGB.

Betreuerwechsel im o.g. Sinne fanden im Jahre 2014 47.490 Mal statt.[515]

1. Zuständigkeit

Örtlich zuständig für die Entlassung eines Betreuers ist das Betreuungsgericht, in dem die   **650** Betreuung anhängig ist. Bei der Entlassung des Betreuers im Rahmen einer einstweiligen Anordnung, § 300 Abs. 2 FamFG, ist ausnahmsweise das Gericht zuständig, in dem das Fürsorgebedürfnis entsteht, § 50 Abs. 2 FamFG.[516]

Die sachliche Zuständigkeit ist unterschiedlich geregelt (§ 15 Abs. 1 Nr. 1 RPflG). In die Ent-   **651** scheidungszuständigkeit des Richters fallen folgende Entlassungsgründe:

- Wegfall der Eignung;
- Vorliegen eines wichtigen Grundes;
- Betreuerseitige Unzumutbarkeit der Amtsfortführung;
- Ersetzung eines Berufsbetreuers durch einen ehrenamtlichen Betreuer;
- Ersetzung eines Vereins/einer Behörde durch eine natürliche Person;
- in Bayern und Rheinland-Pfalz ist die sachliche Zuständigkeit aufgrund von Landesrecht z.T. abweichend geregelt.

Bei folgenden Entlassungsgründen ist der Rechtspfleger zuständig: **652**

- Entlassung eines Kontrollbetreuers, § 1896 Abs. 3 BGB;
- Vorschlag einer gleich geeigneten Person durch den Betreuten, § 1908b Abs. 3 BGB;
- Entlassung eines Behörden-/Vereinsbetreuers auf Vorschlag der Institution, also des Vereinsvorstandes/Geschäftsführers bzw. Leiters der Betreuungsbehörde (§ 1908b Abs. 4 BGB).[517]

2. Verfahren

In folgenden Fällen ist das Verfahren auf Entlassung von Amts wegen einzuleiten: **653**

- Wegfall der Eignung;
- Vorliegen eines wichtigen Grundes;
- Ersetzen eines Berufsbetreuers durch einen ehrenamtlichen Betreuer;
- Ersetzen eines Vereins/einer Behörde durch eine natürliche Person.

Demgegenüber ist aus den nachstehenden Gründen auf Antrag das Entlassungsverfahren ein-   **654** zuleiten:

- Betreuerseitige Unzumutbarkeit der Amtsfortführung, § 1908b Abs. 2 BGB;
- Vorschlag einer gleich geeigneten Person durch den Betreuten, § 1908b Abs. 3 BGB;
- Verlangen des Vereins/der Behörde der Entlassung eines Vereins-/Behördenbetreuers, § 1908b Abs. 4 S. 1 und 2 BGB;[518]
- im Eilfall besteht die Möglichkeit einer einstweiligen Anordnung (§ 300 Abs. 2 FamFG)

---

515 *BfJ* Sondererhebung Verfahren nach dem BtG 2014; Auswertung: *Deinert*; vgl. BtPrax 1/2016.
516 HK-BUR/*Bauer* § 1908b Rn. 1.
517 HK-BUR/*Bauer* § 1908b Rn. 2; vgl. für Details *Deinert* BtPrax 2015, 138.
518 HK-BUR/*Bauer* § 1908b Rn. 3 und 4; KG Berlin FamRZ 2009, 641.

655 Ansonsten sind die vom Gericht zu veranlassenden Verfahrensschritte in § 296 FamFG geregelt. Dort heißt es, dass immer dann, wenn der Betreute einer Entlassung des Betreuers widerspricht, das Gericht ihn und den Betreuer anhören muss. Es ist deshalb zu fordern, dass das Gericht den Betroffenen zumindest schriftlich von der avisierten Entlassung in Kenntnis setzt, andernfalls sein Widerspruchsrecht zur bloßen Makulatur verkommt. Ferner ist eine bloße schriftliche Kontaktaufnahme mit dem Betroffenen nicht ausreichend, wenn dieser außer Stande ist, entweder sehtechnisch oder intellektuell bedingt den Sinn von an ihn adressierten Schreiben zu erfassen. Es muss also zur definitiven Überzeugung des Gerichts feststehen, dass der Betroffene das gerichtliche Schreiben versteht, andernfalls eine Anhörung anzuberaumen ist.[519] Ferner ist zugunsten eines vorstehend beschriebenen Betroffenen zwingend ein Verfahrenspfleger zu bestellen.

656 **Beispiel:** Die demente Betroffene ist zudem stark sehbehindert. Sie hat nur noch eine Sehkraft von 2 % auf beiden Augen. Selbst mit einen Starklesegerät, das ein Wort auf DIN-A-4 Größe vergrößert, kann die Betroffene nicht mehr Wörter lesen. Es müssen ihr alle Briefe und Texte durch Dritte vorgelesen werden. Vorliegend ist es zur Verschaffung rechtlichen Gehörs nach Art. 103 GG geboten, der Betroffenen einen Verfahrenspfleger zu bestellen.

657 Der Reformgesetzgeber betonte zu Recht in den Gesetzesmotiven, dass aus der Sicht des Betroffenen die Frage, wer für ihn zum Betreuer bestellt wird, von zentraler Bedeutung ist.[520] Dem gilt es durch eine Einbeziehung des Betroffenen in das Entlassungsverfahren Rechnung zu tragen, was sich im Übrigen auch schon aus dem Gebot der Gewährung rechtlichen Gehörs, Art 103 Abs. 1 GG, und dem Amtsermittlungsgrundsatz, § 26 FamFG, ergibt.[521] Die vorstehenden Grundsätze sind ebenso im Falle eines Widerspruchs durch den Betreuer zu beachten, d.h. im Rahmen seines Entlassungsverfahrens ist der Betreuer grundsätzlich persönlich anzuhören.[522]

658 Die Anhörung des Betroffenen kann jedoch unterbleiben im Falle der gesetzlich vorgesehenen zwingenden Entlassung eines Vereins-/Behördenbetreuers bei Übernahme der Betreuung durch eine natürliche Person oder aber wenn durch die Anhörung gesundheitliche Nachteile für den Betroffenen zu besorgen sind, § 34 Abs. 2 FamFG. Allerdings ist dem Betroffenen dann zur Wahrung des rechtlichen Gehörs und zur Ausübung der Widerspruchsmöglichkeit obligat ein Verfahrenspfleger zu bestellen mit Hinblick auf die oben dargestellte zentrale Bedeutung, die die Person des Betreuers für ihn hat.[523] Keinesfalls entspricht es rechtsstaatlichen Grundsätzen und der Intention des Reformgesetzgebers, wenn sozusagen hinter dem Rücken des Betroffenen und ohne seine Beteiligung ein Betreueraustausch stattfindet.

659 Die Entscheidung über eine Betreuerentlassung ist nach richtiger Ansicht zu begründen.[524] Eine Entlassungsentscheidung stellt sich aus der Sicht eines Betreuers als ein Eingriffsakt dar. Zur sachgemäßen Rechtsverteidigung ist es unabdingbar, dass der Betreuer den Entscheidungsgründen entnehmen kann, auf welche Sachverhalte das Gericht seine Entlassung im

---

519 *BezG Frankfurt/Oder* FamRZ 1992, 992.
520 BT-Drs. 11/4528, 91.
521 *Knittel* BtR, § 1908b BGB Rn. 11c.
522 *BayObLG* FamRZ 1996, 58.
523 *BayObLG* FamRZ 1996, 58.
524 *Knittel* BtR, § 1908b BGB Rn. 11e, *BezG Frankfurt/Oder* FamRZ 1994, S. 992, dagegen: HK-BUR/*Bauer* § 1908b Rn. 6.

konkreten Fall stützt. Nur dann ist der Betreuer in der Lage zu entscheiden, ob er gegen die erstinstanzliche Entscheidung Rechtsmittel einlegt[525] oder er hiervon Abstand nimmt.

▶ **Hinweis:** Ist eine gerichtliche Entlassungsentscheidung nicht mit Entscheidungsgründen 660 versehen, sollte man unbedingt Rechtsmittel einlegen. Der Umstand, dass eine Begründung fehlt, stellt sich als ein so schwerwiegender Mangel dar, der in der Regel für sich genommen die Aufhebung der angefochtenen Entscheidung rechtfertigt.[526] ◀

Dass die Einhaltung dieser Verfahrensgarantien elementar ist, mag das nachstehende, in Berlin 661 so stattgefundene Beispiel erläutern:

Beispiel: Der 34-jährige Max B. ist Sozialhilfeempfänger, rauschgiftsüchtig und hoch ver- 662 schuldet. Zu seinen Gunsten wurde eine Betreuung u.a. mit dem Aufgabenkreis Vermögenssorge angeordnet. Immer wieder ärgert sich Max B. über seine Betreuerin und die aus seiner Sicht knappe Mittelzuteilung, weswegen er eines Tages das Amtsgericht aufsucht und der dort anwesenden und zuständigen Betreuungsrichterin sein Leid klagt. Diese entlässt im Wege der einstweiligen Anordnung eine gut geeignete Betreuerin, der ohne vorherige Information im Postwege am nächsten Tage die Entlassungsentscheidung zugestellt wird.

▶ **Hinweis:** Für die Verletzung ds Anspruchs auf rechtliches Gehör hat der Gesetzgeber die 663 Gehörsrüge (§ 44 FamFG) geschaffen, die binnen zwei Wochen ab Kenntnis von der Verletzung des Anspruches einzulegen ist. Das Gericht darf nur solche Tatsachen und Beweismittel verwenden, zu denen die Beteiligten Stellung nehmen konnten.[527] ◀

3. Rechtsmittel

Bei Entlassung eines Betreuers gegen seinen Willen ist die Beschwerde zulässig.[528] Teilweise 664 wird vertreten, dass die Rechtsmittelfrist auch dann zu laufen beginnt, wenn der Beschluss über die Betreuerentlassung nicht mit einer Rechtsmittelbelehrung versehen ist.[529] Allerdings ist dann grundsätzlich von einer unverschuldeten Fristversäumung auszugehen, sodass auf Antrag Wiedereinsetzung in den vorigen Stand zu gewähren ist (§ 17 Abs. 2 FamFG).

Die Erinnerung nach § 11 Abs. 2 RPflG (Frist: 2 Wochen) ist gegeben gegen die Entlassung, 665
• eines Kontrollbetreuers, § 1896 Abs. 3 BGB, die Ablehnung einer Kontrollbetreuung;
• den Vorschlag einer gleich geeigneten Person durch den Betreuten;
• das Verlangen des Vereins/der Behörde auf Entlassung, § 1908b Abs. 4 und 5 BGB.

Die Beschwerde ist ferner zulässig, wenn der Richter dem Antrag des Betreuers auf Entlassung 666 wegen Unzumutbarkeit, § 1908b Abs. 2 BGB, nicht entsprach. Beschwerdeberechtigt sind der Betreuer und der Betroffene, ersterer auch namens des Betroffenen, sowie die Betreuungsbehörde (§ 303 FamFG).[530] Dritte haben kein Beschwerderecht, auch nicht im Interesse des Betreuten. Nahe Angehörige des Betroffenen sind nicht beschwerdeberechtigt, sofern das

---

525 *OLG München* FamRZ 2007, 168 = Rpfleger 2007, 73.
526 *BezG Frankfurt/Oder* FamRZ 1994, 992.
527 *BayObLG* FamRZ 1996, 58 unter Verweis auf BVerfGE 64, 135, 144 m.w.N.
528 *BGH* FamRZ 2015, 1178.
529 *OLG Stuttgart* FamRZ 1996, S. 1343; a.A. *BayObLG* FamRZ 1994, 323.
530 HK-BUR/*Bauer* § 1908b Rn. 7.

Betreuungsgericht ihren Antrag auf Betreuerbestellung ablehnte, der darauf gerichtet war, an Stelle eines bereits tätigen Betreuers das Amt zu führen.[531]

4. Folgen der gerichtlichen Entscheidung

667 Die Entlassungsentscheidung wird mit der mündlichen oder schriftlichen Bekanntmachung an den Betreuer und den Betroffenen wirksam, §§ 41, 287 Abs. 1 FamFG. Es kann auch die sofortige Wirksamkeit angeordnet werden. Hat das von dem Betreuer eingelegte Rechtsmittel Erfolg, bedarf es keiner Neustellung; der zwischenzeitlich bestellte Betreuer ist zu entlassen.[532] Der neue Betreuer kann sich mit keinem Rechtsmittel gegen seine Entlassung wenden.[533]

5. Entlassungsgründe

a) Wegfall der Eignung

668 Der Betreuer ist von Amts wegen zu entlassen, wenn seine Eignung zur Besorgung der Angelegenheiten des Betreuten nicht mehr gewährleistet ist. Mangelnde Eignung bezieht sich sowohl auf die physischen als auch die psychischen Eigenschaften des Betreuers. Bevor eine Entlassung in Erwägung gezogen wird, ist der Schaden, der dem Betreuten durch ein Verbleiben des Betreuers im Amt entsteht, ins Verhältnis zu setzen zu den Nachteilen, die eine Entlassung bewirkt.[534] Bei einer Teileignung des Betreuers kann auch eine Teilentlassung ausreichen.

669 Gegen den Willen des Betroffenen ist die Entlassung des Betreuers vorzunehmen, wenn Letzterer unfähig ist, die Angelegenheiten des Betroffenen in den einzelnen Aufgabenkreisen ordnungsgemäß zu besorgen und deshalb ein Verbleiben in dem Amt dem Wohl des Betroffenen zuwiderlaufen würde.[535] Folgende Umstände können eine Entlassung beispielsweise rechtfertigen:

- Eröffnung eines Insolvenzverfahrens;
- Krankheit oder sonstige längere Abwesenheit;
- Geschäftsunfähigkeit des Betreuers;
- Vernachlässigung der Verpflichtung zur persönlichen Betreuung;
- fehlender Einsatzwille;
- unterlassene Mitteilung nach § 1901 Abs. 5 BGB über Notwendigkeit zur Aufgabenkreiserweiterung und Anordnung eines Einwilligungsvorbehalts;
- nachhaltiges Ignorieren der Betreutenwünsche;
- mangelnde Sachkenntnis bei schwieriger Vermögensverwaltung[536];
- berufliche oder familiäre Überlastung;
- Untätigkeit in wichtigen Angelegenheiten;
- schwerwiegende und nachhaltige Pflichtverstöße;
- Verstoß gegen Geldanlageverpflichtung;
- Nichteinholen betreuungsgerichtlicher Genehmigungen;
- Verstöße gegen Berichts- und/oder Rechnungslegungspflichten[537].

---

531 *OLG Köln* Beschl. v 23.8.2006 – 16 Wx 69/06, BtMan 2007, 38; *OLG München* FamRZ 2007, 584 = FGPrax 2007, 43.

532 *Damrau/Zimmermann* § 1908b Rn. 64.

533 *OLG Düsseldorf* FamRZ 1995, 1234 = Rpfleger 1995, 412.

534 *BayObLG* FamRZ 1994, 324, 325.

535 *Knittel* BtR, 1908b BGB Rn. 2.

536 *LG Darmstadt* Beschl. v 4.7.2013, 5 T 235/13, JurionRS 2013, 61265.

537 *BayObLG* FamRZ 1996, 509 = Rpfleger 1996, 244; *OLG Schleswig* FamRZ 2006, 577 (Ls) = FGPrax 2006, 74.

Es kommt lediglich auf die objektiven Pflichtverstöße an, nicht auf ein Verschulden des **670** Betreuers. Nach dem Verhältnismäßigkeitsgrundsatz ist eine Entlassung allerdings erst dann angezeigt, wenn andere Mittel oder mildere Eingriffe nicht zum Erfolg führen. Vorrangig ist stets zu versuchen, über das Instrumentarium des § 1837 Abs. 2 und 3 BGB den Betreuer zu einer Erledigung seiner Aufgaben anzuhalten. Dementsprechend sind **Verstöße gegen Ordnungsvorschriften**, wie z.B. die verspätete Abgabe einer Rechnungslegung oder eines Vermögensverzeichnisses nur dann ein Entlassungsgrund, wenn sie gehäuft auftreten und trotz entsprechender Rügen des Gerichts nicht abgestellt werden.[538]

Wurde beispielsweise über das Vermögen eines Betreuers das Insolvenzverfahren eröffnet, so **671** ist er zwar für die Wahrnehmung des Aufgabenkreises Vermögenssorge ungeeignet, gleichwohl kann er ohne weiteres die Aufgaben des Betroffenen in der Personenfürsorge wahrnehmen. In diesem Zusammenhang ist das **Interesse des Betreuten an der Kontinuität** des Betreuungsverhältnisses nicht zu unterschätzen. Für viele psychisch beeinträchtigte Betroffene bedeutet es eine schwer zu bewältigende Belastung, sich auf einen neuen Betreuer einzustellen, mit diesem Kontakt aufzunehmen und ein Vertrauensverhältnis aufzubauen.[539]

Der bisherige Betreuer kennt das Verhalten des Betreuten aus seiner Tätigkeit in der Vergan- **672** genheit und weiß, wann der Betroffene beispielsweise in stärkerem Maße zu kontrollieren ist und in welchen Fällen ihm eigenständiges Handeln zugetraut werden kann. Insoweit ist das Tätigwerden eines mit den Verhältnissen vertrauten Betreuers von größerem Nutzen für den Betroffenen als die Hilfestellung durch einen neuen Betreuer, der sich erst mit den Gegebenheiten vertraut machen muss. Dieses **Kontinuitätsinteresse** des Betreuten macht es auch erforderlich, erst dann auf Seiten des Gerichts eine Betreuerentlassung zu initiieren, wenn sie das letzte Mittel zur Wahrung des Wohls des Betreuten ist.[540] Daher sind auch typische Konfliktsituationen, von denen ein Betreuungsverhältnis geprägt ist, nicht geeignet, einen Betreuerwechsel auf Initiative des Betreuten zu rechtfertigen. So statuierte das Bayrische Oberste Landesgericht zu Recht, dass Spannungen zwischen einem Betreuer und dem Betroffenen im Bereich der Vermögenssorge als solche nicht zu einer Entlassung des Betreuers zwingen.[541]

Jeder, der einmal eine vermögenslose Betreuung führte, kann ein Lied davon singen, dass man **673** als Betreuer Wut und Aggressionen des Betreuten wegen der Zuteilung der geringen Ressourcen auf sich zieht. Verstimmungen liegen gerade in diesem Bereich in der Natur der Sache. Ein weiterer, häufig anzutreffender Zankapfel zwischen dem Betroffenen und seinem Betreuer liegt in einer unterschiedlichen Beurteilung von Aufenthaltsfragen. Von der Rechtsprechung wurde entschieden, dass eine Entlassung eines Betreuers nicht damit gerechtfertigt werden kann, dass dieser den Betroffenen gegen seinen Willen in ein Pflegeheim brachte, weil ein Verbleiben in seinen häuslichen Verhältnissen, auch unter Intensivierung häuslicher Pflege, nicht zu gewährleisten war. Ferner ist ein Betreuer weder von Amts wegen noch auf Wunsch des Betreuten zu entlassen, wenn er einen dem Wohl des Betreuten widersprechenden Wohnsitzwechsel ablehnt.[542]

---

538 *Knittel* BtR, § 1908b BGB Rn. 2.
539 *LG Berlin* Beschl. v. 30.9.1991, Az. 83 T 390/91 (unveröff.), S. 13.
540 HK-BUR/*Bauer* § 1908b Rn. 11.
541 *BayObLG* BtPrax 1994, 136, 137.
542 *Knittel* BtR, § 1908b BGB Rn. 4 m.w.N.

b) Vorliegen eines wichtigen Grundes

674 Die Entlassung eines geeigneten Betreuers von Amts wegen ist möglich bei Vorliegen eines anderen wichtigen Grundes. In den Gesetzesmotiven wird das Beispiel benannt, dass ein geeigneter Familienangehöriger, der zunächst wegen Krankheit nicht zum Betreuer bestellt werden konnte, nunmehr übernahmebereit ist.[543] Allerdings ist ein Betreuerwechsel nur im erklärten Einverständnis mit dem Betreuten durchzuführen. Will der Betreute demgegenüber an seinem bisherigen Betreuer festhalten, so ist dies mit Hinblick auf den Vorrang seines Willens zu respektieren.[544]

675 Gleichwohl ist die Annahme eines wichtigen Grundes nicht auf die vorstehende Fallgestaltung begrenzt. Entscheidend ist vielmehr, ob ein Verbleiben des Betreuers im Amt dem Wohl des Betreuten schaden würde.[545] Im Rahmen einer solchen Entlassungsentscheidung sind sämtliche Umstände des Einzelfalles sorgfältig abzuwägen, insbesondere dann, wenn der Betroffene eine Entlassung seines bisherigen Betreuers nicht wünscht. Ein einfacher Grund ist nicht ausreichend, die Interessenabwägung muss vielmehr ein deutliches Ergebnis haben. Dabei ist zu berücksichtigen, dass im Betreuungsrecht das Wohl des Betroffenen im Zentrum steht.

676 Der Betreute soll in die Lage versetzt werden, sein Leben nach eigenen Wünschen und Vorstellungen zu gestalten. Deshalb sind geringfügige Nachteile im Interesse des Betroffenen in Kauf zu nehmen.[546] Ein wichtiger Grund können beispielsweise Interessenkollisionen im Vermögensbereich sein. Es muss sich hierbei um konkrete und nicht nur um abstrakte Gefahren handeln. Eine bloße Erbberechtigung reicht nicht aus.[547] Ein konkreter Interessenkonflikt ist beispielsweise dann gegeben, wenn ein Betreuer den Grundbesitz des Betreuten, den er erben wird, deutlich besser saniert und instand hält als das restliche Grundvermögen.

677 Ferner zeigt ein Betreuer, der im Hause des Betreuten lebt und nicht gewillt ist, eine marktgerechte Miete zu bezahlen, dass er seine Vermögensinteressen über die des Betreuten stellt. Er ist zur weiteren Führung der Vermögensbetreuung ungeeignet.[548] Ferner kann ein ambivalentes Verhalten gegenüber dem Betreuten, welches negative Rückwirkungen auf seinen Gemütszustand hat, einen Entlassungsgrund darstellen.[549] Selbst der Umstand, dass ein neuer Betreuer den Betreuten besser sozial integrieren könnte, reicht für eine Betreuerentlassung gegen den Willen des Betroffenen nicht aus, wenn dieser mit den Leistungen seines bisherigen Betreuers zufrieden ist und daher an ihm festhalten möchte.

678 Nach § 1897 Abs. 3 BGB darf nicht zum Betreuer bestellt werden, wer zu einem Heim, in dem der Betroffene untergebracht ist, in einem Abhängigkeitsverhältnis oder einer anderen engen Beziehung steht. Nach dem Wortlaut der Norm gilt dies nur für die Bestellung eines Betreuers. Sinn und Zweck der Vorschrift liegen darin, **Interessenkonflikte** in der Person des Betreuers zu vermeiden, die insbesondere dann entstehen können, wenn es darum geht, Rechte des Betroffenen gegenüber dem Heim durchzusetzen.[550] Tritt der Betreuer nachträglich in ein solches Abhängigkeitsverhältnis oder zieht der Betreute im Laufe der Betreuung in ein Heim, zu dem

---

543 BT-Drs. 1174528, 153.
544 *Knittel* BtR, § 1908b BGB Rn. 5.
545 *BayObLG* FamRZ 1997, 1358 (2. Ls).
546 *BayObLG* FamRZ 1997, 323 f.
547 *Knittel* BtR, § 1908b BGB Rn. 5.
548 *Knittel* BtR, § 1908b BGB Rn. 5.
549 *BayObLG* FamRZ 1994, 323, 324.
550 BT-Drs. 11/4528, 126.

der Betreuer eine enge Beziehung hat, so ist eine Entlassung vorzunehmen.[551] Das Amtsgericht Kleve stellte in diesem Zusammmenhang allerdings klar, dass der nur vorübergehende Aufenthalt eines Betreuten für einen Zeitraum von sechs Monaten in einem Heim, in welchem der Betreuer angestellt ist, keinen Entlassungsgrund darstellt.[552]

Ein Betreuer ist nicht allein deshalb als ungeeignet zu entlassen, weil er lebenserhaltende Maß- **679** nahmen gegenüber dem Betroffenen unter Berufung auf dessen unterstellten Willen ablehnt.[553] Die unterlassene Einholung der gerichtlichen Genehmigung vor einem Behandlungsabbruch (hier: Einstellung der Sondenernährung) stellt keinen Pflichtverstoß des Betreuers dar, wenn der Arzt die weitere Behandlung nicht für medizinisch indiziert hält[554] und deshalb nicht „anbietet".[555]

Als wichtiger Grund wurde durch das 2. BtÄndG auch die „vorsätzliche falsche Abrechnung" **680** ausdrücklich eingeführt; zuvor wäre dies im Rahmen einer Prüfung, ob der Betreuer für die Tätigkeit charakterlich geeignet ist, bereits berücksichtigt worden. Durch das Vormundschaftsrechtsänderungsgesetz 2011 kam außerdem die mangelnde persönliche Betreuungsführung als Entlassungstatbestand dazu. Hierzu ist noch keine bekannte Rechtsprechung ergangen. Die für das Vormundschaftsrecht in § 1793 BGB eingeführte grundsätzlich monatliche Besuchsfrequenz ist als für das Betreuungsrecht zu schematisch nicht übernommen worden.

c) Betreuerseitige Unzumutbarkeit der Amtsfortführung

Gemäß § 1908b Abs. 2 BGB kann ein Betreuer seine Entlassung verlangen, wenn Umstände **681** eingetreten sind, auf Grund derer ihm die Fortführung der Betreuung nicht zugemutet werden kann. Das Interesse des Betreuers an einer Entlassung ist abzuwägen gegen das Interesse des Betreuten an einer Weiterführung der Betreuung.[556] Zur Begründung der Unzumutbarkeit können sowohl Gründe in der Person des Betreuers als auch solche in der des Betreuten herangezogen werden.

> **Beispiel:**   Rechtsanwältin Gina V. führt die Betreuung der psychotischen Hermine L. Diese **682** holt einmal in der Woche das ihr zustehende Haushaltsgeld in der Kanzlei der Betreuerin ab. Häufig ärgert sie sich derart über die aus ihrer Sicht zu niedrigen Auszahlungen, dass sie im Wartezimmer die Betreuerin als „Niete", „Betrügerin" und „Gaunerin" bezeichnet. Mandanten der Rechtsanwältin Gina V. fehlinterpretieren die Wut von Hermine L. als Ausdruck ihrer Frustration über einen verlorenen Prozess. Rechtsanwältin Gina V. beantragt bei dem zuständigen Betreuungsgericht ihre Entlassung wegen Unzumutbarkeit.

Die Unzumutbarkeit kann durch persönliche (z.B. Krankheit, Alter), familiäre (z.B. Pflege **683** eines gebrechlichen Angehörigen, Familienzuwachs), berufliche (z.B. Arbeitsüberlastung, Versetzung) oder sonstige Umstände begründet sein. Objektive Gründe, wie beispielsweise die Verschlechterung von Verkehrsverbindungen, respektive die Unterbringung des Betroffenen in einem weit entfernten Heim oder sein Umzug in eine weit entfernte Wohnung, können die Unzumutbarkeit ebenfalls begründen. Des Weiteren kommt eine vom Betreuten ausgehende

---

551 *Knittel* BtR, § 1908b BGB Rn. 5.
552 *AG Kleve* BtPrax 1999, 39.
553 *OLG Düsseldorf* FamRZ 2010, 669.
554 Entsprechend der Grundsätze zur ärztlichen Sterbebegleitung, *BÄK* DÄBl. 2011, A 346; siehe auch HK-BUR, Anlage zu § 1904 BGB.
555 *OLG München* NJW 2007, 3506 = FGPrax 2007, 84 = DNotZ 2007, 625.
556 *Damrau/Zimmermann* § 1908b Rn. 5.

Entfremdung in Betracht, die das Vertrauensverhältnis so tiefgreifend stört, dass der Betreuer seine Aufgaben nicht länger erfüllen kann.[557] Gleichwohl sind an die Toleranzschwelle des Betreuers hohe Anforderungen zu stellen; es wird erwartet, dass er bei geringen Schwierigkeiten nicht gleich die Flinte ins Korn wirft. Keineswegs soll es dem Betreuer möglich sein, sich auf die Schnelle unbequemer Betreuungen zu entledigen. Bei massiven Beleidigungen oder Tätlichkeiten kann sich ein Betreuer zweifelsohne auf Unzumutbarkeit berufen. Entscheidend sind die Umstände des Einzelfalls.[558]

684   **Beispiel:**   Die liebenswürdige 86 Jahre alte Emma K. bewohnt mit ihrem alkoholabhängigen, zu Gewalttätigkeiten neigenden Sohn Daniel K. eine kleine Zwei-Zimmer-Wohnung. Daniel K., der sich selbst vergeblich um die Betreuung seiner Mutter bemüht hatte, ist auf den Betreuer nicht gut zu sprechen und griff ihn tätlich an. Der Betreuer erstattete Strafanzeige und leitete bei dem zuständigen Amtsgericht wegen Mietrückständen auf Seiten von Daniel K. ein Räumungsverfahren ein. In einem solchen Fall besteht keine Unzumutbarkeit für den Betreuer, weil die Tätlichkeiten nicht von der Betreuten ausgingen.

685   ▶ **Hinweis:**   Es ist in jedem Fall sinnvoll, vor Übernahme einer Betreuung sich genaueste Kenntnis über das Umfeld des Betroffenen zu verschaffen. Die gängige Praxis, dass ein Betreuungsrichter (oder der nach § 8 BtBG beauftragte Mitarbeiter der Betreuungsbehörde) im Büro des Betreuers anruft, kurz die Gegebenheiten schildert und man dann schnell die Übernahme der Betreuung zusagt, kann sich als eine Falle erweisen. Es ist im eigenen Interesse anzuraten, an der Schlussanhörung – unvergütet – teilzunehmen. Auf diese Art und Weise lernt man gleich den Betroffenen und sein Umfeld kennen und kann für sich selbst besser abschätzen, ob man durch eine Übernahme der Betreuung überfordert ist oder nicht. Zugleich ermöglicht es der persönliche Eindruck des Betroffenen zu beurteilen, ob „die Chemie stimmt", ein wichtiger Umstand in Ansehung der langjährigen Bindung, die man mitunter eingeht. ◀

686   Aus der Gesetzessystematik folgt, dass sich der Betreuer ausschließlich auf Umstände berufen kann, die nach seiner Bestellung eingetreten sind. Gründe, die bereits vor der Betreuerbestellung vorliegen, sind durch den Betreuer im Rahmen der Bereiterklärung nach § 1898 BGB vorzubringen. Der Gesetzgeber geht im Kontinuitätsinteresse von einer dauerhaften Beziehung zwischen dem Betreuer und dem Betreuten aus; Betreuungsverhältnisse „auf Probe" sind nicht vorgesehen.[559]

687   Umstritten ist in der betreuungsrechtlichen Rechtsprechung, ob die Entlassung eines Berufsbetreuers auf unerfüllte Vergütungserwartungen gestützt werden kann. Das *Amtsgericht Northeim*[560] beschied insoweit einen Entlassungsantrag eines Betreuers positiv, weil dieser dargelegt hatte, dass er wegen der gängigen Vergütungspraxis des Landgerichts Göttingen keine auskömmliche Berufsexistenz begründen könne. Das *OLG Schleswig* statuierte demgegenüber, dass eine möglicherweise zu Unrecht erfolgte Vergütungskürzung in einem Einzelfall nicht geeignet ist, eine Unzumutbarkeit zu begründen.[561] Die Besonderheit dieses Falles war allerdings dadurch geprägt, dass der Betreuer lediglich in einer einzigen Betreuungsangelegenheit eine Reduzierung auf den zweifachen Stundensatz nach § 1836 Abs. 2 BGB a.F. (seinerzeit 50,00 DM also rund

---

557 BT-Drs. 11/4528, 153; *BayObLG* FamRZ 2005, 751.
558 *Knittel* BtR, § 1908b BGB Rn. 7.
559 BT-Drs. 11/4528, 154.
560 *AG Northeim* BtPrax 1994, 179.
561 *OLG Schleswig-Holstein* BtPrax 1997, 241.

25,00 €) hinnehmen musste. In allen anderen Fällen wurde er mit dem dreifachen Stundensatz damaligen Rechtes vergütet. Auf diesem Hintergrund war es dem Betreuer – im Gegensatz zu dem von dem *Amtsgericht Northeim* beurteilten Fall – auch nicht möglich darzustellen, dass gerade hierdurch eine Existenzgefährdung für ihn eintrat. Wie Gerichte zukünftig in dieser Frage entscheiden werden, bleibt offen. Grundsätzlich lässt sich eine Betreuerentlassung wegen nicht erfüllter Vergütungserwartungen schwerlich rechtfertigen.

Durch die Vereinheitlichung der Vergütungssätze ab 1.1.1999 nach dem BVormG und die seit dem 1.7.2005 eingeführte Pauschalvergütung nach §§ 4, 5 VBVG weiß jeder, der sich um eine Betreuung bewirbt, was grundsätzlich vergütungsmäßig auf ihn zukommt. Jede andere Betrachtungsweise würde darauf hinauslaufen, dem Betreuten die Folgen eines „Kalkulationsirrtums" des Betreuers aufzubürden, ein Entgegenkommen, das letztlich dem Kontinuitätsinteresse zuwiderläuft. **688**

Die Behörde als Betreuer kann allerdings nicht eine Entlassung wegen Unzumutbarkeit begehren mit Hinblick auf § 1900 Abs. 4 BGB, der statuiert, dass ihre Bestellung nur dann in Betracht kommt, wenn der Betreute weder durch eine natürliche noch durch einen Verein hinreichend betreut werden kann.[562] **689**

Ein gesetzlicher Grund für die Entlassung eines Betreuers, der Beamter oder Geistlicher ist, liegt darin, dass der Dienstherr die vorgeschriebene Genehmigung widerruft (§ 1888 BGB). **690**

d) Möglichkeit der Übertragung der Betreuung auf einen ehrenamtlichen Betreuer

Durch das 1. BtÄndG wurde ab 1999 in § 1908b Abs. 1 S. 2 BGB niedergelegt, dass das Gericht einen bestellten Berufsbetreuer entlassen soll, wenn der Betreute durch einen oder mehrere andere ehrenamtliche Betreuer betreut werden kann. Damit wollte der Gesetzgeber den Vorrang der ehrenamtlichen Betreuung bekräftigen. Derartige Wechsel haben 2014 in 6.202 (Fällen), das waren 13,1 % aller Betreuerwechsel, stattgefunden.[563] **691**

Ein Berufsbetreuer soll die Betreuung nur solange wie nötig führen. Sobald alle Angelegenheiten abgearbeitet sind, die das professionelle Wissen eines Berufsbetreuers erfordern, soll wieder ein Ehrenamtlicher die Betreuung führen.[564] Hierbei kann es sich um nahe Familienangehörige handeln, die zum Zeitpunkt der Betreuungseinrichtung mit der Lösung der Probleme überfordert gewesen wären. Die Ausgestaltung als Sollvorschrift deutet auf eine Ermessensentscheidung des Gerichts hin, dass trotz der gesetzlichen Vorgabe, Kosten zu sparen, im Interesse des Betreuten geprüft werden kann, ob Gründe vorliegen, die einem Betreuerwechsel entgegenstehen, wie etwa negative Auswirkungen auf den Gesundheitszustand usw.[565] Hat der Betreute allerdings keine triftigen Gründe, so wird er sich einem Betreuerwechsel nicht entziehen können.[566] **692**

Flankiert wird die Regelung durch die in § 1897 Abs. 6 S. 2 BGB enthaltene Informationsverpflichtung des Berufsbetreuers an das BetrG über die Möglichkeit zur Amtsübertragung auf einen Ehrenamtlichen und das Beschwerderecht des Vertreters der Staatskasse nach § 304 FamFG. Soweit eine bisher beruflich geführte Betreuung auf einen Ehrenamtler übergeht, hat **693**

---

562 HK-BUR/*Bauer* § 1908b Rn. 19.
563 *BfJ* Sondererhebung Verfahren nach dem BtG 2014; Auswertung: *Deinert*; vgl. BtPrax 2016, 9.
564 *LG Duisburg* BtPrax 2000, 43; *LG Saarbrücken* BtPrax 2000, 266.
565 *Bienwald/Bienwald W.* § 1908b BGB Rn. 13.
566 *Knittel* BtR, § 1908b BGB Rn. 6a.

der bisherige Berufsbetreuer einen fortgeltenden Vergütungsanspruch für den laufenden und auf den Betreuerwechsel folgenden Betreuungsmonat nach § 5 Abs. 5 VBVG.[567]

e) Vorschlag einer gleich geeigneten Person durch den Betreuten

694 Nach § 1908b Abs. 3 BGB kann das Betreuungsgericht den Betreuer entlassen, wenn der Betreute eine gleich geeignete Person als neuen Betreuer vorschlägt. Die diesbezügliche Äußerung ist nicht als rechtsgeschäftliche Willenserklärung zu qualifizieren, so dass die Frage der Geschäftsfähigkeit des Betreuten ohne Belang ist.[568] Nach der Rechtsprechung ist der Grundgedanke des § 1897 Abs. 4 BGB, wonach dem Wunsch des Betreuten auf Bestellung einer bestimmten Person als Betreuer zu entsprechen ist, sofern es seinem Wohl nicht zuwiderläuft, auch bei der Anwendung des § 1908b BGB zu beachten.[569] Die Grundsätze, wie sie oben unter der Tatbestandsvoraussetzung „wichtiger Grund" dargestellt wurden, beanspruchen auch bei einer Anregung des Betroffenen auf Betreuerentlassung Geltung. Ein Betreuerwechsel ist abzulehnen, wenn er letztlich nicht dem eigenen Wunsch des Betroffenen entspringt, sondern auf eine massive Beeinflussung sich Erbchancen ausrechnender Verwandter oder aber auf Dritte mit erheblichen wirtschaftlichen Eigeninteressen zurückzuführen ist.[570]

695 Im Rahmen der Ausübung seines pflichtgemäßen Ermessens hat das Gericht anlässlich der Anhörung sorgfältig zu eruieren, welche Motive für einen Betreuerwechsel auf Seiten des Betreuten bestehen. Die Annahme, ein Vorschlag laufe dem Wohl des Betroffenen zuwider, bedarf konkreter tatsächlicher Feststellungen. Ist beispielsweise die von dem Betreuten in Vorschlag gebrachte Person lediglich teilgeeignet, so kommt eine Bestellung für einen Teil der Aufgabenkreise in Betracht. Die Zielvorstellung des Betreuungsrechts, dass der Betreute in die Lage versetzt wird, sein Leben nach seinen eigenen Wünschen und Vorstellungen zu gestalten, muss bei der Auswahl des Betreuers besonders berücksichtigt werden.[571]

696 Das Gericht wird nur auf Antrag tätig. Der Betreute ist nach Maßgabe des § 275 FamFG verfahrensfähig. Dem Betreuten wird qua Gesetz die Pflicht auferlegt, dem Gericht einen geeigneten Betreuer zu bezeichnen. „Eignung" ist ein unbestimmter Rechtsbegriff und besagt lediglich, dass die allgemeinen Eignungsvoraussetzungen des § 1897 BGB im Hinblick auf den fraglichen Aufgabenbereich erfüllt sein müssen, nicht jedoch die gleiche Qualifikation.[572] Jede andere Betrachtungsweise liefe sonst darauf hinaus, dass beispielsweise ein Angehöriger nie eine Chance gegenüber einem Sozialpädagogen hätte. Schlägt der Betroffene jedoch vor, statt einer natürlichen Person einen Verein oder eine Behörde zum Betreuer zu bestellen, so ist sein Antrag abzulehnen. Es gilt das Prinzip des Vorrangs einer natürlichen Person vor einer Institution.[573] Nach Wortlaut der Vorschrift und der Systematik des Gesetzes bezieht sich § 1908b Abs. 3 BGB ausschließlich auf natürliche Personen.[574]

---

567 *BGH* BtPrax 2013, 110 = FamRZ 2013, 781 = FGPrax 2013, 120.
568 *BayObLG* BtPrax 1993, 171.
569 *BayObLG* FamRZ 1994, 322.
570 *OLG Düsseldorf* FamRZ 1995, S. 1235; *BayObLG* FamRZ 2005, 548.
571 *BayObLG* FamRZ 1994, 323 f.
572 HK-BUR/*Bauer* § 1908b Rn. 20.
573 HK-BUR/*Bauer* § 1908b Rn. 21; *Knittel* BtR, § 1908b BGB Rn. 8b.
574 *Knittel* BtR, § 1908b BGB Rn. 8c.

Beispiel: Die notorisch geizige, vermögende Bertha H. wird von einer kompetenten 697 Diplom- Pädagogin betreut. Als sie im Rahmen der Gewährung rechtlichen Gehörs den Vergütungsantrag ihrer Betreuerin zugestellt bekommt, ist sie empört über ihre Betreuerin, die sie als „Halsabschneiderin" bezeichnet. Sie verlangt die Einsetzung der Betreuungsbehörde, weil ihr bekannt ist, dass diese „umsonst" arbeitet. Dem Wunsch der Betreuten ist in Fällen wie diesen nicht stattzugeben.

▶ **Hinweis:** Sollte das Betreuungsgericht gleichwohl eine Betreuerentlassung vornehmen, 698 empfiehlt es sich, das Rechtsmittel der sofortigen Erinnerung gegen die Betreuerentlassung einzulegen. ◀

f) Ersetzung des Vereins-/Behördenbetreuers durch eine natürliche Person

Das Gericht hat von Amts wegen den Verein respektive die Behörde zu entlassen, sobald ein 699 übernahmebereiter, geeigneter Einzelbetreuer vorhanden ist. Die Bestellung einer Institution ist nur als ein Übergang gedacht. Deshalb hat das Gericht auf Antrag des Betreuten zu überprüfen, ob die Bestellung einer oder mehrerer natürlicher Personen möglich ist, § 291 FamFG. Ob persönliche Bindungen zu dem geeigneten und übernahmebereiten Einzelbetreuer bestehen, ist unerheblich. Bietet z.B. ein Rechtsanwalt sich als Berufsbetreuer an, darf die Entlassung der Behörde nicht aus Kostengründen abgelehnt werden. Der Gesetzgeber hat eindeutig den Vorrang der Einzelbetreuung statuiert.[575]

XXII. Die gerichtlichen Überprüfungsfristen

Das Betreuungsgesetz hat Fristen eingeführt, innerhalb derer spätestens gerichtliche Entschei- 700 dungen über die Bestellung eines Betreuers von Amts wegen zu überprüfen sind. An sich hätte es solcher Fristen nicht bedurft, denn eine Betreuung ist immer dann aufzuheben, wenn ihre Voraussetzungen wegfallen, § 1908d Abs. 1 BGB. Dies hat das Gericht von Amts wegen in jedem Stadium des Verfahrens zu prüfen. Ferner ist der Betreuer verpflichtet, dem Gericht Umstände mitzuteilen, die eine Einschränkung des Aufgabenkreises ermöglichen oder aber eine Aufhebung der Betreuung rechtfertigen, § 1901 Abs. 5 BGB. Gleiches gilt in Bezug auf Einwilligungsvorbehalte.

1. Aufhebung oder Änderung der Betreuerbestellung

§ 286 Abs. 3 FamFG schreibt vor, dass in dem Beschluss über die Bestellung eines Betreuers der 701 Zeitpunkt anzugeben ist, zu dem das Gericht spätestens über die Aufhebung oder Verlängerung der Maßnahme zu entscheiden hat; dieser Zeitpunkt darf höchstens sieben Jahre nach Erlass der Entscheidung liegen (§ 295 Abs. 2 FamFG). Diese Vorschrift ist nicht als bloße Ordnungsvorschrift zu verstehen. Versäumt das Gericht die Aufnahme eines derartigen Zeitpunkts in seinem Beschluss, ist es gehalten, spätestens nach Ablauf von sieben Jahren zu überprüfen, ob die Betreuung aufzuheben oder zu verlängern ist. Für Beschlüsse vor dem 1.7.2005 lag die Maximalfrist bei 5 Jahren.

---

575 *Knittel* BtR, § 1908b BGB Rn. 10.

2. Bestellung eines Vereins oder der Betreuungsbehörde zum Betreuer

702 Bestellt das Gericht einen Verein oder die zuständige Behörde zum Betreuer, so hat dies nur übergangsweise zu geschehen, und es prüft regelmäßig, ob an Stelle des Vereins oder der Behörde eine oder mehrere natürliche Personen zum Betreuer bestellt werden können, § 1908b Abs. 5 BGB. Die obligatorische 2jährige Prüfung ist allerdings 1999 aus dem Gesetz gestrichen worden (damals § 69c FGG). In der Praxis kommt eine Bestellung des Vereins (§ 1900 Abs. 1 BGB) oder der Behörde (§ 1900 Abs. 4 BGB) kaum noch vor. 2014 wurden 306 Mal der Verein und 192 Mal die Behörde bestellt. Die Gesamtzahl erreichte 0,25 % aller Betreuerbestellungen.[576]

703 Die Überprüfung erstreckt sich insbesondere darauf, ob an Stelle des Vereins ein Vereinsbetreuer persönlich oder aber an Stelle der Behörde ein Behördenbetreuer persönlich zum Betreuer bestellt werden kann, respektive darauf, ob andere natürliche Personen, z.B. aus dem sozialen Umfeld des Betroffenen oder aus dem Kreis der dem Gericht bekannten Berufsbetreuer, zur Verfügung stehen.

704 Die Überprüfung der Person des bestellten Betreuers steht eigenständig neben der Prüfung, ob überhaupt noch eine Betreuung erforderlich ist, § 294 FamFG; beide Überprüfungen sind unabhängig voneinander durchzuführen.

XXIII. Die Rechtsmittel gegen die Betreuungsgerichtsentscheidungen

705 Gegen die Bestellung eines Betreuers, die Erweiterung seines Aufgabenkreises und gegen die Ablehnung dieser Maßnahme sowie gegen entsprechende Maßnahmen zum Einwilligungsvorbehalt ist das Rechtsmittel der Beschwerde gegeben. Die frühere Unterscheidung in die einfache, unbefristete Beschwerde und die befristete sofortige Beschwerde ist durch das FamFG seit 1.9.2009 entfallen. Nunmehr ist die Beschwerde stets binnen eines Monates nach schriftlicher Bekanntgabe des Beschlusses einzulegen (§ 63 Abs. 1 FamFG).

706 Bei einstweiligen Anordnungen und bei Rechtsmitteln gegen betreuungsgerichtliche Genehmigungsentscheidungen beträgt die Frist zwei Wochen (§ 63 Abs. 2 FamFG). Die Beschwerdeberechtigung ergibt sich aus den §§ 58 ff., 303, 304 FamFG. Die Beschwerde ist schriftlich oder zur Niederschrift bei dem Gericht einzulegen, das den anzufechtenden Beschluss erlassen hat (§ 64 FamFG). Eine Einlegung beim Landgericht ist seit 1.9.2009 nicht mehr möglich. Ein freiheitsentziehend untergebrachter Betreuter kann die Beschwerde auch beim Gericht des Unterbringungsortes einlegen (§ 336 FamFG).

707 Bei vermögensrechtlichen Angelegenheiten, z.B. bei Genehmigungen zur Geldanlage oder -verfügung, aber auch bei Vergütungsfragen, ist die Beschwerde nur gegeben, wenn der Beschwerdewert von 600 € überschritten ist oder das Gericht die Beschwerde, insbesondere wegen Fragen von grundsätzlicher Bedeutung, zugelassen hat (§ 61 FamFG). Ist beides nicht gegeben und wurde die gerichtliche Entscheidung von einem Rechtspfleger getroffen, ist das Rechtsmittel der Erinnerung (§ 11 Abs. 2 RPflG) binnen 2 Wochen statthaft. Der Richter des BetrG kann dazu abschließend entscheiden, er kann aber auch die Beschwerde im Rahmen des Erinnerungsverfahrens zulassen und die Erinnerung danach als Beschwerde dem Landgericht zuleiten.

---

576 *BfJ* Sondererhebung Verfahren nach dem BtG 2014; Auswertung: *Deinert* BtPrax 2016, 9.

1. Beschwerdeberechtigung

Beschwerdeberechtigt ist in erster Linie der Betroffene selbst. Dies resultiert aus § 59 FamFG, **708** weil jede Verfügung des Gerichtes in Betreuungssachen seine Rechte tangiert. § 275 FamFG statuiert, dass der Betroffene in allen Verfahren, die die Betreuung betreffen, ohne Rücksicht auf seine Geschäftsfähigkeit verfahrensfähig ist. Der Betroffene kann also selbst Beschwerde einlegen oder aber einen Rechtsanwalt hiermit beauftragen (§ 10 Abs. 2 FamFG). Der mit dem Rechtsanwalt abgeschlossene Geschäftsbesorgungsvertrag und die unterzeichnete Prozessvollmacht sind wirksam, weil analog §§ 112, 113 BGB trotz eventuell bestehender Geschäftsunfähigkeit des Betroffene eine Teilgeschäftsfähigkeit diesbezüglich fingiert wird.[577] Wurde für den Betroffenen vom Gericht ein Verfahrenspfleger bestellt, kann dieser in seinem Namen die Beschwerde einlegen, § 303 Abs. 3 FamFG.

Wurde dem Betroffenen ein Betreuer bestellt, ist dieser legitimiert, namens des Betroffenen **709** Beschwerde einzulegen, soweit die Entscheidung seinen Aufgabenkreis betrifft (§ 303 Abs. 4 S. 1 FamFG). Führen mehrere Betreuer ihr Amt gemeinschaftlich, kann jeder von ihnen für den Betroffenen selbstständig Beschwerde einlegen, § 303 Abs. 4 S. 2 FamFG. Entscheidungen, die den Aufgabenkreis des Betreuers betreffen, sind seine Bestellung, die Erweiterung oder Beschränkung des Aufgabenkreises, die Aufhebung, die Einschränkung oder die Erweiterung eines Einwilligungsvorbehaltes. Auch der Vorsorgebevollmächtigte ist in gleichem Maße beschwerdeberechtigt.

Im eigenen Namen ist der Betreuer beschwerdeberechtigt, soweit die Entscheidung in seine **710** eigene Rechtssphäre eingreift, also insbesondere gegen seine Stellung als Betreuer. Der Betreuer kann sowohl seine Auswahl als auch die Anordnung der Betreuung selbst anfechten. Bei Bestellung mehrerer Betreuer steht das Beschwerderecht jedem Betreuer für seine Bestellung zu. Der Betreuer ist ebenso im Falle seiner Entlassung beschwerdeberechtigt, respektive wenn die von ihm beantragte Entlassung nach § 1908b Abs. 2 BGB verweigert wurde.

Die allgemeine Regelung des § 59 FamFG, wonach jeder beschwerdeberechtigt ist, dessen **711** Recht durch die gerichtliche Verfügung beeinträchtigt ist, wird durch § 303 Abs. 1 FamFG ergänzt. Hiernach steht der Betreuungsbehörde das Beschwerderecht gegen die Bestellung eines Betreuers oder die Anordnung eines Einwilligungsvorbehaltes zu, ebenso gegen Entscheidungen, die Umfang, Inhalt und Bestand solcher Maßnahmen beinhalten. Es kommt anders als vor dem 1.9.2009 nicht mehr darauf an, dass die Betreuungsanordnung von Amts wegen erfolgt ist. Sie ist auch unabhängig davon, ob die Betreuungsbehörde zuvor eine Verfahrensbeteiligung nach § 274 Abs. 3 FamFG beantragt hat. Nach § 304 FamFG kann der Bezirksrevisor gegen Vergütungsentscheidungen aus der Staatskasse Beschwerde einlegen, außerdem gegen Beschlüsse dahingehend, dass die Abberufung eines Berufsbetreuers zugunsten eines Ehrenamtlers abgelehnt wird. Die Frist beträgt für den Bezirksrevisor 3 Monate nach formloser Bekanntgabe.

Die Beschwerdeberechtigung von Angehörigen wurde im FamFG gegenüber dem FGG deut- **712** lich beschränkt. Sie ist zum einen nur dann zulässig, wenn die Betreuung nicht auf eigenen Antrag des Betroffenen eingerichtet wurde, zum anderen steht sie nur denjenigen Personen zu, die auf ihren Antrag nach § 7 Abs. 4 FamFG gem. § 274 Abs. 4 FamFG vom Gericht als Verfahrensbeteiligte hinzugezogen wurden. Betroffene Angehörige können sein: der nicht dauernd getrennt lebende Ehegatte oder Lebenspartner, Eltern (einschl. Pflege- und Großeltern), Kinder und Kindeskinder, Geschwister und eine vom Betroffenen benannte Vertrauensperson. In

---

577 *OLG Koblenz* NJW 2014, 1251.

Unterbringungsverfahren gilt das Gleiche auch für den Leiter der Unterbringungseinrichtung (§ 315 Abs. 1 Nr. 3 FamFG).

713 **Beispiel:** Die Betroffene wird in einem anhängigen Betreuungsverfahren von der Richterin angehört. Der Sohn der Betroffenen wohnt der Anhörung bei. Entgegen dem Wunsch der Betroffenen wird ein familienfremder Betreuer bestellt. Hiergegen erhebt der Sohn das Rechtsmittel der Beschwerde, das vom Landgericht zurückgewiesen wird mit der Begründung, es liege keine Beteiligtenstellung vor. Obzwar das Amtsgericht entgegen der zwingenden Verfahrensregelung des § 7 Abs. 4 S. 2 FamFG den Beschwerdeführer nicht auf sein Recht hingewiesen hatte, seine Hinzuziehung zu dem Verfahren zu beantragen und das Landgericht hierin zurecht eine Verletzung der Gewährung rechtlichen Gehörs aus Art. 103 Abs. 1 GG sah, führte dies nicht dazu, dem Sohn gleichwohl ausnahmsweise ein Beschwerderecht einzuräumen.[578]

714 ▶ **Hinweis:** In Betreuungs- und Unterbringungssachen sollten Angehörige bzw. Vertrauenspersonen stets explizit einen Antrag auf Beteiligung gem. § 274 Abs. 4 FamFG stellen, um später nicht das Beschwerderecht zu verlieren. ◀

715 Die Einlegung der Beschwerde wird seit dem Inkrafttreten des Betreuungsgesetzes insofern erleichtert, als zwingend vorgeschrieben ist, dass die Entscheidung des Gerichtes eine Rechtsmittelbelehrung enthalten muss, § 39 FamFG.

716 Für das Beschwerdeverfahren (und auch für das Rechtsbeschwerdeverfahren) besteht für den Betreuten der Anspruch auf Verfahrenskostenhilfe (§§ 76–78 FamFG). Es gelten die gleichen Einkommens- und Vermögensgrenzen wie bei der Prozesskostenhilfe in streitigen Verfahren (§§ 114 ff. ZPO). Vor der Bewilligung der Verfahrenskostenhilfe kann das Gericht den übrigen Beteiligten Gelegenheit zur Stellungnahme geben. § 78 Abs. 2 FamFG (Beiordnung eines Anwaltes wegen der Schwierigkeit der Sachlage) dürfte in Betreuungs- und Unterbringungsverfahren (außer bei der Rechtsbeschwerde nach § 10 Abs. 4 FamFG) regelmäßig nicht in Frage kommen, da stattdessen in solchen Fällen die Bestellung eines Verfahrenspflegers erfolgen kann. Verfahrenskostenhilfe kann nur der bedürftige Beteiligte erhalten, der in eigenen Rechten betroffen ist. Für eine rein fremdnützige Verfahrensbeteiligung ist die Gewährung von Verfahrenskostenhilfe hingegen nicht möglich.[579]

2. Beschwerdeverfahren

717 Die Grundsätze für das Beschwerdeverfahren ergeben sich aus § 68 Abs. 3 FamFG. Die Verfahrensgarantien, wie sie für den ersten Rechtszug vorgesehen sind, gelten entsprechend. Insbesondere ist die persönliche Anhörung des Betroffenen als wichtigste Erkenntnisquelle für das Beschwerdeverfahren vorgeschrieben. Allein auf Grund des persönlichen Eindrucks des Betroffenen wird das Gericht in die Lage versetzt, seine Kontrollfunktion gegenüber Sachverständigen und Zeugen auszuüben. Seit 1.9.2009 besteht die Möglichkeit, dass das Beschwerdegericht die Bearbeitung der Beschwerde einem seiner Mitglieder als Einzelrichter überträgt, sofern dieser kein Proberichter ist, § 68 Abs. 4 FamFG.[580]

---

578 *LG Berlin* Beschl. v. 6.3.2014, 83 T 3/14 unter Bezugnahme auf *LG Landau* Beschl. v. 15.6.2010, 3T 42/10, juris Rn. 10.
579 *BGH* BtPrax 2015, 24.
580 *Sonnenfeld* Rechtsmittel in Betreuungs- und Unterbringungsverfahren, BtPrax 2009, 167.

Im Übrigen kann das Beschwerdegericht seine Entscheidung auf die im ersten Rechtszug eingeholten Gutachten, Sozialberichte und vorgelegte ärztliche Zeugnisse stützen. Sind diese umstritten oder werden sie mit der Beschwerdeschrift angegriffen, wird die Kammer in der Regel ergänzende Ermittlungen anzustellen haben. Maßgebend ist insoweit § 26 FamFG.   **718**

3. Rechtsbeschwerde und Sprungrechtsbeschwerde

Gegen die Entscheidung des Landgerichts gibt es das Rechtsmittel der Rechtsbeschwerde (§§ 70 ff. FamFG). Diese führt aber nicht zu einer neuen Tatsachenprüfung, sondern nur dazu, ob die Entscheidung des Beschwerdegerichts auf einer Verletzung des Rechts beruht, § 72 FamFG. Mit der Rechtsbeschwerde kann also nicht geltend gemacht werden, dass die tatsächlichen Feststellungen des Beschwerdegerichtes über den Geistes- und Gemütszustand des Betroffenen, über die Unfähigkeit, seine Angelegenheiten selbst zu besorgen und über die Erforderlichkeit der Betreuung falsch sind. Es kann lediglich gerügt werden, dass das Gericht das Gesetz falsch angewandt habe, indem es beispielsweise die Verfahrensrechte des Betroffenen oder anderer Beteiligter missachtete, respektive die Vorschriften über die Zulässigkeit der Bestellung eines Betreuers oder der Anordnung eines Einwilligungsvorbehaltes falsch auslegte.   **719**

Beschwerdeberechtigt sind dieselben Personen, die auch gegen die Entscheidung des Betreuungsgerichtes in erster Instanz Beschwerde einlegen konnten. Zuständig für die Rechtsbeschwerde in Betreuungs- und Unterbringungsverfahren ist nach § 133 GVG der Bundesgerichtshof. Die vor dem 1.9.2009 zuständigen Oberlandesgerichte haben im Betreuungsverfahren keine Funktion mehr.   **720**

Die Rechtsbeschwerde kann, wenn eine Beschwerdeschrift eingereicht wird, nur durch einen beim Bundesgerichtshof zugelassenen Rechtsanwalt dort schriftlich eingelegt werden, § 10 Abs. 4 FamFG[581].   **721**

In Verfahren vor dem BGH ist gem. § 10 Abs. 4 FamFG die Vertretung durch einen beim BGH zugelassenen Anwalt Pflicht, ansonsten ist keine Postulationsfähigkeit gegeben. Eine Anwaltsliste findet sich auf der Internetseite des BGH. Nach § 78 Abs. 4 FamFG ist die Beiordnung eines Notanwaltes geregelt, wenn der Betroffene trotz glaubhaft gemachter Bemühungen keinen (zugelassenen) Anwalt findet, der bereit ist, in der Angelegenheit tätig zu werden.   **722**

Für Rechtsbeschwerden von Behörden, hier also vor allem der Betreuungsbehörde, gibt es eine Ausnahme hiervon, es reicht ein Mitarbeiter mit Befähigung zum Richteramt. Auch die Staatskasse (Bezirksrevisor) muss durch einen solchen Mitarbeiter vertreten werden.[582]   **723**

Die Rechtsbeschwerdefrist beträgt einen Monat. Die Rechtsbeschwerde ist grundsätzlich nur nach Zulassung durch das Beschwerdegericht statthaft. Allerdings ist eine zulassungsfreie Rechtsbeschwerde nach § 70 Abs. 3 FamFG in folgenden Fällen gegeben: **724**

- Anordnung oder Aufhebung einer Betreuung (auch die Ablehnung einer Betreuerbestellung auf Antrag des Betroffenen[583] oder die Ablehnung der Verlängerung einer Betreuung;[584]
- Anordnung oder Aufhebung eines Einwilligungsvorbehaltes;
- Anordnung einer freiheitsentziehenden Maßnahme (nicht deren Ablehnung)[585].

---

581 *BGH* BtPrax 2010, 234.
582 *BGH* Beschl. v. 11.8.2010, Az.: XII ZB 48/10, JurionRS 2010, 22606.
583 *BGH* FamRZ 2014, 652.
584 *BGH* BtPrax 2010, 276.
585 *BGH* FamRZ 2014, 1285.

725 Die Entlassung des bisherigen Betreuers gem. § 1908b I BGB wird nicht von den § 70 Abs. 3 S. 1 Nr. 1, § 271 Nr. 1 FamFG erfasst. Deshalb ist die Rechtsbeschwerde gegen einen Beschluss des Beschwerdegerichts in einem solchen Verfahren ohne Zulassung durch das LG nicht statthaft.[586]

726 Einstweilige Anordnungen (also auch die vorläufige Betreuerbestellung nach §§ 300 ff. FamFG und die vorläufige Unterbringungsgenehmigung (§§ 331 ff. FamFG) können nicht mit der Rechtsbeschwerde angegangen werden (§ 70 Abs. 4 FamFG).

727 Statt der Beschwerde ist unter Umgehung des Landgerichtes eine Sprungrechtsbeschwerde direkt an den BGH möglich (§ 75 FamFG). Voraussetzung ist die Zustimmung aller Beteiligten sowie des BGH, dass das Beschwerdegericht übersprungen wird. Es gilt dann die gleiche Frist wie für die Beschwerde, ggf. also die 2-Wochenfrist, wenn sich diese aus § 63 FamFG ergäbe.

4. Antrag auf gerichtliche Entscheidung

728 Hat das Gericht einen Verein oder die Betreuungsbehörde zum Betreuer bestellt, haben der Verein respektive die Behörde intern die Wahrnehmung der Betreuung einem bestimmten Mitarbeiter zu übertragen. Der Verein bzw. die Behörde teilt dem Gericht baldmöglichst mit, wem die Wahrnehmung der Betreuung übertragen wurde, § 1900 Abs. 2 S. 3 BGB. Der Betroffene kann bei dem Betreuungsgericht gegen die Auswahl des intern bei dem Verein bzw. der Behörde zuständigen Mitarbeiters gerichtliche Entscheidung beantragen, § 291 FamFG. Dies ist der einzige Fall, in dem der Betroffene unmittelbar gegen die Entscheidung des Betreuers einen Rechtsbehelf hat.

729 Der Betroffene kann mit diesem Antrag insbesondere rügen, dass sein Recht, vor der Übertragung angehört zu werden, verletzt wurde, dass man grundlos von seinem Vorschlag abgewichen ist, respektive dass die Auswahl seinem Wohl zuwiderläuft. Dementsprechend kann das Betreuungsgericht dem Verein bzw. der Behörde aufgeben, eine andere Person auszuwählen, wenn dem Vorschlag des Betroffenen keine wichtigen Gründe entgegenstehen, diesem nicht entsprochen wurde oder die bisherige Auswahl dem Wohl des Betroffenen zuwiderläuft. Zu § 291 sind keine Gerichtsentscheidungen veröffentlicht.

730 Der vorbezeichnete Antrag auf gerichtliche Entscheidung ist nicht zu verwechseln mit der Beschwerde, die der Betroffene gegen die Bestellung des Vereins bzw. der Behörde, also gegen die gerichtliche Entscheidung selbst, einlegen kann.

XXIV. Der Fall Amanda M.

731 Voranzuschicken ist zunächst, dass es sich bei dem Fall Amanda M. (der Name wurde aus Gründen des Persönlichkeitsschutzes geändert) um einen authentischen aus der Praxis der Verfasserin handelt. Amanda M., eine 86-jährige liebenswürdige Dame, die bis zu ihrem Rentenalter als Chefsekretärin in einem größeren deutschen Unternehmen eine verantwortungsvolle Position bekleidete, wurde zu Unrecht – wie noch zu zeigen sein wird – ein Jahr mit einer Betreuung überzogen. Amanda M. beauftragte die Verfasserin, gegen das Land Berlin, vertreten durch den Senator für Justiz, eine Klage bei dem Landgericht Berlin einzureichen, gerichtet auf Zahlung eines angemessenen Schmerzensgeldes und Ersatz der von ihr an die

---

586 *BGH* BtPrax 2011, 169.

Betreuerin zu erstattenden Vergütung. Das Verfahren vor dem Landgericht Berlin endete in einem Vergleich: Das Land Berlin verpflichtete sich, Amanda M. die hälftigen Betreuungskosten sowie ein Schmerzensgeld in Höhe von 8.000 DM (ca. 4.000 €) zu zahlen.

Der Fall ist geradezu ein Lehrbeispiel dafür, welche Fehler das Gericht bei der Anordnung einer Betreuung machen kann und eignet sich insoweit hervorragend zu Illustrationszwecken. Der besseren Verständlichkeit halber wurden im Nachfolgenden die neuen ab 1.9.2009 geltenden Normen des FamFG aufgelistet, obwohl seinerzeit noch das FGG galt. **732**

Zum Sachverhalt: Am 10.12.1998 stürzte die Betroffene auf Grund eines Schlaganfalls in ihrer Wohnung und wurde in das Sch.-Krankenhaus eingeliefert. Zu Rehabilitationszwecken wurde Frau M. am 20.12.1998 in das T.-Krankenhaus verlegt. Am 15.2.2000 brachte der Sozialdienst des Krankenhauses eine Betreuungsanregung bei dem örtlich zuständigen Amtsgericht aus unter Bezugnahme auf ein angeblich vorhandenes Gutachten eines konsiliarisch tätigen Psychiaters, das jedoch weder dem vorerwähnten Schreiben beilag noch in der Betreuungsakte vorhanden war. **733**

Auf Grund eines Telefonanrufs des zuständigen Amtsgerichtes erschien am 20.2.1999 Frau Dr. Marie S. vom Sozialpsychiatrischen Dienst ohne vorherige Ankündigung bei Frau M., die sich an diesem Tage außerordentlich schlapp fühlte und mit der unverhofften Besucherin nichts Rechtes anzufangen wusste, mithin die an sie gestellten Fragen mehr oder weniger lustlos beantwortete.

Frau Dr. S. fasste das Ergebnis dieser Unterredung aus ihrer Sicht mit Schreiben vom 20.2.1999 für das Amtsgericht zusammen, welches Frau M. nicht übersandt wurde, indem sie empfahl, zu Lasten der Betroffenen eine Betreuung zu installieren mit den Aufgabenkreisen: Vermögenssorge, Gesundheitsfürsorge, Aufenthaltsbestimmung und Wohnungsangelegenheiten. Am 4.3.1999 wurde Frau M. – ebenfalls ohne vorherige Unterrichtung – von der zuständigen Amtsrichterin angehört, die jedoch in keiner Weise die avisierten weitreichenden Implikationen des ärztlichen Schreibens mit der Betroffenen erörterte. Zum Zeitpunkt der Anhörung hatte Frau M. – bedingt durch den Schlaganfall – noch gewisse Artikulationsschwierigkeiten, die sich in der weiteren Entwicklung durch intensive logopädische Übungen zurückbildeten. Am 13.3.1999 wurde Frau M. nach Hause entlassen. **734**

Am 26.3.1999 wurde Frau M. der Beschluss des Amtsgerichts zugestellt, der eine Betreuung in den von Frau Dr. S. vorgeschlagenen Aufgabenkreisen vorsah. Hiergegen legte Frau M. unter dem 22.4.1999 selbst „Widerspruch" ein, dem von dem Amtsgericht nicht abgeholfen wurde. Die Angelegenheit wurde im Weiteren von der zuständigen Beschwerdekammer des Landgerichts Berlin bearbeitet. Am 26.6.1999 mandatierte Frau M. die Verfasserin, für eine Aufhebung der zu ihren Lasten angeordneten Betreuung Sorge zu tragen. Am 15.9.1999 erließ das Landgericht Berlin einen umfangreichen Beweisbeschluss und beauftragte die neurologisch-psychiatrische Abteilung des Universitätsklinikum Z. mit der Erstellung eines Sachverständigengutachtens zur Betreuungsbedürftigkeit von Frau M. Nach einer circa fünfstündigen Exploration von Frau M. am 15.11.1999 gelangte der Sachverständige zu dem Ergebnis, dass bei ihr durchschnittliche intellektuelle Fähigkeiten vorliegen, die es ihr ermöglichen, gut im Alltag zurechtzukommen. Auf Grund des vorbezeichneten, positiven Gutachtens hob das Landgericht Berlin die von dem Amtsgericht am 26.3.1999 angeordnete Betreuung ersatzlos auf. Der dementsprechende Beschluss wurde Frau M. am 2.4.2000 zugestellt. **735**

Retrospektiv wurde Frau M. für den Zeitraum von einem knappen Jahr zu Unrecht mit einer Betreuung überzogen. Das Land Berlin wurde nach § 839 Abs. 1 S. 2 BGB auf Schadenersatz in **736**

Anspruch genommen. Der Schadenersatzanspruch begründet sich auf die Begehung der nachstehend skizzierten Verfahrensfehler und Verletzungen des materiellen Rechts. Hierzu im Einzelnen:

1. Verletzung von Verfahrensrechten

a) Sachverständigengutachten

aa) Bekanntgabe der Person des Sachverständigen

737 Gemäß § 6 FamFG i.V.m. § 406 ZPO kann ein Sachverständiger von einem Betroffenen aus denselben Gründen, die zur Ablehnung eines Richters berechtigen, abgelehnt werden. Es ist daher in einem Betreuungsverfahren unerlässlich, dass, bevor es zu einer Begutachtung kommt, die Bekanntmachung der Person des Sachverständigen an die betroffene Person erfolgt, um ihr eine Überprüfung zu ermöglichen, ob nach Maßgabe der §§ 6 FamFG, 406 ZPO eine Ablehnung des Sachverständigen in Betracht zu ziehen ist.[587] Vorliegend wurde Frau M. durch die zuständige Amtsrichterin in verfahrensfehlerhafter Form weder darüber informiert, dass überhaupt eine Begutachtung ihrer Person ansteht noch darüber, wer die Begutachtung durchführen soll.

Frau M. konnte sich daher weder auf den Besuch der Ärztin Dr. S. einstellen noch hiergegen geeignete rechtliche Maßnahmen ergreifen, was geschehen wäre, wenn sie hierüber vor der Begutachtung informiert worden wäre.

bb) Erlass eines Beweisbeschlusses durch das Gericht zur Vorbereitung eines Sachverständigengutachtens

738 Nach § 280 Abs. 1 FamFG darf, sofern die Ausnahmetatbestände der §§ 281, 282 FamFG nicht gegeben sind, ein Betreuer erst nach Einholen eines Sachverständigengutachtens bestellt werden.

Vorliegend telefonierte die zuständige Amtsrichterin mit der Mitarbeiterin des Sozialpsychiatrischen Dienstes vor deren Besuch bei Frau M. am 13.2.1999 und bat diese um Erstellung eines Gutachtens. Der von dem Amtsgericht eingeschlagene Weg genügte damit nicht den Voraussetzungen, die die Rechtsprechung aufstellte für das Verfahren, wie ein Sachverständigengutachten einzuholen ist. Das Gericht ist im Rahmen eines anhängigen Betreuungsverfahren zu einer förmlichen Beweiserhebung nach § 30 FamFG verpflichtet, d.h., dass vor der Beauftragung eines Sachverständigen ein Beweisbeschluss zu erlassen ist, der die nach Lage des Einzelfalles erforderlichen Vorgaben für die Begutachtung macht.[588] Das Gericht ist demgemäß gehalten, dem Sachverständigen bestimmte Fragen zur Betreuungsbedürftigkeit des Betroffenen zu stellen, die dieser dann zu beantworten hat.

739 Frau Dr. S. suchte also unter dem 13.2.1999 Frau M. im Krankenhaus auf, ohne dass zuvor das Amtsgericht rechtzeitig die Erstattung des Gutachtens in der gebotenen schriftlichen Form veranlasst hatte, d.h. die Tatsachen bezeichnete, auf deren Feststellung es für die Beurteilung der Notwendigkeit der Betreuerbestellung nach Maßgabe des § 1896 BGB ankommt.

740 Die ärztliche Stellungnahme von Frau Dr. S., die nicht die Qualität eines Sachverständigengutachtens besaß, krankte u.a. genau daran, dass dieser scheinbar nicht klar war, wozu sie eigentlich im Falle von Frau M. Stellung nehmen sollte. Allein aus diesem Umstand wird ersichtlich,

---

587 *KG* FamRZ 1995, 1379, 1381.
588 *KG* FamRZ 1995, 1381.

dass es sich bei den vom Kammergericht aufgezeigten Verfahrensgarantien nicht um bloße Förmeleien handelt, sondern um Standards, die zu Gunsten eines Betroffenen obligat einzuhalten sind, damit es eben nicht zu Fehlentscheidungen kommt, wie im vorliegenden Fall geschehen.

cc) Richterliche Überprüfungspflicht eines Sachverständigengutachtens

Einem Amtsrichter in Betreuungssachen obliegt es, vorhandene ärztliche Stellungnahmen verantwortlich auf ihre wissenschaftliche Fundierung, Logik und Schlüssigkeit zu überprüfen.[589] Hierbei hätte der zuständigen Amtsrichterin unbedingt auffallen müssen, dass die ärztliche Stellungnahme von Frau Dr. S. mit keiner Silbe eine Prognose über die weitere Entwicklung des Zustandes von Frau M. unter Einfluss von rehabilitativen Maßnahmen abgibt, und dass Auslassungen zu Behandlungsmaßnahmen und – was vorliegend besonders interessiert hätte – Behandlungserfolg, fehlen. Das ärztliche Schreiben schwieg sich aus zu der Prognose über die weitere Entwicklung des Zustandes der Betroffenen, einem Pflegeplan, Rehabilitationsmöglichkeiten, möglichen Lösungen durch Einschalten von Verwandten und Freunden etc.

741

§ 280 Abs. 3 FamFG gibt eine Richtlinie für den Inhalt eines Gutachtens in Betreuungssachen, falls nach Auffassung des Sachverständigen die Bestellung eines Betreuers in Betracht kommt:[590] In diesem Falle hat sich das Gutachten auf den Umfang der Aufgabenkreise und die voraussichtliche Dauer der Betreuungsbedürftigkeit zu erstrecken. Damit soll erreicht werden, dass der Aufgabenkreis des Betreuers den Bedürfnissen des Betroffenen entspricht und eine unnötige zeitliche Ausdehnung der Betreuung vermieden wird. Die Prognose über die Dauer der Betreuung muss die gesamte Situation des Betroffenen, die weitere Entwicklung seines Zustandes und auch erforderliche Rehabilitationsmaßnahmen berücksichtigen. In jedem Falle muss der Sachverständige in seinem Gutachten darlegen, von welchen Anknüpfungstatsachen er ausgeht, welche Befragungen und Untersuchungen vorgenommen, welche Tests und Forschungsergebnisse angewandt und welche Befunde erhoben wurden. Nur dann ist das Gericht in der Lage, das Gutachten zu überprüfen und sich das erforderliche eigene Bild von der Richtigkeit der vom Sachverständigen gezogenen Schlüsse zu machen.

742

Ein Verstoß gegen § 280 FamFG stellt einen Verfahrensfehler dar, der das Beschwerdegericht in aller Regel zur Aufhebung der angegriffenen Entscheidung nötigt.[591]

743

dd) Vorherige Bekanntgabe des Inhalts des Sachverständigengutachtens an den Betroffenen

Sachverständigengutachten sind der betroffenen Person vor der richterlichen Anhörung vollständig, schriftlich und rechtzeitig zugänglich zu machen.[592] Dies folgt bereits aus Art. 103 Abs. 1 GG.[593] Es entspricht einem rechtstaatlichen Verfahren, dass keine wesentlichen Entscheidungen hinter dem Rücken der betroffenen Person gefällt werden. Es hätte demgemäß der Amtsrichterin oblegen, Frau M. das Schreiben von Frau Dr. S. zuzustellen. Selbst in der Anhörung am 4.3.1999 erwähnte die Amtsrichterin mit keinem Wort, dass es ihrerseits beabsichtigt ist, auf Grund des ärztlichen Schreibens von Frau Dr. S. eine Betreuung zu Lasten von Frau M. anzuordnen. Der Zweck der vorherigen Bekanntgabe des Sachverständigengutachtens an den

744

---

589 *KG* NJW-RR 1988, 1031.
590 *Knittel* BtR, § 280 FamFG Rn. 5; *BayObLG* BtPrax 1993, 208, 209; BtPrax 1994, 59; NJW 1992, 2100, 2101.
591 Vgl. insoweit auch *Damrau/Zimmermann* § 280 FamFG Rn. 4.
592 HK-BUR/*Bauer* § 278 FamFG Rn, 51; *OLG München* BtPrax 2006, 35.
593 BVerfGE 62, 392/393 und *BayObLG* FamRZ 1994, 1059 f.

Betroffenen, diesen vor gerichtlichen Überraschungsentscheidungen zu schützen, wurde damit konterkariert.

745 Von einer Bekanntgabe des Sachverständigengutachtens kann nur dann abgesehen werden, wenn zu befürchten steht, dass es hierdurch zu einer Gesundheitsgefährdung des Betroffenen kommt oder wenn der Betreute nach dem unmittelbaren Eindruck des Gerichtes offensichtlich nicht in der Lage ist, seinen Willen kundzutun, § 288 FamFG. In einem solchen Fall ist dann jedoch obligat ein Verfahrenspfleger zu Gunsten des Betroffenen zu bestellen, worauf im Weiteren noch einzugehen sein wird.

b) Nicht erfolgte Verfahrenspflegerbestellung

746 Für Frau M., die sowohl zum Zeitpunkt der Visite von Frau Dr. S. als auch zu dem Anhörungstermin schlaganfallsbedingt noch Artikulationbeschwerden besaß, die sich erst später durch logopädischen Übungen zurückbildeten und obzwar sie den Inhalt von Unterredungen genau erfasste, hätte ein Verfahrenspfleger zur Wahrung ihrer Rechte bestellt werden müssen.

747 Wichtige Zielsetzung des Reformgesetzgebers war es, die Rechtsstellung der Betroffenen im Betreuungsverfahren zu verbessern und modernen, grundgesetzlichen Anforderungen anzupassen. Dem Betroffenen sollte nach dem Willen des Reformgesetzgebers ein faires Verfahren garantiert werden, um ihn nicht, wie nach altem Recht, zum bloßen Verfahrensobjekt zu degradieren.[594]

748 Demgemäß ist es allein aus der Perspektive des Betroffenen und nicht aus der des Betreuers oder des Gerichtes zu beurteilen, ob ein Verfahrenspfleger i.S.d. § 276 FamFG zu bestellen ist. Es lässt sich somit der Grundsatz formulieren, dass, je weniger der Betroffene in der Lage ist, seine Interessen selbst wahrzunehmen, je eindeutiger erkennbar ist, dass die geplanten Betreuungsmaßnahmen gegen seinen natürlichen Willen erfolgen und je schwerer und nachhaltiger der beabsichtigte Eingriff in die Rechte des Betroffenen ist, um so dringender die Bestellung eines Pflegers für das Verfahren erforderlich ist. Insbesondere regelmäßig indiziert ist die Bestellung eines Verfahrenspflegers, wenn, wie hier, Gegenstand des Verfahrens ein Aufgabenkreis ist, der das Aufenthaltsbestimmungsrecht, die Heilbehandlung oder die Wohnungsangelegenheiten umfasst. Es handelt sich hierbei um die in § 293 Abs. 2 FamFG genannten „wichtigen Entscheidungen" des Betreuungsgerichtes.[595] Im vorliegenden Falle plante das Gericht, in den weitreichenden Fragen der Personenfürsorge (Aufenthalt und Heilbehandlung) und der Vermögenssorge eine Betreuung anzuordnen, so dass bereits unter diesem Aspekt zwingend die Bestellung eines Verfahrenspflegers zu Gunsten von Frau M. geboten gewesen wäre.[596]

749 Die vorliegend nicht erfolgte Bestellung eines Verfahrenspflegers zu Gunsten von Frau M. ist als Verletzung ihres Anspruchs auf rechtliches Gehör nach Art. 103 Abs. 1 GG zu qualifizieren mit der Konsequenz, dass die erstinstanzliche Entscheidung des Amtsgerichts auch unter diesem Aspekt rechtsfehlerhaft war.

Im Übrigen ist auch an diesem Fall der traurige Befund konstatierbar, dass psychisch kranke oder alte Menschen teilweise weitaus stärker diskriminiert werden als beispielsweise Personen, die mit dem Strafgesetz in Konflikt geraten. Jedem Schwerverbrecher wird zur Absicherung eines rechtsstaatlichen Verfahrens ein Pflichtverteidiger von Amts wegen beigeordnet.

---

594 BT-Drs. 11/4528, 171.
595 BT-Drs. 11/4528, 171.
596 *Pohl* BtPrax 1992, 19, 21.

c) Verstoß gegen § 26 FamFG

Nach § 26 FamFG ist das Betreuungsgericht im Rahmen eines anhängigen Betreuungsverfah-   **750**
rens verpflichtet, von Amts wegen alle für eine Entscheidung erheblichen Tatsachen zu erforschen. Das Gericht hat von sich aus alle erforderlichen Auskünfte einzuholen, Zeugen zu vernehmen etc., um den Sachverhalt zu erforschen. Ermittelt das Gericht nur unzureichend, so
liegt hierin ein Verfahrensverstoß nach § 26 FamFG und eine Gesetzesverletzung.[597] Gegen
diese Verpflichtung hat das Amtsgericht unter dem nachstehenden Aspekt verstoßen:

Am 2.11.1994 hatte Frau M. ihre langjährige Vertraute und Freundin Frau L. mit einer Kontovollmacht ausgestattet, die sich auf sämtliche Konten, welche alle bei der A.-Bank geführt wurden, bezog.

Nach § 1896 Abs. 1 S. 1 BGB bestellt das Betreuungsgericht für einen Volljährigen von Amts   **751**
wegen einen Betreuer, wenn er auf Grund einer psychischen Krankheit oder einer körperlichen, geistigen oder seelischen Behinderung seine Angelegenheiten ganz oder teilweise nicht
besorgen kann. Ein Betreuer darf nur in Angelegenheiten bestellt werden, in denen eine
Betreuung erforderlich ist, § 1896 Abs. 2 S. 1 BGB. Eine Betreuung ist nur insoweit erforderlich, als die Angelegenheiten nicht durch andere Hilfen ebenso gut besorgt werden können.[598]
Hierzu zählen solche tatsächlicher wie rechtlicher Art durch Familienangehörige, Bekannte,
Nachbarn, Verbände, soziale Dienste, Bevollmächtigte etc. Der Erforderlichkeitsgrundsatz
genießt Verfassungsrang.[599] Solange und soweit der Rechtsverkehr Vollmachten akzeptiert,
besteht kein Bedarf für eine Betreuung.[600]

Die seitens von Frau M. Frau L. erteilte Bankvollmacht hätte an sich die Erforderlichkeit der   **752**
Anordnung des Aufgabenkreises Vermögenssorge entfallen lassen müssen. Auf Grund des
Umstandes, dass seitens der Amtsrichterin augenscheinlich im Rahmen der Anhörung aus
ihrer Sicht – wenn zwar zu Unrecht – eine Verständigung nicht möglich war, hätte es ihr oblegen, für derartige Feststellungen einen so genannten Sozialbericht, § 8 Abs. 1 BtBG, einzuholen. Wäre ein derartiger Bericht angefordert worden, so hätte in diesem Punkte zur Erforderlichkeit Stellung genommen werden können. Das Unterbleiben des Einholens eines Sozialberichts stellt sich als ein gravierender Mangel der Sachverhaltsaufklärung nach § 26 FamFG
dar.[601] Gerade heutzutage ist in zunehmendem Maße an Bevollmächtigungen zu denken,
nachdem auch in dem Betreuungsrechtsänderungsgesetz wiederholt darauf hingewiesen
wurde, dass das Mittel der Vorsorgevollmacht zur Vermeidung von Betreuungen zu propagie-
ren ist.[602]

Weiterhin gilt es in diesem Zusammenhang das Bundesverfassungsgericht zu zitieren, welches
in einem neueren Urteil, das zwar zum Unterbringungsrecht erging, dessen Rechtsgrundsätze
jedoch im Betreuungsverfahren analog anwendbar sind, das Nachstehende statuierte:[603]

Die freiheitssichernde Funktion des Art 2 Abs. 2 Satz 2 GG setzt auch Maßstäbe für die Aufklärung des   **753**
Sachverhaltes und damit für eine hinreichende tatsächliche Grundlage der richterlichen Entscheidun-
gen. Es ist unverzichtbare Voraussetzung rechtsstaatlichen Verfahrens, dass Entscheidungen, die den

---

597 *BGH* FamRZ 1982, 471, 473.
598 BT-Drs. 11/4528, 121.
599 BT-Drs. 11/4528, 120.
600 BT-Drs. 11/4528, 122.
601 *Rink* Kritische Anmerkungen zum Verfahren in Betreuungs- und Unterbringungssachen, R&P 1991, 148 f.
602 BR-Drs. 960/96, 2.
603 BVerfGE BtPrax 1998, 144, 145.

Entzug der persönlichen Freiheit betreffen, auf zureichender richterlicher Sachaufklärung beruhen und eine in tatsächlicher Hinsicht genügende Grundlage haben, die der Bedeutung der Freiheitsgarantie entspricht (...).

2. Verstoß gegen materielles Recht

a) Anordnung des Aufgabenkreises Vermögenssorge

754 Wie soeben ausgeführt, bestand auf Grund der an Frau L. erteilten Kontovollmacht keine Erforderlichkeit zur Installierung dieses Aufgabenkreises. Frau L. war im Stande, sämtliche finanziellen Angelegenheiten von Frau M. zu erledigen. Nach dem oben dargestellten Subsidiaritätsgrundsatz war eine Betreuung in diesem Aufgabenkreis entbehrlich.

b) Anordnung des Aufgabenkreises Aufenthaltsbestimmung

755 Die Zuweisung des Aufgabenkreises Aufenthaltsbestimmung ist an folgende materielle Voraussetzungen geknüpft:

1. Bei dem Betreuten steht ein Aufenthaltswechsel an und dieser kann die insoweit notwendigen Entscheidungen nicht mehr selbst treffen;
2. dieses Unvermögen beruht auf einer Behinderung oder Krankheit i.S.d. § 1896 Abs. 1 BGB;
3. der Aufenthaltswechsel ist deshalb erforderlich, weil die betreute Person am jetzigen Aufenthaltsort selbst die Angelegenheiten des täglichen Lebens nicht mehr ausreichend zu bewältigen im Stande ist und Hilfe nicht zur Verfügung steht oder nicht organisiert werden kann.[604]

756 Die zuständige Amtsrichterin wurde von dem Sozialdienst des Krankenhauses davon in Kenntnis gesetzt, dass Frau M. am 13.3.1997 in ihre häuslichen Verhältnisse zurückkehrt und im Weiteren bei der Haushaltsführung durch eine Pflegestation unterstützt wird. Es bestand mithin keine Erforderlichkeit dafür, Frau M. mit dem Aufgabenkreis „Aufenthaltsbestimmung" zu überziehen. Ein Aufenthaltswechsel stand nicht an. Rein vorsorglich wird darauf hingewiesen, dass die Anordnung dieses Aufgabenkreises allein deshalb, weil es irgendwann einmal akut sein könnte, eine Aufenthaltsänderung durchzuführen, unzulässig ist mit Hinblick auf den Erforderlichkeitsgrundsatz. Eine „Bevorratung" von Aufgabenkreisen im Rahmen einer Betreuungsanordnung ist verfassungsrechtlich nicht statthaft.

3. Aufgabenkreis Gesundheitsfürsorge/Zustimmung zu Heilbehandlungsmaßnahmen

757 Der Aufgabenkreis „Sorge für die Gesundheit" erstreckt sich auf alle Bereiche der Medizin. Der Betroffene muss krankheitsbedingt an einer freien Entscheidung über seine gesundheitliche Versorgung gehindert sein.[605] Die Gesundheitsfürsorge umfasst die Zuführung zu einem Arzt oder Krankenhaus. Vorliegend ist zu konstatieren, dass Frau M. sich seit dem 18.12.1999 in stationärer Behandlung befunden hatte und sich bis zum Zeitpunkt der Entscheidung kein Anhaltspunkt dafür ergab, dass sie etwa in dringend notwendige Heilbehandlungsmaßnahmen nicht einwilligen würde, respektive nicht in der Lage wäre, gedanklich zu erfassen, worum es geht. Ferner war klar, dass Frau M. nach ihrer Entlassung von Frau Dr. F., ihrer langjährigen

---

604 *Knittel* BtR, § 1896 BGB Rn. 32h.
605 *Knittel* BtR, § 1896 BGB Rn. 32g.

Hausärztin, weiterbehandelt wird. Im Übrigen sprachen die Ärzte des Krankenhauses Frau M. auch nicht ihre Entscheidungskompetenz in Heilbehandlungsfragen ab; diese war vielmehr in der Lage, das Für und Wider ihr vorgeschlagener Maßnahmen nachzuvollziehen und für sich eine tragfähige Entscheidung zu fällen. Die Anordnung des Aufgabenkreises „Gesundheitsfürsorge" hätte daher unter dem Aspekt des Erforderlichkeitsgrundsatzes nicht in Betracht gezogen werden dürfen.

4. Wohnungsangelegenheiten

Dieser Aufgabenkreis ist durch das Gericht anzuordnen, wenn es beispielsweise darum geht, eine Wohnungskündigung abzuwehren, eine Vertretung bei Kündigungs- und Räumungsverfahren sicherzustellen, eine neue Wohnung zu beschaffen unter Abschluss eines Mietvertrages usw.[606] Frau Amanda M. verfügte über eine saubere und adrette Ein-Zimmer-Wohnung. Die Miete wurde pünktlich seit Jahren schon im Einzugsverfahren durch die Vermieterin abgebucht. Es hätte somit der Amtsrichterin oblegen, kritisch das Schreiben der Frau Dr. S. zu würdigen, in dem diese darüber spekuliert, dass es indiziert sein könnte, die „Vertretung gegenüber dem Vermieter" zu sichern. Richter sind nicht dazu da, kritiklos die Meinung eines Sachverständigen nachzubeten. Der Richterin hätte es vielmehr angestanden, wie vorstehend aufgezeigt, einen Sozialbericht bei der Betreuungsbehörde einzuholen mit der Fragestellung, ob es bei Frau M. Schwierigkeiten mit dem Vermieter gibt.

758

Fazit: Aus dem Vorstehenden ergibt sich, dass im Fall von Frau M. in massiver Form seitens des Amtsgerichtes gegen Verfahrensgarantien und materielles Recht verstoßen wurde, so dass die ausschließlich in Staatshaftungsangelegenheiten zuständige Kammer des Landgerichts Berlin im Rahmen der Erörterung der Sach- und Rechtslage im Termin sich nicht die Bemerkung verkneifen konnte, dass es schlicht unverständlich sei, wieso nicht wenigstens im Rahmen einer einstweiligen Anordnung nach § 300 FamFG zunächst nur für den Zeitraum von sechs bis acht Wochen eine vorläufige Betreuerbestellung vorgenommen wurde.

759

---

606 *Knittel* BtR, § 1896 BGB Rn. 32m.

C.
Die Pflichten des Betreuers

I. Überblick

Die Tätigkeit des Betreuers und die damit verbundenen Pflichten lassen sich wie folgt einteilen: 760
- Pflichten gegenüber der betreuten Person = Innenverhältnis;
- Pflichten im Rechtsverkehr gegenüber Dritten (incl. Behörden und Gerichte außer dem BetrG) = Außenverhältnis;
- Pflichten gegenüber dem Betreuungsgericht;
- Pflichten gegenüber der Betreuungsbehörde.

1. Pflichten gegenüber dem Betreuten

a) Pflicht zur Wahrung des Wohls des Betreuten

Nach § 1901 Abs. 2 BGB hat der Betreuer die Angelegenheiten des Betroffenen so zu besorgen, 761
wie es dessen Wohl entspricht. Das Wohl des Betroffenen wird von dem Reformgesetzgeber zum entscheidenden Ziel und Maßstab jedes Handelns des Betreuers erklärt.[1] Der Betreuer ist aufgerufen, den Betreuten dabei zu unterstützen, im Rahmen seiner Fähigkeiten sein Leben nach eigenen Vorstellungen und Wünschen zu gestalten. Eingefleischte Gewohnheiten eines Betroffenen und seinen Lebensstil sollte der Betreuer akzeptieren. So war es in der Vergangenheit ein vielfach beklagter Umstand, dass beispielsweise in der Vermögenssorge die Mehrung des Vermögens des Betreuten mit dessen Wohl gleichgestellt und seine Wünsche nach vertretbarem Luxus übergangen wurden. Eine derartige Vorgehensweise ist nicht mit dem Wohl des Betreuten vereinbar.

> **Beispiel:** Der 88 Jahre alte, verwitwete Johannes H. erzielt ein Einkommen von 3.500 € 762
> monatlich. Seit 22 Jahren wendet er einer Geliebten freiwillig monatlich 1000 € zu. Er bittet den Betreuer, diese Überweisung weiterhin durchzuführen. Das Landgericht Berlin billigte ausdrücklich in einer Zwischenverfügung das Beibehalten der vorbezeichneten Zahlung.

Hierzu führte das frühere *BayObLG* in einer vielbeachteten Entscheidung zum alten Gebrech- 763
lichkeitpflegschaftsrecht das Nachstehende aus:

Das Institut der Pflegschaft dient nicht dazu, den Betroffenen vom Genuss seines Vermögens und seiner Einkünfte weitgehend auszuschließen und ihn auf ein Existenzminimum zu verweisen, um sein Vermögen für spätere Erben zu erhalten.[2]

Zu Recht wies das *BayObLG* darauf hin, dass gerade bei alten und/oder behinderten Menschen 764
das Vermögen vor allem dazu da ist, ihre Lage zu erleichtern und ihren gewohnten Lebensstil zu erhalten.[3]

---

1 BT-Drs. 11/4528, 67.
2 *BayObLG* NJW 1991, 432.
3 S. auch *OLG Düsseldorf* BtPrax 1993, 103, 104, dort heißt es: „*Es geht nicht darum, das Vermögen des Betroffenen ungeschmälert für die zukünftigen Erben zu erhalten, sondern um die Finanzierung der berechtigten Lebensbedürfnisse des Betroffenen auf dem Hintergrund seiner Einkommens- und Vermögensverhältnisse für seine mutmaßliche Lebenszeit.*"

765   § 1901 Abs. 2 S. 2 BGB stellt sich somit als eine Aufforderung an den Betreuer dar, das Wohl großzügig im Sinne der Wünsche und Vorstellungen des Betroffen zu interpretieren. Das „Wohl des Betreuten" ist ein unbestimmter Rechtsbegriff, der möglichst konkret auf die Situation des Betroffenen zu beziehen ist und deshalb kaum allgemeingültig umschrieben werden kann.[4] Es liegt auf der offenen Hand, dass man darüber, was das Wohl des Betroffenen in bestimmten Situationen ausmacht, streiten kann und dass verschiedene Betreuer in der gleichen Situation unterschiedlich reagieren würden. Persönliche Wertentscheidungen und -vorstellungen spielen eine große Rolle bei zu treffenden Entscheidungen, und hierüber sollte man sich bewusst sein. Der Vorschlag Bienwalds verdient daher Zustimmung, wenn er anregt, dass Maßstab für die Beurteilung des Wohls des Betroffenen dieser selbst sein sollte, wenn man sich als Betreuer vorstellt, wie dieser entschieden hätte, wenn er selbst noch hätte entscheiden können.[5] Mit dieser Betrachtungsweise wird das Selbstbestimmungsrecht am weitgehendsten gewahrt. Andererseits ist so sichergestellt, dass ausschließlich krankheitsbedingte Wünsche nicht unter dem Deckmantel eines vermeintlichen Selbstbestimmungsrechts realisiert werden müssen.

766   Dass man das Wohl des Betroffenen unterschiedlich interpretieren kann und subjektive Wertungen hierbei ein nicht zu unterschätzendes Gewicht besitzen, hat der Gesetzgeber bewusst hingenommen. Schranke für das Betreuerhandeln stellt die Willkür und Unvertretbarkeit einer Maßnahme/einer Entscheidung dar. In einem solchen Fall kann das Betreuungsgericht im Rahmen seiner Aufsicht nach §§ 1908i, 1837 Abs. 2 und 3 BGB einschreiten und die Pflichtwidrigkeit beanstanden. Bis zu der Grenze der Pflichtwidrigkeit ist es allerdings Sache des Betreuers, festzulegen, was dem Wohl des Betreuten entspricht. Setzt sich allerdings ein Betreuer wiederholt über berechtigte Wünsche des Betroffenen hinweg, stellt dies seine Eignung zur persönlichen Betreuung in Frage und kann seine Entlassung nach § 1908b Abs. 1 BGB rechtfertigen.[6]

767   Für den Betreuer heißt dies konkret: Bei einer anstehenden Entscheidung ist das Für und Wider abzuwägen unter großzügiger Berücksichtigung der Wünsche des Betreuten. Der Betreuer ist allerdings unter Anlegung der vorskizzierten Maßstäbe befugt, Wünsche des Betreuten abzulehnen, wenn diese dessen Wohl zuwiderlaufen. Eine mangelnde Zumutbarkeit für den Betreuer liegt insbesondere dann vor, wenn von ihm ein strafbares Verhalten gefordert würde, z.B. (Sozialleistungs-)Betrug oder Steuerhinterziehung.

768   Relativ einfach kann eine Betreuerentscheidung dann gefällt werden, wenn der Betreute Geldforderungen erhebt, die sein finanzielles Budget erheblich überschreiten. In anders gelagerten Fällen ist die Entscheidung schon schwieriger. Die Entscheidung selbst kann dem Betreuer jedoch niemand abnehmen.

769   ▶ **Hinweis:**   In Zweifelsfällen sollte man stets den Rat des Betreuungsgerichts nach §§ 1908i, 1837 Abs. 1 S. 1 BGB einholen! Das Betreuungsgericht ist qua Gesetz verpflichtet, die Betreuer zu beraten. In diesem Rahmen kann der Betreuer das Betreuungsgericht um Rat ersuchen, ob einem bestimmten Wunsch des Betreuten zu entsprechen ist oder nicht. ◀

---

4   *Knittel* BtR, § 1901 BGB Rn. 1a.
5   *Bienwald/Bienwald W.* § 1901 BGB Rn. 26.
6   *Knittel* BtR, § 1901 BGB Rn. 12.

b) Pflicht zur Befolgung der Wünsche des Betreuten

Nach § 1901 Abs. 3 S. 1 BGB ist der Betreuer verpflichtet, den Wünschen des Betreuten zu ent- **770**
sprechen, soweit es dessen Wohl nicht zuwiderläuft und es dem Betreuer zumutbar ist. Die
Beachtung von Wünschen des Betroffenen ist ein allgemeines Prinzip des Betreuungsrechts.[7]
Wünsche können sich auf alle Lebensbereiche (Art und Auswahl des Heimplatzes, ärztliche
Heilbehandlungen, Lebensstil, etc.) beziehen, wobei der Betreuer jedoch nur im Rahmen des
ihm zugewiesenen Aufgabenkreises hieran gebunden ist. Allerdings stellt sich das durch den
Betreuer zu wahrende Wohl des Betreuten als eine Begrenzung für die Berücksichtigung von
Wünschen dar.[8] Wünsche des Betreuten, die seinem Wohl zuwiderlaufen, brauchen also nicht
befolgt zu werden.

Die Gesetzesmotive räumen dem Wohl des Betreuten im Konflikt mit dessen Wünschen ein- **771**
deutig die Priorität ein. Selbst ein Körperbehinderter, auf dessen eigenem Antrag eine Betreuung beruht, hat keinen Anspruch darauf, dass der Staat ihm bei einer eindeutigen Selbstschädigung durch einen gerichtlich bestellten und unter Umständen aus öffentlichen Mitteln
finanzierten Betreuer hilft.[9] Zusammenfassend ist also zu konstatieren, dass der Betreuer
Wünsche des Betreuten immer dann ignorieren kann, wenn deren Realisierung eine erhebliche Gefährdung für Leib, Leben oder Vermögen nach sich zöge.[10] Im Vermögensbereich ist bei
dem Zugriff auf die Vermögenssubstanz konkret zu prüfen, welche Bedeutung das Vermögen
nach seiner Größe und nach der Lebenssituation des Betreuten für die künftige Versorgung
und soziale Absicherung des Betreuten haben wird.[11]

> **Beispiel:**   Die 55-jährige Margot P. erzielt ein Einkommen aus unselbstständiger Tätigkeit **772**
> in Höhe von 1.000 € monatlich. Ihre Miete beträgt 500 € monatlich, zusätzlich existieren
> weitere Fixkosten in Höhe von 400 € Zudem verlangt die Betreute eine monatliche Haus-
> haltsgeldauszahlung in Höhe von 600 € Als die Betreuerin Frau P. darauf aufmerksam
> macht, dass, falls sie ihre Ausgaben nicht reduziert, sie im Alter keine Vermögensreserven
> mehr haben wird und von der Sozialhilfe wird leben müssen, reagiert diese mit dem
> Bemerken, sie bestehe auf der ausgezahlten Höhe des Haushaltsgeldes, denn sie wisse ja
> nicht, wie alt sie werde. Die Betreuerin unterbreitet den Sachverhalt dem Betreuungsgericht
> und bittet um Raterteilung.

Hierbei gibt es allerdings Grenzen. So hat der Betreuer solche Wünsche nicht zu beachten, die **773**
dem (objektiven) Wohl des Betreuten widersprechen oder dem Betreuer nicht zuzumuten
sind. Der BGH konkretisierte dies wie folgt:

*Ein Wunsch des Betreuten läuft nicht bereits dann i.S.d. § 1901 Abs. 3 Satz 1 BGB dessen Wohl zuwi-
der, wenn er dem objektiven Interesse des Betreuten widerspricht. Vielmehr ist ein Wunsch des Betreuten im Grundsatz beachtlich, sofern dessen Erfüllung nicht höherrangige Rechtsgüter des Betreuten
gefährden oder seine gesamte Leben- und Versorgungssituation erheblich verschlechtern würde. Allerdings gilt der Vorrang des Willens des Betreuten nur für solche Wünsche, die Ausfluss des Selbstbestimmungsrechts des Betreuten sind und sich nicht nur als bloße Zweckmäßigkeitserwägungen darstellen.
Beachtlich sind weiter nur solche Wünsche, die nicht Ausdruck der Erkrankung des Betreuten sind und
auf der Grundlage ausreichender Tatsachenkenntnis gefasst wurden.[12]*

---

7 *Knittel* BtR, § 1901 BGB Rn. 5.
8 *Bienwald/Bienwald W.* § 1901 BGB Rn. 18.
9 BT-Drs. 11/4528, 133.
10 *Knittel* BtR, § 1901 BGB Rn. 9.
11 MK-BGB/*Schwab* § 1901 Rn. 8.
12 *BGH* BtPrax 2009, 290 = NJW 2009, 2814 = MDR 2009, 1226 = WM 2009, 1856.

774   ▶ **Hinweis:**   In einem Fall wie dem soeben geschilderten sollte man stets den Rechtsrat des Betreuungsgerichts nach §§ 1908i, 1837 Abs. 1 S. 1 BGB zur Regressvermeidung einholen. Häufig schieben Betreuer haftungsrechtliche Risiken beiseite und entsprechen den Wünschen des Betreuten unter Zurückstellung eigener Bedenken.

Mit dem Betreuten geführte Unterredungen sollte man ausführlich dokumentieren. Dieser Dokumentation wird in dem Fall des Erhebens eines Regressanspruchs juristisch der Beweis der Richtigkeit und Vollständigkeit beigemessen. Deshalb empfiehlt es sich, lieber etwas länger und ausführlicher zu dokumentieren, es zahlt sich in jedem Fall später aus. Eine Ausfertigung des Aktenvermerks sollte dem Betreuungsgericht zur Kenntnisnahme übersandt werden und ein weiterer dem Betreuten. In dem Anschreiben an das Betreuungsgericht sollte zum Ausdruck gebracht werden, dass man unter Zurückstellung eigener Bedenken und nach ausführlicher Erörterung der Situation mit dem Betreuten beabsichtigt, seinen Wünschen zu entsprechen, es sei denn, das Gericht würde zeitnah Einwände erheben. ◀

775   Um die Wünsche des Betreuten zu ermitteln, ist der Betreuer im Falle einer fehlenden Verständigungsmöglichkeit unter Umständen gehalten, Fachpersonal (Heimleitung, Therapeuten, Sozialarbeiter einer Einrichtung, Pflegepersonal etc.) einzuschalten. So kann es für einen Betreuer beispielsweise im Falle eines gehörlosen Betreuten notwendig sein, einen der Gebärdensprache kundigen Dolmetscher zu bitten, ihm die Wünsche zu übermitteln. Ob der Betreute geschäftsfähig ist oder nicht, ist grundsätzlich irrelevant.

aa) Betreuungsverfügung

776   Der Betreuer ist auch gehalten, Wünsche des Betreuten zu beachten, die dieser in einer so genannten Betreuungsverfügung oder für den Bereich von Heilbehandlungsmaßnahmen in einer Patientenverfügung oder in einem anderen Schriftstück niedergelegt sind, vgl. § 1901 Abs. 3 S. 2, § 1901a Abs. 1 und 2 BGB. Etwas anderes würde nur gelten, wenn erkennbar wäre, dass der Betreute nicht länger an seinem geäußerten oder schriftlichen Willen festhalten möchte. Eine Betreuungsverfügung, deren schriftliche Fixierung nicht erforderlich, gleichwohl aber empfehlenswert ist, ist eine Verfügung, in der der Betroffene für den Fall der Bestellung eines Betreuers Wünsche zur Gestaltung der Betreuung niederlegt. Eine Betreuungsverfügung kann u.a. folgende Regelungen enthalten:

• Person des Betreuers;
• Ort einer Unterbringung;
• Art und Weise medizinischer Behandlungen;
• Anordnungen zur Geldanlage;
• Anordnungen über Geschenke;
• Wahl von Krankenhaus oder Arzt.

Betreuungsverfügungen können zur besseren Auffindbarkeit beim zentralen Vorsorgeregister der Bundesnotarkammer registriert werden (§ 78a BNotO, § 9 VRegV). Desweiteren ist jede Person, die im Besitz einer Betreuungsverfügung ist, verpflichtet, diese bei Bekanntwerden eines Betreuungsverfahrens dem Gericht abzuliefern (§ 1901c BGB). Die Verletzung dieser Pflicht ist zwangsgeldbewährt (§ 285 FamFG).

777   Ist der Betreute im Rahmen einer vorzunehmenden ärztlichen Behandlung noch einwilligungsfähig, so kommt es selbstverständlich auf seine aktuelle Willensäußerung an und nicht darauf, was er einmal schriftlich äußerte.[13]

---

13   HK-BUR/*Bauer* § 1901 Rn. 41.

bb) Unzumutbarkeit

Der Betreuer braucht Wünschen des Betreuten nicht zu entsprechen, wenn dieses für ihn unzumutbar ist, § 1901 Abs. 3 S. 1 BGB. Die Gesetzesmotive bezeichnen als Beispiel überzogene Anforderungen des Betreuten an die Häufigkeit und Dauer persönlicher Besuche.[14]

778

Was dem Betreuer zuzumuten ist, ist aus dessen Perspektive zu beurteilen.[15] Von vornherein unzumutbar ist es, Wünschen zu entsprechen, die nur durch Unkorrektheiten, unerlaubte Handlungen oder Straftaten, wie Steuerhinterziehungen zu realisieren sind. Ferner braucht sich ein Betreuer nicht durch den Betreuten schikanieren zu lassen. Allerdings ist eine genaue Grenzziehung schwierig.

779

Unzumutbar sind für den Betreuer stets Wünsche, die eine klare Pflichtverletzung aus einer Gesetzesnorm oder gar eine Straftat darstellen. So haben Betreuer z.B. die Mitwirkungspflichten im Sozialrecht (§§ 60 ff SGB I) und im Steuerrecht (§§ 34, 69 AO). Diese ziehen bei Verletzung Schadensersatzansprüche und Bußgeld- oder Straftatbestände nach sich.

780

Für den diffizilen Bereich der Heilbehandlung gilt das Nachstehende:

781

Hat der Betreute in einem einwilligungsfähigen Zustand in einer Patientenverfügung niedergelegt, dass er in genau geschilderten medizinischen Situationen der Durchführung medizinischer Maßnahmen widerspricht, obzwar diese möglich wären, so ist der Betreuer lediglich zur Prüfung verpflichtet, ob die Behandlungswünsche des Betreuten auf die aktuelle Behandlungssituation zutreffen (Deckungsgleichheit zwischen Behandlungswünschen und Behandlungssituation; vgl. hierzu Kapitel zur Umsetzung einer Patientenverfügung). Die übliche Regelung der Zumutbarkeit für den Betreuer hat der Gesetzgeber im Rahmen des 3. BtÄndG in § 1901a Abs. 1 BGB für die Frage der Beendigung oder Nichteinleitung lebenserhaltender und -verlängernder Maßnahmen ausdrücklich nicht gewählt. Es soll hierbei einzig auf die Durchsetzung des festgestellten Willens des Betreuten gehen. Die Bindung des Betreuers (und auch des Betreuungsgerichtes im Falle einer Gerichtsentscheidung bei Dissens mit dem Arzt) ist also größer als bei allen anderen Fragestellungen, mit denen der Betreuer sonst konfrontiert wird. Die eigenen ethischen und moralischen Vorstellungen des Betreuers sollen hier zurückstehen.

▶ **Hinweis:** In diesem Bereich bestehen hohe juristische Unsicherheiten, weswegen es sich empfiehlt, das Betreuungsgericht um Raterteilung nach §§ 1908i, 1837 Abs. 1 S. 1 BGB anzugehen, auch wenn es kein formelles Genehmigungsverfahren nach § 1904 BGB gibt. Es ist die Einholung eines sogenannten Negativattestes möglich, d.h., das Gericht stellt das Einvernehmen zwischen Arzt und Betreuer im Sinne von § 1904 Abs. 4 BGB fest und lehnt den Antrag auf betreuungsgerichtliche Genehmigung ohne weitere gerichtliche Ermittlungen ab. Es wird ein sogenanntes Negativattest erteilt, aus dem sich ergibt, dass eine gerichtliche Genehmigung nicht erforderlich ist.[16]

782

Gewissensgründe rechtfertigen eine Entlassung aus dem Betreueramt nach § 1908b Abs. 1 BGB.[17] ◀

14 BT-Drs. 11/4528, 134.

15 *Bienwald/Bienwald W.* § 1901 BGB Rn. 41.

16 *LG Kleve* FamRZ 2010, 1841, 1843; *AG Nordenham* FamRZ 2011, 1327, 1328; vgl. auch *LG Oldenburg* FamRZ 2010, 1470, 1471; MK-BGB/*Schwab* § 1904 Rn. 56; Jürgens/*Marschner* § 1904 BGB Rn. 13; HK-BUR/ *Bauer* § 1904 Rn. 106; *BGH* BtPrax 2014, 268 = FamRZ 2014, 1909 (dort Rn 20).

17 *Bienwald/Bienwald C.* § 1904 BGB Rn. 41.

2.   Rehabilitationspflicht

783   Nach § 1901 Abs. 4 BGB ist der Betreuer verpflichtet, im Rahmen des ihm zugewiesenen Aufgabenkreises Rehabilitationschancen des Betroffenen zu nutzen, um dazu beizutragen, dessen Krankheit oder Behinderung zu beseitigen, zu bessern bzw. ihre Verschlimmerung zu verhüten, respektive die Folgen zu mildern. Diese Vorschrift erweist sich als eine Konkretisierung des Grundsatzes, dass sich die Tätigkeit des Betreuers am Wohl des Betreuten ausrichten muss. Die Verpflichtung trifft den Betreuer nur innerhalb des angeordneten Aufgabenkreises. Der Betreuer muss erforderlichenfalls die Hilfe von Ärzten, Psychologen, Therapeuten und anderen Fachleuten in Anspruch nehmen, um seinen Obliegenheiten nachzukommen.[18] Es ist somit festzuhalten, dass die Rehabilitationspflicht allen Betreuern auferlegt ist und nicht nur denjenigen, denen der Aufgabenkreis „Mitwirkung bei Rehabilitationsmaßnahmen" vom Betreuungsgericht übertragen wurde. Daraus folgt, dass auch der Betreuer mit dem Aufgabenkreis „Vermögenssorge" aufgerufen ist, dergestalt an einer Rehabilitation des Betroffenen mitzuwirken, dass verbliebene Fähigkeiten gezielt genutzt werden, um ihn an eine eigenverantwortliche Besorgung von Geschäften heranzuführen.[19]

784   **Beispiel:**   Die hochverschuldete 30-jährige Maren K. stürzt infolge einer Lebenskrise in eine tiefe Depression mit Begleiterscheinungen wie Antriebslosigkeit, Interessenlosigkeit usw. Wegen Mietschulden droht die Kündigung des Mietverhältnisses und durch die Nichtanzeige von Arbeitsunfähigkeit eine fristlose Kündigung des Arbeitsverhältnisses. Die Betreuerin regelt die Mietschulden und nimmt Kontakt mit dem Arbeitgeber auf. Nach und nach wird Frau K. immer mehr Autonomie über ihre Finanzen eingeräumt, die Tilgungspläne mit den Gläubigern und ihr eigener Wirtschaftsplan besprochen. Zum Schluss, vor Aufhebung der Betreuung, wird Frau K. vollkommene Dispositionsfreiheit über ihr Konto eingeräumt, und die Betreuerin kontrolliert nur noch die Kontenbewegungen. Frau K. kann nach Ablauf von 2,5 Jahren wieder eigenständig ihr Leben meistern.

3.   Besprechungspflicht

785   Nach § 1901 Abs. 3 S. 3 BGB muss der Betreuer wichtige Angelegenheiten mit dem Betreuten vor deren Erledigung besprechen. Die Besprechungspflicht stellt sich somit als eine Konkretisierung des Grundsatzes der persönlichen Betreuung dar.[20]

786   Wann eine Angelegenheit „wichtig" ist, richtet sich nach den Umständen des Einzelfalls. Entscheidend ist die Perspektive des Betreuten. Die Gesetzesmotive[21] bezeichnen exemplarisch folgende Angelegenheiten als wichtig:

- Telefon- und Postkontrolle, § 1896 Abs. 4 BGB;
- Wohnungsauflösung, § 1907 BGB;
- risikobehaftete Heilbehandlungen und Eingriffe sowie lebensverlängernde Maßnahmen, § 1904 BGB;
- Sterilisation, § 1905 BGB, Kastration (KastrG);
- Unterbringung und unterbringungsähnliche Maßnahmen einschließlich stationärer Zwangsbehandlung, § 1906 BGB.

---

18   *Damrau/Zimmermann* § 1901, Rn. 24.
19   BT-Drs. 11/4528, 134.
20   *Bienwald/Bienwald W.* § 1901 BGB Rn. 32.
21   BT-Drs. 11/4528, 134.

Reine Routineangelegenheiten unterliegen nicht der Erörterungspflicht. Die gesetzlich normierte Verpflichtung zur Besprechung wichtiger Angelegenheiten bezweckt, dem Betroffenen die Gelegenheit zu geben, dem Betreuer seine Wünsche mitzuteilen. Gleichwohl führt dieses Mitspracherecht des Betroffenen nicht dazu, dass der Betreuer an die geäußerten und ihm zur Kenntnis gebrachten Wünsche gebunden ist. Der Betreuer ist vielmehr befugt, die Wünsche des Betroffenen zu übergehen, wenn diese dessen Wohl zuwiderlaufen oder aber deren Befolgung ihm nicht zumutbar ist.

787

Über den Gesetzeswortlaut hinaus ist eine Besprechungspflicht in den Fällen nicht gegeben, in denen auch das Betreuungsgericht von einer persönlichen Anhörung absehen kann, § 34 Abs. 2 FamFG. Dem Betreuer können nicht weitergehende Pflichten als dem Gericht auferlegt werden. Hat sich der Betreuer einmal einen Eindruck davon verschafft, dass der Betroffene außer Stande ist, seinen Willen kundzutun, so muss er sich nicht vor der Erledigung einer wichtigen Maßnahme stets von Neuem davon überzeugen, dass alles beim Alten geblieben ist. Ferner kann der Betreuer dann von einer persönlichen Besprechung absehen, wenn der Betroffene ihm unmissverständlich mitgeteilt hat, dass er zukünftig mit bestimmten Angelegenheiten nicht behelligt werden will.

788

Wie bereits oben ausgeführt, ist die subjektive Sicht des Betreuten entscheidend für die Beantwortung der Frage, ob eine Angelegenheit wichtig ist oder nicht.[22] Eine einfache Angelegenheit der Vermögenssorge kann wichtig sein, wenn sie für die Lebensgestaltung des Betreuten von erheblicher Bedeutung ist, so etwa der Kauf eines Bettes oder einer Matratze.[23]

789

Vermögensangelegenheiten sind trotz der betreuungsgerichtlichen Genehmigungserfordernisse nur dann besprechungspflichtig, wenn hiervon die persönlichen Verhältnisse des Betreuten berührt werden oder Entscheidungen zu treffen sind, die für die zukünftige Entwicklung des Vermögens Weichen stellen. Wurden jedoch Gelder beispielsweise mündelsicher in Bundesschatzbriefen oder -anleihen angelegt, so können diese nach Ablauf der Laufzeit erneut angelegt werden. Etwas anderes gilt allenfalls dann, wenn der Betroffene selbst großen Wert auf eine Erörterung der Anlageformen legt, was aber selten der Fall ist.

790

Derartige Betreuerentscheidungen sind jedoch aus der Sicht des Betroffenen oft weniger einschneidend als etwa bestimmte genehmigungsfreie Entscheidungen. Hier wäre in erster Linie die Höhe eines zugebilligten Haushaltsgeldes respektive Taschengeldes zu erwähnen, falls der Betroffene in einem Heim lebt. Vergütungsfragen sind mit dem Betroffenen ebenso zu erörtern, sofern eine Verständigungsmöglichkeit gegeben ist. Seitens des Betreuers bringt es nichts, in dieser für den Betroffenen zentralen Frage zu kneifen. Mit einem vermögenden Betreuten sollte erörtert werden, dass dieser die Betreuervergütung aus seinem Vermögen zu bezahlen hat und mit einem mittellosen Betreuten, dass zunächst die Staatskasse für die Vergütung in Vorlage tritt, aber nach § 1836e BGB über eine Rückgriffsmöglichkeit verfügt. Gerade gegenüber jüngeren Betreuten sollte dies angesprochen werden, damit sie nach erfolgreicher Rehabilitation nicht „aus allen Wolken" fallen.

791

Beispiel: Der 28-jährige Andreas H. absolviert während einer Betreuung eine Tischlerlehre und erzielt anschließend als Tischlergeselle ein über den Einkommensfreigrenzen liegendes Einkommen. Zwei Jahre nach Aufhebung der Betreuung fordert das Betreuungsgericht Herrn H. zur Zurückzahlung der verauslagten Betreuervergütung auf.

792

---

22 *Damrau/Zimmermann* § 1901 Rn. 20.
23 BT-Drs. 11/4528, 134.

793 **Eine Einschränkung der Besprechungspflicht** sieht das Gesetz für den Fall vor, dass die Erörterung der Angelegenheit für den Betroffenen mit der Gefahr einer gesundheitlichen Schädigung verbunden ist. Die Tatsache, dass es für einen Betreuer äußerst unangenehm sein kann, bestimmte Themen, wie etwa eine notwendige Wohnungsauflösung und Heimübersiedlung anzuschneiden, macht eine Besprechung mit dem hiervon betroffenen Betreuten nicht überflüssig, sondern würde einzig und allein der Befindlichkeit des Betreuers dienen. Aus meiner Sicht schadet eine Besprechung dem Wohl des Betroffenen nur äußerst selten. Gerade in einer so elementaren Frage wie etwa einer Heimübersiedlung wird ein Betroffener die Entscheidung besser verkraften, wenn der Betreuer vorher mit ihm darüber gesprochen hat als wenn hinter seinem Rücken die Wohnung aufgelöst und für ihn nicht erkennbar wird, wer hierfür letztendlich die Verantwortung trägt.

794 Gleiches ist für die Verabreichung notwendiger Psychopharmaka gegen den Willen des Betroffenen anzunehmen. Selbst wenn der Betroffene mit der Entscheidung des Betreuers nicht einverstanden ist, wird es ihm leichter fallen, diese zu akzeptieren, wenn der Betreuer in einem offenen Gespräch das Für und Wider erläuterte und zu seinen Anordnungen steht. Geradezu kontraproduktiv ist es, wenn sich der Betreuer in einer derartigen Situation hinter Ärzten und Pflegepersonal versteckt und den Betroffenen in dem falschen Glauben lässt, diese würden eigenmächtig handeln. Dass es zu äußerst schwierigen Gesprächen bei derartigen Themen kommen kann, soll freilich nicht verkannt werden.

795 Ein weiteres „heißes Eisen" ist die Erforderlichkeit der Erörterung einer Zwangsunterbringung. Sie zählt an sich zu den notwendigen, mit einem Betroffenen zu erörternden Maßnahmen. Gleichwohl wird in aller Regel eine Besprechung mit Hinblick auf den Gesundheitszustand des Betroffenen keinen Sinn ergeben. Eine Erörterung der beabsichtigten Unterbringung ist zum Wohle des Betroffenen insbesondere dann untunlich, wenn hierdurch der Erfolg der Maßnahme gefährdet wäre.

796 **Beispiel:** Die 33-jährige Ramona V. leidet an sensitivem Beziehungswahn. Es wird eine Betreuung mit den Aufgabenkreisen „Unterbringung zum Zwecke der Heilbehandlung und Gesundheitsfürsorge" angeordnet. Ramona V. teilt der Betreuerin nach Erhalt des Beschlusses über die Betreuerbestellung unverblümt mit, dass sie sich im Falle einer Zwangsunterbringung rechtzeitig nach Holland zu Freunden absetzen werde.

797 ▶ **Hinweis:** In derartigen Fallkonstellationen ist eine vorherige Besprechung untunlich. Es ist vielmehr „mit zugeklapptem Visier" zu handeln, um die erforderliche Unterbringung nicht zu gefährden. Da der Betreuer bei der Durchführung der Maßnahme ohnehin vor Ort anwesend ist, ist in der Regel dann eine Erläuterung des Vorgehens möglich. ◀

798 Schuldhafte Verletzungen der Betreuerpflichten ziehen, wenn mit ihnen ein Schaden für den Betreuten verbunden ist, eine Schadensersatzpflicht des Betreuers nach § 1833 BGB mit sich. Bei der Bestellung mehrerer Betreuer haften diese als Gesamtschuldner. Alle Bundesländer haben für die ehrenamtlichen Betreuer eine Sammelhaftpflichtversicherung abgeschlossen; für berufliche Betreuer sollten diese tunlichst auf eigene Kosten eine solche abschließen (vgl. auch § 1837 Abs. 2, 1908f Abs. 1 BGB).[24] Dies betrifft sowohl eine allgemeine Berufshaftpflichtversicherung für Personen- und Sachschäden (Versicherungssumme ab 2 Mio €) sowie eine separate Vermögensschadenshaftpflichtversicherung (Versicherungssumme ab 250.000 €).

---

24 Für Detaildarstellung vgl. *Deinert/Lütgens/Meier* Die Haftung des Betreuers, 2007 (Neuauflage 2016 in Vorb.).

4. Pflicht zur Information des Gerichts über Änderung der Betreuungsvoraussetzungen

Der Betreuer ist nach § 1901 Abs. 5 BGB verpflichtet, dem Betreuungsgericht folgende Um- **799** stände mitzuteilen:

- Möglichkeit zur Aufhebung einer Betreuung (§ 1908d BGB, § 294 FamFG);
- Möglichkeit zur Einschränkung eines Aufgabenkreises (§ 1908d BGB, § 294 FamFG);
- Notwendigkeit zur Erweiterung eines Aufgabenkreises (§ 293 FamFG);
- Notwendigkeit zur Anordnung eines Einwilligungsvorbehalts (§ 293 FamFG);
- Notwendigkeit zur Bestellung eines Sterilisations- oder Ergänzungsbetreuers (§ 1899 BGB).

a) Aufhebung der Betreuung und Einschränkung des Aufgabenkreises

800

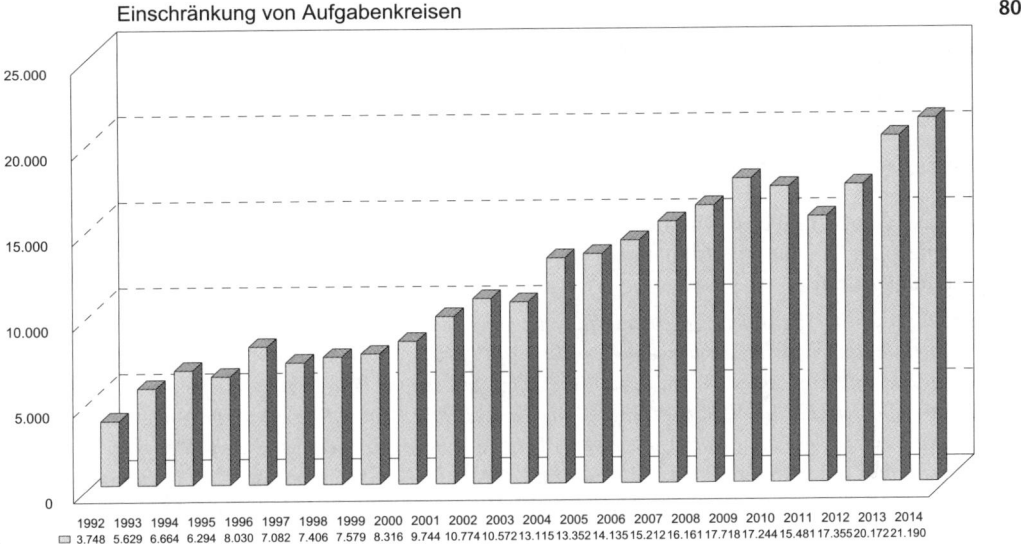

Quelle: BfJ Sondererhebung Verfahren nach dem Betreuungsgesetz 1992–2014; Grafik und Auswertung: *Deinert*; Zahlen 2000–2007 ohne Hamburg.

Der Erforderlichkeitsgrundsatz ist nicht nur bei der erstmaligen Anordnung einer Betreuung **801** zu beachten, sondern gilt gleichermaßen für die Aufrechterhaltung einer einmal eingerichteten Betreuung bzw. eines Aufgabenkreises. Daher setzt die Informationspflicht des Betreuers bereits dann ein, wenn er vernünftige Anhaltspunkte dafür hat, dass eine Betreuungsaufhebung bzw. Einschränkung des Aufgabenkreises angezeigt ist.[25] Der Verstoß gegen die Mitteilungspflichten ist haftungsrelevant und kann einen Schadensersatzanspruch des Betreuten nach §§ 1908i, 1833 BGB auslösen, wenn infolge einer unterbliebenen oder schuldhaft verzögerten Mitteilung ein Schaden entsteht.[26] Zudem rechtfertigt der Verstoß eines Betreuers gegen

---

25 *Knittel* BtR, § 1901 BGB Rn. 19.
26 HK-BUR/*Bauer* § 1901 Rn. 67.

die ihm obliegenden Informationspflichten nach § 1901 Abs. 5 BGB eine Entlassung nach § 1908b BGB aus dem Betreueramt.[27]

802   **Beispiel:**   Die 83 Jahre alte Emmy R. erleidet einen Schlaganfall. Das Gericht ordnet eine Betreuung mit den Aufgabenkreisen Vermögenssorge und Wohnungsangelegenheiten an. Emmy R. legt der Betreuerin im Rahmen der ersten Kontaktaufnahme eine Vollmacht vor, die sie drei Jahre zuvor zu Gunsten ihrer Schwester Marie S. als Bevollmächtigte erteilt hatte. Die Betreuerin widerruft die Vollmacht. Nach langem Hin und Her wird wegen eines „Widerspruchs" der Frau R. zweitinstanzlich nach einem Jahr die Betreuung aufgehoben. Nunmehr verklagt Frau R. ihre ehemalige Betreuerin auf Zahlung eines angemessenen Schmerzensgeldes und auf Schadensersatz wegen entstandener Betreuungskosten in Gestalt von Betreuervergütung und Gerichtskosten. Der Schadensersatzanspruch von Frau R. ist zu bejahen, weil die Betreuerin zu Unrecht die Vollmacht widerrief. Es hätte der Betreuerin nach § 1901 Abs. 5 BGB oblegen, das Betreuungsgericht über das Vorliegen der Vollmacht zu unterrichten. Nach dem Subsidiaritätsgrundsatz wäre dann die Betreuung aufzuheben.[28] Zudem war der Betreuerin nur der Aufgabenkreis der Vermögenssorge übertragen worden. Der Vollmachtswiderruf konnte von der Betreuerin gar nicht wirksam erklärt werden. Hierzu hätte der besondere Aufgabenkreis „Widerruf der Vollmacht" zuerkannt werden müssen.[29]

803   Das *BayObLG* statuierte erhöhte Mitteilungspflichten eines Betreuers in den Fällen von schubförmig oder in Phasen verlaufenden psychischen Krankheiten.[30] Aus der Entscheidung wird wie folgt zitiert:

Befindet sich der Betroffene in einer Phase, in der seine Willensbestimmung nicht eingeschränkt ist, kann ein Betreuer nicht bestellt werden, selbst wenn damit gerechnet werden muss, dass der Betroffene durch das Auftreten eines akuten Schubs die Fähigkeit, seinen Willen zu bestätigen, verlieren könnte. Liegen andererseits die Voraussetzungen für die Bestellung eines Betreuers vor, muss in Rechnung gestellt werden, dass diese Voraussetzungen wegen Abklingens der Schubphase mit der Folge wegfallen können, dass die Betreuung gem. § 1908d Abs. 1 Satz 1 BGB aufzuheben ist. (…) Auch unterliegt der Betreuer erhöhten Mitteilungspflichten nach § 1901 Abs. 4 Satz 1 BGB (alte Fassung, die Verfasserin, jetzt § 1901 Abs. 5 BGB)."[31]

804   Die Erforderlichkeit einer Betreuung kann im Übrigen im Einzelfall auch dann fehlen, wenn der Betroffene jeden Kontakt mit seinem Betreuer verweigert und der Betreuer dadurch handlungsunfähig ist, also eine „Unbetreubarkeit" vorliegt. Bei der Annahme einer solchen Unbetreubarkeit ist jedoch Zurückhaltung geboten.[32]

---

27   *Knittel* BtR, § 1908b BGB Rn. 2.
28   Fall nach *LG Berlin* Az 87 T 251/97.
29   *BGH* BtPrax 2015, 241.
30   *BayObLG* BtPrax 1995, 68.
31   *BayObLG* BtPrax 1995, 68 f.
32   *BGH* BtPrax 2015, 62 sowie BtPrax 2014, 78 = FamRZ 2014, 466; *BayObLG* FamRZ 1994, 1551, 1553 und FamRZ 2001, 1244; *OLG Schleswig* FGPrax 2010, 32, 34.

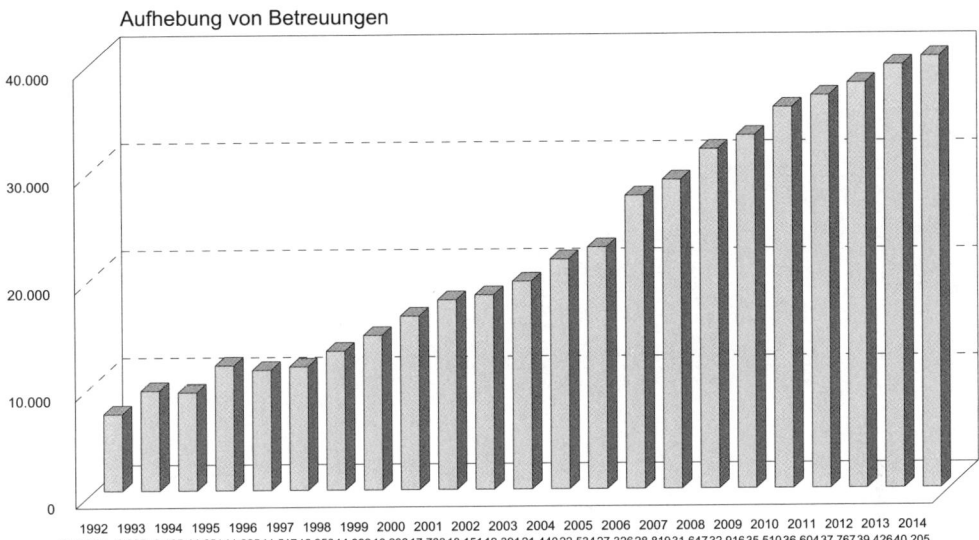

Aufhebung von Betreuungen

	1992	1993	1994	1995	1996	1997	1998	1999	2000	2001	2002	2003	2004	2005	2006	2007	2008	2009	2010	2011	2012	2013	2014
	7.178	9.335	9.165	11.651	11.225	11.517	12.956	14.399	16.206	17.703	18.151	19.391	21.440	22.534	27.326	28.819	31.647	32.916	35.510	36.604	37.767	39.426	40.205

Quelle: BfJ Sondererhebung Verfahren nach dem Betreuungsgesetz 1992–2013; Grafik und Auswertung: *Deinert*; Zahlen 2000–2007 ohne Hamburg

b) Erweiterung des Aufgabenkreises und Anordnung eines Einwilligungsvorbehalts

Die Erstreckung der Mitteilungspflichten auf Umstände, die eine Erweiterung des Aufgaben- **805** kreises des Betreuers erforderlich machen könnten oder gar das Anordnen eines Einwilligungsvorbehalts, ist nicht unproblematisch. Möglicherweise hat der Betreuer gerade durch einen vertrauten Umgang mit dem Betreuten erst diese Gegebenheiten in Erfahrung bringen können. Es liegt auf der offenen Hand, dass hierdurch das Vertrauensverhältnis zwischen dem Betreuer und dem Betreuten auf das Nachhaltigste gestört werden kann,[33] dazumal der Betreute über die Anregung durch das Betreuungsgericht zu unterrichten ist. Der Reformgesetzgeber rechtfertigt die Informationspflicht mit der Erforderlichkeit im Hinblick auf das Wohl des Betreuten. Bevor der Betreuer also eine derartige Mitteilung an das Betreuungsgericht vornimmt, sollte er sorgfältig prüfen, ob die ermittelten Umstände wirklich tragfähig sind, eine Erweiterung des Aufgabenkreises oder aber die Anordnung eines Einwilligungsvorbehalts zu rechtfertigen.[34]

---

33 BT-Drs. 11/4528, 135.
34 *Damrau/Zimmermann* § 1901 Rn. 31.

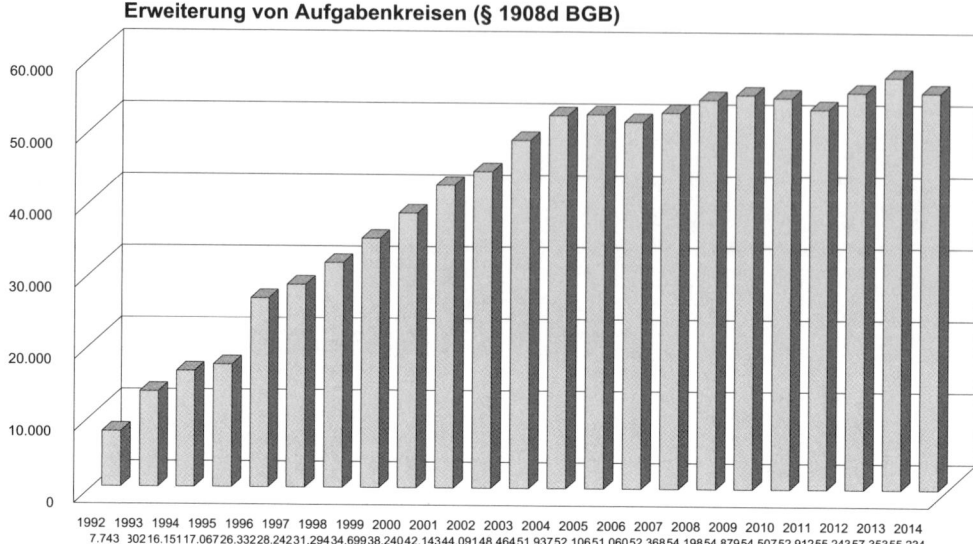

Erweiterung von Aufgabenkreisen (§ 1908d BGB)

	1992	1993	1994	1995	1996	1997	1998	1999	2000	2001	2002	2003	2004	2005	2006	2007	2008	2009	2010	2011	2012	2013	2014
	7.743	302	16.151	17.067	26.332	28.242	31.294	34.699	38.240	42.143	44.091	48.464	51.937	52.106	51.060	52.368	54.198	54.879	54.507	52.912	55.243	57.353	55.234

Quelle: BfJ Sondererhebung Verfahren nach dem Betreuungsgesetz 1992–2014; Grafik und Auswertung: *Deinert*; Zahlen 2000–2007 ohne Hamburg

c) Bestellung eines Ergänzungsbetreuers

806 Die Mitteilungspflicht ist als besonders dringlich einzustufen, wenn ein Ergänzungsbetreuer, auch als Verhinderungsbetreuer wegen rechtlicher Verhinderung bezeichnet, (§ 1899 Abs. 4 BGB) zu bestellen ist, weil der Betreuer an der Besorgung von Angelegenheiten des Betreuten wegen einer erheblichen Interessenkollision gehindert ist (siehe §§ 181, 1795, 1796 BGB). Es wäre eine schwere, haftungsrelevante Pflichtverletzung, wenn der Betreuer das Gericht diesbezüglich nicht informieren und ggf. selbst – rechtlich unwirksam – handeln würde.[35]

807 **Beispiel:** Martha B. ist zu Gunsten ihrer dementen Schwester Ella T. zur Betreuerin u.a. mit dem Aufgabenkreis der Vermögenssorge eingesetzt. Beide Schwestern sind Mitglieder der Erbengemeinschaft nach der vorverstorbenen gemeinsamen Mutter. Wegen der vorzunehmenden Erbauseinandersetzung ist ein Ergänzungsbetreuer vom Betreuungsgericht zu bestellen mit dem Aufgabenkreis „Wahrung und Realisierung der Rechte der Betreuten an dem Nachlass nach Frau Bertha T.".

5. Berichtspflicht

808 Der Betreuer hat nach §§ 1908i, 1839, 1840 Abs. 1 BGB auf Verlangen des Betreuungsgerichts jederzeit, mindestens jedoch einmal im Jahr unaufgefordert über die Führung der Betreuung und über die persönlichen Verhältnisse des Betreuten Bericht zu erstatten. Der Bericht soll nach Gesetzesänderung seit 2011 auch über die Anzahl der persönlichen Kontakte zwischen dem Betreuer und dem Betreuten Auskunft geben.

---

35 MK-BGB/*Schwab* § 1901 Rn. 29.

Die Berichtspflicht soll dem Betreuungsgericht die ihm obliegende Kontrollfunktion bezüglich **809** der Amtsführung des Betreuers erleichtern.[36] Nur, wenn das Betreuungsgericht diesbezüglich über ausreichende Informationen verfügt, kann es seiner Aufsichtspflicht nach § 1837 BGB nachkommen.

Die Gerichte haben für einen Bericht Vordrucke entwickelt, die der Betreuer jedoch nicht **810** benutzen muss. Für den Bericht ist keine bestimmte Form vorgeschrieben.[37] Es ist also durchaus denkbar, dass dem Betreuungsgericht im Rahmen eines persönlichen Gesprächs über die persönlichen Verhältnisse des Betreuten Bericht erstattet wird.

▶ **Hinweis:** Ein Betreuer demonstriert jedoch eine gewisse Professionalität, wenn er nicht **811** von der zuletzt bezeichneten Möglichkeit Gebrauch macht, sondern einen schriftlichen Bericht abfasst. ◀

Folgende Punkte sollten u.a. in einem Bericht thematisiert werden: **812**

- Wohnverhältnisse;
- Pflegesituation;
- körperliche und geistig-seelische Entwicklung;
- Beziehungen zu nahestehenden Personen;
- ärztliche Heilmaßnahmen.

Im Bereich der Personensorge ist weder die Abgabe eines umfänglichen „Anfangsberichts" **813** nach Übernahme der Betreuung erforderlich noch ein „Abschlussbericht" bei deren Beendigung. Dies resultiert aus dem Umstand, dass das Gericht sowohl vor der Installierung einer Betreuung umfangreiche Ermittlungen anstellt als auch vor deren Aufhebung.[38] Ein Abschlussbericht, wie ihn § 1890 BGB für die Vermögenssorge vorsieht, ist im Bereich der Personensorge gerade nicht notwendig.

Möglich ist es allerdings, dass das Betreuungsgericht einem beruflichen Betreuer aufgibt, einen **814** Betreuungsplan zu Beginn der Betreuung zu erstellen (§ 1901 Abs. 4 BGB). Hier soll der Betreuer, ggf. mit Hilfestellung durch die Betreuungsbehörde nach § 4 Abs. 3 BtBG, eine Übersicht der voraussichtlich zu ergreifenden Maßnahmen und deren Zielsetzung im Rahmen seines Aufgabenkreises auflisten und dem Gericht einreichen. Obwohl die Möglichkeit des Betreuungsplans seit 2005 im Gesetz als Möglichkeit verankert ist, scheint die gerichtliche Praxis ihn weitestgehend zu ignorieren.

Kommt der Betreuer seinen Berichtspflichten nicht nach, kann das Betreuungsgericht Zwangs- **815** mittel anwenden (üblicherweise wird ein Zwangsgeld angedroht und festgesetzt), § 1837 Abs. 3 BGB; bei weiterem Untätigbleiben ist eine Entlassung vorzunehmen, § 1908b Abs. 1 BGB[39].

6. Pflicht zur persönlichen Betreuung

Ein wesentliches Anliegen des Reformgesetzgebers war es, die persönliche Betreuung der **816** Betroffenen zu verbessern. Der weitgehend anonymen Verwaltung von mehreren hundert Vormundschafts- und Pflegschaftsfällen sollte entgegengewirkt werden.[40] Deshalb nimmt es wunder, dass der Gesetzgeber lediglich an versteckter Stelle den Grundsatz und die Verpflichtung

---

36 BT-Drs. 11/4528, 114.
37 *Damrau/Zimmermann* § 1840 Rn. 3.
38 BT-Drs. 11/4528, 114.
39 *BayObLG* FamRZ 1996, 509 = Rpfleger 1996, 244; *OLG Schleswig* FamRZ 2006, 577 (Ls) = FGPrax 2006, 74.
40 BT-Drs. 11/4528, 53.

zur persönlichen Betreuung aufgreift, wie etwa in § 1897 Abs. 1 BGB, wo es heißt, dass das Betreuungsgericht eine natürliche Person zum Betreuer zu bestellen hat, die geeignet ist, in dem gerichtlich bestimmten Aufgabenkreis die Angelegenheiten des Betreuten zu besorgen und ihn hierbei im erforderlichen Umfang „persönlich zu betreuen". Damit wurde die tatsächliche Möglichkeit zur persönlichen Betreuung ausdrücklich zum Merkmal der Eignung des Betreuers definiert und stellt zudem eine Voraussetzung dafür dar, dass eine Person zum Betreuer bestellt werden kann. Fällt die Möglichkeit zur persönlichen Betreuung nachträglich weg, ist der Betreuer nach § 1908b Abs. 1 BGB zu entlassen.[41] Allerdings ist die persönliche Betreuung kein Selbstzweck, sondern stets im Bezug zu dem übertragenen Aufgabenkreis zu sehen, was sich aus dem Wort „hierbei" bei der Formulierung des § 1897 Abs. 1 BGB ergibt.

817 Folgende Aufgaben sollen nach der Auffassung des LG Berlin, welches in mehreren Entscheidungen einer so genannten „Betreuungsindustrie" meint, kämpferisch entgegentreten zu müssen, höchstpersönlich von einem Betreuer wahrgenommen werden:

- Kernaufgaben aus dem übertragenen Aufgabenkreis;
- Hausbesuche;
- Verwaltungsmäßige Leistungen (z.B. praktische Durchführung der Vermögenssorge).[42]

818 Lediglich Hilfsarbeiten, wie beispielsweise das Erledigen von Schreibarbeiten, sind nach der Auffassung des Landgerichts Berlin auf Bürohilfskräfte delegierbar.[43] Wieso allerdings die Vornahme von Routinetätigkeiten, wie beispielsweise die Vorbereitung einer Kontoabrechnung, einer Vermögensübersicht und dergleichen durch Angestellte dem Grundsatz der persönlichen Betreuung zuwiderlaufen sollte, ist nicht nachvollziehbar. Durch die Unterschrift etwa unter ein von einem Angestellten vorbereitetes Vermögensverzeichnis nach Überprüfung auf dessen Richtigkeit und Vollständigkeit übernimmt der Betreuer die Haftung hierfür. Es ist schlicht unverständlich, weshalb der Grundsatz der persönlichen Betreuung bei einem derartigen Vorgehen verletzt sein sollte. Im Zweifel hat doch der Betreuer, der lästige, aber notwendige Verwaltungstätigkeiten in seinem Büro auf zuverlässige Mitarbeiter überträgt, mehr Zeit für persönliche Zuwendung zu dem Betroffenen als derjenige, der in diesen Aufgaben „ertrinkt". Diese Rechtsprechung hat in erster Linie die vergütungsrechtliche Konsequenz, dass die Arbeit, die von Hilfskräften geleistet wird, nicht vergütet werden soll. Seit 1.7.2005 ist infolge der Inklusivregelung § 4 Abs. 2 VBVG der Ersatz von Aufwendungen, d.h. auch von Personalkosten von Hilfskräften mit den pauschalen Vergütungssätzen abgegolten. Einer professionellen Aufgabenerfüllung der Betreuerpflichten ist das nicht dienlich.

819 Zutreffend hat allerdings das OLG Frankfurt/Main festgestellt, dass die Delegation der gesamten Betreuung oder kompletter Aufgabenbereiche durch den Betreuer auf dritte Personen ... dem gesetzlichen Leitbild der persönlichen Betreuung widerspricht und sich die Bevollmächtigung Dritter zur Wahrnehmung von Betreuungsaufgaben nur auf einzelne Tätigkeiten beziehen darf, durch die sich der Betreuer nicht der ihm übertragenen Entscheidungsverantwortung für den Betreuten entzieht[44]. Aus dem Grundsatz der persönlichen Betreuung folge, dass ein Betreuer seine Aufgaben grundsätzlich nicht insgesamt auf einen Dritten übertragen dürfe; was auch für eine vorübergehende Verhinderung des Betreuers gelte. Der Grundsatz der persönlichen Führung der Betreuung erfordert jedoch nicht in jeder Hinsicht die eigenhändige

---

41 BT-Drs. 11/4528, 69.
42 *LG Berlin* Beschl. v. 22.5.2000, 87 T 488/97, S. 15 ff. (unveröff.).
43 *LG Berlin* Beschl. v. 22.5.2000, 87 T 488/97, S. 17.
44 FGPrax 2002,178 m.w.N. = FamRZ 2002, 1362 (Ls) m. Anm. *Bienwald* S. 1363; ähnlich *OLG Dresden* BtPrax2001, 260 sowie *BayObLG* FamRZ 2001, 374 f.

Wahrnehmung der übertragenen Aufgaben.[45] Vielmehr kann der Betreuer grundsätzlich seinen gesamten inneren Bürobetrieb auf Hilfskräfte delegieren.[46]

Die Tätigkeit des Betreuers bezieht sich, jedenfalls in erster Linie, darauf, die ihm zur Besorgung übertragenen Angelegenheiten rechtlich zu besorgen (§ 1901 Abs. 1 BGB). Die Notwendigkeit einer Betreuerbestellung ergibt sich nach dem Willen des Gesetzgebers aus dem Unvermögen der betroffenen Person, die eigenen Angelegenheiten rechtlich zu besorgen, d.h. die erforderlichen Entscheidungen zu treffen, Erklärungen rechtswirksam abzugeben oder entgegenzunehmen. Soweit es zur Besorgung der Angelegenheiten nicht darauf ankommt, können auch andere, nicht als gesetzliche Vertreter bestellte Personen tätig werden. Auch soll dafür auch ein Betreuer nicht bestellt werden (§ 1896 Abs. 2 S. 2 BGB). Dies betrifft beispielsweise eine praktische Hilfestellung bei Sozialleistungsanträgen aller Art, z.B. durch einen Krankenhaus- oder Altenheimsozialdienst oder einen Mitarbeiter des betreuten Wohnens. **820**

Daher kann sich die Besorgung der Angelegenheiten der betroffenen Person durch den gesetzlichen Vertreter (Betreuer) auch darauf beschränken, die notwendigen Entscheidungen zu treffen, rechtliche Erklärungen abzugeben und entgegenzunehmen, die zu ihrer Umsetzung erforderlichen Handlungen aber durch andere Personen als Hilfskräfte vornehmen zu lassen. Dies betrifft die Vorbereitung von Entscheidungen durch Sammeln und Zusammenstellen von Informationen und Unterlagen, das Schreiben (nicht Verfassen) von Schriftsätzen und deren Übermittlung. **821**

Ferner war es Aufgabe der Rechtsprechung vor dem 1.7.2005, zu präzisieren, bei welchen Sachverhalten von einer (vergütungsfreien) persönlichen Betreuung auszugehen war im Gegensatz zu einer vergütungspflichtigen Aufgabenerledigung im Rahmen des gerichtlich übertragenen Aufgabenkreises, § 1901 Abs. 1 BGB. In den Gesetzesmotiven heißt es hierzu: **822**

Amtsgeschäfte des Betreuers sind danach alle Tätigkeiten, die zur Rechtsfürsorge für den Betreuten erforderlich sind. Damit werden einerseits alle – also nicht etwa nur vermögensrechtliche – Angelegenheiten des Betreuten umfasst. Andererseits werden Tätigkeiten ausgeschieden, die sich in der tatsächlichen Hilfeleistung für den Betroffenen erschöpfen, ohne zu dessen Rechtsfürsorge erforderlich zu sein. Bei der Prüfung der Erforderlichkeit von faktischen Maßnahmen zur Rechtsfürsorge ist ein großzügiger Maßstab anzulegen und insbesondere auf das Postulat persönlicher Betreuung Bedacht zu nehmen: Die hierfür gebotene Ermittlung von Willen und Wünschen des Betreuten wird dem Betreuer vielfach nur auf der Grundlage eines Vertrauensverhältnisses zum Betreuten gelingen, das durch Maßnahmen persönlicher Zuwendung aufgebaut und erhalten werden will. Auch solche vertrauensbildenden und -erhaltenden Maßnahmen können deshalb zur Tätigkeit des Betreuers gehören, wenn sie zur Willenserforschung und damit zu einer persönlichen Interessenwahrnehmung durch den Betreuer „erforderlich", d.h. geeignet und notwendig sind und zu dem erstrebten Zweck nicht außer Verhältnis stehen. Maßnahmen des Betreuers, die diesen Rahmen überschreiten oder sogar jeglichen Bezug zu der dem Betreuer übertragenen Rechtsfürsorge vermissen lassen, sind als Ausdruck menschlicher Zuwendung wünschenswert und für den Betreuten im Regelfall von unschätzbarem Nutzen. Sie gehören jedoch nicht zu den dem Betreuer vom Gesetz zugewiesenen Aufgaben rechtlicher Interessenwahrnehmung. Ein Betreuer kann deshalb für solche Aufgaben keine Vergütung verlangen; die Staatskasse muss – bei Mittellosigkeit des Betreuten – für solche karitativen Tätigkeiten nicht einstehen. (...)[47]

---

45 *Bienwald* Delegation von Betreueraufgaben und Einsatz von Hilfskräften, BtPrax 2003, 158.
46 *Maier. K.* Pauschalisierung von Vergütung und Aufwendungsersatz – Chance für Berufsbetreuer, BtPrax Spezial 2005, 17, 19.
47 S. http://dip.bundestag.de/btd/13/071/1307158.asc, S. 39.

823 Der fehlenden Grenzziehung durch den Gesetzgeber zwischen Rechtsfürsorge i.S.d. § 1901 Abs. 1 BGB und rechtsfreier, nicht vergütungspflichtiger Zuwendung ist es zuzuschreiben, dass in der Rechtsprechung vor der Einführung der Pauschalvergütung unterschiedliche Beschlüsse beispielsweise zur Vergütung eines Betreuers gefasst wurden, der auf Wunsch des Betreuten an gesellschaftlichen Veranstaltungen[48] (Geburtstagfeier, Tag der offenen Tür, Weihnachtsfeier etc.) teilnahm.

824 In den Gesetzesmotiven ist als Hauptmerkmal der persönlichen Betreuung der persönliche Kontakt zwischen dem Betreuer und dem Betreuten beschrieben, dessen notwendiges Maß sich nicht nur im Laufe der Betreuung ändern könne, sondern auch von Fall zu Fall unterschiedlich sei. Feste Kriterien lassen sich ohnehin wegen der Heterogenität der Fallgestaltungen nicht aufstellen. Es gilt als Faustformel jedoch der allgemeine Grundsatz: Je größer die Zahl der Angelegenheiten, desto stärker ist eine persönliche Betreuung erforderlich. Aber auch bei verständigungsunfähigen Betreuten, die sich beispielsweise in einem Pflegeheim aufhalten, sollte der Betreuer in regelmäßigen Abständen vorbeischauen, um sich über die Lebensumstände zu informieren und sich zu vergewissern, dass sie die notwendige Pflege und Hilfe erhalten.[49] Nach der Rechtsprechung aus der Zeit vor der Vergütungspauschalierung 2005 ist jedoch bei einem Betreuten, der in einem Heim lebt, maximal ein Besuch pro Monat aus der Staatskasse ohne besonderen Einzelanlass vergütungsfähig.[50]

825 Abschließend bleibt festzuhalten, dass es grundsätzlich nicht die Aufgabe des Betreuers ist, dem Betreuten die Zeit zu vertreiben, sich nach einem wie auch immer gearteten Zeitplan mit diesem regelmäßig zu treffen oder – wie vielfach in älteren Gerichtsentscheidungen erörtert – die persönliche Pflege zu übernehmen.

7. Meldepflicht einfach gelagerter Betreuungsfälle

826 Nach § 1897 Abs. 6 S. 2 BGB ist der Betreuer verpflichtet, dem Gericht Mitteilung darüber zu machen, dass nunmehr die Betreuung durch eine oder mehrere geeignete ehrenamtliche Personen geführt werden kann. Die Einfügung des Abs. 6 ging auf einen Vorschlag des Bundesrates zurück, der seine Initiative damit begründete, dass das Gesetz noch nicht hinreichend zum Ausdruck bringe, dass geeigneten ehrenamtlichen Betreuern grundsätzlich der Vorzug vor Berufsbetreuern gebühre. Daher wurde § 1897 Abs. 6 S. 1 BGB in das Gesetz aufgenommen, in dem es heißt, dass ein Berufsbetreuer nur dann durch das Betreuungsgericht zu bestellen ist, wenn keine andere geeignete ehrenamtliche Person zur Verfügung steht. Durch diese Bestimmung soll das Betreuungsgericht angehalten werden, die Bestellung überqualifizierter Betreuer zu vermeiden. Betreuer mit besonderen Qualifikationen sollen ausschließlich den Betreuten vorbehalten bleiben, die diese speziellen Fertigkeiten und Kenntnisse benötigen.

827 Der Gesetzgeber wollte mit der Mitteilungspflicht erreichen, dass Berufsbetreuer immer dann, wenn die Schwierigkeiten in der Betreuungsführung abnehmen, verpflichtet sind, dies dem Betreuungsgericht anzuzeigen, damit der Weg dafür geebnet wird, dass ein ehrenamtlicher Betreuer bestellt wird.

828 Freilich kann das Gericht nur dann einen Betreuerwechsel vornehmen, wenn in seinem Gerichtsbezirk genügend ehrenamtliche geeignete Betreuer zur Verfügung stehen. Der

---

48 S. Vergütungsteil Rn. 1837 ff.
49 BT-Drs. 11/4528, 68.
50 *LG Mainz* BtPrax 1997, 245.

Betreuer ist jedenfalls mit Hinblick auf § 1897 Abs. 6 S. 2 BGB gehalten, bei einem abnehmenden Schwierigkeitsgrad der Betreuung pflichtgemäß dies dem Betreuungsgericht anzuzeigen, damit dieses in die Lage versetzt wird, die Amtsgeschäfte einem oder mehreren ehrenamtlichen Betreuern zu übertragen.

8. Meldepflicht gegenüber der Betreuungsbehörde

a) Mitteilungspflicht nach § 10 VBVG

Nach § 10 VBVG ist jeder Betreuer verpflichtet, bis spätestens zum 31. März eines jeden Jahres **829** für das vorangegangene Kalenderjahr gegenüber der Betreuungsbehörde die folgenden Angaben zu machen:

- die Anzahl der geführten Betreuungen, aufgeschlüsselt nach Heimbewohnern und Nichtheimbewohnern;
- die im Jahr erhaltene Betreuervergütung.

b) Zweck der Mitteilungspflicht

Die Mitteilungspflicht hat nach dem Willen des Gesetzgebers folgenden Zweck: **830**

- Förderung der Abrechnungsehrlichkeit von Berufsbetreuern;
- Beurteilung der Berufsmäßigkeit der Betreuertätigkeit;
- Verhinderung einer schleichenden Konzentration übermäßig vieler Betreuungen.[51]

c) Rechtliche Einordnung

Die Vorschrift ist verfassungsrechtlich höchst bedenklich. Der BdB e.V. ließ von *Prof. Dr. Dag-* **831** *mar Felix* ein Rechtsgutachten zur Verfassungsmäßigkeit des 1. BtÄndG erstellen, in dem es zu der 1999 eingeführten Vorgängerbestimmung § 1908k BGB unter anderem heißt:[52]

Im Hinblick darauf, dass es in der Vergangenheit nur vereinzelte Fälle missbräuchlichen Verhaltens gegeben hat, erscheint es völlig unangemessen, eine umfassende Mitteilungspflicht für einen ganzen Berufszweig vorzusehen. Denkbar wäre hier die Schaffung einer Regelung gewesen, die es den zuständigen Stellen ermöglicht, einzelnen Berufsbetreuern eine Mitteilungspflicht aufzuerlegen, wenn dies auf Grund von Erfahrungen der Vergangenheit oder auf Grund der Umstände des Einzelfalls erforderlich ist. Die Belastung einer Berufsgesamtheit erscheint vor dem Hintergrund der Bedeutung des Art. 12 Abs. 1 GG als zentrales Freiheitsgrundrecht als übermäßig und damit unangemessen i.S.d. Verhältnismäßigkeitsgrundsatzes.

Auch unter Berücksichtigung der beabsichtigten Informationsgewinnung muss § 10 VBVG als **832** unangemessen gewertet werden. Durch die Regelung wird eine ganze Berufsgruppe mit einer umfassenden Mitteilungspflicht belastet (...). Das Vorgehen des Gesetzgebers muss als überzogen bezeichnet werden."

Nicht ganz eindeutig formuliert ist eine Bestimmung für Berufsbetreuer, die 2005 in § 1897 **833** Abs. 8 BGB verankert wurde. Hiernach hat sich der berufliche Betreuer anlässlich der Übertragung einer weiteren beruflichen Betreuung über Zahl und Umfang der bereits geführten Betreuungen zu erklären. Im BGB ist kein Adressat genannt. In § 8 Abs. 2 BtBG ist allerdings eine Pflicht zur Weiterleitung der Zahlen seitens der Betreuungsbehörde an das Betreuungsge-

---

51 *Felix* BdB-Verbandszeitung, 48 f.
52 *Felix* BdB-Verbandszeitung, 48 f.

richt bei der Nennung von Betreuervorschlägen enthalten. Also wird man davon ausgehen, dass je danach, ob die Betreuungsbehörde um Benennung eines Betreuervorschlags gebeten wird oder das Betreuungsgericht selbst nach einem Betreuer sucht, die Mitteilung an die Behörde oder direkt an das Gericht zu richten ist. Dies erfolgt üblicherweise im Rahmen der Erklärung der Übernahmebereitschaft für eine neue Betreuung nach § 1898 Abs. 1 BGB.

II. Vertretung nach außen

834 Der Betreuer vertritt den Betreuten in seinem Aufgabenkreis gerichtlich und außergerichtlich, so die erfreulich kurze Formulierung der gesetzlichen Vertretungsbefugnis des Betreuers in § 1902 BGB. Der Betreuer ist also stets in Gesetzen (mit) gemeint, wenn von einem Vertreter oder einem gesetzlichen Vertreter die Rede ist. Die Rechtshandlungen des Betreuers binden den Betreuten (§ 164 BGB), für Schadensersatz begründende Handlungen bei Dritten haftet der Betreute gem. § 278 BGB, für den Inhalt von Steuererklärungen gem. § 70 AO.

1. Gerichtliche Vertretung

835 Die gerichtliche Vertretung betrifft alle gerichtlichen Verfahren, in denen der Betreute Kläger oder Beklagter ist (zum Strafverfahren siehe weiter unten). In sonstigen Gerichtsverfahren gilt nach §§ 51, 52 ZPO, dass der Betreute prozessfähig bleibt, wenn er unbeschränkt geschäftsfähig ist. Ist seine Geschäftsfähigkeit beschränkt oder gar ganz ausgeschlossen (siehe Folgekapitel), ist eine Vertretung im Einzelfall durch den Betreute unumgänglich. Ist Geschäftsunfähigkeit in einem gerichtlichen Verfahren im Rahmen der Amtsermittlung festgestellt, kann das Gericht bis zur Bestellung eines Betreuers (mit passendem Aufgabenkreis) einen Prozesspfleger bestellen (§ 57 ZPO). Ein bereits laufendes Verfahren wird bis zu einer Rückmeldung des (neuen) Betreuers gem. § 241 ZPO unterbrochen.

836 Bei nicht (sicher) geschäftsunfähigen Betreuten bestimmt allerdings § 53 ZPO, dass ein Verfahrenseintritt des Betreuers (durch formlose Mitteilung, mit Kopie des Betreuerausweises) zur Folge hat, dass der Betreute für dieses Verfahren als prozessunfähig gilt. Der Gesetzgeber will mit dieser Regelung konkurrierende Willenserklärungen verhindern. Bei der Abgabe der Vermögensauskunft (ehem. eidesstattliche Versicherung) kann auch der Betreuer eines Geschäftsfähigen hierzu verpflichtet werden.[53]

837 Im Falle von Prozessunfähigkeit müssen gerichtliche Zustellungen an den Betreuer erfolgen (§ 170 ZPO); Zustellungen an den Betreuten sind unwirksam. Der BGH hat allerdings für die Zustellung von Vollstreckungsbescheiden festgestellt, dass die Einspruchsfrist bei einem nicht aus dem Titel selbst erkennbar Geschäftsunfähigen auch mit der Zustellung an diesen beginnt. Der Betreuer kann innerhalb eines Jahres nach seiner Kenntnis Nichtigkeitsklage gem. § 579 ZPO erheben.[54]

---

53 *LG Osnabrück* DGVZ 2005, 128; *BGH* BtPrax 2008, 257 = BtMan 2008, 221 = FamRZ 2008, 2109 = NJW-RR 2009, 1 = MDR 2008, 1357 = Rpfleger 2009, 37 = NJW 2008, 2125.
54 *BGH* FamRZ 2008, 2125 = MDR 2008, 762 = NJW 2008, 2125 m. Anm. *Eyinck*; MDR 2008, 1255 sowie *BGH* FamRZ 2014, 556 = NJW 2014, 937.

Die vorgenannten Regeln gelten auch in den anderen Prozessordnungen, wie dem ArbGG[55], dem FamFG[56], der FGO[57], dem SGG[58] und der VwGO.

In Strafverfahren (gegen den Betreuten) kann der Betreuer, dessen Aufgabenkreis sich dann **838** aber speziell auf Strafverfahren beziehen muss (Vertretung gegenüber Behörden reicht nicht aus), als Beistand auftreten, diese Funktion wirkt aber nicht prozessverdrängend; der Betreuer hat dann u.a. das Recht, zur Hauptverhandlung gegen den Betreuten geladen zu werden und eigenständig Rechtsmittel einzulegen.[59] Dem nach §§ 1896 ff. BGB bestellten Berufsbetreuer sollen nach § 149 Abs. 1 S. 2 und Abs. 2 StPO Zeit und Ort der Hauptverhandlung rechtzeitig mitgeteilt werden. Die Mitteilungspflicht, die eine förmliche Ladung nicht voraussetzt, entsteht aber erst dann, wenn der Betreuer seine Bestellung als Beistand beantragt hat.[60] Der trotz Benachrichtigung nicht zur Hauptverhandlung erschienene gesetzliche Vertreter kann nicht deshalb Wiedereinsetzung gegen die Versäumung der Berufungsfrist beanspruchen, weil ihm das angefochtene Urteil nicht vor Ablauf der Berufungseinlegungsfrist zugestellt und ihm auch keine Rechtsmittelbelehrung erteilt worden ist.[61]

Zur Stellung eines Strafantrags gegen Personen, die gegenüber dem Betreuten eine Straftat **839** begangen haben, ist einschränkend anzumerken, dass es als höchstpersönliches Recht die Angelegenheit der Personenfürsorge und nicht der Vermögenssorge betrifft.[62] Daraus folgt, dass der Aufgabenkreis der Vermögenssorge den Betreuer nicht zur Strafantragsstellung gegen Angehörige des Betreuten berechtigt.[63] Ein Betreuer ist außerdem von seinem Recht auf Stellung eines Strafantrags ausgeschlossen, wenn er selbst der Beteiligung an der Tat verdächtig ist. Dies gilt auch für die Stellung von Strafanträgen gegen Mitbeteiligte.[64] Der Bundesgerichtshof führte in einer neueren Entscheidung differenzierend aus, die Strafantragsbefugnis könne sich bereits aus der Anordnung bestimmter Aufgabenkreise ergeben. War beispielsweise eine Betreuerbestellung notwendig zur Aufdeckung möglicher Untreuevorwürfe, so ist der Betreuer mit dem Aufgabenkreis der Vermögenssorge zur Stellung eines Strafantrages nach § 77 Abs. 3 StGB berechtigt.[65]

Wegen der in diesem Punkt sehr differenzierten Rechtsprechung wird auf die Tabelle „Abgrenzung der Aufgabenkreise" unter Rn. 856 verwiesen.

2. Außergerichtliche Vertretung

Die Vertretung außerhalb von Gerichten betrifft zum einen Behörden aller Art (vgl. § 1 Abs. 4 **840** VwVfG, § 1 Abs. 2 SGB X), zum anderen natürliche oder juristische Personen des Privatrechts. Bei der Vertretung gegenüber Behörden gilt das gleiche wie bei derjenigen gegenüber Gerichten; die Behörde hat im Rahmen der Amtsermittlung festzustellen, ob der Betreute in seiner

---

55 *BAG* BAnwBl 2010, 66 = BtPrax 2009, 296 = FamRZ 2009, 1665 = NJW 2009, 3051 = NZA 2009, 1109.

56 § 9 FamFG (Achtung: gilt nicht im Betreuungs- und Unterbringungsverfahren, §§ 275, 316 FamFG).

57 *BFH* Beschl. v. 8.2.2012, V B 3/12, BtPrax 2012, 121.

58 § 71 SGG, vgl. *LSG Berlin-Brandenburg* BtPrax 2012, 30 = FamRZ 2012, 1336.

59 *OLG Schleswig* NJW RR 2008, 91 = MDR 2007, 1263 = FGPrax 2007, 231= FamRZ 2008, 187 (Ls); *OLG Frankfurt/Main* NJW RR 2005, 1166; *OLG Hamm* NJW 2006, 1144 = FamRZ 2006, 576 (Ls); *OLG Hamburg* Beschl v 17.6.2013, 2 Ws 23-25/13.

60 *KG* Urt. v. 21.1.2005, (5) 1 Ss 475/04 (73/04).

61 *OLG Hamm* Beschl. v. 15.1.2008, 3 Ws 10/08, NStZ 2009, 44.

62 *OLG Hamm* NJW 1960, 834, 835; a.A. *LG Ravensburg* FamRZ 2001, 937.

63 *LG Hamburg* NStZ 2002, 39, Rn. 18. *OLG Köln* wistra 2005, 392.

64 *OLG Celle* Beschl. v. 21.2.2012, 32 Ss 8/12; BtPrax 2012, 124 = NStZ 2012, 702.

65 *BGH* BtPrax 2014, 279 = FamRZ 2014, 1697 Rn. 9.

Geschäftsfähigkeit eingeschränkt ist (hier bezeichnet als Fähigkeit zur Vornahme von Verfahrenshandlungen; § 11 SGB X, § 12 VwVfG, § 79 AO); falls nein, ist das Verwaltungsverfahren bis zur Bestellung eines Betreuers mit geeignetem Aufgabenkreis (z.B. Vertretung in Sozialleistungsangelegenheiten oder allgemeiner Behördenangelegenheiten) zu unterbrechen; statt eines Betreuers kann vom BetrG auch ein Vertreter speziell für das Verwaltungsverfahren bestellt werden (§ 15 SGB X, § 16 VwVfG, § 81 AO); meist ist dies wegen darüber hinaus bestehenden Betreuungsbedarfs aber untunlich.

841 Bestehen keine Beschränkungen der Geschäftsfähigkeit, kann der Betreuer jedoch (durch das Stellen eines Antrags bei einer Behörde oder spätere formlose Intervention) ebenso wie in Gerichtsverfahren dafür sorgen, dass der Betreute in dem Verwaltungsverfahren als handlungsunfähig gilt; der bereits erwähnte § 53 ZPO gilt durch Verweis in den § 11 SGB X, § 12 VwVfG, § 79 AO auch sinngemäß für Verwaltungsverfahren. Die Behörde hat sich daraufhin mit ihren Schriftsätzen einschließlich der Mitwirkungsaufforderungen nach §§ 60 ff. SGB I an den Betreuer zu wenden; formale Zustellungen müssen an den Betreuer erfolgen, wenn sie zum Beginn einer Frist führen sollen (§ 6 VwZG).

842 Bei der Vertretung gegenüber Personen des privaten Rechtes gelten die genannten Einschränkungen nicht, insbesondere ist konkurrierendes Handeln bei geschäftsfähigen Betreuten denkbar; dieses muss nach den allgemeinen Regeln des BGB (insbesondere der Unmöglichkeit) aufgelöst werden. Da aber auch hier für den Geschäftsverkehr häufig Zweifel an der Geschäftsfähigkeit bestehen dürften, sollten Geschäftspartner auf die Regelung des § 131 BGB verwiesen werden, um Korrespondenz nach Möglichkeit direkt mit dem Betreuer tzu führen.

III. Geschäftsfähigkeit und Betreuung

843 Die Bestellung eines Betreuers beeinträchtigt nicht eine bestehende Geschäftsfähigkeit. Dies hatte mit dem Inkrafttreten des Betreuungsgesetzes 1992 ein Ende.

844 Bei einem Geschäftsunfähigen i.S.d. § 104 Nr. 2 BGB hat die Betreuungsanordnung dennoch Auswirkungen. Soweit zuvor für Forderungen zugunsten oder zulasten des Betreuten eine Ablaufhemmung (§ 210 BGB) bestand, ist diese mit der rechtswirksamen Betreuerbestellung (§ 287 FamFG) beendet. Sofern ein Gerichtsverfahren wegen Prozessunfähigkeit unterbrochen war (§ 241 ZPO), ist es nach Betreuerbestellung fortzusetzen. Im übrigen wäre die Anordnung eines Einwilligungsvorbehaltes bei einem (erkennbar) Geschäftsunfähigen überflüssig, denn der Einwilligungsvorbehalt verbessert dann die Rechtsstellung nicht. Lediglich in unklaren Fällen kann er dem Betreuer eine Arbeitserleichterung darstellen.

845 Desgleichen dürfen Betreuer bestimmte Tätigkeiten nur dann vornehmen, wenn der Betreute geschäftsunfähig i.S.d. § 104 Nr. 2 BGB ist. Die auf den Aufgabenkreis bezogene Vertretungsbefugnis (§ 1902 BGB) ist insofern beschränkt. Wichtige Beispiele hierfür sind:

- § 1411 Abs. 2 BGB: Abschluss eines Ehevertrags;
- § 1484 Abs. 2 BGB: Ablehnung fortgesetzte Gütergemeinschaft;
- § 1491 Abs. 3 BGB: Verzicht des Abkömmlings auf Gesamtgutsanteil;
- § 1492 Abs. 3 BGB: Aufhebung der fortgesetzten Gütergemeinschaft;
- § 1493 Abs. 2 BGB: Unterbleiben der Aufhebung der Gütergemeinschaft nach Wiederverheiratung;
- § 125 Abs. 2 FamFG: Ehescheidungs- oder Eheaufhebungsantrag;
- § 1596 Abs. 2 BGB: Vaterschaftsanerkennung im Namen des Betreuten;

- § 1599 Abs. 2 BGB: Zustimmung zur Vaterschaftsanerkennung;
- § 2282 Abs. 2 BGB: Anfechtung Erbvertrag;
- § 2290 Abs. 3 BGB: Erbvertragsauflösungsvertrag;
- § 2347 Abs. 2 BGB: Erbverzicht als Erblasser;
- § 3 Abs. 1 TSG: Änderung des Vornamens und des Geschlechtes (Transsexuelle);
- § 9 Abs. 1 BPersVG: Antragstellung für Personalausweis;
- § 6 Abs. 1 Paßgesetz: Antragstellung für Reisepass;
- § 4 Abs. 2 WBVG: Genehmigung eines Heim- oder Betreuungsvertrags;
- Landesrecht: Erklärung des Kirchenaustritts[66].

Die Prüfung, ob Geschäftsunfähigkeit vorliegt, obliegt in den meisten der o.g. Beispiele dem Betreuungsgericht, da die genannten Rechtshandlungen zum größten Teil der betreuungsgerichtlichen Genehmigungspflicht unterliegen. Bei der Beantragung von Ausweisen und Pässen ist die Passbehörde zur Prüfung der Voraussetzungen, also auch der Geschäftsunfähigkeit des Vertretenen verpflichtet. **846**

Vorab kann der Betreuer lediglich hilfsweise auf die Schlussfolgerungen des Betreuungsrichters im Rahmen des § 1896 Abs. 1a BGB zurück greifen. In allen Fällen, in denen der Betreute kein Einverständnis zur Betreuerbestellung gegeben hat, darf die Betreuung (seit 2005) nur dann angeordnet werden, wenn sich der Richter davon überzeugt hat, dass keine freie Willensbestimmung besteht. Hierzu dient das Ergebnis des Sachverständigengutachtens (§ 280 FamFG).

Auch wenn eine entsprechende richterliche Feststellung (anders als bei der Entmündigung vor 1992) keine konstituierende Wirkung für den Rechtsverkehr hat, ist sie für den Betreuer (vor allem bei unklaren medizinischen Situationen) eine wichtige Argumentationshilfe. Andere Gerichte, Behörden und auch andere Stellen (Ärzte, Krankenhäuser, Banken und Sparkassen) werden sich meist daran orientieren. **847**

Gegenüber Banken und Sparkassen ergibt sich eine Einschätzungspflicht des Betreuers die Geschäftsfähigkeit des Betreuten betreffend meist aus den Allgemeinen Geschäftsbedingungen (z.B. AGB Sparkassen Nr. 20). Allerdings hat der BGH in einer neueren Entscheidung festgestellt, dass Kontoverfügungen eines in der Geschäftsfähigkeit Beschränkten die Bank auch ohne deren Kenntnis dieses Umstandes nicht von Ihrer Leistungspflicht befreit.[67] **848**

IV. Die Pflichten im Rahmen der zugewiesenen Aufgabenkreise

1. Aufgabenkreis Vermögenssorge

Der Aufgabenkreis „Vermögenssorge", auch „Regelung finanzieller Angelegenheiten" genannt, ist aufgrund des Erforderlichkeitsgrundsatzes (§ 1896 Abs. 2 BGB) nur dann anzuordnen, wenn es überhaupt regelungsbedürftige Angelegenheiten aus diesem Bereich gibt. Der Aufgabenkreis verpflichtet den Betreuer zu einer vollständigen Ermittlung des Vermögens des Betreuten und zu dessen Verwaltung. Hierbei kann es sich um die Verwaltung vorhandener Vermögenswerte, insbesondere der Geldanlage handeln. **849**

---

66 Vgl. für Details *Deinert* Kirchenaustritt und Betreuung, FamRZ 2006, 243.
67 *BGH* Urt. v. 21.4.2015, XI ZR 234/14, BtPrax 2015, 208 = FamRZ 2015, 1386.

850 Auch die Regulierung von Negativvermögen, also Schulden, gehört zu diesem Aufgabenkreis[68], dies gilt auch für gerichtliche Verfahren in diesem Zusammenhang, wie der Abgabe einer Vermögensauskunft (§§ 802c ff. ZPO, ehemals eidesstattliche Versicherung) oder der Einleitung von Schuldenbereinigungsverfahren, wie der Verbraucherinsolvenz (§§ 304 ff. InsO). Auch ist der Betreuer mit dem Aufgabenkreis der Vermögenssorge gesetzlicher Vertreter im Sinne der Abgabenordnung (§ 34 AO), er hat die steuerlichen Erklärungspflichten für den Betreuten.[69]

851 Öfter wird es sich aber auch um die Geltendmachung laufender oder einmaliger Zahlungsansprüche handeln. Während Ansprüche auf Schadensersatz (§ 823 BGB), Schmerzensgeld (§ 253 BGB), Arbeitslohn (§ 612 BGB) oder erbrechtliche Ansprüche (§§ 1922 ff. BGB) unzweifelhaft der Vermögenssorge zugeordnet werden, ist dies bei sozialrechtlichen Ansprüchen nicht ganz unstrittig. Insbesondere hat der Betreuer auch Vermögensverschiebungen, die **vor** der Betreuerbestellung stattgefunden haben, konsequent nachzugehen.[70]

852 **Beispiel:** Die Tochter T. der dementen Betroffenen nutzt eine ihr von dieser erteilte Vorsorgevollmacht aus und hebt zu eigenen Gunsten 300.000 € von den deren Konten ab. Eine weitere Tochter TA der Betroffenen regt hieraufhin eine Betreuerbestellung bei dem zuständigen Betreuungsgericht an. Der bestellte Betreuer hat die Rückführung der von T. entnommenen Gelder zugunsten der Betroffenen binnen der dreijährigen Verjährung durchzuführen, sonst macht er sich nach §§ 1908i, 1833 BGB nach dem Tod der Betroffenen gegenüber der Miterbin TA schadensersatzpflichtig.

853 Insbesondere war es bis vor einigen Jahren nicht unumstritten, ob das Beantragen von Sozialhilfe/Grundsicherung zu dem Aufgabenkreis eines Betreuers im Bereich der Vermögenssorge zählt.[71] Mehrere Gerichte lehnten dieses ab und begründeten es damit, dass man das Verfolgen sozialhilferechtlicher Ansprüche mit der Realisierung von Unterhaltsansprüchen gleichstellen müsse. In beiden Fällen stelle die Bedarfssicherung der betroffenen Person den Zweck der jeweiligen Leistung dar. Die Geltendmachung von Unterhaltsansprüchen unterliege jedoch unstreitig dem Bereich der Personensorge.[72] Der BGH hat allerdings durch Urteil vom 2.12.2010 anlässlich einer Auseinandersetzung um die Barbetragsverwaltung eines Heimbewohners nach § 27b Abs. 2 SGB XII den Betreuer mit dem Aufgabenkreis Vermögenssorge als vertretungsberechtigt angesehen.[73]

854 **Beispiel (zum Unterhalt):** Der Betreuer Helmut L. stellt im Zuge seine Ermittlungen fest, dass seine nunmehr mittellose Betreute Claudia O. früher einmal mit Bernhard O. verheiratet war. Die Ehe wurde 2005 geschieden. Auf Grund des Umstandes, dass die Betreute damals berufstätig war, verzichtete sie seinerzeit darauf, gegen Herrn O. Unterhaltsansprüche geltend zu machen. Infolge mittlerweile eingetretener Verarmung der Betreuten überlegt sich der Betreuer, ob er an Herrn O. herantreten kann zwecks Realisierung von Unterhaltsansprüchen. In einem solchen Fall empfiehlt es sich, wie folgt an das Betreuungsgericht heranzutreten:

---

68 *Bienwald* Schuldenregulierung als Betreueraufgabe; BtPrax 2000, 187.
69 *Deinert/Römer* Betreuung und Steuerrecht; BtPrax 2010, 212 (Teil 1) und BtPrax 2010, 257 (Teil 2); *Stahl/Carle* Die steuerliche Rechtsstellung des Betreuers, DStR 2000, 26.
70 *OLG München* Der Rechtspfleger 2006, 14 ff.
71 *LG Köln* FamRZ 1998, 919; *OVG NRW* FamRZ 2001, 312 = NJW 2001, 91 = RDLH 2001, 90 = ZfS 2001, 113.
72 MK-BGB/*Schwab* § 1896 BGB Rn. 115.
73 *BGH* BtPrax 2011, 78 = FamRZ 2011, 293 = MDR 2011, 103 = ZfSH/SGB 2011, 211.

Muster: Anregung des Betreuers zur Erweiterung des Aufgabenkreises ————— **855**

Amtsgericht (…)
– Abt. Betreuungen –

In der Betreuungssache
Claudia O.
– Az (…) –

teile ich mit, dass meine Betreute von 1988 bis 2005 mit Herrn Bernhard O. verheiratet war. Die Ehe wurde am 8.2.2005 durch das Familiengericht zu Az (…) geschieden.

Seinerzeit hatte die Betreute mit Hinblick auf eigenes Einkommen auf das Erheben eines Unterhaltsanspruchs gegen Herrn O. verzichtet. Ich beabsichtige, Herrn Rechtsanwalt Paul B. mit der Realisierung von Unterhaltsansprüchen für meine Betreute zu beauftragen. Herr O., mit dem ich bereits fernmündlich Kontakt hatte, lebt in guten Einkommensverhältnissen.

Durch das erkennende Gericht wurde mir jedoch nur der Aufgabenkreis „Vermögenssorge" und „Zustimmung zu Heilbehandlungsmaßnahmen" zugesprochen. Ich rege daher an, die Betreuung auf den Aufgabenkreis „Regelung der Unterhaltsangelegenheiten" zu erweitern.

(Betreuerin)

Es wird im Folgenden ein tabellarischer Überblick gegeben, welche Angelegenheiten der Vermögenssorge zuzuordnen sind und welche nicht. **856**

Tätigkeit	Aufgabenkreis	Fundstelle
Beantragung von Sozialhilfe	1. h.M.: Vermögenssorge; 2. a.A.: Personensorge	**Zu 1:** *BayObLG* FamRZ 1997, 902/904; *OLG Köln* DAVorm 1993, 347; *BGH* BtPrax 2011, 78 **Zu 2:** *LG Köln* FamRZ 1998, 919; *OVG Münster* FamRZ 2001, 312; *OLG Zweibrücken* FamRZ 2000, 1324/1325
Vollmachtswiderruf	Alle Angelegenheiten oder besonderer Aufgabenkreis Widerruf von Vollmachten	*LG Wiesbaden* FamRZ 1994, 778; *KG* FamRZ 2007, 1041; FGPrax 2009, 110 = NJW 2009, 1425; *BGH* BtPrax 2015, 241
Beitritt zur freiwilligen Krankenversicherung	Gesundheitssorge (u.U. bei Beitragszahlungen auch Vermögenssorge)	*BSG* BtPrax 2003, 172; BtPrax 2008, 258; *OLG Brandenburg* FamRZ 2008, 916; *OLG Nürnberg* NJW-RR 2013, 836
Geltendmachung von Unterhalt	Eigens benannter Aufgabenkreis Geltendmachen/Realisierung von Unterhaltsansprüchen des Betroffenen oder Personensorge	*BGH* NJW 1953, 1546 f.; *OLG Zweibrücken* FamRZ 2000, 1324; **a.A.** *AG Westerstede* FamRZ 2003, 552

Tätigkeit	Aufgabenkreis	Fundstelle
Strafantrag bei Vermögensdelikten	1. Vermögenssorge 2. a.A.: eigens formulierter Aufgabenkreis	**Zu 1):** *LG Ravensburg* FamRZ 2001, 937; diff. *BGH* BtPrax 2014, 279 (wenn gerade wegen der Veruntreuung der Aufgabenkreis Vermögenssorge angeordnet wurde) **Zu 2):** *OLG Frankfurt* BtPrax 2005, 197/198, *LG Hamburg* NStZ 2002, 39 u. Beschl. v. 17.6.2013, 2 Ws 25/13; *OLG Schleswig* FamRZ 2008, 187; *OLG Celle* NStZ 2012, 702; *OLG Karlsruhe* Beschl. v. 12.12.2012, 3 Ws 397/12; *OLG Köln* wistra 2005, 392;
Sperren bestimmter Telefonnummern (z.B. 0190)	Vermögenssorge und zusätzlich Gestattung nach § 1896 Abs. 4 BGB	Allg. M., z.B. *OLG München* FamRZ 2008, 1476
Wohnungskündigung	Vermögenssorge oder Wohnungsangelegenheiten	Vor Ort zu klären (ggf. im Rahmen eines Antrags nach § 1907 BGB); zu 2: *AG Detmold* Urt. v. 18.2.2011, BtPrax 2011, 137
Erbschaftsfragen	Vermögenssorge (oder als Teil der Vermögenssorge eigens formulierter Aufgabenkreis)	Allg. M. z.B. *LG Hamburg* Beschl. v. 17.2.2000, 301 T 264/99

857   Es kann mit Hinblick auf § 1902 BGB nicht dahinstehen, ob eine Tätigkeit dem Aufgabenkreis des Betreuers zuzuordnen ist oder nicht, so dass zur Klarstellung, ob der Aufgabenkreis „Vermögenssorge" die Vertretung des Betroffenen umfasst, in Zweifelsfällen stets eine Anfrage an das zuständige Betreuungsgericht empfohlen wird.

858   ┌─ **Muster: Anfrage des Betreuers beim Betreuungsgericht über Umfang des Aufgabenkreises** ─

Amtsgericht (...)
– Abt. Betreuungen –

In der Betreuungssache
Charlotte P.
– Az (...) –

wurde ich von dem erkennenden Gericht zum Betreuer für den Bereich der Vermögensangelegenheiten bestellt. Meine Betreute, Frau P., lebt im Haushalt ihrer Eltern und erhält von diesen in sporadischen Abständen Taschengeld. Meine Ermittlungen ergaben, dass die Eltern meiner damals noch minderjährigen Betreuten in der Vergangenheit ein dieser zugeflossenes Schmerzensgeld in Höhe von 150.000 € aus einer Arzthaftungsangelegenheit für eigene Zwecke vereinnahmten. Hierauf angesprochen, zeigten sie keinerlei Unrechtsbewusstsein und lehnten die Herausgabe des Geldes ab. Die Betroffene möchte nichts gegen ihre Eltern unternehmen. Ich möchte Strafanzeige wegen Untreue und Missbrauch, § 266 StGB erstatten. Allerdings bin ich mir nicht ganz klar darüber, ob der mir übertragene Aufgabenkreis der Vermögenssorge das Stellen eines Strafantrages mit umfasst.

Ich bitte daher das erkennende Gericht, ggf. eine Aufgabenkreiserweiterung vorzunehmen.

(Betreuer)

Selbst wenn der Betroffene, wie oben ausgeführt, kein Vermögen hat und auch keine Einkünfte erzielt, kann es gleichwohl erforderlich sein, einen Betreuer zu bestellen, um ihn davor zu bewahren, weitere Schulden zu machen. Dies kann insbesondere bei Betroffenen mit einem manisch-depressiven Krankheitsbild angebracht sein, die krankheitsbedingt ihre finanziellen Möglichkeiten verkennen und teilweise wahllos Kauf- bzw. Mietverträge abschließen. Die gelegentlich hiergegen vertretene Argumentation,[74] eine Betreuerbestellung sei entbehrlich, da der Betroffene ohnehin zahlungsunfähig sei, lässt außer Acht, dass es einen nicht hinweg zu diskutierenden Nachteil darstellt, mit einem ständig wachsenden Schuldenberg und daraus resultierenden Inkassomaßnahmen zu leben.[75]

859

Ebenfalls unhaltbar ist die Argumentation, dass eine Betreuerbestellung bei Sozialhilfeangelegenheiten unnötig sei, weil ja die Sozialhilfe mit Kenntnis der Notlage (§ 18 SGB XII) einsetze und diese von jedermann dem Sozialhilfeträger mitgeteilt werden könnte.[76] Sie verkennt zum einen die sozialrechtliche Mitwirkungspflicht (§ 60 ff. SGB I), zum anderen die Notwendigkeit, den Bewilligungs- oder Ablehnungsbescheid wirksam in Empfang nehmen zu können (§ 11 SGB X), die Bescheide auf Richtigkeit zu prüfen und ggf. Rechtsmittel bei falschen Bewilligungs- und Rückforderungsbescheiden einzulegen. Außerdem sind inzwischen sowohl die weitverbreitete Grundsicherung im Alter und bei Erwerbsminderung (§ 41 SGB XII) sowie die Grundsicherung für Arbeitslose (§ 37 SGB II) nur auf einen formal wirksam gestellten Antrag hin zu bewilligen; auch hierfür ist die an die bürgerlichrechtliche Geschäftsfähigkeit geknüpfte öffentlich-rechtliche Handlungsfähigkeit unumgänglich (§ 11 SGB X).

860

Klassischerweise umfasst also die Vermögenssorge das Verwalten von Einkommen und Vermögen des Betroffenen. Die Erforderlichkeit für die Anordnung des Aufgabenkreises „Vermögenssorge" entfällt nicht, wenn das Vermögen des Betreuten bereits gut angelegt ist. In einem solchen Fall hat der Betreuer darauf zu achten, dass die geordneten Verhältnisse aufrechterhalten bleiben.[77] Dies gilt umso mehr, als zahlreiche Geldanlageprodukte inzwischen feste Laufzeiten haben, sodass sich das Erfordernis der neuen Anlageentscheidungen allein daraus ergibt.

861

a) Ermittlung des Vermögens und vermögensrechtlicher Ansprüche

Der Aufgabenkreis der Vermögenssorge verpflichtet den Betreuer zu einer umfassenden Ermittlungs- und Verwaltungstätigkeit.[78] Erste Anhaltspunkte, wo der Betreuer mit seinen Ermittlungen ansetzen kann, sind in der Regel aus der Akte des Betreuungsgerichtes (insbesondere einen etwaigen Bericht der Betreuungsbehörde gem. § 279 Abs. 2 FamFG) zu entnehmen. Insbesondere wegen der Abwicklung von Bankgeschäften ist es betreuerseits unumgänglich, das im anhängigen Betreuungsverfahren eingeholte Sachverständigengutachten zu lesen. Wurde durch den Sachverständigen die von dem Betreuungsgericht obligatorische Frage in dem Beweisbeschluss, ob der Betroffene noch zu einer freien Willensbestimmung in der Lage sei, verneint, heißt dies im Umkehrschluss, dass der Betroffene geschäftsunfähig ist. Dies muss dann den Banken umgehend kommuniziert werden. Der Betreute ist dann mit Hinblick auf § 105 BGB nicht mehr zu einer selbstständigen Erledigung seiner Bankgeschäfte fähig. Unmit-

862

---

74 *Damrau/Zimmermann* § 1903, Rn. 4.
75 *Knittel* BtR, § 1896 BGB Rn. 32 f.
76 *LG Duisburg* BtPrax 2004, 156:
77 *BayObLG* FamRZ 1995, 117.
78 *Jochum/Pohl* S. 79.

telbar nach der Wirksamkeit der Betreuerbestellung muss der Betreuer folgende Institutionen anschreiben, um den Vermögensstatus des Betreuten zum Zeitpunkt der Betreuerbestellung zu eruieren.

863 ┌─ **Checkliste: Anzuschreibende Institutionen im Rahmen der Vermögenssorge** ─────

1. Anfrage an den örtlichen Bankenverband (Adresse unter www.bankenverband.de)
2. Anfrage bekannter Bankinstitute
3. Anfrage bei der örtlichen Sparkasse
4. Anfrage Postbank (ehemaliges Postsparkassenamt)
5. Anfrage Rentenservice der Deutschen Post AG
6. Selbstauskunft bei der Schufa einholen (www.schufa.de)
7. Anfrage beim Vermieter
8. Anfrage bei Pensionsanstalten (z.B. berufsständische Versorgungswerke, Zusatzversorgungskassen
9. Anfrage bei Lebensversicherungsunternehmen (auch Riester-Rentenversicherer)
10. Anfrage bei Versicherungen (Hausrat/Haftpflicht/Unfall/Gebäude/KFZ u.Ä.)
11. Information von Versorgungsunternehmen (Strom/Gas, bei Wohnungseigentum auch Wasser/Abwasser/Müllabfuhr)
12. Information an den Beitragsservice der Rundfunkanstalten (ggf. Befreiung oder Ermäßigung der Haushaltsabgabe unter Vorlage des SB-Ausweises beantragen)
13. Information an das Telekommunikationsunternehmen (Festnetz/Handy)
14. Schreiben an Gläubiger bei angeordnetem Einwilligungsvorbehalt
15. Schreiben an Gläubiger wegen laufender Verbindlichkeiten

864 Zu den Anfragen im Einzelnen (betrifft insbesondere dem Betreuer zunächst unbekannte Bankverbindungen):

aa) Ermittlung der Kontenstände

865 Es empfiehlt sich, zunächst die Höhe der Kontenstände per Stichtag, d.h. dem Datum, an dem der Beschluss über die Betreuerbestellung nach § 287 Abs. 1 oder 2 FamFG wirksam wurde, zu ermitteln. In jedem Bundesland existiert ein Bankenverband, bei dem die Kontoinhaber nahezu aller Bank- und Kreditinstitute abgefragt werden können. Es ist daher zuerst der regionale Bankenverband, dessen Anschrift über die jeweilige Landeszentralbank bzw. dessen Homepage www.bankenverband.de in Erfahrung gebracht werden kann, gem. dem nachstehenden Muster anzuschreiben:

866 ┌─ **Muster: Anfrage beim Bankenverband** ────────────────────────────

Bankenverband
(…)

Betreuung für Herrn Hannes H.

Sehr geehrte Damen und Herren,

ausweislich des anliegenden Betreuerausweises in Kopie zeige ich an, dass das Amtsgericht (…) mich zur Betreuerin für den oben genannten Betroffenen bestellt hat.

Ich bitte um Auskunft, ob mein Betreuer Konten, Depotkonten, Schließfächer etc. innehat. Die Gebühr in Höhe von (…) € habe ich mit gleicher Post auf Ihr Girokonto überwiesen.

Mit freundlichen Grüßen
(Betreuerin)

Teilweise sind jedoch Bank- oder Kreditinstitute nicht dem Bankenverband angeschlossen, so dass diese gesondert anzuschreiben sind. Jeder regionale Bankenverband erteilt Auskunft über die bei ihm angeschlossenen Kreditinstitute. In Berlin ist beispielsweise die Berliner Sparkasse nicht dem Bankenverband angeschlossen, so dass diese mit folgendem Musterschreiben gesondert um Bekanntgabe der Kontenstände gebeten werden muss: **867**

Muster: Anfrage bei der Sparkasse **868**

Sparkasse
(…)

Betreuung für Herrn Hannes H.

Sehr geehrte Damen und Herren,

ausweislich des anliegenden Betreuerausweises in Kopie zeige ich an, dass das Amtsgericht (…) mich zur Betreuerin für den oben genannten Betroffenen bestellt hat.

Ich bitte Sie, in Ihrem Hause Nachforschungen darüber anzustellen, ob Konten, Schließfächer und Depots existieren oder kurz vor oder nach Einleitung der Betreuung aufgelöst worden sind.

Bitte teilen Sie mir den jeweiligen Kontostand per (…), ggf. Auflösung sowie den Kontostand mit. Kontoauszüge wollen Sie bitte ab dem (…) an mein Büro senden.

Sollten Daueraufträge, Einzugsermächtigungen oder Vollmachten bestehen, bitte ich um entsprechende Mitteilung. Außerdem bitte ich um Mündelung der Sparkonten.

Mit freundlichen Grüßen
(Betreuerin)

Ist aus der Gerichtsakte bereits ein Konto des Betreuten bekannt, so ist das entsprechende Bankinstitut wie folgt anzuschreiben: **869**

Muster: Information der Bank des Betreuten **870**

(…) Bank
(…)

Betreuung für Herrn Hannes H.
Kontonummer: (…)

Sehr geehrte Damen und Herren,

ausweislich des anliegenden Betreuerausweises in Kopie zeige ich an, dass das Amtsgericht (…) mich zur Betreuerin für den oben genannten Betroffenen bestellt hat.

Nach meinen Ermittlungen wird zur o.g. Kontonummer ein Konto für meinen Betreuten bei Ihnen geführt.

Ich bitte Sie, den Umstand der Betreuung in Ihren Unterlagen zu vermerken und in Ihrem Hause Nachforschungen darüber anzustellen, ob weitere Konten existieren oder kurz vor oder nach Einleitung der Betreuung aufgelöst worden sind.

Bitte teilen Sie mir den jeweiligen Kontostand per (…), ggf. Auflösung sowie den derzeitigen Kontostand mit. Kontoauszüge wollen Sie bitte ab dem (…) fortlaufend an mein Büro senden.

Über bestehende Daueraufträge, Einzugsermächtigungen oder Vollmachten wollen Sie mich bitte in Kenntnis setzen.

Bitte bestätigen Sie mir, dass Sie alle in Ihrem Hause für meinen Betreuten geführten Sparkonten mit einem Sperrvermerk (§ 1809 BGB) versehen haben.

Das Girokonto bitte ich, ebenfalls zu sperren,

- weil ein Einwilligungsvorbehalt (§ 1903 BGB für die Vermögenssorge angeordnet wurde;
- alternativ: weil der Betreute nach meiner Einschätzung und der des Betreuungsgerichtes zu einer freien Willensbildung i.S.d. § 1896 Abs. 1a/§ 104 Nr. 2 BGB nicht in der Lage ist;
- alternativ: nach meinen bisherigen Erkenntnissen ist der Betreute weiterhin als geschäftsfähig anzusehen, sodass von einer Sperrung des Girokontos abzusehen ist.

Mit freundlichen Grüßen
(Betreuerin)

871 Die Hinweise zur Geschäftsfähigkeit des Betreuten gegenüber der Bank ergeben sich aus der Mitwirkungspficht des Kunden aufgrund der AGB der meisten Banken (z.B. Nr. 20 AG Sparkassen), die auch den Betreuer mit Aufgabenkreis Vermögenssorge betrifft (§ 278 BGB). Nach neuerer Rechtsprechung lässt auch eine fehlende Mitteilung des Betreuers an die Bank beim Einwilligungsvorbehalt der Bank nicht mehr die Möglichkeit, sich bei weiterhin stattfindenden Auszahlungen an den Betreuten auf den Gutglaubensschutz berufen zu können.[79] Allerdings ist eine Rückforderung nach den Grundsätzen der ungerechtfertigten Bereicherung (§ 812 BGB) weiterhin möglich.

bb) Ermittlung von Renten- und anderen Einkünften

872 Aus der Gerichtsakte ergibt sich oft bereits, wie der Betreute seinen Lebensunterhalt bestritten. Hat der Betreute bereits ein Alter, in dem üblicherweise Rente bezogen wird, oder ist bekanntermaßen der Ehegatte verstorben, ist der Rentenservice der Deutschen Post AG anzuschreiben, da man von dort aus eine Sammelauskunft über die wichtigsten Rententräger, die Versicherungsnummer, den Zahlbetrag und den Zahlungsweg bekommt.

873 ┌─ **Muster: Anschreiben an den Rentenservice** ─────────────────

Deutsche Post AG
Niederlassung Renten Service
13497 Berlin

Fax: 06151 3 90 90 36 11

Betreuung für Herrn Hannes H., geb. am ....

Sehr geehrte Damen und Herren,

ausweislich des anliegenden Betreuerausweises im Original zeige ich an, dass das Amtsgericht (...) mich zur Betreuerin für den oben genannte Betroffenen bestellt hat.

Ich bitte um Mitteilung, welche Renten gezahlt werden. Ferner bitte ich um Information über den Zahlungsweg.

Sollte(n) Rente(n) auf ein Girokonto überwiesen werden, kann bis auf Weiteres weiter so verfahren werden.

Ich bitte Sie, Schriftwechsel in Rentenangelegenheiten nur noch mit mir zu führen und mir die Rentenanpassungsmitteilungen zur gegebenen Zeit zu übersenden.

Mit freundlichen Grüßen
(Betreuerin)

---

79 *BGH* BtPrax 2015, 208 = FamRZ 2015, 1386; anders noch *LG Oldenburg* BtPrax 2013, 262 = WM 2013, 1411; *OLG Koblenz* FamRZ 2013, 69.

Allerdings umfasst die Auskunft des Rentenservices nicht Ruhestandsbezüge von Beamten, Richtern und Soldaten und deren Hinterbliebenen oder Betriebsrenten, die der Betreute möglicherweise erhält. Diese hat der Betreuer selbst zu ermitteln. Erhält der Betreute beispielsweise eine Betriebsrente vom ehemaligen Arbeitgeber, ist dieser mit einer vergleichbaren Anfrage anzuschreiben. Hierfür kommen im Wesentlichen Personen infrage, die selbst (oder Ihre verstorbenen Ehegatten) im öffentlichen oder kirchlichen Dienst, in einem verkammerten Beruf oder einem Großunternehmen der freien Wirtschaft tätig waren.   **874**

Im Übrigen empfiehlt es sich, die Girokontoauszüge des Betreuten sorgfältig zu studieren, da sich hier Hinweise auf Pensionen, Betriebsrenten oder sonstige Einkünfte ergeben.   **875**

War der Betreute Beamter oder ist der Betreute Hinterbliebener eines Beamten, ist die zuständige Behörde anzuschreiben (dasselbe gilt für Richter, Pfarrer, Soldaten):   **876**

Muster: Anschreiben an die Versorgungsstelle der früheren Beschäftigungsbehörde   **877**

Z.B. an das Bundesamt für zentrale Dienste und offene Vermögensfragen (für Bundesbeamte), das Bundeseisenbahnvermögen, den Bundes-Pensions-Service für Post und Telekommunikation, das Landesverwaltungsamt oder das jeweilige Landesamt für Besoldung und Versorgung (bei ehemaligen Landesbeamten und Hinterbliebenen) oder kommunales Personalamt (bei ehemaligen Kommunalbeamten und deren Hinterbliebenen)

(…)

Betreuung für (…)

Sehr geehrte Damen und Herren,

ausweislich des anliegenden Betreuerausweises in Kopie zeige ich an, dass das Amtsgericht (…) mich zur Betreuerin für die oben genannte Betroffene bestellt hat.

Ich bitte um Mitteilung, welche Leistungen, insbesondere Versorgungsbezüge, gezahlt werden. Ferner bitte ich um Information über den Zahlungsweg. Sollten Zahlungen auf ein Girokonto meiner Betreuten erfolgen, kann bis auf Widerruf weiter so verfahren werden.

Ich bitte, künftigen Schriftwechsel in den Angelegenheiten meiner Betreuten nur noch an mich zu richten. Von dem letzten Bescheid, aus dem sich die Höhe der Bezüge per (…) ergibt, erbitte ich eine Kopie.

Sollte meine Betreute beihilfeberechtigt sein, so bitte ich vorab um Übersendung von Antragsformularen oder um Mitteilung, welche Behörde für die Gewährung von Beihilfen im Krankheitsfall für meinen Betreuten zuständig ist.

Mit freundlichen Grüßen
(Betreuerin)

Bezieht der Betreute Leistungen nach dem SGB II (ALG 2) oder dem SGB XII (Sozialhilfe), sowie Wohngeld nach dem Wohngeldgesetz, ist der jeweilige Sozialleistungsträger anzuschreiben.   **878**

879 ┌─ Muster: Anschreiben an den Sozialhilfeträger/das Jobcenter ─────────

Bezirksamt (…)
Abt. Sozialwesen bzw. Jobcenter
(…)

Betreuung für (…)

Sehr geehrte Damen und Herren,

ausweislich des anliegenden Betreuerausweises in Kopie zeige ich an, dass das Amtsgericht (…) mich zur Betreuerin für die oben genannte Betroffene bestellt hat.

Nach meiner Kenntnis bezieht meine Betreute Leistungen nach dem SGB II (ALG 2) bzw. dem SGB XII (Sozialhilfe) bzw. Wohngeld. Ich bitte um Mitteilung der Höhe der monatlichen Leistungen und des Zahlungsweges.

Bitte übersenden Sie mir:

• eine Kopie des letzten Bewilligungsbescheides;
• sofern daraus nicht erkennbar, eine Auflistung sonstiger angerechneter Einkünfte (und deren Quelle).

Außerdem bitte ich Sie, bis auf Widerruf künftig nur mit mir kommunizieren (§ 11 SGB X i.V.m. § 53 ZPO und § 6 VwZG). Auch Aufforderungen zu Mitwirkungshandlungen (§§ 60 ff. SGB I) wollen Sie mir bitte zukommen lassen.

Sollten Leistungen an meine Betreute bar ausgezahlt werden, so bitte ich, dieses bis auf Widerruf beizubehalten.

Bitte teilen Sie mir ebenfalls mit, wer Vermieter der o.a. Wohnung ist. Wird der Mietzins direkt von Ihrer Behörde an den Vermieter gezahlt? Auf welchen Betrag beläuft sich ggf. die monatliche Miete incl. Nebenkosten ?

Zukünftige Korrespondenz in Angelegenheiten meines Betreuten ist ausschließlich mit mir zu führen, § 6 VwZG, § 11 Abs. 3 SGB X.

Mit freundlichen Grüßen
(Betreuerin)

880 Nachdem Kontakt mit dem Betreuten aufgenommen wurde, kann im Rahmen eines persönlichen Gespräches abgeklärt werden, ob noch weitere Einkommensquellen vorhanden sind. Insbesondere anhand der persönlichen Verhältnisse des Betreuten, beispielsweise ob er verwitwet ist, lässt sich eruieren, ob ergänzend Pensionskassen anzuschreiben sind.

881 Im Rahmen des Gespräches mit dem Betreuten ist dieser um Herausgabe von Sparbüchern zu bitten. Das Betreuungsgericht erwartet, dass der Betreuer die Sparbücher zu seinen Akten nimmt. Die Hergabe der Sparbücher ist u.a. erforderlich, um einen Mündelsperrvermerk (§ 1809 BGB) anzubringen (sofern es sich nicht um einen befreiten Betreuer, § 1908i Abs. 2 BGB handelt).

882 Bei der Vorlage der Sparbücher wird ein Stempel seitens des Kreditinstitutes auf der Vorderseite des Sparbuches angebracht, aus dem sich ergibt, dass es sich um ein Betreuungskonto handelt und Abhebungen von diesem nur mit Zustimmung des zuständigen Betreuungsgerichtes erfolgen dürfen. Allerdings ist zu betonen, dass, wenn der Betreute die Herausgabe der Sparbücher verweigert, der Betreuer dieses nicht mit Zwangsmitteln durchzusetzen kann. In einem solchen Fall ist mit dem kontoführenden Institut die Sachlage abzusprechen und dafür

Sorge zu tragen, dass der Sperrvermerk für das Konto bei den Unterlagen des Bankinstituts notiert wird. Bemächtigt sich dann ein unbefugter Dritter des Sparbuches des Betreuten, so kann er damit nichts anfangen, d.h. sobald er die Sparurkunde bei dem Bankinstitut vorlegt, wird auf Grund des Sperrvermerks keine Auszahlung vorgenommen werden.

Befindet sich der Betreute in einem Pflegeheim und gibt es daneben noch eine Wohnung, die bis dato nicht aufgelöst wurde, ist der Betreute zu fragen, ob er damit einverstanden ist, dass der Betreuer die Sparbücher aus der Wohnung holt. Auf die Problematik des Betretens der Wohnung des Betreuten gegen dessen ausdrücklichen Willen wird verwiesen.[80] Unseren Erfahrungen entspricht es, dass meistens eine Einigung mit den Betreuten möglich ist: Diese kann beispielsweise so beschaffen sein, dass einige Sparbücher herausgegeben werden, während andere im Besitz des Betreuten bleiben, damit dieser sie sich immer dann, wenn es ihm gefällt, anschauen kann. Verschlechtert sich der Gesundheitszustand des Betroffenen dergestalt, dass er keinen Wert mehr auf den Besitz der Sparbücher legt, kann darüber gesprochen werden, ob er dann die Sparbücher herausgibt. Stellt sich im Rahmen der Unterredung mit dem Betreuten heraus, dass Sparbücher verloren gegangen sind, so hat der Betreuer sich mit dem Bankinstitut in Verbindung zu setzen, damit das Guthaben auf ein neues Sparbuch transferiert wird und das verschwundene Sparbuch für verlustig erklärt wird. **883**

Empfehlenswert ist weiterhin, mit dem Sozialpsychiatrischen Dienst Kontakt aufzunehmen, da dieser den Betreuten unter Umständen bereits seit längerem kennt und Hinweise auf sein soziales Umfeld geben kann. **884**

┌─ **Muster: Anschreiben an den Sozialpsychiatrischen Dienst** ─────────── **885**

Bezirksamt/Landratsamt/Stadtverwaltung (...)
Abt. Gesundheitswesen
Sozialpsychiatrischer Dienst
(...)

Betreuung für (...)

Sehr geehrte Damen und Herren,

ausweislich des anliegenden Betreuerausweises in Kopie zeige ich an, dass das Amtsgericht (...) mich zur Betreuerin für die oben genannte Betroffene bestellt hat.

Ich bitte um Mitteilung, ob Sie meine Betreute in der Vergangenheit betreut haben.

Können Sie mir Hinweise darauf geben, was ich im Interesse meiner Betreuten veranlassen muss?

Mit freundlichen Grüßen
(Betreuerin)

Dasselbe empfiehlt sich bei Hauspflegestationen. **886**

---

80 *OLG Schleswig* FamRZ 2008, 918 = FGPrax 2008, 70.

887   ┌─ **Muster: Information des Hauspflegedienstes** ──────────────

Sozialstation (…)

Betreuung (…)

Sehr geehrte Damen und Herren,

ausweislich des anliegenden Betreuerausweises in Kopie zeige ich an, dass das Amtsgericht (…) mich zur Betreuerin für die oben genannte Betroffene bestellt hat.

Es wird um Mitteilung gebeten, wieviel Einsätze von Ihnen bei meiner Betreuten geleistet werden. Erhält sie Leistungen aus der Pflegeversicherung, falls ja, in welcher Stufe? Rechnen Sie mit der Kranken- oder Pflegekasse direkt ab? Welche Kosten fallen für meine Betreute monatlich für ihre Pflege an?

Im Übrigen bitte ich, den Umstand der Betreuung in Ihren Akten zu vermerken und jede weitere Korrespondenz ausschließlich über mich zu führen.

Mit freundlichen Grüßen
(Betreuerin)

888   Ist durch die Gerichtsakten oder durch Befragung des Betreuten, der Nachbarn und des Sozialhilfeträgers nicht feststellbar, wer der Vermieter der Wohnung ist, kann über das Einwohnermeldeamt oder durch Einsichtnahme in das Grundbuch der Hauseigentümer ermittelt werden. Die Hausverwaltung/der Hauseigentümer wird dann wie folgt angeschrieben:

889   ┌─ **Muster: Information des Vermieters** ──────────────

Hausverwaltung
(…)

Betreuung für (…)

Sehr geehrte Damen und Herren,

ausweislich des anliegenden Betreuerausweises in Kopie zeige ich an, dass das Amtsgericht (…) mich zur Betreuerin für die oben genannte Betroffene bestellt hat.

Ich bitte, die Betreuung in Ihren Unterlagen zu vermerken und künftigen Schriftwechsel in Angelegenheiten meiner Betreuten mit mir zu führen.

Bitte teilen Sie mir die derzeitige Höhe der Miete und der Mietnebenkosten mit. Ferner erbitte ich Auskunft über den Stand des Mietkontos, des Umlagenkontos und ggf. des Kautionskontos per (…).

Auf welchem Wege wurde der Mietzins bislang bezahlt? Liegt Ihnen eine Einzugsermächtigung vor? Bestehen derzeit offene Forderungen?

Ich wäre Ihnen sehr verbunden, wenn Sie mir außerdem den Mietvertrag in Kopie übersenden würden.

Mit freundlichen Grüßen
(Betreuerin)

890   Des Weiteren sind die Versorgungseinrichtungen, wie Stromversorger, Gasversorger, der Beitragsservice (ehemals GEZ) und das jeweilige Telekommunikationsunternehmen (meist die Telekom) sowie Handynetzbetreiber in Kenntnis zu setzen.

┌─ **Muster: Information der Versorgungseinrichtungen** ─────────────────┐ **891**

Stromversorger
(…)

Betreuung für (…)

Sehr geehrte Damen und Herren,

ausweislich des anliegenden Betreuerausweises in Kopie zeige ich an, dass das Amtsgericht (…) mich zur Betreuerin für die oben genannte Betroffene bestellt hat.

Ich bitte, künftigen Schriftwechsel mit mir zu führen. Bitte teilen Sie mir mit, ob per (…) Zahlungsrückstände bestehen. Liegt Ihnen eine Einzugsermächtigung vor? In welcher Höhe werden Vorauszahlungen bis zur nächsten Abrechnung geleistet?

Bei Handyverträgen: Bitte teilen Sie mir die vertragliche Laufzeit des derzeit bestehenden Mobilfunkvertrags und den dazu maßgeblichen Kündigungszeitpunkt mit.

Mit freundlichen Grüßen
(Betreuerin)

└──┘

Da die Briefe an die anderen Versorgungseinrichtungen nahezu identisch sind, wird auf die **892** Wiedergabe weiterer Anschreiben verzichtet.

Eventuell ergibt sich aus den Unterlagen des Betreuten, dass dieser Unfall-, Hausrat- oder **893** Haftpflichtversicherungen abgeschlossen hat, respektive Zeitschriften abonniert hat. Mit allen Vertragspartnern muss sich der Betreuer in Verbindung setzen, um herauszubekommen, welche regelmäßigen Verbindlichkeiten der Betreute monatlich zu bedienen hat.

┌─ **Muster: Information der Versicherung** ─────────────────────┐ **894**

(…) Versicherung
(…)

Betreuung für (…)
Versicherungsnummer: (…)

Sehr geehrte Damen und Herren,

ausweislich des anliegenden Betreuerausweises in Kopie zeige ich an, dass das Amtsgericht (…) mich zur Betreuerin für die oben genannte Betroffene bestellt hat.

Nach meiner Kenntnis hat meine Betreute obigen Versicherungsvertrag abgeschlossen.

Sollte das Versicherungsverhältnis noch bestehen, bitte ich um kurze Bestätigung und um Übersendung einer Kopie des Vertrages. In welcher Höhe und zu welchen Terminen sind die Prämien zu zahlen? Bestehen per (…) Zahlungsrückstände?

Liegt Ihnen eine Einzugsermächtigung vor?

Ich bitte, die Betreuung in Ihren Unterlagen zu vermerken und künftigen Schriftwechsel in Angelegenheiten meiner Betreuten mit mir zu führen. Bitte teilen Sie mir mit, ob weitere Versicherungsverträge bestehen.

Mit freundlichen Grüßen
(Betreuerin)

└──┘

Ist der Betreute Hauseigentümer, ist dafür sorgen, dass das Haus feuer- und haftpflichtversi- **895** chert ist. Für den Winter muss ein Schneebeseitigungsunternehmen beauftragt werden, damit der Betreute die ihm obliegende Verkehrssicherungspflicht erfüllt. Es ist ferner eine Eigentümerhaftpflicht in Bedacht zu nehmen sowie eine Wohngebäudeversicherung, die auch Leitungswasserschäden umfasst, abzuschließen. Leerstehende Immobilien sind im Winter ausreichend zu beheizen, um Gebäudeschäden durch platzende Wasserrohre zu vermeiden. Besonders wichtig ist das Abstellen von Wasserleitungen bei leerstehenden Immobilien.

896 Ferner konnte bislang der Verband der Lebensversicherungsunternehmen angeschrieben werden, um herauszubekommen, ob der Betreute Lebensversicherungen abgeschlossen hat. Dieser Service ist leider vor einiger Zeit aus Kostengründen eingestellt worden. Neben etwaigen aus vorhandenem Schriftverkehr bekannten Versicherungen sollten auch die großen Versicherungsunternehmen (Allianz, Victoria-Versicherung, Gerling, Deutscher Herold, HUK Coburg, Debeka etc.) vorsorglich angeschrieben werden.

897 Weiterhin ist in Erfahrung zu bringen, ob der Betreute Verbindlichkeiten in der Vergangenheit begründete. Ist dies der Fall, ist der Betreuer verpflichtet, sich mit den Gläubigern in Verbindung zu setzen. In diesem Zusammenhang kann es sinnvoll sein, bei der Schufa eine Selbstauskunft für den Betreuten einzuholen (www.schufa.de) und den örtlich zuständigen Gerichtsvollzieher vom Bestehen der Betreuung in Kenntnis zu setzen (Adresse ist über die Verteilungsstelle für Gerichtsvollzieher beim örtlichen Amtsgericht zu erfragen bzw. über die Internetseiten der Justizministerien der Bundesländer).

898 Im Nachstehenden wird ein Musterschreiben an einen Gläubiger vorgeschlagen, sofern für den Betreuten ein Einwilligungsvorbehalt angeordnet wurde.

899 ┌─ **Muster: Anschreiben an den Gläubiger bei Einwilligungsvorbehalt** ─────────

Frau (…)
(…)

Betreuung für (…)

Sehr geehrte Frau (…),

ausweislich des anliegenden Betreuerausweises in Kopie zeige ich an, dass das Amtsgericht (…) mich zur Betreuerin für die oben genannte Betroffene bestellt hat.

Mein Aufgabenkreis umfasst die Vermögenssorge. Ferner ordnete das Amtsgericht (…) einen Einwilligungsvorbehalt an. Dieses hat zur Folge, dass Willenserklärungen meiner Betreuten unwirksam sind. Eine Einwilligung zu dem von meiner Betreuten selbst vorgenommenen Rechtsgeschäft habe ich nicht erklärt. Eine nachträgliche Genehmigung kommt nicht in Betracht.

Auf Grund des vom Amtsgericht (…) angeordneten Einwilligungsvorbehaltes ist von einer Geschäftsunfähigkeit meiner Betreuten auszugehen.

Alternativ: aufgrund des durch Sachverständigengutachtens gegenüber dem Betreuungsgericht ärztlich bescheinigten Krankheitsbildes ist davon auszugehen, dass mein Betreuer auch in der Vergangenheit bereits geschäftsunfähig i.S.d. § 104 Nr. 2 BGB war.

Ein wirksamer Vertrag zwischen meiner Betreuten und Ihnen ist demgemäß nicht zu Stande gekommen. Ich stelle Ihnen anheim, Ihre Ansprüche auszubuchen.

Mit freundlichen Grüßen
(Betreuerin)

Wurde in der Betreuungsangelegenheit kein Einwilligungsvorbehalt angeordnet, so ist der **900** betreffende Gläubiger wie folgt anzuschreiben:

┌─ **Muster: Anschreiben an den Gläubiger ohne Einwilligungsvorbehalt** ──────────── **901**

Frau (…)
(…)

Betreuung für (…)

Sehr geehrte Frau (…),

ausweislich des anliegenden Betreuerausweises in Kopie zeige ich an, dass das Amtsgericht (…) mich zur Betreuerin für die oben genannte Betroffene bestellt hat.

Meinem Betreuerausweis können Sie entnehmen, dass mir die Vermögenssorge übertragen wurde. Ich habe Sie aufzufordern, zukünftig jede weitere Korrespondenz in der Angelegenheit meiner Betreuten ausschließlich mit mir zu führen. Bitte teilen Sie mir den Stand der Verbindlichkeiten per (…) mit. Fügen Sie bitte auch einen Nachweis über den Rechtsgrund der Forderung bei (z.B. Kopie des Vertrages mit meinem Betreuten sowie eine Kopie des vollstreckbaren Titels).

Alt.: Dem im Betreuungsverfahren eingeholten Gutachten kann Geschäftsunfähigkeit meines Betreuten entnommen werden. Diese dürfte ebenso bereits zum Zeitpunkt des Vertragsabschlusses mit Ihnen vorgelegen haben. Von daher stelle ich mit Hinblick auf § 105 BGB anheim, Ihre Forderung auszubuchen.

Ich werde Ihnen zu gegebener Zeit, nachdem ich die Einkommens- und Vermögensverhältnisse meiner Betreuten ermittelt habe, mitteilen, ob und inwieweit ich die bei Ihnen bestehende Verbindlichkeit bedienen kann. Bitte sehen Sie einstweilen von etwaigen Zwangsvollstreckungsmaßnahmen ab.

Mit freundlichen Grüßen
(Betreuerin)

Ist der Betreute langfristig außer Stande, auf die entstandenen Verbindlichkeiten Zahlungen zu **902** leisten, empfiehlt sich das nachstehende Anschreiben:

┌─ **Muster: Anschreiben an den Gläubiger bei langfristiger Zahlungsunfähigkeit** ─────── **903**

Frau (…)
(…)

Betreuung für (…)

Sehr geehrte Frau (…),

bereits aus der Vorkorrespondenz ist Ihnen bekannt, dass das Amtsgericht (…) mich zur Betreuerin für die oben genannte Betroffene bestellte.

Mittlerweile war es mir möglich, die Einkommens- und Vermögensverhältnisse meiner Betreuten zu ermitteln. Leider muss ich Ihnen mitteilen, dass es meiner Betreuten nicht möglich ist, in absehbarer Zeit Zahlungen auf die bei Ihnen bestehende Verbindlichkeit zu leisten. Sie bezieht ein Einkommen, das unterhalb der Pfändungsfreigrenze liegt. Bereits jetzt weise ich Sie darauf hin, dass, sofern Sie Zwangsvollstreckungsmaßnahmen auf Grund eines vollstreckbaren Titels veranlassen sollten, die diesbezüglichen Kosten nicht als notwendige Kosten der Zwangsvollstreckung von Ihnen geltend gemacht werden können.

Abschließend stelle ich Ihnen anheim, Ihre Forderung auszubuchen. Sollte sich wider Erwarten die Vermögenssituation meiner Betreuten verbessern, werde ich auf Sie zurückkommen.

Mit freundlichen Grüßen
(Betreuerin)

904 Der vorstehende Musterbrief an den Gläubiger enthält den wichtigen Hinweis, dass bei dem Betreuten nichts zu holen ist und, sollte der Gläubiger trotz dieses Hinweises Zwangsvollstreckungsmaßnahmen in die Wege zu leiten, die hieraus erwachsenden Kosten nicht als notwendige Kosten gegen den Betreuten geltend gemacht werden können. Dies entspricht herrschender Rechtsprechung zu § 788 ZPO.

905 Ferner ist die Krankenkasse des Betreuten anzuschreiben, um zu herauszufinden, ob dort Pflegeleistungen gewährt werden.

906

> **Muster: Information der Krankenkasse/Pflegekasse**
>
> (…) Krankenkasse
> (…)
>
> Betreuung für (…), Versicherungsnr. (falls bekannt)
>
> Sehr geehrte Damen und Herren,
>
> ausweislich des anliegenden Betreuerausweises in Kopie zeige ich an, dass das Amtsgericht (…) mich zur Betreuerin für die oben genannte Betroffene bestellt hat.
>
> Mein Aufgabenkreis umfasst die Versicherungfragen. Ich frage an, ob Sie meiner Betreuten Leistungen aus der Pflegeversicherung oder häusliche Krankenpflege gewähren.
>
> Sollte dieses nicht der Fall sein, beantrage ich bereits jetzt, meiner Betreuten Leistungen aus der Pflegeversicherung zu bewilligen. Ich bitte Sie höflich, das Erforderliche zu veranlassen und einen Formblattantrag zu übersenden, sofern dies nötig ist.
>
> Zukünftige Korrespondenz in Kranken-/Pflegeversicherungsangelegenheiten ist ausschließlich mit mir zu führen.
>
> Mit freundlichen Grüßen
> (Betreuerin)

907 Ein derartiges formloses Anschreiben ist erforderlich und ausreichend, um diesbezügliche Ansprüche des Betreuten zu sichern.

b)   Verwaltung des Vermögens

908 Der Betreuer hat das Vermögen des Betreuten zu verwalten. Dazu gehört die Kontrolle über die Einnahmen des Betreuten, die Sicherstellung der Bezahlung seiner laufenden Ausgaben sowie das **Erfüllen von Verbindlichkeiten**. Ferner hat der Betreuer alles zu unternehmen, um dem Betreuten Einnahmequellen zu erschließen. Dies können Zahlungsansprüche aus einem Beschäftigungsverhältnis sein (Arbeitsentgelt usw.), Zahlungsansprüche, die der Betreute als Wohnungsinhaber hat (Mieten, Mietnebenkosten), Rückzahlungsansprüche gegen andere aus ungerechtfertigter Bereicherung (§ 812 BGB) oder unerlaubter Handlung (Schadensersatz nach § 823 BGB, Schmerzensgeld nach § 253 BGB), um nur einige zivilrechtliche Ansprüche zu nennen.

909 Auch Ansprüche aus erbrechtlichen Verhältnissen (Erbanteil, Vermächtnis, Pflichtteilsansprüche) können dazu zählen. Allerdings ist es in der Praxis auch oft der Fall, dass die Geltendmachung von Erbansprüchen als eigener Aufgabenkreis formuliert wird. Ist dies aber nicht gegeben, gehören sie zum Aufgabenkreis Vermögenssorge.[81]

---

81   Für vertiefte Darstellung s. *Zimmermann* Erbrecht und Betreuung, 2012; *Roth* Erbfall und Betreuungsrecht, 2. Aufl. 2016.

Dies betrifft auch Herausgabe- und Schadensersatzansprüche gegen frühere Betreuer oder Bevollmächtigte. In beiden Fällen haben diese Rechenschaftspflichten gegenüber dem Betreuer (bei früheren Betreuungen nach § 1890 i.V.m. § 1908i BGB, bei Bevollmächtigten nach § 666 BGB). Eine Herausgabepflicht von Eigentum im Besitz der früheren Vertreter ergibt sich in beiden Fällen aus § 667 BGB[82]. Der Betreuer hat die Pflicht, **Bereicherungsansprüche** gegen Dritte aus der Zeit vor seiner Betreuerbestellung geltend zu machen, ansonsten ist er selbst gem. § 1833 BGB haftbar zu machen, wenn infolge Untätigkeit des Betreuers sonst realisierbare Forderungen verjähren.[83] Auch bei früheren Betreuern sind Auseinandersetzungen nicht via Betreuungsgericht zu führen, sondern im Zivilprozessweg; während der Betreuung (durch den früheren Betreuer) ist die Verjährung von Ansprüchen gegen diesen gem. § 207 BGB gehemmt. **910**

Darüber hinaus können **öffentlich-rechtliche Zahlungsansprüche** zum Aufgabenkreis gehören, z.B. Sozialleistungen aller Art, wie Krankengeld, Wohngeld, Kindergeld, Kriegsopferentschädigung, Opferentschädigungsrente usw. So ist es etwa Aufgabe des Betreuers, Anträge auf Gebührenbefreiung bei dem Beitragsservice (ehemals GEZ) oder beispielsweise bei der Kranken- und Pflegekasse zu stellen, sofern das Einkommen des Betreuten dieses erfordert. Dazu gehört auch die Antragstellung von Renten (insbes. wegen Erwerbsminderung), Arbeitslosengeld 2 und Sozialhilfe/Grundsicherung nach dem SGB XII, sofern der laufende Lebensbedarf anderweitig nicht gesichert ist. In Einzelfällen können auch Ansprüche nach dem Bundesversorgungsgesetz (Kriegs- und Wehrdienstopfer, Hinterbliebene, Impfgeschädigte), dem Opferentschädigungsgesetz und anderen Regelungen (zB für Verfolgte des DDR-Regimes) in Frage kommen. Die Kenntnis des Sozialleistungsrechtes nach dem Sozialgesetzbuch (SGB) ist daher eine unerlässliche Weiterbildungsangelegenheit für Berufsbetreuer. **911**

Ferner hat der Betreuer Verbindlichkeiten des Betreuten zu ermitteln und diese nach Möglichkeit zu befriedigen, sollten sie zu Recht bestehen (und nicht etwa wegen Geschäftsunfähigkeit des Betreuten, §§ 104, 105 BGB oder wegen **Sittenwidrigkeit**, § 138 BGB anzufechten sein). Der Betreuer ist weiterhin gehalten, zu Gunsten des Betreuten erforderliche neue Verträge abzuschließen, wie etwa einen Vertrag zur häuslichen Krankenpflege, Mietverträge, Heimverträge, Bestattungsverträge usw. Hierzu benötigt der Betreuer grundsätzlich keine betreuungsgerichtliche Genehmigung (Ausnahmen siehe §§ 1822, 1823, 1907 Abs. 3 BGB). **912**

Im Folgenden soll der Umgang des Betreuers mit Konten des Betreuten besprochen werden. **913**

aa) Bankkonten des Betreuten

An anderer Stelle wurde bereits aufgezeigt, welche Auswirkungen es hat, wenn der Betreuer sich bei einem Bankinstitut meldet, bei dem er ein Girokonto des Betreuten ermittelte. Für diesen Fall ist es in der Regel nicht erforderlich, ein neues Girokonto zu Gunsten des Betreuten zu errichten. Es wird ausreichen, das vorhandene Girokonto weiter zu führen. **914**

Hier ist besonders darauf zu achten, dass ein Betreuer, dem für die Vermögenssorge ein Einwilligungsvorbehalt eingeräumt wurde, diesen unverzüglich der kontoführenden Bank mitteilen sollte. Auf diese Weise ist sicherzustellen, dass die Bank sich, falls der Betreute danach noch Abhebungen tätigt, sich nicht mehr auf eine fortbestehende Empfangszuständigkeit des **915**

---

82 *OLG Saarbrücken* BtPrax 2014, 45 = NJW-RR 2013, 1476.
83 *OLG München* Rpfleger 2006, 14.

Betreuten berufen kann.[84] Gleiches gilt, wenn der Betreute als geschäftsunfähig nach § 104 Nr. 2 BGB anzusehen ist und der Betreuer dies im Zweifelsfall mit einem Auszug aus dem im Betreuungsverfahren eingeholten Sachverständigengutachten und der dortigen Feststellung des Fehlens der freien Willensbestimmung (§ 1896 Abs. 1a BGB) glaubhaft machen kann.[85] Die Bank sperrt dann das Konto für Auszahlungen an den Betreuten. Geschäftsfähige Betreute sind nicht in der Lage, wirksam Bankgeschäfte vorzunehmen (§ 105 BGB).

916 ▶ **Hinweis:**   Ein eigenes Girokonto sollte der Betreuer nur dann eröffnen, wenn der geschäftsfähige Betroffene sich nicht an Absprachen bezüglich Kontoabhebungen hält und die Zahlung regelmäßig anfallender Kosten (Miete, Strom, Gas, Wasser etc.) hierdurch gefährdet wird und mit dem Kreditinstitut keine Vereinbarungen über an den Betreuten auszuzahlende Gelder erreichbar sind. In einem solchen Fall ist die Eröffnung eines betreuereigenen Girokontos angezeigt zur Entgegennahme der monatlichen Einnahmen des Betroffenen und zum Ausgleich der regelmäßigen Verpflichtungen. Der übrig bleibende Betrag kann dann dem Betroffenen für seine Lebensführung überwiesen werden. Bei geschäftsunfähigen Betroffenen kann die Auszahlung des für den Lebensunterhalt notwendigen Betrages durch Absprachen mit der Bank, dem Pflegedienst oder sonstigen Dritten sichergestellt werden.

Bei geschäftsfähigen Betreuten, die von einem betreuerseits verwalteten Girokonto Barabhebungen oder Abhebungen vom Giroautomaten vornehmen, kann es im Rahmen der Rechnungslegung zu Nachweisproblemen seitens des Betreuers kommen. Vielfach verlangen die mit der Aufsichtsführung befassten Rechtspfleger Nachweise darüber, dass Urheber der Abhebungen der Betroffene ist. Vielfach muss der Betreuer dann dem Betroffenen „nachlaufen", um von diesem bestätigt zu bekommen, dass er selbst die Abhebungen veranlasste.

Es empfiehlt sich, im Vorfeld hierüber mit dem Betreuungsgericht Einvernehmen zu erzielen. Dies kann in geeigneten Fällen so zu lösen, dass der Aufgabenkreis der Vermögenssorge klarstellend eingeschränkt wird dahingehend: Vermögenssorge, ausschließlich der Verwaltung der Gelder des Betreuten auf dem Postgirokonto zu IBAN ... BIC ... Der Betreuer braucht dann nur noch über die Konten Rechnung zu legen, über die eine alleinige Verfügungsbefugnis besteht. ◀

917 Bei der Suche nach einem geeigneten Kreditinstitut für ein neues Girokonto sollte der Betreuer abklären, dass nicht bei jeder einzelnen Kontoverfügung der **Orginal-Betreuerausweis** vorgelegt werden muss (einige Kreditinstitute verfahren leider so aufgrund eines übersteigerten Sicherheitsbedürfnisses, ungerechtfertigte Kontoverfügungen von ehemaligen Betreuern befürchtend, der BGH hielt dies nicht für nötig[86]). Unter Berufung auf das vorstehende Urteil des BGH kann der Betreuer derartige Ansinnen der Bank zurückweisen.

918 Des weiteren sollte der Betreuer Kontoführungsgebühren vergleichen (einige Banken räumen weiterhin kostenlose Kontoführung ein), die Möglichkeit des Online-Bankings durch den Betreuer prüfen und letztlich klären, wie hoch die **Kontoführungsgebühr** bei einer später evtl. notwendigen Umstellung auf ein Pfändungsschutzkonto liegen wird. Für die Eröffnung eines Girokontos benötigt der Betreuer keine betreuungsgerichtliche Genehmigung, bei Kontoauflösung ist aber eine solche nach § 1812 BGB einzuholen.

---

84 *LG Oldenburg* BtPrax 2013, 262 =WM 2013, 1411; siehe jetzt aber *BGH* BtPrax 2015, 208 = FamRZ 2015, 1386 (siehe Rn 871).
85 *OLG Koblenz* FamRZ 2013, 69.
86 *BGH* BtPrax 2010, 125 = FamRZ 2010, 968 (Ls).

Bis zum 31.8.2009 waren nicht befreite Betreuer (§ 1908i Abs. 2 BGB) bei der **Verfügung über** **919**
Girokontenguthaben insoweit beschränkt, dass bei einem Kontostand ab 3.000 € jede Verfügung durch das Betreuungsgericht nach §§ 1812, 1813 BGB zu genehmigen oder die Verfügung durch allgemeine Ermächtigung nach § 1825 BGB gerichtlich zu gestatten war. Durch
Gesetzesänderung (§ 1813 Abs. 1 Nr. 3 BGB) wurde diese Einschränkung zum 1.9.2009 ausdrücklich aufgehoben.[87] Der Betreuer darf daher uneingeschränkt über Girokontenguthaben
verfügen; eine Kontoüberziehung (Dispokredit) ist aber nur nach gerichtlicher Genehmigung
(§ 1822 Nr. 8 BGB) gestattet.[88] Aus diesem Grunde widerrufen die meisten Geldinstitute eine
zuvor eingeräumte Kontoüberziehungsmöglichkeit, sobald sie von der Betreuerbestellung für
den Kontoinhaber Kenntnis erhalten.

Weist das Guthaben des Betreuten auf dem Girokonto einen sehr hohen Stand auf, ist es mit **920**
Hinblick auf § 1806 BGB geboten, für eine verzinsliche **Geldanlage** Sorge zu tragen. Dies
betrifft insbesondere Kontoguthaben in einer Höhe, dass voraussichtlich die Mittel innerhalb
des nächsten Quartals nicht benötigt werden. Allerdings sollte nicht hinter dem Rücken und
ohne vorherige Kontaktaufnahme mit dem Betreuten der hohe Guthabenstand abgeschmolzen
werden. Dieses Vorgehen würde insbesondere dann kränkend für den Betreuten sein, wenn er
Zweitausfertigungen der Kontoauszüge erhält. Viele Betreute haben dann den Eindruck, dass
ihnen durch die Betreuung alles genommen wird und es auf ihre Meinung überhaupt nicht
mehr ankommt. Es ist also seitens des Betreuers geboten, in einem solchen Fall den Betreuten
aufzusuchen und mit ihm die Höhe des Girokontostands zu besprechen mit dem Ziel, Einvernehmen dahingehend zu erreichen, dass das Geld verzinslich angelegt wird.

Erfahrungsgemäß sind die Betreuten damit häufig nicht einverstanden. Es bleibt dann den **921**
Umständen des Einzelfalles vorbehalten, wie man als Betreuer reagiert: Droht der Betreute
etwa, sich etwas anzutun für den Fall, dass man seinen Willen ignoriert, wäre es unverhältnismäßig, eine **verzinsliche Geldanlage** herbeizuführen. In einem solchen Fall sollte der Betreuer
die Entwicklung abwarten, öfters versuchen mit dem Betreuten die Angelegenheit zu besprechen, in der Regel erledigt sich das Problem dann insoweit, dass, wenn ein Vertrauensverhältnis erst einmal hergestellt ist, der Betreute seine Einwilligung erteilt. In jedem Falle ist jedoch
das diesbezügliche Gespräch mit dem Betreuten zu dokumentieren, um im Haftungsfall den
Beweis führen zu können, dass man sich als Betreuer um eine mündelsichere Geldanlage
bemühte.

Ferner sollte das Betreuungsgericht zeitgleich informiert werden, um eventuellen Fragen zum **922**
Abschluss des Berichtsjahrs vorzubeugen. Ansonsten könnte sich das Betreuungsgericht veranlasst sehen, einen Ergänzungsbetreuer mit dem Aufgabenkreis der Prüfung von Schadensersatzansprüchen zu bestellen. Angenommen, dass der Betreute mit dem Vorgehen des Betreuers
einverstanden ist, wäre der vorstehende Antrag dahingehend zu modifizieren, dass das Geld
des Betreuten, das nicht für die laufende Lebensführung benötigt wird, auf ein mit einem
Mündelsperrvermerk versehenes Sparkonto zu übertragen ist (Genehmigungsantrag für mündelsichere Geldanlagen nach § 1810 BGB). Der befreite Betreuer (§ 1908i Abs. 2 BGB) benötigt
die Genehmigung für eine mündelsichere Anlage nicht.

Das Betreuungsgericht wird den beantragten Beschluss erlassen und dem Betreuer zustellen. **923**
Dieser nimmt sodann eine Kopie dieses Beschlusses zu seinen Akten und sendet die Ausfertigung des Beschlusses an das Bankinstitut zu Legitimationszwecken.

---

87 *Grziwotz* Girokontoverwaltung ohne Kontrolle?, FamRZ 2008, 1908; zur früheren Rechtslage *Wesche*
   Gerichtliche Genehmigung bei der Geldverwaltung, BtPrax 2004, 49.
88 *KG* BtPrax 2009, 297 = NJW-RR 2010, 150.

924 Haben die Recherchen des Betreuers ergeben, dass der Betreute bis dato noch nicht über ein Girokonto verfügt, so wird der Betreuer für den Betreuten selbst ein derartiges Konto bei einer Bank einrichten. Keinesfalls ist es zulässig, Gelder des Betreuten auf eigenen Konten oder etwa Dritter anzusammeln (auch nicht auf einem sog. **Treuhandkonto**[89]). Sinn des § 1805 BGB ist es, das Betreutenvermögen vor Zugriffen Dritter zu schützen.[90] Eine Ausnahme machte das OLG Rostock beim Eingang einer kleinen Rente des Betreuten auf dem Girokonto der Mutter und Betreuerin.[91] Für beruflich tätige Betreuer ist eine solche Ausnahmestellung nicht denkbar.

925 Der Betreuer, der ohnehin mit einer bestimmten Sparkasse oder einem Kreditinstitut in ständigen Geschäftsverbindungen steht, wird sich mit folgendem Musterschreiben dorthin wenden zwecks Errichtung eines neuen Girokontos für den Betreuten.

926 ┌─ **Muster: Antrag auf Einrichtung eines Betreuungskontos** ─────

Sparkasse (…)

(…)

Betreuung Hannes H.

Sehr geehrte Damen und Herren,

hierdurch zeige ich Ihnen an, dass das Amtsgericht Charlottenburg mich zur Betreuerin für Herrn Hannes H. bestellt hat. Kopie meines Betreuerausweises füge ich in der Anlage zu Ihrer Unterrichtung an.

Ich bitte Sie höflich, für meinen Betreuten bei Ihnen ein Betreuungskonto einzurichten und mir die Kontodaten vorab mitzuteilen.

Mit freundlichen Grüßen
(Betreuerin)

927 Für Betreuer stellt sich in diesem Zusammenhang oft das Problem der Identifizierung des Betreuten nach dem Geldwäschegesetz[92]. Die gesetzliche Grundlage sieht vor, dass der Kontoinhaber sich ausweisen muss, dieses ist aber der Betreute, der u.U. zur Kooperation nicht bereit oder krankheitsbedingt nicht in der Lage ist.

928 Die Vorgängereinrichtung der Bundesanstalt für Finanzdienstleistungsaufsicht (BAFin), das Bundesaufsichtsamt für das Kreditwesen, hat am 19.2.1998 in einem Rundschreiben[93] erläutert, dass in solchen Fällen zur Legitimation der Personalausweis des Betreuers, verbunden mit dem Betreuerausweis und einer Bescheinigung der Passbehörde über die Befreiung von der Ausweispflicht, ausreichend ist.[94] Diese Verfahrensweise gilt bis auf weiteres.

929 Komplizierter ist es, wenn ein Betreuter verheiratet ist und gemeinsam mit seinem Ehepartner ein Girokonto unterhält (sog. „Oder-Konto"), von dem aus die laufenden Verbindlichkeiten der Familie, wie Miete, Stromkosten etc. entrichtet werden. Theoretisch ist es dann möglich, dass der Ehegatte oder Lebenspartner über dieses gemeinsame Konto verfügt und es zu Abhebungen kommt, über die der Betreuer nicht Rechenschaft gegenüber dem Betreuungsgericht ablegen kann.

---

89 *OLG Köln* FamRZ 1997, 899 = OLGR 1997, 51.
90 *Schmidt* Vermögenssorge, S. 47; *LG Krefeld* Rpfleger 2001, 302; *LG Münster* BtPrax 2012, 219 [Ls].
91 *OLG Rostock* FamRZ 2005, 1588 (m. Anm. *Bienwald* S. 1589) = OLGR 2005, 497 = FamRB 2005, 265.
92 § 3 GwG; vgl. *Platz* S. 152 ff.; *Bienwald* Von der Schwierigkeit des Betreuers, Geld seines Betreuten anzulegen, BtPrax 1995, 21.
93 Az: I B 400, abgedruckt bei *Platz* S. 428.
94 *Platz* S. 155.

In einem solchen Fall empfiehlt es sich, nach Rücksprache mit dem Betreuungsgericht eine **930** Kontentrennung durchzuführen und die Einkünfte des Betreuten auf einem gesonderten Konto entgegenzunehmen. Von diesem neu eingerichteten Girokonto aus werden dann die anteiligen Überweisungen für Miet-, Stromkosten usw. auf das Konto des Ehepartners getätigt. Möglich ist auch, wenn der Betreute gegenüber dem Ehepartner unterhaltspflichtig ist, dass die Einkünfte des Betreuten auf einem gesonderten Konten entgegengenommen werden, von dort aus alle Verbindlichkeiten beglichen werden, die den gemeinsamen Haushalt betreffen und dem Ehepartner auf ein gesondertes Konto der geschuldete gesetzliche Unterhalt überwiesen wird. Hier kommt es auf die Umstände des Einzelfalles an.

bb) Guthaben auf Girokonten

Nach § 1806 BGB ist der Betreuer verpflichtet, das Vermögen des Betreuten, das nicht zur **931** Bestreitung von Ausgaben bereitgehalten werden muss, verzinslich anzulegen. Die **Verpflichtung zur verzinslichen Geldanlage** ist zwingend und unterliegt der Aufsichtspflicht des Betreuungsgerichtes. Notfalls ist der Betreuer durch Zwangsmittel nach § 1837 Abs. 2–3 BGB seitens des Betreuungsgerichtes zur vorschriftsmäßigen Geldanlage anzuhalten. Wie oben dargelegt, sind maximal die Ausgaben für zwei bis drei Monate unverzinslich auf dem Girokonto zu belassen.

Was im Einzelfall zur Bestreitung der laufenden Ausgaben angemessen ist, hängt von den **932** Umständen des Einzelfalles ab. Die Höhe der bereitzuhaltenden Ausgaben wird sich bei einem Sozialhilfeempfänger in anderer Weise stellen als bei einem vermögenden Betreuten, der sich in einem Heim aufhält und für den beispielsweise monatliche Kosten von 3.000 € zu bezahlen sind.

Im Falle von Sozialleistungsempfängern (Rente, Sozialhilfe, ALG 2) kann es sich im Übrigen **933** empfehlen, ein Girokonto zur Entgegennahme der Sozialleistung durch den Betreuer selbst einzurichten und dem Betreuten den Betrag, der nach Abzug sämtlicher Ausgaben übrig bleibt, auf sein bisheriges, gesondertes Konto zur Anweisung zu bringen, über das der Betreute frei verfügen kann.

Auf diese Weise stellt der Betreuer sicher, dass sämtliche Verbindlichkeiten des Betreuten beglichen werden. Hierdurch lassen sich zudem ständige unerquickliche Auseinandersetzungen mit **934** dem Betreuten über die Höhe zu leistender Auszahlungen vermeiden. Eine andere Variante ist, den Sozialhilfeträger bzw. das Jobcenter zur direkten Zahlung von Miet- und Stromkosten an den Vermieter und die Versorgungsgesellschaft zu veranlassen (§ 22 Abs. 7 SGB II, § 35 Abs. 1 SGB XII).

cc) Einrichtung von Sparkonten

Konnte der Betreuer bei dem Betreuten Sparkonten ermitteln, so sind diese mit einem so **935** genannten **Mündelsperrvermerk** zu versehen, § 1809 BGB. Diese Vorschrift legt dem Betreuer die Verpflichtung auf, mit dem Geldinstitut zu vereinbaren, dass ohne die Zustimmung des Betreuungsgerichtes nicht mit schuldbefreiender Wirkung geleistet werden kann.[95] Das Kreditinstitut versieht das Sparbuch des Betreuten mit einem Stempel, aus dem sich der Umstand der Betreuung ergibt und einem weiteren Stempel mit dem Inhalt, dass Abhebungen von dem Spargutguthaben nur mit Genehmigung des zuständigen Betreuungsgerichts erfolgen dürfen. Zugleich wird in die EDV ein entsprechender Mündelsperrvermerk eingegeben, so dass selbst

---

95 MK-BGB/*Wagenitz* § 1809 Rn. 1.

in dem Fall, dass ein Sparbuch verloren geht, die Sperre eintritt. Richtet der Betreuer selbst für den Betreuten ein Sparkonto ein, so ist dieses ebenso mit einem Mündelsperrvermerk zu versehen. Das Sparbuch ist ein sogenanntes Legitimationspapier. Jeder, der es vorlegt, ist zur Abhebung von Geldbeträgen berechtigt. Die Mündelung des Sparkontos soll somit einer missbräuchlichen Verwendung des Sparbuches durch Unbefugte entgegenwirken.

936   **Beispiel:**   Betreuer B vergaß die Mündelung des Sparbuchs der Betreuten zu veranlassen. Eine nicht näher identifizierbare Nachbarin der Betreuten bemächtigt sich des Sparbuchs und hebt in mehreren Tranchen 20.000 € ab. Der Betreuer ist wegen der nicht veranlassten Mündelung des Sparbuches schadensersatzpflichtig gegenüber der Betreuten, §§ 1908i, 1833 BGB.

Mit folgendem Musterschreiben kann bei der Sparkasse die Errichtung eines Kontos begehrt werden. Diese Regelung gilt nicht für befreite Betreuer nach § 1908i Abs. 2 BGB.

937   ┌─ **Muster: Antrag auf Einrichtung eines gemündelten Sparkontos** ─

Landesbank (…)
(…)

Betreuung Hannes H.

Sehr geehrte Damen und Herren,

hierdurch zeige ich an, dass das Betreuungsgericht (…) mich zur Betreuerin für Herrn Hannes H., (…), bestellt hat. Kopie meines Betreuerausweises füge ich an.

Ich bitte Sie, für meinen Betreuten ein gemündeltes Sparkonto einzurichten und mir das Buch nebst Sicherungskarte zu übersenden. Welchen Zinssatz gewähren Sie zurzeit?

Mit freundlichen Grüßen
(Betreuerin)

938   Das Geld des Betreuten ist mündelsicher anzulegen nach § 1807 BGB. Zweck dieser Vorschrift ist, für das Geld des Betreuten Anlageformen zu wählen, die keinen geschäftlichen Risiken unterliegen, damit sein Vermögen keinen Schaden nimmt. Es ist zwischen subjektiver und objektiver Mündelsicherheit zu unterscheiden. Die subjektive Mündelsicherheit besagt, dass ein Institut von der zuständigen Behörde als mündelsicher angesehen wird; die objektive Mündelsicherheit bezieht sich auf die Anlageform. So sind z.B. Aktien, Fondsanlagen und Zertifikate nicht gegen Insolvenz- und Kursschwankungsrisiken abgesichert.[96]

939   Folgende Institute sind subjektiv mündelsicher:

1. die öffentlich-rechtlichen Sparkassen (ergibt sich aus § 1807 Nr. 4 und landesrechtlichen Regeln in den AGBGB),
2. die jeweiligen Landeszentralbanken,
3. jedes Institut, das in dem jeweiligen Bundesland durch Landesrecht für mündelsicher erklärt wurde (dies sind in der Regel ebenfalls die Sparkassen)
4. jedes Institut, das einer **Einlagensicherungseinrichtung** angehört, sofern diese für die beabsichtigte Anlage ausreichend ist.

---

96   *Schmidt* Vermögenssorge, S. 52.

Die gesetzliche Einlagensicherung nach dem Einlagensicherungs- und Anlegerentschädigungsgesetz (EAEG) ist (in Anpassung an die EU-Einlagensicherungsrichtlinie) seit 1.1.2011 auf 100.000 € erhöht worden und immerhin fünfmal so hoch wie zuvor langjährig geregelt. Die bankeneigenen Sicherungsfonds, denen die meisten Banken in Deutschland angehören, bieten zwar prinzipiell eine unbegrenzte Einlagensicherung, jedoch zeigte die Bankenkrise ab 2008, dass eine solche Sicherung bei allgemeinen Krisensituationen nicht verlässlich ist, zumal der Kunde keinen einklagbaren Anspruch gegen solche Sicherungseinrichtungen hat.[97] Daher ist bei einem Anlagevolumen von mehr als 100.000 € auch insoweit eine Risikostreuung angemessen, indem Anlagekonten bei verschiedenen Geldinstituten eingerichtet werden.

940

Bis zu einer vom Gesetzgeber in Aussicht genommenen Reform der Mündelgeldanlage schreibt § 1807 BGB im Einzelnen vor, in welcher Form der Betreuer regelmäßig eine mündelsichere Anlage vorzunehmen hat:[98]

941

1. In Forderungen, für die eine sichere Hypothek, Grundschuld oder Rentenschuld an einem inländischen Grundstück besteht, oder in sicheren Grundschulden oder Rentenschulden an inländischen Grundstücken (§ 1807 Abs. 1 Nr. 1 BGB).
   Diese Form der Geldanlage ist historisch überkommen und ist nur dann angezeigt, wenn ein Verwandter/Bekannter eines Betreuten ein Grundstück besitzt, auf eine andere Weise keinen Kredit bekommen kann und der Betreute das Geld nicht unbedingt benötigt. In einem solchen Fall ist darauf zu achten, dass der Rang der zu sichernden Hypothek, Grundschuld, Rentenschuld, sich in der ersten Hälfte des Verkehrswertes des Grundstücks befindet.[99]

942

2. In verbrieften Forderungen gegen die Bundesrepublik Deutschland oder die Bundesländer sowie in Forderungen, die in das Bundesschuldbuch oder in das Staatsschuldbuch eines Bundeslandes eingetragen sind, § 1807 Abs. 1 Nr. 2 BGB. Hierbei ist an Anlagen bei der Deutschen Finanzagentur (Bundesobligation, Finanzierungsschätze, Bundesschatzbriefe) zu denken. Ein dort geführtes Depot ist gebührenfrei ebenso wie der Ankauf, Verkauf und Umtausch der genannten Forderung.[100] Leider können keine neuen Depots für Privatanleger dort eingerichtet werden. Siehe Details dazu unter www.deutsche-finanzagentur.de.

3. In verbrieften Forderungen, deren Verzinsung von der Bundesrepublik Deutschland oder einem Bundesland gewährleistet ist, § 1807 Abs. 1 Nr. 3 BGB. Hierzu gehören z.B. die Schuldverschreibungen der Lastenausgleichsbank und der Kreditanstalt für den Wiederaufbau.

4. In Wertpapieren, insbesondere Pfandbriefen, sowie in verbrieften Forderungen jeder Art gegen eine inländische kommunale Körperschaft oder die Kreditanstalt einer solchen Körperschaft, sofern die Wertpapiere oder die Forderung von der Bundesregierung mit Zustimmung des Bundesrates zur Anlegung von Mündelgeld für geeignet erklärt sind, § 1807 Abs. 1 Nr. 4 BGB. Nach dieser Vorschrift sind z.B. die genannten Anlagen bei den öffentlich-rechtlichen Sparkassen als mündelsicher anzusehen.[101]

---

97 *BGH* Urt. v. 18.3.2008, XI ZR 454/06, NJW 2008, 1732.
98 Zu Details vgl. *Fritsche* Wertpapierrechtliche Entwicklungen und Schlussfolgerungen für die Wahrung der Mündelsicherheit von Anlagen, Rpfleger 2007, 53; *Vogt* Mündelsicherheit der Anlage in Investmentanteilen, Rpfleger 1996, 389.
99 *Schmidt* Vermögenssorge, S. 53; ergibt sich aus landesrechtlichen Bestimmungen (AGBGB), abgedruckt in HK-BUR (Ordner 5 – Länderteil).
100 *Schmidt* Vermögenssorge, S. 54.
101 *Schmidt* Vermögenssorge, S. 55.

5. Bei einer inländisch öffentlichen Sparkasse, wenn sie von der zuständigen Behörde des Bundeslandes, in dem sie ihren Sitz hat, zur Anlegung von Mündelgeld für geeignet erklärt ist, oder bei einem anderen Kreditinstitut, das einer für die Anlage ausreichenden Sicherungseinrichtung gehört, § 1807 Abs. 1 Nr. 5 BGB. Welche Sparkassen als öffentlich anzusehen sind, bestimmt sich grundsätzlich nach Landesrecht und § 40 Kreditwesengesetz. Sparkassen gibt es sowohl in der Rechtsform der öffentlich-rechtlichen, rechtsfähigen Anstalt als auch auf privatrechtlicher Basis, vorausgesetzt sie verfolgen gemeinnützige Zwecke und stehen unter staatlicher Aufsicht.[102] Hinsichtlich derjenigen öffentlich-rechtlichen Sparkassen, die zur Anlage von Mündelgeld für geeignet erklärt sind, gilt Landesrecht (Landesausführungsgesetze zum BGB).

943 Objektiv mündelsicher sind also:

- festverzinsliche Sparbücher,
- Termingelder (Festgelder),
- Anlagen nach dem Sparprämiengesetz,
- Anlagen nach dem Wohnungsbauprämiengesetz,
- Bundes- und Länderanleihen,
- Sparbriefe und Sparobligationen,
- Inhaberschuldverschreibungen, Pfandbriefe, Kommunalobligationen,

soweit die Mündelsicherheit durch die Sparkasse bzw. die Bank belegt ist.

944 Die gesetzliche Einlagensicherung beträgt 100.000 € pro Kunde und Geldinstitut nach dem Einlagensicherungs- und Anlegerentschädigungsgesetz, das auf eine EU-Richtlinie zurückgeht, was bedeutet, dass andere Banken mit Sitz in der EU einen vergleichbaren Schutz haben. Oberhalb der genannten Summe bieten die meisten Banken einen verbandseigenen Schutz an, auf den der Kunde aber keinen einklagbaren Anspruch hat. Bei einer Anlage sollte der Betreuer sich den Umfang der Einlagensicherung stets schriftlich bestätigen lassen.

945 Durch das BtG wurde 1992 der Kreis der mündelsicheren Anlagen erheblich gegenüber den Regelungen zuvor erweitert. Mündelgeld kann seither auch bei Kreditinstituten angelegt werden, die dem Einlagensicherungsfond angehören.[103] Das trifft grundsätzlich sowohl für die Raiffeisen- und Volksbanken als auch für die inländischen privaten Banken zu.

946 Die Sicherheitseinrichtung der Raiffeisen- und Volksbank ist beim Bundesverband der deutschen Volksbanken und Raiffeisenbanken angesiedelt, der in Zweifelsfällen Auskunft erteilt:

Bundesverband der Deutschen
Volksbanken und Raiffeisenbanken e.V. (BVR)
Schellingstraße 4
10785 Berlin
Telefon: (030) 2021-0
Telefax: (030) 2021-1900
http://www.bvr.de

---

102 MK-BGB/*Wagenitz* § 1807 Rn. 17
103 *Schmidt* Vermögenssorge, S. 55; Anlagen in Inhaberschuldverschreibungen sind jedoch ausgenommen.

Für die privaten Banken besteht die Einlagensicherung beim Bundesverband deutscher Banken, Auskünfte erteilt der   947

Bundesverband deutscher Banken e.V. (BdB)
Burgstraße 28
10178 Berlin
Telefon: (030) 16 63-0
Fax: (030) 16 63-13 99
http://www.bankenverband.de/themen/geld-finanzen/einlagensicherung

Ferner erteilen die Landeszentralbanken und Bankenlandesverbände Auskunft. Zu beachten   948
ist, dass Teilzahlungsbanken, sofern sie keine Universalbankerlaubnis gem. § 1 Kreditwesengesetz haben, keiner Einlagensicherung angeschlossen sind und dass dann keine Mündelgelder ohne betreuungsgerichtliche Genehmigung bei ihnen angelegt werden dürfen.

Bei den mündelsicheren Anlagen handelt es sich um eine konservative Anlageform, die in der   949
Regel keine hohen Zinszahlungen erwarten lässt. Daher gestattet § 1811 BGB dem gesetzliche Vertreter, insbesondere bei entsprechenden Wünschen des Betreuten[104] eine andersartige Geldanlage nach vorheriger Genehmigung des Betreuungsgerichtes, z.B. in Aktien oder Wertpapierfonds (meist in Rentenfonds).

Hierzu benötigen ausnahmslos alle gesetzlichen Vertreter (auch die „befreiten") die gerichtliche Genehmigung. Eine solche Genehmigung kann erteilt werden, wenn eine wirtschaftliche Vermögensverwaltung gewährleistet ist[105]. Als untergeordneter Teil des Gesamtvermögens wurde auch der Ankauf von Gold gem. § 1811 BGB genehmigt.[106]

Der Erwerb von Aktien sowie von Beteiligungen an Aktien- und Rentenfonds scheidet nicht   950
von vornherein wegen des allgemeinen Risikos von Kurs- und Wertschwankungen als betreuungsgerichtlich genehmigungsfähige „andere Anlage" aus.[107] Zu den bei einer am Einzelfall orientierten Prüfung zu beachtenden Gesichtspunkten haben mehrere Obergerichte in den vergangenen Jahren grundsätzliche Ausführungen gemacht.[108] Obwohl zahlreiche Betreuungsgerichte in den vergangenen Jahrzehnten Anlagen nach § 1811 BGB gestattet haben,[109] werden diese durch die Einzelfallgenehmigung nicht „mündelsicher". Insbesondere wirkt die betreuungsgerichtliche Genehmigung zur anderen Anlage nicht haftungsentlastend. Das Verlustrisiko verbleibt beim Betreuer.

dd) Laufende Einnahmen

In der Regel können laufende Einnahmen des Betreuten, wie etwa Renten, Wohngeld, Beihil-   951
fen, Unterhaltsansprüche, Arbeitslosengeld 1 und 2 oder Sozialhilfe auf einem Konto des Betreuten entgegengenommen werden. Manchmal muss ein Betreuer für seinen Betreuten einen größeren Geldbetrag entgegennehmen.

---

104 *Harm* Wunsch und Wille in der Vermögenssorge, Rpfleger 2012, 185.
105 Vgl. *Wesche* Gerichtliche Genehmigung bei der Geldverwaltung, BtPrax 2004, 49.
106 *LG Kempten* BtMan 2009, 37 (Ls) = FamRZ 2009, 724.
107 *OLG München* BtMan 2009, 164 = BtPrax 2009, 302.
108 *OLG Frankfurt/Main* = BtPrax 2002, 266 = FamRZ 2003, 59 = FGPrax 2002, 257 = NJW-RR 2002, 1660
= OLGR 2002, 304 = Rpfleger 2002, 621; *OLG Köln* FamRZ 2001, 708 (m. Anm. *Bienwald* S.710) = NJW-RR 2001, 577 = NJWE-FER 2001, 177 (Ls) = OLGR 2001, 78; *OLG Schleswig* BtPrax 2000, 87 = FamRZ 2001, 50 (LS) = NJWE-FER 2000, 121 = Rpfleger 2000, 112 = FGPrax 2000, 23.
109 Listenmäßige Übersicht bei: http://www.bvi.de/kapitalanlage/privatanleger/muendelgeld/.

952   **Beispiel:**   Am 1.8.2012 beantragt der Betreuer für seinen Betreuten bei der zuständigen Rentenversicherung (DRV) eine Erwerbsminderungsrente. Diese wird mit Bescheid vom 3.11.2012 abgelehnt. Hiergegen erhebt der Betreuer Klage, nachdem die DRV auch dem Widerspruch nicht abhalf. Am 3.2.2014 spricht das Sozialgericht erstinstanzlich dem Betreuten durch Urteil eine Erwerbsminderungsrente zu. Die Rentennachzahlung für den Zeitraum vom 1.8.2012 bis zum 31.1.2014 beträgt 24.000 €.

953   Vorliegend bedarf der Betreuer einer betreuungsgerichtlichen Genehmigung nach §§ 1812 Abs. 1, 1813 Nr. 2 BGB zur Entgegennahme der Rentennachzahlung auf dem Konto des Betreuten. Diese ist wie folgt zu beantragen:

954   **Muster: Antrag des Betreuers beim Betreuungsgericht auf Genehmigung der Entgegennahme einer Rentennachzahlung**

Amtsgericht (...)
Abt. Betreuungen

In der Betreuungssache
Hannes H.
– Az (...)

habe ich nunmehr Bescheid der Deutschen Rentenversicherung Bund erhalten, dass meinem Betreuten eine Rentennachzahlung in Höhe von 24.000 € für den Zeitraum August 2012 bis Februar 2014 zusteht.

Es wird daher die betreuungsgerichtliche Genehmigung beantragt, den Rentennachzahlungsbetrag in Höhe von 24.000 € auf dem Konto meines Betreuten bei der Berliner Sparkasse zu IBAN (...) entgegenzunehmen.

(Betreuerin)

955   Unter Verfügung i.S.d. § 1812 BGB ist folgendes zu verstehen:
- Übertragung, Belastung, Aufhebung eines Rechtes,
- Verzicht auf ein Recht,
- Änderung von Zins- und Zahlungsbestimmungen,
- Schuldübernahmevertrag, Annahme einer geschuldeten Leistung über 3.000 €,
- Aufrechnungserklärung.

956   Liegt eine Genehmigung nach § 1812 BGB nicht vor, ist das von dem Betreuer vorgenommene Rechtsgeschäft unwirksam. Eine nachträgliche Genehmigung ist aber möglich (§§ 1828, 1829 BGB). Die in § 1908i Abs. 2 genannten Personen benötigen als „befreite Betreuer" nicht diese Genehmigung (§ 1852 BGB), es sei denn, das Gericht hat im Einzelfall die Genehmigungspflicht angeordnet (§ 1908i Abs. 2 BGB).[110]

957   Ferner hat der Betreuer nicht nur laufende Zahlungen entgegenzunehmen, sondern auch zu prüfen, ob dem Betreuten eventuell noch aus anderen Quellen Geld zusteht. Es ist an folgende Einkünfte zu denken:
- ergänzende Sozialhilfe/Grundsicherung/ALG 2,
- Wohngeld sowie Pflegewohngeld bei Heimbewohnern,
- Alters-, Erwerbsminderungs- oder Hinterbliebenenrente,

---

110 *LG München I* FamRZ 1998, 701.

- Renten nach dem Bundesversorgungsgesetz (Kriegsbeschädigte und Gleichgestellte, wie Opfer von Gewalttaten, Impfgeschädigte usw.),
- Beihilfe nach Beamtenrecht,
- Unterhaltsansprüche,
- Pflegegeld.

Aus den vorstehenden, exemplarisch aufgeführten möglichen zusätzlichen Einkommensarten ergibt sich, dass sich der Betreuer frühzeitig sachkundig machen muss, in welchen Lebensumständen der Betreute früher lebte bzw. jetzt lebt. So kann es etwa bei einem Betreuten, der nunmehr geschieden ist und ALG 2 oder Sozialhilfe bezieht, geboten sein, Unterhalt von der geschiedenen Ehefrau einzufordern. Es empfiehlt sich jedoch mit Hinblick auf die Regelung des § 33 SGB II bzw. § 94 SGB XII, das Jobcenter bzw. den Sozialhilfeträger über die Unterhaltsansprüche des Betreuten zu unterrichten, damit dieses sich um deren Durchsetzung kümmert. Sinn und Zweck der § 33 SGB II und § 94 SGB XII war es gerade, diesbezügliche Streitanlässe von den Familien fernzuhalten. Unterhaltsansprüche gehen im Wege eines gesetzlichen Forderungsübergangs automatisch auf die ALG-2- bzw. Sozialhilfeträger über, die befugt sind, im Klagewege dieselben gegen den Unterhaltsschuldner durchzusetzen. Zweck der gesetzlichen Neuregelungen im Grundsicherungssystem war es gerade, Streit aus den Familien zu nehmen und den Träger der Grundsicherung selbst zur Durchsetzung von Unterhaltsforderungen zu ermächtigen. **958**

Der Betreuer muss sich jedoch selbst um die Realisierung von **Unterhaltsansprüchen** kümmern, wenn der Betreute Einkünfte erhält, die so hoch sind, dass er keinen Anspruch auf Arbeitslosengeld 2/Sozialhilfe hat. In einem solchen Fall ist es geboten, beispielsweise an einen geschiedenen Ehepartner mit dem nachfolgenden Musterschreiben heranzutreten um zu ermitteln, ob eventuell ergänzend Unterhaltsansprüche zu Gunsten des Betreuten erhoben werden können. Dieses sollte per Einschreiben zugestellt werden, damit die Inverzugsetzung des Unterhaltpflichtigen vor dem Familiengericht nachgewiesen werden kann. **959**

Muster: Geltendmachung von Unterhaltsansprüchen **960**

Frau (…)
(…)

das Amtsgericht (…) hat für Ihren Mann, Herrn Hannes H., geb. (…), wohnhaft… Betreuung angeordnet. Kopie meines Betreuerausweises liegt an.

Das Betreuungsgericht hat mir ausdrücklich den Aufgabenkreis „Geltendmachung von Unterhaltsansprüchen" übertragen. In meiner Eigenschaft als Betreuerin bin ich gehalten zu ermitteln, ob mein Betreuter eventuell Unterhaltsansprüche gegen Sie hat. Ich habe Sie aufzufordern, mir Ihre Gehaltsbescheinigungen von den letzten 12 Monaten bis zum (…) zuzustellen. Des Weiteren mache ich schon jetzt für meinen Betreuten Unterhaltsansprüche ab diesem Monat geltend. Eine genaue Bezifferung der Höhe meiner Forderung behalte ich mir nach Auswertung der mir von Ihnen übermittelten Gehaltsunterlagen vor.

Mit freundlichen Grüßen
(Betreuerin)

Rückwirkend kann kein Unterhalt geltend gemacht werden (§ 1613 BGB). Es ist daher wichtig, den Unterhaltsschuldner bereits durch den Erhalt des Schreibens mit der Unterhaltsforderung, deren Höhe naturgemäß noch nicht bekannt ist, in Verzug zu setzen. Die Auswertung der Einkommensunterlagen des geschiedenen Ehepartners kann jedoch auch ergeben, dass kein Unterhaltsanspruch besteht. Erste Hinweise über die angemessene Unterhaltshöhe und den **961**

Selbstbehalt des Unterhaltspflichtigen kann man der jeweils aktuellen „Düsseldorfer Tabelle" und den dazu seitens der Oberlandesgerichte erlassenen Unterhaltsleitlinien entnehmen.[111]

962 In der Regel empfiehlt es sich jedoch, einen **Fachanwalt für Familienrecht** aufzusuchen, um sich über die Rechte des Betreuten beraten zu lassen. Spätestens nach Erhalt der Lohnunterlagen des Verpflichteten ist für die Berechnung der Höhe des Anspruchs anwaltlicher Rat erforderlich.

963 Bei allen **Sozialleistungen** ist zu bedenken, dass das Antrags- bzw. Kenntniserlangungsprinzip gilt, d.h. dass es grundsätzlich keine rückwirkenden Leistungen gibt und nur bei einigen Leistungen, wie ALG 2 und Wohngeld der Monatsanfang der Antragstellung gilt. Es ist daher auch nur auf den Verdacht hin, dass dem Betreuten eine Leistung zustehen könnte, ein Antrag bei dem zuständigen Leistungsträger zu stellen. Dies kann etwa wie folgt geschehen:

964

Muster: Antrag auf Leistungen aus der Unfallversicherung

Berufsgenossenschaft Holz und Metall
(…)

Betreuung für Herrn Hannes H., (…)

Sehr geehrte Damen und Herren,

hierdurch zeige ich an, dass das Amtsgericht … mich zur Betreuerin für Herrn Hannes H., (…), bestellt hat. Kopie meines Betreuerausweise füge ich in der Anlage zu Ihrer Unterrichtung an.

Herr H. war bis zum Ausscheiden aus seinem Beruf bei der Fa. G. als Schweißer angestellt. Seine Tätigkeit hatte Herr H. in einer großen Fabrikhalle mit erheblichem Lärmpegel zu verrichten. Herr H. ist seit einem Dreivierteljahr schwerhörig. Die Beeinträchtigung seines Hörvermögens ist eindeutig auf seine Berufstätigkeit bei der Firma G. zurückzuführen. Ich beantrage daher, Herrn H. Leistungen aus der Unfallversicherung zu gewähren und die bei ihm vorhandene Schwerhörigkeit als Berufskrankheit anzuerkennen. Ich bitte Sie höflich, alle erforderlichen Schritte in die Wege zu leiten.

Mit freundlichen Grüßen
(Betreuerin)
---

965 Teilweise ist es schwierig, Renten zu Gunsten des Betreuten zu ermitteln. Um zu herauszufinden, ob es **Rentenansprüche** gibt, ist bei der Deutschen Rentenversicherung (Land bei Arbeiterberufen; Bund bei Angestelltenberufen; Knappschaft-Bahn-See bei ehemaligen Bergleuten, Seefahrern und Bahnbeschäftigten) nachzufragen. Ein Antrag auf Kontenklärung sollte, sofern der Betreute nicht bereits sicher im laufenden Rentenbezug steht, mit einem formlosen Antrag auf Rente wegen Erwerbsminderung verbunden werden. Dieser muss ggf. später durch Formblattanträge ergänzt werden. Durch den formlosen Antrag ist jedoch ein versehentliches Unterlassen der Rentenbeantragung vermieden worden.

966 Erhält ein Betreuter eine **Erwerbsminderungsrente** (oder noch eine der früheren Berufsunfähigkeitsrenten), ist rechtzeitig ein Antrag auf Umstellung zum Altersruhegeld zu beantragen, wenn die entsprechende Altersgrenze (je nach Geburtsjahrgang zwischen 65 und 67 Jahren; jedoch insbesondere bei Schwerbehinderten und langjährig Beschäftigten früher) erreicht ist. Für Unfallrenten, also Renten wegen berufsbedingter Erwerbsunfähigkeit (nach Arbeits- oder Wegeunfällen oder anerkannten Berufskrankheiten), sind abweichend die Träger der gesetzlichen Unfallversicherung (Berufsgenossenschaften bzw. Eigenunfallversicherungen der öffentlichen Hand, s. unter www.dguv.de) zuständig. Rechtsgrundlage ist hier das Sozialgesetzbuch VII.

---

111 Z.B. unter http://www.famrz.de.

Wer früher einmal im öffentlichen Dienst tätig war (oder dessen Hinterbliebener), ist unter **967** Umständen beihilfeberechtigt für **Aufwendungen bei Krankheit und Pflegebedürftigkeit**[112]. Dies trifft nicht nur für den Beschäftigten zu, sondern auch für die Witwen und Waisen pensionierter Beamter oder Richter. Beihilfezahlungen gibt es auch für die laufende Betreuung und Pflege bei chronischer, nicht mehr zu bessernder Erkrankung und Behinderung. Es gibt unterschiedliche Beihilfeverordnungen, je nachdem ob der ehemalige Beamte (oder Richter) beim Bund, einem der Bundesländer oder zu ihnen gehörenden Einrichtungen, wie Kommunalverwaltungen, Finanzämter usw. beschäftigt war. Die einzelnen Behörden haben auch unterschiedliche Stellen für die Beihilfeansprüche eingerichtet (z.B. Landesamt für Besoldung und Versorgung). Im Zweifel ist bei der Personalstelle der früheren Beschäftigungsbehörde nachzufragen, welche Stelle für die Beihilfeansprüche zuständig ist.

Bei den vorstehend genannten Personenkreisen sind Kosten eines Pflegeheims, Krankenheims **968** oder eines Krankenhauses gegenüber der **Beihilfestelle** abzurechnen. Übersteigt der von der Beihilfe gewährte monatliche Betrag 3.000 €, ist zur Entgegennahme ein betreuungsgerichtlicher Genehmigungsbeschluss nach §§ 1812, 1813 Abs. 1 Ziff. 2 BGB zu beantragen (außer durch befreite Betreuer nach § 1908i Abs. 2 BGB).

Zu bedenken ist, dass die Behandlungs- und Pflegekosten oft nicht zu 100% von der Beihilfe **969** bezahlt werden. Meist ist für die ungedeckten **Behandlungskosten** eine zusätzlich abgeschlossene private Kranken- und Pflegeversicherung zuständig. Oft ist der Beihilfestelle bekannt, bei welcher Krankenversicherung der Vertrag besteht, denn die Beihilfebestimmungen sehen z.T. eine vorherige Anrechnung von Krankenversicherungsleistungen vor. Die größten Versicherungen von Beschäftigten des öffentlichen Dienstes sind die Debeka (www.debeka.de) und die DKV (www.dkv.com).

ee) Geltendmachung von Sozialhilfe/Grundsicherung/Arbeitslosengeld 2/Sozialgeld

Bei Betreuten, die über keinerlei oder zu geringe Einkünfte verfügen, ist in jedem Fall das Job- **970** center bzw. Sozialamt rein vorsorglich anzuschreiben zwecks Erhalt von Leistungen nach dem Sozialgesetzbuch II oder XII. Erwerbsfähige Personen sind auf ALG 2 angewiesen, voll erwerbsgeminderte und Personen im Rentenalter auf Sozialhilfe/Grundsicherung, vorrangig ist ALG 2. Nach der neuesten Rechtsprechung ist die Arbeitslosmeldung persönlich vorzunehmen (egal ob danach ALG 1 oder 2 beansprucht wird), vgl. § 141 SGB III. Nur ausnahmsweise (bei Krankheit) kann die Meldung durch einen (gesetzlichen) Vertreter erfolgen (§ 145 Abs. 1 SGB III). Ein Betreuer muss diese Meldung in einem solchen Falle persönlich vornehmen.[113]

Die eigentliche Antragstellung für ALG 2 (oder Sozialhilfe) kann dann zur **Fristwahrung** **971** zunächst formlos geschehen (im nachstehenden Beispiel ist bereits die Erwerbsminderung durch die Rentenversicherung festgestellt, ansonsten beantragt man zunächst bei Betroffenen im erwerbsfähigen Alter zwischen 15 Jahren und dem Erreichen der Altersgrenzen (§§ 7, 7a SGB II) ALG 2 beim Jobcenter, weist aber auf die wahrscheinlich krankheitsbedingt vorhandene Erwerbsunfähigkeit hin, die das Jobcenter dann von Amts wegen nachprüfen muss (die Agentur für Arbeit hat insoweit qua Gesetz ein Feststellungsmonopol, vgl. § 44a SGB II):

---

112 S. http://www.beihilfe-online.de/.
113 *BSG* BtPrax 2015, 35 (Ls) = FamRZ 2015, 405.

972 ┌─ **Muster: Antrag beim Sozialamt auf ergänzende Hilfe zum Lebensunterhalt/ ──────**
│   **Grundsicherung**
│
│   Bezirksamt (…)
│   Abteilung Sozialwesen
│   (…)
│
│   Betreuung für Herrn Hannes H., (…)
│
│   Sehr geehrte Damen und Herren,
│
│   ausweislich des anliegenden Betreuerausweises in Kopie zeige ich an, dass ich Herrn Hannes H.,
│   (…), vertrete.
│
│   Herr H. bezieht lediglich eine geringfügige Erwerbsminderungsrente in Höhe von 600 €. Die monat-
│   liche Miete von Herrn H. beläuft sich incl. Betriebskosten auf 350 €. Ich beantrage für Herrn H. die
│   Bewilligung von Grundsicherung nach dem SGB XII.
│
│   Herr H. leidet darüber hinaus unter schwerer Diabetes und bedarf einer kostenaufwendigen Ernäh-
│   rung. Es ist ihm daher meines Erachtens ein Mehrbedarf zuzubilligen. Ich bitte Sie höflich, das
│   Erforderliche zu veranlassen.
│
│   Des weiteren wird Hilfe zur Weiterführung des Haushaltes beantragt, da Herr H. nicht mehr in der
│   Lage ist, seinen Haushalt eigenständig zu führen. Zur Klärung des Umfangs der Hilfe sollte ein
│   Hausbesuch stattfinden.
│
│   Mit freundlichen Grüßen
│   (Betreuerin)

973 Allein mit diesem formlosen Schreiben bewirkt der Betreuer, dass Ansprüche des Betroffenen
nicht verfallen. Der Sozialhilfeträger wird dann dem Betreuer Formulare zusenden, die auszu-
füllen und mit den erforderlichen Belegen zu versehen sind. Der Betreuer hat die Mitwirkungspflicht für den Antragsteller, § 60 SGB I und hat Änderungen in den Einkommens- und
Vermögensverhältnissen des Betreuten unaufgefordert an den Sozialleistungsträger mitzuteilen. Hierdurch wird ein Schadensersatzanspruch, der sich nach §§ 103, 104 SGB XII auch
gegen den Betreuer richten kann, vermieden. Das gleiche gilt für den Vorwurf des Sozialleis-
tungsbetrugs, § 263 StGB.

974 **Beispiel:** Der Grundsicherungsleistungen beziehende Betreute erhält monatlich 50,00 €
von seiner Mutter geschenkt. Der Betreuer weiß hierum, verschweigt aber diese Zahlungen
gegenüber dem Sozialamt. Das SG Aachen qualifizierte dieses Verhalten des Betreuers als
grob fahrlässig.[114]

975 Ferner kann bei dem Beitragsservice der Rundfunkanstalten (ehemals GEZ) ein Antrag auf
Befreiung von der Rundfunkgebührenpflicht gestellt werden. Bei Telefonfestnetzanschlüssen der
Deutschen Telekom besteht die Möglichkeit, eine Ermäßigung der Telefongrundgebühr im Rahmen des sog. Sozialtarifs zu beantragen (http://www.teltarif.de/festnetz/vollanschluss/sozial-
tarif.html).

976 Sozialhilfe ist im Übrigen so rechtzeitig zu beantragen, dass dem Betreuten das ihm zustehende Schonvermögen (kleiner Barbetrag) nach der Verordnung zur Durchführung des § 90
SGB XII verbleibt.

---

114 *SG Aachen* Urt. v. 28.9.2010, S 20 SO 40/10.

Die Freibeträge sind im Sozialhilferecht unterschiedlich: bei der klassischen Sozialhilfe zum **977**
Lebensunterhalt beträgt der Freibetrag 1.600 €. Bei der Grundsicherung für Erwerbsgeminderte und Personen ab dem 60. Lebensjahr sowie bei den Hilfen nach dem 5. und 9. Kapitel
des SGB XII (den früheren Hilfen in besonderen Lebenslagen) macht der Freibetrag 2.600 €
aus. Jeweils hinzugerechnet wird ein Ehegatten- bzw. Lebenspartnerzuschlag von 614 € und
ein Kinderzuschlag von je 256 € für jedes überwiegend unterhaltene Kind. Der Zuschlag für
Ehegatte und Lebenspartner erhöht sich auf 1.534 €, wenn beide Personen blind oder in Pflegestufe 3 (Schwerstpflegebedürftigkeit) sind.

Bei Personen, die nicht erwerbsunfähig sind und demnach nach dem Sozialgesetzbuch II **978**
Anspruch auf Arbeitslosengeld II/Sozialgeld haben, bestehen höhere Vermögensfreibeträge.
Nach 12 SGB II sind vom Vermögen abzusetzen:

1. ein Grundfreibetrag in Höhe von 150 € je vollendetem Lebensjahr des volljährigen Hilfebedürftigen und seines Partners, mindestens aber jeweils 3.100 €; der Grundfreibetrag darf
   für den volljährigen Hilfebedürftigen und seinen Partner jeweils den nach S. 2 maßgebenden Höchstbetrag nicht übersteigen,
1a. ein Grundfreibetrag in Höhe von 3.100 € für jedes hilfebedürftige minderjährige Kind,
2. Altersvorsorge in Höhe des nach Bundesrecht ausdrücklich als Altersvorsorge geförderten
   Vermögens,
3. geldwerte Ansprüche, die der Altersvorsorge dienen, soweit der Inhaber sie vor dem Eintritt in den Ruhestand auf Grund einer unwiderruflichen vertraglichen Vereinbarung
   nicht verwerten kann und der Wert der geldwerten Ansprüche 750 € je vollendetem
   Lebensjahr des erwerbsfähigen Hilfebedürftigen und seines Partners, höchstens jedoch
   jeweils den nach S. 2 maßgebenden Höchstbetrag nicht übersteigt,
4. ein Freibetrag für notwendige Anschaffungen in Höhe von 750 € für jeden in der Bedarfs-
   gemeinschaft lebenden Hilfebedürftigen.

Bei Personen, die **979**

1. vor dem 1. Januar 1958 geboren sind, darf der Grundfreibetrag nach S. 1 Nr. 1 jeweils
   9.750 € und der Wert der geldwerten Ansprüche nach S. 1 Nr. 3 jeweils 48.750 €,
2. nach dem 31. Dezember 1957 und vor dem 1. Januar 1964 geboren sind, darf der Grundfreibetrag nach S. 1 Nr. 1 jeweils 9.900 € und der Wert der geldwerten Ansprüche nach S. 1
   Nr. 3 jeweils 49.500 €,
3. nach dem 31. Dezember 1963 geboren sind, darf der Grundfreibetrag nach S. 1 Nr. 1
   jeweils 10.050 € und der Wert der geldwerten Ansprüche nach S. 1 Nr. 3 jeweils 50.250 €

nicht übersteigen.

Ebenfalls einen höheren Vermögensfreibetrag haben Personen, die einen Anspruch auf Kriegs- **980**
opferfürsorge haben. Dieser ist in § 25f des Bundesversorgungsgesetzes unterschiedlich hoch
für verschiedene Gruppen der Anspruchsberechtigten geregelt. Der Mindestbetrag beläuft sich
seit 1.7.2015 auf 5.996 €. Hinzu kommen verschiedene Erhöhungsbeträge[115].

Im Übrigen wird zur Vertiefung sozialrechtlicher Einzelfragen verwiesen auf die Darstellung **981**
des Sozialrechtes in *Böhm/Lerch/Röslmeier/Weis* Handbuch für Betreuer und des Weiteren auf
den „Leitfaden für Arbeitslose" des Arbeitslosenprojektes „Tuwas", 31. Auflage 2015.

---

115 S. http://www.bmas.de/SharedDocs/Downloads/DE/kriegsopferfuersorge-einkommensgrenze.pdf.

982 Um die dem Betreuten gewährten Vergünstigungen unter Kontrolle zu halten, wird die Verwendung folgender Tabelle angeraten:

983
┌─ **Checkliste: Vergünstigungen** ──────────────────────────────────────┐

	beantragt am	bewilligt bis	Wiedervorlage
• Wohngeld			
• Telefongebührenermäßigung			
• Rundfunkgebührenermäßigung			
• ergänzende Sozialhilfe/Grundsicherung			
• Befreiung von der Zuzahlung zu Medikamenten			
• Freistellungsauftrag bei Geldinstituten			
• Befreiung von Kontoführungsgebühren			
• Freifahrtsberechtigung durch Schwerbehindertenausweis			
• Sonstiges			

└──┘

ff)   Andere Anlageformen für die Geldanlage

984 Das Betreuungsgericht kann im Einzelfall dem Betreuer eine andere Anlageform als die in § 1807 BGB vorgeschriebene gestatten. Die Anlegung von Geldern des Betreuten auf Sparkonten ist nur dann zu empfehlen, wenn diese ständig zur Verfügung gehalten werden müssen, um laufende Ausgaben zu bestreiten. Muss die betreute Person monatlich zu ihren Einkünften einen festen Betrag von ihrem Sparkonto abheben, um eine Differenz zu ihren Heimkosten zum Ausgleich zu bringen, ist es empfehlenswert, eine Dauerfreigabe von dem Sparkonto zu beantragen.

985
┌─ **Muster: Antrag des Betreuers beim Betreuungsgericht auf Dauerfreigabe des Sparkontos** ─
│   **(§ 1825 BGB)**

Abt. Betreuungen
Amtsgericht (…)

In der Betreuungssache
Helge B.
– Az (…) –

belaufen sich die monatlichen Einkünfte meines Betreuten auf 2.100 €, die monatlichen Heimkosten betragen 2.800 €. Ich beantrage daher die betreuungsgerichtliche Ermächtigung

800 € kalendermonatlich vom Sparkonto meines Betreuten bei der Berliner Sparkasse zu Kontonummer … abzuheben und auf dem Girokonto meines Betreuten bei der Postbank Hamburg zu IBAN …, BIC … entgegenzunehmen.

(Betreuerin)
└──

986 Gerade bei größeren Vermögen sollte eine Streuung vorgenommen werden.

▶ **Hinweis:** Es sollte mit der Sparkasse und Bank Rücksprache gehalten werden, um ein **987** maßgeschneidertes Konzept für den speziellen Betreuungsfall zu erhalten. So ist es beispielsweise nicht sinnvoll, im Falle eines 92-jährigen Betroffenen im gebrechlichen Gesamtzustand eine langfristige Geldanlage zu wählen, wenn jederzeit mit einem Ableben zu rechnen ist, obzw.ar ansonsten der Grundsatz gilt, dass größere Vermögen in kurz-, mittel- und langfristige Anlagen aufgeteilt werden sollten. Ferner ist bei einer anderen Bank ein Alternativangebot einzuholen und bei der Hausbank zu eruieren, ob sie bei dort günstigeren Konditionen „mitzieht". ◀

Aktien und Fondsanlagen gehören nicht zu den regelmäßigen und mündelsicheren Anlageformen. Das Betreuungsgericht kann die Genehmigung zu einer derartigen Anlageform erteilen, **988** obwohl diesbezüglich bei den Gerichten noch große Zurückhaltung geübt wird. Das OLG Schleswig[116] entschied, dass das Betreuungsgericht nicht rundweg derartige Anlageformen ablehnen dürfe. Es sei vielmehr im Einzelfall – ggf. durch einzuholende Sachverständigengutachten – zu prüfen, ob die von dem Betreuer vorgeschlagene Anlageform den Grundsätzen einer wirtschaftlichen Vermögensverwaltung zuwiderläuft. Die obergerichtliche Rechtsprechung stammt fast ausschließlich aus der Zeit vor der letzten „Bankenkrise" und ist dementsprechend kritisch zu hinterfragen.

gg) Weitere Genehmigungsvorbehalte bei der Geldverwaltung

Hierzu zählen: **989**

- Verfügungen über Forderungen und Wertpapiere, § 1812 BGB (Ausnahmen dazu in § 1813 BGB);
- Hinterlegung von Inhaberpapieren, § 1814 BGB;
- Umschreibung von Inhaberpapieren, § 1815 BGB;
- Sperrung von Buchforderungen, § 1816 BGB;
- Genehmigung zur Verfügung bei Hinterlegung von Wertpapieren, § 1819 BGB;
- Verpflichtung über die Verfügung einer Stammforderung nach der Umwandlung und Umschreibung, § 1820 BGB.

c) Vermögensverzeichnis

Nach § 1802 BGB muss der Betreuer, dessen Aufgabenkreis die Vermögenssorge umfasst, **990** bezüglich des Vermögens seines Betreuten ein Verzeichnis errichten, welches bei dem Betreuungsgericht unter Versicherung der Richtigkeit und Vollständigkeit einzureichen ist. Das Gericht ist befugt, nach pflichtgemäßem Ermessen hierfür eine Frist zu bestimmen. Zweckmäßigerweise spricht man als Betreuer anlässlich der Verpflichtung mit dem Rechtspfleger ab, wann das Vermögensverzeichnis vorgelegt werden soll (üblich ist ein Zeitraum von sechs bis zwölf Wochen) und zu welchem Stichtag.

In der Regel gilt als Stichtag der Zeitpunkt der Bekanntgabe des Beschlusses über die Betreu- **991** ungsanordnung an den Betreuer (§ 287 Abs. 1 FamFG). Sofern allerdings die „sofortige Wirksamkeit" der Betreuerbestellung angeordnet worden sein, kann das Vermögensverzeichnis auf einen deutlich gegenüber der Bekanntgabe an den Betreuer erfolgten Zeitpunkt zu erstellen sein, denn in diesem Fall wird die Betreuung bereits ohne Kenntnis des Betreuers wirksam, nämlich auch bei Bekanntgabe an den Betreuten, den Verfahrenspfleger oder bei der Übergabe des Vorgangs an die Geschäftsstelle des Betreuungsgerichtes (§ 287 Abs. 2 FamFG). Der Zeit-

---

116 *OLG Schleswig* BtPrax 2000, 87.

punkt, zu dem die Betreuung wirksam wurde, ist in diesem Fall auf dem Beschluss vermerkt. Allerdings beginnt der Vergütungsanspruch des beruflichen Betreuers dann auch zu diesem früheren Zeitpunkt.

992 Das Vermögensverzeichnis sollte über folgende Punkte Aufschluss erteilen:

Muster: Vermögensverzeichnis[117]

A. Aktiva
1. Grundvermögen (Grundstücke, Wohnungseigentum oder sonstige grundstücksgleiche Rechte, z.B. Erbbaurecht; Lage, Grundbuchbezeichnung, Art der Bebauung, ungefährer Verkehrswert [= potenzieller Verkaufswert])
2. Bank-, Sparkassen- und Postsparguthaben; Postbankkonten, Gehalts- und Giro- sowie Festgeldkonten (Kontonummer – IBAN, Geldinstitut, Guthabenbetrag zum Stichtag)
3. Bargeld (bei Fremdwährung den Sortenankaufskurs in €)
4. Wertpapiere (auch Wechsel, Schecks, Pfandbriefe: Bezeichnung, Laufzeit, Nennwert und Kurswert, Depot und Depotnummer angeben; wenn vorhanden, Depotauszug beifügen)
5. Spar- und Bausparverträge (Geldinstitut [BIC], IBAN, Laufzeit, Kapitalnummer angeben)
6. Lebensversicherungen, Sterbegeldversicherungen, Aussteuer- und Ausbildungsversicherungen, Riester- und Rüruprentenverträge
   (Versicherungsunternehmen, Versicherungsnummer, Fälligkeit angeben)
7. Kautionen, Mietvorauszahlungen (Leistungsempfänger, Leistungsgrund, Kautionshöhe angeben)
8. Forderungen gegen Dritte, Hypotheken, Grundschulden
   (Schuldner, Schuldgrund, Höhe und Fälligkeit der Forderung angeben)
9. Schmuck, Gold und Wertsachen, soweit nicht Nr. 10
10. Kunstgegenstände, Sammlungen (Schätzungen)
11. Wohnungseinrichtung und Gebrauchsgegenstände (z.B. Bücher, technische Geräte; nur Gesamtwert angeben; wertvolle Gegenstände einzeln aufführen)
12. Kleidungsstücke von besonderem Wert (z.B. Pelze; möglichst mit Wertangabe)
13. Fahrzeuge (z.B. Kraftfahrzeuge, Motorräder, Boote; Typ, Baujahr, Zulassungsnummer angeben, ungefährer Verkaufswert, z.B. laut Schwacke-Liste: www.schwacke.de oder bei der DAT, www.dat.de)
14. Erwerbsgeschäfte im Eigentum des Betreuten (Unterlagen beifügen)
15. Beteiligung an einer Erbengemeinschaft, Gesellschaft, Genossenschaft
    (nähere Bezeichnung, Angabe des Anteils)
16. Sonstige Vermögenswerte

B. Verbindlichkeiten
1. Bei Sparkassen, Banken und sonstigen Kreditinstituten
   (Institut [BIC], IBAN, Schuldbetrag zum Stichtag, Tilgungsart angeben)
2. Gegenüber Privatpersonen (Name, Anschrift des Gläubigers, Schuldgrund, Schuldbetrag angeben)
3. Gegenüber dem Finanzamt aus Steuerrückständen sowie gegenüber Sozialleistungsträgern (z.B. Jobcenter, Rentenversicherung, Krankenkasse, Sozialhilfeträger) und anderen Behörden (z.B. Buß- und Verwarnungsgelder)
4. Grundstücksbelastungen (z.B. Hypotheken, Grundschulden, Reallasten zu Lasten des Grundvermögens des Betreuten) sowie Nebenkosten z.B. gegenüber Versorgungsunternehmen
5. Verbindlichkeiten im Zusammenhang mit einem Erwerbsgeschäft, einer Gemeinschaft oder Gesellschaft
6. Sonstige Verbindlichkeiten, auch laufende Zahlungsverpflichtungen, z.B. aus Ratenzahlungsverträgen, Handyverträgen, Rundfunkbeitrag usw.

---

117 Quelle: Vordruck VS 127 der Justiz.

C. Einkommen
1. Arbeitseinkommen (auch Ausbildungsvergütung) brutto/netto
2. Renten, Versorgungsbezüge (z.B. Hinterbliebenen-, Erwerbsminderungs- und Altersrenten, Betriebsrenten; Renten nach dem Bundesversorgungsgesetz (Art der Leistung, monatlichen Betrag, auszahlende Stelle, Versicherungs- oder Geschäftsnummer angeben)
3. Leistungen aus der Pflegeversicherung (auszahlende Stelle, monatlichen Betrag angeben)
4. Wohngeld (Bewilligungsbescheid, monatlichen Betrag angeben)
5. Arbeitslosengeld 1 oder 2, Sozialhilfe/Grundsicherung (auszahlende Stelle, monatlichen Betrag angeben)
6. Sonstige Einkünfte (z.B. aus Pacht, Miete, Untermiete, sonstige Zinsen, Unterhaltszahlungen)

D. Bestehen Beihilfeansprüche (für krankheits- oder pflegebezogene Aufwendungen) auf Grund besoldungsrechtlicher oder ähnlicher Bestimmungen?

Beispiel Vermögensverzeichnis:

Betreuung Hannes H. Amtsgericht (…) – Az (…) –   993
Verzeichnis des Vermögens am (…)

I.   Aktiva

1.	Hälftiger Miteigentumsanteil an dem Grundstück Försterweg 15, 13278 Berlin, verzeichnet im Grundbuch des Amtsgerichts (…), Grundbuch von Charlottenburg, Band 273, Blatt 4332 mit einer Grundstücksgröße von 548 qm – von mir geschätzt – Rubrik (…), Blatt (…)	€ 238 400,00
2.	Girokonto Commerzbank Berlin, Kontonummer (…) Girokontoauszug Nr. (…) vom (…)	€ 5 444,94
3.	Sparkonto Deutsche Bank 24, Kontonummer (…), Rubrik (…), Blatt (…)	€ 2 884,60
4.	Lebensversicherung Allianz, Rubrik (…), Blatt (…)	€ 26 276,00
5.	Hausrat (Erinnerungsposten)	€ 0,00

Aktiva insgesamt   € 273 005,54

II. Passiva

1.	Rückständige Lebensversicherungsprämien Allianz zu Versicherungsschein-Nr. (…), Rubrik (…), Blatt (…)	€ 2 497,05
2.	Finanzamt (…), Nachzahlung Einkommensteuerbescheid (…), Rubrik (…), Blatt (…)	€ 2 676,00
3.	Rundfunkbeitragsrückstand, Rubrik (…), Blatt (…)	€ 486,00
4.	Stadtwerke-Rückstand, Rubrik (…), Blatt (…)	€ 3 149,57
5.	Girokonto Commerzbank, Kontonummer (…), Rubrik (…), Blatt (…)	€ 7 875,31

Passiva insgesamt   € 16 683,93

III. Einkommen

1. Altersrente (Deutsche Rentenversicherung Bund), Vers.Nr. (...),	€	1 850,00
2. Betriebsrente (Bundeseisenbahnvermögen, Nr. (...)	€	538,00
3. Pflegegeld Betriebskrankenkasse Bahn, Stufe I	€	305,00
Einkommen insgesamt	€	**2.693,00**

IV. Monatliche Ausgaben

1. Grundsteuer, Rubrik (...), Blatt (...)	€	44,65
2. Rundfunkbeitrag (ab 1.1.2015 17,50)	€	17,98
3. Stadtwerke-Stromvorauszahlung, Rubrik (...), Blatt (...)	€	77,82
4. Stadtwerke-Gasvorauszahlung, Rubrik (...), Blatt (...)	€	434,28
5. Wasserkosten, Rubrik (...), Blatt (...)	€	78,25
6. Pflegekosten und Haushaltshilfe, Rubrik (...), Blatt (...)	€	950,00
7. Darlehensrate, Rubrik (...), Blatt (...)	€	677,45
8. Telefongebühren Deutsche Telekom	€	39,95
Monatliche Mindestausgaben	€	**2.320,38**

Die Vollständigkeit und die Richtigkeit der Angaben wird versichert.

Datum

(Betreuerin)

994 ▶ **Hinweis:**   Ist man sich – etwa bei hochverschuldeten, nicht kooperationswilligen oder -fähigen Betreuten – nicht sicher, ob noch weitere Verbindlichkeiten existieren und ob die aufgelisteten Verbindlichkeiten tatsächlich Bestand haben (z.B. unbekannte Tilgungen, Verjährungseintritt, Sittenwidrigkeit von Ratenkrediten usw.), sollte man lediglich die vorläufige Richtigkeit und Vollständigkeit versichern und das Vermögensverzeichnis als ein vorläufiges bezeichnen. ◀

995 Häufig wird es sich bei dem Haushalt des Betreuten um einen mit einfacher Ausstattung handeln. Schätzungen des Betreuers sind deshalb statthaft. Für den Fall, dass der Betreuer Schmuck auffindet, ist der geschätzte Wert ebenfalls in das Vermögensverzeichnis aufzunehmen. In seltenen Fällen ist es geboten, eine Schätzung (z.B. über ein örtliches Auktionshaus) einzuholen, und dies auch nur auf Veranlassung des Betreuungsgerichtes oder wenn ein Verkauf aufgrund der Lebensverhältnisse des Betreuten sich als demnächst notwendig darstellt. Bei der Erstellung des Vermögensverzeichnisses ist ggf. die Betreuungsbehörde im Rahmen des § 4 Abs. 3 BtBG, § 1802 Abs. 2 BGB zur Hilfe heranzuziehen, z.B. auch als Zeuge bei einem notwendig werdenden Hausbesuch.

d)   Berichts- und Rechnungslegung

996 Nach §§ 1840, 1841 BGB trifft den Betreuer die Verpflichtung, mindestens einmal jährlich dem Betreuungsgericht über die persönlichen Verhältnisse des Betreuten einschl. der erfolgten persönlichen Kontakte des Betreuers zu berichten und eine Rechnungslegung einzureichen, die eine geordnete Zusammenstellung der Einnahmen und Ausgaben enthält, also über den Ab- und Zugang des Vermögens Auskunft gibt.[118] Der genaue Zeitraum der Rechnungslegung wird vom Gericht bestimmt, meist wird als Endzeitpunkt ein Quartalsende festgelegt mit einem Rumpfzeitraum für die erste Rechnungslegung, die mit dem Betreuungsbeginn (§ 287 Abs. 1 oder 2 FamFG) beginnt. Die Abstände der Rechnungslegung kann das Gericht auf bis zu 3 Jahre ausdehnen (§ 1840 Abs. 4 BGB), nachdem erstmals Rechnung gelegt wurde. Dies empfiehlt sich insbesondere bei Personen, die nur über regelmäßige Einkünfte verfügen, die zum laufenden Lebensunterhalt benötigt werden und sich nicht sehr ändern.

Die Belege (z.B. Kontoauszüge, Rechnungen, Bewilligungsbescheide usw.) sind gesondert bei- **997** zufügen. Es empfiehlt sich eine kaufmännische Buchführung mit durchgehender Nummerierung und ein Abheften in der Reihenfolge ihrer Entstehung. Es ist also so zu verfahren, dass hinter jedem Kontoauszug des Betreuten die entsprechenden Überweisungsbelege chronologisch abgeheftet werden. Insoweit ist es empfehlenswert, die Einnahmen und Ausgaben zeitnah nach deren Anfall in die Abrechnung einzutragen und die Belege gleichzeitig abzulegen.

Für jedes Konto des Betreuten, über das der Betreuer verfügungsberechtigt ist, ist eine geson- **998** derte Abrechnung vorzulegen. Sofern über ein Konto neben dem Betreuer auch der Betreute selbst verfügt hat, sollte dieser Posten als „Eigenverfügung des Betreuten" in der Rechnungslegung bezeichnet werden. Oft wünschen Gerichte auch hierfür eine Quittung seitens des Betreuten; dieser ist hierzu allerdings nicht verpflichtet. Um zeitaufwändige Auseinandersetzungen zu vermeiden, ist es von Vorteil den Betreuten zu überzeugen, einen entsprechenden Hilfsbeleg zu unterzeichnen.

Einfacher ist es jedoch, die Konten zu trennen, also z.B. ein Unterkonto für den Betreuten ein- **999** zurichten, auf das die eingehenden Beträge nach Abzug der Fixkosten für die Wohnung, das Telefon usw. weitergeleitet werden. In einem solchen Fall reicht als Nachweis die Überweisung vom allgemeinen auf das speziell nur durch den Betreuten selbst verwaltete Konto aus. Die Nachweisung von ausschließlich durch Betreute verwalteten Konten (auch Eigengeldkonten im Heim) ist nicht erforderlich.[119] Die vorstehend beschriebene Verfahrensweise ist allerdings nur mit Einwilligung des Betreuten oder dann möglich, wenn der Betreuer einen Einwilligungsvorbehalt bez. der Vermögenssorge innehat.

Sämtliche Einnahmen und Ausgaben der vom Betreuer verwalteten Konten sind zu belegen, **1000** hiervon ausgenommen sind Einnahmen und Ausgaben, für die üblicherweise keine Belege erteilt werden (z.B. Miete, Unterhaltszahlungen, Renten). Auszahlungen/Ausgaben sind nachzuweisen durch Vorlage von z.B.

- Quittungen vom Empfänger;
- Rechnungen oder sonstige Entstehungsbelege;
- Durchschriften von Überweisungsaufträgen i.V.m. den Kontoauszügen;
- sonstige Belege wie Zahlkarten, Postanweisungsabschnitte.[120]

Wurden nach Abgabe des Vermögensverzeichnisses noch weitere Konten ermittelt, so sind **1001** diese in der Rechnungslegung genauso aufzuführen wie alle anderen Konten. Dabei muss

---

118 *Birkenfeld* Rechnungslegung und Rechnungsprüfung in Vormundschafts- und Nachlasssachen, FamRZ 1976, 197.
119 *LG Mönchengladbach* Beschl. v. 17.2.2010, 5 T 529/09; BtPrax 2010, 148 = FamRZ 2010, 1190; *LG Berlin* Beschl. v. 10.1.2013, 87 T 3/13.
120 Quelle: Verbandszeitung des BdB Heft Nr. 8, S. 32.

berücksichtigt werden, dass ihr Anfangsbestand nicht nur als Bestand aufgeführt wird, sondern auch in der Aufstellung der Einnahmen berücksichtigt wird.

1002 Zum Schluss der Rechnungslegung für jedes Konto sollte überprüft werden, dass der rechnerisch in der Einnahmen- und Ausgabenrechnung ermittelte Bestand mit dem tatsächlichen Bestand auf dem jeweiligen Konto übereinstimmt. Mit Hilfe der vom Betreuer verwendeten Softwarelösung (Spezialsoftware zur Betreuerabrechnung wie at work, Butler oder BtG Pledel oder Standardsoftware wie Microsoft Excel, Open Office Calc, Apple Numbers o.Ä.) lässt sich dieses auf einfache Weise automatisieren.

1003 Wurden alle Konten gebucht, die Belege sortiert und nummeriert und der Bestand überprüft und als richtig ermittelt, wird als abschließende Tätigkeit in der Rechnungslegung die Übersicht über die Verwaltung des Vermögens erstellt.

Beispiel Rechnungslegung:

1004 Betreuungssache
Erna T.
Amtsgericht (...)
Az (...)

Konto: (...)
Geldinstitut: (...)
Abrechnungszeitraum vom (...) bis (...)

Datum	Auszug	Vorgang	Einnahmen	Ausgaben
27.10.2013	11	Anfangsbestand	111 185,47 €	
24.11.2013	12	Gehalt 9/2013	162,32 €	
23.12.2013	1	Gehalt 11/2013	97,92 €	
30.12.2013	1	Porto		3,00 €
30.12.2013	1	Kontoführungsgebühren		30,00 €
23.1.2014	2	Gehalt 12/2013	157,94 €	
24.2.2014	3	Gehalt 1/2014	122,76 €	
6.3.2014	3	Altersrente DRV Bund	867,64 €	
11.3.2014	4	Haushaltsgeld		1700,00 €
16.3.2014	4	Altersrente DRV Bund	867,64 €	
24.3.2014	4	Gehalt 2/2014	120,00 €	
1.4.2014	4	Porto		3,00 €
1.4.2014	4	Kontoführungsgebühren		30,00 €
6.4.2014	4	NZ-Barbetrag vom Sozialamt	1 964,95 €	
24.4.2014	5	Gehalt 3/2014	122,76 €	
28.4.2014	5	Grundsicherung	161,70 €	
11.5.2014	6	Zahlung an den Grundsicherungsträger (Rente 2 × 867,64 €, s.o.)		1735,28 €

25.5.2014	6	Gehalt 4/2014	120,00 €	
27.5.2014	6	Grundsicherung	161,70 €	
24.6.2014	7	Gehalt 5/2014	136,56 €	
1.7.2014	7	Porto		3,00 €
1.7.2014	7	Kontoführungsgebühren		30,00 €
27.7.2014	8	Gehalt 6/2014	114,48 €	
24.8.2014	9	Gehalt 7/2014	114,48 €	
24.9.2014	10	Gehalt 8/2014	92,40 €	
			6 790,72 €	3 534,28 €

	Einnahmen:	6 790,72 €
	Ausgaben:	3 534,28 €
	Saldo:	3 256,44 €

Die Richtigkeit und die Vollständigkeit versichere ich.

(Betreuerin)

Beispiel Jahresbericht: 1005

Amtsgericht (...)
Abt. Betreuungen

In der Betreuungssache
Hannes H.
– Az (...) –

überreiche ich als Anlage meine Handakten mit dem Vermögensverzeichnis. Ich erstatte folgenden Bericht:

I. Persönliche Situation

Herr H. führt einen eigenen Haushalt in der (...)-Straße. Er beschäftigt eine private Haushälterin, die ihn täglich vier Stunden betreut. Täglich wird er mit einem fahrbaren Mittagstisch der Firma (...) beliefert.
(Weitere persönliche Details ausführen)

II. Einkünfte

Die Einkünfte des Herrn H. ergeben sich aus dem anliegenden Vermögensverzeichnis.

Ferner habe ich für Herrn H. Pflegegeld der Stufe II bei seiner zuständigen Pflegekasse beantragt; hierüber liegt jedoch noch keine Entscheidung vor.

III. Vermögen

Hinsichtlich des Vermögens von Herrn H. wird auf das anliegende Vermögensverzeichnis verwiesen.

(Betreuerin)

e)   Sonstiges

aa)   Grundstücke und Mietshäuser

1006   Ist der Betreute Eigentümer von Grundstücken und Mietshäusern, die bereits ordnungsgemäß durch eine Hausverwaltung verwaltet werden, ist es nicht empfehlenswert, hieran etwas zu ändern. In der Regel hat ein Betreuer, von der Verwaltung eines übersichtlichen kleineren Objektes abgesehen, nicht die erforderliche Fachkenntnis. Ist bereits ein Hausverwalter tätig oder beauftragt der Betreuer einen solchen, besteht die Aufgabe des Betreuers in einer Überprüfung von dessen Abrechnung an Hand der Kontoauszüge und Belege. Es reicht dann die Mitteilung an das Betreuungsgericht, dass diese vorgenommen wurde und zu Beanstandungen keinen Anlass bot.

bb)   Verkauf von Immobilien

1007   Bei dem Verkauf von Immobilien bedarf der Betreuer einer betreuungsgerichtlichen Genehmigung nach § 1821 Abs. 1 Nr. 1 BGB. Vorab ist in der Regel ein **Sachverständigengutachten** über den Wert des Objektes von einem öffentlich vereidigten Sachverständigen einzuholen. Zwar ist dieses nicht ausdrücklich vorgeschrieben, entspricht jedoch den Usancen zum Nachweis über die Angemessenheit des Kaufpreises und soll den Vorwurf der Fahrlässigkeit sowohl durch den Betreuer als auch das Betreuungsgericht vermeiden.

1008   Bei kleineren Immobilien, wenn beispielsweise der Betreute Miteigentümer mit einer Quote von 1/10 ist, sowie bei unbebauten Grundstücken, könnte das Einholen eines Gutachtens unverhältnismäßig sein. Deswegen ist anzuraten, mit dem Betreuungsgericht Rücksprache zu halten, ob eventuell die Schätzung eines Ortsgerichts (in Hessen) betreffend die Bodenrichtwerte oder diejenige einer zuständigen Behörde (z.B. des Gutachterausschusses beim Vermessungs- und Katasteramt der Kreis- oder Stadtverwaltung) ausreichend ist.

1009   Liegt das Taxat vor und wurde eine Grundstückskaufvertrag abgeschlossen, wird das Betreuungsgericht wie folgt angeschrieben:

1010   ┌─ **Muster: Antrag des Betreuers beim Betreuungsgericht auf Genehmigung eines Grundstückskaufvertrages** ─

Amtsgericht (…)
Abt. für Betreuungen

In der Betreuungssache
Ingo K.

– Az (…) –

überreiche ich in den Anlagen den Kaufvertrag des Notars (…) vom (…) zu Urkundenrolle Nr. (…) betreffend das Grundstück (…) und beantrage, die von mir zum Kaufvertrag abgegebenen Erklärungen Betreuungsgerichtlich zu genehmigen.

Ich bitte, den Genehmigungsbeschluss mit der Ausfertigung zu verbinden und mir zu übersenden, damit ich dem anderen vertragsschließenden Teil hiervon Mitteilung machen kann.

Ein Verkehrswertgutachten des öffentlich vereidigten und bestellten Sachverständigen (…) liegt an. Es ist mir gelungen, einen Kaufpreis zu vereinbaren, der die Vorgaben des Verkehrswertgutachtens übertrifft. Es wird deshalb gebeten, wie beantragt zu verfahren.

(Betreuerin)

Liegt dann die betreuungsgerichtliche Genehmigung vor, ist es erforderlich, diese der anderen vertragsschließenden Partei mitzuteilen, § 1829 Abs. 1 S. 2 BGB, wobei gem. § 29 GBO die Form der öffentlich beglaubigten Form zu wahren ist. Es ist deshalb ein Gerichtsvollzieher zu Zustellungszwecken mit folgendem Musterschreiben anzuschreiben: **1011**

Muster: Auftrag auf öffentliche Zustellung an den Gerichtsvollzieher **1012**

Herrn Obergerichtsvollzieher
(…)

Sehr geehrter Herr Obergerichtsvollzieher,

in der Anlage übermittele ich Ihnen den Grundstückskaufvertrag betreffend das Grundstück (…) nebst verbundenem betreuungsgerichtlichem Genehmigungsbeschluss und bitte Sie höflich, eine öffentliche Zustellung durch die Post zu vermitteln.

Mit freundlichen Grüßen
(Betreuerin)

Um dieses etwas umständliche Prozedere zu vermeiden, wird in notariellen Kaufverträgen vielfach die Klausel aufgenommen, dass der beurkundende Notar bevollmächtigt wird, die betreuungsgerichtliche Genehmigung für den Betreuer entgegenzunehmen und sie dann im Namen des Betreuers dem anderen vertragsschließenden Teil mitzuteilen. Diese Vorgehensweise ist insofern bedenklich, weil der Charakter einer betreuungsgerichtlichen Genehmigung so beschaffen ist, dass sie lediglich dem Betreuer die Befugnis zu einem Handeln erteilt, dieser jedoch stets nach deren Vorliegen noch einmal aufgerufen ist zu überprüfen, ob das von ihm avisierte Geschäft wirklich rechtlich vorteilhaft für seinen Betreuten ist. Formal ist die Verfahrensweise zulässig, da das Genehmigungsverfahren ein solches von Amts wegen ist, in diesem wird gem. § 299 FamFG der Betreute oder im Falle der Äußerungsunfähigkeit ein Verfahrenspfleger gehört. **1013**

▶ **Hinweis:** In der Praxis wird diesem Umstand dadurch Rechnung getragen, dass die dem Notar erteilte Vollmacht widerruflich ist, so dass der Betreuer, falls ihm im Nachhinein noch Zweifel an der Vorteilhaftigkeit des Geschäfts kommen, dieses widerrufen könnte. ◀ **1014**

cc) Abgabe einer Vermögensauskunft (ehemalige eidesstattliche Versicherung)

Teilweise ist es erforderlich, für den Betreuten einen vom zuständigen Gerichtsvollzieher angesetzten Termin zur Abgabe einer Vermögensauskunft, der ehemaligen eidesstattlichen Versicherung, wahrzunehmen (§ 802c ZPO)[121]. Erforderlich ist das stets, wenn davon auszugehen ist, dass der Betreute i.S.d. § 104 Nr. 2 BGB geschäftsunfähig ist oder wenn ein Einwilligungsvorbehalt (§ 1903 BGB) für die Vermögenssorge besteht. Liegen diese Sachverhalte nicht vor, ist dennoch der Betreuer dann zur Abgabe der Vermögensauskunft verpflichtet, wenn der Gerichtsvollzieher dies nach pflichtgemäßen Ermessen, insbesondere auf Antrag des Gläubigers, in diesem Sinne entscheidet[122] oder wenn der Betreuer sich zum Zwangsvollstreckungsverfahren erklärt hat, da er dann gem. § 53 ZPO in das Verfahren eingetreten ist[123]. **1015**

---

121 *KG* OLGZ 68, 428, 429; *OLG Celle* FamRZ 1969, 472; *BayObLG* MDR 1991, 443; *LG Frankfurt* FamRZ 1989, 317.

122 *BGH* Beschl. v. 14.8.2008, I ZB 20/08; BtPrax 2008, 257 = BtMan 2008, 221 = FamRZ 2008, 2109 = NJW-RR 2009, 1 = MDR 2008, 1357.

123 *LG Osnabrück* DGVZ 2005, 128; *Harnecke* Zwangsvollstreckung gegen Personen, die unter Betreuung stehen, DGVZ 2000, 161.

1016 Der Betreuer muss diesen Termin persönlich wahrnehmen, wenn er nicht riskieren will, hierfür in Haft genommen zu werden. Er sollte das nach § 1802 BGB erstellte Vermögensverzeichnis zu dem Termin mitbringen. Besteht vorher noch Zeit, sollte der Gerichtsvollzieher wie folgt angeschrieben werden:

1017 ┌─ **Muster: Anschreiben an den Gerichtsvollzieher** ─────────────────────

An den Gerichtsvollzieher …..

In der Zwangsvollstreckungssache
Heino W.

– Az (…) –

zeige ich an, dass das Amtsgericht (…) mich für Herrn (…) zum Betreuer mit dem Aufgabenkreis „Vermögenssorge" bestimmt hat. Kopie meines Betreuerausweises liegt an.

Die Betreuung wurde mir erst kürzlich übertragen. Ich bin gerade noch mit einer Ermittlung der Einkommens- und Vermögensverhältnisse befasst. Es wird beantragt, den Termin zur Abgabe einer Vermögensauskunft zu vertagen.

Ich werde mich mit dem Gläubiger in Verbindung setzen und hoffe auf eine gütliche Einigung.

(Betreuerin)

1018 Erfolgte die Betreuerbestellung kurz vor dem angesetzten Termin zur Abgabe der Vermögensauskunft, hat der Betreuer den Termin wahrzunehmen, sich über die zu Grunde liegende Forderung zu informieren und dann an Ort und Stelle einen Aussetzungsantrag zu stellen.

dd) Verbraucherinsolvenz

1019 Am 1.1.1999 trat die Insolvenzordnung in Kraft, die auch erstmals ein spezielles Verbraucherinsolvenzverfahren beinhaltete, das einem redlichen Schuldner die Befreiung seiner gesamten restlichen Verbindlichkeiten garantiert, wenn er die im Gesetz vorgesehenen strengen Auflagen und Bestimmungen einhält. Die Regelungen wurden seither mehrfach revidiert. Es soll im Nachstehenden ein kurzer Überblick über das komplizierte und langwierige Verfahren gegeben werden.

1020 Die das Verbraucherinsolvenzverfahren und die Restschuldbefreiung regelnden Vorschriften befinden sich in der Insolvenzordnung im Wesentlichen im 8. und 9. Teil, den §§ 286–314 InsO. Jede natürliche Person, die keine oder nur eine geringfügige selbstständige wirtschaftliche Tätigkeit ausübt, kann nach § 304 Abs. 1 InsO einen Antrag nach diesem Gesetz stellen.

1021 Es werden also nur Verbraucher/Privatpersonen erfasst wie Kleingewerbetreibende, ehemals Minderkaufleute.

1022 Das Verbraucherinsolvenzverfahren ist in vier Phasen gegliedert, wobei der jeweils nachfolgende Verfahrensabschnitt erst dann durchgeführt werden kann, wenn es in dem Vorangegangenen nicht zu einer Einigung zwischen den Verfahrensbeteiligten kam.

1023 **1. Phase.** Die 1. Phase besteht aus einem obligatorischen außergerichtlichen Verfahrensabschnitt, in dem der Schuldner versuchen muss, eine gütliche Einigung mit seinen Gläubigern über eine Schuldenbereinigung zu erreichen. Er wird sich dabei in der Regel der Mithilfe einer so genannten geeigneten Person, wie etwa eines Rechtsanwalts, Notars oder Steuerberaters oder einer anderen geeigneten Stelle, insbesondere den Schuldnerberatungsstellen, bedienen, da er auf sich allein gestellt mit dem Bemühen um einen Einigungsversuch überfordert wäre.

Der Betreuer selbst (soweit nicht Anwalt) ist keine nach § 305 InsO (i.V.m. landesrechtlichen Ausführungsbestimmungen) sog. geeignete Person oder Stelle, die die notwendige Bescheinigung für das gerichtliche Verfahren erteilen darf.

Es herrscht das Prinzip der Vertragsfreiheit, d.h. dass alle einvernehmlichen Regelungen zwischen den Gläubigern und dem Schuldner bzw. seiner Beratungsstelle oder geeigneten Person denkbar sind, wie etwa Stundungen, Teilzahlungen, Vergleiche oder Erlasse. Als Beleg für die Ernsthaftigkeit des Schuldenbereinigungsversuchs wird vorausgesetzt, dass die Verhandlungen gem. § 305 Abs. 1 Nr. 1 InsO auf der Grundlage eines Plans innerhalb der letzten 6 Monate vor dem Eröffnungsantrag erfolglos unternommen wurden. **1024**

Scheitert eine außergerichtliche Einigung, weil sich z.B. nur ein Gläubiger hartnäckig weigert, einem Vorschlag zuzustimmen, ist die Erfolglosigkeit des obligatorischen Einigungsversuchs von einer geeigneten Stelle oder Personen zu bescheinigen und Phase 2 kann eingeleitet werden. **1025**

2. Phase. Es handelt sich um ein förmliches, gerichtliches Schuldenbereinigungsplanverfahren vor dem Insolvenzgericht. **1026**

Nach § 305 Abs. 1 Nr. 3 u. 4 InsO sind vom Schuldner umfangreiche Unterlagen und Erklärungen vorzulegen, auf deren Grundlage dann ein Schuldenbereinigungsplan mit Hilfe des Gerichtes durchzuführen versucht wird, um eine einvernehmliche Regelung herbeizuführen. Das Gericht stellt diesen Plan mit sämtlichen Unterlagen und Verzeichnissen allen Gläubigern zu und gibt ihnen Gelegenheit zur Stellungnahme. Sofern kein Gläubiger Einwendungen gegen den Plan erhebt, gilt er als angenommen. Dies würde das Gericht dann in einem Beschluss feststellen. Der so zu Stande gekommene Plan besitzt die gleiche Wirkung wie ein gerichtlicher Vergleich nach § 794 Abs. 1 Nr. 1 ZPO. **1027**

Versäumt ein Gläubiger die Äußerungsfrist, so wird Zustimmung fingiert, § 307 Abs. 2 InsO. **1028**

Das Gericht hat unter bestimmten Voraussetzungen nach § 309 InsO die Möglichkeit, die Zustimmung widersprechender Gläubiger zu ersetzen unter der Voraussetzung, dass die Kopf- und Summenmehrheit der Gläubiger dem Schuldenbereinigungsplan zustimmt. **1029**

> **Beispiel:** Der Schuldner verfügt über 10 Gläubiger mit einer Gesamtschuldensumme von 20.000 €. Sechs Gläubiger, die insgesamt 11.500 € auf sich vereinigen, stimmen dem Schuldenbereinigungsplan zu. Damit ist die Kopf- und Summenmehrheit erreicht. **1030**

Eine Zustimmungsersetzung ist allerdings ausgeschlossen, wenn ein Gläubiger diese aus berechtigten Gründen verweigert. Das ist nach § 309 Abs. 1 S. 2 Nr. 1 u. 2 InsO dann der Fall, wenn er gegen seinen Willen weniger erhalten soll als andere, rechtlich gleichgestellte Gläubiger oder er durch den Plan wirtschaftlich schlechter gestellt wird, als er bei Entscheidung über die Anträge auf Eröffnung des Insolvenzverfahrens und Erteilung von Restschuldbefreiung erwarten durfte. **1031**

Das bedeutet u.a., dass der Gläubiger mindestens soviel erhalten muss, wie ihm voraussichtlich während der Dauer des Insolvenzverfahrens und der sich anschließenden 6-jährigen Wohlverhaltensperiode zufließen würde. **1032**

Stimmen die Gläubiger dem Plan nach der Kopf- und Summenmehrheit nicht zu und kann die fehlende Zustimmung auch nicht ersetzt werden, so wird in der 3. Phase ein vereinfachtes Insolvenzverfahren durchgeführt, § 311 InsO, an das sich dann die 4. Phase, die Wohlverhaltensperiode, anschließt. **1033**

1034   **3. Phase.** Das Gericht bestellt im sogenannten vereinfachten Verbraucherinsolvenzverfahren einen Treuhänder als Insolvenzverwalter, § 313 InsO, der u.a. das gesamte zur Insolvenzmasse gehörende Vermögen in Besitz und Verwaltung nimmt, verwertet und den Erlös an die Gläubiger verteilt. Mit der Eröffnung des Verfahrens verliert der Schuldner das Verfügungsrecht an den zur Insolvenzmasse gehörenden Vermögensgegenständen.

1035   In dieser 3. Phase fallen auch eine Reihe von gesetzlich vorgeschriebenen Veröffentlichungen, in der Regel in der Tagespresse und einige auch zwingend im Bundesanzeiger, an.

1036   Zum Abschluss des Insolvenzverfahrens bestimmt das Gericht in dem Beschluss, mit dem es die Restschuldbefreiung bereits ankündigt, zugleich den Treuhänder, der nicht zwingend mit dem Insolvenzverwalter aus Phase 3 personenidentisch sein muss, für die Wohlverhaltensperiode (Phase 4). Der Schuldner gelangt allerdings gar nicht erst in die Wohlverhaltensperiode, wenn schon zu diesem Zeitpunkt Gründe vorliegen, die die Erteilung der Restschuldbefreiung ausschließen, § 290 InsO. Die Versagungsgründe sind z.B. Verurteilung wegen einer Insolvenzstraftat, Falschangaben im Kreditantrag oder bei Beantragung von Sozial- oder Arbeitslosenhilfe usw.

1037   **4. Phase.** Während der Dauer dieser Wohlverhaltensphase hat der Schuldner den pfändbaren Teil seines Einkommens an den Treuhänder abzutreten. Der Treuhänder verteilt die angesammelten Beträge nach Abzug der Verfahrenskosten und seiner Vergütung einmal jährlich an alle Gläubiger.

1038   Im Regelfall dauert die Wohlverhaltensperiode 6 Jahre. Seit 1.7.2014 ist eine Verkürzung auf 3 Jahre möglich, wenn eine Tilgungsquote von 35 % erreicht wird.

1039   Der Schuldner hat in dieser Verfahrensphase zahlreiche strenge Obliegenheiten zu erfüllen (§§ 295 ff. InsO). Als wichtigste kann die Verpflichtung, sich um Arbeit zu bemühen, aufgeführt werden, soweit keine vollständige Erwerbsminderung gegeben ist. Aber auch von einer eventuell zugeflossenen Erbschaft muss der Schuldner die Hälfte an den Treuhänder herausgeben, allerdings nicht von einem möglicherweise erzielten Lottogewinn. Warum das Gesetz diesbezüglich eine Unterscheidung traf, bleibt unerfindlich. Nachgewiesene Obliegenheitsverletzungen führen zum Verlust der Restschuldbefreiung. Die Gläubiger haben weitreichende Möglichkeiten, die Einhaltung der im Gesetz genau definierten Obliegenheiten des Schuldners, § 295 f. InsO, überprüfen zu lassen, u.a. auch durch die Erteilung von Prüfaufträgen an den eingesetzten Treuhänder.

1040   Nach Ablauf der Wohlverhaltensperiode erlässt das Gericht dem redlichen Schuldner, also demjenigen, der stets kooperierte, die restlichen Verbindlichkeiten. Diese Restschuldbefreiung wird allerdings nicht gewährt, wenn so genannte Versagungsgründe vorliegen oder wenn der Schuldner Obliegenheiten in der Wohlverhaltensperiode verletzte, also z.B. keiner angemessenen Erwerbstätigkeit nachging bzw. sich nicht um eine solche bemühte.

1041   Grundsätzlich ausgenommen von der Restschuldbefreiung sind bestimmte Forderungen, insbesondere solche aus einer vorsätzlich begangenen unerlaubten Handlung oder Geldstrafen, vgl. § 302 InsO. Diese Forderungen nehmen zwar am Verfahren teil, aber nach Abschluss der Wohlverhaltensperiode hat der Schuldner die noch offenen restlichen Beträge an die betreffenden Gläubiger zu zahlen bzw. diese können jetzt wieder nach Wegfall der Abtretung an den Treuhänder ihre Forderung vollstrecken. Auch fallen Schulden, die nach Beginn des Insolvenzverfahrens neu getätigt wurden, nicht unter die Restschuldbefreiung.

1042   Nach Erteilung der Restschuldbefreiung, § 300 InsO, haben die Gläubiger noch ein Jahr Zeit, den Widerruf der Restschuldbefreiung zu beantragen, falls sich nachträglich herausstellt, dass der Schuldner vorsätzlich seine Obliegenheiten verletzte und dadurch die Befriedigung der Gläubiger erheblich beeinträchtigte, § 303 InsO.

ee) Erfahrung mit der Insolvenzordnung

Als wohl größtes Zugangshindernis für Verbraucher zum Insolvenzverfahren stellten sich die hohen Verfahrenskosten von circa 3.000 € bis 4.000 € heraus. Im Regelfall verfügen überschuldete Bürger nicht über entsprechende Barreserven und auch die Familien können nicht die notwendigen Kostenvorschüsse vorstrecken.   **1043**

Eine Stundung der Kosten auf Antrag ist möglich. Prozesskostenhilfe selbst wird für die Verbraucherinsolvenz nicht bewilligt; zumindest die Verfahrenskosten müssen schlussendlich beglichen werden, damit es zur Restschuldbefreiung kommen kann.   **1044**

Zusammenfassend lässt sich ausführen, dass das Verbraucherinsolvenzverfahren grundsätzlich auch für Betreute die Möglichkeit einer Erlangung der Restschuldbefreiung beinhaltet. Um diese Möglichkeiten zu nutzen, müssen Betreuer und Betreuerinnen allerdings über profunde Kenntnisse dieser Materie verfügen, da sie unter bestimmten Voraussetzungen das Verfahren mit ihrem Betreuten durchlaufen müssen. Insofern ist man dringend auf die Inanspruchnahme von Hilfe durch die Schuldnerberatungsstellen angewiesen.[124]   **1045**

ff) Zustellungen an den Betreuten

Gemäß § 131 Abs. 1 BGB sind Willenserklärungen, die gegenüber einem Geschäftsunfähigen abgegeben wurden, nicht wirksam. Das Gleiche gilt, wenn nach § 131 Abs. 2 BGB Willenserklärungen gegenüber einer in der Geschäftsfähigkeit beschränkten Person (Einwilligungsvorbehalt nach § 1903 BGB) abgegeben werden. Nun lässt es sich in der Praxis jedoch leider nicht vermeiden, dass Inkassounternehmen etc. Titel gegen Geschäftsunfähige oder unter Einwilligungsvorbehalt stehende Betreute erwerben, insbesondere in Form von Vollstreckungsbescheiden.   **1046**

Der Betreuer, der im Nachhinein von derartigen Zustellungen erfährt, kann entweder Wiedereinsetzung in den vorherigen Stand beantragen, wenn eine Fristversäumnis vorliegt, oder aber für den Fall, dass bereits ein rechtskräftiger Titel vorhanden ist, binnen eines Jahres ab Kenntniserlangung Nichtigkeitsklage nach § 579 Abs. 1 Nr. 4 ZPO erheben. Bei Vollstreckungsbescheiden ist das die einzige Möglichkeit, weil der BGH die Zustellung auch an einen Geschäftsunfähigen gegen den Wortlaut des § 170 ZPO als wirksam angesehen hat.[125] Im Rahmen der Nichtigkeitsklage kann der prozessunfähigen Partei nicht entgegengehalten werden, sie hätte den Verfahrensmangel durch ein Rechtsmittel geltend machen müssen.   **1047**

gg) Haustürgeschäfte, Fernabsatzverträge und sonstige Verträge

Schließt der Betreute selbst Verträge ab, hängt deren Wirksamkeit davon ab, ob der Betreute geschäftsfähig ist bzw. im Falle eines Einwilligungsvorbehalts von der Genehmigung des Betreuers. Nur Geschäfte des täglichen Lebens sind bei den genannten Einschränkungen der Geschäftsfähigkeit dennoch als wirksam anzusehen (§§ 105a, 1903 Abs. 3 BGB). Heimverträge eines Geschäftsunfähigen können vom Betreuer nachträglich genehmigt werden (§ 4 Abs. 2 WBVG).   **1048**

---

124 Verkürzte Wiedergabe eines Artikels aus der Verbandszeitung des BdB, Heft 25, S. 22 ff.
125 *BGH BGHZ* 176, 74 = NJW 2008, 2125 = MDR 2008, 762 = WM 2008, 1 = FamRZ 2008, 1169 = Rpfleger 2008, 430; erneut *BGH* FamRZ 2014, 556 = NJW 2014, 937.

1049 ▶ **Hinweis:**   Sofern kein Bedarf am Fortbestand des Rechtsgeschäftes zu sehen ist: In der Regel kann mit Hinblick auf den Verweis, dass der Betreute geschäftsunfähig sei, der Vertrag storniert werden. Soweit Haustürgeschäfte oder Fernabsatzverträge betroffen sind, ist die nachstehend genannte Mitteilung unabhängig vom vertragsspezifischen, aber befristeten Widerrufsrecht (§§ 312, 312b BGB). ◀

Der Vertragspartner sollte wie folgt angeschrieben werden:

1050 ┌─ **Muster: Anschreiben an Firma im Falle eines Haustürgeschäfts** ─────────

Firma
(…)

Betreuung für Herrn Pierre T., (…)

in der oben genannten Betreuungsangelegenheit zeige ich an, dass das Amtsgericht (…) mich zur Betreuerin für Herrn Pierre T. bestellt hat. Kopie meines Betreuerausweises liegt an.

Wie ich soeben erfahren habe, hat mein Betreuter bei Ihnen einen Staubsauger im Werte von 900 € gekauft. Der von Herrn Pierre T. getätigte Vertragsschluss ist mit Hinblick auf § 105 BGB unwirksam; ich erkläre rein vorsorglich den Widerruf.

Mit freundlichen Grüßen
(Betreuerin)

───

hh) Steuererklärungen

1051 Der Betreuer mit dem Aufgabenkreis Vermögenssorge (und ggf. auch mit dem Aufgabenkreis Vertretung gegenüber Behörden) vertritt den Betreuten auch in steuerrechtlichen Fragen[126] (§ 34 AO). Er hat also im Namen des Betreuten **Steuererklärungen** abzugeben, Nichtveranlagungsbescheinigungen (NV) zu beantragen und Zinsfreistellungserklärungen über den Sparerfreibetrag von 801 € gegenüber Banken und Sparkassen zu erteilen.[127] Die Unterstützung durch einen Steuerberater oder Lohnsteuerhilfeverein ist dringend angeraten. Ein Betreuer, der selbst Anwalt (oder Steuerberater) ist, kann die Aufwendungen für Steuererklärungen gem. § 1835 Abs. 3 BGB, § 4 Abs. 2 VBVG, zusätzlich zur Betreuervergütung abrechnen.[128]

1052 Soweit der Betreuer nicht sicher ist, ob der Betreute zu früheren Zeiten Steuern hinterzogen hat, sollte er sich unverzüglich zur Vermeidung eigener Steuerstrafbarkeit Kontakt mit dem Finanzamt aufnehmen. Bei vorsätzlichen oder grob fahrlässigen Falschangaben oder Unterlassen der Steuererklärung ist der Betreuer selbst neben dem Betreuten für die Steuerschuld verantwortlich (§§ 69, 70 AO). Die Erklärungspflichten beziehen sich auch auf vergangene Steuerjahre, soweit die Steuerforderung noch nicht verjährt ist.[129] Bei der Einkommensteuererklärung kann dies maximal 13 Jahre ausmachen, wenn vorsätzliche Steuerhinterziehung vorliegt. Hier ist die Konsultation eines Fachanwaltes für Steuerrecht zu empfehlen.

---

126 *BayObLG* FamRZ 1965, 341; *OLG München* OLGR 2006,192 = BtPrax 2005, 199 (Ls) = FamRZ 2006, 62 (Ls) = Rpfleger 2006, 14; *BFH* NV 2006, 897.

127 Details bei *Deinert* Steuerrecht für Betreuer und Betreute, 2012; *Deinert/Römer* Betreuung und Steuerrecht; BtPrax 2010, 212; *Stahl/Carle* Die steuerliche Rechtsstellung des Betreuers eines steuerunehrlichen Betreuten; DStR 2000, 1245.

128 *LG Düsseldorf* BtPrax 2008, 276 = Rpfleger 2008, 361.

129 *FG Rheinland-Pfalz* BtPrax 2012, 263 (Ls) = EFG 2012, 1897.

ii) Schenkungen des Betreuers

Prinzipiell sind dem Betreuer Schenkungen im Namen des Betreuten verboten, § 1804 BGB. **1053** Ausnahmsweise sind **Schenkungen** statthaft, wenn dadurch einer sittlichen Pflicht oder einer auf Anstand beruhenden Rücksicht entsprochen wird. Größe und Umfang einer Schenkung bemessen sich nach den Umständen des Einzelfalls: der Höhe des vorhandenen Vermögens, dem Eigenbedarf des Betreuten, den Usancen in der Familie des Schenkenden.[130] Pflichtschenkungen kommen dann in Betracht, wenn ein naher Verwandter oder sonstiger Angehöriger in Not geriet und dieser vom Betreuten ohne Gefährdung eigener Belange unterstützt werden kann. Allerdings sollte vorrangig in einem solchen Fall die Gewährung eines betreuungsgerichtlich genehmigungspflichtigen Darlehens geprüft werden (§ 1822 Nr. 8 BGB).

Einer sittlichen Pflicht kann auch die Verwirklichung sozialer Ziele dienen, wie z.B. die Auf- **1054** rechterhaltung des Familienfriedens. Auch die Zuwendung eines relativ hohen Geldbetrages kann noch eine **Anstandsschenkung** darstellen, wenn dadurch das Vermögen des Betreuten nicht belastet wird und beispielsweise die einzige Verwandte ihn hierdurch noch regelmäßig besuchen kann.[131] Anstandsschenkungen sind Hochzeits-, Geburtstags- und Weihnachtsgeschenke an nahe Angehörige,[132] aber auch kleinere Geschenke an Nachbarn, die nach dem Betreuten sehen oder Trinkgelder für Dienstleister.[133]

Bei einer **Haushaltsauflösung** infolge Heimunterbringung des Betreuten kann es sinnvoll sein, **1055** Hausratsgegenstände an Angehörige des Betreuten im Wege einer Leihgabe gegen Quittung auszuhändigen, statt diese schenkungsweise zu überlassen. Die Übergabe von gebrauchter Bekleidung oder Altmobiliar in solchen Fällen an gemeinnützige Organisationen (Kleiderkammern, Sozialkaufhäuser) dürfte ebenfalls als Sittlichkeitsschenkung statthaft sein.

Nach § 1908i Abs. 2 BGB kann der Betreuer in Vertretung für den Betreuten auch dann **Gele- 1056 genheitsgeschenke** machen, wenn dies dem Wunsch des Betreuten entspricht. Gelegenheitsgeschenke sind die unter Verwandten üblichen Gaben zu Geburts- und Festtagen, soweit sie nicht die Dimension von Wertgeschenken erreichen, ferner Zuwendungen an Nachbarn, Bekannte, ambulantes Pflegepersonal. Der Wunsch des Betreuten ist nicht als rechtsgeschäftliche Willenserklärung zu sehen, so dass Geschäftsfähigkeit nicht erforderlich ist.[134]

Allerdings müssen die Geschenke dem Wunsch des Betreuten entsprechen, der Betreuer kann **1057** nicht „auf eigene Faust" etwas veranlassen, nur weil er dieses für angemessen hält. Ist der Betreute bei Übernahme der Betreuung bereits nicht mehr äußerungsfähig, ist sein diesbezüglicher mutmaßlicher Wille zu ermitteln, wie er etwa in einer Betreuungsverfügung Niederschlag fand, oder ist durch Befragen von Freunden, Angehörigen und Nachbarn zu eruieren.[135] Durch die Möglichkeit von Gelegenheitsschenkungen soll der Kreis der Anstands- und Pflichtschenkungen vorsichtig erweitert werden.[136]

---

130 *Schmidt* Vermögenssorge, S. 133; *Holzhauer* Schenkungen aus dem Vermögen Betreuter; FamRZ 2000, 1063.

131 MK-BGB/*Wagenitz* § 1804 Rn. 13; *LG Kassel* BtPrax 2012, 259 = NJW-RR 2013, 199.

132 *Böhm u.a.* A 4.4.

133 *Schmidt* Vermögenssorge, S. 133.

134 MK-BGB/*Schwab* § 1908i Rn. 39.

135 Palandt/*Götz* § 1908i BGB Rn. 17.

136 BT-Drs. 11/4528, 160.

1058 ▶ **Hinweis:** Der Betreuer sollte stets bei größeren Sach- oder Geldgeschenken, egal von wem der Wunsch an ihn herangetragen wird, Rücksprache mit dem Betreuungsgericht nehmen. Dieses kann eine beabsichtigte Schenkung gem. § 1837 Abs. 2 BGB beanstanden, wenn es darin eine Pflichtwidrigkeit, insbesondere einen Verstoß gegen § 1804 BGB darin sieht. ◀

1059 Ferner ist bei vorgenommenen Schenkungen, die auf den Wunsch des Betreuten zurückgehen, zu dokumentieren, wann genau dieser geäußert wurde.

1060 Ansonsten gilt, dass Pflicht-, Anstands- und Gelegenheitsschenkungen keiner betreuungsgerichtlichen Genehmigungspflicht unterliegen; sie können also bei Vorliegen der Voraussetzungen vorgenommen werden. Der Antrag auf Erteilung einer betreuungsgerichtlichen Genehmigung ist folglich fehl am Platze und kann nicht in der Absicht gestellt werden, die Rechtmäßigkeit einer Schenkung durch das Betreuungsgericht abklären zu lassen.[137] Es bleibt in der Tat nur der in Rn. 1058 aufgezeigte Weg der Beratung mit dem Rechtspfleger im Rahmen von dessen Aufsichtsführung. Wurde seitens des Rechtspflegers nur mündlich die Auskunft erteilt, die avisierte Schenkung begegne keinen Bedenken, so ist aus haftungsrechtrechtlichen Gründen eine Verschriftlichung durch den Betreuer zu veranlassen.

1061 ┌─ **Muster: Anschreiben an das Betreuungsgericht** ─────────────────────────

In der Betreuungssache

Margot Meier

komme ich zurück auf die mit dem erkennenden Gericht geführte telefonische Unterredung, in der Übereinkunft erzielt wurde, dass es diesseits unbedenklich ist, wenn in Ansehung der guten Vermögensverhältnisse des Betreuten dessen Wunsch, seiner Ehefrau zur goldenen Hochzeit ein Diamantdiadem im Werte von 10.000 € zu schenken, von mir umgesetzt wird.

Unterschrift Betreuer

1062 Nicht unter das Schenkungsverbot fällt eine sog. **Ausstattung** an Kinder des Betreuten anlässlich deren Verselbstständigung (Aussteuer, Mitgift). Diese ist allerdings ausschließlich auf den genannten Personenkreis beschränkt. Hier ist eine betreuungsgerichtliche Genehmigungspflicht nach § 1908 BGB zu beachten.

jj) Exkurs: Auswirkungen der Bestellung eines Betreuers mit dem Aufgabenkreis Vermögenssorge auf den Betreuten – Bankkonten

1063 Die Einrichtung einer Betreuung beeinträchtigt grundsätzlich nicht die **Geschäftsfähigkeit** des Betroffenen. Dieser ist neben dem Betreuer in der Lage, Rechtsgeschäfte abzuschließen und selbstständig im Rechtsverkehr aufzutreten. Hinsichtlich der Verfügungsmöglichkeit des Betreuten über seine eigenen Konten ergibt sich hieraus das Nachstehende:

1064 Die Verfügungsmöglichkeit des Betroffenen über seine Bankkonten wird durch die Anordnung einer Betreuung nicht beeinträchtigt. Ob der Betroffene berechtigt ist, von seinen Bankkonten Gelder abzuheben, Überweisungen zu tätigen, Wertpapiere zu kaufen und zu verkaufen usw. hängt ausschließlich von seiner Geschäftsfähigkeit (§§ 104, 105 BGB) ab, es sei denn, das Gericht hat einen Einwilligungsvorbehalt (§ 1903 BGB) für die Vermögenssorge angeordnet. Liegt ein **Einwilligungsvorbehalt** vor, sind sowohl der Betreute als auch die Bank verpflichtet, diesen zu beachten. Die Bank kann bei Vorliegen eines Einwilligungsvorbehaltes

───────────────────────

137 MK-BGB/*Wagenitz* § 1804 Rn. 13.

nicht mehr mit befreiender Wirkung an den Betreuten leisten. Auszahlungen, die die Bank in diesem Falle an den Betreuten vornimmt, würde sie von ihrer Verpflichtung zur Bereithaltung des Guthabens nicht befreien und ggf. verpflichten, an den Betreuer noch einmal die gleiche Summe zu zahlen, sofern dieser die getätigte Geldausgabe nicht nachträglich genehmigt. Auf die Kenntnis der Bank vom Vorliegen des Einwilligungsvorbehaltes kommt es nicht an.[138]

Soweit ein Einwilligungsvorbehalt nicht angeordnet ist, kommt es auf die Geschäftsfähigkeit des Betroffenen an. In diesem Punkt ist die juristische Lage relativ einfach, wie sich aus den vorstehenden Ausführungen ergibt: Im Falle des Vorliegens der Geschäftsfähigkeit des Betroffenen kann er trotz der angeordneten Betreuung über seine Konten frei verfügen, ohne dass der Betreuer dies verhindern kann und ohne dass die Bank berechtigt ist, Verfügungen des Betreuten zu ignorieren. **1065**

Umgekehrt verhält es sich bei einem nach § 104 Nr. 2 BGB geschäftsunfähigen Betreuten. Die Situation ist ähnlich gelagert wie bei der Anordnung eines Einwilligungsvorbehaltes. Ein geschäftsunfähiger Betreuter kann gegenüber der Bank keine wirksame Willenserklärung abgeben, also keine Überweisungen vornehmen, Wertpapiere kaufen oder verkaufen oder Geld mit befreiender Wirkung bei der Bank abheben.[139] **1066**

Die vorstehenden Ausführungen sind zwar juristisch klar, die praktischen Probleme aber keineswegs gelöst. Anders als beim Einwilligungsvorbehalt liegen Geschäftsfähigkeit oder Geschäftsunfähigkeit des Betroffenen nicht auf der offenen Hand.[140] Diese Fragen können oft erst nach jahrelangen Prozessen unter Zuhilfenahme von Sachverständigen geklärt werden. Insbesondere eine Kassiererin bei der Bank oder die am Schalter tätigen Mitarbeiter sind überfordert, wenn sie im Rahmen eines kurzen, nur aus wenigen Sätzen bestehenden Gespräches die Geschäftsfähigkeit eines Kunden beurteilen sollen. **1067**

Dieses gilt erst recht, wenn die Banküberweisungen per Post von dem Betreuten übersandt werden oder Abhebungen mit einer EC-Karte am Geldautomaten erfolgen sollen. Einen guten Glauben in die Geschäftsfähigkeit eines Bankkunden gibt es nicht und wirksame Verfügungen geschäftsunfähiger Bankkunden können auch nicht durch die Regelung allgemeiner Geschäftsbedingungen der Banken und Sparkassen für wirksam erklärt werden. Der Schutz Geschäftsunfähiger ist ein absoluter. Auf diesem Hintergrund gehen die Banken und Sparkassen mit äußerster Vorsicht zu Werke. Ganz entgegen den Absichten des Gesetzgebers des Betreuungsgesetzes nehmen Banken und Sparkassen, die von der Anordnung einer Betreuung Kenntnis haben, zunächst einmal an, dass zumindest Zweifel an der Geschäftsfähigkeit des Betroffenen bestehen.[141] **1068**

Eine große Anzahl von Kreditinstituten sperren die bei ihnen geführten Konten für Verfügungen, sobald sie Kenntnis von der Anordnung einer Betreuung erlangt haben und gestatten nur noch Verfügungen des Betreuers (bei anderen Konten als Girokonten[142] nur mit Genehmigung des Betreuungsgerichtes, § 1812 BGB) und sperren Girokonten für **Überziehungskredite**, da diese durch einen Betreuer nur mit betreuungsgerichtlicher Genehmigung, § 1822 Nr. 8 BGB wirksam aufgenommen werden dürfen.[143] Das Verhalten der Kreditinstitute ist nachvollziehbar. **1069**

---

138 *BGH* BtPrax 2015, 208 = FamRZ 2015, 1386= NJW 2015, 2497 = Rpfleger 2015, 641.
139 *Bienwald* Abhebungen vom Betreutenkonto durch Betreuer und Betreuten, RPfl.-Stud.hefte 2013, 45.
140 *Platz* Probleme bei der Führung von Betreutenkonten, BtMan 2009, 24.
141 *Platz* S. 322 ff.
142 Girokontoverfügungen des Betreuers sind durch eine Änderung des § 1813 Abs. 1 Nr. 3 BGB seit 1.9.2009 auch ohne gerichtliche Freigabe gestattet worden.
143 *LG Karlsruhe* FamRZ 2014, 67.

1070   Wie oben dargelegt, haben sie den Schaden, wenn sie sich über die Geschäftsfähigkeit des Kunden täuschen und tragen das volle Risiko dafür, dass durch die Verfügung des Kunden diesem keine Nachteile entstehen. Einen Schutz des Vertrauens der Banken in die Geschäftsfähigkeit ihrer Kunden gibt es nicht. Entsteht also ein Schaden dadurch, dass bar abgehobene Beträge verlustig gehen oder dadurch, dass der geschäftsunfähige Kunde Überweisungen an Dritte vornimmt, von denen der Betreuer das Geld nicht zurückverlangen kann, haftet die Bank.

1071   So verständlich das Verhalten der Kreditinstitute ist, so misslich ist die Situation für Betreute, denen die Verfügung über ihr eigenes Geld vorenthalten wird. In der Praxis wird das Problem oft dergestalt gelöst, dass der Betreuer einen Verfügungsrahmen des Betreuten mit der Bank vereinbart oder ein Unterkonto einrichtet, für das der Betreuer die Verfügung durch den Betreuten ausdrücklich freigibt (und auf welches die Beträge überwiesen werden, über die der Betreute frei verfügen soll, § 1903 BGB i.V.m. §§ 110, 105a BGB). Dies gilt sowohl für unter Einwilligungsvorbehalt stehende Betreute als auch für geschäftsunfähige Betroffene. Durch die Absprache eines Rahmens, in dem Auszahlungen an den Betroffenen vorgenommen werden können, übernimmt der Betreuer persönlich die Verantwortung für die in Rede stehenden Abhebungen, und die Bank kann mit befreiender Wirkung auszahlen.

1072   Geschäftsfähige Betreute hingegen, bei denen möglicherweise zu Unrecht eine Betreuerbestellung erfolgte, können lediglich versuchen, ihre Verfügungsmöglichkeit gegenüber der Bank oder Sparkasse wieder herzustellen.

1073   Der Betroffene könnte zunächst versuchen, seinen Betreuer zu motivieren, gegenüber der Bank zu erklären, dass er als geschäftsfähig betrachtet und deshalb seine Verfügung durchgeführt wird. Weigert sich das Kreditinstitut, auf Grund einer derartigen Bescheinigung des Betreuers die Verfügungsmöglichkeit des Betreuten wieder herzustellen oder weigert sich der Betreuer, eine derartige Erklärung abzugeben, z.B. weil er selbst an der Geschäftsfähigkeit des Betreuten zweifelt, bleibt dem Betreuten keine andere Wahl als sich selbst an das Betreuungsgericht zu wenden und um eine klarstellende Entscheidung zu bitten.

1074   Eine derartige Konstellation bietet sich insbesondere dann an, wenn der Betroffene zu Unrecht unter Betreuung gestellt wurde, hiergegen Beschwerde einlegte und wegen der Dauer des Verfahrens daran interessiert ist, zwischenzeitlich neben dem Betreuer über sein Konto zu verfügen. Das Betreuungsgericht könnte in einem derartigen Fall den Betreuer nach § 1837 Abs. 2 BGB anweisen, dafür Sorge zu tragen, dass das Bankkonto des Betroffenen freigegeben wird.

1075   Weigert sich das Betreuungsgericht, in der Angelegenheit des Betreuten aktiv zu werden, bleibt diesem keine andere Wahl als auf Feststellung gegenüber dem Kreditinstitut zu klagen, dahingehend, dass er neben dem Betreuer zur Verfügung über seine Konten berechtigt ist. Es ist allerdings nicht zu erwarten, dass eine derartige Klage erfolgreich ist, weil das Prozessgericht nach § 148 ZPO den Prozess wegen Vorgreiflichkeit des betreuungsgerichtlichen Verfahrens betreffend den Aufhebungsantrag des Betroffenen aussetzen wird. Die Rechte des Betroffenen in diesem Punkt sind und bleiben unbefriedigend.

2.   Gesundheitssorge

a)   Inhalt des Aufgabenkreises

1076   Im Bereich der Gesundheitssorge ist wegen der sich hieran anknüpfenden Pflichten des Betreuers auf die genaue Formulierung des Aufgabenkreises durch das Betreuungsgericht zu achten. Es sind folgende Beschreibungen des Aufgabenkreises üblich:

- Gesundheits(für)sorge;
- Zustimmung zu Heilbehandlungsmaßnahmen (und ärztlichen Eingriffen);
- Aufenthaltsbestimmung zum Zwecke der Heilbehandlung;
- Zuführung zur nervenärztlichen Behandlung;
- Zuführung zur ärztlichen Behandlung;
- Einwilligung des Betreuers in die XY- Operation/Behandlung;
- Entscheidung über einen Schwangerschaftsabbruch (nicht jedoch über eine Sterilisation).

Lautet der Aufgabenkreis allgemein „**Gesundheitssorge**", muss der Betreuer in sämtlichen **1077** Bereichen der Medizin zugunsten des Betroffenen tätig werden. Umfasst ist dann die gesamte medizinische, medikative und pflegerische Versorgung für jede Art von Erkrankung oder Vorsorge.[144] Die psychiatrische Behandlung ist ebenso betroffen wie der turnusmäßige Zahnarzttermin/Vorsorgeuntersuchung wegen Prostatakrebs, Teilnahme am Mammographie-Screening usw. Bei einem insulinpflichtigen Diabetiker ist beispielsweise die regelmäßige Verabreichung von Injektionen durch Pflegekräfte zwecks Vermeidung eines diabetischen Komas sicherzustellen.

Die Gesundheitssorge als Oberbegriff heißt also, dass der Betreuer sich allumfassend um die **1078** Gesundheit der betreuten Person zu kümmern hat und im Bedarfsfall die Behandlung durch einen Arzt oder Krankenhaus, einen Psychotherapeuten oder eine Rehabiliationseinrichtung herbeiführt. Das OLG Frankfurt/Main führte hierzu aus:

Somit umfasst der Aufgabenkreis der Gesundheitssorge nach dem Verständnis des Senats alle im Bereich der medizinischen Behandlung anstehenden Entscheidungen, die der Betroffene selbst nicht mehr treffen kann, auch wenn aufgrund des Krankheitsbildes eine Wiederherstellung der Gesundheit nicht mehr zu erreichen ist.[145]

Allerdings ist der Betreuer ohne betreuungsgerichtliche Genehmigung nicht befugt, die ange- **1079** zeigte medizinische Behandlung gegen den natürlichen Willen des einwilligungsunfähigen Betroffenen durchzusetzen. Diese ist seit 26.2.2013 im Rahmen stationärer Unterbringung als sogenannte „ärztliche Zwangsmaßnahme" gem. § 1906 Abs. 3 BGB normiert worden, nachdem zuvor dazu eine rechtliche Grauzone bestand, die der BGH durch seine wegweisende Rechtsprechung vom Juni 2012 beendete.[146]

Lautet der Aufgabenkreis demgegenüber „**Zustimmung zu Heilbehandlungsmaßnahmen** **1080** **(und ärztlichen Eingriffen)**", so ist wie folgt zu differenzieren:

Jeder Eingriff in die körperliche Integrität verwirklicht nach der ständigen Rechtsprechung des Bundesgerichtshofes den Tatbestand der Körperverletzung, § 223 StGB.[147] Kein ärztlicher Eingriff ist selbst unter Beachtung aller Regeln der ärztlichen Kunst risikofrei. Von daher ist der Arzt verpflichtet, den Patienten vor Durchführung einer Heilbehandlungsmaßnahme über die Art, den geplanten Verlauf des Eingriffs sowie seine typischen, nicht ganz außerhalb der Wahrscheinlichkeit liegenden Risiken zu informieren. Allein die wirksame Einwilligung des Patienten nach erfolgter vollständiger und mangelfreier ärztlicher Aufklärung in die avisierte Behandlungsmaßnahme beseitigt deren Rechtswidrigkeit.

144 Jurgeleit/*Jurgeleit* BtR, § 1896 BGB Rn. 155.
145 *OLG Frankfurt/Main* BtPrax 2002, 84, 87.
146 *BGH* BtPrax 2012, 156 = FamRZ 2012, 1366; Beschl. v. 20.6.2012, XII ZB 130/12, BtPrax 2012, 218 (Ls).
147 BGHSt 11, 111 ff., seitdem st. Rspr.

1081 Dementsprechend ist der Arzt vor Durchführung einer medizinischen Maßnahme verpflichtet, die Einwilligung des Patienten einzuholen, § 630d Abs. 1 S. 1 BGB. Die ärztliche Aufklärungsverpflichtung wurde von den Obergerichten verfassungsrechtlich im Recht auf Menschenwürde, Art. 1 GG[148], dem Recht auf Selbstbestimmung, Art. 2 Abs. 1 GG[149] bzw. dem Recht auf körperliche Unversehrtheit, Art. 2 Abs. 2 GG[150] verortet. Einwilligungsfähigkeit ist von der Geschäftsfähigkeit[151] zu unterscheiden. Bei der Einwilligung handelt es sich der Rechtsnatur nach um eine Gestattung in einen körperlichen Eingriff und von daher um ein Minus im Verhältnis zur Geschäftsfähigkeit.

1082 **Beispiel:** Die an einer paranoiden Psychose leidende Betroffene hat einen Schnupfen und begibt sich zu ihrem Hausarzt. Dieser verordnet der Betroffenen ein Nasenspray. In Bezug auf die vorstehende Heilbehandlung ist die Betroffene als einwilligungsfähig anzusehen. In Bezug auf eine neuroleptische Behandlung, die die Betroffene krankheitsbedingt abgelehnt hat, liegt demgegenüber Einwilligungsunfähigkeit vor.

1083 Der Arzt ist nach dem ebenfalls seit dem 26.2.2013 ausdrücklich gesetzlich normierten Regelungen zum Behandlungsvertrag verpflichtet, den Patienten aufzuklären über:
- den ärztlichen Befund (Diagnoseaufklärung), § 630c Abs. 2 BGB;
- Art, Schwere, Umfang und Durchführung der geplanten diagnostischen und therapeutischen Maßnahmen (Verlaufsaufklärung);
- Erfolgschancen der avisierten Heilbehandlung (Prognoseaufklärung)[152], § 630c Abs. 2 BGB;
- Notwendigkeit der durchzuführenden Maßnahmen (Behandlungsaufklärung);
- Risiken einer Behandlung (Risikoaufklärung)[153];
- Folgen einer Nichtbehandlung;
- Aufklärung über Behandlungsalternativen, § 630e S. 3 BGB[154].

1084 Ziel des Aufklärungsgespräches ist es, dem Patienten im Großen und Ganzen das Für und Wider des avisierten Heileingriffs zu erläutern. Der Patient muss durch die Aufklärung befähigt werden, eine „Schaden-Nutzen-Relation" herzustellen. Nur so ist dem Patienten eine selbstbestimmte Entscheidung darüber möglich, ob er das Behandlungsrisiko gegen das Krankheitsrisiko eingetauscht.[155] Ärzte neigen dazu, bei einem Betreuten, bei dem der Aufgabenkreis Gesundheitssorge oder Zustimmung zu Heilbehandlungsmaßnahmen angeordnet wurde, den Betreuer regelhaft wegen einer Einwilligung in eine anstehende Operation bzw. Heilbehandlung anzugehen.

1085 Eine stellvertretende Entscheidung des Betreuers anstelle des Betroffenen ist trotz des angeordneten Aufgabenkreises Gesundheitssorge jedoch nur dann statthaft, wenn dieser bezogen auf die konkret anstehende Heilbehandlungsmaßnahme einwilligungsunfähig ist. Dies gilt es in einem Dialog mit dem behandelnden Arzt abzuklären. Bei Zweifeln ist ein (psychiatrisches)

---

148 *BVerfG* NJW 2005, 1103, 1104; *BGH* NJW 2003, S. 1588, 1593.
149 BVerfGE (Mehrheitsmeinung) 52, S. 131, 168 ff., Beschl. v. 25.7.1979, 2 BvR 878/74.
150 Exemplarisch: *BGHSt* 11, Urt. v. 28.11.1957, 4 StR 525/57, S. 111, 114; *BGHSt* NJW 1995, 204 ff.; BGHZ 29, Urt. v. 9.12.1958, VI ZR 203/57, S. 47, 49; *BGH* BtPrax 2005, 190 sowie Mindermeinung des BVerfGE 52, 131, 171 f.
151 §§ 104 ff. BGB.
152 *OLG Naumburg* VersR 2010, 1185.
153 *BGH* NJW 2011, 1088; VersR 2000, 795.
154 *Stellpflug/Meier/Tadayon* Handbuch Medizinrecht, F 1000 Rn. 90 ff.
155 BGHZ 29, 46, 51.

Konsil einzuholen. In der BT-Drs. zum Gesetzentwurf zur Regelung der ärztlichen Zwangsmaßnahmen im Betreuungsrecht[156] heißt es hierzu:

Das geltende Betreuungsrecht geht von einem grundsätzlichen Willensvorrang des Betreuten auch im Bereich der Heilbehandlung aus. Ist der Betreute einwilligungsfähig, trifft er selbst die Entscheidung darüber, ob er in eine Behandlung einwilligt oder nicht. Auch wenn ein Betreuer mit dem Aufgabenkreis „Gesundheitssorge" bestellt wurde (zum Beispiel, weil der Betreute nicht mehr in der Lage ist, einen Behandlungsvertrag abzuschließen), ist in diesem Fall allein die Entscheidung des Betreuten maßgebend dafür, ob die Behandlung durchgeführt werden darf oder nicht.

Eine Heilbehandlung ohne vorherige Einwilligung des Patienten/des Betreuten darf freilich – nach allgemeiner Meinung in der Rechtsprechung bei Gefahr in Verzug – z.B. Behandlung eines bewusstlosen Unfallopfers, eines in Koma gefallenen Patienten – auf der Grundlage einer **mutmaßlichen Einwilligung** vorgenommen werden.   **1086**

Heilbehandlungsmaßnahmen sind alle Maßnahmen, die auf die **Herstellung** der Gesundheit, **Linderung** der **Krankheit** oder **Linderung** von Krankheitsfolgen gerichtet sind. Es geht also sowohl um kurative als auch symptomatische Maßnahmen, gleich ob es sich um operative, medikamentöse, physikalische oder psychologische Behandlungen handelt. Hierunter fallen auch so genannte alternative Behandlungsmethoden.

Der Begriff Krankheit ist im Gesetz nicht geregelt. Insbesondere das SGB V enthält keine Definition des Krankheitsbegriffs. Das Bundessozialgericht definiert richterrechtlich Krankheit im Sinne der gesetzlichen Krankenversicherung (GKV) als einen regelwidrigen körperlichen Zustand, der entweder Behandlungsbedürftigkeit oder Arbeitsunfähigkeit oder beides zur Folge hat.   **1087**

Für die Feststellung des regelwidrigen Körper- oder Geisteszustand ist vom Leitbild des gesunden Menschen auszugehen, der die körperlichen und physischen Funktionen ohne Beeinträchtigungen ausüben kann. Behandlungsbedürftigkeit ist gegeben, sobald die körperlichen und geistigen Funktionen in einem so beträchtlichen Maße eingeschränkt sind, dass ihre Wiederherstellung der ärztlichen Behandlung bedarf. Von einer Krankheit zu unterscheiden sind körperliche Beschwerden, die als nicht krankhafte vorübergehende Beeinträchtigungen des Wohlbefindens (wie z.B. Menstruations- und Schwangerschaftsbeschwerden) definiert werden, oder **seelische Störungen nicht-krankhafter Natur** (Triebstörungen, Neurosen, schwere Affekte etc.).   **1088**

Demgegenüber wird als **ärztlicher Eingriff** jede Maßnahme definiert, die nicht eine Heilbehandlung darstellt, jedoch in den Körper des Betroffenen eingreift (z.B. ein Schwangerschaftsabbruch).[157] Als **Heileingriffe**[158] werden nicht nur therapeutische ärztliche Maßnahmen gewertet, wie etwa die Durchführung von Operationen oder das Verabreichen von Medikamenten, sondern auch diagnostische Verfahren, wie beispielsweise endoskopische Untersuchungen, aber auch einfache Blutentnahmen.[159] Hierunter fallen auch so genannte alternative Behandlungsmethoden. Der BGH qualifizierte in einer Grundsatzentscheidung zum Recht am Lebensende auch die künstliche Ernährung eines Patienten mittels einer Magensonde bzw. PEG-Sonde als einen der Zustimmung des Patienten unterliegenden Heileingriff.[160]   **1089**

---

156 BT-Drs. 16/8442, 10 linke Spalte.
157 *OLG Karlsruhe* BtPrax 2008, 78, 79.
158 *OLG Karlsruhe* BtPrax 2008, 78, 79 für Depotspritze; *BVerfG* FamRZ 2002, 312 für Bluttransfusion bei Zeugin Jehova.
159 Zur Blutentnahme *BGH* VersR 2006, 838 = NJW 2006, 2108.
160 *BGH* NJW-RR 2005, 1379 = MDR 2006, 32 = FamRZ 2005, 1463.

1090   Der BGH führte hierzu aus:

Die mit Hilfe einer Magensonde durchgeführte künstliche Ernährung ist ein Eingriff in die körperliche Integrität, der deshalb der Einwilligung des Patienten bedarf[161]. *Eine gegen den erklärten Willen des Patienten durchgeführte künstliche Ernährung ist folglich eine rechtswidrige Handlung, deren Unterlassung der Patient analog § 1004 Abs. 1 Satz 2 in Verbindung mit § 823 Abs. 1 BGB verlangen kann. Dies gilt auch dann, wenn die begehrte Unterlassung – wie hier – zum Tode des Patienten führen würde. Das Recht des Patienten zur Bestimmung über seinen Körper macht Zwangsbehandlungen, auch wenn sie lebenserhaltend wirken, unzulässig.*[162]

1091   Zuvor war durch das ärztliche Berufsrecht die künstliche Ernährung mittels einer PEG-Sonde als eine Maßnahme der in jedem Behandlungsfall zu gewährenden Basispflege angesehen worden.

Ziel der ärztlichen Behandlung ist es, den regelwidrigen körperlichen oder geistigen Zustand zu erkennen, zu heilen, seine Verschlimmerung zu verhüten und Beschwerden zu lindern.

1092   **Beispiel:**   Die 19-jährige Betreute ist schwanger und möchte das Kind nicht austragen. Sie befürchtet, wegen ihrer Psychose das Kind nicht adäquat versorgen zu können. Sie bittet den Betreuer mit dem Aufgabenkreis „Zustimmung zu Heilbehandlungsmaßnahmen", das Erforderliche zu veranlassen.

1093   Der Betreuer ist lediglich zuständig zur Unterstützung des Betreuten in den gerichtlich angeordneten Aufgabenkreisen, § 1902 BGB. Die Tatsache, dass die Betreute schwanger ist, stellt sich nicht als eine Heilbehandlungsmaßnahme dar. Nach der oben genannten Definition liegt keine Krankheit vor. Schwangerschaft ist kein regelwidriger körperlicher Zustand, sondern im Gegenteil ein natürlicher, der bei jeder Frau im gebärfähigen Alter jederzeit eintreten kann. Unter bestimmten Voraussetzungen ist es jedoch zur Abwendung gesundheitlicher Gefahren möglich, dem Betreuer den speziellen Aufgabenkreis „Entscheidung über einen Schwangerschaftsabbruch" zu übertragen zur Abklärung, ob ein Schwangerschaftsabbruch unter den Voraussetzungen des § 218a Abs. 2 StGB vorgenommen werden darf.[163] Vorliegend wäre es von daher betreuerseits erforderlich, bei dem zuständigen Betreuungsgericht eine Anregung auf Erweiterung des Aufgabenkreises nach § 1901 Abs. 5 BGB auszubringen.

1094   **Beispiel:**   Die Betreute ist der Meinung, sie habe zu große Brüste. Die Betreute ist bei der AOK krankenversichert. Die Betreute fordert von der Betreuerin, bei der AOK einen Antrag auf Kostenübernahme für eine Mammareduktionsplastik (Brustverkleinerung) zu stellen. Muss die Betreuerin diesem Wunsch der Betreuten entsprechen?

1095   Für die Leistungspflicht der gesetzlichen Krankenversicherung ist entscheidend, ob eine Krankheit im Sinne der Rechtsprechung des Bundessozialgerichtes vorliegt. Liegt bei der Betreuten eine Brustgröße vor, die keine körperliche Anomalität darstellt, so liegt keine Krankheit in dem vorbezeichneten Sinne vor. Nicht jeder körperlichen Unregelmäßigkeit ist ein Krankheitswert im Rechtssinne beizumessen. Die Rechtsprechung hat diese Grundvoraussetzung für die krankenversicherungsrechtliche Leistungspflicht vielmehr dahingehend präzisiert, dass eine Krankheit nur vorliegt, wenn der Versicherte in seinen Körperfunktionen beeinträchtigt wird oder wenn die anatomische Abweichung **entstellend** wirkt.[164]

---

161 Vgl. BGHZ 154, 205 = FamRZ 2003, 748, 750.
162 *BGH* NJW-RR 2005, 1379 = MDR 2006, 32 = FamRZ 2005, 1463.
163 *OLG Frankfurt/Main* FamRZ 2009, 368 = NJW 2008, 3790.
164 *BSG* Urt. v. 19.10.2004, B 1 KR 9/04 R, zu einer Hodenprothese: *BSGE* 82, 158, 163 f = SozR 3-2500 § 39 Nr. 5 S 29 f.

Außenstehende und Dritte müssen sich mit Ekel und Abscheu vor dem Erscheinungsbild einer Person abwenden. Bewirkt die Brustgröße im Übrigen keine körperlichen Fehlfunktionen, wie beispielsweise Funktionseinschränkungen an der Wirbelsäule, denen nicht im Wege der Physiotherapie abgeholfen werden kann,[165] so handelt es sich um eine subjektiv als nicht ästhetisch empfundene Beeinträchtigung, die seitens der Betreuerin keine Maßnahmen erfordert. **1096**

Ist der Patient einwilligungsunfähig, ist die Einwilligung eines hierzu Berechtigten einzuholen, also diejenige eines Betreuers mit dem Aufgabenkreis der Gesundheitssorge oder eines qua Patientenverfügung Bevollmächtigten, §§ 630d Abs. 1, 1901a BGB. Die Beurteilung der Einwilligungsfähigkeit obliegt dem behandelnden Arzt.[166] Die Frage, ob die indizierte und avisierte ärztliche Heilbehandlungsmaßnahme dem erklärten oder mutmaßlichen Willen des Patienten entspricht, ist mit dem Bevollmächtigten/Betreuer in einem so genannten dialogischen Gespräch, das anstelle des normalerweise zu führenden Aufklärungsgespräches Arzt/Patient tritt, zu erörtern, § 1901b BGB. Die ärztliche Schweigepflicht gilt nicht gegenüber einem gesetzlichen oder durch Vollmacht legitimierten Vertreter des Patienten, § 630e Abs. 4 BGB.[167] **1097**

Einwilligungsfähigkeit ist gegeben, wenn der Patient im Hinblick auf den anstehenden medizinischen Eingriff nach seiner natürlichen Einsichts- und Steuerungsfähigkeit Bedeutung, Tragweite, Vorteile und Risiken erfassen und seinen Willen hiernach bestimmen kann.[168] Hieraus ergeben sich folgende Voraussetzungen für die Einwilligungsfähigkeit: **1098**

- Der Patient muss über die Fähigkeit verfügen, einen bestimmten Sachverhalt zu verstehen (Verständnisfähigkeit);
- der Patient muss die Fähigkeit besitzen, bestimmte Informationen in angemessener Weise zu verarbeiten (Verarbeitungsfähigkeit);
- der Patient muss die Fähigkeit besitzen, die Informationen angemessen zu bewerten (Bewertungsfähigkeit);
- der Patient muss die Fähigkeit haben, den eigenen Willen auf der Grundlage von Verständnis, Verarbeitung und Bewertung der Situation zu bestimmen (Bestimmbarkeit des Willens).[169]

Nach einer groben Faustformel gilt Folgendes: Je komplexer und risikoreicher eine Behandlung ist, desto höhere Anforderungen sind an die Einwilligungsfähigkeit des Patienten zu stellen.[170] Der Patient muss also zusammenfassend über die Fähigkeit verfügen, einem Aufklärungsgespräch geistig folgen zu können, Folgen und Risiken der Heilbehandlungsmaßnahmen beurteilen können und angebotene Behandlungsalternativen erfassen. **1099**

Die Einwilligung in Heilbehandlungsmaßnahmen ist an keine Form gebunden. Die Aufklärung muss mündlich erfolgen in einem vertrauensvollen Vieraugengespräch zwischen Arzt und Patient stattfinden, § 630e Abs. 2 Nr. 1 BGB. Ergänzend kann auf Unterlagen/Formblätter Bezug genommen werden, die der Patient in Textform abschriftlich erhalten muss. In einfach gelagerten Fällen kann der Arzt den hiermit einverstandenen Patienten auch in einem Telefongespräch über die Risiken des bevorstehenden Eingriffs aufklären.[171]

---

165 *LSG Rheinland-Pfalz* Urt. v. 5.6.2003, L 5 KR 93/02; *Sächsisches LSG* Urt. v. 24.9.2003, L 1 KR 84/01, juris.
166 BGHZ 29, 47 ff.
167 BGHZ 29, 47, 51; Staudinger/*Bienwald* 13. Bearb. 2013, § 1896 Rn. 99.
168 *LG Berlin* BtPrax 1993, 66, 68.
169 BT-Drs. 15/3700, 33.
170 *Stellpflug/Meier/Tadayon* F 1000, Rn. 129.
171 *BGH* VersR 2010, 1183; *OLG Oldenburg* MedR 2010, 570.

1100 Es muss grundsätzlich vor **jeder** medizinischen Behandlung aufgeklärt werden. Besondere Umstände, insbesondere unaufschiebbare Maßnahmen, die keinen Aufschub dulden und andernfalls erhebliche Gefahren für die Gesundheit des Patienten drohen, können jedoch eine Aufklärung ganz oder teilweise entbehrlich machen.[172]

1101 ▶ **Hinweis:** Der Betreuer ist bei Standardeingriffen (Blinddarmoperationen usw.) nicht verpflichtet, das Krankenhaus aufzusuchen, um dort die Einwilligungserklärung schriftlich zu unterzeichnen. Ausreichend ist in diesen Fällen die oben genannte telefonische Unterrichtung über den geplanten Eingriff. Es können dann im Anschluss an die fernmündliche Erörterung der anstehenden Operation die Einwilligungsformulare per Fax oder postalisch übersandt werden. Ohnehin kann grundsätzlich jeder Patient/Betreuer auf eine ihm ärztlicherseits angebotene Aufklärung wirksam verzichten. Die Verzichtserklärung muss eindeutig und ernsthaft sein und sollte von dem Arzt aus Beweiszwecken sorgfältig in den Patientenunterlagen dokumentiert werden.[173] Die Einwilligung kann aber auch von dem Betreuer individuell, wie im nachstehenden Muster ausgeführt, bestätigt werden. ◀

1102

> **Muster: Einwilligung des Betreuers in ärztliche Maßnahme**
>
> Krankenhaus (…)
> Station (…)
> z.H. Dr. Gerhard Z.
>
> Sehr geehrter Herr Dr. Z.,
>
> in der Betreuungsangelegenheit Sebastian G. komme ich zurück auf das mit Ihnen soeben geführte Telefonat und bestätige den Gesprächsinhalt dahingehend, dass ich zu folgender, von Ihnen beabsichtigter Operation eine Einwilligung erteilte:
>
> (An dieser Stelle wird der geplante Eingriff exakt beschrieben. Allgemeine, nicht aussagekräftige Formulierungen sind zu vermeiden.)
>
> **Optional:** Hierdurch wird bestätigt, dass auf eine Aufklärung betreffend eine an meiner Betreuten vorzunehmenden Blinddarmoperation verzichtet wird.
>
> Mit freundlichen Grüßen
> (Betreuerin)

1103 Der Aufgabenkreis „**Aufenthaltsbestimmung zu Zwecken der Heilbehandlung**" ist nur dann anzuordnen, wenn eine Heilbehandlung in einer geschlossenen Einrichtung nach § 1906 Abs. 1 Nr. 2 BGB überhaupt in Betracht kommt. Diese müsste nach einer sachverständigen prognostischen Einschätzung Erfolg versprechend und nach dem Verhältnismäßigkeitsgrundsatz unumgänglich sein.[174]

1104 Aus dem Erforderlichkeitsgrundsatz folgt, dass das Betreuungsgericht den Aufgabenkreis Gesundheitssorge nicht anordnen darf, wenn die betroffene Person nur einer **nervenärztlichen (neurologischen) Behandlung** bedarf.[175] Die Aufgabenkreise sind von dem Tatrichter so konkret wie möglich zu formulieren.

---

172 Palandt/*Weidenkaff* § 630e BGB Rn. 12.
173 *Stellpflug/Meier/Tadayon* F 1000 Rn. 175.
174 *OLG Schleswig* FamRZ 2009, 2116.
175 *BayObLG* FamRZ 1994, 1059 f.; FamRZ 1996, 250.

Der Aufgabenkreis „Zuführung zur ärztlichen Behandlung" ist unklar und sollte nicht benutzt werden.[176]

Der Aufgabenkreis „Einwilligung des Betreuers in die XY- Operation/Behandlung" beschreibt die Befugnis des Betreuers in eine konkret vom Betreuungsgericht bezeichnete Operation (z.B. Tracheotomie) respektive Behandlung einzuwilligen anstelle des einwilligungsunfähigen Betroffenen.

b) Zur Abgrenzung von anderen Aufgabenkreisen

Beispiel: Zu Gunsten der Betroffenen wurde ein Betreuer mit den Aufgabenkreisen Vermögenssorge, Gesundheitssorge und Aufenthaltsbestimmung bestellt. Der raffzahnige Neffe der Betroffenen besucht diese immer wieder im Pflegeheim und bettelt sie um Geld an. Ferner versucht er mit massiven Mitteln die Betroffene zu einem Testament zu seinen Gunsten zu bewegen. Nach diesen Besuchern ist die Betroffene, wie dem Betreuer berichtet wird, stets völlig „durch den Wind" und es dauert mehrere Tage, bis sie sich wieder beruhigt hat. Vorliegend ist der Betreuer nicht befugt, ein Besuchsverbot zulasten des Neffen auszusprechen. Es ist vielmehr bei dem Betreuungsgericht anzuregen, die Betreuung auf den Aufgabenkreis der Personensorge oder den Aufgabenkreis Bestimmung des Umgangs der Betroffenen zu erweitern, § 1901 Abs. 5 BGB.

1105

Aufgabenkreis Gesundheitssorge	
Aufgabe	**Aufgabenkreis**
sämtliche Bereiche der Medizin einschließlich ästhetisch-optischer Maßnahmen	Gesundheitssorge
Heilbehandlungsmaßnahmen = alle Maßnahmen, die auf die **Herstellung** der Gesundheit, alle Maßnahmen, die der Heilung, **Linderung einer Krankheit** oder der **Linderung** von Krankheitsfolgen gerichtet sind	Zustimmung zu Heilbehandlungsmaßnahmen
ausschließlich nervenärztliche Behandlungen	Zuführung zur nervenärztlichen Behandlung
Schwangerschaftsabbruch	Entscheidung über einen Schwangerschaftsabbruch[177]
freiheitsentziehende Unterbringung	Gesundheitssorge und Aufenthaltsbestimmung/Unterbringung[178]
Einwilligung in eine konkrete Operation	Einwilligung in die XY- Operation
Besuchsverbot zu Gunsten des Betroffenen in einem Heim/Einrichtung	Gesundheitssorge und Umgangsrechtsbestimmung[179]
Sterilisation	Einwilligung in eine Sterilisation – Achtung: separate Betreuerbestellung gem. § 1899 Abs. 2 BGB[180]

1106

---

176 *Damrau/Zimmermann* § 1896 Rn. 78.
177 *OLG Frankfurt/Mainz* NJW 2008, 3790 = FamRZ 2009, 368.
178 *BGH* BtPrax 2014, 39 = FamRZ 2013, 1726.
179 *BayObLG* FamRZ 2003, 962 = Rpfleger 2003, 362; *OLG München* BtPrax 2008, 74 = FamRZ 2008, 1030 = RdLH 2008, 91.
180 *OLG Schleswig* FamRZ 2007, 2007.

c)   Pflichten des Betreuers im Rahmen der Gesundheitssorge

aa)   Hauptaufgabe

1107   Das Bundessozialgericht nahm in einer Grundlagenentscheidung eine Priorisierung der Aufgaben des Betreuers in dem Aufgabenkreis der Gesundheitssorge vor.[181] Dort heißt es:

*Der Betreuer hat mit der Sorge für die Gesundheit die Vertretungsmacht für alle Rechtsgeschäfte erlangt, die erforderlich sind, um für die Gesundheit des Betreuten sorgen zu können. Hierzu gehört nicht nur der Abschluss einzelner Arzt –, Krankenhaus- und Transportverträge. Vielmehr zählt dazu, wenn die Krankenversicherung des Betreuten endet, auch und sogar in erster Linie die Abgabe der Erklärung, die zur **Fortsetzung der Krankenversicherung** erforderlich ist. Erst danach und hierauf aufbauend ist es dann Sache des Betreuers, je nach Erforderlichkeit über die einzelnen Behandlungs- und Gesundheitsmaßnahmen und die hierzu erforderlichen Rechtsgeschäfte zu entscheiden (z.B. einzelne Behandlungsverträge, Einwilligung in Operationen). Der Betreute erwirbt durch eine Weiterversicherung umfassende Leistungsansprüche in einer unbestimmten Zahl von künftigen Behandlungsfällen, die durch die Inanspruchnahme einzelner Maßnahmen konkretisiert werden. Erst die Weiterführung einer Krankenversicherung schafft mithin die Voraussetzung dafür, dass der Betreuer seiner Aufgabe, für konkrete Gesundheitsmaßnahmen des Betreuten zu sorgen, dauerhaft nachkommen kann.*

Das Bundessozialgericht vertiefte seine diesbezügliche Rechtsprechung im Jahre 2008.[182]

1108   Der erste Schritt im Rahmen des Aufgabenkreises der Gesundheitssorge ist mit Hinblick auf die vorstehende Rechtsprechung die Abklärung des Krankenversicherungsschutzes des Betroffenen. Ist eine Kontaktaufnahme mit dem Betroffenen möglich oder ergibt sich bereits durch eine Einsichtnahme in die Betreuungsakte ein Hinweis auf eine bestehende Krankenversicherung, ist diese mit folgendem Muster anzuschreiben:

1109   ┌─ **Muster: Information der Krankenkasse** ─────────────────────────

An die

XY- Krankenkasse

Versicherungsnummer:

Sehr geehrte Damen und Herren,

das Amtsgericht .... bestellte mich zur Betreuerin für Ihren Versicherten, Herrn .... Kopie meines Betreuerausweises füge ich an. Mir wurde unter anderem von dem Betreuungsgericht der Aufgabenkreis der Gesundheitssorge übertragen.

Ich bitte, den Umstand der Betreuung in Ihren Akten zu vermerken und zukünftige Korrespondenz ausschließlich mit mir zu führen.

Mit freundlichen Grüßen

Betreuerin

1110   Wurde die Krankenkasse des Betreuten in der vorliegenden Form angeschrieben, ist diese mit Hinblick auf § 11 Abs. 3 SGB X i.V.m. § 53 ZPO (und § 6 VwZG) verpflichtet, in der Betreuungsangelegenheit ausschließlich mit dem Betreuer zu korrespondieren. Auf die Art und Weise ist sichergestellt, dass wichtige Änderungen im Versicherungsverhältnis dem Betreuer bekannt wer-

---

181 *BSG* FamRZ 2002, 1471 = BtPrax 2003, 172 (m. Anm. *Meier*) = NJW 2002, 2413.
182 *BSG* NZS 2009, 281; ebenso *OLG Brandenburg* FamRZ 2008, 916.

den. Wurde die Krankenkasse über den Umstand der Betreuung von dem Betreuer unterrichtet und unterfängt sie es, in Ignorierung dieser Mitteilung den Betreuten selbst anzuschreiben, so gelten die entsprechende Bescheide mit Hinblick auf § 6 VwZG als nicht wirksam zugestellt, mit der Maßgabe, dass beispielsweise Fristen nicht zu laufen beginnen.

> **Beispiel:** Trotz Legitimierung des Betreuers wird dem Betreuten selbst ein Bescheid zugesandt, der die Aufhebung der Zahlung von Krankengeld beinhaltet. Der Bescheid wurde nicht wirksam zugestellt. Die Krankenkasse ist zur weiteren Zahlung von Krankengeld verpflichtet.

1111

Die vorbezeichnete Rechtsprechung hatte sich auch nicht durch die mit der Gesundheitsreform 2007 (GKV-Wettbewerbsstärkungsgesetz) und der damit einhergehenden allgemeinen Krankenversicherungspflicht nach § 5 Abs. 1 Nr. 13 SGB V in haftungsrechtlicher Hinsicht für Betreuer entschärft.

1112

Erst zum 1.8.2013 wurde mit § 188 Abs. 4 SGB V eine Regelung eingeführt, die einen versehentlichen Verlust des KV-Schutzes weitgehend ausschließt. Hiernach gilt: Endet die Versicherungspflicht oder eine Familienversicherung, schließt sich nahtlos eine freiwillige Mitgliedschaft an, ohne dass eine Vorversicherungszeit nachzuweisen ist (obligatorische Anschlussversicherung). Es besteht für das Mitglied zwar ein Austrittsrecht, das innerhalb von zwei Wochen nach einem entsprechenden Hinweis der Krankenkasse wahrgenommen werden kann. Der Austritt wird aber nur wirksam, wenn eine anderweitige Absicherung im Krankheitsfall nachgewiesen wird.

1113

bb) Sicherstellung des KV-Schutzes

Der Betreuer hat nach Beendigung einer Pflichtversicherung oder Familienversicherung in der gesetzlichen Krankenversicherung und **vor** dem Übergang des Betroffenen in das System der Grundsicherung bei voller Erwerbsminderung und im Alter für den Beitritt zur freiwilligen Krankenversicherung zu sorgen. Es sollen im nachstehenden die wesentlichen Versicherungstatbestände, die in der gesetzlichen Betreuung eine Rolle spielen, vorgestellt werden:

1114

Pflichtversicherungstatbestand	Gesetz
Beschäftigungsverhältnis	§ 5 Abs. 1 Nr. 1 SGB V
Bezug von Arbeitslosengeld nach dem SGB III	§ 5 Abs. 1 Nr. 2 SGB V
Bezug von Arbeitslosengeld nach dem SGB II (Harz IV)	§ 5 Abs. 1 Nr. 2a SGB V
Teilnehmer von Teilhabeleistungen am Arbeitsleben nach dem SGB IX	§ 5 Abs. 1 Nr. 6 SGB V
Behinderte Menschen, die in Werkstätten für behinderte Menschen oder Blindenwerkstätten tätig sind	§ 5 Abs. 1 Nr. 7 SGB V
Behinderte Menschen in Anstalten, Heimen oder gleichartigen Einrichtungen, die in gewisser Regelmäßigkeit eine Leistung erbringen	§ 5 Abs. 1 Nr. 8 SGB V
Rentenantragsteller	§ 5 Abs. 1 Nr. 11 SGB V

1115

1116

Familienversicherung	Gesetz
Ehegatte, Lebenspartner, Kinder sowie die Kinder von familienversicherten Kindern bis zu der gesetzlich vorgesehenen Altersgrenzen	§ 10 Abs. 1, 2 SGB V
schwerbehinderte Kinder ohne Altersgrenze	§ 10 Abs. 2 Nr. 4 SGB V
Stiefkinder, Enkel, Pflegekinder	§ 10 Abs. 4 SGB V

cc) Wegfall der Pflichtversicherung und neue Anschlussversicherung

1117 Für die vorgenannten Personenkreise war bislang für den Fall des Wegfalls einer Pflicht- oder Familienversicherung bei Beantragung von Leistungen der Grundsicherung bei voller Erwerbsminderung oder Alter[183] bzw. der Sozialhilfe[184] der Beitritt zur freiwilligen Krankenversicherung nach § 9 Abs. 1 SGB V binnen einer Frist von drei Monaten zu erklären. Der Auffangversicherungstatbestand nach § 5 Abs. 1 Nr. 13 SGB V wird nach § 5 Abs. 8a S. 2 SGB V bei Empfang von Leistungen nach dem Dritten, Vierten, Sechsten und Siebten Kapitel des SGB XII verdrängt. Das „Gesetz zur Beseitigung sozialer Überforderung bei Beitragsschulden in der Krankenversicherung" brachte mit Wirkung vom 1.8.2013 Änderungen im Versicherungsrecht. Die neue obligatorische Anschlussversicherung ermöglicht eine freiwillige Weiterversicherung ohne Vorversicherung. Betroffen von der obligatorischen Anschlussversicherung sind die Personen, deren vorhergehende Versicherungspflicht (§ 5 SGB V) oder Familienversicherung (§ 10 SGB V) kraft Gesetzes endet, ohne dass sich nahtlos eine Versicherungspflicht anschließt. Für die obligatorische Anschlussversicherung ist keine Vorversicherungszeit erforderlich und auf die o.g. bisherige schriftliche Beitrittserklärung wird verzichtet. Mit der gesetzlichen Neuregelung soll das Entstehen von Lücken im Versicherungsverlauf der Krankenversicherung vermieden werden. Und zwar wirkungsvoller als bisher, denn bislang scheiterte die lückenlose Versicherung meist an der fehlenden Mitwirkung der Betroffenen oder der Unkenntnis des Betreuers vom Lauf der 3monatigen Beitrittsfrist. Statusrechtlich gilt die obligatorische Anschlussversicherung als freiwillige Versicherung. Das heißt auch, dass die Frage der Kostenübernahme zu klären ist. Bei Sozialhilfeempfängern ist der Beitrag durch den Sozialhilfeträgern zu tragen (§ 32 SGB XII). Hier ist angesichts des Kenntnisprinzips (§ 18 SGB XII) unverzüglich ab Bekanntwerden des Endes des bisherigen Versicherungsverhältnisses (z.B. Scheidung, Ausscheiden aus dem ALG-2-Bezug) der zuständige Sozialhilfeträger vom Betreuer zu verständigen. Lücken in der Kostenübernahme durch verspätete Information des Sozialamtes wäre als fahrlässige Pflichtverletzung auch weiterhin durch den Betreuer bzw. seine Haftpflichtversicherung zu tragen. Die obligatorische Anschlussversicherung beginnt am Tag nach dem Ausscheiden aus der Versicherungspflicht oder dem Ende der Familienversicherung als freiwillige Mitgliedschaft. Voraussetzung ist, dass das Mitglied nicht innerhalb von 2 Wochen nach Hinweis der Krankenkasse über die Austrittsmöglichkeiten seinen Austritt erklärt. Das ist aber nur dann möglich, wenn das Mitglied einen anderweitigen Anspruch auf Absicherung im Krankheitsfall nachweist. Dieser muss sich zudem lückenlos an die vorangegangene Versicherung anschließen. Wird der Austritt zunächst ohne Nachweis der lückenlosen anderweitigen Anschlussversicherung erklärt, ist er zunächst schwebend unwirksam. Die Austrittserklärung wird erst wirksam, wenn der entsprechende Nachweis vorgelegt wird – wobei das Gesetz keine konkrete Frist für die Vorlage vorschreibt.

---

183 § 41 Abs. 1 SGB XII.
184 § 18 SGB XII.

In der Zeit vor der Neuregelung war die alte Gesetzeslage sehr haftungsbedrohend, und zwar auch für Betreuer. Exemplarisch wird auf das Urteil des LG Roßlau-Dessau[185] verwiesen. Dort hatte eine Betreuerin vergessen, nach Rechtskraft der Scheidung der Ehe des Betreuten einen Antrag auf freiwillige Krankenversicherung rechtzeitig auszubringen. Das Sozialamt regressierte daraufhin bei der Betreuerin die für den Betreuten verauslagten Behandlungskosten (§ 104 SGB XII). Die Leitsätze der Entscheidung lauteten: **1118**

Die Beklagte wird verurteilt, an den Kläger für den Zeitraum vom 1.1.2005 bis zum 30.9.2008 Sozialhilfekosten in Höhe von 57.785,36 € zuzüglich 5 % Zinsen über dem Basiszinssatz seit 10.2.2009 zu erstatten. Es wird festgestellt, dass die Beklagte auch nach Ablauf des 30.9.2008 bis auf Weiteres dem Kläger zur Erstattung der Sozialhilfekosten verpflichtet ist, welche dieser in Folge der von der Beklagten unterlassenen Anmeldung der Frau ... bei der gesetzlichen Krankenkasse, dabei abzüglich der zu entrichtenden Beiträge zur freiwilligen Kranken- und Pflegeversicherung, zu tragen hat.

▶ **Achtung:** Auch nach der gesetzlichen Neuregelung, die eigentlich das Ziel haben sollte, den Verlust des Krankenversicherungsschutzes zu vermeiden, ist durch Unklarheiten in der Gesetzesformulierung die neuere Literatur der Auffassung, dass die Anschlussversicherung dann NICHT eintritt, wenn der Betroffene zum Zeitpunkt des Verlustes des anderweitigen Krankenversicherungsschutzes im laufenden Leistungsbezug der Sozialhilfe befindet. Denn anders als die haftungsrechtliche Rechtsprechung für Betreuer wird dort die Auffassung vertreten, die Krankenhilfe, die der Sozialhilfeträger bei unversicherten Personen zu erbringen habe (§ 48 SGB XII i.V.m. § 264 SGB V), sei als anderweitige Absicherung im Krankheitsfalle zu verstehen.[186] Nach § 188 Abs. 4 SGB V tritt die neu geregelte Anschlussversicherung nicht ein, wenn eine anderweitige Absicherung besteht. ◀ **1119**

Solange keine Rechtsprechung zur Frage der Anschlussversicherung bei Sozialhilfeempfängern erfolgt ist, die ggf. eine andere Auffassung vertritt, muss allen Betreuern dringend nahe gelegt werden, bei Ehescheidungen sowie beim Ausscheiden des Betreuten aus dem ALG-2-Bezug höchste Aufmerksamkeit bzgl. des Krankenversicherungsschutzes walten zu lassen. Das BSG erklärte die Sicherstellung des Krankenversicherungsschutzes durch einen Betreuer auch bei geschäftsfähigen Betreuten zu einer unabdingbaren Schutzverpflichtung des Betreuers im Sinne einer Letztverantwortung.[187] **1120**

▶ **Hinweis:** Mit dem Grundsicherungsträger ist die direkte Überweisung der Krankenversicherungsbeiträge (§ 32 SGB XII) an die Krankenkasse zwecks Entlastung von überflüssigen Verwaltungstätigkeiten zu vereinbaren. Der Krankenkasse ist diese Verfahrensweise zu kommunizieren. Die Leistungsträger sind nach § 86 SGB X zur Zusammenarbeit verpflichtet, um die sozialen Rechte der Betroffenen zu realisieren. ◀ **1121**

dd) Weitere Aufgaben

Der Aufgabenkreis der Gesundheitssorge umfasst beispielhaft folgende Angelegenheiten: **1122**
- Einwilligung in ärztliche Untersuchungen zur Diagnosestellung (EKG, CT);
- Einwilligung in ärztliche Heilbehandlungen;

---

185 *LG Dessau* BtPrax 2010, 192 = FamRZ 2010, 1011, bestätigt durch *OLG Naumburg* Urt. v. 26.9.2013, 1 U 8/13; JurionRS 2013, 52975, ähnlich *OLG Brandenburg* FamRZ 2008, 916 sowie *OLG Nürnberg* BtPrax 2013, 70.
186 *Geiger* Neue Regelung zum nahtlosen Krankenversicherungsschutz, Info also 2014, 3; *Breitkreuz* Die Haftung des Betreuers nach gescheiterter freiwilliger Krankenversicherung, SGB 6/2015, 316.
187 *BSG* BtPrax 2003, 172 (m. Anm. *Meier* S. 173) = FamRZ 2002, 1471 (m. Anm. *Bienwald*) = NJW 2002, 2413.

- Einwilligung in eine Operation;
- Verzicht auf weitere Heilbehandlungsmaßnahmen (sog. „passive Sterbehilfe");
- Einwilligung in psychiatrische/psychotherapeutische Behandlungen;
- Entscheidungen am Lebensende (z.B. Legen einer PEG-Sonde);
- Einwilligung in Behandlungen durch Ergotherapeuten, Logopäden, Physiotherapeuten, Krankengymnastik usw.;
- Einwilligung in Heilversuche (z.B. nach §§ 40, 41 AMG);
- Einwilligung in präventive Maßnahmen wie Impfungen, Vorsorgeuntersuchungen;
- Einwilligung in palliativmedizinische Maßnahmen;
- Entbindung von der ärztlichen Schweigepflicht (§ 203 StGB);
- Einsichtnahme in Patientenunterlagen (§ 630 f BGB).

Die Einwilligung in Schönheitsoperationen und Piercing gehört nicht zu den Aufgaben eines Betreuers. Bei beiden Maßnahmen handelt es sich um ästhetisch-optische Veränderungen am Körper des Betroffenen, die keiner Krankenbehandlung dienen, vgl. Rn. 1086 ff.

1123 Ist der Betroffene geschäftsunfähig, ist der Betreuer befugt und verpflichtet, u.a. folgende Verträge abzuschließen:

- Abschluss eines Behandlungsvertrages nach § 630a BGB;
- Abschluss eines Wohn- und Betreuungsvertrages nach § 4 WBVG;
- Vertrag über ambulante medizinische Hilfen, z.B. Anlegen von Verbänden oder Verabreichung von Medikamenten, Ergotherapie, Physiotherapie usw.;
- Realisierung von Leistungen aus der Krankenversicherung und Pflegeversicherung;
- Organisation der häuslichen Pflege/Vertrag mit Pflegedienst oder Einzelpersonen über Haushaltshilfen (bei Einzelpersonen ist an das Beachten der steuer- und sozialversicherungsrechtlichen Anmelde- und Beitragspflichten zu denken);
- Organisation einer Kur- oder Reha-Maßnahme;
- Verfolgen von Schadensersatzansprüchen im Falle möglicher Aufklärungs- und Behandlungsfehler.[188]

1124 Der Betreuer wird sich also unmittelbar nach Übertragung des Aufgabenkreises bei dem Hausarzt, dem Psychiater oder sonstigen Behandlern des Betroffenen mittels eines Standardschreibens als Betreuer legitimieren.

1125 ┌─ **Muster: Information des Hausarztes** ──────────────────────────────

Sehr geehrter Herr Dr. B.,

hierdurch zeige ich an, dass das Amtsgericht (…) mich zur Betreuerin für Frau Irene R. bestellt hat. Kopie meines Betreuerausweises füge ich zu Ihrer Kenntnisnahme diesem Schreiben an. Unter anderem wurde mir der Aufgabenkreis „Zustimmung zu Heilbehandlungsmaßnahmen" übertragen.

Sofern meine Betreute außer Stande ist, in bestimmte Behandlungsmaßnahmen wirksam einzuwilligen, bitte ich um unverzügliche Unterrichtung. Ansonsten bitte ich höflich um Mitteilung, weswegen Frau R. bei Ihnen in Behandlung ist. Welche Medikamente wurden von Ihnen zugunsten meiner Betreuten verordnet? In welcher Dosis müssen diese wie und wann verabreicht werden? Welche Behandlungsmaßnahmen (z.B. Krankengymnastik, Physiotherapie usw.) sind von mir zu organisieren?

Mit freundlichen Grüßen
(Betreuerin)

───

---

188 *Meier* Patientenrechtegesetz – Zu den sozialrechtlichen Änderungen, BtPrax 2013, 132.

ee) Der Betreuer als Beschützergarant

Dem Betreuer wird durch die Gesundheitssorge die Aufgabe übertragen, für die Gesundheit **1126** des Betroffenen zu sorgen. Hierdurch ergeben sich auf Seiten des Betreuers Schutzpflichten für das Leben, die Gesundheit und die körperliche Unversehrtheit des Betroffenen. Der Betreuer ist ein so genannter Beschützergarant im strafrechtlichen Sinne.[189] Danach trifft bestimmte Personen über die allgemeine Hilfspflicht hinausgehend die besondere Verpflichtung, von bestimmten Personen oder Rechtsgütern Gefahren abzuwehren. Sie müssen als Garanten (Beschützer) rechtlich dafür einstehen, dass ein bestimmte Rechtsgutverletzung (z.B. Körperverletzung/Tod) nicht eintritt.

Diese Verpflichtung, nicht nur selbst keine fremden Rechtsgüter zu verletzen, sondern aktiv **1127** eine Rechtsgutverletzung einer anderen Person zu verhindern, wird als Garantenstellung bezeichnet.

So hat der Betreuer u.a. die Pflicht, rechtzeitig erforderliche medizinische Hilfe zu Gunsten des Betroffenen zu organisieren. Problematisch sind stets Betreuungssituationen, in denen der Betroffene jeden Kontakt zum Betreuer verweigert, wie in dem nachstehend geschilderten Fall, der einer Einstellungsverfügung der Staatsanwaltschaft Karlsruhe zugrunde lag:

Beispiel: Der Betroffene wurde von einem Angehörigen in hilfloser Lage in seiner Woh- **1128** nung aufgefunden und durch den herbeigerufenen Notarzt in ein Krankenhaus eingeliefert. Dort wurde ein extrem ungepflegter und verwahrloster Zustand des Betroffenen festgestellt. Er war mit altem Kot und Urin beschmiert und roch stark aus dem Mund. Am gesamten Körper befanden sich an verschiedenen Stellen Blasen und Schürfwunden, die Zähne waren in einem schlechten Zustand.[190]

Der Betreuer hatte versucht, den Betreuten zu besuchen, allerdings ohne Erfolg. Dieser öffnete nicht die Tür, nahm keine Telefonanrufe entgegen und lehnte vehement die Einrichtung eines mobilen Hilfsdienstes ab. Der Betreuer hatte wegen einer befürchteten bestehenden Lebensgefahr einen Unterbringungsantrag gestellt, über den noch nicht entschieden worden war. Die Staatsanwaltschaft verneinte im vorliegenden Fall einen Pflichtenverstoß mit der Begründung, der Betreuer habe sich zuvor vergewissert, dass der Betroffene regelmäßig Besuche durch nahe Angehörige erhält.

Die Gesundheitssorge verpflichtet den Betreuer ferner, durch geeignete Maßnahmen eine **1129** gesundheitlich/medizinische, aber auch sonstige Verwahrlosung des Betroffenen verhindern.[191] Ein entgegenstehender, natürlicher Wille des Betroffenen, die notwendigen gesundheitlichen Maßnahmen nicht dulden zu wollen, ist unbeachtlich. Ist die freie Willensbildung eines Betroffenen krankheitsbedingt beeinträchtigt, kann dieser sich nicht aus freien Stücken für eine Verwahrlosung mit all ihren Konsequenzen entscheiden, sondern ist in höchstem Maße auf Schutz angewiesen. So statuierte der Bundesgerichtshof[192]

[d] Die zivilrechtliche Unterbringung durch einen Betreuer nach § 1906 Abs. 1 Nr. 1 BGB setzt keine akute, unmittelbar bevorstehende Gefahr voraus; notwendig ist allerdings eine ernstliche und konkrete

---

189 *Hoffmann* Strafrechtliche Verantwortung für das Unterlassen des Schutzes einwilligungs(un) fähiger Erwachsener, BtPrax 2010, 151 ff.; Deinert/Lütgens/*Meier* Rn. 60.
190 Einstellungsbeschluss der Staatsanwaltschaft Kaiserslautern v. 15.11.1999 zu Az. 6010 Js 012421/99, zitiert nach Deinert/Lütgens/*Meier* Rn. 60.
191 *LG Darmstadt* Beschl. v. 24.9.2013, 5 T 386/13.
192 *BGH* FamRZ 2010, 365 = Rpfleger 2010, 265; ebenso FamRZ 2012, 1705 = FuR 2012, 651.

Gefahr für Leib oder Leben des Betreuten. Die Gefahr für Leib oder Leben setzt kein zielgerichtetes Verhalten des Betreuten voraus, so dass auch eine völlige Verwahrlosung ausreichen kann, wenn damit eine Gesundheitsgefahr durch körperliche Verelendung und Unterversorgung verbunden ist.

1130 Der Betreuer benötigt bei einer Gesundheitsgefahr, die eine Unterbringung nach § 1906 Abs. 1 BGB erforderlich macht, ergänzend den Aufgabenkreis Aufenthaltsbestimmung/Unterbringung.[193]

1131 Der Betreuer, der lediglich mit dem Aufgabenkreis der Gesundheitssorge betraut ist, muss im Falle einer aus seiner Sicht gegebenen Behandlungsnotwendigkeit im Rahmen einer geschlossenen Unterbringung nach § 1901 Abs. 5 BGB bei dem zuständigen Betreuungsgericht eine Erweiterung seines Aufgabenkreises anregen.

d) Pflichten des Arztes und des Betreuers aus dem Patientenverfügungsgesetz

1132 Am 1. September 2009 trat nach einem langwierigen gesetzlichen Vorlauf das Dritte Betreuungsrechtsänderungsgesetz (Patientenverfügungsgesetz) in Kraft, dessen wesentliche gesetzlichen Vorschriften im Betreuungsrecht verankert sind. Der Reformgesetzgeber regelte die Pflichten der einzelnen an der Behandlung eines Patienten beteiligten Berufsgruppen. Ergänzend wurde zum 26.2.2013 der Behandlungsvertrag als spezielle Vertragsform im BGB verankert (§§ 630a ff. BGB). Hierzu im Einzelnen:

aa) Pflichten des Arztes

1133 Zwischen Arzt und Patient kommt im Rahmen des Behandlungsverhältnisses ein Behandlungsvertrag zu Stande, § 630a Abs. 1 BGB. Der Arzt schuldet dem Patienten aus dem Behandlungsvertrag folgende Leistungen:

1134 • Erheben der Anamnese;
• Persönliche Untersuchung des Patienten (eine Behandlung mittels eines Fernsprechers stellt sich nicht als eine persönliche Untersuchung dar);
• Stellen einer Diagnose;
• Stellen und Prüfen einer Indikation für eine bestimmte Heilbehandlung/ärztlichen Eingriff, § 1901b Abs. 1 S. 1 BGB;
• Aufklärung des Patienten/Stellvertreters, §§ 630c Abs. 2, 630e Abs. 1 BGB;
• nach wirksam erteilter Einwilligung des Patienten/Stellvertreters in die indizierte und vorgeschlagene Heilbehandlungsmaßnahme: Behandlung lege artis.

1135 Nach der alten Fassung des § 1904 BGB – gültig bis zum 31.8.2009 – bedurfte die Einwilligung des Betreuers in eine Untersuchung des Gesundheitszustandes, eine Heilbehandlung oder einen ärztlichen Eingriff der damaligen vormundschaftsgerichtlichen Genehmigung, wenn die begründete Gefahr bestand, dass der Betreute aufgrund der Maßnahme stirbt oder einen schweren und länger dauernden gesundheitlichen Schaden erleidet. Nach § 1904 S. 2 BGB a.F. konnte nur in Eilfällen von dem Genehmigungserfordernis Abstand genommen werden.

1136 Durch das Patientenverfügungsgesetz (3. BtÄndG) wurde die Struktur des § 1904 BGB durch das Einfügen von Abs. 4 verändert. Anknüpfungspunkt für eine (jetzt) betreuungsgerichtliche Genehmigung einer besonders gefährlichen ärztlichen Maßnahme – sei es durch Handeln oder Unterlassen weiterer Behandlung – ist nunmehr eine Dissenssituation zwischen Arzt und Betreuer/Bevollmächtigten über die Auslegung des Patientenwillens.

---

193 *BGH* BtPrax 2014, 39 = FamRZ 2013, 1726.

Nach dem Willen des Reformgesetzgebers ist ein betreuungsgerichtliches Genehmigungsver- **1137**
fahren entbehrlich für den Fall des Einvernehmens zwischen Betreuer (oder Bevollmächtigten)
einerseits und Arzt andererseits über den Patientenwillen. Bestehen seitens des behandelnden
Arztes und des Betreuers keine Zweifel, dass die Erteilung, Nichterteilung oder der Widerruf
in eine Heilbehandlung, eine Untersuchung des Gesundheitszustandes oder einen ärztlichen
Eingriff, dem Patientenwillen entspricht, ist eine betreuungsgerichtliche Genehmigung entbehrlich, § 1904 Abs. 4 BGB[194]. Insoweit setzte der Gesetzgeber eine Entscheidung des BGH aus
dem Jahre 2003 zur passiven Sterbehilfe um.[195]

Die Anrufung des Betreuungsgerichtes ist in einem solchen Fall nicht geboten. Zum einen fin- **1138**
det im Hinblick auf das erforderliche Einvernehmen eine wechselseitige Kontrolle der Entscheidungsfindung statt; zum anderen besteht nach Auffassung des Gesetzgebers kein Anlass
für einen verallgemeinernden Missbrauchsverdacht gegen den behandelnden Arzt und den
Betreuer.[196]

Die Herstellung des Einvernehmens zwischen dem behandelnden Arzt und dem Betreuer ist in **1139**
folgenden Schritten vorzunehmen:

Der Arzt entscheidet in eigener Verantwortung und Kompetenz über die **Indikation** einer ärzt- **1140**
lichen Behandlungsmaßnahme. Nach § 1901b Abs. 1 S. 1 BGB prüft der behandelnde Arzt,
welche ärztliche Maßnahme im Hinblick auf den Gesamtzustand und die Prognose des Patienten angeboten wird.

Die durch den Arzt zu beurteilenden Fragen nach der medizinischen Indikation, Prognose **1141**
und Gesamtzustand des Patienten kommt damit zentrale Bedeutung zu. Die Indikation wird
zunächst anhand des Standes der Wissenschaft für den jeweiligen Patienten in seiner konkreten klinischen Situation vom Arzt beurteilt.[197] Maßstab ist, ob die infrage kommende Maßnahme aus ärztlicher Sicht einen Nutzen für den Patienten darstellen kann. Es ist zu fragen,
welches Therapieziel mit der angebotenen Maßnahme angestrebt wird und ob dieses mit einer
realistischen Wahrscheinlichkeit erreicht werden.

Als Therapieziele kommen Heilung, Lebensverlängerung, Rehabilitation oder Erhaltung der **1142**
Lebensqualität in Betracht. Gibt es kein vernünftiges Therapieziel (alle zur Verfügung stehenden Maßnahmen bewirken beispielsweise bestenfalls eine kurzfristige Verlängerung des Sterbeprozesses), ist die mögliche Maßnahme nicht indiziert und darf daher nicht durchgeführt
werden. Nicht indiziert sind Maßnahmen, bei denen im konkreten Fall das angestrebte Ziel
nicht oder nur mit einer verschwindend kleinen Wahrscheinlichkeit realisiert werden kann
(z.B. künstliche Ernährung im Endstadium der Demenz)[198].

Bei fehlender Indikation ist jede weitere Prüfung des Patientenwillens entbehrlich. Die Indi- **1143**
kation der ärztlichen Maßnahme ist die Vorfrage schlechthin zur Patientenverfügung und
zum Behandlungswunsch: Hält der Arzt eine bestimmte Maßnahme für nicht (mehr) indi-

---

194 *Knittel* BtR § 1904 BGB Rn. 142; *Ludyga* Der Abbruch lebensverlängernder oder -erhaltender Maßnahmen
auf Grund von Patientenverfügungen und die Genehmigung des Betreuungsgerichts, FPR 2010, 266.
195 BGHZ 154, 205 = FamRZ 2003, 748 = BtPrax 2003, 123 = NJW 2003, 1588.
196 BT-Drs. 16/8442, 19.
197 *Borasio/Heßler/Wiesing* „Patientenverfügungsgesetz" – Umsetzung in der klinischen Praxis, DÄBl. 2009, A
1952, 1956.
198 *Niemeck* Das neue „Patientenverfügungsgesetz" – Hinweise zu ärztlichem Handeln Berliner Ärzte, 12/2009,
S. 15, 18.

ziert, ist für die Entscheidung des Betreuers/Gesundheitsbevollmächtigten und des Betreuungsgerichtes kein Raum[199].

1144   **Beispiel:**   Der Betroffene ist an einem Bronchialkarzinom im Endstadium erkrankt. Es besteht nach dem fachärztlichen Standard keine Indikation dafür, den Betroffenen an eine Beatmungsmaschine anzuschließen.[200]

1145   Besteht für eine Behandlungsmaßnahme eine ärztliche Indikation, wird der Arzt in einem ersten Schritt den Betreuer hierüber aufklären, damit dieser in die Lage versetzt wird entweder den in einer Patientenverfügung niedergelegten Willen des Betreuten oder dessen mutmaßlichen Willen zu eruieren.

bb) Pflichten des Betreuers/Bevollmächtigten aus dem Patientenverfügungsgesetz

1146   Nachdem der Betreuer von dem Arzt über Behandlungsmöglichkeiten informiert wurde, ist er verpflichtet, sich ein Bild über mögliche Wünsche des Betreuten in der konkreten medizinischen Behandlungssituation zu verschaffen. Insoweit ist der Betreuer gehalten, zu eruieren, welche mündlichen oder schriftlichen Äußerungen der Betreute zu Gesundheitsfragen in der Vergangenheit tätigte. Der Betreuer hat im Falle des Vorliegens einer Patientenverfügung die Aufgabe, dem Willen des Betreuten Ausdruck und Geltung zu verschaffen, § 1901a Abs. 1 S. 2 BGB. Der Betreuer muss also prüfen, ob der Betreute in der Vergangenheit eine wirksame Patientenverfügung errichtete.

1147   **(1) Vorliegen einer Patientenverfügung**   Die Vorschriften zur Patientenverfügung, die nunmehr in § 1901a Abs. 1 BGB verortet ist, regeln dementsprechend nicht allgemein das Arztrecht, sondern behandeln lediglich einen Teilaspekt: nämlich wie sich der Betreuer bzw. Bevollmächtigte bei Vorliegen einer Patientenverfügung des Betreuten zu verhalten hat.[201]

1148   Die Patientenverfügung ist nunmehr gesetzlich definiert als eine schriftliche antizipierte Entscheidung einer einwilligungsfähigen, volljährigen Person über zukünftige ärztliche Maßnahmen nach Eintritt der Einwilligungsunfähigkeit.[202] Sie dokumentiert einen in die Zukunft hinein verlängerten Willen des dann einwilligungsunfähigen Patienten.

1149   Der Gesetzgeber hat sich aus Gründen der Klarheit für das Schriftformerfordernis entschieden, § 126 BGB, d.h., die Patientenverfügung muss eigenhändig unterschrieben sein. Bei einer Unterschrift genügt der Familienname ohne Hinzufügen des Vornamens. Zulässig ist auch die Unterschrift mit einem Teil eines Doppelnamens oder mit einem tatsächlich geführten Namen (Pseudonym), sofern die als Aussteller in Betracht kommende Person ohne Zweifel feststeht.[203]

---

199   BGHZ 154, 205, 225; *Albrecht/Albrecht* Die Patientenverfügung – jetzt gesetzlich geregelt, MittBayNot 2009, 426 ff.; *Ruhnau* Patientenverfügung: Der Arzt als Richter?, DÄBl. 2009, 106 (47), A-2367.
200   Prävention, Diagnostik, Therapie und Nachsorge des Lungenkarzinoms – Interdisziplinäre S3-Leitlinie der Deutschen Gesellschaft für Pneumologie und Beatmungsmedizin und der Deutschen Krebsgesellschaft, Pneumologie 2010; 64: e1–e164.
201   *Damrau/Zimmermann* § 1901a BGB Rn. 3; *Riedel/Stolz* Sterbehilfe – wer darf die Behandlung abbrechen?, BtPrax 2011, 13.
202   Jürgens/*Jürgens* § 1901a BGB Rn. 2.
203   *BGH* NJW 1996, 997.

Keine Namensunterschrift ist die Unterzeichnung mit einer Verwandtschaftsbezeichnung, einem Titel, einer Rechtsstellung oder den Anfangsbuchstaben (Paraphe)[204]. Auf die Lesbarkeit kommt es nicht an, jedoch muss der Schriftzug Andeutungen von Buchstaben erkennen lassen.[205] Erforderlich, aber auch ausreichend ist ein die Identität des Unterschreibenden ausreichend kennzeichnender individueller Schriftzug, der einmalig ist, entsprechend charakteristische Merkmale aufweist und sich als Wiedergabe eines Namens darstellt.[206] Eine Schreibhilfe durch Führen der Hand des Schreibenden macht die so zustande gekommene Unterschrift u.U. ungültig.[207] Beim Handzeichen kann es sich um Schriftzüge nichtlateinischen Ursprungs handeln (z.B. arabische, jüdische, ostasiatische Schriften), sowie um Kreuze, Striche oder Initialien.[208]

1150

Ist dem Verfügenden keine wirksame Unterschrift möglich, sondern nur ein Handzeichen, ist dieses zur Wirksamkeit öffentlich zu beglaubigen, z.B. durch einen Notar, die Betreuungsbehörde – die Patientenverfügung stellt – wegen der Zielsetzung in § 1901a Abs. 1 BGB – eine beglaubigungsfähige Betreuungsverfügung nach § 6 Abs. 2 BtBG dar[209] – oder in Hessen auch durch das Ortsgericht. Der Verfügende kann auch vorgedruckte Texte oder auf einen solchen zurückgreifen, der zu seinen Gunsten aufgesetzt wurde. Die Schriftform verfolgt den Zweck, den Betroffenen vor übereilten oder unüberlegten Festlegungen zu warnen.[210] Demgegenüber braucht die Patientenverfügung keine Angabe von Ort und Zeit der Errichtung zu enthalten.

1151

In der Praxis erleichtern diese Angaben die Beurteilung in der konkreten Anwendungssituation.

1152

Ferner muss sich die Bestimmungen in einer Patientenverfügung auf eine zum Zeitpunkt der Festlegung nicht unmittelbar bevorstehende ärztliche Maßnahme beziehen. Erklärungen zu aktuellen Behandlungsmaßnahmen sind nicht dem Schriftformerfordernis unterworfen.[211] Patientenverfügungen sollen eben nur solche Situationen erfassen, in denen bestimmte Untersuchungen, Heilbehandlungen oder ärztliche Eingriffe noch nicht „unmittelbar bevorstehen".

Die Patientenverfügung muss ferner von einer volljährigen, einwilligungsfähigen natürlichen Person errichtet worden sein. Minderjährige oder nicht einwilligungsfähige Menschen können nicht wirksam eine Patientenverfügung etablieren.[212] Dementsprechend kann eine schriftliche Erklärung eines Minderjährigen zu Behandlungsfragen nicht durch das Erreichen der Volljährigkeit zu einer wirksamen Patientenverfügung erstarken.

1153

Die Einwilligungsfähigkeit des Verfügenden bei Erstellen der Patientenverfügung muss sich auf die darin bezeichneten ärztlichen Maßnahmen beziehen. Maßgebend ist insoweit der Zeitpunkt, in dem die Patientenverfügung verfasst wurde. Zu diesem Zeitpunkt muss Einwilligungsfähigkeit und Volljährigkeit gegeben sein. Teilweise kann die Feststellung schwierig sein, ob Einwilligungsfähigkeit bei Errichtung der Patientenverfügung vorhanden war, insbesondere bei Vorliegen einer Formularverfügung. Es ist daher in jedem Fall empfehlenswert, durch einen Arzt oder einen sonstigen Zeugen die Einwilligungsfähigkeit bei der Abfassung der Patientenverfügung bestätigen zu lassen.

1154

---

204 *BGH* NJW 1967, 2310.
205 *BGH* NJW 1987, 1334; *OLG Düsseldorf* NJW-RR 1992, 946.
206 *BGH* NJW 1994, 55; Palandt/*Bassenge* § 126 BGB Rn. 10.
207 *BGH* NJW 1981, 1900 Rn 15.
208 *Deinert/Walther* 4. Aufl. 2015, S. 73.
209 Differenzierend *Deinert/Walther* S. 67.
210 BT-Drs. 16/8442, 13.
211 *Jürgens/Jürgens* § 1901a BGB Rn 8.
212 Kritisch hierzu *Spickhoff* Rechtssicherheit kraft Gesetzes durch so genannte Patientenverfügungen?, FamRZ 2009, 1949 f.

1155 Bei Fehlen konkreter Anhaltspunkte ist im Regelfall von Einwilligungsfähigkeit zum Zeitpunkt der Errichtung der Patientenverfügung auszugehen.[213] Eine Patientenverfügung ist eine höchstpersönliche Erklärung und kann daher nicht durch einen Betreuer für einen Betreuten errichtet werden.[214]

1156 Die Patientenverfügung ist auf Regelungen zu überprüfen dahingehend, wie bei im Falle anstehender Untersuchungen des Gesundheitszustandes, Heilbehandlungen oder ärztlichen Eingriffen zu verfahren ist. Nach § 1901a Abs. 1 S. 1 BGB muss der Patient in „bestimmte" Maßnahmen einwilligen oder diese untersagen (z.B. Wenn ich einmal einen Schlaganfall erleide, möchte ich keine Lysetherapie haben).

1157 Unter diesem Blickpunkt sind die in der Vergangenheit gebräuchlichen Muster von Patientenverfügungen zu allgemein und abstrakt gehalten und genügen dem Bestimmtheitserfordernis nicht. Dementsprechend sind Formulierungen in Schriftstücken wie: „Wenn für mich keine Aussicht auf Besserung im Sinne eines erträglichen und umweltbezogenen Lebens mehr besteht, möchte ich keine lebensverlängernden Maßnahmen mehr" oder „Ich möchte unbedingt nur homöopathisch behandelt werden" nicht hinreichend konkret. Derartige Äußerungen fallen nicht unter das Bestimmtheitsgebot, können aber als allgemeine Behandlungsrichtlinien und -wünsche für die Ermittlung des mutmaßlichen Willens herangezogen werden. Wegen der großen Vielzahl von nicht vorhersehbaren Krankheitssituationen ist es gerade für gesunde Menschen schwierig, den Grad an Bestimmtheit zu erreichen, der nunmehr für eine Patientenverfügung erforderlich ist.[215] Dies insbesondere auch unter dem Aspekt der Verdoppelung des medizinischen Wissens binnen fünf Jahren.

1158 In der Gesetzesbegründung heißt es hierzu:[216]

Bei der Frage der Einwilligung in eine ärztliche Maßnahme kommt es stets auf die **konkrete einzelne** **Maßnahme** *an. Ob der Arzt zu dem Eingriff befugt ist, hängt damit davon ab, ob der Patient in eine konkrete ärztliche Maßnahme einwilligt. Gleiches gilt für die Ablehnung der Durchführung oder Weiterführung einzelner konkreter ärztlicher Maßnahmen.*

1159 Wann eine hinreichend bestimmte Maßnahme in der Patientenverfügung benannt wurde, ist im Einzelfall zu prüfen und zu beurteilen.[217] Einer Regelung durch Patientenverfügungen gut zugänglich sind damit schwerwiegende Erkrankungen (Demenz, Krebs, Aids, Parkinson, Chorea Huntington, Korsakov usw.), die einen progredienten Verlauf nehmen und den Zustand der Einwilligungsunfähigkeit einschließen.

1160 Erfasst sind auch solche Schriftstücke, in denen mehr oder weniger pauschal bestimmte Behandlungen abgelehnt oder akzeptiert werden, wie etwa Festlegungen von Zeugen Jehovas, soweit diese nicht unmittelbar vor dem Eingriff erfolgen.[218] Von daher besteht darüber Einigkeit darüber, dass dem Bestimmtheitsgebot Genüge getan ist, wenn Maßnahmen allgemein bezeichnet werden, wie z.B. künstliche Ernährung, Beatmung, Dialyse, Organersatz, Wiederbelebung, Verabreichung von Medikamenten (wie z.B. Antibiotika, Psychopharmaka oder Zytostatika), Schmerzbehandlung, Art der Unterbringung und Pflege, andere betreuerische Maßnahmen, die Hinzuziehung eines oder mehrerer Ärzte, alternative Behandlungsmaßnah-

---

213 Jurgeleit/*Kieß* BtR, § 1901a BGB Rn. 17.
214 *AG Lüdinghausen* FamRZ 2004, 835; ebenso für Organspenden *LG Lübeck* Beschl. v. 5.5.1995, 7 T 784/94.
215 *Albrecht/Albrecht* MittBayNot 2009, 426, 428.
216 BT-Drs. 16/8442, 9.
217 Jürgens/*Jürgens* § 1901a BGB Rn. 8.
218 *Spickhoff* FamRZ 2009, 1151; *BVerfG* NJW 2002, 206 = FamRZ 2002, 312.

men, Gestaltung des Sterbeprozesses, Bluttransfusion, Amputationen, intensivmedizinischer Organsubstitution.[219]

Die Festlegungen in einer Patientenverfügung gelten unabhängig von der Art und dem Stadium einer Erkrankung. Eine Patientenverfügung ist also seitens des Gesetzgebers nicht mehr beschränkt auf schwere oder lebensbedrohliche Erkrankungen; sie kann sich auch beispielsweise auf verhältnismäßig geringfügige ärztliche Eingriffe beziehen wie: *„Ich will später keine Grippeimpfung haben".* Insoweit gibt es keine Begrenzungen für die Reichweite einer Patientenverfügung. Diese kann somit auch eine wirksame Ablehnung lebenserhaltender Behandlungen beinhalten, wie etwa die Aufnahme/Fortführung der künstlichen Ernährung mittels einer PEG-Sonde.   **1161**

Derartige Festlegungen sind in vielen Patientenverfügungen enthalten für den Fall einer schwer wiegenden Grunderkrankung. Die Grundsätze der Bundesärztekammer zur ärztlichen Sterbebegleitung vom 17.2.2011 wurden dieser Rechtslage angepasst.[220]   **1162**

Eine Patientenverfügung muss nicht aktualisiert, bzw. immer wieder aufs Neue durch Unterschrift bestätigt werden. Es ist freilich jedem Verfügenden anzuraten, die Patientenverfügung in regelmäßigen Abständen zur Hand zu nehmen und zu überprüfen, inwieweit die getroffenen Festlegungen noch den aktuellen zukünftigen Behandlungswünschen entsprechen.   **1163**

Eine Patientenverfügung kann jederzeit formlos widerrufen werden, § 1901a Abs. 1 S. 3 BGB. Der Widerruf kann mündlich, schriftlich oder nonverbal, wie beispielsweise durch Kopfschütteln oder andere eindeutige Gesten, erfolgen. Ausreichend ist jede wie auch immer geartete Willensbekundung, die erkennen lässt, dass die frühere schriftliche Erklärung nicht mehr weitergelten soll.[221] Von daher muss sich der Betreuer in jedem Fall vergewissern, ob der Betreute aktuell oder in der Vergangenheit einen Widerruf veranlasste.   **1164**

Der Betreuer wird also im Falle des Vorliegens eines Schriftstückes des Betreuten, das sich zu gesundheitlichen Fragestellungen äußert, folgende Prüfungsschritte durchführen: **1165**

┌─ **Checkliste: Prüfungsschritte des Betreuers bei Vorliegen einer Patientenverfügung** ─   **1166**

- Ist die Patientenverfügung wirksam zustande gekommen? War die betreute Person zum Zeitpunkt der Abfassung der Patientenverfügung volljährig und einwilligungsfähig? War die betreute Person fremdbestimmt, unterlag sie manipulativen Einflüssen Dritter? Hat die betreute Person überhaupt den Vordruck verstanden und die dort niedergelegten Behandlungswünsche bei „infauster Prognose"?[222]
- Ist die schriftliche Festlegung betreffend der ärztlichen Maßnahmen hinreichend bestimmt? Trifft die Patientenverfügung auf die aktuelle Lebens- und Behandlungssituation zu?
  Beispiel: Wenn ich einmal in ein Wachkoma gerate, möchte ich nicht länger als sechs Monate künstlich ernährt werden. Fazit: Es liegt eine hinreichend bestimmte Patientenverfügung vor für den Fall des Wachkomas und der künstlichen Ernährung.
  Die Feststellung der Behandlungssituation (und der zu erwartenden ärztlichen Maßnahmen) ergibt sich aus der ärztlichen Indikation (§ 1901b Abs. 1 BGB), die in einem gemeinsamen Gespräch nach § 1901b Abs. 2 BGB, zwischen Arzt und Betreuer erörtert wird.

---

219 KSF/*Heitmann* § 1901a Rn. 20.
220 S. www.bundesaerztekammer.de, sowie DÄBl. 7/2011, A 346; s.a. HK-BUR, Anlage 2 zu § 1904 BGB.
221 *Spickhoff* FamRZ 2009, 1956.
222 *Damrau/Zimmermann* § 1901a BGB Rn. 67.

- Enthält die Patientenverfügung für die konkret anstehende ärztliche Maßnahme eine Entscheidung des Betreuten?
  Im vorstehenden Beispiel schlägt der Arzt wegen einer Lungenentzündung eine antibiotische Behandlung vor. Für diese konkret anstehende ärztliche Maßnahme enthält die Verfügung keine konkrete Bestimmung.
- Entspricht die Entscheidung noch dem aktuellen Willen des Betroffenen? Haben sich die Lebensumstände des Betroffenen/der medizinische Fortschritt so erheblich verändert, dass von einem Festhalten an den Behandlungsvorgaben der Patientenverfügung nicht mehr ausgegangen werden kann? Solche konkreten Anhaltspunkte können sich z.B. aus situativ spontanem Verhalten des Patienten gegenüber vorzunehmenden oder zu unterlassenden ärztlichen Maßnahmen, nicht jedoch bei unwillkürlichen, rein körperlichen Reflexen ergeben. Diese Prüfung kann insbesondere bei Demenzerkrankungen von Bedeutung sein. Der Dialog zwischen Arzt und Pflegeteam einerseits und Betreuer/Bevollmächtigten sowie den Angehörigen andererseits gewinnt in solchen Situationen eine entscheidende Bedeutung. Der Betreuer kann dann von den Festlegungen in der Patientenverfügung abweichen.[223]
- Wurden oder werden die Festlegungen in der Patientenverfügung schriftlich, mündlich oder nonverbal widerrufen? Für den Widerruf ist Einwilligungsfähigkeit nicht erforderlich.[224] Dieser kann vielmehr „jederzeit" erfolgen, andernfalls der Betreute zur Geisel seiner eigenen Patientenverfügung werden würde.
  Bei Nichtvorliegen eines Widerrufs:
  Besteht Kongruenz zwischen der Behandlungssituation und dem in der Patientenverfügung niedergelegten Willen, muss der Betreuer nach § 1901a Abs. 1 BGB die Behandlung einwilligen oder sie untersagen oder nach Feststellung des mutmaßlichen Willens nach § 1901a Abs. 2 BGB in die Behandlung einwilligen oder sie untersagen.

1167   Die Prüfung umfasst alle Gesichtspunkte, die sich aus der aktuellen Lebens- und Behandlungssituation des Betroffenen ergeben! Gelangt der Betreuer nach sorgfältiger Prüfung zu der Überzeugung, es liege eine wirksame und einschlägige Patientenverfügung vor, ist er gesetzlich verpflichtet, die Behandlungsentscheidung des Betreuten entsprechend dessen vorgegebenem Willen umzusetzen.

1168   **(2) Umsetzung des mutmaßlichen Willens**   Liegt keine Patientenverfügung vor oder treffen die Festlegungen einer Patientenverfügung nicht auf die aktuelle Lebens- und Behandlungssituation zu, hat der Betreuer die Behandlungswünsche oder den mutmaßlichen Willen des Betreuten festzustellen und auf dieser Grundlage eine Entscheidung über die Einwilligung oder Untersagung der angebotenen ärztlichen Behandlungsmaßnahme vorzunehmen. Unter dem mutmaßlichen Willen ist der Wille zu verstehen, den der Patient gehabt hätte, unterstellt er könnte sich selbst entschließen und mitteilen.[225]

Der mutmaßliche Wille des Betreuten ist aufgrund konkreter Anhaltspunkte zu ermitteln.[226]

---

223 BT-Drs. 16/8442, 15.
224 Jürgens/*Jürgens* § 1901a BGB Rn. 12.
225 NK/*Heitmann* § 1901b Rn. 13.
226 BGHSt 35, 246, 249; 40, 257.

Der Bundesgerichtshof[227] führte hierzu in einer frühen Entscheidung aus: **1169**

An die Voraussetzungen für die Annahme eines mutmaßlichen Einverständnisses sind strenge Anforderungen zu stellen.

Hierbei zu berücksichtigen sind insbesondere frühere mündliche oder schriftliche Äußerungen, ethische oder religiöse Überzeugungen und sonstige persönliche Wertvorstellungen des Betreuten. Schriftliche Angaben des Betreuten, die nicht den Anforderungen an eine Patientenverfügung genügen, sind besonders authentische Erkenntnisquellen.[228]

Beispiel:[229] Mutter und Tochter sehen gemeinsam eine Fernsehsendung über Zustände in **1170** einem Pflegeheim. Die Mutter äußert spontan, so wolle sie einmal nicht enden. Einige Jahre später besteht bei der Mutter eine irrevisible Hirnschädigung. Aufgrund dessen ist die Mutter komplett pflegebedürftig, außer Stande mit der Außenwelt in Kontakt zu treten und nur noch in der Lage, knurrende Geräusche von sich zu geben. Das OLG Frankfurt anerkannte hier einen mutmaßlichen Willen der Betroffenen, sterben zu wollen und nicht länger künstlich ernährt zu werden aufgrund der Angaben, die die Tochter in ihrer eidesstattlichen Versicherung machte.

Ethische und religiöse Überzeugungen müssen von dem Betroffenen gelebt worden sein. Aus **1171** der Zugehörigkeit zu einer Konfession kann nicht automatisch auf Behandlungswünsche geschlussfolgert werden.

Der Betreuer muss die vorstehenden Anhaltspunkte von sich aus ermitteln, § 1901a Abs. 2 BGB. **1172** Soweit dem Betreuer Überlegungen des Betreuten nicht bekannt sind, ist er gehalten, nahe Verwandte (Ehegatten, Lebenspartner, Eltern, Kinder, Geschwister) oder Vertrauenspersonen gezielt im Rahmen der zeitlichen Möglichkeiten zu befragen. Der Betreuer ist gleichwohl zu einer sorgfältigen Prüfung verpflichtet. Standen die befragten Ehegatten, Freunde, Eltern oder Kinder des Betroffenen diesem wirklich so nah, als dass es ihnen möglich wäre, konkrete Aussagen zu Behandlungswünschen vorzunehmen? Häufig sind Verwandte durch die Situation seelisch hoch belastet. In diesen Fällen muss sich der Betreuer davor hüten, deren Vorstellungen darüber, was lebenswert ist oder nicht, für diejenigen des Betroffenen zu halten. Kann nach Ausschöpfen aller Erkenntnismöglichkeiten ein mutmaßlicher Wille des Patienten nicht festgestellt werden, ist dem Schutz auf Leben Vorrang einzuräumen (in dubio pro vita).

In diese Kategorie fällt auch die im Gesetzgebungsverfahren häufig bemühte Verfügung eines **1173** offensichtlich lebensfrohen Demenzkranken, in der es heißt, *„Wenn ich einmal dement bin, will ich keine lebenserhaltenden Maßnahmen".* Solche Äußerungen können von vornherein keine unmittelbare Bindungswirkung haben; sie enthalten keine hinreichend konkrete Behandlungsentscheidung zu einer bestimmten Krankheitssituation. Derart allgemeine Willensbekundungen können nur als ein Indiz in die vom Betreuer oder Bevollmächtigten vorzunehmende Prüfung des mutmaßlichen Willens mit einbezogen werden.[230]

---

227 BGHSt 50, 257 = NJW 1995, 204 = MedR 1995, 72 = R&P 1995, 34 = MDR 1995, 80 = JR 1995, 335 = NStZ 1995, 80.
228 Jürgens/Jürgens § 1901a BGB Rn. 17.
229 Fall nachgebildet nach: *OLG Frankfurt/Main* Beschl. v. 15.7.1998, 20 W 224/98, BtPrax 1998, 186 = FamRZ 1998, 1137.
230 BT-Drs. 16/8442, 15.

1174 In diesen Konstellationen besteht ein erheblicher Beurteilungsspielraum. So genehmigte bei- spielsweise das LG Oldenburg in einer Entscheidung[231] den Abbruch der künstlichen Ernäh- rung in einer Situation, in der ein Vollmachtgeber in einer notariellen Altersvorsorgevollmacht vom 12.2.2001 „die Befugnis der Bevollmächtigten zur Einwilligung in (…) den Abbruch der Behandlung und/oder die Einstellung lebenserhaltender oder lebensverlängernder Maßnah- men" verfügte, für den Fall: „wenn ich außer Stande bin, ein menschenwürdiges, d.h. für mich erträgliches oder weitgehend beschwerdefreies bewusstes (…) Leben zu führen."

1175 In einigen Krankenhäusern in der Bundesrepublik existieren bereits Ethikkomitees, die in Dilemmasituationen angerufen werden können.

Zu den Methoden eines Ethikkomitees:

- Beteiligte Personen: Pflegekräfte, Seelsorger, Angehörige, behandelnder Arzt. Alle Beteiligte sind zur Vertraulichkeit verpflichtet;
- Datensammlung: der behandelnde Arzt schildert die Krankengeschichte. Es wird herausge- arbeitet, wie das moralische Problem lautet;
- es werden Argumente aus der jeweiligen Sicht der Beteiligten vorgetragen und abgewogen. Welche Handlungsoptionen bestehen?
- Es wird eine konsensuale Entscheidung angestrebt;
- letztendlich liegt die **haftungsrechtliche Verantwortlichkeit** bei den behandelnden **Ärzten und Betreuern**.

1176 **(3) Pflichten des Bevollmächtigten** Das Patientenverfügungsgesetz unterwirft sowohl Betreuer als auch Gesundheitsbevollmächtigten den selben Pflichten, §§ 1901a Abs. 5, 1901b Abs. 3, 1904 Abs. 5 BGB).

cc) Dialog zwischen Arzt und Betreuer/Bevollmächtigten zur Ermittlung des Patientenwillens

1177 Wird ärztlicherseits eine Indikation bejaht oder zumindest mit ausreichender Wahrscheinlich- keit angenommen, wird der Patient bzw. sein Vertreter darüber informiert. Das zu führende Gespräch des Arztes mit dem Betreuer/Gesundheitsbevollmächtigten unterliegt denselben Anforderungen wie das vertrauensvolle mündliche (Aufklärungs-)Gespräch zwischen Arzt und Patienten selbst.[232] § 1901b BGB trägt die gesetzliche Überschrift „Gespräch zur Feststel- lung des Patientenwillens". Damit wird verdeutlicht, worum es dem Gesetzgeber geht. Dieser führte in den Gesetzesmotiven das Nachstehende aus: *„Zwar ergeben sich die Pflichten des Arz- tes bereits aus dessen berufsrechtlichen Pflichten, im Hinblick auf die bestehenden Verunsicherun- gen in der Praxis erscheint eine klarstellende Regelung aber sinnvoll."*[233]

1178 Der Hinweis auf die Pflichten des Arztes in der Gesetzesbegründung ist dahingehend zu ver- stehen, dass es zu dessen berufsrechtlichen Aufgaben gehört, die für den Patienten konkret indizierte ärztliche Maßnahme zu ermitteln und den Patienten bzw. im Falle der Einwilli- gungsunfähigkeit den Betreuer/Gesundheitsbevollmächtigten über die indizierten Behand- lungsmöglichkeiten, deren Chancen und Risiken aufzuklären.[234]

---

231 *OLG Oldenburg* FamRZ 2010, 1470.
232 Vgl. hierzu *BGH* NJW 1985, 1399.
233 BT-Drs. 16/13314, 20 ff.
234 *Niemeck* Das neue „Patientenverfügungsgesetz" – Hinweise zu ärztlichem Handeln Berliner Ärzte, 12/2009, S. 18, 19.

Diese Pflicht zum Dialog[235] findet die berufsrechtliche Entsprechung in den Empfehlungen der Bundesärztekammer und der Zentralen Ethikkommission bei der Bundesärztekammer zum Umgang mit Vorsorgevollmacht und Patientenverfügung in der ärztlichen Praxis, in der es unter Ziffer 10.1, Entscheidungsprozess, zur Ermittlung des Patientenwillens heißt: 1179

Die Entscheidung über die Einleitung, die weitere Durchführung und Beendigung einer ärztlichen Maßnahme wird in einem gemeinsamen Entscheidungsprozess von Arzt und Patient bzw. Patientenvertreter getroffen. Dieser dialogische Prozess ist Ausdruck der therapeutischen Arbeitsgemeinschaft zwischen Arzt und Patient bzw. Patientenvertreter. Das Behandlungsziel, die Indikation, die Frage der Einwilligungsunfähigkeit des Patienten und der maßgebliche Patientenwille müssen daher im Gespräch zwischen Arzt und Patientenvertreter erörtert werden. Sie sollen dabei Angehörige und sonstige Vertrauenspersonen des Patienten einbeziehen, sofern dies ohne Verzögerung möglich ist.[236]

In einem ersten Schritt wird der Arzt den Betreuer über Behandlungsmöglichkeiten unterrichten. In einem zweiten Schritt ist es dann Aufgabe des Betreuers, dem in einer Patientenverfügung niedergelegten Willen des Betroffenen oder dessen mutmaßlichem Willen zu eruieren und diesem Ausdruck und Geltung zu verschaffen. Es hat dann zwischen Arzt und Betreuer eine Erörterung stattzufinden, welche medizinischen Maßnahmen im Einklang mit dem aus der Patientenverfügung sich ergebenden wirklichen Willen des Betreuten stehen respektive welcher mutmaßliche Willen angenommen werden kann. Zwischen Arzt und Betreuer ist daher die Behandlungsmethode zu finden, die einerseits medizinisch indiziert ist und andererseits dem Willen des Betreuten entspricht. Das kann auch bedeuten, keine Behandlung mehr vorzunehmen.[237] 1180

Für Behandlungen am Lebensende ist die Frage nach der ärztlichen Indikation von besonderer Bedeutung: Hat bei einem Patienten der Sterbeprozess bereits eingesetzt, sind lebensverlängernde Behandlungen in der Regel nicht mehr medizinisch indiziert; die Behandlung besteht dann aus Hilfe und Begleitung im Sterbeprozess. Hat der Sterbeprozess dagegen noch nicht eingesetzt und ist eine lebenserhaltende Behandlung aus ärztlicher Sicht (noch) indiziert, entscheidet der Patient bzw. der Betreuer/Bevollmächtigter darüber, ob die Behandlung vorgenommen werden darf oder zu unterbleiben hat. Die Grundsätze der Bundesärztekammer zur ärztlichen Sterbebegleitung bilden für Ärzte eine gute Richtschnur im Umgang mit Patienten am Lebensende.[238] 1181

Besteht zwischen Arzt und Betreuer Uneinigkeit über den Patientenwillen und ist durch die Vornahme/Nichtvornahme der indizierten Behandlungsmaßnahme ein schwerer gesundheitlicher Schaden des Betreuten oder dessen Tod möglich, schränkt § 1904 BGB das Handeln des Betreuers im Bereich der Gesundheitssorge ein. 1182

▶ Hinweis: Sind sich Arzt und Betreuer unsicher, wie der Patientenwille zu bestimmen ist, können Sie auch rein vorsorglich bei avisierten Heilbehandlungsmaßnahmen/Behandlungsabbrüchen eine betreuungsgerichtliche Genehmigung nach § 1904 BGB beantragen. ◀ 1183

Das LG Kleve führte im Jahre 2010 zu § 1901b BGB hierzu das Nachstehende aus:[239] 1184

---

235 *Kierig/Behlau* S. 20.
236 DÄBl. 2010 (Heft 18), A 877 ff.; s.a. HK-BUR, Anlage 2 zu § 1904 BGB.
237 NK/*Heitmann* § 1901b Rn. 19.
238 S. http://www.bundesaerztekammer.de/downloads/Sterbebegleitung_17022011.pdf; s.a. HK-BUR Anlage 2 zu § 1904 BGB.
239 *LG Kleve* BtPrax 2010, 186 = FamRZ 2010, 1841 = MedR 2010, 635 = NJW 2010, 2666 = PflR 2010, 450.

1. *Besteht zwischen Arzt und Betreuer in dem nach § 1901b BGB zu führenden Gespräch Einvernehmen darüber, dass die Erteilung, die Verweigerung oder der Widerruf der Einwilligung des Betreuers in eine lebenserhaltende ärztliche Behandlung (künstliche Ernährung mittels Ernährungssonde) dem in einer Patientenverfügung niedergelegten Willen des Betroffenen entspricht, und schaltet der Betreuer gleichwohl das Betreuungsgericht ein, so hat dieses lediglich auszusprechen, dass die Genehmigungsbedürftigkeit gem. § 1904 Abs. 4 BGB nicht besteht (sog. **Negativattest**).*

2. *Vor Erteilung des Negativattestes hat aber das Betreuungsgericht zu Vermeidung eines Missbrauchs zu prüfen, ob zureichende tatsächliche Anhaltspunkte dafür vorliegen, dass bei dem Betroffenen ein irreversibles Grundleiden mit tödlichen Verlauf – sei es auch noch ohne Todesnähe besteht, und die Auslegung der Patientenverfügung in dem vom Betreuer und dem behandelnden Arzt verstandenen Sinne jedenfalls vertretbar erscheint.*

Der BGH betonte, dass in Ansehung der hohen verfassungsrechtlich geschützten Rechtsgüter Leben und Gesundheit die Schwelle zur Anrufung des Betreuungsgerichts in Zweifelsfragen gering anzusehen ist.[240]

1185

Ermittlung des Patientenwillens durch Arzt und Betreuer/Bevollmächtigte	
Pflichten des Arztes	**Gesetz**
Erheben einer Anamnese	§ 630a Abs. 2 BGB
Untersuchung des Patienten	§ 630a Abs. 2 BGB
Stellen einer Diagnose	§ 630a Abs. 2 BGB
Prüfen einer Indikation unter Berücksichtigung von Prognose und Gesamtzustand des Patienten	§ 1901b Abs. 1 S. 1 BGB
Indikation wird bejaht: Aufklärung des Betreuers/Bevollmächtigten über die indizierte Maßnahme	§ 630c Abs. 2, 630e Abs. 1 BGB

1186

Gemeinsame Pflicht von Arzt und Betreuer/Bevollmächtigten	Gesetz
Gemeinsame Erörterung des Patientenwillens	§ 1901b Abs. 1 S. 2 BGB
Nach Möglichkeit: Einbeziehung von nahen Angehörigen (Ehegatten, Lebenspartner, Eltern, Geschwister und Kinder) und sonstigen Vertrauenspersonen (z.B. Pflegekräfte, Lebensgefährten, im Haushalt lebende gute Bekannte, Freunde) des Betreuten/Vollmachtgebers zur Ermittlung des Patientenwillens	§ 1901b Abs. 2 BGB

1187 ▶ Hinweis: Bevor das Gespräch nach § 1901b BGB mit dem Arzt geführt wird, sollte vor allem in Kliniken geklärt werden, ob die anwesende ärztliche Person zu einer rechtlich verbindlichen, das Leben des Betreuten betreffenden Konsensentscheidung – und ihrer zu Beweiszwecken sinnvollen – schriftlichen Fixierung in einem gemeinsamen Aktenvermerk – nach der Geschäftsverteilung des Krankenhauses überhaupt berechtigt ist. In einem Teil der Krankenhäuser ist ein Ethikkonsil herbeizuführen. ◀

e) Rolle des Betreuungsgerichts

1188 Die Regelung des § 1901b Abs. 1 BGB verdeutlicht demgegenüber den Ablauf und die Aufgaben vom behandelnden Arzt und Betreuer/Bevollmächtigten im Falle eines einwilligungsunfä-

---

240 *BGH* BtPrax 2014, 268.

higen Patienten.[241] Es ist nicht die Aufgabe des Betreuungsgerichtes anstelle des behandelnden Arztes den Patientenwillen zu ermitteln. Das Betreuungsgericht ist **ausschließlich** im Falle eines fehlenden Einvernehmens zwischen Betreuer/Bevollmächtigten und behandelnden Arzt über den Patientenwillen zuständig zur Durchführung eines betreuungsgerichtlichen Genehmigungsverfahrens, § 1904 Abs. 4 BGB.

Sinn und Zweck des betreuungsgerichtlichen Genehmigungsverfahrens besteht darin, bei **unterschiedlichen** Auffassungen oder Zweifeln des behandelnden Arztes und des Betreuers/ Bevollmächtigten über den Behandlungswillen des Betreuten eine Kontrolle dahingehend zu ermöglichen, ob die Entscheidung des Betreuers/Bevollmächtigten über die Einwilligung, die Ablehnung oder den Widerruf der Einwilligung tatsächlich dem ermittelten individuell-mutmaßlichen Patientenwillen entspricht. Das Betreuungsgericht trifft dementsprechend keine eigene Entscheidung über Leben und Tod, sondern überprüft lediglich den Patientenwillen, nachdem die gesetzlich vorrangig hierzu aufgerufenen Akteure (Arzt/Betreuer) keinen Konsens erzielen konnten. Genehmigungsentscheidungen, die den § 1904 Abs. 2 BGB betreffen, werden, um dem Betreuer, dem Bevollmächtigten und dem Verfahrenspfleger die Möglichkeit eines Rechtsmittels zu geben, wegen ihrer Irreversibilität erst 2 Wochen nach Bekanntgabe wirksam (§ 287 Abs. 3 FamFG). **1189**

aa) Genehmigung des Betreuungsgerichts bei ärztlichen Maßnahmen

1190

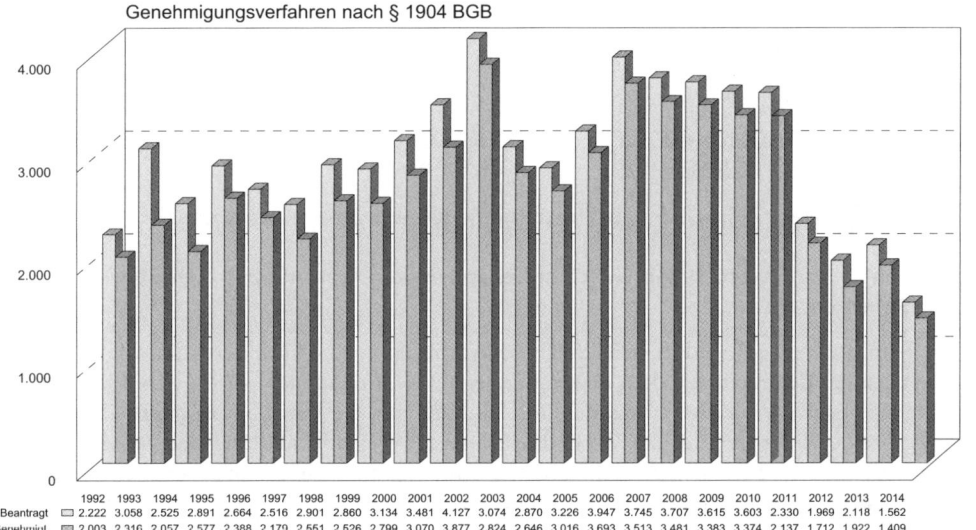

Quelle: BfJ Sondererhebung „Verfahren nach dem Betreuungsgesetz" 1992–2014 (Zahlen von 2000–2007 ohne Hamburg)

Mit der seit dem 1.9.2009 geltenden Neufassung regelt § 1904 BGB zusätzlich zur Regelung der Einwilligung in geplante gefährliche ärztliche Maßnahmen die Nichteinwilligung oder den Widerruf der Einwilligung in entsprechende ärztliche Maßnahmen (Beispiel: Widerruf der Einwilligung in die weitere künstliche Ernährung). **1191**

---

241 BT-Drs. 16/13314, 20 ff.

1192   § 1904 BGB regelt hierbei nur die für den Betreuten besonders gefährlichen Maßnahmen, die Gefahr für Leben und Gesundheit mit sich bringen. Durch das Patientenverfügungsgesetz stärkte der Gesetzgeber durch die Einfügung der §§ 1901a, b BGB das Selbstbestimmungsrecht des Patienten. Die Vorschrift dient nunmehr – im Gegensatz zu früher – nicht mehr dem Schutz des Betreuten vor einem kollusiven Zusammenwirken zwischen Arzt und Betreuer. Das Gesetz geht vielmehr davon aus, der Patientenschutz sei bereits ausreichend durch das Vieraugenprinzip gewahrt. Bestehen zwischen dem Arzt und dem Betreuer Meinungsverschiedenheiten über den Patientenwillen in dem vorbezeichneten gemeinsamen Erörterungsgespräch nach § 1901b Abs. 2 BGB, die nicht beigelegt werden können und hat einer der beiden Handelnden Zweifel daran, ob das geplante Vorgehen dem Patientenwillen entspricht, ist die Einschaltung des Betreuungsgerichtes geboten.[242]

1193   Zudem sichert das Amtsermittlungsprinzip im Falle eines Verdachts des Missbrauchs durch Zusammenwirken von Arzt und Betreuer zulasten des Betroffenen die Rechte des Patienten: Jeder Dritte, insbesondere Ehegatten, Lebenspartner, Verwandte, aber auch andere Vertrauenspersonen können ein betreuungsgerichtliches Verfahren anregen.[243] Das Betreuungsgericht hat dann die Betreuerentscheidung zu überprüfen.[244] Diese Überprüfung erfolgt nicht im Rahmen des Genehmigungsverfahrens nach § 1904 BGB, sondern nach §§ 1908i, 1837 BGB. Im Rahmen der gerichtlichen Aufsicht ist zu prüfen, ob Arzt und Betreuer entgegen dem Willen des Betroffenen gehandelt haben.

1194   In den Gesetzesmotiven heißt es hierzu:

Bei zureichenden tatsächlichen Anhaltspunkten für ein sachfremdes oder gar kollusives Zusammenwirken müssen Arzt und Betreuer mit einem strafrechtlichen Ermittlungsverfahren wegen eines Körperverletzung- oder gar Tötungsdelikts rechnen.[245]

Bei einem Bevollmächtigten kann das Gericht bei Missbrauchsverdacht einen Kontrollbetreuer nach § 1896 Abs. 3 BGB bestellen.

Die Vorschrift setzt weiterhin Einwilligungsunfähigkeit des Betreuten voraus.

bb)   Fehlendes Einvernehmen zwischen behandelndem Arzt und Betreuer über den Patientenwillen

1195   Wie bereits dargelegt, sind ausschließlich bei Vorliegen einer Dissenssituation die Willenserklärungen des Betreuers von dem Betreuungsgericht zu genehmigen, § 1904 Abs. 1 und 2 BGB. Ist der Betreuer aber der Meinung, die Entscheidung über die Einwilligung oder Nichteinwilligung in eine Untersuchung des Gesundheitszustandes, Heilbehandlung oder ärztlichen Eingriffs sei bereits in einer wirksamen Patientenverfügung niedergelegt, gibt er keine eigene Willenserklärung ab, sondern setzt lediglich eine solche des Patienten um. Ist demgegenüber der behandelnde Arzt der Meinung, die Entscheidung sei nicht von der Patientenverfügung erfasst, gäbe es keine Willenserklärung des Betreuers, die das Betreuungsgericht genehmigen oder nicht genehmigen könnte. Auch in solch einem Fall wird man, soweit der behandelnde Arzt eine betreuungsgerichtliche Entscheidung anregt, § 1904 Abs. 1 BGB analog anwenden.[246]

---

242   BT-Drs. 16/8442, 19.
243   *BGH* BtPrax 2005, 190.
244   BT-Drs. 16/8442, 19.
245   BT-Drs. 16/8442, 19.
246   Jurgeleit/*Kieß* BtR, § 1904 BGB Rn. 21.

cc) Genehmigungspflichtige riskante ärztliche Maßnahmen bei Dissens zwischen Arzt/Betreuer (Bevollmächtigten)

Folgende genehmigungspflichtige Maßnahmen werden im Gesetz unterschieden: **1196**

- Untersuchung des Gesundheitszustandes;
- Heilbehandlung;
- ärztlicher Eingriff.

Die Untersuchung des Gesundheitszustands wird als diagnostisches Verfahren definiert, unabhängig davon, ob es mit einer körperlichen Untersuchung oder mit einem körperlichen Eingriff verbunden ist.[247] Heilbehandlungsmaßnahmen sind alle Maßnahmen, die auf Herstellung der Gesundheit, Linderung der Krankheit, Beseitigung oder Linderung von Krankheitsfolgen sowie Verhütung von Krankheiten und ihrer Verschlimmerung gerichtet sind. Ärztliche Eingriffe sind in aller Regel ohnehin unter die Heilbehandlung zu subsumieren, doch sind sie eigens erwähnt, da dies bei einigen Eingriffen zweifelhaft sein kann (Schönheitschirurgie, Schwangerschaftsabbruch, der nicht medizinisch indiziert ist, usw.). Der Abbruch einer Schwangerschaft ist grundsätzlich nicht von der Genehmigungspflicht des § 1904 BGB umfasst; die Schwangere ist bereits ausreichend durch § 218 StGB geschützt. Der Eingriff setzt eine Beeinträchtigung der körperlichen Unversehrtheit voraus.[248] **1197**

In der betreuungsgerichtlichen Rechtsprechung wurde in der Vergangenheit häufig das Legen einer PEG-Sonde thematisiert.[249] Hierbei handelt es sich um die Möglichkeit, Patienten künstlich über eine Bauchsonde zu ernähren. Dies kann anstelle der oralen Ernährung oder in Ergänzung erfolgen, um eine Unter- oder Mangelernährung zu vermeiden. Die Sonde kann nach erfolgreicher Rehabilitation problemlos wieder entfernt werden. Komplikationen sind sehr selten. Rechtlich problematisch ist die Ernährung schwerstdementer Personen über Jahre mittels einer PEG-Sonde, ohne dass eine geistige Verbesserung ihres geistigen Zustandes zu erwarten ist. Dies ist inzwischen medizinisch nicht mehr indiziert.[250] Bei Anorexie (fehlendes Verlangen auf Nahrungsaufnahme) und Kachexie (starke Ablagerung) soll die PEG-Sonde ärztlicherseits nicht angeboten, bei einem permanent vegetativen Status (Zustand der absoluten Kommunikationsfähigkeit) nicht empfohlen werden. Demgegenüber ist sie indiziert bei irreversiblen Schluckstörungen, bei Schluckstörungen mit Komplikationen hat eine Abwägung des Für und Widers stattzufinden.[251] Angesichts der geringeren Komplikationsrate und der Möglichkeit, die Sonde jederzeit wieder zu entfernen, besteht keine Genehmigungspflicht. Der Betreuer/Bevollmächtigte wird aber bei längerer andauernder Ernährung über eine Magensonde kritisch deren medizinische Sinnhaftigkeit zu hinterfragen haben.[252] **1198**

Von der Genehmigungspflicht sind Einwilligungen des Betreuers in eine Untersuchung des Gesundheitszustandes, eine Heilbehandlung oder einen ärztlichen Eingriff umfasst. Dementsprechend darf der Betreuer nicht in die klinische Erprobung von Heilmitteln einwilligen. Lei- **1199**

---

247 *Knittel* BtR, § 1904 BGB Rn. 9.
248 MK-BGB/*Schwab* § 1904 Rn. 23.
249 *OLG Frankfurt/Main* BtPrax 2002, 84 = FamRZ 2002, 575 = FGPrax 2002, 31; *LG Kleve* FamRZ 2009, 1349; *AG Nordenham* FamRZ 2011, 1327 = BtPrax 2011, 223 (Ls).
250 *Synofzik/Marckmann* Perkutane endoskopische Gastrostomie: Ernährung bis zuletzt?, DÄBl. 2007, 104 (59): A3 1390-3; *de Ridder* Medizin am Lebensende: Sonden Ernährung steigert nur selten die Lebensqualität, DÄBl. 2008, 105 (9): A 449-451; *Löser/Lübbers/Mankisch/Georg* Der ungewollte Gewichtsverlust des alten Menschen, DÄBl. 2007, A 3417.
251 *De Ridder* DÄBl. 2008, 105 (9); *Synofzik/Marckmann* A 3392 mit der Entwicklung eines Nutzen-Schaden-Algorithmus.
252 NK/*Heitmann* § 1904 BGB Rn. 26.

det der Betreute jedoch an einer Krankheit, zu deren Behebung das zu prüfende Medikament angewendet werden soll, darf der Betreuer die Anwendung zustimmen, § 41 Nr. 3 AMG.

dd) Gefahr für Leben und Gesundheit

1200 Eine Untersuchung des Gesundheitszustandes, eine Heilbehandlung oder ein ärztlicher Eingriff bedarf der Genehmigung des Betreuungsgerichtes, wenn die begründete Gefahr besteht, dass der Betreute auf Grund der Maßnahme stirbt oder einen schweren und länger dauernden gesundheitlichen Schaden erleidet. Die Konkretisierung des Begriffs der Gefahr bereitete dem Gesetzgeber etliche Probleme. Durch die Verwendung des Terminus „begründete Gefahr" wollte der Gesetzgeber, der selbst in den Motiven noch von „Befürchtungen"[253] gesprochen hatte, verdeutlichen, dass allein objektive, d.h. ernstliche und konkrete Gefahren eine Genehmigungspflicht auslösen.[254] Für die Beurteilung ist nicht auf subjektive Ängste abzustellen, sondern auf ärztliche Feststellungen. Die Einschätzung des Risikos ist an Hand der konkreten Umstände des Einzelfalls vorzunehmen, es sind also Umstände wie das Alter des Betroffenen und sein Gesundheitszustand ins Kalkül zu ziehen. So ist beispielsweise eine Standardmaßnahme, wie eine Vollnarkose, für einen Zwanzigjährigen eine gut zu verkraftende ärztliche Behandlungsmaßnahme, während sie sich für einen hochbetagten, in einem reduzierten Allgemeinzustand befindlichen Betroffenen lebensgefährlich sein kann.

1201 ▶ **Hinweis:** Es ist empfehlenswert, sich vorab bei den zuständigen Richtern zu erkundigen, was dort als genehmigungspflichtige Maßnahmen eingestuft wird. Gleichwohl sollte in einem Zweifelsfall immer, bevor langwierige schriftliche Genehmigungsanträge formuliert werden, im Rahmen eines Telefonats oder einer persönlichen Vorsprache bei dem zuständigen Richter unter Schilderung der konkreten Umstände abgeklärt werden, ob es sich aus seiner Sicht um eine genehmigungsbedürftige Angelegenheit handelt. Das Gros der Fragen lässt sich auf dem Wege beantworten. Die Rücksprache mit dem Richter ist sorgfältig unter Angabe von Datum und Uhrzeit in der Akte zu dokumentieren, jedenfalls dann, wenn keine Genehmigungspflicht festgestellt wurde. ◀

1202 Unabhängig von den vorbezeichneten Gefährdungsfaktoren, die aus dem geschwächten Zustand der betroffenen Person resultieren, ist immer dann von einer begründeten Gefahr auszugehen, wenn die avisierte Maßnahme im konkreten Fall klar über dem Durchschnittsrisiko sonstiger ärztlicher Behandlungen liegt. Hierzu zählen alle Risikooperationen oder Behandlungen, wie z.B. Herztransplantation, Angiographien (wegen der Gefahr eines Schlaganfalles), Aortenstrenose usw.[255]

1203 Auf Grund des ständigen medizinischen Fortschritts ist ein Wandel vorprogrammiert, so dass eine Maßnahme, die vor kurzem noch als gefährlich galt, wenig später zu einem Standardeingriff zählt.

1204 **Lebensgefahr** ist gegeben, wenn die Maßnahme nach dem Stand der Medizin das klar erkennbare Risiko einer Verkürzung des Lebens in sich birgt.[256] Wann ein schwerer und lang dauernder gesundheitlicher Schaden eintritt, beurteilt sich nach den Umständen des Einzelfalls.[257] In jedem Fall ist ein solcher anzunehmen, wenn die ärztliche Behandlung eine

253 BT-Drs. 11/4528, 72.
254 *Knittel* BtR, § 1904 BGB Rn. 10.
255 *Damrau/Zimmermann* § 1904 BGB Rn. 33.
256 *Knittel* BtR, § 1904 BGB Rn. 11.
257 BT-Drs. 11/4528, 140.

schwere Körperverletzung i.S.d. § 224 StGB zur Folge haben könnte. Eine schwere Körperverletzung liegt vor bei:

- Verlust von Gliedmaßen;
- Verlust des Sehvermögens auf einem oder beiden Augen;
- Verlust des Gehörs;
- Verlust der Sprachfähigkeit;
- Verlust der Zeugungsfähigkeit;
- Verfallen in Siechtum;
- Verfallen in Lähmung;
- Verfallen in eine psychische Erkrankung.

Dauernde, erhebliche Entstellungen, die in einer Verunstaltung der Gesamterscheinung bestehen, erfüllen ebenso den Tatbestand einer schweren Körperverletzung.[258] **1205**

Schaden ist jede nachteilige gesundheitliche Entwicklung, die der Betreute infolge der Behandlungsmaßnahme/dem Unterlassen/dem Widerruf der Behandlungsmaßnahme erleiden könnte. Auch psychische Schäden kommen in Betracht.

▶ **Hinweis:** Amputationen jeder Art sind genehmigungspflichtig! **1206**

Ein länger dauernder Schaden liegt in der Regel vor, wenn dieser ein Jahr und länger andauert.[259] ◀

Beispiele für genehmigungspflichtige Maßnahmen:[260] **1207**

- Riskante Untersuchungsmaßnahmen:
  - Intravasale Diagnostik durch Einführung von Kathetern mit Ausnahme einfacher Rechtsherzkatheteruntersuchungen;
  - Leberblindpunktion;
  - Bronchoskopie;
  - interventionelle Radiologie, d.h. die röntgenologische Darstellung von Organen mit Hilfe von Röntgenkontrastmitteln;
  - Liquorentnahme (Entnahme von Flüssigkeit aus Gehirn oder Rückenmark), allerdings nur bei Vornahme von Subokzitalpunktion. Diese Methode stellt aber den nur bei strenger Indikation gegebenen Ausnahmefall dar. Regelmäßig wird die Liquorentnahme heute mittels Lumbalpunktion mit einem etwa der Blutentnahme vergleichbaren Risiko durchgeführt;
  - Pneumocephalographie (Luftfüllung der Hirnventrikel), soweit dieses Verfahren überhaupt noch Anwendung findet und nicht, wie heute weitgehend üblich – durch die Computertomographie ersetzt wird;
  - stereotaktische Punktion des Hypothalamus (Teil des Zwischenhirns) zu Diagnosezwecken, wenn durch den Eingriff die Gefahr des Todes bzw. von Hirnblutungen besteht.

- Operative Eingriffe: **1208**
  - Eingriffe am offenen Herzen (einschließlich Bypass-Operationen);
  - Transplantationen von fremden Organen (Herz, Leber, Bauchspeicheldrüse, Lunge Knochenmark, Niere) wegen nicht vorhersehbarer Abstoßungsreaktionen, ausgenommen Hornhauttransplantationen;

---

258 *Fischer* StGB, 63. Aufl., § 224 Rn. 8.
259 BT-Drs. 11/4528, 141.
260 *Knittel* BtR, § 1904 BGB Rn. 12 u. 13.

- gefäßchirurgische Eingriffe an großen arteriellen Gefäßen, z.B. Hauptschlagaderaussackungen (Aneurysmen), wegen nicht beherrschbarer Verblutungsgefahren;
- neurochirurgische Eingriffe an Gehirn und Rückenmark wegen nicht vorhersehbarer Blutungen nach Schwellungen mit Lähmungserscheinungen;
- radikale Eingriffe bei fortgeschrittenen Krebserkrankungen (z.B. vollständiger oder teilweiser Verlust innerer Organe, Anlage eines künstlichen Darmausgangs);
- Hysterektomie (Entfernung der Gebärmutter) wegen des Verlustes der Gebärfähigkeit als Folge des Eingriffs;
- Entfernung aller Zähne, wenn sicher ist, dass der Betroffene später keine Prothese tragen kann;
- Trommelfelloperationen bei Gefahr des völligen Verlusts der Hörfähigkeit;
- Kehlkopfoperation bei Gefahr des Verlusts der Sprachfähigkeit;
- Augenoperation bei Netzhautablösung auf einem Auge und Katarakt (Grauer Star) auf dem anderen Auge bei 85-jährigem Patienten mit der Gefahr der Erblindung;
- Entfernung eines Gehirntumors, wenn im konkreten Fall die Gefahr des Verlusts der Hörfähigkeit besteht;
- Implantation eines Herzschrittmachers bei Möglichkeit des Auftreten von Herzrhythmusstörungen schweren Grades und der Gefahr des Todes des Patienten;
- Operationen, bei denen infolge weiterer Erkrankungen ein erhöhtes Narkoserisiko besteht.

1209 Von den nichtoperativen Behandlungsmethoden sind u.a. Chemotherapien genehmigungsbedürftig. Bei Strahlenbehandlungen kommt es auf die konkrete Maßnahme an.

1210 **(1) Genehmigungsbedürftigkeit von Elektrokrampfbehandlungen** Das Prinzip dieser Therapie, deren Wirkungsweise im Einzelnen unbekannt ist, besteht in der elektrischen Auslösung eines zerebralen Krampfanfalls. Die Krampfbehandlung ist eine bei schweren Psychosen, Katatonie (geistig-körperliche Erstarrung im Rahmen einer Schizophrenie)[261], einer wahnhaften Depression, Stupor (Erstarrung) eine zuverlässige und rasch wirksame Therapie. In der Depressionbehandlung verkürzt die Krampfbehandlung z.T. die Phasendauer, was durch Antidepressiva und Schlafentzug nur selten eintritt. Das Suizidrisiko von Psychosekranken wird durch die Krampfbehandlung wesentlich gesenkt.

1211 Das LG Hamburg holte im Rahmen einer Kostenentscheidung ein Sachverständigengutachten zur Elektrokrampftherapie ein. Der Sachverständige führte aus: An der Psychiatrischen Universitätsklinik in Tübingen seien in den Jahren 1976–1990 45 Personen elektrokonvulsiv behandelt worden.

1212 Hierbei sei es zu folgenden Beeinträchtigungen gekommen:
- reversible Verwirrtheitszustände, 20 %;
- reversible Merkfähigkeitsstörungen, 20 %;
- retrograde Amnesien (Erinnerungsbeeinträchtigung) für biographische und zeitgeschichtliche Ereignisse;
- anterograde Gedächtnisstörungen.

1213 Der Sachverständige führte aus, dass die bei den Patienten aufgetretenen Erinnerungslücken sich auf mehrere Jahre zurückliegende Ereignisse bezogen. Diese Ausfälle hätten sich sieben Monate nach der Behandlung wieder erheblich zurückgebildet.

---

261 Hier besteht eine vitale Indikation, siehe Pschyrembel, Stichwort „Katatonie".

Das LG Hamburg[262] bestätigte die erstinstanzliche Entscheidung dahingehend, dass das Risiko **1214** bleibender retrograder Gedächtnisstörungen insbesondere für biographische Ereignisse als eine nicht zu vernachlässigende Gefahr einer schweren und andauernden gesundheitlichen Schädigung des Patienten anzusehen ist. Zwar sehe die Begründung des Regierungsentwurfes[263] eine Schädigungsdauer von mindestens einem Jahr vor, doch stellten die eigene Person betreffende Erinnerungslücken sich als so schwerwiegend dar, dass eine Beeinträchtigungsdauer von zumindest über sechs Monaten zu einer Genehmigungspflicht nach § 1904 BGB führen.

(2) Genehmigungsbedürftige Psychopharmaka Die renommierten Sozialpsychiater *Dörner/* **1215** *Plog/Teller/Wendt* beschreiben die Wirkung von Psychopharmaka wie folgt:[264]

- Sie erzeugen ein „pharmakogenes Stammhirnsyndrom" mit affektiv-antriebsmäßigem Durchgangssyndrom sowie extrapyramidalen und vegetativen Symptomen. Sie verwandeln einen psychiatrischen in einen neurologischen Patienten;
- sie verändern: Sie dämpfen oder regen Stimmung, Gefühle, Antrieb und Erleben der Menschen an. Sie wirken nicht ursächlich, heilen nicht, sondern unterdrücken lediglich Symptome wie Angst, Unruhe oder Halluzinationen.

Konrad Lorenz bezeichnete Psychopharmaka als den „Wärmetod des Gefühls". Daher nimmt es nicht wunder, dass immer mehr psychiatrieerfahrene Patienten von Psychopharmakabehandlungen Abstand nehmen wollen und es vorziehen, mit ihren belastenden sinnlichen Wahrnehmungen zu leben.

Nach *Dörner/Plog/Teller/Wendt* ist ein verantwortlicher Umgang mit Psychopharmaka von fol- **1216** genden Faktoren geprägt:

- Vorhandensein eines Therapie-Gesamtplanes (10 Stunden täglich/7 Tage die Woche);
- letztes Mittel; anderweitige Problembearbeitung nicht möglich;
- Aufklärung des Patienten über die Medikamentenwirkung;
- zeitlich begrenzte Gabe.[265]

Bei den Psychopharmaka unterscheidet man dämpfende Mittel wie Neuroleptika, Tranquilizer und Schlafmittel sowie anregende Medikamente wie Thymoleptika und Psychostimulantien.[266]

Bei längerer Vergabedauer können die in der Psychiatrie am häufigsten verordneten Neurolep- **1217** tika folgende Wirkungen hervorrufen:

1. Frühdyskinesien: Zungen-, Schlund- oder Blickkrämpfe, Streckkrämpfe des Rumpfs, Hyperkinesen (= pathologische Steigerung der Motorik mit z.T. unwillkürlich ablaufenden Bewegungen[267]) u.a. im Gesichtsbereich (Schmatz- und Kaubewegungen);
2. Parkinson-Syndrom: Einengung der Beweglichkeit, gebückter, z.T. schlurfender Gang, unwillkürliche, nicht beeinflussbare Bewegungsstörungen mit Fallneigung nach vorne und hinten, Tremor, Störungen der Hautfunktion, Stimmungslabilität und Melancholie, vermehrter Speichelfluss;[268]

---

262 *LG Hamburg* FamRZ 1994, 1204.
263 BT-Drs. 11/4528, 141.
264 *Dörner/Plog/Teller/Wendt* S. 528.
265 *Dörner/Plog/Teller/Wendt* S. 529.
266 *Dörner/Plog/Teller/Wendt* S. 529.
267 Pschyrembel, Klinisches Wörterbuch.
268 Pschyrembel, Klinisches Wörterbuch.

3. Akathisie: quälende Unruhe mit Unfähigkeit, ruhig zu sitzen oder zu stehen, Drang zu ständiger Bewegung, was nicht auf einer psychotischen Ursache beruht;
4. Spätdyskinesien: Hyperkinesen im Bereich des Mundes, des Gesichts, der Hände und Füße als irreversible Dauerschäden bei 70 % der Patienten mit mindestens 10-jähriger Behandlung vorhanden.[269]

1218   Das *LG Berlin* holte im Rahmen eines Genehmigungsverfahrens ein Sachverständigengutachten ein über die Wirkung von Neuroleptika.[270] Der dortige Sachverständige führte aus, dass in 30 % der Fälle eine Minderung der geistigen und motorischen Aktivität eintritt, in 28 % der Fälle depressive Verstimmungen ausgelöst werden, Potenz- und Libidostörungen in 20 % der Fälle auftreten und Kreislaufstörungen in etwa 10 % der Fälle. Dyskinesien und Akathisien sind nach Auffassung des dortigen Sachverständigen reversibel und lassen sich durch eine Zusatzmedikation vermeiden. Veränderungen des Blutbildes, die auftreten können, sind bei regelmäßiger Blutbildkontrolle ohne Konsequenzen. Spätdyskenisien und Parkinson-Syndrom treten meist erst nach längerer Behandlung auf und sind irreversibel. Frauen sind hiervon häufiger betroffen als Männer, über 40-jährige dreimal häufiger als Jüngere. Der Sachverständige kam unter gründlicher Auswertung der Literatur zu dem Schluss, dass in etwa 8–10 % der Fälle mit einer Spätdyskinesie im Sinne eines bleibenden Schaden zu rechnen ist.

1219   Das *LG Berlin* führte im Weiteren aus, dass die möglichen Folgen einer Heilbehandlung danach bewertet werden müssen, in welcher Weise sie den Betroffenen in seiner alltäglichen Lebensführung im Vergleich zu einem gesunden Menschen beeinträchtigen, z.B. welche Handlungen er nicht mehr wie gewohnt ausführen kann und wie schwerwiegend diese Beeinträchtigungen sind.[271] Zu Recht statuierte das Landgericht Berlin, dass die vom Sachverständigen beschriebenen Auswirkungen der Spätdyskinesien – unwillkürliche Verspannungen der Muskulatur u.a. im Gesichtsbereich – als ein schwerer gesundheitlicher Schaden zu qualifizieren sind, da sie bei den Mitmenschen Verhaltensweisen wie Neugier, Abwehr und Distanz hervorzurufen.

1220   Es ist also folgenden Fragestellungen als Betreuer nachzugehen im Zusammenhang mit neuroleptischen Behandlungen:

- Wie oft wurde der Betroffene schon in der Vergangenheit neuroleptisch behandelt? Die diesbezügliche Krankengeschichte des Betroffenen ist möglichst genau zu rekonstruieren.
- Gehört der Betroffene zu einer Risikogruppe (Alter, Geschlecht)?
- Welche Behandlungsdauer sieht der Therapieplan der Ärzte im Falle des Betroffenen vor?
- Welche Nebenwirkungen sind bei dem speziellen Medikament zu erwarten?
- Welche konkreten Wirkungen soll die medikamentöse Therapie bei dem Betroffenen haben?
- Welcher Behandlungserfolg soll sich durch die medikamentöse Therapie einstellen?
- Ist das Krankheitsbild des Betroffenen überhaupt therapierbar?

1221   In dem von dem *LG Berlin* entschiedenen Fall war eine Korrektur der Wahnvorstellungen des Betroffenen durch die avisierte neuroleptische Behandlung unwahrscheinlich, mithin eine Heilbehandlung, die auf eine positive Veränderung seines Krankheitszustands abzielt, nicht möglich. Das Ziel einer Heilbehandlungsmaßnahme muss wenigstens in der Stabilisierung des bestehenden Gesundheitszustandes (Vorbeugung einer Verschlechterung/Chroninifizierung

---

269   *Dörner/Plog/Teller/Wendt* S. 533.
270   *LG Berlin* FamRZ 1993, 597, 598.
271   *LG Berlin* FamRZ 1993, 599.

oder einer minimalen Besserung des Gesundheitszustandes) bestehen. Eine Therapie, die dem Betroffenen keine gesundheitlichen Vorteile bringt, sondern ihn im Gegenteil nur dem Risiko von Spätfolgen aussetzt, entspricht nicht seinem Wohl und ist deshalb abzulehnen.

Es lässt sich in etwa folgende Faustformel aufstellen: Je jünger und unbehandelter Betroffene sind, umso weniger ist betreuerseits an eine Genehmigungspflicht bei neuroleptischen Behandlungen zu denken und je älter und vorbehandelter ein Betroffener ist, umso mehr ist die Genehmigungsbedürftigkeit akut. Wie bereits dargelegt, ging das LG Berlin bereits bei einem 40-jährigen Betreuten mit einer Schadenswahrscheinlichkeit von 8–10 % von einer Genehmigungspflicht aus. **1222**

In der betreuungsrechtlichen Literatur wird besonders die Genehmigungsbedürftigkeit der Verabreichung des hochpotenten Neuroleptikums „Leponex" diskutiert, welches bei der Behandlung von akuten und chronischen schizophrenen Psychosen zum Einsatz kommt. Nebenwirkungen wie Spätdyskinesien treten bei diesem Medikament so gut wie gar nicht auf. Allerdings kam es in seltenen Fällen (1–2 %) zu der Herausbildung von potentiell lebensbedrohlichen Veränderungen des weißen Blutbildes (Agranulozytose). Die Herstellerfirma versah die Vergabe von „Leponex" mit strengen Auflagen: Der behandelnde Arzt muss eine schriftliche Erklärung abgeben, dass die bisherige Behandlung mit Neuroleptika erfolglos blieb, respektive mit schweren Nebenwirkungen behaftet war. Patienten mit Blutbildstorungen oder pathologischen Blutwerten sind von der Behandlung ausgeschlossen.[272] Während der ersten 18 Wochen der Behandlung ist das Blutbild wöchentlich zu kontrollieren. Patienten, die in der Vergangenheit Krampfanfälle hatten, darf kein „Leponex" verabreicht werden auf Grund des Umstandes, dass es, wie andere Neuroleptika auch, die Krampfschwelle senkt.[273] Gleichwohl ist bei „Leponex" wegen der strengen Vergaberichtlinien eine betreuungsgerichtliche Genehmigung nicht einzuholen. **1223**

Bei dem Neuroleptikum „Roxiam" treten ebenso kaum Spätdyskenisien auf, jedoch wurden mehrfach Blutbildveränderungen beobachtet, was dazu führte, dass die Herstellerfirma die gleichen Vergaberichtlinien wie bei „Leponex" aufstellte. Allerdings definiert die Firma, die das Gefährdungspotential als hoch einschätzt, nicht exakt das Risiko. Es sollte daher der sicherste Weg gegangen werden: Man sollte als Betreuer lieber eine schwere und länger dauernde Schädigung unterstellen und eine betreuungsgerichtliche Genehmigung beantragen.[274] Bei „Lithium"-Langzeittherapien kann es bei älteren Betroffenen zu Nierenversagen, nicht entzündlichen Erkrankungen und Schädigungen des Gehirns kommen, weswegen eine betreuungsgerichtliche Genehmigung einzuholen ist.[275] Ansonsten gilt der übliche haftungsrechtliche Grundsatz: Man sollte daher lieber den sichersten Weg gehen und einmal zu viel eine betreuungsgerichtliche Genehmigung beantragen als einmal zu wenig! **1224**

(3) Genehmigungsantrag des Betreuers In dem Genehmigungsantrag an das Betreuungsgericht hat der Betreuer im Einzelnen darzulegen, welche Behandlungsmaßnahme/Untersuchungsmethode bei dem Betroffenen ansteht. Ferner ist durch den Betreuer vorzutragen, warum er in die anstehende ärztliche Behandlung/Untersuchung einwilligen oder nicht einwilligen bzw. seine Einwilligung widerrufen will. Die Argumentation des Betreuers muss erkenn- **1225**

---

272 HK-BUR/*Bauer* § 1904 Rn. 19.
273 *Knittel* BtR, § 1904 BGB Rn. 105.
274 HK-BUR/*Bauer* § 1904 Rn. 19.
275 *Knittel* BtR, § 1904 BGB Rn. 108.

bar werden lassen, dass er sich mit dem Willen des Betreuten auseinandergesetzt hat und auch welchem Hintergrund es zu einem Scheitern des Dialogs mit dem Arzt kam.

1226   **(4) Organspende**   Die Betreuung endet mit dem Tod des Betreuten, dies ist im Zweifel der Hirntod.[276] Schon allein deswegen ist dem Betreuer eine Entscheidung über eine Organspende (oder Gewebespende) des Betroffenen nicht möglich, auch kann der Betreuer nicht stellvertretend einen Organspendeausweis unterschreiben.[277] Allerdings kann jeder einwilligungsfähige Mensch rechtswirksam eine so genannte Erklärung zur Organ- und Gewebespende ausfüllen, die im Todesfall verbindlich ist. Des Weiteren kann ein potentieller Spender in einer Patientenverfügung bzw. einer Vorsorgevollmacht oder einer separaten Verfügung zur Totensorge einer anderen Person, die Entscheidung über eine Organ/Gewebespende einräumen.[278] Jedenfalls eine langjährig als Betreuer tätige Person kann jedoch auch als Vertrauensperson i.S.d. § 4 Abs. 2 S. 3 TPG angesehen werden, die dann neben dem nächsten Angehörigen eine Entscheidung treffen kann, wenn der Betroffene weder selbst entschieden und auch keinen Bevollmächtigten eingesetzt hat.[279]

1227   **(5) Klinische Erprobung neuer Medikamente und Heilversuch**   Auf dem Gebiet der wissenschaftlichen Erprobung von Arzneimitteln bestehen Sonderregelungen, §§ 40 Abs. 2 Nr. 2 AMG. Danach kann der Betreuer nicht für seinen Betreuten in die klinische Prüfung eines Arzneimittels einwilligen.[280] Zulässig ist allerdings die Teilnahme des Betroffenen an einem so genannten Heilversuch. Hierbei handelt es sich um ein so genanntes Neulandverfahren, das für den Betroffenen die Chance auf Heilung und Besserung seines Leidens bietet. Der Heilversuch ist die Anwendung des letzten therapeutischen Mittels, wenn sich alle anderen Maßnahmen als unwirksam erwiesen haben.[281]

1228   **(6) Ausnahme von der Genehmigungspflicht**   Nach § 1904 Abs. 1 S. 2 BGB darf die Behandlungsmaßnahme/Untersuchung ohne eine Genehmigung des Betreuungsgerichts durchgeführt werden, wenn mit dem Aufschub Gefahr verbunden ist. Ist ein solcher Eilfall gegeben, entfällt zwar das gerichtliche Genehmigungserfordernis, nicht aber die Einwilligung des Betreuers.[282] Der Betreuer sollte in solchen Fällen nach der Behandlung das Betreuungsgericht von der aus Eilgründen stattgefundenen Maßnahme informieren.

ee)   Genehmigungserfordernis bei Bevollmächtigung

1229   Nach § 1904 Abs. 4 BGB ist auch der im Rahmen einer Patientenverfügung, einer Altersvorsorgevollmacht oder einer Betreuungsverfügung bestellte Bevollmächtigte eines Betroffenen verpflichtet, bei Vorliegen der Voraussetzungen des § 1904 Abs. 1 BGB eine betreuungsgerichtliche Genehmigung einzuholen. Die Vollmacht muss schriftlich erteilt worden sein und die Maßnahmen nach §§ 1904 Abs. 1 und 2 BGB ausdrücklich aufführen. Genügt die Vollmacht diesen Anforderungen nicht, muss ein Betreuer bestellt werden. Der Bevollmächtigte ist an die Absprachen, die er seinerzeit mit seinem Vollmachtgeber traf, im Entscheidungsfall gebunden.

---

276 *LG Dortmund* BtPrax 2010, 95.
277 *LG Lübeck* Beschl. v. 5.5.1995, 7 T 784/94, RdLH 3/1995, 27.
278 § 4 Abs. 3 TPG.
279 *Deinert* Organspende und Betreuung, BtPrax 1998, 60.
280 BT-Drs. 11/4528, 142.
281 HK-BUR/*Bauer* § 1904 Rn. 20.
282 MK-BGB/*Schwab* § 1904 Rn. 34.

ff) Genehmigungsentscheidung des Betreuungsgerichts, § 1904 Abs. 3 BGB

Das Betreuungsgericht wird zunächst die Frage überprüfen, ob überhaupt ein Fall der Genehmigungsbedürftigkeit gegeben ist. Ist dieses zu bejahen, wird es seine Entscheidung unter Beachtung der Wünsche des Betreuten und unter dem Gesichtspunkt von dessen Wohl ausrichten.

1230

Entspricht die Entscheidung des Betreuers dem Patientenwillen, muss das Betreuungsgericht die Genehmigung erteilen. Dabei hat das Betreuungsgericht seiner Entscheidung eine vorhandene, wirksame Patientenverfügung zu Grunde zu legen und ebenso wie der Betreuer im Rahmen des §§ 1901a Abs. 1 BGB zu prüfen, ob diese auf die aktuelle Lebens- und Behandlungssituation zutrifft. Ist dies der Fall, genehmigt das Betreuungsgericht die Entscheidung des Betreuers. Fehlt eine wirksame Patientenverfügung oder trifft sie nicht auf die aktuelle Lebens- und Behandlungssituation zu, so muss das Gericht wie der Betreuer nach § 1901a Abs. 2 BGB die Behandlungswünsche respektive den mutmaßlichen Willen des Betreuten feststellen. Insoweit wird die Entscheidung des Betreuers im Rahmen der Amtsermittlung voll überprüft.[283] Liegt eine genehmigungsbedürftige Heilbehandlungsmaßnahme vor, so ist deren Vornahme nur rechtmäßig, wenn sowohl eine betreuungsgerichtliche Genehmigung als auch die Einwilligung des Betreuers vorliegt.

1231

Ist nach Ausschöpfung aller Erkenntnismöglichkeiten ein mutmaßlicher Wille des Patienten nicht feststellbar, ist dem Schutz des Lebens und dem objektiven Wohl des Betreuten Vorrang einzuräumen. Bei der Frage, was dem Wohl des Betreuten dient, hat das Gericht vor allem zu prüfen, ob die von dem Betreuer vorgenommene Güterabwägung zwischen Vorteilen und Risiken der ärztlich angebotenen Behandlung zutreffend ist.

1232

Bei der Behandlung mit Psychopharmaka, die häufig nicht zur Heilung, sondern nur zu einer Sedierung oder Dämpfung führt, hat eine Güterabwägung unter Einbeziehung der Rechtsgüter des Betreuten und den Gefahren der Behandlung stattzufinden. Eine Behandlung, die nicht zu einer Heilung oder nachhaltigen Besserung des Gesundheitszustandes des Betreuten führt, aber schwerwiegenden Nebenwirkungen hat, ist nicht genehmigungsfähig.[284] Entscheidend sind Indikation, Dosis und Wirkung der Medikamente sowie Nebenwirkungen, deren Reversibilität, Kontrolluntersuchungen, Folgen des Absetzens und Alternativen.

1233

Für das Verfahren gelten die allgemeinen Vorschriften:

1234

- Richterzuständigkeit, § 15 Abs. 1 Nr. 4 RPflG. Die Genehmigung erfolgt durch das für die Betreuung zuständige Gericht, in Eilfällen durch dasjenige, in dem das Bedürfnis der Fürsorge auftritt, also die Klinik, in der die genehmigungspflichtige Aufgabe vollzogen werden soll, § 272 Abs. 1 Nr. 3 FamFG;
- Genehmigungsantrag des Betreuers (oder Bevollmächtigten, § 1904 Abs. 5 BGB);
- Verfahrensfähigkeit des Betroffenen (ungeachtet der Geschäftsfähigkeit), § 275 FamFG;
- Einholung eines Sachverständigengutachtens (in der Regel keine Personenidentität zwischen Sachverständigem und ausführendem Arzt), § 298 Abs. 4 FamFG. Dieser hat zunächst die dauerhafte oder unbestimmt lange Einwilligungsunfähigkeit gutachterlich festzustellen. Bei lebensbeendenden Maßnahmen ist von dem Sachverständigen der weitere Krankheitsverlauf aufzuzeigen. Grundsätzlich sind in dem Gutachten der Gesundheitszustand des Patienten und eine Prognose aufzuzeigen, wie sich die Krankheit und damit der Gesamtzu-

---

283 Jurgeleit/*Kieß* BtR, § 1904 BGB Rn. 68–70.
284 *LG Berlin* BtPrax 1993, 66.

stand des Patienten mutmaßlich entwickelt mit oder ohne Behandlung. Es sind Behandlungsalternativen darzustellen und die konkreten Risiken zu gewichten;[285]

- Anhörung des Betroffenen, § 298 FamFG. Eine Anhörung durch den ersuchten Richter scheidet aus. Es kommt auf den direkten Eindruck des entscheidenden Richters an, der in einem Protokoll nicht adäquat wiedergegeben werden kann. Im Gespräch mit dem Betreuten sind dessen Einwilligungsunfähigkeit und seine Vorstellungen über die weitere Behandlung zu prüfen. Die Einwilligungsunfähigkeit muss dauernd oder unbestimmt lange sein. Eine nur vorübergehende Einwilligungsunfähigkeit berechtigt niemanden angesichts der möglicherweise gravierenden Folgen des Unterlassens einer notwendigen ärztlichen Maßnahme stellvertretende Handlungen vorzunehmen. Weiter sollen sich im Gespräch die Vorstellungen des Betreuten bei Abfassung der Patientenverfügung ergeben. Bei der Anhörung hat der Richter zu ermitteln, inwieweit der Betroffene noch an seinem in der Patientenverfügung festgelegten Willen festhält. Er kann sie jederzeit durch den natürlichen Willen gegenüber dem Richter widerrufen;[286]
- mit Hinblick auf die hohen Rechtsgüter des Betroffenen hat zwingend eine Verfahrenspflegerbestellung zu erfolgen, ausnahmslos bei der Beendigung bzw. Nichteinleitung lebenserhaltender Maßnahmen, § 298 Abs. 3 FamFG;
- Äußerungsmöglichkeit für Angehörige und nahestehende Personen (Regelfall), § 298 Abs. 1 und 2 FamFG. Es sollte auch mit Hinblick auf das dialogische Gespräch der behandelnde Arzt, der nicht zugleich Gutachter sein soll, § 298 Abs. 4 S. 2 FamFG, angehört werden. Allein durch die Anhörung des behandelnden Arztes wird es dem Gericht möglich sein, erkennen zu können, warum es zu einem Dissens über die Auslegung des Patientenwillens kam. Im Wege der Amtsermittlung können auch Pflegepersonen anzuhören sein. Bekanntmachung der Entscheidung an den Betroffenen (bei gefährlicher Behandlung), an den Verfahrenspfleger und den Betreuer, § 287 Abs. 3 FamFG;
- der Beschluss ist dem Betreuer, dem Betreuten und den formell Beteiligten bekanntzumachen, § 41 Abs. 1 FamFG. Es fallen keine Gerichtsgebühren an, §§ 92, 93 KostO. Der Beschluss muss eine Rechtsmittelbelehrung enthalten sowie eine Begründung, es sei denn, es erfolgte in Gegenwart aller Beteiligten eine mündliche Bekanntmachung und alle Anwesenden verzichten auf das Rechtsmittel, § 38 Abs. 4 FamFG;
- Rechtsmittel der Beschwerde; Beschwerdeberechtigung des Betroffenen, des Betreuers, dieser auch namens des Betreuten, der formell Beteiligten und des Verfahrenspflegers, § 303 FamFG;
- der Beschluss über die Nichteinleitung oder Beendigung lebenserhaltender Maßnahmen wird erst zwei Wochen nach Bekanntgabe an den Betreuer oder Bevollmächtigten und den Verfahrenspfleger wirksam (§ 287 Abs. 3 FamFG), diese Frist soll den genannten Personen die Prüfung und Einlegung eines Rechtsmittels ermöglichen.

3. Aufgabenkreis Sterilisation

1235   § 1905 BGB regelt, unter welchen Voraussetzungen ein Betreuer in eine Sterilisation einwilligen kann. Es handelte sich um die im Gesetzgebungsverfahren am meisten umstrittene Vorschrift. Gerade mit Hinblick auf unsere nationalsozialistische Vergangenheit, insbesondere das Gesetz zur Verhütung erbkranken Nachwuchses (GzVeN) vom 14.7.1933[287], bestand eine

---

285 NK/*Heitmann* § 1904 BGB Rn. 34.
286 NK/*Heitmann* § 1904 BGB Rn. 32.
287 RGBl. I, 529; Details unter: https://de.wikipedia.org/wiki/Gesetz_zur_Verhütung_erbkranken_Nachwuchses.

berechtigte Scheu, einen so schwerwiegenden Eingriff in die körperliche Unversehrtheit und das Persönlichkeitsrecht eines Betroffenen gesetzlich zu regeln.

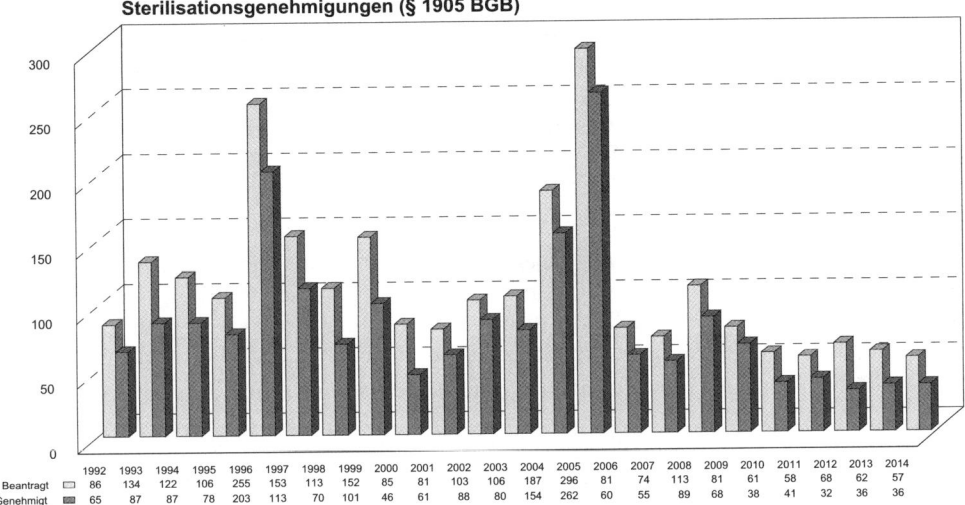

Sterilisationsgenehmigungen (§ 1905 BGB)

	1992	1993	1994	1995	1996	1997	1998	1999	2000	2001	2002	2003	2004	2005	2006	2007	2008	2009	2010	2011	2012	2013	2014
Beantragt	86	134	122	106	255	153	113	152	85	81	103	106	187	296	81	74	113	81	61	58	68	62	57
Genehmigt	65	87	87	78	203	113	70	101	46	61	88	80	154	262	60	55	89	68	38	41	32	36	36

Quelle: BfJ Sondererhebung Verfahren nach dem Betreuungsgesetz 1992–2014; (Zahlen 2000–2007 ohne Hamburg); Grafik: *Deinert*
Hinweis: Das BfJ weist darauf hin, dass u.U. in den Jahren 1996, 1997 und 2005 Erfassungsfehler vorliegen.

a) Voraussetzungen

Um jedoch einer Grauzone entgegenzuwirken, die sich mittlerweile herausgebildet hatte, entschloss man sich, unter äußerst eingeschränkten Voraussetzungen die ersatzweise Einwilligung eines Betreuers in die Sterilisation unter den nachstehenden Voraussetzungen zuzulassen: **1236**

1. Die Sterilisation widerspricht nicht dem Willen des Betreuten;
2. der Betreute wird auf Dauer einwilligungsunfähig bleiben;
3. es ist zu erwarten, dass es ohne die Sterilisation zu einer Schwangerschaft kommt;[288]
4. im Falle einer Schwangerschaft ist die Gefahr für das Leben oder eine schwerwiegende Beeinträchtigung des körperlichen oder seelischen Gesundheitszustandes der Schwangeren zu erwarten, die nicht auf zumutbare Weise abgewendet werden könnte;
5. die Schwangerschaft kann nicht durch andere zumutbare Mittel verhindert werden.

Die vorgenannten fünf Voraussetzungen müssen kumulativ vorliegen. Die Sterilisation Minderjähriger ist in jedem Falle ausgeschlossen, § 1631c BGB. Sterilisation ist als die gezielte permanente Unfruchtbarmachung durch einen operativen Eingriff in die Transportwege des Eis bzw. der Samenzellen oder an der Gebärmutter definiert.[289] Zur Klarstellung wird an dieser Stelle angemerkt, dass das Gesetz von einem ärztlichen Eingriff spricht, der in einer Sterilisation „des Betreuten" besteht. Nach dem Wortlaut des Gesetzes können also Männer gleicher- **1237**

---

288 BayObLGZ 1997, 49/51 = NJW-RR 1997, 578 = FamRZ 1997, 702 = FGPrax 1997, 65; *BayObLG* BtPrax 2001, 204 = NJW 2002, 149 = MDR 2001, 1170 = BtPrax 2001, 204 = FamRZ 2001, 1560 = FGPrax 2001, 159.
289 MK-BGB/*Schwab* § 1905 Rn. 1.

maßen wie Frauen von einem derartigen Eingriff betroffen sein.[290] Das Verfahren zur Genehmigung einer Sterilisation ist zweistufig ausgestaltet: Bei Einwilligungsunfähigkeit des Betroffenen ist stets ein besonderer Betreuer, § 1899 Abs. 2 BGB, zu bestellen, der dann im Anschluss über die Einwilligung unter den Voraussetzungen des § 1905 BGB entscheidet. Ein Betreuer mit dem Aufgabenkreis „Gesundheitssorge", „Personensorge" oder „alle Angelegenheiten" kann niemals in eine Sterilisation einwilligen. Für diesen Aufgabenkreis ist also immer ein weiterer, neuer Betreuer zu bestellen, der eine natürliche Person sein muss, § 1900 Abs. 5 BGB. Er hat als Berufsbetreuer keinen Pauschalvergütungsanspruch, sondern Anspruch auf Zeitvergütung, § 6 i.V.m. § 3 VBVG.

b)   Bestellungsverfahren

1238   Das Verfahren beginnt auf Anregung eines Heims, von Angehörigen, eines bereits bestellten Betreuers oder eines Arztes. Zuständig ist das Amtsgericht, in dessen Bezirk sich der Betroffene aufhält. Für das gesamte Verfahren ist der Richter zuständig. Der Betroffene ist nach § 275 FamFG verfahrensfähig. Folgende Verfahrensschritte sind vom Betreuungsgericht einzuhalten:

- Persönliche Anhörung des Betroffenen und Unterrichtung über den Verfahrensablauf (§ 297 Abs. 1 FamFG);
- Ausschluss von Verfahrenshandlungen durch den ersuchten Richter (§ 297 Abs. 4 FamFG);
- Einholen von Sachverständigengutachten, die sich auf medizinische, psychologische, soziale, sonderpädagogische und sexualpädagogische Aspekte erstrecken (§ 297 Abs. 6 FamFG);
- keine Personengleichheit zwischen dem Sachverständigen und dem die Sterilisation ausführenden Arzt, § 297 Abs. 6 S. 3 FamFG;
- obligates Bestellen eines Verfahrenspflegers (§ 297 Abs. 5 FamFG), außer, es ist ein Rechtsanwalt beauftragt;
- Äußerung der Betreuungsbehörde auf Verlangen des Betreuten oder zur Sachverhaltsaufklärung, § 297 Abs. 2 FamFG;
- Anhörung einer Vertrauensperson auf Verlangen des Betroffenen und, soweit keine Verzögerung zu besorgen ist, § 297 Abs. 3 FamFG; Angehörige sind nur noch anzuhören, wenn Sie auf Antrag nach § 274 Abs. 4 FamFG als Verfahrensbeteiligte hinzugezogen wurden;
- Verpflichtung zur Bekanntmachung der Entscheidung, § 297 Abs. 8 FamFG.

1239   Voraussetzung für die Bestellung eines so genannten Sterilisationsbetreuers ist die dauerhafte Einwilligungsunfähigkeit des Betroffenen, die durch ein Sachverständigengutachten festzustellen ist. Entscheidend ist die fachärztliche Voraussicht, dass eine Wiedergewinnung der Einwilligungsfähigkeit unter Berücksichtigung möglicher Therapien nicht gegeben ist. Ist der Betroffene selbst in der Lage, in eine Sterilisation wirksam einzuwilligen, ist eine Betreuung mit dem Aufgabenkreis „Einwilligung in den ärztlichen Eingriff einer Sterilisation" nicht erforderlich i.S.d. § 1896 Abs. 2 BGB. Der Betroffene ist einwilligungsfähig, wenn er die Fähigkeit besitzt, den Grund, die Tragweite der Sterilisation und ihre Bedeutung für das eigene Leben zu erfassen, so dass eine selbstverantwortete Entscheidung möglich ist. Ferner muss er in der Lage sein, die gebotene ärztliche Aufklärung nachzuvollziehen.[291] Diese erstreckt sich auf die Art des Eingriffs, mögliche Komplikationen, Konsequenzen und die Erfolgsaussichten einer etwaigen späteren Refertilisierung.[292] Kommt das fachärztliche Gutachten zu dem Schluss, dass Einwilligungsunfähigkeit vorliegt, ist ein fachlich geeigneter Betreuer für die Sterilisationsentschei-

290   MK-BGB/*Schwab* § 1905 Rn. 24; BT-Drs. 11/4528, 143.
291   MK-BGB/*Schwab* § 1905 Rn. 12.
292   *Knittel* BtR, § 1905 BGB Rn. 8.

dung durch das Gericht zu bestellen. Werden die Verfahren auf Bestellung eines Betreuers für die Einwilligung in die Sterilisation und die betreuungsgerichtliche Genehmigung der Einwilligung des Betreuers zeitlich eng nacheinander durchgeführt, dann brauchen Verfahrenshandlungen gleichen Inhalts und Zwecks, wie die Bestellung von Sachverständigen und die persönliche Anhörung der Betroffenen, allerdings nicht doppelt vorgenommen zu werden.[293]

c) Genehmigungsverfahren

Nach seiner Bestellung zum Sterilisationsbetreuer hat dieser die Summe sämtlicher Voraussetzungen des § 1905 BGB zu überprüfen. Fehlt nur eine Voraussetzung, ist die Einwilligung in die Sterilisation zu versagen. Der Betreuer muss sich darüber vergewissern, dass die geplante Sterilisation dem Wohle des Betreuten dient, § 1901 Abs. 2 BGB. Gewinnt der Betreuer diese Überzeugung, ist er verpflichtet, eine betreuungsgerichtliche Genehmigung seiner Einwilligungserklärung einzuholen. Eine Einwilligung des Betreuers ohne eine vorliegende betreuungsgerichtliche Genehmigung ist unwirksam, § 1905 Abs. 2 S. 1 BGB. Bringt der Betroffene jedoch – sei es objektiv noch so unvernünftig und zu missbilligen – verbal oder nonverbal, etwa durch Gesten wie Kopfschütteln zum Ausdruck, dass er eine Sterilisation nicht will, so hat der Betreuer seine Einwilligung zu versagen. Im Rahmen des § 1905 BGB agiert der Betreuer im besonderen Maße eigenverantwortlich. Eine betreuungsgerichtliche Genehmigung vermag den Betreuer nicht davon zu entlasten, sich selbst ein Bild darüber zu machen, ob die Voraussetzungen des § 1905 BGB erfüllt sind. **1240**

Vorab hat der Betreuer mit dem Betreuten Kontakt aufzunehmen, um diese für ihn wichtige Angelegenheit mit ihm persönlich zu besprechen, § 1901 Abs. 3 S. 3 BGB. Der Betreuer kann nur im Wege einer persönlichen Erörterung der Angelegenheit mit dem Betreuten herausbekommen, ob die Sterilisation nicht seinem Willen widerspricht. Eine Zwangssterilisation ist verboten. Eine Ablehnung der Sterilisation durch den Betreuten, der zunächst eingewilligt hatte, in „letzter Sekunde" ist zu beachten. Würde der Betreuer in einer solchen Konstellation gleichwohl eine Einwilligung erteilen, wäre diese unwirksam und sein Verhalten pflichtwidrig i.S.d. § 1833 BGB. **1241**

d) Indikation der Sterilisation

Die Einwilligung des Betreuers ist nur dann wirksam, wenn drei situationsbedingte Erfordernisse zusammentreffen, nämlich **1242**

- die Annahme, dass es ohne die Sterilisation zu einer Schwangerschaft kommt,
- infolge der Schwangerschaft der Eintritt einer der im Gesetz näher umschriebenen Notlage zu erwarten wäre, die nicht durch andere zumutbare Weise abgewendet werden könnte und
- die Schwangerschaft nicht durch andere zumutbare Mittel verhindert werden kann;

Die hier vertretene Auffassung, dass für eine Sterilisationsentscheidung sowohl männliche als auch weibliche Betroffene in Betracht kommen, impliziert, dass der für eine Frau bestellte Betreuer zu prüfen hat, ob nicht die ihr durch eine Schwangerschaft drohenden Gefahren durch eine Sterilisation ihres Sexualpartners abgewendet werden können. Eine derartige Überlegung ist anzustellen, da das Gesetz es *nicht* erfordert, dass die betreute Person schwanger **1243**

---

293 *OLG Hamm* BtPrax 2000,168 (m. Anm. *Hoffmann* BtPrax 2000, 235 und *Pöld-Krämer* BtPrax 2000, 237) = FamRZ 2001, 314.

wird.[294] Allerdings ist die Prognose notwendig, dass eine Schwangerschaft ausschließlich wegen des Geschlechtsverkehrs mit einem bestimmten Partner zu erwarten steht und dieser einer Sterilisation zustimmt. Im umgekehrten Fall muss der Betreuer eines Mannes prüfen, ob eine Schwangerschaft und die damit für seine Partnerin drohenden schwerwiegenden Gefahren gerade durch seine Sterilisation abgewendet werden können. Dies wäre zu verneinen, wenn die Sexualpartnerin des Mannes noch mit anderen Männern Geschlechtsverkehr praktiziert, respektive dies zu erwarten steht.

1244 Der Betreuer darf ferner nur dann in eine Sterilisation einwilligen, wenn anzunehmen ist, dass es sonst zu einer Schwangerschaft kommen würde. Die Schwangerschaftserwartung muss konkret und ernstlich sein.[295] Ein besonderer Grad an Wahrscheinlichkeit ist nicht gefordert. Es ist vielmehr ausreichend, dass auf Grund der sexuellen Aktivität der fortpflanzungsfähigen Betreuten mit einer Schwangerschaft zu rechnen ist. Nicht zulässig ist hingegen eine „vorbeugende" Sterilisation wegen der lediglich abstrakten Möglichkeit, schwanger zu werden, was aus einer gemeinsamen Heimunterbringung von Männern und Frauen oder aus der Gefahr sexuellen Missbrauchs resultieren könnte. Ausreichend ist jedoch das Vorhandensein eines oder mehrerer Sexualpartner.[296]

e)   Eintritt einer Notlage

1245 Infolge der möglichen Schwangerschaft muss der Schwangeren eine Notlage drohen, insofern lehnt sich § 1905 Abs. 1 Nr. 4 BGB an die medizinische Indikation für straflosen Schwangerschaftsabbruch, § 218a Abs. 1 Nr. 2 StGB, an.[297] Danach ist ein Schwangerschaftsabbruch nicht rechtswidrig, wenn durch die Schwangerschaft für die Frau folgende Risiken entstehen:

* Lebensgefahr (z.B. bei Gebärmutterkrebs, chronisch entzündeter Restniere, Suizidgefahr);
* Gefahr einer schwerwiegenden Beeinträchtigung des körperlichen Gesundheitszustandes (z.B. schwere Herz-Kreislauf-Erkrankungen);
* Gefahr einer schwerwiegenden Beeinträchtigung des seelischen Gesundheitszustandes (z.B. Gefahr schwerer Depressionen; Leiden, die durch eine Trennung vom Kind infolge betreuungsgerichtlicher Maßnahmen hervorgerufen werden, §§ 1666, 1666a BGB).

1246 Durch medizinische Sachverständigengutachten ist abzuklären, ob die vorbezeichneten Gefahren für die Schwangere bestehen und ob die Notlage nicht durch medizinische Behandlung der zu erwartenden Krankheit behoben werden könnte.[298] Diese Alternativen müssen zumutbar, insbesondere körperlich und seelisch verträglich sein. Ferner ist die mögliche Gefahr einer psychischen Störung als Konsequenz des Schwangerschaftsabbruchs abzuwägen gegen die obengenannten medizinischen Risiken.

1247 Wie bereits thematisiert, schließt § 1905 BGB gerade nicht die Sterilisation eines Mannes auf Grund der Einwilligung des Betreuers aus.[299] Voraussetzung ist, dass die soeben skizzierte Notlage in der Person der Sexualpartnerin des betreuten Mannes vorliegt. Eine Einwilligung in die Sterilisation des Mannes wäre allerdings unverhältnismäßig, weil sinnlos, wenn die Frau auch noch andere Sexualpartner hat oder zukünftig haben wird.

---

294 BT-Drs. 11/4528, 143.
295 *OLG Hamm* BtPrax 2000, 168, 169.
296 MK-BGB/*Schwab* § 1905 Rn. 20.
297 MK-BGB/*Schwab* § 1905 Rn. 21.
298 BT-Drs. 11/4528, 144.
299 MK-BGB/*Schwab* § 1905 Rn. 24.

Ergibt die medizinische Begutachtung, dass die Frau das Kind austragen und ihr weder durch die Schwangerschaft noch durch die Geburt eine Gefahr für ihr Leben oder ihren körperlichen bzw. seelischen Gesundheitszustand droht, ist durch den Betreuer die Einwilligung zu versagen. Nicht zu vernachlässigen ist die Gefahr schwerer seelischer Leiden infolge der Trennung von einem Kind, hervorgerufen durch betreuungsgerichtliche Intervention, §§ 1666, 1666a BGB, insbesondere dann, wenn die Schwangere sich sehr auf das Kind freute. Eine solche Situation, die häufig im Interesse des Kindes indiziert ist, muss zum Schutze der Frau vor Eintritt einer Schwangerschaft ins Kalkül gezogen werden. **1248**

f) Vorrang anderer Verhütungsmittel

Die Sterilisation ist gegenüber anderen zumutbaren Mitteln der Empfängnisverhütung nachrangig. Der Betreuer kann nur dann in eine Sterilisation einwilligen, wenn eine Schwangerschaft nicht durch chemische oder mechanische Mittel der Empfängnisverhütung vermieden werden kann. Ob diese Mittel zumutbar sind, entscheiden die Umstände des Einzelfalls.[300] Die Frage der Zuverlässigkeit bei der Anwendung empfängnisverhütender Maßnahmen sowie deren Nebenwirkungen ist im Rahmen eines sexualpädagogischen Gutachtens abzuklären, das sich auch auf die Abklärung der Möglichkeit sexualpädagogischer Maßnahmen erstrecken soll.[301] **1249**

g) Betreuungsgerichtliche Genehmigung

Vor Erteilung einer Einwilligung hat der Betreuer die betreuungsgerichtliche Genehmigung einzuholen, § 1905 Abs. 2 S. 1 BGB. Die ohne betreuungsgerichtliche Genehmigung erteilte Einwilligung des Betreuers wäre sonst gegenüber dem Betreuten und dem behandelnden Arzt unwirksam. **1250**

In seinem Genehmigungsantrag wird der Betreuer en détail darlegen, warum die Voraussetzungen des § 1905 Abs. 1 Nr. 1–5 BGB gegeben sind und auf welche Art und Weise er sich hiervon überzeugte. Unterredungen mit den behandelnden Ärzten, betreuenden Sozialarbeitern und sonstigen Bezugspersonen sind zu schildern. Ferner ist vorzutragen, welche Methode der Sterilisation bei dem Betreuten angewendet werden soll. Nach § 1905 Abs. 2 S. 3 BGB ist bei der Sterilisation stets der Methode der Vorzug zu geben, die eine Refertilisation zulässt. **1251**

Das Betreuungsgericht wird die Genehmigung der Einwilligung nur dann aussprechen, wenn es seinerseits von dem Vorliegen der Voraussetzungen des § 1905 Abs. 1 Nr. 1–5 BGB überzeugt ist. **1252**

h) Verfahren nach erteilter betreuungsgerichtlicher Genehmigung

Nach § 1905 Abs. 2 S. 2 BGB darf die Sterilisation erst zwei Wochen nach Wirksamkeit der Genehmigung durchgeführt werden. Die Wirksamkeit tritt erst dann ein, wenn die Zustellung der Genehmigung an folgende Beteiligte erfolgte: **1253**

- den Sterilisationsbetreuer (§ 1899 Abs. 2 BGB);
- den Verfahrenspfleger oder sonstigen vom Betroffenen bestellten Bevollmächtigten (§ 297 Abs. 5 FamFG).

---

300 BT-Drs. 11/4528, 144.
301 BT-Drs. 11/4528, 144.

1254 ▶ **Hinweis:** Bevor der Betreuer tätig wird, hat er sich bei dem Verfahrenspfleger, respektive dem bestellten Vertreter des Betroffenen zu erkundigen, wann diesem genau die betreuungsgerichtliche Genehmigung zugestellt wurde. ◀

1255 Wurde dem Verfahrenspfleger bzw. dem Betreuer die betreuungsgerichtliche Genehmigung zu unterschiedlichen Zeitpunkten bekanntgegeben, so ist bzgl. der Zwei-Wochen-Frist auf den Zeitpunkt der letzten Zustellung abzustellen für die Fristberechnung. Die Frist dient dazu, es dem Betroffenen selbst, seinem Rechtsanwalt oder Verfahrenspfleger zu ermöglichen, gegen die betreuungsgerichtliche Genehmigung Beschwerde einzulegen.

i) Erteilen der Einwilligung

1256 Der Betreuer wird nach Vorliegen folgender Voraussetzungen gegenüber einem geeigneten Arzt seine Einwilligung zur Sterilisierung des Betreuten endgültig erteilen:

- Genehmigung des Betreuungsgerichts;
- Ablauf der Zwei-Wochen-Frist;
- Einverständnis des Betreuten/kein Widerspruch.

1257 Dies wird mit folgendem Musterschreiben geschehen:

Muster: Einwilligung des Betreuers in die Sterilisation des Betreuten gegenüber dem Arzt

Sehr geehrter Herr Dr. St.,

hierdurch zeige ich Ihnen an, dass das Betreuungsgericht (…) mich zur Betreuerin mit dem Aufgabenkreis „Einwilligung in den ärztlichen Eingriff einer Sterilisation" für meinen Betreuten Hannes H. (…) bestimmt hat. Kopie meines Betreuerausweises liegt zu Ihrer Unterrichtung diesem Schreiben bei.

Hierdurch erkläre ich meine Einwilligung dazu, bei meinem vorbezeichneten Betreuten folgenden Eingriff durchzuführen:

(Es folgt eine genaue Beschreibung der Methode der vorzunehmenden Sterilisation)

Das Amtsgericht (…) genehmigte mit Beschluss vom 5. Mai 2011 meine Einwilligung in den vorbezeichneten ärztlichen Eingriff. Eine Kopie des Beschlusses füge ich in den Anlagen zu Ihrer Kenntnisnahme bei. Der vorbezeichnete Beschluss wurde mir am 10. Mai 2011 zugestellt und Frau Rechtsanwältin B., der Verfahrenspflegerin, am 14. Mai 2011. Meine Einwilligung in die Sterilisation ist damit am 29. Mai 2011 wirksam geworden. Ich gestatte mir aus gegebenem Anlass folgenden Hinweis:

Auf meine betreuungsgerichtlich genehmigte Einwilligungserklärung kommt es nur an, wenn Herr H. einwilligungsunfähig ist.

Sollten Sie zu der Auffassung gelangen, dass Herr H. selbst in der Lage ist, die Einwilligung in eine Sterilisation zu erteilen, bitte ich Sie höflich, ihn über den Eingriff aufzuklären. Die Durchführung einer Sterilisation ist ungeachtet meiner betreuungsgerichtlich genehmigten Einwilligungserklärung nur dann zulässig, wenn die Voraussetzungen des § 1905 Abs. 1 Nr. 1–5 BGB kumulativ vorliegen. Sie sollten daher den Eingriff nur dann durchführen, wenn auch Sie davon überzeugt sind, dass die vorbezeichneten gesetzlichen Voraussetzungen erfüllt sind. Sollte mein Betreuter im letzten Augenblick der Sterilisation widersprechen, darf sie nicht durchgeführt werden. In einem solchen Fall sind meine Einwilligungserklärung und die betreuungsgerichtliche Genehmigung unwirksam.

Im Übrigen bitte ich höflich, mich von dem Ausgang des Eingriffs zu unterrichten.

Mit freundlichen Grüßen
(Betreuerin)

Weder der Betreute noch der Betreuer ist an die betreuungsgerichtliche Genehmigung gebunden. Der Betreuer darf zwar seine Einwilligung zu einer Sterilisation erteilen, ist jedoch nicht gezwungen, von der betreuungsgerichtlichen Genehmigung Gebrauch zu machen, wenn er zwischenzeitlich den Eindruck gewann, dies würde nicht mehr dem Wohl des Betreuten entsprechen. Insbesondere der Betreute kann bis zum letzten Moment seinen entgegenstehenden Willen artikulieren, wodurch die Einwilligung des Betreuers sowie die betreuungsgerichtliche Genehmigung obsolet werden. Für den durchführenden Arzt gilt, dass dieser den vom Betreuten geäußerten widersprechenden Willen bis zur letzten Sekunde zu beachten hat und die Sterilisation ggf. sofort abbrechen muss.

1258

4. Aufgabenkreis Aufenthaltsbestimmungsrecht

a) Einleitung

Der Aufgabenkreis „Aufenthaltsbestimmung" ist ein Bestandteil der tatsächlichen Personensorge. Die Entscheidung für oder gegen den Aufenthalt einen bestimmten Ort ist ebenso wie die faktische Aufenthaltsbegründung keine rechtsgeschäftliche oder rechtsgeschäftsähnliche Willenserklärung. In Folge einer Aufenthaltsänderung können jedoch rechtsgeschäftliche Erklärungen, wie etwa die Kündigung eines Mietvertrages des Betroffenen oder der Abschluss eines Wohn- und Betreuungsvertrages erforderlich werden. Von daher sind die Grundentscheidung für oder gegen einen bestimmten Aufenthaltsort und die daraufhin notwendige Umsetzung der Entscheidung zu unterscheiden. Die Befugnis zur Aufenthaltsbestimmung umfasst positiv das Recht, den Aufenthalt des Betroffenen an einem bestimmten Ort, zu einer bestimmten Zeit herbeizuführen, und negativ, den Aufenthalt an einem bestimmten Ort aufzuheben.[302]

1259

Die Aufenthaltsbestimmung weist insoweit dem Betreuer eine Vielzahl von zu regelnden Aufgaben in anderen Bereichen wie Wohnungsangelegenheiten, Vertretung gegenüber Einrichtungen und das Veranlassen freiheitsentziehender Maßnahmen zu.

1260

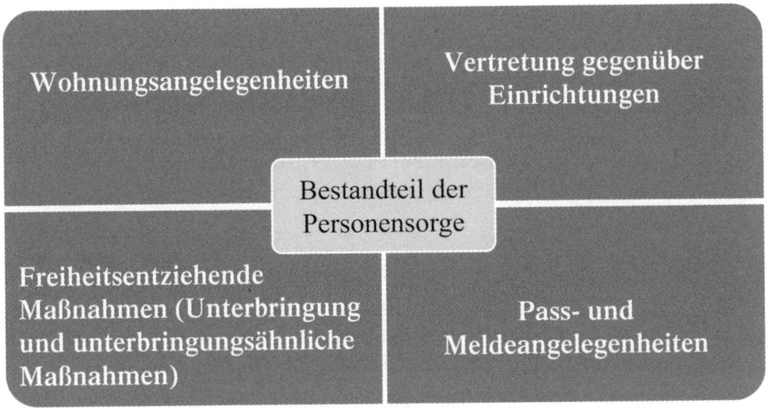

Abb. 1: Regelungsbereiche des Aufenthaltsbestimmungsrechts

---

302 *Hoffmann* Personensorge S. 119.

1261 Das Aufenthaltsbestimmungsrecht ist also ein Teilbereich der gesetzlichen Vertretung, der sich mit dem Wohnsitz und dem tatsächlichen Aufenthalt des Betroffenen im eigenen oder betreuten Wohnraum, im Pflege- oder Altersheim sowie in einer geschlossenen Einrichtung befasst.

1262 Es sind demzufolge folgende Tätigkeiten des Betreuers veranlasst:[303]

- Tätigkeiten im Zusammenhang mit einem Miet-/Untermietvertrag;
- Besichtigung einer Wohnung oder einer stationären Einrichtung mit dem Betroffenen;
- Umstellung der häuslichen Pflege auf die Pflege in einem Heim;[304]
- Organisation eines Umzuge nebst Abschluss eines Vertrages mit einer Möbelspedition/ einem Entrümpelungsunternehmen sowie Überwachung des Umzuges;
- Durchsetzen eines Herausgabeverlangens, §§ 1908i, 1632 BGB;
- Abschluss eines Heimvertrages/Wohn- und Betreuungsvertrages oder Vertrages über eine andere Wohnform (betreutes Wohnen);[305]
- Veranlassen der Unterbringung oder eine unterbringungsähnlichen Maßnahme, § 1906 Abs. 1 und 4 BGB;
- Absprache der Medikation mit den behandelnden Ärzten im Falle eines gleichzeitigen Vorliegens des Aufgabenkreises Gesundheitssorge;[306]
- Veranlassen einer ärztlichen Zwangsmaßnahme (§ 1906 Abs. 3 BGB) bei gleichzeitigem Vorliegen der Aufgabenkreise Gesundheitssorge und ärztliche Zwangsmaßnahme;
- Vertretung im Ausweisangelegenheiten (§ 9 Abs. 2 Personalausweisgesetz);
- Erledigung der melderechtlichen Verpflichtungen (§ 17 Abs. 3 Bundesmeldegesetz).

b) Zur Abgrenzung zum Aufgabenkreis der Vermögenssorge

1263 Der Betreuer mit dem ausschließlichen Aufgabenkreis der Vermögenssorge ist nach herrschender Meinung nicht zur Kündigung von Wohnraum oder einer sonstigen Beendigung des Mietverhältnisses des Betroffenen befugt. Alle in § 1907 BGB genannten Handlungen die bewirken, dass dem Betreuten der Wohnraum nicht mehr zu Verfügung steht, fallen in den Pflichtenkreis des Betreuers mit dem Aufgabenkreis der Aufenthaltsbestimmung.[307]

1264 Wie oben ausgeführt, steht dem Betreuer die Rechtsmacht zu, darüber zu entscheiden, ob die betreute Person an ihrem derzeitigen Wohnort bleiben kann oder aber ein Aufenthaltswechsel zu erfolgen hat. Voraussetzungen für die Anordnung dieses Aufgabenkreises sind:

- Die betreute Person ist zu einer freien Willensbildung nicht mehr in der Lage und kann dementsprechend die insoweit notwendigen Entscheidungen nicht mehr selbst treffen;
- dieses Unvermögen beruht auf einer Behinderung oder Krankheit, die in § 1896 Abs. 1 BGB aufgeführt ist.

1265 Der Aufgabenkreis „Aufenthaltsbestimmung" wird in den nachstehenden Fallkonstellationen angeordnet:[308]

1. Bestehen einer Eigengefährdung in der Form, dass die betroffene Person offenbar zu einer selbstständigen Haushalts- und Lebensführung außer Stande ist, was sich u.a. auch an einer

---

303 *Gregersen* Rechtliche Betreuung – Was ist das?, BtPrax 1999, 211, 213; *Deinert* Betreuer und Bevollmächtigte im Ausweis-, Pass- und Melderecht, BtPrax 2011, 57.
304 *AG Siegburg* BtPrax 2008, 229.
305 *BayObLG* FamRZ 1993, 852/853.
306 *BGH* BtPrax 2006, 145, 159.
307 BT-Drs. 11/4528, 70; *AG Siegen* BtPrax 2014, 92, 93.
308 *Coeppicus* FamRZ 1992, 741 f.

Verwahrlosung ihrer häuslichen Verhältnisse festmachen lassen kann. So führte beispielsweise der Bundesgerichtshof[309] das Nachstehende aus:

Die zivilrechtliche Unterbringung durch einen Betreuer nach § 1906 Abs. 1 Nr. 1 BGB setzt keine akute, unmittelbar bevorstehende Gefahr voraus; notwendig ist allerdings eine ernstliche und konkrete Gefahr für Leib oder Leben des Betreuten. Die Gefahr für Leib oder Leben setzt kein zielgerichtetes Verhalten des Betreuten voraus, so dass auch eine völlige Verwahrlosung ausreichen kann, wenn damit eine Gesundheitsgefahr durch körperliche Verelendung und Unterversorgung verbunden ist.

Beispiele:
- Die betreute Person lebt unterversorgt in einem alten Haus mit hohem Instandhaltungsrückstand und defekter Heizung. Die Elektroleitungen sind laut Aussage eines Elektromeisterbetriebes in einem sanierungsbedürftigen Zustand. Es besteht Brand- und damit Lebensgefahr. Die betreute Person verweigert Pflegediensten den Zutritt. Sie komme angeblich gut selbst zurecht.
- Es ist kein zielgerichtetes Tun erforderlich. Vielmehr läuft die betroffene Person in leicht bekleidetem und in nicht witterungsadäquatem Zustand auf die Straße, ohne auf den Verkehr zu achten. Die betroffene Person weiß nicht mehr, dass es erforderlich ist, an einer Ampel, die für den Fußgänger auf Rotlicht zeigt, stehen zu bleiben. Infolge ihrer Desorientierung findet sie nicht mehr ohne fremde Hilfe in ihren Haushalt zurück. Sie wird als hilflose Person von der Polizei aufgegriffen.

In den vorstehend skizzierten Fällen rechtfertigt sich ein Eingriff in die Rechtssphäre des Betroffenen unter dem Gesichtspunkt, dass er nach den Kriterien des Polizei- und Ordnungsrechts als Störer zu qualifizieren ist mit der Folge, dass eine Intervention zu Gunsten Dritter statthaft ist.[310]

Teilweise leben die Betroffenen mit ihren Angehörigen zusammen, die sich zunehmend durch die oft jahrelange Pflegesituation überfordert fühlen und auf diesem Hintergrund auf die Anordnung des Aufgabenkreises „Aufenthaltsbestimmung" dringen, um eine Grundlage für eine Heimverlegung zu erreichen.

2. Häufig besteht eine Eigengefährdung der betroffenen Person insofern, als die ambulante Hauspflege nur stundenweise am Tag präsent ist, so dass eine allumfassende Aufsicht nicht möglich ist. Die betroffene Person kann nicht selbstständig essen und trinken, bzw., was bei alten Menschen häufig anzutreffen ist, nimmt nicht in ausreichendem Maße die erforderlichem Mengen Flüssigkeit zu sich, so dass die Gefahr einer Austrocknung besteht. **1266**

In den vorerwähnten Fällen könnten die Defizite der betroffenen Person derart gravierend sein, dass die Möglichkeiten anderweitiger, ambulanter Hilfsmaßnahmen sich als nicht ausreichend erweisen. Gleichwohl sollte in all den vorerwähnten Fällen vorab geprüft werden, ob es wirklich keine Alternative zu einer Heimeinweisung gibt, bevor gegen den Willen der betroffenen Person eine Verlegung angedacht wird. **1267**

Entscheidend ist, dass seitens des Betreuungsgerichtes vor Anordnung des Aufgabenkreises festgestellt wird, dass adäquate und finanzierbare Hilfen für den Betroffenen nicht zu organisieren sind. Schwere Behinderungen allein machen eine Heimunterbringung per se nicht **1268**

309 *BGH* BtPrax 2010, 78 und 283 = FamRZ 2010, 365 = FGPrax 2010, 96 = FuR 2010, 349 = MDR 2010, 506 = NJ 2010, 8= NJW-RR 2010, 291 = PflR 2010, 317 = R & P 2010, 89 = Rpfleger 2010, 265.
310 *BayObLG* RPfleger 1996, 117 f.

erforderlich. Insbesondere bei vermögenden Personen wäre abzuklären, ob nicht eine Hauspflege, respektive nicht eine private Pflegeperson gefunden werden kann, die rund um die Uhr zur Verfügung steht.

1269 Ferner sollte auch, bevor eine Unterbringung in einem Heim ins Auge gefasst wird, wie etwa im Falle einer Sturzgefährdung der betreffenden Person, an ein um den Hals in Form einer Kette tragbares Haus-Notruf-System gedacht werden, wie sie von diversen Hilfsdiensten angeboten werden. Aber auch rein technische Maßnahmen können oft Wunder wirken: So kann es sich beispielsweise als ausreichend erweisen, einen Elektroherd mit automatischem Überlastschutz anzuschaffen, oder aber der Pflegekraft aufzutragen, wenn sie nach dem Mittagessen geht, die Sicherung des Herdes herauszudrehen bis zum nächsten Morgen, wenn sie wiederkommt. Ein Gasanschluss kann außer Betrieb gesetzt werden usw.

1270 In einem anderen Fall (nächtliches Klopfen der Betroffenen an die Heizungsrohre und damit Störung der Hausnachbarn) konnte mit dem Hausarzt die Verordnung eines Medikaments, das den Tag- und Nachtrhythmus regulierte, besprochen werden, das dann von dem Pflegedienst verabreicht wurde.

1271 Bevor der Betreuer bei dem Betreuungsgericht einen Antrag auf Erweiterung der Betreuung auf den Aufgabenkreis „Aufenthaltsbestimmung" stellt, sollten alle Möglichkeiten ausgelotet werden. In diesem Zusammenhang gilt es darauf hinzuweisen, dass kaum ein massiverer Eingriff in das Selbstbestimmungsrecht eines Menschen vorstellbar ist, als die zwangsweise Vorgabe eines Betreuers, die angestammten häuslichen Verhältnisse zu verlassen. Infolge der hohen Pflegegeldsätze der Heime schmelzen selbst stattliche Vermögen wie Schnee in der Sonne und ein Großteil der älteren Bürger wird zu Sozialhilfeempfängern degradiert. Die Tatsache, wie einst Kinder wieder Taschengeld zu beziehen, jetzt schönfärberisch Bargeldbetrag genannt, bewirkt nach nachvollziehbaren medizinischen Studien eine Reduktion des Selbstwertgefühls. In einem hohen Alter wird die betreute Person vielfach in ein Zwei- oder Dreibettzimmer mit anderen Menschen verbracht, die sie sich nicht aussuchen konnte, und mit deren Lebensgewohnheiten (Geräusche, Gerüche) konfrontiert, d.h., jegliche persönliche Intimität geht auf diese Weise verloren.[311] Vor diesem Hintergrund nimmt es wenig wunder, dass in der Geriatrie das Phänomen des so genannten Verlegungsschocks bei alten Menschen verifiziert werden kann. 46 % aller Pflegeheimbewohner sterben im ersten halben Jahr nach ihrer Aufnahme in ein Pflegeheim.[312]

1272 Allerdings kann auch von gegenteiligen Erfahrungen berichtet werden. Bisweilen ist festzustellen, dass ein Teil der Heimbewohner sich nach einer gewissen Zeit der Eingewöhnung sehr wohlfühlt und es genießt, sich nicht mehr um die alltäglichen Dinge, die vorher zunehmend als belastend empfunden wurden, kümmern zu müssen. Teilweise empfinden betreute Personen, die vorher einsam in ihrer Wohnung waren, unter dem geselligen Aspekt ihre neue Lebenssituation als angenehm und begrüßen es, wieder an Aktivitäten (Dampferfahrten, Zirkusbesuche etc.) zu partizipieren, also Dinge zu unternehmen, die sie sich allein bereits seit langem nicht mehr trauten. Insofern bedarf es eines feinfühligen Herangehens seitens des Betreuers, um herauszubekommen, wie der Betreute auf eine Verlegung reagieren könnte. Er sollte mit dem Betroffenen besprochen werden, welche Präferenzen (konfessionelles Haus, Pflegeheim mit Nachtcafé usw.) bestehen, gegebenenfalls sollte auch ein Probewohnen vereinbart werden.

---

311 *Coeppicus* FamRZ 1992, 743; *Moritz* Staatliche Schutzpflichten gegenüber pflegebedürftigen Menschen, 2013, S. 56.
312 *Coeppicus* FamRZ 1992, 743.

Die Entscheidung, einen dementen oder kranken Menschen unter Ausschöpfung häuslicher **1273** Pflegemöglichkeiten in seiner Wohnung zu belassen, kann mitunter für den Betreuer aufreibend sein. Unter diesem Aspekt stellt sich eine Überführung der betreuten Person in ein Heim aus der Sicht des Betreuers stets als eine Arbeitsvereinfachung dar. Der Betreute ist dort in der Regel sauber und hygienisch untergebracht. Für die täglichen Abläufe ist rundherum gesorgt. Einen weitaus größeren Arbeitsaufwand stellt das Führen von Betreuungen dar, in denen die betreute demente Person noch in ihrem Haushalt lebt, von einem ambulanten Pflegedienst versorgt wird und dann ständig Hiobsbotschaften wie etwa die, der Betroffene sei gestürzt, im Winter leicht bekleidet aus der Wohnung gelaufen und dergleichen mehr, eintreffen.

Es sollte jedoch in jedem Falle bedacht werden, dass es dem Wohl der betroffenen Person **1274** mehr entsprechen kann, sie in ihren eigenen vier Wänden wegen nicht ausschaltbarer Gefahren frühzeitiger versterben zu lassen als später und von ihr als qualvoller erlebt in einem Pflegeheim. Ganz abgesehen davon gibt es auch in einem Heim keinen absoluten Schutz dagegen, dass eine betreute Person stürzt. Insofern kann es durchaus sein, dass ein „objektiviertes" Wohl (hygienischere, saubere Heimsituation) dem subjektiven Wohl der betreuten Person, weiterhin zu Hause bleiben zu wollen, zuwiderläuft. Hat also das Betreuungsgericht das „Aufenthaltsbestimmungsrecht" angeordnet, ist gleichwohl zu fragen, unter welchen Voraussetzungen sich der Betreuer über den dezidierten Wunsch des Betreuten, nicht in ein Heim zu wollen, hinwegsetzen kann. Der Gesetzgeber des Betreuungsrechts hat klargestellt, dass immer dann, wenn die Wünsche eines Betreuten seinem Wohl zuwiderlaufen, diese zurücktreten müssen.[313] der BGH stellte in einer viel beachteten Entscheidung zur Wunschbefolgungspflicht das Nachstehende heraus:[314]

Ein Wunsch des Betreuten läuft nicht bereits dann i.S.d. § 1901 Abs. 3 Satz 1 BGB dessen Wohl zuwider, wenn er dem objektiven Interesse des Betreuten widerspricht. Vielmehr ist ein Wunsch des Betreuten im Grundsatz beachtlich, sofern dessen Erfüllung nicht höherrangige Rechtsgüter des Betreuten gefährden oder seine gesamte Leben- und Versorgungssituation erheblich verschlechtern würde. Allerdings gilt der Vorrang des Willens des Betreuten nur für solche Wünsche, die Ausfluss des Selbstbestimmungsrechts des Betreuten sind und sich nicht nur als bloße Zweckmäßigkeitserwägungen darstellen. Beachtlich sind weiter nur solche Wünsche, die nicht Ausdruck der Erkrankung des Betreuten sind und auf der Grundlage ausreichender Tatsachenkenntnis gefasst wurden.

Allerdings hat es der Gesetzgeber versäumt, objektivierbare Kriterien für den Betreuer zur Ver- **1275** fügung zu stellen, inwieweit lebensverkürzende oder gesundheitsgefährdende Zustände bei ambulanter Pflege hinnehmbar sind, sofern jedenfalls der Betreute sich gegen eine Heimverlegung sträubt.

In diesem Zusammenhang sind Untersuchungen ins Gedächtnis zu rufen dahingehend, dass **1276** auch jüngere Menschen die an sie gerichtete Frage, welche Regelungen sie möchten, spontan dahingehend beantworteten, sie würden lieber zu Hause bleiben und dafür in Kauf nehmen, eher zu sterben.[315]

Der Betreuer ist daher aufgerufen, sorgfältig zu prüfen, was dem Wohl der betreuten Person **1277** am nächsten kommt. Hierbei sind ihm allerdings weite Grenzen gesetzt, denn der Reformgesetzgeber vertritt folgende Auffassung: Wenn schon bei wichtigen Angelegenheiten, die mit

---

313 BT-Drs. 11/4528, 133; zur Wunschbefolgungspflicht und seine Grenzen vergleiche *BGH* BtPrax 2009, 290 = FamRZ 2009, 1656 = MDR 2009, 1226 = NJW 2009, 2814.

314 *BGH* BtPrax 2009, 290 (Ls b).

315 *Füllmich* NJW 1990, 2301.

erheblichen Risiken für den Betreuten verbunden sein können, dessen Wunsch nicht ohne weiteres übergangen werden darf, so besteht hierzu erst recht kein Anlass bei Angelegenheiten, die weniger wichtig sind und die Gefahr der Selbstschädigung deshalb geringer ist.[316]

1278   Ein Betreuer kann also bewusst nach Abwägung aller Risiken sich für einen Verbleib des Betreuten in seinen häuslichen Verhältnissen entscheiden, selbst wenn dies die Gefahr in sich birgt, dass es hierdurch zu Schädigungen kommt. Die Entscheidung eines Betreuers im Rahmen des Aufenthaltsbestimmungsrechts, die darin bestehen kann, den Betreuten dort zu lassen, wo er ist oder aber in ein Heim zu verbringen, kann vom Betreuungsgericht ohnehin nur auf Missbrauch oder Pflichtwidrigkeiten nachgeprüft werden.[317]

1279   ▶ **Hinweis:**   Ist sich der Betreuer unsicher, ob ein weiteres Verbleiben des Betroffenen in der Wohnung haftungsrechtlich verantwortbar ist, wird empfohlen, mit dem Sozialpsychiatrischen Dienst einen Hausbesuch durchzuführen und hierzu auf diesem Wege die Verantwortung auf mehrere Schultern zu verteilen. Ferner kann der behandelnde Hausarzt/Neurologe/Psychiater des Betroffenen konsultiert werden zur Abklärung der etwaigen Notwendigkeit einer Heimübersiedlung. ◀

1280   Wird trotz Ausschöpfung sämtlicher technischer Möglichkeiten die Verlegung eines betreuten Menschen in ein Pflegeheim oder eine vergleichbare Einrichtung erforderlich, sollte der Betreuer – bevor die Anregung zu einer Aufenthaltsbestimmung erfolgt – eine einvernehmliche Regelung anstreben. Häufig ist es so, dass alte Menschen die Schwierigkeit, in ihrer momentanen Situation zurechtzukommen, durchaus erkennen. Dem steht die verständliche Angst gegenüber, durch die Verlegung in ein Heim den eigenen Hausstand und damit die vertraute Umgebung für immer aufgeben zu müssen. Erleichternd und motivierend für die betreute Person kann es sein, wenn die in Betracht zu ziehenden Heime vorher mit ihr aufgesucht werden. Auf diese Weise ist es der betreuten Person möglich, sich einen Eindruck von ihren zukünftigen Lebensverhältnissen vorab zu verschaffen. Bei einem derartigen Vorgehen wird es vielfach möglich sein, ein Einverständnis der betroffenen Person im natürlichen Sinne zu gewinnen

c)   Herausgabe der betreuten Person

1281   Der Betreuer kann die Herausgabe der betreuten Person verlangen, sofern dieser von einer anderen Person widerrechtlich festgehalten wird, §§ 1908i, 1632 Abs. 1 BGB.[318]

1282   **Beispiel:**   Cäcilie H. wird von der Rechtsanwältin Dorothea J. u.a. in dem Aufgabenkreis „Aufenthaltsbestimmung" betreut. Der einzigen Tochter Miriam B. ist dieser Umstand ein Dorn im Auge. Unter dem Vorwand, mit ihrer Mutter einen Spaziergang unternehmen zu wollen, holt Frau B. Frau H. aus dem Seniorenwohnheim ab. Tatsächlich verbringt Frau B. Frau H. jedoch in ein Taxi und fliegt mit ihr im Weiteren von Berlin nach Stuttgart, wo sie wohnt. Rechtsanwältin J. kann von Frau B. die Herausgabe der widerrechtlich nach Stuttgart verbrachten Frau H. kraft des ihr zugesprochenen Aufenthaltsbestimmungsrecht verlangen. Sollte Frau B. sich diesem Herausgabeverlangen widersetzen, kann der Anspruch der Rechtsanwältin J. notfalls mit polizeilichen Mitteln durchgesetzt werden.

---

316   BT-Drs. 11/4528, 133.
317   *LG Köln* FamRZ 1993, 110.
318   MK-FamFG/*Zimmermann* § 90 Rn 23.

Wiedersetzt sich der Dritte dem Herausgabeverlangen, muss der Betreuer eine Entscheidung des Betreuungsgerichtes herbeiführen, §§ 1908i, 1632 Abs. 3 BGB. In diesem Verfahren hat das Gericht die Gründe und das Entstehen des Herausgabestreites zu ermitteln und an § 1901 BGB orientiert zu prüfen, inwieweit die Aufenthaltsbestimmung dem Wohl und den Wünschen des Betreuten entspricht.[319]

1283

d) Abgrenzung zu anderen Aufgabenkreisen

Nicht tätig werden darf der Betreuer allerdings in folgenden Fällen:

1284

- Lautet der vom Betreuungsgericht festgelegte Aufgabenkreis jedoch „Aufenthaltsbestimmung zum Zwecke der Heilbehandlung", so liegt hierin eine Begrenzung des Umfangs des Aufenthaltsbestimmungsrechts. Der Betreuer darf dann nur zu Heilbehandlungszwecken den Aufenthalt des Betreuten, etwa in einer Klinik, bestimmen, wenn dieser sich beispielsweise weigert, sich freiwillig einer ambulanten Behandlung zu unterziehen, die der Betreuer ihm im Rahmen des Aufgabenkreises „Gesundheitsfürsorge" vorschlägt.

> **Beispiel:** Allerdings ist der Betreuer keinesfalls legitimiert, einen Betreuten gewaltsam zum Arzt zu bringen. Es muss notfalls eine Unterbringung zum Zwecke der Heilbehandlung beantragt werden.

- Der Aufgabenkreis „Aufenthaltsbestimmungsrecht" ermöglicht es nicht, dem Betreuten den Umgang mit bestimmten Personen zu verbieten.

1285

> **Beispiel:** Der Betreute Karl-Heinz R. leidet unter Diabetes und muss laut ärztlicher Anweisung jeden Morgen um 8.00 Uhr Medikamente einnehmen, was von der zuständigen Pflegekraft überwacht wird. Diese berichtet nunmehr der Betreuerin Kerstin V., dass die Tochter des Betroffenen zunehmend darauf beharrt, selbst die Tablettenvergabe durchzuführen und sie weiterhin beobachten konnte, dass diese entgegen der ärztlichen Weisung 1,5 Tabletten an den Betreuten aushändigt. Weiterhin breche die Tochter mit dem Vater immer furchtbare Streitereien vom Zaun. Der Betreute rege sich infolgedessen stets auf und seine Zuckerwerte schnellen dann in die Höhe. Einmal unterstellt, der Betreuerin wären unter anderem die Aufgabenkreise „Gesundheitsfürsorge" und „Aufenthaltsbestimmungsrecht" vom Betreuungsgericht übertragen worden, so wäre sie dennoch nicht legitimiert, Besuche der Tochter bei ihrem Vater zu unterbinden. Es bedarf der vorherigen Anordnung des Aufgabenkreises „Befugnis zur Regelung des Umgangs des Betreuten" durch das Betreuungsgericht. Allenfalls dann ist die Betreuerin berechtigt, gegen die Tochter vorzugehen.

Teilweise wurde früher vertreten, dem Betreuer mit dem Aufgabenkreis der Aufenthaltsbestimmung stehe aufgrund dessen die Befugnis zu, das Hausrecht wahrzunehmen und Hausverbote auszusprechen. Dies folge aus der Notwendigkeit, Betroffenen erträgliche Lebensbedingungen zu schaffen und Belästigungen von ihnen fernzuhalten.[320] Nach dieser Auffassung wäre also ein Betreuer mit dem Aufgabenkreis Aufenthaltsbestimmungsrecht legitimiert, über den Weg des Aussprechens eines Hausverbotes den Umgang der betreuten Person zu regeln. Dem Betroffenen steht nicht nur das Hausrecht zu, wenn er sich noch in seinen eigenen vier Wänden aufhält, sondern auch dann, wenn er in einem Pflegeheim wohnt. Sollte ein Umgangsverbot in

1286

---

319 *OLG Frankfurt/Main* FamRZ 2003, 964.
320 *Bienwald* § 1896 BGB S. 165.

Frage kommen, ist bei dem zuständigen Betreuungsgericht anzuregen, den besonderen Aufgabenkreis „Befugnis zur Regelung des Umgangs der Betreuten" anzuordnen.

1287 Ist der Betreute dann dauerhaft in einem Heim untergebracht, ist das Betreuungsgericht wie folgt zu unterrichten:

1288 ┌─ **Muster: Unterrichtung des Betreuungsgerichtes über die Heimunterbringung des Betroffenen durch den Betreuer**

Amtsgericht (…)
– Abt. Betreuung –

In der Betreuungssache
Hartmut N.
– Az (…) –

teile ich mit, dass mein Betreuer nunmehr in der Seniorenresidenz T., Rittertraße 12, 12365 Berlin, wohnt. Herr N. hat dort ein schönes Einzelzimmer bezogen. Er wird regelmäßig engmaschig pflegerisch versorgt und er hat sich bereits ganz gut in seine neuen häuslichen Gegebenheiten eingelebt. Herr N. konnte Teile seines Mobiliars, wie einen Schrank, eine Vitrine mit wertvollem Porzellan sowie einen Tisch mit zwei Sesseln mitnehmen. Hierdurch gelang es, sein Zimmer individuell auszustatten. Mehr gibt es im Augenblick nicht zu berichten.

(Betreuerin)

e) Melderechtliche Verpflichtungen

1289 Seit der Förderalismusreform ist das Melderecht Bundesangelegenheit. Die Meldegesetze der einzelnen Bundesländer blieben nur noch bis zum 31.10.2015 Kraft. Danach wurden sie von dem Bundesmeldegesetz (BMG) abgelöst. Seit 1. Januar 2007 ist die Pflicht zur Abmeldung beim alten Einwohneramt entfallen, dies wird durch elektronischen Abgleich durch das Einwohneramt der Anmeldung durchgeführt – die Abmeldung ist nur noch bei einem dauernden Aufenthalt außerhalb Deutschlands notwendig. Mit der Anmeldung an einem neuen Wohnort ist praktisch die Abmeldung der alten Wohnung verbunden.

1290 Der Betreuer mit dem Aufgabenkreis Aufenthaltsbestimmung ist nach § 17 Abs. 3 BMG bei Begründung eines neuen Wohnsitzes des Betreuten verpflichtet, dessen Anmeldung bei der zuständigen Meldebehörde durchzuführen.[321] Nach § 19 BMG (Bundesmeldegesetz) ist der Vermieter wiederum verpflichtet, bei der An- und Abmeldung mitzuwirken.

1291 Vielfach besteht jedoch eine Kooperation zwischen dem Heim und den entsprechenden Behörden, so dass es hier eines Tätigwerdens des Betreuers nicht bedarf. Das Heim ist nach § 32 BMG allerdings nur nachrangig neben dem Betreuer zur Anmeldung verpflichtet.

f) Passangelegenheiten

1292 Nach § 1 Abs. 1 Personalausweisgesetz sind deutsche Staatsangehörige, die das 16. Lebensjahr vollendet haben und im Inland wohnen, verpflichtet, einen gültigen Personalausweis oder Reisepass zu besitzen. Ein Personalausweis ist bei der Ausweisbehörde (üblicherweise Gemeindeverwaltung) zu beantragen, § 9 Abs. 1 BPersAG. Für gesetzliche Vertreter wie einen Betreuer oder Bevollmächtigten besteht eine Antragsfrist von sechs Wochen nach der Betreuerbestel-

---

321 *BayObLG* FamRZ 1992, 1222.

lung. Nach § 9 Abs. 2 BPersAG ist der Betreuer bei volljährigen geschäftsunfähigen Personen zur Antragstellung verpflichtet bei Vorliegen des Aufgabenkreises Aufenthaltsbestimmung. Es handelt sich um eine ausschließliche Antragszuständigkeit, die nicht neben ein weiter fortbestehender bestehendes Antragsrecht des Betreuten tritt. Liegt der Aufgabenkreis der Aufenthaltsbestimmung vor, kann der Betreuer jedoch auch für geschäftsfähige Betreute einen Antrag auf Erteilung eines Personalausweises oder Reisepasses stellen.[322]

Zur Prüfung der Identität muss der Passbewerber sowohl bei der Antragstellung als auch bei der Abholung persönlich bei der Behörde erscheinen, ebenso wie der Betreuer.[323] Auf die Weise ist der Behörde ein Abgleich des vorgelegten Passbildes mit der Person möglich. **1293**

Befindet sich die betreute Person in einem Krankenhaus, einem Pflegeheim oder in einer Justizvollzugsanstalt soll die Entgegennahme der Unterlagen durch einen Mitarbeiter der Passbehörde durchgeführt werden. Ist die betreute Person immobil, soll der Mitarbeiter der Passbehörde den Passantrag in der Wohnung entgegennehmen.[324] **1294**

Bei der Antragstellung ist ein aktuelles Lichtbild des Betroffenen vorzulegen. Falls die betreute Person sich krankheitsbedingt weigert, ein aktuelles Lichtbild anfertigen zu lassen, hat der Betreuer diesen Umstand gegenüber der zuständigen Behörde zwecks Vermeidung eines Bußgeldtatbestandes glaubhaft zu machen. Die Notwendigkeit, ein biometrisches Foto vorzulegen, kann in der Praxis zu nicht lösbaren Problemen führen.[325]

Nach § 1 Abs. 3 BPersAG kann der Betreuer eine Befreiung von der Passpflicht bei der Behörde beantragen zu Gunsten von Betroffenen, die dauerhaft in einem Pflegeheim/Einrichtung leben. Dauerhaft heißt, die Unterbringung in einem Pflegeheim/Einrichtung wird prognostisch länger als sechs Monate anhalten. Dasselbe trifft für außergewöhnlich gehbehinderte Betreute zu, die einen Schwerbeschädigtenausweis mit dem Merkzeichen aG haben oder aber aufgrund anderer Umstände auf das schwerste in ihrer Fortbewegungsmöglichkeit beeinträchtigt sind. Für derartige Personen besteht kein Bedürfnis für eine Identitätsfeststellung oder der Verwendung eines Ausweises im Rechtsverkehr. **1295**

▶ **Hinweis:** Der Verlust des Personalausweises/Reisepasses kann telefonisch über die Sperrnotruf-Nummer 0180 1 33 33 33 übermittelt werden. ◀ **1296**

5. Umgangsbestimmungsrecht

Beispiel: Frau T erteilte ihrem Sohn 2015 eine notariell beurkundete General- und Betreuungsvollmacht. Nach einem Sturz wurde Frau T in ein Krankenhaus eingeliefert. Im Weiteren veranlasste der Generalbevollmächtigte ohne Rücksprache mit seiner Mutter deren Verlegung in ein Pflegeheim und kündigte gleichzeitig sämtliche Versorgungsverträge (Telefonanschluss, Hausnotrufvertrag usw.) des bislang von ihr bewohnten Hauses. Unterstützt von Nachbarn widerrief Frau T die Vorsorge- und Betreuungsvollmacht und kündigte den von ihrem Sohn abgeschlossenen Heimvertrag. Hieraufhin wies der Generalbevollmächtigte das Heim an, keine weiteren Familienmitglieder oder Nachbarn zu seiner Mutter mehr vorzulassen. Weiterhin schaltete Frau T einen Anwalt ein zur Wahrung ihrer Interessen, woraufhin der Generalbevollmächtigte diesem mitteilte, die Bevollmächtigung sei wegen einer demenziellen Erkrankung seiner Mutter unwirksam. **1297**

---

322 6.1.2 der Passverwaltungsvorschrift zu § 6 Ausstellung eines Passes.
323 6.1.1.2 der Passverwaltungsvorschrift zu § 6 Ausstellung eines Passes.
324 6.1.1.3 der Passverwaltungsvorschrift zu § 6 Ausstellung eines Passes.
325 *Deinert* Betreuer und Bevollmächtigte im Ausweis-, Pass- und Melderecht, BtPrax 2011, 57, 58.

a) Aufgabenkreis

1298 In § 1632 Abs. 2 BGB, einer familienrechtlichen Vorschrift, die über § 1908i BGB entsprechende Anwendung im Betreuungsrecht findet, heißt es:

Die Personensorge umfasst ferner das Recht, den Umgang des Kindes auch mit Wirkung für und gegen Dritte zu bestimmen.

1299 Um ein Umgangsverbot aussprechen zu können, benötigt der Betreuer ebenso wie der Bevollmächtigte den Aufgabenkreis der Personensorge oder den der Bestimmung des Umgangs der betreuten/vollmachtgebenden Person. Eine Betreuerbestellung in den beiden vorbezeichneten Aufgabenkreisen ist eher selten anzutreffen. Die gängigen Vollmachtsformulare befugen in der Regel ebenso wenig den Bevollmächtigten zur Ausübung des Umgangsrechtes. Demgegenüber berechtigen weder das Aufenthaltsbestimmungsrecht noch die Gesundheitssorge den Betreuer/ den Bevollmächtigten zu Umgangsregelungen.

b) Anordnung durch das Betreuungsgericht

1300 Voraussetzungen für die Anordnung des Aufgabenkreises der Personensorge oder der Umgangsrechtsbestimmung zu Gunsten des Betreuers setzt aufseiten des Betreuten eine aufgrund einer psychischen Krankheit, einer körperlichen, geistigen oder seelischen Behinderung gegebene Unfähigkeit voraus, Umgangsangelegenheiten selbst zu regeln.[326] Bei der Erstreckung des Aufgabenkreises des Betreuers auf die Regelung des Umgangs von Betreuten, die in einem Eltern/Kind Verhältnis zueinanderstehen, ist in besonderem Maße Art. 6 Abs. 1 GG zu beachten.[327] Eine bloße Begegnungsgemeinschaft von Eltern und erwachsenen Kindern genießt zwar einen vergleichsweise schwachen Grundrechtsschutz. Jedoch kann in einer Krisensituation dem Eltern-Kind-Verhältnis eine erhöhte Bedeutung für die seelische Stabilisierung eines Betroffenen zukommen. Aus diesem Grunde rechtfertigen ausschließlich drohende erhebliche gesundheitliche Schäden ein Kontaktverbot zwischen Eltern und Kindern in persönlichen Krisensituationen.[328] Gerät der Betreute bei einem Besuch lediglich in Unruhe oder verstärkt sich vorübergehend eine vorhandene Verwirrtheit, wäre eine Betreuungserweiterung auf die Umgangsrechtsbestimmung nicht in Bedacht zu nehmen.

1301 Erfolgt die Anordnung des Aufgabenkreises gegen den Willen des Betreuten, muss dieser krankheits- oder behinderungsbedingt außer Stande sein, seinen Willen unbeeinflusst zu bilden und nach zutreffend gewonnenen Einsichten zu handeln.[329] Dies ist der Fall, wenn der Betroffene seinen Willen nicht mehr frei bestimmen kann oder aber hilflos manipulativen Einflüssen Dritter ausgesetzt ist.

c) Bezugnahme der Umgangsrechtsbestimmung im Vollmachtstext

1302 Ein Bevollmächtigter darf, von den Schranken, die die grundgesetzlichen Freiheitsrechte des Art. 2 Abs. 1 GG und Art. 6 Abs. 1 GG vorgeben einmal abgesehen, nur dann Umgangsrechtsbestimmungen vornehmen, wenn in dem Text der Vorsorgevollmacht insoweit ausdrücklich eine Gestattung vorgesehen ist. Häufig enthalten die gängigen Vollmachtsvordrucke nicht eine derartige Bestimmung. Aber selbst wenn dem Bevollmächtigten eine Befugnis zur Regelung

---

326 *BayObLG* Beschl. v. 10.3.1999, 3 Z BR 70/99 Rn. 11.
327 *BayObLG* FamRZ 2003, 962 = Rpfleger 2003, 362 = NJOZ 2005, 959.
328 *OLG Hamm* FamRZ 2009, 810 = FGPrax 2009, 68.
329 *BGH* NJW 1996, 918 f.

von Umgangsangelegenheiten durch die Vorsorgevollmacht erteilt wurde, so ist bei der Ausübung der Schonungsgrundsatz zu wahren.[330]

d) Ausübung des Umgangsbestimmungsrechts durch den Betreuer/Bevollmächtigten

Ausgangspunkt für die Ausübung des Umgangsbestimmungsrechtes durch den Betreuer/ Bevollmächtigten muss folgende Überlegung sein: Grundsätzlich können Volljährige selbst bestimmen, mit wem sie Kontakt haben wollen. **1303**

Wird dem Betreuer die Personensorge oder die Umgangsrechtsbestimmung von dem Betreuungsgericht übertragen, ist bei der Ausübung von Umgangsrechtsbeschränkungen der Grundsatz der Verhältnismäßigkeit, der Verfassungsrang besitzt, zu wahren. Zwar mag es je nach Zustand des Betreuten/Vollmachtgebers im Einzelfall notwendig sein, zur Gewährleistung der seelischen Gesundheit Umfang, Dauer und Häufigkeit von Besuchen zu bestimmen. Ein Umgangsverbot muss aber auf triftigen und sachlichen Gründen beruhen und strikt zum Wohle des Betroffenen geboten sein. Im Gegenzuge ist zu bedenken, dass Besuche für psychisch Kranke oder behinderte Personen oft eine willkommene Abwechslung in dem Tagesablauf darstellen. Besuche sind häufig die letzten Verbindungen einer betreuten Person zur Außenwelt.

Darüber hinaus stellen sich Umgangsbeschränkungen gegen den Willen des Betreuten/Bevollmächtigten als ein schwerwiegender Eingriff in die allgemeine Handlungsfreiheit, Art. 2 Abs. 1 GG dar und setzen – wie oben ausgeführt – die Abwehr einer erheblichen gesundheitlichen Gefahr voraus, der anders nicht wirksam begegnet werden kann.[331] **1304**

Sollen Kontakte zu Familienmitgliedern unterbunden werden, unterliegen Umgangseinschränkungen mit Hinblick auf die Schutzwirkung des in Art. 6 GG verankerten Freiheitsrechtes einer besonders strengen verfassungsrechtlichen Überprüfung. Bei dem Umgangsrecht mit Familienangehörigen handelt es sich um ein höchstpersönliches Recht des Betroffenen, das der Aufrechterhaltung der persönlichen, verwandtschaftlichen und sozialen Bande dient. Besuchsverbote müssen von daher geeignet und erforderlich sein, um einen erheblichen Gesundheitsschaden bei der betreuten/vollmachtgebenden Person abzuwehren und ein milderes Mittel darf nicht zur Verfügung stehen. **1305**

Gegebenenfalls ist die Durchführung von Besuchen in Anwesenheit des Betreuers oder einer Pflegeperson als milderes Mittel in den Blick zu nehmen. Keinesfalls darf jedoch der Kontakt des Betreuten/Vollmachtgebers zu einem Anwalt seiner Wahl behindert werden.[332] Für den Bevollmächtigten gelten die gleichen rechtlichen Vorgaben wie für einen Betreuer, wie der Bundesgerichtshof soeben in einer viel beachteten Entscheidung feststellte.[333] Ersichtlich wollte der Generalbevollmächtigte in dem Eingangsfall mit dem Hinweis auf eine angebliche Unwirksamkeit der Vollmacht den von seiner Mutter beauftragten Anwalt von einer Weiterverfolgung der Interessen seiner Auftraggeberin abhalten. Das Agieren des Generalbevollmächtigten in dem oben geschilderten Fall stellt sich als eine schwerwiegende Pflichtverletzung aus dem Auftragsverhältnis mit der Vollmachtgeberin, §§ 662, 280 BGB, dar. **1306**

Der Generalbevollmächtigte verletzte in einem besonderen Maße das Vertrauen seiner Mutter, das sie ihm entgegengebracht hatte durch die Erteilung einer Generalvollmacht, die ihn legiti- **1307**

---

330 *BGH* Urt. v. 25.3.2014, FamRZ 2014, 937.
331 *BayObLG* FamRZ 2000, 1524; FamRZ 2004, 1670 f.
332 *BayObLG* Rpfleger 1990, 361.
333 *BGH* BtPrax 2014, 177 = FamRZ 2014, 937.

mierte, tiefe Eingriffe in deren Lebensführung vorzunehmen für den Fall ihrer körperlichen oder geistigen Gebrechlichkeit. Hieraus resultierte auf Seiten des Generalsbevollmächtigten eine besondere Verantwortung, aufgrund deren es sich verboten hätte, Anweisungen gegenüber der Heimleitung zu erteilen, die erkennbar dem Willen der Vollmachtgeberin zuwiderliefen.[334] Es hätte vielmehr dem Generalbevollmächtigten in erhöhtem Maße angestanden, die personelle Autonomie seiner Mutter zu respektieren.[335]

1308 Gegen ein pflichtwidrig ausgesprochenes Verbot hat das Betreuungsgericht aufsichtlich einzuschreiten (§ 1837 Abs. 2 BGB), solange der Aufgabenkreis des Betreuers nicht entsprechend erweitert worden ist.[336]

e) Durchsetzung

1309 Der Betreuer/der Bevollmächtigte kann gegen Personen, denen der Umgang mit dem Betreuten/Vollmachtgeber rechtmäßig untersagt wurde, wie folgt vorgehen:

- Erteilung eines Hausverbotes;
- Erwirken einer zivilrechtlichen Unterlassungsverfügung erwirkt werden;
- Strafanzeige wegen Hausfriedensbruch (§ 123 StGB).

1310 In Einzelfällen kann auch eine Weisung nach dem Gewaltschutzgesetz beantragt werden, wenn die darin enthaltenen Voraussetzungen gegeben sind.

6. Aufgabenkreis Wohnungsangelegenheiten

a) Allgemeines und Abgrenzung

1311 Es ist schwierig zu definieren, welche Aufgaben der Betreuer, dem der Aufgabenkreis „Wohnungsangelegenheiten" übertragen wurde, wahrnehmen soll. Dies mag auch deswegen nicht einfach zu beantworten sein, weil die Wohnungsangelegenheiten eines Betreuten sich in personenrechtlicher und vermögensrechtlicher Hinsicht überschneiden. So betrifft der Abschluss oder aber die Kündigung eines Mietverhältnisses zum einen das Vermögen des Betreuten und zum anderen in eminenter Weise seine persönliche Situation.

1312 Hat das Betreuungsgericht davon Abstand genommen, neben dem Aufgabenkreis „Regelung der Vermögensangelegenheiten" den Aufgabenkreis „Wohnungsangelegenheiten" anzuordnen, so ist unstreitig davon auszugehen, dass der Betreuer befugt ist, die laufenden Miet- und Mietnebenkosten vom Konto des Betreuten zu entrichten. Wurde dem Betreuer lediglich der Aufgabenkreis „Wohnungsangelegenheiten" übertragen, hat er demgegenüber keine Legitimation, diese Kosten vom Bankkonto des Betreuten zu bezahlen (es sei denn, der Betreute hat dem Betreuer individuell eine Verfügungsberechtigung über das Bankkonto eingeräumt).

1313 Die einkommensteuerrechtlichen Fragen von Vermietung und Verpachtung – als eigener Einkommensart i.S.d. Einkommensteuergesetzes – betreffen den Betreuer, der mit dem Aufgabenkreis Vermögenssorge gesetzlicher Vertreter gegenüber der Finanzverwaltung (§ 34 AO) ist.[337] Das Gleiche gilt für sonstige auf das Grundstück bezogene Steuern (Grundsteuer, Grunderwerbsteuer, Zweitwohnungsteuer) und Kommunalabgaben, da die entsprechenden Gesetze auf die Abgabenordnung verweisen.

---

334 *BGH* BtPrax 2014, 177 Rn. 27.
335 *BGH* BtPrax 2014, 177 Rn. 27.
336 *OLG München* BtPrax 2008, 74 = FamRZ 2008, 1030 = RdLH 2008, 91.
337 *BayObLG* FamRZ 1965, 341; *OLG München* OLGR 2006, 192 = BtPrax 2005, 199 (Ls) = FamRZ 2006, 62 (Ls) = Rpfleger 2006, 14; *BFH*/NV 2006, 897.

Teilweise wird in der Praxis die Auffassung vertreten, der Aufgabenkreis „Wohnungsangelegenheiten" sei immer dann gerichtlich zu installieren, wenn der Betreuer sich um die Wohnung des Betroffenen „kümmern" soll. | **1314**

Das *BayrObLG* statuierte in einer unveröffentlichten Entscheidung, eine Betreuung für Wohnungsangelegenheiten sei nach § 1896 Abs. 2 BGB erforderlich, wenn die betroffene Person außer Stande ist, gesundheitsgefährdende Zustände in ihrer Wohnung selbst zu beseitigen.[338] Das *LG Berlin* hat – ebenfalls in einer unveröffentlichten Entscheidung[339] – ausgeführt, dass der Aufgabenkreis „Vermögenssorge" nicht zugleich zur umfassenden Regelung der Miet- und Wohnungsangelegenheiten berechtige. Eine Vertretung des Betreuten in Wohnungsangelegenheiten wird daher bei folgenden Angelegenheiten anzuordnen sein: | **1315**

- Abwehr von – nicht notwendigerweise nur auf mangelnde Mietzahlungen gestützte – Kündigungen des Mietvertrages durch den Vermieter;
- Vertretung in Kündigungs- und Räumungsverfahren;
- Beschaffung einer anderen Wohnung und Regelung der Kostenfragen einschließlich eines Mietvertragsabschlusses;
- Säuberung, Entmüllung und Sanierung der Wohnung;
- Aufgabe der Wohnung und Auflösung des Haushalts.

1316

Einige Gerichte ordnen diese Aufgaben teilweise dem Aufgabenkreis Vermögenssorge und teilweise der Aufenthaltsbestimmung zu; zur Klarheit im Rechtsverkehr ist aber eine separate Anordnung der Wohnungsangelegenheiten sinnvoll.

Der Betreuer ist auch gegenüber dem Vermieter des Betreuten grundsätzlich nicht verpflichtet, diesem Kenntnis von der Betreuung zu geben[340]. Allerdings ist davon auszugehen, dass früher oder später das Offenbaren der Betreuung zwangsläufig erfolgt, jedenfalls dann, wenn es im Rahmen des Mietverhältnisses zu Störungen kommt, die ein Tätigwerden des Betreuers zum Wohle des Betreuten erfordern. | **1317**

b) Zwangsweiser Zutritt zur Wohnung des Betreuten

aa) Allgemeines

Wie an anderer Stelle thematisiert, hat es der Reformgesetzgeber entgegen einem praxisrelevanten Bedarf unterlassen, Zwangsbefugnisse des Betreuers im Betreuungsrecht zu regeln, abgesehen von § 1906 BGB, § 326 FamFG, der Befugnis zur zwangsweisen Unterbringung und der Post- und Fernmeldekontrolle, § 1896 Abs. 4 BGB. | **1318**

Dies ist umso bedauerlicher, als zum Zeitpunkt des Gesetzgebungsverfahrens bereits die Probleme auf dem Tisch lagen und trotzdem mehr als 20 Jahre nichts unternommen wurde. Die Rechtsprechung sah sich in der Praxis mit dem Problem des so genannten Vermüllungssyndroms konfrontiert. Hierzu im Einzelnen: | **1319**

In letzter Zeit tritt das Krankheitsbild des so genannten Vermüllungssyndroms vermehrt auf. Die Betroffenen häufen systematisch in ihrer Wohnung Müll und anderen Unrat an, den sie teilweise systematisch auf Straßen und Plätzen aufsammeln und in ihre Wohnung verbringen, wo er entweder aufgetürmt oder wahllos abgelegt wird. Bisweilen ist zu beobachten, dass die | **1320**

338 *Bienwald* § 1896 BGB, S. 169.
339 *LG Berlin* 87 T 287/97, 7.
340 BVerfGE 84, 192 = NJW 1991, 2411 = FamRZ 1991, 1037 = FamRZ 1991, 1284.

ganze Wohnung vollgestopft ist und lediglich ein schmaler Gang es dem Betroffenen ermöglicht, zu einem Küchentisch oder einem Bett zu gelangen. Manchmal ist das Öffnen der Wohnungstür bereits nur unter Schwierigkeiten möglich. Bei dem Vermüllungssyndrom handelt es sich um den Ausdruck einer psychischen Erkrankung; es besteht Behandlungsnotwendigkeit, und die Betroffenen sind als partiell geschäftsunfähig zu betrachten.[341] Von den betreffenden Wohnungen gehen in der Regel penetrante Gerüche aus, die zu Recht von Mitmietern als störend empfunden werden. Die mietrechtliche Rechtsprechung hält eine fristlose, respektive fristgemäße Kündigung des Mieters im Falle von unangepasstem Sozialverhalten für gerechtfertigt, wenn die Wohnung verkommt, Gestank von ihr ausgeht, Abfallwasser vom Balkon geschüttet wird, um nur einige ausgeurteilte Sachverhalte zu nennen.

bb) Historischer Exkurs

1321 In Fällen der vorstehend geschilderten Art war es allgemein noch bis Mitte der 90er Jahre gang und gäbe, um eine fristlose Kündigung des Mietverhältnisses des Betroffenen zu vermeiden, neben dem Aufgabenkreis „Wohnungsangelegenheiten" den Aufgabenkreis „Entrümpelung der Wohnung des Betroffenen"[342] anzuordnen, erforderlichenfalls unter dem Zusatz „gegen den Willen des Betroffenen". Die praktische Handhabung sah vielfach – wie aus eigener Erfahrung geschildert werden kann – so aus, dass die Betroffenen während der Entrümpelungs- und Renovierungsphase der Wohnung einer notwendigen Unterbringung nach § 1906 BGB zugeführt wurden. Eine Entscheidung des LG Frankfurt/Main aus dem Jahre 1993 stattete demgemäß einen Betreuer mit der Befugnis zur gewaltsamen Öffnung der Wohnung des Betroffenen aus.[343]

cc) Beschluss des LG Frankfurt/Main vom 19.7.1994[344]

1322 Mit den vorstehend geschilderten Usancen brach der vorbezeichnete Beschluss des LG Frankfurt/Main[345] radikal, in dem es im Leitsatz heißt:

Die Erweiterung des Wirkungskreises der Betreuung auf den gewaltsamen Zutritt zur Wohnung des Betroffenen zum Zwecke der Säuberung und Renovierung ist verfassungsrechtlich unzulässig und berührt den Schutzbereich des Grundrechts der Unverletzlichkeit der Wohnung. Das Betreuungsrecht enthält keine Vorschrift über Zwangsbefugnisse des Betreuers, insbesondere über eine Wohnungsdurchsuchung gegen den Willen des Betreuten.

1323 Die Entscheidung des *LG Frankfurt/Main* wurde später bestätigt durch das *OLG Frankfurt/Main*[346]. Beide Gerichte ließen sich im Rahmen ihrer Entscheidungsfindung von folgenden Erwägungen leiten:

- Art. 13 GG enthält keine Rechtsgrundlage für den gewaltsamen Zutritt zur Wohnung des Betreuten;
- das Eindringen staatlicher Organe in die persönliche Lebenssphäre des Betroffenen stellt sich als ein schwerer, verfassungsrechtlich unzulässiger Eingriff dar;

---

341 *Coeppicus* FamRZ 1992, 741, 744 Fn. 45.
342 *Coeppicus* FamRZ 1992, 741, 744 Fn. 45.
343 *Bauer* FamRZ 1994, 1562 ff.
344 *LG Frankfurt/Main* FamRZ 1994, 1617 = BtPrax 1994, 216; ähnlich *LG Görlitz* v. 1.12.1997, 2 T 185/97; *OLG Schleswig* FamRZ 2008, 918 = FGPrax 2008, 70.
345 *LG Frankfurt/Main* FamRZ 1994, 1617 ff.
346 *OLG Frankfurt/Main* BtPrax 1996, 71.

- Eingriffe in die Unverletzlichkeit der Wohnung sind nur zur Abwehr einer gemeinen Gefahr oder einer Lebensgefahr für einzelne Personen statthaft.

Weitere Gerichte teilen diese Auffassung. § 1896 BGB enthalte grundsätzlich keine gesetzliche Grundlage dafür, den Betreuer zu ermächtigen, das Wohnhaus des Betreuten gegen dessen Willen zwangsweise öffnen zu lassen, um es – etwa zu Verkaufszwecken – zu betreten.[347] **1324**

Die Verfassungsnorm des Art. 13 GG stützt diese Auslegung. In Art. 13 GG heißt es: **1325**

(1) Die Wohnung ist unverletzlich.

(2) Durchsuchungen dürfen nur durch den Richter, bei Gefahr im Verzuge auch durch die in den Gesetzen vorgesehenen anderen Organe angeordnet und nur in der dort vorgeschriebenen Form durchgeführt werden.

(3) Begründen bestimmte Tatsachen den Verdacht, dass jemand eine durch Gesetz einzeln bestimmte besonders schwere Straftat begangen hat, so dürfen zur Verfolgung der Tat auf Grund richterlicher Anordnung technische Mittel zur akustischen Überwachung von Wohnungen, in denen der Beschuldigte sich vermutlich aufhält, eingesetzt werden, wenn die Erforschung des Sachverhalts auf andere Weise unverhältnismäßig erschwert oder aussichtslos wäre. Die Maßnahme ist zu befristen. Die Anordnung erfolgt durch einen mit drei Richtern besetzten Spruchkörper. Bei Gefahr im Verzuge kann sie auch durch einen einzelnen Richter getroffen werden.

Gerade in diesem Bereich wird deutlich, wie misslich es ist, dass der Reformgesetzgeber sich zu den Zwangsbefugnissen des Betreuers größtenteils ausschwieg. Art. 104 Abs. 1 GG statuiert, dass Eingriffe in ein Grundrecht nur auf der Grundlage eines förmlichen Gesetzes gestattet sind. Fakt ist, dass aus der Zuweisung eines Aufgabenkreises an den Betreuer nicht automatisch die Befugnis resultiert, Zwangsmaßnahmen gegen den Betreuten zu initiieren. Ausschließlich dort, wo das Gesetz dem Betreuer Zwangsmaßnahmen gegen den Betreuten gestattet, ist er zu dementsprechenden Handlungen befugt. Gerade im grundrechtsrelevanten Bereich bedarf es hierzu besonderer Ermächtigungsnormen, die das Betreuungsrecht nur in den §§ 326 FamFG und 1896 Abs. 4 BGB vorhält. Zur Stützung seiner Argumentation führt das *LG Frankfurt/Main* den § 1896 Abs. 4 BGB an: Gerade weil der Gesetzgeber die Problematik der Grundrechtseingriffe gesehen habe, habe er hinsichtlich des Post- und Fernmeldegeheimnisses, welches denselben Beschränkungen unterworfen sei wie Art. 13 GG, eine Regelung getroffen. Hätte er andere Materien ebenfalls für regelungsbedürftig gehalten, so wäre er gesetzgeberisch tätig geworden. Aus dem Umstand des Unterlassens könne nur der Schluss gezogen werden, dass von einer Übertragung von Zwangsbefugnissen bewusst Abstand genommen wurde. **1326**

Art. 13 Abs. 2 GG gestattet Durchsuchungen, die durch den Richter, bei Gefahr im Verzuge auch durch die in den Gesetzen vorgeschriebenen anderen Organe, angeordnet wurden. Eine Durchsuchung im Sinne der Rechtsprechung des *Bundesverfassungsgerichts* ist gekennzeichnet durch das ziel- und zweckgerichtete Suchen staatlicher Organe im Rahmen strafrechtlicher Ermittlungsverfahren nach Personen und Sachen oder zur Ermittlung eines Sachverhalts; es soll etwas aufgespürt werden, das der Inhaber der Wohnung von sich aus nicht herausgeben oder offenlegen will.[348] Das Betreten einer Wohnung durch den Betreuer lässt sich nicht als eine Durchsuchung in dem vorskizzierten Sinne qualifizieren. **1327**

---

347 *OLG Schleswig* FamRZ 2008, 918 = FGPrax 2008, 70.
348 BVerfGE 75, 318, 326.

1328 Art. 13 Abs. 3 GG sieht eine Einschränkung des Grundrechts nur zu bestimmten Zwecken vor: Zur Abwehr einer gemeinen Gefahr oder Lebensgefahr für einzelne Personen, auf Grund eines Gesetzes zur Verhütung dringender Gefahren für die öffentliche Sicherheit und Ordnung, insbesondere zur Bekämpfung der Raumnot, zur Bekämpfung von Seuchengefahr oder zum Schutz gefährdeter Jugendlicher.[349] Diese Eingriffe und Beschränkungen sind ausschließlich polizeirechtlicher Natur.

1329 Die gegenteilige Auffassung vertrat die Rechtsprechung im Beschluss des *LG Berlin* vom 8.2.1996[350] Die Leitsätze der vorstehenden Entscheidung lauten:

1. Ist die Erhaltung der Wohnung für einen Betreuten nur möglich, wenn der Wohnungsbetreuer einen vertragsmäßigen Zustand der Wohnung herstellt, und muss der Betreuer zu diesem Zweck die Wohnung betreten können, so kann dem Betreuer mit dem Aufgabenkreis „Wohnungsangelegenheiten" auch der Aufgabenkreis „Zutritt zur Wohnung" übertragen werden.
2. Das Recht zur Ausübung von Zwang darf dem Wohnungsbetreuer auch in solchen Fällen nicht als Aufgabenkreis übertragen werden.
3. Zur Ausübung von Zwang beim Zutritt zur Wohnung ist der Betreuer in einem gesonderten Verfahren zu ermächtigen, in dem Erforderlichkeit, Verhältnismäßigkeit und Zumutbarkeit des Eindringens in die Wohnung konkret geprüft und der Betreute hierzu gehört wird. Grundlage hierfür ist mangels einfachgesetzlicher Regelung Art. 13 Abs. 2 GG.[351]

1330 Das *LG Berlin* argumentiert in einem Fall mit der gleichen Problemlage, es könne nicht angehen, dass der Betreuer tatenlos einem Wohnungsverlust des Betroffenen zuschauen muss, weil ihm verfassungsrechtlich die Hände gebunden sind. Die Rolle des Betreuers wäre im Falle eines Vermüllungssyndroms auf die eines Zustellungsadressaten für die fristlose Kündigung des Vermieters nach § 131 BGB reduziert. Damit würde der Wohnungsverlust des Betroffenen beschleunigt und nicht verhindert.[352] Daher müsse der an den Betreuer zu übertragende Aufgabenkreis lauten: „Wohnungsangelegenheiten einschließlich Zutritt zur Wohnung". Verfassungsrechtlich unzulässig sei es, den Betreuer von vornherein zur Ausübung von Zwang zu ermächtigen. Das Betreuungsgericht müsse vielmehr im Stande sein, in jeder Phase des Verfahrens die Verhältnismäßigkeit des Grundrechtseingriffs, den der Betreuer bei dem Betreuten vornimmt, zu überprüfen, um notfalls mit Hilfe des § 1837 BGB zu intervenieren. Das Erfordernis einer betreuungsgerichtlichen Genehmigung ermögliche es dem Gericht, die Notwendigkeit des gewaltsamen Zutritts zur Wohnung, den Umfang, den Zweck und die Zumutbarkeit für den Betroffenen zu kontrollieren.[353]

1331 Im Übrigen betont das Landgericht, dass der Betreuer eine „Vertrauensperson des fürsorgenden Staats sei". Er vollziehe einen hoheitlichen Auftrag im Bereich der öffentlichen Fürsorge und nehme damit primär Aufgaben des Staates wahr. Aus Art. 1 GG folge weiterhin, dass der Kranke Anspruch auf den Schutz seiner Menschenwürde hat, die durch den Verlust seiner Wohnung auf das Äußerste verletzt sei. Die Einrichtung und Verwaltung von Betreuungen sei eine der „obersten Aufgabe der staatlichen Wohlfahrtspflege". Verfassungsrechtliche Grundlage für die Ermächtigung des Betreuers zum zwangsweisen Betreten der Wohnung sei Art. 13 Abs. 2 GG, der unmittelbar geltendes Recht, und bei Fehlen einer entsprechenden Regelung

---

349 *Bauer* FamRZ 1994, 1565.
350 *LG Berlin* FamRZ 1996, 821; *LG Freiburg* NJW 2001, 1221 = FamRZ 2000, 1316 = NJW-RR 2001, 146.
351 *LG Berlin* BtPrax 1996, 111 ff.
352 *LG Berlin* BtPrax 1996, 111, 113.
353 *LG Berlin* BtPrax 1996, 114.

selbst anwendbar sei.[354] Allerdings verlange der effektive Grundrechtsschutz des Betroffenen, dass er vor dem Eindringen in die Wohnung angehört wird.

Aus der vorstehenden Entscheidung resultiert für das Betreuerhandeln zweierlei: **1332**

1. In einem Fall, in dem das so genannte Vermüllungssyndrom eine Rolle spielt und in dem der Betroffene den Zutritt verweigert, ist bei dem zuständigen Betreuungsgericht der Aufgabenkreis „Zutritt zur Wohnung" zu beantragen.

2. Ferner muss bei dem zuständigen Betreuungsgericht die betreuungsgerichtliche Genehmigung zur Anwendung von Zwang beantragt werden unter Darstellung der Notwendigkeit und genauester Darlegung, zu welchem Zweck und in welchem Umfang der Zutritt vollzogen werden soll.

▶ **Hinweis:** Auf Grund des Umstandes, dass dem Betreuer im Einzelnen nicht bekannt sein **1333** kann, welche Rechtsauffassung „sein" Betreuungsgericht zu dieser Frage hegt, ist es ratsam, eine diesbezügliche schriftliche Nachfrage vorzunehmen. ◀

Für den Fall, dass das zuständige Betreuungsgericht der Ansicht der Frankfurter Gerichte **1334** folgt, ist man gehalten, mehr oder weniger tatenlos dem Geschehen seinen Lauf zu lassen, denn es ist wenig realistisch, darauf zu setzen, dass es dem Betreuer gemeinsam mit der Betreuungsbehörde gelingt, einen Sinneswandel bei dem Betreuten herbeizuführen.[355]

┌─ **Muster: Antrag des Betreuers beim Betreuungsgericht auf Aufgabenkreiserweiterung** ─ **1335**

Amtsgericht (…)
Abt. Betreuungen

In der Betreuungssache
Maximilian P.
– Az (…) –

wurden mir von dem erkennenden Gericht die Aufgabenkreise „Vermögenssorge" und „Wohnungsangelegenheiten" übertragen.

Unmittelbar nach meiner Verpflichtung habe ich versucht, mit dem Betroffenen Kontakt aufzunehmen. Der Betroffene wohnt in einem Mehrfamilienhaus in der dritten Etage. Schon bei dem Betreten des Treppenhauses, Erdgeschoss, ist ein beißender Uringestank wahrnehmbar, der augenscheinlich von der Wohnung des Betroffenen ausgeht. Ich begab mich zur Wohnungstür des Betroffenen und klingelte mehrmals. Die Wohnungstür des Betroffenen blieb verschlossen. Als ich bemerkte, dass der Betroffene offensichtlich hinter der Wohnungstür in seinem Flur stand, stellte ich mich namentlich vor und bat ihn höflich, mir zu öffnen und Einlass in die Wohnung zu gewähren. Der Betroffene fing gleich darauf an, laut und hysterisch zu schreien, ich solle mich davonmachen, er benötige keine Hilfe und komme bestens allein zurecht. Meine nochmaligen Anläufe, mit dem Betroffenen ins Gespräch zu kommen, insbesondere ihn dazu zu motivieren, mich freiwillig in die Wohnung zu lassen, verliefen ergebnislos.

Zwischenzeitlich meldete sich bei mir die Vermieterin der Wohnanlage und drohte mit dem Ausspruch einer fristlosen Kündigung für den Fall, dass von mir nicht Abhilfe hinblicklich der von der Wohnung ausgehenden Geruchsbelästigungen geschaffen werde. Zudem berichteten mir mehrere Nachbarn glaubhaft, dass der Betroffene die Angewohnheit habe, wahllos irgendwelches Gerümpel, das er auf der Straße findet, auf einen Schubkarren zu laden und in seine Wohnung zu verbringen. Die Wohnung sei mit Gegenständen und hochgetürmten Kleidungsstücken vollgestapelt.

---

354 *LG Berlin* BtPrax 1996, 115.
355 So aber *Bauer* FamRZ 1994, 1565.

> Um die mir obliegenden Aufgaben als Betreuerin wahrzunehmen, insbesondere, um eine drohende fristlose Kündigung der Vermieterin abwenden zu können, ist es vonnöten, dass ich gegen den Willen des Betroffenen seine Wohnung betreten darf. Ich rege daher an, meinen Aufgabenkreis zu erweitern auf
>
> Wohnungsangelegenheiten einschließlich Zutritt zur Wohnung.
>
> Gleichzeitig beantrage ich:
>
> Die Betreuerin wird betreuungsgerichtlich ermächtigt, gegen den Willen des Betroffenen und unter Anwendung/Ausübung von Zwang die Wohnung des Betroffenen zu betreten, um
> 1. eine Entrümpelung der Wohnung des Betroffenen durchzuführen;
> 2. notwendige Handwerkerarbeiten, wie das Durchführen von Schönheitsreparaturen und Ausbesserung des Fußbodenbelages zu veranlassen.
>
> Die vorbezeichneten avisierten Maßnahmen werden mit Sicherheit einen Zeitraum von 8 bis 12 Wochen beanspruchen. Ich erlaube mir den Hinweis, dass die angeregte Aufgabenkreiserweiterung sowie die auszusprechende betreuungsgerichtliche Ermächtigung unabdingbar sind für einen Erfolg meiner Tätigkeit.
>
> (Betreuerin)

1336   Die Auffassung des *LG Berlin* ist zwar verfassungsrechtlich bedenklich, gewährleistet für den Betroffenen aber gerade den Schutz, den das *BVerfG* den Betroffenen vielfach im Rahmen des Vollstreckungsrechts nach § 765a ZPO gewährte. Gerade das *BVerfG* war es immer wieder, das Entscheidungen der Instanzgerichte aufhob und insbesondere suizidgefährdeten und altersgebrechlichen Menschen teilweise sogar dauerhaften Schutz vor Räumungstiteln gewährte und damit das Gläubigerinteresse an einer baldmöglichsten Zwangsvollstreckung hintanstellte.[356]

1337   Das *BVerfG* betonte stets auf Neue, dass die Wertentscheidungen des Grundgesetzes es gebieten, die Rechte des Schuldners – selbst in der Zwangsvollstreckung – zu wahren. Der Verlust einer Wohnung sei für einen hochbetagten Menschen geeignet, seine Autonomie zu untergraben und ihn zu einem Pflegefall zu machen, was unvereinbar sei mit seinem Grundrecht auf Leben und körperliche Integrität, Art. 2 Abs. 2 S. 1 GG. Daher verdient die Auffassung des *LG Berlin* unter praktischen Gesichtspunkten den Vorzug. Gleichwohl ist der Gesetzgeber auf das Nachhaltigste aufgerufen, dieser Rechtszersplitterung Einhalt zu gebieten, denn es kann nicht angehen, dass im Bezirk des LG Berlin einem kündigungsgefährdeten Betroffenen von Staats wegen geholfen wird, währenddessen der gleiche Betroffene z.B. in Frankfurt/Main mit einem Räumungsverfahren konfrontiert wäre.

1338   Höchstrichterlich geklärt ist diese Rechtsfrage bis heute nicht. Allerdings deutete der BGH in seinem Beschluss zur Unzulässigkeit der ambulanten Zwangsbehandlung in einem obiter dictum an, dass er der erstgenannten Rechtsauffassung, die keine gesetzliche Grundlage in Grundrechtseingriffe durch den Betreuer sieht, zuneigt.[357] Strafrechtlich ist ersichtlich der veröffentlichten Rechtsprechung bisher kein Betreuer (auch kein Vormund) wegen Hausfriedensbruch (§ 123 StGB) verurteilt worden.

---

356 BVerfGE NJW 1991, 3207; NJW 1992, 1155; NJW 1993, 1272; NJW 1994, 1272; NJW 1998, 295.
357 *BGH* BtPrax 2001, 32 = FamRZ 2001, 149 = FGPrax 2001, 40 = NJW 2001, 888.

Zur Vermeidung von Problemen wird des Weiteren empfohlen, wie folgt vorzugehen: **1339**

- Ist der Betreute einwilligungsfähig i.S.d. Strafrechtes und hat er dem Betreuer den Wohnungszutritt gestattet, ist dies unproblematisch auch wenn zu einem späteren Zeitpunkt wegen fortschreitender Demenz oder ähnlicher Erkrankungen keine aktuelle Einwilligungsfähigkeit (mehr) besteht. Es empfiehlt sich, für die erhaltene Zustimmung zum Wohnungszutritt einen Zeugen zu notieren;
- verweigert der einwilligungsfähige Betreute dem Betreuer ernsthaft und wiederholt den Wohnungszutritt, sollte der Betreuer das Betreuungsgericht informieren. Soweit der Betreute, Wohnungsangelegenheiten betreffend, als unbetreubar anzusehen ist, sollten die Wohnungsangelegenheiten aus dem Aufgabenkreis herausgenommen werden;
- ist der Betreute zum Zeitpunkt des Betreuungsbeginns (oder der Erweiterung des Aufgabenkreises auf die Wohnungsangelegenheiten) bereits als einwilligungsunfähig anzusehen, sind im Rahmen des natürlichen Willens geäußerte Wünsche immer noch betreuungsrechtlich (§ 1901 Abs. 2, 3 BGB) als verbindlich anzusehen, nicht aber strafrechtlich (das einzuschätzen, ist aber mit Unsicherheiten behaftet);
- von einer mutmaßlichen Einwilligung zum Wohnungszutritt darf der Betreuer nur in Ausnahmefällen ausgehen, insbesondere wenn absolut keine aktuellen Willensäußerungen des Betreuten möglich sind (Koma, schwerste Demenz) und ein Sicherungsbedürfnis das sich in der Wohnung befindlichen Eigentums ergibt. In diesem Fall darf der Betreuer das objektive Wohl des Betreuten in den Vordergrund stellen;
- alle Erwägungen, Gespräche (auch mit Angehörigen) zur Erforschung des Willens des Betreuten sollte der Betreuer in einem Aktenvermerk notieren und bei einer darauf folgenden Wohnungsbegehung möglichst einen Zeugen (z.B. ein Familienangehöriger, dem der Betreute ggf. früher den Wohnungszutritt gestattet hat) hinzuzuziehen;
- bei Gefahr im Verzuge, insbesondere wenn es Anzeichen für eine Lebensbedrohung des Betreuten gibt, ist unabhängig von den vorstehenden Erwägungen stets unverzüglich die Polizei (und ggf. der Rettungsdienst) zu verständigen, auch damit dem Betreuer in seiner Funktion als Beschützergarant kein Vorwurf der unterlassenen Hilfeleistung gemacht werden kann. Ein Wohnungsbetreten in Begleitung der dafür zuständigen Hilfskräfte dürfte kaum Gegenstand einer Beanstandung werden.

Checkliste: Wohnungsauflösung **1340**

✔	Betreuung:
✔	Adresse:
✔	Wohnung besichtigt am:
✔	Wohnung nach Wertsachen durchsucht am:	Zeuge:
✔	Strom:	Zähler Nr.:	Stand:
✔	Gas:	Zähler Nr.:	Stand:
✔	Wasser:	Zähler Nr.:	Stand:
✔	gerichtliche Genehmigung beantragt am:
✔	gerichtliche Genehmigung erhalten am:
✔	Wohnung gekündigt am:	zum:
✔	Räumung beauftragt am:	durchgeführt am:
✔	Kündigung Gas/Strom/Wasser am:

✔ Postnachsendeantrag für 6/12 Monate erteilt am:

✔ Kündigung Telefon

✔ Kündigung GEZ/Kabelfernsehen

✔ Storno Dauerauftrag Miete

✔ Kündigung Zeitschriften-Abonnements

✔ Kündigung Hausrat-Versicherung u.a.

✔ Ummeldung Einwohnermeldeamt/Änderung Personalausweis

✔ Benachrichtigung des Betreuungsgerichts über Wohnortwechsel

✔ Benachrichtigung anderer Stellen über Wohnortwechsel

✔ z.B. Krankenkasse, Rentenversicherung, Sozialamt

---

c) Mitteilungs- und Genehmigungspflichten des Betreuers im Zusammenhang mit der Wohnraumaufgabe

aa) Allgemeines

1341 § 1907 BGB schützt die Wohnung als räumlichen Mittelpunkt der Lebensverhältnisse des Betreuten und ergänzt damit die Regelungen über eine gefährliche Heilbehandlung oder Unterbringung des Betroffenen. Die Wohnung als räumlicher Mittelpunkt des Lebens ist für den Betreuten von überragender Bedeutung.[358] Der Betreute, der Eigentümer oder Erbbaurechtigter eines Grundstücks ist, auf dem sich seine Wohnung befindet, ist vor einer vorschnellen Auflösung seiner häuslichen Verhältnisse dadurch geschützt, dass der Betreuer zu einem Verfügungs- oder Verpflichtungsgeschäft eine betreuungsgerichtliche Genehmigung benötigt, §§ 1821 Abs. 1 Nr. 1 und 4, 1915 Abs. 1 BGB. § 1907 BGB bezweckt den umfassenden Schutz des Betreuten in seiner Eigenschaft als Mieter. Laut dieser Vorschrift soll der Betreuer dem Betreuten möglichst lange seine Wohnung zu erhalten, insbesondere auch nach einem längeren Krankenhausaufenthalt.[359] Mit dem Verlust der Wohnung geht der seiner vertrauten Umgebung und vielfach auch der seines Bekanntenkreises einher. Um die Tätigkeit des Betreuers in diesem Bereich einer wirksamen betreuungsgerichtlichen Kontrolle unterziehen zu können, sieht das Gesetz Mitteilungspflichten und Genehmigungspflichten vor, die nachstehend im Einzelnen erläutert werden. Vorab wird eine Übersicht über den Tatbestand des § 1907 BGB gegeben, um die verschiedenen Anwendungsbereiche vorzustellen.

bb) Anwendungsbereich des § 1907 BGB

1342 1. Genehmigungsbedürftigkeit der Kündigung eines vom Betreuten abgeschlossenen Mietvertrages, § 1907 Abs. 1 S. 1 BGB, bei
   a) Absicht der Kündigung durch den Betreuer,
   b) Eigenkündigung des unter Einwilligungsvorbehalt stehenden Betreuten mit Zustimmung des Betreuers.

---

358 BT-Drs. 11/4528, 149.
359 *Harm* Die Wohnungsauflösung, Rpfleger 2002, 59; *Weber/Leeb* Die Kündigung von Mietverhältnissen Betreuter, BtPrax 2014, 248.

2. Genehmigungsbedürftigkeit der Aufhebung des Mietverhältnisses über einen vom Betreuten gemieteten Wohnraum in sonstiger Weise, § 1907 Abs. 1 S. 2 BGB, z.B. durch
   a) Antrag oder Annahme eines Aufhebungsvertrages,
   b) Verzichtsvertrag,
   c) Rücktritt vom Mietvertrag,
   d) Anfechtung wegen Willensmängeln nach § 119 ff. BGB,
   e) Ablehnungserklärung nach § 563a Abs. 1 und 2 BGB.
3. Unverzügliche Mitteilungspflichten bei Aufgabenkreis Aufenthaltsbestimmung und/oder Mietangelegenheiten nach § 1907 Abs. 2 S. 1 BGB bei drohender Wohnungsaufgabe zur Sicherstellung der betreuungsgerichtlichen Interventionsmöglichkeit nach §§ 1908i, 1837 BGB, ausgenommen
   a) Kündigung/Aufhebung des Mietverhältnisses nach § 1907 Abs. 1 BGB,
   b) Vermietung oder Untervermietung von Wohnraum des Betreuten nach § 1907 Abs. 3 BGB,
   c) Verkauf der Wohnung nach §§ 1908i, 1821 Abs. 1 Nr. 1 BGB,
   d) Pachtverhältnisse mit teilweiser Wohnraumnutzung (Verzicht wegen möglicherweise eintretender Überwachung der erwerbswirtschaftlichen Betätigung des Betroffenen).[360]
   Folgende Umstände sind also nach § 1907 Abs. 2 S. 1 BGB mitteilungsbedürftig:
   a) Kündigung des Mietverhältnisses durch den Vermieter bzw. dessen Beauftragten,
   b) Räumungsklage/Räumungsverlangen des Vermieters,
   c) Rücktritt vom Vertrag,
   d) Anfechtung des Vertrages.
4. Aufgabe des Wohnraums „auf andere Weise", § 1907 Abs. 2 S. 2 BGB.
5. Genehmigungspflicht bei Eingehen eines Miet- oder Pachtvertrages mit über vierjähriger Vertragsdauer und der Verpflichtung zur Erbringung wiederkehrender Leistungen, § 1907 Abs. 3 1. Alt. BGB.
6. Genehmigungspflicht für Mietvertragsabschlüsse des Betreuers über Wohnraum von beliebiger Dauer, § 1907 Abs. 3 2. Alt. BGB[361].

d) Kündigung eines Mietverhältnisses über Wohnraum

Voraussetzung für ein Handeln des Betreuers ist grundsätzlich, dass die regelungsbedürftige Angelegenheit – hier die Wohnraumaufgabe – zum Aufgabenkreis des Betreuers gehört. In der Rechtsprechung und der Literatur ist umstritten, ob dem Betreuer ausdrücklich der Aufgabenkreis „Wohnungsangelegenheiten" oder „Mietverhältnis" zugewiesen sein muss.[362]   **1343**

In jedem Fall ist der Betreuer, dem beispielsweise nur der Aufgabenkreis „Vermögenssorge" zugewiesen ist, verpflichtet, sich an das Betreuungsgericht zu wenden, um zu eruieren, ob dort die Notwendigkeit einer Aufgabenkreiserweiterung gesehen wird. In einer so wichtigen Angelegenheit wie der Wohnraumaufgabe muss geklärt werden, ob der Betreuer zu einer Vertretung des Betroffenen befugt ist oder nicht. Erklärungen, die der Betreuer außerhalb seines Aufgabenkreises abgibt, sind nicht verbindlich, § 1902 BGB. Es empfiehlt sich daher folgende Anfrage an das zuständige Betreuungsgericht: **1344**

---

360 HK-BUR/*Bauer/Deinert* § 1896 BGB Rn. 9 und BT-Drs. 11/4528, 151.
361 Vgl. *Harm* Schutz betreuter Menschen vor faktischer Wohnungsaufgabe, BtPrax 2013, 99.
362 Abl. MK-BGB/*Schwab* § 1907 Rn. 3.

1345 ┌─ Muster: Anfrage beim Betreuungsgericht wegen Aufgabenkreiserweiterung und ──────
        Ermächtigung zur Kündigung des Mietverhältnisses

Amtsgericht (...)
– Abt. Betreuungen –

In der Betreuungssache
Erna B.
– Az (...) –

führt meine Betreute bis dato einen eigenen Haushalt in der (...)-Straße. Krankheitsbedingt läuft meine Betreute immer wieder spärlich bekleidet auf Grund von Unruhezuständen sowohl nachts als auch tagsüber auf die Straße und irrt dann orientierungslos umher. Allein in den letzten drei Monaten wurde meine Betreute fünfmal als hilflose Person von der Polizei aufgegriffen und auf die geschlossene Station des (...)-Krankenhauses gebracht. Frau B. war nicht im Stande, ihren Namen bzw. ihre Anschrift bekannt zu geben. Ich habe für Frau B. einen Pflegedienst engagiert, der Frau B. viermal am Tag für eine Stunde versorgt. Den Rest des Tages muss sie jedoch allein in ihrer Wohnung verbringen.

Unter den gegebenen Bedingungen halte ich ein weiteres Verbleiben von Frau B. in ihren häuslichen Verhältnissen nicht länger für verantwortbar.

Das erkennende Gericht wies mir den Aufgabenkreis „Vermögenssorge" zu. Ich frage an, ob eine Erweiterung des Aufgabenkreises auf „Wohnungsangelegenheiten" vorzunehmen ist. Ferner beantrage ich,

die Betreuerin wird betreuungsgerichtlich ermächtigt, die Wohnung der Frau B., belegen in der (...)-Straße, aufzulösen und das Mietverhältnis zu kündigen.

(Betreuerin)

1346 Das Betreuungsgericht muss bei einer derartigen Anfrage prüfen, ob für die beabsichtigten Handlungen des Betreuers eine Aufgabenkreiserweiterung erforderlich ist, oder ob der Betreuer im Rahmen des bestehenden Aufgabenkreises handlungsbefugt ist bzw. er nicht tätig werden soll.

1347 Folgender Wohnraum ist von dem Schutzzweck der Norm umfasst:
- Zimmer bzw. Teil eines Zimmers in einem Altenwohnheim;[363]
- Pflegeheimplatz;[364]
- Wohnraummietverhältnis (als Haupt- oder Untermieter).

1348 Ob eine Kündigung eines Altenpflegeheimplatzes unter § 1907 BGB fällt, ist umstritten.[365] Die Anwendung des § 1907 Abs. 1 S. 1 BGB auf Plätze in einem Altenpflegeheim oder -wohnheim ist allerdings geboten, selbst wenn in einem solchen Fall die pflegerischen Leistungen im Vordergrund stehen, weil ansonsten der Betroffene zu einem bloßen Pflegeobjekt verkommen würde. In dieser konkreten Situation ist das entsprechende Pflegeheim der räumliche Lebensmittelpunkt des Betroffenen.[366] Der Betreuer kann einen Heimvertrag fristlos kündigen, wenn

---

363 HK-BUR/*Harm* § 1907 Rn. 9.
364 *Bienwald/Bienwald* C. § 1907 BGB Rn. 17.
365 Dagegen *LG Münster* BtPrax 2001, 81 = FamRZ 2001, 1404 = NJW-RR 2001, 1301 = Rpfleger 2001, 180; dafür *Harm* Der „Heimvertrag" und die Genehmigungspflichten gem. § 1907 BGB, Rpfleger 2012, 53; HK-BUR/*Harm* § 1907 BGB Rn. 3 ff.
366 *Bienwald/Bienwald* C. § 1907 BGB Rn. 18.

er durch ein Hausverbot des Heimträgers gehindert ist, Kontakt mit dem Betreuten aufzunehmen und dadurch die Erfüllung seiner Betreuerpflichten nicht mehr gewährleistet ist.[367]

Gemäß dem Zweck der Norm, lediglich zu vereiteln, dass der Betreute nicht aus seiner gewohnten Umgebung herausgerissen wird, fällt es nicht unter die Genehmigungspflicht, wenn ein Betreuer eine Zweitwohnung, Ferienwohnung oder Wohnraum, den der Betreute für eine andere Person anmietete, auflöst.[368] Hier kann eine Unterlassung der Kündigung bei nicht vorhandenen Mitteln zur Mietzahlung eine zum Schadensersatz begründende Pflichtwidrigkeit darstellen.[369]   **1349**

Wie das Mietverhältnis zu Stande kam, spielt keine Rolle. Der Wohnraum des Betreuten kann dementsprechend von ihm selbst oder aber von einem gesetzlichen Vertreter wie dem Betreuer, angemietet worden sein. Ferner kann der Betreute als Ehegatte, Familienangehöriger oder Erbe in das Mietverhältnis eingetreten sein, § 563 BGB, ohne jemals selbst einen Mietvertrag abgeschlossen zu haben. Auf welche Art der Wohnraum des Betreuten aufgegeben werden soll, sei es durch Kündigung des Betreuers oder Kündigung des unter Einwilligungsvorbehalts stehenden Betreuten mit Zustimmung des Betreuers, ist ebenfalls unerheblich.   **1350**

Die betreuungsgerichtliche Genehmigung ist vor der Kündigung gegenüber dem Vermieter einzuholen (§ 1831 BGB). Hinblicklich des Genehmigungsverfahrens wird auf die nachstehende Checkliste verwiesen.   **1351**

┌─ **Checkliste: Verfahren Wohnraumaufgabe** ──────────────────────   **1352**

1. Örtliche Zuständigkeit: das Betreuungsgericht, bei dem die Betreuung anhängig ist, § 272 FamFG
2. Funktionelle Zuständigkeit: Rechtspfleger, §§ 3 Nr. 2a, 15 Abs. 1 RPflG
3. Genehmigungsantrag des Betreuers
4. Obligate Anhörung des Betroffenen, § 299 FamFG, es sei denn, es sind erhebliche gesundheitliche Nachteile für den Betroffenen zu besorgen oder dieser ist offenkundig nicht in der Lage, seinen Willen kundzutun, § 34 Abs. 2 FamFG
5. Bestellen eines Verfahrenspflegers bei Unterbleiben der Anhörung, § 276 FamFG
6. Anhörung von Angehörigen oder der Betreuungsbehörde, § 279 FamFG, nicht obligat, jedoch § 26 FamFG beachten
7. Begründung der Genehmigungsentscheidung wegen Eingriffscharakter erforderlich
8. Schriftliche Genehmigungserteilung gegenüber Betreuer, § 287 FamFG
9. Bekanntgabe an den Betreuten, § 41 FamFG

Der Betreute ist nach § 275 FamFG verfahrensfähig. Das Betreuungsgericht hat den Betreuten gem. § 299 FamFG anzuhören.[370] Zuständig bei Gericht ist der Rechtspfleger. Regelmäßig ist der Betroffene auch im Rahmen des Beschwerdeverfahrens erneut persönlich anzuhören.[371] Das Gericht orientiert sich bei der zu treffenden Entscheidung ausschließlich am Wohl des Betreuten. Es muss mit Gewissheit feststehen, dass der Betreute nicht mehr in seinen häuslichen Verhältnissen bleiben kann auch unter Berücksichtigung von zur Verfügung stehenden oder noch zu organisierenden Hilfen.[372]   **1353**

---

367 *LG Kempten* BtPrax 2001, 171.
368 *LG Münster* BtPrax 1994, 67 = FamRZ 1994, 531 = MDR 1994, 276 = Rpfleger 1994, 251.
369 *LG Berlin* FamRZ 2000, 1527.
370 *OLG Köln* FGPrax 2009, 71.
371 *OLG Frankfurt/Main* FamRZ 2006, 1875.
372 *Bobenhausen* Wohnungskündigung durch den Betreuer, Rpfleger 1994, 13 f.

1354 Um hierüber Aufschluss zu erlangen, muss das Gericht im Rahmen der Amtsermittlung ein ärztliches Zeugnis/Gutachten über den Gesundheitszustand des Betroffenen einholen. In Zweifelsfällen bedarf es immer der Einholung eines Sachverständigengutachtens, das sich insbesondere mit der Rückkehrprognose befasst sowie zu den Auswirkungen der Wohnungsaufgabe und den verbliebenen Möglichkeiten einer selbstständigen Lebensführung.[373] Es ist nicht obligat, dass der Betreuer seinem Genehmigungsantrag ein ärztliches Zeugnis beifügt. Das Gericht muss sich weiterhin vor Augen halten, dass eine Vielzahl von Betroffenen zwar im Krankenhaus sehr verwirrt ist, sich aber auf Grund eines intakten Langzeitgedächtnisses noch gut in der Wohnung zurechtfindet. 46 % aller Betroffenen sterben in den ersten sechs Monaten nach einer Heimaufnahme.[374] Diese bedrückende Bilanz verdeutlicht, dass von vielen Betroffenen der Wohnungsverlust als traumatisch erlebt wird. Pekuniäre Erwägungen sind lediglich in sekundärer Hinsicht in Betracht zu ziehen.

1355 Die betreuungsgerichtliche Genehmigung hat den Charakter einer Außengenehmigung, d.h. ohne deren Vorliegen ist eine ausgesprochene Kündigungserklärung unwirksam, §§ 1908i, 1831 BGB.[375] Die Kündigung selbst erfordert die Schriftform (§ 568 i.V.m. § 126 BGB). Das heißt, die Kündigung muss eine handschriftliche Unterschrift des Betreuers enthalten (ein Fax reicht nicht aus). Aus Gründen der Beweissicherung sollte sie via Einschreiben erfolgen.

1356 Der Vermieter kann die Kündigung zurückweisen, wenn ihr nicht die gerichtliche Genehmigung beiliegt – und zwar ebenfalls „in schriftlicher Form" (§ 1831 S. 2 BGB), d.h. in Form einer Ausfertigung des Beschlusses. Eine Kopie genügt auch hier nicht. Weist der Vermieter die Kündigung nicht unverzüglich deswegen zurück, genügt es allerdings, wenn die Genehmigung dem Betreuer vorliegt. Das Verfahren der betreuungsger. Genehmigung einer Wohnungskündigung nach § 1907 Abs. 1 BGB erledigt sich in der Hauptsache, wenn der Vermieter seinerseits gekündigt hat und die Wohnung daraufhin geräumt wurde.[376]

1357 Wird ein allein mit der Betroffenen bestehendes Mietverhältnis mit Genehmigung des Betreuungsgerichts durch den Betreuer gekündigt, so ist der ebenfalls in der Wohnung lebende Sohn der Betroffenen zur Beschwerde gegen die Genehmigung nicht befugt. Auch seine Erbenstellung nach dem zwischenzeitlichen Tod der Betroffenen ändert hier dran nichts.[377]

e) Restliche Mietkosten nach Kündigung oder Genehmigungsantrag

1358 Im Fall einer beabsichtigten Kündigung seitens des Betreuers befindet sich der Betreute meist schon in einem Pflegeheim. Wenn der Sozialhilfeträger zur (ergänzenden) Übernahme der Heimkosten im Rahmen der Hilfe zum Lebensunterhalt, also wegen fehlender verfügbarer Mittel des Betreuten, verpflichtet ist, stellt sich die Frage der restlichen Wohnungskosten. Hierbei kommt zum einen der Zeitraum eines betreuungsgerichtlichen Genehmigungsverfahrens nach § 1907 Abs. 1 BGB in Frage, zum anderen die grundsätzlich dreimonatige Kündigungsfrist aus dem mietrechtlichen Verhältnis (§ 573c Abs. 1 BGB).

1359 Außerdem kann es um abschließende Wohnungsrenovierungskosten und ggf. die Kosten der Wohnungsräumung gehen. Nur zum Teil steht eine Kaution zur Verfügung, um daraus die restlichen Kosten zu bestreiten.

---

373 *OLG Oldenburg* NJW-RR 2003, 232, 233.
374 *Coeppicus* Die Betreuung mit dem Aufgabenkreis der Aufenthaltsbestimmung/Selbstbestimmungsrecht, FamRZ 1992, 741, 743.
375 HK-BUR/*Harm* § 1907 Rn. 13.
376 *BayObLG* Beschl. v. 13.11.1997, 3Z BR 397/97, BtE 1996/97, 87.
377 *KG* FGPrax 2010, 25 = FamRZ 2010, 494.

Die Rechtsprechung hat hierzu im Wesentlichen festgestellt, dass jedenfalls der Genehmigungszeitraum des Verfahrens nach § 1907 BGB eine weitere Übernahmepflicht seitens des Sozialhilfeträgers begründet.[378] Dies gilt auch für die Räumungskosten[379] sowie die Umzugskosten[380]. Auch der Kündigungszeitraum selbst ist zu übernehmen, wenn der Betreuer nachweisen kann, dass die Heimaufnahme dringend erfolgen musste und nicht bereits Monate zuvor eine Kündigung absehbar war, damit Überschneidungskosten hätten vermieden werden können und auch eine Suche nach einem Mietnachfolger erfolglos blieb.[381]

1360

f) Sonstige genehmigungsbedürftige Willenserklärungen

Das vorstehend beschriebene Verfahren gilt nicht nur für die Kündigung des Wohnraums, sondern auch für alle sonstigen Beendigungstatbestände wie

1361

- Antrag oder Annahme eines Aufhebungsvertrages;
- Verzichtsvertrag;
- Rücktritt vom Vertrag (Beispiel: Der Vermieter kommt in der Wohnung eines Betreuten mit der Instandsetzung einer Wand, die mit Schimmelpilz befallen ist, in Verzug. Es handelt sich um einen nicht hinzunehmenden Mangel der Mietsache. Der Betreuer setzt dem Vermieter eine Frist zur Beseitigung und droht diesem nach § 326 Abs. 1 S. 2 BGB den Rücktritt vom Mietvertrag an für den Fall, dass keine termingerechte Abhilfe erfolgt.);
- Anfechtung wegen Willensmängeln nach § 119 ff. BGB (Beispiel: Der Betreute schließt selbst mit dem Vermieter einen Mietvertrag über die Wohnung Parterre rechts, belegen in der (…)-Straße, ab. Infolge eines Büroversehens wird ein Mietvertrag über die Wohnung Parterre links, (…)-Straße, ausgefertigt. Der Betreute unterschreibt den Mietvertrag, ohne den Irrtum zu bemerken. Aus diesem Grunde ist er zur Anfechtung des Mietvertrages nach § 119 BGB berechtigt.);
- Ablehnungserklärung nach § 563a Abs. 1 und 2 BGB (Beispiel: Der Betroffene lebt mit seiner Frau, die alleinige Hauptmieterin ist, in einer Mansardenwohnung. Nach dem Tod seiner Frau will der Betroffene aus der Wohnung ausziehen und beabsichtigt, gegenüber dem Vermieter zu erklären, dass er das Mietverhältnis nicht i.S.d. § 563a BGB fortsetzen möchte.).

Solche Verträge können als zweiseitige Rechtsgeschäfte auch nachträglich vom Gericht genehmigt werden (§ 1829 BGB). Auch hier ist es für den Betreuer risikoloser, die Genehmigung (§ 1907 Abs. 2 BGB) vorab einzuholen.

1362

g) Verlust des Wohnraumes auf Initiative des Vermieters

Wie hoch der Gesetzgeber des BtG den Schutz der häuslichen Umgebung des Betroffenen ansiedelt, wird anhand der Regelung des § 1907 Abs. 2 BGB deutlich, in der dem Betreuer Mitteilungspflichten auferlegt sind für den Fall, dass es zu einer Beendigung des Mietverhältnisses auf Grund von Umständen kommt, die nicht durch § 1907 Abs. 1 BGB erfasst sind. Im Falle des § 1907 Abs. 2 BGB geht die Initiative zur Auflösung des Mietverhältnisses nicht von dem

1363

---

378 *BVerwG* EzFamR BGB § 1907 Nr. 1 = FEVS 48, 241 = info also 1998, 150 = JurionRS 1997, 22945.
379 *LSG Niedersachsen-Bremen* info also 2009, 144 = ZfF 2009, 86 = JurionRS 2007, 51328.
380 *BSG* Beschl. v. 15.11.2012, B 8 SO 25/11 R.
381 *LSG NRW* Urt. v. 18.2.2010, L 9 SO 6/08, IMR 2010, 327 = info also 2011, 144 = ZfF 2011, 139; *VGH Baden-Württemberg* Beschl. v. 8.6.1999, 7 S 458/99; *Nieders. OVG* Beschl. v. 25.10.2001, 4 MA 2598/01; *LSG Baden-Württemberg* FamRZ 2011, 1010 = R&P 2011, 114 = SRA 2011, 115; *LSG Berlin-Brandenburg* BtPrax 2011, 179.

Betreuer oder dem Betreuten aus, sondern von dem Vermieter. Folgende Tatbestände kommen nach § 1907 Abs. 2 S. 1 BGB in Betracht:

- Kündigung durch den Vermieter;
- Räumungsverlangen/Räumungsklage des Vermieters;
- Rücktritt des Vermieters vom Vertrag;
- Anfechtung des Vertrages durch den Vermieter.

1364 Der Zweck der Vorschrift liegt darin sicherzustellen, dass das Betreuungsgericht rechtzeitig zu Gunsten des Betroffenen intervenieren und dem Betreuer für den Fall eines pflichtwidrigen Agierens eine Weisung erteilen kann, § 1837 Abs. 2 BGB. Der Reformgesetzgeber argwöhnt, dass die Interessen des Vermieters, einen unbequemen Mieter schnell loszuwerden, sich mit denjenigen des Betreuers, einen im Umgang schwierigen Betreuten in eine gesicherte Heimsituation zu verbringen, verbinden könnten.[382] Dieses Zusammenspiel könnte dann im Endeffekt dazu führen – so der Reformgesetzgeber – dass der Betreuer sich nicht mit der gebotenen Energie einem Kündigungsbegehren eines Vermieters im Räumungsprozess widersetzt.[383] § 1837 BGB gestattet dem Betreuungsgericht ein Einschreiten gegen ein pflichtwidriges Handeln des Betreuers. Um überprüfen zu können, ob ein dementsprechendes Tätigwerden bzw. im Falle des § 1907 Abs. 2 BGB Untätigbleiben vorliegt, muss der Betreuer das Betreuungsgericht von der drohenden Beendigung des Mietverhältnisses in Kenntnis setzen. Dies könnte etwa nach folgendem Muster geschehen:

1365 ┌─ **Muster: Information des Betreuungsgerichtes über drohenden Wohnungsverlust des Betreuten** ─┐

Amtsgericht (…)
– Abt. Betreuungen–

In der Betreuungssache
Benno K.
– Az (…) –

möchte ich das erkennende Gericht von den nachstehenden Umständen unterrichten:

Wie meinen Berichten entnommen werden kann, führt mein Betreuter einen eigenen Haushalt in der (…)-Straße. Bei meinem letzten Besuch in der Wohnung meines Betreuten erfuhr ich, dass diesem eine Räumungsklage seines Vermieter zugestellt wurde. Der Rechtsstreit ist bei dem Amtsgericht (…) zu Az (…), Hausverwaltung T. ./. Benno K., rechtshängig. Grund für den Ausspruch der fristlosen Kündigung des Vermieters gegenüber meinem Betreuten bildete der Umstand, dass dieser immer wieder Abfallwasser von seinem Balkon schüttete, was Mitmieter zu Beschwerden verlasste. Als der Vermieter sich daraufhin zu meinem Betreuten an die Wohnungstür begab, um um Abstellung seines Verhaltens zu ersuchen, wurde dieser aggressiv und beschimpfte den Vermieter als „alte widerliche Drecksau", „Halunken, Verbrecher" und dergleichen mehr. Ferner griff er den Vermieter in Anwesenheit des Hausverwalters, Herrn V., tätlich an. Der Vorfall wurde mir in der Form von dem Nachbarn Herrn Z., der zufällig Zeuge dieser Szene wurde, so glaubhaft geschildert.

---

382 BT-Drs. 11/4528, 151.

383 Exemplarische Gerichtsentscheidungen zu vermieterseitigen Kündigungen bei sozial unangepasstem Verhalten: Zwei Polizeieinsätze mit gewaltsamem Öffnen der Tür: Recht zur fristlosen Kündigung bejaht; Verkommenlassen der Wohnung, Gestank, Ausschütten von Abfallwasser v. Balkon: Recht zur fristlosen Kündigung bejaht; ruhestörender Lärm durch psychisch kranke Mieter: Recht zur fristlosen Kündigung verneint, Recht zur ordentlichen Kündigung bejaht; Beleidigung und Misshandlung des Vermieters, Belästigung und Tätlichkeiten gegenüber Mitmietern: Recht zur fristlosen Kündigung bejaht.

Der Vermieter hat unmittelbar nach diesem Vorkommnis das Mietverhältnis mit meinem Betreuten fristlos gekündigt mit Hinblick auf § 554a BGB. Ich begab mich zu Herrn Rechtsanwalt Torsten N. zwecks Überprüfung der Erfolgsaussichten einer Verteidigung in dem vorliegenden Rechtsstreit. Herr Rechtsanwalt N. riet mir dazu, den Kündigungsanspruch des Vermieters – auch aus Kostengründen – anzuerkennen. Laut Auskunft von Herrn Rechtsanwalt N. liegen bereits mehrere höchstrichterliche Entscheidungen in Parallelangelegenheiten vor, in denen ein Kündigungsbegehren des Vermieters Erfolg hatte.

Ich beabsichtige daher in dem vorbezeichneten Prozess nicht, dem Klagebegehren des Vermieters aktiv entgegenzutreten. Ich denke, dass es besser ist, einen angemessenen Räumungsvergleich zu erzielen, damit mir genug Zeit bleibt, eine andere, adäquate Wohnmöglichkeit für meinen Betreuten zu finden.

Da gerichtliche Fristen zu beachten sind, bitte ich um baldige Auskunft, wie ich mich verhalten soll.

(Betreuerin)

Vorliegend hat die Betreuerin glaubhaft geschildert, wieso es keinen Sinn hat, dem Räumungsbegehren des Vermieters prozessual etwas entgegenzusetzen. Es ist nicht die Aufgabe des Betreuungsgerichtes, Prognosen über den Ausgang eines Prozesses abzugeben. Gleichwohl ermöglicht die Vorschrift dem Gericht ein Einschreiten, wenn es feststellt, dass der Betreuer zu Lasten des Betreuten seinen Ermessensspielraum überschreitet. Der Schutzzweck dieser Norm greift nicht nur dann, wenn der Betreuer von Anfang an keine aktive Prozessverteidigung des Betreuten in einem anhängigen Räumungsverfahren beabsichtigt, sondern auch, wenn es auf Vorschlag des Gerichts zu einem Räumungsvergleich kommt. **1366**

Beispiel: Der Vermieter hat gegen den Betroffenen eine fristlose Kündigung des Mietverhältnisses ausgesprochen. Grund bildete der Umstand, dass der Betroffene immer wieder Zechgelage bis in die späte Nacht abhielt, was zu erheblichen Lärmbelästigungen und Beschwerden anderer Mieter führte. Trotz erfolgter Abmahnung kam es zu keiner Verhaltensänderung. Der Vermieter erhob Räumungsklage. Im Termin zur mündlichen Verhandlung schlug der Amtsrichter vor, sich dergestalt zu einigen, dass das Mietverhältnis zwischen den Parteien beendet wird unter Bewilligung einer großzügig bemessenen Räumungsfrist von (…) Monaten. Alle wechselseitigen Ansprüche aus dem Vertragsverhältnis, einschließlich der Verpflichtung zur Vornahme von Schönheitsreparaturen durch den Betroffenen, waren erledigt. Dieser Vergleich soll zu Protokoll genommen werden. **1367**

▶ **Hinweis:** Es empfiehlt sich, in einem derartigen Fall stets das Gericht um eine längere Widerrufsfrist zu bitten und den Vergleich nur dann protokollieren zu lassen, wenn diese gewährt wird. **1368**

Zwar bestimmt § 1822 Nr. 12 BGB, dass der Betreuer keiner Genehmigung des Betreuungsgerichts bedarf, wenn der von ihm schriftlich abgeschlossene oder protokollierte Vergleich einem gerichtlichen Vorschlag entspricht. Diese Feststellung bezieht sich jedoch ausschließlich auf vermögensrechtliche Ansprüche und nicht auf die Aufgabe von Wohnraum.[384] ◀

Voraussetzung für Mitteilungspflicht ist freilich, dass das Betreuungsgericht dem Betreuer die Aufgabenkreise „Sorge für die Mietangelegenheiten" oder „Aufenthaltsbestimmungsrecht" **1369**

---

384 HK-BUR/*Harm* § 1907 Rn. 12.

übertragen hat.[385] Allerdings heißt dies nicht, dass beispielsweise ein Betreuer mit dem Aufgabenkreis „Vermögenssorge" einem durch den Vermieter herbeigeführten Wohnungsverlust tatenlos zusehen dürfte. Erfährt ein derartiger Betreuer von einem bevorstehenden Wohnungsverlust seines Betreuten, ist er gehalten, unverzüglich das Betreuungsgericht nach § 1901 Abs. 5 BGB zu unterrichten, damit dort erforderlichenfalls eine Aufgabenkreiserweiterung in die Wege geleitet wird.[386]

1370   Die gleiche Mitteilungspflicht trifft den Betreuer nach § 1907 Abs. 2 S. 2 BGB, wenn Wohnraum des Betreuten „auf andere Weise" verlustig gehen soll. Als Beispiel wird von dem Regierungsentwurf die faktische oder rechtsgeschäftliche Aufgabe eines dinglichen Wohnrechts angegeben.

1371   **Beispiel:**   Die hochbetagte Bertha W. verschenkte ein ihr gehörendes Hausgrundstück an ihren Neffen Ingolf N. In dem notariellen Vertrag wurde zu ihren Gunsten ein lebenslanges Wohnrecht niedergelegt, welches im Grundbuch eingetragen wurde. Frau W. wird inkontinent, schwerhörig und desorientiert. Laut ärztlichem Attest ist sie bei allen Verrichtungen des täglichen Lebens hilflos und auf umfassende Hilfe angewiesen. Da eine ambulante Versorgung von Frau W. zu Hause nicht garantiert wäre, teilt der Betreuer dem Betreuungsgericht seine Absicht einer Verlegung in das (...)-Krankenheim mit.

h)   Unverzüglichkeit der Mitteilung

1372   Die Mitteilung hat unverzüglich, d.h. ohne schuldhaftes Zögern, zu erfolgen, § 121 Abs. 1 BGB. In jedem Falle muss es dem Betreuungsgericht ermöglicht werden, vor einer Aufgabe der Wohnung rechtzeitig mit Weisungen nach §§ 1908i, 1837 BGB einzugreifen.[387] Verletzt der Betreuer seine Mitteilungspflichten, so ist dieses Unterlassen als Pflichtwidrigkeit zu qualifizieren mit der Folge einer möglichen Haftung nach §§ 1833, 1908 i.V.m. Abs. 1 S. 1 BGB.[388]

i)   Kündigungsschutz des Betreuten

1373   Im Nachstehenden wird erläutert, welche Möglichkeiten der Rechtsverteidigung seitens eines Betreuers bestehen, wenn der Betreute Adressat einer Wohnraumkündigung wird. Zunächst einmal obliegt es dem Betreuer, dem zuständigen Betreuungsgericht von der erfolgten fristlosen oder fristgemäßen Kündigung Mitteilung zu machen, § 1907 Abs. 2 BGB. Voraussetzung ist, dass dem Betreuer der Aufgabenkreis „Mietverhältnis" oder „Aufenthaltsbestimmung" vom Betreuungsgericht zugewiesen wurde. Wurde der Betreuer lediglich mit dem Aufgabenkreis „Vermögenssorge" oder „Heilbehandlungsmaßnahmen" ausgestattet, ist er gem. § 1901 Abs. 5 BGB verpflichtet, dem Betreuungsgericht die Kündigungsabsichten des Vermieters anzuzeigen, damit dort überlegt werden kann, ob zu Gunsten des Betreuten eine Erweiterung des Aufgabenkreises auf „Wohnungsangelegenheiten" oder „Regelung der Mietangelegenheiten" vorgenommen wird.

1374   Die Unterrichtung des Betreuungsgerichts muss mit Hinblick auf die überragende Bedeutung, die der Reformgesetzgeber der Wohnung des Betreuten beimisst, zum frühestmöglichen Zeitpunkt erfolgen. Dies ist spätestens die Zustellung einer Abmahnung des Vermieters an den

---

385 MK-BGB/*Schwab* § 1907 Rn. 16.
386 HK-BUR/*Harm* § 1907 Rn. 17.
387 *Bienwald/Bienwald C.* § 1907 BGB Rn. 42.
388 MK-BGB/*Schwab* § 1907 Rn. 17; *Bienwald/Bienwald C.* § 1907 BGB Rn. 45.

Mieter im Falle etwa von gerügtem vertragswidrigem Verhalten. Eine Abmahnung muss man sehr ernst nehmen, denn sie ist juristisch als Kündigungsvorbereitung anzusehen. Steht der Betreute nicht unter Einwilligungsvorbehalt, kann ihm persönlich die Abmahnung von dem Vermieter zugestellt werden, vgl. Umkehrschluss aus § 131 Abs. 2 BGB.

▶ **Hinweis:** Bahnt sich eine Kündigungserklärung des Vermieters an, sollte man zum Schutze des geschäftsfähigen Betreuten einen Einwilligungsvorbehalt bei dem Betreuungsgericht anregen. Die Folge eines angeordneten Einwilligungsvorbehaltes ist, dass dem Betreuten persönlich zugestellte Abmahnungen oder Kündigungserklärungen rechtlich unwirksam sind, § 131 Abs. 2 BGB. Geschäftsunfähigen Betreuten (z.B. stellt das im anhängigen Betreuungsverfahren eingeholte Sachverständigengutachten das Fehlen der freien Willensbestimmung fest) kann ohnehin nicht wirksam eine Kündigungserklärung zugestellt werden, § 131 Abs. 1 BGB. Klagt der Vermieter in diesen Fällen, bevor der Betreuer von der Abmahnung Kenntnis erlangt, so muss der Vermieter die Prozesskosten tragen. Das geht aus einem Beschluss des Bundesgerichtshofes hervor.[389] Die an die Mieterin persönlich gerichtete Abmahnung sei aufgrund der Geschäftsunfähigkeit der Beklagten unwirksam gewesen, da auf eine Abmahnung als rechtsgeschäftliche, empfangsbedürftige Willenserklärung die Vorschriften über Rechtsgeschäfte entsprechend anzuwenden seien. ◀

1375

Im Folgenden soll der Gang eines normalen Kündigungsverfahrens an Hand eines Falles erläutert werden. Dem Sachverhalt liegt eine Entscheidung des *AG Frankfurt/Main*[390] zu Grunde, wobei der Fall leicht abgewandelt wurde.

1376

Beispiel: Die 78 Jahre alte Emma M. leidet nach dem Tode ihres Mannes unter starker Einsamkeit. Sie bewohnt eine 2,5-Zimmer-Wohnung, und zu ihren Gunsten wurde ein Betreuer bestellt mit dem Aufgabenkreis „Vermögenssorge". Die einzigen Freunde von Emma M. sind Tauben, die sie sowohl auf ihrem Balkon als auch in ihrer Wohnung füttert. Die Ausscheidungen der Tiere und deren Gurren stellen eine erhebliche Belästigung anderer Mieter dar und haben zugleich eine Gefährdung des Mietobjekts zur Folge. Auf Grund der Beschwerden der Mitmieter schreibt der Vermieter Frau M. eine Abmahnung.

1377

┌ **Muster: Abmahnung des Vermieters an den Betreuten** ─────────────────

1378

Sehr geehrte Frau M.,

wie mir von Ihren Mitmietern zugetragen wurde, verhalten Sie sich als Mieterin der von Ihnen innegehaltenen Wohnung, (. . .), in letzter Zeit vertragswidrig. Dies ergibt sich hieraus:

Sie füttern und beherbergen sowohl auf dem Balkon als auch in Ihrer Wohnung eine Vielzahl von Tauben. Das Gurren der Tiere wird von Ihren Mitmietern als störende Lärmbelästigung empfunden. Der ganze Balkon ist mittlerweile mit Taubenexkrementen verschmutzt.

Mit Ihrer Handlungsweise überschreiten Sie bei weitem den vertragsgemäßen Gebrauch der von Ihnen gemieteten Räume.

Ich habe Sie aufzufordern, Ihr vertragswidriges Verhalten unverzüglich zu unterlassen. Sollten Sie mit den geschilderten Verhaltensweisen fortfahren, werde ich das Mietverhältnis fristlos kündigen.

Hochachtungsvoll
(Vermieter)

---

389 *BGH* NJW 2007, 2180 = MDR 2007, 1066 = NZM 2007, 481.
390 WM 1977, 66.

1379 Es ist mietrechtlich umstritten, ob die Abmahnung eine Kündigungsandrohung enthalten muss. Die Abmahnung muss jedoch die ernsthafte Absicht des Vermieters erkennen lassen, das Mietverhältnis zu beenden. Ferner ist der Vermieter verpflichtet, in der Abmahnung dezidiert die gerügten Vertragsverstöße zu bezeichnen. Die Abmahnung hat zwei Funktionen: die der Rüge und die der Warnung. Allerdings können Abmahnung und Kündigung auch im Prozess nachgeholt werden. Danach kann also in einer vorprozessual erklärten Kündigung eine Abmahnung und in der Erhebung der Räumungsklage die Kündigung zu sehen sein.[391]

1380 Erwartungsgemäß passiert nichts, d.h. Emma M. stellt die vertragswidrige Fütterung der Tauben nicht ein. Frau M. wird daraufhin Adressatin einer fristlosen Kündigung durch den Vermieter.

1381 ┌─ **Muster: Fristlose Kündigung des Vermieters** ───────────────────

Sehr geehrte Frau M.,

hiermit kündige ich das zwischen uns bestehende Mietverhältnis fristlos, denn Sie setzten trotz meiner Abmahnung vom (…) den vertragswidrigen Gebrauch der Mietsache fort, indem Sie in der Wohnung und auf dem Balkon eine Vielzahl von Tauben fütterten, deren lautes Gurren Mitmieter belästigt. Mitbewohner haben deshalb mir gegenüber bereits den Mietzins gekürzt. Zudem gefährden die Ausscheidungen der Tiere die Substanz meines Eigentums.

Ich fordere Sie daher auf, bis spätestens zum (…) die Wohnung an mich geräumt herauszugeben.

Bereits jetzt wird einer stillschweigenden Verlängerung des Mietverhältnisses bei Fortsetzung des Gebrauchs der Mietsache gem. § 568 BGB widersprochen.

Hochachtungsvoll
(Vermieter)

1382 Ist einer fristlosen Kündigung eine Abmahnung vorausgegangen, so muss sich aus dem Kündigungsschreiben ergeben, welche Vertragsverletzungen der Mieter nach dem Zugang der Abmahnung begangen haben soll. Eine Bezugnahme auf eine frühere Anmahnung reicht nicht. Allerdings braucht der Vermieter die fristlose Kündigung nicht zu begründen.[392]

1383 Zum notwendigen Inhalt einer Kündigung gilt es, auf einen Rechtsentscheid des *BayObLG* zu rekurrieren, der nach wie vor richtungsweisend ist:

- In dem Kündigungsschreiben sind sämtliche Gründe, die als berechtigtes Interesse des Vermieters für die ausgesprochene Kündigung berücksichtigt werden sollen, grundsätzlich auch dann nochmal anzugeben, selbst wenn sie dem Mieter bereits zuvor mündlich oder schriftlich mitgeteilt wurden;
- der Vermieter genügt seiner Pflicht zur Begründung der Kündigung, wenn er einen konkreten Lebenssachverhalt schildert, weswegen er die Wohnung zurückerlangen will. Ein Kündigungsgrund muss im Kündigungsschreiben nach § 573 Abs. 3 BGB so ausreichend spezifiziert sein, dass er unterscheidbar ist von anderen Lebenssachverhalten.[393]

1384 Dem Mieter soll es hierdurch ermöglicht werden, möglichst frühzeitig die Kündigungsgründe zu erkennen, um seine Rechtsverteidigung hierauf einstellen zu können.

---

391 *Sternel* Mietrecht aktuell, 4. Aufl. 2009, Rn. 1168.
392 *OLG Karlsruhe* NJW 1982, 2004.
393 *BayObLG* NJW 1981, 2197.

Wäre der Betreuer bereits im jetzigen Stadium mit seiner Anregung durchgedrungen, zu **1385**
Gunsten von Frau M. einen Einwilligungsvorbehalt anzuordnen, so wäre die fristlose Kündigung des Vermieters nach § 131 Abs. 2 BGB nicht wirksam zugestellt. Erlangt der Betreuer erst jetzt Kenntnis von der fristlosen Kündigung, muss er unverzüglich das Betreuungsgericht hiervon in Kenntnis setzen, § 1901 Abs. 5 BGB.

Muster: Information des Betreuungsgerichts durch den Betreuer über fristlose **1386**
Kündigung des Vermieters

Amtsgericht (...)
– Betreuungsgericht –

In der Betreuungssache
Emma M.
Az (...)

wurde ich von dem erkennenden Gericht zum Betreuer mit dem Aufgabenkreis „Vermögensanlegenheiten" bestellt. Anlässlich meines letzten Hausbesuchs bei Frau M. legte mir diese eine fristlose Kündigung ihres Vermieters vor, welches ich in der Anlage in Kopie überreiche.

Ich beabsichtige, einen Rechtsanwalt mit der Rechtsverteidigung von Frau M. in dem Räumungsrechtsstreit zu beauftragen. Weiterhin will ich versuchen, mich mit dem Vermieter außergerichtlich zu einigen. Ich bin bestrebt, für Frau M. einen Platz in einer geriatrischen Tagesstätte zu erhalten. Ich frage an, ob es bezüglich der Vertretung in dem anstehenden Räumungsprozess einer Aufgabenkreiserweiterung bedarf. Bis dato wurde mir der Aufgabenkreis „Wohnungsangelegenheiten" von dem erkennenden Gericht noch nicht übertragen.

(Betreuerin)

Als nächsten Schritt wird dann der Vermieter eine Räumungsklage bei dem zuständigen Amts- **1387**
gericht einreichen. Sachlich und örtlich zuständig als ausschließlicher Gerichtsstand nach § 29a ZPO ist das Amtsgericht, in dessen Bezirk sich der Wohnraum befindet.

Muster: Räumungsklage des Vermieters **1388**

Amtsgericht (...)

Klage

in Sachen

des Vermieters Heiner G., (...)

– Klägers –

Prozessbevollmächtigte:
Rechtsanwälte Roland W. und Partner, (...)

gegen
die Rentnerin Emma M., (...)

– Beklagte –

wegen: Räumung
Streitwert: (...)

Namens und in Vollmacht des Klägers erheben wir Klage mit dem Antrag,

1. die Beklagte zu verurteilen, die von ihr innegehaltene Wohnung (...), Vorderhaus, 2. Stockwerk, bestehend aus $2^{1/2}$ Zimmern, Küche, Flur, Bad und WC sowie einem dazu gehörigen Kellerraum, geräumt an den Kläger herauszugeben;

2. der Beklagten die Kosten des Rechtsstreits aufzuerlegen;
3. im Falle der nicht rechtzeitig erklärten Verteidigungsabsicht Versäumnisurteil zu erlassen im schriftlichen Vorverfahren.

Begründung:

Der Kläger ist Vermieter, die Beklagte Mieterin der streitgegenständlichen Wohnung. In dem Miethaus des Klägers leben insgesamt 25 Mietparteien. Seit geraumer Zeit beschweren sich Mitmieter der Beklagten darüber, dass die Beklagte in ihrer Wohnung und auf ihrem Balkon eine Vielzahl von Tauben füttert und diese sich auch dort aufhalten. Die Tieren geben Tag und Nacht laute Gurrgeräusche von sich, was von den Mitmietern als Lärmbelästigung empfunden wird. Die Mietparteien Hiltrud und Werner W. und Hans Z., die unmittelbaren Nachbarn der Beklagten, haben deswegen auch schon Mietkürzungen gegenüber dem Kläger erklärt und vorgenommen.

Beweis: 1. Schreiben der Mieter Hiltrud und Werner W. vom (...) in Kopie
          2. Schreiben des Mieters Hans Z. vom (...) in Kopie

Wegen der geschilderten Verhaltensweisen der Beklagten wurde diese mit Schreiben des Klägers vom (...) abgemahnt.

Beweis: Abmahnung des Klägers vom (...)

Die Beklagte ließ sich davon nicht beeindrucken und setzte die gerügten Verhaltensweisen fort, so dass mit klägerischem Schreiben vom (...) das Mietverhältnis fristlos gekündigt wurde.

Beweis: Kündigungsschreiben des Klägers vom (...) in Kopie

Die Beklagte hat zum Kündigungszeitpunkt, dem (...), die Wohnung nicht herausgegeben.

Aus alledem ergibt sich, dass Klageerhebung geboten war.

Beglaubigte und einfache Abschrift liegen an.

(Rechtsanwalt)

1389 Zum Wohle der Beklagten spricht das Betreuungsgericht eine Erweiterung des Aufgabenkreises auf „Wohnungsangelegenheiten" aus. Der Betreuer beauftragt einen Rechtsanwalt mit der Rechtsverteidigung. Dieser wird im Rahmen der gesetzten richterlichen Fristen wie folgt auf die Räumungsklage erwidern:

1390 ┌─ **Muster: Erwiderung auf die Räumungsklage des Vermieters** ───────

Amtsgericht (...)

In Sachen
Heiner G. ./. Emma M.
– Az (...) –

zeigen wir an, dass der gesetzliche Vertreter der Beklagten, Herr Diplom-Sozialpädagoge Bernhard H., uns mit der Vertretung der Beklagten beauftragte. Herr H. wurde mit Beschluss des Amtsgerichts (...), Betreuungsgericht, vom (...) zu Az (...) zum Betreuer der Beklagten bestimmt mit den Aufgabenkreisen „Vermögenssorge" und „Wohnungsangelegenheiten". Kopie des Betreuerausweises liegt an. Namens und in Vollmacht der Beklagten werden wir beantragen zu erkennen:

1. Die Klage wird abgewiesen.
2. Für den Fall der Verurteilung zur Räumung wird der Beklagten eine in das Ermessen des Gerichts gestellte Räumungsfrist, mindestens bis zum (...), bewilligt.

Begründung:

Zum Antrag auf Abweisung des Räumungsantrags wird das Nachstehende ausgeführt:

Die Beklagte hat infolge von Einsamkeit zugegebenermaßen die Tauben gefüttert. Sie hat den Tod ihres vorverstorbenen Ehegatten schlecht verkraftet. Der Betreuer hat die Lebenssituation der Beklagten mittlerweile vollständig verändert. Sie wird täglich morgens um 8.00 Uhr zum Besuch einer geriatrischen Tagesstätte abgeholt und kehrt erst gegen 17.00 Uhr in ihre Wohnung zurück. Danach nimmt sie in Anwesenheit eines Pflegedienstes ihr Abendessen ein und geht wenig später, weil der Tagesablauf sie anstrengt, ins Bett.

Beweis: Bescheid des Bezirksamts (…) über die Bewilligung der Kosten für den Besuch der Tagesstätte vom (…) in Kopie

Seitdem hat die Beklagte keine Tauben mehr in ihrer Wohnung gefüttert. Die Wohnung und der Balkon wurden gründlich gereinigt, so dass keine Gefahren für die Substanz des Hauses mehr zu besorgen sind.

Beweis: Augenscheinseinnahme

Zum Antrag auf Bewilligung einer Räumungsfrist wird das Nachstehende ausgeführt:

Sollte die Beklagte wider Erwarten zur Räumung verurteilt werden, ist ihr eine angemessene Räumungsfrist zu bewilligen. Die Beklagte ist in ihrer Gehfähigkeit altersbedingt zunehmend eingeschränkt. Es fällt ihr immer schwerer, die Treppen zu ihrer im dritten Stock des Hauses belegenen Wohnung zu bewältigen. In Ansehung dieser Umstände ist der gesetzliche Vertreter der Beklagten bestrebt, eine Wohnung für die Beklagte im Parterre in einem Seniorenwohnheim zu finden. Die Beklagte befindet sich bereits in den Seniorenwohnheimen K. und S. auf der Warteliste. Ohnehin ist mit der Zuteilung eines Platzes in absehbarer Zeit zu rechnen.

Beweis: Bestätigung über die Aufnahme in die Warteliste der Seniorenheime K. und S. in Kopie

Beglaubigte und einfache Abschrift liegen an.

(Rechtsanwalt)

j) Räumungsschutz nach der ZPO

aa) Allgemeines

Der Räumungsschutz ist in der ZPO in den §§ 721, 765a und 794a ZPO geregelt. Im Folgenden werden die Voraussetzungen und die Vorgehensweisen des Betreuers erläutert, um in einem anhängigen Räumungsverfahren den optimalen Schutz für den Betreuten zu gewährleisten. **1391**

bb) Räumungsfrist nach § 721 ZPO

Ist bereits bei einem Amtsgericht eine Räumungsklage des Vermieters rechtshängig und kommt man als Betreuer nach Hinzuziehung anwaltlichen Rats zu der Auffassung, dass eine Rechtsverteidigung wenig Sinn hat, so kann – um Kosten zu sparen – der Betreuer selbst einen isolierten Antrag auf Gewährung von Räumungsschutz nach § 721 ZPO einreichen. Das gleiche Vorgehen ist angezeigt für den Fall, dass der Betreute nicht mehr in der Wohnung bleiben möchte, weil er etwa infolge von Gebrechlichkeit das Treppensteigen nicht mehr bewältigen kann oder aber eine Veränderung der Lebenssituation erstrebt. Dann würde es in einem Räumungsrechtsstreit überflüssige Kosten produzieren, wenn dem Räumungsbegehren des Vermieters entgegengetreten wird. In § 721 ZPO heißt es: **1392**

(1) Wird auf Räumung von Wohnraum erkannt, so kann das Gericht auf Antrag oder von Amts wegen dem Schuldner eine angemessene Räumungsfrist gewähren. Der Antrag ist vor dem Schluss der mündlichen Verhandlung zu stellen, auf die das Urteil ergeht.

(...)

(3) Die Räumungsfrist kann auf Antrag verlängert oder verkürzt werden. Der Antrag auf Verlängerung ist spätestens zwei Wochen vor Ablauf der Räumungsfrist zu stellen.

(...)

(5) Die Räumungsfrist darf insgesamt nicht mehr als ein Jahr betragen. (...)

1393   **(1) Zweck der Regelung**   § 721 ZPO ist eine Bestimmung, die ausschließlich dem Schuldnerschutz und nicht der Verlängerung des Mietverhältnisses dient. Als Vollstreckungshindernis gewährleistet sie Räumungsschutz.

1394   **(2) Anwendungsbereich**   Die Vorschrift ist ausschließlich bei Räumungsurteilen über Wohnraum anwendbar.[394] Es wird Räumungsschutz für alle zu Wohnzwecken dienenden Räumen gewährt, so dass die Vorschrift analog auf Pachtverhältnisse, Nießbrauch und sonstige schuldrechtliche Nutzungsbefugnisse wirkt. Sie gilt nicht für andere gesetzliche Räumungstitel z.B.

- § 57a ZVG (Zwangsversteigerung),
- Zuweisung einer Ehewohnung nach § 1568a BGB,
- Räumungsvergleich nach § 794a ZPO.

Gegenüber der Generalklausel des § 765a ZPO ist § 721 ZPO vorrangig.

1395   **(3) Zuständigkeit**   Zuständig ist das Prozessgericht, das über den Räumungsantrag des Vermieters befindet.

1396   **(4) Verfahren**   Eigentlich hat das Gericht von Amts wegen über Räumungsschutz zu entscheiden. Erfahrungsgemäß sollte man sich darauf aber nicht verlassen, sondern selbst einen Antrag stellen und begründen. Ein Rechtsanwalt oder Betreuer, der dieses unterlässt, handelt pflichtwidrig. Der Antrag auf Schuldnerschutz muss bis zum Schluss der mündlichen Verhandlung in dem Räumungsprozess gestellt werden und die zu Gunsten des Schuldners maßgeblichen Umstände beinhalten. Ein Antrag nach § 721 ZPO könnte etwa wie folgt aussehen:

1397   **Muster: Antrag des Betreuers beim Amtsgericht auf Gewährung einer Räumungsfrist nach § 721 ZPO**

Amtsgericht (...)

In dem Räumungsrechtsstreit
Sch../. E.
– Az (...) –

zeige ich an, dass ich in meiner Eigenschaft als gesetzliche Betreuerin den Beklagten vertrete. Das Amtsgericht (...) hat mir mit Beschluss vom (...) zu Az (...) die Betreuung mit den Aufgabenkreisen „Vermögenssorge" und „Wohnungsangelegenheiten" übertragen. Kopie meines Betreuerausweises füge ich in den Anlagen zur Kenntnisgabe des erkennenden Gerichts an.

Der Anspruch des Klägers auf Räumung der Wohnung wird anerkannt.

---

394 Thomas/Putzo/*Seiler* § 721 Rn. 1.

In der mündlichen Verhandlung werde ich beantragen,

1. dem Beklagten eine in das Ermessen des Gerichts gestellte Räumungsfrist zu gewähren;
2. dem Kläger die Kosten des Rechtsstreits aufzuerlegen;
3. das Urteil für vorläufig vollstreckbar zu erklären, soweit es vollstreckungsfähigen Inhalt aufweist.

Begründung:

Ich habe den Räumungsanspruch für den Beklagten bereits außergerichtlich anerkannt.

Beweis: Mein Schreiben vom (. . .) (Anlage 1)

Dort habe ich den Kläger erfolglos um Gewährung einer ausreichenden Räumungsfrist gebeten.

Der Kläger lehnte es jedoch kategorisch in einem persönlichen Telefonat mit der Unterzeichnerin ab, dem Beklagten eine angemessene Räumungsfrist einzuräumen.

Beweis: Gesprächsvermerk der Unterzeichnerin über das Telefonat mit dem Kläger am (. . .) (Anlage 2)

Nachdem ich von dem Räumungsbegehren des Klägers Kenntnis erhielt, habe ich mich umgehend um eine andere Wohnmöglichkeit für den Beklagten gekümmert, bis dato jedoch noch ohne Erfolg. Ich plane, den Beklagten in einem betreuten Wohnprojekt unterzubringen, weil er den Wunsch äußerte, nicht mehr allein zu leben. Obwohl ich intensiv suchte, den Sozialpsychiatrischen Dienst einschaltete und um Unterstützung bat, ist es mir bis heute noch nicht gelungen, etwas Passendes zu finden. In der nächsten Woche finden wieder zwei Gespräche mit in Frage kommenden Trägern statt.

Ich bin daher zuversichtlich, dass es mir gelingt, in absehbarer Zeit eine adäquate Unterkunft für meinen Betreuten zu finden.

Einfache Abschrift liegt an.

(Betreuerin)

Die Entscheidung über die Bewilligung einer Räumungsfrist und deren Länge steht im pflichtgemäßen Ermessen des Gerichts.[395] Allgemeine Grundsätze gibt es nicht; entscheidend sind die Umstände des Einzelfalls. Das Interesse des Schuldners, nicht obdachlos zu werden, muss mit demjenigen des Gläubigers, andere Hausbewohner etwa vor einem gewalttätigen Agieren des Mieters zu schützen, abgewogen werden. Persönliche Umstände, wie Alter, Krankheit, Schwangerschaft, soziales Umfeld und Familienverhältnisse sind zu berücksichtigen.   **1398**

Die gewährte Räumungsfrist darf höchstens insgesamt ein Jahr betragen. Dieser Zeitraum darf auch nicht für den Fall einer Verlängerung der Räumungsfrist überschritten werden. Gemäß § 721 Abs. 3 ZPO kann eine einmal bewilligte Räumungsfrist verlängert werden. Ein entsprechender Antrag ist spätestens zwei Wochen vor Ablauf der bewilligten Räumungsfrist zu stellen und könnte etwa wie folgt aussehen: **1399**

---

395 Thomas/Putzo/*Seiler* § 721 Rn. 2 f.

1400 ┌ **Muster: Antrag des Betreuers beim Gericht auf Verlängerung einer gewährten Räumungs-** ─
│ **frist nach § 721 ZPO**

Amtsgericht (…)

In dem Räumungsrechtsstreit
Sch. ./. E.
– Az (…) –

hatte ich bereits mit Schriftsatz vom (…) angezeigt, dass ich den Beklagten in meiner Eigenschaft als gesetzliche Betreuerin vertrete. Das Amtsgericht(…) hat mir mit Beschluss vom (…) zu Az (…) die Betreuung mit den Aufgabenkreisen „Vermögenssorge" und „Wohnungsangelegenheiten" übertragen. Ich beantrage,

die gewährte Räumungsfrist bis zum (…) zu verlängern.

Begründung:

Das erkennende Gericht hatte dem Beklagten eine Räumungsfrist bis zum (…) gewährt. Mir ist es zwischenzeitlich gelungen, für den Beklagten einen Platz in einer therapeutischen Wohngemeinschaft zu erhalten. Der Beklagte kann dort jedoch erst am (…) einziehen.
Beweis: Wohn- und Betreuungsvertrag der T.-Gesellschaft in Kopie

Da ein Zwischenumzug des Beklagten für einen Zeitraum von drei Monaten keinen Sinn hat, wird gebeten, die Räumungsfrist antragsgemäß zu verlängern.

Einfache Abschrift liegt an.

(Betreuerin)

1401 **(5) Wirkungen der bewilligten Räumungsfrist** Die gewährte Räumungsfrist verhindert, dass der Vermieter vollstrecken kann. Der Vermieter hat wegen der verspäteten Rückgabe ausschließlich einen Anspruch auf Nutzungsentschädigung nach §§ 557 Abs. 1 und 2 BGB in Höhe des vereinbarten Mietzinses. Der Vermieter würde also mit dem Einwand, er hätte die Wohnung zu einem höheren Mietzins vermieten können, nicht gehört.

cc) Räumungsschutz nach § 765a ZPO

1402 Eine weitere Vorschrift, die dem Schuldner unter bestimmten Voraussetzungen Räumungsschutz gewährt, ist § 765a ZPO. Dort heißt es:

(1) Auf Antrag des Schuldners kann das Vollstreckungsgericht eine Maßnahme der Zwangsvollstreckung ganz oder teilweise aufheben, untersagen oder einstweilen einstellen, wenn die Maßnahme unter voller Würdigung des Schutzbedürfnisses des Gläubigers wegen ganz besonderer Umstände eine Härte bedeutet, die mit den guten Sitten nicht vereinbar ist (…)

(2) Eine Maßnahme zur Erwirkung der Herausgabe von Sachen kann der Gerichtsvollzieher bis zur Entscheidung des Vollstreckungsgerichts, jedoch nicht länger als eine Woche, aufschieben, wenn ihm die Voraussetzungen des Absatzes 1 glaubhaft gemacht werden und dem Schuldner die rechtzeitige Anrufung des Vollstreckungsgerichts nicht möglich war.

(3) In Räumungssachen ist der Antrag nach Absatz 1 spätestens zwei Wochen vor dem festgesetzten Räumungstermin zu stellen, es sei denn, dass die Gründe, auf denen der Antrag beruht, erst nach dem Zeitpunkt entstanden sind oder der Schuldner ohne sein Verschulden an einer rechtzeitigen Antragstellung gehindert war

(…)

(1) Allgemeines Die Norm ist Ausdruck des Grundsatzes der Verhältnismäßigkeit, der auch in 1403
der Zwangsvollstreckung gilt.[396] Aus sozialen Gründen soll bei besonderen Härtefällen der
Schuldner vor Eingriffen geschützt werden, die dem allgemeinen Rechtsgefühl widersprechen
und unangemessen sind.[397] Unter dem Gesichtspunkt, dass es sich um eine Auffangvorschrift
handelt, ist bei ihrer Anwendung größte Zurückhaltung geboten. Es handelt sich um eine Art
„Generalklausel des Schuldnerschutzes", die für alle Arten der Zwangsvollstreckung gilt. In der
Praxis ist die Räumungsvollstreckung der Hauptanwendungsbereich des § 765a ZPO.[398]

(2) Voraussetzungen Die Vorschrift schützt lediglich vor ganz bestimmten Vollstreckungs- 1404
maßnahmen, nicht vor der Zwangsvollstreckung im Allgemeinen.[399] Vor allem kann ein
Antrag nach § 765a ZPO nicht damit begründet werden, der der Zwangsvollstreckung zu
Grunde liegende Titel sei sachlich unrichtig, und allein deswegen verstoße eine Vollstreckung
gegen die guten Sitten.

Vollstreckungsschutz nach § 765a ZPO wird unter folgenden Voraussetzungen, die kumulativ 1405
gegeben sein müssen, bewilligt:

- Das Vorliegen „ganz besonderer Umstände" bei der Zwangsvollstreckung bedeutet eine
  Härte, die mit den „guten Sitten" bei Abwägung des Schutzbedürfnisses des Gläubigers
  nicht vereinbar ist.

(3) Ganz besondere Umstände Grundsätzlich hat jeder Schuldner Härten, die einer Zwangs- 1406
vollstreckung eigen sind, hinzunehmen. Die Umstände müssen die konkrete Zwangsvollstreckung gegen diesen Schuldner von der Vollstreckung vergleichbarer Titel gegen andere Schuldner unterscheiden. Sie können durch folgende Faktoren bestimmt sein:

- Person des Schuldners (Alter, Gebrechlichkeit, Gesundheitsgefährdung);
- Person des Gläubigers (schikanöses Verhalten);
- Ergebnis der Zwangsvollstreckung (z.B. Verlust eines nicht wieder zu beschaffenden Gegen-
  standes wegen relativ geringfügiger Forderung).[400]

Die besonderen Umstände des dem Betreuungsrecht unterstellten Personenkreises liegen meist 1407
bei der altersbedingten Gebrechlichkeit, Suizidgefahr oder sonstigen schwerwiegenden gesundheitlichen Schäden.

(4) Vereinbarkeit mit „den guten Sitten" Der Hauptanwendungsbereich der Norm liegt also im 1408
Bereich des Vollstreckungsschutzes bei Zwangsvollstreckungen wegen Räumung. Unter bestimmten Umständen ist sogar die Gewährung von dauerhaftem Räumungsschutz geboten.[401] Unter folgenden Umständen verstößt die Zwangsvollstreckung gegen die „guten Sitten":

- Die Zwangsvollstreckung stellt einen schweren Eingriff in das Recht auf Leben und körperliche Unversehrtheit dar, was durch die Gerichte durch einzuholende Gutachten zu überprüfen ist.[402]

---

396 BVerfGE NJW 1998, 295.
397 Thomas/Putzo/*Seiler* § 765a Rn. 1.
398 *Walker/Gruß* NJW 1996, 352 ff.
399 *OLG Köln* NJW 1994, 1743.
400 *Gottwald* ZPO § 765a Rn. 8.
401 BVerfGE NJW 1992, 1155.
402 BVerfGE NJW 1991, 3207.

- Die Zwangsräumung gegen einen 87 Jahre alten Betroffenen, dem amtsärztlich bescheinigt wurde, dass er nach dem Wohnungsverlust nicht mehr zu einer Neuorientierung in der Lage sein und zu einem Pflegefall würde, ist dauerhaft auszusetzen.[403] Der Betroffene hatte zunächst – anwaltlich vertreten – einen Räumungsvergleich abgeschlossen, und erst einen Monat nach Ablauf der gerichtlich festgelegten Räumungsfrist war ihm vom Betreuungsgericht ein Betreuer bestellt worden mit den Aufgabenkreisen „Aufenthaltsbestimmung, Vermögensangelegenheiten, Wohnungsangelegenheiten."
- Die Zwangsvollstreckung gegen einen an einer schweren Depression erkrankten Schuldner, dem ärztlich eine Suizidgefährdung bei Durchführung der Maßnahme bescheinigt wurde, ist unzulässig.[404]

1409 Der Rechtsprechung des Bundesverfassungsgerichts lässt sich nicht entnehmen, dass bei dem Vorliegen schwerster Gesundheitsgefährdungen respektive Suizidgefahr per se die Sittenwidrigkeit einer Zwangsvollstreckungsmaßnahme gegeben ist. Zwar vermögen Suizidgefahr, altersbedingte Gebrechlichkeit und schwerste Gesundheitsgefahren eine sittenwidrige Härte nach § 765a ZPO zu begründen, gleichwohl ist im konkreten Einzelfall stets eine Abwägung vorzunehmen, die zu dem Ergebnis gelangen muss, dass das gefährdete Lebens- und Gesundheitsinteresse des Schuldners gegenüber dem Vollstreckungsinteresse des Gläubigers Vorrang genießt.[405]

1410 **(5) Verfahren** Vollstreckungsschutz wird nur auf Antrag gewährt. Dieser muss nicht ausdrücklich gestellt werden, es genügt vielmehr jeder Sachvortrag, dass der Schuldner besondere Umstände für sich reklamiert, die eine Vollstreckung als sittenwidrige Härte erscheinen lassen.[406] Der Antrag ist an das Vollstreckungsgericht zu richten als das Amtsgericht, in dessen Bezirk die Immobilie liegt, § 764 Abs. 2 ZPO. Der Antrag kann in jeder Phase des Zwangsvollstreckungsverfahrens gestellt werden.[407] Allerdings ist der Antrag nach § 765a ZPO spätestens zwei Wochen vor dem festgesetzten Räumungstermin zu stellen, es sei denn, der Mieter war ohne sein Verschulden an einer rechtzeitigen Antragstellung gehindert.

1411 **Beispiel:** Der Vermieter erwirkte gegen die altersgebrechliche Antje K. im Wege eines Versäumnisurteils einen Räumungstitel. Frau K. hat ihre Post nicht geöffnet und in dem Räumungsverfahren nichts zu ihrer Rechtsverteidigung unternommen. Ihre zu Besuch anwesende Schwester nimmt von der in 10 Tagen anstehenden Räumungsankündigung des Gerichtsvollziehers Gunter D. Kenntnis. Sie beantragt daraufhin beim zuständigen Gericht eine vorläufige Betreuerbestellung zu Gunsten ihrer Schwester mit den Aufgabenkreisen „Vermögenssorge und Wohnungsangelegenheiten". Der vorläufig bestellte Betreuer stellt bei dem zuständigen Vollstreckungsgericht einen Antrag nach § 765a ZPO und macht geltend, dass Frau K. gehindert war, rechtzeitig i.S.d. § 765a Abs. 3 ZPO einen Vollstreckungsschutzantrag zu stellen.

1412 Der Antrag unterliegt nicht dem Anwaltszwang und kann schriftlich oder zu Protokoll bei der Rechtsantragsstelle des Amtsgerichts gestellt werden.

---

403 BVerfGE NJW 1991, 3207 f.
404 BVerfGE NJW 1994, 1272 ff.
405 *Walker/Gruß* NJW 1996, 352, 354; *BGH* Beschl. v. 9.10.2013, I ZB 15/13, JurionRS 2013, 55457.
406 *Gottwald* § 765a ZPO Rn. 18.
407 *Gottwald* § 765a ZPO Rn. 19.

Muster: Antrag des Betreuers beim Gericht auf Gewährung einer Räumungsfrist nach § 765a ZPO

Amtsgericht (…)
– Vollstreckungsgericht –

In der Zwangsvollstreckungssache

des Mieters Roman E., Hubertusstr. 42, 17 834 Berlin,
gesetzlich vertreten durch seine Betreuerin Bertha B., Fehmarnstr. 12, 12 435 Berlin

– Schuldner –

gegen

den Hauseigentümer Berthold Sch., Veilchenweg 3, 13 476 Berlin,

– Gläubiger –

zeige ich an, dass ich in meiner Eigenschaft als gesetzliche Betreuerin den Schuldner vertrete. Das Amtsgericht (…) hat mir mit Beschluss vom (…) zu Az (…) die Betreuung mit den Aufgabenkreisen „Vermögenssorge" und „Wohnungsangelegenheiten" übertragen. Kopie meines Betreuerausweises füge ich in den Anlagen zur Kenntnisgabe des erkennenden Gerichts an.

Ich beantrage:

Die Zwangsvollstreckung des Gläubigers aus dem Urteil des Amtsgerichts (…) zu Az (…) vom (…) wird einstweilen eingestellt.

Begründung:

Mein Betreuer erhielt am (…) eine Räumungsmitteilung des Gerichtsvollziehers Benjamin H., der entnommen werden kann, dass die Zwangsräumung aus dem im Antrag bezeichneten Urteil am (…) stattfinden soll.
Beweis: Räumungsmitteilung des Gerichtsvollziehers Benjamin H. vom (…) (Anlage 1)

Umgehend nach der rechtskräftigen Verurteilung meines Betreuten habe ich mich um eine andere Wohnmöglichkeit gekümmert, bis dato jedoch erfolglos. Eine Rücksprache mit dem Wohnungsamt erbrachte, dass eine Ersatzwohnung bis zum Räumungstermin nicht beschafft werden kann. Notunterkünfte stehen derzeit nicht zur Verfügung.
Beweis: Bescheinigung des Bezirksamtes (…) vom (…) (Anlage 2)

Mein Betreuter würde also im Falle einer Zwangsräumung obdachlos werden.

Anlass für die Installierung der Betreuung durch das Amtsgericht (…) bildete die manisch-depressive Erkrankung meines Betreuten. Die Ungewissheit, ob es zu einer Zwangsräumung kommt, belastete meinen Betreuten im Vorfeld derart stark, dass er einen Suizidversuch unternahm und sich seit dem (…) in stationärer Behandlung im L.- Krankenhaus befindet.
Beweis: 1. Beschluss des Amtsgerichts(…) vom (…) (Anlage 3)
              2. Ärztliches Attest des Herrn Dr. med. Hubert K. vom (…) (Anlage 4)

Dem vorbezeichneten Attest des behandelnden Arztes kann entnommen werden, dass mein Betreuter weiterhin suizidgefährdet ist.

Durch die anberaumte Zwangsräumung besteht eine schwerwiegende Gefahr für Leib und Leben meines Betreuten. Unter Berücksichtigung der Wertentscheidungen des Grundgesetzes stellt sich die Räumung als eine mit den guten Sitten nicht zu vereinbarende Härte dar. Die Zwangsvollstreckung aus dem im Antrag bezeichneten Urteil ist einstweilen solange einzustellen, bis es mir gelungen sein wird, für den Betreuten eine anderweitige Wohnmöglichkeit zu finden.

Einfache Abschrift liegt an.

(Betreuerin)

1414   **(6) Gerichtliche Maßnahmen** Auf einen Vollstreckungsschutzantrag des Schuldners kann das Gericht folgendendermaßen reagierten:

1. Einstweilige zeitlich begrenzte oder ausnahmsweise dauerhafte Einstellung der Zwangsvollstreckung;
2. Untersagung künftiger Zwangsvollstreckungsmaßnahmen (zeitlich begrenzt, weil sonst die Durchsetzung des Titels gefährdet wäre);
3. Aufhebung der Vollstreckungsmaßnahme, wenn nur auf diesem Wege eine sittenwidrige Härte beseitigt werden kann.[408]

1415   **(7) Aufschub der Zwangsvollstreckungsmaßnahme durch den Gerichtsvollzieher** Nach § 765a Abs. 2 ZPO ist der Gerichtsvollzieher ermächtigt, bei einer Vollstreckungshandlung Aufschub von einer Woche zu gewähren, wenn ihm das Vorliegen der Voraussetzungen des § 765a Abs. 1 ZPO und die Unmöglichkeit der rechtzeitigen Anrufung des Vollstreckungsgerichts durch den Schuldner glaubhaft gemacht wird.

1416   **Beispiel:** Zu Gunsten der zunächst unerkannt geistig gebrechlichen Gerlinde D. wird erst einen Tag vor dem Räumungstermin im Wege einer einstweiligen Anordnung ein vorläufiger Betreuer bestellt u.a. mit dem Aufgabenkreis „Wohnungsangelegenheiten". Der Betreuer begibt sich am nächsten Tag in die Wohnung von Frau D., wo ankündigungsgemäß um 8.00 Uhr morgens der Gerichtsvollzieher nebst Schlüsseldienst und Möbelwagen erscheint, um die Zwangsräumung durchzuführen. Durch Vorlage des Beschlusses über die Betreuerbestellung und das ärztliche Gutachten macht der Betreuer die Voraussetzungen des § 765a Abs. 1 ZPO glaubhaft, mit dem Erfolg, dass der Gerichtsvollzieher die Zwangsräumung einstellt. Bei einer Glaubhaftmachung i.S.d. § 294 ZPO ist es erforderlich, dass alle Beweismittel präsent zur Stelle sind. Zulässig ist u.a. die Vorlage von Urkunden, unbeglaubigter Abschriften von Schriftstücken, Ladungen von Zeugen, die eidesstattliche Versicherung der Partei oder Dritter sowie die anwaltliche Versicherung über Vorgänge, die der Rechtsanwalt im Rahmen seiner Berufstätigkeit wahrgenommen hat.[409]

dd) Räumungsschutz nach § 794a ZPO

1417   Eine weitere Norm, nach der einem Mieter Räumungsschutz gewährt werden kann, ist § 794a ZPO. Dort heißt es:

(1) Hat sich der Schuldner in einem Vergleich, aus dem die Zwangsvollstreckung stattfindet, zur Räumung von Wohnraum verpflichtet, so kann ihm das Amtsgericht, in dessen Bezirk der Wohnraum belegen ist, auf Antrag eine den Umständen nach angemessene Räumungsfrist bewilligen. Der Antrag ist spätestens zwei Wochen vor dem Tage, an dem nach dem Vergleich zu räumen ist, zu stellen. (...)

(2) Die Räumungsfrist kann auf Antrag verlängert oder verkürzt werden. (...)

(3) Die Räumungsfrist darf insgesamt nicht mehr als ein Jahr, gerechnet vom Tage des Abschlusses des Vergleichs, betragen. Ist nach dem Vergleich an einem späteren Tage zu räumen, so rechnet die Frist von diesem Tage an. (...)"

1418   **(1) Allgemeines** Die Vorschrift enthält eine dem § 721 ZPO angeglichene Regelung für den Fall, dass sich der Mieter in einem gerichtlichen Verfahren zur Räumung der Wohnung verpflichtete.

---

408 *Gottwald* § 765a ZPO Rn. 27–30.
409 Palandt/*Putzo* § 294 BGB Rn. 1.

Beispiel: Der Mieter Rolf T. lässt seine Wohnung systematisch verkommen und stopft sie mit Müll, den er wahllos auf der Straße aufsammelt, voll. Wegen der von seiner Wohnung ausgehenden unangenehmen Gerüche kündigt der Vermieter das Mietverhältnis fristlos, hilfsweise fristgemäß. In der mündlichen Verhandlung schließt der anwaltlich vertretene Herr T. auf Grund dringenden Anratens des Gerichts mit dem Vermieter einen Vergleich, der eine Räumung der Wohnung binnen einer Frist von vier Monaten beinhaltet.

1419

(2) Verfahren Zuständig ist das Amtsgericht, bei dem der Räumungsprozess rechtshängig ist. Spätestens im Termin zur mündlichen Verhandlung muss der Mieter/der Betreuer bei Gericht zu Protokoll die Räumungsfrist beantragen.

1420

Beispiel: Der Vermieter hat gegen den Mieter einen Räumungsprozess wegen Mietrückständen in Höhe von 5.000 € und unterlassener Kautionsentrichtung angestrengt. Der Mieter macht hinsichtlich des Mietzinses Zurückbehaltungsrechte geltend wegen zahlreicher Mietmängel der Wohnung. Im Übrigen hatte er sich schon nach einer anderen Wohnung umgeschaut. Im Termin zur mündlichen Verhandlung schlägt der Amtsrichter folgenden Vergleich vor:

1. Der Mieter verpflichtet sich zu einer einmaligen Zahlung von 3.000 €
2. Der Mieter verpflichtet sich zur Räumung der von ihm innegehaltenen Wohnung.
3. Damit sind alle wechselseitigen Ansprüche der Parteien aus dem Rechtsstreit erledigt.

1421

Weil sich die Parteien im Termin nicht über eine Räumungsfrist einigen können, beantragt der Mieter zu Protokoll, ihm eine angemessene Räumungsfrist zu bewilligen (vgl. auch Rn. 860).

1422

▶ **Hinweis:** Beim Abschluss eines derartigen Vergleiches ist darauf zu achten, dass man sich eine zwei- bis dreiwöchige Widerspruchsfrist durch das Gericht gewähren lässt, um Zeit zu haben, den Vergleich betreuungsgerichtlich genehmigen zu lassen. ◀

1423

Zwar normiert § 1822 Nr. 12 BGB, dass Vergleiche nicht der betreuungsgerichtlichen Genehmigungspflicht unterliegen. Diese Norm privilegiert jedoch nur einen Vergleichsabschluss im vermögensrechtlichen Bereich und gilt nicht für Vergleichsabschlüsse im personenbezogenen Bereich.[410]

1424

k) Abschluss eines Miet-, Pacht- oder anderen Vertrages (§ 1907 Abs. 3 BGB)

Nach dieser Vorschrift sind sämtliche Verträge, die mehr als vier Jahre dauern und den Betreuten zu wiederkehrenden Leistungen verpflichten, genehmigungsbedürftig durch das Betreuungsgericht. Mit „Leistung" sind Leistungen jeglicher Art gemeint. Die Vorschrift gilt für alle Dauerschuldverhältnisse.[411] Hierzu zählen u.a.

1425

- Miet- und Pachtverträge;
- Versicherungsverträge;
- Bausparverträge;
- Abzahlungsgeschäfte;
- Ratensparverträge;
- Renten- und Ruhegehaltsversprechen;
- Leibrenten- und Altenteilsverträge.

---

410 HK-BUR/*Harm* § 1822 Nr. 12.
411 HK-BUR/*Harm* § 1907 Rn. 19.

1426 Die Genehmigungsbedürftigkeit bei Miet- und Pachtverträgen bezieht sich gleichermaßen auf die Rechtsstellung des Betreuten als Mieter/Pächter oder Vermieter/Verpächter.

1427 **Beispiel:** Der Betreute ist Eigentümer eines Wochendgrundstücks, welches er auf Grund seines gebrechlichen Zustands nicht mehr nutzen kann. Der Betreuer will einen Pachtvertrag über sechs Jahre abschließen.

1428 Wird ein Vertrag der vorbezeichneten Art abgeschlossen, ohne dass zuvor die erforderliche betreuungsgerichtliche Genehmigung eingeholt worden ist, ist dieser wirksam mit einer auf vier Jahre begrenzten Laufzeit, wenn davon auszugehen ist, dass die Parteien eine inhaltsgleiche Vereinbarung für diesen Zeitraum abgeschlossen hätten.[412]

1429 Der Genehmigungsvorbehalt ist auch bei Verträgen zu beachten, die auf unbestimmte Zeit abgeschlossen sind. Voraussetzung ist allerdings, dass
- eine Kündigung vor Ablauf von vier Jahren nicht möglich ist oder
- nur unter Einbußen.

Im Umkehrschluss heißt das, dass Verträge, die auf unbestimmte Dauer abgeschlossen wurden, immer dann genehmigungsfrei sind, wenn eine Kündigung innerhalb von vier Jahren möglich ist, ohne dass dem Betreuten hieraus Nachteile erwachsen.

1430 **Beispiel:** Der Betreuer mietet für den Betreuten auf unbestimmte Zeit eine Wohnung an. Mit Hinblick auf die für einen Mieter günstigen Kündigungsvorschriften des § 565 BGB bedarf ein derartiger Vertragsabschluss nicht der betreuungsgerichtlichen Genehmigung. Gleiches gilt, wenn der Betreute Vereinigungen oder Gewerkschaften beitritt.[413] Anders ist die Rechtslage bei einem Lebensversicherungsvertrag zu beurteilen, der im Falle einer vorfristigen Kündigung erhebliche Verluste vorsieht.

Ein unbefristeter Pflegeheimvertrag (§ 1 WBVG) ist nach § 11 Abs. 1 WBVG jederzeit mit monatlicher Frist kündbar. Eine Genehmigungspflicht eines solchen Vertrags ist daher zu verneinen.[414]

l) Genehmigungsvorbehalt nach § 1907 Abs. 3 2. Alt. BGB

1431 § 1907 Abs. 3 2. Alt. BGB sieht vor, dass Mietverträge über Wohnraum des Betreuten unter vier Jahren der Genehmigungspflicht unterliegen.[415] Allgemein wird diese Bestimmung zu Recht jedoch einschränkend dahingehend ausgelegt, dass nicht jedwede Vermietung von Wohnraum hiervon erfasst ist. Ist der Betreute beispielsweise Eigentümer eines Mietwohngrundstücks, würde es sich als eine unnötige Erschwerung der Vermögensverwaltung darstellen, wenn der Betreuer im Falle einer Neuvermietung jeweils eine betreuungsgerichtliche Genehmigung einholen müsste. § 1907 Abs. 3 BGB ist vielmehr im Zusammenhang mit den Schutzvorschriften des Abs. 2 und 1 zu verstehen. Gemeint ist demgemäß nur die Vermietung von Wohnraum des Betreuten, in dem er selbst seinen räumlichen Mittelpunkt hat.

---

412 *Knittel* § 1907 BGB Rn. 16.
413 *Labuhn/Veldtrup/Labuhn* Familiengericht und Vormundschaftsgericht, 1999, Rn. 1211.
414 MK-BGB/*Schwab* § 1907 Rn. 19 (noch zum früheren Heimgesetz des Bundes).
415 *LG Wuppertal* FamRZ 2007, 1269.

> **Beispiel:** Die Betreute ist Eigentümerin eines Zweifamilienhauses, von dem sie selbst die im Parterre belegene Wohnung bewohnt. Die obere Wohnung wird von dem Mieter Sascha K. bewohnt. Als dieser auszieht, beantragt der Betreuer wegen einer vorzunehmenden Neuvermietung bei dem zuständigen Betreuungsgericht ein Negativattest.

1432

In dem vorliegenden Fall stellte das LG Münster zu Recht fest, dass es sich bei der Neuvermietung der Oberwohnung um einen genehmigungsfreien Vorgang handelt, weil nicht die von der Betroffenen selbst genutzte Wohnung vermietet werden soll.[416] Liegt hingegen eine Genehmigungspflicht vor, erstreckt sich auch auf Verträge, die der unter Einwilligungsvorbehalt stehende Betreute selbst abschloss.[417]

1433

Keine Genehmigung der Vermietung eines Wohnhauses gegen den Willen des Betreuten darf erfolgen, wenn der Betreute eine Vermietung nicht wünscht und nach seinen Verhältnissen auf Mieteinnahmen nicht angewiesen ist. Dies gilt auch, wenn der Betreute geschäftsunfähig ist und sein Standpunkt objektiv unvernünftig erscheint.[418]

1434

m) Voraussetzungen einer Entrümpelung

Die Entrümpelung einer Wohnung kann grundsätzlich als Aufgabenkreis eines Betreuers bestimmt werden. Die Aufgabenkreise Aufenthaltsbestimmung, Entscheidung über eine Unterbringung oder unterbringungsähnliche Maßnahmen und Betreten der Wohnung des Betroffenen auch gegen dessen Willen können nicht zur Verwirklichung der Durchführung der Entrümpelung einer Wohnung bestimmt werden, wenn nicht eine erhebliche Gefahr für die Gesundheit des Betroffenen durch die Vermüllung verursacht ist.[419]

1435

Anmerkung: Die Entscheidung befasst sich mit dem in der Praxis häufigen Fall, dass die Wohnung des Betreuten sich in einem total vermüllten und hygienisch bedenklichen Zustand befindet, der Betreute aber nicht bereit ist, dem Betreuer und anderen Personen zum Zwecke der Entmüllung das Betreten der Wohnung zu gestatten und/oder während der Entmüllung die Wohnung vorübergehend zu verlassen. Hierzu führt das Gericht aus, dass § 1906 BGB die Unterbringung eines Betroffenen wie auch die Anwendung unterbringungsähnlicher Maßnahmen gegen ihn zu dem Zweck, eine notwendige Entrümpelung der Wohnung durchzuführen, nicht zulasse. Auch könne deshalb der im Grundgesetz garantierte Grundsatz der Unverletzlichkeit der Wohnung nicht durchbrochen werden. Die Sammelwut des Betroffenen allein stelle jedenfalls keine die geschlossene Unterbringung rechtfertigende Gesundheitsgefährdung dar.

1436

n) Kontrolle von Heizungsanlagen

Steht ein Haus für längere Zeit (z.B. wegen eines Urlaubs oder eines Klinikaufenthaltes) leer, muss die Heizungsanlage regelmäßig kontrolliert werden. Das gilt selbst dann, wenn an der Heizungsanlage die Funktion „Frostwächter" eingeschaltet wurde. Unterbleibt eine solche Kontrolle ist dies eine Obliegenheitsverletzung des Hauseigentümers und eine Versicherung muss für eingetretene Frostschäden nicht aufkommen[420]. Diese Entscheidung kann auch für Betreuer von Bedeutung sein, die z.B. im Falle eines Krankenhausaufenthalts eines Betreuten eine solche Kontrolle – z.B. durch Nachbarn oder Hausmeister – sicherstellen müssen.

1437

---

416 *LG Münster* FamRZ 1994, 531.
417 HK-BUR/*Harm* § 1907 Rn. 21.
418 *OLG Schleswig* MDR 2001, 1299 = FGPrax 2001, 184 = NZM 2002, 302 (Ls)= ZMR 2001, 855.
419 *BayObLG* Rpfleger 2001, 546 = NJW-RR 2001, 1513.
420 *LG Bonn* NJW-RR 2007, 1254

7. Vertretung gegenüber Behörden und Gerichten

1438 *„In seinem Aufgabenkreis vertritt der Betreuer den Betreuten gerichtlich und außergerichtlich"*, so beschreibt § 1902 BGB die Funktion der rechtlichen Betreuung im Außenverhältnis, also gegenüber Dritten. Das heißt, dass davon auch Vertretungshandlungen gegenüber Behörden, aber auch Gerichten umfasst sind, sofern der jeweilige Aufgabenkreis eine Interessenswahrnehmung des Betreuten gegenüber solchen Institutionen erfordert. Von daher gesehen, ist die in vielen Bestellungsbeschlüssen so oder ähnlich zu findende Formulierung „Vertretung gegenüber Ämtern, Behörden und Gerichten" eine inhaltsleere und lediglich den Gesetzestext in anderen Worten wiederholende Formulierung.[421]

1439 Das KG sah allerdings eine Berechtigung für einen solchen Aufgabenkreis, als es feststellte:

Die gesonderte, von sonstigen Aufgabenkreisen unabhängige Übertragung des Aufgabenkreises „Vertretung vor Behörden und Gerichten" auf einen Betreuer kommt dann in Betracht, wenn der Betroffene krankheitsbedingt dazu neigt, eine Vielzahl sinnloser Verfahren zu betreiben, und sich dadurch schädigt. Besteht eine solche Neigung bei dem Betroffenen nicht und ist mit der Übertragung des Aufgabenkreises „Vertretung vor Behörden und Gerichten" nicht nur eine Klarstellung der gesetzlichen Vertretungsberechtigung des Betreuers in einem weiteren, zugleich übertragenen Aufgabenkreis beabsichtigt, hat das Gericht regelmäßig bei der Bestimmung des Aufgabenkreises einen Bezug zu konkret bezeichneten Verwaltungs- oder Gerichtsverfahren herzustellen.[422]

1440 Wie unter dem Aufgabenkreis „Vermögenssorge" beschrieben (Rn. 853), ist nicht immer ganz umumstritten, ob behördliche Verfahren, die Zahlungsansprüche z.B. bei der **Sozialhilfe** betreffen, von der Vermögenssorge gedeckt sind.[423] Bei Leistungen der Sozialhilfe, aber auch anderen Sozialleistungen der Kranken-, Unfall- und Rententräger ist daran zu denken, dass nicht nur Geldleistungen Gegenstand der Auseinandersetzung sein können, sondern auch Sach- oder Dienstleistungen. Bei **Rentenzahlungen** selbst sah das LG Berlin den Aufgabenkreis Vermögenssorge als maßgeblich an.[424] Das gleiche gilt für die Vertretung in Steuersachen gegenüber dem Finanzamt.[425]

1441 In Angelegenheiten des **Melde-, Ausweis- und Passrechtes** ist derjenige Betreuer gegenüber den zuständigen Behörden vertretungsberechtigt, zu dessen Aufgabenkreis die Aufenthaltsbestimmung zählt.[426] Bei der Sicherstellung des Krankenversicherungsschutzes durch Stellen eines Antrags auf freiwillige Krankenversicherung bei der Krankenkasse stellte das BSG auf den Aufgabenkreis **Gesundheitssorge** ab.[427]

1442 In den vorgenannten Fällen stellt somit die Übertragung eines dieser Aufgabenkreise bereits eine ausreichende Grundlage zum Tätigwerden dar, eine Ergänzung des Aufgabenkreises um die Vertretung gegenüber Behörden und Gerichten ist dann lediglich zur Klarstellung nicht schädlich.

---

421 So *OLG Brandenburg* FamRZ 2012, 1166 (für Ehescheidungsverfahren); *OLG Celle* FamRZ 2012, 1089 (Vertretung bei Strafantragstellung); *KG* Beschl. v. 27.11.2007, 1 W 243/07, FamRZ 2008, 919; v. 27.1.2009, 1 W 95/08 Rn. 8, juris.
422 *KG* Rpfleger 2008, 256 = *KG* R 2008, 290 = FGPrax 2008, 62 = FamRZ 2008, 919.
423 *OVG Münster* FamRZ 2001, 312 = NJW 2001, 91 = RdLH 2001, 90 = ZfS 2001, 113.
424 *LG Berlin* BtPrax 2001, 215 = bt-info 2002, 26 (Ls) = FamRZ 2002, 345 = FPR 2002, 20.
425 *BayObLG* FamRZ 1965, 341; *LG München I* Az. 22 0 21281/95; *OLG München* OLGR 2006, 192 = BtPrax 2005, 199 (Ls) = FamRZ 2006, 62 (Ls) = Rpfleger 2006, 14; *BFH* NV 2006, 897.
426 *Deinert* Der Betreuer im Ausweis-, Pass- und Melderecht, BtPrax 2011, 57 m.w.N.
427 *BSG* BtPrax 2003, 172 (m. Anm. *Meier* S. 173) = FamRZ 2002, 1471 (m. Anm. *Bienwald*) = FEVS 2003, 148 = FPR 2002, 459 = NJW 2002, 2413.

Allerdings sind nicht alle Fragen, die von Behörden (und Gerichten) zu klären sind, ohne weiteres den bekannten Aufgabenkreisen zuzuordnen. So sei an **ordnungsbehördliche Maßnahmen** gedacht, an Maßnahmen aus dem Straßenverkehrs- und Führerscheinrecht, dem Waffenrecht[428], dem Jagd- und Fischereirecht oder dem Recht des Tierschutzes[429]. Hier kann es von Vorteil sein, wenn dem Betreuer separat „Behördenangelegenheiten" übertragen sind.

1443

Behörden (und Ämter) im Sinne der staatsrechtlichen Definition sind dabei alle staatlichen Institutionen, die der Ausübung der ausführenden Staatsgewalt dienen, also weder Gesetzgebung noch Rechtsprechung sind. Die ausführende Staatsgewalt kann auf den unterschiedlichen staatlichen Ebenen (Bund, Länder, Kommunen) erfolgen und entweder direkt (über Bundes-, Landesämter, Kommunen) oder indirekt (über Selbstverwaltungsinstitutionen mit eigener Entscheidungskompetenz und Verwaltungsaufbau, wie Krankenkassen, Rententräger, Rundfunkanstalten) erfolgen.

1444

Die Bezeichnung „Ämter" ist dabei, weil historisch überholt und missverständlich, entbehrlich, obwohl sie noch in offiziellen (Landesamt für ..., Finanzamt) oder inoffiziellen (Sozialamt, Arbeitsamt) Bezeichnungen mitschwingt. Die Definition der Behörde findet sich z.B. in §§ 1 Abs. 4 VwVfG (Bund) oder § 1 Abs. 2 SGB X, wo es jeweils heißt: „Behörde im Sinne dieses Gesetzes ist jede Stelle, die Aufgaben der öffentlichen Verwaltung wahrnimmt." Im Sozialrecht werden darüber hinaus alle Stellen, die Leistungen nach dem Sozialgesetzbuch ausführen, als (Sozial) Leistungsträger bezeichnet (§ 12 SGB I). Hin- und wieder befindet sich diese Begrifflichkeit auch in der Aufgabenkreisformulierung.

1445

a) Aufgabenkreis Behördenangelegenheiten

aa) Antragstellung und Geschäftsfähigkeit

Dem Betreuer wird in diesem Aufgabenkreis die Befugnis und Verpflichtung übertragen, die Rechte des Betreuten gegenüber Behörden jedweder Art zu vertreten.[430] Der Betreuer ist legitimiert, Anträge zu stellen, beispielsweise auf Gewährung von Renten aller Art, Wohngeld, Krankengeld, Berufsausbildungsbeihilfe, Arbeitslosengeld 2 oder Sozialhilfe/Grundsicherung, zusammen gefasst unter dem Begriff der Sozialleistung (§ 11 SGB I).

1446

Soweit der Betreute nicht geschäftsunfähig i.S.d. § 104 Nr. 2 BGB ist und auch kein Einwilligungsvorbehalt besteht, kann der Betreute selbst Anträge bei Behörden aller Art stellen und Rechtsmittel gegen **Behördenbescheide** (Verwaltungsakte) einlegen. Der Leistungsträger soll den gesetzlichen Vertreter über die Antragstellung und die erbrachten Sozialleistungen unterrichten. Die Rücknahme von Anträgen, der Verzicht auf Sozialleistungen und die Entgegennahme von Darlehen im Sozialrecht bedürfen allerdings der Zustimmung des gesetzlichen Vertreters (§ 36 SGB I).

1447

Bei Geschäftsunfähigkeit oder Einwilligungsvorbehalt des Betreuten ist der Betreuer alleine handlungsfähig, d.h. nur er kann Anträge stellen, gegenüber der Behörde Erklärungen aller Art abgeben und diese wirksam empfangen sowie Rechtsmittel einlegen.

1448

Auch kann das Versäumen von Antragsfristen durch Betreute einen Antrag des Betreuers auf **Wiedereinsetzung in den vorigen Stand** (§ 27 SGB X sowie zahlreiche Parallelbestimmungen,

1449

---

428 Vgl. dazu *Thar* Waffenfund in der Wohnung des Betreuten – was hat der Betreuer zu tun?, BtPrax 2008, 67.
429 *OLG Celle* BtPrax 2008, 86 = FamRZ 2008, 1026.
430 *Bienwald* Zur Vertretung des Betreuten gegenüber Behörden, BtPrax 2003, 71.

z.B. § 110 AO, § 32 VwVfG) rechtfertigen. Wird der Antrag auf Krankengeld wegen Geschäftsunfähigkeit der Versicherten verspätet gestellt, kann Wiedereinsetzung in den vorigen Stand gewahrt werden. Das Hindernis für die Einhaltung der Antragsfrist ist erst weggefallen, wenn dem Betreuer die Versäumung der Antragsfrist bekannt war oder er sie bei Anwendung der erforderlichen Sorgfalt hatte erkennen können.[431]

1450   **Beispiel:** Die psychisch kranke Betroffene war als Kellnerin in einer gehobenen Bar tätig. Sie wurde wegen distanzlosem Verhalten gegenüber Gästen fristgemäß gekündet. Krankheitsbedingt beantragte die Betroffene nach Wegfall des Arbeitslohnes kein Krankengeld. Nach sieben Monaten wurde zugunsten der Betroffenen ein Betreuer bestellt. Dieser kann entgegen § 46 Nr. 2 SGB V rückwirkend Krankengeld bei der Krankenkasse beantragen.

1451   Soweit der Betreuer den Betreuten in einer konkreten Sache gegenüber der Behörde vertritt (z.B. hat der Betreuer selbst einen Antrag gestellt), kann der Betreute allerdings selbst nicht mehr dort auftreten, auch wenn er eigentlich geschäftsfähig ist (§ 12 Abs. 3 VwVfG – Bund sowie Parallelbestimmungen der Bundesländer bzw. § 79 Abs. 3 AO, bzw. § 11 Abs. 3 SGB X jeweils i.V.m. § 53 ZPO).[432]

1452   Der Betreuer muss z.B. im Rahmen der Rentenantragstellung **Formulare** ausfüllen. Diese sollen nach § 17 Abs. 1 Nr. 3 SGB I allgemeinverständlich formuliert sein. Die Benutzung eines Formularvordrucks ist allerdings für die Wirksamkeit einer Antragstellung nicht Voraussetzung. Das heißt, ein evtl. bestehender Anspruch kann formlos geltend gemacht werden, kommt aber in der Regel erst nach Ausfüllen eines Formulars im Rahmen der Mitwirkungspflichten zur Bewilligung seitens der Behörde. Zur Arbeitserleichterung wird empfohlen, Kopien aller bei Behörden eingereichten Formulare in die Handakte aufzunehmen, da oft regelmäßig Folgeanträge erforderlich sind und die Angaben dann aus dem alten Formular (und ohne Widersprüche zu erzeugen) übernommen werden können.

1453   **Beispiel:** Die Betreuerin Alma D. stellt im Jahre 2013 durch eine Akteneinsicht bei dem Landesschulamt fest, dass seine Betreute Monika K., die 2008 als Lehramtsanwärterin aus dem Schuldienst entlassen wurde wegen Nichtbestehens der zweiten Staatsprüfung, bereits zum damaligen Zeitpunkt unerkannt arbeitsunfähig erkrankt war. Er beantragt bei der Deutschen Rentenversicherung (Bund) rückwirkend eine Rente wegen voller Erwerbsminderung, die bei Vorliegen der Anspruchsvoraussetzungen vier Jahre rückwirkend ab Antragstellung zu gewähren wäre, § 44 SGB VI, § 45 SGB I.

Im Rahmen des Verwaltungsverfahrens weigert sich die an einer chronifizierten Psychose erkrankte Betroffene, bei dem Gutachter der DRV zu erscheinen. Sie „untersagt" sogar ihrer Betreuerin, für sie weiter in dieser Angelegenheit tätig zu werden. Die DRV lehnt daraufhin die Gewährung einer EM-Rente wegen angeblich fehlender Mitwirkung der Betroffenen nach § 60 SGB VI ab. Die Betreuerin legt hiergegen Widerspruch ein und stellt sich auf den Standpunkt, dass bereits aus den Verwaltungsakten des Landesschulamtes offenkundig wird, dass die Betroffene zum Zeitpunkt 2008 erkrankt sei. Einer erneuten Begutachtung bedürfe es nicht, dazumal im Betreuungsverfahren schon ein umfangreiches neurologisch-psychiatrisches Gutachten gefertigt wurde, welches der DRV zur Verfügung gestellt wurde. Der Fall ist noch nicht rechtskräftig entschieden.

---

431   *LSG Berlin* BtPrax 2001, 126.
432   *Bayerisches LSG* Urt. v. 3.7.2006, L 13 R 352/06; *BFH* BFH/NV 2012, 770 = BtPrax 2012, 121; *SG Chemnitz* FamRZ 2014, 1733; *SG Marburg* Urt v 1.2.2016, S 2 AL 32/14, JurionRS 2016, 11182.

Ferner ist der Betreuer befugt, für den Betreuten **behördliche Erlaubnisse** zu beantragen bzw. zu verschaffen (z.B. eine Baugenehmigung oder Gewerbeschein nach § 14 Gewerbeordnung[433]) oder aber gegen behördliche Verfügungen vorzugehen, wie den Entzug einer Fahrerlaubnis, einer KFZ-Zulassung oder eines Fischerei-, Jagd- oder Waffenscheins[434]. Des Weiteren ist der Betreuer zur Entgegennahme von Leistungen berechtigt, wie etwa einer Einbürgerungsurkunde oder eines Schwerbehindertenausweises[435]. Auch die Beantragung von Aufenthaltserlaubnissen oder Duldungen nach dem Ausländerrecht gehört dazu. **1454**

Inwieweit sich **ordnungsbehördliche Verfügungen** auch gegen den Betreuer richten können, ist umstritten. Die Ordnungsbehördengesetze stellen dabei überwiegend allerdings auf den Aufgabenkreis „alle Angelegenheiten" ab.[436] Das VG Düsseldorf[437] hielt eine Verfügung zum Führerscheinentzug an den Betreuer für wirksam, das VG Potsdam eine ordnungsbehördliche Verfügung ein Grundstück des Betreuten betreffend, nicht. Im letzteren Fall ging es um die mangelnde tatsächliche Einwirkungsmöglichkeit des Betreuers, Gefahren die vom Grundstück ausgehen, betreffend.[438] **1455**

bb) Betreiben von Verwaltungsverfahren

Der Betreuer darf ebenso im Rahmen seines Aufgabenkreises zu Gunsten des Betreuten das **Verwaltungsverfahren** betreiben (§ 11 SGB X, § 12 VwVfG, § 79 AO). Soweit der Betreute noch voll geschäftsfähig ist, ist es allerdings nur dann Pflicht des Betreuers, wenn er erkennen muss, dass der Betreute zur Geltendmachung seiner Ansprüche nicht in der Lage ist. **1456**

So hat das BSG 2002 eine **Letztverantwortung** des Betreuers (anlässlich der Frage des Beitritts zur freiwilligen Krankenversicherung, also einer fristgebundenen Erklärung) auch bei geschäftsfähigen Betreuten konstatiert.[439] Ist der Betreute nach der Einschätzung des Betreuers (oder der Behörde) geschäftsunfähig i.S.d. § 104 Nr. 2 BGB, ist er zugleich als handlungsunfähig im öffentlichen Recht anzusehen, das gleiche gilt, wenn ein Einwilligungsvorbehalt das behördliche Verfahren betrifft. In diesem Falle kann ausschließlich der Betreuer rechtswirksam handeln. **1457**

Besteht für einen Betreuten die Möglichkeit des freiwilligen **Beitritts zur gesetzlichen Kranken- und Pflegeversicherung**, muss diese in seinem Interesse vom Betreuer auch dann wahrgenommen werden, wenn Hilfen zur Gesundheit und zur Pflege von den zuständigen Trägern der Sozialhilfe erbracht werden, denn der nicht versicherte Betreute hat für die Kosten seiner Gesundheit und Pflege selbst aufzukommen, die Sozialhilfe ist nur nachrangig.[440]

Für die Antragstellung von Arbeitslosengeld 1 sieht § 141 SGB III eine ungewöhnliche Regelung, das Erfordernis persönlicher Arbeitslosmeldung vor, das es so in anderen Sozialleistungsregelungen nicht gibt. Das heißt, dass ein Betreuer den Antrag grundsätzlich nicht stellvertretend für den Betreuten stellen kann. Allerdings sieht § 145 Abs. 1 SGB III die **stellvertretende Arbeitslosmeldung** durch einen Vertreter im Falle gesundheitlicher Einschränkungen **1458**

---

433 S. Genehmigungspflicht bei Eröffnung eines Gewerbes nach § 1823 BGB (Innengenehmigung).
434 Vgl. *Thar* BtPrax 2008, 67; zum Waffenbesitzverbot *VG Trier* BtPrax 2013, 212.
435 Vgl. *Deinert* BtPrax 2011, 57.
436 Z.B. § 17 Abs. 2 OBG NRW, Art. 7 Abs. 2 PAG Bayern.
437 *VG Düsseldorf* BtPrax 2012, 130 = FamRZ 2012, 1672.
438 *VG Potsdam* bdb-aspekte 2010, 21 f. = BtPrax 2013, 35.
439 *BSG* BtPrax 2003, 172 (m. Anm. *Meier* S. 173) = FamRZ 2002, 1471 (m. Anm. *Bienwald*) = FEVS 2003, 148 = FPR 2002, 459 = NJW 2002, 2413.
440 *OLG Naumburg* Urt. v. 26.9.2013, 1 U 8/13, JurionRS 2013, 52975.

vor. In diesem Falle stellt sich die Frage, ob der Betreuer dann persönlich bei der Arbeitsagentur vorsprechen muss. Obwohl durch die Anwesenheit eines Betreuers (statt des Arbeitssuchenden) u.E. keine Erkenntnisse für die Behörde gefunden werden können, die nicht auch bei schriftlicher Meldung möglich wären, wurde diese Frage kürzlich vom LSG Hamburg dahingehend beantwortet und vom BSG bestätigt.[441]

1459 Andere Sozialleistungen (auch ALG 2) kennen eine vergleichbare Regelung zur Antragstellung nicht, sodass diese auch schriftlich durch Betreuer erfolgen können (§ 37 SGB II für ALG 2, § 18 SGB XII für Sozialhilfe inkl. Grundsicherung).

1460 Die Behörde muss Bescheide bei geschäftsfähigen und geschäftsunfähigen Betreuten an den Betreuer zustellen (§ 6 VwZG); soweit Bescheide an Betreute zugestellt wurden, beginnt keine Widerspruchsfrist zu laufen. Gleiches gilt auch bei voll geschäftsfähigen Betreuten, soweit der Betreuer im Einzelfall gegenüber der Behörde erklärt hat, dass er die Angelegenheit regelt, in solchen Fällen gilt das gleiche wie oben beschrieben, denn durch die Intervention des Betreuers hat der Betreute im Einzelfall die Fähigkeit zur Vornahme von Verfahrenshandlungen verloren, dazu gehört auch der rechtswirksame Empfang behördlicher Schriftstücke (§ 11 SGB X, § 12 VwVfG, § 79 AO jeweils i.V.m. § 53 ZPO).[442]

cc) Mitwirkungspflichten im Sozialrecht

1461 Stellvertretend für den Betreuten trifft den Betreuer in sozialrechtlichen Angelegenheiten auch die **Mitwirkungspflicht**, § 60 ff SGB I[443]. Dort heißt es wörtlich:

Wer Sozialleistungen beantragt oder erhält, hat

1. alle Tatsachen anzugeben, die für die Leistung erheblich sind und auf Verlangen des zuständigen Leistungsträgers der Erteilung der erforderlichen Auskünfte durch Dritte zuzustimmen,

2. Änderungen in den Verhältnissen, die für die Leistung erheblich sind oder über die im Zusammenhang mit der Leistung Erklärungen abgegeben worden sind, unverzüglich mitzuteilen,

3. Beweismittel zu bezeichnen und auf Verlangen des zuständigen Leistungsträgers Beweisurkunden vorzulegen oder ihrer Vorlage zuzustimmen.

1462 Dies heißt z.B., dass der Betreuer anderweitige Einkünfte und Vermögenserwerbe unaufgefordert und unverzüglich mitzuteilen hat, soweit sie leistungsrelevant sind. Dies betrifft den größten Teil des Sozialleistungsrechtes. Das Nichterkennen und Nichtunterrichten der Behörde, dass eine Sozialleistungsbehörde zuviel Geldleistungen bewilligt (z.B. den Krankenversicherungsbeitrag doppelt auszahlt), hat bereits zu Schadensersatzansprüchen gegen den Betreuer geführt (§ 34a SGB II, §§ 103, 104 SGB XII).[444]

1463 Ergänzende Mitwirkungspflichten finden sich in einzelnen Sozialgesetzen, z.B. §§ 2, 56–59 SGB II. Im Rahmen der Mitwirkungspflichten bestehen z.T. auch Erfordernisse der persönlichen Vorsprache des Leistungsberechtigten (§ 61 SGB I) oder zur Teilnahme an ärztlichen Untersuchungen (§ 62 SGB II). Für psychisch erkrankte Betreute kann dies eine starke Belastung bedeuten. Bei unzumutbaren Mitwirkungsanforderungen hat der Betreuer die Pflicht, auf die Grenzen der Mitwirkung zu verweisen (§ 65 SGB I) und ggf. Widerspruch gegen einen die Versagung der Sozialleistung enthaltenen Bescheid (§ 66 SGB I) einzulegen.

441 *LSG Hamburg* Urt. v. 22.1.2014, L 2 AL 2/11, JurionRS 2014, 12650; *BSG* JurionRS 2014, 28153 = NZS 2015, 230 = NZA-RR 2015, 217.
442 *FG Niedersachsen* BtPrax 2003, 230 = FamRZ 2003, 1511 = EFG 2002, 156; *BFH* FamRZ 2007, 1650; *VG Düsseldorf* FamRZ 2012, 1672.
443 *Bayerischer VGH München* FamRZ 2004, 491.
444 *SozG Karlsruhe*, BtPrax 2009, 312 = FamRZ 2010, 235.

dd) Rechtsmittel gegen Behördenbescheide

Auch hat der Betreuer ggf. Widerspruch einlegen gegen Bescheide aller Art, seien sie von Sozialbehörden, Versicherungsträgern, Finanzämtern usw. erlassen. Dies gilt immer dann, wenn berechtigte Ansprüche des Betreuten seitens der Behörde nicht bewilligt oder ein eingeräumtes Ermessen fehlerhaft zu Lasten des Betreuten ausgelegt wurde (§ 78 SGG, § 68 VwGO, § 357 AO). Es sei im Sozialrecht auf die Zielsetzung der Sozialleistungen nach dem SGB I verwiesen: Die Leistungsträger sind verpflichtet, darauf hinzuwirken, dass jeder Berechtigte die ihm zustehenden Sozialleistungen in zeitgemäßer Weise, umfassend und zügig erhält und die zur Ausführung von Sozialleistungen erforderlichen sozialen Dienste und Einrichtungen rechtzeitig und ausreichend zur Verfügung stehen (§ 17 Abs. 1 SGB I). **1464**

Zur Einlegung eines Widerspruchs mag das nachstehende Muster dienlich sein: **1465**

Muster: Widerspruch gegen Behördenbescheid **1466**

Widerspruch

des Herrn Max M.
Karl-Marx-Str. 98
12043 Berlin,

vertreten durch seinen Betreuer Norbert K.
Ottostr. 67,
16574 Berlin
Widerspruchsführer,

gegen

den Bescheid des Wohngeldträgers vom 21.10.2015 (Az: Wohn II-37; 18/189265), zugegangen am 25.10.2015, wegen der Ablehnung von Leistungen nach dem Wohngeldgesetz.

Gegen den oben genannten Bescheid erhebe ich in meiner Eigenschaft als Betreuer, Betreuerausweis in Kopie liegt an, Widerspruch und beantrage,

1. den Bescheid vom 21.10.2015 aufzuheben,
2. Leistungen nach dem Wohngeldgesetz zu gewähren.

Eine Widerspruchsbegründung ergeht mit gesondertem Schriftsatz.

(Betreuer)

Wichtig ist zunächst allein, dass fristwahrend das Rechtsmittel eingelegt wird, das danach immer noch „in aller Ruhe" begründet werden oder aber, sollte eine eingehende Prüfung ergeben, dass die weitere Verfolgung keinen Sinn ergibt, zurückgenommen werden kann. Als Frist gilt bei behördlichen Entscheidungen grundsätzlich die Monatsfrist, die mit Bekanntgabe des schriftlichen Bescheides an den Betreuer (oder ohne vorherige Benachrichtigung der Behörde durch den Betreuer eines geschäftsfähigen Betreuten auch an Letzteren), §§ 83, 84 SGG, 57, 70 VwGO). Im Steuerrecht nennt sich das Rechtsmittel „Einspruch". Es gilt die gleiche Frist (§ 355 AO). Fehlt dem Behördenbescheid die Rechtsmittelbelehrung (§ 36 SGB X) oder ist diese fehlerhaft, kann das Rechtsmittel 1 Jahr lang eingelegt werden (§ 66 Abs. 2 SGG, § 58 Abs. 2 VwGO, § 356 Abs. 2 AO). **1467**

ee) Beratungshilfe

Ferner kann auch in Betracht gezogen werden, sich anwaltlicher Hilfe zur weiteren Rechtsverfolgung zu bedienen. Rechtsanwälte sind qua ihrer Berufsordnung gesetzlich zur Vertretung einkom- **1468** mensschwacher Bürger verpflichtet. Der beauftragte Rechtsanwalt kann im Falle eines mittellosen Bürgers direkt mit der Justizkasse nach dem Beratungshilfegesetz abrechnen, wobei auf Seiten des Betreuten nur ein Eigenanteil von derzeit 15,00 € anfällt. Dieser außergerichtlichen Beratungshilfe kann sich auch der Betreuer stellvertretend für den Betreuten bedienen.

1469   Auch ein Rechtsanwalt als Berufsbetreuer hat nach den Grundsätzen der kostensparenden Amtsführung für den von ihm Betreuten Beratungshilfe in Anspruch zu nehmen. Auch die Subsidiaritätsklausel des § 1 Abs. 1 Nr. 2 BerHG lasse keine andere Beurteilung der Sache zu. Die rechtliche Betreuung sei keine „andere zumutbare Hilfsmöglichkeit" in diesem Sinne. Eine andere Hilfsmöglichkeit käme lediglich in Betracht, wenn die Rechtsberatung kostenfrei bzw. ohne nennenswerte Gegenleistung erlangt werden könne. Zu einer kostenfreien Rechtsberatung sei ein anwaltlicher Berufsbetreuer aber gerade nicht verpflichtet.[445]

1470   Bevor der Betreuer einen Rechtsanwalt aufsucht, ist bei dem zuständigen Amtsgericht, bei dem auch die Betreuung geführt wird, schriftlich ein Antrag auf Erteilung eines Beratungshilfescheines zu stellen. In diesem Antrag ist der Beratungsgegenstand kurz zu schildern, dessentwegen der Betreuer einen Rechtsanwalt konsultieren möchte. Dies kann in der Form des nachstehenden Musterbriefes geschehen. Nach diesseitigen Erfahrungen erhält der Betreuer dann nach ca. vier Tagen spätestens einen Beratungshilfeschein des Amtsgerichtes zur Vorlage bei einem Rechtsanwalt.

1471   **Muster: Betreuerin beantragt für den Betreuten einen Beratungshilfeschein in einer Mietangelegenheit**

An das Amtsgericht (Wohnort des Betreuten)

hierdurch zeige ich an, dass das Amtsgericht XY mich zur Betreuerin für Herrn B. bestellte. Mein Aufgabenkreis umfasst unter anderem die Vermögenssorge und die Wohnungsangelegenheiten. Kopie meines Betreuerausweises füge ich diesem Schreiben bei.

Mein Betreuter wurde Adressat einer Mieterhöhungserklärung der Hausverwaltung. Wegen fehlender eigener Kenntnisse beabsichtige ich, die Fachanwältin für Mietrecht, Frau Rechtsanwältin R, zu kontaktieren zwecks Überprüfung der Mieterhöhungserklärung. Ich bitte um Erteilung eines Berechtigungsschein für die Beratung und außergerichtliche Vertretung meines Betreuten. Mein Betreuer ist mittellos. Der letzte Bescheid über die Bewilligung von Grundsicherungsleistungen durch das Jobcenter vom … liegt in Kopie an.

Mit freundlichen Grüßen

Betreuerin

ff)   Leistungen nach dem OEG

1472   Ein weithin unbekanntes Gesetz ist das Opferentschädigungsgesetz. Danach kann ein Entschädigungsanspruch demjenigen zugesprochen werden, der infolge eines rechtswidrigen, vorsätzlichen Angriffs eine gesundheitliche Schädigung erlitt. Nach der neueren Rechtsprechung des Bundessozialgerichts sind ebenso die Folgen sexuellen Missbrauchs in der frühen Kindheit oder aber Traumatisierungen nach Vergewaltigungen zu kompensieren. Wer bedenkt, dass circa 70 % aller Frauen, die sich in geschlossenen psychiatrischen Stationen befanden, Opfer eines frühkindlichen Missbrauchs waren, kann die Relevanz dieses Gesetzes ermessen.

---

445 *AG Tempelhof-Kreuzberg* Beschl. v. 7.11.2013, 70 a II 3276/13; *KG* FGPrax 2011, 296 = FamRZ 2012, 63.

Beispiel: Bianka T. war als vier- bis siebenjähriges Kind einem ständigen sexuellen Missbrauch durch ihren Vater ausgesetzt. Jahrelang wurde sie psychiatrisch wegen Schizophrenie, Borderline-Persönlichkeitsstörung und anderen Erkrankungen behandelt. Erst jetzt stellt sich heraus, dass Frau T. unter dem Krankheitsbild dissoziative Persönlichkeitsstörung leidet. Die Therapie wird sich über Jahre hinziehen. Auf Grund des Umstandes, dass die gesetzlichen Krankenkassen nur verpflichtet sind, 80 Therapiestunden zu bezahlen, ist eine Anerkennung der Betroffenen als Entschädigungsberechtigte nach dem Opferentschädigungsgesetz elementar.   **1473**

Anträge nach dem OEG sind bei dem Landesversorgungsamt (oder der sonst nach Landesrecht zuständigen Behörde) zu stellen. Hilfestellung bei der Durchsetzung von Entschädigungsansprüchen leistet die Organisation der Weiße Ring, Postfach 26 13 55, 55059 Mainz, Internet: http://www.weisser-ring.de/.   **1474**

b) Aufgabenkreis Vertretung vor Gerichten

Vielfach wird seitens der Betreuungsgerichte in Kombination mit der Regelung von Behördenangelegenheiten der Aufgabenkreis „Vertretung vor Behörden und Gerichten" angeordnet. Dies könnte suggerieren, dass die Vertretung des Betroffenen durch den Betreuer in diesem Bereich einer besonderen gerichtlichen Aufgabenkreiszuweisung bedarf. Dem ist jedoch nicht so. In § 1902 BGB heißt es wie bereits erwähnt: „In seinem Aufgabenkreis vertritt der Betreuer den Betreuten gerichtlich und außergerichtlich".   **1475**

Der Betreuer ist also qua gesetzlicher Anordnung zur Vertretung des Betroffenen in Gerichtsverfahren befugt.[446]   **1476**

Ist die betroffene Person geschäftsfähig, kann sie selbst Prozesse beginnen oder aber sich verklagen lassen. In dem Augenblick, in dem der Betreuer kraft seines Amtes in den bereits laufenden Prozess eintritt, findet eine Übernahme statt und die betreute Person sinkt auf den Status einer prozessunfähigen Person (§ 53 ZPO; diese Bestimmung gilt außer in Strafverfahren auch für alle anderen gerichtlichen Verfahren)[447].

Der nicht anwaltliche Betreuer könnte theoretisch den Betroffenen in allen Verfahren vertreten, in denen kein Anwaltszwang herrscht, da er dort postulationsfähig ist. Es handelt sich hier insbesondere, um die wichtigsten herauszugreifen, um Verfahren vor den Sozialgerichten, Arbeitsgerichten, Verwaltungsgerichten und Amtsgerichten in Zivilsachen. Gleichwohl muss davor gewarnt werden, sich selbst zu überschätzen und Prozesse vor Gerichten zu führen, deren Verfahrensordnungen man nicht kennt. Es kann nicht nachhaltig genug betont werden, dass es auch haftungsrechtlich relevant ist, wenn ein Betreuer sich infolge einer falschen Selbsteinschätzung überfordert und inadäquat und inkompetent die Rechte seines Betreuten vor Gericht wahrnimmt. Kommt es infolge einer fehlerhaften Vertretung des Betreuten vor Gericht zu einem Prozessverlust, so liegt ein Betreuerregress vor[448]. Wichtig ist hierbei z.B. die Versäumung, rechtzeitig einen Antrag auf Gewährung von Prozesskostenhilfe (§§ 114 ff. ZPO) zu stellen.[449]   **1477**

---

446 *Bienwald* Zur Vertretung des Betreuten vor Gericht, BtPrax 2001, 150; *Deinert* Die gerichtliche Vertretung von Betreuten, BtPrax 2001, 66; *ders.* Eintritt des Betreuers in Gerichtsverfahren nötig?, BtPrax 2001, 146.
447 *Bork* Die Prozessfähigkeit nach neuem Recht, MDR 1991, 97; *BFH* Beschl. v. 10.2.2012, VI B 130/11, BeckRS 2012, 94583 = BFH/NV 2012, 771 = JurionRS 2012, 11706.
448 *OLG Stuttgart* MDR 1956, 169.
449 DIV-Gutachten, DAVorm 1988, 606.

1478 Einem Betreuer steht bereits vor Übernahme des Prozesses das Recht auf Akteneinsicht i.S.v. § 78 FGO zu. Denn der Betreuer muss entscheiden (können), ob es im Interesse des Betreuten und eines ordnungsgemäßen Prozessverlaufs geboten ist, dass er das Verfahren übernimmt. Die hierzu notwendigen Erkenntnisse kann er durch Akteneinsicht gewinnen. Würde man dem Betreuer vor Übernahme des Verfahrens ein Recht zur Akteneinsicht verweigern, sähe er sich ggf. allein zu Zwecken der Informationsbeschaffung gezwungen, die Übernahme des Verfahrens zu erklären. Dies wäre aber nicht i.S.d. Gesetzgebers, der die Privatautonomie und Selbstverantwortlichkeit des Betreuten soweit als möglich achten und schützen will.[450]

aa) Vertretung in sozialrechtlichen Angelegenheiten

1479 Am unproblematischsten dürfte für einen Nichtjuristen noch die Vertretung des Betroffenen vor den Sozialgerichten sein, was auf einer klägerfreundlichen Ausgestaltung der entsprechenden Verfahrensordnung beruht. Wird der Betreute beispielsweise Adressat eines ablehnenden Rentenwiderspruchsbescheides, so ist ab dem Zeitpunkt der Zustellung binnen Monatsfrist nach folgendem Muster Klage bei dem örtlich zuständigen Sozialgericht einzulegen:

1480 ┌─ **Muster: Klage vor dem Sozialgericht** ─────────────────────────────

Klage

der Frau Brigitte F.,
Heerstraße 786,
13593 Berlin,
gesetzlich vertreten durch ihre Betreuerin Gisela P., Giesebrechtstr. 13, 10629 Berlin,

Klägerin,

gegen

Deutsche Rentenversicherung Bund,
vertreten durch die Geschäftsführung,
Ruhrstraße 2,
10704 Berlin,

Beklagte,

wegen Rentengewährung.

In meiner Eigenschaft als Betreuerin erhebe ich Klage und bitte, einen Termin zur mündlichen Verhandlung anzuberaumen, in dem ich beantragen werde zu erkennen:

Die Beklagte wird verpflichtet, unter Aufhebung ihres Bescheides vom 10.9.1998 (Vers. Nr.: 75 2978592 M 501) in der Fassung des Widerspruchsbescheides vom 11.1.2011, eine Rente wegen Erwerbsminderung zu gewähren.

Die angefochtenen Bescheide liegen als Anlage K1 und Anlage K2 an.

Eine Klagebegründung ergeht mit gesondertem Schriftsatz.

Betreuerausweis in Kopie ist beigefügt. Vorlage des Originals erfolgt im Termin.

Einfache Abschrift anbei.

(Betreuerin)

---

450 *FG Baden-Württemberg* EFG 2013, 383.

Ob einem Betreuten eine Erwerbsminderungsrente zusteht, beurteilt sich zum einen nach seinem noch vorhandenen Restleistungsvermögen und weiterhin danach, welche Qualifikationen er vorzuweisen hat. Hierzu gibt es eine teilweise schwierig für einen Nichtjuristen zu durchschauende Rechtsprechung des Bundessozialgerichtes, so dass es ratsam ist, spätestens nach einer fristwahrenden Klageerhebung einen im Sozialrecht spezialisierten Rechtsanwalt aufzusuchen oder aber, so vor Ort vorhanden, einen Fachanwalt für Sozialrecht. **1481**

bb) Vertretung in Arbeitsrechtssachen

Im Bereich des Arbeitsrechtes ist es ratsam, die Reichweite des Aufgabenkreises des Betreuers ggf. kurzfristig durch Rücksprache mit dem Betreuungsrichter zu klären. Das OLG Frankfurt vertrat (in einer Betreuervergütungssache) die Auffassung, dass arbeitsrechtliche Angelegenheiten nicht vom Aufgabenkreis Vermögenssorge abgedeckt sind.[451] **1482**

Steht der Betreute noch in einem Arbeitsverhältnis und wird Adressat einer Kündigung, so ist das Nachstehende zu beachten:[452] **1483**

1. Nach § 4 S. 1 Kündigungsschutzgesetz (KSchG) kann die Sozialwidrigkeit einer ordentlichen, das heißt fristgerechten Kündigung, nur dann geltend gemacht werden, wenn die Klage innerhalb von drei Wochen beim Arbeitsgericht erhoben wird. Entscheidend ist das Datum der Zustellung der Kündigung bei dem geschäftsfähigen Betreuten oder dem Betreuer. Eine Kündigung (eines wirksamen Arbeitsvertrags) kann nicht rechtswirksam ggü. einem inzwischen geschäftsunfähig gewordenen Arbeitnehmer erklärt werden.[453]
2. Das KSchG ist nur dann in persönlicher, § 1 Abs. 1 KSchG, und betrieblicher Hinsicht, § 23 Abs. 1 KSchG, anwendbar, wenn der Arbeitnehmer mehr als sechs Monate in einem Betrieb mit mehr als zehn Arbeitnehmern tätig war. Bis zum 31.12.2003 genügte für die Anwendbarkeit des Kündigungsschutzgesetzes eine Zahl von mehr als fünf Arbeitnehmern. Wer nach dieser Altregelung am 31.12.2003 Kündigungsschutz hatte, behält diesen auch weiterhin, wenn mit ihm weiterhin mehr als fünf „Altarbeitnehmer" zum Zeitpunkt der Kündigungserklärung noch im Betrieb beschäftigt sind.
3. Bei der Kündigung eines Schwerbehinderten (Grad der Behinderung von 50 oder mehr) oder eines seitens der Arbeitsagentur auf Antrag gleichgestellten Arbeitnehmers (Grad der Behinderung von 30 oder mehr) ist die Kündigung absolut unwirksam, wenn nicht zuvor die Zustimmung des Integrationsamtes eingeholt wurde.

> **Beispiel:** Der Betreute Olaf A. ist anerkannter Schwerbehinderter mit einem Grad der Behinderung von 60. Infolge krankheitsbedingter Fehlzeiten kündigt der Arbeitgeber das Arbeitsverhältnis zum nächstmöglichen Termin. Vorher holte der Arbeitgeber nicht die Zustimmung des Integrationsamtes ein. Vier Wochen nach Erhalt der Kündigung informiert Herr A. seinen Betreuer. Trotz des Verstreichens der dreiwöchigen Klagefrist, siehe oben, kann hier noch vor dem Arbeitsgericht Kündigungsschutzklage eingereicht werden. Das Fehlen der Zustimmung des Integrationsamtes macht die ausgesprochene arbeitgeberseitige Kündigung nach § 134 BGB i.V.m. § 85 SGB IX unheilbar nichtig. Dies gilt auch grundsätzlich für den Fall einer fristlosen außerordentlichen Kündigung (§ 91 SGB IX).

---

451 *OLG Frankfurt/Main* FamRZ 2010, 64, ebenso *Deinert* Arbeitsrecht und Betreuung, BtPrax 2010, 22.
452 Vgl. *Deinert* BtPrax 2010, 22; *BAG* Beschl. v. 28.5.2009, 6 AZN 17/09; *LAG Thüringen* Beschl. v. 11.7.2000, 5 Ta 64/2000.
453 *LAG Rheinland-Pfalz* Urt. v. 8.5.2009, 6 Sa 55/09; bestätigt durch *BAG* NJW 2011, 890.

4. Im Falle einer außerordentlichen fristlosen Kündigung gilt: Die dreiwöchige Klagefrist ist nur dann einzuhalten, wenn das KSchG in persönlicher und betrieblicher Hinsicht Anwendung findet. Arbeitnehmer in so genannten Kleinbetrieben können im Falle einer fristlosen Kündigung auch noch nach Ablauf der Drei-Wochen-Frist Klage auf Feststellung des Weiterbestehens des Arbeitsverhältnisses führen.

1484 **Beispiel:**   Holger D. erhält am 31.7.2015 eine fristlose Kündigung, von der die Betreuerin erst am 1.9.2015 erfährt. Herr D. war Arbeitnehmer in einem Betrieb mit drei Beschäftigten. Der Umstand, dass die vorliegende Kündigung nicht an den Maßstäben des KSchG zu messen ist, bildet den Grund dafür, dass man im Falle einer fristlosen Kündigung sagt, dass es unbillig wäre, allein die Drei-Wochen-Frist aus diesem Gesetz auf die betreffenden Arbeitnehmer aus Kleinbetrieben anzuwenden. Hier kann also möglicherweise noch mit Erfolg die fristlose Kündigung vor dem Arbeitsgericht angegriffen werden.

1485 Vor den Arbeitsgerichten herrscht – wie oben ausgeführt – kein Anwaltszwang. Falls der Betreute Mitglied einer Gewerkschaft ist, besteht die Möglichkeit einer gerichtlichen Vertretung über den gewerkschaftlichen Rechtsschutz. Der Betreuer kann mit folgendem Muster Kündigungsschutzklage erheben:

Muster: Kündigungsschutzklage

Klage

des Herrn Holger D.,
Waldhüterpfad 5
65431 Bad Homburg,
gesetzlich vertreten durch seine Betreuerin Frieda M., Andreasstraße 45, 65676 Bad Homburg

Kläger,

gegen

die Firma M. GmbH,
gesetzlich vertreten durch die Geschäftsführerin Stefanie St.,
Spreeaue 16, 13689 Berlin,

Beklagte,

wegen Kündigung des Arbeitsverhältnisses.

In meiner Eigenschaft als Betreuerin des Klägers erhebe ich Klage und bitte, einen Termin zur mündlichen Verhandlung anzuberaumen, in dem ich beantrage werde zu erkennen:

Es wird festgestellt, dass das Arbeitsverhältnis zwischen den Parteien nicht durch die Kündigung der Beklagten vom 29.7.2013 aufgelöst worden ist, sondern fortbesteht.

Begründung:

Die gesetzliche Vertreterin des Klägers wurde durch das Betreuungsgericht am 18.8.2012 zur Betreuerin bestellt. Betreuerausweis in Kopie liegt an. Im Gütetermin wird das Original vorgelegt werden.

1. In der Vergangenheit war der Kläger vom 22.7.2007 bis zum 22.7.2008 für die Beklagte als Bauhelfer tätig. Danach erfolgte eine Kündigung.

Beweis: Kündigungsschreiben vom 7.7.2008, in Kopie als Anlage K1

Zum 22.4.2009 bot die Beklagte dem Kläger erneut eine Tätigkeit an, worauf dieser bei seinem damaligen Arbeitgeber kündigte.

Der Kläger steht nun seit dem 22.4.2009 in den Diensten der Beklagten. Der Kläger wurde zuletzt mit einem Lohn iHv. 1.844,00 € monatlich vergütet. Zusätzlich wurden Urlaubs-, Verpflegungs- und Wegegeld gewährt.

Beweis: 1. Gehaltsabrechnung für den Monat Juni 2013, in Kopie als Anlage K2
2. Erfassungsbogen, in Kopie als Anlage K3

Der Kläger ist Vater von zwei Kindern im Alter von 2 und 3 Jahren. Seine Ehefrau ist nicht berufstätig.

Am 29.7.2013 ist das Arbeitsverhältnis durch die Beklagte zum 31.8.2013 gekündigt worden.

Beweis: Kündigungsschreiben vom 29.7.2013, in Kopie als Anlage K4

2. Zum Zeitpunkt des Zugangs der Kündigung bestand das Arbeitsverhältnis länger als sechs Monate. Die Beklagte beschäftigt circa 30 Arbeitnehmer. Das Kündigungsschutzgesetz findet Anwendung.

Die Kündigung ist unwirksam. Die Kündigung ist sozial nicht gerechtfertigt. Betriebsbedingte Gründe sind nicht ersichtlich. Der Kläger ist daher weiter zu beschäftigen.

Der Kläger bietet hiermit der Beklagten seine weitere Arbeitsleistung an.

Falls eine Sozialauswahl durchgeführt worden ist, wird die Beklagte hiermit aufgefordert, die Gründe anzugeben, die zu der getroffenen Sozialauswahl geführt haben.

Beglaubigte und einfache Abschrift anbei.

(Betreuerin)

Das Arbeitsgericht beraumt zunächst einen Gütetermin an, in dem von dem Richter der Versuch einer gütlichen Einigung unternommen wird. Nach einer Statistik des LG Hamm enden 72 % aller Arbeitsgerichtsprozesse im Vergleichswege. Gleichwohl sollte die Interessenwahrnehmung eines Betroffenen im Arbeitsgerichtsprozess nicht unterschätzt werden. **1486**

Die Rechtsprechung des Bundesarbeitsgerichts in Kündigungsschutzsachen ist äußerst diffizil, so dass dringend anzuraten ist, sich anwaltlicher Hilfe bei der Prozessführung zu bedienen, am besten der eines Fachanwaltes für Arbeitsrecht. Ist der Betroffene Mitglied einer Gewerkschaft, so sollte diese vorrangig im Kosteninteresse – nach § 12a Abs. 1 ArbGG trägt jede Partei unabhängig davon, ob sie in der ersten Instanz gewinnt oder verliert ihre Kosten stets selber – um eine Interessenvertretung angegangen werden. Es handelt sich hier um eine Besonderheit im Verhältnis zum normalen Zivilprozess. **1487**

▶ **Hinweis:** Will der Betreuer auf Vorschlag des Gerichtes mit dem Arbeitgeber des Betreuten einen Vergleich über die Beendigung des Arbeitsverhältnisses abschließen, so ist unbedingt eine Widerrufsfrist von mindestens drei Wochen zu vereinbaren. ◀ **1488**

§ 1822 Nr. 12 BGB sieht vor, dass ein gerichtlich geschlossener Vergleich betreffend Geldforderungen *nicht* der betreuungsgerichtlichen Genehmigung bedarf. Wird jedoch ein Vergleich vereinbart, der sich nicht auf Geld bezieht, wie etwa, ob ein Arbeitsverhältnis besteht oder nicht, greift das Privileg nach § 1822 Nr. 12 BGB nicht. Der Vergleich über die Auflösung eines Arbeitsverhältnisses bedarf der betreuungsgerichtlichen Genehmigung, weshalb nur ein Abschluss unter Einräumung einer Widerspruchsfrist möglich ist. **1489**

cc) Vertretung in Zivilrechtssachen

Die Amtsgerichte in Zivilsachen sind bei Streitigkeiten zwischen Privatpersonen zuständig, sofern der Gegenstandswert der Klage 5.000 € (§ 23 Nr. 1 GVG) nicht übersteigt. Bei höheren **1490**

Streitwerten sind die Landgerichte, bei denen ohnehin Anwaltszwang besteht, sachlich zur Entscheidung des Rechtsstreits berufen. Im Zivilprozess herrscht die so genannte Parteimaxime, d.h. dass die mündliche Verhandlung umfassend durch Schriftsätze der streitenden Parteien vorbereitet wird. Nach dem Dispositionsgrundsatz bestimmen die Parteien den Prozessstoff. Alles, was nicht zu Gunsten einer Partei vorgetragen wird, fällt unter den Tisch und wird nicht bei dem abzufassenden Urteil von dem Richter von Amts wegen berücksichtigt.

1491 **Beispiel:** Rechtsanwalt Gerald E. hat den Betreuten Hanno T. im Jahre 2012 beraten. Anfang 2016 erhebt Rechtsanwalt E. Klage gegen Herrn T. wegen Nichtbezahlung der Honorarrechnung. Anwaltliche Gebührenansprüche verjähren nach der regelmäßigen Verjährungsfrist von 3 Jahren (§ 195 BGB). Der Betreuer, der Herrn T. im Prozess vertritt, übersieht dies. Da der Zivilrichter nicht von Amts wegen den Einwand der Verjährung prüft, sondern nur dann, wenn er für die jeweilige Prozesspartei erhoben wird, ergeht ein klagestattgebendes Urteil.

1492 Allein dieses Beispiel verdeutlicht, wie schnell ein Prozess bei unfachmännischer Führung „versiebt" werden kann und dass es für den Betreuer nicht opportun ist, sich haftungsmäßig überflüssigerweise Risiken aufzuladen.

dd) Vertretung in Arzthaftungssachen

1493 Wurde der Betreute im Rahmen einer Heilbehandlung Opfer eines Behandlungs- und Aufklärungsfehlers (§ 630e BGB), so ist dem Betreuer – jedenfalls bei einem Aufklärungsverschulden – die sofortige Beauftragung eines auf Arzthaftungssachen spezialisierten Rechtsanwaltes zu empfehlen. Es hat keinen Zweck, zu einem Rechtsanwalt zu gehen, der nicht auf diese Materie spezialisiert ist, weil das Arzthaftungsrecht (trotz dem mittlerweile in Kraft getretenen Patientenrechtegesetz) reines Fallrecht ist, weshalb man sich stets durch Fachliteratur und Weiterbildungen auf dem Laufenden halten muss.

1494 Steht allein ein vermeintliches Behandlungsverschulden im Raum, kann man ein Verfahren vor einer Gutachterkommission, respektive der Schlichtungsstelle in Betracht ziehen. Gerade bei Betreuten, die nicht rechtschutzversichert sind, ist ein derartiges Verfahren vorzuziehen, da im Zivilprozess das Risiko enorm hoher Verfahrenskosten besteht. In diesem Zusammenhang ist zu berücksichtigen, dass, auch wenn Prozesskostenhilfe (§ 114 ff. ZPO) bewilligt wurde, im Falle des Unterliegens des Betreuten im Prozess dieser auf alle Fälle auf den Kosten des gegnerischen Rechtsanwalts sitzen bleibt. Das Verfahren vor den Schlichtungsstellen/Gutachterkommissionen ist demgegenüber kostenfrei.

1495 Die deutsche Ärzteschaft hat ab 1975 im gesamten Bundesgebiet unabhängige ärztliche Gremien in Gestalt von Gutachterkommissionen und Schlichtungsstellen ins Leben gerufen, denen die Aufgabe obliegt, zu prüfen, ob ein Arzt die in der Diagnostik und Therapie erforderliche Sorgfalt gewahrt hat oder ob dem Arzt ein Behandlungsfehler vorzuwerfen ist. Für die Anrufung der Gutachterkommissionen, respektive Schlichtungsstellen genügt ein formloser Antrag des Betreuers, beispielsweise in der nachstehenden Form.

Muster: Anrufen einer Schlichtungsstelle wegen eines vermutlichen Behandlungsfehlers — 1496

Sehr geehrte Damen und Herren,

hierdurch zeige ich an, dass das Amtsgericht (...) mich zur Betreuerin für Herrn Hannes H. u.a. mit dem Aufgabenkreis der Gesundheitsfürsorge bestellte. Kopie meines Betreuerausweises liegt an.

Mein Betreuer hielt sich vom (...) bis (...) im (...) Krankenhaus auf. Grund für die Einlieferung meines Betreuten in das (...)-Krankenhaus bildete ein am Darm befindlicher Polyp, zu dessen Entfernung mir der behandelnde Arzt wegen der Gefahr einer bösartigen Entartung riet. Infolge des Eingriffs mussten verschiedene Darmteile miteinander vernäht werden, und es kam zu einer Nahtinsuffizienz, die allerdings – trotz untrüglicher Anzeichen, wie Fieber etc. – zu spät diagnostiziert wurde. Mein Betreuer musste infolge der verspäteten Diagnostik sechs Revisionsoperationen über sich ergehen lassen und rang circa vier Monate mit dem Tode. Erst nach sechs Monaten konnte er aus dem Krankenhaus entlassen werden. Wäre die Nahtinsuffizienz gleich erkannt worden, hätte er bereits nach zwei Wochen das Krankenhaus verlassen können.

Ich beantrage, die Angelegenheit durch Ihre Schlichtungsstelle zu überprüfen. Meines Erachtens liegt ein Behandlungsfehler vor.

Betreuerin

In 85,2 % aller Fälle führte der Bescheid der Gutachterkommissionen zu einer Erledigung der 1497 Auseinandersetzung zwischen den Parteien. In 15 % der Fälle schloss sich ein Gerichtsverfahren an, wobei sich lediglich in 1,1 % der Fälle eine Abweichung vom Bescheid der Gutachterkommission ergab. Dies spricht für die hohe Qualität der Arbeit der Kommissionen.

Im Nachstehenden wird exemplarisch das Merkblatt der Schlichtungsstelle für Arzthaftpflichtfragen der norddeutschen Ärztekammer vorgestellt, aus dem sich der Verfahrensgang ergibt.

Muster: MERKBLATT — 1498

I. AUFGABE DER SCHLICHTUNGSSTELLE

Die Schlichtungsstelle ist zuständig für die außergerichtliche Klärung von Streitigkeiten, denen Schadensersatzansprüche von Patienten wegen vermeintlich oder tatsächlich fehlerhafter ärztlicher Behandlung zu Grunde liegen.

II. ÖRTLICHE ZUSTÄNDIGKEIT

Die Schlichtungsstelle wird nur tätig, wenn die als fehlerhaft bezeichnete Behandlung im Bereich der Ärztekammern Berlin, Brandenburg, Bremen, Hamburg, Mecklenburg-Vorpommern, Niedersachsen, Sachsen-Anhalt, Schleswig-Holstein oder Thüringen stattgefunden hat.

III. BETEILIGTE AM SCHLICHTUNGSVERFAHREN

1. Patienten, die durch gesetzliche Vertreter, Erben, Rechtsvertreter oder Rechtsanwälte vertreten werden können.
2. Der in Anspruch genommene Arzt bzw. Krankenhausträger.
3. Der Haftpflichtversicherer des Arztes oder des Krankenhausträgers.

IV. VERFAHREN

1. Das Verfahren ist schriftlich. Es genügt ein formloser Antrag eines Beteiligten, der eine Darstellung des Sachverhalts aus der Sicht des Antragstellers enthalten muss.
2. Die Teilnahme am Schlichtungsverfahren ist freiwillig. Die Schlichtungsstelle kann nur bei Zustimmung sämtlicher Beteiligter tätig werden.

3. Ablauf des Verfahrens:

a) Klärung der Verfahrensvoraussetzungen: Ausfüllung des Fragebogens und der Schweigepflichtentbindungserklärung durch den Patienten. Einholung der Zustimmung des betroffenen Arztes bzw. Krankenhauses und der Haftpflichtversicherung bzw. des Krankenhausträgers.

b) Sachverhaltsaufklärung: Sobald die Verfahrensvoraussetzungen gegeben sind, beginnt die Sachverhaltsaufklärung. Die Krankenunterlagen der betroffenen und der vor- und nachbehandelnden Ärzte werden angefordert.

c) Gutachtenauftrag: Wenn die Auswertung der Krankenunterlagen zu dem Ergebnis führt, dass ein Gutachten eingeholt werden muss, wird der Entwurf eines Gutachtenauftrags an die Beteiligten übersandt, um ihnen die Gelegenheit zu geben, ggf. Änderungs- oder Ergänzungswünsche vortragen. Etwa 4 Wochen nach Übersendung des Entwurfes wird dann der Gutachtenauftrag an den Gutachter übersandt.

d) Abschließende Stellungnahme: Sobald das Gutachten bei der Schlichtungsstelle vorliegt, wird es den Beteiligten zur Stellungnahme zugeleitet. In der abschließenden Beurteilung wird dargelegt, weshalb Ansprüche für begründet oder unbegründet gehalten werden. Einwendungen gegen die abschließende Stellungnahme sind nur mit neuen Tatsachen binnen einer Frist von 4 Wochen möglich.

V. VERFAHRENSDAUER

Die durchschnittliche Verfahrensdauer beträgt etwa 13 Monate. Starke Schwankungen nach oben oder unten sind möglich. Dies beruht in der Regel auf Umständen, die die Schlichtungsstelle wenig beeinflussen kann, z.B. Dauer der Bearbeitung durch den Gutachter.

VI. KOSTEN DES SCHLICHTUNGSVERFAHRENS

Das Schlichtungsverfahren ist für den Patienten kostenfrei. Die Kosten eines von ihm beauftragten Vertreters und etwaigen Verdienstausfall sowie erhöhten Verpflegungsbedarf anlässlich einer Untersuchung durch den Gutachter trägt der Patient selbst.

VII. RECHTSWEG

Kein Beteiligter muss die Entscheidung der Schlichtungsstelle akzeptieren. Der Rechtsweg wird durch die Tätigkeit der Schlichtungsstelle nicht ausgeschlossen.

VIII. VERJÄHRUNG

Das Schlichtungsverfahren hemmt die Verjährung, soweit der Ersatzpflichtige am Schlichtungsverfahren beteiligt ist.

Abschließend werden noch die Adressen der Gutachterkommissionen und Schlichtungsstellen benannt.

(1) Schlichtungsstellen, Gutachterstellen, Gutachterkommisionen

Die aktuellen Adressen aller ärztlichen Schlichtungsstellen sind im Internet verfügbar, z.B. unter:

http://www.norddeutsche-schlichtungsstelle.de/schlichtungsstellen.html

Das Schlichtungsstellenverfahren kommt nur zustande, wenn die Behandlungsseite sowie die dahinter stehende Haftpflichtversicherung hiermit einverstanden sind. Häufig sind die hinter dem Arzt/ dem Krankenhaus stehenden Haftpflichtversicherung nicht bereit, das Schlichtungsverfahren durchzuführen. In diesem Fall wird die Schlichtungsstelle nicht tätig.

Weiterhin sind die gesetzlichen Krankenkassen nach § 66 SGB V verpflichtet, den Versicherten bei der Ermittlung eines möglichen Behandlungsfehlers zu unterstützen. Die Regressabteilungen der Krankenkasse beauftragen im Regelfall den Medizinische Dienst der Krankenkassen (MDK) und dort einen Facharzt aus dem Fachgebiet der Medizin, das dem möglichen Behandlungsfehler zuzuordnen ist, ein Fachgutachten zu erstellen. Dieses wird dem Versicherten zur Verfügung gestellt. Der Betreuer erhält auf die Art und Weise eine kostenlose Einschätzung, ob ein Behandlungsfehler/Aufklärungsfehler gegeben ist.

ee) Vertretung in Strafsachen

Für die Stellung des Beschuldigten in einem Strafverfahren bestehen in den § 20 StGB, § 21 StGB sowie §§ 413 ff. StPO hinsichtlich der Folgen der Tat, in § 140 Abs. 2 StPO und den ungeschriebenen Regeln über die Verhandlungsunfähigkeit des Angeklagten abschließende Regelungen. **1499**

Dennoch ist die Beteiligung des Betreuers am Strafverfahren nicht generell ausgeschlossen. Die Strafprozessordnung gibt dem Betreuer einige eigene Verfahrensrechte, nämlich

- das Recht, einen Verteidiger zu bestellen (§ 137 Abs. 2 StPO), und zwar selbstständig, also unabhängig davon, ob der Betreute selbst ebenfalls einen bestellt oder vom Gericht beigeordnet bekommen hat;
- das Recht, zum Hauptverfahren als Beistand des Betreuten zugelassen zu werden (§ 149 Abs. 2 StPO) sowie
- eine eigene ebenfalls selbstständige Rechtsmittelbefugnis (§ 298 Abs. 1 StPO).

Auch hier muss die Angelegenheit, um die es geht, vom Aufgabenkreis umfasst sein. Das ist immer dann der Fall, wenn dem Betreuer pauschal alle Angelegenheiten oder alle persönlichen Angelegenheiten übertragen sind. Ansonsten dürfte ein separater Aufgabenkreis „Beteiligung am/oder Vertretung im Strafverfahren" notwendig sein.[454] Der Aufgabenkreis der Vermögenssorge berechtigt ihn nicht zur Strafantragsstellung gegen Angehörige des Betreuten.[455] **1500**

Die Vertretung eines Betreuten in einer Strafsache, respektive einem Sicherungsverfahren gehört in die Hand eines erfahrenen Strafverteidigers. In der Regel liegen die Voraussetzungen der Beiordnung nach § 140 StPO vor, stellt die Staatsanwaltschaft einen Antrag im Sicherungsverfahren, ist ohnehin ein Fall der notwendigen Pflichtverteidigung nach § 140 Abs. 1 Nr. 1 und 7 StPO gegeben. **1501**

> **Beispiel:** Der Betroffene, der jahrelang bei seiner Mutter lebte, zog nach deren Tod nacheinander in verschiedene Heime, was für ihn außerordentlich belastend war. Nach einer Auseinandersetzung mit einem anderen Heimbewohner schlug er diesem verärgert eine Bierflasche auf den Kopf, was eine Platzwunde verursachte. Die Heimleitung erstattete Strafantrag, die Staatsanwaltschaft ermittelte. Die Betreuerin telefonierte in guter Absicht mit dem beauftragten Kriminalbeamten, der daraufhin einen Vermerk mit folgendem Inhalt verfasste: „(...) er ist schuldunfähig (...) seine Reaktionen sind unberechenbar (...) er wisse nicht, was er tue (...) er werde gefährlich, wenn er unter Druck steht (...)" Dieser Telefonvermerk bildete mit anderen Verlautbarungen der Betreuerin den Anlass, eine Antragsschrift im Sicherungsverfahren zu erheben. Eine derartiges Verfahren kann oft mit jahrelanger Verwahrung der Betroffenen in einem psychiatrischen Krankenhaus enden. Eine Erörterung des Telefonvermerks mit der Betreuerin ergab im Übrigen, dass sie das so gar nicht gesagt hatte. **1502**

---

454 *OLG Schleswig* NJW RR 2008, 91 = MDR 2007, 1263 = FGPrax 2007, 231= FamRZ 2008, 187 (Ls); *OLG Frankfurt/Main* NJW RR 2005, 1166; *OLG Hamm* NJW 2006, 1144 = FamRZ 2006, 576 (Ls); *OLG Hamburg* Beschl. v. 17.6.2013, 2 Ws 23-25/13.

455 So auch *OLG Hamm* NJW 1960, 834; *LG Hamburg* NStZ 2002, 39; *OLG Köln* wistra 2005, 392; a.A. *LG Ravensburg* FamRZ 2001, 937.

1503 Die Gefahr, dass man sich als Betreuer aus Unwissenheit falsch einlässt oder dass einem, wie im obigen Beispiel geschehen, das Wort im Munde umgedreht und für den Betroffenen nachteilig protokolliert wird, ist groß. Daher muss auch vor voreiligen Einlassungen wie: „Mein Betreuter ist schuldunfähig usw." gewarnt werden. Diese vermeintlich positiven Stellungnahmen können zum Nachteil des Betroffenen zu Ermittlungen im Sicherungsverfahren (§§ 413 ff. StPO) führen.

1504 ▸ **Hinweis:**   Bereits im Ermittlungsverfahren gilt die alte Regel: Reden ist Silber und Schweigen ist Gold! ◂

ff) Prozesskostenhilfe

1505 Derjenige, der einen Prozess anstrengt, geht ein erhebliches finanzielles Risiko ein. Falls er den Prozess verliert, wird er in der Regel zur Übernahme der gesamten Kosten verpflichtet, d.h. er muss Gerichtskosten (drei Gebühren), die eigenen Rechtsanwaltskosten und die des gegnerischen Rechtsanwalts tragen. Das Gericht bearbeitet den Vorgang erst dann, wenn sämtliche Gerichtsgebühren als Kostenvorschuss einbezahlt sind, und der eigene Rechtsanwalt wird ebenso mit Hinblick auf § 9 RVG einen Kostenvorschuss für seine Tätigkeit verlangen. Unter zwei Voraussetzungen wird einer Partei Prozesskostenhilfe gewährt:

1. wenn sie nach ihren persönlichen und wirtschaftlichen Verhältnissen nicht in der Lage ist, die Prozesskosten ganz oder teilweise oder in Raten aus eigenen Mitteln zu entrichten und

2. die Klage hinreichende Aussicht auf Erfolg hat und nicht mutwillig erscheint.

1506 Mutwillig ist eine Klage, die von vornherein aussichtslos erscheint oder die gegen eine Partei, die zur Klageerhebung keine Veranlassung bot, erhoben wird, § 93 ZPO. Für das Prozesskostenhilfegesuch kann der Rechtsanwalt eine 5/10 Gebühr als Kostenvorschuss abrechnen. Allerdings entlastet die Bewilligung von Prozesskostenhilfe durch das Gericht den Betroffenen nicht davon, dass er im Falle des Unterliegens im Prozess die Kosten für den gegnerischen Rechtsanwalt selbst zahlen muss. Bei einem Misserfolg seines Rechtsmittels wird der Betroffene durch die Bewilligung von Prozesskostenhilfe demnach nur von den Gerichts- und den eigenen Rechtsanwaltskosten freigestellt.

gg) Beratungshilfe

1507 Um zu ermöglichen, dass Bürger mit geringem Einkommen die Möglichkeit haben, sich einen Rechtsrat einzuholen, wurde das Beratungshilfegesetz erlassen. Das BerHG sichert die Kosten anwaltlicher Inanspruchnahme im außergerichtlichen Bereich ab. Es gilt für folgende Rechtsgebiete:

- Zivilrecht einschließlich Arbeitsrecht;
- Verwaltungsrecht, einschließlich Sozialrecht und neuerdings Steuerrecht;
- Verfassungsrecht.

1508 In Angelegenheiten des Strafrechts und des Ordnungswidrigkeitenrechts wird nur mündliche Beratung erteilt, keine Vertretung. Jeder Betreuer kann vor Inanspruchnahme anwaltlicher Hilfe für den Betreuten bei dem für den Betreuten zuständigen Amtsgericht, Abteilung für die Bewilligung von Beratungshilfe, einen so genannten Beratungshilfeschein beantragen. Der Antrag kann formlos gestellt werden, indem der Betreuer kurz das Anliegen schildert, weswegen eine anwaltliche Tätigkeit erforderlich ist. Mit diesem Berechtigungsschein kann der Betreute, respektive sein Betreuer einen Rechtsanwalt beauftragen. Dieser berät den Betreuten und führt, sofern erforderlich, die weitere Vertretung durch. Der Rechtsanwalt rechnet mit dem Berechtigungsschein direkt mit der Justizkasse ab. Daneben steht dem Rechtsanwalt noch eine Gebühr von 15,00 € als Eigenanteil zu, der von dem Betreuten zu entrichten ist.

hh) Vertretung in familienrechtlichen Angelegenheiten

Es kann notwendig werden, dass der Betreuer den Betreuten in einzelnen Fragen des Familien- **1509**
rechtes vertritt. In Frage kommen insbesondere

- ehegüterrechtliche Fragen;
- Fragen der Ehescheidung oder -aufhebung bzw. der Auflösung einer Lebenspartnerschaft;
- Fragen der Unterhaltspflicht;
- Abstammungsfragen.

ii) Eherechtliche Fragen

In all diesen Fragen ist eine Erweiterung des Aufgabenkreises beim Betreuungsgericht anzuregen. Insbesondere bei eherechtlichen Fragen reichen die wirtschaftlichen Aspekte (z.B. beim **1510**
Zugewinnausgleich oder beim Versorgungsausgleich) nicht aus, um die Vertretung vor dem Familiengericht generell der Vermögenssorge zuzuordnen.[456]

Denn die Ehe (und die eingetragene Lebenspartnerschaft) betreffen in erster Linie den Status **1511**
des Betroffenen (verheiratet/geschieden usw.), die vermögensrechtlichen Fragen folgen lediglich daraus.

Die Bestellung eines Betreuers mit dem Wirkungskreis „Vertretung in Behördenangelegenheiten" ermächtigt diesen ebenfalls nicht zur Vertretung des Betroffenen im Ehescheidungsverfahren[457]. Der Aufgabenkreis „Rechtsangelegenheiten" berechtigt den Betreuer, den Betreuten im Ehescheidungsverfahren zu vertreten, jedenfalls dann, wenn der Betreute schon geschäftsunfähig war, als das Gericht den Betreuer bestellte.[458]

Der geschäftsfähige Betreute kann nur selbst Antrag auf Ehescheidung erheben, das gilt auch **1512**
bei einem Einwilligungsvorbehalt (§ 125 Abs. 1 FamFG)[459]. Nach anderer Auffassung kann der Betreuer auch bei geschäftsfähigen Betreuten die Prozessführung übernehmen (§ 53 ZPO) und ist der Betreute unter Einwilligungsvorbehalt selbst zur Klageerhebung nicht berechtigt (§ 52 ZPO)[460]. Letzteres stellt die herrschende Meinung dar.[461]

Der Antrag auf Ehescheidung für einen geschäftsunfähigen Betreuten ist durch den Betreuer **1513**
zu stellen.[462] Gegenteilige Auffassungen aus der Literatur,[463] wonach der Ehescheidungsantrag eine höchstpersönliche Angelegenheit ist, werden nicht geteilt. Zur Erhebung des Scheidungsantrags durch den Betreuer ist die betreuungsgerichtliche Genehmigung gem. § 125 Abs. 2

---

456 MK-BGB/*Schwab* § 1903 BGB Rn. 22; *Musielak/Borth* § 607 ZPO Rn. 6; *OLG Zweibrücken* FamRZ 1999, 27, 28; bereits zum alten Recht der Gebrechlichkeitspflegschaft *LG Mannheim* FamRZ 1957, 395.

457 *OLG Zweibrücken* Beschl. v. 12.4.2011, 2 WF 166/10, FamFR 2011, 312 = BeckRS 2011, 14629 = FamRZ 2011, 1814; *OLG Brandenburg* BtPrax 2012, 73 = FamRZ 2012, 1166.

458 *OLG Celle* BtPrax 2013, 214 = NJW 2013, 2912.

459 *Erman/Roth* § 1896 Rn. 67.

460 *Damrau/Zimmermann* § 1902 Rn. 39.

461 *Baumbach-Lauterbach* § 607 ZPO Rn. 1; *Roth* Ehe und Betreuung, BtPrax 2007, 100, 102 m.w.N.

462 *BGH* NJW 2002, 671; *OLG Frankfurt/Main* ZEV 2002, 514; *Roth* Ehe und Betreuung, BtPrax 2007, 102; *Deinert* Der Betreuer im Ehe- und Lebenspartnerschaftsrecht, BtPrax 2005, 16.

463 Zum Aufgabenkreis „Scheidungsangelegenheiten" bei der Betreuung *Sonnenfeld (Hrsg.)* Nichtalltägliche Fragen aus dem Alltag des Betreuungsrecht, FS Bienwald, 2006, S. 137, 142.

FamFG erforderlich. Sie kann auch nachträglich erfolgen[464]. Für die Beurteilung der Geschäftsfähigkeit sind die Kriterien des § 1304 BGB maßgeblich.[465]

1514   Die betreuungsgerichtliche Genehmigung des von einem Betreuer für einen prozessunfähigen Ehegatten gestellten Scheidungsantrags betrifft nur die Rechtssphäre dieses Ehegatten. Durch die Genehmigung wird nur das – durch die Prozessunfähigkeit beeinträchtigte – Recht des Ehegatten wieder hergestellt, seinerseits bei gescheiterter Ehe deren Auflösung herbeizuführen. Der andere Ehegatte ist daher nicht befugt, im eigenen Namen Rechtsmittel gegen die Genehmigung einzulegen. Seine Einwendungen gegen den Scheidungsantrag kann er nur im Scheidungsverfahren geltend machen.[466] Der Betreuer ist zur Erhebung einer Klage auf Herstellung des ehelichen Lebens nicht befugt.

1515   Der Betreuer kann auch für geschäftsunfähig gewordene Ehegatten Eheverträge abschließen; er benötigt dazu gem. § 1411 Abs. 2 BGB die betreuungsgerichtliche Genehmigung. Auch bei der Fortsetzung oder Ablehnung der Gütergemeinschaft besteht ein Handlungsrecht des Betreuers mit gerichtlicher Genehmigung (vgl. §§ 1484–1493 BGB).

jj)   Unterhalt

1516   In Fragen der Unterhaltszahlung kann es sowohl um den Betreuten als Unterhaltsberechtigten als auch als Unterhaltspflichtigen gehen. Es kann sich sowohl um Ehegatten- als auch Verwandtenunterhalt (sowohl gegenüber Kindern als auch Eltern) handeln. Das OLG Zweibrücken sah die Frage des Unterhaltes ebenfalls nicht vom Aufgabenkreis Vermögenssorge abgedeckt.[467]

kk)   Vaterschaftsfragen

1517   Für die Anerkennung der Vaterschaft ist in der 1998 erfolgten Neufassung des § 1596 BGB in Abs. 3 bestimmt, dass ein geschäftsfähiger Betreuter nur selbst anerkennen darf, § 1903 BGB bleibe unberührt. Dies bedeutet, dass auch ein Betreuer, der für alle Aufgabenkreise des Betreuten bestellt und damit dessen umfassender gesetzlicher Vertreter ist (§ 1902 BGB), nicht für den Betreuten die Erklärung über die Vaterschaftsanerkennung abgeben darf, solange dieser nicht geschäftsunfähig ist.[468]

1518   Bei Vorliegen eines Einwilligungsvorbehaltes gem. § 1903 BGB muss der Betreuer der Anerkennung zustimmen. Bezüglich des Aufgabenkreises, für den der Einwilligungsvorbehalt angeordnet ist, wird man wohl wegen der Rechtsfolge der Anerkennung der Vaterschaft, nämlich der Unterhaltspflicht, auf die Vermögenssorge abstellen müssen, da es kaum vorstellbar ist, dass ein Einwilligungsvorbehalt genau zur Frage „Anerkennung von Vaterschaften" angeordnet sein kann. Dies entspricht insgesamt der bisherigen Rechtslage.

1519   Liegt jedoch Geschäftsunfähigkeit beim Kindesvater vor, so ist die Erklärung nach § 1596 Abs. 1 S. 3 BGB durch den gesetzlichen Vertreter (und nur durch ihn) möglich. Für die Anerkennung benötigt der Betreuer wegen der weitreichenden staatsangehörigkeits-, sozial-, erb- und unterhaltsrechtlichen Folgen die betreuungsgerichtliche Genehmigung. Die Anerkennung erfolgt durch Beurkundung beim Jugendamt (§ 59 SGB VIII), Standesamt oder Notar. Der Betreuer muss hierzu persönlich erscheinen.

---

464   *OLG Hamm* FamRZ 1990, 166, 167; *Roth* Ehe und Betreuung, BtPrax 2007, 102.
465   *BGH* NJW 1970, 1680/1681 = MDR 1971, 405.
466   *KG* BtPrax 2006, 38; bereits zuvor *LG Berlin* BtPrax 1999, 204; krit *Damrau/Zimmermann* § 1902 BGB Rn. 26.
467   *OLG Zweibrücken* FamRZ 2000, 1324 = NJW-RR 2001, 151 (m. Anm. *Hellmann* RdLH 2001, 90).
468   *Deinert* Kindschaftsrechtsreform und Betreuertätigkeit, BtPrax 1999, 3.

Eine Vaterschaftsanerkennung bedarf zu ihrer Rechtswirksamkeit der Zustimmung der Mutter, und zwar auch dann, wenn diese nicht Inhaberin der elterlichen Sorge ist. Außerdem wird in bestimmten Fällen die Zustimmung des Ehemannes der Mutter benötigt, das gilt immer dann, wenn das Kind zwischen der Anhängigkeit des Scheidungsantrags und rechtskräftiger Ehescheidung geboren wurde und der bisherige Ehemann tatsächlich nicht der Vater des Kindes ist. **1520**

> **Beispiel:** Zwischen den Eheleuten X ist ein Scheidungsverfahren vor dem Familiengericht anhängig. Die Ehefrau unterhält ein Liebesverhältnis zu Y. Noch vor dem Scheidungstermin gebiert die Ehefrau ein Kind aus der Verbindung mit Y. In diesem Fall gilt die gesetzliche Anordnung des § 1592 Nr. 1 BGB, die bestimmt, dass der mit der Mutter zum Zeitpunkt der Geburt des Kindes verheiratete Mann dessen gesetzlicher Vater ist. X ist also der gesetzliche Scheinvater und Y der biologische Vater. In einem Vaterschaftsprozess sind die tatsächlichen Verhältnisse vor dem Familiengericht zu klären. **1521**

Es ist möglich, dass sowohl der Scheinvater als auch der biologische Vater unter Betreuung stehen. Gemäß § 1596 Abs. 3 BGB gilt für die Zustimmung das gleiche wie für die Anerkennung. Das heißt, gehört die Zustimmung zur Vaterschaftsanerkennung zum Aufgabenkreis des Betreuers, so kann er im Namen der betreuten Person die Zustimmung erklären, wenn sie geschäftsunfähig ist. Liegt trotz einer Betreuung keine Geschäftsunfähigkeit vor, kann nur die betreute Person selbst die Zustimmung erklären. Besteht ein Einwilligungsvorbehalt, so hat auch der Betreuer der Zustimmung der Vaterschaftsanerkennung zuzustimmen. **1522**

II) Anfechtung der Vaterschaft

Anstelle der früheren Klagen über Ehelichkeitsanfechtung sowie Anfechtung der Vaterschaftsanerkennung ist im Rahmen der Kindschaftsrechtsreform 1998 eine einheitliche Klage auf Anfechtung der Vaterschaft eingeführt worden, wenn die amtlich feststehende Vaterschaft nicht der biologischen entspricht (§§ 1600 ff. BGB). Klageberechtigt sind der Vater und die Mutter sowie das Kind selbst. Die Klagefrist beträgt einheitlich 2 Jahre. **1523**

Auch hier kann ein Betreuer gefragt sein, wenn er feststellt, dass die Abstammung eines Kindes der betreuten Person zweifelhaft ist. Die Klagefrist beginnt zu laufen, sobald der Klageberechtigte Kenntnis davon erhält, dass die Vaterschaft u.U. unrichtig ist. **1524**

Dies bedeutet: ist die betreute Person geschäftsfähig (liegt also der gesetzgeberische Normalfall vor), beginnt die Frist zu laufen, wenn die betreute Person selbst die Kenntnis erlangt. Nur im Falle der Geschäftsunfähigkeit beginnt die Frist erst mit Kenntniserlangung des Betreuers. Gleiches gilt, wenn ein Einwilligungsvorbehalt für diese Frage (oder für alle Angelegenheiten) besteht. **1525**

Genau wie bei der Anerkennung der Vaterschaft gilt: ein geschäftsfähiger Betreuer kann nur selbst anfechten, der Betreuer darf es nicht, auch nicht, wenn er für alle Aufgabenkreise bestellt ist; auch ist keine Zustimmung des Betreuers zur Klageerhebung nötig; bei Geschäftsunfähigkeit des Betreuten wiederum darf nur der Betreuer anfechten. Er benötigt für diese Klage nicht mehr die betreuungsgerichtliche Genehmigung, allerdings findet innerhalb des Gerichtsverfahrens (vor dem Familiengericht) selbst eine Prüfung statt, ob die Anfechtung dem Wohl des Vertretenen entspricht. **1526**

mm) Elterliche Sorge

1527   Anders als nach dem alten Recht vor 1992 führt die Anordnung einer Betreuung für einen sorgeberechtigten Elternteil als solche nicht zum Ruhen der elterlichen Sorge aus rechtlichen Gründen (§ 1673 BGB). Bis zum Beweis des Gegenteils ist also auch bei Betreuten davon auszugehen, dass sie die elterliche Sorge für ihre minderjährigen Kinder weiterhin selbst ausüben.[469]

1528   Dennoch sollte die Anordnung einer Betreuung für das Betreuungsgericht stets Anlass zur Prüfung sein, ob entweder ein Ruhen der elterlichen Sorge vorliegt, weil der unter Betreuung stehende Elternteil (jedenfalls partiell) geschäftsunfähig sein kann oder ein Entzug des Sorgerechtes durch das Familiengericht gem. § 1666 BGB (insbes. wegen unverschuldetem Erziehungsversagen) angebracht ist.[470] Dies gilt vor allem in den Fällen, in denen der unter Betreuung gestellte Elternteil zuvor allein sorgeberechtigt war.

1529   Ist die betreute Person (jedenfalls für längere Zeit) freiheitsentziehend untergebracht (§ 1906 BGB, nach PsychKG oder nach § 63 StGB), sollte der Betreuer beim Familiengericht einen Antrag stellen, dass das Ruhen der elterlichen Sorge aus tatsächlichen Gründen (§ 1674 BGB) festgestellt wird (oder das Jugendamt dahingehend informieren, damit es selbst diese Schritte einleitet).

1530   Der Betreuer jedenfalls übt grundsätzlich keine elterliche Sorge stellvertretend für den unter Betreuung stehenden Elternteil aus.[471] Der Betreuer kann auch nicht als gesetzlicher Vertreter eines Elternteils beim Jugendamt Hilfen zur Erziehung (§ 27 SGB VIII) beantragen.[472] Stattdessen ist, wenn die Voraussetzungen der §§ 1666 oder 1673 BGB bejaht werden, ein Vormund für das Kind zu bestellen (§ 1773 BGB), sofern nicht ein anderer Sorgerechtsinhaber vorhanden ist (z.B. der andere Elternteil).

1531   Denkbar ist lediglich, dass ein Betreuer mit einem passenden Aufgabenkreis (z.B. Vertretung in familiengerichtlichen Verfahren) die Rechte des betreuten Elternteils in Bezug auf sein Sorge- oder Umgangsrecht geltend macht. Beispiel: Es geht darum, dem Elternteil die elterliche Sorge zu entziehen oder deren Ruhen festzustellen oder Regelungen in Bezug um das Umgangsrecht zu treffen. Dieses sind Verfahren nach dem FamFG. Hier ist eine Vertretung durch einen Betreuer zulässig, nicht bei der eigentlichen Ausübung der elterlichen Sorge.

1532   Nicht zur Ausübung der elterlichen Sorge, sondern zum Aufgabenkreis Vertretung gegenüber Behörden gehört das Stellen von kinderbezogenen Anträgen des Betreuten bei Behörden, wie Elterngeld oder Kindergeld (oder kinderbezogener Ortszuschlag bei Beschäftigten im öffentlichen Dienst).

---

469   *Engelfried* Betreute Menschen mit minderjährigen Kindern, BtPrax 2013, 13; *Walter* Betreuung und elterliche Sorge, FamRZ 1991, 765.
470   *OLG Brandenburg* Beschl. v. 17.8.2009, 9 UF 64/09, JurionRS 2009, 22676.
471   *OLG Brandenburg* FamRZ 2009, 1499; *Hoffmann* Aufgaben bei der Betreuung von Menschen mit minderjährigen Kindern, BtPrax 2007, 95.
472   *Hoffmann* Hilfen zur Erziehung und Betreuung, BtPrax 2002, 246; *LG Rostock* BtPrax 2003, 233 = FamRZ 2003, 1691 (m. Anm. *Bienwald*) = NJW-RR 2003, 1370.

8. Freiheitsentziehende Unterbringung

Unterbringungsverfahren 1992-2014

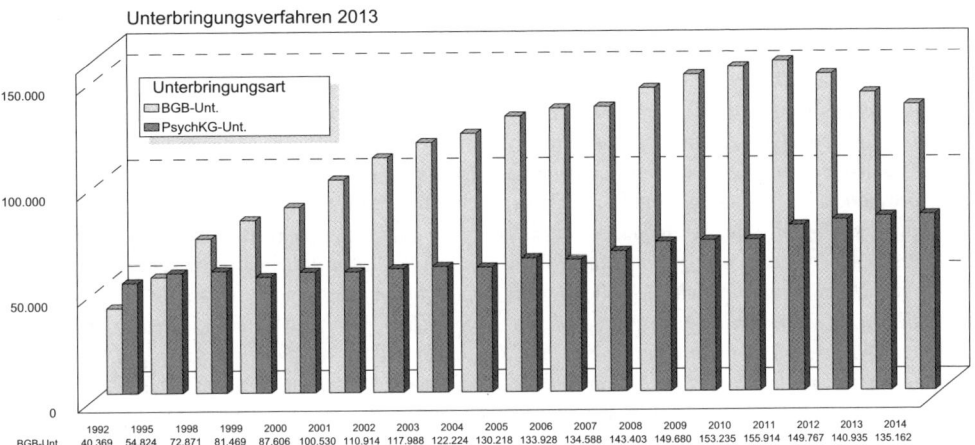

	1992	1995	1998	1999	2000	2001	2002	2003	2004	2005	2006	2007	2008	2009	2010	2011	2012	2013	2014
BGB-Unt.	40.369	54.824	72.871	81.469	87.606	100.530	110.914	117.988	122.224	130.218	133.928	134.588	143.403	149.680	153.235	155.914	149.767	140.935	135.162
ychKG-Unt.	52.191	56.633	57.559	54.745	57.057	57.051	58.420	59.418	58.963	63.155	62.410	66.294	70.608	71.269	71.412	78.147	80.756	82.435	83.034

Im Laufe des Jahres anhängige Genehmigungsverfahren nach § 1906 BGB (Abs. 1 und 4 zusammenge-rechnet) sowie Verfahren nach den PsychKG der Länder
Quelle: BfJ GÜ 2 1992–2014; Grafik: *Deinert*

a) Rechtliche Vorgaben

Das Unterbringungsrecht untersteht gewichtigen verfassungsrechtlichen Vorgaben. Jede Art von Freiheitsentziehung bedeutet einen gewichtigen Eingriff in das Grundrecht auf Freiheit der Person (Art. 2 Abs. 2 GG) und steht unter dem Vorbehalt von Art. 104 Abs. 1 GG. Danach darf die Freiheit einer Person nur aufgrund eines förmlichen Gesetzes und ausschließlich unter Beachtung der darin vorgeschriebenen Formen beschränkt werden. Die Entscheidung über die Zulässigkeit und Fortdauer einer Freiheitsentziehung liegt zwingend in richterlicher Hand.

Die Betonung wichtiger Verfahrensrechte des Betroffenen, wie etwa die Durchführung einer richterlichen Anhörung vor Anordnung einer Unterbringung, wird bereits in einer frühen Entscheidung des BVerfG hervorgehoben.[473] Diese verfassungsrechtlichen Vorgaben setzte der BGH[474] um und statuierte in einer neueren Entscheidung zur persönlichen Anhörung des Betroffenen im Unterbringungsverfahren:

a) Die persönliche Anhörung gehört zu den bedeutsamen Verfahrensgarantien im Unterbringungsver-fahren und ist Kernstück der Amtsermittlung.

b) Das Unterbleiben der persönlichen Anhörung des Betroffenen stellt einen Verfahrensmangel dar, der derart schwer wiegt, dass der genehmigten Unterbringungsmaßnahme insgesamt der Makel einer rechtswidrigen Freiheitsentziehung anhaftet.

---

473 BVerfGE 58, 208 = FamRZ 1982, 141.
474 *BGH* BtPrax 2014, 137.

1536 Für die zivilrechtliche Unterbringung wegweisend ist die nachstehende Entscheidung des BVerfG[475], in der es heißt:

Die Freiheit der Person ist unverletzlich (Art. 2 Abs. 2 Satz 2 GG)... Die Freiheit der Person ist ein so hohes Rechtsgut, dass sie nur aus besonders gewichtigem Grund angetastet werden darf.[476] Die Einschränkung dieser Freiheit ist daher stets der strengen Prüfung am Grundsatz der Verhältnismäßigkeit zu unterziehen. Dies schließt allerdings nicht von vornherein einen staatlichen Eingriff aus, der ausschließlich den Zweck verfolgt, einen psychisch Kranken vor sich selbst in Schutz zu nehmen und ihn zu seinem eigenen Wohl in einer geschlossenen Einrichtung unterzubringen. Die Fürsorge der staatlichen Gemeinschaft schließt auch die Befugnis ein, den psychisch Kranken, der infolge seines Krankheitszustandes und der damit verbundenen fehlenden Einsichtsfähigkeit die Schwere seiner Erkrankung und die Notwendigkeit von Behandlungsmaßnahmen nicht zu beurteilen vermag oder trotz einer solchen Erkenntnis sich infolge der Krankheit nicht zu einer Behandlung entschließen kann, zwangsweise in einer geschlossenen Einrichtung unterzubringen, wenn sich dies als unumgänglich erweist, um eine drohende gewichtige gesundheitliche Schädigung von dem Kranken abzuwenden. Dabei drängt es sich auf, dass dies nicht ausnahmslos gilt, weil schon im Hinblick auf den Verhältnismäßigkeitsgrundsatz bei weniger gewichtigen Fällen eine derart einschneidende Maßnahme unterbleiben muss und somit auch dem psychisch Kranken in gewissen Grenzen die „Freiheit zur Krankheit" belassen bleibt.[477]

Die freiheitssichernde Funktion des Art. 2 Abs. 2 Satz 2 GG setzt auch Maßstäbe für die Aufklärung des Sachverhalts und damit für eine hinreichende tatsächliche Grundlage der richterlichen Entscheidungen. Es ist unverzichtbare Voraussetzung rechtsstaatlichen Verfahrens, dass Entscheidungen, die den Entzug der persönlichen Freiheit betreffen, auf zureichender richterlicher Sachaufklärung beruhen und eine in tatsächlicher Hinsicht genügende Grundlage haben, die der Bedeutung der Freiheitsgarantie entspricht.[478]

1537 Das BVerfG etablierte in der vorbezeichneten Entscheidung die nachstehenden verfassungsrechtlichen Grundsätze für eine zivilrechtliche Unterbringung:

1. Die Freiheit der Person darf nur aus besonders wichtigem Grund unter strenger Prüfung der Verhältnismäßigkeit eingeschränkt werden.
2. In weniger gewichtigen Fällen verbleibt auch einer psychisch kranken Person in gewissen Grenzen ein Recht auf „Freiheit zur Krankheit".
3. Ein Entzug der persönlichen Freiheit ist nur auf der Grundlage einer zureichenden richterlichen Sachaufklärung und einer ausreichenden tatsächlichen Grundlage zulässig.
4. Auch bei Eilmaßnahme ist das Vorliegen einer erheblichen akuten Gefahr zu prüfen.

1538 Wiederholt betonte das BVerfG in seinen Entscheidungen den Grundsatz „in dubio pro libertate".

Der Europäische Gerichtshof für Menschenrechte (EGMR)[479] hält in ständiger Rechtsprechung die Unterbringung psychisch Kranker unter drei Voraussetzungen für zulässig:

1. Die psychische Erkrankung ist aufgrund eines objektiven medizinischen Gutachtens nachgewiesen.
2. Die psychische Erkrankung muss von ihrer Art und Schwere her die Einweisung rechtfertigen.
3. Die Behandlungsdauer in der geschlossenen Unterbringung ist begrenzt durch die Therapienotwendigkeit der psychischen Erkrankung.

---

475 *BVerfG* v. 23.3.1998, 2 BvR 2270/96; NJW 1998, 1774 = FamRZ 1998, 895.
476 Vgl. BVerfGE 45, 187 (223).
477 Vgl. BVerfGE 58, 208 (224 ff.).
478 Vgl. BVerfGE 70, 297 (308).
479 EuGHZ 1979, 650; 1985, 644; 1986, 8.

Am 23.3.2009 trat in der Bundesrepublik Deutschland die UN-Behindertenkonvention vom 13.12.2006 in Kraft[480]. Art. 12 und 14 der UN-Behindertenkonvention beeinflussen nunmehr die Auslegung des § 1906 BGB.

1539

b) Unterbringungsarten

Das Unterbringungsrecht ist zersplittert. Die Unterbringung durch den Betreuer oder Bevollmächtigten nach § 1906 BGB ist ein Teil der außerstrafrechtlichen Unterbringungen. Vor Bestellung eines Betreuers oder in sonstigen Eilfällen kann die Unterbringung auch als einstweilige Maßregel durch den Richter nach §§ 1908i, 1846 BGB erfolgen.

1540

Daneben und sich teilweise mit der zivilrechtlichen Unterbringung überschneidend stehen die öffentlich-rechtlichen Unterbringungen nach den jeweiligen landesrechtlichen Unterbringungsgesetzen, im Weiteren Psychischkrankengesetz (PsychKG) genannt. Das öffentlich-rechtliche Unterbringungsrecht hat seinen Ursprung aus dem Polizeirecht als Gefahrenabwehrrecht. Für die Unterbringungen nach zivilrechtlichen und öffentlich-rechtlichen Grundsätzen gelten hinblicklich des Verfahrens gleichermaßen die Vorschriften des FamFG, §§ 312 ff. FamFG.

1541

Weiterhin gibt es die strafrechtliche Unterbringung nach §§ 63, 64 StGB, deren Verfahren sich nach der Strafprozessordnung und deren Vollzug sich nach eigenen landesrechtlichen Regelungen, meist eigenen Maßregelvollzugsgesetzen richtet.

1542

c) Abgrenzung öffentlich-rechtliche und zivilrechtliche Unterbringung

Nach zivilrechtlichen Grundsätzen kann eine Unterbringung ausschließlich bei Eigengefährdung des Betreuten, nicht aber bei Fremdgefährdung durchgeführt werden. Dementsprechend können fremdgefährdende Betroffene nur nach dem PsychKG des jeweiligen Bundeslandes untergebracht werden. Liegt sowohl Eigengefährdung als auch Fremdgefährdung vor, ist die Unterbringungsart nach dem überwiegenden Verhalten zu bestimmen.[481]

1543

Resultiert jedoch eine Fremdgefährdung des Betroffenen aus der zur Betreuerbestellung führenden Anlasserkrankung und beantragte der Betreuer eine Unterbringung zur Heilbehandlung nach § 1906 Abs. 1 Nr. 2 BGB, wird teilweise die Auffassung vertreten, es habe eine Unterbringung nach zivilrechtlichen Grundsätzen zu erfolgen und nicht nach dem Psychischkrankengesetz des jeweiligen Bundeslandes. Dies solle selbst für den Fall einer krankheitsbedingt erheblichen Fremdgefährdung ohne Vorliegen einer Eigengefährdung gelten.[482]

1544

Das LG Kassel befand, der Betroffene solle in einem solchen Fall nicht des Schutzes des Betreuers verlustig gehen durch eine Unterbringung nach dem Hessischen Freiheitsentziehungsgesetz (HFEG). Die überwiegende Meinung lehnt die vorstehend dargestellte Auffassung des LG Kassel ab. Dem ist zu folgen. Eine Unterbringung im Interesse der Allgemeinheit oder im Drittinteresse durch den Betreuer, z.B. bei der Gefahr fremdaggressiver Handlungen, ist durch die gesetzliche Konkretisierung des Wohls des Betreuten als Unterbringungsvoraussetzung nicht mehr zulässig.[483] Der Schutz der Allgemeinheit oder Dritter ist eine ausschließliche Aufgabe des öffentlichen Unterbringungsrechts.

1545

Für die Abgrenzung öffentlich-rechtliche Unterbringung von zivilrechtlicher Unterbringung im Falle einer Eigengefährdung gilt folgende grobe Faustformel: Ist lediglich eine kurzfristige Kriseninterventon veranlasst, sollte wegen des weniger belastenden Freiheitseingriffs eine kurzfris-

1546

---

480 BGBl. II 2008, 1419; abgedruckt z.B. in der HK-BUR-Gesetzessammlung zum Betreuungsrecht.
481 NK/*Heitmann* § 1906 BGB Rn. 4.
482 *LG Kassel* BtPrax 2013, 72.
483 Zu Recht: *OLG Hamm* BtPrax 2001, 50; *OLG München* BtPrax 2006, 36; Jürgens/*Marschner* § 1906 BGB Rn. 9.

tige Unterbringung nach dem PsychKG erfolgen. Stellt sich im Rahmen der öffentlich-rechtlichen Unterbringung ein längerer Handlungsbedarf heraus, wäre eine zivilrechtliche Betreuerbestellung mit der Übertragung der entsprechenden Aufgabenkreise zu veranlassen. Gleiches gilt für schubförmig verlaufende Erkrankungen, wie das nachstehende Beispiel aus der Praxis zeigt.

1547 **Beispiel:** Für die manisch-depressive Betroffene wurde ein Betreuer mit dem Aufgabenkreis der Gesundheitssorge und der Aufenthaltsbestimmung bestellt. Die Betroffene ist sehr compliant und sucht alle zwei Wochen ihre behandelnde Psychiaterin auf zwecks Verabreichung einer Depotspritze, die sie gut verträgt. In Intervallen von ca. fünf Jahren nimmt sie von diesem Usus Abstand und es baut sich langsam ein Exazerbation der Psychose auf. Es ist dann betreuerseits eine Unterbringung von ca. 5-6 Wochen zu veranlassen. Die Betroffene stellt bei dem zuständigen Amtsgericht einen Aufhebungsantrag. Diesen begründet sie damit, sie wolle nicht länger „unter Kuratel" gestellt bleiben. Dem Aufhebungsantrag der Betroffenen wurde von dem Landgericht Berlin stattgegeben. Besteht wie vorliegend nur alle fünf Jahre ein Unterbringungsbedarf, muss eine betroffene Person nicht eine als kränkend erlebte Betreuung hinnehmen.

1548 Bei gleichzeitigem Vorliegen von Fremd- und Eigengefährdung ist zu fragen, wo der Schwerpunkt der Gefährdung liegt.

1549 **Beispiel:** Für den psychisch kranken Betroffenen wurde ein Betreuer mit dem Aufgabenkreis der Vermögenssorge bestellt. Der Betroffene greift im Rahmen eines Familienstreits seine Schwester tätlich an, die sich hieraufhin hilfesuchend an den Betreuer wendet.

1550 ▶ **Hinweis:** In derartigen Fällen die Polizei unter der Notrufnummer 110 anrufen, sich als Betreuer legitimieren und den Sachverhalt schildern! ◀

1551

Zersplittertes Unterbringungsrecht			
Unterbringung	zivilrechtlich	öffentlich-rechtlich	strafrechtlich
Materiell-rechtliche Rechtsgrundlagen	§ 1906 Abs. 1 BGB	PsychKG der Länder (auch UBG, HFEG)	§ 63, 64, 66 StGB
Verfahrensrecht	FamFG (§§ 312 ff.)	FamFG (§§ 312 ff.)	z.T. eigene Maßregelvollzugsgesetze der Länder; z.T. in Abschnitten der PsychKG der Länder
Voraussetzungen	Eigengefährdung: • Gefahr der Selbsttötung oder Zufügung eines erheblichen gesundheitlichen Schadens; • Untersuchung, Durchführung einer notwendigen Heilbehandlung oder ärztlichen Eingriffs (und fehlende Einsicht)	Eigen- und Fremdgefährdung (häufig muss eine gegenwärtige Gefahr bestehen)	§ 63 StGB: schuldunfähige oder vermindert schuldfähige Straftäter (§§ 20, 21 StGB); § 64 StGB: suchtkranke Straftäter; § 66 StGB: Sicherungsverwahrung bei schweren Straftaten und schuldfähigen Tätern

d) Pflichten und Aufgaben der Akteure

Die öffentlich-rechtliche oder zivilrechtliche Unterbringung ist eine interdisziplinäre Aufgabe, 1552
an der die in der unten aufgeführten Grafik bezeichneten Berufsgruppen Part haben. Jeder
einzelne Akteur hat im Rahmen der Unterbringung berufsspezifische „Hausaufgaben".

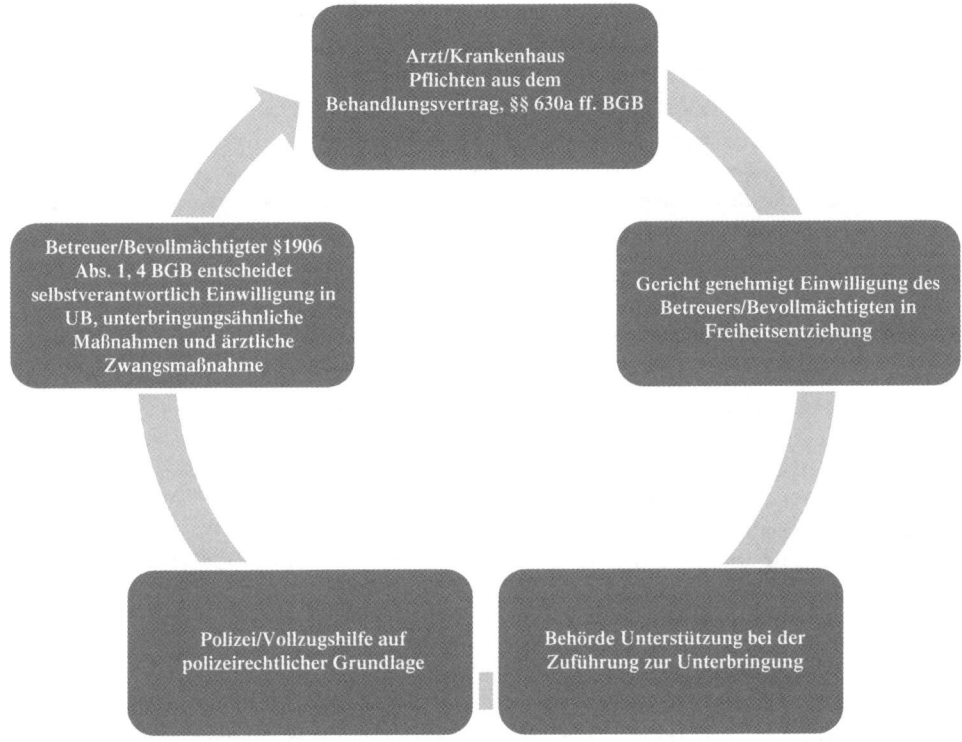

Abb. 2: Akteure und ihre Pflichten im Rahmen der Unterbringung

Die vorstehende Abb. verdeutlicht die Aufgabenverteilung zwischen den einzelnen Akteuren im 1553
Rahmen der zivilrechtlichen Unterbringung. Der Betreuer/Bevollmächtigte entscheidet nach
dem Grundsatz der eigenverantwortlichen Betreuungsführung im Rahmen des zugewiesenen
Aufgabenkreises über eine Erforderlichkeit der Unterbringung. Der Betreuer ist aufgrund der
ihm zustehenden Befugnis zur Aufenthaltsbestimmung legitimiert, die Unterbringung vorzunehmen. Das Gericht überprüft und genehmigt lediglich präventiv das Handeln des Betreuers.[484]

Gesetzliche Voraussetzungen

Eine freiheitsentziehende Unterbringung des Betreuten durch den Betreuer/Bevollmächtigten 1554
ist nur zu dessen Wohl zulässig und erforderlich nach § 1906 Abs. 1 BGB, wenn

1. auf Grund einer psychischen Krankheit oder geistigen oder seelischen Behinderung die
   Gefahr besteht, dass der Betreute sich selbst tötet oder einen erheblichen gesundheitlichen
   Schaden zufügt oder

---

484 MK-BGB/*Schwab* § 1906 Rn. 5.

2. eine Untersuchung des Gesundheitszustandes, eine Heilbehandlung oder ein ärztlicher Eingriff notwendig ist, die/der ohne die Unterbringung des Betreuten nicht durchgeführt werden kann, und der Betreute auf Grund einer psychischen Krankheit oder geistigen oder seelischen Behinderung die Notwendigkeit der Unterbringung nicht erkennen oder nicht nach dieser Einsicht handeln kann.

1555 Die Unterbringung setzt weiterhin als ungeschriebenes Tatbestandsmerkmal voraus, dass der Betroffene krankheitsbedingt seinen Willen nicht frei bestimmen kann.[485] Das *OLG Brandenburg* führte hierzu aus:

*Auch eine **Unterbringung zur Verhinderung einer Selbstschädigung** setzt voraus, dass der Betroffene aufgrund seiner Krankheit seinen Willen nicht frei bestimmen kann. Dies regelt das Gesetz nicht ausdrücklich, ergibt sich aber aus einer verfassungskonformen Auslegung, denn der Staat hat von Verfassungs wegen nicht das Recht, seine erwachsenen und zur freien Willensbestimmung fähigen Bürger zu erziehen, zu bessern oder zu hindern, sich selbst gesundheitlich zu schädigen.*

1556 Der Betroffene muss also zur eigenverantwortlichen Aufenthaltsbestimmung außer Stande sein.[486]

e) Aufgabenkreis des Betreuers

1557 Der Betreuer muss über den Aufgabenkreis Aufenthaltsbestimmung, Unterbringung bzw. Befugnis zur Unterbringung verfügen. Der Aufgabenkreis Gesundheitssorge reicht nicht aus.[487] Die Unterbringung eines Betreuten, für den lediglich der Aufgabenkreis der Gesundheitssorge angeordnet wurde, stellt sich als eine unzulässige, haftungsbegründende Freiheitsberaubung nach § 239 StGB dar und ist pflichtwidrig i.S.d. §§ 1908i, 1833 Abs. 1 BGB.[488] Wird eine Unterbringung des Betroffenen zu Behandlungszwecken nach § 1906 Abs. 1 Nr. 2 BGB von dem Betreuer avisiert, ist zusätzlich der Aufgabenkreis der „Gesundheitssorge" erforderlich.[489]

f) Begriff der Unterbringung

1558 Der Begriff der Freiheitsentziehung wird nunmehr in § 415 Abs. 2 FamFG wie folgt definiert:

Eine Freiheitsentziehung liegt vor, wenn eine Person gegen ihren Willen oder im Zustand der Willenlosigkeit insbesondere in einer geschlossenen Einrichtung, einem Gewahrsamsraum oder einem abgeschlossenen Teil eines Krankenhauses, die Freiheit entzogen wird.

1559 Eine mit Freiheitsentziehung verbundene Unterbringung liegt dementsprechend vor, wenn der Betroffene gegen seinen natürlichen Willen oder im Zustand der Willenlosigkeit in einer geschlossenen Einrichtung[490] (z.B. Fachklinik für Psychiatrie, einer Anstalt oder in einem Heim)

- auf einem bestimmten beschränkten Raum festgehalten,
- sein Aufenthalt ständig überwacht und
- die Kontaktaufnahme mit Personen außerhalb durch Sicherungsmaßnahmen verhindert werden kann.[491]

Geschützt ist das Grundrecht der Freiheit der Person, Art. 2 Abs. 2 GG.

---

485 *OLG Brandenburg* FamRZ 2007, 1768.
486 *OLG Hamm* BtPrax 2001, 40.
487 *OLG Hamm* FamRZ 2001, 861; *BGH* FamRZ 2013, 1726.
488 Jurgeleit/*Meier* BtR, § 1833 BGB Rn. 33.
489 *OLG Brandenburg* BtPrax 2007, 223; *BGH* BtPrax 2014, 39 = FamRZ 2013, 1726; *BGH* FamRZ 2016, 807 ff.; a.A. *OLG Stuttgart* FPR 2004, 711.
490 *BayObLG* FamRZ 1994, 1375, 1376.
491 Jurgeleit/*Kieß* BtR, § 1906 BGB Rn. 6.

Entscheidend ist also stets, dass für Außenstehende die Möglichkeit des freien Zutritts zu der Einrichtung nicht gegeben ist und eine Möglichkeit des Ausgangs des Betroffenen ohne Aufsicht nicht besteht. Gleichwohl kann auch der Aufenthalt eines Betroffenen in einer so genannten offenen Station sich als eine Unterbringung i.S.d. § 1906 Abs. 1 BGB darstellen, wenn ihm das Verlassen der Station nur nach vorheriger Erlaubnis des Arztes möglich ist. Staatlicher Zwang kann auch darin bestehen, dass der Betroffene durch eine psychische Beeinflussung sich außer Stande sieht, seine Krankenstation zu verlassen.[492] Zunehmend werden betreute Personen in sogenannten halboffenen oder offenen Einrichtungen untergebracht. Werden sie dort beispielsweise durch einen Pförtner, Trickschlösser, hohe Zäune usw. am Verlassen der Station/des Hauses gehindert, liegt eine Freiheitsentziehung vor.

1560

Ferner liegt rein begrifflich keine Freiheitsentziehung vor, wenn die Einschränkung der Bewegungsfreiheit nicht gegen den Willen oder ohne Willen des Betroffenen erfolgt, dieser etwa mit der Unterbringung einverstanden ist.

1561

aa) Freiwilligkeitserklärung

Die wirksame Einwilligung des Betroffenen in eine Freiheitsentziehung lässt diese somit entfallen. In den Gesetzesmotiven[493] heißt es hierzu:

1562

Abs. 1 ist nur anwendbar, wenn die Unterbringung ohne oder gegen den Willen des Betreuten erfolgt. Von Freiheitsentziehung kann nämlich sowohl begrifflich wie auch nach dem Gesetzeszweck dann keine Rede sein, wenn die Unterbringung mit Willen des Betroffenen erfolgt. Dabei ist ein natürlicher Wille ausreichend, wenn eine Einsichtsfähigkeit des Betroffenen in die Tragweite der Maßnahme vorliegt.

Maßgeblich ist allein die natürliche Einsichts- und Urteilsfähigkeit; auf das Vorliegen der Geschäftsfähigkeit kommt es nicht an.[494] Bei der Einwilligung in die Freiheitsentziehung handelt es sich nicht um ein Rechtsgeschäft, sondern lediglich um die Gestattung zur Vornahme eines Eingriffs in die Fortbewegungsfreiheit. Dementsprechend muss der Betroffene Wert und Bedeutung des Freiheitsrechtes sowie die Folgen und Risiken seiner Zustimmung erkennen, d.h. es muss die ernstliche und verlässliche Erklärung vorliegen, freiwillig in der Einrichtung zu bleiben und sich der erforderlichen Therapie zu unterziehen.[495] Die Freiwilligkeitserklärung muss deshalb auch die zeitliche Reichweite der notwendigen Behandlung abdecken.[496] An die Freiwilligkeitserklärung sind strenge Anforderungen zu stellen. Fragwürdige oder fiktive Einwilligungen reichen nicht aus, ebenso wenig wie einschränkende Äußerung „unter Umständen" freiwillig zu bleiben.[497]

1563

Wird die Einwilligung in der Anhörung geäußert, hat das Betreuungsgericht mithilfe des Sachverständigen oder behandelnden Arztes die Tragfähigkeit der Einwilligung zu überprüfen zwecks Abklärung, ob diese nur zur Vermeidung der Unterbringung abgegeben wurde.[498]

1564

▶ **Hinweis:** Ist der Betroffene in der Lage zu verstehen, dass seine Einwilligung in die geschlossene Unterbringung das Einverständnis beinhaltet, sich nicht frei bewegen zu können, oder hat er überhaupt nicht den Willen, die geschlossene Einrichtung zu verlassen, so ist ein Unterbringungsverfahren nicht erforderlich.[499] ◀

1565

---

492 *AG Wolfshagen* BtPrax 1998, 83, 84.
493 BT-Drs. 11/4528, 146.
494 BT-Drs. 11/4528, 146.
495 *OLG München OLG* Report 2005, 534.
496 *OLG München* FGPrax 2007, 267.
497 *OLG München* FamRZ 2007, 1590.
498 Jurgeleit/*Kieß* BtR, § 1906 BGB Rn. 9.
499 *BayObLG* FamRZ 1996, 1375, 1376.

1566 Letztlich wird der Betreuer mit dem Arzt Rücksprache halten müssen zur Abklärung der Fragestellung, ob bei dem Betreuten von einer natürlichen Einwilligungsfähigkeit ausgegangen werden kann oder nicht. Die Einwilligung des Betroffenen kann jederzeit widerrufen werden.[500]

1567 ▶ **Hinweis:** Für den Fall, dass zum Zeitpunkt des Widerrufs der Freiwilligkeitserklärung durch den Betroffenen die medizinische Notwendigkeit einer Unterbringung vorliegt, ist mit dem behandelnden Arzt durch den Betreuer vorab zu besprechen, dass dann keine Entlassung des Betreuten vorgenommen wird. Der Betreuer kann in einem solchen Fall vorübergehend die Fortdauer der Unterbringung (z.B. auch telefonisch) veranlassen; die betreuungsgerichtliche Genehmigung zur Unterbringung ist dann unverzüglich zu beantragen. Ferner kann bei Nichterreichbarkeit des Betreuers das Betreuungsgericht selbst vorübergehend im Wege einer einstweiligen Maßregel nach § 1846 BGB eine Unterbringung anordnen.[501] ◀

bb) Vorübergehende Sistierung/Zurückhaltung des Betroffenen

1568 Weiterhin besteht für die Einrichtung die Möglichkeit einer vorübergehenden Sistierung/Zurückhaltung des Betroffenen nach § 34 StGB. Dort heißt es:

Wer in einer gegenwärtigen, nicht anders abwendbaren Gefahr für Leben, Leib, Freiheit, Ehre, Eigentum oder ein anderes Rechtsgut eine Tat begeht, um die Gefahr von sich oder einem anderen abzuwenden, handelt nicht rechtswidrig, wenn bei Abwägung der widerstreitenden Interessen, namentlich der betroffenen Rechtsgüter und des Grades der ihnen drohenden Gefahren, das geschützte Interesse das beeinträchtigte wesentlich überwiegt. Dies gilt jedoch nur, soweit die Tat ein angemessenes Mittel ist, die Gefahr abzuwenden.

1569 Die Regelung der Nothilfe ist flankiert durch die Bestimmungen zur Notwehr in § 32 StGB:

(1) Wer eine Tat begeht, die durch Notwehr geboten ist, handelt nicht rechtswidrig.

(2) Notwehr ist die Verteidigung, die erforderlich ist, um einen gegenwärtigen rechtswidrigen Angriff von sich oder einem anderen abzuwenden.

1570 **Beispiel:** Der in einem Heim für psychisch Kranke aufhältliche Betroffene rastet völlig aus und haut seinem Mitbewohner eine Flasche Mineralwasser auf den Kopf. Im Weiteren tobt der Betroffene herum und schickt sich an, auch andere Mitbewohner zu attackieren. Die Pflegekräfte sind nach §§ 32, 34 StGB befugt, den Betroffenen bis zum Eintreffen von Polizeikräften in einem Zimmer einzusperren zum Schutze der anderen Mitbewohner.

1571 Das Heim respektive die Einrichtung haben aus dem Heimvertrag Wunsch- und Schutzpflichten gegenüber jedem einzelnen Mitbewohner und sind gehalten, deren körperliche Unversehrtheit zu schützen.

Nach diesen Vorschriften kann nach notwehrrechtlichen oder nothilferechtlichen Gesichtspunkten eine vorübergehende Sistierung vorgenommen werden, entweder zum Schutz Dritter oder aber zum Schutz des Betroffenen selbst. Liegt bei dem Betroffenen fremdaggressives Verhalten vor, hat die Einrichtung unverzüglich die Polizei zu kontaktieren, die dann eine Unterbringung nach öffentlichem Recht veranlassen wird.

---

500 Jürgens/*Marschner* § 1906 BGB Rn 7.
501 *BGH* BtPrax 2002, 162; *OLG München* BtPrax 2008, 77.

cc) Fehlender Fortbewegungswille

Ferner liegt bereits begrifflich keine Freiheitsentziehung vor, wenn der Betroffene krankheits- **1572** bedingt nicht zu einer Fortbewegung in der Lage ist.

Beispiel: Der dauerhaft bettlägrige und regungslos vor sich hindämmernde Betreute **1573** befindet sich auf einer geschlossenen Station mit Demenzkranken.

Besteht also krankheitsbedingt keine Möglichkeit der Fortbewegung, kann von einer Freiheits- **1574** entziehung keine Rede sein.[502]

dd) Einleitung des Verfahrens zur Unterbringung durch den Betreuer oder Bevollmächtigten

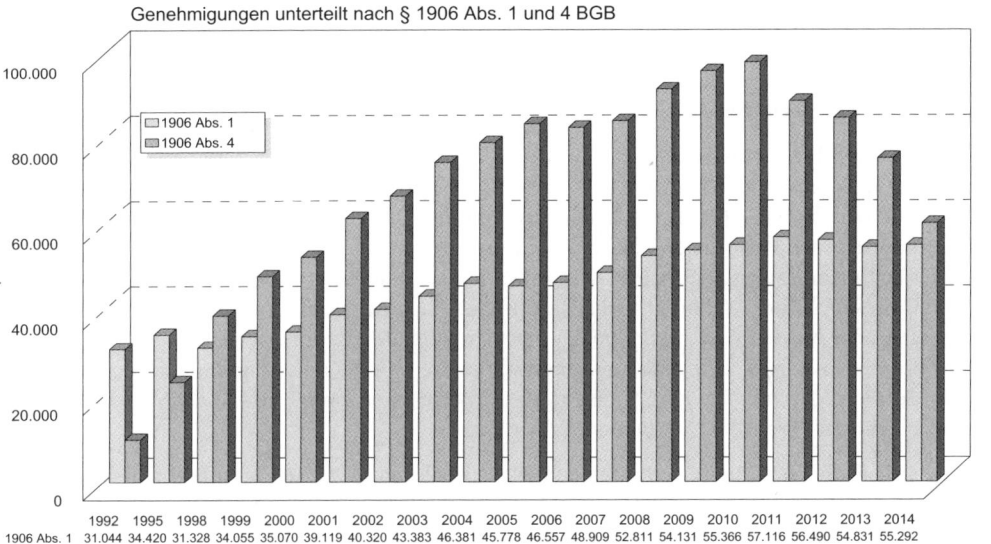

Genehmigungen unterteilt nach § 1906 Abs. 1 und 4 BGB **1575**

	1992	1995	1998	1999	2000	2001	2002	2003	2004	2005	2006	2007	2008	2009	2010	2011	2012	2013	2014
1906 Abs. 1	31.044	34.420	31.328	34.055	35.070	39.119	40.320	43.383	46.381	45.778	46.557	48.909	52.811	54.131	55.366	57.116	56.490	54.831	55.292
1906 Abs. 4	9.923	23.305	38.849	48.030	52.536	61.611	66.888	74.783	79.391	83.781	82.904	84.466	91.823	96.062	98.119	89.074	85.135	75.727	60.438

Quelle: BfJ Sondererhebung „Verfahren nach dem Betreuungsgesetz, 1992–2014; Gestaltung: *Deinert*

Voraussetzung für die Unterbringung ist ein vom Betreuer gestellter Antrag. Aufgrund der **1576** eigenständigen Führung der Betreuung durch den Betreuer nimmt dieser selbstverantwortlich aufgrund der ihm zustehenden Befugnis zur Aufenthaltsbestimmung die Unterbringung des Betroffenen vor, unter Beachtung der in § 1901 BGB niedergelegten Grundsätze. Das Betreuungsgericht überprüft lediglich nach dem Vieraugenprinzip präventiv das Handeln des Betreuers und genehmigt die Freiheitsentziehung.[503]

Wie oben dargelegt, muss dem Betreuer vom Betreuungsgericht der Aufgabenkreis der Unter- **1577** bringung[504] respektive der Aufenthaltsbestimmung im Falle des § 1906 Abs. 1 Nr. 1 BGB und bei § 1906 Abs. 1 Nr. 2 BGB der Aufgabenkreis der Aufenthaltsbestimmung und der Heilbe-

---

502 Jürgens/*Marschner* § 1906 BGB Rn. 5.
503 *BGH* BtPrax 2014, 39 = FamRZ 2013, 1726.
504 Jurgeleit/*Kieß* BtR, § 1906 BGB Rn. 5.

handlung zugewiesen sein.[505] Das Gericht hat von Amts wegen zu überprüfen, ob die Unterbringung vom Aufgabenkreis des Betreuers umfasst ist. Durch das 1. BtÄndG kann seit 1999 nach § 1906 Abs. 5 BGB auch ein Bevollmächtigter des Betroffenen einen Unterbringungsantrag stellen, sofern ihm die entsprechende Vollmacht hierzu schriftlich erteilt wurde.[506]

1578   Soll die Befugnis freiheitsentziehende Maßnahmen nach § 1906 Abs. 4 BGB umfassen, muss die Vollmacht dies explizit zum Ausdruck bringen. Die Verwendung des Begriffs „Unterbringungsregelungen" genügt hierfür nicht.[507] Auf das Genehmigungsverfahren kann in der Vollmacht nicht verzichtet werden.[508] Dementsprechend kann eine Bevollmächtigung zur Unterbringung oder Zwangsbehandlung in Vorsorgevollmachten, Patientenverfügungen und Behandlungsvereinbarungen enthalten sein. Der Bevollmächtigte kann ebenso wie ein Betreuer bei der Zuführung zur Unterbringung durch die zuständige Behörde unterstützt werden, § 326 Abs. 1 FamFG. Dies beinhaltet nach § 326 Abs. 2 und 3 FamFG die Anwendung von Gewalt durch die zuständige Behörde sowie das Betreten der Wohnung aufgrund einer ausdrücklichen gerichtlichen Entscheidung. Zur Zeit der Vollmachtserteilung muss der Betroffene einwilligungsfähig in Bezug auf die beabsichtigte Maßnahme gewesen sein.

ee) Wohl des Betroffenen

1579   Eine zivilrechtliche Unterbringung im Interesse der Allgemeinheit oder im Drittinteresse durch den Betreuer z.B. bei der Gefahr fremdaggressiver Handlungen ist nicht statthaft.[509] Nach § 1906 Abs. 1 BGB ist eine Unterbringung ausschließlich – wie oben ausgeführt – im Eigeninteresse des Betroffenen zulässig. Sie muss zu dessen Wohl erforderlich sei. Der Erforderlichkeitsgrundsatz ist Ausdruck des im Verfassungsrang stehenden Verhältnismäßigkeitsgrundsatzes. Aus dem Erforderlichkeitsgrundsatz folgt insbesondere, dass der Betreute nur untergebracht werden darf, wenn weniger einschneidende Maßnahmen nicht ausreichen. Die Einweisung muss also zwingend und alternativlos sein.[510] Weniger einschneidende Maßnahmen dürfen nicht zur Verfügung stehen. Die Unterbringung muss das letzte Mittel der Wahl sein. Es gilt der Grundsatz *in dubio pro libertate*.

1580   Lässt sich die Behandlung des Betroffenen ebenso gut ambulant, teilstationär oder durch sozialpsychiatrische Betreuung erreichen, so hat eine Unterbringung außer Betracht zu bleiben. Dies gilt gleichermaßen u.a. für einen Aufenthalt des Betroffenen in einer Tages- oder Nachtklinik, einer Übergangseinrichtung oder therapeutischen Wohngemeinschaft. Ferner ist die Erforderlichkeit einer Unterbringung zu verneinen, wenn die beabsichtigte Heilbehandlung wegen mangelnden Einverständnisses des Betroffenen keine hinreichende Erfolgsaussicht hat. Die Unterbringung muss im Hinblick auf eine Besserung des Krankheitsbildes erfolgversprechend sein und kann nicht mit anderen, weniger belastenden Mitteln bewerkstelligt werden.

1581   In jedem Fall der Unterbringung sind die Nachteile, die ohne die Unterbringung bestehen, abzuwägen mit der Schwere der Freiheitsentziehung.

1582   **(1) Gefahr der Selbstschädigung**   Die Unterbringung nach § 1906 Abs. 1 Nr. 1 BGB ist nur zulässig, wenn die Gefahr besteht, dass der Betreute sich selbst tötet oder erheblichen gesundheitli-

---

505 *OLG Stuttgart* NJW 2004, XII.
506 *BVerfG* NJW 2009, 1803; *BGH* BtPrax 2012, 206; *LG Frankfurt/Main* FamRZ 2001, 1555.
507 Jürgens/*Marschner* § 1906 BGB Rn. 2; a.A. *BGH* FamRZ 2012, 969.
508 *BGH* BtPrax 2012, 206.
509 *LG Kassel* FamRZ 2013, 1605.
510 *BayObLG* FamRZ 1994, 1617, 1619.

chen Schaden zufügt. Es muss die ernstliche, akute und konkrete Gefahr einer Selbstschädigung bestehen.[511] Ob eine Wahrscheinlichkeit des Gefahreintritts besteht, ist eine Prognoseentscheidung, die auf Grund tatsächlicher Feststellungen zu treffen ist.[512] Die Gefahr muss mit an Sicherheit grenzender Wahrscheinlichkeit bestehen; die bloße Möglichkeit eines Schadenseintritts reicht nicht aus. Dieser muss vielmehr wahrscheinlich und absehbar sein. Das entspricht dem Sinn und Zweck der Unterbringungsregelungen, dahingehend, eine Gefährdung des Lebens und der Gesundheit des Betroffenen zu verhindern, der vorübergehend aufgrund einer seelischen Erkrankung darin gehindert ist, die Eigengefährdung zutreffend zu beurteilen.

Von daher bedarf es immer der Abklärung der Umstände im Einzelfall. Die Prognosetatsache muss sich aus dem Verhalten des Betroffenen ergeben. Bezüglich der Wahrscheinlichkeit des Schadenseintritts hilft eine grobe Faustformel: Je größer der drohende Schaden ist, umso geringere Anforderungen sind an den Wahrscheinlichkeitsgrad zu stellen.[513]   **1583**

(a) Selbsttötungsgefahr

> **Beispiel:** Der Betroffene konsultiert im Internet sogenannte Selbstmordseiten, in denen   **1584**
> Tipps gegeben werden, wie man sich am besten suizidiert. Anschließend schickt sich der
> Betroffene an, die dort erteilten Handlungsanweisungen umzusetzen.

Für eine Selbsttötungsgefahr bestehen folgende Indizien:[514]   **1585**
- Geschehener Suizidversuch oder konkrete Vorbereitungen hierzu;
- Todeswunsch mit ständig um Suizid kreisenden Gedanken, Suizidankündigungen (Abschiedsbriefe, Vorbereitungshandlungen etc.), zwanghaftes Todesfantasieren, Schlafstörungen mit Suizidträumen;
- sich zwanghaft aufdrängende Suizidgedanken („imperative Stimmen");
- akute Verschlechterung bei Psychose (z.B. Schizophrenie, Depression mit starker Angst, lang andauernde Schlafstörungen, offenkundig soziale Rückzugstendenzen);
- aktuelle Krisensituation: Tod einer sozialen Bezugsperson, naher Angehöriger, Trennung/ Scheidung oder desolate soziale Situation (Wohnungs- und Arbeitsplatzverlust, schwere Krankheit;
- Suizidversuche im Umfeld des Betroffenen (Familie, Bekannte);
- Vorliegen eines präsuizidalen Syndroms mit Isolation, Rückzug, Autoaggression, Schlafstörungen, Nachlassen oder Einengung seelischer Kräfte, Todesfantasien;[515]
- Resignation, Hoffnungslosigkeit, Niedergeschlagenheit, Schuldempfinden;
- das Vorliegen einer psychischen Erkrankung ist grundsätzlich kein Indiz, anders allerdings bei besonderen Krankheitsbildern wie schwere endogene Depressionen, beginnende Schizophrenien, chronischer Alkoholismus oder Suchterkrankung, Psychosen mit Schuldwahn;
- allgemeine Lebenssituation mit Verlust sozialer Bindungen, Vereinsamung, Isolierung.

Hiervon abzugrenzen sind lediglich vorgetäuschte Suizidversuche, mit denen ein Appell an die   **1586**
Umwelt erreicht werden soll, der Betroffene beispielsweise lediglich eine geringe Zahl von
Beruhigungsmitteln und Schlaftabletten schluckt oder aus dem Fenster seiner versperrten Erd-

---

511 *BGH* BtPrax 2014, 129.
512 *BayObLG* FamRZ 1994, 1617 f.
513 *BGH* FamRZ 2011, 1141 Rn. 12.
514 *Alperstedt* Gefahrbegriff und Gefährlichkeitsfeststellung im Unterbringungsrecht, FamRZ 2001, 467, 471.
515 *OLG Hamm* VersR 1991, 1026.

geschosswohnung springt ausschließlich zu dem Zweck, diese zu verlassen.[516] Es muss demgegenüber eine akute Suizidalität vorliegen.[517] Der in freier Willensbestimmung vorgenommene Selbstmordversuch rechtfertigt keine Unterbringung.[518] Allerdings ist die Abgrenzung zwischen einem so genannten Bilanzselbstmord und einen durch Krankheit oder Behinderung beeinflussten Selbsttötungsversuch im Einzelfall schwierig.[519]

1587 **(b) Selbstschädigungsgefahr** Folgende Situationen begründen eine erhebliche Selbstschädigungsgefahr:

- Nichteinnahme lebenswichtiger Medikamente (z.B. psychosekranker Diabetiker, der wegen krankheitsbedingter Ablehnung notwendiger Behandlungen komagefährdet ist);[520]
- krankheitsbedingte Verweigerung der Nahrungsaufnahme (z.B. Vergiftungsängste);[521]
- planloses Herumirren eines altersverwirrten Betroffenen im Straßenverkehr nachts oder bei Kälte;[522]
- eine zum Müllhaufen gewordene, gesundheitsgefährdende Wohnung[523].

1588 Bezüglich einer Unterbringung wegen der Prognose einer unzureichenden Nahrungsaufnahme bzw. Medikamenteneinnahme ist die Erforderlichkeit besonders sorgfältig zu prüfen unter dem Aspekt, ob nicht durch ambulante Hilfen eine ausreichende Versorgung sichergestellt werden kann. Von daher reicht die Feststellung als solches, der Betroffene habe die erforderliche antipsychotische Medikation abgesetzt, nicht aus, um eine erhebliche Selbstgefährdung anzunehmen. Der BGH führte hierzu in einer wegweisenden Entscheidung[524] aus:

Weder das AG noch das LG haben aber konkrete Umstände für die Annahme aufgezeigt, die Betroffene werde sich erheblichen gesundheitlichen Schaden zufügen, wenn die Unterbringung und die in ihrem Rahmen beabsichtigte Medikation unterbleiben. Das schriftliche Sachverständigengutachten, dem sich die Instanzgerichte angeschlossen haben, führt zu der Gefahr eines erheblichen gesundheitlichen Schadens lediglich aus, dass die Betroffene bei Absetzen der Medikation dazu neige, planlos mit dem Zug ins Ausland zu fahren oder wiederholt bei verschiedenen Krankenhäusern hilfesuchend vorstellig zu werden. Weder der mündlichen Anhörung der Betroffenen und der weiteren Verfahrensbeteiligten noch dem sonstigen Akteninhalt lassen sich konkrete und objektivierbare Anhaltspunkte für den Eintritt eines erheblichen Gesundheitsschadens oder die erhebliche Verschlimmerung oder weitere Chronifizierung der Krankheit der Betroffenen entnehmen …

1589 Ferner kann eine völlige Verwahrlosung ausreichen, sofern hierdurch die Gefahr einer körperlichen Verelendung und Unterversorgung eintritt. Der BGH entschied diesbezüglich:[525]

Die zivilrechtliche Unterbringung durch einen Betreuer nach § 1906 Abs. 1 Nr. 1 BGB setzt keine akute, unmittelbar bevorstehende Gefahr voraus; notwendig ist allerdings eine ernstliche und konkrete Gefahr für Leib oder Leben des Betreuten. Die Gefahr für Leib oder Leben setzt kein zielgerichtetes Verhalten des Betreuten voraus, so dass auch eine völlige Verwahrlosung ausreichen kann, wenn damit eine Gesundheitsgefahr durch körperliche Verelendung und Unterversorgung verbunden ist.

---

516 *BayObLG* R&P 1986, 115; *Jürgens/Marschner* § 1906 BGB Rn. 11.
517 *OLG Stuttgart* NJW-RR 1995, 662.
518 *BayObLG* FamRZ 1993, 600; *Damrau/Zimmermann* § 1906 Rn. 37.
519 Jürgens/*Marschner* § 1906 BGB Rn. 12.
520 *Hamm* NJW 1976, 378.
521 BT-Drs. 11/4528, 147; *OLG Brandenburg* FamRZ 2007, 1768.
522 *OLG München* FamRZ 2006, 558; BT-Drs. 11/4528, 146; für Tod durch Erfrieren: *BGH* FamRZ 2011, 1141 Rn. 8.
523 *BayObLG* FamRZ 1993, 998.
524 *BGH* BtPrax 2014, 129 (Rn. 13).
525 *BGH* FamRZ 2010, 365.

Der BGH vertiefte diese Rechtsprechung zur Verwahrlosung in Folgeentscheidungen.[526] Die **1590** Unterbringung nach § 1906 Abs. 1 Nr. 1 BGB beinhaltet betreuerseits nicht die Befugnis, den Untergebrachten medizinisch behandeln zu lassen im Gegensatz zu den Unterbringungsgesetzen der Länder.[527]

(2) Gerichtliche Ermittlungen Bezüglich der gerichtlichen Amtsermittlung gilt Folgendes: Für **1591** die Gefahr der Selbsttötung respektive Zufügung eines erheblichen gesundheitlichen Schadens reicht die Behauptung einer ohne die Unterbringung bzw. Heilbehandlung bestehenden Eigengefährdung nicht. Das Sachverständigengutachten und die gerichtliche Entscheidung müssen vielmehr konkrete Tatsachen benennen, aus denen sich Art und Umfang sowie die Wahrscheinlichkeit der gesundheitlichen Selbstschädigung ergeben.[528]

(3) Problemfall: Alkoholerkrankung und Sucht Alkoholismus und andere Abhängigkeitserkran- **1592** kungen sind per se keine Erkrankungen i.S.d. § 1906 BGB, auch wenn der Betroffene damit seine Gesundheit zerstört.[529] Eine zivilrechtliche Unterbringung ist vor diesem Hintergrund nicht gerechtfertigt. Etwas anderes gilt allerdings für den Fall einer akut notwendigen Alkoholentgiftung bei Vorliegen einer akuten Gesundheits-/Lebensgefahr (Drehtüreffekt).[530]

Beispiel: Der Betroffene, der tagelang ununterbrochen Alkohol zu sich nahm, wird mit **1593** einem schweren Alkoholdelir in eine geschlossene Station eingeliefert. Die Unterbringung ist zur Entgiftung des Körpers des Betroffenen zwingend erforderlich.

Grundsätzlich ist bei Suchterkrankungen eine Unterbringung zur Erzwingung der Krankheits- **1594** und Behandlungseinsicht unzulässig, selbst wenn ärztlicherseits ein Behandlungsbedarf besteht.[531] Steht der Alkoholismus aber in einem ursächlichen Zusammenhang mit einem geistigen und körperlichen Gebrechen, bzw. kam es infolge langjährigen Alkoholabusus zu einer hirnorganischen Erkrankung, so kann eine Unterbringung bei Vorliegen der Voraussetzungen des § 1906 BGB gerechtfertigt sein.[532] Insbesondere ein jahrelanger/jahrzehntelanger Alkoholabusus kann zu einem Krankheit i.S.d. § 1906 Abs. 1 BGB führen. Bei Nichtvorliegen der medizinischen/subjektiven Unterbringungsvoraussetzungen kann jedoch – wie oben ausgeführt – bei schwerer Gesundheits-/Lebensgefahr lediglich eine Unterbringung zur Entgiftung durchgeführt werden, nicht aber zur Entwöhnung.

Entscheidend ist, ob der Betroffene noch zu einer freien Willensbildung in der Lage ist. Aus **1595** der Alkoholabhängigkeit für sich genommen und den darauf beruhenden Mangel an Steuerungsfähigkeit in Bezug auf den Konsum von Alkohol kann nicht per se auf ein Unvermögen zur freien Willensbildung geschlossen werden. Unter Voraussetzung eines freien Willens steht es laut Verfassung jederman frei, Hilfe zurückzuweisen, sofern dadurch nicht Rechtsgüter anderer oder der Allgemeinheit in Mitleidenschaft gezogen werden.[533]

---

526 *BGH* FamRZ 2012, 1705 = FuR 2012, 651.
527 *Damrau/Zimmermann* § 1906 BGB Rn. 42.
528 *OLG München* BtPrax 2006, 36.
529 *Damrau/Zimmermann* § 1906 BGB Rn. 34; *BayObLG* FamRZ 1999, 1307; *OLG Schleswig* FamRZ 1998, 1328; *OLG Hamm* BtPrax 2001, 40.
530 *Damrau/Zimmermann* § 1906 BGB Rn. 38; *BGH* Beschl. v 13.4.2016, XII ZB 95/16, JurionRS 2016, 15523.
531 *LG Frankfurt* FamRZ 1993, 478; *OLG Schleswig* FamRZ 1998, 1328.
532 *BayObLG* FamRZ 1994, 1617; *OLG Hamm* BtPrax 2001, 40; *BGH* FamRZ 2015, 1017 RN 7; NJW-RR 2016, 513.
533 *BGH* FamRZ 2011, 1725 Fn 25.

1596 Das OLG Rostock[534] entschied in einer Aufsehen erregenden Entscheidung, es sei zulässig, einen schwerst alkoholkranken Betroffenen, der bereits 36 Mal zur Entgiftung in der Psychiatrie war, lebenslang „wegzusperren". Die Leitsätze des Beschlusses lauten:

Es ist nicht Aufgabe des Staates, seine Bürger zu hindern, sich gesundheitlich – etwa durch exzessiven Alkoholgenuss – zu schädigen. Eine vom Staat zu akzeptierende Entscheidung des Betroffenen zur Selbstaufgabe setzt aber dessen freie Willensbildung voraus. Zu einer freien Willensbildung ist nicht fähig, wer außerstande ist, seine Entscheidungen von vernünftigen Erwägungen abhängig zu machen.

Eine Unterbringung gem. § 1906 Abs. 1 Nr. 1 BGB kommt auch ohne Aussicht auf einen Therapieerfolg in Betracht. Es genügt die Verhinderung einer erheblichen Gesundheits- bzw. Lebensgefährdung. Unter diesen engen Voraussetzungen kann – unter Berücksichtigung der Verhältnismäßigkeit – auch ein Wegsperren des Betroffenen zu seinem Wohl zulässig sein.

Eine Unterbringung eines Alkoholkranken ohne Heilungsaussichten gem. § 1906 Abs. 1 Nr. 1 BGB kann zu einem Wegsperren des Betroffenen auf Dauer führen. Die Bedeutung und die Intensität des mit einer Unterbringung verbundenen Eingriffs in die Freiheitsrechte des Betroffenen macht eine richterliche Sachaufklärung durch die Beauftragung eines extern tätigen Sachverständigen notwendig.

Gemäß § 70f Abs. 1 Nr. 2 FGG (jetzt § 323 FamFG)[535] muss die Entscheidung, durch die eine Unterbringungsmaßnahme getroffen wird, die nähere Bezeichnung der Unterbringungsmaßnahme enthalten. Bei der Unterbringung eines 38-jährigen Mannes in der geschlossenen Abteilung eines Seniorenzentrums, in der fast ausschließlich Demenzkranke behandelt werden, bestehen erhebliche Zweifel, ob der Aufenthalt des alkoholkranken Betroffenen, der nicht an einer Demenz leidet, in einem Altersheim eine geeignete Unterbringung im Sinne von § 1906 Abs. 1 Nr. 1 BGB darstellt.

1597 Ist es zum Wohl eines alkoholkranken Betroffenen erforderlich, eine derartige Unterbringung in Bedacht zu nehmen, ist es seitens des Gerichtes verfahrensrechtlich veranlasst, einen externen Sachverständigen zu beauftragen, der unbefangen Einblick auf die Krankengeschichte wirft. In dem von dem OLG Rostock entschiedenen Fall hatte die zuständige Oberärztin der geschlossenen Abteilung, die den Betroffenen schon aus den vorgängigen Unterbringungsverfahren kannte, begutachtet. Diese, so befand zu Recht das OLG Rostock, ist nicht mehr unbefangen mit Hinblick auf die Behandlungsvorgeschichte. Ferner wurde der in dem Falle 38-jährige Betroffene in einer Demenzabteilung eines Seniorenpflegeheimes untergebracht. Insoweit sind seitens des Betreuers Darlegungen erforderlich, weshalb die vorgegebene Versorgungsstruktur keine adäquatere Unterbringungsmöglichkeit gestattet.

Dementsprechend kann zur Vermeidung einer lebensbedrohenden Selbstgefährdung die geschlossene Unterbringung auch dann genehmigt werden, wenn eine gezielte Therapiemöglichkeit nicht (mehr) besteht.[536]

1598 Eine haftungsrechtlich zu thematisierende Gefahr ist der Verbleib von alkoholkranken Betroffenen in ihrer eigenen Häuslichkeit. Die beiden Beispiele aus der Betreuungspraxis mögen dies verdeutlichen:

Beispiele:

1599 • Der Betroffene, der reichlich dem Alkohol zugesprochen hatte, raucht im Bett, schläft ein und das Bettzeug fängt Feuer. Der Betroffene schafft es mit Mühe und Not, das Haus zu verlassen. In Berlin brannte ein ganzes Mietshaus mit 34 Mietparteien bis auf die Fundamente nieder (Fall nach Berichterstattung in der Berliner Morgenpost).

534 *OLG Rostock* BtPrax 2010, 134.
535 Jetzt § 323 Abs. 1 FamFG.
536 *BayObLG* FamRZ 2004, 1135.

> • Der Betroffene lebt alleine in einem Haus und schließt eine Gasflasche nicht ordnungs-
> gemäß an die Heizung an. Nach Zündung des austretenden Gases entsteht eine Flamme,
> die das Haus in Brand setzt (AG Luckenwalde). Der Betroffene schafft es glücklicher-
> weise, rechtzeitig das Haus zu verlassen.

▶ **Hinweis:** In Fällen wie diesen ist es betreuerseits anzuraten, mit dem Sozialpsychiatri-   1600
schen Dienst einen Hausbesuch abzustatten zwecks Abklärung, inwieweit es verantwortbar
ist, den Betroffenen weiter in seiner Häuslichkeit zu belassen. Eventuell gibt es, wie in dem
zweiten Fall, technische Möglichkeiten, Gefahrenquellen auszuschalten. In Problemkonstel-
lationen wie diesen sollte der Betreuer aber aus haftungsrechtlichen Gründen bestrebt sein,
die Verantwortung für zu treffende Entscheidungen auf mehrere Schultern zu verlagern. ◀

Die Befugnis der Unterbringung zum Wohl des Betroffenen ist also stets zu messen an den   1601
Anforderungen der Rechtsprechung des BVerfG, welches statuierte, dass dem psychisch Kranken in gewissen Grenzen die „Freiheit zur Krankheit" belassen bleiben muss.[537] Die Grenze ist
unter Berücksichtigung des Grundsatzes der Verhältnismäßigkeit im Einzelfall festzulegen.[538]

(4) Verhältnis zur Zwangsbehandlung Die Unterbringung nach § 1906 Abs. 1 Nr. 1 BGB bein-   1602
haltet betreuerseits nicht die Befugnis, den Untergebrachten medizinisch behandeln zu lassen
im Gegensatz zu den Unterbringungsgesetzen der Länder.[539]

Notwendige Heilbehandlung   1603

Nach § 1906 Abs. 1 Nr. 2 BGB ist eine Unterbringung zulässig, wenn

• eine Untersuchung des Gesundheitszustandes, eine Heilbehandlung oder ein ärztlicher Eingriff des Betreuten i.S.d. § 1904 BGB notwendig ist, die/der ohne die Unterbringung nicht
  durchgeführt werden kann und der Betreute auf Grund seiner psychischen Krankheit oder
  geistigen oder seelischen Behinderung die Notwendigkeit der Unterbringung zur Durchführung der Maßnahme nicht erkennen bzw. nach dieser Einsicht nicht handeln kann;
• eine Behandlung des Betroffenen nicht von vorne herein ausgeschlossen ist. Dies ist dann
  der Fall, solange sich nicht seine Weigerung, sich behandeln zu lassen, manifestiert;
• wenn der Betroffene sich hingegen ohne Zwang nicht behandeln lassen wird, müssen
  zugleich die Voraussetzungen für die Einwilligung in eine ärztliche Zwangsmaßnahme i.S.d.
  § 1906 Abs. 3 BGB vorliegen sowie eine rechtswirksame Genehmigung des BetrG nach
  § 1906 Abs. 3a BGB[540].

Unter Untersuchung versteht man die Diagnostik zur Abklärung von unvorhergesehenen
Erregungsdurchbrüchen, ausgeprägte Verwirrtheit oder sonstige krankheitsbedingte Auffälligkeiten. Die Untersuchung muss nicht nur nützlich, sondern erforderlich sein. Eine bereits
gesicherte Diagnose vermag von daher eine Unterbringung nicht zu rechtfertigen. Die Untersuchung muss geeignet sein, unmittelbar anschließende Heilbehandlungsmaßnahmen vorzu-
bereiten und spätere Gesundheitsschäden abzuwenden. Unter Heilbehandlung versteht man
die Verbesserung oder Linderung des bestehenden Gesundheitszustandes. Sind die vorbezeichneten Ziele nicht zu verwirklichen, muss die Heilbehandlung zumindest der Verhinderung

---

537 *BVerfG* NJW 1998, 1774.
538 *Jürgens u.a.* Rn. 484.
539 *Damrau/Zimmermann* § 1906 BGB Rn. 42.
540 *BGH* BtPrax 2014, 277 Rn 22, 23.

365

einer Verschlechterung des Gesundheitszustandes dienen. Dabei kann es sich um die so genannte Anlasserkrankung oder aber eine andere Erkrankung handeln. Als ärztlicher Eingriff ist jede Maßnahme definiert, die nicht den Begriff der Heilbehandlung erfüllt, aber in den Körper des Betroffenen eingreift.[541]

1604 Nicht jede zweckmäßige Untersuchung rechtfertigt eine Freiheitsentziehung. Die Untersuchungen muss erforderlich sein zwecks Herbeiführung einer Erfolg versprechenden Heilung. Häufig sind Untersuchungen notwendig, um überhaupt eine Diagnose stellen zu können (z.B. Myelografie, Katheterangiographie zwecks Detektierung der Größe einer Gefäßaussackung usw.). Ohne die Untersuchung und spätere Behandlung müssen zulasten des Betroffenen schwere Schäden drohen.

Unter eine Heilbehandlung im Sinne der Vorschrift fallen beispielsweise eine

- Diabetes-Einstellung;
- Blutdruck-Einstellung;
- Zahnsanierung;
- Einnahme von Medikamenten während eines schizophrenen Schubs;[542]
- Verhindern einer Verschlechterung des Gesundheitszustandes;[543]
- Entgiftungsbehandlung;
- Vermeidung der Chronifizierung der Anlasserkrankung/Verschlechterungsgefahr;[544]
- Stabilisierung des Zustandes durch Heilbehandlung;[545]
- Verhinderung einer weiteren Chronifizierung einer bereits chronischen Erkrankung;[546]
- Untersuchungen bei Verdacht auf Krebs an inneren Organen sowie jede notwendige Untersuchung und Behandlung, deren Nichtvornahme zu einer ernstlichen Gesundheitsschädigung führen würde.

▶ **Merke:** Entscheidend ist: Die Ablehnung der notwendigen und indizierten Behandlung beruht auf der psychischen Erkrankung, der geistigen oder seelischen Behinderung des Betreuten. ◀

1605 Für die medizinische Unterbringung ist es unerheblich, ob die Erkrankung Anlass für die Bestellung des Betreuers war (Anlasserkrankung) oder hinzugetreten ist (Begleiterkrankung).[547] Im Falle der Anlasskrankheit ist die Unterbringung nur zulässig, wenn die beabsichtigte Behandlungsmaßnahme geeignet ist, den gewünschten Behandlungserfolg herbeizuführen und die Nachteile, die ohne Unterbringung oder Behandlung entstehen würden, die Schwere der Freiheitsentziehung überwiegen. Es ist also eine Güterabwägung und zur Abschätzung der Nachteile und möglichen ernstlichen Gesundheitsschäden eine doppelte Verlaufsprognose vorzunehmen:

1606 Dem Verlauf der Krankheit mit Unterbringung und (Zwangs-)Behandlung ist der Verlauf der Krankheit ohne Unterbringung, ggf. unter Berücksichtigung vorhandener Behandlungsalternativen gegenüberzustellen.[548] Die Gefahr eines gewichtigen gesundheitlichen Schadens ist

---

541 *OLG Karlsruhe* BtPrax 2008, 227.
542 *BayObLG* BtPrax 1996, 28; *BGH* NJW 2006, 1277.
543 *Damrau/Zimmermann* § 1906 BGB Rn. 46.
544 *OLG Schleswig* R&P 2005, 72; *KG* R&P 2007, 30; *OLG Karlsruhe* Beschl. v. 13.4.2000, 11 Wx 36/00.
545 *OLG Karlsruhe* Beschl. v. 20.1.2000, 11 Wx 2/00 und v. 13.4.2000, 11 Wx 36/00.
546 Jurgeleit/*Kieß* BtR, § 1906 BGB Rn. 28.
547 *BGH* BtPrax 2006, 145.
548 BT-Drs. 11/45 28, 147; *BGH* BtPrax 2006, 145; *LG Frankfurt* FamRZ 1993, 478; *OLG Hamm* FamRZ 2009, 811; *OLG Naumburg* FamRZ 2008, 2060.

nicht Voraussetzung für eine Unterbringung. Ausreichend ist vielmehr auch eine Stabilisierung des Gesundheitszustandes des Betroffenen durch die Heilbehandlung. Die Unterbringung eines Betroffenen ist demgemäß zulässig bei einer Verschlechterungsgefahr der vorhandenen psychischen Erkrankung (Chronifizierung).[549] Eine Unterbringung zur Erzwingung der Krankheits- und Behandlungseinsicht (z.B. bei Alkoholerkrankung) ist demgegenüber unzulässig, wie auch die Aufrechterhaltung einer Betreuung mit dem Aufgabenkreis „Zustimmung und Zuführung zur Heilbehandlung" bei ablehnender Haltung des Betroffenen gegenüber jedweder Heilbehandlungsmaßnahme.[550] Es ist dann zu erwägen, die Betreuung ist wegen fehlender Zweckerreichung aufzuheben.[551]

Hinblicklich psychiatrischer Behandlungsmethoden gilt, dass die beabsichtigte Behandlung mit Psychopharmaka zu unterbleiben hat, wenn Heilungs- und Besserungsmöglichkeiten des Krankheitsbildes nicht zu erwarten sind.[552] Der therapeutische Nutzen muss also gegen den Gesundheitsschaden abgewogen werden, der ohne die Behandlung entstehen würde.[553]   **1607**

Bestehen bei einer Behandlung mit Psychopharmaka keine Heilungs- bzw. Besserungsmöglichkeiten der Erkrankung, ist eine Unterbringungsgenehmigung zu versagen.[554] Für den Bereich der beabsichtigten Psychopharmakabehandlung als notwendiger Heilbehandlung muss daher in jedem Einzelfall eine therapeutische Indikation bestehen und der mögliche therapeutische Nutzen gegen die Gesundheitsschäden abgewogen werden, die ohne die Behandlung entstehen würden.[555] Zentral ist die Notwendigkeit der Behandlung und der Unterbringung.[556] Es müssen drohende Gesundheitsschäden in Frage stehen, die es zu Gunsten des Betroffenen abzuwenden gilt. Letzteren muss bei Bagatellerkrankungen die „Freiheit zur Krankheit" bleiben. Dementsprechend ist eine Unterbringung zu Zwecken der Heilbehandlung unzulässig, wenn beispielsweise   **1608**

- die Behandlung keinen Erfolg bieten kann;[557]
- keine Behandlung (mehr) durchgeführt wird;[558]
- das Erzwingen von Behandlung- oder Krankheitseinsicht Ziel der Unterbringung ist;[559]
- die Behandlung nur mit Mitteln des unmittelbaren Zwangs durchgesetzt werden kann, die Voraussetzungen für eine ärztliche Zwangsmaßnahme jedoch nicht vorliegen.[560] Der BGH führte hierzu aus:

„Das Gericht darf die Unterbringung des Betroffenen in einer geschlossenen Einrichtung nicht genehmigen, wenn die Freiheitsentziehung als solche nicht notwendig ist und die Genehmigung letztlich nur eine Rechtsgrundlage abgeben soll, den Betroffenen in einer offenen Abteilung der Einrichtung einer erforderlichen – auch zwangsweisen – Behandlung mit Medikamenten zu unterziehen.

---

549 *OLG Karlsruhe* Beschl. v. 20.1.2000, 11 Wx 2/00 und v. 13.4.2000, 11 Wx 36/00.
550 *LG Frankfurt* FamRZ 1993, 478; *BayObLG* FamRZ 1993, 600.
551 Vgl. hierzu: *Sachs* Die Aufhebung der Betreuung wegen „Unbetreubarkeit" aus anwaltlicher Sicht, FamRZ 2011, 1550 ff.
552 *LG Berlin* FamRZ 1993, S. 597; *BayObLG* BtPtrax 2001, 251.
553 *Saage/Göppinger* § 1906 Rn. 22.
554 *LG Berlin* BtPrax 1993,66; *OLG Hamm* BtPrax 2000, 173.
555 Jürgens/*Marschner* § 1906 BGB Rn. 20.
556 *BVerfG* NJW 1998, 17745.
557 *OLG Schleswig* FamRZ 1998, 1328.
558 *BGH* BtPrax 2010, 80.
559 *BGH* BtPrax 2008, 115.
560 *BGH* BtPrax 2012, 156; BtPrax 2012, 218.

1609 Es ist der Zustand des Betroffenen vor Durchführung der Unterbringung zu vergleichen mit demjenigen, der danach aller Voraussicht nach eintritt. Es muss zum Zeitpunkt der Entscheidung über eine durchzuführende Unterbringung **prognostisch** die Chance einer Verbesserung, Stabilisierung oder Verhinderung einer Verschlechterung des Krankheitsbildes des Betroffenen bestehen.

Zustand vorher ⎯⎯⎯⎯⎯ Unterbringung ⎯⎯⎯⎯⎯ Zustand nachher

1610 Nach der Rechtsprechung des BGH muss für die Unterbringung zu Heilbehandlungszwecken ein doppeltes Notwendigkeitskriterium vorliegen: Die Unterbringung muss wegen der Notwendigkeit einer medizinischen Maßnahme erforderlich sein, die faktisch ohne die Unterbringung nicht durchgeführt werden kann.[561]

ff) Krankheitsbedingte Unfähigkeit zur freien Willensbestimmung

1611 Eine Unterbringung zur Verhinderung einer Selbstschädigung setzt weiterhin voraus, dass der Betroffene krankheitsbedingt seinen Willen nicht frei bestimmen kann.[562]

1612 Dieses Erfordernis wird zwar vom Gesetz nicht explizit erwähnt, ergibt sich jedoch aus einer verfassungskonformen Auslegung. Mehrfach betonten die Obergerichte, dass der Staat von Verfassungs wegen nicht das Recht hat, seine erwachsenen und zu freier Willensbestimmung fähigen Bürger zu erziehen, zu „bessern" oder zu hindern, sich selbst zu schädigen.

1613 Liegt aus der Sicht des Betreuers ein Tatbestand nach § 1906 Abs. 1 BGB vor, der eine Unterbringung des Betroffenen rechtfertigt, so ist an das Betreuungsgericht ein Unterbringungsantrag zu richten. Die betreuungsgerichtliche Genehmigung der Unterbringung durch den Betreuer ist eine materiell-rechtliche Voraussetzung für die Rechtmäßigkeit der Einwilligung des Betreuers in den Freiheitsentzug des Betreuten. Es ist nach § 1906 Abs. 2 S. 1 BGB grundsätzlich eine **vorherige Genehmigung erforderlich. Ohne eine vorherige Genehmigung kann der Betreuer den Betreuten nur bei Vorliegen einer konkreten Gefahr für dessen Wohl unterbringen, § 1906 Abs. 2 S. 2 BGB.**

Der Unterbringungsantrag sollte folgende Angaben enthalten:

1614 ⎡ **Checkliste: Unterbringungsantrag** ⎯⎯⎯⎯⎯⎯⎯⎯⎯⎯⎯⎯⎯⎯⎯⎯

- letzter Kontakt mit dem Betreuten
- Angaben aus dem Umfeld des Betreuten (Familienangehörige, Nachbarn, Kollegen u.a.)
- eigene Wahrnehmungen
- Unterbringungsziel (Abwendung der Selbstgefährdung/notwendige Heilbehandlung)
- bei Selbstgefährdung genaue Beschreibung der Handlung (Verweigerung der Nahrungsaufnahme, Nichteinnahme wichtiger Medikamente usw.)
- bei notwendiger Heilbehandlung genaue Beschreibung der avisierten und gebotenen ärztlichen Maßnahmen
- Darlegung der Erforderlichkeit der Unterbringung als letztes Mittel

---

561 *BGH* BtPrax 2006, 145; BtPrax 2008, 115.
562 *BayObLG* FamRZ 1993, 600; FamRZ 1994, 721; BT-Drs. 11/4528, 147.

Muster: Antrag des Betreuers auf gerichtliche Genehmigung der Unterbringung ——— 1615

In der Betreuungssache ....

Aktenzeichen:

wurde ich mit Beschluss des erkennenden Gerichtes vom ... zum Betreuer bestellt, u.a. mit den Aufgabenkreisen der Aufenthaltsbestimmung und Gesundheitssorge.

Ich beantrage die betreuungsgerichtliche Genehmigung gem. § 1906 Abs. 1 Nr. 2 BGB zur Unterbringung des Betroffenen in der geschlossenen Abteilung des XY- Krankenhauses.

Der Betroffene leidet seit längerem an einer manisch-depressiven Erkrankung. Laut Auskunft seiner Ehefrau befindet sich der Betroffene derzeit in einer depressiven Phase. Der Betroffene ist antriebsarm und liegt seit mehreren Wochen ausschließlich im Bett, nimmt kaum noch Nahrung zu sich und befindet sich von daher in einem abgemagerten Zustand. Der Betroffene bezichtigt seine Ehefrau, vergiftetes Essen zuzubereiten. Sie wolle ihn loswerden.

Ferner setzte der Betroffene bereits seit mehreren Wochen seine Medikation ab. Der Betroffene ist nicht zu bewegen, sich in ambulante psychiatrische Behandlung zu begeben. Ein von mir durchgeführter Hausbesuch bei dem Betroffenen bestätigte die Angaben der Ehefrau. Es ist daher erforderlich, den Betroffenen geschlossen unterzubringen. Der Betroffene spricht sehr gut auf die Medikamente an. Diese Beobachtung konnte im Rahmen der letzten Unterbringung getroffen werden. Nach ca. ein bis zwei Wochen verschwanden die paranoid getönten Vorstellungen dahingehend, vergiftet zu werden. Der Betroffene bekam wieder ein normales Essverhalten, verbunden mit einer Gewichtszunahme. Zudem war der Betroffene in der Lage, das Bett zu verlassen und einen selbstbestimmten Tagesablauf aufzunehmen. Es ist zu erwarten, dass der Betroffene in ähnlicher Weise wiederum von einem Aufenthalt in der geschlossenen Einrichtung profitiert.

Nach alledem wird gebeten, wie beantragt zu verfahren. Der Betroffene wird eine medikamentöse Behandlung nicht verweigern.

Betreuerin

▶ **Hinweis:** Vor einer Unterbringungsmaßnahme sollte man Rücksprache mit dem behandelnden Arzt des Betroffenen zwecks Erstellung eines ärztlichen Gutachtens nehmen, welches dem Unterbringungsantrag beizufügen ist. Falls der Betroffene keinen Hausarzt hat, sollte Rücksprache mit dem Sozialpsychiatrischen Dienst zwecks Erstellung eines ärztlichen Gutachtens gehalten werden. ◀ 1616

Während der Unterbringung sind durch den Betreuer folgende Maßnahmen veranlasst: 1617

- Es ist ein Krankenhausbehandlungsvertrag zu schließen, ggf. sind Eigenanteile von je 10 € (für bis zu 28 Tage/Jahr) zu entrichten; die Hausordnung des Krankenhauses ist zu unterschreiben;
- wegen der weiteren Unterbringung des Betroffenen sollte man regelmäßig Rücksprache mit den behandelnden Ärzten halten. Eine nicht mehr gegebene Unterbringungsnotwendigkeit ist sofort zu beenden und dem Betreuungsgericht hierüber Mitteilung zu machen. In diesem Zusammenhang ist darauf hinzuweisen, dass eine unrechtmäßige Unterbringung eine Freiheitsberaubung nach § 239 StGB darstellt, zu der der Betreuer ansonsten Beihilfe leistet;
- die laufenden persönlichen Angelegenheiten des Betreuten, wie Information der einschlägigen Kostenträger (z.B. Krankenkasse oder Sozialamt) sind zu erledigen. Zur Kostenübernahme im Rahmen der Krankenkasse wird eine ärztliche Bescheinigung zur stationären Krankenbehandlung benötigt. Diese ist nicht identisch mit dem Sachverständigengutachten zur Unterbringungsgenehmigung;

- bei Betreuten, die in einem Arbeitsverhältnis stehen, ist dem Arbeitgeber eine Arbeitsunfähigkeitsbescheinigung zu übersenden. Bei Personen im ALG- oder Sozialhilfebezug ist der Leistungsträger zu benachrichtigen (§ 60 SGB I, § 7 Abs. 4 SGB II und ggf. übergangsweise die Übernahme der Wohnungskosten zu beantragen);
- bei einer vorübergehend leer stehenden Wohnung ist für das „Winterfestmachen" bei einem Kälteeinbruch zu sorgen;
- vor Ablauf der Unterbringungsfrist ist eine neue Genehmigung beim Betreuungsgericht zu beantragen, sofern eine weitere Notwendigkeit zur Weiterbehandlung besteht. Eine Anmeldung beim Einwohnermeldeamt am Ort der Klinik ist nach § 32 Abs. 1 BMG nicht nötig, soweit eine andere Meldeadresse besteht;
- bei Entlassung des Betroffenen ist das Betreuungsgericht zu unterrichten, § 1906 Abs. 2 S. 4 BGB.

gg) Zweigleisigkeit des Unterbringungsrechts

1618   Wie oben ausgeführt, orientiert sich die zivilrechtliche Unterbringung ausschließlich am Wohl des Betreuten und stellt auf dessen Gefährdung ab. Unterbringungen im Interesse der Allgemeinheit, insbesondere zur Aufrechterhaltung der öffentlichen Sicherheit oder Ordnung sind nur im Wege des öffentlich-rechtlichen Unterbringungsrechts nach den jeweiligen Landesgesetzen möglich.

1619   ▶ Hinweis: War der Betreute bis dato noch nie fremd- oder eigengefährdend und „rastet" er plötzlich aus, kann sich der Betreuer unmittelbar an die Polizei bundesweit unter der Rufnummer 110 mit der Bitte um Tätigwerden wenden, wenn beispielsweise an einem Wochenende oder spätabends das Betreuungsgericht nicht mehr erreichbar ist. ◀

1620   Beispiel: Die Schwester des Betreuten ruft den Betreuer an und berichtet, der Betroffene würde mit einer Axt auf den im Hause lebenden Vater zu gehen und gleichzeitig drohen, sich danach umzubringen.

hh) Durchführung der Unterbringung (sog. „Zuführung")

1621   Bei der Durchführung der Unterbringung kann sich der Betreuer, ebenso wie der Bevollmächtigte, der Hilfe der Betreuungsbehörde bedienen, § 326 FamFG. Es handelt sich bei dieser Bestimmung um eine Konkretisierung des Unterstützungsauftrags der Betreuungsbehörde nach § 4 Abs. 3 BtBG. Die Gestattung der Gewaltanwendung durch die Betreuungsbehörde ist dabei immer im Genehmigungsbeschluss nötig (§ 326 Abs. 2 FamFG), eine Genehmigung des zwangsweisen Wohnungszutritts (§ 326 Abs. 3 FamFG) erfordert grundsätzlich eine vorherige Anhörung des Betroffenen durch den Betreuungsrichter.[563]

1622   Eine direkte Kontaktaufnahme des Betreuers mit der Polizei scheint in einigen Regionen üblich zu sein, entspricht aber nicht der Gesetzeslage, da nur die örtliche Betreuungsbehörde berechtigt ist, Vollzugshilfe seitens der Polizei in Anspruch zu nehmen. In der Regel dürfte es ausreichen, wenn der Betreuer einige Tage vor der beabsichtigten Unterbringungsmaßnahme über die Nummer der Betreuungsbehörde diese zu der Wohnung des Betreuten bestellt.

1623   Ob der Betreuer auch selbst die Polizei verständigen sollte oder dies der Betreuungsbehörde überlassen bleibt, ist vor Ort zu klären. Eine direkte Einschaltung der Polizei durch den Betreuer

---

563 *BGH* FamRZ 2013, 31 = FGPrax 2013, 26 = MDR 2012, 1488 = NJW 2013, 691= Rpfleger 2013, 87.

kann üblicherweise nur den Zweck des Personenschutzes für den Betreuer haben, wenn dieser berechtigterweise befürchtet, durch den Betreuten einer Gefahr ausgesetzt zu werden.

Den Mitarbeitern der Betreuungsbehörde und ggf. den Polizeibeamten ist vor Ort der richterliche Genehmigungsbeschluss im Original vorzulegen. Der Betreuer sollte für diese Stellen außerdem einige Kopien parat haben. **1624**

Im Falle von Gefahr im Verzug kann die Betreuungsbehörde seit der gesetzlichen Neuregelung des § 326 Abs. 3 FamFG am 1.1.2013 selbst eine Entscheidung zur gewaltsamen Wohnungsöffnung treffen (sofern das Gericht eine solche nicht bereits nach Anhörung des Betreuten selbst gestattet hat). Für das Vorliegen einer solchen Gefahr im Verzug müssen konkrete Hinweise auf die unmittelbare Bedrohlichkeit für den Betroffenen bestehen. Im Konkreten sind reine Spekulationen, hypothetische Erwägungen oder lediglich auf Alltagserfahrung gestützte, fallunabhängige Vermutungen als Grundlage einer Annahme von Gefahr im Verzug nicht hinreichend. Gefahr im Verzug muss mit Tatsachen begründet werden, die auf den Einzelfall bezogen sind.[564] **1625**

Zusätzlich ist ein Krankenwagen vor das Haus des Betroffenen zu bestellen, der für dessen Transport von der Wohnung zu der Klinik zuständig ist. Hierfür sollte in der Regel bereits zuvor eine ärztliche Krankentransportbescheinigung besorgt werden, notfalls kann diese nachträglich vom Krankenhausarzt noch ausgestellt werden. Nützlich ist es auch, eine ärztliche Einweisungsverordnung – Verordnung stationärer Krankenbehandlung – zur Finanzierung des Krankenhausaufenthaltes durch die Krankenkasse, vorher besorgt zu haben. **1626**

Meist läuft eine Unterbringung so ab, dass die Mitarbeiter der Behörde bzw. die Polizeibeamten an der Tür des Betroffenen klopfen, und die Befolgung der Unterbringungsanordnung anmahnen. Wenn dieses nichts nützt, ist zur gewaltsamen Öffnung der Tür, ggf. nach dem einschlägigen Landesgesetz z.B. in Berlin, die Feuerwehr zur Hilfe zu rufen. **1627**

In der Regel kommt also der Betreuer daher nicht ohne Einschaltung der Betreuungsbehörde aus. Bei der Unterstützung entstehende Kosten der Behörde, etwa für die Einschaltung eines Schlüsseldienstes zum Öffnen der Wohnungstür, sind nach überwiegender Auffassung von ihr selbst zu tragen.[565] Dies unterscheidet sich von den Kosten bei der Vorführung im Auftrag des Betreuungsgerichtes (zur Anhörung (§§ 278 Abs. 5, 319 FamFG) oder zur Erstellung des Sachverständigengutachtens nach § 283 FamFG. Hier erhielt die Betreuungsbehörde bislang die Kosten einer Vorführung durch das Gericht erstattet.[566] **1628**

┌─ **Checkliste: Unterbringungsverfahren** ────────────────────────────── **1629**

1. Unterbringung mit Freiheitsentziehung
   a) Festhalten des Betreuten in einem beschränkten Raum
   b) Ständige Überwachung des Aufenthalts
   c) Verhinderung der Kontaktaufnahme zu Personen außerhalb der Sicherungseinrichtung
2. Subjektive und objektive Unterbringungsvoraussetzungen
   a) Psychische Krankheit, geistige oder seelische Behinderung
   b) Selbstgefährdung
   c) Notwendigkeit einer Untersuchung/Heilbehandlung/ärztlichen Eingriffs
   d) Einwilligungsunfähigkeit des Betreuten

---

564 *BVerfG* NJW 2001, 1121 = Rpfleger 2001, 264.
565 *LG Limburg* BtPrax 1998, 116; *LG Koblenz* FamRZ 2004, 566 [Ls.].
566 *OLG Köln* BtMan 2005, 105 = FamRZ 2005, 1199 (Ls); *LG Saarbrücken* FamRZ 2013, 399; a.A. *LG Freiburg* Beschl. v. 14.10.2002, 4 T 212/02; keine Kostenerstattung mehr für Betreuungsbehörde: *BGH* BtPrax 2016, 26 = FamRZ 2016, 451.

3. Weitere Voraussetzungen
   a) Erforderlichkeit
   b) Keine vorrangigen(ambulanten)Behandlungsmöglichkeiten
4. Verfahren
   a) Besprechung mit Arzt/Sozialpsychiatrischem Dienst
   b) Antrag auf betreuungsgerichtliche Genehmigung
   c) Anhörung durch Betreuungsrichter
   d) Äußerungsmöglichkeit der Betreuungsstelle und von Angehörigen
   e) Bestellung eines Verfahrenspflegers
   f) Genehmigung des Betreuungsgerichts
   g) Evtl. Beteiligung der Betreuungsbehörde bei Unterbringungsmaßnahmen
   h) Ständige Überprüfung der weiteren Erforderlichkeit der Unterbringung (ansonsten liegt Freiheitsberaubung vor, § 239 StGB)
   i) Bei Weiterbehandlungsnotwendigkeit: Stellen eines neuen Antrags

ii)   Vorgehen des Gerichts

1630   Die Unterbringungssachen sind in § 312 FamFG geregelt.

Geht bei dem zuständigen Betreuungsgericht ein Antrag auf Unterbringung ein, hat dieses die nachstehend aufgelisteten Verfahrensschritte, deren Reihenfolge nicht vorgeschrieben ist, vorzunehmen:

- Prüfung des Antrags des Betreuers. Gibt es noch keinen Betreuer und besteht wegen Gefahr im Verzug eine dringende Erforderlichkeit zur Unterbringung, hat der Betreuungsrichter von Amts wegen zu prüfen, ob die Voraussetzungen für eine einstweilige Maßregel nach §§ 1908i, 1846 BGB vorliegen;
- obligate Bestellung eines Verfahrenspflegers, § 317 FamFG. Der EGMR statuierte, dass jedem Untergebrachten anwaltlicher Beistand zu gewähren ist und hiervon nur ausnahmsweise Abstand genommen werden kann;[567]
- Anhörung aller Beteiligten und Angehörigen, § 315 FamFG;
- Einholung eines gerichtlichen Gutachtens, §§ 321, 322 FamFG. Ein Rechtsmittel gegen den Beschluss über die Einholung eines Gutachtens ist eine unanfechtbare Zwischenentscheidung;[568]
- persönliche Anhörung des Betroffenen, § 319 FamFG;
- Entscheidung des Gerichts mit Rechtsmittelbelehrung: Beschwerde, § 323 FamFG;
- Bekanntmachung der Entscheidung an den Betroffenen, Betreuer, Verfahrenspfleger, Betreuungsbehörde, Leiter der Einrichtung, in der der Betroffene untergebracht ist, und eine Vertrauensperson, §§ 324, 325, 339 FamFG;
- bei ausländischen Betroffenen: Benachrichtigung des Konsulates[569] nach Art. 36 und 37 des Wiener Übereinkommens über konsularische Beziehungen vom 24.4.1963.[570]

---

567 *EGMR* NJW 1992, 2945, 2946; NJW RR 2006, 308; Jurgeleit/*Meier* BtR, § 317 FamFG Rn. 3.
568 Streitig: *BayObLG* NJW-RR 2000, 526; *OLG Zweibrücken* FGPrax 2000, 91.
569 *BVerfG* NJW 2007, 499; NJW-Spezial 2007, 89; *BGH* FGPrax 2010, 212; FGPrax 2011, 99 = NVwZ 2011, 320 (Ls); *LG Nürnberg-Fürth* Beschl. v. 21.11.2013, 13 T 8854/13.
570 BGBl. II 1969, 1585; 1971, 1285, abgedruckt im HK-BUR, Ordner 1.

jj) Eilmaßnahmen

Eine **vorläufige Unterbringung** ist in Bedacht zu nehmen, sofern dringende Gründe für die 1631 Annahme sprechen, es könne eine endgültige Unterbringung angeordnet werden, § 331 Nr. 1 FamFG. Das Gericht muss zunächst aufgrund eines Antrags des Betreuers oder einer Anregung konkret mit der Entscheidung über eine endgültige Unterbringungsmaßnahme befasst sein. Eigentlich ist ein isolierter Antrag auf vorläufige Unterbringung ohne Vorliegen eines gleichzeitigen Antrags auf endgültige Unterbringung nicht möglich. Aus Zeitgründen kann dies betreuerseits häufig nicht durchgehalten werden.

Eine vorläufige Unterbringung kommt demnach in Betracht, wenn konkrete Umstände mit 1632 erheblicher Wahrscheinlichkeit darauf hindeuten, dass die Voraussetzungen für eine Unterbringung nach § 1906 Abs. 1 BGB vorliegen. Ferner müssen konkrete Tatsachen nahe legen, dass mit dem Aufschub der Unterbringung Gefahr für den Betroffenen verbunden ist. Der drohende gesundheitliche Schaden muss gewichtig sein und den mit der beabsichtigten Unterbringungsmaßnahme verbundenen Freiheitseingriff rechtfertigen.[571] Ferner muss ein ärztliches, von einem Arzt mit Erfahrung auf dem Gebiet der Psychiatrie erstelltes Zeugnis über den Zustand des Betroffenen vorliegen, dass sich gleichzeitig auch zur Notwendigkeit der Maßnahme äußert. Das ärztliche Zeugnis muss die gesundheitliche Situation des Betroffenen beschreiben. Eine zeitnahe und persönliche Untersuchung und Befragung ist zwar mangels Anwendbarkeit von § 321 Abs. 1 S. 2 FamFG nicht vorgeschrieben, aber schon allein wegen der Glaubhaftmachung als notwendig anzusehen. Dem Betroffenen, der persönlich anzuhören ist, ist ein Verfahrenspfleger zu bestellen wegen des avisierten gewichtigen Grundrechtseingriffes.

Eine **einstweilige Anordnung** ohne vorherige Anhörung des Betroffenen, der Angehörigen 1633 sowie der Anhörung und Bestellung eines Verfahrenspflegers ist möglich bei Gefahr im Verzug und der Notwendigkeit einer sofortigen Entscheidung, die über das dringende Bedürfnis für ein sofortiges Tätigwerden noch hinausgeht, §§ 332, 331, 333 FamFG.[572] Allerdings muss die Bestellung eines Verfahrenspflegers unverzüglich nachgeholt werden.[573]

▶ Hinweis: Ein schnelleres gerichtliches Handeln kann der Betreuer durch Beschaffung 1634 eines ärztlichen, notfalls eines hausärztlichen Attestes erzielen, das zu folgenden Punkten Stellung nimmt:

- Notwendigkeit der sofortigen Unterbringung und
- akute Gefährdung des Betroffenen.

Hierzu ist der Betreuer nicht verpflichtet, erhält aber regelhaft unkomplizierter und schneller als das Gericht ein ärztliches Attest. ◀

kk) Einstweilige Maßregel des Betreuungsgerichtes nach §§ 1908i, 1846 BGB

In Eilfällen ist es grundsätzlich zulässig, eine zivilrechtliche Unterbringung anzuordnen, ohne 1635 zugleich eine Betreuerbestellung vorzunehmen. Das Gericht ist aber in solchen Fällen verpflichtet, gleichzeitig mit der Anordnung der Unterbringung durch geeignete Maßnahmen sicherzustellen, dass dem Betreuer unverzüglich binnen weniger Tage ein Betreuer oder jedenfalls ein vorläufiger Betreuer zur Seite gestellt wird, der dann eigenverantwortlich über die

---

571 *OLG Bremen* BtPrax 2007, 87 ff.; Jurgeleit/*Diekmann* BtR, § 331 FamFG Rn. 3.
572 Jurgeleit/*Diekmann*, § 332 FamFG Rn. 2.
573 *LG Kleve* BtPrax 2014, 143.

Beendigung oder Fortsetzung der Freiheitsentziehung entscheidet. Unterlässt das Gericht solche Maßnahmen, ist die Anordnung der Unterbringung von vorneherein unzulässig.[574]

II) Wichtige Rechtsprechung zum Verfahrensrecht der Unterbringung

1636
- *BGH* Beschl. v. 7.8.2013, XII ZB 691/12[575]

   1. Der Gutachter muss schon vor der Untersuchung des Betroffenen zum Sachverständigen bestellt worden sein.
   2. Die Verwertung eines Sachverständigengutachtens als Entscheidungsgrundlage setzt gem. § 37 Abs. 2 FamFG voraus, dass das Gericht den Beteiligten Gelegenheit zur Stellungnahme eingeräumt hat.
   3. Die Feststellung, dass der Betroffene durch die angefochtene Entscheidung in seinen Rechten verletzt ist, kann grundsätzlich auch auf einer Verletzung des Verfahrensrechts beruhen.

- *BGH* Beschl. v. 7.8.2013, XII ZB 188/13[576]

   Gemäß § 280 Abs. 1 S. 2 FamFG soll der in einem Betreuungsverfahren mit der Erstellung eines Gutachtens beauftragte Sachverständige Arzt für Psychiatrie oder Arzt mit Erfahrung auf dem Gebiet der Psychiatrie sein. Ergibt sich die Qualifikation nicht ohne Weiteres aus der Fachbezeichnung des Arztes, ist seine Sachkunde vom Gericht zu prüfen und in der Entscheidung darzulegen.

9. Unterbringungsähnliche Maßnahmen

a) Anwendungsbereich

1637 Für Betreute, die sich in einer Anstalt, einem Heim oder einer sonstigen Einrichtung aufhalten, ohne untergebracht zu sein, gelten § 1906 Abs. 1 und 2 BGB entsprechend, wenn ihnen durch mechanische Vorrichtungen, Medikamente oder auf andere Weise über einen längeren Zeitraum hinweg oder regelmäßig die Freiheit beschränkt oder entzogen werden soll. Die Vorschrift gilt gleichermaßen für Krankenhäuser, Altersheime, Pflegeheime, auch privat betriebene Seniorenresidenzen.

1638 Nach dem Gesetzeswortlaut besteht nur eine Genehmigungspflicht für den Fall eines Aufenthaltes des Betroffenen in einem Heim oder einer sonstigen Einrichtung. Lebt der Betroffene demgegenüber in einer eigenen Wohnung oder in der Familie, ist die Notwendigkeit einer betreuungsgerichtlichen Genehmigung von unterbringungsähnlichen Maßnahmen umstritten.

1639 **Beispiel:** Der noch berufstätige Ehemann verhindert durch Abschließen der Wohnung deren Verlassen durch seine früh an Demenz erkrankte Ehefrau, die mittlerweile jede zeitliche und örtliche Orientierung verloren hat.

1640 Faktisch liegt eine Freiheitsberaubung i.S.d. § 239 StGB vor. Dementsprechend müssen allgemeine Rechtfertigungsgründe, wie etwa eine in einer Krankheitsphase, in der noch Einwilligungsfähigkeit gegeben war, erteilte Einwilligung der Ehefrau in die Freiheitsberaubung, vorliegen.

---

574 *BGH* BtPrax 2002, 162; *OLG Brandenburg* BtPrax 2007, 223.
575 *BGH* FamRZ 2013, 1725 = FGPrax 2013, 261 = NJW 2013, 3309.
576 *BGH* FGPrax 2013, 260 = NJW-RR 2013, 1476.

Diverse Untergerichte befürworteten eine Genehmigungsbedürftigkeit von unterbringungs- **1641** ähnlichen Maßnahmen für betreute Personen, die allein in ihrer Wohnung leben, ambulant durch professionelle Pflegedienste versorgt werden, die nach Beendigung ihrer Tätigkeit die Wohnung verschließen, um ein zielloses Umherirren der betroffenen Personen zu verhindern.[577] Mit Hinblick auf die zu thematisierende Gefahr einer im Brandfall versperrten Wohnung, die von dem Betroffenen nicht verlassen werden kann, ist auch in diesen Fällen eine Genehmigungspflicht zu befürworten.

▶ **Hinweis:** Schon allein aus haftungsrechtlichen Gründen ist dem Betreuer anzuraten, **1642** einen entsprechenden Genehmigungsantrag zu stellen. Im günstigsten Fall erteilt das Gericht ein Negativattest, d.h., es wird dem Betreuer schwarz auf weiß eine aus der gerichtlichen Sicht nicht gegebene Genehmigungsbedürftigkeit bescheinigt. ◀

Die Abgrenzung zwischen einer genehmigungspflichtigen geschlossenen Unterbringung nach **1643** § 1906 Abs. 1 BGB und einer genehmigungspflichtigen unterbringungsähnlichen Maßnahme ist wie folgt vorzunehmen: Von § 1906 Abs. 4 BGB werden nur individuelle, auf die Bedürfnisse des einzelnen Betroffenen abgestimmte – also personenbezogene – Einzelmaßnahmen erfasst. Maßnahmen, die nicht personenbezogen sind, sondern die Freiheit aller Bewohner eines Heims oder einer Station gleichermaßen treffen, also anstaltsbezogen sind, sind dagegen Unterbringungsmaßnahmen i.S.d. § 1906 Abs. 1 BGB.[578]

b) Unterbringungsgenehmigung nach § 1906 Abs. 1 und 1906 Abs. 4 BGB

Selbst wenn sich der Betroffene bereits in einer geschlossenen Einrichtung aufhält und **zusätz-** **1644** **lich** eine Maßnahme nach § 1906 Abs. 4 BGB vorgenommen werden soll, ist eine Genehmigung der unterbringungsähnlichen Maßnahme zu beantragen.[579] Die Unterbringung in einer geschlossenen Einrichtung ist ein Eingriff in das Grundrecht auf Freiheit, Art. 2 GG und die Freiheitsentziehung mittels unterbringungsähnlicher Maßnahmen ist ein zusätzlicher Eingriff in das Grundrecht auf Fortbewegungsfreiheit, Art. 2 Abs. 2 GG. Demgemäß muss der Betreuer/der Bevollmächtigte im Falle eines bereits nach § 1906 Abs. 1 BGB untergebrachten Betroffenen, an dem noch ergänzend unterbringungsähnliche Maßnahmen zur Anwendung kommen sollen, zwei Genehmigungen beantragen: Eine solche nach § 1906 Abs. 1 BGB und eine weitere Genehmigung nach § 1906 Abs. 4 BGB.

Beispiel: Der altersverwirrte Betreute Horst B., der auf einer geschlossenen psychiatri- **1645** schen Krankenstation nach § 1906 Abs. 1 Nr. 1 BGB für einen Zeitraum von acht Wochen untergebracht ist, muss zu seinem Schutz mit einem Bauchgurt im Rollstuhl angeschnallt werden, damit er nicht infolge von Schwäche herausstürzt. Vorliegend ist durch den Betreuer eine Genehmigung nach § 1906 Abs. 1 Nr. 1 BGB zu beantragen wegen der geschlossenen Unterbringung und ergänzend eine solche nach § 1906 Abs. 4 BGB wegen der geplanten Anbringung eines Bauchgurtes an dem Rollstuhl des Betreuten.

Zu Recht wird darauf hingewiesen, dass das Anlegen von Beckengurten (jede Nacht acht Stunden **1646** mit einem Bauchgurt zu schlafen) oft als ein wesentlich schwerwiegenderer Eingriff in die Fortbewegungsfreiheit empfunden wird als das Abschließen von Türen nach § 1906 Abs. 1 BGB.[580]

---

577 *LG München I* BtPrax 1999, 242; *LG Hamburg* FamRZ 1994, 1619, bestätigt durch *OLG Hamburg* FamRZ 1995, 1019; *AG Tempelhof-Kreuzberg* BtPrax 1998, 194.

578 *LG Ulm* Beschl. v. 11.6.2010, 3 T 49/10, juris.

579 *OLG München* FamRZ 2005, 1196; *BGH* BtPrax 2006, 145; *OLG Frankfurt/Main* FamRZ 2007, 673; *BGH* FamRZ 2010, 1726.

580 *Damrau/Zimmermann* § 1906 BGB Rn. 86.

1647 Jede gezielte Behinderung des Betroffenen in seinem Wunsch, den bisherigen Aufenthaltsort zu verlassen, ist genehmigungsbedürftig. Unterbringungsähnliche Maßnahmen, die ohne betreuungsgerichtliche Genehmigung vorgenommen werden, stellen sich strafrechtlich als Freiheitsberaubung bzw. Körperverletzung dar. Die betreuungsgerichtliche Genehmigung ist somit eine Legitimation für den Eingriff in die grundgesetzlich geschützte Freiheit der Person (Art. 2 Abs. 2 GG).

aa) Einwilligungsfähigkeit und Freiwilligkeitserklärung des Betroffenen

1648 Ist der Betroffene allerdings einwilligungsfähig, ist für eine stellvertretende Entscheidung des Betreuers kein Raum. Der Betroffene kann dann selbst in die von dem Pflegeheim vorgeschlagenen freiheitsentziehenden Maßnahmen einwilligen. Die Beurteilung der Einwilligungsfähigkeit obliegt den behandelnden bzw. betreuenden Ärzten.[581] Der Betroffene muss Wert und Bedeutung des betroffenen Freiheitsrechtes sowie die Folgen und Risiken seiner Zustimmung erkennen, bei seiner Entscheidung eventuelle Alternativen einbeziehen und sein Handeln danach bestimmen können. Entscheidend ist das Vorhandensein eines intakten Denkvermögens. Die Einwilligungsfähigkeit ist jeweils im Einzelfall unter Berücksichtigung des Krankheitsbildes zu beurteilen. Dabei sind strenge Anforderungen zu stellen. Fragwürdige oder fiktive Freiwilligkeitserklärungen reichen ebenso wenig aus wie einschränkende Äußerungen, etwa in der Art, „unter Umständen" freiwillig die vorgeschlagenen freiheitsentziehenden Maßnahmen dulden. Ein natürlicher Wille und die Einsicht in die Tragweite der Maßnahme ist jedoch genügend.[582]

bb) Freiheitsbeschränkende Maßnahmen

1649 Unter anderem sind folgende freiheitsbeschränkende Maßnahmen genehmigungspflichtig:
- Fixierung der Extremitäten;
- Anbringen eines Bettgitters oder Beckengurts;[583]
- Zwangsjacken;
- Schutzdecken;[584]
- Anbringen eines Therapietisches;[585]
- komplizierte Türschließmechanismen;
- (zeitweiliges) Verschließen der Eingangstür;[586]
- Verabreichen sedierender Mittel;[587]
- Vorhandenseins eines Pförtners, der den Betreuten am Verlassen der Einrichtung hindert;[588]
- elektronische Überwachungssysteme (u.a. Armbandsender);[589]
- Wegnahme von Kleidungsstücken oder Straßenkleidern;
- Anbinden des Betreuten am Bett oder Stuhl mittels Sitz- oder Bauchgurt;[590]
- Arretieren des Rollstuhls;

---

581 BGHZ 29, 47, 51.
582 BT-Drs. 11/4528, 146.
583 *BGH* NJW-RR 2012, 1281.
584 *LG Berlin* R&P 1990, 178.
585 *LG Frankfurt* FamRZ 1993, 601; *OLG Frankfurt/Main* FamRZ 1994, 992.
586 BT-Drs. 11/4528, 148.
587 *Knittel* BtR, § 1906 BGB Rn. 32.
588 BT-Drs. 11/4528, 148.
589 Strittig, vgl. z.B. *OLG Brandenburg* FamRB 2006, 209 (Ls) = FamRZ 2006, 1481 = OLGR 2006, 577 = RdLH 2006, 178 = ZFE 2006, 192 (Ls); *LG Ulm* NJW-RR 2009, 225 = PflR 2009, 74 m. Anm. *Roßbruch*.
590 *BayObLG* FamRZ 1994, 721.

- Fesselungen;
- durch Ausübung psychischen Drucks sowie Anwendung von Verboten, List, Zwang oder Drohungen;[591]
- Verabreichen von Psychopharmaka, die den Betroffenen in einen Dämmerzustand versetzen.[592]

Das nachfolgende Schaubild erläutert die verschiedenen Mittel: **1650**

Unterbringungsähnliche Maßnahmen		
Mechanische Mittel	**Medikamentöse Mittel**	**Sonstige Mittel**
Bettgitter	Psychopharmaka	Elektronische Bewegungskontrollen
Fixierung mit Gurt	Neuroleptika	Trickschlösser
Stecktische		
Abschließen des Zimmers		
Abschließen der Station		
Hand-, Fuß-, Körperfesseln		
Fixierung mit Pflegehemd		
Verriegelung von Ausgängen		

Umstritten ist die Zulässigkeit der Ausstattung von Betroffenen mit sogenannten Personenortungsanlagen, die bei Verlassen der im Übrigen offenen Einrichtung ein Signal auslösen und damit das Eingreifen des Personals ermöglichen. Dient die Maßnahme dem Zweck, den Betroffenen am Verlassen des Heimes zu hindern, ist Genehmigungspflicht gegeben.[593] Demgegenüber besteht keine Genehmigungspflicht bei Überwachen der Ausgänge einer Einrichtung mit Fernsehkameras in der Absicht, den Betroffenen durch Bitten, Überreden oder Zureden an einem Verlassen zu hindern.[594] Hindert demgegenüber der Pförtner den Betroffenen massiv am Verlassen des Gebäudes, liegt eine unterbringungsähnliche Maßnahme vor.   **1651**

c)   **Fortbewegungswille des Betreuten**

Maßgebend für die Anwendung des § 1906 Abs. 4 BGB ist, dass durch die vorbezeichneten Maßnahmen die Freiheit entzogen, d.h. der Betreute gegen seinen natürlichen Willen am Verlassen des jeweiligen Aufenthaltsortes gehindert wird. Dies ist nur dann der Fall, wenn der Betroffenen einen aktuellen Fortbewegungswillen besitzt.[595] Die Vorschrift schützt die persönliche Bewegungsfreiheit und die potentielle Fortbewegungsmöglichkeit.   **1652**

Beispiel: Die Betreute Helga K. besitzt die Pflegestufe 3 und ist umfassend auf pflegerische Hilfe angewiesen. Infolge von Kontrakturen an den Beinen ist sie fortbewegungsunfähig. In einem solchen Fall muss das Anbringen eines Bettgitters nicht betreuungsgerichtlich genehmigt werden. Dasselbe gilt, wenn durch die Maßnahme lediglich therapeutische Ziele verfolgt werden, die aber als Nebenfolge eine Freiheitsentziehung beinhalten, z.B. das Fixie-   **1653**

591 Jürgens/*Marschner* § 1906 BGB Rn. 45.
592 *OLG Hamm* FamRZ 1998, 190; *OLG Düsseldorf* FamRZ 1995, 118.
593 *LG Ulm* FamRZ 2009, 544; *AG Stuttgart-Bad Cannstadt* FamRZ 1997, 704; *LG Bielefeld* BtPrax 1996, 232; a.A. *OLG Brandenburg* FamRZ 2006, 1481.
594 *Damrau/Zimmermann* § 1906 BGB Rn. 93.
595 *BGH* FamRZ 2012, 1372; *OLG Hamm* FamRZ 1994, 1270.

ren eines Betreuten, um diesen daran zu hindern, sich einen Wundverband abzureißen, das Fixieren von Handgelenken eines bewusstlosen Patienten auf der Intensivstation, das Eingipsen von Körperteilen nach Frakturen. Eine Einschränkung der Bewegungsfreiheit muss der finale Zweck der Einwirkung und nicht nur eine Nebenfolge sein.[596]

1654 Dienen also Maßnahmen nur der Sicherung des Betroffenen vor Verletzungen, ist § 1906 Abs. 4 BGB nicht einschlägig. Ist ein Fortbewegungswille des Betroffenen fraglich, muss sicherheitshalber dessen Vorhandensein unterstellt werden.[597]

1655 Das Verabreichen von Medikamenten ist genehmigungspflichtig, wenn sie gezielt eingesetzt werden, um den Betroffenen am Verlassen seines Aufenthaltsortes zu hindern.[598] Werden Medikamente nicht zu Heilbehandlungszwecken eingesetzt, sondern hat deren Verabreichung das Ziel, eine mechanische Fixierung zu ersetzen und damit die körperliche Bewegungsmöglichkeit des Betroffenen zu beschränken, so liegt eine unterbringungsähnliche, genehmigungspflichtige Maßnahme vor. Werden demgegenüber Sedativa lediglich zu dem Zweck verabreicht, eine bei dem Heimbewohner bestehende Schlaflosigkeit zu lindern, liegt keine Genehmigungspflicht vor.

1656 ▶ **Hinweis:** Im Rahmen der persönlichen Besuche des Betroffenen in der Einrichtung sollte sich der Betreuer die Pflegedokumentation vorlegen lassen, um die Medikamentenvergabe zu überprüfen. Insofern können auch Besuche am späten Nachmittag oder frühen Abend Aufschluss darüber geben, ob hinter dem Rücken des Betreuers zur Erleichterung der Pflegetätigkeit sedierende Präparate verabreicht werden. ◀

1657 Eine Freiheitsentziehung auf andere Weise ist gegeben, wenn dem bewegungsunfähigen Betroffenen Bewegungshilfen (Rollstuhl, Rollator, Delta-Rad, Gehwagen, Rollboy, Gehhilfen) vorenthalten werden oder wenn Kleidung oder andere Gegenstände, ohne die jemand das Heim gewohnheitsmäßig nicht verlassen kann, versteckt werden. Ebenso stellt es sich als eine Freiheitsentziehung dar, jemanden, der nicht laufen kann, nicht aus seinem Zimmer oder über die Treppen zu begleiten, um eine Teilnahme am Gemeinschaftsleben zu ermöglichen.[599]

Freiheitsbeschränkende Maßnahmen können auch unter Umständen bei fremdgefährdenden Verhalten des Betroffenen in Bedacht genommen werden. Voraussetzung ist, dass die Gefährdung Dritter zugleich eine Eigengefährdung bewirken könnte.

Beispiel: Der in einem Heim lebende Betroffene greift Mitbewohner an und demoliert Sachen und die Angegriffenen schlagen eventuell zurück. Kommt es regelmäßig zu derartigen Aggressionsdurchbrüchen bei einem Betroffenen, ist das Einschließen in seinem Zimmer genehmigungsfähig.[600]

d) Regelmäßige Anwendung

1658 Ein längerer Zeitraum ist stets anzunehmen, wenn die voraussichtliche Dauer von drei Tagen überschritten wird.[601] Teilweise wird vertreten, es gelte die Höchstgrenze des Art. 104 Abs. 2

---

596 NK/*Heitmann* § 1906 BGB Rn. 50; instruktiv *OLG Bamberg* PflR 2011, 590; VersR 2012, 1440.
597 *OLG Hamm* FamRZ 1993, 1490; FamRZ 1994, 1270, 1271.
598 *OLG Hamm* BtPrax 1997, 162, 163.
599 *Coeppicus* Sachfragen des Betreuungs- und Unterbringungsrechts, S. 171.
600 Beispiel nach *Damrau/Zimmermann* § 1906 BGB Rn. 82; *OLG Karlsruhe* NJW-RR 2009, 223.
601 *Damrau/Zimmermann* § 1906, Rn. 88.

GG, § 128 StPO (richterliche Entscheidung spätestens am Tag nach dem Beginn der freiheitsentziehenden Maßnahme).[602] Regelmäßigkeit der Freiheitsbeschränkung liegt vor, wenn sie entweder stets zur selben Zeit (z.B. Abschließen des Hauses ab einer gewissen Uhrzeit) oder aus regelmäßig wiederkehrendem Anlass (Einsperrung oder Fesselung immer, wenn der Betreute die Nachtruhe stört) erfolgt.[603] Auch ungeplante Wiederholungen lösen die Genehmigungspflicht aus.[604]

Unterbringungsähnliche Maßnahmen können nicht mit dem Hinweis, die Einrichtung habe zu wenig Personal, versagt werden. Das Betreuungsgericht hat die vorgegebene Personalsituation hinzunehmen.[605]   **1659**

e) Erforderlichkeit unterbringungsähnlicher Maßnahmen am Beispiel der Sturzgefährdung älterer Heimbewohner

Unterbringungsähnliche Maßnahmen, die ohne betreuungsgerichtliche Genehmigung vorgenommen werden, stellen sich strafrechtlich als Freiheitsberaubung bzw. Körperverletzung dar. Die betreuungsgerichtliche Genehmigung ist somit eine Legitimation für den Eingriff in die grundgesetzlich geschützte Freiheit der Person (Art. 2 Abs. 2 GG). Der Einsatz unterbringungsähnlicher Maßnahmen muss ferner erforderlich sein. Dabei sind die grundgesetzlich geschützte Fortbewegungsfreiheit des Betreuten (Art. 2 Abs. 2 GG) sowie seine Menschenwürde (Art. 1 GG) immer abzuwägen gegen das Sicherheitsgebot. Die meisten Genehmigungsanträge von Betreuern werden auf Anraten des Pflegeheims gestellt, in dem sich der Betreute aufhält und mit einer vorhandenen Sturzgefahr begründet. Hierbei ist zu bedenken, dass es leider zu einem allgemeinen Lebensrisiko im Alter zählt, zu stürzen.   **1660**

Es gibt keine exakten Zahlen zur Häufigkeit von Stürzen, nur Schätzungen. Ca. 30 % der zu Hause lebenden Personen über 65 Jahre stürzen mindestens einmal jährlich, von den über 80-Jährigen mehr als 40 %. Pflegeheimbewohner haben ein besonders hohes Sturzrisiko. Das Sturzrisiko steigt also mit wachsendem Alter und Morbidität. Kommt es in Folge eines Sturzes zu einer Hüftfraktur, ist dies oft der Anfang vom Ende, d.h. Pflegebedürftigkeit oder Tod des Betroffenen. Nach der Statistik des BfJ gab es im Jahr 1992 9.923 Anträge zur Durchführung unterbringungsähnlicher Maßnahmen. Im Jahr 2012 wurden von Betreuern bereits 85.132 Genehmigungsanträge nach § 1906 Abs. 4 BGB gestellt. Hiervon wurden 8.621 Anträge abgelehnt. Die vorstehenden Zahlen unterstreichen die Notwendigkeit, im Rahmen der Entscheidung über unterbringungsähnliche Maßnahmen Alternativen in den Blick zu nehmen, die eine Freiheitsentziehung vermeiden.   **1661**

Nach neueren internationalen wissenschaftlichen Forschungen wurde durch Fixierungen noch nie ein Sturz verhindert.[606] Im Gegenteil: Durch nicht sachgemäß angebrachte Fixierungen kommt es laut einer Studie des Instituts für Rechtsmedizin München infolge von Strangulierung, Brustkorbkompression und Kopftieflage, zu in den meisten Fällen polizeilich und strafrechtlich nicht aufgeklärten Todesfällen.[607]   **1662**

---

602 Jürgens/*Marschner* § 1906 BGB Rn. 48.
603 BT-Drs. 11/4528, 149.
604 2. VGT, S. 76, These 4.
605 *OLG Hamm* FamRZ 1993, 1419.
606 S. www.redufix.de; *Icks/Becker/Kunstmann* Sturzprävention bei Senioren, eine interdisziplinäre Aufgabe, DÄBl. 2005, A 2150 ff.
607 *Moritz* Staatliche Schutzpflichten gegenüber pflegebedürftigen Menschen, S. 131; *Berzlanovich/Schöpfer/Keil* Strangulation im Sitzgurt – Tödlicher Unfall trotz sach- und fachgerechter Fixierung, Rechtsmedizin 2007, 7; *diess.* Todesfälle bei Gurtfixierungen, DÄBl. 2012, 109; (3) 27 ff.

1663 Es ist von daher ein Aberglaube, die größte Sicherheit für betreute, sturzgefährdete Person bestünde in einer 24-stündigen Rund-um-die-Uhr Fixierung. Im Gegenteil: Bei bettlägerigen Patienten verursacht die Anwendung freiheitsentziehender Maßnahmen sogar ein erhöhtes Sturzrisiko![608]

1664 Das in Altenpflegeeinrichtungen in Baden-Württemberg, Bayern und Sachsen durchgeführte Modellvorhaben **Redufix** zeigt zudem wirksame Alternativen zu freiheitsbeschränkenden Maßnahmen auf.[609] Vor diesem Hintergrund muss der Einsatz freiheitsbeschränkender Maßnahmen stets erforderlich sein, um den grundgesetzlichen Vorgaben zu genügen. Es gilt der Grundsatz der Verhältnismäßigkeit von Erfolg und angewandten Mitteln bei Anwendung des geringstmöglichen Eingriffs. Bei Zweifeln ist der grundgesetzlich geschützten Freiheit der Vorzug zu geben („in dubio pro libertate")[610]. Die unterbringungsähnliche Maßnahme muss als Erfolg zur Abwehr einer gewichtigen Eigenschädigung des Betroffenen unumgänglich sein. Die Zahlen der Jahre 2013 und 2014 zeigen, dass Alternativen möglich sind. 2013 betrug die Zahl der Genehmigungen noch 75.727 (Rückgang um 11 % gegenüber 2012) und 2014 nur noch 60.438 (Rückgang um weitere 20 % gegenüber 2013).

1665 Andere Hilfen, die ausreichen, den mit der unterbringungsähnlichen Maßnahme erwünschten Erfolg herbeizuführen, sind ohne Rücksicht auf wirtschaftliche Erwägungen einzusetzen. Insoweit sind im Rahmen der Hilfe zur Pflege nach §§ 61 ff. SGB XII von dem Sozialhilfeträger zwecks Vermeidung von Fixierungen Nachtwachen als sozialhilferechtlicher Bedarf zu bewilligen.[611] Die Vorschriften der Eingliederungshilfe, §§ 53 ff. SGB XII, sind nach der Judikatur des Bundesverwaltungsgerichts ohne Altersgrenzen auch auf ältere Menschen anzuwenden.[612] Die gesetzlichen Vorgaben der Eingliederungshilfe verweisen wiederum auf Kap. 7 des SGB IX, dort § 55 Abs. 2 Nr. 7, die die Leistungsträger verpflichten, Hilfen zur Teilhabe am gemeinschaftlichen und kulturellen Leben zu gewähren.

1666 **Beispiel:**   Der Betreuer hatte für eine 82-jährige Heimbewohnerin eine gerichtliche Genehmigung nach § 1906 Abs. 4 BGB zur Anbringung eines Bettgitters erhalten. Der Betreuer beantragte daraufhin bei dem zuständigen Sozialhilfeträger Gewährung zur Hilfe zur Pflege nach § 61 SGB XII. Beantragt wurde eine Nachtwache/Sitzwache für die Zeit von 19:00 Uhr abends bis um 7:00 Uhr morgens, um die Anwendung freiheitsentziehender Maßnahmen zu vermeiden. Im Rahmen einer einstweiligen Anordnung wurde der Sozialhilfeträger hierzu verpflichtet. Das Bundessozialgericht bestätigte letztinstanzlich die untergerichtlichen Entscheidungen.

1667 Insbesondere der Erforderlichkeitsgrundsatz gebietet es, bei unterbringungsähnlichen Maßnahmen solche Sicherungsmaßnahmen zu unterlassen, die in der Form überhaupt nicht oder nur in weniger belastender Form eingesetzt werden können.[613]

---

608 S. www.dnqp.de; Expertenstandard Sturzprophylaxe in der Pflege, 1. Akt 2013, S. 44 verweist auf entsprechende Studienergebnisse.
609 S. www.redufix.de.
610 *BVerfG* NJW 1998, 1774.
611 Vgl. *LSG Baden-Württemberg* Beschl. v. 19.3.2012, L SO 72 ER – B; *BSG* Urt. v. 22.3.2012, B SO 1/11 R.
612 *BVerwG* FamRZ 2006, 946 = NVwZ-RR 2006, 406 Rn. 13; dem folgend *LSG BWB* Beschl. v. 19.3.2012, L SO 72/12 ER B Rn. 12; JurionRS 2012, 13935.
613 *Dodegge/Roth* G Rn. 31, 63.

Die vorstehenden Grundsätze sind mittlerweile in der haftungsrechtlichen Rechtsprechung **1668** angekommen; mit Hinblick auf die obengenannten wissenschaftlichen Erkenntnisse wird ebenso der Vorrang von Alternativen zu freiheitsentziehenden Maßnahmen betont. Das OLG Koblenz[614] stellte hierzu in einer Grundlagenentscheidung fest:

Die Entscheidung über eine Fixierung steht dem Betreuer zu. Die Entscheidung über die Erforderlichkeit einer Fixierung verlangt dabei die sorgfältige Abwägung sämtlicher Umstände des jeweiligen Einzelfalls und hat die Freiheitsrechte eines alten und kranken Menschen ebenso zu berücksichtigen wie seinen Anspruch auf Schutz des Lebens und seiner körperlichen Unversehrtheit. Pflegeheime haben dabei grundsätzlich die Entscheidung eines gesetzlichen Betreuers zu respektieren. Welchen konkreten Inhalt die Verpflichtung hat, einerseits die Menschenwürde und das Freiheitsrecht eines alten und kranken Menschen zu achten und andererseits sein Leben und seine körperliche Unversehrtheit zu schützen, kann nicht generell, sondern nur aufgrund einer sorgfältigen Abwägung sämtlicher Umstände des jeweiligen Einzelfalls entschieden werden. Der Senat weiß aus eigener Anschauung, dass dies die Leitung und das Pflegepersonal eines Altenheims, aber auch Betreuer und Familienangehörige vor schwierige Entscheidungen stellen kann, bei denen häufig ein erheblicher Beurteilungsspielraum verbleibt. Wird in einer derartigen Situation eine Entscheidung im Rahmen des Vertretbaren getroffen, kann sie nicht im Nachhinein mit dem Stempel der Pflichtwidrigkeit versehen werden, wenn es zu einem Unfall kommt, den jeder Heimträger und sein Pflegepersonal, erst recht jedoch Betreuer und Familienangehörige vermeiden möchten, weil jeder Unfall – wie im vorliegenden Fall – die bestehenden Probleme weiter verschärft.

▶ **Merke:** Unter Beachtung der Menschenwürde und des Freiheitsrechtes eines Heimbewoh- **1669** ners muss dem „Recht auf Selbstgefährdung" der Vorrang gegeben werden.[615] ◀

Die Entscheidung des OLG Koblenz betraf einen geradezu typischen Sachverhalt, der im Fol- **1670** genden kurz geschildert wird:

Beispiel: Zu Gunsten einer 88 Jahre alten Betroffenen war eine Betreuerin bestellt wor- **1671** den. Diese hatte eine Empfehlung des Heimes, die Betroffene in ihrem Rollstuhl zu fixieren, abgelehnt.

Das OLG Koblenz führt hierzu aus: **1672**

Nach Auffassung des Senats hat die Leitung eines Altenheims diese Entscheidung eines Betreuers zu respektieren, wenn sie nach den Erkenntnismöglichkeiten der Heimleitung und des Pflegepersonals vertretbar ist. Hier war die Entschließung der Betreuerin nicht nur vertretbar, sondern sogar naheliegend. Nach dem Ergebnis der Beweisaufnahme erster Instanz steht fest, dass Frau T. die Angewohnheit hatte, sich aus ihrem Rollstuhl zu erheben, an dem davorstehenden Tisch festzuhalten, einige Zeit stehend zu verharren, um sich dann aus eigenem Antrieb oder vom Pflegepersonal aufgefordert und unterstützt wieder hinzusetzen. Diese seit Beginn des Heimaufenthaltes im Oktober 1997 zu beobachtende Angewohnheit der Patientin musste bei der Betreuerin und beim Pflegepersonal der Bekl. nicht die Besorgnis wecken, dass Frau T. eines Tages – ganz gegen ihre bisherige Gewohnheit – versuchen würde, sich aus eigener Kraft gehend vom Tisch zu entfernen. Die eingehende und sorgfältige Beweisaufnahme des LG vermittelt überzeugend, dass es für die geistig verwirrte Patientin ein starkes Bedürfnis war, wiederholt aus dem Rollstuhl aufzustehen und sodann eine Weile stehend zu verharren. Es liegt nahe, eine derartige Aktivität als ein Reststück „Lebensqualität" des altersverwirrten Menschen anzusehen. Sein Frei-

---

614 *OLG Koblenz* FamRZ 2002, 1359.
615 *LG Berlin* RpflR 2004, 312 ff.

heitsrecht ist insoweit zu respektieren (Art. 2 I GG). Vor diesem Hintergrund hält der Senat die Entscheidung der Betreuerin, von einem Antrag auf vormundschaftsgerichtliche Genehmigung der Fixierung im Rollstuhl abzusehen, für naheliegend und nachvollziehbar.

1673 Bei der vorerwähnten Entscheidung des OLG Koblenz handelt es sich um eine Vorgängerentscheidung und Wegbereiter zu den beiden „Sturzentscheidungen" des BGH im Jahre 2005.[616]

1674 Das OLG Koblenz vertiefte seine Rechtsprechung zur Haftung des Trägers eines Pflegeheims und der Reichweite und Grenzen der Obhutspflicht im Hinblick auf die Beachtung der Menschenwürde in einer viel beachteten jüngeren Entscheidung.[617] Dort heißt es in dem dem Beschluss vorangestellten Leitsatz:

Bei einem Heimvertrag werden Obhutspflichten und inhaltsgleiche allgemeine Verkehrssicherungspflichten zum Schutz der körperlichen Unversehrtheit der Bewohner begründet, die sie vor Schädigungen wegen Krankheit oder einer sonstigen körperlichen oder geistigen Einschränkung durch sie selbst und durch die Einrichtung und bauliche Gestaltung des Altenheims schützen sollen. Diese Pflicht ist allerdings beschränkt auf das Erforderliche und das für die Heimbewohner und das Pflegepersonal Zumutbare. Dabei ist insbesondere auch zu beachten, dass beim Wohnen in einem Heim die Würde sowie die Interessen und Bedürfnisse der Bewohner vor Beeinträchtigungen zu schützen und die Selbständigkeit, die Selbstbestimmung und die Selbstverantwortung der Bewohner zu wahren und zu fördern sind.

1675 Die vorerwähnten Entscheidungen verdeutlichen in beeindruckender Form den beträchtlichen Beurteilungsspielraum, den die Rechtsprechung dem Betreuer/Bevollmächtigten bei der Entscheidung über den Einsatz unterbringungsähnlicher Maßnahmen zubilligt. Das Betreuungsgericht wiederum genehmigt die Anwendung unterbringungsähnlicher Maßnahmen nur, sofern deren Einsatz alternativlos zum Wohl des Betreuten und zur Abwendung einer Gefahr erforderlich ist.

1676 Unstreitig trifft sowohl das Pflegeheim als auch den Betreuer/Bevollmächtigten eine Garantenpflicht für das Leben und die körperliche Gesundheit der anvertrauten Person. Die Garantenpflicht des Pflegeheimes resultiert aus dem Heimvertrag/Wohn- und Betreuungsvertrag, diejenige des Betreuers aus dem Aufgabenkreis der Gesundheitssorge. Das Betreuungsgericht übt demgegenüber lediglich eine Wächterfunktion aus und legitimiert durch die betreuungsgerichtliche Genehmigung die Einwilligung des Betreuers in die freiheitsentziehenden Maßnahmen. Die Pflichten des Arztes ergeben sich aus dem Behandlungsvertrag mit dem Betroffenen, § 630a BGB und ergänzend aus den in §§ 72, 34 SGB V (Behandlungsmonopol und Verordnungshoheit der Ärzte) niedergelegten gesetzlichen Pflichten. Die Pflichtenkreise der einzelnen Akteure, die bei einer Fixierungsentscheidung beteiligt sind, sollen anhand des nachstehenden Schaubildes verdeutlicht und im Anschluss erläutert werden.

---

616 *BGH* Urt. v. 28.4.2005, III ZR 399/04, NJW 2005, 1937; Urt. v. 14.7.2005, III ZR 391/04.
617 *OLG Koblenz* v. 17.6.2013, 3 U 240/13; www.justiz.rlp.de.

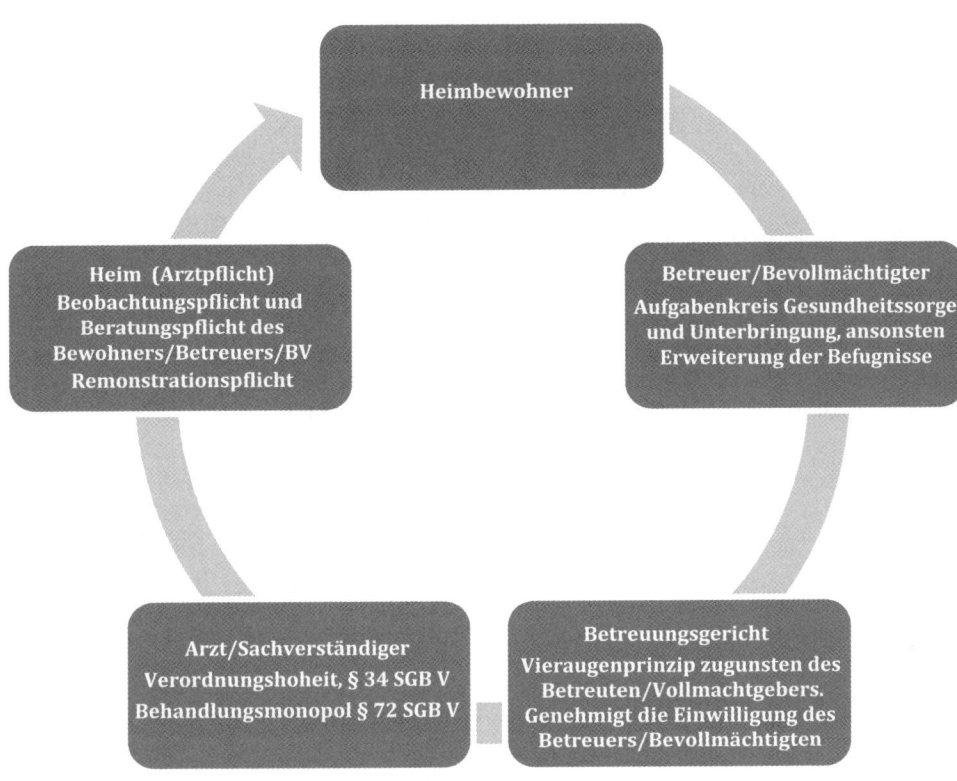

Abb. 3: Pflichten der einzelnen Beteiligten bei einer Entscheidung über freiheitsentziehende Maßnahmen

aa) Pflichten des Betreuers

Im Rahmen der Sturzprophylaxe sind von dem Betreuer folgende Maßnahmen zu Gunsten des Betreuten veranlasst: **1677**

Unabhängig davon, ob der Betreute zuhause oder in einer Einrichtung lebt, ist für festes Schuhwerk und ausreichende Sehkraft zu sorgen. Der Betreute ist mit einer adäquaten Sehhilfe auszustatten.[618] Weiterhin sollte der Betreuer zu Gunsten des Betroffenen idealerweise eine Untersuchung durch einen gerontopsychiatrisch erfahrenen Arzt organisieren.[619] Dies setzt selbstverständlich das Vorhandensein eines Facharztes mit einer entsprechenden Schwerpunktausbildung voraus. Im Rahmen der medizinischen universitären und praktischen Ausbildung nimmt das Gebiet der Geriatrie allerdings immer noch ein Mauerblümchendasein ein. Gemeinsam mit einem Arzt bzw. speziellen Beratungsstellen[620] ist das individuelle Sturzrisiko des Betreuten zu ermitteln und zu überlegen, inwieweit es verringert werden kann. Eine sinnvolle Therapie kann oft erst dann entwickelt werden, wenn feststeht, unter welchen Krankhei-

---

618 *Ministerium für Soziales, Arbeit, Gesundheit und Demografie Rheinland-Pfalz* Bettgitter – Bettgurte – Beruhigungsmittel, Freiheitsentziehende Maßnahmen in der Pflege, Es geht auch anders!, 2013, S. 13 (http://lsjv.rlp.de/soziales/beratungs-und-pruefbehoerde-nach-dem-lwtg/#c15816).

619 *Ministerium für Soziales, Arbeit, Gesundheit und Demografie Rheinland-Pfalz*, S. 10.

620 Krankenkassen/Pflegekassen sind nach § 14 SGB I verpflichtet, Versicherte bzw. deren Bevollmächtigte/Betreuer in Gesundheitsangelegenheiten zu beraten.

ten die betroffene Person leidet. So ist z.B. eine bestehende Osteoporose unbedingt medizinisch abzuklären. Durch Kraft- und Balancetraining, besseres Sehen, Medikamente[621], die nicht zur Benommenheit führen, kann im Vorfeld sturzvermeidend gewirkt werden.

1678 Ein weiteres Hilfsmittel ist der so genannte Hüftprotektor.[622] Hierbei handelt es sich um eine Miederhose mit Schalen, die die Hüftknochen polstern. Der Hüftprotektor vermeidet zwar keinen Sturz, kann aber den Bruch des Oberschenkelhalsknochens relativ sicher verhindern. Die Rechtsprechung des BSG stellt den Hüftprotektor in die Eigenvorsorge des Versicherten.[623] Damit kann dieses Hilfsmittel von Ärzten nicht zulasten der gesetzlichen Krankenkassen verordnet werden.

1679 Freiheitsentziehende Maßnahmen sind – wie bereits erwähnt – wegen des damit verbundenen Eingriffs in das Grundrecht auf Fortbewegungsfreiheit, Art. 2 Abs. 2 GG, das letzte Mittel der Wahl. Gerade bei Menschen mit fortgeschrittener Demenz und anderen Krankheitsbildern ist die Fortbewegung die einzige Möglichkeit, sich lebendig zu fühlen.

1680 Zuvor sind also durch den Betreuer sämtliche gebotenen und zur Verfügung stehenden Alternativen auszuschöpfen. Insoweit ist auf die Ablaufhilfe für freiheitsentziehende Maßnahmen in Einrichtungen der LAG Betreuungsvereine Sachsen-Anhalt zu verweisen.[624]

1681 Wie oben unter dem Punkt Erforderlichkeit ausgeführt, gibt es in der Regel Alternativen zu unterbringungsähnlichen Maßnahmen. Die Sozialhilfeträger sind unter dem Gesichtspunkt der Wahrung der Menschenwürde verpflichtet, Maßnahmen zu finanzieren, die zur Abwendung freiheitsentziehender Maßnahmen geeignet sind.

Detektieren Betreuer also menschenunwürdige Zustände in einem Pflegeheim, so ist es ihre Aufgabe, einen Wechsel der Pflegeeinrichtung vorzunehmen. Das AG Frankfurt[625] formulierte in einer richtungsweisenden Entscheidung das Nachstehende:

Es ist im Ergebnis also Aufgabe des Betreuers im Rahmen seines Aufgabenkreises dafür zu sorgen, dass die Pflegeeinrichtung der betreuten Person die entsprechenden alternativen Hilfsmittel zur Verfügung stellt. Ist die Pflegeeinrichtung hierzu nicht bereit und möchte der Betreuer die sozialrechtliche Durchsetzung der Ansprüche des Betreuten vermeiden, so ist ein anderes Pflegeheim für die betroffene Person zu suchen. Im Einzelfall sind für zusätzliche Hilfsmittel zur Vermeidung von schweren Folgen eines Sturzes zum Wohl der betreuten Person auch deren eigene finanzielle Mittel zu verwenden bevor in das Grundrecht der Freiheit des Pflegebedürftigen eingegriffen wird.[626]

1682 Gibt es wider Erwarten keine alternativen Möglichkeiten, eine Sturzgefährdung des Betroffenen zu vermeiden, so sollte der Antrag des Betreuers auf Genehmigung unterbringungsähnlicher Maßnahmen folgende Angaben gegenüber dem Betreuungsgericht enthalten:

1683 ┌─ **Checkliste: Antrag auf unterbringungsähnliche Maßnahmen** ─────────

- Angaben des Pflegepersonals/der Heimleitung
- eigene Beobachtungen beim Besuch des Betreuten (Weglauftendenz, Sturzgefahr)
- Einwilligungsunfähigkeit des Betreuten
- Rücksprache mit behandelndem Arzt
- Beifügung des ärztlichen Zeugnisses zum Unterbringungsantrag

└──

---

621 Siehe Priscus Liste, potenziell inadäquate Medikation für ältere Menschen www.aok-gesundheitspartner.de.
622 *Ministerium für Soziales, Arbeit, Gesundheit und Demografie Rheinland-Pfalz* S. 14.
623 *BSG* 22.4.2009, B 3 KR 11/07 R, NZS 2010, 143.
624 S. http://www.lag-betreuungsvereine.de/lag_index.html.
625 *AG Frankfurt* BtPrax 2013, 76.
626 *AG Marburg* BtPrax 1994, 106.

bb) Pflichten des Bevollmächtigten

Bevollmächtigte sind im Bereich der Unterbringung und der unterbringungsähnlichen Maß-   **1684**
nahmen grundsätzlich den gleichen gesetzlichen Vorgaben unterstellt wie ein vom Betreuungsgericht eingesetzter Betreuer mit den Aufgabenkreisen der Gesundheitssorge und Aufenthaltsbestimmung[627], soweit sich vorrangig keine anderweitigen Verpflichtungen aus der Vollmacht und dem zugrunde liegenden Auftrag ergeben.[628] Vom Grundsatz her reicht eine Vollmacht, die in allen persönlichen Angelegenheiten erteilt wird und die Aufenthalts- und Unter-
bringungsangelegenheiten umfasst, für die Einwilligung des Bevollmächtigten in Unterbringung ähnliche Maßnahmen.[629] Nach der Rechtsprechung des BVerfG und des BGH[630] ist es
nicht möglich, in der Vollmacht auf zukünftige gerichtliche Genehmigung unterbringungsähnlicher Maßnahmen und ein entsprechendes Verfahren vor dem Gericht zu verzichten.
Durch das gerichtliche Verfahren soll gerade sichergestellt werden, dass der Bevollmächtigte
des Betroffenen die Vollmacht in dessen Sinne ausübt. Das staatlich angeordnete Genehmigungserfordernis entspricht der Wahrnehmung staatlicher Schutzpflichten, um Grundrechts-
träger vor den Eingriffen Dritter zu bewahren, auch und gerade wenn Erstere hierzu selbst
nicht mehr in der Lage sind. Zudem ist das subjektive Bedrohlichkeitsempfinden des Betroffenen in der konkreten Situation der Freiheitsbeschränkung unterschiedslos, unabhängig davon,
ob diese Maßnahme durch einen staatlich bestellten Betreuer oder den Vorsorgebevollmächtigten veranlasst wird.

Im Rahmen der Sturzprophylaxe sind deshalb von dem Bevollmächtigten die gleichen vorerwähnten Maßnahmen zu Gunsten des Vollmachtgebers veranlasst:

Bei vorhandener Einwilligungsunfähigkeit des Vollmachtgebers ist weitere Voraussetzung die   **1685**
in der Vorsorgevollmacht niedergelegte dezidierte Befugnis des Bevollmächtigten zur Entscheidung über freiheitsentziehende Maßnahmen in einem Heim oder in einer sonstigen Einrichtung. Ist der Bevollmächtigte beispielsweise nur vollmachtlich zur Regelung von Vermögensangelegenheiten legitimiert, hat er bei dem zuständigen Betreuungsgericht eine Betreuung mit
den Aufgabenkreisen Gesundheitssorge und Aufenthaltsbestimmungsrecht anzuregen.

Das Betreuungsgericht genehmigt – ebenso wie beim Betreuer – „nur" die Entscheidung des   **1686**
Bevollmächtigten. Bezüglich des anzulegenden Maßstabs machte der BGH Vorgaben.[631] Es ist
gerichtseitig zu prüfen, ob

- die Vorsorgevollmacht rechtswirksam erteilt wurde;
- die Vollmacht die Einwilligung in freiheitsentziehende Maßnahmen umfasst;
- die Vollmacht nicht zwischenzeitlich widerrufen wurde und
- die Vollmacht dadurch in Kraft gesetzt wurde, dass eine Gefährdungslage gem. § 1906 Abs. 1
  BGB gegeben ist.

Gleichwohl trifft der Bevollmächtigte eigenständig die Entscheidung über die Anwendung freiheitsentziehender Maßnahmen. Dies ergibt sich aus dem Grundsatz der selbstständigen Führung der Vollmachtsgeschäfte durch den Bevollmächtigten, der nur im Falle einer Vollmachts-
überwachungsbetreuung (Kontrollbetreuung) einer gerichtlichen Aufsicht unterliegt, § 1896
Abs. 3 BGB.

---

627 §§ 1901a Abs. 5, 1901b Abs. 3, 1904 Abs. 5, 1906 Abs. 5 BGB.
628 Jurgeleit/*Kieß* § 1901b BGB Rn. 13.
629 *BGH* FamRZ 2012, 969.
630 *BGH* FamRZ 2012, 1372; *BVerfG* FamRZ 2015, 1365.
631 *BGH* FamRZ 2012, 1372.

1687 Wurden seitens der bevollmächtigenden Person keine Weisungen erteilt wegen des unausgesprochenen Vertrauens, auf dem die Vollmachtserteilung beruht, ist seitens des Bevollmächtigten kein dem Wohl des Vertretenen widersprechendes Handeln zu praktizieren. Ein Verhalten des Bevollmächtigten ist dann pflichtwidrig, wenn ein entsprechendes Handeln eines Betreuers in derselben Angelegenheit ebenfalls als pflichtwidrig anzusehen wäre; insoweit ist auf den gesetzlichen Maßstab des § 1901 Abs. 2 S. 1 BGB zurückzugreifen.[632] Ferner kann der Betroffene nicht vorgreiflich in der Vorsorgevollmacht/Patientenverfügung auf eine gerichtliche Überprüfung einer vom Bevollmächtigten erteilten Einwilligung in eine freiheitsentziehende Maßnahme verzichten.[633]

1688 ┌─ **Muster: Antrag des Bevollmächtigten beim Betreuungsgericht auf Genehmigung unterbringungsähnlicher Maßnahmen** ──────────────

Amtsgericht (…)
Betreuungsgericht

Sehr geehrte Damen und Herren,

ausweislich der anliegenden Vorsorgevollmacht in Kopie zeige ich an, dass Herr Max K., wohnhaft in (…), geb. am (…), mich am (…) vor dem Notar Hilmar Pf., geschäftsansässig in (…), zur Urkundenrollen-Nummer: (…) bevollmächtigt hat, im Falle seiner geistigen Gebrechlichkeit seine Angelegenheiten in jedweder Form zu besorgen.

Hierdurch beantrage ich:

Die Bevollmächtigte wird betreuungsgerichtlich ermächtigt, der Fixierung des Herrn K. mit einem Bauchgurt tagsüber in einem Rollstuhl zuzustimmen.

Die mir erteilte Vollmacht beinhaltet ausdrücklich die Kompetenz, für meinen Vollmachtgeber zu seinem Schutz in unterbringungsähnliche Maßnahmen nach § 1906 Abs. 4 BGB nach erteilter betreuungsgerichtlicher Genehmigung einzuwilligen.

Herr K. leidet an einer Alzheimer-Demenz und hält sich in dem U.-Pflegeheim in (…), Station (…), auf. Nach mehreren Schlaganfällen ist Herr K. auf einen Rollstuhl angewiesen. Um ein Herausfallen von Herrn K. aus seinem Rollstuhl zu vereiteln, ist es vonnöten, ihn mit einem Bauchgurt tagsüber zu fixieren.

Ein ärztliches Attest über die Erforderlichkeit der beantragten Maßnahme füge ich in der Anlage zu Ihrer Unterrichtung an/reiche ich nach.

Mit freundlichen Grüßen
(Bevollmächtigte)

└────────────────────────────────────

cc) Pflichten des Arztes

1689 Vor dem Stellen eines Antrages auf unterbringungsähnliche Maßnahmen ist von dem Betreuer – wie oben ausgeführt – idealerweise ein in der Gerontopsychiatrie erfahrener Arzt zu konsultieren. Dieser ist nach dem Behandlungsvertrag, §§ 611, 630a BGB verpflichtet, eine Anamnese zu erheben, den Betroffenen zu untersuchen, eine Diagnose zu stellen und eine Indikation zu prüfen, § 1901b Abs. 1 S. 1 BGB. Der Arzt hat vor diesem vertraglichen Hintergrund das individuelle Sturzrisiko des Betreuten zu ermitteln. Es ist ärztlicherseits ein Vorgehen nach der sog. DEGAM-Leitlinie angezeigt (http://www.degam.de/leitlinien/sturz_web.pdf[634]).

---

632 *Deinert/Lütgens/Meier* Rn. 1587; *BGH* FamRZ 2014, 937 ff.
633 *BGH* NJW-RR 2012, 1281.
634 S. http://www.degam.de/files/Inhalte/Leitlinien-Inhalte/Dokumente/DEGAM-S3-Leitlinien/LL-4_Kurzversion_Sturz001.pdf.

Ziel der DEGAM-Leitlinie ist es, den in der hausärztlichen Versorgung tätigen Ärzten Entscheidungshilfen für folgende Problemstellungen zu geben:

1. Patienten mit erkennbaren Risikofaktoren für Stürze zu identifizieren, um durch gezielte Intervention Stürze zu vermeiden bzw. ihre Folgen zu mindern;
2. Patienten, die bereits gestürzt sind, vor weiteren Stürzen und den Folgen weiterer Stürze zu bewahren.

1690

Die DEGAM-Leitlinie beschreibt präzise das ärztliche Vorgehen bei sturzgefährdeten Patienten. Die Anamneseerhebung, Diagnostik sowie die therapeutischen Interventionen zur Sturzprävention sind dort im Einzelnen detailliert niedergelegt. Hieran ist das ärztliche Verhalten zu messen. Leitlinien der medizinischen Fachgesellschaften haben zwar keine Bindungswirkung, sind aber Wegweiser für den medizinischen Standard, von dem abzuweichen besonderer Rechtfertigung bedarf.[635]

1691

Ferner sind die Medikamente, die der Patient regelmäßig nimmt, zu überprüfen. Es sind insbesondere solche Medikamente abzusetzen, die nach der sogenannten „Beers-Liste"[636] generell ungeeignet sind für alte Menschen. Hierzu zählen kurz- und mittellang wirksame *Benzodiazepine*, Amphetamine u.a. Präparate, die die Aufmerksamkeit dämpfen und zur Benommenheit führen. Insbesondere Sedidativa führen oft zu einem „Hangover". Abends, vor dem Schlafengehen eingenommen, bewirken sie morgens nach dem Aufstehen eine starke Benommenheit, die sturzgefahrsteigernd wirkt.

1692

f) Obhutspflichten des Heims

Zwischen dem Pflegeheim und dem Bewohner wird ein Wohn- und Betreuungsvertrag/Heimvertrag/Pflegevertrag geschlossen, der dem Pflegeheim Obhutspflichten zum Schutz des Heimbewohners auferlegt. Insoweit ist das Heim ebenso wie der Bevollmächtigte/Betreuer ein sogenannter Beschützergarant.[637] Der State of the Art in den Heimen wird durch den Expertenstandard zur Sturzprophylaxe, Stand 2013, und das Qualitätsniveau Mobilität und Sicherheit bei Menschen mit demenziellen Einschränkungen in stationären Einrichtungen vorgegeben.[638] Letzteres wurde im Rahmen des Modellvorhabens „Qualitätsentwicklung in der Pflege und Betreuung" der Bundeskonferenz zur Qualitätssicherung im Gesundheits- und Pflegewesen e.V. (BUKO-QS) von einem wissenschaftlichen Team erarbeitet. Heim und Pflegepersonal sind gegenüber dem Bewohner verpflichtet, die pflegewissenschaftlichen Standards einzuhalten und bei der Berufsausübung zu beachten.

1693

In diesem Zusammenhang ist darauf hinzuweisen, dass die Bundesländer in ihren Nachfolgebestimmungen zum früheren bundeseinheitlichen Heimgesetz die Fürsorge- und Schutzpflichten der Wohn- und Betreuungseinrichtungen zum Teil in detaillierter Form beschrieben haben (vgl. Fn 639).

1694

---

635 *Martis/Winkhart* Arzthaftungsrecht, 4. Aufl. 2014, B Rn. 4522.
636 S. http://www.bcp.fu-berlin.de/pharmazie/klinische_pharmazie/arbeitsgruppe_kloft/materialien/Beers-Liste.pdf?1342448067.
637 *Hoffmann* Strafrechtliche Verantwortung für das Unterlassen des Schutzes einwilligungs(un-)fähiger Erwachsener, BtPrax 2010, 151 ff.
638 Steht als Download zur Verfügung, z.B. unter http://www.dnqp.de/38090.html.

Als Beispiel für die generellen Rechte der Bewohner und die korrespondierenden Pflichten der Einrichtungsbetreiber sei exemplarisch die Regelung aus dem Wohn- und Teilhabegesetz Nordrhein-Westfalen vom 2. Oktober 2014 (WTG) zitiert:

§ 1

Zweck des Gesetzes

...

(4) Die Menschen, die Angebote nach diesem Gesetz nutzen, sollen insbesondere

1. *ein möglichst selbstbestimmtes Leben führen können,*
2. *in der Wahrnehmung ihrer Selbstverantwortung unterstützt werden,*
3. *vor Gefahren für Leib und Seele geschützt werden,*
4. *in ihrer Privat- und Intimsphäre geschützt sowie in ihrer sexuellen Orientierung und geschlechtlichen Identität geachtet werden,*
5. *eine am persönlichen Bedarf ausgerichtete, gesundheitsfördernde und qualifizierte Betreuung erhalten,*
6. *umfassend über Möglichkeiten und Angebote der Beratung, der Hilfe, der Pflege und der Behandlung informiert werden,*
7. *Wertschätzung erfahren, sich mit anderen Menschen austauschen und am gesellschaftlichen Leben teilhaben,*
8. *ihrer Kultur und Weltanschauung entsprechend leben und ihre Religion ausüben können und*
9. *in jeder Lebensphase in ihrer unverletzlichen Würde geachtet und am Ende ihres Lebens auch im Sterben respektvoll begleitet werden.*

1695 Ausweislich der gesetzlichen Anforderungen ist es eine Pflicht des Heimes, eine an der Menschenwürde (Art. 1 GG) orientierte aktivierenden Pflege zu betreiben. Diesen Anspruch gilt es betreuerseits auch bei jedem Heimbewohner einzufordern. Heimbewohner sind vielfach menschenunwürdigen Pflegebedingungen und Wohnbedingungen ausgesetzt. Die durch das Bundesministerium für Familie, Senioren, Frauen und Jugend in Auftrag gegebene Studie untersuchte Beschwerden von Betroffenen sowie Angehörigen und Pflegekräften bei Einrichtungen der „Vereinigung Integrations-Förderung i.V. (VIF) – gemeinnützige offene Hilfe für Behinderte in der Gesellschaft" und der Beratung- und Beschwerdestelle „Pflege in Not".[639] Die häufigsten Beschwerdeinhalte bezogen sich

- auf eine mangelhafte Ernährung und Flüssigkeitsversorgung der Bewohner;
- nicht häufig genug stattgehabtes Wechseln von Windeln;
- falsche Medikation;
- unzulässige Anwendung freiheitsentziehender Maßnahmen;
- Immobilisierung der Bewohner;
- mangelnde aktivierende Pflege der Bewohner und Einsatz nicht indizierter, pflegeerleichternder Maßnahmen;
- Fehlen einer angemessenen Vorbeugung gegen Druckgeschwüre (Dekubitus);
- unzureichende Maßnahmen zur Vorbeugung gegen Kontrakturen.

---

639 S. BM für Familie, Senioren, Frauen und Jugend: Projekte und Forschungsvorhaben in der Pflege. www.bmfsfj.de/BMFSFJ/aeltere-menschen,did=128940.html.

Susanne Moritz kommt in ihrer Doktorarbeit zu folgendem Resümee:[641]   **1696**

Aufgrund von Personalmangel wird in den stationären Pflegeeinrichtungen aktivierende überwiegend durch kompensatorische Pflege ersetzt. Dies hat eine weitere Zunahme der Pflegebedürftigkeit der Heimbewohner zur Folge. Davon profitieren die Einrichtungsträger, da höhere Pflegestufen bzw. Pflegeklassen entsprechend ansteigende Pflegesätze nach sich ziehen. Die Einrichtungen haben daher kein Interesse an einer Verbesserung des gesundheitlichen Zustands ihrer Bewohner und fragen Rehabilitationsleistungen für die pflegebedürftigen dementsprechend nicht nach.

Aufgrund der anhaltenden Diskussion in der Gesellschaft über Mängel in der stationären Versorgung von Pflegebedürftigen hat der VdK kürzlich fünf Verfassungsbeschwerden eingereicht mit dem Ziel, zu Gunsten der Pflegebedürftigen eine Entscheidung des BVerfG herbeizuführen, die die staatlichen Schutzpflichten zu Gunsten dieses Personenkreises präzisiert und auskonturiert.[642]   **1697**

In diesem Sinne ist jeder Betreuer aufgefordert, zu überprüfen, inwieweit die gesetzlichen Anforderungen der heimrechtlichen Schutzregelungen im Rahmen der Unterbringung der betroffenen Person umgesetzt sind. Drängt sich seitens des Betreuers der Verdacht einer unzureichenden Pflege und Betreuung des Betroffenen auf, sollte nach alternativen Unterbringungsmöglichkeiten gesucht werden.   **1698**

Im Mittelpunkt der Pflege steht das Wohl des Betroffenen, seine Lebensqualität, sein Anspruch auf Integrität und adäquate Behandlung, Betreuung und Pflege. In diesem Sinne ist bei jedem Bewohner zum Zeitpunkt der Heimaufnahme das Sturzrisiko klinisch einzuschätzen. Es sind Sturzrisikofaktoren zu ermitteln und stattgehabte Stürze zu analysieren. Von daher wird sich das Pflegeheim bei Aufnahme eines neuen Bewohners Kenntnis verschaffen von dem Gutachten des Medizinischen Dienstes der Krankenkasse über die Einordnung in eine Pflegestufe. MDK-Gutachten enthalten vielfach bereits Hinweise auf eine Sturzgefährdung des Bewohners. Im Weiteren ist das Verhalten des Heimbewohners zu beobachten.   **1699**

Der Menschenwürde der Betroffenen ist auch im Rahmen der Pflege Rechnung zu tragen. Unzweifelhaft obliegt es dem Heim, seine Bewohner bestmöglich vor Stürzen zu schützen. Jeder Einzelfall erfordert daher eine sorgfältige Abwägung sämtlicher Umstände, wobei die Freiheitsrechte eines alten und kranken Menschen ebenso zu berücksichtigen sind wie sein Anspruch auf Schutz des Lebens und körperliche Unversehrtheit. Das Sicherheitsgebot ist gegen die Freiheitsrechte des Betroffenen abzuwägen. Es haben sich folgende Grundsätze herausgebildet: **1700**

- Ergibt sich nach den gewonnenen Kenntnissen des Heimes auf der Basis der pflegewissenschaftlichen Erkenntnisse eine Notwendigkeit zur Fixierung des Bewohners, ist der Bevollmächtigte/Betreuer darüber zu unterrichten. Lehnt der Bevollmächtigte/Betreuer des Bewohners in Kenntnis aller maßgeblichen Umstände einen Antrag auf Fixierung des Betreuten aus vertretbaren Erwägungen ab, ist die Leitung des Heimes gehalten, diese Entscheidung zu respektieren. Das Heim kann bei einem offensichtlich pflichtwidrigen Agieren des Bevollmächtigten/Betreuers bei dem zuständigen Betreuungsgericht Aufsichts-Maßnahmen nach §§ 1908i, 1837 Abs. 2 BGB anregen.
- Die Pflichten des Pflegeheimes zur Sicherung sturzgefährdeter Heimbewohner sind begrenzt auf die üblichen Maßnahmen, die mit einem vernünftigen und personellen Aufwand realisierbar sind. Maßstab muss dabei das Erforderliche für die Heimbewohner und

---

641 *Moritz* Staatliche Schutzpflichten gegenüber pflegebedürftigen Menschen, 2013, S. 70, 71.
642 Zur Schutzpflichtverletzung des Staates vergleiche C-Waffen – BVerfGE 77, 100; 70, 214.

Zumutbare für das Pflegepersonal sein.[643] Etwas anderes gilt jedoch dann, wenn der Sturz durch eine Ursache gesetzt wurde, die dem Heimbetrieb anhaftet und von dem Heimträger und dem dort tätigen Personal hätte beherrscht werden können. Das ist zum Beispiel der Fall bei der Organisation und Koordination des Pflegegeschehens: Dazu gehören Transportmaßnahmen, zur Verfügung gestellte Vorrichtungen (Bett, Dusche, etc.), die bauliche Einrichtung. Der Heimbetreiber eröffnet für den Nutzer Gefahrenquellen und muss daher alle erkennbaren Möglichkeiten ausschalten, die eine Gefährdung des Bewohners herbeiführen können. Beispiele aus der Rechtsprechung: Ein dementer Heimbewohner wird mit einem Rollstuhl unter die Dusche geschoben, deren Temperaturregler technisch defekt ist.[644] Nach ca. 20 Minuten wird der Bewohner infolge Verbrühungen mit zu heißem Wasser mit Hautverbrennungen 2. Grades aufgefunden. Oder: Ein Heimbewohner stürzt bei dem Versuch, sich an seinem Pflegebett festzuhalten. Das Pflegebett war weggerutscht wegen nicht feststellbarer Rollen.[645]

Wie bereits dargelegt, sind bei einer Heimunterbringung auch Aspekte sozialer und gesellschaftlicher Teilhabe bei dem Bewohner über die Gewährung einer physischen Existenz hinausgehend mit zu gewährleisten.

1701 Dementsprechend ist ein Heim auch von sich aus nicht berechtigt bzw. verpflichtet, einen Heimbewohner lückenlos außerhalb des Heimgeländes zu überwachen bzw. diesen mit Zwangsmaßnahmen am Verlassen des Geländes zu verhindern.[646] Wie bereits oben ausgeführt, trifft das Heim lediglich hinblicklich des Zustandes des Betroffenen eine Beobachtungspflicht und eine Mitteilungspflicht gegenüber dem Betreuer/dem Bevollmächtigten. Es ist dann die Aufgabe des Betreuers/des Bevollmächtigten im Zusammenwirken mit den weiteren Akteuren – von Notmaßnahmen einmal abgesehen – zu Gunsten des Betroffenen die geeignete Schutzmaßnahmen zu veranlassen.

g) Rolle des Betreuungsgerichts

1702 Das Betreuungsgericht überprüft nach dem Vieraugenprinzip, inwieweit die avisierte Einwilligung des Betreuers in unterbringungsähnliche Maßnahmen erforderlich ist. Das AG Frankfurt statuierte hierzu in einer viel beachteten Entscheidung,[647] die von dem LG Frankfurt im Jahre 2013 bestätigt wurde,[648] die nachstehenden Grundsätze. Es werden die Leitsätze und ein Auszug aus den Entscheidungsgründen zitiert:

1. Die Genehmigung der Einwilligung des Betreuers in eine freiheitsentziehende Maßnahme nach § 1906 Abs. 4 BGB ist aufgrund des massiven Eingriffs in das Freiheitsgrundrecht der betroffenen Person streng am Erforderlichkeitsgrundsatz zu messen und darf nur dann erteilt werden, wenn keine milderen Mittel zur Verfügung stehen.

2. Finanzielle Erwägungen dürfen im Rahmen der Prüfung von milderen Maßnahmen keine Rolle spielen.

3. Die Verhinderung einer Sturzgefahr ohne freiheitsentziehende Maßnahmen gehört zu den pflegerischen Standards in Deutschland. Die Anschaffung alternativer Mittel, wie z.B. ein absenkbares Pflegebett, muss von der Pflegeeinrichtung oder durch die sozialrechtlichen Kostenträger zur Verfügung

---

643 *BGH* NJW 2005, 1937, 1938; zustimmend *OLG Düsseldorf* Urt. v. 2.3.2006, I-8 U 163/04 = GesR 2006, 2 114, 217; *OLG Koblenz* NJW-RR 2002, 867.
644 *OLG München* FamRZ 2006, 1676.
645 *OLG Naumburg* GesR 2013, 58, 59.
646 *LG Paderborn* PflR 2003, 297.
647 *AG Frankfurt* BtPrax 2013, 76.
648 *LG Frankfurt* Beschl. v. 9.4.2013, 2-29 T3 377/12, juris.

gestellt werden. Wendet die Pflegeeinrichtung diese pflegerischen Standards nicht an, so ist im Extremfall ein Umzug in eine andere Einrichtung vor einer Freiheitsentziehung mittels Bettgittern vorzuziehen. Alternativ oder zusätzlich müssen auch eigene finanzielle Mittel des Betroffenen verwendet werden, um alternative Hilfsmittel zu beschaffen.

Schließlich ist die von den Pflegeheimen aufgeworfene Kostenfrage auch regelmäßig kein stichhaltiges Argument. Denn aus der sozialrechtlichen Rechtsprechung ist anerkannt, dass die Pflicht zur Tragung der Kosten für alternative Maßnahmen oder Hilfsmittel entweder durch die Krankenkasse, durch die Pflegekasse, durch sonstige Versorgungsträger oder als Leistung im Rahmen des Heimvertrages mit einer stationären Einrichtung zu leisten ist. **1703**

So gehört nach der Rechtsprechung der Sozialgerichte etwa die Bereitstellung eines absenkbaren Pflegebetts zur Grundausstattung eines Heimes mit schwerst pflegebedürftigen Bewohnern.[649] Das BSG führt in diesem Zusammenhang aus: „Bei vollstationärer Pflege hat der Träger des Heimes für die im Rahmen des üblichen Pflegebetriebs notwendigen Hilfsmittel zu sorgen, weil er verpflichtet ist, die Pflegebedürftigen ausreichend und angemessen zu pflegen, sozial zu betreuen und mit medizinischer Behandlungspflege zu versorgen (§§ 43 Abs. 1 und 2, 43a SGB XI). **1704**

Nach § 11 Abs. 1 SGB X hat die Pflege in einem Pflegeheim (§ 71 Abs. 2 SGB XI) nach dem allgemein anerkannten Stand medizinisch-pflegerischer Erkenntnisse zu erfolgen (S. 1). Inhalt und Organisation der Leistungen haben eine humane und aktivierende Pflege unter Achtung der Menschenwürde zu gewährleisten (S. 2)[650]. Wenn das SG Freiburg sogar die Gewährung von Sitzwachen während der Nacht als Alternative zu einer freiheitsentziehenden Maßnahme ansieht, die von der Allgemeinheit finanziell zu tragen ist (hier: des Sozialhilfeträgers),[651] so kann das finanzielle Argument zur fehlenden Möglichkeit der Zurverfügungstellung von alternativen, milderen Maßnahmen schlechterdings nicht mehr gelten." **1705**

Unterbringungsähnliche Maßnahmen können nicht mit dem Hinweis, die Einrichtung habe zu wenig Personal, versagt werden. Das Betreuungsgericht hat die vorgegebene Personalsituation hinzunehmen.[652] Gleichwohl bedarf es in jedem Einzelfall der sorgfältigen Prüfung, inwieweit nicht durch den Einsatz alternativer Mittel die Anwendung freiheitsentziehende Maßnahmen umgangen werden kann. **1706**

h) Verfahren

aa) Zuständigkeit

Sachlich zuständig ist stets das Betreuungsgericht, §§ 312 ff. FamFG und funktional der Richter. **1707**

bb) Pflichten des Betreuers

(1) Verfahrensfähigkeit Der Betroffene ist ohne Rücksicht auf seine Geschäftsfähigkeit verfahrensfähig, sofern er das 14. Lebensjahr vollendet hat, § 315 FamFG. **1708**

---

649 *SG Landshut* Urt. v. 20.3.2006, S 10 KR 272/04; *SG Augsburg* Urt. v. 20.10.2005, S 12 KR 261/02 – beides beck-online unter Verweis auf die Rechtsprechung des BSG zur Zurverfügungstellung von Rollstühlen in Pflegeeinrichtungen – *BSG* Urt. v. 10.2.2000, B 3 KR 26/99 R.
650 *BSG* Urt. v. 10.2.2000, B 3 KR 26/99 R, juris.
651 *SG Freiburg* Urt. v. 15.12.2011, S 9 SO 5771/11 ER, beck-online.
652 *OLG Hamm* FamRZ 1993, 1419.

1709 **(2) Verfahrenspflegerbestellung und Anhörung des Betroffenen** Dem Betroffenen ist ein Verfahrenspfleger zu bestellen, soweit dies zur Wahrnehmung seiner Interessen erforderlich ist, § 317 FamFG. Auf Grund des Umstandes, dass es sich bei einer Unterbringungsmaßnahme um eine gravierende Freiheitsentziehung handelt, ist dem Betroffenen immer zwingend ein Verfahrenspfleger zu bestellen. Der EGMR[653] statuierte, dass jedem Untergebrachten anwaltlicher Beistand zu gewähren ist und hiervon nur ausnahmsweise Abstand genommen werden kann. Insbesondere Betroffenen mit mangelhaften Deutschkenntnissen ist ein sprachkundiger Verfahrenspfleger und/oder ein Dolmetscher zum Zwecke einer mühelosen Verständigung zur Seite zu stellen.[654] Zudem wird es den in aller Regel krankheits- und medikamentenbedingt gehandicapten Betroffenen entweder gar nicht oder nur sehr eingeschränkt möglich sein, sich zum Sachverständigengutachten, Zeugenaussagen bzw. des gesetzlichen Vertreters adäquat zu äußern. Nach der Rechtsprechung des BGH hat die Bestellung des Verfahrenspflegers frühzeitig zu erfolgen, damit dieser noch Einfluss auf die Entscheidung des Gerichtes nehmen kann[655] Ein Verfahrenspfleger ist daher spätestens vor der abschließenden Anhörung des Gerichts zu bestellen.

Dies gilt erst recht, wenn von der persönlichen Anhörung des Betroffenen wegen Verständigungsunmöglichkeit oder Gesundheitsgefährdung abgesehen werden soll. Der Betroffene ist vor der Unterbringungsmaßnahme von dem Gericht persönlich anzuhören, in der Regel in seiner gewohnten Umgebung. Hierbei kann das Gericht einen Sachverständigen hinzuziehen. Ist die Anhörung in der gewohnten Umgebung nicht mehr möglich, weil der Betroffene bereits untergebracht ist, kann sie in der Einrichtung stattfinden. Der Richter soll durch den unmittelbaren Eindruck von dem Betroffenen und der Art seiner Erkrankung in die Lage versetzt werden, *„ein klares und umfassendes Bild von der Persönlichkeit des Unterzubringenden zu gewinnen und seiner Pflicht zu genügen, dem ärztlichen Gutachten richterliche Kontrolle entgegenzusetzen".*[656] Die Anhörung durch den Richter gewährleistet den Anspruch des Betroffenen auf rechtliches Gehör aus Art. 103 Abs. 1 GG. Die Anhörung ist das Kernstück der Amtsermittlung. Die Verletzung dieser Vorschrift durch Unterlassen verleiht der Entscheidung den Makel einer rechtswidrigen Freiheitsentziehung, die durch Nachholung nicht mehr zu tilgen ist.[657]

cc) Sachverständigengutachten

1710 Vor einer freiheitsentziehenden Unterbringung nach § 1906 Abs. 1 BGB ist stets ein Gutachten eines oder mehrerer Sachverständiger einzuholen. Das Gutachten muss folgenden Mindestinhalt aufweisen:[658]

1. Die Darstellung der durchgeführten Untersuchungen und Befragungen, der sonstigen Erkenntnisse sowie ihre sachverständige Erörterung;
2. die Darlegung von Art und Ausmaß der psychischen Krankheit oder geistigen oder seelischen Behinderung und eine Stellungnahme zur Frage, ob und inwieweit der Betroffene hierdurch gehindert ist, seinen Willen bezüglich der Unterbringung in einer geschlossenen Einrichtung frei zu bestimmen;
3. die Stellungnahme zur voraussichtlich notwendigen Dauer der Unterbringung;
4. die Erörterung der Alternativen zur geschlossenen Unterbringung;
5. die Stellungnahme dazu, ob dem Betroffenen die Entscheidungsgründe in vollem Umfang bekannt gemacht werden dürfen.

---

653 *EGMR* NJW 1992, 2945, 2946.
654 *KG* BtPrax 2008, 42.
655 *BGH* FamRZ 2011, 805.
656 *BVerfG* NJW 1990, 2309, 2310.
657 *BGH* FamRZ 2012, 619.
658 *BayObLG* FamRZ 1995, 695, 696.

In der Regel muss ein Facharzt für Psychiatrie das Gutachten erstellen, jedenfalls aber ein Arzt   **1711**
mit Erfahrung auf dem Gebiet der Psychiatrie, § 321 FamFG. Handelt es sich nicht um einen
Facharzt für Psychiatrie, hat das Gericht die Fachkunde des Arztes in dem Beschluss darzulegen. Die Anforderungen an ein Sachverständigengutachten im Unterbringungsverfahren sind
parallel zu denen in einem Betreuungsverfahren.

Im Falle einer unterbringungsähnlichen Maßnahme reicht ein ärztliches Attest.   **1712**

dd) Anhörung Dritter

Vor Unterbringungen oder unterbringungsähnlichen Maßnahmen muss das Betreuungsge-   **1713**
richt gem. § 320 FamFG den nachstehend bezeichneten Personen und Stellen, gegebenenfalls
schriftlich, Gelegenheit zur Äußerung geben:

- Dem nicht dauernd getrennt lebenden Ehegatten;
- dem Elternteil oder dem Kind, bei dem der Betroffene wohnt;
- dem Betreuer oder Bevollmächtigten des Betroffenen;
- der zuständigen Betreuungsbehörde (bei PsychKG-Unterbringung die nach diesem Gesetz
  zuständige Behörde);
- dem Leiter der Einrichtung, in der der Betroffene lebt.

Die Anhörung weiterer Personen im Rahmen der Amtsermittlung ist nicht ausgeschlossen.[659]   **1714**
Nach den PsychKG der Bundesländer können ebenfalls weitere Stellen zur Anhörung vorgesehen werden.

1715

Akteure und Aufgaben im Rahmen der Sturzprävention	
• **Bevollmächtigter/Betreuer**	• **Arzt**
– Wunschbefolgungspflicht	– Anamnese, Untersuchung, Diagnose und Indikation
– Beratung durch erfahrenen Arzt	– Beratung/Aufklärung nach der DEGAM – Leitlinie
– Ausschöpfung von Alternativen	– Überprüfen von Medikamenten
– Fixierung als letztes Mittel der Wahl	
– Beantragen freiheitsentziehender Maß- nahmen	
• **Betreuungsgericht**	• **Heim**
– Genehmigung der Einwilligung des frei- heitsentziehende Maßnahmen	– Beachtung des Expertenstandards Sturz- prophylaxe und des Qualitätsniveaus
	– Beobachtung des Bewohners
	– Beratung des Bevollmächtigten/Betreuers über Sturzgefährdung
• **Krankenkasse**	• **Heimaufsicht**
– Beratung nach § 14 SGB I in Gesund- heitsangelegenheiten	– Einhaltung der landesrechtlichen Quali- tätsstandards (Landesheimgesetze)

---

659 *Knittel* BtR, § 1906 BGB Rn. 60.

10. Zwangsbehandlung

a) Einleitung

1716 Durch das Gesetz zur Regelung der betreuungsrechtlichen Einwilligung in eine ärztliche Zwangsmaßnahme vom 18.2.2013[660] fügte der Gesetzgeber mit Wirkung zum 26.2.2013 in die Vorschrift des § 1906 BGB die neuen Abs. 3 und 3a ein, in denen die Voraussetzungen der Einwilligung des Betreuers in eine ärztliche Zwangsmaßnahme im Einzelnen geregelt sind und das gerichtliche Genehmigungserfordernis normiert wurde. Bei der Ausgestaltung der gesetzlichen Voraussetzungen hatte der Gesetzgeber im Blick, dass es sich bei einer ärztlichen Zwangsmaßnahme wegen des damit verbundenen erheblichen Eingriffs in das Grundrecht der körperlichen Unversehrtheit, das auch das Recht auf Selbstbestimmung hinsichtlich der körperlichen Integrität schützt, nur um das letzte Mittel der Wahl handeln darf. Die Anwendung der ärztlichen Zwangsmaßnahme kommt deshalb nur in Situationen drohender erheblicher Selbstgefährdung und ausschließlich bei Betroffenen in Betracht, die aufgrund einer psychischen Erkrankung, einer geistigen oder seelischen Behinderung selbst einwilligungsunfähig sind. Zudem erfordert der mit einer ärztlichen Zwangsmaßnahme regelmäßig verbundene schwerwiegende Grundrechtseingriff eine strikte Beachtung des Verhältnismäßigkeitsgrundsatzes.

b) Gesetzestext

1717 Im Gegensatz zum BVerfG[661] und dem BGH[662] verwendet der Gesetzgeber nicht den überkommenen Begriff der Zwangsbehandlung, sondern spricht von einer ärztlichen Zwangsmaßnahme. Diese ist nunmehr in § 1906 Abs. 3 BGB wie folgt geregelt:

Widerspricht eine ärztliche Maßnahme nach Absatz 1 Nummer 2 dem natürlichen Willen des Betreuten (ärztliche Zwangsmaßnahme), so kann der Betreuer in sie nur einwilligen, wenn

1. der Betreute auf Grund einer psychischen Krankheit oder einer geistigen oder seelischen Behinderung die Notwendigkeit der ärztlichen Maßnahme nicht erkennen oder nicht nach dieser Einsicht handeln kann,

2. zuvor versucht wurde, den Betreuten von der Notwendigkeit der ärztlichen Maßnahme zu überzeugen,

3. die ärztliche Zwangsmaßnahme im Rahmen der Unterbringung nach Absatz 1 zum Wohl des Betreuten erforderlich ist, um einen drohenden erheblichen gesundheitlichen Schaden abzuwenden,

4. der erhebliche gesundheitliche Schaden durch keine andere dem Betreuten zumutbare Maßnahme abgewendet werden kann und

5. der zu erwartende Nutzen der ärztlichen Zwangsmaßnahme die zu erwartenden Beeinträchtigungen deutlich überwiegt.

1718 Sämtliche vorstehend aufgezählten Voraussetzungen müssen kumulativ vorliegen für die Einwilligung des Betreuers in eine ärztliche Zwangsmaßnahme.[663] Und in § 1906 Abs. 3a BGB heißt es dann:

Die Einwilligung in die ärztliche Zwangsmaßnahme bedarf der Genehmigung des Betreuungsgerichtes.

---

660 BGBl. I, 266.
661 BVerfGE 128, 283 = BGBl. I 2011, 841 = BtPrax, 2011, 112 = FamRZ 2011, 1128.
662 BGHZ 193, 337 = BtPrax 2012, 156 = FamRZ 2012, 1366.
663 BT-Drs. 17/1151, 3, 7.

c) Anwendungsbereich

Der Bundesgesetzgeber regelte materiell-rechtlich ausschließlich die ärztliche Zwangsmaßnahme im Rahmen der zivilrechtlichen Unterbringung zu Zwecken der Heilbehandlung nach § 1906 Abs. 1 Nr. 2 BGB. Der Gesetzgeber bezeichnet die ärztliche Zwangsmaßnahme als „ärztliche Maßnahme nach Abs. 1 Nr. 2", die „dem natürlichen Willen des Betreuten widerspricht". Damit ist gesetzlich der Bedeutungsrahmen festgelegt. Das heißt, ärztliche Zwangsmaßnahmen sind nur Maßnahmen im Rahmen der Unterbringung zur Behandlung nach § 1906 Abs. 1 Nr. 2 BGB und nicht zur Unterbringung zur Abwendung einer Gefahr, § 1906 Abs. 1 Nr. 1 BGB[664]. Zur Abwendung einer Gefahr darf der Arzt die medizinischen Maßnahmen auch gegen den Willen des Betreuten anwenden, die nötig sind, diese zu beseitigen und zwar so lange, bis die Gefahr, dass er sich selbst tötet oder erheblichen gesundheitlichen Schaden zufügt, nicht mehr besteht. Nicht erfasst wurde ferner die zwangsweise Behandlung in Notfällen.[665]

1719

> **Beispiel:** Bei der psychotischen Betreuten wird ein vereiterter Blinddarm festgestellt. Die Betreute verweigert krankheitsbedingt eine lebensrettende Operation.

1720

Das vorbezeichnete Beispiel zeigt ein Dilemma auf: Die Betroffene kann nicht im Rahmen einer geschlossenen psychiatrischen Station operiert und nachbehandelt werden, dies ist nur auf einer offenen chirurgischen Station möglich. Dann fehlt es aber an einer zivilrechtlichen Unterbringung. In einem derartigen Fall kann eine zwangsweise Durchsetzung der Operation nur unter dem Gesichtspunkt von § 34 StGB stattfinden. Dort heißt es:

1721

Wer in einer gegenwärtigen, nicht anders abwendbaren Gefahr für Leben, Leib, Freiheit, Ehre, Eigentum oder ein anderes Rechtsgut eine Tat begeht, um die Gefahr von sich oder einem anderen abzuwenden, handelt nicht rechtswidrig, wenn bei Abwägung der widerstreitenden Interessen, namentlich der betroffenen Rechtsgüter und des Grades der ihnen drohenden Gefahren, das geschützte Interesse das beeinträchtigte wesentlich überwiegt. Dies gilt jedoch nur, soweit die Tat ein angemessenes Mittel ist, die Gefahr abzuwenden.

Zu Recht wird in der Praxis beklagt, dass der Gesetzgeber es verabsäumte, in der gesetzlichen Neuregelung Fälle wie den vorstehenden auf eine solide gesetzliche Grundlage zu stellen. Hierauf wird später noch zurückzukommen sein.

1722

Das Gesetz enthält ebenso wenig eine Eilkompetenz zu Gunsten des Betreuers. Von daher müssen in der Praxis hoch erregte, aggressive oder massiv selbstgefährdete Patienten bis zur wirksamen richterlichen Entscheidung fixiert werden.[666]

Das Gesetz ist zugeschnitten auf psychiatrisch erkrankte Betreute, die einer medikamentösen Heilbehandlung zugeführt werden sollen zwecks Stabilisierung, Verbesserung oder Verhinderung einer Chronifizierung ihres Krankheitsbildes.

Vor diesem Hintergrund legte der BGH dem BVerfG die Frage vor, ob es mit Art. 3 GG vereinbar sei, auch in Fällen, in denen der Betroffene sich körperlich nicht einer stationären Behandlung entziehen kann, vorauszusetzen, dass eine ärztliche Zwangsmaßnahme nur stationär im Rahmen der geschlossenen Unterbringung durchgeführt werden darf.[667] Geschütztes Rechtsgut der Regelungen zur geschlossenen Unterbringung ist die Fortbewegungsfreiheit. Kann ein

1723

---

664 A.A. *LG Augsburg* FamRZ 2014, 1734.
665 *Petit/Klein* Zwangsbehandlung mit richterlicher Genehmigung wieder möglich, DÄBl. 2013, 377, 379.
666 *Petit/Klein* Zwangsbehandlung mit richterlicher Genehmigung wieder möglich, DÄBl. 2013, A 377.
667 *BGH* BtPrax 2015, 208.

Betroffener sich krankheitsbedingt nicht aus der geschlossenen Station entfernen, darf eine Unterbringung nicht betreuungsrechtlich genehmigt werden und dementsprechend kann die betroffene Person nicht ärztlich behandelt werden. Eine Entscheidung des BVerfG steht derzeit noch aus.

d) Begriff der ärztlichen Zwangsmaßnahme

1724 Des Weiteren definiert der Gesetzgeber den Begriff der ärztlichen Zwangsmaßnahme als eine medizinische Heilbehandlung, ärztliche Untersuchung des Gesundheitszustandes oder einen ärztlichen Eingriff gegen den natürlichen Willen des Betreuten.[668] Verkürzt lässt sich die ärztliche Zwangsmaßnahme als Behandlung + Zwang charakterisieren. Unter Rekurs auf den so genannten Nürnberger Kodex 1947, der nach Abschluss der Prozesse gegen die Ärzte, die im Nationalsozialismus an Menschenexperimenten teilnahmen, etabliert wurde, sind sämtliche Formen von Gewalteinwirkung, Betrug, List, Heimtücke, Täuschung oder andere Formen der Überredung und des Zwangs im ambulanten Bereich unzulässig. Vor diesem Hintergrund stellen sich unter anderem folgende Maßnahmen als ärztliche Zwangsmaßnahme dar:

- Jemanden zwingen aufzustehen;
- jemanden zwingen Nahrung einzunehmen oder an einer therapeutischen Sitzung teilzunehmen;
- jemanden festzuhalten oder zu fixieren;
- Medikamente ohne Wissen des Betreuten in die Nahrung (z.B. Joghurt) unterzumischen.

aa) Medizinische Indikation

1725 Voraussetzung für eine Zwangsbehandlung ist eine medizinische Indikation für die Behandlung als solche. Es ist Aufgabe des Arztes, im Hinblick auf den Gesamtzustand und die Prognose des Patienten zu prüfen, welche ärztliche Maßnahme indiziert ist, § 1901b Abs. 1 S. 1 BGB. Hierbei ist der Facharztstandard zu beachten, der für das jeweilige Fachgebiet im Zeitpunkt der Behandlung maßgeblich ist.

bb) Einwilligungsunfähigkeit und Behandlungsablehnung mit natürlichen Willen

1726 Der Betroffene darf aufgrund einer psychischen Erkrankung, geistigen oder seelischen Behinderung die Notwendigkeit der ärztlichen Maßnahme nicht erkennen oder nicht nach dieser Einsicht handeln können. Die Einsichtsunfähigkeit muss sich auf die Notwendigkeit der ärztlichen Maßnahme beziehen.

1727 Einwilligungsunfähigkeit besteht, wenn die Einsichtsfähigkeit des Betreuten und/oder dessen Fähigkeit, danach handeln zu können, die so genannte Steuerungs- bzw. Handlungsfähigkeit, fehlen. Einsichtsfähigkeit setzt die Fähigkeit des Betreuten voraus, das Vorliegen einer Erkrankung und die ärztlichen Möglichkeiten ihrer Behandlung zu erkennen.[669] Der Betreute muss also in der Lage sein, die Tatsachen, die seine Krankheitssituation charakterisieren, intellektuell zur Kenntnis zu nehmen und die Krankheit in ihrer Bedeutung zu erfassen. Entscheidend ist die Einsicht in die Existenz der Krankheit und die Behandlungsbedürftigkeit. Die Fähigkeit zur wertenden Entscheidung darf nicht krankheitsbedingt oder behinderungsbedingt verzerrt sein. Weiterhin muss der Betroffene fähig sein, die für oder gegen eine geplante ärztliche Maßnahme sprechenden Gesichtspunkte zu erfassen und gegeneinander abzuwägen.

---

668 BT-Drs. 17/11513, 7.
669 *Dodegge* Ärztliche Zwangsmaßnahmen und Betreuungsrecht, NJW 2013, 1265, 1266.

Der Betreute muss dabei seine krankheitsbedingten Defizite im Wesentlichen zutreffend einschätzen können.[670] Kann der Betroffene in akuten Krankheitsphasen demzufolge Informationen nicht mehr rational, sondern nur noch paranoid verarbeiten, fehlt ihm die Einsichtsfähigkeit.[671]

Steuerung- bzw. Handlungsfähigkeit meint, dass der Betreute in der Lage sein muss, von ihm mit ausreichender Einsicht getroffene Entscheidung umzusetzen.[672]   1728

Der Betreute muss zusammenfassend krankheits- oder behinderungsbedingt außerstande sein, eine rationale Entscheidung zu treffen. Ärztliche Zwangsmaßnahmen dürfen nicht an einwilligungsfähigen Patienten vorgenommen werden.

Der einsichtsunfähige Betreute muss der ärztlichen Maßnahme mit natürlichen Willen widersprechen. Der natürliche Wille ist ein juristischer Begriff, die die tatsächlich vorhandenen Absichten, Wünsche, Wertungen und Handlungsintention eines Menschen umfasst und wird wie folgt definiert: 1729

- Es liegt eine wie auch immer geartete verbale oder nonverbale Willensbetätigung (Gestik, Mimik, Sprache) eines Betroffenen vor, der an einer psychischen Erkrankung, einer geistigen, körperlichen oder seelischen Behinderung i.S.d. § 1896 Abs. 1 BGB leidet, und
- dem in Folge dessen die Einsichtsfähigkeit oder die Fähigkeit nach einer Einsicht zu handeln, fehlt.

Beispiel: Die 75-jährige Betreute leidet an einem endgültigen Nierenversagen, Diabetes   1730
mellitus und ist dement. Sie bedarf dreimal wissentlich einer mehrstündigen Dialyse. Es ist keine Kooperation bei der Durchführung der Dialyse mit der Betreuten möglich. Diese verlässt die Behandlungsliege, verhindert Blutdruckmessungen und die Anlage einer Shuntpunktion. Ablenkungsversuche wie Singen und Spiele sind nur kurzfristig erfolgreich. Die Betreute lebt in einer betreuten Wohngemeinschaft. Verschiedene sedierende Therapieschemata versagen.

Vorliegend demonstriert die Betreute mit natürlichen Willen eine ablehnende Haltung gegenüber der Dialyse. Das Verlassen der Behandlungsliege und das Verhindern der Blutdruckmessungen stellen sich als Manifestation des natürlichen Willens dar.   1731

cc) Überzeugungsversuch

Bevor eine ärztliche Zwangsmaßnahme in Bedacht genommen wird, muss versucht werden,   1732
den Betroffenen von deren Notwendigkeit zu überzeugen. Bei dem Überzeugungsversuch handelt es sich um eine materiell-rechtliche Voraussetzung für die Wirksamkeit der Einwilligung durch den Betreuer, der mit Blick auf den Verhältnismäßigkeitsgrundsatz entscheidende Bedeutung zukommt. In den Empfehlungen des Rechtsausschusses des Bundestages heißt es hierzu, jeder Zwangsmaßnahme müsse der ernsthafte, mit dem nötigen Zeitaufwand und ohne Druck erfolgte Versuch vorausgegangen sein, die auf Vertrauen gegründete Zustimmung des Betreuten zu erlangen.[673]

Zur näheren Ausgestaltung eines solchen Versuchs, insbesondere auch dazu, von wem dieser   1733
durchzuführen ist, enthält das Gesetz keine Angaben.

---

670 *OLG Hamm* FamRZ 2009, 1436 = FGPrax 2009, 111.
671 *OLG Schleswig* RuP 2010, 35.
672 *OLG Hamm* FamRZ 2009, 1436 = FGPrax 2009, 111.
673 BT-Drs. 17/12086, 11.

1734 Dem Betreuer wurde in § 1901 Abs. 3 S. 3 BGB die Pflicht auferlegt, wichtige Angelegenheiten vor ihrer Erledigung mit dem Betroffenen zu besprechen, soweit dies nicht dessen Wohl zuwiderläuft. Von daher muss der Betreuer den Betroffenen in verständlicher Weise vor Durchführung einer ärztlichen Maßnahme informieren.[674]

1735 Kann das Einverständnis des Betreuten nicht allein durch den Betreuer bewirkt werden, muss auch der Arzt versuchen, den Betroffenen von der Notwendigkeit der Maßnahme zu überzeugen. Dieser Versuch sollte im Rahmen der stationären Unterbringung durch die dort tätigen Ärzte in einem Zeitraum von 10–14 Tagen nach der Unterbringung des Betreuten erfolgen.[675] Die Aufklärung ist eine ureigene ärztliche Aufgabe. Zwar ist der Betreute nicht einwilligungsfähig. Gleichwohl betonte das BVerfG mit Hinblick auf Art. 12 Abs. 2 der UN-Behindertenrechtskonvention (BRK), auch ein Einwilligungsunfähiger sei über das Ob und Wie einer Behandlung zu unterrichten.[676] Hierfür sprechen ärztliche Berichte aus der Praxis, die besagen, es könne häufig ein einvernehmliches Zusammenwirken zur Behandlung erzielt werden bei vorheriger Unterrichtung des Betroffenen. Viele würden nach einer entsprechenden Informierung Abstandnehmen von ihrer ablehnenden Haltung. Die Stellungnahme der Bundesärztekammer zur Zwangsbehandlung bei psychischen Erkrankungen betont ebenso die Notwendigkeit, nicht einwilligungsfähige Patienten nach Ihren individuellen Fähigkeiten in den Entscheidungsprozess einzubeziehen.[677]

1736 Im Ergebnis vermeidet nach Auffassung des BGH die offengehaltene gesetzliche Regelung eine genaue Festlegung, wer im Rahmen des Überzeugungsversuches tätig werden muss. Vor diesem Hintergrund kommen für den Überzeugungsversuch auch Vertrauenspersonen des Betroffenen aus seinem Angehörigen- und Freundeskreis in Betracht.[678] Die Ausgestaltung des Überzeugungsversuches hängt ohnehin stark vom jeweiligen Einzelfall ab. Das Gericht hat in seiner Entscheidung in nachprüfbarer Weise den Überzeugungsversuch festzustellen und darzulegen.

dd) Abwendung eines erheblichen gesundheitlichen Schadens

1737 Ein erheblicher gesundheitlicher Schaden wurde von der Rechtsprechung in folgenden Fällen angenommen:

- Bestehen eines Todeswunsches, wiederholte Suizidversuche und ständig um suizidkreisenden Gedanken;[679]
- die Nichteinnahme lebenswichtiger Medikamente bei einem psychotischen Diabetiker bei Bestehen einer Komagefahr;[680]
- mangelnde Nahrungsaufnahme wegen Vergiftungswahn;[681]
- Behandlung einer Magersucht;[682]

---

674 *BGH* BtPrax 2014, 229 = FamRZ 2014, 1447.

675 *Dodegge* NJW 2013, 1265, 1267.

676 *BVerfG* BtPrax 2011, 112.

677 *Bundesärztekammer* Stellungnahme zur Zwangsbehandlung psychischen Erkrankungen, DÄBl. 2013, A 1334, 1335.

678 *BGH* BtPrax 2014, 229, Rn. 20.

679 *OLG Brandenburg* FamRZ 2007, 1127.

680 *OLG Hamm* NJW 1976, 378.

681 BT-Drs. 11/4528, 146; *OLG Brandenburg* BtPrax 2007, 224.

682 *OLG Schleswig* FamRZ 2002, 984.

- Gefahr der Verschlimmerung einer bereits chronisch verlaufenden paranoiden Schizophrenie;[683]
- Verhinderung der Chronifizierung und Verschlimmerung der schizophrenen Grunderkrankung;[684]
- Gefahr aggressiver Fehlhandlungen und extreme Verwahrlosung bei paranoider Psychose;[685]
- Ablehnung einer notwendigen Heilbehandlung bei Verfolgungswahn unter Einbeziehung der behandelnden Ärzte in das Wahnsystem;[686]
- Wahrscheinlichkeit für eine die Lebensqualität erhöhende Entaktualisierung einer ausgeprägten Wahnsymptomatik;[687]
- Behandlung einer schizoaffektiven Psychose[688], Rückbildung der Symptomatik bei chronifizierter Schizophrenie[689].

Der erhebliche gesundheitliche Schaden darf nicht durch andere für den Betreuten zumutbare Maßnahmen abgewendet werden können. Diese Voraussetzung ist Ausfluss des Verhältnismäßigkeitsgrundsatzes und wurde zur Klarstellung in das Gesetz aufgenommen. Abzustellen ist allein auf die Sicht des Betreuten, nicht auf diejenige von Dritten. Es darf aus der Sicht des Betreuten keine zumutbare andere Behandlungsalternative geben, die das Behandlungsziel ebenso gut wie die ärztliche Zwangsmaßnahme erreichen könnte. Insbesondere besteht seitens des Betreuten keine Bereitschaft zu einer ambulanten Behandlung. **1738**

ee) Nutzen-Risiko-Abwägung

Der zu erwartende Nutzen der ärztlichen Zwangsmaßnahme muss den möglichen (Behandlungs-)Schaden deutlich überwiegen. Wird eine Maßnahme, die Nutzen verspricht, zwangsweise durchgeführt, dann sind der Zwang und seine Folgen bei der Nutzen-Risiko-Abwägung zu berücksichtigen. Nach Auffassung des BGH[690] muss der Nutzen die Risiken deutlich überwiegen. Für die Abwägung sind insbesondere folgende Aspekte von Bedeutung: **1739**

- Gesundheitliche Risiken durch die Anwendung des jeweiligen Zwangsmittels;
- die mögliche Beeinträchtigung des Behandlungserfolgs durch den Zwang;
- das subjektive Erleben des Betreuten; verschiedene Zwangsmaßnahmen wie auch verschiedene Behandlungen (etwa die Gabe von Benzodiazepinen oder Neuroleptika) werden von den Patienten unterschiedlich tiefgreifend erlebt;
- die mögliche Beeinträchtigung des Vertrauensverhältnisses zum Arzt als Grundlage der aktuellen und gegebenenfalls künftigen Behandlung.[691]

Dementsprechend ist in jedem Einzelfall eine differenzierte Beurteilung vorzunehmen. **1740**

Es gilt folgende Faustformel: Je schwerwiegender der Eingriff ist, umso deutlicher muss der Nutzen für den Betroffenen überwiegen. Dabei sind auch die Nebenwirkungen der beabsichtigten Medikation sowie die Ergebnisse bereits erfolgter Behandlungen zu berücksichtigen.[692]

---

683 *OLG Schleswig* BtPrax 2003, 223.
684 *OLG Thüringen* FamRZ 2006, 576.
685 *BGH* FamRZ 2010, 365; *BGH* FamRZ 2012, 1705.
686 *OLG Jena* FamRZ 2006, 576.
687 *AG Lübeck* PflR 2012, 402 ff.
688 *KG* BtPrax 2007, 82 ff.
689 *OLG Schleswig* Beschl. v. 7.5.2003, 2 W 73/03, juris.
690 *BGH* NJW 2011, 2113 Rn. 61.
691 *Bundesärztekammer* DÄBl. 2013, A 1334, 1336.
692 *OLG Celle* BtPrax 2007, 263; *OLG Köln* NJW-RR 2006, 1664.

Von daher ist der natürliche Wille des Betroffenen zu respektieren, insbesondere dann, wenn bei Unterbleiben der Behandlung keine wesentlichen gesundheitlichen Beeinträchtigungen des Betroffenen zu erwarten sind.[693]

1741 Es ist demgemäß der Gesundheitszustand des Betroffenen vor der avisierten ärztlichen Zwangsmaßnahme zu vergleichen mit dem prognostizierten Gesundheitszustand nach Durchführung der ärztlichen Zwangsmaßnahme. Wird durch die ärztliche Zwangsmaßnahme der gesundheitliche Zustand des Betroffenen verbessert, stabilisiert oder eine Verschlimmerung (Chronifizierung) verhindert, ist eine ärztliche Zwangsmaßnahme regelhaft indiziert. Es muss eine berechtigte „Besserungshoffnung"[694] bestehen. Zur Beantwortung der Frage nach der Verhältnismäßigkeit ist von daher ein Vergleich des Gesundheitszustandes des Betroffenen vorher/ nachher und eine Abwägung der Vorteile/Nachteile der ärztlichen Zwangsmaßnahme vorzunehmen. Der Betreuer ist verpflichtet, einer Chronifizierung und Verschlechterung der psychischen Erkrankungen des Betroffenen entgegenzutreten. Das LG Darmstadt[695] führte in diesem Zusammenhang zutreffend aus:

Ein (Berufs-)Betreuer ist als ungeeignet i.S.d. § 1897 Abs. 1 BGB anzusehen und nach § 1908b Abs. 1 BGB zu entlassen, wenn er über viele Jahre tatenlos der Verwahrlosung und dem Leiden eines psychisch schwer kranken, an Psychose leidenden Betreuten zusieht, weil er es aufgrund prinzipieller persönlicher Einstellung ablehnt, Druck auf diesen auszuüben und etwas gegen dessen – krankheitsbedingt unfreien – Willen zu unternehmen (z.B. diesen unterbringen und zwangsbehandeln zu lassen).

1742 In Ausgestaltung des Verhältnismäßigkeitsprinzip ist es von daher erforderlich, die zu duldende ärztliche Zwangsmaßnahme im Beschluss so präzise wie möglich zu bezeichnen, damit der Unterbringungszweck sichtbar wird sowie Gegenstand und Ausmaß der Behandlung hinreichend konkretisiert sind. Dazu soll es nach umstrittener Auffassung des BGH erforderlich sein, bei einer Behandlung mit Medikamenten in der Regel das Arzneimittel oder den Wirkstoff, die (Höchst-)Dosierung und die Verabreichungshäufigkeit zu benennen. Vorsorglich sollte zudem eine alternative Medikation bezeichnet werden, falls das in erster Linie zu verabreichende Präparat sich als ungeeignet erweist.[696]

ff) Richterliche Anordnung einer ärztlichen Zwangsmaßnahme

1743 Die Unterbringung kann nach § 1846 BGB in Eilfällen durch das Gericht ohne Bestellung eines Betreuers angeordnet werden. Dies ist nach dem Wortlaut von § 1906 Abs. 3 BGB auch bei der ärztlichen Zwangsmaßnahme möglich. Die eigenständige Anordnungsbefugnis des Betreuungsgerichtes gilt jedoch nur für den Fall einer Verhinderung des Betreuers. Der Gesetzgeber wollte keine generelle Ermächtigungsgrundlage zur Zwangsbehandlung in Krisensituationen schaffen. In Eilfällen, in den wieder ein Betreuer noch ein Bevollmächtigter vorhanden sind, erachtet der Gesetzgeber die einstweilige Bestellung eines Betreuers und – nach dessen Einwilligung in eine ärztliche Zwangsmaßnahme – eine einstweilige Genehmigung der Zwangsmaßnahme für ausreichend. Für Fälle akuter psychiatrischer Krisenintervention gilt der Vorrang der Landesunterbringungsgesetze. Ferner kann eine akute psychiatrische Zwangsbehandlung auch unter den Voraussetzungen des § 34 StGB gerechtfertigt sein.

---

693 *BGH* BtPrax 2014, 229 = FamRZ 2014, 1447.
694 *BGH* BtPrax 2014, 229 Rn. 30.
695 *LG Darmstadt* BtPrax 2014, 47.
696 *BGH* NJW 2006, 1277, 1281.

gg) Anordnung einer ärztlichen Zwangsmaßnahme durch einen Bevollmächtigten

Nach § 1906 Abs. 5 BGB unterliegt der Bevollmächtigte betreffend den Regelungen zur Einwilligung in eine ärztliche Zwangsmaßnahme dem gleichen Regime wie der Betreuer. Eine Einwilligung des Bevollmächtigten in eine solche Maßnahme hängt davon ab, ob die Vollmacht schriftlich erteilt wurde und die ärztliche Zwangsmaßnahme ausdrücklich umfasst. Wie bereits ausgeführt, unterliegt der Bevollmächtigte im Bereich des Patientenverfügungs- und Unterbringungsrechts mit Hinblick auf den hohen verfassungsrechtlichen Rang der betroffenen Rechtsgüter den gleichen Regularien wie der Betreuer.

1744

hh) Verfassungswidrigkeit der Regelungen zu ärztlichen Zwangsmaßnahmen?

Der BGH[697] legte dem BVerfG die Frage vor, ob § 1906 Abs. 3 BGB in der Fassung des Gesetzes zur Regelung der betreuungsrechtlichen Einwilligung in eine ärztliche Zwangsmaßnahme mit Art. 3 Abs. 1 GG vereinbar ist, soweit betreute Personen ohne Weglauftendenz von solchen Zwangsmaßnahmen ausgeschlossen sind. Dem Vorlagebeschluss liegt folgender Sachverhalt zu Grunde:

1745

Es geht um eine 63-jährige Frau, die unter einer schizoaffektiven Psychose leidet und zu deren Gunsten deswegen ein Betreuer bestellt wurde. Die Betroffene leidet an einer Autoimmunkrankheit, die zu großflächigen Hautausschlägen und massiver Muskelschwäche führte. Im Rahmen der Behandlung ergab sich ein Verdacht auf Brustkrebs. Durch weitere Untersuchungen der Krebserkrankung bestätigte sich der Verdacht auf ein noch nicht durchgebrochenes Mammakarzinom, dessen Behandlung die Betroffene widersprach. Zwischenzeitlich wurde die Betroffene krankheitsbedingt bewegungsunfähig. Sie ist nicht in der Lage zu gehen oder sich selbst noch mittels eines Rollstuhls fortzubewegen. Die Betroffene ist aufgrund ihrer psychischen Erkrankung nicht fähig, die Notwendigkeit von Unterbringung und Behandlung zu erkennen und nach dieser Einsicht zu handeln.

Die Betreuerin beantragte bei dem zuständigen Betreuungsgericht die Unterbringung der Betroffenen in einer geschlossenen Einrichtung sowie ärztliche Zwangsmaßnahmen zur Behandlung des Brustkrebses zu genehmigen. Andernfalls werde die Tumorerkrankung Fortschreiten und unausweichlich zu Pflegebedürftigkeit, Schmerzen und Tod der Betroffenen führen.

Das AG Stuttgart und dem folgend das LG Stuttgart lehnten eine betreuungsgerichtliche Genehmigung der Unterbringung und der ärztlichen Zwangsmaßnahme ab. Eine geschlossene Unterbringung nach § 1906 BGB war bei der bettlägerigen und fortbewegungsunfähigen Betroffenen wegen fehlender Weglauftendenzen nicht genehmigungsfähig. Eine geschlossene Unterbringung setzt einen Fortbewegungswillen und Weglauftendenz des Betroffenen voraus. Vorliegend ist die Betroffene aber hierzu krankheitsbedingt nicht mehr in der Lage. Eine ärztliche Zwangsmaßnahme wiederum kann nur im Rahmen der geschlossenen Unterbringung vorgenommen werden.

Die strikte Koppelung der Zulässigkeit ärztlicher Zwangsmaßnahmen an eine freiheitsentziehende Unterbringung wurde auch in den Fällen gesetzlich vorgeschrieben, in denen sich ein Betroffener einer derartigen Maßnahme räumlich nicht entziehen kann.

Nach zutreffender Auffassung des BGH sind die Regelungen zu ärztlichen Zwangsmaßnahmen und der zivilrechtlichen Unterbringung Institute des Erwachsenenschutzes, die nicht nur in Grundrechte eingreifen, sondern auch als Maßnahmen der staatlichen Fürsorge Betroffene begünstigen.

---

697 *BGH* BtPrax 2015, 208 = FamRZ 2015, 1484.

Vor diesem Hintergrund erscheint es dem BGH unter dem Gesichtspunkt des Gleichheitsgrundsatzes nicht gerechtfertigt, untergebrachten Betroffen eine adäquate medizinische Behandlung zukommen zu lassen, diesen Schutz aber betreuten Person zu versagen, die krankheitsbedingt fortbewegungsunfähig sind.

e) Verfahrensrecht

1746 Das Verfahrensrecht für die gerichtliche Genehmigung der Zwangsmaßnahme ist als Teil des Unterbringungsgenehmigungsverfahrens konzipiert und findet sich in den §§ 312 ff. FamFG. Das Verfahren nicht als besonderes Betreuungsverfahren auszugestalten, ist aus mehreren Gründen konsequent. Zum einen ist seit der Rechtsprechung des BGH aus dem Jahre 2000[698] klargestellt, dass ärztliche Zwangsmaßnahmen im Rahmen ambulanter Behandlungen stets unzulässig sind, zum anderen eröffnet das Unterbringungsverfahren zugleich die Möglichkeit, ärztliche Zwangsmaßnehmen auch außerhalb zivilrechtlicher Betreuungen im Rahmen öffentlich-rechtlicher Unterbringungen nach den Psychisch-Kranken-Gesetzen der Bundesländer zu gestatten.

1747 Voraussetzung für Letzteres ist eine landesrechtliche Regelung in einem der Psychisch-Kranken- oder Unterbringungsgesetze, die den Vorgaben des BVerfG entspricht. Bis zum Redaktionsschluss des Buches (Mitte 2016) hatten folgende Bundesländer inhaltliche Regelungen in ihrem PsychKG vorgenommen, die dem § 1906 Abs. 3 BGB nahekommen:

Baden-Württemberg: § 20 Abs. 3 PsychHKG[699] (HK-BUR Ordnungs-Nr. 4013)

Brandenburg: § 18 PsychKG[700] (HK-BUR Ordnungs-Nr. 4043)

Bremen: § 22 PychKG Bremen[701] (HK-BUR Ordnungs-Nr. 4053)

Hamburg: § 16 HmbPsychKG[702] (HK-BUR Ordnungs-Nr. 4063)

Rheinland-Pfalz: § 20 PsychKG[703] (HK-BUR Ordnungs-Nr. 4113)

Saarland: § 13 Unterbringungsgesetz[704] (HK-BUR Ordnungs-Nr. 4123)

Sachsen: § 22 SächsPsychKG[705] (HK-BUR Ordnungs-Nr. 4133)

Schleswig-Holstein: § 14 PsychKG[706] (HK-BUR Ordnungs-Nr. 4153)

In mehreren Bundesländern (Bayern, Hessen, NRW) sind Mitte 2016 Gesetzesänderungen in Vorbereitung, die die dortigen Unterbringungsgesetze ebenfalls an § 1906 Abs. 3 BGB anpassen sollen.

---

698 *BGH* FamRZ 2001, 149 = FGPrax 2001, 40.
699 PsychHKG Baden-Württemberg v. 12.11.2014 (GBl. 2014, 534).
700 BbgPsychKG geändert durch G. v. 10.7.2014 (GVBl. Nr. 34).
701 Bremer PsyvchKG geändert durch G. v. 22.7.2014 (Brem GBl., 338).
702 HmbPsychKG geändert durch G. v. 1.10.2013 (HmbGVBl., 425).
703 PsychKG Rheinland-Pfalz, geändert durch G. v. 27.5.2014 (GVBl., 69).
704 UBG Saarland, geändert durch G. v. 9.4.2014 (Amtsbl. I, 156).
705 SächsPsychKG geändert durch G. v. 7.8.2014 (SächsGVBl., 446).
706 PsychKG Schl.-Holstein, geändert durch G. v. 7.5.2015 (GVOBl., 106).

aa) Verfahrensvorschriften

Als Teil des Unterbringungsgehmigungsverfahrens gilt: Alle Maßnahmen zur Genehmigung ärztlicher Zwangsmaßnahmen unterliegen dem Richtervorbehalt (durch Nichterwähnen in § 3 RPflG); alle Maßnahmen sind frei von Gerichtskosten (lediglich Auslagenersatz, § 26 Abs. 3 GNotKG). Im Jahre 2014 wurden erstmals die Genehmigungsverfahren für ärztliche Zwangsmaßnahmen gezählt. Genehmigt wurden 5.745 Maßnahmen, Ablehnungen erfolgten 394 Mal.[707]

1748

bb) Verfahrensgarantien

Es ist stets ein Verfahrenspfleger zu bestellen (§ 312 S. 3 FamFG). Der Verfahrenspfleger muss in der Lage sein, die rechtliche wie die medizinische Problematik zu erkennen, um die Interessen des Betroffenen adäquat vertreten zu können. Derartige Fachkenntnisse liegen regelhaft nur bei professionellen Verfahrenspflegern vor, beispielsweise Rechtsanwälten mit medizinrechtlichen Kenntnissen oder auf psychisch Kranke spezialisierte Berufsbetreuer. Ehrenamtliche Verfahrenspfleger, die eigentlich vorrangig mit Hinblick auf § 317 Abs. 3 FamFG zu bestellen wären, halten meistenteils derartige Spezialkenntnisse nicht vor und sind dementsprechend ungeeignet, die Interessen der Betroffenen angemessen zu vertreten.

1749

Es gelten die Anhörungsvorschriften den Betroffenen betreffend (§ 319 FamFG) sowie weitere Beteiligte einschließlich die zuständige Behörde, das ist in BGB-Verfahren die örtliche Betreuungsbehörde, § 320 FamFG).

Es ist stets ein Sachverständigengutachten nach § 321 Abs. 1 S. 1 FamFG über die Notwendigkeit der ärztlichen Zwangsmaßnahme einzuholen.[708] Bei der Genehmigung einer Einwilligung in eine ärztliche Zwangsmaßnahme oder bei deren Anordnung soll der Sachverständige nicht der zwangsbehandelnde Arzt sein. Ein ärztliches Zeugnis ist nur im Rahmen der einstweiligen Anordnung statthaft; auch in diesem Falle muss der Arzt, der das ärztliche Zeugnis erstellt, Erfahrung auf dem Gebiet der Psychiatrie haben und soll Arzt für Psychiatrie sein (§ 331 Nr. 2 FamFG).

1750

Das Gutachten hat sich zu folgenden Fragestellungen zu äußern:
- Welche psychische Krankheit oder seelische Behinderung liegt vor?
- Wie lange besteht diese Krankheit bei dem Betroffenen schon? In welchem Stadium einer etwaigen Chronifizierung befindet sich die Krankheit?
- Würde sich die Krankheit ohne medikamentöse Behandlung weiter chronifizieren? Welche Auswirkungen hat das für den Betroffenen? Inwieweit ist die Chronifizierung überhaupt noch behandelbar?
- Ist der Betroffene einwilligungsfähig oder nicht? Hat er eine Krankheitseinsicht?
- Wenn nicht: Ließe sich mit welchen Mitteln vor einer Behandlung eine Krankheitseinsicht fördern?
- Wie stellt er sich zu einer Behandlung? Hat er psychiatrische Vorerfahrungen? Wie sind diese berücksichtigt worden? Hat der Betroffene einen psychiatrischen Krisenpass oder eine spezielle Vorsorgevollmacht für Psychiatriepatienten? Besteht eine psychiatrische Behandlungsvereinbarung für den abstrakten Fall einer künftigen Behandlung? Mit welchem Inhalt? Inwieweit beziehen sich die Regelungen einer solchen Behandlungsvereinbarung auf die aktuelle Krankheit?

---

707 *BfJ* Sondererhebung Verfahren nach dem BtG 2014; Auswertung: *Deinert* BtPrax 2016, 9.
708 *BGH* BtPrax 2015, 204 = FamRZ 2015, 706.

- Wie würde die Behandlung konkret ausgestaltet sein? Welche Medikamente kämen infrage? In welcher Dosierung? Was wäre das Medikament der Wahl? Welche Alternativen gibt es? Welche Nebenwirkungen haben diese Medikamente?[709] Hat der Betroffene Erfahrung mit bestimmten Medikamenten? Wie hatte er sie vertragen? Wie lange würde eine solche Behandlung dauern?

1751 Dem Betroffenen ist die Ernennung des Sachverständigen zumindest formlos mitzuteilen, damit dieser gegebenenfalls von seinem Ablehnungsrecht nach § 30 Abs. 1 FamFG i.V.m. § 406 ZPO Gebrauch machen kann.

Der Sachverständige muss den Betroffenen vor Erstattung des Gutachtens persönlich untersuchen und befragen, § 321 Abs. 1 S. 2 FamFG. Der Sachverständige muss auch schon vor der Untersuchung des Betroffenen zum Sachverständigen bestellt worden sein und ihm den Zweck der Untersuchung eröffnen. Andernfalls kann der Betroffene sein Recht, an der Beweisaufnahme teilzunehmen, nicht sinnvoll ausüben.

Schließlich muss das Sachverständigengutachten zwar nicht zwingend schriftlich erstattet werden, wenn zwar eine schriftliche Begutachtung in Anbetracht des schwerwiegenden Grundrechtseingriffs angezeigt ist. Das Gutachten muss in jedem Fall namentlich Art und Ausmaß der Erkrankung im Einzelnen anhand der Vorgeschichte, der durchgeführten Untersuchung und der sonstigen Erkenntnisse darstellen und wissenschaftlich begründen.[710] Das Gutachten hat weiterhin einen Behandlungsplan vorzuschlagen, der vom Gericht dann in den Genehmigungsbeschluss aufzunehmen ist.[711]

1752 Die Beschlussformel hat bei einer Genehmigung einer ärztlichen Zwangsmaßnahme über die Angaben in § 323 Abs. 1 FamFG hinaus nach Abs. 2 „Angaben zur Durchführung und Dokumentation dieser Maßnahme in der Verantwortung eines Arztes" zu enthalten. Es ist also der vom Gutachter vorgeschlagene Behandlungsplan in den Beschlusstenor mit aufzunehmen. Dieser Behandlungsplan soll „Inhalt, Gegenstand, Zweck und Ausmaß der unter Zwang zu duldenden Behandlung" abstecken. Allerdings ist der Behandlungsplan keine Auflage im Rechtssinne.[712] Sonst würde dem behandelnden Arzt die Behandlung vorgeschrieben werden. Nach § 323 Abs. 2 FamFG liegt aber die Behandlungsverantwortung in der „Verantwortung eines Arztes", und damit ist der behandelnde und nicht der begutachtende Arzt gemeint. Medizinische Prozesse und insbesondere solche in der Psychiatrie sind dynamisch und hierauf muss auch flexibel reagiert werden können. Der verfahrensrechtliche Grundrechtsschutz darf für den Betreuten nicht durch starre Genehmigungsverfahren zu einer gesundheitlichen Gefahr werden. Die behandelnden Ärzte haben aber den Betroffenen, den Betreuer/den Bevollmächtigten und das Gericht darüber zu informieren, wenn sich in der Behandlung Gesichtspunkte ergeben, die ein Abweichen vom Behandlungsplan erforderlich machen. Das Gericht wird dann im Einzelfall zu prüfen haben, ob der Genehmigungsbeschluss anzupassen ist oder nicht.

Zusätzlich hat das Gericht dem Arzt die Dokumentation der Behandlung aufgegeben, § 323 Abs. 2 FamFG. Die Dokumentation steht unter ärztlicher Verantwortung und darf daher nicht Pflegekräften allein überlassen werden. Dokumentationen von Pflegekräften sind vom Arzt gegenzuzeichnen, der damit die Verantwortung für deren Inhalt übernimmt. Vor diesem Hin-

---

709 *OLG Köln* NJW-RR 2006, 1164.
710 *BGH* Beschl. v. 15.9.2010, XII ZB 383/10, BtPrax 2010, 291 = FamRZ 2010, 1726.
711 *OLG Schleswig* OLGR 2008, 523.
712 *OLG Karlsruhe* NJW-RR 2007, 1591.

tergrund ist es unzulässig, ärztliche Zwangsmaßnahmen in geschlossenen Stationen von Altenpflegeheimen durchzuführen. Dort halten sich regelhaft nicht täglich Ärzte auf, die die erforderliche zeitnahe Dokumentation vornehmen könnten.[713]

Fehlt es im Tenor der Genehmigungsentscheidung an den nach § 323 Abs. 2 FamFG erforderlichen Angaben zur Durchführung und Dokumentation dieser Maßnahme in der Verantwortung eines Arztes, liegt eine wesentliche Verletzung des Verfahrensrechtes vor. Der Betroffene hat dann das Recht, nach § 62 FamFG feststellen zu lassen, wesentlich in seinen Rechten verletzt worden zu sein. Eine derartige Feststellung ist gerechtfertigt bei gravierenden Verfahrensfehlern, die der Entscheidung den Makel einer rechtswidrigen Freiheitsentziehung verleihen und der durch Nachholung der Maßnahme rückwirkend nicht mehr zu tilgen ist.[714] **1753**

Für die Genehmigungsdauer gilt: Die Genehmigung einer Einwilligung in eine ärztliche Zwangsmaßnahme oder deren Anordnung darf die Dauer von sechs Wochen nicht überschreiten, wenn sie nicht vorher verlängert wird (§ 329 Abs. 1 S. 2 FamFG). Im Falle einer Verlängerung gelten die Verfahrensvorschriften wie bei einer erstmaligen Genehmigung. Bei der Genehmigung einer Einwilligung in eine ärztliche Zwangsmaßnahme oder deren Anordnung mit einer Gesamtdauer von mehr als zwölf Wochen soll das Gericht keinen Sachverständigen bestellen, der den Betroffenen bisher behandelt oder begutachtet hat oder in der Einrichtung tätig ist, in der der Betroffene untergebracht ist (§ 329 Abs. 3 FamFG).

In Eilfällen ist vorgesehen, dass die einstweilige Anordnung bei der Genehmigung einer Einwilligung in eine ärztliche Zwangsmaßnahme oder deren Anordnung die Dauer von zwei Wochen nicht überschreiten darf. Auch bei mehrfacher Verlängerung darf die Gesamtdauer sechs Wochen nicht überschreiten (§ 333 Abs. 2 FamFG). Im Falle einer einstweiligen Anordnung genügt ein ärztliches Zeugnis, das sich zum Zustand des Betroffenen und der Notwendigkeit der Maßnahme zu äußern hat. Der ausstellende Arzt muss Erfahrungen auf dem Gebiet der Psychiatrie haben oder Arzt für Psychiatrie sein. Er kann auch der behandelnde Arzt sein, § 331 S. 1 Nr. 2 FamFG. Da es sich bei Unterbringungen nach § 1906 Abs. 1 Nr. 2 BGB im Regelfall nicht um akute Gefährdungen handelt, dürfte nur in Ausnahmefällen ein dringendes Bedürfnis für ein sofortiges Tätigwerden nach § 331 S. 1 Nr. 1 2. Alt. FamFG bestehen. **1754**

Liegen die Voraussetzungen einer ärztlichen Zwangsmaßnahme nicht länger vor, hat der Betreuer seine Einwilligung zu widerrufen und diesen Widerruf dem Betreuungsgericht anzuzeigen, § 1906 Abs. 3a BGB. Es ist also nicht zulässig, eine gerichtliche Genehmigung einer Zwangsbehandlung aufrecht zu erhalten im Falle einer vorliegenden Einwilligung des Betroffenen wegen der Befürchtung eines Widerrufs. Nach der Rechtsprechung des BVerfG soll der Genehmigungsbeschluss keinen psychischen Zwang ausüben.[715] Nach einem Widerruf der Einwilligung durch den Betroffenen ist also ein neues Genehmigungsverfahren einzuleiten, gegebenenfalls im Wege der einstweiligen Anordnung. **1755**

---

713 *LG Lübeck* Beschl. v. 23.7.2014, 7 T 19/14 – Juris; a.A. *LG Bonn* Beschl. v 18.3.2015, 4 T 79/15, juris = Jurion-RS 2015, 25341.
714 St. Rspr. *BGH* Beschl. v. 29.1.2014, XII ZB 330/13, FamRZ 2012, 619 Rn. 27; Beschl. v. 2.6.2012, XII ZB 121/14 Rn. 34.
715 *BVerfG* Beschl. v. 23.3.2011, 2 BvR 882/09, BVerfGE 128, 283 = BGBl. I 2011, 841 = BtPrax, 2011, 112 = FamRZ 2011, 1128.

V. Beendigung des Betreueramtes

1756   Im Falle der Beendigung der Betreuung durch Tod des Betreuten oder aber durch Aufhebung der Betreuung hat der Betreuer folgenden Verpflichtungen nachzugehen:

- Erstellung einer Schlussrechnung, §§ 1908i, 1890 BGB;
- Herausgabe der Vermögenswerte an den Berechtigten (ehemaligen Betreuten/seine Rechtsnachfolger);
- Herausgabe der Akten;
- Zurückgabe des Betreuerausweises an das Betreuungsgericht, § 1893 Abs. 2 S. 1 BGB.

1. Tod des Betreuten

1757   Mit dem Tod des Betreuten endet die Betreuung, ohne dass ein Aufhebungsbeschluss durch das Betreuungsgericht erfolgen müsste. Der weitaus überwiegende Anwendungsfall in der Praxis ist der Tod des Betreuten; rund 90 % aller Betreuungen enden hierdurch. Nach allgemeiner Auffassung endet die Betreuung im Falle des Todes des Betreuten, ohne dass es eines Aufhebungsbeschlusses bedarf.[716] § 1884 Abs. 1 S. 2 ist auf die Betreuung nicht anwendbar. Maßgebliches Todeskriterium ist der Hirntod (vgl. § 3 TPG), der nach den entsprechenden Richtlinien der Bundesärztekammer festgestellt wird.[717]

1758   Gleichwohl ist der Betreuer noch verpflichtet, nach § 1698b BGB Geschäfte durchzuführen, „die nicht ohne Gefahr aufgeschoben werden können". Hierzu zählen Maßnahmen zur Sicherung des leer stehenden Hauses oder der Wohnung des Betreuten, insbesondere beim Wintereinbruch, die Unterbringung von Haustieren, ggf. dringende Rechtsgeschäfte, deren Verfristung kurzfristig droht. Die Durchführung der Bestattung gehört keineswegs zu den abschließenden Betreuerpflichten.

1759   Anhand der anliegenden Checkliste wird ein Überblick gegeben, wer im Falle des Todes des Betreuten zu benachrichtigen ist:

1760   ┌─ **Checkliste: Benachrichtigungen im Todesfall des Betreuten** ──────────

- Betreuungsgericht
- Standesamt (nach § 29 PStG, wenn der Betreute nicht in einem Heim/Krankenhaus gestorben ist, dann ist letzteres nach § 30 PStG anzeigepflichtig)
- Angehörige, insbesondere wenn sie zu den wahrscheinlichen Erben gehören
- Leistungsträger (Rentenversicherer, Sozialamt etc.)
- (frühere) Arbeitgeber, insbesondere wenn Betriebsrenten gezahlt werden
- kontoführende Geldinstitute
- Vereine, bei denen Mitgliedschaften bestanden
- Vermieter
- Heimleitung
- Versorgungsunternehmen (Strom/Gas/Telefon/GEZ)
- Vertragspartner (Wartungsverträge, Zeitschriftenabonnement etc.)
- Versicherungsgesellschaften

---

716 *Passmann* BtPrax 1994, 202; *Formella* BtPrax 1999, 176; *Zimmermann* Der Tod des Betreuten, ZEV 2004, 453.

717 *LG Dortmund* BtPrax 2010, 95; ebenso im Erbrecht *OLG Frankfurt/Main* FamRZ 1998, 190 = NJW 1997, 3099 = Rpfleger 1997, 478.

Die Benachrichtigung der vorstehenden Institutionen kann kurz wie folgt geschehen: 1761

┌─ **Muster: Benachrichtigung über Tod des Betreuten** ──────────────────────────   1762

Firma (…)

(…)

Betreuung für (…)

Sehr geehrte Damen und Herren,

hierdurch teile ich Ihnen mit, dass mein Betreuter (…) am (…) verstorben ist. Mein Amt als Betreuerin endet damit kraft Gesetzes. Sollten Fragen zur Rechtsnachfolge bestehen, bitte ich, sich an das Nachlassgericht…. zu wenden.

Mit freundlichen Grüßen

(Betreuerin)

▸ **Hinweis:**   Im Falle des Todes eines Betreuten ist es ratsam, noch einmal eine genaue   1763
Aktendurchsicht vorzunehmen, damit alle zu unterrichtenden Institutionen erfasst werden.
Ferner ist anhand der Schlussrechnung zu überprüfen, welche Daueraufträge und Lastschriftaufträge existieren, damit diese noch widerrufen werden können. ◂

Die Benachrichtigung von Angehörigen sollte den dezidierten Hinweis enthalten, dass keine weiteren Angelegenheiten mehr durch den Betreuer geregelt werden können. Die Benachrichtigung   1764
an das Betreuungsgericht sollte die Mitteilung enthalten, wo genau der Betreute verstorben ist.
Ist der Betreuer im Besitz einer Sterbeurkunde, so kann diese bei dem Betreuungsgericht vorgelegt werden. Allerdings hat das Betreuungsgericht keinen Anspruch darauf, dass eine Sterbeurkunde durch den Betreuer zur Vorlage gelangt. Insoweit wird auf die Ausführungen zur Aufsicht
des Betreuungsgerichtes, Beginn und Ende der Aufsichtstätigkeit, verwiesen.

2. Schlusstätigkeiten

a) Rückgabe des Betreuerausweises

Nach dem Ende der Betreuung, sei es durch Aufhebung oder Tod des Betreuten, wie auch   1765
nach einer Betreuerentlassung infolge Betreuerwechsels, hat der bisherige Betreuer dem
Betreuungsgericht den Betreuerausweis zurückzugeben (§ 1893 BGB).

b) Schlussrechnungslegung

Diese Schlussrechnungslegung (§ 1890 BGB) ist beim Betreuungsgericht vorzulegen (§ 1892   1766
BGB). Soweit der Betreuer schon bisher rechnungslegungspflichtig war (nicht befreiter
Betreuer), beinhaltet die Schlussrechnungslegung den Zeitraum seit der letzten regelmäßigen
Rechnungslegung (§ 1840 BGB) bis zum Betreuungsende. Der Betreuer ist verpflichtet, eine
formell ordnungsgemäße Schlussrechnung vorzulegen. Erfüllt der Betreuer diese Verpflichtung
nicht, kann gegen ihn gem. § 1837 Abs. 3 BGB i.V.m. § 35 FamFG ein Zwangsgeld verhängt
werden.[718]

Die Rechnung muss eine geordnete Zusammenstellung sein, d.h. die Einnahmen und Ausgaben im Rechnungsjahr schriftlich so klar und übersichtlich darstellen, dass das Gericht ohne   1767
Zuziehung von Sachverständigen einen Überblick über alle Vorgänge erhält und seiner eigenen
Verpflichtung aus den §§ 1843 Abs. 1, 1837 Abs. 3 BGB nachkommen kann.

---

718 *LG Paderborn* BtPrax 2013, 212.

1768 Soweit der bisherige Betreuer ein befreiter Betreuer war (§§ 1854, 1908i Abs. 2 BGB), also ein naher Angehöriger des Betreuten oder ein Vereins- oder Behördenbetreuer, kann es sein, dass das Betreuungsgericht auf einer Rechnungslegung für die gesamte Dauer der Betreuung besteht. Das Gericht kann dies ggf. mit einem Zwangsgeld erzwingen (§ 1837 Abs. 2 und 3 BGB, § 35 FamFG).

1769 Soweit ein Gegenbetreuer (§§ 1792 i.V.m. 1908i BGB) bestellt ist, kontrolliert dieser zunächst die Schlussrechnung, bevor sie dem Betreuungsgericht vorgelegt wird (§ 1891 BGB).

c) Vermögensherausgabe und Rechenschaft

1770 Der bisherige Betreuer hat außerdem eine umfassende Rechenschafts- und Herausgabepflicht gegenüber dem bisherigen Betreuten im Falle der Betreuungsaufhebung. Sofern es sich um einen Betreuerwechsel handelt, besteht diese Pflicht gegenüber dem Nachfolgebetreuer.

aa) Anspruchsberechtigter

1771 Im Falle des Todes besteht die Pflicht gegenüber dem Erben (§ 1922 BGB). Dieser sollte sich entweder mit einem Erbschein (§ 2353 BGB) ausweisen oder auf sonstige Weise durch schriftliche Erklärung bestätigen, dass er die Erbschaft angenommen hat. Bei testamentarischer Erbfolge reicht auch eine Ausfertigung des vom Nachlassgericht eröffneten öffentlichen Testamentes;[719] hier sollte der Betreuer aber zusätzlich eine Bestätigung des Nachlassgerichtes verlangen, dass keine weiteren Testamente vorliegen.

1772 Sind mehrere Personen Erben, bilden diese eine Erbengemeinschaft (§ 2032 BGB). In einem solchen Fall kann die Auskunft bzw. Herausgabe nur gegenüber der gesamten Erbengemeinschaft erfolgen (§ 2039 BGB). Der bisherige Betreuer kann nur gegenüber allen Berechtigten seine Herausgabe- und Rechenschaftspflichten erfüllen. Das heißt, entweder einigen sich die verschiedenen Anspruchsberechtigten auf einen gemeinsamen Termin beim bisherigen Betreuer (die Pflichten nach § 1890 sind **Holschulden**, § 269 BGB) oder sie benennen einen Empfangsbevollmächtigten, wobei die Form der Vollmachtsurkunde nicht gesetzlich definiert ist (§ 167 Abs. 2 BGB); der Betreuer sollte aber zur eigenen Absicherung auf Schriftform, § 126 BGB, bestehen. Nicht erforderlich ist eine notariell beglaubigte oder beurkundete Vollmacht.

1773 Soweit infolge unklarer Erbschaftsverhältnisse durch das Nachlassgericht ein Nachlasspfleger bestellt wurde (§§ 1960, 1961 BGB), hat dieser als gesetzlicher Vertreter der unbekannten Erben die Ansprüche nach § 1890 BGB.[720] Gleiches gilt, wenn der verstorbene Betreute rechtswirksam in letztwilliger Verfügung einen **Testamentsvollstrecker** eingesetzt hatte (§§ 2197, 2205 BGB)[721]. Nachlasspfleger und Testamentsvollstrecker legitimieren sich durch entsprechende Bescheinigungen des Nachlassgerichtes (bei Letzterem nach § 2368 BGB).

bb) Anspruchsverpflichteter

1774 Waren mehrere Betreuer mit der Vermögenssorge beauftragt (§ 1899 Abs. 1 BGB), richten sich die Ansprüche auf Herausgabe und Rechenschaft gemeinsam an diese Betreuer. Die zur Herausgabe verpflichteten Betreuer bilden jedoch keine **Gesamtschuldnerschaft**.[722]

---

719 *BGH* FamRZ 2005, 1548 = NJW 2005, 2779 = Rpfleger 2005, 536.
720 *OLG Karlsruhe* NJW-RR 2008, 313 = FamRZ 2007, 2109 = Rpfleger 2007, 606.
721 *Bienwald/Bienwald W.* Anh. zu § 1908i BGB Rn. 140.
722 *Bienwald/Bienwald W.* Anh. zu § 1908i BGB Rn. 175.

Soweit ein **Gegenbetreuer** bestellt war, hat auch dieser dem Anspruchsberechtigten über seine Aufsichtstätigkeit zu berichten (§ 1891 Abs. 2 BGB). In der Praxis wird dies im Wesentlichen Genehmigungsvorgänge nach den §§ 1810, 1812 BGB betreffen sowie die Prüfung der Jahresberichte gem. § 1842 BGB. Insoweit hat der Gegenbetreuer auch über die ihm bekannt gewordene Vermögensverwaltung des Betreuers Auskunft zu geben.

1775

Der Auskunftsanspruch aus § 666 BGB gegenüber dem ehemaligen Betreuer verjährt nach §§ 195, 199 BGB drei Jahre ab Ende des Jahres, in dem der Anspruch entstanden ist und der Anspruchsinhaber Kenntnis bzw. grob fahrlässige Unkenntnis von den anspruchsbegründenden Tatsachen hatte.[723]

1776

cc) Gegenstand des Herausgabeanspruchs

Das gesamte verwaltete Vermögen ist vom Betreuer an den bzw. die Anspruchsberechtigten herauszugeben.[724] Zur Vermögensherausgabe gehört die Herausgabe von Wohnungsschlüsseln, hinterlegtem Schmuck, Kontounterlagen, Bargeld. Der Betreuer sollte sich den Empfang im Einzelnen quittieren lassen. Bei einer Aktenherausgabe sollte diese durchnummeriert und der Empfang auch so detailliert quittiert werden.

1777

Bei Forderungen und hinterlegten Werten kommt nur die Herausgabe der dazu gehörenden **Urkunden** in Frage (z.B. Sparbuchurkunden, Schuldscheine, Hinterlegungsscheine usw.)[725]. Dies bezieht sich auch auf Dokumente, die der Betreuer selbst besorgt hat.[726]

1778

Hierzu gehören auch die zur unbaren Zahlung und Geldabhebung beschafften EC-, Konto- und Kreditkarten.[727] Der Betreuer sollte zeitnah vor der Herausgabe noch einen aktuellen Kontoauszug mit Hilfe der jeweiligen **Kontokarte** beschaffen und mit an den Berechtigten herausgeben.

1779

Auch wenn die genannten Karten zur Geldabhebung und -beschaffung nicht unverzichtbar sind, könnte der bisherige Inhaber, auch ohne berechtigt zu sein, diese noch verwenden, daher ist in der Regel die Herausgabe an den Anspruchsberechtigten angebracht. Es empfiehlt sich, vor der Herausgabe an den Anspruchsberechtigten jedoch mit dem Geldinstitut zu klären, welches Verfahren bzgl. dieser Karten im Einzelfall angebracht ist, insbesondere kann es sein, dass die Weitergabe von Kontokarten an anderen Personen aufgrund der AGB der Bank unzulässig ist.

1780

Sofern Gegenstände in einem **Schließfach** hinterlegt sind, sollte nicht nur der Schließfachschlüssel, sondern der gesamte Schließfachinhalt (gegen Quittung) übergeben werden.

1781

Die etwaige Beseitigung von **Sperrvermerken** (§§ 1809, 1815, 1816 BGB), die immer dann infrage kommt, wenn jemand anderes als ein nicht befreiter Nachfolgebetreuer anspruchsberechtigt ist, ist Sache dieses Anspruchsinhabers[728]. Ggf. hat der bisherige Betreuer zur Klarstellung für den Rechtsverkehr schriftlich zu bestätigen, dass seine Vertretungsmacht erloschen ist. Dies ist insbesondere im Falle des Todes des Betreuten sinnvoll, da hier kein gerichtlicher Beschluss zur Betreuungsaufhebung oder zur Betreuerentlassung vorliegt. Auf Antrag des

1782

---

723 *LG Düsseldorf* Beschl. v. 15.1.2014, 9 O 444/12 U.
724 *Palandt/Götz* § 1890 BGB Rn. 2; *OLG Schleswig* FamRZ 2006, 574; *OLG Jena* Urt v 27.2.2013, 2 U 352/12; *OLG Saarbrücken* FamRZ 2011, 1170.
725 *Staudinger/Engler* § 1890 Rn. 11.
726 *Damrau/Zimmermann* § 1890 Rn. 2; *KG* NJW 1971, 566, 567.
727 *Bienwald/Bienwald W.* Anh. zu § 1908i BGB Rn. 176.
728 *Knittel* § 1890 BGB Rn. 2; *Erman/Holzhauer* § 1890 Rn. 2.

Anspruchsinhabers hat auch das Betreuungsgericht das Ende der Betreuung infolge Tod des Betreuten zu bestätigen.[729]

dd) Akteneinsicht bzw. -herausgabe; Entlastungserklärung

1783 Nicht ganz eindeutig ist es, ob es auch eine Pflicht zur Herausgabe der Betreuerakte (sog. Handakte) gibt. Jedenfalls ist zumindest alles herauszugeben, was der frühere Betreute, der Erbe bzw. der Nachfolgebetreuer für weitere Ansprüche benötigt. Hierzu sollte umfassende Akteneinsicht gewährt werden.

1784 Bei Forderungen und hinterlegten Werten kommt nur die Herausgabe der dazu gehörenden Urkunden in Frage (z.B. Sparbuchurkunden, Schuldscheine, Hinterlegungsscheine usw.)[730]. Dies bezieht sich auch auf Dokumente, die der Betreuer selbst besorgt hat.[731] Hierzu gehören auch die zur unbaren Zahlung und Geldabhebung beschafften EC-, Konto- und Kreditkarten.[732]

1785 Nicht gefolgt werden kann der Ansicht von Zimmermann, Akteneinsicht oder Herausgabe der Handakte des Betreuers werde nicht geschuldet.[733] Unstrittig ist, dass zum Herausgabeanspruch auch alle Urkunden zählen, aus denen Forderungen geltend gemacht werden können (z.B. Vertragsunterlagen)[734]. Hierzu gehören aber auch etwaige Schadensersatzansprüche sowie Ansprüche auf Herausgabe entnommener Vermögenswerte gem. § 667 BGB, für die der Betreuer keinen bestimmungsgemäßen Verwendungsnachweis beibringen kann.[735]

1786 Ob ein Schadensersatzanspruch gegen den bisherigen Betreuer gem. § 1833 BGB besteht, kann oft erst nach eingehendem Studium der Handakte festgestellt werden, dessen Anfertigung jedenfalls bei beruflichen Betreuern als Standard gelten dürfte. Dies betrifft auch die Geltendmachung von Sozialleistungsansprüchen aller Art durch den Anspruchsberechtigten, für die abgeheftete Bewilligungs- oder Ablehnungsbescheide von großer Bedeutung sind. Im Übrigen ist eine Korrespondenz des Anspruchsberechtigten mit den Vertrags- und Geschäftspartnern des bisherigen Betreuten ohne Akteneinsicht kaum möglich.

1787 Im Übrigen lässt sich ein Herausgabeanspruch im Hinblick auf die für den Betreuten geführte Korrespondenz auch auf das Eigentumsrecht des Betreuten (§ 985 BGB) begründen. Schriftstücke von Dritten (Vertragspartner des Betreuten, Bescheide von Behörden) erhält der Betreuer nicht zu seinem Eigentum, sondern nur in seiner damaligen Funktion als gesetzlicher Vertreter (vgl. dazu u.a. § 131 BGB, § 6 VwZG, § 171 ZPO).

1788 Schriftstücke, die der Betreute für den Betreuten verfasst hat, sind, sofern es sich um Kopien oder Durchschriften handelt, die sich in der Handakte des Betreuers befinden, durch den Aufwendungsersatz nach § 1835 Abs. 1 BGB (ggf. in pauschalierter Form des § 1835a BGB oder § 4 Abs. 2 VBVG) abgegolten.

1789 Dem mit der Besorgung fremder Vermögensangelegenheiten betrauten und deshalb rechenschaftspflichtigen Betreuer obliegt die Darlegung, was mit dem von ihm verwalteten Vermögen geschehen ist. Vermag der Nachlasspfleger nicht darzulegen und gegebenenfalls zu bewei-

---

729 *Damrau/Zimmermann* § 1890 Rn. 2.
730 Staudinger/*Engler* 13. Bearb. 2013, § 1890 Rn. 11.
731 *Damrau/Zimmermann* § 1890 BGB Rn. 2; *KG* NJW 1971, 566, 567.
732 *Bienwald/Bienwald W.* Anh. zu § 1908i BGB Rn. 176.
733 *Damrau/Zimmermann* § 1890 BGB Rn. 2.
734 Erman/*Holzhauer* § 1890 Rn. 2.
735 *OLG Karlsruhe* FamRZ 2004, 1601 m. Anm. *Bienwald*; *OLG Saarbrücken* FamRZ 2011, 1170; *LG Mainz* Urt. v. 8.3.2012, 1 O 20/11.

sen, dass und aufgrund welcher bestimmter Verfügungen oder tatsächlicher Vorgänge von ihm erlangte Vermögensgegenstände seinem Zugriff wieder entzogen worden sind, ist die Herausgabepflicht begründet.[736]

Hinsichtlich der bestimmungsgemäßen Verwendung der aus dem Vermögen der Kläger erlangten Gelder muss der Betreuer darlegen und – soweit bestritten –, beweisen, dass er die Bargeldgeldbeträge bestimmungsgemäß für die Zwecke der Betroffenen verwendet hat. Vorgelegte Quittungen eines geschäftsunfähigen Betroffenen reichen nicht aus. Der Betreuer haftet für die Geldbeträge, für deren bestimmungsgemäße Verwendung er keinen Beweis erbringen kann.[737] Die Pflicht zur Rechenschaftslegung richtet sich nach § 259 BGB und umfasst somit auch die Herausgabe der Kontoauszüge über den gesamten Betreuungszeitraum, da nur so für den Anspruchsberechtigten nachvollziehbar ist, welche Einnahmen er hatte und welche Ausgaben von seinem Vermögen getätigt wurden.[738]   **1790**

Nicht zum Herausgabeanspruch gehört freilich die Korrespondenz des bisherigen Betreuers mit dem Betreuungsgericht, also neben den Vergütungsanträgen in eigener Sache die Jahresberichte und Rechnungslegung nach § 1840 BGB. Hierbei geht es nicht um die gesetzliche Vertretung des Betreuten, sondern um Betreuerpflichten gegenüber dem Betreuungsgericht bzw. eigene Ansprüche des Betreuers. Dies ist auch unschädlich, da der Anspruchsberechtigte dieses Schriftwechsels durch Einsicht in die Akte des Betreuungsgerichts (§ 13 FamFG) gewahr werden kann.   **1791**

Für Betreuer empfiehlt sich, von Anbeginn einer Betreuung die Führung von Handakten zu trennen, in eine Akte, die die Angelegenheiten des Betreuten umfasst und bei Bedarf an den Anspruchsberechtigten herauszugeben wäre und in eine, die die eigenen Angelegenheiten des Betreuers und seine Berichtspflichten umfasst und die auch nach Amtsende beim Betreuer verbleibt, z.B. auch für eigene steuerrechtliche Zwecke.[739]   **1792**

Bezüglich der zurückliegenden Zeiträume gestattet § 1890 BGB dem Betreuer, der rechnungslegungspflichtig war, die Bezugnahme auf die gem. §§ 1840 ff. BGB dem Gericht vorgelegten Rechnungen. Der Betreuer hat somit für diese Zeiträume nicht mehr die Pflicht, dem Anspruchsberechtigten eine Rechnung über die einzelnen Vermögensverwaltungen vorzulegen.[740]   **1793**

Soweit der Betreuer sich auf diese Rechnungslegungen bezieht, soll, von konkreten Anlässen angesehen, keine Pflicht mehr bestehen, die anlässlich der Jahresrechnungslegungen vorgelegten und vom Gericht zurückgegebenen Belege erneut vorzulegen.[741] Dieser Auffassung kann nicht gefolgt werden. Zwar ist die Einsicht des Anspruchsberechtigten gem. § 13 FamFG beim Betreuungsgericht jederzeit möglich; dazu zählt auch die Möglichkeit, Kopien der Jahresrechnungen anzufertigen. Es ist aber in der Praxis sehr unüblich, dass das Gericht die den Jahresrechnungen beigefügten Belege selbst in Kopie seiner Betreuungsakte hinzugefügt hat. Nahezu der gesamte Geldverkehr ist heutzutage mit Belegen verknüpft, aus der sich die Rechtmäßigkeit von Zahlungseingängen (z.B. Bewilligungsbescheide, Vergleiche usw.) und Zahlungsausgängen (Rechnungen, Rückforderungsbescheide usw.) ergeben.   **1794**

---

736 Vgl. für den Nachlasspfleger *OLG Dresden* ZEV 2000, 402 ff.; *OLG Karlsruhe* FamRZ 2004, 1601 f.; *OLG Brandenburg* NJW-RR 2008, 95; erneut: Urt. v. 21.11.2007, 13 U 148/06; *OLG Saarbrücken* FamRZ 2011, 1170.
737 *LG Mainz* Urt. v. 8.3.2012, 1 O 20/11.
738 *OLG Jena* BtPrax 2013, 123.
739 *Knittel* § 1890 BGB Rn. 2; *Damrau/Zimmermann* § 1890 Rn. 2.
740 *KG* OLGE 14, 267/271; *KG* J 33, A 54/63; *OLG Schleswig* OLGE 36, 221.
741 Staudinger/*Engler* § 1890 Rn. 24; DIV-Gutachten DAVorm 1982, 151.

1795 Allein aus der Rechnungslegung selbst ist es dem Anspruchsberechtigten in der Regel – mit Ausnahme ganz krasser Fälle offenkundiger Untreue – nicht möglich, auf Rechtmäßigkeit oder Rechtswidrigkeit einzelner Vorgänge zu schließen. Er bliebe auf die Sorgfältigkeit des die Rechnungslegung prüfenden Gerichtes angewiesen und hätte de facto keine Möglichkeit, den ehemaligen Betreuer wegen Fehlern in der Vermögensverwaltung gem. § 1833 BGB auf Schadensersatz anzugehen noch das Gericht wegen mangelhafter Aufsicht nach §§ 1837 Abs. 2, 1842 BGB aufgrund des § 839 BGB i.V.m. Art. 34 GG[742].

1796 Der Betreuer hat Anspruch auf eine Empfangsbescheinigung (Quittung; § 368 BGB). Es empfiehlt sich, die herauszugebenden Gegenstände und weiteren Vermögenswerte einzeln aufzulisten.

1797 Die Herausgabepflicht ist gem. § 269 BGB eine Holschuld. Der Herausgabeberechtigte hat die Gegenstände also beim bisherigen Betreuer abzuholen. Ein Versand an den Empfänger sollte der Betreuer nur dann in Betracht ziehen, wenn der Empfänger zuvor schriftlich versichert hat, dass die Sendung auf Kosten und Gefahr des Empfängers versendet werden kann. Aber auch dann bleibt noch das Problem der fehlenden Empfangsquittung, so dass von dieser Verfahrensweise grundsätzlich abzuraten ist.

ee) Durchsetzung des Herausgabeanspruchs

1798 Der **Herausgabeanspruch** ist privatrechtlicher Natur; das Betreuungsgericht kann die Herausgabe nicht mehr mit Aufsichtsmitteln erzwingen.[743]

1799 Verweigert der Betreuer die Herausgabe, muss der ehemalige Betreute, sein neuer Betreuer oder der Rechtsnachfolger des verstorbenen Betreuten vor dem Zivilgericht Klage auf Herausgabe erheben.[744] Es ist möglich (und in entsprechenden Fällen meist angebracht), gem. § 254 ZPO die Herausgabeklage mit einer Klage auf Auskunft und Rechenschaftslegung zu verbinden.[745]

1800 In Bezug auf die **Beweislast** bei der Herausgabe von Vermögenswerten des Betreuten gilt zunächst der allgemeine Grundsatz, dass der Kläger Beweis zu führen hat. Gibt der Betreuer an, Vermögenswerte nicht herausgeben zu können, weil sie nie vorhanden, nicht in seinen Besitz gelangt oder untergegangen seien, hat zunächst der Anspruchsberechtigte das Gegenteil zu beweisen.

1801 Allerdings besteht durch das Vermögensverzeichnis (§ 1802 BGB), in welches der Anspruchsberechtigte auch beim Betreuungsgericht Einsicht nehmen kann (§ 13 FamFG) eine Beweiserleichterung; ergibt sich aus diesem Verzeichnis, dass der Vermögenswert vorhanden war, ist es am Betreuer nachzuweisen, dass der Untergang des Vermögenswertes ohne sein Verschulden (§ 1833 BGB) stattgefunden hat.

3. Verzicht auf die Schlussrechnung

1802 Der Anspruchsberechtigte kann durch Vertrag mit dem bisherigen Betreuer auf eine Schlussrechenschaft verzichten, wodurch auch die Prüfung der Schlussrechnung durch das BetrG (§ 1892 BGB) entfällt. Dies ist allgemeine Ansicht, sofern es sich beim Anspruchsberechtigten

---

742 *OLG Schleswig* FamRZ 2006, 574.
743 *KG* Rpfleger 1969, 207 = FamRZ 1969, 446; *KG* J 24, 23; *KG* J 33, 54; MK-BGB/*Wagenitz* § 1890 Rn. 1; *Damrau/Zimmermann* § 1890 Rn. 7.
744 *KG* JW 1939, 351; *LG Hannover* Rpfleger 1987, 247.
745 Staudinger/*Engler* § 1890 Rn. 15.

um den bisherigen Betreuten (soweit dieser geschäftsfähig ist) oder den Erben des verstorbenen Betreuten handelt.[746]

Soweit ein Nachfolgebetreuer der Anspruchsberechtigte ist, ist die Rechtsauffassung zum Verzicht auf eine Schlussrechenschaft strittig. Nach einer Auffassung ist der Nachfolgebetreuer berechtigt, diesen auch ohne BetrG. Genehmigung nach § 1812 Abs. 1 S. 1 BGB zu erklären; hier kann aber das BetrG dem neuen Betreuer diese Erklärung gem. § 1837 Abs. 2 BGB verbieten, wenn es das Wohl des Betreuten als gefährdet ansieht.[747] Nach anderer Ansicht benötigt ein Betreuer wegen des Verzichtes auf die Durchsetzbarkeit möglicher Forderungen die BetrG. Genehmigung nach § 1812 Abs. 1 BGB[748]. Diese sei im Regelfall nicht genehmigungsfähig.[749] **1803**

Bleibt die Betreuung (Im Rahmen eines Betreuerwechsels oder nach dem Tod des Betreuers) als solche bestehen, kann der Betreute den bisherigen Betreuer (oder dessen Erben) nicht von der Pflicht zur Schlussrechenschaft entbinden.[750] **1804**

4. Entlastungserklärung

Die oft erwähnte Entlastungserklärung findet sich im Gesetz nicht. Man kann darunter ein negatives Schuldanerkenntnis verstehen, dahingehend, dass keine weiteren Ansprüche mehr bestehen (§ 397 BGB)[751]. **1805**

Die generelle Entlastung des Betreuers für die Führung der Betreuung enthält jedoch u.E. keinen Verzicht auf zum Zeitpunkt der Erklärung noch unbekannte Haftungsansprüche gegen den Betreuer.[752] Nach dieser Auffassung wird durch die Entlastungserklärung nur auf Ansprüche verzichtet, die zum Zeitpunkt ihrer Erteilung erkennbar waren bzw. mit der gebotenen Sorgfalt hätten erkannt werden können.[753] **1806**

Der anderweitigen Vorstellung, die Entlastungserklärung sei ein umfassender Forderungsverzicht[754], sei die schon vom Reichsgericht betonte[755] besondere Schutzwürdigkeit des ehemaligen Betreuten entgegenzusetzen und verkenne, dass der Bestand der erfassten Forderungen durch die vom Betreuer vorgelegte Rechnungslegung begrenzt werde; deshalb reiche das Anerkenntnis stets nur so weit, wie „die Rechnung als richtig anerkannt wird".[756] **1807**

Das Betreuungsgericht kann vom bisherigen Betreuer im Übrigen die Vorlage einer solchen Entlastungserklärung nicht erzwingen.[757] **1808**

---

746 *RGZ* 115, 368/370; *Damrau/Zimmermann* § 1890 Rn. 9; Staudinger/*Engler* § 1890 Rn. 31; MK-BGB/*Wagenitz* § 1890 Rn. 8; Erman/*Saar* § 1890 Rn. 3; Soergel/*Zimmermann* § 1890 Rn. 7; *Wesche* Rpfleger 1986, 44, *LG Saarbrücken* BtPrax 2009, 195 = FamRZ 2009, 1350.

747 *Damrau/Zimmermann* § 1890 Rn. 9.

748 *BayObLG* BayObLGR 2001, 11 = BtPrax 2001, 39 − FamRZ 2001, 934 =NJWE-FER 2001, 99 − Rpfleger 2001, 74; *Damrau/Zimmermann* § 1892 Rn. 9; Erman/*v. Crailsheim* § 1892 Rn. 3; Jurgeleit/*Meier* BtR, § 1890 Rn. 3.

749 *Formella* BtPrax 1995, 21, 22.

750 *OLG Hamm* Rpfleger 1989, 20.

751 *OLG Köln* FamRZ 1996, 249; *Gleißner* Rpfleger 1986, 462.

752 *LG München I* FamRZ 2009, 2117; *OLG Saarbrücken* BtPrax, 2014, 45 = FamRZ, 2014, 243 = NJW-RR, 2013, 1476.

753 So auch Jurgeleit/*Meier* BtR, § 1890 BGB Rn. 10.

754 *OLG Hamburg* OLGE 24, 48; *OLG Köln* FamRZ 1996, 249; *OLG Düsseldorf* DAVorm 1982, 209.

755 *RGZ* 115, 368, 371.

756 Staudinger/*Engler* § 1892 Rn. 21.

757 *AG Neukölln* BtPrax 1992, 77.

VI. Exkurs: Haftung des Betreuers

1809 Die Haftung des Betreuers gegenüber dem Betreuten richtet sich nach § 1833 BGB (i.V.m. § 1908i BGB). Dort heißt es wörtlich:

Der Vormund ist dem Mündel für den aus einer Pflichtverletzung entstehenden Schaden verantwortlich, wenn ihm ein Verschulden zur Last fällt.

Die vorstehend zitierte Vorschrift gilt für sämtliche Betreuer gleichermaßen, also den Einzelbetreuer, den Mit- und Gegenbetreuer sowie Vereins- und Behördenbetreuer[758].

1810 Voraussetzung für eine Haftung ist, dass der Betreuer eine Pflichtverletzung begangen hat. Eine Pflichtverletzung stellt jeder Verstoß gegen das Gebot zu einer treuen und gewissenhaften Amtsführung dar; sie kann in einem Tun oder Unterlassen liegen, in der Abgabe und dem Unterlassen einer Willenserklärung, in der Vornahme oder Nichtvornahme beliebiger Rechtshandlungen oder Realakte. Ferner obliegt es dem Betreuer, Anordnungen und Weisungen des Betreuungsgerichtes zu entsprechen und nicht gegen die ihm qua Gesetz auferlegten Betreuerpflichten zu verstoßen. Auch in diesem Zusammenhang gilt es zu betonen, dass der Wunsch des Betreuten im Zweifel maßgeblich ist, es sei denn, dessen Befolgung wäre unzumutbar für den Betreuer.[759]

1811 **Beispiel:** Die 86-jährige Elsbeth Sch. verfügt über ein Girokonto bei der Postbank Hamburg mit einem Kontostand von 30.000 €. Die Betreuerin versucht, Frau Sch. behutsam klarzumachen, dass es sinnvoll ist, einen Großteil der auf dem Girokonto liegenden Gelder festverzinslich auf einem Sparkonto anzulegen. Die Betreuerin kann in dieser Sache nicht „hinter dem Rücken" der Betreuten agieren, weil diese Zweitschriften der Kontoauszüge bekommt und deshalb sofort feststellen würde, dass der Kontostand sich reduziert hat. Als die Betreuerin androht, entgegen dem Wunsche der Frau Sch. das Geld (nach entsprechender betreuungsgerichtlicher Genehmigung) in Wertpapieren anzulegen, bricht diese in Tränen aus und gibt an, sich für diesen Fall suizidieren zu wollen. Ihr Wort gelte nichts mehr, es habe sowieso alles keinen Zweck. Die Betreuerin lässt alles beim Alten. Im Rahmen der Überprüfung der Rechnungslegung des Girokontos durch das Betreuungsgericht wird der hohe Kontostand moniert. Das Betreuungsgericht bestellt einen Ergänzungsbetreuer zur Überprüfung der Fragestellung, ob die Betreuerin pflichtwidrig das Geld der Frau Sch. auf dem Girokonto zinslos liegenließ. Die Betreuerin legt glaubhaft dar, sich an dem Wohl und den Wünschen der Betreuten orientiert zu haben, § 1901 BGB. Der Ergänzungsbetreuer lehnt eine Haftung der Betreuerin ab. Das Betreuungsgericht sieht daraufhin davon ab, einen Schadensersatzanspruch gegen die Betreuerin geltend zu machen.

1812 Im vorstehenden Beispiel wäre allerdings der Betreuerin zu raten gewesen, das Betreuungsgericht unverzüglich von dem Wunsch der Betreuten, das Geld nicht anlegen zu wollen, zu unterrichten anstatt die Akten sang- und klanglos zur Überprüfung der Rechnungslegung vorzulegen.

Im Rahmen der haftungsrechtlichen Bewertung des Wohls des Betroffenen i.S.v. § 1901 BGB darf der Betreuer finanzielle Nachteile des Betreuten in Kauf nehmen, wenn gleichzeitig das Wohl des Betroffenen gewahrt wird. Dem Betreuer ist in diesem Bereich ein pflichtgemäßes

---

758 Ausführliche Darstellung bei *Deinert/Lütgens/Meier* Die Haftung des Betreuers, 2. Aufl. 2007 (3. Aufl. in Vorb.).
759 Palandt/*Götz* § 1901 Rn. 7.

Ermessen zuzubilligen.[760] Dem Urteil lag ein Fall zu Grunde, nach dem der Betreuer mit dem Vermieter des Betreuten die zusätzliche Übernahme von Mietnebenkosten vereinbart hatte, um den Wohnraum dauerhaft zu sichern. Der BGH stellte fest: Ein Wunsch des Betreuten läuft nicht bereits dann i.S.d. § 1901 Abs. 3 S. 1 BGB dessen Wohl zuwider, wenn er dem objektiven Interesse des Betreuten widerspricht. Vielmehr ist ein Wunsch des Betreuten im Grundsatz beachtlich, sofern dessen Erfüllung nicht höherrangige Rechtsgüter des Betreuten gefährden oder seine gesamte Leben- und Versorgungssituation erheblich verschlechtern würde.[761]

Demgegenüber sind Wünsche und Interessen Dritter (Angehörige, Vermieter, Behörden etc.) nur dann zu berücksichtigen, wenn sie im Einzelnen deckungsgleich mit den Vorstellungen des Betreuten sind.[762] **1813**

Als Beispiele für eine mögliche Pflichtwidrigkeit kommen u.a. in Betracht: **1814**

- das Nichterheben von Ansprüchen des Betreuten gegen Dritte, z.B. ehemalige Bevollmächtigte[763]; hierbei kann es sich auch um Schenkungsrückforderungen wegen groben Undanks des früheren Bevollmächtigten handeln;[764]
- das Nichtmitteilen von Umständen, die eine Aufhebung, Einschränkung oder Erweiterung der Betreuung oder die Anordnung eines Einwilligungsvorbehaltes erfordern, § 1901 Abs. 5 BGB;
- Nichteinholung der gerichtlichen Genehmigung bei Wohnungsauflösung, § 1907 BGB;[765]
- Nichteinholen von erforderlichen betreuungsgerichtlichen Genehmigungen;
- Versäumung von Rechtsmittel- oder Antragsfristen;
- Anlage größerer Vermögenswerte bei einem Geldinstitut, dass nur über gesetzliche Mindesteinlagensicherung (seinerzeit 20.000 €, inzwischen erhöht auf 100.000 €) verfügte;[766]
- zwangsweises Verbringen eines Betreuten in ein offenes Altenpflegeheim;[767]
- Veranlassen einer freiheitsentziehenden Unterbringung ohne den Aufgabenkreis Aufenthaltsbestimmung (nur mit Gesundheitssorge);[768]
- Führen eines aussichtslosen Prozesses, Nichtstellen eines Prozesskostenhilfeantrages[769].

Der Betreuer muss für den Betreuten nur dann eine Haftpflichtversicherung abschließen, wenn die erhöhte Gefahr einer haftpflichtrechtlichen Inanspruchnahme zu bejahen ist.[770] Ist der Betreute etwa fremdgefährdend oder -aggressiv, so hat der Betreuer in jedem Fall **den Versuch zu unternehmen**, für den Betreuten eine Haftpflichtversicherung abzuschließen, respektive zu unterhalten. Eine Übernahme durch Sozialhilfeträger kommt leider nur in Ausnahmefällen in Frage, nämlich dort, wo andere Einkünfte nach § 82 SGB XII anzurechnen sind. Freilich muss der Betreuer bei Beantragung einer Haftpflichtversicherung für einen fremdgefährdenden Betreuten diesen sogenannten gefahrgeneigten Umstand offenlegen. Ansonsten kann in einem Versicherungsfall die Versicherung eine Regulierung des Schadens wegen Verschweigen eines wesentlichen Umstands ablehnen. **1815**

---

760 *LG Freiburg i.Br.* Urt. v. 4.9.2003, 3 S 478/02, BtMan 2005, 105.
761 *BGH* BtPrax 2009, 290 = FamRZ 2009, 1656 = NJW 2009, 2814 = MDR 2009, 1226 = WM 2009, 1856.
762 *OLG Karlsruhe* Beschl. v. 16.8.2006, 10 W 13/06.
763 *OLG München* BtPrax 2005, 199 (Ls) = FamRZ 2006, 62 (Ls) = OLGR 2006, 192 = Rpfleger 2006, 14.
764 *BGH* Urt v. 25.3.2014, X ZR 94/12, BtPrax 2014, 177.
765 *LG Berlin* NZM 2001, 807 (Ls).
766 *LG Waldshut-Tiengen* BtPrax 2008, 87 = FamRZ 2008, 916.
767 *LG Oldenburg* FamRZ 1997, 899; *BayObLG* BtPrax 1995, 182.
768 *OLG Hamm* FamRZ 2001, 861 = R&P 2001, 206 = RdLH 2001, 180 m. krit. Anm. *Beck* BtPrax 2001, 195.
769 *OLG Hamburg* NJW 1960, 1207.
770 *BGH* NJW 1980, 2249 = DAVorm 1980, 651 = FamRZ 1980, 874 = Rpfleger 1980, 377 = VersR 1980, 815; *OLG Hamm* JR 1978, 201 = DAVorm 1978, 221.

1816 Besonders haftungsrelevant erweist sich in der Praxis die Versäumnis sozialrechtlicher Antragsfristen. Das Bundessozialgericht sah es in mehreren Fällen als Pflicht des Betreuers mit dem Aufgabenkreis Gesundheitssorge an, sich um die Weiterführung der (freiwilligen) gesetzlichen Krankenversicherung, z.B. nach Scheidung zu kümmern. Hier sind nach § 9 SGB V 3-monatige Antragsfristen einzuhalten.[771]

1817 In jüngster Zeit wird zunehmend thematisiert, ob es sich als eine Pflichtwidrigkeit darstellt, wenn der Betreuer nach erfolgter Unterbringung seines Betreuten in einem Heim es unterlässt, dessen Wohnung zeitnah aufzulösen. Früher wurde dies von der Rechtsprechung als haftungsbegründend bejaht. Der Gesetzgeber statuierte, dass die Wohnung als räumlicher Mittelpunkt des Lebens für den Betreuten von überragender Bedeutung ist. Eine überhastete Auflösung bewirke, dass er seine vertraute Umgebung und vielfach auch den Bekanntenkreis verliert.[772]

1818 Insbesondere nach einem längeren Klinikaufenthalt kann die Rehabilitation eines älteren und gebrechlichen Menschen entscheidend davon abhängen, dass er in seine gewohnte Umgebung zurückkehren kann; eine übereilte, von dem Betreuer veranlasste Auflösung der Wohnung wäre in diesem Sinne sogar kontraproduktiv. Im Übrigen ist statistisch erwiesen, dass ein großer Teil der älteren Menschen, die in ein Heim eingewiesen werden, im ersten halben Jahr nach dieser örtlichen Veränderung versterben. Die Auflösung des eigenen Hausstandes stellt sich für viele ältere Bürger als ein Schock dar. Auf dem vorbezeichneten Hintergrund ergibt sich für die Haftung das Nachstehende:

1819 Der Betreuer bedarf für die Aufgabe der Wohnung ohnehin der Genehmigung des Betreuungsgerichtes. Es obliegt dem Rechtspfleger, den Betreuten hierzu vorher anzuhören. Eine Haftung des Betreuers ist daher unter drei Gesichtspunkten möglich:

1. Der Betreuer löst den Haushalt des Betreuten auf, ohne zuvor die Genehmigung des Betreuungsgerichts eingeholt zu haben;
2. die Auflösung der Wohnung wird nach erteilter betreuungsgerichtlicher Genehmigung pflichtwidrig verzögert;
3. die Genehmigung zur Wohnungsaufgabe wird erst verspätet durch den Betreuer eingeholt.

1820 Ein Betreuer ist sowieso nur dann legitimiert, eine Wohnungsauflösung des Betreuten in die Wege zu leiten, sofern er von dem Betreuungsgericht entweder mit dem Aufgabenkreis „Wohnungsangelegenheiten", „Aufenthaltsbestimmung" oder aber zumindest „Vermögenssorge" betraut wurde. An dieser Stelle sei in Erinnerung gerufen, dass der Betreuer als gesetzlicher Vertreter ausschließlich im Rahmen der gerichtlich festgelegten Aufgabenkreise tätig werden darf.

1821 Ohnehin kann nicht stark genug betont werden, dass eine erteilte betreuungsgerichtliche Genehmigung, etwa zur Unterbringung des Betreuten oder aber zur Wohnungsauflösung, nicht per se den Betreuer zu entlasten vermag. Nach § 1829 Abs. 1 BGB ist der Betreuer verpflichtet, nach Erhalt der betreuungsgerichtlichen Genehmigung nochmals zu prüfen, ob das avisierte Handeln im Interesse des Betreuten noch indiziert ist. Insbesondere ist nicht auszuschließen, dass sich zwischenzeitlich die tatsächlichen Gegebenheiten änderten, was zwar dem Betreuer, nicht aber dem Gericht zum Zeitpunkt der Genehmigungserteilung bekannt war.

---

771 *BSG* BtPrax 2003, 172 (m. Anm. *Meier* S. 173) = FamRZ 2002, 1471 (m. Anm. *Bienwald*) = FEVS 2003, 148 = FPR 2002, 459 = NJW 2002, 2413 = RdLH 2002, 178 = SozR 3-2500; *BSG* Urt. v. 28.5.2008, B 12 KR 16/07 R, RdLH 2008, 114; *OLG Brandenburg* FamRZ 2008, 916 = OLGR 2008, 614; *LG Dessau* BtPrax 2010, 192 = FamRZ 2010, 1011.

772 BT-Drs. 11/4528, 149.

Sofern der Betreuer Dritte mit der Erledigung von Aufgaben befasst, muss unterschieden werden, ob diese Aufgabenübertragung zulässig war oder nicht. Von dem Betreuer zulässig in Anspruch genommene Hilfspersonen haften dem Betreuten gegenüber selbst, sofern sie ihm Schaden zugefügt haben, nach den allgemeinen Vorschriften (Vertragsverletzung/Delikt). | 1822

> **Beispiel:** Der Betreuer beauftragt die Spedition S. wegen des Umzuges seiner Betreuten. Aus Versehen eines Angestellten der Spedition S. gehen zwei wertvolle Vasen der Betreuten zu Bruch. Das Speditionsunternehmen haftet hier auf Schadensersatz wegen Vertragsverletzung. | 1823

Andererseits haftet der Betreuer selbst nach § 1833 BGB, wenn die Heranziehung eines Dritten unzulässig war. | 1824

> **Beispiel:** Der Betreuer Friedrich G. beauftragt Jörg T., einen Hausbesuch bei einem Betreuten durchzuführen. Jörg T., der glaubt, der Betreute würde dies nicht merken, entwendet ihm aus der Haushaltskasse einen Tausendmarkschein. Nach ganz herrschender Meinung gehören Hausbesuche zu den zwingend höchstpersönlich vom Betreuer wahrzunehmenden Aufgaben, die nicht delegierbar sind.[773] Vorliegend haftet also der Betreuer selbst für das Verhalten des von ihm eingeschalteten Dritten. | 1825

Handelt es sich demgegenüber um eine überwiegend verwaltungsmäßige Leistung, die sowohl von dem Betreuer als auch von einem Dritten wahrgenommen werden kann, wie z.B. die Auswahl einer Geldanlagemöglichkeit, so haftet der Betreuer für das Verschulden der ihn beratenden Bank, als wenn es eigenes Verschulden wäre, wenn es beispielsweise eine bessere Anlagemöglichkeit gibt. | 1826

In allen übrigen Fällen der zulässigen Heranziehung eines Dritten, wenn es sich also um Geschäfte handelt, die notwendigerweise dessen Einschaltung erforderlich machen, z.B. die Hinzuziehung eines Arztes oder eines Rechtsanwaltes in einem Prozess, beschränkt sich die Tätigkeit des Betreuers auf die Auswahl, Unterweisung und Überwachung des Beauftragten. Weitergehende Haftungsansprüche bestehen nicht. Stattet allerdings der Betreuer den Rechtsanwalt nur unzureichend mit wichtigen Informationen aus und geht gerade deswegen ein Prozess verloren, so haftet er direkt nach § 1833 BGB. | 1827

Der Betreuer muss schuldhaft gehandelt haben, d.h. er haftet für Vorsatz und jede Form der Fahrlässigkeit (§ 276 BGB). | 1828

Der Betreuer hat die im Verkehr erforderliche Sorgfalt an den Tag zu legen. Das Maß der geforderten Sorgfalt wird reduziert auf die Sorgfalt des Lebenskreises, die Lebensumstände und die Rechts- und Geschäftserfahrung des Betreuers. Eine Reduzierung auf die eigenübliche Sorgfalt findet jedoch nicht statt. Allerdings ist bei einem ehrenamtlichen Betreuer ohne Rechtskenntnisse positiv zu berücksichtigen, welche Lebenserfahrung vorliegt, insbesondere wenn er sich hilfesuchend, aber ergebnislos an das Betreuungsgericht gewendet hat.[774] Bei einem Berufsbetreuer, der eine dementsprechende Vergütung begehrt, sind jedoch die vorauszusetzenden Rechts- und Geschäftskenntnisse hoch anzusetzen im Gegensatz etwa zu einem ehrenamtlich handelnden Einzelvormund. Dies gilt besonders bei einem anwaltlichen Berufsbetreuer.[775] | 1829

---

773 *LG Berlin* Beschl. v. 16.12.1998, 87 T 47/97, 20.
774 *OLG Schleswig* NJWE-FER 1997, 105 = FamRZ 1997, 1427.
775 *OLG Hamm* FamRZ 2001, 861 (m. Anm. *Bienwald* S. 863) = RdLH 2001, 180; m. Anm. *Beck* BtPrax 2001, 195.

1830   Arbeitsüberlastung oder aber eine fehlende Vergütung für die eigenen Aufwendungen vermögen nicht zu entlasten.

Demgegenüber kann sich der Betreuer jedoch grundsätzlich auf einen Rechtsrat des Betreuungsgerichtes verlassen.[776]

1831   **Beispiel:**   Isabelle F. beauftragt Rechtsanwalt Rolf A. mit ihrer Vertretung in einem gegen sie anhängigen Betreuungsverfahren. Trotz Bemühungen von Rechtsanwalt A. kommt es zur Anordnung einer Betreuung mit dem Aufgabenkreis „Vermögenssorge" wegen Geschäftsunfähigkeit von Frau F. Rechtsanwalt A. schickt nach Abschluss des Verfahrens seine Kostennote an den Betreuer Bert P. der Frau F., der nach entsprechender Rücksprache mit dem Betreuungsgericht eine Bezahlung verweigert mit dem Bemerken, die geschäftsunfähige Frau F. habe keinen wirksamen Auftrag erteilen können. Dieser Rechtsrat des Betreuungsgerichts ist falsch. In § 275 FamFG heißt es wörtlich: *„In Verfahren, die die Betreuung betreffen, ist der Betroffene ohne Rücksicht auf seine Geschäftsfähigkeit verfahrensfähig."* Gleichwohl haftet der Betreuer vorliegend nicht für den Fall, dass Rechtsanwalt A. gerichtlich seine Forderung gegen Frau F. durchsetzt und ihr hierdurch ein Vermögensschaden in Form von Gerichts- und weiteren Rechtsanwaltskosten entsteht. Allerdings ist dann wegen der falschen Beratung durch das Betreuungsgericht ein Anspruch der Frau F. auf Schadensersatz nach Staatshaftungsgrundsätzen gegeben, gerichtet gegen das Land als Anstellungskörperschaft des Rat erteilenden Rechtspflegers.

1832   Bei der Entscheidung, ob in einem Prozess Rechtsmittel einzulegen sind, hat sich beispielsweise der Betreuer durch einen Rechtsanwalt beraten zu lassen.

1833   Regressansprüche des Betreuten verjähren grundsätzlich nach 3 Jahren (§ 195 BGB), wobei die Verjährung während der laufenden Betreuung gehemmt ist (§ 207 BGB). Sind die Ansprüche jedoch unbekannt, beträgt die Verjährung nach § 199 Abs. 3 BGB 10 Jahre. Auf Grund dieser Regelung ist es vonnöten, die Handakten und sämtliche Unterlagen, die die Betreuung betreffen, so lange aufzuheben, da es im Einzelfall nicht ausgeschlossen werden kann, dass man selbst nach einem längeren Zeitraum von Dritten, z.B. Erben in Anspruch genommen wird.

1834   Unter bestimmten Umständen ist auch eine Haftung des Betreuers Dritten gegenüber möglich. Während im Bereich des Zivilrechtes, z.B. bei Mietverhältnissen grundsätzlich nur die Haftung des vom Betreuer gesetzlich vertretenen Betreuten gem. § 164 BGB in Frage kommt[777] und nur in einem extremen Ausnahmefall der BGH vor vielen Jahren einmal eine Vertrauenshaftung des Betreuers bejahte („weit überwiegendes Drittinteresse des Vertragspartners" bei einem extrem gefährlichen Brandstifter[778]), kann insbesondere gegenüber dem Sozialhilfeträger und dem Finanzamt eine Eigenhaftung des Betreuers in Frage kommen, wenn Vorsatz oder grobe Fahrlässigkeit vorliegen.

1835   So kann gem. §§ 103, 104 SGB XII eine Haftung des Betreuers gegenüber dem Sozialhilfeträger gegeben sein, wenn der Betreute zu Unrecht Sozialhilfeleistungen bezieht. Dies ist denkbar, wenn der Betreuer falsche oder unrichtige Angaben gemacht hat oder Änderungen in den wirtschaftlichen Verhältnissen mitzuteilen versäumte (§ 60 SGB I), aber auch, wenn ihm die

---

776 HK-BUR/*Deinert/Lütgens* § 1833, Rn. 25 *OLG Brandenburg* BtPrax 2007, 223.

777 *BGH* BtPrax 1995, 103 = FamRZ 1995, 282; *OLG Düsseldorf* BtPrax 2010, 138 = FamRZ 2010, 1282; *OLG Schleswig* OLGR 2003, 8 =SchlHA 2003,74; *LG Flensburg* BtPrax 2008, 228.

778 *BGH* NJW 1987, 2664 = FamRZ 1987, 904.

Fehlerhaftigkeit eines Sozialhilfebescheides zugunsten des Betreuten bekannt oder infolge grober Fahrlässigkeit nicht bekannt war.[779]

Eine Eigenhaftung gegenüber dem Finanzamt für Steuerschulden des Betreuten kann sich aus § 34 i.V.m. § 69 AO ergeben.[780] Der Betreuer mit dem Aufgabenkreis Vermögenssorge vertritt den Betreuer auch in Steuersachen.[781] Hier kann eine falsch verstandene Solidarität mit dem Betreuten, der in Vorjahren Steuerhinterziehung betrieb, verhängnisvoll sein.[782] Eine Berufshaftpflichtversicherung des Betreuers kommt üblicherweise für solche Haftungsfälle nicht auf. **1836**

VII. Aufwendungsersatz und Vergütung

1. Allgemeines

Die Tätigkeit als Betreuer (sowie als Verfahrenspfleger) ist seitens des Gesetzgebers grundsätzlich als **staatsbürgerliches Ehrenamt** konzipiert, das dem Amtsinhaber zwar keine finanziellen Opfer an Sachausgaben zumutet, aber von Ausnahmen abgesehen, keine Entschädigung für den mit dieser Tätigkeit verbundenen Zeitaufwand beinhaltet. **1837**

Diese Vorstellung vom ehrenamtlichen Einsatz für den hilfebedürftigen Einzelnen ist zwar von den Gesamtzahlen insbesondere der Betreuungen her gesehen immer noch der überwiegende Anwendungsfall. Denn auch nach den neueren Justizstatistiken sind immer noch nahezu 2/3 der jährlich neu bestellten Betreuer nicht beruflich in dieser Aufgabe tätig.[783] Allerdings ist ein Großteil dieser Betreuer nicht in dem Sinne ehrenamtlich, wie dies in der Öffentlichkeit allgemein unter einem Ehrenamt verstanden wird; rund 7 von 8 ehrenamtlichen Betreuern sind Angehörige der betreuten Menschen, oft die Ehegatten, Lebenspartner, Kinder oder Eltern, die aufgrund des familiären Näheverhältnisses und wegen des im Gesetz in § 1897 Abs. 4 BGB definierten bedingten Vorrangs dieses Personenkreises bestellt wurden.[784] Sie stehen aber bzgl. des Versicherungsschutzes[785] und der finanziellen Ansprüche[786] den nicht Angehörigen als Betreuern gleich, die meist von Betreuungsvereinen im Rahmen des § 1908f Abs. 1 BGB angeworben und vorgeschlagen wurden. **1838**

Rund 40 % aller neu bestellten Betreuer (und fast ausschließlich die bestellten Verfahrenspfleger) sind jedoch beruflich tätig, für sie ist die Ausübung dieser Ämter ganz oder anteilig Gegenstand ihres Broterwerbs. Während zu Zeiten der Vormundschaft diese Personen fast ausschließlich im Anwaltsmilieu angesiedelt waren, haben in den mehr als 20 Jahren, die das Betreuungsrecht existiert, zunehmend Personen aus dem sozialpädagogischen Umfeld, aber **1839**

---

779 *Bayer. VGH* FamRZ 2004, 491; FamRZ 2007, 310.

780 *Deinert/Römer* Betreuung und Steuerrecht Teil 1, BtPrax 2010, 212.

781 *BayObLG* FamRZ 1965, 341; *OLG München* OLGR 2006, 192 = BtPrax 2005, 199 (Ls) = FamRZ 2006, 62 (Ls) = Rpfleger 2006, 14; *BFH* NV 2006, 897.

782 *Stahl/Carle* Die steuerliche Rechtsstellung des Betreuers eines steuerunehrlichen Betreuten und steuerstrafrechtliche Risiken, DStR 2000, 1245.

783 *BfJ* Sondererhebungen „Verfahren nach dem BtG" 1992–2010; Auswertungen z.B. HK-BUR/*Bauer/Deinert* § 1897 BGB Rn. 113 sowie regelmäßig in der BtPrax, zuletzt *Deinert* BtPrax 2016, 9.

784 HK-BUR/*Bauer-Deinert* § 1897 BGB Rn. 76 ff.; Jurgeleit/*Jurgeleit* BtR, § 1897 BGB Rn. 43.

785 Haftpflichtversicherung durch Sammelversicherungen des jew. Bundeslandes, vgl. HK-BUR/*Deinert/Lütgens* § 1833 BGB Rn. 296 sowie Unfallversicherungsschutz durch Eigenunfallversicherungsträger der jew. Bundesländer; vgl. *Deinert* BtPrax 1996, 42.

786 *BGH* NJW 1997, 58 = MDR 1997, 62 = FamRZ 1996, 1545 = BtPrax 1997, 29 = Rpfleger 1997, 109.

(vor allem in den neuen Bundesländern) auch aus anderen Berufsfeldern die Gelegenheit ergriffen, um als „Berufsbetreuer" tätig zu werden.[787]

1840 Diese Berufsbetreuung (und auch die Berufsverfahrenspflegschaft) ist aber bis heute **kein feststehendes Berufsbild**, obwohl es von den Berufsverbänden seit Langem gefordert wird.[788]

1841 Der Gesetzgeber hat die Regelungen insbesondere der Betreuervergütung nach dem Inkrafttreten des Betreuungsgesetzes 2 Mal verändert, nämlich 1999 durch das 1. Betreuungsrechtsänderungsgesetz (BtÄndG), als die Vergütung aus der Staatskasse nur noch als **Vorschusszahlung** für den eigentlich zahlungspflichtigen, aber derzeit mittellosen Betreuten konzipiert wurde.[789] Auch wurde das dreistufige System der von der Berufsqualifikation abhängigen Stundensätze eingeführt. Nach erheblichen Fallzahl- und Kostensteigerungen wurde im Rahmen des 2. BtÄndG ab 1.7.2005 die Vergütung der beruflichen Betreuer in ein Pauschalsystem überführt, das die ausufernden Dokumentationspflichten beseitigen, somit die Verfahren für die Gerichte einfacher gestalten sollte und zugleich der Hoffnung Ausdruck gab, die Staatskassen vor weiter ansteigenden Ausgaben zu bewahren[790] (was sich als Trugschluss herausstellte).

1842 Die Bestimmungen, die die Entschädigung der vorgenannten Betreuungspersonen beinhalten, finden sich in verschiedenen Gesetzen. Im BGB finden sich in den §§ 1835–1836e BGB die Regeln, die für alle Betreuer gelten, egal ob ehrenamtlich oder beruflich tätig sowie die Bestimmungen, die die Kostenheranziehung der Betreuten umfassen. Das Vormünder- und Betreuervergütungsgesetz (VBVG), das 2005 das Berufsvormündervergütungsgesetz (BVormVG) abgelöst hat, enthält die speziell für die berufliche Betreuungsführung wichtigen inhaltlichen Bestimmungen. Das FamFG enthält die Regelungen zum gerichtlichen Verfahren in Entschädigungssachen (§§ 168 und 292 FamFG) sowie die Bestimmungen zur Vergütung der Verfahrenspfleger (§§ 277, 318 FamFG). Des Weiteren sind noch einige Bestimmungen des Sozialhilferechtes sinngemäß anwendbar (§§ 82, 85, 87, 90 SGB XII sowie die Verordnungen zu den §§ 82 und 90 SGB XII).

1843 Die Rechtsprechung hat in den vergangenen über 20 Jahren die Rechtsrealität im Bereich der Betreuervergütung sehr stark bestimmt; mehr als die Hälfte aller im Bereich des Betreuungsrechtes bekannt gewordenen Entscheidungen der Obergerichte betrafen vergütungsrechtliche Fragestellungen,[791] auch hat sich das BVerfG strittiger Fragen mehrfach angenommen.[792] Seit September 2009 hat der BGH vermehrt in die Rechtsmaterie eingegriffen, da er nach dem FamFG statt der bisherige Oberlandesgerichte die Rechtsbeschwerdeinstanz darstellt.[793] In der nachfolgenden Darstellung wird im Wesentlichen auf die in der Rechtsprechung „herrschende Meinung" Bezug genommen. Für eine vertiefte Darstellung der einzelnen Rechtsprechung wird auf die Kommentarliteratur, insbesondere den HK-BUR[794] sowie das Handbuch von *Deinert/Lütgens*[795] verwiesen.

---

787 *Deinert/Lütgens* Rn. 446 ff.
788 *Deinert/Lütgens* Rn. 449.
789 *Deinert/Lütgens* Rn. 1429.
790 BT-Drs. 15/2494, 31 ff.
791 Vgl. HK-BUR/*Deinert* Rechtsprechungsübersichten zu §§ 1835–1836e BGB und §§ 1–8 VBVG.
792 Zuletzt *BVerfG* BtPrax 2007, 122 = FamRZ 2007, 622 = Rpfleger 2007, 317 = RdLH 2007, 22.
793 Zur *BGH*-Rechtsprechung bei der Betreuervergütung vgl. *Deinert* Rpfleger 2014, 179.
794 Komm. zu §§ 1835–1836e BGB, zu § 168 FamFG sowie zum VBVG.
795 *Deinert/Lütgens* Die Vergütung des Betreuers, 6. Aufl. 2012.

2. Aufwendungsersatz

Beim Ersatz der Aufwendungen der Betreuungsperson geht es darum, dass durch die Amtstätigkeit keine Einbuße an Sachgütern erfolgen soll. Die zentrale Bestimmung für den Aufwendungsersatz (und den in der Praxis äußerst seltenen Vorschuss auf beabsichtigte Aufwendungen) ist § 1835 BGB. Der Anwendungsfall der 5 Absätze dieses Paragraphen, der seinerseits auf die aus dem Auftragsrecht stammenden §§ 669, 670 BGB verweist, ist aber ausgesprochen unterschiedlich.

1844

Eines haben die ersten 3 Absätze gemeinsam: Stehen die dort genannten Ansprüche der Betreuungsperson zu, hat diese den **Aufgabenkreis Vermögenssorge** inne und ist der Betreute nicht mittellos i.S.d. §§ 1836c, d BGB, kann dieser Zahlungsanspruch entnommen werden, ohne dass es eines gerichtlichen Verfahrens dazu bedarf (so § 168 Abs. 1 Nr. 1 FamFG)[796]. Eine gerichtliche Kontrolle findet in diesen Fällen nur im Rahmen der allgemeinen Aufsicht des Gerichtes (§ 1837 Abs. 2 BGB) und der Rechnungslegung (§§ 1840, 1841 BGB) statt, so der Betreuer hierzu verpflichtet ist, was bei befreiten Betreuern nur die Ausnahme ist.[797]

1845

Allerdings ist ein gerichtliches Verfahren demnach im Gegenzug stets nötig, wenn der Betreuer die Vermögenssorge nicht innehat, das betrifft auch Fälle der bereits beendeten Betreuung[798] oder wenn die Zahlung wegen Mittellosigkeit aus der Staatskasse erfolgen soll. Auch Aufwendungsersatz für Verfahrenspfleger ist stets gerichtlich festzusetzen, er erfolgt ausschließlich aus der Staatskasse (§ 277 Abs. 5 S. 1 FamFG).

1846

Für die Geltendmachung des Aufwendungsersatzes ist gem. § 1835 Abs. 1a BGB eine **Ausschlussfrist** von 15 Monaten (beginnend ab dem Zeitpunkt der Aufwendung) zu beachten; sie kann vom Gericht durch ausdrücklichen Beschluss auf bis zu 2 Monate verkürzt werden (letzteres ist in der Praxis allerdings nicht zu beobachten). Wird die Frist verpasst, erlischt der Erstattungsanspruch. Eine Wiedereinsetzung in den vorherigen Stand findet nicht statt.[799] Eine Verlängerung der Antragsfrist ist nach gleicher Bestimmung ebenfalls möglich, allerdings nur auf ausdrücklichen Antrag des Betreuers, der vor Ablauf der eigentlichen Frist gestellt worden sein muss.[800]

1847

a) Entschädigung für Barauslagen

Die Entschädigung für **Barauslagen**, wie z.B. Fahrtkosten, Porto und Telekommunikationsentgelte nach § 1835 Abs. 1 BGB steht seit dem 1.7.2005 nur noch folgenden Personen zu:

1848

- Ehrenamtlichen Betreuern (die aber meist stattdessen die Aufwandspauschale nach § 1835a BGB wählen, siehe dazu weiter unten 1859 ff.);
- Berufs- und Vereinsbetreuer nur in den Ausnahmefällen, wenn sie zum Sterilisationsbetreuer oder zum Verhinderungsbetreuer wegen rechtlicher Verhinderung bestellt wurden (§§ 1899 Abs. 2 und 4 BGB, § 6 S. 1 VBVG);
- Behördenbetreuern, wenn der Betreute nicht mittellos ist;
- Betreuungsvereinen und Betreuungsbehörden als Betreuer (§ 1900 Abs. 1 und 4 BGB), wenn der Betreute nicht mittellos ist – mit Ausnahme allgemeiner Verwaltungskosten;

---

796 *Deinert*/Lütgens Rn. 1488 ff.; *BayObLG* BtPrax 2001, 77 = Rpfleger 2001, 179 = FamRZ 2001, 793 = NJWE – FER 2001, 121.

797 *LG München* BtPrax 1998, 83 = FamRZ 1998, 701.

798 *OLG Hamm* FamRZ 2004, 1065 = Rpfleger 2003, 364; *BayObLG* FamRZ 2005, 393.

799 *OLG Schleswig* FamRZ 2002, 1288; *BayObLG* FamRZ 2004, 1137 = FGPrax 2004, 77.

800 *OLG Frankfurt/Main* BtPrax 2003, 220 = FamRZ 2003, 1414.

- Verfahrenspflegern, soweit diese keine Pauschale nach § 277 Abs. 3 FamFG vereinbart haben, in diesem Fall wird ihnen der Aufwendungsersatz pauschal mit 3,00 € je Stunde ersetzt.

1849   Für Fahrtkosten mit dem PKW ist analog zur Entschädigung der gerichtlichen Sachverständigen ein Pauschalbetrag von 0,30 €/km (zzgl. Parkgebühren) zu berechnen. Bei Benutzung öffentlicher Verkehrsmittel sind die tatsächlich angefallenen Kosten (Bahn bis 1. Klasse incl. Platzreservierung) erstattungsfähig.

1850   ▶ **Hinweis:**   Betreuer sollten bei Verhinderungs- und Sterilisationsbetreuung, bei Tätigkeiten nach dem Tod des Betreuten (Notgeschäftsführung) und bei der gesamten Tätigkeit als Verfahrenspfleger (sowie bei anderen Pflegschaften und Vormundschaften) unmittelbar nach der jeweiligen Tätigkeit den genauen Zeitaufwand, nach Möglichkeit minutengenau sowie die zur jeweiligen Tätigkeit gehörenden Sachaufwendungen (gefahrene KM, Parkgebühren usw.) erfassen und mit sachdienlichem Vermerk dem einzelnen Betreuten zuordnen. Auf diese Weise wird die spätere Beantragung von Vergütung und Aufwendungsersatz in diesen Fällen erleichtert. ◀

b)   Versicherungskosten

1851   Nach § 1835 Abs. 2 BGB sind Kosten für Haftpflichtversicherungen (außer KFZ-Haftpflicht) als Aufwendungsersatz abrechenbar. Ein Anspruch scheidet aber bei allen Betreuern (und Verfahrenspflegern) aus, die eine Vergütung erhalten sowie bei Betreuungsvereinen und -behörden (§ 1835 Abs. 5 BGB, §§ 4 Abs. 2, 7, 8 VBVG, § 277 Abs. 2 FamFG). Die übrig bleibenden ehrenamtlichen Betreuer (und Verfahrenspfleger) sind aber inzwischen in allen Bundesländern über das jeweilige Justizressort in **Sammelhaftpflichtversicherungen** aufgenommen.[801] Allerdings kann es in Einzelfällen sinnvoll sein, z.B. bei großer Vermögensverwaltung, dass der ehrenamtliche Betreuer eine die Grenzen der Sammelhaftpflichtversicherer übersteigende Vermögensschadenshaftpflichtversicherung abschließt. Wählt der ehrenamtliche Betreuer allerdings statt der Einzelentschädigung den pauschalen Aufwendungsersatz nach § 1835a BGB, sind Versicherungsbeiträge bereits seit 1999 nicht mehr zusätzlich abrechenbar, da die Aufwandspauschale seit diesem Zeitpunkt den gesamten Aufwendungsersatz und nicht wie zuvor nur geringfügige Einzelaufwendungen abdeckt.[802]

c)   Aufwendungsersatz für berufliche Dienste

1852   Der Aufwendungsersatz für berufliche Dienste nach § 1835 Abs. 3 BGB stellt eine Sonderform dar, weil bei ihm Tätigkeiten bezahlt werden, die man überwiegend als Honorar für geleistete (spezielle) Betreuertätigkeiten ansehen kann. Dieser Aufwendungsersatz, den sowohl ehrenamtliche Betreuer[803] als auch selbstständige Berufsbetreuer[804], letztere zusätzlich zur pauschalen Betreuervergütung (gem. § 4 Abs. 2 VBVG) geltend machen können, soll dazu dienen, dass der Betreute nicht davon profitiert, dass sein Betreuer zufälligerweise zu einer Berufsgruppe gehört, für die jeder andere Betreuer einen spezialisierten Dritten in Anspruch nehmen würde.[805]

801 HK-BUR/*Deinert/Lütgens* § 1833 BGB Rn. 296 ff.
802 *Deinert/Lütgens* Rn. 341.
803 *LG Berlin* Rpfleger 1974, 435.
804 *OLG Karlsruhe* FGPrax 2001, 72; *OLG Düsseldorf* BtPrax 2002, 271.
805 *BGH* BtPrax 2007, 126 = FamRZ 2007, 381 = Rpfleger 2007, 197.

In der Praxis geht es dabei um anwaltliche Betreuer oder um Steuerberater, die berufsspezifische Dienste leisten, also in der Regel Gerichtsverfahren für Betreute führen (auch wenn kein Anwaltszwang besteht) oder für diese Steuererklärungen erarbeiten. Abgerechnet wird der Aufwendungsersatz nach § 1835 Abs. 3 BGB nach den Honorarordnungen dieser Berufe, also dem RVG bzw. der Steuerberatergebührenordnung. Bei Gerichtsverfahren ist der Betreuer allerdings verpflichtet, bei mittellosen Betreuten zunächst einen Antrag auf Prozesskostenhilfe zu stellen.[806] Einem anwaltlichen Berufsbetreuer darf Prozesskostenhilfe nicht mit der Begründung verweigert werden, sein Anspruch auf anwaltliche Vergütung und auf Erstattung möglicher Verfahrenskosten sei durch § 1836 BGB i.V.m. § 1 Abs. 2 S. 1 VBVG und § 1835 Abs. 1, 3 BGB sowie die Haftung der Staatskasse für diese Ansprüche bei Mittellosigkeit des Betreuten (§ 1835 Abs. 4 BGB, § 1 Abs. 2 S. 2 VBVG) ausreichend abgedeckt.[807] | 1853

Keinen Aufwendungsersatz für berufliche Dienste können Vereins- und Behördenbetreuer sowie der Betreuungsverein und die Betreuungsbehörde geltend machen (§ 1835 Abs. 5 BGB, §§ 7, 8 VBVG). | 1854

In einer neueren Entscheidung hat der BGH Ausführungen über die Geltendmachung von Aufwendungsersatz für berufliche Tätigkeiten und die Beauftragung dritter Personen bei sehr zeitaufwändigen Betreuungstätigkeiten gemacht.[808] Eigentlich sind auch zeitaufwändige Betreuertätigkeiten durch die u.g. pauschale Betreuervergütung nach §§ 4, 5 VBVG abgegolten.[809] Das OLG Braunschweig sah in den genannten Bestimmungen eine Verletzung des Grundrechtes auf Berufsfreiheit und legte die Frage dem BVerfG vor.[810] Dieses wies die Vorlage ab und bezweifelte, ob angesichts des Pauschalierungsmodells individueller Arbeitsaufwand einzelner Betreuer überhaupt eine geeignete Kategorie zur Prüfung der Gesetzeslage sei.[811] | 1855

Die Frage einer möglichen verfassungskonformen Auslegung war dann ein erneuter Versuch des OLG Braunschweig im Rahmen einer Divergenzvorlage (§ 28 Abs. 2 FGG), da zahlreiche andere OLG keinen Bedarf für eine solche Auslegung sahen.[812] Der BGH wies die Vorlage zurück, machte aber deutlich, dass insbesondere die Anwendung des § 1835 Abs. 3 BGB helfen könne, unbillige Ergebnisse zu vermeiden.[813] Der BGH will darauf abstellen, ob sich eine durchschnittliche nicht betreute Person für bestimmte Tätigkeiten üblicherweise der Hilfe eines spezialisierten Dritten bedient hätte; in einem solchen Falle seien die entsprechenden Tätigkeiten nach § 1835 Abs. 3 BGB separat zu vergüten, zumal § 4 Abs. 2 VBVG dies ausdrücklich zulasse. Bei der Führung von Prozessen verwies der BGH in einer früheren Entscheidung allerdings auf die vorrangige Geltendmachung von Prozesskostenhilfe[814], außer diese wurde mit nicht stichhaltiger Begründung abgelehnt.[815] | 1856

Einem anwaltlich tätigen Betreuer darf Prozesskostenhilfe für ein im Namen des Vertretenen geführtes Gerichtsverfahren nicht deshalb verweigert werden, weil nach §§ 1835, 1836 BGB | 1857

---

806 *OLG Frankfurt/Main* FamRZ 2002, 59 = Rpfleger 2001, 491.
807 *BGH* FGPrax 2011, 118 = FD-RVG 2011, 315486 = NJW-RR 2011, 937.
808 *BGH* BtPrax 2010, 30 = FamRZ 2010, 199 m. Anm. *Bienwald* = FGPrax 2010, 23 = NJW-RR 2010, 292.
809 *OLG München* BtPrax 2008, 129 = BtMan 2008, 103 (Ls) = FamRZ 2008, 1560 = Rpfleger 2008, 420.
810 *OLG Braunschweig* BtPrax 2007, 32 = FamRZ 2007, 303 = BtMan 2007, 96 = RdLH 2007, 22.
811 *BVerfG* BtPrax 2007, 122 = FamRZ 2007, 622 = Rpfleger 2007, 317; erneut *BVerfG* Beschl. v. 18.8.2011, 1 BvL 10/11, BeckRS 2011, 54007.
812 Z.B. *OLG Frankfurt/Main* BtPrax 2007, 136.
813 *BGH* BtPrax 2010, 30 = FamRZ 2010, 199.
814 *BGH* BtPrax 2007, 126 = FamRZ 2007, 381 = Rpfleger 2007, 197; ebenso *LSG Berlin-Brandenburg* BtPrax 2009, 193.
815 *OLG Köln* BtPrax 2009, 248.

i.V.m. dem VBVG Aufwendungsersatz- und Vergütungsansprüche bestehen. Nach allgemeiner Auffassung ist bei mittellosen Betreuten vorrangig auf die Finanzierung der Prozesskosten mit Hilfe der allgemeinen Regeln der PKH abzustellen, bevor auf den Aufwendungsersatz nach § 1835 Abs. 3 BGB zurück gegriffen wird.[816]

1858 Die Instanzgerichte haben in der Vergangenheit von der Möglichkeit der zusätzlichen Geltendmachung dieses Aufwendungsersatzes nur zurückhaltend Gebrauch gemacht. Rechtsprechungsbeispiele gibt es neben der grundsätzlichen Bejahung der Frage für Gerichtsverfahren[817] bei der Vertretung im Asylverfahren[818], im Mietkündigungsverfahren bei nicht gezahlter Miete[819]; beim Abschluss von Grabpflegeverträgen[820], im Zwangsversteigerungsverfahren[821], bei der Vertretung des Betreuten im Strafverfahren (ohne ausdrücklich darauf bezogenen Betreueraufgabenkreis)[822], bei der Tätigkeit als Gebärdendolmetscher[823], bei der Erstellung der Einkommensteuererklärung und Prüfung des Steuerbescheides[824], bei der Vertretung des Betreuten beim Grundstücksverkauf[825].

d) Pauschalierter Aufwendungsersatz

1859 Personen, die Betreuungen unentgeltlich, also ehrenamtlich führen (und keine Ermessensvergütung nach § 1836 Abs. 2 BGB erhalten, siehe unten Rn. 1865) können beim Aufwendungsersatz wählen, ob sie die Auslagen einzeln abrechnen wollen (was gegenüber den Gerichten im Rahmen der Rechnungslegung bzw. anlässlich von Erstattungsanträgen aus Mitteln der Staatskasse meist detailliert nachgewiesen bzw. glaubhaft gemacht werden soll) oder ob sie eine jährlich zustehende pauschale Aufwandsentschädigung (§ 1835a BGB) ohne weiteren Detailnachweis wünschen.

1860 Es ist davon auszugehen, dass die weitaus überwiegende Zahl der ehrenamtlichen Betreuer (wenn sie auf die Erstattung nicht gänzlich und zum Teil aus Unwissenheit verzichtet), die Pauschale wählt. Die **Aufwandspauschale** beläuft sich (seit 1.8.2013) auf 399 € jährlich (das 19fache des Stundenhöchstsatzes für die Verdienstausfallentschädigung eines Zeugen, § 22 JVEG, von derzeit 21 €).

1861 ▶ **Hinweis:** Der Anspruch auf die Aufwandspauschale entsteht mit dem wiederkehrenden Datum der Betreuerbestellung, also nach einem Jahr Betreuertätigkeit und erlischt am 31.3. des jeweiligen Folgejahres. Die Pauschale kann unter den gleichen Bedingungen ohne Gerichtsbeschluss entnommen werden wie der allgemeine Aufwendungsersatz; bei Mittellosigkeit muss sie bei Gericht zur Auszahlung aus der Staatskasse beantragt werden. ◀

---

816 *BGH* FGPrax 2011, 118; *BGH* FamRZ 2011, 633.

817 *OLG Karlsruhe* FGPrax 2001, 72 = NJW 2001, 1220 = Justiz 2001, 165 = OLG-Rsp 2001, 65 = NJWE-FER 2001, 153, ähnlich *BayObLG* FamRZ 2002, 573 = FGPrax 2002, 64 = BtPrax 2002, 270 = Rpfleger 2002, 361; *OLG Düsseldorf* BtPrax 2002, 271 = JurBüro 2002, 602; *LG Mönchengladbach* Rpfleger 2005, 257.

818 *OLG Frankfurt/Main* FGPrax 2001, 195 = NJW-RR 2001, 1516 = Rpfleger 2001, 491 = FamRZ 2002, 59 = NJW 2002, 381 (bejaht).

819 *LG Mainz* NJW-RR 2006, 1444 = BtPrax 2007, 255 (verneint).

820 *LG Karlsruhe* FamRZ 2004, 403 (verneint).

821 *LG Leipzig* FamRZ 2001, 864 (bejaht, jedoch nicht für den Antrag nach § 30b Abs. 3 ZVG).

822 *OLG Schleswig* FGPrax 2007, 231 = BtPrax 2007, 268 (Ls) = FamRZ 2008, 187 = NJW-RR 2008, 91; *OLG Köln* NJW 2009, 2462 = NJW-RR 2009, 1377; *LG Mainz* NJW-RR 2008, 1606 = BtMan 2008, 226 (Ls) = FamRZ 2009, 251 (jeweils verneint).

823 *OLG Köln* FamRZ 2008, 921 (m. Anm. *Bienwald*) = BtMan 2008, 102 (Ls); *LG Düsseldorf* FamRZ 2007, 2108 = BtMan 2007, 203 (jeweils verneint).

824 *LG Düsseldorf* BtPrax 2008, 275 (Ls) = NJW-RR 2008, 1606 = Rpfleger 2008, 361= BtMan 2008, 226 (bejaht).

825 *OLG München* BtMan 3/2009 (Ls) = BtPrax 2009, 190 = NJW-RR 2009, 1516 (verneint).

e) Steuerrechtliche Aspekte des Aufwendungsersatzes

Der Aufwendungsersatz nach § 1835 Abs. 1 und 2 BGB (Barauslagen und Versicherungskosten) **1862** ist beim Betreuer einkommensteuerrechtlich neutral, da ihm Ausgaben in gleicher Höhe gegenüberstehen. Der Aufwendungsersatz für berufliche Dienste ist steuerpflichtiges Einkommen aus selbstständiger, in der Regel freiberuflicher Tätigkeit (§ 18 EStG).

Für den pauschalierten Aufwendungsersatz nach § 1835a BGB gilt über § 3 Nr. 26b EStG ein spe- **1863** zieller Steuerfreibetrag von 2.400 €, der mit der Übungsleiterpauschale für gemeinnützige Organisationen nach § 3 Nr. 26 EStG korrespondiert. Unterm Strich bedeutet dies, dass ehrenamtliche Betreuer maximal 6 Pauschalzahlungen nach § 1835a BGB im Jahr (= 2.394 €) steuerfrei beziehen dürfen (sofern sie keine steuerrechtlich relevanten weiteren Einkünfte aus dieser Einnahmeart haben). Bei der Übernahme einer Vielzahl ehrenamtlicher Betreuungen können die Pauschalen ausnahmsweise auch Einkünfte aus selbstständiger Tätigkeit darstellen[826]. In diesem Fall kann der Betreuer (für weitere als die genannten 6 steuerfreien Betreuungen) jeweils ohne Nachweis 25 % der Aufwandspauschale als pauschalierte Werbungskosten absetzen.[827]

3. Vergütung für Betreuer und Verfahrenspfleger

Die Betreuertätigkeit soll zwar, wie bereits geschildert, ein unentgeltliches Ehrenamt sein, **1864** allerdings stellte das BVerfG bereits 1980 für die Vormundschaft und Pflegschaft fest, dass es einer Person, die solche Tätigkeiten im Rahmen einer **Berufstätigkeit** wahrnimmt, eine angemessene Entschädigung auch für den Zeitaufwand nicht vorenthalten werden darf, auch wenn die betreute Person mittellos ist.[828]

a) Vergütung für ehrenamtliche Betreuertätigkeit

Bereits vor dieser Rechtsprechung bestand die auch weiterhin existierende Möglichkeit, auch **1865** einem nicht beruflich tätigen Betreuer eine sog. „Ermessensvergütung" zuzubilligen (jetzt § 1836 Abs. 2 BGB). Diese steht auch weiterhin im Ermessen des Betreuungsgerichtes, sowohl was das Ob als auch das Wieviel betrifft. Allerdings ist ältere Rechtsprechung, die einem Ehrenamtlichen nicht mehr als Vergütung zubilligen wollte als einem vergleichbaren Berufsbetreuer[829], mit der Pauschalvergütung der Berufsbetreuer ab 2005 hinfällig geworden.[830] Eher sei eine Orientierung an der Zeitaufwandsvergütung für berufliche Vormünder (§ 3 VBVG) angebracht.[831]

Die Ermessensvergütung kann nur aus dem gem. §§ 1836d BGB verwertbaren Vermögen des **1866** Betreuten zugebilligt werden, nicht aus der Staatskasse. Für Zeiten, in denen eine Ermessensvergütung zugebilligt wurde, kann der Betreuer nicht zugleich den pauschalen Aufwendungsersatz nach § 1835a, sondern nur Aufwendungsersatz nach Einzelabrechnung nach § 1835 BGB abrechnen.[832] Alle Vergütungen stellen steuerrechtlich Einnahmen aus selbstständiger Tätigkeit (§ 18 Abs. 1 Nr. 3 EStG) dar.[833] Eine **Einkommensteuerpflicht** ist auf jeden Fall gegeben.

---

826 *FG Baden-Württemberg* BtPrax 2010, 46, *BFH* BeckRS 2013, 94003 = BtPrax 2013, 33 = FamRZ 2013, 298; *FG Niedersachsen* FamRZ 2012, 1594.

827 RdErl des Bayer. FM v. 7.4.2004 – 32/34 – S 2337; DB 2004, 1177.

828 BVerfGE 54, 251 = FamRZ 1980, 765 = NJW 1980, 2179 = Rpfleger 1980, 461 = JurBüro 1981, 361.

829 *OLG Hamm* FamRZ 2003, 116 = FGPrax 2002, 46 = Rpfleger 2002, 518; *BayObLG* BtPrax 2004, 151 = FamRZ 2004, 1138.

830 *OLG Karlsruhe* BtPrax 2007, 184 = FamRZ 2007, 1270 = NJW-RR 2007, 1084O; *OLG Köln* BtPrax 2008, 271 = FGPrax 2008, 246.

831 *OLG Frankfurt/Main* FamRZ 2008, 2153 = BtPrax 2008, 275 (Ls) = BtMan 2008, 226 (Ls).

832 *Deinert/Lütgens* Rn. 389.

833 *BFH* BtPrax 2013, 33 = FamRZ 2013, 298.

b) Feststellung der beruflichen Betreuertätigkeit

1867

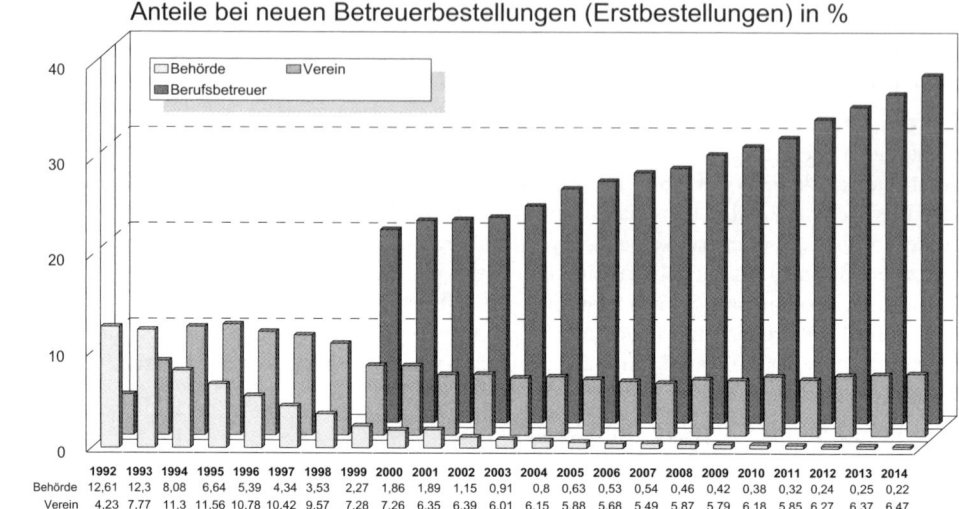

Anteile bei neuen Betreuerbestellungen (Erstbestellungen) in %

	1992	1993	1994	1995	1996	1997	1998	1999	2000	2001	2002	2003	2004	2005	2006	2007	2008	2009	2010	2011	2012	2013	2014
Behörde	12,61	12,3	8,08	6,64	5,39	4,34	3,53	2,27	1,86	1,89	1,15	0,91	0,8	0,63	0,53	0,54	0,46	0,42	0,38	0,32	0,24	0,25	0,22
Verein	4,23	7,77	11,3	11,56	10,78	10,42	9,57	7,28	7,26	6,35	6,39	6,01	6,15	5,88	5,68	5,49	5,87	5,79	6,18	5,85	6,27	6,37	6,47
Berufsbetreuer								20,12	21,07	21,16	21,41	22,59	24,39	25,19	26,08	26,54	27,95	28,81	29,71	31,67		33	34,32	36,33

Quelle: BfJ Sondererhebungen Verfahren nach dem Betreuungsgesetz 1992–2014, Grafik und Auswertung: *Deinert*; die Spalten Verein und Behörde fassen die Bestellungen nach §§ 1897 Abs. 2 und 1900 BGB jeweils zusammen; Zahlen ab 2000–2007 ohne Hamburg

1868 Bevor ein Vergütungsanspruch als beruflicher Betreuer (oder Verfahrenspfleger) festgesetzt werden kann, muss der **Status** dieser Betreuungsperson geklärt sein. § 1 des VBVG (und seit 1.9.2009 ergänzend § 286 FamFG und für den Verfahrenspfleger § 277 Abs. 2 FamFG) enthält die Regelung, dass mit der gerichtlichen Bestellung die berufliche Führung der jeweiligen Betreuung (oder Verfahrenspflegschaft) festzustellen ist. Es soll nach dieser bereits seit 1999 bestehenden Regel (zunächst war sie in § 1836 Abs. 2 BGB verankert) von Anbeginn der jeweiligen Tätigkeit klar erkennbar sein, ob sie ehrenamtlich oder beruflich geführt wird.

1869 Die Feststellung der Berufsmäßigkeit wirkt in vergütungsrechtlicher Hinsicht konstitutiv. Sie muss in Form eines förmlichen Beschlusses getroffen werden und sich entweder explizit aus dem Tenor des Bestellungsbeschlusses oder jedenfalls eindeutig aus dessen Entscheidungsgründen ergeben. Die erfolgte bloße Bestellung des Amtsinhabers „als Rechtsanwalt" genügt hierfür ebenso wenig wie die in den Entscheidungsgründen nicht zum Ausdruck gekommene interne Meinungsbildung des Gerichts, die betreffende Person berufsmäßig bestellen zu wollen. Ebenfalls nicht ausreichend ist, dass nach den Umständen des Einzelfalls – auch seitens des Amtsinhabers – stillschweigend und konkludent, als selbstverständlich oder aufgrund eines bloßen Aktenvermerks davon ausgegangen wird, dass die bestellte Person das jeweilige Amt in Ausübung ihres Berufes führt.

1870 Frage ist hierbei jedoch, unter welchen Umständen das Gericht diese Berufsmäßigkeit festzustellen hat. Im Gesetz ist von einer Mindestfallzahl von 11 die Rede sowie von einem wöchentlichen Mindestzeitaufwand von 20 Stunde. Beide Voraussetzungen gelten jedoch nicht, wenn ein Vereinsbetreuer bestellt wird, denn in diesem Falle ist mit dem besonderen Status auch zugleich der Vergütungsanspruch verbunden (§ 7 Abs. 1 VBVG). Für die selbstständig berufstätigen Betreuer (und Verfahrenspfleger) ist das aber komplizierter.

Ist die **Mindestfallzahl** von 11 Betreuungen (zusammen mit Vormundschaften und Pflegschaften gerechnet) erreicht, ist das Ermessen des Gerichtes bei weiteren Bestellungen auf 0 reduziert, d.h., jede weitere Betreuung (oder Vormundschaft oder Pflegschaft) wird beruflich geführt. Bei Vormundschaften und Pflegschaften (seit 1.7.2005 nicht aber mehr bei Betreuungen, vgl. § 4 Abs. 3 VBVG) gilt das auch dann, wenn mehr als 20 Stunden Zeitaufwand wöchentlich überschritten wird. Der Nachweis ist aber praktisch nicht zu führen, kann von der Betreuungsperson nur glaubhaft gemacht werden. Es reicht aber auch aus, wenn eine der Voraussetzungen in „absehbarer Zeit" erreicht werden sollen. Hier ist unseres Erachtens auf die Intention der Person abzustellen, die diese Tätigkeiten zu verrichten beabsichtigt, evtl. ergänzt um eine Einschätzung der Betreuungsbehörde (§ 1897 Abs. 7 BGB)[834]. Eine anderweitige Berufstätigkeit schließt eine Feststellung der beruflichen Betreuungsführung nicht aus.[835]

1871

Unterhalb der genannten Begrenzungen ist jedoch das Betreuungsgericht frei, Personen im Einzelfall den Status der beruflichen Betreuungs- (bzw. Verfahrenspflegschafts-)führung zuzubilligen. Unseres Erachtens sind Fallzahlen oberhalb von 2 Betreuungen nicht mehr als echtes Ehrenamt zu betrachten. Darauf deuten die **Ablehnungsgründe** aus dem Vormundschaftsrecht (§ 1786 BGB) sowie in diversen anderen Gesetzen (z.B. bei der Verpflichtung als Wahlhelfer oder Schöffe) hin. Auch bei einer einzigen Betreuung kann diese als beruflich festgestellt werden.[836] Dies erfolgt in der Praxis oft bei ganz speziellen Fachkenntnissen, meist als Rechtsanwalt.[837]

1872

Das **Versäumnis der Feststellung der beruflichen Betreuungsführung** kann im Übrigen zu jedem späteren Zeitpunkt korrigiert werden.[838] Für die vergütungsrechtlichen Folgen ist allerdings zu unterscheiden: Eine Beschlussberichtigung nach § 42 FamFG im Hinblick auf die Feststellung der Berufsmäßigkeit ist nur zulässig, wenn sich die hierfür erforderliche offenbare Unrichtigkeit aus dem Zusammenhang des Beschlusses selbst oder aus Vorgängen bei seiner Verkündung oder Bekanntgabe ergibt und die Unrichtigkeit nicht lediglich gerichtsintern bleibt, sondern aufgrund eines Widerspruchs zwischen Beschlusstenor und Gründen auch für Dritte zweifelsfrei und ohne Weiteres erkennbar ist. Diese Voraussetzung ist nicht erfüllt, wenn das Gericht weder in der Beschlussformel noch in den Entscheidungsgründen zur Frage der Berufsmäßigkeit Stellung genommen hat.

1873

Die gerichtliche Unterlassung des Feststellens der Berufsmäßigkeit kann vom Betreuer durch eine Beschwerde binnen 1 Monats ab Bekanntgabe angefochten werden. Die darauf erfolgende Nachholung der Feststellung der Berufsmäßigkeit wirkt auf den Zeitpunkt der Bestellung zurück. Wurde – auch versehentlich – keine Feststellung der Berufsmäßigkeit getroffen und kommt aufgrund der Verfristung des Beschwerderechts keine rückwirkende Nachholung in Frage, ist der Betreuer im vergütungsrechtlichen Sinne ausschließlich ehrenamtlich tätig. Da nach dem BGH eine von Amts wegen erfolgende und auf den Zeitpunkt der Bestellung zurückwirkende nachträgliche Feststellung der Berufsmäßigkeit nicht mehr möglich ist, kommt in diesen Fällen als einzige zulässige Verfahrensweise nur in Betracht, die ehrenamtliche Amtsausübung auf Antrag der bestellten Person durch Erlass eines entsprechenden

1874

---

834 *Deinert/Lütgens* Rn. 480 ff.
835 *BVerfG* BtPrax 1999, 70 = FamRZ 1999, 568 = NJW 1999, 1621.
836 *BayObLG* FamRZ 1999, 462.
837 *LG Darmstadt* FamRZ 2000, 1450.
838 *BGH* BtPrax 2014, 76 = FamRZ 2014, 468 = NJW 2014, 863; BtPrax 2014, 138 = FamRZ 2014, 653 = MDR 2014, 421.

Beschlusses mit Wirkung ab Antragstellung – also nur ex nunc – in eine berufsmäßige Aus-übung des Amtes umzuwidmen.[839]

c) Stundensätze

1875 Die Höhe der Betreuer- bzw. Verfahrenspflegervergütung wird zunächst mit Hilfe eines drei-stufigen Stundensatzes berechnet. Dieser **Stundensatz**, der in § 3 Abs. 1 VBVG (ggf. i.V.m. § 277 Abs. 1 FamFG) für die nach Zeitaufwand zu berechnende Vergütung und in § 4 Abs. 1 VBVG für die Pauschalvergütung beruflicher Betreuer genannt wird, ist nach den gleichen Grundsätzen zu bestimmen.[840]

1876 Es kommt zur Überschreitung des Basisbetrags darauf an, ob
1. der Betreuer oder Verfahrenspfleger über besondere betreuungsrechtliche Fachkenntnisse verfügt, die durch eine abgeschlossene Berufsausbildung oder ein abgeschlossenes Studium vermittelt wurden und
2. diese Fachkenntnisse im konkreten Fall verwendbar sind.

1877 Die 3 Stundensätze sind für die Zeitvergütung: 19,50 € als Basisbetrag, 25,00 € bei Berufsab-schluss und 33,50 € bei Studienabschluss (hinzurechnen sind tatsächlich zu zahlende Umsatz-steuer und ggf. Aufwendungsersatz nach § 1835 BGB). Bei der Pauschalvergütung sind die Stun-densätze 27,00 €, 33,50 € und 44,00 €; hierin sind allerdings gem. § 4 Abs. 2 VBVG Barauslagen gem. § 1835 Abs. 1 BGB ohne konkreten Nachweis enthalten (sog. **Inklusivstundensatz**).

1878 Für die Bewilligung eines über dem Basisbetrag liegenden Stundensatzes ist der Nachweis nötig, dass durch die Ausbildung bzw. das Studium (an Fachhochschulen oder wissenschaftli-chen Hochschulen) Kenntnisse für die Betreuertätigkeit im **Kernbereich** der jeweiligen Ausbil-dung vermittelt wurden.[841] Allein der Nachweis, dass eine Berufsausbildung oder ein Studium erfolgreich beendet wurde, reicht also nicht aus, es müssen ggf. die konkreten Ausbildungs- und Prüfungsinhalte dargelegt werden.[842]

1879 Nach der Entscheidung des BGH erfüllt eine einjährige Ausbildung zur Krankenpflegehilfe nicht die Voraussetzungen für die 2. Vergütungsstufe, da die Ausbildung mit einer Lehre i.S.d. § 4 Abs. 1 Nr. 1 VBVG nicht vergleichbar sei.[843]

1880 Im Weiteren bestätigte der BGH die von den Instanzgerichten weitestgehend vertretene Auf-fassung, dass nur ein abgeschlossenes Studium oder eine abgeschlossene Berufsausbildung ver-gütungssteigernd wirken könne, nicht jedoch Weiterbildung – auch keine sog. Zertifikats-kurse – oder Berufserfahrung[844]. Auch müssten die betreuungsspezifischen Kenntnisse als Kernbereich der Ausbildung vermittelt worden sein. **Besondere Kenntnisse** i.S.v. § 4 Abs. 1 S. 2 VBVG sind Kenntnisse, die – bezogen auf ein bestimmtes Sachgebiet – über ein Grundwissen deutlich hinausgehen. Für die Führung einer Betreuung nutzbar sind Fachkenntnisse, die ihrer Art nach betreuungsrelevant sind und den Betreuer befähigen, seine Aufgaben zum Wohl des Betreuten besser und effektiver zu erfüllen und somit eine erhöhte Leistung zu erbringen.[845]

839 Zur Gesamtproblematik kritisch *Bestelmeyer* FGPrax 2014, 93; *Deinert/Lütgens* Berufsbetreuerfeststellung unterblieben – Was nun?, BtPrax 2015, 182.
840 HK-BUR/*Lütgens* Vor §§ 3, 4 VBVG Rn. 1.
841 HK-BUR/*Lütgens* Vor §§ 3, 4 VBVG Rn. 4; *OLG Thüringen* FamRZ 2000, 846; *BayObLG* BtPrax 2000, 81 = FamRZ 2000, 844.
842 *BGH* BtPrax 2015, 258 = FamRZ 2015, 1794 (Beispiel Einzelhandelskauffrau).
843 *BGH* Rpfleger 2012, 142.
844 *BGH* Rpfleger 2012, 315.
845 *BGH* FamRZ 2012, 1133.

In Einzelfragen wurden dabei folgende Berufsbilder als nicht in diesem Sinne betreuungsrelevant **1881** angesehen: die Ausbildung zum Facharbeiter für Datenverarbeitung[846], das Fachhochschulstudium der Versorgungstechnik[847] und in Verfahrenstechnik[848], die an einer Sparkassenakademie absolvierte Ausbildung zum Sparkassenbetriebswirt, die Ausbildung zur **Sozialwirtin (BFZ-FH)** bei den beruflichen Fortbildungszentren der Bayerischen Wirtschaft[849], der Bankbetriebswirt **(ADG)**[850], der DDR-Studienabschluss in sozialer **Betriebswirtschaft**[851] sowie die berufsbegleitend an einer Verwaltungsakademie abgeschlossene Ausbildung zum **Betriebswirt (VWA)**[852] und die Weiterbildung zum **Verwaltungsfachwirt** an einem kommunalen Studieninstitut[853]. Zu letzterer Entscheidung merkte der BGH an, dass auch der Umstand nichts ändere, dass der Abschluss zum geprüften Fachwirt im Deutschen Qualifikationsrahmen für lebenslanges Lernen (DQR) mit dem Bachelor-Abschluss auf der gleichen (sechsten) Niveaustufe eingeordnet worden sei. Das gleiche gilt für die Ausbildung zur staatlich anerkannten **Heilpädagogin** an der Fachschule für Heilpädagogik der Rheinischen Sozialpflegerischen Fachschulen des Landschaftsverbandes Rheinland[854]. Dass derzeit in keinem Bundesland eine Nachqualifizierung nach § 11 VBVG angeboten werde, rechtfertige für eine Person ohne abgeschlossenes Studium ebenfalls keine höhere Vergütungsstufe und dafür, dass die Stundensätze für Vormünder (§ 3 VBVG) generell zu unangemessen niedrige Einkünfte sorgten, gäbe es ebenfalls keine Hinweise[855].

Im Falle des Studienabschlusses als DDR-Diplomjurist sah der BGH die Regelung des Eini- **1882** gungsvertrags, wonach dieser Studienabschluss nicht zur Aufnahme eines gesetzlich geregelten juristischen Berufs berechtige, nicht bereits als generelle Aussage eines Ausschlusses i.S.d. § 1 VBVG. Für entsprechende Feststellungen bedürfe es einer Prüfung des Einzelfalles.[856] In einem solchen wurde die Ausbildung nicht als vergütungssteigernd anerkannt.[857] Ebenfalls eine Ausbildung in der ehemaligen DDR betraf eine Entscheidung des BGH vom 23.10.2013. Durch diese wurde die im Rahmen eines Hochschulstudiums zur Diplomlehrerin für Russisch und Geschichte erfolgte Ausbildung in den Bereichen Pädagogik, Psychologie, Didaktik und Methodik als besondere, für die Führung der Betreuung nutzbare Kenntnis i.S.d. § 4 Abs. 1 S. 2 VBVG bestätigt.[858]

Zur weiteren Sachaufklärung wurde ein Verfahren an das LG zurück verwiesen. Der Sache **1883** zugrunde lag der Fall eines Berufsbetreuers mit Magister Artium in Bayerischer Landesgeschichte, Neuester Geschichte und Politikwissenschaft sowie des militärischen Rangs eines Oberstleutnants der Reserve.[859]

Auch eine langjährige gerichtliche Praxis, im Rahmen des vereinfachten Verfahrens nach § 168 **1884** Abs. 1 FamFG im Wege von Verwaltungsanordnungen Vergütungen in einer bestimmten Stundensatzhöhe zu bewilligen, begründet keinen Vertrauensschutz für zukünftige Vergütungsver-

---

846 *BGH* BeckRS 2012, 04754.
847 *BGH* FamRZ 2012, 631.
848 *BGH* FamRZ 2012, 1133.
849 *BGH* Rpfleger 2012, 529, ähnlich zuvor staatlich anerkannte Sozialwirtin *BGH* Rpfleger 2012, 315.
850 *BGH* FamRZ 2012, 1213.
851 *BGH* Rpfleger 2013, 25
852 *BGH* Rpfleger 2014, 78 = FamRZ 2014, 119.
853 *BGH* BtPrax 2016, 32 = FamRZ 2016, 119.
854 *BGH* FGPrax 2014, 66 = NJW-RR 2014, 391.
855 *BGH* Rpfleger 2013, 392.
856 *BGH* FamRZ 2013, 1029.
857 *BGH* Beschl v 16.3.2016, XII ZB 685/13, JurionRS 2016, 14501.
858 *BGH* Rpfleger 2014, 79 = FamRZ 2014, 116.
859 *BGH* FamRZ 2014, 119.

fahren[860]. Bei der Rückforderung früher gezahlter Vergütungen im Verwaltungsweg sieht der BGH die Grenze des vertrauensschutzes dann überschritten, wenn es sich um Zahlungen handelt, die vor dem Vorjahr (der Rückforderung) gezahlt wurden.[861]

1885 Zu den einzelnen Berufen gibt es eine weitere große Anzahl von Einzelfallentscheidungen der Obergerichte.[862] Berufe aus dem juristischen und sozialpädagogischen Umfeld erhielten die Bestätigung, dass die betreuungsrechtlichen Kenntnisse im Kern vermittelt wurden; das gleiche gilt für die meisten pflegerischen Berufe; handwerkliche und Ingenieursberufe wurden im Regelfall nicht anerkannt, ebenso wenig Berufserfahrung oder Weiterbildungsmaßnahmen.

1886 Bis 2005 waren in den meisten Bundesländern spezielle **Nachqualifikationslehrgänge** etabliert, die aufgrund des § 2 BVormVG (jetzt § 10 VBVG) und ergänzender landesrechtlicher Prüfungsbestimmungen den Aufstieg in eine höhere Vergütungsstufe ermöglichten.[863] Diese Lehrgänge waren allerdings von vorneherein lediglich als befristete Maßnahmen aus Gründen des Vertrauensschutzes gedacht. Wer sich bereits vor Inkrafttreten des Stundensatzsystems eine berufliche Existenz als Betreuer aufgebaut hatte, sollte die Möglichkeit erhalten, sich relativ unkompliziert und kostengünstig den neuen Regelungen anzupassen. Folgerichtig bestehen derzeit keine landesrechtlichen Nachqualifizierungsmöglichkeiten mehr; erste Bachelor-Studiengänge mit dem Schwerpunkt Betreuung und Vormundschaft (z.B. bei der Steinbeis-Hochschule Berlin[864]) treten an ihre Stelle.

1887 Dass die vom Betreuer (oder Verfahrenspfleger) vorgehaltenen Fachkenntnisse auch für den konkreten Fall nutzbar sind, wird gem. § 4 Abs. 3 S. 1 VBVG vermutet.[865] Allerdings kann das Gericht bei der Bestellung im Einzelfall das Gegenteil feststellen, was zur Folge hätte, dass nur der **Basisstundensatz** zu zahlen wäre. Es wird bezweifelt, dass sich unter dieser Voraussetzung geeignete Betreuer finden lassen. Große praktische Bedeutung scheint diese Regelung angesichts des völligen Fehlens von veröffentlichter Rechtsprechung hierzu auch nicht zu haben.

d) System der pauschalierten Betreuervergütung

aa) Vorbemerkung

1888 Zum 1.7.2005 wurde die Betreuervergütung für selbstständige Berufsbetreuer (und Vereinsbetreuer; jedoch nicht Behördenbetreuer) auf ein **Pauschalsystem** umgestellt. Dieses ist unabhängig vom konkreten Zeitaufwand in der einzelnen Betreuung. Es fußt letztlich auf der in den Jahren vor der Gesetzesreform vom Kölner Institut für Sozialforschung und Gesellschaftspolitik (ISG) im Auftrag des Bundesjustizministeriums erstellten Rechtstatsachenforschung, bei der rund 1.800 Betreuungsakten bei verschiedenen Gerichten ausgewertet wurden.[866]

1889 Ziel war die **Arbeitserleichterung** bei den Gerichten. Die Berufsbetreuer hatten in den Jahren zuvor die von den Gerichten immer detaillierter erwarteten Tätigkeitsberichte oft auf Minutenabstände herunter gebrochen und auf seitenlangen mit PC-Software erstellten Auf-

---

860 *BGH* v. 24.4.2013, XII ZB 10/13, BeckRS 2013, 08374 = JurionRS 2013, 35624; vgl. *Seifert* Betreuervergütung – gilt der Vertrauensschutz doch nicht?, Rpfleger 2014, 465.

861 *BGH* BtPrax 2014, 33 = FamRZ 2014, 113.

862 Nachweise bei *Deinert/Lütgens* Rn. 551 ff.; HK-BUR/*Lütgens* Vor §§ 3, 4 VBVG Rn. 17 ff.

863 Vgl. HK-BUR/*Klie* § 11 VBVG Rn. 9 ff.

864 www.aoev.de/studium/bachelor/betreuung-vormundschaft.

865 *Deinert/Lütgens* Rn. 525 ff.

866 *Sellin/Engels* Qualität, Aufgabenverteilung und Verfahrensaufwand bei rechtlicher Betreuung, 2003.

listungen eingereicht, was die Rechtspfleger überlastete. Zum Teil gab es langwierige und arbeitsintensive Auseinandersetzungen darüber, ob für bestimmte Tätigkeiten (z.B. ein Telefongespräch oder das Anfertigen eines Briefes) wirklich der angesetzte Zeitaufwand erforderlich war oder ab man diese Arbeit nicht auch 10 Minuten schneller hätte erledigen können – eine für alle Beteiligten kaum haltbarer Zustand. Außerdem bestand die Hoffnung, den Anstieg der Berufsbetreuervergütungen, der den allgemeinen Fallzahlanstieg weit übertrag, zu dämpfen.

Das Pauschalvergütungssystem wurde seitens des Bundesverfassungsgerichtes gebilligt; es sei insbesondere nicht auf den im Einzelfall notwendigen Zeitaufwand abzustellen, sondern auf die Gesamtzahl der Betreuungen eines Betreuers über einen längeren Zeitraum, möglicherweise sogar auf den Zeitaufwand der gesamten beruflichen Betreuerschaft.[867]   **1890**

bb) Prämissen der Pauschalierung

Das Pauschalvergütungssystem ist in § 5 VBVG geregelt. Es geht von 3 Prämissen aus:[868]   **1891**
- der Zeitaufwand ist zu Beginn der Betreuung am größten, sinkt bis zum Ende des 1. Betreuungsjahrs und verharrt danach auf einem vergleichbar niedrigen Niveau;
- der Zeitaufwand der Betreuung ist für die Betreuten höher, deren gewöhnlicher Aufenthalt (längerfristiger Lebensmittelpunkt, vgl. § 30 Abs. 3 SGB I) außerhalb eines Heimes liegt als für diejenigen innerhalb eines solchen;[869]
- der Zeitaufwand für einen vermögenden Betreuten liegt höher als der für einen Mittellosen (was wenig praxisgerecht ist)[870].

Der Unterschied beim Aufenthaltsstatus beträgt ca. 35 %, der bei der Mittellosigkeit ca. 20 %. Das letzte Unterscheidungskriterium war im Regierungsentwurf des 2. BtÄndG noch nicht enthalten, es wurde erst durch den Rechtsausschuss des Bundestags ergänzt.   **1892**

Die im Gesetz enthaltenen Tabellenbeträge entsprechen bei den vermögenden Betreuten ungefähr dem arithmetischen Mittel der entsprechenden Untersuchungen des ISG; bei den mittellosen Betreuten ist es in etwa der Medianwert aus der gleichen Untersuchung; hierbei wurden die „Ausreißer" nach unten und vor allem nach oben heraus gerechnet (was aufgrund der mathematischen Gesetzmäßigkeiten zu einem niedrigeren Betrag führte).[871]   **1893**

cc) Tabelle der Pauschalen

Die abrechnungsfähigen Stunden, je nachdem, ob der Betreute seinen **gewöhnlichen Aufenthalt** innerhalb oder außerhalb eines Heimes i.S.d. § 5 Abs. 3 VBVG hat, können aus den nachstehenden Tabellen entnommen werden.   **1894**

---

867 *BVerfG* BtPrax 2007, 122 = FamRZ 2007, 622 = Rpfleger 2007, 317 = RdLH 2007, 22 unter Bezug auf den Vorlagebeschluss des *OLG Braunschweig* BtPrax 2007, 32 = FamRZ 2007, 303 = BtMan 2007, 96 = RdLH 2007, 22.
868 HK-BUR/*Deinert/Lütgens* § 5 VBVG, Rn. 40 ff.; Jurgeleit/*Maier* BtR, § 5 VBVG Rn. 13 ff.
869 Kritisch dazu *Becker/Brucker* Betrifft: Betreuung Nr. 5, 195 ff.
870 Gebilligt v. *BVerfG* durch Nichtannahmebeschl. v. 20.8.2009, 1 BvR 2889/06.
871 *Sellin/Engels* Qualität, Aufgabenverteilung und Verfahrensaufwand bei rechtlicher Betreuung, 2003, S. 402; BT-Drs. 15/2494, 31.

1895   Bei vermögenden Betreuten (i.S.d. §§ 1836c, d BGB)

Zeitraum seit Betreuungsbeginn	Betreuter lebt im Heim	Betreuter lebt außerhalb eines Heimes
1. bis 3. Monat	5,5 Stunden im Monat	8,5 Stunden im Monat
4. bis 6. Monat	4,5 Stunden im Monat	7 Stunden im Monat
7. bis 12. Monat	4 Stunden im Monat	6 Stunden im Monat
ab 2. Jahr	2,5 Stunden im Monat	4,5 Stunden im Monat

1896   Bei mittellosen Betreuten

Zeitraum seit Betreuungsbeginn	Betreuter lebt im Heim	Betreuter lebt außerhalb eines Heimes
1. bis 3. Monat	4,5 Stunden im Monat	7 Stunden im Monat
4. bis 6. Monat	3,5 Stunden im Monat	5,5 Stunden im Monat
7. bis 12. Monat	3 Stunden im Monat	5 Stunden im Monat
ab 2. Jahr	2 Stunden im Monat	3,5 Stunden im Monat

1897   Die Bruttovergütung berechnet sich also aus dem Stundensatz nach § 4 Abs. 1 VBVG, multipliziert mit dem jeweils zutreffenden Stundenansatz nach § 5 Abs. 1 bzw. 2 VBVG. Eine verfassungsrechtliche Problematik sehen die Obergerichte hierin nicht.[872] Ebenso wurde eine diesbezügliche Verfassungsbeschwerde abgewiesen.[873] Das BVerfG sah die Einbeziehung von Sachaufwendungen sowie etwaiger Mehrwertsteuer in den Vergütungsstundensatz von Berufsbetreuern („Bruttovergütung", § 4 Abs. 2 VBVG) als sachlich legitimiert, um aus öffentlichen Haushaltsmitteln gezahlte Vergütungen am Grundsatz der Wirtschaftlichkeit und Sparsamkeit auszurichten.[874]

1898   Im 1. Betreuungsjahr liegt die zugebilligte Bruttovergütung (die auch den Barauslagenersatz gem. § 4 Abs. 2 VBVG pauschal mit ausgleicht), zwischen 1.134 € (Berufsbetreuer in Vergütungsstufe 1 beim mittellosen Heimbewohner) und 3.630 € (Berufsbetreuer in Vergütungsstufe 3 beim vermögenden Nichtheimbewohner)[875].

1899   In den Folgejahren liegt die Bruttovergütung nach den gleichen Beispielen zwischen 648 € und 2.376 € Ein Berufsbetreuer „kostet" den Betreuten (bzw. die Staatskasse) also im Vergleich zu einem Ehrenamtlichen, der „nur" die Aufwandspauschale gem. § 1835a BGB in Höhe von jährlich 323 € geltend macht, zwischen dem 2- und dem 11-fachen.

1900   Für den Berufsbetreuer ist das Ergebnis allerdings bei weitem nicht so lukrativ. Zwar sind nach einer Untersuchung des BdB rund Dreiviertel der Berufsbetreuer in der 3. Vergütungsstufe, aber um z.B. als selbstständiger Sozialarbeiter ein vergleichbares Nettoentgelt wie ein Behörden- oder Vereinsbetreuer zu beziehen, wären Betreuungszahlen zwischen 40 und 50 nötig (je nach Betreutenportefeuilles, also der Anzahl der Betreuten im 1. und in den Folgejahren, der

---

872 *OLG Karlsruhe* FamRZ 2007, 2008= BtPrax 2007, 255 (Ls) = FGPrax 2008, 107; *OLG Celle* BtPrax 2008, 171 = BtMan 2008, 156 = Rpfleger 2008, 487.
873 *BVerfG* BtPrax 2009, 181.
874 *BVerfG* FamRZ 2009, 1123.
875 Weitere Tabellenwerte bei *Deinert/Lütgens* Rn. 990 ff.; HK-BUR/*Deinert/Lütgens* § 5 VBVG Rn. 58 ff.

Anteile vermögender Betreuter, der Anzahl von Nichtheimbewohnern, der Entfernung zum Sitz des Betreuers, also der Höhe von Fahrtkosten und weiteren persönlichen Faktoren, wie Steuerklasse, Höhe von Versicherungsbeiträgen usw.).[876]

Hinzu kam, dass in den letzten Jahren durch die Erhöhung der Umsatzsteuer von 16 auf 19 % (2007)[877] sowie durch Rechtsprechung weitere Kosten hinzugekommen waren, z.B. die Pflichtbeiträge zur gesetzlichen Unfallversicherung[878] (Berufsgenossenschaft Gesundheitsdienst und Wohlfahrtspflege bzw. bei anwaltlichen Betreuern VBG), und bis zur neuen Rechtsprechung des BFH[879] auch zur IHK[880] und die Gewerbesteuer[881]. Besonders für Betreuer im ländlichen Bereich kommt erschwerend hinzu, dass die pauschal mit den Monatsvergütungen abgegoltenen Aufwendungen nicht mit der in der Realität notwendigen Kosten übereinstimmen, dies betrifft insbesondere Fahrtkosten. Erst seit Mitte 2013 ist gesetzgeberisch und durch den BFH klargestellt, dass die Führung von Betreuungen umsatzsteuerfrei ist. **1901**

e) Beginn des Vergütungsanspruches

Der Vergütungsanspruch in der einzelnen Betreuung beginnt mit der Rechtswirksamkeit der Betreuerbestellung. Dies ist nach § 287 Abs. 1 FamFG üblicherweise die **Bekanntgabe** an den Betreuer. Dies muss nicht mit der Bekanntgabe des schriftlichen Beschlusses identisch sein. Sowohl die mündliche Bekanntgabe in der Sitzung als auch die telefonische Benachrichtigung des Betreuers seitens des Gerichtes sind ausreichend.[882] Eine indirekte Auswirkung auf die Berechnung der Vergütungsansprüche von Betreuern, insbesondere auf deren Beginn hat eine BGH-Entscheidung, wonach die Vermutung der Bekanntgabe der Betreuerbestellung (§ 287 Abs. 1 FamFG) – 3 Tage nach Aufgabe zur Post gem. § 15 Abs. 2 S. 2 FamFG nicht ausschließt, dass ein fristbegründender Zugang bereits vorher erfolgt.[883] **1902**

▶ **Hinweis:** Wird eine Eilbetreuung durch den Betreuungsrichter mündlich während der Anhörung an den dort anwesenden Betreuer bekannt gegeben, sollte der Betreuer den Richter bitten, Datum und Uhrzeit der Bekanntgabe handschriftlich in der Betreuungsgerichtsakte zu vermerken. Insbesondere, wenn keine „sofortige Wirksamkeit" angeordnet wurde, was in dieser Fallgestaltung im Übrigen auch überflüssig ist, kann es ohne den Vermerk später unergiebige Auseinandersetzungen mit dem Rechtspfleger über den Beginn der Betreuung (und ihre Vergütungsfähigkeit) geben. ◀ **1903**

Ist die **sofortige Wirksamkeit** angeordnet (§ 287 Abs. 2 FamFG), führt auch die entsprechende Bekanntgabe an den Betreuten oder seinen Verfahrenspfleger zur Wirksamkeit. Meist ist bei dieser Konstellation allerdings die Übergabe des Betreuungsvorgangs an die Geschäftsstelle des Betreuungsgerichtes das erste die Wirksamkeit auslösende Ereignis. Das Datum dieses Ereignisses ist auf dem Beschluss zu vermerken. **1904**

---

876 *Deinert/Lütgens* Rn. 1006 ff.
877 *OLG Köln* FGPrax 2008, 108.
878 *SG Berlin* BtPrax 2001, 130, bestätigt durch *LSG Berlin* v. 12.9.2002, L 3 U 20/01; *LSG Niedersachsen-Bremen* BtPrax 2007, 222 = FamRZ 2007, 1770; *LSG NRW* NZA 2004, 86.
879 S. Kapitel Berufsrecht, Rn. 1971 ff.
880 *OVG Rheinland-Pfalz* FamRZ 2008, 94 (Ls).
881 BFHE 208, 280 = BtPrax 2005, 67 = FamRZ 2005, 516 = Rpfleger 2005, 192 = NJW 2005, 1006 = BStBl. II 2005, S 288.
882 *LG Nürnberg-Fürth* FamRZ 2007, 1269 = BtPrax 2007, 255 (Ls).
883 *BGH* Rpfleger 2013, 23.

1905 Die Berechnung der Betreuervergütung beginnt dann entsprechend § 187 BGB, § 5 Abs. 4 VBVG mit Beginn des folgenden Kalendertags. Lediglich bei der Betreuerbestellung für einen noch nicht Volljährigen (§ 1908a BGB) beginnt der Vergütungszeitraum mit Beginn des Tages der Volljährigkeit. Gem. § 9 VBVG kann 3 Monate danach der erste Vergütungsantrag gestellt werden. Ein **Erlöschen der Ansprüche** des jeweiligen Betreuungsquartals (§ 2 VBVG) ist nach überwiegender Auffassung 15 Monate nach dem ersten möglichen Antragstermin nach § 9 VBVG (also nach dem Ende des Betreuungsquartals) gegeben.[884] Es findet jedenfalls anders als bei der Zeitvergütung keine Ausschlussfrist nach Kalendertagen statt.[885]

aa) Betreuerwechsel/Vakanz in der Betreuung

1906 Bei den Obergerichten herrscht weitgehend Einigkeit darüber, dass die Zählung des Vergütungszeitraums nach § 5 Abs. 1/2 VBVG mit der Wirksamkeit der **erstmaligen Betreuerbestellung** beginnt und ein **Betreuerwechsel** (§ 1908b BGB) keinen Neubeginn der Zählung herbeiführt.[886] Dies verwundert insoweit, als das VBVG nur die Ansprüche beruflicher Betreuer regelt und ein zuvor bestellter ehrenamtlicher Betreuer keinen Vergütungszeitraum „verbrauchen" kann.[887]

1907 Die zuvor von den Oberlandesgerichten weitestgehend vertretene Auffassung, dass ein Betreuerwechsel nicht zum Neubeginn der Vergütungsberechnung führe, wurde ebenfalls vom BGH bestätigt, auch für den Fall des Wechsels von einem ehrenamtlichen zu einem beruflichen Betreuer. Auch Zeiten der Nichtausübung der Betreuung sowie eine Erweiterung von Aufgabenkreisen führen ebenso wenig zu einer Ausnahme von diesem Grundsatz.[888]

1908 ▶ **Hinweis:** Wenn seitens des Gerichtes die Betreuerzustimmung nach § 1898 BGB im Zusammenhang mit einem Betreuerwechsel nachgefragt wird, sollte der als Betreuer Ausgewählte nach dem Grund des Betreuerwechsels fragen. Ist fehlende Eignung des Vorbetreuers der Grund, ist Vorsicht bei der Zustimmung angesagt, da hier mit deutlich erhöhtem Arbeitsaufwand wegen versäumter Termine des früheren Betreuers oder sogar wegen Schadensersatzforderungen gegen diesen sowie Strafanzeigen wegen Untreue gerechnet werden muss. Dieser Mehraufwand bei niedriger Vergütung (Stundensatz ab 2. Betreuerjahr unter Einrechnung des Tätigkeitszeitraums des Vorbetreuers), der auch unter Berücksichtigung von Aufwendungsersatz gem. § 1835 Abs. 3 BGB oft nicht voll ausgeglichen werden kann, kann Grund für eine Ablehnung der Zustimmung sein, sofern sich der Ausgewählte dies vor Ort „leisten" kann. Hier müssen auch externe Folgen, wie u.U. keine weiteren Betreuerbestellungen, insbesondere im „Wiederholungsfall" einkalkuliert werden. ◀

---

884 *OLG Dresden* FamRZ 2008, 1285 = BtMan 2008, 102 (Ls); *KG* BtPrax 2009, 37 = FamRZ 2009, 456 = Rpfleger 2/2009; *OLG Köln* BtPrax 2009, 870.

885 *BGH* BtPrax 2008, 207 = BtMan 2008, 222 = FamRZ 2008, 1611 = ZKJ 2009, 36 = Rpfleger 2008, 568.

886 *OLG Brandenburg* FamRZ 2008, 1562; *OLG Frankfurt/Main* BtPrax 2007, 136 = FamRZ 2007, 1272 = BtMan 2007, 156; *OLG Hamm* FamRZ 2006, 1066 = FGPrax 2006, 209; *OLG Karlsruhe* FamRZ 2006, 1483 und FamRZ 2007, 1272; *OLG Köln* FamRZ 2006, 1876 = BtMan 2006, 216 = OLGR 2006, 792; *OLG München* BtPrax 2006, 73 und 110 = FamRZ 2006, 647 = OLGR 2006; *OLG Saarbrücken* BtPrax 2007, 268 (Ls) = BtMan 2008, 99 (Ls); *OLG Schleswig* OLGR 2006, 201 = BtPrax 2006, 74 = FamRZ 2006, 648 = FGPrax 2006, 120 = Rpfleger 2006, 321; *OLG Stuttgart* FamRZ 2007, 1271 = FGPrax 2007, 13.

887 Ebenso *Bestelmeyer* Rpfleger 2005, 583.

888 *BGH* Rpfleger 2012, 528; *BGH* BtPrax 2016, 78 = FamRZ 2016, 368.

Nach dem *OLG Zweibrücken*[889] soll ausnahmsweise ein Neubeginn der Berechnung stattfinden **1909**
können, wenn der Vorbetreuer wegen massiver Pflichtverletzungen entlassen und der Nachfolgebetreuer speziell wegen der **Schadensersatzansprüche** nach § 1833 BGB bestellt wurde
(bestätigt durch den BGH[890]).

Liegt allerdings zwischen mehreren Betreuerbestellungen eine **Vakanz**, ein betreuungsloser **1910**
Zeitraum, ist sich die Rechtsprechung ebenfalls weitgehend einig, dass hier ein Neubeginn der
Vergütungsberechnung stattfindet.[891] Hierbei geht es meist um das Beenden einer vorläufigen
Betreuung (§ 302 FamFG)[892] oder um die zeitweilige Aufhebung (§ 1908d BGB) und spätere
Wiedereinrichtung[893], nicht allerdings den Tod des Betreuers (§ 1908c BGB), wenn sich die
Bestellung eines anderen Betreuers verzögert.[894] Für die Zeit, währenddessen keine Betreuungsanordnung wirksam war, steht dem Betreuer keine Vergütung zu.[895]

In mehreren Entscheidungen des BGH wurden offene Fragen, die Fristen bei Vergütungsan- **1911**
sprüchen betreffend, geklärt. So beginnt der 3-Monatszeitraum des § 9 VBVG nach einem
Betreuerwechsel nach § 1908c BGB mit der Wirksamkeit der Bestellung des Nachfolgebetreuers von vorn (anders als die Vergütungsberechnung nach § 5 VBVG)[896]. Die Ausschlussfrist
nach § 2 VBVG wiederum beginnt mit der Verstreichen des genannten Betreuungsquartals
nach § 9 VBVG[897]. Die gesetzliche Ausschlussfrist ist auch auf beruflich tätige Nachlasspfleger
anzuwenden, jedoch kann sich der Schuldner dann nach den Grundsätzen von Treu und
Glauben nicht auf den Ablauf der Frist berufen, wenn er den Anspruchsinhaber durch sein
Verhalten von der rechtzeitigen Geltendmachung seines Anspruches abgehalten hat.[898]

Keine Anwendung findet die Ausschlussfrist des § 2 VBVG bei der Rückforderung überzahlter **1912**
Betreuervergütungen, allerdings kann der Vertrauensgrundsatz entgegenstehen, wenn eine
Abwägung ergibt, dass dem Vertrauen des Berufsbetreuers auf die Beständigkeit der eingetretenen Vermögenslage gegenüber dem öffentlichen Interesse an der Wiederherstellung einer
dem Gesetz entsprechenden Vermögenslage der Vorrang einzuräumen ist.[899]

bb) Unterschiedliche Stundenansätze beim gewöhnlichen Aufenthalt

Das wichtigste Unterscheidungsmerkmal bei der Höhe der Stundenansätze ist der **Aufenthalts-** **1913**
status des Betreuten innerhalb oder außerhalb eines Heimes. Es geht hierbei nicht um den tatsächlichen Heimaufenthalt, der u.U. nur kurzfristig andauert, sondern um einen dauerhaft
angelegten „gewöhnlichen" Aufenthalt, der im der Rechtsprechung als Lebensmittelpunkt verstanden wird (§ 30 Abs. 3 SGB I)[900].

---

889 *OLG Zweibrücken* FamRZ 2006, 1060 = NJW-RR 2006, 873 = BtPrax 2006, 115 = FGPrax 2006, 167;
ebenso *OLG Braunschweig* BtPrax 2007, 32 = FamRZ 2007, 303 = BtMan 2007, 96 = RdLH 2007, 22; *LG
Bückeburg* FamRZ 2009, 1709.
890 *BGH* BtPrax 2010, 30 = FamRZ 2010, 199 m. Anm. *Bienwald*.
891 *Deinert/Lütgens* Rn. 1036 ff.
892 *OLG Zweibrücken* BtPrax 2006, 115 = FamRZ 2006, 1302 = FGPrax 2006, 121; *OLG Karlsruhe* BtPrax 2007,
183 = FamRZ 2007, 1272.
893 BT-Drs. 15/2494, 31, 92.
894 *OLG München* BtPrax 2006, 73 = FamRZ 2006, 647; *LG Lübeck* FamRZ 2007, 1917.
895 *BGH* Beschl. v. 2.3.2016 – XII ZB 196/13, JurionRS 2016, 15710.
896 *BGH* Rpfleger 2011, 501.
897 *BGH* Rpfleger 2013, 387.
898 *BGH* FamRZ 2013, 295.
899 *BGH* FamRZ 2014, 113.
900 Vgl. *Deinert* FamRZ 2005, 954; *Deinert/Lütgens* Rn. 1079 ff.

1914 Heime i.S.d. Heimrechtes[901] sind hierbei in der Regel auch Heime i.S.d. § 5 Abs. 3 VBVG. Allerdings ist der letztere Heimbegriff nach der Rechtsprechung erheblich weiter als der den anderen Zwecken dienende Einrichtungsbegriff in den landesrechtlichen Heimgesetzen.

1915 So sind nach der Rechtsprechung seit 2005 u.a. Krankenhäuser[902], Justizvollzugsanstalten[903] und Hospize[904] Heime i.S.d. § 5 Abs. 3 VBVG. Oft allerdings ist dennoch der Stundenansatz eines Nichtheimbewohners zu zahlen, da möglicherweise zwar längere, aber lediglich vorübergehend angelegte Aufenthalte in solchen Einrichtungen stattfinden (zur somatischen Krankenbehandlung[905], Rehabilitation[906], Untersuchungshaft[907] oder im Rahmen einstweiliger Unterbringungsgenehmigungen nach den §§ 284, 333, 334 FamFG oder § 126a StPO), die keinen Lebensmittelpunkt in der Einrichtung begründen.

1916 Langfristige **Unterbringungen** (§ 329 Abs. 1 FamFG, § 63 StGB, § 66 StGB) oder langfristige **Strafhaft** können aber zur Annahme des gewöhnlichen Aufenthaltes in der Einrichtung führen, insbesondere wenn eine Entlassung nur eine ganz fern stehende Möglichkeit ist und eine Rückkehr in eine frühere Wohnung praktisch ausscheidet.[908]

1917 Ist allerdings der Heimaufenthalt (hier insbesondere der „echte" in einem Altenpflegeheim oder Behindertenwohnheim) von vornherein als Daueraufenthalt geplant (und ist insbesondere keine Kurzzeit- oder Verhinderungspflege), beginnt der gewöhnliche Aufenthalt in der Einrichtung direkt mit dem Beginn des Heimverhältnisses, auch wenn noch eine andere Wohnung fortbesteht, deren Mietende oder Veräußerung (§§ 1821, 1907 BGB) bislang nicht genehmigt ist und dem Betreuer weiterhin Arbeitsaufwand erzeugt.[909]

1918 Die Einrichtung muss im Übrigen, um ein Heim nach § 5 Abs. 3 VBVG darzustellen, eine umfassende soziale Betreuung und Versorgung bieten, die auch in Vollverpflegung bestehen muss.[910] Der Qualifikation als Heim i.S.d. § 5 Abs. 3 VBVG steht die Möglichkeit des Heimträgers nicht entgegen, den Heimvertrag zu kündigen, wenn sich der Gesundheitszustand des Bewohners so verändert, dass dem Heimträger eine sachgerechte Betreuung nicht mehr möglich ist[911] (im Anschluss an Senatsbeschluss vom 23.1.2008, XII ZB 176/07[912]).

Eine Einrichtung i.S.d. § 5 Abs. 3 VBVG könne auch dann vorliegen, wenn der Heimträger sich eine Kündigungsmöglichkeit ausbedinge, falls der Gesundheitszustand des Bewohners sich so weit verschlechtere, dass eine sachgerechte Versorgung nicht mehr möglich sei.[913]

1919 Abgrenzungsprobleme können vor allem bei **modernen Wohnformen** bestehen, die eine relativ hohe Selbstversorgung des Bewohners erfordert. Hier kann es an der Versorgungsgarantie

---

901 Heime nach § 1 HeimG bzw. vergleichbaren Nachfolgebestimmungen in den Heimgesetzen der Bundesländer.
902 *OLG München* BtPrax 2006, 182; *OLG Rostock* FamRZ 2007, 1916 = FGPrax 2007, 230.
903 *OLG München* BtPrax 2006, 193 = FamRZ 2006, 1562; *OLG Hamm* FamRZ 2007, 501 = FGPrax 2007, 80.
904 *OLG Köln* FamRZ 2007, 1044 = FGPrax 2007, 84.
905 *OLG Karlsruhe* BtPrax 1996, 72 = FamRZ 1996, 1341, *LG Nürnberg-Fürth* FamRZ 2007, 855.
906 *OLG Köln* BtPrax 2008, 178.
907 *OLG München* BtPrax 2007, 257 = FamRZ 2007, 1913 = FGPrax 2007, 224 = Rpfleger 2007, 546.
908 *OLG München* BtPrax 2006, 182 = FGPrax 2006, 213.
909 *LG Mönchengladbach* FamRZ 2006, 1229.
910 *OLG Schleswig* BtPrax 2006, 115 = FamRZ 2006, 1229.
911 *BGH* FamRZ 2011, 287 = FGPrax 2011, 75 = NJW-RR 2011, 433 = MDR 2011, 165 = FamRZ 2011, 287 = BtPrax 2011, 82 = FuR 2011, 228 = Rpfleger 2011, 271.
912 *BGH* BtPrax 2008, 118 = FamRZ 2008, 778 = BtMan 2008, 102 (Ls) = FGPrax 2008, 101 = Rpfleger 2008, 302 = MDR 2008, 569 = NJW-RR 2008, 739.
913 *BGH* Rpfleger 2011, 271.

auch für den Fall der Verschlechterung des Gesundheitszustandes mangeln, die allerdings nicht unbegrenzt sein muss. Betreutes Wohnen in einer Pflegefamilie gilt normalerweise nicht als Heim nach § 5 Abs. 3 VBVG[914], eine Ausnahme kann aber bestehen, wenn die Organisation des Wohnens und Lebens durch eine stationäre Einrichtung erfolgt und die Wohnform eine Art „Außenwohngruppe" des Heimes darstellt.

Auch in einer Justizvollzugsanstalt sei soweit für Unterkunft, Verpflegung und tatsächliche Fürsorge gesorgt, dass diese einem Heim i.S.d. § 5 Abs. 3 VBVG gleichkomme. Jedenfalls ein mehrjähriger Haftaufenthalt führe – auch gegen den Willen des Betroffenen – zu einem gewöhnlichen Aufenthalt am Unterbringungsort.[915] **1920**

cc) Unterschiedliche Stundenansätze bei Vermögenden/Mittellosen

Nach neuerer obergerichtlicher Auffassung fallen die **Berechnung der Stundenansätze** nach § 5 Abs. 1 oder 2 VBVG (vermögend oder mittellos) und die Feststellung der Person des letztlich Zahlungspflichtigen (§ 1836d BGB) auseinander.[916] **1921**

Die Berechnung der Stundenansätze erfolgt danach, wie sich die wirtschaftliche Situation des Betreuten innerhalb des abzurechnenden Betreuungsquartals darstellte. War der Betreute während des gesamten Zeitraums vermögend (zur Definition siehe unten), sind die um ca. 20 % höheren Stundenansätze nach § 5 Abs. 1 VBVG anzusetzen, auch wenn zum Zeitpunkt der Entscheidung des Betreuungsgerichtes der Betreute mittellos geworden ist und die Staatskasse Zahlungspflichtiger ist. Umgekehrt gilt das Gleiche. **1922**

Wechselt während des Vergütungszeitraums der vermögensrechtliche Status des Betreuten (wird der Betreute also plötzlich mittellos oder vermögend), sind die Zeiträume anteilig zu ermitteln. Zur Berechnung der Stundenansätze nach § 5 Abs. 1 oder 2 VBVG entschied der BGH, dass jeweils ganze Abrechnungsmonate zu Grunde zu legen seien. Jeweils am Tag, mit dem der Betreuungsmonat endet, ist die Frage der Mittellosigkeit für den vorangegangenen Monat einheitlich zu beantworten.[917] **1923**

Das etwaige Auseinanderfallen des Vergütungsstundenansatzes und des Vergütungsschuldners wurde ebenfalls vom BGH bestätigt.[918] Hiernach richtet sich der Zahlungsanspruch i.S.d. § 1836d BGB einheitlich für den gesamten Vergütungsantrag gegen die Staatskasse, wenn der Betreute im Zeitpunkt der letzten Tatsachenentscheidung mittellos ist. Der Stundenansatz nach § 5 Abs. 1 oder 2 VBVG richtet sich demgegenüber (betreuungsmonatsweise) nach den wirtschaftlichen Verhältnissen des Betreuten während des Tätigkeitszeitraums des Betreuers. **1924**

f) Ende des Vergütungsanspruches

Der Vergütungszeitraum endet mit Bekannt werden des Beschlusses zur **Aufhebung der Betreuung** (§ 1908d BGB) oder des **Betreuerwechsels** durch den bisherigen Betreuer (§ 287 Abs. 1 FamFG). Der Tag des Bekanntwerdens ist nach § 188 BGB noch mitzurechnen. Ebenfalls ist der **Tod des Betreuten** der Endzeitpunkt des Vergütungsanspruches, auch wenn es hier keinen Aufhebungsbeschluss gibt.[919] Ist die Betreuungsaufhebung bzw. der Betreuerwechsel **1925**

---

914 *Lipp/Orth* BtPrax 2005, 209; *BGH* BtPrax 2008, 118 = FamRZ 2008, 778 = FGPrax 2008, 101.
915 *BGH* FamRZ 2012, 536.
916 HK-BUR/*Deinert/Lütgens* § 5 VBVG Rn. 145.
917 *BGH* Rpfleger 2011, 270.
918 *BGH* Rpfleger 2013, 330.
919 Hirntodfeststellung ist verbindlich: *LG Dortmund* BtPrax 2010, 95.

mit sofortiger Wirkung erfolgt (§ 287 Abs. 2 FamFG) und ist dies dem Betreuer zunächst nicht bekannt (das gleiche gilt bei unbekannt gebliebenen Tod des Betreuten), muss der Zeitraum bis zum tatsächlichen Bekannt werden nach dem Grundsatz des § 1698a BGB (der ebenso wie § 1698b über §§ 1908i, 1893 BGB auch für Betreuer gilt) weiter vergütet werden.[920]

1926   Ebenfalls sind Tätigkeiten, die der Betreuer nach dem § 1698b BGB als Notgeschäftsführung wahrnehmen muss, noch vergütungsfähig. Schlussrechnung und Rechenschaft gem. §§ 1890 ff. BGB gelten aber nicht als Notgeschäftsführung, der mit diesen Tätigkeiten verbundene Zeitaufwand gilt mit dem eigentlichen Ende der Betreuung als abgegolten, auch wenn er zeitlich später stattfindet. Ob die Tätigkeiten nach §§ 1698a und b BGB über die Vergütungspauschale[921] oder wie bei einem Vormund oder Nachlasspfleger über eine Zeitvergütung (§ 3 VBVG)[922] abzurechnen wären, waren bislang strittig. Der BGH sah kürzlich im Falle eines Tätigwerdens des Betreuers in Unkenntnis des Todes des Betreuten (nur) einen Anspruch auf Zeitvergütung (§§ 3, 6 VBVG).[923]

1927   ▶ **Hinweis:**   Die Durchführung der Bestattung ist keine Notgeschäftsführung des Betreuers, da nach den Landesgesetzen zum Bestattungsrecht die Familienangehörigen in dieser Funktion, nicht die Erben bestattungspflichtig sind (und die Notgeschäftsführung sich auf den Erben bezieht). Sind Angehörige nicht auffindbar oder bereit, die Bestattung zu veranlassen, sind in allen Bundesländern die örtlichen Ordnungsämter zur Durchführung der Bestattung verpflichtet. ◀

4.   Zahlungspflichten und Mittellosigkeit

a)   Allgemeines

1928   Schuldner der Betreuervergütung (und des Aufwendungsersatzes) ist vom Regel-Ausnahmeverhältnis des Gesetzgebers her gesehen der Betreute, auch wenn tatsächlich zwischen 70 und 80 % aller Betreuten als mittellos gelten dürften.[924] Die also in der Praxis eher als Regel anzusehende Vergütungszahlung aus der Staatskasse ist jedenfalls seit dem 1. BtÄndG 1999 nur noch als **Vorschusszahlung** zu verstehen. Denn möglicherweise kommt der Betreute später zu Geld oder nach seinem Tod stellen sich Vermögensgegenstände (insbesondere ein zunächst geschütztes selbstbewohntes Hausgrundstück) nicht mehr als unverwertbar dar. In solchen Fällen hat die Staatskasse einen Regressanspruch (§ 1836e BGB), der allerdings seit dem 1.1.2010 nur noch 3 Jahre, nicht mehr wie zuvor 10 Jahre zurückwirkt.

1929   Aus dem **Regel-Ausnahmeverhältnis** ergibt sich auch, dass der Betreuer die Mittellosigkeit des Betreuten, so er eine Vergütung aus der Staatskasse geltend machen will, glaubhaft machen muss (§ 168 Abs. 2 FamFG). Dies ist insbesondere dann schwierig, wenn der Betreuer den Aufgabenkreis Vermögenssorge nicht innehat, die Vermögensverhältnisse des Betreuten also mangels gesetzlicher Vertretung (§ 1902 BGB) nicht verlässlich beurteilen kann oder die Betreuung bereits beendet ist. Aus diesem Grunde gestattet die Rechtsprechung es, zunächst einen Vergütungsantrag gegen den Betreuten (bzw. dessen Erbe) zu stellen und im Falle der Uneinbring-

---

920   *OLG Dresden* BtPrax 2006, 115 = FamRZ 2006, 1483; *LG Traunstein* FamRZ 2010, 329.
921   *LG Stendal* FamRZ 2006, 1063.
922   *OLG München* BtPrax 2006, 233 = FamRZ 2006, 1787.
923   *BGH* Beschl v 6.4.2016, XII ZB 83/14, JurionRS 2016, 15090.
924   Genauer Prozentsatz mangels entsprechender Zählungen der Betreuervergütung aus Vermögen im Rahmen der Sondererhebung „Verfahren nach dem BtG" nicht feststellbar.

lichkeit der Vergütung einen Hilfsantrag auf Vergütung gegen die Staatskasse zu stellen,[925] für den keine neue Frist nach § 2 VBVG läuft.

Vergütungsbeschlüsse gegen den Betreuten oder seinen Erben stellen **vollstreckbare Titel** für **1930**
den Betreuer dar. § 95 FamFG legt fest, dass aus Beschlüssen entsprechend den Regelungen der ZPO die Zwangsvollstreckung betrieben werden kann), das gilt aber nicht für Beschlüsse, deren Schuldner die Staatskasse ist. Der Betreuer muss dazu eine vollstreckbare Ausfertigung des Beschlusses beantragen.[926]

Es muss bei der Vergütungsberechnung stets festgestellt werden, ob der Betreute (oder sein **1931**
Erbe) den Rechnungsbetrag **in einer Summe** zahlen kann (d.h., dass der Zahlungsbetrag in voller Höhe über dem jeweiligen Schonbetrag liegen muss). Ist dies nur teilweise, nur in Raten oder nach vorheriger Unterhaltsklage möglich, ist der Zahlungspflichtige des Gesamtbetrags die Staatskasse (§ 1836d BGB). Diese kann allerdings überstehende Beträge im Rahmen des Staatskassenregresses beanspruchen (§ 1836e BGB; siehe dazu weiter unten Rn. 1941).

Die Ausführungen gelten auch für Ansprüche auf Aufwendungsersatz (inkl. der Aufwandspau- **1932**
schale nach § 1835a BGB und der Aufwendungen für berufliche Dienste), sofern keine direkte Entnahme aus dem Vermögen des Betreuten zulässig ist.

b) Einkommensheranziehung

Im Rahmen der Prüfung der Zahlungspflicht für die Betreuervergütung kann laufendes Ein- **1933**
kommen des Betreuten herangezogen werden. § 1836c Nr. 1 BGB verweist hierbei auf die **Einkommensgrenzen** für die ehemaligen Sozialhilfen in besonderen Lebenslagen, jetzt Hilfen nach dem 5.–9. Kapitel SGB XII. In § 82 SGB XII werden dabei die Einkünfte selbst definiert (z.B. zählen Grundrenten nach dem Bundesversorgungsgesetz und Schmerzensgelder nach § 253 BGB nicht zum Einkommen).

Auch werden Steuern, Werbungskosten und bestimmte Versicherungen abgezogen. Details zur **1934**
Einkommensdefinition liefert die Verordnung zu § 82 SGB XII. Weiterhin wird auf § 85 SGB XII Bezug genommen. Hier ist der **Einkommensfreibetrag** definiert, der bei Alleinstehenden das Doppelte des Eckregelsatzes ausmacht, das sind seit dem 1.1.2016 808 €. Hinzu kommen die Warmmiete[927] und die Betriebskosten für den Wohnraum[928].

Zur Finanzierung der Betreuertätigkeit steht allerdings nicht schematisch das gesamte den **1935**
Freibetrag übersteigende Einkommen zur Verfügung. Vielmehr ist nach § 87 SGB XII eine **Ermessensentscheidung** herbeizuführen. In diesem Rahmen können besondere Bedarfslagen, Schuldentilgung usw. berücksichtigt werden[929]. Die Einkommensheranziehung spielt in der Betreuungspraxis für die direkte Finanzierung von Aufwendungsersatz und Vergütung keine nennenswerte Rolle, allenfalls beim Regress der Staatskasse nach § 1836e BGB, für den die gleichen Freigrenzen gelten.

---

925 *LG Saarbrücken* BtPrax 2009, 42; *OLG Hamm* FamRZ 2007, 854; *LG Mönchengladbach* FamRZ 2007, 357; *OLG Frankfurt/Main* FGPrax 2009, 160.
926 *AG Essen* FamRZ 2008, 1977 = NJW-RR 2008, 1461.
927 *BSG* SGb 2013, 343 = ZfF 2013, 204.
928 Detaillierte Berechnung bei *Deinert/Lütgens* Rn. 1238 ff.
929 *Deinert/Lütgens* Rn. 1316 ff.

c) Vermögensheranziehung

1936 Auch das Vermögen des Betreuten wird zur Finanzierung der Betreuertätigkeit in Anspruch genommen. § 1836c Nr. 2 BGB verweist auf § 90 SGB XII und somit auf den sozialhilferechtlichen **Vermögensbegriff**[930]. Nur verfügbares Vermögen wird gezählt, es kann zahlreiche Verwertungshindernisse bei Vermögenswerten des Betreuers geben. In § 90 SGB XII werden außerdem zahlreiche Gegenstände aus dem Vermögensbegriff herausgenommen, besonders zu betonen ist das angemessene selbstbewohnte Hausgrundstück nach § 90 Abs. 2 Nr. 8 SGB XII.

1937 § 1 der Verordnung zu § 90 SGB XII enthält die Regelung über den ebenfalls geschonten kleinen Barbetrag. Hier sind nach allgemeiner Auffassung die Freibeträge für Erwerbsgeminderte, das sind derzeit 2.600 € (beim Alleinstehenden) als **Schonvermögen** zu belassen. Auch wenn der Betreute als Sozialleistungsempfänger höhere Freibeträge beanspruchen kann, zum Beispiel als Empfänger von ALG 2 (§ 12 SGB II) oder von Kriegsopferfürsorge (§ 25f BVG), spielen diese für die Heranziehung zur Betreuervergütung keine Rolle.[931]

1938 Angespartes **Schmerzensgeld**[932] und für eine angemessene **Bestattung** fest angelegtes Guthaben[933] soll zusätzlich belassen werden. § 90 Abs. 3 SGB XII und § 2 der VO zu § 90 SGB XII enthalten außerdem Möglichkeiten, zusätzliche Vermögenswerte anrechnungsfrei zu lassen.

1939 Die durch ein Behindertentestament auf den Betreuten übertragene (Vor-)Erbschaft und deren sozialhilferechtliche Verfügungsbeschränkung führt auch bei gleichzeitiger Anordnung der Testamentsvollstreckung nicht zwingend zur Mittellosigkeit im Rahmen der Betreuervergütung. Vielmehr sei durch Auslegung der an den Testamentsvollstrecker adressierten Verwaltungsanordnungen zu ermitteln, ob der Erblasser auch Vergütungsansprüche des Betreuers ausschließen wollte.[934]

1940 ▶ **Hinweis:** Der persönliche Barbetrag bei Heimbewohnern (sog. „Taschengeld") nach § 27b Abs. 2 SGB XII darf nicht planlos angespart werden. Sobald erkennbar ist, dass ein Heimbewohner keinerlei zu befriedigende persönliche Bedürfnisse hat (auch nicht unter Einsatz von Phantasie des Betreuers), muss der Sozialhilfeträger darauf hingewiesen werden (§ 60 SGB I). In diesem Falle wird der Barbetrag gekürzt oder im Extremfall gestrichen. Die Praxis, Barbeträge über die Schongrenze von 2.600 € anzusparen und dann für die Betreuervergütung zu verwenden, ist gesetzeswidrig. ◀

d) Regress der Staatskasse

1941 Soweit die Staatskasse wegen Mittellosigkeit des Betreuten Aufwendungsersatz und Vergütungen verauslagt hat, besteht ein **Rückforderungsanspruch** gegen den vermögend gewordenen Betreuten und nach dessen Tod gegen seinen Erben (§ 1836e BGB). Die Freibeträge des Betreuten sind dabei die Gleichen wie oben genannt; der Erbe haftet mit dem Wert des Aktivnachlasses (§ 2311 BGB), das sind die geerbten Vermögenswerte abzüglich der Nachlassverbindlichkeiten; die Bezahlung einer angemessenen Bestattung ist dabei vorrangig gegenüber

---
930 Vgl. *Deinert/Lütgens* Rn. 1323 ff.
931 *Deinert/Lütgens* Rn. 1336 ff.; *OLG Frankfurt/Main* BtPrax 2004, 117 = FamRZ 2004, 836; *OLG Hamm* FamRZ 2004, 1324; *OLG Köln* FamRZ 2007, 1043.
932 *OLG Thüringen* FamRZ 2005, 1199 = FGPrax 2005, 125.
933 *OLG Frankfurt/Main* BtPrax 2001, 128 = FamRZ 2001, 868 = FGPrax 2001, 115; *OLG Zweibrücken* BtPrax 2006, 80 = FGPrax 2006, 21; *OLG München* BtPrax 2007, 130; *OLG Schleswig* BtPrax 2007, 133.
934 *BGH* Rpfleger 2013, 390.

den Regressansprüchen[935]; Vermächtnisse und Auflagen sind nicht abzuziehen[936]. Dem Erben verbleibt ein Freibetrag nach § 102 SGB XII von derzeit 2.424 € (Stand 1.1.2016); war er pflegender Angehöriger, beträgt der Freibetrag 15.340 €.

Die auf die Staatskasse übergegangenen Zahlungen an den Betreuer unterliegen der 3jährigen **1942** Regelverjährung. Diese beginnt mit der Zahlung an den Betreuer. Eine aktuell bestehende Mittellosigkeit des Betreuten führt nicht zur Verjährungshemmung nach § 205 BGB. Ebenfalls findet die Übergangsregelung des Art. 229 § 23 EGBGB keine Anwendung auf Regressansprüche aus der Zeit vor 2011[937]. Das im Sozialhilferecht geltende „Zuflussprinzip" gilt nicht für den auf die Staatskasse übergegangenen Vergütungsanspruch.[938]

Ein für den Betreuten bestellter Verfahrenspfleger kann keine Einrede der Verjährung bzgl. der **1943** Regressansprüche erheben. Diese materiell-rechtliche Einwendung steht nur dem Betreuten oder seinem Betreuer als gesetzlichem Vertreter zu.[939]

5. Gerichtliches Verfahren bei Aufwendungsersatz und Vergütung

Mit Ausnahme des vom Betreuer unter bestimmten Umständen selbst entnehmbaren Aufwen- **1944** dungsersatzes erfordert die Entschädigung der Betreuer (und Verfahrenspfleger) ein gerichtliches **Festsetzungsverfahren**. Es ist in § 168 i.V.m. § 292 FamFG beschrieben und erfolgt i.d.R. auf Antrag des Betreuers oder Verfahrenspflegers.

Ist die Staatskasse wegen aktueller Mittellosigkeit des Betreuten zahlungspflichtig und besteht **1945** kein Dissens zwischen dem Antragsteller bzgl. der Höhe der Zahlungsansprüche, kann die Auszahlung auch ohne formellen Gerichtsbeschluss auf dem sog. vereinfachten Wege mit Hilfe einer **Auszahlungsanordnung** erfolgen.[940] Dies ist für alle Beteiligten zwar einfacher, allerdings erwachsen solche Zahlungsvorgänge infolge fehlenden Beschlusses nicht in formale Rechtskraft und können zumindest für die letzten 15 Monate rückwirkend auch zu Ungunsten des Betreuers rückabgewickelt werden.[941]

Bei Uneinigkeit über die Höhe des Zahlungsanspruchs und soweit der Betreute (oder sein **1946** Erbe) zahlungspflichtig ist, ist ein **Beschlussverfahren** notwendig.[942] Hierzu hat der Betreuer nach bestem Wissens Angaben über die Einkommens- und Vermögensverhältnisse des Betreuten zu machen (§ 168 Abs. 2 FamFG). Unklarheiten über den finanziellen Stand des Betreuten (insbesondere bei Nichtvorhandensein des Aufgabenkreises Vermögenssorge) sollen nicht zu Lasten des Betreuers gehen; in solchen Fällen ist im Zweifel die Staatskasse eintrittspflichtig.

Der Betreute oder sein Erbe (§ 168 Abs. 4 FamFG) sowie bei Mittellosigkeit der Vertreter der **1947** Staatskasse (§ 274 Abs. 4 Nr. 2 FamFG) sind als **Verfahrensbeteiligte** zum Antrag des Betreuers zu hören; ist eine Anhörung ausnahmsweise nicht möglich (§ 34 Abs. 2 FamFG), hat das Gericht zu prüfen, ob ein Verfahrenspfleger zu bestellen ist (§ 276 Abs. 1 Nr. 1 FamFG).[943]

---

935 *BayObLG* BtPrax 2002, 77 = FamRZ 2002, 699.
936 *Deinert* Betreuervergütung und Staatsregress nach dem Tod des Betreuten, FamRZ 2002, 375.
937 *BGH* Rpfleger 2012, 316 und XII ZB 497/11 und XII ZB 605/10 sowie FamRZ 2013, 214.
938 *BGH* Rpfleger 2013, 269.
939 *BGH* Rpfleger 2012, 688.
940 *Deinert/Lütgens* Rn. 1471 ff.
941 *OLG Köln* FamRZ 2006, 1482 = FGPrax 2006, 116.
942 *Deinert/Lütgens* Rn. 1485 ff.
943 *OLG Köln* FamRZ 2003, 171.

1948   Beschlüsse zu Aufwendungsersatz, Vergütung und den Zahlungsansprüchen der Staatskasse sind vollstreckbare Titel (§§ 86, 95 FamFG). Der Betreuer benötigt eine vollstreckbare Ausfertigung des Beschlusses.

6.   Rechtsmittel

1949   Seit dem 1.9.2009 richten sich die **Rechtsmittel** gegen Beschlüsse zum Aufwendungsersatz und zur Vergütung nach den allgemeinen Regeln des FamFG. Die Frist für das Rechtsmittel beträgt 1 Monat nach schriftlicher Bekanntgabe des Beschlusses (§ 63 FamFG). Hat ein anderer Beschwerdeberechtigter rechtzeitig Beschwerde eingelegt, besteht für andere Beteiligte auch nach Verstreichen der 1-Monatsfrist die Möglichkeit zur Anschlussbeschwerde (§ 66 FamFG).

1950   Der Beschwerdewert von zuvor 150 € wurde zum 1.9.2009 auf 600 € vervierfacht (§ 61 FamFG). Das Rechtsmittel der Beschwerde ist nur dann zulässig, wenn dieser Wert überschritten ist, also mindestens 600,01 € beträgt oder das Gericht sie wegen der grundsätzlichen Bedeutung einer Frage zugelassen ist.

1951   Unter **Beschwerdewert** ist nur dann die Gesamtsumme des Antrags auf Aufwendungsersatz oder Vergütung zu verstehen, wenn die Zahlung insgesamt strittig ist (z.B. wegen einer etwaigen Verwirkung wegen Untreue[944]) oder wenn strittig ist, ob der Betreute oder die Staatskasse zahlungspflichtig sind. Ansonsten ist der Beschwerdewert für den Betreuer der Unterschiedsbetrag zwischen dem Antrag und der seitens des Gerichtes zugebilligten Zahlung. Für den Zahlungspflichtigen ist ansonsten der Beschwerdewert der Unterschiedsbetrag zwischen dem beschlossenen Zahlbetrag und der nach eigener Ansicht korrekten Summe.[945]

1952   Ist in einem Vergütungsverfahren der **Beschwerdewert** von 600 € (§ 61 Abs. 1 FamFG) nicht erreicht, hat der nach § 168 FamFG tätige Rechtspfleger die eingelegte Beschwerde als Erinnerung i.S.d. § 11 RPflG auszulegen und sie bei Nichtabhilfe dem Betreuungsrichter zur abschließenden Entscheidung vorzulegen.[946] Die Erinnerung ist binnen einer Frist von 2 Wochen einzulegen.

1953   In diesem Zusammenhang kann der Richter auch die Beschwerde zulassen.[947] In diesem Fall wird die Erinnerung als Beschwerde betrachtet und an das Landgericht weitergeleitet, das grundsätzlich abschließend entscheidet. Die Zulassung der Beschwerde kann auch auf bestimmte Fragestellungen beschränkt werden, z.B. die Höhe des Stundensatzes, also die Anerkennung einer Berufsqualifikation nach § 4 Abs. 1 VBVG.[948]

1954   ▶ **Hinweis:**   Im Rahmen der Erinnerung sollte bei ungewöhnlichen Fällen auf deren besondere Bedeutung für die Rechtsfortbildung hingewiesen werden. In solchen Fällen kommt es dann oft zur nachträglichen Gestattung der Beschwerde und Weiterleitung an das Landgericht. ◀

1955   Eine **Rechtsbeschwerde** gegen die Landgerichtsentscheidung ist gem. § 70 Abs. 1 und 2 FamFG nur mit ausdrücklicher Zulassung des Landgerichtes statthaft. Zuständig für die Entscheidung

---

944   *OLG Hamm* BtPrax 2007, 134 = FamRZ 2007, 1185 = BtMan 2007, 156.
945   *Deinert/Lütgens* Rn. 1603.
946   *BGH* FamRZ 2012, 1796.
947   *OLG Hamm* BtPrax 2000, 129 = Rpfleger 2000, 271 = FGPrax 2000, 66.
948   *OLG Schleswig* MDR 2001, 1169 = BtPrax 2001, 259 = Rpfleger 2002, 313 = FamRZ 2002, 1286; *KG* FGPrax 2003, 123; einschränkend *OLG Schleswig* FGPrax 2005, 159 = NJW-RR 2005, 1093.

über die Rechtsbeschwerde ist der **BGH** (§ 133 GVG), erforderlich ist bereits für die Beschwerdeschrift anwaltliche Vertretung durch einen beim BGH zugelassenen Anwalt (§ 10 Abs. 4 FamFG). Für Behörden bestehen Erleichterungen bzgl. der anwaltlichen Vertretung. Allerdings benötigen auch behördliche Vertreter, wie der für die Staatskasse tätige Bezirksrevisor, für das Rechtsbeschwerdeverfahren vor dem BGH einen Vertreter mit Befähigung zum Richteramt.[949]

7. Besonderheiten bei Sterilisations-, Verhinderungs- und Gegenbetreuungen

Der Betreuer für die Entscheidung über eine Sterilisation (§§ 1899 Abs. 2, 1905 BGB) sowie der **Verhinderungsbetreuer**, der wegen rechtlicher Verhinderung bestellt wird (§ 1899 Abs. 4 BGB i.V.m. §§ 181, 1795, 1796 BGB) haben, sofern sie als Berufs- (oder Vereins-)betreuer bestellt wurden, Vergütungsansprüche nach Zeitaufwand, also wie ein Vormund oder Verfahrenspfleger (§§ 6 S. 1 i.V.m. § 3 VBVG). Hier sind die einzelnen Tätigkeiten glaubhaft zu machen, Umsatzsteuer und Barauslagen (§ 1835 Abs. 1 BGB) können ergänzend geltend gemacht werden. Die Vergütung für konkret nachgewiesenen Zeitaufwand eines Betreuers (§ 6 VBVG) kann über die in dieser Bestimmung genannten Sonderfälle (Sterilisation, Verhinderung aus rechtlichen Gründen) hinaus nicht analog auf andere Betreuungen, z.B. nur für eine einzelne Angelegenheit) angewandt werden.[950]

1956

Verhinderungsbetreuer wegen tatsächlicher Verhinderung (Krankheit, Urlaub usw.) erhalten die Pauschalvergütung (§§ 4, 5 VBVG), der verhinderte Betreuer verliert für den Zeitraum der Verhinderung seinen Vergütungsanspruch[951].

1957

Gegenbetreuer (§ 1792, 1908i BGB) erhalten die übliche pauschale Betreuervergütung, auch neben einem anderen Berufsbetreuer.[952]

8. Besonderheiten bei Vereins- und Behördenbetreuungen

Bei **Vereins- und Behördenbetreuern** liegt der Anspruch auf Aufwendungsersatz und ggf. Vergütung beim Arbeitgeber bzw. Dienstherr der genannten Personen. Die Ansprüche des Betreuungsvereins (§ 7 VBVG) sind dabei denjenigen der selbstständigen Berufsbetreuer durch Verweis auf die §§ 4 und 5 VBVG annähernd gleich gestellt. Die Mindestfallzahlregelung (§ 1 VBVG) und die Regelung zum Aufwendungsersatz für berufliche Dienste (§ 1835 Abs. 3 BGB) sind nicht anwendbar.

1958

Für **Behördenbetreuer** kann die Behörde nur im Ausnahmefall eine Vergütung nach den gleichen Maßstäben wie ein ehrenamtlicher Betreuer erhalten (§ 1836 Abs. 2 BGB), dies ist nur bei vermögenden Betreuten möglich; auch Aufwendungsersatz ist nur in diesem Falle möglich (§ 8 VBVG)[953]. Die 15-Monatsfrist des § 2 VBVG gilt nicht; hier wird nur die allgemeine Verjährungsfrist von 3 Jahren eine Rolle spielen (§ 195 BGB).

1959

Für Vereine und Behörden als Betreuer (§ 1900 BGB) sieht das BGB einen Vergütungsausschluss vor (§ 1836 Abs. 3 BGB). Zur Frage, inwieweit Vormundschafts- oder Betreuungsvereine (§ 54 SGB VIII, § 1908f BGB) für die von Ihnen Mitarbeitern geführten Vormundschaf-

1960

---

949 *BGH* Rpfleger 2011, 92.
950 *BGH* Rpfleger 2013, 389.
951 Vgl. für Details HK-BUR/*Bauer/Deinert* § 6 VBVG; *Deinert/Lütgens* Rn. 916 ff.
952 *OLG Köln* FamRZ 2008, 2064 = FGPrax 2008, 155 = BtMan 2008, 166 (Ls).
953 *Deinert/Lütgens* Rn. 865.

ten, BGB-Pflegschaften und Betreuungen eine Vergütung beanspruchen können, hat der BGH eine langjährig indifferente Frage geklärt und eine früher vertretene Auffassung revidiert.[954] Nach neuerer Auffassung besteht dann kein Vergütungsanspruch, wenn der Verein selbst (gem. § 1791a bzw. § 1900 Abs. 1 BGB) zum gesetzlichen Vertreter bestellt wurde. Ungeachtet fehlender Refinanzierung von dritter Seite, wie Kommunen, gebe nach § 1836 Abs. 3 BGB (bei Betreuungen i.V.m. § 1908i, bei BGB-Pflegschaften i.V.m. § 1915 BGB) der eindeutige Gesetzeswortlaut keine Vergütungsmöglichkeit her. Eine analoge Anwendung der Regeln für die Vergütung bei Verfahrenspflegschaften scheide aus.

1961 Werde aber ein Mitarbeiter des Vereins unter persönlicher Namensnennung des Anstellungsträgers Verein als Vormund oder Pfleger bestellt, sei ein Vergütungsanspruch des Vereins analog zur Bestellung eines Vereinsmitarbeiters im Betreuungsrecht (§ 1897 Abs. 2 BGB, § 7 VBVG) gegeben.[955] Ergänzend dazu stellte der BGH fest, dass ein Verein seine Entlassung im Vormundschafts- und Pflegschaftsrecht verlangen kann, damit ein Vereinsmitarbeiter mit Vergütungsanspruch bestellt werden kann.[956]

1962 Betreuungsverein und -behörde als Betreuer erhalten des Weiteren bei vermögenden Betreuten Aufwendungsersatz für Barauslagen (§ 1835 Abs. 1 BGB; jedoch nicht für allgemeine Verwaltungskosten, § 1835 Abs. 5 BGB).

9. Besonderheiten bei der Verfahrenspflegschaft

1963 Das Gericht hat festzustellen, ob eine **Verfahrenspflegschaft** berufsmäßig geführt wird oder nicht. Diese Feststellung soll bei der Bestellung getroffen werden, kann aber auch später noch vom Beschwerdegericht oder im Vergütungsfestsetzungsverfahren und zudem auch für die Vergangenheit erfolgen. Es bedarf auch keiner förmlichen Feststellung, sondern es reicht, wenn das Gericht den Pfleger als Berufspfleger angesehen hat.[957]

1964 Verfahrenspfleger, die beruflich die Pflegschaft führen, haben nach § 277 Abs. 1 FamFG einen Vergütungsanspruch nach Zeitaufwand (wie ein Vormund, § 3 VBVG). Darüber hinaus haben sie Anspruch auf Aufwendungsersatz sowie im Falle der Umsatzsteuerpflicht auf deren Erstattung. Obwohl nicht ausdrücklich erwähnt, geht die Rechtsprechung außerdem davon aus, dass der **Aufwendungsersatz für berufliche Dienste** (als Alternative zur Zeitvergütung) gem. § 1835 Abs. 3 BGB beansprucht werden kann.[958] Für Verfahrenspfleger in Unterbringungsverfahren gilt über § 318 FamFG das Gleiche. Der BGH entschied kürzlich:

1. Der anwaltliche Verfahrenspfleger kann eine Vergütung nach dem Rechtsanwaltsvergütungsgesetz beanspruchen, soweit er im Rahmen seiner Bestellung solche Tätigkeiten zu erbringen hat, für die ein Laie in gleicher Lage vernünftigerweise einen Rechtsanwalt zuziehen würde.

2. Die gerichtliche Feststellung, dass eine anwaltsspezifische Tätigkeit erforderlich ist, ist für die anschließende Kostenfestsetzung bindend. Auf die Frage, wie bzw. ob die Erforderlichkeit

954 Änderung der Senatsrechtsprechung – FamRZ 2007, 900.
955 *BGH* BtPrax 2011, 274 = Rpfleger 2011, 602; Parallelentscheidungen XII ZB 626/10, BeckRS 2011, 19097 und XII ZB 627/10, BeckRS 2011, 19098.
956 *BGH* FamRZ 2013, 946.
957 *OLG Naumburg* BtPrax 2010, 96 (Ls).
958 *OLG Düsseldorf* FamRZ 2008, 76; *OLG München* BtPrax 2008, 219 = FamRZ 2008, 2150 = FGPrax 2008, 207 = BtMan 2008, 227 (Ls) = Rpfleger 2008, 574 = MDR 2008, 976.

im Einzelnen durch das Gericht begründet ist, kommt es nicht an.[959] Die Entscheidung dazu ist mit der Beschwerde nicht anfechtbar.[960]

Die 15-Monatsfrist des § 2 VBVG ist auch auf die Entschädigung des Verfahrenspflegers anwendbar;[961] hier ist tagesgenau eine Verfristung festzustellen.[962]   **1965**

Wird ein anwaltlicher Verfahrenspfleger sowohl für ein Unterbringungsverfahren nach § 1906 Abs. 1 BGB als auch eine freiheitsentziehende Maßnahme nach § 1906 Abs. 4 BGB bestellt, steht ihm die Verfahrensgebühr nach Nr. 6300 VV RVG für beide Verfahren zu; es handelt sich insoweit nicht um dieselbe Angelegenheit i.S.d. § 15 Abs. 2 S. 1 RVG.[963]   **1966**

Zu den Sachaufwendungen eines Verfahrenspflegers entschied der BGH, dass das Gericht die Höhe der erstattungsfähigen Aufwendungen schätzen kann, wenn konkrete Kopierkosten nicht dargelegt werden können. Hierzu kann bei einem anwaltlichen Verfahrenspfleger auf die Dokumentenpauschale in Nr. 7000 Nr. 1 VV RVG als Schätzgrundlage zurückgegriffen werden.[964]   **1967**

Der Vergütungsanspruch des Verfahrenspflegers kann gem. § 277 Abs. 3 FamFG als **Individualpauschale** gezahlt werden; in diesem Fall ist auch der Aufwendungsersatz auf 3 €/Std. pauschaliert. Eine praktische Bedeutung scheint nicht zu bestehen, zumal diese Möglichkeit der Pauschale für Betreuer zum 1.7.2005 abgeschafft wurde (seinerzeit § 1836b BGB).   **1968**

Für die Ansprüche von Verfahrenspflegern gilt abweichend gegenüber Betreuern, dass sie stets aus der Staatskasse gezahlt werden; es findet also anders als bei der Betreuervergütung keine Mittellosigkeitsprüfung statt. Allerdings können im Rahmen der Gerichtskosten auch die an Verfahrenspfleger bezahlte Honorare als gerichtliche Auslagen in Rechnung gestellt werden.[965] Anders als bei den sonstigen **Gerichtskosten** gelten nicht die erhöhten Vermögensfreigrenzen (Vorbem. 1.1. zu Anlage 1 zum GNotKG), sondern die gleichen Freibeträge wie bei der Betreuervergütung (Anlage 3 zum GNotKG, Nr. 32105).   **1969**

Betreuungsvereine erhalten für Mitarbeiter als Verfahrenspfleger nach § 277 Abs. 4 FamFG die gleichen Zahlungen wie selbstständige Berufsverfahrenspfleger; Betreuungsbehörden erhalten für Mitarbeiter als Verfahrenspfleger nach der gleichen Bestimmung keine Entschädigung.   **1970**

---

959 *BGH* FamRZ 2011, 203 = FGPrax 2011, 23 = NJW 2011, 453 = LSK 2011, 110221 = MDR 2011, 72 =JurBüro 2011, 130 = BtPrax 2011, 85 =Rpfleger 2011, 205.

960 *BGH* NJW 2013, 3040.

961 *OLG Koblenz* FamRZ 2002, 1355 und FamRZ 2003, 168; *BayObLG* Rpfleger 2003, 578.

962 *LG Münster* FamRZ 2008, 1659 (Ls).

963 *BGH* Rpfleger 2013, 26.

964 *BGH* FGPrax 2014, 63 (Ls) = NJW 2014, 1668.

965 *OLG Koblenz* FamRZ 2010, 233.

D.
Berufsrecht für Betreuer/innen

Wer Betreuungen (und ggf. Vormundschaften und Pflegschaften einschl. Verfahrenspflegschaf- **1971**
ten) als Teil seiner Berufstätigkeit führt, hat in steuer-, gewerbe- und sozialversicherungsrecht-
licher Sicht einige Dinge zu beachten.

I. Einkommensteuer

Berufsbetreuer können selbstständig berufstätig sein, dann gelten die Einkünfte daraus als sol- **1972**
che aus sonstiger selbstständiger Tätigkeit nach § 18 Abs. 1 Nr. 3 EStG. Dies hat der BFH in 2
Urteilen, jeweils vom 15.6.2010[1], entschieden und sich ausdrücklich von seiner Entscheidung
vom 4.11.2004[2] abgesetzt, in der er die Betreuertätigkeit den gewerblichen Einkünften zugeordnet hatte. Rechtsanwälte als Berufsbetreuer üben, auch das ist durch den BFH klargestellt,
Betreuertätigkeiten als Teil ihrer freiberuflichen Tätigkeit nach § 18 Abs. 1 Nr. 1 EStG aus.

Konsequenz aus der neuen Rechtsprechung des BFH war es, dass Personen, die zuvor auf- **1973**
grund der früheren Rechtsprechung zur Gewerbesteuer veranlagt wurden, gegen noch nicht
bestandskräftige Gewerbesteuerbescheide (aus der Zeit vor 2010) Rechtsmittel einlegen und
beim Finanzamt die Aufhebung des Gewerbesteuermessbescheides beantragen sollten. Ob sich
Betreuer durch den Wegfall der Gewerbesteuer wirtschaftlich besser stehen, hängt allerdings
vom kommunal festgesetzten Gewerbesteuerhebesatz ab, da eine teilweise Verrechnungsmög-
lichkeit der Gewerbesteuer mit der Einkommensteuer besteht. Als Faustregel gilt, dass
„unterm Strich" der Betreuer nunmehr besser dasteht, wenn an seinem Wohnsitz ein Gewer-
besteuererhebesatz oberhalb der Messzahl von 380 festgelegt wurde. Dies ist meist in Großstäd-
ten der Fall.

Freiberufler und sonstige Selbstständige unterliegen darüber hinaus nicht der Bilanzierungs- **1974**
pflicht. Sie können die Einnahmen und Ausgaben in der vereinfachten Form der Einnahmen-
Überschussrechnung erfassen (§ 4 Abs. 3 EStG). Es besteht in dieser Frage ein Wahlrecht des
Steuerpflichtigen.[3]

II. Umsatzsteuer

Unabhängig von dieser Frage war die Umsatzsteuerpflicht von Berufsbetreuern. Soweit diese **1975**
nicht als Kleinunternehmer (Jahresumsatz unter 17.500 €) gegenüber dem Finanzamt nach
§ 19 Abs. 1 UStG den Verzicht auf die Umsatzsteuer erklärt haben, unterlagen sie nach bisheriger Rechtsauffassung dieser Steuerpflicht. Die Höhe der Pauschalvergütung (§§ 4, 5 VBVG)

---

1 *BFH* BStBl. II 2010, 909 = FamRZ 2010, 1731 und VIII R 10/09, BStBl. II 2010, 906 = BtPrax 2010, 232 =
   DStR 2010, 1669.
2 BFHE 208, 280 = BtPrax 2005, 67 = FamRZ 2005, 516 = Rpfleger 2005, 192 = NJW 2005, 1006 = BStBl. II
   2005, 288.
3 *BFH* NJW 2006, 319 = BStBl. II 2006, 509 = BB 2006, 33 = DB 2006, 76.

war unabhängig davon, ob Umsatzsteuerpflicht besteht oder nicht.[4] Eine allgemeine Umsatzsteuerbefreiung für selbstständige Berufsbetreuer wurde von den Finanzgerichten abgelehnt.

1976 Allerdings hat der BFH mit Urteil vom 25.4.2013[5] klagenden Berufsbetreuern Recht gegeben, die eine fehlerhafte Umsetzung der EU-Umsatzsteuerrichtlinie in das deutsche Umsatzsteuerrecht beklagten und hat eine Gleichstellung mit den bereits 2009 von der Umsatzsteuer freigestellten Betreuungsvereinen[6] festgestellt. Der Gesetzgeber hat dies mit Wirkung vom 1.7.2013[7] auch in das Umsatzsteuerrecht übernommen und Betreuungen, Vormundschaften und Ergänzungspflegschaften umsatzsteuerfrei erklärt. Umsatzsteuerpflichtig bleiben aber der Aufwendungsersatz für berufliche Dienste nach § 1835 Abs. 3 BGB sowie sonstige Pflegschaftsvergütungen, also auch die Verfahrenspflegschaft.

1977 Die Vergütungsanträge von Berufsbetreuern und -verfahrenspflegern sind keine Rechnungen i.S.d. UStG, benötigen also weder Steueridentifikationsnummer noch einen ausdrücklichen Mehrwertsteuerausweis.[8] Wird allerdings eine Zeitvergütung beantragt, z.B. als Verfahrenspfleger (§ 3 VBVG; § 277 FamFG), handelt es sich nicht um Inklusivstundensätze. Das heißt, dass auf diesem Vergütungsantrag tatsächlich geschuldete Umsatzsteuern ausdrücklich zu nennen sind, anderenfalls erfolgt keine Steigerung des dortigen Vergütungsstundensatzes um 19 %.

III. IHK-Mitgliedschaft

1978 Außerdem ergibt sich als Folge der neuen BFH-Rechtsprechung, dass keine IHK-Mitgliedschaft (mehr) gegeben ist (§ 2 Abs. 1 IHK-Gesetz).[9] Die Pflichtmitgliedschaft von anwaltlichen Berufsbetreuern in der Anwaltskammer bleibt davon unberührt.

IV. Gewerbemeldepflicht

1979 Auf die Gewerbeanmeldungspflicht nach § 14 Gewerbeordnung (beim örtlichen Ordnungsamt) kann allerdings weiter nicht verzichtet werden. Das BVerwG hat 2008 eine solche Anmeldungspflicht bejaht,[10] deren Verletzung bußgeldbewehrt ist (§ 146 Abs. 2 Nr. 2 GewO). Dies gelte auch für anwaltliche Berufsbetreuer.[11] Trotz der Einstufung der Tätigkeit von Berufsbetreuern als sonstige selbstständige Tätigkeit nach § 18 Abs. 1 Nr. 3 EStG durch den BFH (Rn. 28) bleibt die Gewerbeanmeldungspflicht von Berufsbetreuern nach § 14 GewO (bei der kommunalen Ordnungsbehörde) bestehen.

---

4 *OLG München* BtPrax 2006, 149 = FamRZ 2006, 1152 = FGPrax 2006, 165 = MDR 2006, 1415; *OLG Stuttgart* FamRZ 2007, 1271 = FGPrax 2007, 131.
5 BFHE 241, 475 = *BFH/NV* 2013, 1521 = BStBl. II 2013, 976 = BtPrax 2013, 153 = DB 2013, 1641 = DStR 2013, 1541 = DStRE 2013, 1080 = FamRZ 2013, 1222.
6 *BFH* BtPrax 2009, 120.
7 Im Rahmen des Amtshilferichtline-Umsetzungsgesetzes v. 29.6.2013 (BGBl. I, 1809).
8 Antwortschreiben des BMF an den BdB e.V. v. 3.8.2004, IV B 7 – S7280a –127/04.
9 Früher in der Rspr. bejaht: *OVG Rheinland-Pfalz* FamRZ 2008, 94 (Ls).
10 *BVerwG* FamRZ 2008, 985 = BtPrax 2008, 123 = BtMan 2008, 167 (Ls) = HFR 2008, 1182 = NJW 2008, 1974 = DVBl. 2008, 936 (Ls) = GewArch 2008, 301.
11 *Nds. OVG* Urt. v. 29.8.2007, 7 LC 229/06, GewArch 2008, 34, und 7 LC 125/06, FamRZ 2008, 440; *VG Minden* Urt. v. 4.3.2009, 3 K 1618/08.

Dem ist jedoch nicht so. Nachdem bereits der Bund-Länder-Ausschuss „Gewerberecht" mit Beschluss vom 10.11.2010 an der bisherigen Rspr. des BVerwG festhielt (Mitteilung des BM für Wirtschaft und Technologie vom 9.2.2011), bestätigte das BVerwG selbst durch 2 gleichlautende Urteile. Nach Auffassung des BVerwG gilt die Anmeldepflicht sogar für die Tätigkeit anwaltlicher Berufsbetreuer.[12]

1980

V. Sozialversicherungspflicht

Im Bereich der Krankenversicherung unterliegen berufliche Betreuer der allgemeinen Versicherungspflicht (§ 5 Abs. 1 Nr. 13, § 6 Abs. 9 SGB V, § 193 Abs. 3 VVG). Sie haben die Wahl zwischen der gesetzlichen und der privaten Krankenversicherung.

1981

Vergleichbare Regelungen zur gesetzlichen und privaten Pflegeversicherung finden sich in den §§ 20–23 SGB XI.

1982

Beiträge zur Rentenversicherung sind freiwillig (§ 7 SGB VI); für anwaltliche Berufsbetreuer gibt es allerdings eine Pflichtmitgliedschaft im anwaltlichen Versorgungswerk nach jeweiligem Landesrecht.

1983

Die Mitgliedschaft in der Arbeitslosenversicherung ist ebenfalls auf freiwilliger Basis möglich (§ 28a SGB III). Der Antrag muss spätestens innerhalb von einem Monat nach Aufnahme der selbstständigen Tätigkeit bei der Arbeitsagentur gestellt werden.

1984

In der gesetzlichen Unfallversicherung sind selbstständige Berufsbetreuer nach neuerer Auffassung pflichtversichert gem. § 2 Abs. 1 Nr. 9 SGB VII[13], zuständig ist die Berufsgenossenschaft Gesundheitsdienst und Wohlfahrtspflege (BGW)[14], für anwaltliche Berufsbetreuer die Verwaltungsberufsgenossenschaft (VBG)[15], jeweils mit Sitz in Hamburg.

1985

Ehrenamtliche Betreuer sind ebenfalls über § 2 Abs. 1 Nr. 9 SGB VII, allerdings beitragsfrei unfallversichert. Zuständig ist die Unfallkasse des jeweiligen Bundeslandes; Unfallmeldungen erfolgen hier über das jeweilige Amtsgericht.

1986

Die gesetzliche Unfallversicherung ist für Schadensfälle bei Arbeits- und Wegeunfällen (sowie Berufskrankheiten) zuständig; sie zahlt hier ambulante und stationäre Behandlung, Rehabilitationsmaßnahmen und kommt im Rahmen des Verletztengeldes für Verdienstausfall auf. Außerdem ist bei (teilweiser) Erwerbsminderung aufgrund der Unfallfolgen eine Verletztenrente vorgesehen. Die gesetzliche Unfallversicherung darf nicht mit den Leistungen privater Unfallversicherer verwechselt werden, die meist Einmalzahlungen bei unfallbedingter Erwerbsminderung vorsehen.

1987

---

12 *BVerwG* BtPrax 2013, 155 = NVwZ 2013, 6.
13 *SG Berlin* BtPrax 2001, 130, bestätigt durch *LSG Berlin* v. 12.9.2002, L 3 U 20/01; *LSG Niedersachsen-Bremen* BtPrax 2007, 222 = FamRZ 2007, 1770; *LSG NRW* L 17 U 54/02.
14 S. http://www.bgw-online.de.
15 S. http://www.vbg.de.

VI. Haftpflichtversicherung

1988 Die Haftpflichtversicherung ist keine gesetzliche Pflichtversicherung, aber allen beruflich im Betreuungswesen Tätigen wegen der Haftungsgefahren, insbesondere aus § 1833 BGB, dringend angeraten. Das Betreuungsgericht kann gem. § 1837 Abs. 2 BGB eine solche Haftpflichtversicherung vorschreiben. Versichert werden sollten Personen- und Sachschäden sowie separat Vermögensschäden, letztere mindestens über 250.000 €. Die öffentlich-rechtliche Haftung, z.B. gegenüber dem Sozialhilfeträger gem. §§ 103, 104 SGB V kann z.T. durch Sondervereinbarung zusätzlich versichert werden.[16] Beiträge zur Berufs-Haftpflichtversicherung sind als Betriebsausgaben steuerlich absetzbar.

1989 Für ehrenamtliche Betreuer wurden in allen Bundesländern durch die Justizressorts Sammelhaftpflichtversicherungen (mit unterschiedlichen Versicherungssummen) abgeschlossen.[17] Schadensmeldungen haben in diesem Fall in der Regel über das Betreuungsgericht zu erfolgen. Vereinsbetreuer sind gem. § 1908f BGB über den Verein zu versichern.

VII. Vereins- und Behördenbetreuer

1990 Berufliche Betreuer können auch Arbeitnehmer eines nach § 1908f BGB anerkannten Betreuungsvereines sein und als solche als Vereinsbetreuer bestellt werden (§ 1897 Abs. 2 BGB) oder als Arbeitnehmer oder Beamte bei einer Betreuungsbehörde beschäftigt sein. Neben dieser persönlichen Bestellung ist ausnahmsweise auch die Bestellung des Vereins oder der Behörde (§ 1900 BGB) möglich.

1991 Mitarbeiter von Vereinen und Behörden sind steuerrechtlich Arbeitnehmer (oder Beamte) und unterliegen der Einkommensteuerpflicht (Einkünfte aus nichtselbstständiger Tätigkeit). Diese werden vom jeweiligen Arbeitgeber an das Finanzamt abgeführt.

1992 Sie sind weiterhin als Arbeitnehmer über den Verein oder die Behörde sozialversicherungspflichtig beschäftigt. Unfallversicherungsträger ist für Mitarbeiter von Betreuungsvereinen die Berufsgenossenschaft für Gesundheitsdienst und Wohlfahrtspflege (BGW). Mitarbeiter von Betreuungsbehörden sind über die jeweilige Landesunfallkasse unfallversichert.

---

16 Z.B. http://www.gl-versicherungsmakler.de/100/.
17 Detailübersicht im HK-BUR/*Deinert/Hütgens* § 1833 BGB Rn. 311.

Anhang 1
Liste der genehmigungspflichtigen Maßnahmen

Betreuungs- und familiengerichtliche Genehmigungen von A–Z					
Beschreibung	Norm	Richter zuständig	nachträgl. Genehmigung nicht möglich	pers. Anhörung Betroffener	sonstiges (s. Abkür- zungen)
Allgemeine Ermächtigung zu § 1812 und § 1822 Nr. 8–10 BGB	§ 1825 BGB, § 299 FamFG			ja	BB
Arbeitsvertrag, sonst. Dienstvertrag, Abschluss	§ 1822 Nr. 7 BGB, § 299 FamFG			ja	LR
Aufgebotsverfahren (Todeserklärung bei Verschollenheit)	§ 16 Abs. 3 VerschG				
Ausbildungsvertrag, Abschluss	§ 1822 Nr. 6 BGB, § 299 FamFG			ja	LR
Ausstattung, Gewährung	§ 1908 BGB				BtR
Ehescheidungs- oder Eheaufhebungsantrag	§ 125 Abs. 2 FamFG	ja			GU
Ehevertrag, Abschluss	§ 1411 Abs. 2 BGB				GU
Ehevertrag, Zustimmung	§ 1411 Abs. 1 BGB				EV
Erbschaft oder Vermächt- nis, Ausschlagung sowie Pflichtteilsverzicht, Erb- teilungsvertrag	§ 1822 Nr. 2 BGB, § 299 FamFG			ja	LR
Erbvertrag, Abschluss	§ 2275 Abs. 2 BGB				VR
Erbvertrag, Anfechtung	§ 2282 Abs. 2 BGB				GU
Erbvertragsauflösungs- vertrag	§ 2290 Abs. 3 BGB				GU
Erbverzicht als Erbe	§ 2347 Abs. 1 BGB				
Erbverzicht als Erblasser	§ 2347 Abs. 2 BGB				GU
Erklärungen nach dem Höferecht (nur Hamburg, Niedersachsen, NRW, Schleswig-Holstein)	§ 1 Abs. 6 Höfeordnung				TU
Erwerbsgeschäft, Beginn oder Auflösung	§ 1823 BGB, § 299 FamFG			ja	IG, LR
Erwerbsgeschäft, Erwerb u. Veräußerung	§ 1822 Nr. 3 BGB, § 299 FamFG			ja	LR

Betreuungs- und familiengerichtliche Genehmigungen von A–Z					
Beschreibung	Norm	Richter zuständig	nachträgl. Genehmigung nicht möglich	pers. Anhörung Betroffener	sonstiges (s. Abkür- zungen)
Familiennamen, Änderung	§ 2 NamensändG	ja			EV, GU
Geldanlage, andersartige	§ 1811 BGB				BM, IG
Geldanlage, regelmäßige (mündelsichere) nach § 1807 BGB	§ 1810 BGB				BB, BM, GB, IG, LR, MB
Geldanlagen, Verfügung (Ausnahmen § 1813)	§ 1812 BGB				BB, BM, GB, MB
Gesamtgutsanteil, Verzicht des Abkömmlings	§ 1491 Abs. 3 BGB				GU
Grundstücke und Schiffe, Verfügung	§ 1821 BGB, § 299 FamFG			ja	LR
Gütergemeinschaft nach Wiederverheiratung, Unterbleiben der Aufhebung	§ 1493 Abs. 2 BGB				GU
Gütergemeinschaft, Ablehnung der fortgesetzten	§ 1484 Abs. 2 BGB				GU
Gütergemeinschaft, Aufhebung der fortgesetzten	§ 1492 Abs. 3 BGB				GU
Heilbehandlung, Einwilligung in gefährliche	§ 1904 Abs. 1 BGB, § 298 FamFG	ja	ja	ja	BtR, EU, SV
Hinterlegte Forderungen, Verfügung	§ 1819 BGB				LR
Höferecht, Erklärungen (nur Bremen)	§ 11 Abs. 2 Bremer Höfegesetz				VR
Inhaberschuldverschreibung, Wechselverbindlichkeit	§ 1822 Nr. 9 BGB, § 299 FamFG			ja	LR
Kastration	§ 6 KastrG	ja	ja	ja	BtR, EU, SV
Kirchenaustritt (nur in den Ländern Hessen, Niedersachsen, NRW)	Kirchenaustrittsgesetze				BtR, GU
Kreditaufnahme	§ 1822 Nr. 8 BGB, § 299 FamFG			ja	LR
Lebenserhaltende Maßnahmen, Beendigung und Nichteinleitung	§ 1904 Abs. 2 BGB, § 298 FamFG	ja			BtR, EU, SV, VB

Betreuungs- und familiengerichtliche Genehmigungen von A–Z					
Beschreibung	Norm	Richter zuständig	nachträgl. Genehmigung nicht möglich	pers. Anhörung Betroffener	sonstiges (s. Abkürzungen)
Miet- oder Pachtvertrag, Dauerschuldverhältnis	§ 1822 Nr. 5 BGB			–	VR
Miet- oder Pachtvertrag, Dauerschuldverhältnis	§ 1907 Abs. 3 BGB, § 299 FamFG			ja	BtR, LR
Mietvertrag, Kündigung	§ 1907 Abs. 1 BGB, § 299 FamFG		ja	ja	BtR, LR
Mietvertragsauflösungsvertrag	§ 1907 Abs. 1 BGB, § 299 FamFG			ja	BtR, LR
Pachtvertrag Landgut oder gewerblicher Betrieb	§ 1822 Nr. 4 BGB, § 299 FamFG			ja	LR
Post- und Telefonkontrolle	§ 1896 Abs. 4 BGB, § 293 Abs. 2 FamFG	ja		ja	BtR, SV
Prokuraerteilung	§ 1822 Nr. 11 BGB, § 299 FamFG			ja	LR
Religiöses Bekenntnis des Kindes, Bestimmung	§ 3 Abs. 2 RelKG	ja			VR
Sterilisation, Einwilligung	§ 1905 BGB, § 297 FamFG	ja	ja	ja	BtR, BtB, EU, SV
Überlassen von Gegenständen an den Betreuten	§ 1824 BGB			–	GB, IG
Unterbringung, Freiheitsentziehende	§ 1906 Abs. 1 BGB	ja		ja	BtB, SV, VB
Unterbringungsähnliche Maßnahme	§ 1906 Abs. 4 BGB	ja		ja	AZ, BtB, VB
Vaterschaftsanerkennung	§ 1596 Abs. 1 BGB				GU
Vaterschaftsanerkennung, Zustimmung	§ 1599 Abs. 2 BGB				GU
Verbindlichkeit, Übernahme sowie Bürgschaft	§ 1822 Nr. 10 BGB, § 299 FamFG			ja	LR
Vergleich und Schiedsvertrag	§ 1822 Nr. 12 BGB, § 299 FamFG			ja	LR
Verminderung von Sicherheiten	§ 1822 Nr. 13 BGB, § 299 FamFG			ja	LR
Vermögen und Erbschaft, Verfügung	§ 1822 Nr. 1 BGB, § 299 FamFG			ja	LR
Vermögensverwaltung, Abweichen von Bestimmungen Dritter	§ 1803 Abs. 2 BGB				GU, IG, LR

Betreuungs- und familiengerichtliche Genehmigungen von A–Z					
Beschreibung	Norm	Richter zuständig	nachträgl. Genehmigung nicht möglich	pers. Anhörung Betroffener	sonstiges (s. Abkürzungen)
Verpflichtung zur Veräußerung versperrter Forderungen	§ 1820 BGB				
Vornamensänderung und Geschlechtsumwandlung	§ 3 Abs. 1 TSG	ja			GU
Zwangsversteigerung eines Grundstücks, Schiffs oder Luftfahrzeugs, Antrag	§ 181 Abs. 2 ZVG				

Abkürzungen der Genehmigungsliste:

AZ   ärztliches Zeugnis anstelle eine SV-Gutachtens ausreichend
BB   entfällt bei befreiten Betreuern/Vormündern (§§ 1852, 1857a, 1908i Abs. 2 BGB)
BM   Befreiungsmöglichkeit nach § 1817 BGB
BtB   Betreuungsbehörde ist zu beteiligen (§§ 274 Abs. 3, 297 Abs. 2, 315 Abs. 3 FamFG)
BtR   nur bei Betreuungen, nicht bei Vormundschaften und Pflegschaften
EU   nur bei Einwilligungsunfähigkeit (§ 1901a Abs. 1 BGB)
EV   nur beim Einwilligungsvorbehalt (§ 1903 BGB)
GB   Soweit Gegenbetreuer/-vormund bestellt, erteilt er die Genehmigung, nicht das Gericht
GU   nur bei Geschäftsunfähigkeit (§§ 104 ff. BGB)
IG   Innengenehmigung; Rechtshandlung nach außen auch ohne Genehmigung wirksam
LR   Landesrechtliche Ausnahmen für Behörde als Betreuer (§ 1900 Abs. 4 BGB) in einigen
     Bundesländern, Details in der Anlage zu § 1908i BGB
MB   keine Genehmigungspflicht bei Mehrfachbetreuung (§ 1899 BGB)
SV   Sachverständigengutachten obligatorisch (§§ 280 ff. FamFG)
TU   nur bei Testierunfähigkeit (§ 2229 Abs. 4 BGB)
VB   Verfahrenspflegerbestellung obligatorisch (sofern kein Anwalt bestellt ist)
VR   nur im Vormundschafts- und Pflegschaftsrecht, nicht bei Betreuungen

Soweit keine persönliche Anhörung obligatorisch ist, ist zur Gewährung des rechtlichen Gehörs eine schriftliche Anhörung (§ 34 FamFG) nötig oder ggf. ein Verfahrenspfleger zu bestellen.

Soweit ein Verfahrenspfleger bestellt ist, ist er anzuhören; ein Gegenvormund/-betreuer soll nach § 1826 BGB angehört werden. Bei Genehmigungen in der Vermögenssorge ist bei Rechtsmitteln die Wertgrenze nach § 61 FamFG (600 €) zu beachten, sonst ist Erinnerung nach § 11 Abs. 2 RPflG möglich. Richterzuständigkeit ergibt sich aus §§ 14, 15 RPflG.

Anhang 2
Rechtsbegriffe

Sehr häufig werden Rechtsbegriffe verwendet, deren Bedeutung unklar ist. Das folgende Kapitel **1994** setzt sich die Aufgabe, die nachstehenden, im Betreuungsrecht häufig benutzten Rechtsbegriffe zu erläutern, die zum Verständnis des Aufgabenkreises der Vermögenssorge von Bedeutung sind:

- Geschäftsfähigkeit
- Prozessfähigkeit
- Ehefähigkeit
- Testierfähigkeit
- Deliktfähigkeit
- Strafrechtliche Schuldfähigkeit
- Natürlicher Wille
- Einwilligungsfähigkeit

I. Geschäftsfähigkeit

1. Grundlagen

> **Beispiel:** Der manisch-depressive X befindet sich aufgrund einer vom Betreuungsgericht **1995** angeordneten Unterbringung auf der geschlossenen Station des Y-Krankenhauses. Es gelingt ihm, von der Station zu entweichen. X wird in einem Porsche-Autohaus vorstellig und unterschreibt einen Kaufvertrag über den Kauf eines PKW im Werte von 70.000 €. Der Kauf des Autos übersteigt die finanziellen Möglichkeiten des X erheblich.
>
> X fragt nach seiner Entlassung aus dem Krankenhaus seine Rechtsanwältin nach der Rechtslage.

Ob X aus dem vorstehend geschilderten Kaufvertrag berechtigt oder verpflichtet ist, ist danach **1996** zu beurteilen, ob er sich zum Zeitpunkt des Vertragsabschlusses in einem geschäftsfähigen Zustand befand.

Nur geschäftsfähige Personen können wirksam Rechtsgeschäfte[1] abschließen. Die Geschäftsfähigkeit,[2] wird in §§ 104 ff. BGB gesetzlich wie folgt definiert:

§ 104 BGB

Geschäftsunfähigkeit

Geschäftsunfähig ist:

1. wer nicht das siebente Lebensjahr vollendet hat;

---

1 Rechtsgeschäfte sind Geschäfte, aus denen sich Rechtsfolgen ergeben. Sie entstehen durch eine oder mehrere Willenserklärungen, die darauf gerichtet sind, Rechtsverhältnisse zu begründen, zu ändern oder aufzuheben. Es wird zwischen einseitigen (z.B. Kündigung, Testament) und zweiseitigen Rechtsgeschäften (Verträgen) unterschieden.
2 *Zimmermann* Betreuungsrecht von A–Z, S. 143.

2. wer sich in einem die freie Willensbestimmung ausschließenden Zustande krankhafter Störung der Geistestätigkeit befindet, sofern nicht der Zustand seiner Natur nach nur ein vorübergehender ist.

Nach allgemeiner Auffassung ist bei einem Volljährigen die Geschäftsfähigkeit als Regel zu unterstellen. Ihr Fehlen ist die Ausnahme. Wer sich auf Geschäftsunfähigkeit beruft, muss deren Voraussetzungen beweisen.[3]

1997 Vorübergehende Zustände – etwa hochgradige Bewusstseintrübungen, wie sie z.B. im Rahmen epileptischer Anfallsgeschehen vorkommen – werden durch § 105 Abs. 2 BGB erfasst:

§ 105 BGB

Nichtigkeit der Willenserklärung

(1) Die Willenserklärung eines Geschäftsunfähigen ist nichtig.

(2) Nichtig ist auch eine Willenserklärung, die im Zustande der Bewusstlosigkeit oder vorübergehender Störung der Geistestätigkeit abgeben wird.

1998 Geschäftsunfähig ist demzufolge, wer infolge einer körperlichen oder psychischen Erkrankung seinen Willen nicht mehr frei bestimmen kann.[4] Die in einem solchen Zustand abgeschlossenen Verträge (Miet-, Kauf-, Darlehnsverträge etc.) bzw. einseitigen Willenserklärungen (z.B. Kündigung des Miet- oder Arbeitsverhältnisses) sind nichtig und damit rückabzuwickeln. Der Vertragspartner bzw. der Rechtsverkehr genießen keinen Schutz. Einen guten Glauben an die Geschäftsfähigkeit einer Person gibt es nicht.[5] Der *BGH*[6] fasste die Voraussetzungen für den Ausschluss einer freien Entscheidung wie folgt zusammen:

Abzustellen ist darauf, ob eine freie Entscheidung nach Abwägung des Für und Wider bei sachlicher Prüfung der in Betracht kommenden Gesichtspunkte möglich ist oder ob umgekehrt von einer freien Willensbestimmung nicht mehr gesprochen werden kann, etwa weil der Betroffene fremden Willenseinflüssen unterliegt oder seine Willensbildung durch unkontrollierte Triebe und Vorstellungen bestimmt wird …

1999 Derjenige, der sich auf eine fehlende Geschäftsfähigkeit zum Zeitpunkt des Abschlusses eines Vertrages beruft, muss im Streitfall hierfür den Nachweis erbringen.[7] Grundsätzlich trägt im Zivilprozess stets die Partei, die sich auf einen für sie günstigen Umstand beruft, insoweit die volle Darlegungs- und Beweislast. Der Nachweis fehlender Geschäftsfähigkeit ist in der Regel durch Vorlage eines Sachverständigengutachtens/ärztlichen Attestes[8] zu führen. Wurde eine notarielle Beurkundung durchgeführt (Vorsorgevollmacht, Testament) gilt Folgendes: Gemäß § 11 **BeurkG** ist der Notar verpflichtet, die Geschäftsfähigkeit zu prüfen und bei fehlender Geschäftsfähigkeit die Beurkundung abzulehnen bzw. bei Zweifeln dies in der Niederschrift zu vermerken. Die Feststellung zur Geschäftsfähigkeit trifft der Notar jedoch nicht als Sachverständiger, sondern lediglich als „Zeuge des Geschehens". Die Beurteilung der Geschäftsfähigkeit einer Person obliegt allein dem entscheidenden Gericht. Die Feststellungen des Notars sind nur ein Indiz und reichen für sich allein nicht aus, um aufgrund konkreter Umstände begründete Zweifel an der Geschäftsfähigkeit zu entkräften.[9] Zu den wesentlichen Aufgaben des Notars im Rahmen von § 17 Abs. 1 BeurkG gehört es allerdings, den Inhalt verlesener

---

3 *BGH NJW* 1972, 681; *BayObLG Rpfleger* 1982, 286; *OLG Düsseldorf FamRZ* 1998, 1064.

4 *Nedopil/Müller* S. 28.

5 *BGH NJW* 1977, 622, 623.

6 *BGH NJW* 1996, 918.

7 Entwurf des BM für Justiz v. 25.3.1996, S. 19.

8 *KG VersR* 81, 464.

9 *BayObLG FamRZ* 2005, 658 ff. zur Testierfähigkeit.

Urkunden entsprechend der Verständnisfähigkeit eines Beteiligten zu erläutern. Insoweit besteht bei notariellen Urkunden ein Vertrauensvorsprung für den Rechtsverkehr im Vergleich zu einer bloßen privatschriftlich erstellten Urkunde.[10]

Gutachterliche Beauftragungen beziehen sich daher auf zwei mögliche Fragestellungen: **2000**

- Ob zum Zeitpunkt des Abschlusses des Rechtsgeschäfts eine **vorübergehende** Störung der Geistestätigkeit vorlag, die die freie Willensbestimmung aufhob, § 105 Abs. 2 BGB, ob also z.B. ein epileptischer Anfall mit komplexer Symptomatik oder ein Rausch vorlag oder
- ob zum Zeitpunkt des Abschlusses des Rechtsgeschäfts Geschäftsunfähigkeit i.S.d. § 104 Nr. 2 BGB vorlag, also eine nicht nur vorübergehende krankhafte Störung der Geistestätigkeit gegeben war/ist, **die die freie Willensbestimmung** ausschloss. Dieser Verdacht besteht im Regelfall bei folgenden Krankheitsbildern:
  - Demenz im fortgeschrittenen Stadium;
  - Schizophrenie – akuter Schub;
  - manisch-depressive Erkrankung (akute manische oder depressive Phase);
  - andere akute Psychosen;
  - schwere Persönlichkeitsstörungen;
  - Debilität (IQ geringer als 60);
  - chronischer Alkoholabusus[11].

Nicht einmal das Unvermögen, die Tragweite der abgegebenen Willenserklärung zu erfassen, **2001** rechtfertigt für sich genommen die Annahme des Vorliegens von Geschäftsunfähigkeit.[12] Das vollständige Verständnis schwierigerer Vorgänge oder rechtlicher Beziehungen ist nicht Voraussetzung für die Geschäftsfähigkeit.[13] Vielmehr ist die Geschäftsfähigkeit erst dann ausgeschlossen, wenn die krankhafte Störung der Geistestätigkeit oder die Geistesschwäche so weit geht, dass eine Person auch einfache Alltagssachverhalte nicht mehr angemessen würdigen kann. Erst dann steht fest, dass eine freie Willensbildung i.S.v. § 104 BGB nicht stattfindet.[14] Hingegen kann von einer freien Willensbildung ausgegangen werden, wenn eine Person eine Entscheidung nicht ausschließlich von gerade aufkommenden Wünschen und Affekten abhängig macht, sondern diese zurückstellen und einen anderen Gesichtspunkt berücksichtigen kann – etwa den Rat einer Vertrauensperson –, so dass eine zumindest rudimentäre Abwägung stattfindet. Dass die Einzelheiten eines rechtlichen Sachverhalts dabei verstanden werden, ist nicht erforderlich. Von daher kann selbst ein Analphabet, der einfachste Rechenoperationen nicht durchführen kann, geschäftsfähig sein.[15]

Zusammenfassend lässt sich also Folgendes feststellen: **2002**

Geschäftsunfähig sind Kinder bis einschließlich sechs Jahre. Beschränkt geschäftsfähig sind Kinder ab Vollendung des siebten Jahres und Jugendliche bis zur Vollendung des 18. Lebensjahres. Sie bedürfen zu Rechtsgeschäften, die ihnen nicht ausschließlich Vorteile bringen, stets der Zustimmung der Eltern als gesetzliche Vertreter. Erwachsene Menschen gelten grundsätzlich als geschäftsfähig. §§ 104 ff. BGB regeln die Ausnahmen, die im Bedarfsfall vom Betroffenen darzulegen und zu beweisen sind, ggf. mit Hilfe eines Sachverständigengutachtens.

---

10 *OLG München* PflR 2009, 520, 525, 526.
11 *Helmchen u.a.* Allgemeine Psychiatrie, 2011, S. 484; s. auch hierzu ablehnend *OLG Naumburg* VersR 2005, 817.
12 *BGH* NJW 1961,261.
13 *BGH* NJW 1961,261.
14 *KG* Urt. v. 11.1.1995, 11 U 5086 80/92, *KG* R 1995, 142.
15 *KG* Urt. v. 15.5.2009, 27 U 28/08 (unveröff.).

2. Rechtsfolgen der Geschäftsunfähigkeit

2003 Die Folgen der Geschäftsunfähigkeit sind:

- Nichtigkeit der Willenserklärung bzw. des Vertragsabschlusses;
- Nichtigkeit einer Bevollmächtigung, § 164 BGB;
- Unwirksamkeit des Zugangs von Willenserklärungen, § 131 BGB, siehe unten Fallabwandlung;
- Eheunfähigkeit, § 1304 BGB;
- Testierunfähigkeit, § 2229 BGB.

2004 Von der Rechtsfolge der Nichtigkeit macht § 105a BGB seit dem 1.8.2002 eine Ausnahme für so genannte Rechtsgeschäfte des täglichen Lebens wie z.B. den Kauf einer Zeitung oder einer Schachtel Zigaretten durch einen geschäftsunfähigen Volljährigen. Diese Geschäfte gelten als wirksam zustande gekommen, sobald Leistung und Gegenleistung bewirkt sind (die Schachtel Zigaretten durch den Verkäufer nach Zahlung des Kaufpreises überreicht wurde).

2005 Wurden mit Hinblick auf (unerkannt) nichtige Willenserklärungen Leistungen ausgetauscht, können diese nach §§ 812 ff. BGB zurückgefordert werden, denn es fehlt an einem Rechtsgrund für die Leistungsgewährung. Problematisch wird die Rückabwicklung jedoch dann, wenn der Geschäftsunfähige einen Gebrauchsvorteil, eine Dienstleistung oder einen anderen Bereicherungsgegenstand, der nicht in natura herausgegeben werden kann, erlangte. Beispiele hierfür sind die Vermietung eines Kfz an einen Geschäftsunfähigen[16], die Erschleichung einer Flugreise[17], der Kauf und die anschließende Nutzung von Möbeln[18] sowie die Erteilung von Fahrschulunterricht[19].

2006 **Beispiel:** X fährt mit dem Porsche vor der Rückgabe des Autos insgesamt 8.000 km.

Grundsätzlich ist nach § 818 Abs. 2 BGB der objektive Wert des Erlangten zu ersetzen, also zum Beispiel bei erlangten Dienstleistungen die dafür übliche bzw. angemessene ortsübliche Vergütung zu zahlen. Dies würde aber dazu führen, dass der Geschäftsunfähige de facto an den Vertrag gebunden wäre. Es käme also bei einer Rückabwicklung des gesamten Vertrages zu einer Verpflichtung des Geschäftsunfähigen, die im Wesentlichen der vom Gesetz abgelehnten Haftung gleichkommen würde. Der Geschäftsunfähige wäre nur noch gegen eine wirtschaftliche Überforderung geschützt, nicht aber vor der Gefahr unkontrollierter Vermögensverluste. Diese Konsequenz widerspräche dem Schutzzweck der §§ 104 ff. BGB. Der Schutzzweck der §§ 104 ff. BGB muss jedoch auch bei der bereicherungsrechtlichen Rückabwicklung berücksichtigt werden, zumal die §§ 812 ff. BGB gerade die in anderen Rechtsgebieten vollzogenen Bewertungen verwirklichen sollen. Welche Annehmlichkeiten sich ein Geschäftsunfähiger entgeltlich verschaffen darf, bestimmt dessen gesetzlicher Vertreter. Ein Geschäftsunfähiger ist daher nach den §§ 812, 818 BGB nur ersatzpflichtig, soweit er durch die Erlangung des Gebrauchsvorteils oder der Dienstleistung Kosten ersparte, deren Entstehung dem Willen des gesetzlichen Vertreters entsprach. Ansonsten ist der Geschäftsunfähige nicht mehr bereichert, § 818 Abs. 3 BGB.[20]

---

16 *OLG Hamm* NJW 1966, 2357 ff.
17 *BGH* NJW 1971, 609.
18 *KG* FamRZ 1964, 518 ff.
19 *LG Lüneburg* NJW 1970, 665 ff.
20 MK-BGB/*Schmitt* 5. Aufl., § 105 Rn. 48.

Zog der Geschäftsunfähige durch die Nutzung des Kfz Vorteile und genehmigt der Betreuer des X die Fahrten des Betreuten, so sind die Nutzungen zu vergüten.[21]

Lösung: Der Kaufvertrag zwischen dem X und dem Autohaus ist infolge von Geschäftsunfähigkeit nach §§ 104 Nr. 2, 105 Abs. 1 BGB nichtig. Das Autohaus braucht den Porsche nicht auszuliefern und X ist nicht zur Zahlung des Kaufpreises verpflichtet.

Beispiel – Variante 1: X lässt sich nach seiner Entlassung den Porsche liefern. Das Auto wird von unbekannt bleibenden Dieben vom Grundstück des X gestohlen. Kann X gleichwohl die Rückabwicklung des Vertrages mit dem Autohaus verlangen?   **2007**

Lösung: Das Autohaus ist aufgrund der bei Vertragsabschluss vorhanden gewesenen Geschäftsunfähigkeit des X, die zu einer Nichtigkeit des Kaufvertrages nach § 105 Abs. 1 BGB führt, zu einer Zurückerstattung des erhaltenen Kaufpreises verpflichtet. X ist zu einer Rückgabe des erhaltenen Wagens außerstande infolge des Diebstahls. Der Geschäftsgegner eines Geschäftsunfähigen trägt das Risiko des Untergangs des geleisteten Gegenstands. X muss prozessual lediglich den Verlust der erhaltenen Leistung aus seinem Vermögen darlegen und beweisen.[22] Vorliegend wird X zweckmäßigerweise durch Vorlage der von ihm erstatteten Strafanzeige den Diebstahl gegenüber dem Autohaus nachweisen.

Beispiel – Variante 2: X schämt sich für seinen unbedachten Kauf und versäumt es, seine fehlende Geschäftsfähigkeit zum Zeitpunkt des Vertragsabschlusses geltend zu machen. Das Autohaus erwirkt gegen X ein rechtskräftiges (Versäumnis-)Zahlungsurteil, das diesen zur Zahlung des Kaufpreises und Abnahme des PKW verpflichtet. Zum Zeitpunkt der Zustellung des Urteils befand sich X in einem erneuten Krankheitsschub. Erst nachdem das Autohaus Vollstreckungsmaßnahmen ankündigt, konsultiert X seine Rechtsanwältin. Was wird sie ihm raten?   **2008**

Nach § 131 Abs. 1 BGB sind Willenserklärungen, die gegenüber einem Geschäftsunfähigen abgegeben werden, nicht wirksam. § 131 BGB lautet: *„Wird die Willenserklärung einem Geschäftsunfähigen gegenüber abgegeben, so wird sie nicht wirksam, bevor sie dem gesetzlichen Vertreter zugeht."*   **2009**

Diese relativ unbekannte Vorschrift ist für die Praxis äußerst bedeutsam: Dem X konnte wirksam kein Urteil zugestellt werden. Erst einem vom Betreuungsgericht bestellten Betreuer mit dem Aufgabenkreis der Vermögenssorge kann das Urteil wirksam zugestellt werden. Dasselbe gilt, sofern der Betroffene Mahnbescheide respektive Vollstreckungsbescheide zugestellt bekam. Besteht der Rechtsgrund für derartige Titel beispielsweise in Katalogbestellungen, Haustürgeschäften etc., ist zugunsten des Betroffenen vom Betreuer die Erhebung einer Nichtigkeitsklage nach § 571 ZPO zu veranlassen mit dem Ziel, die Rechtswirkungen des rechtskräftigen Titels (Urteil/Vollstreckungsbescheid), aufzuheben.   **2010**

Lösung: Die Rechtsanwältin wird zur Erhebung einer Nichtigkeitsklage raten mit dem Ziel der Beseitigung der Wirkungen des rechtskräftigen Zahlungsurteils zugunsten des Autohauses. Der Betreuer wird einen entsprechenden Auftrag namens und in Vollmacht des Betreuten erteilen.   **2011**

---

21 *OLG Stuttgart* Urt. v. 13.12.2005, 6 U 119/05, juris.
22 BGHZ 126, 105, 108; *BGH* Urt. v. 17.1.2003, V ZR 235/02, st. Rspr.

2012   **Beispiel:**   Gegen den aufgrund eines kindlich erlittenen Hirnschadens Betreuten wurde ein Vollstreckungsbescheid vor Einleitung der Betreuung erwirkt. Der Betreuer wusste, dass der Betreute bei Vertragsschluss geschäftsunfähig war, hielt den Vollstreckungsbescheid aber irrtümlich für nicht mehr anfechtbar und leistete nach Verhandlungen über ein ratenweises Abstottern des Betrages mit der Gegenseite mehrere Raten. Später erhob der Betreuer Nichtigkeitsklage nach § 579 Abs. 1 Nr. 4 ZPO gegen den Vollstreckungsbescheid und klagte anschließend auf Rückzahlung der geleisteten Raten.

2013   Das LG Wuppertal[23] statuierte in diesem Fall: Die Zahlungen des Betreuers für den Betreuten erfolgten auf keiner wirksamen rechtlichen Grundlage. Die abgeschlossenen Verträge waren wegen Geschäftsunfähigkeit des Betreuten unwirksam. Zwar hatte der Betreuer Kenntnis von der Geschäftsunfähigkeit des Betreuten. Diese Kenntnis allein ist jedoch nicht maßgeblich. Es kommt vielmehr auf die richtige rechtliche Würdigung dieser Tatsache an, die von dem Betreuer nicht zutreffend vorgenommen wurde. Die falsche Tatsachenwürdigung durch den Betreuer kommt zum Ausdruck in seinem Ersuchen, die Hauptforderung zu reduzieren.

2014   Die Berufung auf eine unwirksame Zustellung durch den Betroffenen oder seinen Betreuer kann beispielsweise im Arbeitsrecht im Rahmen der Kündigung eines Arbeitsverhältnisses weitreichende Folgen haben. Beruft sich der Betreuer für den geschäftsunfähigen Betreuten auf die Unwirksamkeit einer nur dem Betreuten zugegangenen Kündigung, so muss der Arbeitgeber erneut die personenbedingte Kündigung gegenüber dem Betreuer erklären.[24] Alleine durch diesen Zeitverlust können zu Gunsten des Betreuten möglicherweise weitere Gehälter bzw. sonstige Rechte im Rahmen der Regelungen über eine betriebliche Altersvorsorge entstehen.

2015   **Beispiel:**   X kauft innerhalb eines Tages einen Mercedes Benz und einen BMW. Im Nachhinein behauptet er, wegen eines manischen Zustandes geschäftsunfähig gewesen zu sein. Seine Mutter und seine Großmutter litten an rezidivierenden affektiven Störungen. Vor drei Jahren befand sich der X in nervenärztlicher Behandlung wegen einer schweren Depression. Wenige Tage nach dem Kauf beantragt der Sozialpsychiatrische Dienst eine Zwangseinweisung des X in die geschlossene Abteilung einer psychiatrischen Klinik wegen fremdaggressiven Verhaltens.

Lösung: Vorliegend lässt sich bereits aus der Familienanamnese, den Patientenunterlagen (Dokumentation) des Facharztes für Psychiatrie sowie dem Bericht der psychiatrischen Klinik über die Entwicklung der manischen Symptomatik plausibel der Zustand der Geschäftsunfähigkeit zum Zeitpunkt des Kaufes der beiden Fahrzeuge beweisen.

2016   **Beispiel:**   X ist für die Firma Y als Reiseleiter tätig. In dieser Eigenschaft werden ihm für Teilnehmer bestimmte Gelder anvertraut. P verspekuliert diese Gelder in einer manischen Phase an der Börse. Nach acht Monaten leitet das Betreuungsgericht ein Betreuungsverfahren ein. Der dort begutachtende Sachverständige diagnostiziert bei P eine manisch-depressive Erkrankung. Die Y erhebt Rückforderungsansprüche gegen den X und droht deren klageweise Realisierung an. Mit Erfolg?

Lösung: Das Gutachten in dem Betreuungsverfahren gestattet den Rückschluss auf das Vorliegen einer manischen Phase und damit einen geschäftsunfähigen Zustand des X zum Zeitpunkt der Veruntreuung der Gelder.

---

23   *LG Wuppertal* Urt. v. 12.1.2010, 5 0 204/94 (unveröff.).

24   *LAG Rheinland-Pfalz* Urt. v. 8.5.2009, 6 Sa 55/09; bestätigt durch *BAG* Urt. v. 28.10.2010, 2 AZR 794/09, NJW 2011, 890; vgl. für Details *Deinert* Arbeitsrecht und Betreuung, BtPrax 2010, 22.

3. Wichtige Rechtsprechung zur Geschäftsfähigkeit

- *BGH* Urt. v. 15.12.1995, XI ZR 70/95[25] **2017**

  Ein Ausschluss der freien Willensbestimmung liegt vor, wenn jemand nicht imstande ist, seinen Willen frei und unbeeinflusst von der vorliegenden Geistesstörung zu bilden und nach zutreffend gewonnenen Einsichten zu handeln.

  Abzustellen ist dabei darauf, ob eine freie Entscheidung nach Abwägung des Für und Wider bei sachlicher Prüfung der in Betracht kommenden Gesichtspunkte möglich ist oder ob umgekehrt von einer freien Willensbildung nicht mehr gesprochen werden kann, etwa weil infolge der Geistesstörung Einflüsse dritter Personen den Willen übermäßig beherrschen. Entgegen der Ansicht des Berufungsgerichts besagt es insoweit nichts, dass der Kläger seinen Willen kundtun kann. Im Rahmen des § 104 Nr. 2 BGB kommt es auf die freie Willensbestimmung, nicht auf die Möglichkeit der Willenskundgabe an.

- *OLG Düsseldorf* Urt. v. 6.3.1996, 7 U 210/95[26]

  Eine, die freie Willensbestimmung ausschließende, nicht nur vorübergehende krankhafte Störung der Geistestätigkeit i.S.v. BGB § 104 Nr. 2 liegt vor, wenn der Betroffene nicht mehr in der Lage ist, seine Entscheidung von vernünftigen Erwägungen abhängig zu machen. Bloße Willensschwäche oder leichte Beeinflussbarkeit genügen nicht, ebenso wenig das Unvermögen, die Tragweite der abgegebenen Willenserklärung zu erfassen.

  Dagegen kann die übermäßig krankhafte Beherrschung durch den Willen anderer die Anwendung von BGB § 104 Nr. 2 rechtfertigen.

  Da die krankhafte Störung der Geistestätigkeit die Ausnahme bildet, ist ein Erblasser so lange als unbeschränkt geschäftsfähig anzusehen, als nicht das Gegenteil von demjenigen bewiesen ist, der dies behauptet.

  Eine leichte Demenzform widerspricht nicht einem die freie Willensbildung einschließenden Zustand normaler Geistestätigkeit.

- *BGH* Urt. v. 17.1.2003, V ZR 235/02[27]

  Beruft sich ein Geschäftsunfähiger auf den Wegfall der Bereicherung, so obliegt ihm, nicht anders als einem Geschäftsfähigen, die Darlegungs- und Beweislast hinsichtlich der, den Wegfall der Bereicherung begründenden Umstände.

  Der Verbrauch von Geld zur Bestreitung des allgemeinen Lebensbedarfs kann zum Wegfall der Bereicherung führen; Voraussetzung ist aber, dass das empfangene Geld restlos für die Lebensbedürfnisse aufgewendet wurde und nicht in anderer Form, etwa durch Bildung von Ersparnissen, durch Anschaffungen oder auch durch Tilgung von Schulden, noch im Vermögen vorhanden ist.

- *OLG Karlsruhe* Urt. v. 2.12.2008, 1 U 207/08

  Das Risiko der Geschäftsunfähigkeit trägt der Geschäftspartner. Wenn im Prozess herauskommt, dass der Vollmachtgeber geschäftsunfähig war, trägt der Geschäftspartner sämtliche Kosten – auch die des Sachverständigen. Zusätzlich muss der Geschäftspartner auch schon für die Zeit Verzugszinsen zahlen, in der er nicht wusste, dass der Vollmachtgeber geschäftsunfähig ist.

---

25 = NJW 1996, 918 = LM H. 4/1996 § 104 BGB Nr. 11 = MDR 1996, 348 = DB 1996, 518 = WM 1996, 104.
26 = FamRZ 1998, 1064.
27 = NJW 2003, 3271 = MDR 2003, 570 = FamRZ 2003, 513 (Ls) = WM 2003, 1488.

4. Prozessfähigkeit

2018 **Beispiel:**   Vgl. zur Ausgangssituation das Beispiel oben.

Das Porsche-Autohaus verklagt den X auf Zahlung des Kaufpreises. Kann X einen Rechtsanwalt wirksam beauftragen?

2019 Prozessfähigkeit ist die Fähigkeit, einen Prozess selbst oder durch einen selbst bestimmten Vertreter zu führen, also Prozesshandlungen vorzunehmen oder vornehmen zu lassen.

Der Begriff der Prozessfähigkeit ist eng mit dem der Geschäftsfähigkeit verknüpft. In § 52 ZPO heißt es hierzu: *„Eine Person ist insoweit prozessfähig, als sie sich durch Verträge verpflichten kann."*

2020 Die Geschäftsfähigkeit definiert, inwieweit sich jemand durch Verträge verpflichten kann. Ist ein Betroffener nicht in der Lage, Prozesshandlungen vorzunehmen, sinnvolle Fragen zu stellen bzw. sinnvolle Antworten auf Fragen zu geben, Beweisanträge einzureichen, einen Anwalt zu beauftragen bzw. zu bevollmächtigen, so liegt Prozessunfähigkeit vor mit der Folge der Notwendigkeit einer Betreuerbestellung.

2021 **Lösung:** Nach der Entlassung des X aus der psychiatrischen Klinik besteht nach der Medikamenteneinstellung und Besserung seiner Erkrankung Geschäftsfähigkeit. X kann also wirksam einen Rechtsanwalt mit seiner Verteidigung in dem anstehenden Zivilprozess beauftragen.

Die Prozessfähigkeit ist nach § 56 ZPO von Amts wegen durch das jeweils zustände Gericht bzw. im Verwaltungsverfahren durch die Behörde zu prüfen. Eine prozessunfähige Partei gilt solange als prozessfähig, bis ihre Prozessunfähigkeit festgestellt ist. Verliert die Partei nachträglich ihre Prozessfähigkeit, so wird das Verfahren unterbrochen bis durch die Bestellung eines gesetzlichen Vertreters der „Mangel der Vertretung" beseitigt ist, § 241 ZPO. Hierzu kann außer einer im Aufgabenkreis passenden Betreuerbestellung auch die Bestellung eines Prozesspflegers (§ 57 ZPO) oder eines besonderen Vertreters im Verwaltungsverfahrens[28] zählen.

Ein Beweisbeschluss über die Erstellung eines Gutachtens zur Klärung der Prozessfähigkeit einer Prozesspartei, der ohne deren vorherige persönliche Anhörung zu dieser Frage erlassen wurde, verletzt den Anspruch dieser Partei auf rechtliches Gehör und kann von ihr ungeachtet der in §§ 321a Abs. 1 S. 2, 355 Abs. 2 ZPO enthaltenen Regelungen mit der sofortigen Beschwerde angefochten werden.[29]

a)   Wichtige Rechtsprechung zur Prozessfähigkeit

2022   • *OLG Düsseldorf* Beschl. v. 29.12.2009, I-3 Wx 178/09[30]
   1. Hat das Gericht innerhalb eines Verfahrens mit Blick auf konkrete Anhaltspunkte von Amts wegen zu ermitteln, ob bei einem Verfahrensbeteiligten Prozessunfähigkeit vorliegt und ist hiernach von der Prozessunfähigkeit eines Verfahrensbeteiligten auszugehen, so kann dieser sich nicht mehr eigenverantwortlich im Verfahren äußern.

---

28 §§ 15 SGB X, 81 AO, 16 VwVfG.
29 *BGH* Beschl. v. 28.5.2009, I ZB 93/08.
30 S. www.justiz.nrw.de.

2. Das vor Erlass einer gerichtlichen Entscheidung notwendige rechtliche Gehör kann einer prozessunfähigen Partei in der Weise gewährt werden, dass ihr Gelegenheit gegeben wird, sich um die Bestellung eines Betreuers zu kümmern oder für sie ein Prozesspfleger bestellt wird.

- *BSG* Urt. v. 16.12.2009, B 7 AL 9/08 R
  Der Kläger war seit der Aufhebung der Betreuung bis zur Bestellung des jetzigen Betreuers nicht ordnungsgemäß vertreten, weil er selbst nicht prozessfähig i.S.d. § 71 Abs. 1 SGG i.V.m. §§ 104 ff. BGB war. § 71 Abs. 1 SGG bestimmt, dass ein Beteiligter prozessfähig ist, soweit er sich durch Verträge verpflichten kann. Prozessunfähig sind natürliche Personen, die geschäftsunfähig sind. Nicht geschäftsfähig und damit nicht prozessfähig sind natürliche Personen, wenn sie sich nicht nur vorübergehend in einem die freie Willensbildung ausschließenden Zustand krankhafter Störung der Geistestätigkeit befinden (§ 104 Nr. 2 BGB).

b) Geltungsbereich der Regelungen

Die Regelungen zur Prozessfähigkeit gelten nicht nur im Zivilprozess selbst (§§ 51 ff. ZPO), sondern auch in der Zwangsvollstreckung, in arbeits-, finanz-[31], sozial-[32] und verwaltungsgerichtlichen[33] Verfahren. Auch in Verfahren der freiwilligen Gerichtsbarkeit sind sie anzusenden (§ 9 FamFG). Lediglich in Betreuungs- und Unterbringungsverfahren gelten Betroffene ohne Ansehen der Geschäftsfähigkeit als verfahrensfähig (§§ 275, 316 FamFG). **2023**

Für Strafverfahren und Ordnungswidrigkeiten gelten separate Regelungen (siehe unten).

c) Handlungsfähigkeit gegenüber Behörden

Der Prozessfähigkeit entspricht die Handlungsfähigkeit im öffentlichen Recht, auch als Fähigkeit zur Vornahme von Verfahrenshandlungen gegenüber Behörden bezeichnet. Sie setzt unbeschränkte Geschäftsfähigkeit voraus und ist enthalten in den für Betreuer besonders wichtigen sozialrechtlichen Angelegenheiten in § 11 SGB X, für sonstige Verwaltungsverfahren in § 12 VwVfB (des Bundes bzw. inhaltsgleicher Parallelvorschriften der Bundesländer) sowie für das Steuerrecht in § 79 AO. Die in Abs. 2 der jeweiligen Vorschrift genannten möglichen Ausnahmeregelungen für Einwilligungsvorbehalte sind nicht relevant, da es keine auf diese Bezug nehmenden Bestimmungen gibt. **2024**

Im Sozialrecht erlaubt § 36 SGB I bereits 15-jährigen, eigenständig Sozialleistungen zu beantragen und entgegen zu nehmen. Im Ausländerrecht ist in § 80 AufenthG eine Altersgrenze von 16 Jahren genannt. Das Gleiche gilt nach § 12 AsylverfG für das Asylverfahren. **2025**

Das behördliche Verfahren erlaubt ebenso wenig wie das gerichtliche Verfahren konkurrierendes Handeln von gesetzlichem Vertreter und Vertretenem. § 53 ZPO schließt dies aus. Die genannten § 11 SGB X, § 12 VwVfG und § 81 AO sehen jeweils § 53 ZPO als anwendbar an. Das heißt, dass ein (an sich) geschäftsfähiger Betreuter, für den ein Betreuer in das Gerichts- oder Verwaltungsverfahren (durch ausdrückliche Erklärung gegenüber Gericht oder Behörde) eingetreten ist, für dieses Verfahren als prozess-/handlungsunfähig gilt. Bekanntgaben und Zustellungen haben gegenüber dem gesetzlichen Vertreter zu erfolgen (vgl. auch für formelle Zustellungen § 6 VwZG und § 170 ZPO), ansonsten wird kein Fristbeginn begründet. **2026**

---

31 § 58 FGO.
32 § 71 SGG.
33 § 62 VwGO.

II. Ehegeschäftsfähigkeit

1. Grundlagen

2027 **Beispiel:** X lernt während seines Aufenthalts auf der geschlossenen Station des Krankenhauses die Z kennen, in die er sich über beide Ohren verliebt. Nach seiner Entlassung macht er der Z einen Heiratsantrag. Wird der Standesbeamte ein Aufgebot bestellen?

2028 Gemäß § 1304 BGB kann ein Geschäftsunfähiger keine Ehe eingehen.[34] Die Geschäftsfähigkeit i.S.v. § 1304 BGB ist unter Berücksichtigung der in Art. 6 Abs. 1 GG verfassungsrechtlich garantierten Eheschließungsfreiheit zu beurteilen.[35] Die Eheschließungsfähigkeit ist dementsprechend gekennzeichnet durch das Vermögen zu personaler Zuwendung zu einem Partner und der Fähigkeit, Bedeutung und Tragweite einer Eheschließung zu erfassen und auf Dauer danach zu handeln.[36] Es sind im Verhältnis zur Geschäftsfähigkeit mit Hinblick auf den hohen Verfassungsrang von Ehe und Familie, Art. 6 GG, gelockerte Anforderungen an die Ehefähigkeit zu richten.

2029 Das BayObLG[37] führte hierzu aus:

Die Geschäftsfähigkeit im Sinne von § 2 EheG (jetzt § 1304 BGB) ist unter Berücksichtigung der in Art. 6 GG garantierten Eheschließungsfreiheit ... als Ehegeschäftsfähigkeit zu beurteilen .... Es ist daher im Einzelfall zu prüfen, ob der Verlobte insoweit die notwendige Einsichtsfähigkeit besitzt und zur freien Willensentscheidung in der Lage ist, mag diese Einsichtsfähigkeit auch für andere Rechtsgeschäfte fehlen ..., weil hier nicht so sehr die Fähigkeiten des Verstandes ausschlaggebend sind, sondern die Einsicht in das Wesen der Ehe und die Freiheit des Willensentschlusses zur Eingehung einer Ehe ...

2030 **Lösung:** Nach Entlassung aus dem Landeskrankenhaus können X und Z heiraten.

2. Wichtige Rechtsprechung zur Ehegeschäftsfähigkeit

2031 • *BayObLG* Beschl. v. 14.12.2002, 1 B ZR 118/02[38]

Gemäß § 1304 BGB kann eine Ehe nicht eingehen, wer geschäftsunfähig ist, d.h., wer an einer krankhaften Störung der Geistestätigkeit i.S.v. § 104 Nr. 2 BGB leidet. Die Geschäftsfähigkeit i.S.v. § 1304 BGB ist unter Berücksichtigung der in Art. 6 Abs. 1 GG verfassungsrechtlich garantierten Eheschließungsfreiheit (vgl. *BVerfG* StAZ 1973, 90, 93; BayObLGZ 1982, 179 ff.) als „Ehegeschäftsfähigkeit" (vgl. *Böhmer* StAZ 1992, 65, 67) zu beurteilen. Bei dieser handelt es sich, wie bei der Testierfähigkeit i.S.d. § 2229 Abs. 4 BGB, um einen Unterfall der Geschäftsfähigkeit, nach der es darauf ankommt, ob der Verlobte in der Lage ist, das Wesen der Ehe zu begreifen und insoweit eine freie Willensentscheidung zu treffen, ohne dass die Fähigkeiten des Verstandes ausschlaggebend sein müssen (vgl. *BayObLG* a.a.O.). Die Bestellung eines Betreuers nach §§ 1896 f. BGB ist noch kein Indiz für die Geschäftsunfähigkeit des Betreuten (vgl. § 149a DA). Selbst eine erhebliche geistige Behinderung muss nicht die notwendige Einsichtsfähigkeit in das Wesen der Ehe und die freie Willensentschei-

---

34 *Böhmer* Die Prüfung der allgemeinen Ehefähigkeit unter besonderer Berücksichtigung des BtG, StAZ 1990, 213; *Deinert* Der Betreuer im Ehe- und Lebenspartnerschaftsrecht, BtPrax 2005, 16; *Finger* Eheschließung Geschäftsunfähiger, StAZ 1996, 225.

35 *BVerfG* FamRZ 2003, 359 = NJW 2003, 1382 = NVwZ 2003, 862.

36 *Nedopil/Müller* S. 78.

37 *BayObLG* BtPrax 1997, 111, 112.

38 = BtPrax 2003, 78, 79 = FamRZ 2003, 373 = StAZ 2003, 78 = FGPrax 2003, 32.

dung zur Eheschließung ausschließen, mag diese Einsichtsfähigkeit auch für andere Rechtsgeschäfte fehlen (vgl. *BayObLG* StAZ 1996, 229 f.). Schließt allerdings eine krankhafte Störung der Geistestätigkeit die freie Willensbestimmung aus, so liegt ein Fall der Ehegeschäftsunfähigkeit i.S.d. § 1304 BGB i.V.m. § 104 Nr. 2 BGB vor. Die Frage, ob die Voraussetzungen der Geschäftsunfähigkeit gegeben sind, liegt im Wesentlichen auf tatsächlichem Gebiet. Das Landgericht ist zutreffend von dem beschriebenen Begriff der Ehegeschäftsfähigkeit ausgegangen und hat ein psychiatrisches Sachverständigengutachten, das bei Zweifeln an der Geschäftsfähigkeit regelmäßig erforderlich ist, seiner Entscheidung zugrunde gelegt. Nur der psychiatrische Sachverständige ist aufgrund seiner Fachkenntnis in der Lage, aus dem Gesamtverhalten und dem Gesamtbild der Persönlichkeit unter Einbeziehung der Vorgeschichte und aller äußeren Umstände zu klären, ob der Verlobte die Einsicht in das Wesen der Ehe und die Freiheit des Willensentschlusses zur Eingehung der Ehe besitzt. Das Landgericht durfte auch von der Eignung des beauftragten Sachverständigen ausgehen, der Landgerichtsarzt im Range eines Medizinaloberrates und zugleich Facharzt für Psychiatrie ist und außerdem mit der Persönlichkeit der Beteiligten zu 1) besonders vertraut war, nachdem er diese im Betreuungsverfahren bereits begutachtet hatte.

III. Testierfähigkeit

1. Grundlagen

Beispiel: X möchte der Z nach Entlassung aus dem Krankenhaus sein ganzes Vermögen testamentarisch zuwenden. Er sucht Notar N auf und bittet um Beurkundung eines Testaments zugunsten der Z. Was wird der Notar tun? | 2032

Die Testierfähigkeit beinhaltet die Fähigkeit, ein Testament zu errichten, zu ändern oder aufzuheben.[39] Testierunfähig sind: | 2033

- Minderjährige unter 16 Jahren;
- Geschäftsunfähige Personen.

Die Testierfähigkeit ist eine Unterform der Geschäftsfähigkeit und setzt ebenso wie diese die freie, autonome Bildung eines Willens durch den Erblasser voraus. Testierfähigkeit erfordert auf Seiten des Erblassers: | 2034

- Bewusstsein um Testamentserrichtung;
- Kenntnis des Inhalts der letztwilligen Verfügung;
- fehlende Willensbeeinflussung durch Dritte;
- eigenständige Fähigkeit zur Formulierung des letzten Willens;
- Beurteilungsfähigkeit der sittlichen Berechtigung der Verfügung;
- gedankliche Erfassung der Bestimmungen in wirtschaftlicher und persönlicher Hinsicht.[40]

Die Testierfähigkeit muss zum Zeitpunkt der Testamentserstellung vorliegen. An den Beweis der Testierunfähigkeit werden genauso strenge Anforderungen gestellt wie an denjenigen der Geschäftsunfähigkeit. Ein im testierunfähigen Zustand verfasstes Testament ist nichtig. Es tritt damit die normale gesetzliche Erbfolge, d.h. die Rechtslage ein, die ohne eine letztwillige Verfügung besteht. Grundsätzlich wird Testierfähigkeit vermutet. Behauptet beispielsweise der | 2035

---

39 Palandt/*Weidlich* § 2229 BGB Rn. 1.
40 Vgl. *Nedopil/Müller* S. 68.

sich durch ein Testament des Erblassers übergangen fühlende gesetzliche Erbe Testierunfähigkeit des Erblassers zum Zeitpunkt der Testamentserrichtung, muss er nach den prozessualen
Regeln diesen für ihn günstigen Umstand darlegen und beweisen. Pauschale Behauptungen
sind nicht geeignet, einen Richter von der mangelnden Testierfähigkeit zu überzeugen. Vorzutragen sind vielmehr konkrete Fakten wie auffälliges Verhalten des Erblassers, medizinische
Befunde, Zeugenaussagen, insbesondere solche von Ärzten, die den Erblasser behandelten,
Urkunden etc.[41]

2036   **Lösung:** Nach § 11 des Beurkundungsgesetzes ist der Notar verpflichtet, sich eine Überzeugung von der Testierfähigkeit des X zu bilden. Die Beurkundung ist nur im Falle fehlender
Testierfähigkeit abzulehnen.

2. Wichtige Rechtsprechung zur Testierfähigkeit

2037   • *BayObLG* Beschl. v. 19.4.2000, 1Z BR 159/99[42]
Die Testierfähigkeit setzt nach allg. M. die Vorstellung des Testierenden voraus, dass er ein
Testament errichtet hat und welchen Inhalt die darin enthaltenen letztwilligen Verfügungen
aufweisen. Er muss in der Lage sein, sich ein klares Urteil zu bilden, welche Tragweite seine
Anordnungen haben, insbesondere welche Wirkungen sie auf die persönlichen und wirtschaftlichen Verhältnisse der Betroffenen ausüben. Das schließt auch die Gründe ein, welche für und gegen die Anordnungen sprechen (vgl. BayObLGZ 1999, 205, 211). Nach seinem so gebildeten Urteil muss der Testierende grundsätzlich frei von Einflüssen Dritter
handeln können (vgl. *BayObLG* NJW-RR 1998, 870, st. Rspr.). Das schließt nicht aus, dass
er Anregungen Dritter aufnimmt und sie kraft eigenen Entschlusses in seiner letztwilligen
Verfügung umsetzt (vgl. *BayObLG* FamRZ 1990, 318).
Die Frage, ob die Voraussetzungen der Testierfähigkeit gegeben sind, ist im Wesentlichen
tatsächlicher Natur.
Die Frage, ob die Erblasserin im Zeitpunkt der Testamentserrichtung testierfähig war oder
nicht, lässt sich nach st. Rspr. in der Regel nur mit Hilfe eines psychiatrischen SV beantworten (vgl. *BayObLG* FamRZ 1985, 742, 743; BayObLGZ 1995, 383, 391 = FamRZ 1996, 566).
Allerdings ist die Hinzuziehung eines SV nur erforderlich, wenn aufgrund konkreter
Anhaltspunkte Anlass besteht, an der Testierfähigkeit des Erblassers im Zeitpunkt der Testamentserrichtung zu zweifeln (vgl. *BayObLG* FamRZ 1998, 1242, 1243).

• *OLG Celle* Beschl. v. 26.9.2006, 6 W 43/06, juris
Das Sachverständigengutachten über die Testierfähigkeit eines geistig behinderten Erblassers hat sich, wenn dazu Anlass besteht, auch auf die Frage zu erstrecken, ob der Erblasser
fähig und in der Lage war, sich im Zuge seiner Entscheidungsfindung einer Einflussnahme
oder Manipulation Dritter zu entziehen.

• *OLG München* Beschl. v. 14.8.2007, 31 Wx 16/07[43]
Es gibt keine nach Schwierigkeitsgraden abgestufte Testierfähigkeit. Nach § 2229 Abs. 4 BGB
ist testierunfähig, wer wegen krankhafter Störung der Geistestätigkeit, wegen Geistesschwäche oder wegen Bewusstseinsstörungen nicht in der Lage ist, die Bedeutung einer von ihm

---

41 *Wetterling/Neubauer* Psychiatrische Gesichtspunkte zur Testierfähigkeit Dementer, ZEV 1995, 46; *Zimmer*
Demenz als Herausforderung für die erbrechtliche Praxis; NJW 2007, 1713.
42 = FamRZ 2001, 55.
43 = MDR 2008, 212 = DNotZ 2008, 296 = FamRZ 2007, 2009 = FGPrax 2007, 274 = NJW-RR 2008, 164.

abgegebenen Willenserklärung einzusehen und nach dieser Einsicht zu handeln. Das Gesetz verbindet danach nicht mit jeder Geisteskrankheit oder -schwäche die Testierunfähigkeit, sondern sieht die Fähigkeit, die Bedeutung der letztwilligen Verfügung zu erkennen und sich bei seiner Entschließung von normalen Erwägungen leiten zu lassen, als maßgebend an (*BayObLG* FamRZ 2002, 1066, 1067; NJW-RR 2002, 1088). Testierunfähig ist danach derjenige, der nicht in der Lage ist, sich über die für und gegen die sittliche Berechtigung einer letztwilligen Verfügung sprechenden Gründe ein klares, von Wahnideen nicht gestörtes Urteil zu bilden und nach diesem Urteil frei von Einflüssen etwa interessierter Dritter zu handeln (*BayObLG* FamRZ 2001, 55; 2000, 701, 703; *OLG Frankfurt* NJW-RR 1998, 870). Dabei geht es nicht darum, den Inhalt der letztwilligen Verfügung auf seine Angemessenheit zu beurteilen, sondern nur darum, ob sie frei von krankheitsbedingten Störungen zustande gekommen ist und von einem klaren Urteil über die Bedeutung seiner Anordnungen, das frei von Einflüssen Dritter zustande gekommen ist, getragen wird (*BGH* FamRZ 1958, 127; *BayObLG* FamRZ 1986, 728; Palandt/*Edenhofer* § 2229 Rn. 1; Staudinger/*Baumann* § 2229 Rn. 11).

- *BayObLG* Beschl. v. 17.8.2004, 1Z BR 53/04[44]

Rechtsfehlerhaft ist ferner die Auffassung des LG, es könne schon deshalb von Testierfähigkeit ausgehen, weil die beurkundenden Notare jeweils in der Urkunde festgehalten haben, sie seien aufgrund der Verhandlung mit dem Erblasser **von dessen Testierfähigkeit überzeugt**. Zwar kann bei einem ordnungsgemäß errichteten öffentlichen Testament in dem nach § 28 BeurkG vorgesehenen Vermerk des Notars über seine Wahrnehmungen bezüglich der Testierfähigkeit ein **Indiz** liegen (vgl. *OLG Hamm* FamRZ 1997, 1026 = FGPrax 1997, 68, 69; Staudinger/*Baumann* BGB, § 2229 Rn. 47). Eine solche Feststellung des Urkundennotars ist jedoch nicht geeignet, schon gar nicht ohne eine Beweiserhebung über ihr Zustandekommen, aufgrund konkreter Umstände begründete Zweifel an der Testierfähigkeit zu entkräften, zumal wenn – wie hier – eine psychische Erkrankung des Erblassers bereits durch den SV festgestellt ist. Auch wenn der Erblasser anlässlich der Beurkundung seiner letztwilligen Verfügungen keine Wahnvorstellungen geäußert haben sollte, rechtfertigt das nicht den Schluss, dass sie nicht vorhanden waren.

IV. Zivilrechtliche Zurechnungsfähigkeit (Deliktsfähigkeit)

Beispiel: X tritt in einer manisch-depressiven Phase der Y eine Beule in ihr Auto. Der Sachschaden beträgt 1.000 €. Y konsultiert Rechtsanwältin R, ob eine Klage gegen den X sinnvoll ist. 2038

In § 823 Abs. 1 BGB ist die so genannte deliktische Haftung geregelt. 2039

Verletzt ein Schädiger vorsätzlich oder fahrlässig das Leben, den Körper, die Gesundheit, die Freiheit, das Eigentum oder ein sonstiges Recht einer Person widerrechtlich und schuldhaft, ist er zum Ersatz des daraus entstehenden Schadens verpflichtet. Juristisch wird Schaden als jede Einbuße an materiellen und immateriellen Rechtsgütern einer Person definiert. Ermittelt wird der Schaden durch einen Vergleich der Situation des Geschädigten vor dem schadensstiftenden Ereignis mit der danach. Am besten stellt man sich die Situation des Geschädigten auf einer Linie vor und das schadensstiftende Ereignis als Einschnitt.

---

44 FamRZ 2005, 658.

2040   Nur das „Mehr", d.h. die bei dem Geschädigten vorhandene Schlechterstellung infolge des schädigenden Tuns oder Unterlassens, ist kompensationspflichtig (z.B. bricht sich Y das Bein wegen Verletzung der dem X als Hauseigentümer obliegenden Streupflicht).

Es ist zwischen einem Sachschaden, einem Personenschaden und einem Vermögensschaden zu differenzieren. Ein Sachschaden wird durch Beschädigung, Vernichtung oder Aufhebung des bestimmungsgemäßen Gebrauchs einer Sache herbeigeführt. Ein Personenschaden besteht in dem Tod, der Verletzung der Gesundheit oder des Körpers einer Person. Unter Vermögensschaden versteht man die Einbuße an ersetzbaren, übertragbaren Materialgütern einer Person. Die Art des dem Schädiger zu leistenden Schadensersatzes richtet sich danach, ob ein Sach-, ein Personen- oder ein Vermögensschaden vorliegt. Bei einem Sachschaden gilt der Grundsatz der Naturalrestitution: Der Schädiger muss die beschädigte Sache reparieren lassen bzw. neu anschaffen. Bei einem Personenschaden ist dem Geschädigten Schmerzensgeld zu gewähren. Daneben können die Kosten einer erforderlichen Heilbehandlung, Verdienstausfall sowie eventuell weitere Vermögensschäden liquidiert werden. Bei einem Vermögensschaden ist ein Ausgleich in Geld vorzunehmen.

2041   Der Schädiger haftet nur dann für einen eingetretenen Schaden, wenn ihn ein Verschulden trifft. Verschulden kann in der Form von Vorsatz oder Fahrlässigkeit vorkommen. Vorsatz heißt: Mit Wissen und Wollen einen Schaden herbeiführen. Fahrlässig handelt, wer die im Verkehr erforderliche Sorgfalt außer Acht lässt. Grob fahrlässig agiert, wer die verkehrsübliche Sorgfalt in besonders hohem Maße außer Acht lässt und ganz naheliegende Überlegungen zur Schadensvermeidung nicht anstellt. Wer beispielsweise als Autofahrer eine rot geschaltete Ampel übersieht und infolgedessen einen Fußgänger, der gerade die Straße überqueren wollte, verletzt, handelt grob fahrlässig.

Eine deliktische Haftung setzt also die Zurechenbarkeit eines Handelns voraus. Nach § 827 S. 1 BGB ist für einen Schaden nicht verantwortlich, wer diesen im Zustand der Bewusstlosigkeit oder in einem die freie Willensbestimmung ausschließenden Zustand krankhafter Störung der Geistestätigkeit verursachte.

Eine Ausnahme hiervon macht § 829 BGB, die so genannte Billigkeitshaftung:

§ 829 BGB
Ersatzpflicht aus Billigkeitsgründen

Wer in einem der in den §§ 823 bis 826 bezeichneten Fällen für einen von ihm verursachten Schaden auf Grund der §§ 827, 828 nicht verantwortlich ist, hat gleichwohl, sofern der Ersatz des Schadens nicht von einem aufsichtspflichtigen Dritten erlangt werden kann, den Schaden insoweit zu ersetzen, als die Billigkeit nach den Umständen, insbesondere nach den Verhältnissen der Beteiligten, eine Schadloshaltung erfordert und ihm nicht die Mittel entzogen werden, deren er zum angemessenen Unterhalt sowie zur Erfüllung seiner gesetzlichen Unterhaltspflichten bedarf.

2042   Die Billigkeitshaftung stellt eine Ausnahme von dem Verschuldensprinzip dar. Ein Geschädigter, der beispielsweise von einem vermögenden, deliktsunfähigen Schädiger verletzt wurde, soll nicht leer ausgehen. Es sind die gesamten Umstände des Falles richterlich zu betrachten.

> **Lösung:** X verletzte tatbestandsmäßig und rechtswidrig ein Rechtsgut der Y, indem er eine Beule in ihr Auto trat. Eine volle zivilrechtliche Haftung des X scheitert an der Zurechenbarkeit, § 827 S. 1 BGB. X war zum Tatzeitpunkt nicht deliktsfähig. Sofern es jedoch die Vermögensverhältnisse des X gestatten, kommt eine Billigkeitshaftung nach § 829 BGB in Betracht.

V. Strafrechtliche Schuldfähigkeit

Indem X eine Beule in das Auto der Y trat (vgl. Beispiel oben), beging er eine Sachbeschädigung, die an sich nach § 303 StGB strafbar wäre. Allerdings ist die Schuldfähigkeit des X fraglich. In § 20 StGB heißt es hierzu: **2043**

§ 20 StGB

Schuldunfähigkeit wegen seelischer Störungen

Ohne Schuld handelt, wer bei Begehung der Tat wegen einer krankhaften seelischen Störung, wegen einer tiefgreifenden Bewusstseinsstörung oder wegen Schwachsinns oder einer anderen seelischen Abartigkeit unfähig ist, das Unrecht der Tat einzusehen oder nach dieser Einsicht zu handeln.

Folgende krankhafte seelische Störungen führen in der Regel zu einem Ausschluss der Schuldfähigkeit: **2044**

- Psychosen;
- degenerative Hirnerkrankungen;
- Durchgangssyndrome, auch toxisch durch Alkoholabusus, Medikamente oder Drogen hervorgerufen;
- epileptische Erkrankungen;
- genetisch bedingte Erkrankungen wie Down-Syndrom etc.

Tiefgreifende Bewusstseinsstörungen sind Bewusstseinsveränderungen, die zu einer erheblichen Einengung der psychischen Funktionsfähigkeit eines Menschen führen. Das seelische Gefüge der Person muss zeitweise zerstört sein. In Betracht kommen schwerste Erschöpfungszustände, Übermüdung sowie hochgradiger Affekt. **2045**

Unter Schwachsinn wird eine angeborene Intelligenzschwäche verstanden. Ein IQ-Wert von 80 nach dem Hamburg-Wechsler-Intelligenztest wird dabei als oberste Grenze angesehen. **2046**

Die schwere andere seelische Abartigkeit ist ein Sammelbegriff für Störungen, die nicht bereits von den anderen zuvor definierten Merkmalen erfasst sind. Es handelt sich unter anderem um Persönlichkeitsstörungen, sexuelle Verhaltensabweichungen, paranoide Entwicklungen. **2047**

Lösung: Vorliegend ist der X schuldunfähig infolge einer psychotischen Erkrankung und kann demgemäß nicht wegen einer Sachbeschädigung bestraft werden. **2048**

VI. Natürlicher Wille

1. Grundlagen

Beispiel: Die demente, vermögende Betreute muss in ein Pflegeheim umsiedeln. Der Betreuer erwägt eine Haushaltsauflösung und Vermietung der Immobilie zwecks Erzielung von weiteren Einkünften. Obwohl eine Rückkehr in ihre häuslichen Verhältnisse aus ärztlicher Sicht vollkommen ausgeschlossen ist, beharrt die Betreute in persönlichen Gesprächen gegenüber dem Betreuer und, angehört in dem Verfahren nach § 1907 BGB, immer wieder darauf, das Haus unvermietet zu lassen. Wie wird das Betreuungsgericht über den Antrag des Betreuers auf Abschluss eines Mietvertrages nach § 1907 Abs. 3 BGB entscheiden? **2049**

2050 Der natürliche Wille wird wie folgt definiert:

- es liegt eine wie auch immer geartete Willensbetätigung (Gestik, Mimik, Sprache) eines Betroffenen vor, der an einer psychischen Erkrankung, einer körperlichen, geistigen oder seelischen Behinderung i.S.d. § 1896 Abs. 1 BGB leidet, und
- dem infolgedessen die Einsichtsfähigkeit oder die Fähigkeit, nach einer Einsicht zu handeln, fehlt.

Der natürliche Wille ist damit jede Willensäußerung, der es krankheitsbedingt an einem der beiden Merkmale fehlt.[45] Das Betreuungsrecht will grundsätzlich auch dem natürlichen Willen uneingeschränkt Geltung verschaffen. Im Rahmen der von dem Betreuer zu beachtenden Wunschbefolgungspflicht, § 1901 Abs. 3 BGB, ist der natürliche Wille des Betreuten von Bedeutung. Der natürliche Wille kann bei Vorliegen gewichtiger sachlicher Erwägungen unter Beachtung des Verhältnismäßigkeitsgrundsatzes eingeschränkt werden.[46] So kann ein Betreuervorschlag des Betroffenen abgelehnt werden, wenn dies seinem Wohl zuwiderliefe, § 1897 Abs. 4 BGB. Eine Unterbringung gegen oder ohne den Willen des Betroffenen ist nur in den Fällen des § 1906 Abs. 1 BGB gestattet. Schließlich kann eine betreuungsgerichtliche Genehmigung zu einer Sterilisation gegen den natürlichen Willen des Betroffenen nicht erteilt werden, § 1905 Abs. 1 S. 1 Nr. 1 BGB.

2051 **Lösung:** Die demente, geschäftsunfähige Betreute brachte immer wieder verbal und averbal zum Ausdruck, ihre alten Räumlichkeiten unvermietet so zu belassen, wie sie sind. Ihre Äußerungen beruhen auf einem so genannten natürlichen Willen. Der Betreuer hat den Willen der Betroffenen umzusetzen, soweit die Substanz des Vermögens hierdurch nicht beeinträchtigt wird.[47]

2. Wichtige Rechtsprechung zum natürlichen Willen

2052
- *OLG Köln* Beschl. v. 23.12.1998, 16 Wx 179/98[48]
  Für die Frage, ob das Vertrauensverhältnis zwischen Betreuer und Betreutem beeinträchtigt ist, ist auch der Wunsch und Wille einer geschäftsunfähigen und in ihrer geistigen Leistungskraft eingeschränkten Person zu berücksichtigen. Das Gericht muss sich über die Ernsthaftigkeit dieses Willens einen persönlichen Eindruck verschaffen.

- *Schleswig Holsteinisches OLG* Beschl. v. 23.5.2001, 2 W 7/01[49]
  Gemäß dem subjektiv gefärbt gefassten Begriff des Betreutenwohls ist das LG mit Recht abweichend vom AG von der strikt gehaltenen Anweisung des Gesetzes ausgegangen, den Wünschen des Betreuten grundsätzlich zu entsprechen. Nach den verfahrensfehlerfrei getroffenen Feststellungen hat sich die Betroffene über längere Zeit konstant und gegenüber verschiedenen Personen gegen die Vermietung ausgesprochen und dies auch begründet. Dabei ist es ohne Bedeutung, ob dieser Wunsch auf rationaler Grundlage zustande gekommen ist und die Betroffene geschäftsfähig ist. Die Vorschrift des § 1901 BGB wird gerade gegenüber Geschäftsunfähigen bedeutsam, die sich von irrationalen Erwägungen leiten lassen. Allerdings darf der Betreuer nicht solchen Wünschen nachkommen, deren Verwirkli-

---

45 Bund-Länder-Arbeitsgruppe „BtR", Betrifft: Betreuung, 6, 92.
46 *Bucic* Betrifft: Betreuung extra. 8. VGT 2002, 10, 11.
47 *BGH* BtPrax 2009, 290.
48 FamRZ 1999, 1169.
49 FGPrax 2001, 194, 195.

chung dem Wohl des Betreuten zuwiderläuft. Dies ist vor allem der Fall, wenn Rechtsgüter des Betreuten gefährdet werden, die im Rang über den vom Wunsch verfolgten Interessen stehen, (z.B. Leben, Gesundheit oder sonstige fundamentale Persönlichkeitsrechte) oder wenn die gesamte Lebens- und Versorgungssituation des Betreuten merklich verschlechtert wird, insbesondere daraus die Gefahr erwächst, dass künftig ohne Hilfe Dritter der angemessene Unterhalt nicht mehr bestritten werden kann. Der Betreuer ist nicht berechtigt und nicht verpflichtet, sich an einer Selbstschädigung des Betreuten zu beteiligen.

- *BayObLG* Beschl. v. 19.9.1991, 3 Z 153/91, 3 Z 146/91[50]
  Sowohl bei einer Genehmigung als auch bei einer Untersagung der Verwendung von Pfleglingsvermögen durch den Pfleger muss das Betreuungsgericht dafür sorgen, dass der Pfleger eines behinderten alten Menschen dessen Vermögen vor allem dazu verwendet, die Lage des Pfleglings zu erleichtern und ihm den früher gewohnten Lebensstandard zu erhalten. Hierbei sind die Wünsche des Pfleglings und früher von ihm getroffene Bestimmungen zu beachten, soweit dies in vernünftiger Weise möglich ist.

VII. Einwilligungsfähigkeit

1. Grundlagen

Beispiel: Bei der Betreuten muss dringend der Blinddarm operiert werden, da ansonsten ein Durchbruch der Entzündung in den Bauchraum droht. Die Betreute verweigert eine Operation wegen der Fehlvorstellung, es seien im Krankenhaus Geheimdienste tätig, die es auf ihr Leben abgesehen hätten.

2053

Jede ärztliche Heilbehandlungsmaßnahme stellt sich nach der Rechtsprechung des BGH als eine Körperverletzung i.S.d. § 223 StGB dar.[51] Allein die Einwilligung des Patienten in die Maßnahme beseitigt die Rechtswidrigkeit des Eingriffs. Voraussetzung für eine rechtswirksame Einwilligung des Patienten ist eine Aufklärung im Großen und Ganzen durch den Arzt über die anstehende Heilbehandlungsmaßnahme. Hierdurch soll sich der Patient ein Bild machen können über dass, was an Risiken und Belastungen durch den ärztlichen Heileingriff auf ihn zukommt. Der Patient muss durch die ärztliche Aufklärung zu einer selbstbestimmten Entscheidung befähigt werden, ob er das Krankheitsrisiko gegen das Behandlungsrisiko eingetauscht.

2054

Der Patient muss zum Zeitpunkt der Aufklärung einwilligungsfähig sein. Der Patient ist vom Arzt über die nachstehenden Punkte aufzuklären:
- Vorgehen bei Diagnostik und Therapie;
- Folgen einer Behandlung samt den Folgen von Behandlungsalternativen;
- Risiken einer Behandlung;
- Folgen einer Nichtbehandlung.

2055

Ist der Betreute infolge einer psychischen Erkrankung, geistigen oder seelischen Behinderung nicht imstande, dem ärztlichen Aufklärungsgespräch gedanklich Folge zu leisten, ist an seiner Statt der Betreuer mit dem Aufgabenkreis „Gesundheitssorge" oder „Zustimmung zu Heilbe-

2056

---

50 FamRZ 1992, 106.
51 Myom-Urteil BGHSt 11, 111; *BGH* NStZ 2008, 150 = StV 2008, 464.

handlungsmaßnahmen" aufzuklären (vgl. § 1901b Abs. 1 BGB). Eine stellvertretende Entscheidung des Betreuers im Aufgabenkreis der Gesundheitssorge ist nur dann statthaft, wenn der Betreute selbst nicht mehr einwilligungsfähig ist.

2057 Im Gegensatz zum Abschluss eines zivilrechtlichen Behandlungsvertrages kommt es für die Wirksamkeit einer Einwilligung nicht auf die Geschäftsfähigkeit des Betreuten an, sondern allein auf die natürliche Einsichts- und Steuerungsfähigkeit. Die Einwilligung ist rechtstechnisch eine Gestattung in einem körperlichen Eingriff und im Gegensatz zu einem Vertragsschluss kein Rechtsgeschäft. Die Faustregel lautet: Je komplexer der Eingriff ist, in den eingewilligt werden soll, desto höher sind die juristischen Anforderungen, die an die Einwilligungsfähigkeit zu stellen sind.

2058 Entscheidend ist, ob der Betreute die Art, Bedeutung, Tragweite und Risiken des geplanten Eingriffs und seiner Gestattung zu ermessen vermag. Der Betreute muss intellektuell die Tatsachen zur Kenntnis nehmen, die seine Krankheit ausmachen, und ihre Bedeutung für seine weitere Lebensführung erfassen.[52] Weiterhin muss der Betreute die Krankheit und ihre Behandlungsbedürftigkeit einsehen können und in der Lage sein, aufgrund der ärztlichen Aufklärung die Alternativen verschiedener angebotener Behandlungen verständig abzuwägen und hiernach eine Entscheidung zu treffen.

2059 Hieraus ergeben sich folgende Voraussetzungen für die Einwilligungsfähigkeit:
• Der Patient muss über die Fähigkeit verfügen, einen bestimmten Sachverhalt zu verstehen (Verständnis);
• der Patient muss die Fähigkeit besitzen, bestimmte Informationen in angemessener Weise zu verarbeiten (Verarbeitung);
• der Patient muss die Fähigkeit besitzen, die Information angemessen zu bewerten (Bewertung);
• der Patient muss die Fähigkeit haben, den eigenen Willen auf der Grundlage von Verständnis, Verarbeitung und Bewertung der Situation zu bestimmen (Bestimmbarkeit des Willens)[53].

2060 Der Patient muss also in der Lage sein, Informationen zu verstehen, Folgen und Risiken von avisierten Heilbehandlungen abzuschätzen bzw. andere Möglichkeiten/Behandlungsalternativen zu erfassen und abzuwägen.[54]

2061 Die Entscheidung, ob ein Patient einwilligungsfähig ist, obliegt der Behandlungsseite, also den Ärzten.

Fazit: Die Einwilligung ist eine Gestattung, die im Bereich der Gesundheitssorge und der Unterbringung, also bei Eingriffen in die körperliche Integrität bzw. Freiheit vorliegen muss, um eine Rechtsgrundlage für Heilbehandlungsmaßnahmen oder Freiheitsentzug zu schaffen.

2062 **Lösung:** Vorliegend ist die betreute Person krankheitsbedingt nicht in der Lage, wirksam in die anstehend und vital indizierte Heilbehandlungsmaßnahme (Entfernung des Blinddarms) einzuwilligen. An Stelle der Betreuten muss – nach entsprechender ärztlicher Aufklärung – der Betreuer eine Zustimmung zur Operation erteilen.

---

52 *BGH* Urt. v. 28.11.1957, 4 Str 525/57; *BGH* NJW 1972, 335; *OLG Hamm* FGPrax 1997, 64.
53 BT-Drs. 15/3700, 33.
54 Zwischenbericht der Enquete-Kommission Ethik und Recht der modernen Medizin BT-Drs. 15/3700, 33.

2. Wichtige Rechtsprechung zur Einwilligungsfähigkeit

- *BGH* Urt. v. 10.7.1954, VI ZR 45/54[55]   2063

  Ein ärztlicher Eingriff in die körperliche Unversehrtheit eines Patienten ist nur dann vertragsmäßig und nicht rechtswidrig, als die Einwilligung des Patienten reicht. Der Arzt muss sich vor jedem Eingriff der klaren, auf zutreffenden Vorstellungen beruhenden Einwilligung des Patienten versichern.

  Eine wirksame Einwilligung des Patienten setzt voraus, dass dieser das Wesen, die Bedeutung und die Tragweite des ärztlichen Eingriffs in seinen Grundzügen erkannt hat.

  Maß und Umfang der ärztlichen Aufklärungspflicht gegenüber dem Patienten wird mitbestimmt von dem Grad der Gefährlichkeit des Eingriffs in die körperliche Integrität.

- *OLG Hamm* Beschl. v. 13.11.1982, 15 W 151/81[56]

  Bei der Einwilligung zu einem Eingriff in die körperliche Integrität handelt es sich nicht um eine Einwilligung i.S.d. § 183 BGB, nicht um die Zustimmung zu einem Rechtsgeschäft, also nicht um eine rechtsgeschäftliche Willenserklärung, sondern um die Gestattung oder Ermächtigung zur Vornahme tatsächlicher Handlungen, die in den Rechtskreis des Gestattenden eingreifen (BGHZ 29, 33, 36 m.w.N.). Die Vorschriften der §§ 107 BGB, die rechtsgeschäftliche Willenserklärungen betreffen, sind daher auf die Einwilligung zu einem ärztlichen Eingriff nicht unmittelbar anzuwenden. Es kommt deshalb weder auf die Volljährigkeit noch auf die zivilrechtliche Geschäftsfähigkeit, sondern darauf an, ob der Betroffene die natürliche Einsichts- und Urteilsfähigkeit besitzt, d.h., ob er nach seiner geistigen und etlichen Reife aufgrund einer entsprechenden Risiko- und Folgenaufklärung die Bedeutung und Tragweite des körperlichen Eingriffs hinreichend zu erkennen und seinen Willen danach zu bestimmen vermag.

---

55 NJW 1956, 1106.
56 S. www.justiznrw.de.

Stichwortverzeichnis

Die Zahlen bezeichnen die jeweilige Randnummer.

Ihr Praxishelfer im Betreuungsrecht

HK-BUR

Heidelberger Kommentar zum Betreuungs- und Unterbringungsrecht

Herausgegeben von Betreuungsrichter Axel Bauer, RA Prof. Dr. Thomas Klie und RA Kay Lütgens.

Der Heidelberger Kommentar zum Betreuungs- und Unterbringungsrecht (HK-BUR) erleichtert die betreuungsgerichtliche Tätigkeit und die praktische Arbeit.

Das Standardwerk bietet:

- Praxisnahe und umfassende Kommentierungen der relevanten materiell- und verfahrensrechtlichen Vorschriften des Betreuungs- und Unterbringungsrechts, insbesondere des FamFG

- Aktuelle Rechtsprechungsübersichten

- Checklisten, Formulare und Musterbriefe

- Adressen von Betreuungsbehörden und Betreuungsvereinen sowie die Regelungen der einzelnen Bundesländer.

Es wird ergänzt durch die achte Auflage der Textausgabe „HK-BUR Gesetzessammlung zum Betreuungsrecht".

**Jetzt kostenlosen Newsletter abonnieren:
www.cfmueller.de/services/newsletter**

Loseblattwerk in 5 Ordnern mit CD-ROM „Bundesrecht, Landesrecht und Formulare" sowie der Textausgabe „Gesetzessammlung zum Betreuungsrecht".

Rund 8.000 Seiten. € 199,99 zur Fortsetzung für mind. 12 Monate. ISBN 978-3-8114-2270-4

Textbuch separat: 8., neu bearbeitete Auflage 2016. 348 Seiten. € 17,99. ISBN 978-3-8114-3864-4

Versandkostenfrei (innerhalb D) bestellen: www.cfmueller.de
C.F. Müller GmbH, Waldhofer Str. 100, 69123 Heidelberg
Bestell-Tel. 089/2183-7923, Fax 089/2183-7620, kundenservice@cfmueller.de